Wellner

BGH-Rechtsprechung zum Kfz-Sachschaden

Rechtsprechung

BGH-Rechtsprechung zum Kfz-Sachschaden

4. Auflage 2018

Von

Richter am BGH
Wolfgang Wellner,
Karlsruhe

Zitiervorschlag:
Wellner, BGH-Rechtsprechung zum Kfz-Sachschaden, § 1 Rn1

Hinweis
Die Ausführungen in diesem Werk wurden mit Sorgfalt und nach bestem Wissen erstellt. Sie stellen jedoch lediglich Arbeitshilfen und Anregungen für die Lösung typischer Fallgestaltungen dar. Die Eigenverantwortung für die Formulierung von Verträgen, Verfügungen und Schriftsätzen trägt der Benutzer. Herausgeber, Autoren und Verlag übernehmen keinerlei Haftung für die Richtigkeit und Vollständigkeit der in diesem Buch enthaltenen Ausführungen.

Anregungen und Kritik zu diesem Werk senden Sie bitte an
kontakt@anwaltverlag.de
Autoren und Verlag freuen sich auf Ihre Rückmeldung.

Copyright 2018 by Deutscher Anwaltverlag, Bonn
Satz: Griebsch + Rochol Druck GmbH, Hamm
Druck: Hans Soldan Druck GmbH, Essen
Umschlaggestaltung: gentura, Holger Neumann, Bochum
ISBN 978-3-8240-1489-7

Bibliografische Information der Deutschen Nationalbibliothek
Die Deutsche Nationalbibliothek verzeichnet diese Publikation in der Deutschen Nationalbibliografie; detaillierte bibliografische Daten sind im Internet über http://dnb.d-nb.de abrufbar.

Vorwort

Einer der umfangreichsten Zuständigkeitsbereiche des VI. Zivilsenats des BGH betrifft die Schadensersatzansprüche bei Verkehrsunfällen. Der Senat hat unter meiner Mitwirkung in den vergangenen 17 Jahren das Kfz-Sachschadensrecht durch viele neue Entscheidungen geprägt.

Auf den ersten Blick mag die Vielzahl der zum Kfz-Sachschadensrecht ergangenen Senatsentscheidungen unübersichtlich erscheinen, bei näherem Hinschauen hat das damit geschaffene „Gebäude" des Kfz-Schadens jedoch durchaus Struktur. Zum besseren Verständnis finden Sie im Anhang eine kurze „Gebäude-Skizze" sowie die aktuelle Kfz-Schadensabrechnungs-Übersicht 2017.

Das vorliegende Buch basiert auf meinem Verständnis der Entscheidungen und meinen langjährigen Erfahrungen als Richter des VI. Zivilsenats des BGH. Die ausgewählten Entscheidungen sind von mir bearbeitet und – nach Themengebieten geordnet – auf den wesentlichen Inhalt reduziert, der zu ihrem Verständnis und der Arbeit in der Praxis erforderlich ist. Dies gewährleistet einen raschen Überblick und einen schnellen Zugriff auf die einschlägige BGH-Rechtsprechung und stellt damit nicht nur eine wesentliche Arbeitserleichterung, sondern auch eine wichtige Argumentations- und Diktierhilfe dar. Das Buch findet in jeder Aktentasche Platz und sollte ein ständiger Begleiter bei der Sachschadensbearbeitung und in der forensischen Praxis sein.

Das Buch erscheint aufgrund reger Nachfrage und im Hinblick auf eine Vielzahl neuer Entscheidungen des VI. Zivilsenats des BGH neubearbeitet und aktualisiert in der nunmehr vierten Auflage.

Auf die Wiedergabe von Fundstellenzitierungen in den einzelnen Entscheidungen habe ich weitgehend verzichtet. Falls im Einzelfall auf die in diesem Buch nicht zitierten weiteren Fundstellen Wert gelegt wird, empfehle ich einen Zugriff auf die Entscheidung im Original.

Rechtsstand der Bearbeitung: September 2017.

Karlsruhe, im September 2017 *Wolfgang Wellner*

Inhaltsübersicht

Vorwort		5
Inhaltsverzeichnis		9
§ 1	Reparaturkosten oder Wiederbeschaffungsaufwand	21
§ 2	Umsatzsteuer und allgemeine Kostenfaktoren	69
§ 3	Restwertproblematik	105
§ 4	Stundenverrechnungssätze, UPE-Aufschläge und Verbringungskosten	131
§ 5	Mietwagenkosten, insbesondere Unfallersatztarife	163
§ 6	Nutzungsausfall und merkantiler Minderwert	255
§ 7	Haftung bei Unfällen mit einem Kraftfahrzeug bei Beteiligung von Kindern (§ 828 Abs. 2 BGB)	275
§ 8	Sachverständigenkosten	295
§ 9	Kasko-Rückstufungsschaden	345
§ 10	Halter- und Fahrerhaftung	351
§ 11	Fahrbahnverschmutzungen	477
§ 12	Prozess- und Kostenrecht	501
§ 13	Anhang Kfz-Schadensabrechnungs-Übersicht	553

Inhaltsverzeichnis

Vorwort 5

Inhaltsübersicht 7

§ 1 Reparaturkosten oder Wiederbeschaffungsaufwand 21

1. Dauer der Weiternutzung bei Abrechnung fiktiver Reparaturkosten
   (BGH, Urt. v. 29.4.2008 – VI ZR 220/07, zfs 2008, 503 = VersR 2008, 839) 21
2. Fiktive Schadensabrechnung bei Eigenreparatur
   (BGH, Urt. v. 23.11.2010 – VI ZR 35/10, zfs 2011, 264 = VersR 2011, 280) 22
3. Weiternutzungserfordernis im 130 %-Fall auch bei vollständiger und fachgerechter Reparatur
   (BGH, Urt. v. 13.11.2007 – VI ZR 89/07, zfs 2008, 143 = VersR 2008, 134) 26
4. Sechs-Monats-Frist ist keine Fälligkeitsvoraussetzung
   (BGH, Beschl. v. 18.11.2008 – VI ZB 22/08, zfs 2009, 79 = VersR 2009, 128) 29
5. Keine Bindung an fiktive Schadensabrechnung des Wiederbeschaffungsaufwands bei späterer Reparatur
   (BGH, Urt. v. 17.10.2006 – VI ZR 249/05, zfs 2007, 148 = VersR 2007, 82) 33
6. Ersatz konkreter Reparaturkosten unter Wiederbeschaffungswert auch ohne Weiternutzung
   (BGH, Urt. v. 5.12.2006 – VI ZR 77/06, zfs 2007, 328 = VersR 2007, 372) . 37
7. Schadensabrechnung bei geschätzten Reparaturkosten über 130 %?
   (BGH, Urt. v. 10.7.2007 – VI ZR 258/06, zfs 2007, 686 = VersR 2007, 1244) 38
8. Maßgeblichkeit der Bruttowerte für die Vergleichsbetrachtung
   (BGH, Urt. v. 3.3.2009 – VI ZR 100/08, zfs 2009, 439 = VersR 2009, 654) . 41
9. Schadenabrechnung auf Neuwagenbasis
   (BGH, Urt. v. 9.6.2009 – VI ZR 110/08, zfs 2010, 22 = VersR 2009, 1092) . 44
10. Haftungsrechtliche Bedeutung eines Zweitschadens, dessen Reparatur zwangsläufig zur Beseitigung des Erstschadens führt
    (BGH, Urt. v. 12.3.2009 – VII ZR 88/08, zfs 2009, 441 = NZV 2009, 336) . 49
11. Reparaturkostenabrechnung im 130 %-Bereich
    (BGH, Urt. v. 8.12.2009 – VI ZR 119/09, zfs 2010, 202 = VersR 2010, 363) 53
12. Reparatur unter Wiederbeschaffungswert trotz Schätzung der Reparaturkosten über 130 %
    (BGH, Urt. v. 14.12.2010 – VI ZR 231/09, zfs 2011, 144 = VersR 2011, 282) 55
13. Reparatur unter 130 % trotz Schätzung der Reparaturkosten über 130 %
    (BGH, Urt. v. 8.2.2011 – VI ZR 79/10, VersR 2011, 547) 57

Inhaltsverzeichnis

14. Voraussetzungen für den Ersatz von Reparaturaufwand bis zu 30 % über dem Wiederbeschaffungswert
    (BGH, Urt. v. 15.11.2011 – VI ZR 30/11, zfs 2012, 141 = VersR 2012, 75) . 60
15. Anrechnung eines Werksangehörigenrabatts bei konkreter Schadensabrechnung
    (BGH, Urt. v. 18.10.2011 – VI ZR 17/11, zfs 2012, 81 = VersR 2011, 1582) 61
16. Kosten einer Reparaturbestätigung bei fiktiver Schadensabrechnung
    (BGH, Urt. v. 24.1.2017 – VI ZR 146/16, VersR 2017, 440) 65

§ 2 Umsatzsteuer und allgemeine Kostenfaktoren 69

1. Fiktive Schadensabrechnung ohne konkrete Ersatzbeschaffung
   (BGH, Urt. v. 9.5.2006 – VI ZR 225/05, VersR 2006, 987) 69
2. Konkrete Schadensabrechnung beim Erwerb eines Ersatzfahrzeugs
   (BGH, Urt. v. 1.3.2005 – VI ZR 91/04, VersR 2005, 994) 70
3. Umsatzsteuer bei Ersatzbeschaffung statt Reparatur?
   (BGH, Urt. v. 22.9.2009 – VI ZR 312/08, VersR 2009, 1387) 73
4. Verpflichtung eines vorsteuerabzugsberechtigten Geschädigten zum Erwerb eines regelbesteuerten Ersatzfahrzeugs?
   (BGH, Beschl. v. 25.11.2008 – VI ZR 245/07, zfs 2009, 326 = VersR 2009, 516) 76
5. „Mischen possible": Umsatzsteuerersatz bei Ersatzbeschaffung statt möglicher Reparatur (auch: Nutzungsausfall, Standkosten)
   (BGH, Urt. v. 5.2.2013 – VI ZR 363/11, zfs 2013, 383 = VersR 2013, 471) . 77
6. „Mischen impossible" bei konkreten Bruttoreparaturkosten einer vollständigen und fachgerechten Reparatur unter den abgerechneten Nettoreparaturkosten laut Sachverständigengutachten
   (BGH, Urt. v. 3.12.2013 – VI ZR 24/13, zfs 2014, 142 = VersR 2014, 214) . 82
7. Kein Anspruch auf Ersatz der Umsatzsteuer bei Ersatzbeschaffung von Privat
   (BGH, Urt. v. 2.7.2013 – VI ZR 351/12, zfs 2013, 629 = VersR 2013, 1277) 85
8. Umsatzsteuer bei Schadensersatzanspruch der BRD wegen Beschädigung von Schutzplanke und Lärmschutzwand einer Bundesautobahn
   (BGH, Urt. v. 18.3.2014 – VI ZR 10/13, VersR 2014, 849) 87
9. Ersatzfähigkeit von allgemeinen Kostenfaktoren wie Sozialabgaben und Lohnnebenkosten bei fiktiver Schadensabrechnung
   (BGH, Urt. v. 19.2.2013 – VI ZR 69/12, zfs 2013, 502 = VersR 2013, 637) . 94
10. Unzulässigkeit einer Kombination von fiktiver und konkreter Schadensabrechnung hinsichtlich der Umsatzsteuer
    (BGH, Urt. v. 13.9.2016 – VI ZR 654/15, VersR 2017, 115) 97

Inhaltsverzeichnis

§ 3 Restwertproblematik ... 105
1. Bedeutung von Internet-Restwertbörsen bei der Ermittlung des Restwerts (LS)
   (BGH, Urt. v. 7.12.2004 – VI ZR 119/04, zfs 2005, 184 = VersR 2005, 381) 105
2. Restwertabrechnung im Prozess auf Grundlage der BGH-Rechtsprechung
   (BGH, Urt. v. 12.7.2005 – VI ZR 132/04, zfs 2005, 600 = VersR 2005, 1448) ... 105
3. Bestimmung des Restwerts bei Reparaturkosten oberhalb der 130 %-Grenze
   (BGH, Urt. v. 6.3.2007 – VI ZR 120/06, zfs 2007, 382 = NJW 2007, 1674) . 109
4. Bestimmung des Restwerts bei fiktiver Schadensabrechnung und Weiternutzung im 130 %-Fall
   (BGH, Urt. v. 10.7.2007 – VI ZR 217/06, zfs 2007, 631 = VersR 2007, 1243) ... 112
5. Keine Verpflichtung des vom Geschädigten beauftragten Sachverständigen zur Restwertermittlung über Internet-Restwertbörsen
   (BGH, Urt. v. 13.1.2009 – VI ZR 205/08, zfs 2009, 327 = VersR 2009, 413) 113
6. Vertrauensschutz bei Reparatur trotz Totalschaden (RK über 130 %) nur bei ordnungsgemäßer Restwertermittlung
   (BGH, Urt. v. 13.10.2009 – VI ZR 318/08, zfs 2010, 84 = VersR 2010, 130) 117
7. Schadensminderungspflicht des Geschädigten beim Nachweis günstigerer Verwertungsmöglichkeiten durch den KH-Versicherer
   (BGH, Urt. v. 1.6.2010 – VI ZR 316/09, VersR 2010, 963) ... 120
8. Anrechnung eines ohne besondere Anstrengungen erzielbaren höheren Restwerterlöses
   (BGH, Urt. v. 15.6.2010 – VI ZR 232/09, VersR 2010, 1197) ... 122
9. Keine Beteiligung des Haftpflichtversicherers an der Einholung von Restwertangeboten und Maßgeblichkeit des regionalen Markts
   (BGH, Urt. v. 27.9.2016 – VI ZR 673/15, VersR 2017, 56) ... 125
10. Keine Einstellung von Lichtbildern aus Gutachten durch KH-Versicherer in eine Restwertbörse ohne Einwilligung des Sachverständigen (LS)
    (BGH, Urt. v. 29.4.2010 – I ZR 68/08, zfs 2010, 554 = WRP 2010, 927) ... 130

§ 4 Stundenverrechnungssätze, UPE-Aufschläge und Verbringungskosten ... 131
1. Die „Porsche-Entscheidung"
   (BGH, Urt. v. 29.4.2003 – VI ZR 398/02, zfs 2003, 405 = VersR 2003, 920) 131
2. Die „VW-Entscheidung"
   (BGH, Urt. v. 20.10.2009 – VI ZR 53/09, zfs 2010, 143 = VersR 2010, 225) 133
3. Die „BMW-Entscheidung"
   (BGH, Urt. v. 23.2.2010 – VI ZR 91/09, zfs 2010, 494 = VersR 2010, 923) . 137

Inhaltsverzeichnis

4. Die „Audi-Quattro-Entscheidung"
 (BGH, Urt. v. 22.6.2010 – VI ZR 302/08, VersR 2010, 1096) 140
5. Die „Mercedes-A 170-Entscheidung"
 (BGH, Urt. v. 22.6.2010 – VI ZR 337/09, zfs 2010, 497 = VersR 2010, 1097) 142
6. Die „Mercedes-A 140-Entscheidung"
 (BGH, Urt. v. 13.7.2010 – VI ZR 259/09, zfs 2010, 621 = VersR 2010, 1380) 145
7. Verweisung auf günstigere Reparaturmöglichkeit bei fiktiver Schadensabrechnung noch im Rechtsstreit
 (BGH, Urt. v. 14.5.2013 – VI ZR 320/12, zfs 2013, 446 = VersR 2013, 876) 149
8. Nochmal: Verweisung auf günstigere Reparaturmöglichkeit bei fiktiver Schadensabrechnung noch im Rechtsstreit
 (BGH, Urt. v. 15.7.2014 – VI ZR 313/13, NJW 2014, 3236) 151
9. Unzumutbarkeit der Verweisung auf eine „freie" Fachwerkstatt bei älterem Fahrzeug – was ist „scheckheftgepflegt"
 (BGH, Urt. v. 7.2.2017 – VI ZR 182/16, zfs 2017, 321 = VersR 2017, 504) . 154
10. Schadensersatz bei gewerblicher Eigenreparatur
 (BGH, Urt. v.19.11.2013 – VI ZR 363/12, zfs 2014, 204 = VersR 2014, 256) 158
11. Anmerkung betreffend UPE-Aufschläge und Verbringungskosten 161

§ 5 Mietwagenkosten, insbesondere Unfallersatztarife 163

1. Zugänglichkeit eines „Normaltarifs" und Einsatz der Kreditkarte
 (BGH, Urt. v. 19.4.2005 – VI ZR 37/04, zfs 2005, 435 = VersR 2005, 850) . 163
2. Schadensminderungspflicht bei ohne weiteres möglicher und zumutbarer Anmietung zu einem günstigeren Tarif
 (BGH, Urt. v. 6.3.2007 – VI ZR 36/06, zfs 2007, 505 = VersR 2007, 706) .. 167
3. Zur Erforderlichkeit eines Unfallersatztarifs
 (BGH, Urt. v. 12.6.2007 – VI ZR 161/06, VersR 2007, 1144) 169
4. Keine Schätzung des erforderlichen Unfallersatztarifs nach den Tabellen zur Nutzungsausfallentschädigung (sogenanntes Freiburger Modell)
 (BGH, Urt. v. 26.6.2007 – VI ZR 163/06, zfs 2007, 628) 171
5. Bedeutung der Wirksamkeit des vereinbarten Mietpreises für die Frage der Erforderlichkeit eines Unfallersatztarifs
 (BGH, Urt. v. 9.10.2007 – VI ZR 27/07, zfs 2008, 22 = VersR 2007, 1577) . 173
6. Eignung des Schwacke-Mietpreisspiegels 2006 zur Schätzung des „Normaltarifs"
 (BGH, Urt. v. 11.3.2008 – VI ZR 164/07, zfs 2008, 383, 441 = VersR 2008, 699) 176

Inhaltsverzeichnis

7. Zur Schätzung eines Aufschlags zum Normaltarif bei einem sogenannten Unfallersatztarif – hier: Aufschlag von 15 %
 (BGH, Urt. v. 24.6.2008 – VI ZR 234/07, zfs 2008, 622 = VersR 2008, 1370) 180
8. Verpflichtung zur Einholung von Vergleichsangeboten trotz Vorlage von Preislisten durch den Vermieter
 (BGH, Urt. v. 14.10.2008 – VI ZR 210/07, VersR 2009, 83) 185
9. Schätzung aktueller Mietwagenkosten nach dem Schwacke-Mietpreisspiegel aus dem Jahr 2003
 (BGH, Urt. v. 14.10.2008 – VI ZR 308/07, zfs 2009, 82 = VersR 2008, 1706) 188
10. Schätzung eines Aufschlags zum Normaltarif bei einem sogenannten Unfallersatztarif
 (BGH, Urt. v. 19.1.2010 – VI ZR 112/09, zfs 2010, 260) 193
11. Darlegungs- und Beweislast für die „Ohne-weiteres-Zugänglichkeit" günstigerer Tarife
 (BGH, Urt. v. 2.2.2010 – VI ZR 139/08, zfs 2010, 381 = VersR 2010, 545) . 198
12. Tauglichkeit der Fraunhofer- und sonstiger Listen als Schätzungsgrundlage
 (BGH, Urt. v. 12.4.2011 – VI ZR 300/09, zfs 2011, 441 = VersR 2011, 769) 204
13. Nachweis konkreter Mietwagenpreise
 (BGH, Urt. v. 17.5.2011 – VI ZR 142/10, zfs 2011, 497 = MDR 2011, 845) . 209
14. Einziehung abgetretener Schadensersatzforderungen des Geschädigten durch Mietwagenunternehmen
 (BGH, Urt. v. 31.1.2012 – VI ZR 143/11, zfs 2012, 321 = DB 2012, 509) .. 211
15. Erstattungsfähigkeit von Sonderausstattungen bei Mietwagenkosten
 (BGH, Urt. v. 27.3.2012 – VI ZR 40/10, zfs 2012, 378 = VersR 2012, 874) . 217
16. Bestimmung des maßgeblichen Normalpreises durch Zu- oder Abschläge auf einen grundsätzlich geeigneten Mietpreisspiegel auch bei Zweifeln im Einzelfall
 (BGH, Urt. v. 18.12.2012 – VI ZR 316/11, VersR 2013, 330) 219
17. Aktivlegitimation eines Mietwagenunternehmens hinsichtlich der Durchsetzung abgetretener Mietwagenkosten
 (BGH, Urt. v. 11.9.2012 – VI ZR 296/11, VersR 2012, 1451) 222
18. Maßgebender Zeitpunkt für die Beurteilung der Wirksamkeit einer Abtretung von Schadensersatzforderungen des Geschädigten an ein Mietwagenunternehmen
 (BGH, Urt. v. 11.9.2012 – VI ZR 297/11, VersR 2012, 1409) 225
19. Ersatz von Mietwagenkosten statt Taxikosten bei geringer Fahrleistung und Nutzungsausfall als Mindestschaden
 (BGH, Urt. v. 5.2.2013 – VI ZR 290/11, zfs 2013, 322 = VersR 2013, 515) . 231

20. Wirksamkeit der Abtretung, Rechtfertigungsgründe für höhere Mietpreise (Eil- und Notsituation, Vorfinanzierung, Winterreifen) sowie Abzug für Eigenersparnis
(BGH, Urt. v. 5.3.2013 – VI ZR 245/11, VersR 2013, 730) 236
21. Undifferenzierter Haftungsvorbehalt für den Fall grober Fahrlässigkeit in einem gewerblichen Kfz-Mietvertrag
(BGH, Urt. v. 11.10.2011 – VI ZR 46/10, zfs 2011, 697) 242
22. Voraussetzungen für die Annahme grober Fahrlässigkeit bei einem selbstverschuldeten Unfall mit einem angemieteten Kraftfahrzeug
(BGH, Urt. v. 15.7.2014 – VI ZR 452/13, zfs 2014, 685 = VersR 2014, 1135) 246
23. Vermittlung einer günstigeren Anmietmöglichkeit durch den gegnerischen Haftpflichtversicherer
(BGH, Urt. v. 26.4.2016 – VI ZR 563/15, VersR 2016, 1071) 250

§ 6 Nutzungsausfall und merkantiler Minderwert 255

1. Nutzungsausfall und merkantiler Minderwert bei älteren Kraftfahrzeugen
(BGH, Urt. v. 23.11.2004 – VI ZR 357/03, zfs 2005, 126 = VersR 2005, 284) 255
2. Keine Nutzungsausfallentschädigung beim gewerblich genutzten Kraftfahrzeug bei Ersatz der Kosten für die Anmietung eines gleichwertigen Ersatzfahrzeugs
(BGH, Urt. v. 4.12.2007 – VI ZR 241/06, zfs 2008, 267 = VersR 2008, 369) 260
3. Nutzungsausfallentschädigung oder Anschaffung eines Interimfahrzeugs
(BGH, Urt. v. 18.12.2007 – VI ZR 62/07, zfs 2008, 201 = VersR 2008, 370) 263
4. Keine auf die fiktiven Kosten für die Anschaffung eines Interimsfahrzeugs begrenzte Nutzungsausfallentschädigung
(BGH, Urt. v. 10.3.2009 – VI ZR 211/08, zfs 2009, 564 = VersR 2009, 697) 266
5. Nutzungsausfallentschädigung bei Wohnmobilen
(BGH, Urt. v. 10.6.2008 – VI ZR 248/07, zfs 2008, 501 = VersR 2008, 1086) 270

§ 7 Haftung bei Unfällen mit einem Kraftfahrzeug bei Beteiligung von Kindern (§ 828 Abs. 2 BGB) 275

1. Beschädigung eines ordnungsgemäß geparkten Kraftfahrzeugs durch ein Kind im Alter zwischen dem 7. und dem vollendeten 10. Lebensjahr
(BGH, Urt. v. 30.11.2004 – VI ZR 335/03, zfs 2005, 174 = NJW 2005, 354) 275
2. Bedeutung des neuen Haftungsprivilegs des § 828 Abs. 2 BGB für die Darlegungs- und Beweislast für Altfälle
(BGH, Urt. v. 14.6.2005 – VI ZR 181/04, zfs 2005, 486 = VersR 2005, 1154) 280

3. Zusammenstoß eines Fahrrad fahrenden Kindes mit einem verkehrsbedingt haltenden Kraftfahrzeug
 (BGH, Urt. v. 17.4.2007 – VI ZR 109/06, zfs 2007, 435 = VersR 2007, 855) 282
4. Zusammenstoß eines führungslos vom Bürgersteig auf die Straße rollenden Fahrrads mit einem vorbeifahrenden Kraftfahrzeug
 (BGH, Urt. v. 16.10.2007 – VI ZR 42/07, zfs 2008, 80 = VersR 2007, 1669) 285
5. Zusammenstoß eines Fahrrad fahrenden Kindes mit einer geöffneten Tür eines am Fahrbahnrand haltenden Kfz
 (BGH, Beschl. v. 11.3.2008 – VI ZR 75/07, zfs 2008, 373 = VersR 2008, 701) 288
6. Darlegungs- und Beweislast für das Vorliegen einer typischen Überforderungssituation eines Kindes im Rahmen des § 828 Abs. 2 BGB
 (BGH, Urt. v. 30.6.2009 – VI ZR 310/08, zfs 2009, 673 = VersR 2009, 1136) 289
7. Verletzung elterlicher Aufsichtspflicht bei Beschädigung von Kraftfahrzeugen durch Kinder
 (BGH, Urt. v. 24.3.2009 – VI ZR 199/08 und VI ZR 51/08, zfs 2009, 492, 495 = VersR 2009, 788, 790) 292

§ 8 Sachverständigenkosten 295

1. „Übliche Vergütung" im Verhältnis Geschädigter – Sachverständiger (LS)
 (BGH, Urt. v. 4.4.2006 – X ZR 122/05, zfs 2006, 564 = VersR 2006, 1131) . 295
2. Ersatzfähigkeit im Verhältnis Geschädigter – Haftpflichtversicherer
 (BGH, Urt. v. 23.1.2007 – VI ZR 67/06, zfs 2007, 507 = VersR 2007, 560) . 295
3. Quotelung von Sachverständigenkosten bei Mithaftung
 (BGH, Urt. v. 7.2.2012 – VI ZR 133/11, zfs 2013, 198 = VersR 2012, 201) . 300
4. Zulässigkeit von Sicherungsabtretungsklauseln von Sachverständigen und Werkstätten
 (BGH, Urt. v. 7.6.2011 – VI ZR 260/10, zfs 2011, 561 = MDR 2011, 845) . 304
5. Erforderlichkeit von Sachverständigenkosten nach einem Verkehrsunfall
 (BGH, Urt. v. 11.2.2014 – VI ZR 225/13, VersR 2014, 474) 307
6. Pauschalierung von Nebenkosten beim Sachverständigenhonorar und Ersatzfähigkeit von Zinsen für verauslagte Gerichtskosten
 (BGH, Urt. v. 22.7.2014 – VI ZR 357/13, zfs 2015, 85 = VersR 2014, 1141) 311
7. Wirksamkeit der Abtretung eines Anspruchs auf Erstattung von Sachverständigenkosten durch einen Sachverständigen an ein Factoring-Unternehmen
 (BGH, Urt.v. 21.10.2014 – VI ZR 507/13, zfs 2015, 264 = VersR 2014, 1510) 318
8. JVEG als Orientierungshilfe bei den Sachverständigennebenkosten
 (BGH, Urt. v. 26.4.2016 – VI ZR 50/15, zfs 2016, 559 = VersR 2016, 1133) 321

9. Darlegungslast des Geschädigten hinsichtlich der Höhe der Sachverständigenkosten
(BGH, Urt. v. 19.7.2016 – VI ZR 491/15, zfs 2017, 23 = NJW 2016, 3363) . 330
10. Anknüpfung an die übliche Vergütung bei Fehlen einer Preisvereinbarung zwischen Geschädigtem und Sachverständigem
(BGH, Urt. v. 28.2.2017 – VI ZR 76/16, VersR 2017, 636) 335
11. Zulässigkeit von Sicherungsabtretungsklauseln beim Sachverständigenhonorar
(BGH, Urt. v. 21.6.2016 – VI ZR 475/15, VersR 2016, 1330) 338

§ 9 Kasko-Rückstufungsschaden 345

1. Haftung des Schädigers für Kasko-Rückstufungsschaden des Geschädigten auch bei nur anteiliger Schadensverursachung
(BGH, Versäumnisurt. v. 25.4.2006 – VI ZR 36/05, zfs 2006, 680 = VersR 2006, 1139) 345
2. Kein Abwarten auf die Mitteilung über die Regulierungsbereitschaft des Haftpflichtversicherers vor Inanspruchnahme der Vollkaskoversicherung
(BGH, Urt. v. 26.9.2006 – VI ZR 247/05, zfs 2007, 87 = VersR 2007, 81) .. 347

§ 10 Halter- und Fahrerhaftung 351

1. Abgrenzung zwischen Fahrer- und Halterhaftung im Hinblick auf die Zurechnung der Betriebsgefahr
(BGH, Urt. v. 17.11.2009 – VI ZR 64/08, VersR 2010, 268) 351
2. Sorgfaltsanforderung beim Ein- oder Aussteigevorgang
(BGH, Urt. v. 6.10.2009 – VI ZR 316/08, zfs 2010, 76 = VersR 2009, 1641) 354
3. Haftungsquote nach Motorradunfall auf der Autobahn
(BGH, Urt. v. 1.12.2009 – VI ZR 221/08, zfs 2010, 315 = VersR 2010, 642) 357
4. „Berührungsloser Unfall" bei Ausweichreaktion im Zusammenhang mit einem Überholvorgang eines anderen Fahrzeugs
(BGH, Urt. v. 21.9.2010 – VI ZR 263/09, zfs 2011, 75 = VersR 2010, 1614) 362
5. Kausalität und Zurechnungszusammenhang bei berührungslosen Unfällen
(BGH, Urt. v. 22.11.2016 – VI ZR 533/15, zfs 2017, 315 = VersR 2017, 311) 365
6. „Berührungsloser Unfall" bei Ausweichreaktion im Parkhaus
(BGH, Urt.v. 26.4.2005 – VI ZR 168/04, zfs 2005, 487) 370
7. Anscheinsbeweis bei einem Auffahrunfall beim Verlassen der Autobahn
(BGH, Urt. v. 30.11.2010 – VI ZR 15/10, zfs 2011, 198 = VersR 2011, 234) 373
8. Kein Anscheinsbeweis bei einem Auffahrunfall auf der Überholspur der Autobahn bei feststehendem Spurwechsel
(BGH, Urt. v. 13.12.2011 – VI ZR 177/10, zfs 2012, 195 = MDR 2012, 145) 376

Inhaltsverzeichnis

9. Anscheinsbeweis bei Auffahrunfällen auf Autobahnen bei streitigem Spurwechsel
   (BGH, Urt. v. 13.12.2016 – VI ZR 32/16, zfs 2017, 258 = VersR 2017, 374)   379
10. Anscheinsbeweis bei Parkplatzunfällen Nr. 1
    (BGH, Urt. v. 15.12.2015 – VI ZR 6/15, zfs 2016, 435 = VersR 2016, 410) .   382
11. Anscheinsbeweis bei Parkplatzunfällen Nr. 2
    (BGH, Urt. v. 26.1.2016 – VI ZR 179/15, zfs 2016, 434 = VersR 2016, 479)   387
12. Anscheinsbeweis bei Parkplatzunfällen Nr. 3
    (BGH, Urt. v. 11.10.2016 – VI ZR 66/16, zfs 2017, 199 = VersR 2017, 186)   391
13. Vorfahrtsrecht beim Verlassen verkehrsberuhigter Zonen
    (BGH, Urt. v. 20.11.2007 – VI ZR 8/07, zfs 2008, 256 = DAR 2008, 137) ..   394
14. Vorrang des fließenden Verkehrs gegenüber Grundstücksausfahrten auch bei Verstoß gegen das Rechtsfahrgebot
    (BGH, Urt. v. 20.9.2011 – VI ZR 282/10, zfs 2012, 76 = VersR 2011, 1540)   398
15. Betriebsgefahr eines brennenden Kraftfahrzeugs
    (BGH, Urt. v. 27.11.2007 – VI ZR 210/06, zfs 2008, 374 = VersR 2008, 656) 401
16. Haftungsausschluss und Haftpflichtversicherungsschutz bei gefährlichen Motorsportveranstaltungen
    (BGH, Urt. v. 29.1.2008 – VI ZR 98/07, zfs 2008, 315 = VersR 2008, 540) .   404
17. Fahren ohne Fahrerlaubnis als Mitverschulden
    (BGH, Urt. v. 21.11.2006 – VI ZR 115/05, zfs 2007, 263 = VersR 2007, 263) 407
18. Spurwechsel bei mehrspurigem parallelem Abbiegen
    (BGH, Urt. v. 12.12.2006 – VI ZR 75/06, zfs 2007, 201 = VersR 2007, 262)   410
19. Mitverursachung eines Verkehrsunfalls durch Nichteinhaltung des gebotenen Sicherheitsabstandes
    (BGH, Urt. v. 16.1.2007 – VI ZR 248/05, zfs 2007, 378 = VersR 2007, 557)   412
20. Zusammenstoß zwischen einem Linksabbieger und einem in Gegenrichtung geradeaus fahrenden Kraftfahrzeug
    (BGH, Urt. v. 13.2.2007 – VI ZR 58/06, zfs 2007, 439 = VersR 2007, 681) .   414
21. Bedeutung eines eingeschalteten Warnblinklichts im Rahmen der Abwägung der wechselseitigen Verursachungsbeiträge
    (BGH, Urt. v. 13.3.2007 – VI ZR 216/05, zfs 2007, 437 = VersR 2007, 1095) 418
22. Bedeutung einer sog. Vorampel
    (BGH, Urt. v. 26.4.2005 – VI ZR 228/03, VersR 2005, 954) 420
23. Haftung für die Schäden an einem Polizeifahrzeug bei einem Verfolgungsrennen mit absichtlichem Rammen des Fluchtfahrzeugs
    (BGH, Urt. v. 31.1.2012 – VI ZR 43/11, zfs 2012, 436 = VersR 2012, 734) .   425

17

24. Zurechnung haftungsrelevanten Verhaltens des Fahrers im Verhältnis zum Eigentümer und Halter auch im Rahmen des § 254 BGB
(BGH, Urt. v. 11.6.2013 – VI ZR 150/12, zfs 2013, 558 = VersR 2013, 1013) 430
25. Ansprüche des Leasinggebers gegen den Leasingnehmer und andere Unfallbeteiligte bei fehlendem Verschuldensnachweis, § 7 Abs. 1 StVG
(BGH, Urt. v. 7.12.2010 – VI ZR 288/09, zfs 2011, 196 = VersR 2011, 365) 434
26. Ansprüche des Leasinggebers gegen den Leasingnehmer und andere Unfallbeteiligte bei nachweisbarem Verschulden, § 823 BGB
(BGH, Urt. v. 10.7.2007 – VI ZR 199/06, zfs 2007, 678 = VersR 2007, 1387) 437
27. Zurechnung der Betriebsgefahr des sicherungsübereigneten Kfz beim Schadensersatzanspruch des nichthaltenden Sicherungseigentümers
(BGH, Urt. v. 7.3.2017 – VI ZR 125/16, VersR 2017, 830) 440
28. Anhängerhaftung: Schadensteilung im Innenverhältnis der Versicherer
(BGH, Urt. v. 27.10.2010 – IV ZR 279/08, zfs 2011, 90 = VersR 2011, 105) 443
29. Halterhaftung beim Brand eines geparkten Kraftfahrzeugs
(BGH, Urt. v. 21.1.2014 – VI ZR 253/13, VersR 2014, 396) 448
30. Halterhaftung bei Arbeitsmaschinen (Traktor mit Kreiselschwader)
(BGH, Urt. v. 24.3.2015 – VI ZR 265/14, zfs 2015, 495 = VersR 2015, 638) 450
31. Betrieb und Gebrauch beim Entladen von Heizöl aus einem Tanklastwagen
(BGH, Urt. v. 8.12.2015 – VI ZR 139/15, VersR 2016, 1048) 454
32. Beschädigungen beim Abschleppen eines verbotswidrig geparkten Fahrzeugs
(BGH, Urt. v. 18.2.2014 – VI ZR 383/12, VersR 2014, 502) 459
33. Verbindlichkeit von auf der Fahrbahn markierten Richtungspfeilen auf einem mehrspurigen Straßenring
(BGH, Urt. v. 11.2.2014 – VI ZR 161/13, VersR 2014, 518) 463
34. Fortdauer des Vorfahrtrechts auf einer Vorfahrtstraße bei Überfahren einer unterbrochenen Linie als Fahrbahnbegrenzung
(BGH, Urt. v. 27.5.2014 – VI ZR 279/13, zfs 2014, 499 = VersR 2014, 894) 466
35. Haftung für Einnahmeausfälle einer Autobahnrastanlage wegen unfallbedingter Sperrung der Autobahn
(BGH, Urt. v. 9.12.2014 – VI ZR 155/14, MDR 2015, 83) 470

§ 11 Fahrbahnverschmutzungen 477

1. Kosten der Entsorgung von Transportgut nach einem Verkehrsunfall
(BGH, Urt. v. 6.11.2007 – VI ZR 220/06, zfs 2008, 132 = VersR 2008, 230) 477
2. Erstattung von Kosten zur Beseitigung von Ölspuren
(BGH, Urt. v. 28.6.2011 – VI ZR 184/10, VersR 2011, 1070) 479

3. Darlegungs- und Beweislast bei Kostenersatz für die Beseitigung von Fahrbahnverschmutzungen
(BGH, Urt. v. 15.10.2013 – VI ZR 528/12, VersR 2013, 1590) 485
4. Direktanspruch der BRD gegen eine Kfz-Haftpflichtversicherung wegen einer Fahrbahnverschmutzung auf einer Bundesautobahn
(BGH, Urt. v. 9.12.2014 – VI ZR 138/14, zfs 2015, 325 = VersR 2015, 503) 491
5. Ermittlung der erforderlichen Kosten für die Beseitigung einer Ölspur
(BGH, Urt. v. 15.9.2015 – VI ZR 475/14, VersR 2015, 1522) 495

§ 12 Prozess- und Kostenrecht 501

1. KH-Versicherer als Streithelfer beim Verdacht der Unfallmanipulation
(BGH, Beschl. v. 29.11.2011 – VI ZR 201/10, zfs 2012, 325 = VersR 2012, 434) 501
2. Rechtsanwaltskosten für die Einholung einer Deckungszusage bei der Rechtsschutzversicherung des Geschädigten
(BGH, Urt. v. 13.12.2011 – VI ZR 274/10, zfs 2012, 223 = AGS 2012, 152) 503
3. Erstattungsfähigkeit außergerichtlicher Rechtsanwaltskosten für die Geltendmachung der Unfallschäden gegenüber dem Kaskoversicherer
(BGH, Urt. v. 8.5.2012 – VI ZR 196/11, NJW 2012, 2194) 505
4. Ersatzfähigkeit von Rechtsanwaltskosten für die Geltendmachung von Ansprüchen gegen die private Unfallversicherung
(BGH, Urt. v. 10.1.2006 – VI ZR 43/05, zfs 2006, 448 = VersR 2006, 521) . 507
5. Zulässigkeit einer (Zwischen-)Feststellungsklage nach einem Verkehrsunfall bei noch nicht vollständig bezifferbarem Schaden
(BGH, Beschl. v. 6.3.2012 – VI ZR 167/11, r+s 2012, 461) 510
6. Internationale Zuständigkeit für die Geltendmachung eines Direktanspruchs gegen den Haftpflichtversicherer mit Sitz in der Schweiz
(BGH, Urt. v. 23.10.2012 – VI ZR 260/11, zfs 2013, 208 = VersR 2013, 73) 511
7. Aussetzung eines Rechtsstreits nach der EuGVVO
(BGH, Urt. v. 19.2.2013 – VI ZR 45/12, zfs 2014, 28 = r+s 2013, 249) 514
8. Erstattungsfähigkeit der Kosten eines Privatgutachtens
(BGH, Beschl. v. 26.2.2013 – VI ZB 59/12, zfs 2013, 346) 518
9. Gerichtliche Überprüfbarkeit der Voraussetzungen für die Erhöhung der Geschäftsgebühr über die Regelgebühr hinaus („keine Toleranzgrenze")
(BGH, Urt. v. 5.2.2013 – VI ZR 195/12, zfs 2013, 288) 521
10. Wohnsitzgerichtsstand des Geschädigten für Direktklage gegen die ausländische Kfz-Haftpflichtversicherung und internationale Zuständigkeit für eine Klage gegen den Versicherten oder Versicherungsnehmer
(BGH, Urt. v. 24.2.2015 – VI ZR 279/14, zfs 2015, 689 = VersR 2016, 271) 523
11. Voraussetzungen für die Zulässigkeit der Berufung
(BGH, Beschl. v. 10.3.2015 – VI ZB 28/14, zfs 2016, 206 = VersR 2016, 1008) 528

Inhaltsverzeichnis

12. Geschäftsgebühr bei nur teilweiser außergerichtlicher Erfüllung und Klageauftrag für Restforderung
 (BGH, Urt. v. 20.5. 2014 – VI ZR 396/13, zfs 2014, 585 = SP 2014, 279) .. 533
13. Berücksichtigung nicht zuerkannter Rechtsanwaltskosten für die Einholung einer Deckungszusage bei der Ermittlung der Beschwer
 (BGH, Beschl. v. 20.5.2014 – VI ZB 49/12, VersR 2014, 1149) 536
14. Keine nachträgliche Zulassung der Revision durch das Berufungsgericht im Anhörungsrügeverfahren
 (BGH, Urt. v. 16.9. 2014 – VI ZR 55/14, VersR 2015, 82) 538
15. Kostentragungspflicht des Klägers bei Klagerücknahme wegen Erledigung der Hauptsache nach Rechtshängigkeit
 (BGH, Beschl. v. 19.8.2014 – VI ZB 17/13, zfs 2015, 211 = NJW 2014, 3520) 541
16. Erstattungsfähigkeit vorgerichtlicher Rechtsanwaltskosten des Geschädigten für die Inanspruchnahme seiner Kfz-Kaskoversicherung
 (BGH, Urt. v. 11.7.2017 – VI ZR 90/17, VersR 2017, 1155) 543
17. Berücksichtigung des Restwerts beim Anspruch des Geschädigten auf Ersatz vorgerichtlicher Rechtsanwaltskosten
 (BGH, Urt. v. 18.7.2017 – VI ZR 465/16, juris) 548

§ 13 Anhang Kfz-Schadensabrechnungs-Übersicht 553

1. Grundskizze „Gebäude des Kfz-Schadens" 553
2. Verwendete Abkürzungen 554
3. Begriffserklärung 554
4. Kfz-Schadensabrechnungs-Übersicht 2017 554

§ 1 Reparaturkosten oder Wiederbeschaffungsaufwand

1. Dauer der Weiternutzung bei Abrechnung fiktiver Reparaturkosten

BGH, Urt. v. 29.4.2008 – VI ZR 220/07, zfs 2008, 503 = VersR 2008, 839

BGB § 249 Abs. 2 S. 1

Ein Unfallgeschädigter kann (fiktiv) die vom Sachverständigen geschätzten Reparaturkosten bis zur Höhe des Wiederbeschaffungswerts in der Regel nur abrechnen, wenn er das Fahrzeug mindestens sechs Monate weiternutzt und zu diesem Zweck – falls erforderlich – verkehrssicher (teil-)reparieren lässt (im Anschluss an Senat, BGHZ 154, 395 ff.; 168, 43 ff.).

a) Der Fall

Der Pkw des Klägers war bei einem Verkehrsunfall beschädigt worden. Die Beklagte hatte als Kraftfahrzeugpflichtversicherer des Unfallgegners in vollem Umfang für den Schaden einzustehen.

Eine fachgerechte Instandsetzung des beschädigten Fahrzeugs hätte nach sachverständiger Schätzung 8.000 EUR netto gekostet (*Beträge zur Vereinfachung geändert*). Der Kläger ließ die Reparatur jedoch kostengünstiger durchführen. Er veräußerte das Fahrzeug spätestens nach 22 Tagen. Die Beklagte erstattete ihm einen Betrag von 6.000 EUR, den sie aus dem Wiederbeschaffungswert des Fahrzeugs vor dem Unfall in Höhe von 10.000 EUR unter Abzug eines Restwerts von 4.000 EUR errechnete.

Mit seiner Klage hat der Kläger die geschätzten Kosten einer fachgerechten Reparatur abzüglich gezahlter 6.000 EUR, mithin 2.000 EUR geltend gemacht.

Das Amtsgericht hat die Klage abgewiesen. Das Landgericht hat die Berufung des Klägers zurückgewiesen. Mit der vom Berufungsgericht zugelassenen Revision verfolgte der Kläger sein Klagebegehren weiter.

b) Die rechtliche Beurteilung

Das Berufungsgericht hatte zur Begründung seiner Entscheidung im Wesentlichen ausgeführt, die vom Kläger durchgeführte Reparatur könne zwar aufgrund der vorgelegten Lichtbilder und Anlagen nicht als unfachmännisch bezeichnet werden; eine Reparatur mit Gebrauchtteilen sei im Hinblick auf das Alter des Fahrzeugs angemessen. Der Kläger verstoße aber gegen das Bereicherungsverbot, wenn er trotz des alsbaldigen Weiterverkaufs durch den Unfall wirtschaftlich besser gestellt werde als ohne das schädigende Ereignis.

§ 1 Reparaturkosten oder Wiederbeschaffungsaufwand

6 Das Berufungsurteil hielt im Ergebnis revisionsrechtlicher Überprüfung stand. Nach der Rechtsprechung des VI. Zivilsenats des BGH stehen dem Unfallgeschädigten für die Berechnung eines Kraftfahrzeugschadens im Allgemeinen zwei Wege der Naturalrestitution zur Verfügung: Die Reparatur des Unfallfahrzeugs oder die Anschaffung eines „gleichwertigen" Ersatzfahrzeugs. Der Geschädigte, der sein Fahrzeug tatsächlich reparieren lässt, kann grundsätzlich Ersatz der Reparaturkosten verlangen, wenn diese den Wiederbeschaffungswert nicht übersteigen.

7 Der Kläger begehrte jedoch nicht (etwa unter Vorlage der Reparaturrechnung) Erstattung der Kosten der tatsächlich durchgeführten Instandsetzung. Er wollte vielmehr seinen Schaden (fiktiv) auf der Basis der geschätzten Kosten für die Instandsetzung berechnen. Nach der Rechtsprechung des erkennenden Senats kann der Geschädigte die vom Sachverständigen geschätzten Reparaturkosten bis zur Höhe des Wiederbeschaffungswerts in der Regel jedoch nur abrechnen, wenn er das Fahrzeug mindestens sechs Monate weiternutzt und zu diesem Zweck – falls erforderlich – verkehrssicher (teil-)reparieren lässt.

8 Nach den tatsächlichen Feststellungen des Berufungsgerichts hatte der Geschädigte im Streitfall das Fahrzeug spätestens 22 Tage nach dem Unfall weiterveräußert mit der Folge, dass er nicht (fiktiv) die geschätzten Reparaturkosten, sondern nur den Wiederbeschaffungsaufwand verlangen konnte. Da er infolge der Weiterveräußerung den Restwert realisiert hatte, musste er sich diesen bei der Schadensberechnung mindernd anrechnen lassen.

2. Fiktive Schadensabrechnung bei Eigenreparatur

9 BGH, Urt. v. 23.11.2010 – VI ZR 35/10, zfs 2011, 264 = VersR 2011, 280
BGB § 249 Abs. 2 S. 1
a) Ein Unfallgeschädigter kann (fiktiv) die vom Sachverständigen geschätzten Reparaturkosten bis zur Höhe des Wiederbeschaffungswerts in der Regel nur abrechnen, wenn er das Fahrzeug mindestens sechs Monate weiternutzt und es zu diesem Zweck – falls erforderlich – verkehrssicher (teil-)reparieren lässt.
b) Vor Ablauf der Sechs-Monats-Frist kann der Geschädigte, der sein Fahrzeug tatsächlich repariert oder reparieren lässt, Reparaturkosten, die den Wiederbeschaffungswert nicht übersteigen, regelmäßig nur ersetzt verlangen, wenn er den konkret angefallenen Reparaturaufwand geltend macht.

a) Der Fall

10 Der Kläger machte gegen die Beklagten restlichen Schadensersatz aus einem Verkehrsunfall vom 25.5.2008 geltend, bei dem das Kraftfahrzeug des Klägers beschädigt wurde. Die volle Haftung der Beklagten ist dem Grunde nach unstreitig. Das Fahrzeug war seitens des Klägers zunächst über die Volkswagen Bank finan-

2. Fiktive Schadensabrechnung bei Eigenreparatur   § 1

ziert worden. Nach einem vom Kläger eingeholten Sachverständigengutachten belief sich der Wiederbeschaffungswert des Fahrzeugs auf 39.000 EUR brutto (32.733,10 EUR netto), der Restwert auf 18.000 EUR und die geschätzten Reparaturkosten auf 23.549,54 EUR brutto (19.789,35 EUR netto). Die Beklagte zu 2 erstattete dem Kläger insgesamt einen Betrag von 9.883,11 EUR, wobei sie den Wiederbeschaffungsaufwand aus dem Wiederbeschaffungswert des Fahrzeugs vor dem Unfall unter Abzug eines Restwerts von 22.890 EUR zugrunde legte. Den Restwert hatte sie aufgrund des Restwertangebots aus einer Internet-Restwertbörse ermittelt, an das der Bieter bis zum 31.7.2008 gebunden war. Der Kläger führte die Reparatur des Fahrzeugs – nachdem er es bei der Volkswagenbank abgelöst hatte – in Eigenregie durch und veräußerte das Fahrzeug am 15.10.2008 zu einem Preis von 32.000 EUR.

Der Kläger begehrte Schadensersatz auf Reparaturkostenbasis, den er ursprünglich wie folgt berechnet hatte: Reparaturkosten netto 19.789,35 EUR, Wertminderung 3.000 EUR, Kostenpauschale 25 EUR, Sachverständigenkosten 1.338,04 EUR und Nutzungsausfall 1.738 EUR, abzüglich des von der Beklagten zu 2 zunächst gezahlten Betrages von 6.941,93 EUR. Die auf den geltend gemachten Restanspruch von 18.948,36 EUR gerichtete Klage hat er im Laufe des erstinstanzlichen Rechtsstreits um die Kosten des Sachverständigengutachtens ermäßigt, nachdem die Beklagte zu 2 diese direkt an den Sachverständigen gezahlt hatte. Gleichzeitig hat er die Klage in Höhe von 1.288,58 EUR wegen auf seinem Girokonto angefallener Sollzinsen erhöht. Hinsichtlich der während des Rechtsstreits gezahlten weiteren 2.941,18 EUR haben die Parteien den Rechtsstreit übereinstimmend für erledigt erklärt.

Das Landgericht hat dem Kläger in der Hauptsache weitere 4.976,88 EUR sowie restliche vorgerichtliche Rechtsanwaltskosten in Höhe von 61,88 EUR zuerkannt. Im Übrigen hat es die Klage abgewiesen.   **11**

Auf die Berufung des Klägers hat das Oberlandesgericht das erstinstanzliche Urteil teilweise abgeändert und die Beklagten als Gesamtschuldner verurteilt, an den Kläger über den vom Landgericht zuerkannten Betrag hinaus weitere 9.692,26 EUR nebst Zinsen zu zahlen. Im Übrigen hat es die Berufungen der Parteien zurückgewiesen. Mit der vom Berufungsgericht zugelassenen Revision verfolgten die Beklagten ihren Antrag, die Klage bis auf einen Betrag von 25 EUR abzuweisen, weiter.

b) Die rechtliche Beurteilung

Das Berufungsurteil hielt revisionsrechtlicher Nachprüfung nicht stand.   **12**
Nach ständiger Rechtsprechung des erkennenden Senats kann ein Unfallgeschädigter fiktiv die vom Sachverständigen geschätzten (über dem Wiederbeschaffungsaufwand liegenden) Reparaturkosten bis zur Höhe des Wiederbeschaffungswerts in der Regel nur abrechnen, wenn er das Fahrzeug mindestens sechs Monate weiter

§ 1 Reparaturkosten oder Wiederbeschaffungsaufwand

nutzt und es zu diesem Zweck – falls erforderlich – verkehrssicher (teil-)reparieren lässt (vgl. Senatsurt. v. 29.4.2003 – VI ZR 393/02, BGHZ 154, 395 ff.; v. 23.5.2006 – VI ZR 192/05, BGHZ 168, 43 ff. und v. 29.4.2008 – VI ZR 220/07, VersR 2008, 839). Im Streitfall waren die Voraussetzungen für eine fiktive Schadensabrechnung nicht erfüllt, da der Kläger nach den Feststellungen des Berufungsgerichts das unfallgeschädigte Fahrzeug bereits vor Ablauf der Sechs-Monats-Frist weiterverkauft hatte.

13 Zwar kann der Geschädigte, der sein Fahrzeug tatsächlich reparieren lässt, grundsätzlich auch vor Ablauf der Sechs-Monats-Frist die Erstattung der konkret angefallenen Reparaturkosten verlangen, wenn diese den Wiederbeschaffungswert nicht übersteigen (Senatsurt. v. 5.12.2006 – VI ZR 77/06, VersR 2007, 372). Im Streitfall begehrte der Kläger jedoch nicht die Erstattung der konkreten Kosten der tatsächlich durchgeführten Reparatur, sondern er wollte – ebenso wie der Geschädigte in dem dem Senatsurteil v. 29.4.2008 (VI ZR 220/07, a.a.O.) zugrunde liegenden Fall – seinen Schaden fiktiv auf der Basis der vom Sachverständigen geschätzten Reparaturkosten berechnen, obwohl er das Fahrzeug nicht mindestens sechs Monate weitergenutzt hatte. Diese Möglichkeit der Schadensabrechnung war ihm jedoch – wie der Senat bereits in seinem vorgenannten Urteil entschieden hatte – aus Rechtsgründen versagt.

14 Die Überlegungen des Berufungsgerichts gaben keine Veranlassung zu einer abweichenden Beurteilung. Der Auffassung des Berufungsgerichts, im vorliegenden Fall der Eigenreparatur werde bei der Veräußerung nicht der Restwert realisiert, so dass der Geschädigte mit seiner Abrechnung der Reparaturkosten nicht gegen das Bereicherungsverbot verstoße, konnte nicht beigetreten werden. Bei der Veräußerung des in Eigenregie reparierten Unfallfahrzeugs wird nämlich (inzident) auch der nach dem Unfall verbliebene Restwert des Fahrzeugs realisiert. Deshalb würde es – entgegen der Auffassung des Berufungsgerichts – unter den Umständen des Streitfalles gegen das Bereicherungsverbot verstoßen, wenn der Geschädigte, der wertmäßig in geringerem Umfang eine Teilreparatur durchführen lässt, (fiktiv) die Kosten einer – tatsächlich nicht durchgeführten – vollständigen und fachgerechten Reparatur abrechnen könnte. Das Berufungsgericht hatte gerade nicht festgestellt, dass der Geschädigte im Streitfall wertmäßig in einem Umfang repariert hatte, der dem vom Sachverständigen in seinem Gutachten geschätzten Reparaturaufwand entsprach. Mithin konnte der Kläger entsprechend dem Urteil des Landgerichts lediglich den Wiederbeschaffungsaufwand, also den Wiederbeschaffungswert abzüglich des Restwertes (vor der Reparatur), verlangen.

15 Entgegen der Auffassung der Revision war der Schadensabrechnung der vom Sachverständigen auf dem regionalen Markt ermittelte Restwert von 18.000 EUR und nicht der Wert von 22.890 EUR zugrunde zu legen, den die Beklagte zu 2 über eine Internet-Restwertbörse ermittelt hatte.

2. Fiktive Schadensabrechnung bei Eigenreparatur § 1

Nach der ständigen Rechtsprechung des Senats kann der Geschädigte, der ein Sachverständigengutachten einholt, das eine korrekte Wertermittlung erkennen lässt, und im Vertrauen auf den darin genannten, auf dem allgemeinen regionalen Markt ermittelten Restwert und die sich daraus ergebende Schadensersatzleistung des Unfallgegners wirtschaftliche Dispositionen trifft, seiner Schadensabrechnung grundsätzlich diesen Restwertbetrag zugrunde legen (vgl. Senatsurt. v. 6.3.2007 – VI ZR 120/06, BGHZ 171, 287, 290 f.; v. 10.7.2007 – VI ZR 217/06, VersR 2007, 1243, 1244 und v. 13.10.2009 – VI ZR 318/08, VersR 2010, 130). Die Revision zog nicht in Zweifel, dass auf dem regionalen Markt ein Restwerterlös von 18.000 EUR zu erzielen gewesen wäre. **16**

Darüber hinaus bezogen sich die von der Beklagten zu 2 übermittelten Restwertangebote auf das unreparierte Fahrzeug und waren zu dem Zeitpunkt, als der Kläger das Fahrzeug in Eigenregie repariert und weiterverkauft hatte, längst abgelaufen. In einer solchen Situation muss der Geschädigte – entgegen der Auffassung der Revision – grundsätzlich nicht den Haftpflichtversicherer über den nunmehr beabsichtigten Verkauf seines Fahrzeugs informieren und ihm zur Einholung neuer Angebote Gelegenheit geben, weil andernfalls die dem Geschädigten nach § 249 Abs. 2 S. 1 BGB zustehende Ersetzungsbefugnis unterlaufen würde, die ihm die Möglichkeit der Schadensbehebung in eigener Regie eröffnet und deshalb auf seine individuelle Situation und die konkreten Gegebenheiten des Schadensfalles abstellt (vgl. Senatsurt. v. 12.7.2005 – VI ZR 132/04, VersR 2005, 1448 m.w.N.). Dies entspricht dem gesetzlichen Bild des Schadensersatzes, nach dem der Geschädigte Herr des Restitutionsgeschehens ist und grundsätzlich selbst bestimmen darf, wie er mit der beschädigten Sache verfährt. **17**

Entgegen der Auffassung der Revisionserwiderung erwies sich das Berufungsurteil im Ergebnis nicht aus anderen Gründen als richtig. **18**

Keinen Erfolg hatte die Revisionserwiderung in diesem Zusammenhang mit dem Einwand, dem Kläger sei die Alternative der Anschaffung eines „gleichwertigen" Ersatzfahrzeugs nicht zugänglich gewesen, weil dieses Fahrzeug unter Berücksichtigung seines Ausstattungsumfangs selten produziert worden sei. Dabei war bereits zweifelhaft, ob dem Begriff der Gleichwertigkeit im Sinne der Senatsrechtsprechung eine solche Bedeutung beigelegt werden kann. Letztlich konnte dies jedoch offen bleiben, denn der Geschädigte hatte die Möglichkeit, wenn es ihm auf den Erhalt dieses speziellen Fahrzeugs ankam, sein Integritätsinteresse durch Reparatur und Weiternutzung zu befriedigen. Deshalb war nicht ersichtlich, weshalb die Eigenreparatur mit einem anschließenden Verkauf des Fahrzeugs mit der von der Revisionserwiderung gegebenen Begründung im Rahmen des § 249 Abs. 2 S. 1 BGB eine fiktive Schadensabrechnung der Reparaturkosten rechtfertigen sollte.

Weiterhin waren – entgegen der Auffassung der Revisionserwiderung – keine Anhaltspunkte ersichtlich, die ausnahmsweise eine Unterschreitung der Sechs-Monats-Frist rechtfertigen konnten. Soweit sich die Revisionserwiderung dabei auf **19**

§ 1 Reparaturkosten oder Wiederbeschaffungsaufwand

Vorbringen des Klägers bezog, wonach dieser durch ausbleibende Regulierungsleistungen der Beklagten zu 2 zur (vorzeitigen) Veräußerung des Fahrzeugs gezwungen gewesen sei, war dies bereits deshalb unschlüssig, weil kein Vorbringen des Klägers aufgezeigt wurde, dass die Beklagte zu 2 sich geweigert hätte, konkret nachgewiesene Reparaturkosten zu erstatten.

20 Fehl ging auch die Auffassung der Revisionserwiderung, die fiktive Abrechnung der Reparaturkosten sei im Streitfall bereits deshalb möglich, weil die vom Kläger begehrten Reparaturkosten von 19.789,35 EUR unter dem Wiederbeschaffungsaufwand von 21.000 EUR (39.000 EUR abzüglich 18.000 EUR) gelegen hätten und deshalb die Ersatzbeschaffung keine günstigere Alternative dargestellt hätte. Die Revisionserwiderung überging dabei, dass es sich bei den Reparaturkosten von 19.789,35 EUR um die geschätzten Nettoreparaturkosten handelte. Nach der Rechtsprechung des Senats (vgl. Senatsurt. v. 3.3.2009 – VI ZR 100/08, VersR 2009, 654) ist aber für die Vergleichsbetrachtung im Rahmen des Wirtschaftlichkeitsgebots grundsätzlich auf die Bruttoreparaturkosten abzustellen, die im Streitfall mit 23.549,33 EUR über dem Wiederbeschaffungsaufwand lagen.

21 Soweit die Revisionserwiderung meinte, der Berechnung des Wiederbeschaffungsaufwands sei der Bruttowiederbeschaffungswert in Höhe von 39.000 EUR zugrunde zu legen, weil ein vergleichbares Ersatzfahrzeug überwiegend auf dem privaten Markt (ohne Umsatzsteuer) oder allenfalls bei gewerblichen Gebrauchtwagenhändlern mit einer (geschätzten) Differenzsteuer im Sinne des § 25a UStG von 2 % gehandelt worden sei, zeigte sie keinen entsprechenden, in der Berufungsinstanz übergangenen Sachvortrag des Klägers auf. Was die geltend gemachte Nutzungsausfallentschädigung anbelangte, zeigte die Revisionserwiderung ebenfalls keinen übergangenen Sachvortrag des Klägers zu einem Nutzungsentgang für die Dauer einer Ersatzbeschaffung auf. Da die Schadensberechnung der Revisionserwiderung nicht zutraf, kam auch eine Erhöhung der ersatzfähigen außergerichtlichen Rechtsanwaltskosten nicht in Betracht.

3. Weiternutzungserfordernis im 130 %-Fall auch bei vollständiger und fachgerechter Reparatur

22 BGH, Urt. v. 13.11.2007 – VI ZR 89/07, zfs 2008, 143 = VersR 2008, 134
BGB § 249

Der Geschädigte, der Ersatz des Reparaturaufwands über dem Wiederbeschaffungswert verlangt, bringt sein für den Zuschlag von bis zu 30 % ausschlaggebendes Integritätsinteresse regelmäßig dadurch hinreichend zum Ausdruck, dass er das Fahrzeug nach der Reparatur für einen längeren Zeitraum nutzt.

Im Regelfall wird hierfür ein Zeitraum von sechs Monaten anzunehmen sein, wenn nicht besondere Umstände eine andere Beurteilung rechtfertigen.

3. Weiternutzungserfordernis im 130 %-Fall §1

a) Der Fall

Der Kläger begehrte restlichen Schadensersatz aus einem Verkehrsunfall vom 30.4.2005, bei dem sein Pkw VW Golf I Cabriolet, Erstzulassung 7.1991, im Heckbereich beschädigt wurde. Die volle Haftung der Erstbeklagten als Fahrerin und der Zweitbeklagten als Haftpflichtversicherer stand dem Grunde nach außer Streit. Der vom Kläger beauftragte Kfz-Sachverständige C schätzte die Reparaturkosten auf 3.100 EUR zuzüglich Mehrwertsteuer, den Wiederbeschaffungswert auf 3.000 EUR einschließlich Mehrwertsteuer und den Restwert auf 500 EUR. Am 16.6.2005 veräußerte der Kläger das Fahrzeug an einen Kaufinteressenten in Hamburg.

Der Kläger hat behauptet, er habe das Fahrzeug in der Zeit vom 17. bis 21.5.2005 durch den Zeugen D auf der Grundlage des Sachverständigengutachtens ordnungsgemäß und fachgerecht reparieren lassen. Vor der Reparatur habe er nicht die Absicht gehabt, den Pkw alsbald zu veräußern. Er sei jedoch am 16.6.2005 auf offener Straße von dem Kaufinteressenten angesprochen worden. Dieser habe ihm ein fantastisches Kaufangebot unterbreitet, das er als wirtschaftlich und verständig handelnder Mensch angenommen habe.

Der Kläger verlangte Schadensersatz auf der Basis der von dem Sachverständigen ermittelten Netto-Reparaturkosten (3.100 EUR). Die Beklagte zu 2 hat auf der Basis eines wirtschaftlichen Totalschadens reguliert und den Wiederbeschaffungswert abzüglich des Restwertes (2.500 EUR) ersetzt.

Das Amtsgericht hat die auf Zahlung des Differenzbetrages gerichtete Klage abgewiesen. Das Landgericht hat die Berufung des Klägers zurückgewiesen und die Revision zugelassen, mit der der Kläger sein Begehren weiterverfolgte.

b) Die rechtliche Beurteilung

Das Berufungsgericht hatte unterstellt, dass die Reparatur des Fahrzeugs fachgerecht und in einem Umfang durchgeführt worden war, wie ihn der Sachverständige zur Grundlage seiner Kostenschätzung gemacht hatte. Von diesem Sachverhalt war für das Revisionsverfahren auszugehen.

Nach gefestigter Rechtsprechung des erkennenden Senats kann der Geschädigte in einem solchen Fall unter bestimmten Voraussetzungen Ersatz des Reparaturaufwandes bis zu 30 % über dem Wiederbeschaffungswert des Fahrzeugs verlangen. Mit den schadensrechtlichen Grundsätzen des Wirtschaftlichkeitsgebots und des Verbots der Bereicherung ist es grundsätzlich vereinbar, dass dem Geschädigten, der sich zu einer Reparatur entschließt und diese auch nachweislich durchführt, Kosten der Instandsetzung zuerkannt werden, die den Wiederbeschaffungswert bis zu 30 % übersteigen (Senatsurt. BGHZ 115, 364, 371). Denn der Eigentümer eines Kraftfahrzeugs weiß, wie dieses ein- und weitergefahren, gewartet und sonst behandelt worden ist, ob und welche Mängel dabei aufgetreten und auf welche Weise sie behoben worden sind. Demgegenüber sind dem Käufer eines Gebrauchtwagens

§ 1 Reparaturkosten oder Wiederbeschaffungsaufwand

diese Umstände, die dem Fahrzeug ein individuelles Gepräge geben, zumeist unbekannt. Dass ihnen ein wirtschaftlicher Wert zukommt, zeigt sich auch darin, dass bei dem Erwerb eines Kraftfahrzeugs aus „erster Hand" regelmäßig ein höherer Preis gezahlt wird.

28 Dass der Geschädigte Schadensersatz erhält, der den Wiederbeschaffungswert übersteigt, steht mit dem Wirtschaftlichkeitsgebot und dem Bereicherungsverbot aber nur im Einklang, wenn er den Zustand des ihm vertrauten Fahrzeugs wie vor dem Unfall wiederherstellt, um dieses Fahrzeug nach der Reparatur weiter zu nutzen. Sein für den Zuschlag von bis zu 30 % ausschlaggebendes Integritätsinteresse bringt der Geschädigte im Regelfall dadurch hinreichend zum Ausdruck, dass er das Fahrzeug nach der Reparatur für einen längeren Zeitraum nutzt. Für die Fälle, in denen der Fahrzeugschaden den Wiederbeschaffungswert nicht übersteigt und der Geschädigte sein Fahrzeug zunächst weiter nutzt, später aber veräußert, hat der erkennende Senat entschieden, dass ein Anspruch auf Ersatz der vom Sachverständigen geschätzten Reparaturkosten ohne Abzug des Restwerts besteht, wenn der Geschädigte das Fahrzeug mindestens sechs Monate nach dem Unfall weiter nutzt (BGHZ 168, 43, 47 f.). Die Frage, wie lange der Geschädigte sein Fahrzeug weiter nutzen muss, um sein Integritätsinteresse hinreichend zum Ausdruck zu bringen, ist für Fälle der vorliegenden Art grundsätzlich nicht anders zu beurteilen. Im Regelfall wird hierfür ein Zeitraum von sechs Monaten anzunehmen sein, wenn nicht besondere Umstände eine andere Beurteilung rechtfertigen.

29 Solche besonderen Umstände waren nach den vom Berufungsgericht getroffenen Feststellungen vorliegend nicht gegeben.

30 Den Kläger trifft die Darlegungs- und Beweislast dafür, dass er den Willen zur Weiterbenutzung seines Fahrzeugs hatte. Nach allgemeinen Grundsätzen des Beweisrechts ist es Sache des Anspruchstellers, diejenigen Umstände vorzutragen und gegebenenfalls zu beweisen, die seine Vorstellungen zur Schadenshöhe rechtfertigen. Die Darlegungs- und Beweislast dafür, dass der als Ersatz verlangte Geldbetrag objektiv zur Wiederherstellung im Sinne des § 249 BGB erforderlich ist, trägt mithin der Geschädigte. Verlangt er nach einem Verkehrsunfall mit wirtschaftlichem Totalschaden Ersatz des den Wiederbeschaffungswert seines Fahrzeugs übersteigenden Reparaturaufwands, muss er im Rechtsstreit gegebenenfalls den Nachweis erbringen, dass die Voraussetzungen für eine Abrechnung auf Reparaturkostenbasis vorliegen. Da ihm diese Möglichkeit bei einem wirtschaftlichen Totalschaden nur dann offen steht, wenn er den Zustand des ihm vertrauten Fahrzeugs wie vor dem Unfall deshalb wiederherstellt, um dieses Fahrzeug nach der Reparatur weiter zu nutzen, ist er dafür darlegungs- und beweispflichtig, dass dieser Nutzungswille vorgelegen hat.

31 Das Berufungsgericht war der Auffassung, der Kläger habe angesichts der Tatsache, dass er seinen Pkw schon knapp vier Wochen nach Abschluss der Reparatur veräußert habe, nicht hinreichend dargetan, dass er die Absicht gehabt habe, das

Fahrzeug weiter zu benutzen. Diese tatrichterliche Beurteilung war aus Rechtsgründen nicht zu beanstanden. Allerdings sind an den Nachweis des Weiterbenutzungswillens, für den das Beweismaß von § 287 ZPO gilt, nur maßvolle Anforderungen zu stellen. Dass das Berufungsgericht dies verkannt hatte, war nicht ersichtlich. Der Kläger hatte zwar behauptet, dass er entgegen seiner ursprünglichen Absicht der Weiterbenutzung des Fahrzeugs dieses aufgrund eines nicht vorhersehbaren Kaufangebots veräußert habe. Er hatte aber keine näheren Angaben zum Inhalt des von ihm behaupteten Kaufangebots vorgetragen hat. Bei dieser Sachlage brauchte das Berufungsgericht seinem Vortrag zu dem von ihm in Anspruch genommenen Integritätsinteresse nicht nachzugehen, zumal es dafür auch an einem zulässigen Beweisantrag fehlte. Die Voraussetzungen für die vom Kläger beantragte eigene Parteivernehmung lagen nicht vor (§§ 447, 448 ZPO). Dem Antrag auf Zeugenvernehmung des Kaufinteressenten konnte schon deshalb nicht entsprochen werden, weil der Kläger dessen Anschrift nicht rechtzeitig, sondern erst – durch Vorlage einer Kopie des Kaufvertrages – nach Ablauf einer ihm gewährten Schriftsatzfrist mitgeteilt hatte.

4. Sechs-Monats-Frist ist keine Fälligkeitsvoraussetzung

BGH, Beschl. v. 18.11.2008 – VI ZB 22/08, zfs 2009, 79 = VersR 2009, 128

BGB § 249

Lässt der Geschädigte den Fahrzeugschaden, der über dem Wiederbeschaffungswert, aber innerhalb der 130 %-Grenze liegt, vollständig und fachgerecht reparieren, so wird der Anspruch auf Ersatz der den Wiederbeschaffungsaufwand übersteigenden Reparaturkosten im Regelfall nicht erst sechs Monate nach dem Unfall fällig.

a) Der Fall (vereinfacht)

Bei einem Verkehrsunfall wurde das Kraftfahrzeug des Klägers beschädigt. Der Kläger ließ ein Schadensgutachten erstellen, in dem die Reparaturkosten auf 13.000 EUR, der Wiederbeschaffungswert auf 10.000 EUR und der Restwert auf 4.000 EUR beziffert wurden. Der Kläger ließ das Fahrzeug vollständig und fachgerecht nach Maßgabe dieses Gutachtens reparieren. Er reichte bei der Beklagten, dem Haftpflichtversicherer des eintrittspflichtigen Unfallgegners, zur Regulierung die Reparaturkostenrechnung seines Autohauses vom 4.1.2007 in Höhe von 13.000 EUR ein. Die Beklagte zahlte jedoch zunächst lediglich den Wiederbeschaffungsaufwand (Wiederbeschaffungswert abzüglich Restwert) von 6.000 EUR. Zur Begründung gab sie an, eine Erstattung innerhalb der 130 %-Grenze erfolge erst, wenn der Nachweis einer Weiternutzung des Fahrzeugs für mindestens sechs Monate geführt werde.

§ 1 Reparaturkosten oder Wiederbeschaffungsaufwand

34 Mit seiner im Mai 2007 zugestellten Klage hat der Kläger seinen restlichen Schadenersatzanspruch geltend gemacht. Nachdem die Beklagte im Juni 2007 den Restbetrag gezahlt hatte, haben die Parteien den Rechtsstreit übereinstimmend in der Hauptsache für erledigt erklärt und widerstreitende Kostenanträge gestellt. Das Landgericht hat die Kosten des Rechtsstreits dem Kläger auferlegt. Das Beschwerdegericht hat die dagegen erhobene sofortige Beschwerde des Klägers zurückgewiesen. Dagegen richtete sich die vom Beschwerdegericht zugelassene Rechtsbeschwerde des Klägers.

b) Die rechtliche Beurteilung

35 Die gemäß § 574 Abs. 1 Nr. 2 ZPO statthafte und auch im Übrigen zulässige Rechtsbeschwerde war begründet.

36 Lässt der Geschädigte den Fahrzeugschaden, der über dem Wiederbeschaffungswert, aber innerhalb der 130 %-Grenze liegt, vollständig und fachgerecht reparieren, so wird der Anspruch auf Ersatz der den Wiederbeschaffungsaufwand übersteigenden Reparaturkosten im Regelfall nicht erst sechs Monate nach dem Unfall fällig.

37 Der Begriff der Fälligkeit bezeichnet den Zeitpunkt, von dem an der Gläubiger die Leistung verlangen kann. Ist eine Zeit für die Leistung weder bestimmt noch aus den Umständen zu entnehmen, so kann der Gläubiger die Leistung sofort verlangen (§ 271 Abs. 1 BGB; vgl. auch § 849 BGB). Kann der Geschädigte wegen Beschädigung einer Sache Wiederherstellung (§ 249 Abs. 1 BGB) oder den zur Herstellung erforderlichen Geldbetrag (§ 249 Abs. 2 S. 1 BGB) verlangen, so tritt die Fälligkeit in der Regel sofort im Zeitpunkt der Rechtsgutsverletzung ein. Dass der Umfang der Ersatzpflicht des Schädigers in der Praxis regelmäßig erst nach einiger Zeit festgestellt werden kann, weil etwa Gutachten zum Umfang des Schadens eingeholt oder die Rechnungsstellung durch eine Reparaturwerkstatt abgewartet werden müssen, ändert daran nichts. Sobald der Geschädigte über die zur Geltendmachung seiner Forderungen erforderlichen Informationen verfügt, kann er prinzipiell den Verzug (§ 286 BGB) des Schädigers bzw. seines Haftpflichtversicherers mit der fälligen Forderung herbeiführen und gegebenenfalls die Verzugsfolgen (§§ 287, 288 BGB) geltend machen. Auch wenn einzelne Schadenspositionen zwischen der Geschädigtenseite und der Schädigerseite streitig sind und ihre Berechtigung in einem möglicherweise lang dauernden Rechtsstreit geklärt werden muss, ändert dies nichts an der Fälligkeit des Schadensersatzanspruchs, soweit er sich (später) als gerechtfertigt erweist, und auch nichts daran, dass die Schädigerseite, wenn sie wirksam in Verzug gesetzt wurde, für den Verzugsschaden einzustehen und Verzugszinsen zu zahlen hat.

38 Ob die Fälligkeit des Direktanspruchs des geschädigten Dritten gegen den Versicherer nach § 3 Nr. 1 PflVG a.F. in entsprechender Anwendung des § 11 Abs. 1 VVG a.F. nicht sofort, sondern erst mit Beendigung der nötigen Erhebungen des

4. Sechs-Monats-Frist ist keine Fälligkeitsvoraussetzung § 1

Versicherers eintritt (zum Streitstand vgl. *Prölss/Martin*, VVG, 27. Aufl., § 11 Rn 2; *Hasse*, NVersZ 2000, 497, 500, m.w.N.), konnte im Streitfall dahinstehen, weil der Kläger ersichtlich vor diesem Zeitpunkt weder Ersatz der streitigen Positionen verlangt noch Klage erhoben hatte.

Der Senat hatte bisher keinen Anlass, sich zur Frage der Fälligkeit der Schadensersatzforderung in den Fällen der Schadensregulierung, wie sie im vorliegenden Rechtsstreit in Frage standen, zu äußern. Der Senat hat lediglich entschieden, dass der Geschädigte zum Ausgleich des durch einen Unfall verursachten Fahrzeugschadens, der den Wiederbeschaffungswert nicht übersteigt, die vom Sachverständigen geschätzten Reparaturkosten bis zur Höhe des Wiederbeschaffungswerts ohne Abzug des Restwerts verlangen kann, wenn er das Fahrzeug – gegebenenfalls unrepariert – mindestens sechs Monate nach dem Unfall weiter nutzt (BGHZ 168, 43, 46 ff.), und dass der Geschädigte zum Ausgleich eines Fahrzeugschadens, der den Wiederbeschaffungswert um nicht mehr als 30 % übersteigt, Reparaturkosten über dem Wiederbeschaffungsaufwand (Wiederbeschaffungswert minus Restwert) auch bei vollständiger und fachgerechter Reparatur im Regelfall nur verlangen kann, wenn er das Fahrzeug nach dem Unfall sechs Monate weiter nutzt (Senatsurt. v. 13.11.2007 – VI ZR 89/07, VersR 2008, 134 f. und v. 27.11.2007 – VI ZR 56/07, VersR 2008, 135, 136).

39

Der Grund für diese Rechtsprechung liegt darin, dass der Geschädigte bestimmte Schadenspositionen nur verlangen kann, wenn sich der Grund für ihre Zuerkennung als ausreichend beständig erweist. Ersatz des Wiederbeschaffungswerts bedeutet, dass der Restwert des beschädigten Fahrzeugs bei der Schadensregulierung unberücksichtigt bleibt. Das ist nur dann gerechtfertigt, wenn der Geschädigte ihn nicht realisiert, so dass er sich nur als hypothetischer Rechnungsposten darstellt, der sich in der Schadensbilanz nicht niederschlagen darf; hier genießt das Integritätsinteresse des Geschädigten Vorrang und darf durch das Wirtschaftlichkeitsgebot und das Bereicherungsverbot nicht verkürzt werden (vgl. Senatsurt. BGHZ 154, 395, 397 f.; 168, 43, 46). Ebenso ist, wenn der Schaden den Wiederbeschaffungswert um bis zu 30 % übersteigt, ein Ersatz, der über dem Wiederbeschaffungsaufwand (Wiederbeschaffungswert minus Restwert) liegt, nur dann gerechtfertigt, wenn ein besonderes Integritätsinteresse des Geschädigten besteht (Senatsurt. v. 13.11.2007 – VI ZR 89/07 und v. 27.11.2007 – VI ZR 56/07, a.a.O.).

40

Den genannten Senatsurteilen kann entgegen der vom Beschwerdegericht sowie teilweise in Rechtsprechung vertretenen Auffassung nicht entnommen werden, dass der Ersatzanspruch des Geschädigten erst nach Ablauf der Sechsmonatsfrist fällig wird. Der Senat ist in seiner bisherigen Rechtsprechung davon ausgegangen, dass die Feststellung, ob ein Integritätsinteresse des Geschädigten zu bejahen ist, er also ein nachhaltiges Interesse an der Weiternutzung seines Fahrzeugs hat, häufig schwierig ist. Er hat deshalb die Frage, wie lange der Geschädigte das Fahrzeug nach dem Unfall nutzen muss, um ein nachhaltiges Interesse an dessen Weiternut-

41

31

§ 1 Reparaturkosten oder Wiederbeschaffungsaufwand

zung zum Ausdruck zu bringen, nach Abwägung der beiderseitigen Interessen zur Erleichterung einer praktikablen Schadensabwicklung dahin beantwortet, dass im Regelfall ein Zeitraum von sechs Monaten erforderlich, aber auch ausreichend ist (Senatsurt. BGHZ 168, 43, 48; Senatsurt. v. 13.11.2007 – VI ZR 89/07, a.a.O., S. 135, und v. 27.11.2007 – VI ZR 56/07, a.a.O.).

42 Die Sechsmonatsfrist stellt indes keine zusätzliche Anspruchsvoraussetzung dar. Sie hat lediglich beweismäßige Bedeutung. Wird das beschädigte Fahrzeug sechs Monate nach dem Unfall weiter benutzt, so ist dies im Regelfall ein ausreichendes Indiz, um das Integritätsinteresse des Geschädigten zu bejahen; eine weitergehende Bedeutung hinsichtlich der Fälligkeit des Anspruchs kommt der Frist nicht zu.

43 Die Frist als eigenständige Anspruchsvoraussetzung zu verstehen, verbietet sich schon deshalb, weil nicht ersichtlich ist, aus welchem Grund eine Erweiterung der sich aus § 823 Abs. 1 BGB bzw. § 7 Abs. 1 StVG i.V.m. §§ 249, 271 BGB, § 3 PflVG a.F. ergebenden Anspruchsvoraussetzungen durch die Rechtsprechung angezeigt sein könnte. Dies würde auch zu einer für die Mehrzahl der Geschädigten unzumutbaren Regulierungspraxis führen. Diese müssten, obwohl sie ihr Fahrzeug ordnungsgemäß reparieren ließen oder lassen wollen, bis zu sechs Monate auf die Zahlung eines Großteils der ihnen zustehenden Ersatzforderung warten. Würde die Fälligkeit der Restforderung bis zum Ablauf der Sechsmonatsfrist verschoben, wäre es dem Geschädigten, auch wenn sich sein Begehren als gerechtfertigt erweist, nicht möglich, den Schädiger bzw. seinen Haftpflichtversicherer vor Ablauf der Frist in Verzug zu setzen, um so zumindest eine Verzinsung der Forderung zu erreichen. Dies liefe dann auf eine entschädigungslose Vorfinanzierung durch den Geschädigten oder, falls ihm eine Vorfinanzierung aus finanziellen Gründen nicht möglich ist, auf einen gänzlichen Verzicht auf die gewünschte Reparatur hinaus, was eine erhebliche Einschränkung der Ersetzungsbefugnis und der Dispositionsfreiheit des Geschädigten bedeuten würde.

44 Ein Hinausschieben der Fälligkeit für sechs Monate käme zudem nicht in jedem Fall in Betracht. Die Weiternutzung für sechs Monate ist nur im Regelfall ein ausreichendes Indiz für ein bestehendes Integritätsinteresse. Es sind indes zahlreiche Fallgestaltungen denkbar, bei denen die Nutzung des Fahrzeugs aus besonderen Gründen bereits lange vor Ablauf der Sechsmonatsfrist eingestellt wird, etwa infolge eines weiteren Unfalls oder deshalb, weil eine Fahrzeugnutzung aus finanziellen Gründen (z.B. Arbeitslosigkeit) nicht mehr möglich ist. In solchen Fällen könnte für die Fälligkeit allenfalls auf den Zeitpunkt der jeweils erzwungenen oder jedenfalls schadensrechtlich unschädlichen Nutzungsaufgabe abgestellt werden. Dafür ist indes in Anbetracht der vorstehenden Erwägungen kein Grund ersichtlich.

45 Dass der Schädiger bzw. sein Haftpflichtversicherer bei sofortiger Fälligkeit des gesamten Schadensersatzbetrages nach fachgerechter Reparatur das Solvenzrisiko hinsichtlich eines etwaigen Rückforderungsanspruchs trägt, sofern er in der Sechsmonatsfrist zahlt, vermag an der rechtlichen Beurteilung nichts zu ändern. Die mit

5. Keine Bindung an fiktive Schadensabrechnung bei späterer Reparatur § 1

der Gesamtfälligkeit möglicherweise einhergehenden Unsicherheiten erschweren die Regulierung für den Schädiger bzw. dessen Haftpflichtversicherer auch nicht unzumutbar. Die Zahlung des gesamten Betrages erfolgt auf eine vom Geschädigten veranlasste Wiederherstellung des beschädigten Kraftfahrzeugs. Hierdurch ist der Wille zur Weiternutzung zunächst ausreichend belegt. Ob der Versicherer in dieser Situation den gesamten Schadensersatzbetrag bezahlt oder ob er sich verklagen lässt, muss er aufgrund einer Bewertung der Umstände des jeweiligen Regulierungsfalls beurteilen. Eine solche Beurteilung der Umstände des Einzelfalls mag im Massengeschäft der Regulierungspraxis lästig sein, ist aber nicht zu vermeiden, wenn der einzelne Regulierungsfall konkrete Zweifelsfragen aufwirft. Zahlt der Versicherer, kann er die Zahlung des über dem Wiederbeschaffungsaufwand liegenden Betrages unter einem Rückforderungsvorbehalt leisten.

Im Streitfall war nicht vorgetragen oder ersichtlich, dass für die Beklagte bei Vorlage der Reparaturrechnung Anhaltspunkte für einen fehlenden Willen des Klägers zur Weiternutzung des Fahrzeugs bestanden. Der Kläger hat das Fahrzeug auch über einen Zeitraum von sechs Monaten genutzt und damit sein Integritätsinteresse bestätigt. Mithin hat er zu Recht Ersatz der gesamten Reparaturkosten verlangt. Die Forderung war spätestens bei Absendung des Schreibens vom 14.2.2007 fällig, in dem die Beklagte die Zahlung des Differenzbetrages zwischen Wiederbeschaffungsaufwand und dem vollen Betrag der Reparaturkosten zu Unrecht vom Nachweis einer sechsmonatigen Weiternutzung des Fahrzeugs abhängig machte. **46**

Da die Klage danach von Anfang an begründet war, konnte der angefochtene Beschluss keinen Bestand haben. Die gegen den Kostenbeschluss des Landgerichts gerichtete sofortige Beschwerde war vielmehr zulässig (§§ 91a Abs. 2, 567 ff. ZPO) und auch begründet. Denn es entsprach billigem Ermessen im Sinne des § 91a Abs. 1 S. 1 ZPO, die Kosten des Rechtsstreits der Beklagten aufzuerlegen. Der Beschluss des Landgerichts war auf die sofortige Beschwerde dahin gehend abzuändern. Der Senat konnte in der Sache selbst entscheiden, weil keine tatsächlichen Fragen offen waren. **47**

5. Keine Bindung an fiktive Schadensabrechnung des Wiederbeschaffungsaufwands bei späterer Reparatur

BGH, Urt. v. 17.10.2006 – VI ZR 249/05, zfs 2007, 148 = VersR 2007, 82 **48**
BGB § 249

Der durch einen Verkehrsunfall Geschädigte, der seinen Fahrzeugschaden mit dem Haftpflichtversicherer des Schädigers zunächst auf der Grundlage des vom Sachverständigen ermittelten Wiederbeschaffungsaufwands abrechnet, ist an diese Art der Abrechnung nicht ohne weiteres gebunden. Er kann – im Rahmen der rechtlichen Voraussetzungen für eine solche Schadensabrechnung und der Verjährung – die höheren Kosten einer nunmehr tatsächlich durchgeführten Re-

§ 1 Reparaturkosten oder Wiederbeschaffungsaufwand

paratur des beschädigten Fahrzeugs verlangen, sofern sich nicht aufgrund der konkreten Umstände des Regulierungsgeschehens etwas Abweichendes ergibt.

a) Der Fall

49 Die Beklagten hafteten als Halter eines Kraftfahrzeugs und dessen Haftpflichtversicherer dem Kläger in vollem Umfang für die Folgen eines Verkehrsunfalls, der sich am 1.6.2004 ereignet hatte.

50 Ein vorprozessual beauftragter Kraftfahrzeugsachverständiger ermittelte in seinem Gutachten vom 7.6.2004 Reparaturkosten von ca. 9.550 EUR brutto, den Wiederbeschaffungswert mit 7.900 EUR brutto (abzgl. 2 % = 7.745 EUR netto) und den Restwert mit 3.185 EUR brutto (*Zahlen zur Vereinfachung leicht verändert*). Dieses Gutachten ist von den Parteien nicht angegriffen worden.

51 In einem früheren Rechtsstreit hatte der Kläger die Differenz zwischen dem Netto-Wiederbeschaffungswert (7.745 EUR) und dem Restwert (3.185 EUR), also den Wiederbeschaffungsaufwand in Höhe von 4.560 EUR geltend gemacht. Der Kläger hat die Klage in jenem Verfahren zurückgenommen, nachdem die Beklagte zu 2 den geltend gemachten Betrag gezahlt hatte.

52 Mit der vorliegenden Klage begehrte der Kläger nunmehr die Regulierung des Schadens auf Reparaturkostenbasis und legte dazu zwei Rechnungen einer Reparaturwerkstatt über 1.200 EUR und über 7.130 EUR, zusammen 8.330 EUR, vor. Unter Anrechnung der Differenz aus dem Wiederbeschaffungswert und dem Restwert in Höhe von 4.560 EUR errechnete er sich einen weiteren Schaden in Höhe von 3.770 EUR (*Zahlen zur Vereinfachung leicht verändert*).
Das Berufungsgericht hat die Klage abgewiesen und die Revision zugelassen.

b) Die rechtliche Beurteilung

53 Das Berufungsgericht ging davon aus, dass der Geschädigte an die von ihm getroffene Wahl der gemäß § 249 Abs. 1 und 2 BGB möglichen Abrechnungsvarianten gebunden sei. Der Kläger sei deshalb daran gehindert, seinen Schaden nach durchgeführter Regulierung auf der Basis der Wiederbeschaffungskosten auf Reparaturkostenbasis abzurechnen.

Dagegen wandte sich die Revision mit Erfolg. Der mit der vorliegenden Klage vom Kläger geltend gemachte Anspruch konnte nicht mit der vom Berufungsgericht gegebenen Begründung verneint werden.

54 Die Ansicht, nach Regulierung des Wiederbeschaffungsaufwandes könnten nunmehr tatsächlich aufgewendete höhere Reparaturkosten nicht mehr geltend gemacht werden, war in der vom Berufungsgericht angenommenen Allgemeinheit unrichtig. Eine Bindung lässt sich für den Fall, dass nach der fiktiven Abrechnung auf Wiederbeschaffungsbasis das Fahrzeug alsdann doch repariert wird und nun die

5. Keine Bindung an fiktive Schadensabrechnung bei späterer Reparatur § 1

konkreten (höheren) Reparaturkosten geltend gemacht werden, weder aus dem Gesetz noch aus der Rechtsprechung des erkennenden Senats herleiten, auch nicht aus dem Urt. v. 23.3.1976 (BGHZ 66, 239, 246), in dem diese Frage offen gelassen wurde.

Auch im Fall eines wirtschaftlichen Totalschadens sind alternativ zum Wiederbeschaffungsaufwand Reparaturkosten ersatzfähig, die den Wiederbeschaffungswert des Fahrzeugs in Grenzen (bis 30 %) übersteigen, wenn sie konkret angefallen sind oder wenn der Geschädigte nachweisbar wertmäßig in einem Umfang repariert hat, der den Wiederbeschaffungsaufwand übersteigt, sofern die Reparatur fachgerecht und in einem Umfang durchgeführt wird, wie ihn der Sachverständige zur Grundlage seiner Kostenschätzung gemacht hat; andernfalls ist die Höhe des Ersatzanspruchs auf den Wiederbeschaffungsaufwand beschränkt. 55

Bei der Ersatzbeschaffung und der Reparatur des beschädigten Fahrzeugs handelt es sich um gleichwertige Arten der Naturalrestitution, zwischen denen der Geschädigte innerhalb der oben aufgezeigten Grenzen wählen kann. Dabei handelt es sich indes nicht um eine Wahlschuld i.S.d. § 262 BGB, denn der Schädiger schuldet nicht mehrere nach Wahl zu erbringende Leistungen, sondern Wiederherstellung (§ 249 Abs. 1 BGB) bzw. den dazu erforderlichen Geldbetrag (§ 249 Abs. 2 S. 1 BGB). Selbst diese gesetzlich vorgesehene Alternative stellt keine Wahlschuld, sondern eine Ersetzungsbefugnis dar. Verlangt der Geschädigte den zur Herstellung erforderlichen Geldbetrag, so kann er diesen in dem aufgezeigten Rahmen auf der Basis einer Ersatzbeschaffung oder einer Reparatur berechnen. Insoweit handelt es sich lediglich um unterschiedliche Arten der Schadensberechnung. 56

Inwiefern der Geschädigte bei Ausübung der Ersetzungsbefugnis des § 249 Abs. 2 S. 1 BGB an die Wahl gebunden ist, bedurfte hier keiner Entscheidung. Ob der zur Herstellung erforderliche Geldbetrag auf Wiederbeschaffungs- oder auf Reparaturkostenbasis berechnet wird, betrifft lediglich die Abrechnungsmodalität. Gleiches gilt für die Frage, ob fiktiv nach den Feststellungen eines Sachverständigen oder konkret nach den tatsächlich aufgewendeten Kosten abgerechnet wird. Diese Abrechnungsarten dürfen zwar nicht miteinander vermengt werden (vgl. Senatsurt. BGHZ 162, 170, 175; v. 15.7.2003 – VI ZR 361/02, VersR 2004, 1575, 1576 und v. 30.5.2006 – VI ZR 174/05, VersR 2006, 1088, 1089), sind aber alternativ möglich. 57

Eine Bindung des Klägers an die Schadensabrechnung auf Basis einer Ersatzbeschaffung kann im Streitfall nicht mit der Erwägung begründet werden, der Ersatzanspruch des Geschädigten sei mit der Zahlung des (zunächst) auf der Basis fiktiver Abrechnung geforderten Betrages erfüllt, so dass Nachforderungen ausgeschlossen seien. Mit der Zahlung des Versicherers ist in der Regel nur eine Teilforderung erfüllt, wenn sich in der Folge herausstellt, dass der Schaden höher ist, als zunächst gefordert. Die ursprüngliche Forderung stellt sich dann als (verdeckte) Teilforderung dar. Selbst im Falle einer gerichtlichen Auseinandersetzung kann die weitere Entwicklung des Schadens bis zu dem aus prozessualen Gründen letztmög- 58

§ 1 Reparaturkosten oder Wiederbeschaffungsaufwand

lichen Beurteilungszeitpunkt berücksichtigt werden. Maßgeblicher Zeitpunkt für die Bemessung der Schadenshöhe ist – im Rahmen der Grenzen des Verjährungsrechts – der Zeitpunkt, in dem dem Geschädigten das volle wirtschaftliche Äquivalent für das beschädigte Recht zufließt.

59 Im Streitfall war die Schadensentwicklung, ausgehend vom Vortrag des Klägers, erst mit der Reparatur des Fahrzeugs und der Vorlage der Werkstattrechnungen betreffend die konkreten Reparaturkosten abgeschlossen. Mit der Zahlung der Beklagten zu 2, die zur Rücknahme der ersten Klage im November 2004 geführt hatte, war der Schadensersatzanspruch des Klägers mithin nicht vollständig erfüllt. Für eine vorher vom Kläger der Beklagten zu 2 gegenüber erklärte Bindung an die zunächst gewählte Abrechnungsart, welche in Einzelfällen in Betracht zu ziehen sein mag, hatte der Tatrichter keine Feststellungen getroffen. Das galt auch, soweit in der Revisionserwiderung geltend gemacht wurde, die Parteien hätten sich vergleichsweise dahin geeinigt, dass der Anspruch des Klägers mit der zweiten Zahlung der Beklagten zu 2 abschließend ausgeglichen sein solle. Inwieweit im Falle einer gerichtlichen Entscheidung die Rechtskraft eine Nachforderung ausschließen kann, musste hier nicht entschieden werden, da die erste Klage zurückgenommen worden war.

60 Schließlich kann eine Bindung des Geschädigten an die zunächst gewählte fiktive Abrechnung auf Wiederbeschaffungsbasis nicht auf Gründe des Rechtsfriedens oder einer möglichst zügigen Schadensregulierung gestützt werden. Sofern der Versicherer an einer abschließenden Schadensregulierung im Einzelfall interessiert ist, kann er auf eine Erklärung des Geschädigten hinwirken, durch die die Regulierung endgültig abgeschlossen wird. Unter Umständen kann sich dies auch aus den im Rahmen der Regulierungsverhandlungen abgegebenen Erklärungen ergeben. Eine rechtliche Grundlage, dem Geschädigten bei fortdauernder Schadensentwicklung unter den genannten Gesichtspunkten Nachforderungen generell abzuschneiden, besteht bei Fallgestaltungen der vorliegenden Art nicht.

61 Die Sache wurde unter Aufhebung des angefochtenen Urteils an das Berufungsgericht zurückverwiesen. Der BGH konnte die Berufung der Beklagten nicht zurückweisen, weil der Rechtsstreit nicht entscheidungsreif war (§ 563 Abs. 1, 3 ZPO). Im Streitfall überstiegen die tatsächlich aufgewendeten Reparaturkosten (8.330 EUR) den Wiederbeschaffungswert (7.900 EUR) unterhalb von 130 % (= 10.270 EUR). Den Parteien musste daher Gelegenheit gegeben werden, zu den vom erkennenden Senat dargelegten Voraussetzungen der Schadensabrechnung in einem solchen Fall vorzutragen. Bei der sodann erforderlichen erneuten Beurteilung des Falles werden auch eventuelle Unklarheiten der bei der Akte befindlichen Rechnungen, ihr erheblicher zeitlicher Abstand zum Unfallgeschehen und zueinander und etwaige Widersprüche zu dem vom vorgerichtlichen Sachverständigen festgestellten unstreitigen Reparaturbedarf in Betracht zu ziehen sein. Die neue Ver-

6. Ersatz konkreter Reparaturkosten unter Wiederbeschaffungswert auch ohne Weiternutzung

handlung gibt zudem Gelegenheit zu prüfen, ob entsprechend dem Vortrag der Beklagten vom Abschluss eines Vergleichs ausgegangen werden kann.

6. Ersatz konkreter Reparaturkosten unter Wiederbeschaffungswert auch ohne Weiternutzung

BGH, Urt. v. 5.12.2006 – VI ZR 77/06, zfs 2007, 328 = VersR 2007, 372
BGB § 249

Lässt der Geschädigte das Fahrzeug reparieren, kann er grundsätzlich Ersatz der Reparaturkosten verlangen, wenn diese den Wiederbeschaffungswert nicht übersteigen.

a) Der Fall

Der Kläger begehrte Ersatz seines restlichen Sachschadens aus einem Verkehrsunfall vom 16.12.2003, für den die Beklagte als Haftpflichtversicherer des Unfallgegners in vollem Umfang einzustehen hatte.

Mit Gutachten vom 16.12.2003 hatte ein Kfz-Sachverständiger für das klägerische Fahrzeug einen Wiederbeschaffungswert von 10.650 EUR und einen Restwert von 3.000 EUR angegeben. Für eine Reparatur prognostizierte er Kosten in Höhe von 8.880 EUR brutto mit einer verbleibenden Wertminderung von 500 EUR.

Der Kläger beauftragte am 18.12.2003 eine Fachwerkstatt mit der Durchführung der Reparatur. Am 9.1.2004 holte er das fachgerecht instand gesetzte Fahrzeug ab. Am 12.1.2004 berechnete die Fachwerkstatt ihre Arbeiten mit 9.260 EUR brutto. Am 13.1.2004 veräußerte der Kläger das Fahrzeug an den Reparaturbetrieb und kaufte bei diesem einen anderen Wagen. Die Entscheidung für den Erwerb eines Neufahrzeugs hatte er während der Reparatur getroffen.

Der Kläger begehrte von der Beklagten Ersatz der tatsächlich angefallenen Reparaturkosten sowie den merkantilen Minderwert. Die Beklagte hat lediglich den Wiederbeschaffungsaufwand in Höhe von 7.650 EUR ausgeglichen.

Das Amtsgericht hat die auf den Differenzbetrag in Höhe von 2.110 EUR gerichtete Klage abgewiesen; die Berufung des Klägers hatte keinen Erfolg. Mit der vom Berufungsgericht zugelassenen Revision verfolgte der Kläger sein Begehren weiter.

b) Die rechtliche Beurteilung

Nach Auffassung des Berufungsgerichts war der Schadensersatzanspruch des Klägers auf die Beschaffung eines Ersatzfahrzeugs beschränkt, weil er den beschädigten Pkw nach der Reparatur nicht weiter genutzt hatte.

Die Ausführungen des Berufungsgerichts hielten einer revisionsrechtlichen Überprüfung nicht stand.

§ 1 Reparaturkosten oder Wiederbeschaffungsaufwand

67 Das Berufungsgericht ging im Ansatz zutreffend davon aus, dass nach der Rechtsprechung des erkennenden Senats dem Unfallgeschädigten für die Berechnung eines Kfz-Schadens im Allgemeinen zwei Wege der Naturalrestitution zur Verfügung stehen: die Reparatur des Unfallfahrzeugs oder die Anschaffung eines „gleichwertigen" Ersatzfahrzeugs. Verfehlt war jedoch seine Auffassung, der Kläger könne nicht Ersatz der Reparaturkosten verlangen, weil er das Fahrzeug nach der Reparatur nicht weiter benutzt und deshalb kein Integritätsinteresse zum Ausdruck gebracht habe. Darauf kam es bei der vorliegenden Fallgestaltung nicht an. Nach der Rechtsprechung des Senats kann der Geschädigte, der das Fahrzeug tatsächlich reparieren lässt, grundsätzlich Ersatz der Reparaturkosten verlangen, wenn diese den Wiederbeschaffungswert nicht übersteigen. Das Vorliegen eines Integritätsinteresses kann insoweit nur dann eine Rolle spielen, wenn es um die Frage geht, ob der Geschädigte unter dem Aspekt des Wirtschaftlichkeitsgebots sein Fahrzeug überhaupt reparieren darf, wenn nämlich die Reparaturkosten dessen Wert übersteigen (sogenannte 130 % Grenze). Das war hier ersichtlich nicht der Fall.

68 Verfehlt war auch der Abzug des Restwerts, mit dem das Berufungsgericht den Anspruch des Geschädigten auf den Wiederbeschaffungsaufwand begrenzen wollte. Das hätte nur dann richtig sein können, wenn der Geschädigte anstelle der Reparatur eine Ersatzbeschaffung gewählt hätte und den Schaden auf der Grundlage fiktiver Reparaturkosten abrechnen würde (vgl. Senatsurt. BGHZ 162, 170, 174). Vorliegend hatte der Kläger jedoch das Fahrzeug tatsächlich reparieren lassen und konnte deshalb Ersatz der hierdurch konkret entstandenen Reparaturkosten verlangen, die den Wiederbeschaffungswert nicht übersteigen. Hat sich also der Geschädigte für eine Reparatur entschieden und diese tatsächlich durchführen lassen, spielt es grundsätzlich keine Rolle, ob und wann er danach ein anderes Fahrzeug erwirbt. Ein solcher Vorgang stellt sich aus rechtlicher Sicht nicht als „Ersatzbeschaffung" anstelle einer Reparatur dar, die ja im Streitfall bereits tatsächlich erfolgt war. Soweit das Berufungsgericht aus früheren Senatsurteilen etwas anderes ableiten wollte, übersah es, dass es sich dabei um Fälle der fiktiven Schadensabrechnung gehandelt hat.

7. Schadensabrechnung bei geschätzten Reparaturkosten über 130 %?

69 BGH, Urt. v. 10.7.2007 – VI ZR 258/06, zfs 2007, 686 = VersR 2007, 1244

BGB § 249

Liegen die (voraussichtlichen) Kosten der Reparatur eines Kraftfahrzeugs mehr als 30 % über dem Wiederbeschaffungswert, so ist die Instandsetzung in aller Regel wirtschaftlich unvernünftig und der Geschädigte kann vom Schädiger nur die Wiederbeschaffungskosten verlangen (Bestätigung des Senatsurt. BGHZ 115, 375).

7. Schadensabrechnung bei geschätzten Reparaturkosten über 130 %? § 1

a) Der Fall

Der Kläger verlangte restlichen Schadensersatz aus einem Verkehrsunfall vom 15.3.2005, bei dem der Beklagte zu 1 mit einem bei der Beklagten zu 2 haftpflichtversicherten Fahrzeug auf das bereits verkehrsbedingt zum Stillstand gekommene Kraftfahrzeug des Klägers aufgefahren war. Die Haftung der Beklagten dem Grunde nach war zwischen den Parteien unstreitig, sie stritten im Revisionsverfahren nur noch über die Höhe des dem Kläger durch den Unfall entstandenen Fahrzeugschadens. — 70

Der vom Kläger nach dem Unfall mit der Begutachtung des Kraftfahrzeugschadens beauftragte Sachverständige ermittelte voraussichtliche Reparaturkosten in Höhe von ca. 11.500 EUR brutto, einen Wiederbeschaffungswert des Fahrzeugs von 4.700 EUR brutto sowie einen Restwert von 500 EUR. — 71

Der Kläger ließ das Fahrzeug bei der Firma W. zum Preis von 6.109,80 EUR – also innerhalb der 130%-Grenze des Wiederbeschaffungswertes von 6.110 EUR – reparieren. Die Beklagte zu 2 zahlte vorgerichtlich an den Kläger lediglich den Wiederbeschaffungswert von 4.700 EUR, allerdings ohne Abzug des Restwertes. Mit seiner Klage machte der Kläger die Differenz von 1.409,80 EUR zwischen den angefallenen Reparaturkosten und dem Wiederbeschaffungswert nebst Zinsen geltend. Das Amtsgericht hat die Klage abgewiesen. Die Berufung des Klägers hat das Landgericht zurückgewiesen. Mit seiner vom Berufungsgericht zugelassenen Revision verfolgte der Kläger sein Klagebegehren weiter. — 72

b) Die rechtliche Beurteilung

Das Berufungsgericht führte im Wesentlichen aus, der Kläger könne bei den Reparaturkosten den sogenannten Integritätszuschlag von 30% über dem Wiederbeschaffungswert nicht verlangen, weil die tatsächlich vorgenommene Reparatur nicht zu einer fachgerechten und vollständigen Wiederherstellung des vor dem Unfall bestehenden Zustandes geführt habe. — 73

Diese Beurteilung hielt im Ergebnis revisionsrechtlicher Nachprüfung stand. — 74

Nach den Feststellungen des Berufungsgerichts lagen die voraussichtlichen Reparaturkosten nach der Schadensschätzung des vom Kläger beauftragten Sachverständigen ca. 245% über dem Wiederbeschaffungswert des unfallbeschädigten Kraftfahrzeugs. Liegen die (voraussichtlichen) Kosten der Reparatur eines Kraftfahrzeugs mehr als 30% über dem Wiederbeschaffungswert, so ist die Instandsetzung in aller Regel wirtschaftlich unvernünftig. In einem solchen Fall, in dem das Kraftfahrzeug nicht mehr reparaturwürdig ist, kann der Geschädigte vom Schädiger nur die Wiederbeschaffungskosten verlangen (vgl. Senatsurt. BGHZ 115, 375). Lässt der Geschädigte sein Fahrzeug dennoch reparieren, so können die Kosten nicht in einen vom Schädiger auszugleichenden wirtschaftlich vernünftigen Teil (bis zu 130% des Wiederbeschaffungswertes) und einen vom Geschädigten

§ 1 Reparaturkosten oder Wiederbeschaffungsaufwand

selbst zu tragenden wirtschaftlich unvernünftigen Teil aufgespalten werden (Senat, a.a.O.).

75 Es konnte im Streitfall offen bleiben, ob der Geschädigte gleichwohl Ersatz von Reparaturkosten verlangen kann, wenn es ihm tatsächlich gelingt, entgegen der Einschätzung des Sachverständigen die von diesem für erforderlich gehaltene Reparatur innerhalb der 130 %-Grenze durchzuführen, denn nach der Rechtsprechung des erkennenden Senats kann Ersatz von Reparaturaufwand bis zu 30 % über dem Wiederbeschaffungswert des Fahrzeugs nur verlangt werden, wenn die Reparaturen fachgerecht und in einem Umfang durchgeführt worden sind, wie ihn der Sachverständige zur Grundlage seiner Kostenschätzung gemacht hat (vgl. Senatsurt. BGHZ 162, 161; 154, 395). Dies war jedoch dem Kläger nach den Feststellungen des Berufungsgerichts gerade nicht gelungen.

76 Setzt der Geschädigte nach einem Unfall sein Kraftfahrzeug nicht vollständig und fachgerecht in Stand, ist regelmäßig die Erstattung von Reparaturkosten über dem Wiederbeschaffungswert nicht gerechtfertigt. Im Hinblick auf den Wert der Sache wäre eine solche Art der Wiederherstellung im Allgemeinen unvernünftig und kann dem Geschädigten nur ausnahmsweise im Hinblick darauf zugebilligt werden, dass der für ihn gewohnte und von ihm gewünschte Zustand des Fahrzeugs auch tatsächlich wie vor dem Schadensfall erhalten bleibt bzw. wiederhergestellt wird. Stellt der Geschädigte lediglich die Fahrbereitschaft, nicht aber den früheren Zustand des Fahrzeugs wieder her, so beweist er dadurch zwar ein Interesse an der Mobilität durch sein Fahrzeug; dieses könnte jedoch in vergleichbarer Weise auch durch eine Ersatzbeschaffung befriedigt werden. Der für die Zubilligung der „Integritätsspitze" von 30 % ausschlaggebende weitere Gesichtspunkt, dass der Geschädigte besonderen Wert auf das ihm vertraute Fahrzeug legt, verliert bei einer unvollständigen und nicht fachgerechten Reparatur eines total beschädigten Fahrzeugs in entscheidendem Maß an Bedeutung. Dass der Geschädigte Schadensersatz erhält, der den Wiederbeschaffungswert übersteigt, ist deshalb mit dem Wirtschaftlichkeitsgebot und Bereicherungsverbot nur zu vereinbaren, wenn er den Zustand des ihm vertrauten Fahrzeugs wie vor dem Unfall wieder herstellt. Nur zu diesem Zweck wird die „Opfergrenze" des Schädigers erhöht. Andernfalls wäre ein solcher erhöhter Schadensausgleich verfehlt. Er hätte eine ungerechtfertigte Aufblähung der Ersatzleistung zur Folge und führte zu einer vom Zweck des Schadensausgleichs nicht gebotenen Belastung des Schädigers. Deshalb kann Ersatz von Reparaturkosten bis zu 30 % über dem Wiederbeschaffungswert des Fahrzeugs nur dann verlangt werden, wenn die Reparaturen fachgerecht und in einem Umfang durchgeführt werden, wie ihn der Sachverständige zur Grundlage seiner Kostenschätzung gemacht hat.

77 Nach den rechtsfehlerfreien Feststellungen des Berufungsgerichts war das Kraftfahrzeug des Klägers durch die bei der Firma W. vorgenommene Reparatur nicht vollständig in einen Zustand wie vor dem Unfall versetzt worden. Dabei kommt es nicht darauf an, ob die verbliebenen Defizite den Geschädigten selbst überhaupt nicht stören und von diesem nicht beanstandet werden. Denn im Rahmen der Vergleichsbetrachtung kommt es allein auf den erforderlichen, d.h. nach objektiven Kriterien zu beurteilenden und deshalb auch unschwer nachzuprüfenden Reparaturaufwand an und nicht darauf, was der Geschädigte für erforderlich hält (vgl. Senatsurt. BGHZ 115, 375, 381).

Der Kläger konnte sich unter den Umständen des vorliegenden Falles auch nicht auf das sogenannte Prognoserisiko berufen. Zwar geht nach der Rechtsprechung des erkennenden Senats ein vom Geschädigten nicht verschuldetes Werkstatt- oder Prognoserisiko, wenn er den Weg der Schadensbehebung mit dem vermeintlich geringeren Aufwand wählt, zu Lasten des Schädigers (vgl. Senatsurt. BGHZ 115, 364, 370). Dies gilt jedoch nicht in einem Fall wie dem vorliegenden, in dem der vom Kläger mit der Schadensschätzung beauftragte Sachverständige zu Reparaturkosten von ca. 245 % über dem Wiederbeschaffungswert des unfallbeschädigten Kraftfahrzeugs gelangt, die eine Reparatur wirtschaftlich unvernünftig machen. Lässt der Geschädigte unter diesen Umständen sein Fahrzeug gleichwohl auf einem „alternativen Reparaturweg" reparieren, und gelingt es ihm dabei nicht, das Fahrzeug zu Kosten innerhalb der 130 %-Grenze vollständig und fachgerecht in einen Zustand wie vor dem Unfall zurückzuversetzen, kann er sich jedenfalls nicht zur Begründung seiner Reparaturkostenforderung auf ein unverschuldetes Werkstatt- oder Prognoserisiko berufen.

8. Maßgeblichkeit der Bruttowerte für die Vergleichsbetrachtung

BGH, Urt. v. 3.3.2009 – VI ZR 100/08, zfs 2009, 439 = VersR 2009, 654
BGB § 249

Kommt es beim Kraftfahrzeughaftpflichtschaden für den Umfang des Schadensersatzes darauf an, ob die vom Sachverständigen kalkulierten Reparaturkosten den Wiederbeschaffungswert übersteigen, ist in der Regel auf die Bruttoreparaturkosten abzustellen.

a) Der Fall (vereinfacht)

Der Kläger verlangte von den Beklagten restlichen Schadensersatz für sein bei einem Verkehrsunfall beschädigtes Fahrzeug. Die volle Haftung der Beklagten dem Grunde nach war unstreitig. Ausweislich eines vom Kläger eingeholten Gutachtens betrugen die Reparaturkosten 9.000 EUR netto (10.710 EUR brutto) und der Wiederbeschaffungswert incl. Mehrwertsteuer 10.000 EUR. Der Kläger verlangte von den Beklagten daraufhin Ersatz der Nettoreparaturkosten von 9.000 EUR. Der beklagte Haftpflichtversicherer regulierte den Schaden in Höhe des Wiederbeschaf-

§ 1 Reparaturkosten oder Wiederbeschaffungsaufwand

fungswerts von 10.000 EUR abzüglich 4.000 EUR Restwert, und zahlte daher 6.000 EUR. Mit der Klage verlangte der Kläger die Zahlung des Differenzbetrags.

81 Das Amtsgericht hat der Klage stattgegeben. Auf die Berufung der Beklagten hat das Berufungsgericht die Klage abgewiesen. Mit seiner vom Berufungsgericht zugelassenen Revision verfolgte der Kläger seinen Klagantrag weiter. Die Revision hatte keinen Erfolg.

b) Die rechtliche Beurteilung

82 Zutreffend legte das Berufungsgericht seiner Entscheidung die ständige Rechtsprechung des erkennenden Senats zu Grunde. Übersteigt der Kraftfahrzeugschaden den Wiederbeschaffungswert des Fahrzeugs – im Rahmen der 130%-Grenze –, können Reparaturkosten, die über dem Wiederbeschaffungsaufwand des Fahrzeugs liegen, grundsätzlich nur dann zuerkannt werden, wenn die Reparatur fachgerecht und in einem Umfang durchgeführt wird, wie ihn der Sachverständige zur Grundlage seiner Kostenschätzung gemacht hat. Diese Reparaturkosten müssen auch konkret angefallen sein oder der Geschädigte muss nachweisbar wertmäßig in einem Umfang repariert haben, der den Wiederbeschaffungsaufwand übersteigt. Anderenfalls ist die Höhe des Ersatzanspruchs auf den Wiederbeschaffungsaufwand beschränkt (Senatsurt. BGHZ 162, 161 ff.; 162, 170 ff.). Hingegen spielt die Qualität der Reparatur so lange keine Rolle, wie die geschätzten Reparaturkosten den Wiederbeschaffungswert nicht übersteigen, so dass in diesem Fall die vom Sachverständigen geschätzten Reparaturkosten bis zur Höhe des Wiederbeschaffungswerts ohne Abzug des Restwerts verlangt werden können (Senatsurt. BGHZ 154, 395 ff.; 168, 43 ff.).

83 Die Revision meinte, im vorliegenden Fall überstiegen die geschätzten Reparaturkosten den Wiederbeschaffungswert nicht, weil sie nur netto, also ohne Zurechnung der Mehrwertsteuer, anzusetzen seien. Die nach der Schuldrechtsreform geltende Fassung des § 249 Abs. 2 S. 2 BGB bestimme, dass Umsatzsteuer bei Schadensersatz nur dann verlangt werden könne, wenn und soweit sie tatsächlich angefallen sei. Diese Norm enthalte ein allgemein geltendes schadensersatzrechtliches Prinzip, nach dem auch bei Elementen der Schadensberechnung Umsatzsteuer nur dann in die Berechnung einfließen dürfe, wenn sie effektiv bezahlt wurde. Hieraus ergebe sich, dass dann, wenn, wie hier, der Wiederbeschaffungswert umsatzsteuerneutral sei, weil vergleichbare Fahrzeuge nur auf dem Privatmarkt angeboten würden, dieser Wert nicht zu korrigieren sei.

Dem ist der erkennende Senat nicht gefolgt.

84 Dem Geschädigten, der eine Reparatur nachweislich durchführt, werden die zur Instandsetzung erforderlichen Kosten, die den Wiederbeschaffungswert bis zu 30% übersteigen, nur deshalb zuerkannt, weil regelmäßig nur die Reparatur des dem Geschädigten vertrauten Fahrzeugs sein Integritätsinteresse befriedigt, wobei aber letztlich wirtschaftliche Aspekte den Zuschlag von bis zu 30% zum Wiederbe-

8. Maßgeblichkeit der Bruttowerte für die Vergleichsbetrachtung § 1

schaffungswert aus schadensrechtlicher Sicht als gerechtfertigt erscheinen lassen. Dabei ist zu bedenken, dass die Schadensersatzpflicht von vornherein nur insoweit besteht, als sich die Aufwendungen im Rahmen wirtschaftlicher Vernunft halten. Daran hat sich der Vergleichsmaßstab auszurichten. Nimmt der Geschädigte – wie hier – nur eine Notreparatur vor, stellen die vom Sachverständigen geschätzten Bruttoreparaturkosten einschließlich der Mehrwertsteuer regelmäßig den Aufwand dar, den der Geschädigte hätte, wenn er das Fahrzeug tatsächlich derart reparieren ließe, so dass ein Schadensersatz im Rahmen der 130 %-Grenze in Betracht käme. Dieser Aufwand ist mit dem Wiederbeschaffungswert zu vergleichen. Liegt der Betrag der vom Sachverständigen geschätzten Reparaturkosten einschließlich der Mehrwertsteuer über dem Wiederbeschaffungswert, kann eine Reparatur nur dann als noch wirtschaftlich vernünftig angesehen werden, wenn sie vom Integritätsinteresse des Geschädigten geprägt ist und fachgerecht sowie in einem Umfang durchgeführt wird, wie ihn der Sachverständige zur Grundlage seiner Kostenschätzung gemacht hat. Eine fiktive Schadensabrechnung führt in diesem Fall dazu, dass der Geschädigte nur den Wiederbeschaffungsaufwand verlangen kann. 85

Aus § 249 Abs. 2 S. 2 BGB, wonach Umsatzsteuer nur dann verlangt werden kann, wenn und soweit sie tatsächlich angefallen ist, ergibt sich nichts Abweichendes. Die Vorschrift besagt nur, dass im Fall fiktiver Schadensabrechnung der auf die Umsatzsteuer entfallende Betrag nicht zu ersetzen ist. Nach der gesetzlichen Wertung käme es zu einer Überkompensation, wenn der Geschädigte fiktive Umsatzsteuer auf den Nettoschadensbetrag erhielte, was auch im Fall eines Totalschadens und bei konkreter Schadensabrechnung nach der Ersatzbeschaffung eines Fahrzeugs gilt. Um die Verhinderung einer Überkompensation geht es bei der vorliegenden Fragestellung indes nicht. Vielmehr geht es um eine wertende Betrachtung, unter welchen Umständen eine Reparatur des total beschädigten Fahrzeugs noch als ausreichend wirtschaftlich angesehen werden kann, damit dem Schädiger eine Belastung mit den Kosten zuzumuten ist. 86

Ohne Erfolg machte die Revision geltend, es verstoße gegen das Gleichheitsgebot (Art. 3 GG), die Bruttoreparaturkosten als Vergleichsmaßstab heranzuziehen, weil von unterschiedlichen Ergebnissen auszugehen sei je nachdem, ob der Geschädigte vorsteuerabzugsberechtigt sei oder nicht. Zwar kann die Vorsteuerabzugsberechtigung bei der Schadensberechnung zu beachten sein (vgl. Senatsurt. v. 6.6.1972 – VI ZR 49/71, VersR 1972, 772; v. 4.5.1982 – VI ZR 166/80, VersR 1982, 757, 758). Es kann auch unterstellt werden, dass im Fall eines vorsteuerabzugsberechtigten Geschädigten die Nettoreparaturkosten als Vergleichsmaßstab herangezogen werden können, was hier nicht zu entscheiden war. Indes dient das Schadensrecht dem Ersatz des dem jeweiligen Geschädigten jeweils konkret entstandenen Schadens. Deshalb ist die Schadensberechnung an den konkreten Umständen auszurichten und kann von daher im Einzelfall zu unterschiedlichen Ergebnissen führen. Die 87 vom Berufungsgericht vorgenommene Schadensberechnung war demnach aus Rechtsgründen nicht zu beanstanden.

9. Schadenabrechnung auf Neuwagenbasis

88 **BGH, Urt. v. 9.6.2009 – VI ZR 110/08, zfs 2010, 22 = VersR 2009, 1092**
BGB § 249

Der Geschädigte, dessen neuer Pkw erheblich beschädigt worden ist, kann den ihm entstandenen Schaden nur dann auf Neuwagenbasis abrechnen, wenn er ein fabrikneues Ersatzfahrzeug gekauft hat.

a) Der Fall (vereinfacht)

89 Die Klägerin nahm den Beklagten, das Deutsche Büro „Grüne Karte", auf Ersatz restlichen Sachschadens aus einem Verkehrsunfall vom 15.7.2005 in Anspruch, bei dem ihr Pkw BMW M 6 Coupé im linken Seitenbereich beschädigt worden war. Die Klägerin hatte den Pkw als Geschäftsfahrzeug zum Preis von rund 100.000 EUR erworben und am Tag vor dem Unfall erstmals zum Verkehr zugelassen. Im Zeitpunkt des Unfalls wies das Fahrzeug eine Laufleistung von nicht mehr als 607 km auf. Die volle Haftung des Beklagten stand dem Grunde nach außer Streit. Die Parteien stritten über die Frage, ob die Klägerin den ihr entstandenen Sachschaden auf Neuwagenbasis abrechnen kann. Der Beklagte zahlte lediglich die Kosten einer Instandsetzung, die ein vom Beklagten beauftragter Sachverständiger auf ca. 5.500 EUR netto geschätzt hatte, eine Entschädigung für den merkantilen Minderwert in Höhe von 3.500 EUR, die Kosten des Sachverständigengutachtens in Höhe von ca. 500 EUR sowie eine Kostenpauschale in Höhe von 20 EUR, d.h. insgesamt 9.520 EUR.

90 Die Klägerin hat vor dem Landgericht zuletzt Ersatz der Kosten für die Anschaffung eines Neufahrzeugs (abzüglich des gezahlten Betrages) Zug um Zug gegen Übereignung des Unfallfahrzeugs begehrt. Das Landgericht hat die Klage insoweit abgewiesen. Auf die Berufung der Klägerin hat das Oberlandesgericht der entsprechenden Klage stattgegeben. Mit seiner vom Berufungsgericht zugelassenen Revision begehrte der Beklagte die Wiederherstellung des erstinstanzlichen Urteils.

b) Die rechtliche Beurteilung

91 Das Berufungsurteil hielt einer revisionsrechtlichen Überprüfung nicht in vollem Umfang stand.

Die Revision wandte sich nicht gegen die Annahme des Berufungsgerichts, der Klägerin stehe ein Anspruch gegen den Beklagten auf Ersatz des ihr bei dem Unfall entstandenen Schadens aus § 7 Abs. 1 StVG, §§ 2 Abs. 1 Buchst. b, 6 Abs. 1 AuslPflVG, § 3 Nr. 1 PflVG in der hier anzuwendenden, bis zum 31.12.2007 gel-

9. Schadenabrechnung auf Neuwagenbasis §1

tenden Fassung zu. Diese Annahme des Berufungsgerichts ließ Rechtsfehler nicht erkennen.

Die Revision beanstandete aber mit Erfolg, dass das Berufungsgericht die Klägerin für berechtigt gehalten hatte, den ihr entstandenen Schaden auf Neuwagenbasis zu berechnen. Der Klägerin stand jedenfalls derzeit kein über die bisherigen Zahlungen des Beklagten hinaus gehender Schadensersatzanspruch zu. 92

Allerdings ist die Bemessung der Höhe des Schadensersatzanspruchs in erster Linie Sache des nach § 287 ZPO besonders frei gestellten Tatrichters. Sie ist revisionsrechtlich nur daraufhin überprüfbar, ob der Tatrichter Rechtsgrundsätze der Schadensbemessung verkannt, wesentliche Bemessungsfaktoren außer Betracht gelassen oder seiner Schätzung unrichtige Maßstäbe zugrunde gelegt hat.

Dies war hier der Fall. Das Berufungsgericht hatte Rechtsgrundsätze der Schadensbemessung verkannt. Seine Annahme, der Geschädigte könne auch dann die für die Anschaffung eines fabrikneuen Ersatzfahrzeugs erforderlichen Kosten verlangen, wenn er ein solches Fahrzeug nicht angeschafft habe, war mit dem nach schadensrechtlichen Grundsätzen zu beachtenden Wirtschaftlichkeitsgebot und dem Bereicherungsverbot nicht zu vereinbaren. 93

Im Ausgangspunkt hatte das Berufungsgericht allerdings zutreffend angenommen, dass sich der Eigentümer eines Neuwagens im Falle von dessen Beschädigung nicht immer mit der Erstattung der erforderlichen Reparaturkosten zuzüglich einer etwaigen Ausgleichszahlung für den merkantilen Minderwert begnügen muss, sondern unter Umständen berechtigt sein kann, Ersatz der in aller Regel höheren Kosten für die Beschaffung eines gleichwertigen Neufahrzeugs zu verlangen. 94

Gemäß § 249 BGB hat der zum Schadensersatz Verpflichtete den Zustand herzustellen, der bestehen würde, wenn der zum Ersatz verpflichtende Umstand nicht eingetreten wäre. Ist wegen der Verletzung einer Person oder der Beschädigung einer Sache Schadensersatz zu leisten, so kann der Geschädigte gemäß § 249 Abs. 2 S. 1 BGB statt der Herstellung den dazu erforderlichen Geldbetrag verlangen. Für die Berechnung von Fahrzeugschäden stehen dem Geschädigten regelmäßig zwei Wege der Naturalrestitution zur Verfügung: Reparatur des Unfallfahrzeugs oder Anschaffung eines gleichwertigen Ersatzfahrzeugs. Zwischen diesen Wegen kann der Geschädigte grundsätzlich frei wählen. Denn nach dem gesetzlichen Bild des Schadensersatzes ist der Geschädigte Herr des Restitutionsgeschehens. Aufgrund der nach anerkannten schadensrechtlichen Grundsätzen bestehenden Dispositionsfreiheit ist er grundsätzlich auch in der Verwendung der Mittel frei, die er vom Schädiger zum Schadensausgleich verlangen kann. 95

Allerdings hat der Geschädigte auch das in § 249 Abs. 2 S. 1 BGB verankerte Wirtschaftlichkeitspostulat zu beachten. Dieses gebietet dem Geschädigten, den Schaden auf diejenige Weise zu beheben, die sich in seiner individuellen Lage als die wirtschaftlich vernünftigste darstellt, um sein Vermögen in Bezug auf den beschädigten Bestandteil in einen dem früheren gleichwertigen Zustand zu versetzen. Ver- 96

§ 1 Reparaturkosten oder Wiederbeschaffungsaufwand

ursacht von mehreren zum Schadensausgleich führenden Möglichkeiten eine den geringeren Aufwand, so ist der Geschädigte grundsätzlich auf diese beschränkt. Nur der für diese Art der Schadensbehebung nötige Geldbetrag ist im Sinne des § 249 Abs. 2 S. 1 BGB zur Herstellung erforderlich. Darüber hinaus findet das Wahlrecht des Geschädigten seine Schranke an dem Verbot, sich durch Schadensersatz zu bereichern. Er soll zwar vollen Ersatz verlangen, aber an dem Schadensfall nicht verdienen.

97 Diese schadensrechtlichen Grundsätze lassen sich nicht isoliert verwirklichen. Sie stehen vielmehr zueinander in einer Wechselbeziehung. Dementsprechend darf in Verfolgung des Wirtschaftlichkeitspostulats das Integritätsinteresse des Geschädigten, das aufgrund der gesetzlich gebotenen Naturalrestitution Vorrang genießt, nicht verkürzt werden. In Ausnahmefällen kann das Wirtschaftlichkeitsgebot eine Einschränkung erfahren und hinter einem besonderen Integritätsinteresse des Geschädigten an einer an sich unwirtschaftlichen Restitutionsmaßnahme zurücktreten. So steht dem Geschädigten nach der gefestigten Rechtsprechung des erkennenden Senats in Abweichung vom Wirtschaftlichkeitsgebot ausnahmsweise ein Anspruch auf Ersatz des den Wiederbeschaffungswert des beschädigten Fahrzeugs um bis zu 30 % übersteigenden Reparaturaufwands (Reparaturkosten zuzüglich einer etwaigen Entschädigung für den merkantilen Minderwert) zu, sofern der Geschädigte den Zustand seines Fahrzeugs wie vor dem Unfall wiederherstellt, um es nach der Reparatur weiter zu nutzen. Die Erstattung des im Vergleich zu den Ersatzbeschaffungskosten höheren Reparaturaufwands ist aufgrund des besonderen Integritätsinteresses des Geschädigten am Erhalt des ihm vertrauten Fahrzeugs ausnahmsweise gerechtfertigt.

98 Auch im umgekehrten Fall, in dem der Ersatzbeschaffungsaufwand den Reparaturaufwand übersteigt, kommt eine Einschränkung des Wirtschaftlichkeitsgebots unter bestimmten Voraussetzungen in Betracht. Wird ein fabrikneues Fahrzeug erheblich beschädigt mit der Folge, dass es trotz Durchführung einer fachgerechten Reparatur den Charakter der Neuwertigkeit verliert, kann der Geschädigte in den Grenzen des § 251 Abs. 2 BGB ausnahmsweise die im Vergleich zum Reparaturaufwand höheren Kosten für die Beschaffung eines Neuwagens beanspruchen. Angesichts der schadensrechtlichen Bedeutung der Neuwertigkeit ist es dem Geschädigten in einer derartigen Situation grundsätzlich nicht zuzumuten, sich mit der Reparatur des erheblich beschädigten Fahrzeugs und der Zahlung eines den merkantilen Minderwert ausgleichenden Geldbetrags zu begnügen. Vielmehr rechtfertigt sein besonderes, vermögensrechtlich zu qualifizierendes Interesse am Eigentum und an der Nutzung eines Neufahrzeugs ausnahmsweise die Wahl der im Vergleich zur Reparatur teureren Restitutionsmaßnahme. Denn nach der Verkehrsauffassung genießt ein in erheblichem Umfang repariertes Fahrzeug auch unter Berücksichtigung eines nach den üblichen Maßstäben bemessenen Ersatzes für den merkantilen Minderwert nicht dieselbe Wertschätzung wie ein völlig neuwertiges unfallfreies Fahrzeug.

9. Schadenabrechnung auf Neuwagenbasis § 1

Die Annahme des Berufungsgerichts, der Pkw der Klägerin sei im Unfallzeitpunkt neuwertig gewesen und durch den Unfall erheblich beschädigt worden, war revisionsrechtlich nicht zu beanstanden. Sie hielt sich im Rahmen des dem Tatrichter nach § 287 ZPO zustehenden Ermessens.
Der erkennende Senat hatte es bereits im Urteil v. 29.3.1983 (VI ZR 157/81, VersR 1983, 658) als Faustregel gebilligt, Fahrzeuge mit einer Fahrleistung von nicht mehr als 1000 km im Regelfall als fabrikneu anzusehen. Hieran hielt der Senat fest. Im Streitfall hatte das Unfallfahrzeug nicht mehr als 607 km zurückgelegt; es war erst am Tag vor dem Unfall zugelassen worden.

99

Auch die Annahme des Berufungsgerichts, der Pkw der Klägerin sei beim Unfall erheblich beschädigt worden, hielt sich im Rahmen eines möglichen tatrichterlichen Ermessens. Das Berufungsgericht war zutreffend davon ausgegangen, dass die Erheblichkeit einer Beschädigung nicht in erster Linie anhand der Schwere des eingetretenen Unfallschadens, sondern anhand des Zustands zu beurteilen ist, in dem sich das Fahrzeug nach einer fachgerechten Reparatur befinden würde. Danach ist eine erhebliche Beschädigung zu verneinen, wenn der Unfall lediglich Fahrzeugteile betroffen hat, die im Rahmen einer fachgerecht durchgeführten Reparatur spurenlos ausgewechselt werden können, und die Funktionstüchtigkeit und die Sicherheitseigenschaften des Fahrzeugs, insbesondere die Karosseriesteifigkeit und das Deformationsverhalten nicht beeinträchtigt sind (wie beispielsweise bei der Beschädigung von Anbauteilen wie Türen, Scheiben, Stoßstangen, etc.). Denn dann wird der frühere Zustand durch die Reparatur voll wieder hergestellt. Dies bedeutet allerdings nicht, dass jede Beschädigung an einem nicht abschraubbaren Teil – z.B. Kratzer an der Karosserie – notwendigerweise zu einer Schadensbeseitigung auf Neuwagenbasis führen würde. Der Tatrichter hat bei der Ausübung seines Schätzungsermessens zu berücksichtigen, dass sich derartige Beschädigungen mit Hilfe der heutigen Reparatur- und Lackiertechnik häufig in einer Weise beseitigen lassen, die den schadensrechtlichen Charakter der Neuwertigkeit des Fahrzeugs uneingeschränkt wiederherstellt.

100

Eine erhebliche Beschädigung wird in aller Regel dann anzunehmen sein, wenn beim Unfall tragende oder sicherheitsrelevante Teile, insbesondere das Fahrzeugchassis, beschädigt wurden und die fachgerechte Instandsetzung nicht völlig unerhebliche Richt- oder Schweißarbeiten am Fahrzeug erfordert. Denn durch derartige Arbeiten wird in erheblicher Weise in das Gefüge des Fahrzeugs eingegriffen. Indizielle Bedeutung für die Erheblichkeit der Beschädigung kann in der erforderlichen Gesamtbetrachtung auch einem hohen merkantilen Minderwert zukommen. Dagegen ist bei Fahrzeugen mit einer Laufleistung von nicht mehr als 1000 km nicht erforderlich, dass nach Durchführung der Instandsetzungsarbeiten noch erhebliche Schönheitsfehler verbleiben, Garantieansprüche gefährdet sind oder ein Unsicherheitsfaktor gegeben ist. Ebenso wenig kommt es darauf an, ob die Unfallschäden bei einem späteren Verkauf ungefragt offenbart werden müssen oder einen Sach-

101

§ 1 Reparaturkosten oder Wiederbeschaffungsaufwand

mangel im Sinne des § 434 Abs. 1 S. 2 Nr. 2 BGB begründen. Denn die Grenze für nicht mitteilungspflichtige und damit keinen Mangel begründende „Bagatellschäden" ist bei Personenkraftwagen sehr eng zu ziehen. Als „Bagatellschäden" sind bei Personenkraftwagen nur ganz geringfügige, äußere (Lack-)Schäden anzuerkennen, nicht dagegen andere (Blech-)Schäden, auch wenn sie keine weitergehenden Folgen hatten und der Reparaturaufwand nur gering war (vgl. BGH, Urt. v. 10.10.2007 – VIII ZR 330/06, VersR 2008, 359, 361; m.w.N.).

102 Nach den Feststellungen des Berufungsgerichts war die gesamte linke Seite des Fahrzeugs der Klägerin bei dem Verkehrsunfall in Mitleidenschaft gezogen worden. Eine Reparatur erforderte Richtarbeiten an der A-Säule des Fahrzeugs – einem tragenden, für die Stabilität des Fahrzeugs bedeutsamen Teil – mit einer Dauer von mindestens 30 Minuten. Der durch den Unfall eingetretene merkantile Minderwert belief sich auf 3.500 EUR. Bei dieser Sachlage war es revisionsrechtlich nicht zu beanstanden, dass das Berufungsgericht die Beschädigung des völlig neuwertigen Fahrzeugs der Klägerin als erheblich gewertet hatte.

103 Es begegnete auch keinen revisionsrechtlichen Bedenken, dass das Berufungsgericht einen Anspruch der Klägerin auf Ersatz der für die Beschaffung eines Neufahrzeugs erforderlichen Kosten nicht daran hatte scheitern lassen, dass das Unfallfahrzeug von der Klägerin gewerblich genutzt wurde. Nach den Feststellungen des Berufungsgerichts setzte der „Geschäftsführer" der Klägerin den Wagen für Akquisitionsfahrten ein. Dies bedeutete, dass die Klägerin mit dem Fahrzeug nach außen in Erscheinung trat; das Fahrzeug diente zumindest auch Repräsentationszwecken. Jedenfalls ein zu solchen Zwecken erworbener und genutzter Neuwagen genießt nach der Verkehrsauffassung keine andere Wertschätzung als ein neuer Pkw in den Händen eines Privateigentümers. Auch dem Eigentümer eines solchen Fahrzeugs ist es grundsätzlich nicht zuzumuten, sich mit der Reparatur des erheblich beschädigten Fahrzeugs und der Zahlung eines den merkantilen Minderwert ausgleichenden Geldbetrages zu begnügen.

104 Entgegen der Auffassung des Berufungsgerichts kann der Geschädigte, dessen neuer Pkw erheblich beschädigt worden ist, den ihm entstandenen Schaden aber nur dann auf Neuwagenbasis abrechnen, wenn er ein gleichwertiges Ersatzfahrzeug erworben hat.

Die Zubilligung einer Neupreisentschädigung beruht auf einer Einschränkung des aus dem Erforderlichkeitsgrundsatz hergeleiteten Wirtschaftlichkeitsgebots. Ausschlaggebender Gesichtspunkt für die Erstattung der im Vergleich zum Reparaturaufwand höheren und damit an sich unwirtschaftlichen Ersatzbeschaffungskosten ist das besondere Interesse des Geschädigten am Eigentum und an der Nutzung eines Neufahrzeugs. Die mit dem erhöhten Schadensausgleich einhergehende Anhebung der „Opfergrenze" des Schädigers ist allein zum Schutz dieses besonderen Interesses des Geschädigten gerechtfertigt. Dies gilt aber nur dann, wenn der Geschädigte im konkreten Einzelfall tatsächlich ein solches Interesse hat und dieses durch den Kauf eines Neufahrzeugs nachweist. Nur dann ist die Zuerkennung einer den Reparaturaufwand übersteigenden und damit an sich unwirtschaftlichen Neupreisentschädigung mit dem Wirtschaftlichkeitsgebot und dem Bereicherungsverbot zu vereinbaren. Insoweit kann nichts anderes gelten als im umgekehrten Fall, in dem der Reparaturaufwand den Wiederbeschaffungswert des beschädigten Fahrzeugs um bis zu 30 % übersteigt. Verzichtet der Geschädigte dagegen auf den Kauf eines Neufahrzeugs, fehlt es an dem inneren Grund für die Gewährung einer Neupreisentschädigung. Ein erhöhter Schadensausgleich wäre verfehlt. Er hätte eine ungerechtfertigte Aufblähung der Ersatzleistung zur Folge und führte zu einer vom Zweck des Schadensausgleichs nicht mehr gedeckten Belastung des Schädigers.

Da sich die Klägerin nach den nicht angegriffenen Feststellungen des Berufungsgerichts bisher kein fabrikneues Ersatzfahrzeug gekauft hatte, fehlte es jedenfalls derzeit (vgl. zur nachträglichen Geltendmachung höherer Kosten nach Bekundung eines weitergehenden Integritätsinteresses durch den Geschädigten: BGHZ 169, 263) an einer Anspruchsvoraussetzung für die geltend gemachte Neupreisentschädigung.

105

10. Haftungsrechtliche Bedeutung eines Zweitschadens, dessen Reparatur zwangsläufig zur Beseitigung des Erstschadens führt

BGH, Urt. v. 12.3.2009 – VII ZR 88/08, zfs 2009, 441 = NZV 2009, 336
BGB § 249 Abs. 2 S. 1

106

Der Geschädigte kann vom Schädiger die fiktiven Kosten der Reparatur seines Pkw auch dann verlangen, wenn das Fahrzeug bei einem späteren Unfall am gleichen Karosserieteil zusätzlich beschädigt worden ist, die Reparatur des Zweitschadens zwangsläufig zur Beseitigung des Erstschadens geführt hat und der Kaskoversicherer des Geschädigten aufgrund seiner Einstandspflicht für den späteren Schaden die Reparaturkosten vollständig erstattet hat.

a) Der Fall

Der Kläger begehrte von der Beklagten Ersatz eines Schadens, der an seinem Pkw in der Waschanlage der Beklagten entstanden sein sollte. Am 10.6.2006 ließ der Kläger seinen Pkw in der Waschanlage der Beklagten waschen. Nach Ende des Waschvorgangs zeigte er dem Bedienungspersonal der Waschanlage an, dass die Frontschürze vorne links vom vorderen Kotflügel ca. 10 cm abgerissen, im 90°-Winkel abgeknickt und eingerissen sei. Ob dieser Schaden von der Waschanlage verursacht worden war, war zwischen den Parteien streitig.

107

§ 1 Reparaturkosten oder Wiederbeschaffungsaufwand

108 Der Kläger begehrte Ersatz des Schadens, den er nach einem Kostenvoranschlag inklusive Kostenpauschale mit insgesamt ca. 1.200 EUR netto bezifferte. Nach Klageerhebung verursachte die Ehefrau des Klägers am 28.12.2006 mit demselben Fahrzeug einen Auffahrunfall, durch den die Frontschürze vollständig funktionsunfähig wurde. Der Kläger ließ die Frontschürze erneuern, wodurch auch die bereits vorhandene Beschädigung ohne Mehrkosten behoben wurde. Die Kosten der Reparatur erhielt der Kläger von seinem Vollkaskoversicherer erstattet, den er über den Vorschaden an der Frontschürze nicht informierte.

109 Das Amtsgericht hat die Klage gegen den Inhaber der Waschanlage abgewiesen. Die Berufung des Klägers ist erfolglos geblieben. Mit der vom Berufungsgericht zugelassenen Revision verfolgte der Kläger seinen Anspruch in vollem Umfang weiter.

b) Die rechtliche Beurteilung

110 Die Revision führte zur Aufhebung des angefochtenen Urteils und zur Zurückverweisung der Sache an das Berufungsgericht.

Das Berufungsgericht ließ offen, ob ein Schadensersatzanspruch des Klägers gegen die Beklagte entstanden ist. Ein solcher Anspruch auf Ersatz der fiktiven Reparaturkosten sei zwar nicht durch den Unfall vom 28.12.2006 untergegangen. Der Kläger habe jedoch seinen Anspruch durch die Leistung seiner Vollkaskoversicherung verloren. Obwohl die Versicherung nicht wegen des ersten, sondern wegen des zweiten Schadensereignisses gezahlt habe, habe diese Leistung Tilgungswirkung auch für die Beklagte. Der Zweitschaden umfasse der Höhe nach vollständig den Erstschaden. Die zu seiner Beseitigung durchgeführten Arbeiten seien auch für die Reparatur des Erstschadens erforderlich gewesen. Es könne dahinstehen, ob die Beklagte und die Kaskoversicherung echte oder unechte Gesamtschuldner seien. Jedenfalls bestehe zwischen ihnen Leistungsidentität.

111 Das Urteil hielt der rechtlichen Überprüfung nicht stand. Die Beklagte war von einer Pflicht, dem Kläger den möglicherweise am 10.6.2006 entstandenen Schaden zu ersetzen, nicht frei geworden.

Für das Revisionsverfahren war davon auszugehen, dass dem Kläger wegen der Beschädigung seines Pkw in der Waschanlage ein Schadensersatzanspruch in Höhe der fiktiven Reparaturkosten gegen die Beklagte erwachsen war.

Der Kläger hatte diesen Anspruch nicht nachträglich verloren.

112 Das galt zunächst für den vom Berufungsgericht angenommenen Fall, dass der Unfall vom 28.12.2006 den in der Waschanlage entstandenen Schaden erweitert hatte und der Kaskoversicherer für den gesamten Schaden eintrittspflichtig war.

Die Leistung des Kaskoversicherers hatte den Anspruch des Klägers gegen die Beklagte nicht getilgt.

10. Reparatur Zweitschaden führt zwangsläufig zur Beseitigung Erstschaden § 1

Eine Erfüllungswirkung nach § 422 Abs. 1 BGB war nicht eingetreten. Der Kaskoversicherer des Klägers und die Beklagte waren keine Gesamtschuldner im Sinne von § 421 BGB. Zwischen ihnen bestand schon keine gleichstufige Verbundenheit hinsichtlich ihrer Verpflichtung zum Schadensausgleich, die zu einer gesamtschuldnerischen Haftung führen könnte. Die Beklagte haftete als Schädiger. Der Versicherer ist aus dem mit dem Kläger geschlossenen Versicherungsvertrag einstandspflichtig. 113

Eine Befreiung der Beklagten von ihrer Verpflichtung gegenüber dem Kläger konnte daher durch die Leistung des Versicherers nur eingetreten sein, wenn der Schadensersatzanspruch des Klägers gegen die Beklagte nach § 67 Abs. 1 VVG a.F. auf den Kaskoversicherer übergegangen gewesen wäre. Dies war indes nicht der Fall. Der Versicherungsfall, aufgrund dessen der Versicherer Leistungen an den Kläger erbracht hatte, betraf nicht die Beschädigung des Fahrzeugs des Klägers in der Waschanlage der Beklagten. Die Leistung des Versicherers bezog sich nach den Feststellungen des Berufungsgerichts ausschließlich auf das Ereignis vom 28.12.2006 und den dabei verursachten Schaden. 114

Der Kläger musste sich auf seinen Anspruch die Leistung des Versicherers nicht nach den Grundsätzen der Vorteilsausgleichung anrechnen lassen. 115

Diese Grundsätze beruhen auf dem Gedanken, dass dem Geschädigten in gewissem Umfang diejenigen Vorteile zuzurechnen sind, die ihm in adäquatem Zusammenhang mit dem Schadensereignis zufließen. Dabei sind nicht alle durch das Schadensereignis bedingten Vorteile auf den Schadensersatzanspruch anzurechnen, sondern nur solche, deren Anrechnung mit dem jeweiligen Zweck des Ersatzanspruchs übereinstimmt, d.h. dem Geschädigten zumutbar ist und den Schädiger nicht unangemessen entlastet. Die Versicherungsleistung, die der Kläger wegen des Unfalls vom 28.12.2006 erhalten hatte, war ihm zum einen nicht im Zusammenhang mit dem Schadensereignis vom 10.6.2006 zugeflossen. Zum anderen hatte er sie durch die Zahlung der Versicherungsprämien selbst „erkauft", was dem Schädiger nicht zugute kommen kann.

Der Anspruch des Klägers auf Ersatz der fiktiven Herstellungskosten nach § 249 Abs. 2 S. 1 BGB war weder durch die zusätzliche Beschädigung bei dem Unfall am 28.12.2006 noch durch die anschließende Reparatur untergegangen. Der Hinweis der Revisionserwiderung, der Anspruch sei deshalb entfallen, weil die Herstellung nunmehr unmöglich sei und der Schaden auf Kosten eines Dritten ohne jede Belastung des Geschädigten beseitigt worden sei, ging fehl. Diese Umstände können den einmal entstandenen Schadensersatzanspruch nicht nachträglich beseitigen und so den Schädiger entlasten. 116

Dem Geschädigten steht es aufgrund seiner Dispositionsfreiheit grundsätzlich frei, ob er den zur Wiederherstellung erforderlichen Betrag nach dessen Zahlung wirklich diesem Zweck zuführen oder anderweitig verwenden will. Selbst wenn er von vornherein nicht die Absicht hat, die der Berechnung seines Anspruchs zugrunde 117

§ 1 Reparaturkosten oder Wiederbeschaffungsaufwand

gelegte Wiederherstellung zu veranlassen, sondern sich anderweit behelfen oder die Entschädigungszahlung überhaupt einem sachfremden Zweck zuführen will, kann der Geschädigte Ersatz der zur Behebung des Schadens erforderlichen Reparaturkosten verlangen (BGH, Urt. v. 23.5.2006 – VI ZR 192/05, BGHZ 168, 43, 47).

118 Lässt der Geschädigte die Sache reparieren und werden die Kosten hierfür von einem Dritten übernommen, dessen Leistung nicht zugleich die Schuld des Schädigers erfüllt, kann jedenfalls dann nichts anderes gelten, wenn die Leistung des Dritten aus einer Versicherung erfolgt, die der Geschädigte mit seinen Beiträgen finanziert hat. Dabei kommt es nicht darauf an, ob die Reparatur vor oder nach Erhalt des Schadensersatzes durchgeführt wird. Zwar ist grundsätzlich die Schadensentwicklung bis zum Zeitpunkt der letzten mündlichen Verhandlung zu berücksichtigen. Es kann dem Geschädigten jedoch nicht zum Nachteil gereichen, wenn er von seiner Dispositionsbefugnis Gebrauch macht, bevor der Ersatzpflichtige geleistet hat.

119 Ging man entgegen dem Ansatz des Berufungsgerichts davon aus, dass der Unfall vom 28.12.2006 den in der Waschanlage entstandenen Schaden nicht (nur) erweitert hatte, sondern dass (auch) ein neuer, eigenständiger und abtrennbarer Schaden unabhängig von dem Erstschaden entstanden war, wäre nicht anders zu entscheiden gewesen. Der Versicherer wäre nur für die durch den Unfall vom 28.12.2006 verursachte Erhöhung der Reparaturkosten einstandspflichtig gewesen. Die Haftung der Beklagten für den Erstschaden wäre dadurch in keiner Weise tangiert worden. Ein Gesamtschuldverhältnis wäre von vornherein mangels einer Leistungspflicht des Versicherers für den Erstschaden nicht in Betracht gekommen. Soweit die Leistungen des Versicherers auch durch den Erstschaden verursachte Kosten abdeckten, wäre der Kläger einem Rückforderungsanspruch des Versicherers ausgesetzt gewesen.

120 § 67 Abs. 1 VVG a.F. wäre ebenso wenig anwendbar. Die von der Revisionserwiderung herangezogene Entscheidung des Bundesgerichtshofs, dass ein Forderungsübergang auch stattfindet, wenn der Versicherer irrtümlich Leistungen aufgrund eines Schadensereignisses erbringt, obwohl er für dieses nicht zur Leistung verpflichtet gewesen wäre (BGH, Urt. v. 23.11.1988 – IVa ZR 143/87, NJW-RR 1989, 922, 923), betraf einen anderen Sachverhalt. Dort ging es um die Ausgleichspflicht zwischen zwei Versicherern, von denen der irrtümlich Leistende nur subsidiär nach dem anderen einstandspflichtig war.

121 Der VII. Zivilsenat konnte nicht in der Sache entscheiden, da das Berufungsgericht keine Feststellungen dazu getroffen hatte, ob der Erstschaden durch die Waschanlage verursacht worden und von der Beklagten zu verantworten war. Die Sache wurde daher an das Berufungsgericht zurückverwiesen, damit die erforderlichen Feststellungen getroffen werden konnten.

11. Reparaturkostenabrechnung im 130 %-Bereich

BGH, Urt. v. 8.12.2009 – VI ZR 119/09, zfs 2010, 202 = VersR 2010, 363 122
BGB § 249 Abs. 2 S. 1
a) In den Fällen, in denen der Reparaturaufwand bis zu 30 % über dem Wiederbeschaffungswert des Fahrzeugs liegt, können Reparaturkosten nur bei konkreter Schadensabrechnung ersetzt verlangt werden.
b) Ersatz von Reparaturaufwand bis zu 30 % über dem Wiederbeschaffungswert des Fahrzeugs kann dabei nur verlangt werden, wenn die Reparatur fachgerecht und in einem Umfang durchgeführt wird, wie ihn der Sachverständige zur Grundlage seiner Kostenschätzung gemacht hat (Senatsurt. BGHZ 154, 395 und 162, 161).
c) Reparaturkosten für eine Teilreparatur, die über dem Wiederbeschaffungsaufwand des Fahrzeugs liegen und den Wiederbeschaffungswert nicht übersteigen, können in diesen Fällen ebenfalls nur dann zuerkannt werden, wenn diese Reparaturkosten konkret angefallen sind oder wenn der Geschädigte nachweisbar wertmäßig in einem Umfang repariert hat, der den Wiederbeschaffungsaufwand übersteigt; anderenfalls ist die Höhe des Ersatzanspruchs auf den Wiederbeschaffungsaufwand beschränkt (Senatsurt. BGHZ 162, 170).

a) Der Fall

Der Kläger begehrte restlichen Schadensersatz aus einem Verkehrsunfall vom 123
9.11.2007, für den die Beklagte als Haftpflichtversicherer des Unfallgegners in vollem Umfang einzustehen hatte. Der vom Kläger vorgerichtlich beauftragte Sachverständige ermittelte erforderliche Reparaturkosten in Höhe von ca. 6.300 EUR (brutto), einen Wiederbeschaffungswert in Höhe von 5.300 EUR und einen Restwert in Höhe von 2.700 EUR. Die Beklagte zahlte an den Kläger den Wiederbeschaffungsaufwand (Wiederbeschaffungswert abzüglich Restwert) in Höhe von 2.600 EUR. Mit seiner vorliegenden Klage machte der Kläger weitere (fiktive) Reparaturkosten in Höhe von 2.700 EUR bis zum Wiederbeschaffungswert geltend mit der Begründung, er habe sein Fahrzeug instand gesetzt und nutze es weiter.

Das Amtsgericht hat der Klage stattgegeben. Auf die Berufung der Beklagten hat 124
das Landgericht das erstinstanzliche Urteil abgeändert und die Klage abgewiesen. Mit seiner vom Berufungsgericht zugelassenen Revision begehrte der Kläger die Wiederherstellung des erstinstanzlichen Urteils.

b) Die rechtliche Beurteilung

Das Berufungsgericht hatte für den Fall, dass die Reparaturkosten den Wieder- 125
beschaffungswert bis zu 30 % übersteigen, die Möglichkeit einer fiktiven Reparaturkostenabrechnung in Höhe des Wiederbeschaffungswerts verneint. Da der Kläger

| § 1 | Reparaturkosten oder Wiederbeschaffungsaufwand |

darüber hinaus auch nicht substantiiert dargelegt habe, in welchem wertmäßigen Umfang das Fahrzeug tatsächlich repariert worden sei, stehe ihm auch kein Anspruch auf Ersatz konkreter Reparaturkosten zwischen Wiederbeschaffungsaufwand und Wiederbeschaffungswert zu.

Das Berufungsurteil hielt revisionsrechtlicher Nachprüfung stand.

126 Das Berufungsgericht war zutreffend davon ausgegangen, dass nach der Rechtsprechung des erkennenden Senats in den Fällen, in denen der Reparaturaufwand bis zu 30 % über dem Wiederbeschaffungswert des Fahrzeugs liegt, Reparaturkosten nur bei konkreter Schadensabrechnung ersetzt verlangt werden können.

127 Ersatz von Reparaturaufwand bis zu 30 % über dem Wiederbeschaffungswert des Fahrzeugs kann dabei nur verlangt werden, wenn die Reparatur fachgerecht und in einem Umfang durchgeführt wird, wie ihn der Sachverständige zur Grundlage seiner Kostenschätzung gemacht hat (Senatsurt. BGHZ 154, 395, 400 und 162, 161, 167 f.). Reparaturkosten für eine Teilreparatur, die über dem Wiederbeschaffungsaufwand des Fahrzeugs liegen und den Wiederbeschaffungswert nicht übersteigen, können in diesen Fällen ebenfalls nur dann zuerkannt werden, wenn diese Reparaturkosten konkret angefallen sind oder wenn der Geschädigte nachweisbar wertmäßig in einem Umfang repariert hat, der den Wiederbeschaffungsaufwand übersteigt; anderenfalls ist die Höhe des Ersatzanspruchs auf den Wiederbeschaffungsaufwand beschränkt (Senatsurt. BGHZ 162, 170).

128 Ohne Erfolg versuchte die Revision aus dem Senatsurteil v. 29.4.2008 – VI ZR 220/07, VersR 2008, 839, 840 ihre Auffassung herzuleiten, der Geschädigte könne auch im 130 %-Fall die fiktiven Kosten einer Reparatur bis zur Grenze des Wiederbeschaffungswertes geltend machen, wenn er das Fahrzeug verkehrssicher (teil-)reparieren lässt und es mindestens sechs Monate weiter nutzt. Das Berufungsgericht hatte insoweit zutreffend darauf hingewiesen, dass das vorgenannte Senatsurt. einen Fall betraf, in dem die vom Sachverständigen geschätzten Reparaturkosten zwischen Wiederbeschaffungsaufwand und Wiederbeschaffungswert lagen und deshalb eine fiktive Reparaturkostenabrechnung überhaupt erst möglich war (vgl. Senatsurt. BGHZ 154, 395, 400; 168, 43, 46). Da nach den unangegriffenen Feststellungen des Berufungsgerichts im Streitfall die geschätzten Reparaturkosten über dem Wiederbeschaffungswert lagen, kam hier – wovon das Berufungsgericht zutreffend ausgegangen war – nur eine konkrete Schadensabrechnung in Betracht.

129 Erfolglos blieb schließlich die Verfahrensrüge der Revision, das Berufungsgericht hätte den vom Kläger für seine ergänzende Behauptung angebotenen Sachverständigenbeweis, dass das Fahrzeug in einem Umfang repariert worden sei, der den Wiederbeschaffungsaufwand deutlich übersteige, erheben müssen. Das Berufungsgericht hatte den angebotenen Sachverständigenbeweis mit der verfahrensfehlerfreien Begründung nicht erhoben, der Kläger habe hinsichtlich des Umfangs und des Wertes der Reparatur nicht substantiiert vorgetragen. Der von der Revision für ihre gegenteilige Auffassung herangezogene Umstand, dass dem Kläger eine Beur-

12. Reparatur unter Wiederbeschaffungswert trotz Schätzung über 130 % § 1

teilung des Wertes der durchgeführten Reparatur ohne Hilfe eines Sachverständigen nicht möglich gewesen sei, enthob diesen nicht von seiner Darlegungslast im Rahmen des § 249 Abs. 2 S. 1 BGB. Entgegen der Auffassung der Revision hatte das Berufungsgericht in diesem Zusammenhang auch nicht gegen seine Hinweispflicht im Sinne des § 139 ZPO verstoßen. Aus dem Berufungsurteil ergab sich, dass der Kläger in der mündlichen Verhandlung vom 12.2.2009 darauf hingewiesen worden war, nur der nachgewiesene Wert einer konkreten Reparatur sei durch die Beklagte zu ersetzen. Die vom Kläger vorgelegte Bescheinigung der DEKRA vom 10.1.2008, in der es lediglich hieß: „Der vormals begutachtete Schaden vorne rechts wurde instand gesetzt", war insoweit ersichtlich ohne Aussagekraft. Diese Erklärung hatte die DEKRA mit Schreiben vom 11.2.2008 ausdrücklich dahingehend relativiert, dass eine Aussage hinsichtlich des exakten Instandsetzungsumfanges ohne erneute Begutachtung nicht getroffen werden könne. Unter diesen Umständen bedurfte es keiner weitergehenden Hinweise des Berufungsgerichts, dass es die bisherigen Darlegungen des Klägers zur Höhe der behaupteten wertmäßigen Instandsetzung nicht für ausreichend erachte.

12. Reparatur unter Wiederbeschaffungswert trotz Schätzung der Reparaturkosten über 130 %

BGH, Urt. v. 14.12.2010 – VI ZR 231/09, zfs 2011, 144 = VersR 2011, 282 130
BGB § 249

Der Geschädigte kann Ersatz der angefallenen Reparaturkosten verlangen, wenn es ihm entgegen der Einschätzung des vorgerichtlichen Sachverständigen gelungen ist, eine fachgerechte und den Vorgaben des Sachverständigen entsprechende Reparatur durchzuführen, deren Kosten den Wiederbeschaffungswert nicht übersteigt.

a) Der Fall

Die Klägerin begehrte restlichen Schadensersatz aus einem Verkehrsunfall vom 9.5.2007, für den die Beklagte als Haftpflichtversicherer des Unfallverursachers dem Grunde nach unstreitig haftete. 131

Die Klägerin beauftragte am 10.5.2007 einen Sachverständigen mit der Erstellung eines Gutachtens zum Schadensumfang. In dem Gutachten ermittelte dieser voraussichtliche Reparaturkosten in Höhe von 3.746,73 EUR brutto, einen Wiederbeschaffungswert in Höhe von 2.200 EUR und einen Restwert in Höhe von 800 EUR. 132

Die Klägerin ließ das Fahrzeug den Vorgaben des Sachverständigen entsprechend – allerdings unter Verwendung von Gebrauchtteilen – gegen Zahlung von 2.139,70 EUR brutto reparieren und nutzte es bis Anfang Juni 2008 weiter. Die Beklagte hatte der Klägerin die Nebenkosten, die Reparaturkosten und eine Nutzungs- 133

§ 1 Reparaturkosten oder Wiederbeschaffungsaufwand

ausfallentschädigung erstattet. Mit ihrer Klage hat die Klägerin weitere 720,30 EUR Reparaturkosten verlangt. Sie war der Ansicht, die Beklagte habe nicht nur die tatsächlich angefallenen Reparaturkosten, sondern fiktive Reparaturkosten bis zu 130 % des Wiederbeschaffungswerts zu zahlen.

134 Das Amtsgericht hat die Klage abgewiesen. Auf die Berufung der Klägerin hat das Landgericht die Beklagte zur Zahlung eines weiteren Betrags in Höhe von 758,30 EUR nebst Zinsen verurteilt. Mit der vom Berufungsgericht zugelassenen Revision verfolgte die Beklagte ihr Klageabweisungsbegehren weiter.

b) Die rechtliche Beurteilung

135 Die Revision der Beklagten hatte Erfolg, soweit das Berufungsgericht der Klägerin weitere Reparaturkosten in Höhe von 720,30 EUR zugesprochen hatte.

Die Auffassung des Berufungsgerichts, die Klägerin könne über die bereits ersetzten Reparaturkosten in Höhe von 2.139,70 EUR hinaus von der Beklagten die Erstattung weiterer Reparaturkosten in Höhe von 720,30 EUR verlangen, stand nicht in Einklang mit der Rechtsprechung des erkennenden Senats. Insoweit begehrte die Klägerin den Ersatz fiktiver Reparaturkosten in Höhe von bis zu 130 % des vom Sachverständigen ermittelten Wiederbeschaffungswerts, obwohl für die tatsächlich durchgeführte Reparatur nur Kosten in Höhe von 2.139,70 EUR angefallen waren. Nach der Rechtsprechung des Senats können jedoch Reparaturkosten, die über dem Wiederbeschaffungswert des Fahrzeugs liegen, bis zur sogenannten 130 %-Grenze nur verlangt werden, wenn sie tatsächlich angefallen sind und die Reparatur fachgerecht und zumindest wertmäßig in einem Umfang durchgeführt wird, wie ihn der Sachverständige zur Grundlage seiner Kostenschätzung gemacht hat. Entgegen der Auffassung der Klägerin war damit nicht die generelle Möglichkeit einer fiktiven Schadensabrechnung bis zur 130 %-Grenze eröffnet. Die Klägerin konnte mithin über die bereits gezahlten konkret angefallenen Reparaturkosten hinaus nicht den Ersatz weiterer Reparaturkosten verlangen.

136 Die Revision war auch nicht deswegen begründet, weil die Beklagte gegen den Anspruch auf Zahlung weiterer Nutzungsausfallentschädigung die Aufrechnung mit überzahlten Reparaturkosten erklärt hatte. Die Klägerin hatte im Streitfall nämlich nicht nur einen Anspruch auf Ersatz des Wiederbeschaffungsaufwands in Höhe von 1.400 EUR; ihr stand vielmehr der Ersatz der von der Beklagten gezahlten Reparaturkosten in Höhe von 2.139,70 EUR zu.

137 Zwar ist die Instandsetzung eines beschädigten Fahrzeugs in aller Regel wirtschaftlich unvernünftig, wenn die (voraussichtlichen) Kosten der Reparatur – wie hier – mehr als 30 % über dem Wiederbeschaffungswert liegen. In einem solchen Fall, in dem das Kraftfahrzeug nicht mehr reparaturwürdig ist, kann der Geschädigte vom Schädiger grundsätzlich nur die Wiederbeschaffungskosten verlangen. Lässt der Geschädigte sein Fahrzeug dennoch reparieren, so können die Kosten nicht in einen vom Schädiger auszugleichenden wirtschaftlich vernünftigen Teil (bis zu 130 %

13. Reparatur unter 130 % trotz Schätzung der Reparaturkosten über 130 %   § 1

des Wiederbeschaffungswerts) und einen vom Geschädigten selbst zu tragenden wirtschaftlich unvernünftigen Teil aufgespalten werden (vgl. Senatsurt. v. 15.10.1991 – VI ZR 67/91, BGHZ 115, 375, 378 ff.; v. 10.7.2007 – VI ZR 258/06, VersR 2007, 1244 Rn 6). In seinem Urteil v. 10.7.2007 a.a.O. Rn 7 hat der Senat offen gelassen, ob der Geschädigte gleichwohl Ersatz von Reparaturkosten verlangen kann, wenn es ihm tatsächlich gelingt, entgegen der Einschätzung des Sachverständigen die von diesem für erforderlich gehaltene Reparatur innerhalb der 130 %-Grenze fachgerecht und in einem Umfang durchzuführen, wie ihn der Sachverständige zur Grundlage seiner Kostenschätzung gemacht hat.

Im Streitfall überstiegen die tatsächlich angefallenen Reparaturkosten in Höhe von 2.139,70 EUR selbst bei Berücksichtigung eines nach der Reparatur verbleibenden Minderwerts von 50 EUR den vom vorgerichtlichen Sachverständigen ermittelten Wiederbeschaffungswert nicht. Jedenfalls unter solchen Umständen, bei denen zwar die vom Sachverständigen geschätzten Reparaturkosten über der 130 %-Grenze liegen, es dem Geschädigten aber – auch unter Verwendung von Gebrauchtteilen – gelungen ist, eine nach Auffassung des sachverständig beratenen Berufungsgerichts fachgerechte und den Vorgaben des Gutachtens entsprechende Reparatur durchzuführen, deren Kosten den Wiederbeschaffungswert nicht übersteigen, kann ihm aus dem Gesichtspunkt des Wirtschaftlichkeitsgebots eine Abrechnung der konkret angefallenen Reparaturkosten nicht verwehrt werden. Die entsprechende Bewertung des Berufungsgerichts, welche in Einklang mit dem Gutachten des Gerichtssachverständigen und der Stellungnahme des vorgerichtlichen Sachverständigen stand, bewegte sich im Rahmen des tatrichterlichen Ermessens nach § 287 ZPO und ließ keine Rechtsfehler erkennen. Der Klägerin standen mithin die konkret angefallenen Kosten der Reparatur zu, die seitens der Beklagten bereits erstattet worden waren. 138

13. Reparatur unter 130 % trotz Schätzung der Reparaturkosten über 130 %

BGH, Urt. v. 8.2.2011 – VI ZR 79/10, VersR 2011, 547 139
BGB § 249

Zum Anspruch des Geschädigten auf Ersatz tatsächlich angefallener Reparaturkosten, deren Höhe der Sachverständige auf mehr als 30 % über dem Wiederbeschaffungswert geschätzt hat.

a) Der Fall

Der Kläger begehrte restlichen Schadensersatz aus einem Verkehrsunfall vom 26.8.2007, bei dem sein Motorrad beschädigt wurde. Die Haftung der Beklagten als Haftpflichtversicherer des Unfallverursachers stand dem Grunde nach außer Streit. Der Kläger beauftragte einen Sachverständigen mit der Erstellung eines Gut- 140

§ 1 Reparaturkosten oder Wiederbeschaffungsaufwand

achtens zum Schadensumfang. Dieser schätzte die voraussichtlichen Reparaturkosten bei einer Reparatur durch die Firma M. auf 10.028,49 EUR brutto und den Wiederbeschaffungswert auf 6.900 EUR. Die Beklagte regulierte den Schaden auf der Grundlage des Wiederbeschaffungsaufwands. Sie brachte von dem vom Sachverständigen geschätzten Wiederbeschaffungswert einen von ihr selbst ermittelten Restwert in Höhe von 2.710 EUR in Abzug und zahlte an den Kläger 4.190 EUR.

141 Der Kläger ließ das Motorrad bei der Firma M. den Vorgaben des Sachverständigen entsprechend reparieren und nutzte es weiter. Die Firma M. erteilte ihm am 12.8.2008 eine Reparaturkostenrechnung über 8.925,35 EUR brutto, wobei sie dem Kläger auf den Nettorechnungsbetrag von 8.427,30 EUR einen Rabatt von 11 % (927 EUR) gewährte. Mit seiner Klage hat der Kläger zuletzt den Ersatz weiterer Reparaturkosten von 4.735,35 EUR sowie die Zahlung vorgerichtlicher Anwaltskosten von 489,45 EUR verlangt.

142 Das Amtsgericht hat die Klage abgewiesen. Die Berufung des Klägers hatte keinen Erfolg. Mit der vom Berufungsgericht zugelassenen Revision verfolgte der Kläger sein Klagebegehren weiter.

b) Die rechtliche Beurteilung

143 Das Berufungsgericht war der Auffassung, der Kläger könne nur den Wiederbeschaffungsaufwand ersetzt verlangen, denn eine Reparatur seines Motorrades sei objektiv unwirtschaftlich gewesen. Die Reparaturkostenrechnung der Firma M. weise als Zwischensumme exakt den Betrag aus, den der Sachverständige geschätzt habe und der den Wiederbeschaffungswert um mehr als 30 % übersteige. Dieser Betrag repräsentiere nach objektiven Kriterien die erforderlichen Kosten einer fachgerechten Reparatur. Unerheblich sei, dass die Reparaturwerkstatt dem Kläger einen – nicht näher spezifizierten bzw. begründeten Rabatt – gewährt habe.

Die Revision hatte keinen Erfolg. Die Klage war unbegründet.

144 Die Instandsetzung eines beschädigten Fahrzeugs ist in aller Regel wirtschaftlich unvernünftig, wenn die (voraussichtlichen) Kosten der Reparatur – wie hier – mehr als 30 % über dem Wiederbeschaffungswert liegen. In einem solchen Fall, in dem das Kraftfahrzeug nicht mehr reparaturwürdig ist, kann der Geschädigte vom Schädiger grundsätzlich nur die Wiederbeschaffungskosten verlangen. Lässt der Geschädigte sein Fahrzeug dennoch reparieren, so können die Kosten nicht in einen vom Schädiger auszugleichenden wirtschaftlich vernünftigen Teil (bis zu 130 % des Wiederbeschaffungswerts) und einen vom Geschädigten selbst zu tragenden wirtschaftlich unvernünftigen Teil aufgespalten werden (vgl. Senatsurt. v. 15.10.1991 – VI ZR 67/91, BGHZ 115, 375, 378 ff. und v. 10.7.2007 – VI ZR 258/06, VersR 2007, 1244 Rn 6).

145 Ob der Geschädigte, wenn es ihm tatsächlich gelingt, entgegen der Einschätzung des Sachverständigen die von diesem für erforderlich gehaltene Reparatur inner-

13. Reparatur unter 130 % trotz Schätzung der Reparaturkosten über 130 % § 1

halb der 130 %-Grenze fachgerecht und in einem Umfang durchzuführen, wie ihn der Sachverständige zur Grundlage seiner Kostenschätzung gemacht hat, gleichwohl Ersatz von Reparaturkosten verlangen kann, hat der erkennende Senat in seinem Urteil v. 10.7.2007 noch offen gelassen (vgl. Senatsurt. v. 10.7.2007 – VI ZR 258/06, a.a.O. Rn 7). Für den Fall, dass zwar die vom Sachverständigen geschätzten Reparaturkosten über der 130 %-Grenze liegen, es dem Geschädigten aber – auch durch Verwendung von Gebrauchtteilen – gelungen ist, eine fachgerechte und den Vorgaben des Gutachtens entsprechende Reparatur durchzuführen, deren Kosten den Wiederbeschaffungswert nicht übersteigen, hat der erkennende Senat entschieden, dass aus dem Gesichtspunkt des Wirtschaftlichkeitsgebots dem Geschädigten eine Abrechnung der konkret angefallenen Reparaturkosten nicht verwehrt werden kann (Senatsurt. v. 14.12.2010 – VI ZR 231/09).

Der Geschädigte, der sein beschädigtes Kraftfahrzeug instand gesetzt hat, obwohl ein Sachverständiger die voraussichtlichen Kosten der Reparatur auf einen den Wiederbeschaffungswert um mehr als 30 % übersteigenden Betrag geschätzt hat, kann den Ersatz von Reparaturkosten aber nur dann verlangen, wenn er nachweist, dass die tatsächlich durchgeführte Reparatur, sofern diese fachgerecht und den Vorgaben des Gutachtens entsprechend ausgeführt worden ist, wirtschaftlich nicht unvernünftig war. Ob dies der Fall ist, unterliegt der tatrichterlichen Beurteilung (§ 287 ZPO). 146

Die Beurteilung des Berufungsgerichts, dass der Kläger diesen Nachweis nicht geführt habe, hielt revisionsrechtlicher Nachprüfung stand. Die vom Kläger vorgelegte Reparaturkostenrechnung bestätigte die Höhe der vom Sachverständigen objektiv für erforderlich gehaltenen Reparaturkosten. Da diese die 130 %-Grenze weit überschritten, war die Instandsetzung des Fahrzeugs wirtschaftlich unvernünftig. Eine andere Beurteilung war nicht schon deshalb geboten, weil die Firma M. dem Kläger einen erheblichen Rabatt gewährt hatte, demzufolge der Rechnungsendbetrag knapp unter der 130 %-Grenze lag. Das Berufungsgericht hatte mit Recht näheren Vortrag des Klägers dazu vermisst, worauf die Gewährung dieses Nachlasses zurückzuführen war. Ohne Kenntnis dieses Umstandes ließ sich die Frage der Wirtschaftlichkeit nicht beurteilen. Da der Kläger die Umstände der Rabattgewährung nicht näher erläutert hatte, war die tatrichterliche Beurteilung des Berufungsgerichts, die Wirtschaftlichkeit der erfolgten Instandsetzung des Motorrades sei nicht nachgewiesen, aus revisionsrechtlicher Sicht nicht zu beanstanden. 147

§ 1 Reparaturkosten oder Wiederbeschaffungsaufwand

14. Voraussetzungen für den Ersatz von Reparaturaufwand bis zu 30 % über dem Wiederbeschaffungswert

148 BGH, Urt. v. 15.11.2011 – VI ZR 30/11, zfs 2012, 141 = VersR 2012, 75
BGB § 249 Abs. 2 S. 1
Zu den Voraussetzungen für den Ersatz von Reparaturaufwand bis zu 30 % über dem Wiederbeschaffungswert.

a) Der Fall

149 Der Kläger machte gegen den beklagten Haftpflichtversicherer restlichen Schadensersatz aus einem Verkehrsunfall geltend. Die volle Einstandspflicht der Beklagten war unstreitig. Die Parteien stritten darum, wie der Fahrzeugschaden abzurechnen ist. Die vom Sachverständigen ermittelten Bruttoreparaturkosten von 3.254 EUR überstiegen den Wiederbeschaffungswert von 2.150 EUR steuerneutral um 51 %. Der Kläger hatte sein Fahrzeug selbst repariert. Er hatte die Zahlung von 130 % des Wiederbeschaffungswerts (2.795 EUR), hilfsweise der gutachterlich ausgewiesenen Nettoreparaturkosten (2.734 EUR) verlangt, zumindest Erstattung der unterhalb der 130 %-Grenze liegenden konkreten Reparaturkosten. Die Beklagte hatte vorprozessual lediglich 850 EUR gezahlt.

150 Das Amtsgericht hat den Wiederbeschaffungsaufwand zugrunde gelegt und die Beklagte u.a. verurteilt, an den Kläger 680 EUR zu zahlen. Das war der Differenzbetrag zwischen dem gutachterlich ausgewiesenen Restwert (620 EUR) und dem von der Beklagten bei der Berechnung des Zahlbetrages zugrunde gelegten Restwert (1.300 EUR). Wegen des Weiteren geltend gemachten Fahrzeugschadens hat das Amtsgericht die Klage abgewiesen. Auf die Berufung des Klägers hat das Berufungsgericht die Beklagte verurteilt, an den Kläger auf den Fahrzeugschaden 1.871 EUR zu zahlen. Mit der vom Berufungsgericht zugelassenen Revision begehrte die Beklagte die Wiederherstellung der Entscheidung des Amtsgerichts.

b) Die rechtliche Beurteilung

151 Die Beurteilung des Berufungsgerichts hielt revisionsrechtlicher Überprüfung nicht stand.

Nach der Rechtsprechung des erkennenden Senats kann der Ersatz des Reparaturaufwands bis zu 30 % über dem Wiederbeschaffungswert des Fahrzeugs nur verlangt werden, wenn die Reparatur fachgerecht und in einem Umfang durchgeführt wird, wie ihn der Sachverständige zur Grundlage seiner Kostenschätzung gemacht hat (Senatsurt. v. 15.2.2005 – VI ZR 70/04, BGHZ 162, 161, 167 ff.; v. 10.7.2007 – VI ZR 258/06, VersR 2007, 1244 Rn 7).

152 Inzwischen hat der Senat entschieden, dass jedenfalls in dem Fall, in dem zwar die vom Sachverständigen geschätzten Reparaturkosten über der 130 %-Grenze liegen,

15. Anrechnung eines Werksangehörigenrabatts § 1

es dem Geschädigten aber – auch unter Verwendung von Gebrauchtteilen – gelungen ist, eine nach Auffassung des sachverständig beratenen Berufungsgerichts fachgerechte und den Vorgaben des Gutachtens entsprechende Reparatur durchzuführen, deren Kosten den Wiederbeschaffungswert nicht übersteigen, dem Geschädigten aus dem Gesichtspunkt des Wirtschaftlichkeitsgebots eine Abrechnung der konkret angefallenen Reparaturkosten nicht verwehrt werden kann (Senatsurt. v. 14.12.2010 – VI ZR 231/09, VersR 2011, 282 Rn 13). Der Senat hat ferner entschieden, dass der Geschädigte, der sein beschädigtes Kraftfahrzeug instand gesetzt hat, obwohl ein Sachverständiger die voraussichtlichen Kosten der Reparatur auf einen den Wiederbeschaffungswert um mehr als 30 % übersteigenden Betrag geschätzt hat, den Ersatz von Reparaturkosten nur dann verlangen kann, wenn er nachweist, dass die tatsächlich durchgeführte Reparatur, sofern diese fachgerecht und den Vorgaben des Gutachtens entsprechend ausgeführt worden ist, wirtschaftlich nicht unvernünftig war, was der tatrichterlichen Beurteilung (§ 287 ZPO) unterliegt (Senatsurt. v. 8.2.2011 – VI ZR 79/10, VersR 2011, 547 Rn 8).

Danach ist regelmäßig die Erstattung von Reparaturkosten über dem Wiederbeschaffungswert nicht gerechtfertigt, wenn der Geschädigte sein Kraftfahrzeug nicht vollständig und fachgerecht nach den Vorgaben des Sachverständigen in Stand setzt (vgl. Senatsurt. v. 15.2.2005 – VI ZR 70/04, BGHZ 162, 161, 168; v. 10.7.2007 – VI ZR 258/06, a.a.O. Rn 8). 153

So lag es im Streitfall. Das Berufungsgericht ging selbst davon aus, dass die vom Kläger durchgeführte Reparatur von den Vorgaben des Gutachtens abwich. Der hintere Querträger wurde nicht ausgetauscht, sondern instand gesetzt, hinter der Stoßfängerverkleidung verblieb eine Delle und die Heckstoßfängerverkleidung wurde nicht richtig eingepasst.

Bei dieser Sachlage konnte ein Anspruch auf Ersatz der über dem Wiederbeschaffungswert liegenden Reparaturkosten nicht bejaht werden.

15. Anrechnung eines Werksangehörigenrabatts bei konkreter Schadensabrechnung

BGH, Urt. v. 18.10.2011 – VI ZR 17/11, zfs 2012, 81 = VersR 2011, 1582 154

BGB § 249

a) Der durch einen Verkehrsunfall Geschädigte, der seinen Fahrzeugschaden mit dem Haftpflichtversicherer des Schädigers zunächst (fiktiv) auf der Grundlage der vom Sachverständigen geschätzten Kosten abrechnet, ist an diese Art der Abrechnung nicht ohne weiteres gebunden, sondern kann nach erfolgter Reparatur grundsätzlich zur konkreten Schadensabrechnung übergehen und nunmehr Ersatz der tatsächlich angefallenen Kosten verlangen (Fortführung des Senatsurt. v. 17.10.2006 – VI ZR 249/05, BGHZ 169, 263, 266 ff.).

§ 1 Reparaturkosten oder Wiederbeschaffungsaufwand

b) Der Geschädigte, der im Wege der konkreten Schadensabrechnung Ersatz der tatsächlich angefallenen Reparaturkosten verlangt, muss sich einen Werksangehörigenrabatt anrechnen lassen, den er aufgrund einer Betriebsvereinbarung auf die Werkstattrechnung erhält.

a) Der Fall

155 Der Kläger begehrte restlichen Schadensersatz aus einem Verkehrsunfall, bei dem sein Pkw BMW MINI beschädigt wurde. Die volle Haftung der Erstbeklagten als Fahrerin und der Zweitbeklagten als Haftpflichtversicherer standen dem Grunde nach außer Streit. Der Kläger beauftragte einen Sachverständigen mit der Erstellung eines Gutachtens zum Schadensumfang. Dieser schätzte die voraussichtlichen Reparaturkosten auf 3.500 EUR netto (Beträge gerundet), den Wiederbeschaffungswert auf 31.500 EUR brutto. Der Kläger rechnete den Schaden zunächst fiktiv auf der Grundlage dieses Gutachtens ab. Die Beklagte zu 2 ersetzte die geschätzten Reparaturkosten, die vom Sachverständigen mit 1.300 EUR angegebene Wertminderung, die Sachverständigenkosten in Höhe von 600 EUR sowie eine Kostenpauschale von 20 EUR. Der Kläger ließ den Pkw sodann in einer BMW-Niederlassung reparieren. Dabei entstanden Reparaturkosten in Höhe von 4.000 EUR. Da der Kläger als BMW-Werksangehöriger gemäß einer Betriebsvereinbarung einen Rabatt auf die Werkstattrechnung erhielt, zahlte er für die entsprechend dem Sachverständigengutachten durchgeführte Reparatur tatsächlich nur 3.000 EUR. Mit seiner Klage hat er Ersatz weiterer Reparaturkosten von 550 EUR, Nutzungsausfall in Höhe von 250 EUR und eine restliche Kostenpauschale von 10 EUR verlangt. Die Beklagte zu 2 hat mit dem ihrer Meinung nach gegebenen Anspruch auf Rückzahlung zu viel gezahlter Reparaturkosten zunächst gegenüber dem Anspruch auf Nutzungsausfall und in zweiter Instanz auch gegenüber dem Anspruch auf Zahlung der restlichen Kostenpauschale aufgerechnet. Das Amtsgericht hat die Beklagten zur Zahlung einer restlichen Kostenpauschale von 5 EUR nebst Zinsen verurteilt und die Klage im Übrigen abgewiesen. Die Berufung des Klägers hatte keinen Erfolg. Auf die Anschlussberufung der Beklagten hat das Landgericht die Klage in vollem Umfang abgewiesen. Mit der vom Berufungsgericht zugelassenen Revision verfolgte der Kläger sein Klagebegehren weiter.

b) Die rechtliche Beurteilung

156 Das angefochtene Urteil hielt der revisionsrechtlichen Nachprüfung stand.

Zutreffend ging das Berufungsgericht davon aus, dass der Kläger von den Beklagten Ersatz des ihm tatsächlich entstandenen Schadens verlangen konnte und er nicht an die von ihm ursprünglich gewählte fiktive Abrechnung auf der Basis der vom Sachverständigen geschätzten Kosten gebunden war. Wie der erkennende Senat für den – hier nicht gegebenen – Fall eines wirtschaftlichen Totalschadens entschieden hat, ist der durch einen Verkehrsunfall Geschädigte, der seinen Fahrzeugschaden

15. Anrechnung eines Werksangehörigenrabatts § 1

mit dem Haftpflichtversicherer des Schädigers zunächst auf der Grundlage des vom Sachverständigen ermittelten Wiederbeschaffungsaufwands abrechnet, an diese Art der Abrechnung nicht ohne weiteres gebunden. Er kann – im Rahmen der rechtlichen Voraussetzungen für eine solche Schadensabrechnung und der Verjährung – die höheren Kosten einer nunmehr tatsächlich durchgeführten Reparatur des beschädigten Fahrzeugs verlangen, sofern sich nicht aufgrund der konkreten Umstände des Regulierungsgeschehens etwas Abweichendes ergibt (vgl. Senatsurt. v. 17.10.2006 – VI ZR 249/05, BGHZ 169, 263, 265 ff.). Für den vorliegenden Fall konnte nichts anderes gelten. Eine Bindung an die ursprünglich gewählte Abrechnung auf der Grundlage der vom Sachverständigen geschätzten Kosten bestand grundsätzlich auch dann nicht, wenn der Geschädigte – wie hier – zunächst fiktiv auf Reparaturkostenbasis abrechnet, später jedoch zur konkreten Schadensabrechnung übergeht und nunmehr Ersatz der tatsächlich angefallenen Kosten verlangt.

Mit Recht hatte das Berufungsgericht dem Kläger jedoch einen Anspruch auf Ersatz weiterer Reparaturkosten, Nutzungsausfall sowie einer restlichen Kostenpauschale versagt, denn der Kläger war durch die erhaltenen Ersatzleistungen bereits überzahlt. **157**

Gemäß § 249 Abs. 1 BGB hat der zum Schadensersatz Verpflichtete den Zustand herzustellen, der bestehen würde, wenn der zum Ersatz verpflichtende Umstand nicht eingetreten wäre. Ist wegen der Verletzung einer Person oder der Beschädigung einer Sache Schadensersatz zu leisten, so kann der Geschädigte gemäß § 249 Abs. 2 S. 1 BGB statt der Herstellung den dazu erforderlichen Geldbetrag verlangen. Lässt der Geschädigte sein Fahrzeug reparieren, hat er – wie stets – das in § 249 Abs. 2 S. 1 BGB verankerte Wirtschaftlichkeitspostulat zu beachten. Dieses gebietet dem Geschädigten, den Schaden auf diejenige Weise zu beheben, die sich in seiner individuellen Lage als die wirtschaftlich vernünftigste darstellt, um sein Vermögen in Bezug auf den beschädigten Bestandteil in einen dem früheren gleichwertigen Zustand zu versetzen. Verursacht von mehreren zum Schadensausgleich führenden Möglichkeiten eine den geringeren Aufwand, so ist der Geschädigte grundsätzlich auf diese beschränkt. Nur der für diese Art der Schadensbehebung nötige Geldbetrag ist im Sinne des § 249 Abs. 2 S. 1 BGB zur Herstellung erforderlich. Darüber hinaus findet das Wahlrecht des Geschädigten seine Schranke an dem Verbot, sich durch Schadensersatz zu bereichern. Er soll zwar vollen Ersatz verlangen können, aber an dem Schadensfall nicht verdienen. **158**

Nimmt der Geschädigte gemäß § 249 Abs. 2 S. 1 BGB die Schadensbehebung selbst in die Hand, ist der zur Wiederherstellung erforderliche Aufwand nach der besonderen Situation zu bemessen, in der sich der Geschädigte befindet. Es ist also Rücksicht auf seine individuellen Erkenntnis- und Einflussmöglichkeiten sowie auf die möglicherweise gerade für ihn bestehenden Schwierigkeiten zu nehmen. Diese „subjektbezogene Schadensbetrachtung" gilt auch für die Frage, in welcher Höhe **159**

§ 1 Reparaturkosten oder Wiederbeschaffungsaufwand

dem Geschädigten wegen der ihm in seiner individuellen Lage möglichen und zumutbaren Reparatur ein Schaden entstanden ist.

160 Nach diesen Grundsätzen kann der Kläger bei der hier gewählten konkreten Schadensabrechnung Ersatz der Reparaturkosten nur in Höhe der ihm tatsächlich entstandenen Kosten beanspruchen. Da er an dem Schadensfall nicht verdienen soll, muss er sich den erhaltenen Werksangehörigenrabatt anrechnen lassen. Dem steht nicht entgegen, dass der Rabatt auf diese Weise den ersatzpflichtigen Beklagten zugute kommt. Zwar sollen dem Schädiger Leistungen Dritter grundsätzlich nicht zugute kommen, und zwar unabhängig davon, ob die Zahlungen auf freiwilliger Basis oder aufgrund vertraglicher Verpflichtung erfolgen, doch hat der erkennende Senat stets betont, es sei in jedem einzelnen Fall zu prüfen, ob eine Anrechnung „dem Sinn und Zweck der Schadensersatzpflicht" entspreche.

161 Der im Wege der Differenzhypothese zu ermittelnde Schaden ist auch nicht „normativ" wertend entsprechend dem Grundgedanken des § 843 Abs. 4 BGB dahin zu korrigieren, dass der dem Kläger gewährte Werksangehörigenrabatt unberücksichtigt zu bleiben habe. Eine derartige Korrektur der Differenzrechnung kommt in Betracht, wenn die Differenzbilanz die Schadensentwicklung für den Normzweck der Haftung nicht zureichend erfasst. Das ist dann anzunehmen, wenn die Vermögenseinbuße durch überpflichtige Leistungen des Geschädigten oder durch Leistungen von Dritten, die den Schädiger nicht entlasten sollen, rechnerisch ausgeglichen wird. Bei der Beurteilung der Frage, ob die von der Differenzhypothese ausgewiesenen schadensrechtlichen Ergebnisse nach Sinn und Zweck aller in Betracht kommenden Rechtsnormen nicht hinnehmbar sind, ist aber zur Vermeidung einer uferlosen Ausdehnung von Schadensersatzpflichten Zurückhaltung geboten. Eine normativ wertende Korrektur der Differenzrechnung ist daher nur dann angebracht, wenn nach einer umfassenden Bewertung der gesamten Interessenlage, wie sie durch das schädigende Ereignis zwischen dem Schädiger, dem Geschädigten und gegebenenfalls dem leistenden Dritten besteht, sowie unter Berücksichtigung von Sinn und Zweck aller in Betracht kommenden Rechtsnormen die Differenzbilanz der Schadensentwicklung nicht gerecht wird. Gründe, die hiernach gebieten würden, einen Vermögensschaden auch insoweit zu bejahen, als dem Geschädigten bei einer Reparatur ein Werksangehörigenrabatt gewährt wird, waren im Streitfall nicht ersichtlich.

162 Der Werksangehörigenrabatt stellt keine Maßnahme der sozialen Sicherung und Fürsorge gegenüber dem Geschädigten dar, die einem Schädiger nach dem Rechtsgedanken des § 843 Abs. 4 BGB nicht zugute kommen soll. Die Möglichkeit, seinen Pkw im Bedarfsfall unter Inanspruchnahme des Werksangehörigenrabatts kostengünstig reparieren zu lassen, hatte der Kläger unabhängig von dem Verkehrsunfall schon allein aufgrund der bestehenden Betriebsvereinbarung. Der eingetretene Schadensfall gab lediglich den Anlass, von dieser Möglichkeit Gebrauch zu machen. Der Nichtberücksichtigung des Werksangehörigenrabatts stand auch nicht entgegen, dass es sich um einen steuerpflichtigen Vorteil, nämlich um eine vom Kläger als Einkommen zu versteuernde Leistung seines Arbeitgebers handelt. Dieser Umstand kann allenfalls einen Anspruch auf Ersatz der hierfür zu entrichtenden Steuer begründen. Dieser war indessen nicht Gegenstand der Klage.

Da der Kläger nach den vom Berufungsgericht getroffenen Feststellungen hinsichtlich der Reparaturkosten überzahlt war, hatte die von der Beklagten zu 2 in erster Instanz erklärte Aufrechnung mit ihrem insoweit gegebenen Rückzahlungsanspruch aus § 812 Abs. 1 S. 1 Alt. 1 BGB zum Erlöschen des Anspruchs des Klägers auf Ersatz des Nutzungsausfalls geführt (§ 389 BGB).

16. Kosten einer Reparaturbestätigung bei fiktiver Schadensabrechnung

BGH, Urt. v. 24.1.2017 – VI ZR 146/16, VersR 2017, 440

BGB § 249

Wählt der Geschädigte den Weg der fiktiven Schadensabrechnung, sind die im Rahmen einer tatsächlich erfolgten Reparatur angefallenen Kosten einer Reparaturbestätigung für sich genommen nicht ersatzfähig. Eine Kombination von fiktiver und konkreter Schadensabrechnung ist insoweit unzulässig.

a) Der Fall

Die Parteien stritten über die Ersatzfähigkeit der Kosten für eine Reparaturbestätigung.

Die Klägerin nahm den beklagten Haftpflichtversicherer auf restlichen Schadensersatz aus einem Verkehrsunfall vom 22.7.2014 in Anspruch. Die volle Haftung des Beklagten für den Unfallschaden stand dem Grunde nach außer Streit. Ein Privatsachverständiger ermittelte die Kosten für die Reparatur des Unfallschadens am Fahrzeug der Klägerin mit netto 4.427,07 EUR. Die Klägerin rechnete auf Gutachtenbasis mit dem Beklagten ab, der den ermittelten Betrag erstattete. Die Reparatur ließ die Klägerin von ihrem Lebensgefährten, einem gelernten Kfz-Mechatroniker vornehmen. Die Ordnungsgemäßheit der Reparatur ließ sie sich von dem Sachverständigen bestätigen, der für die Erstellung der Reparaturbestätigung 61,88 EUR in Rechnung stellte.

Das Amtsgericht hat die auf Erstattung dieser 61,88 EUR zzgl. Zinsen gerichtete Klage abgewiesen. Das Landgericht hat die vom Amtsgericht zugelassene Berufung zurückgewiesen. Mit der vom Berufungsgericht zugelassenen Revision verfolgte die Klägerin ihr Zahlungsbegehren weiter.

§ 1 Reparaturkosten oder Wiederbeschaffungsaufwand

b) Die rechtliche Beurteilung

166 Das Berufungsurteil hielt revisionsrechtlicher Überprüfung stand. Das Berufungsgericht hatte zutreffend erkannt, dass die Klägerin bei der von ihr gewählten fiktiven Schadensberechnung keinen Anspruch auf Ersatz der Kosten für die Reparaturbestätigung hatte. Eine Kombination von fiktiver und konkreter Schadensberechnung ist insoweit nicht zulässig.

Der Geschädigte eines Kraftfahrzeugsachschadens hat bei Ausübung der Ersetzungsbefugnis des § 249 Abs. 2 S. 1 BGB die Wahl, ob er fiktiv nach den Feststellungen eines Sachverständigen oder konkret nach den tatsächlich aufgewendeten Kosten abrechnet. Bei fiktiver Abrechnung ist der objektiv zur Herstellung erforderliche Betrag ohne Bezug zu tatsächlich getätigten Aufwendungen zu ermitteln. Der Geschädigte, der im Gegenzug nicht verpflichtet ist, zu den von ihm tatsächlich veranlassten oder auch nicht veranlassten Herstellungsmaßnahmen konkret vorzutragen, disponiert hier dahin, dass er sich mit einer Abrechnung auf einer objektiven Grundlage zufrieden gibt (Senatsurt. v. 3.12.2013 – VI ZR 24/13, VersR 2014, 214 Rn 10).

167 Entscheidet sich der Geschädigte für die fiktive Schadensabrechnung, sind die im Rahmen einer tatsächlich erfolgten Reparatur angefallenen Kosten nicht (zusätzlich) ersatzfähig. Der Geschädigte muss sich vielmehr an der gewählten Art der Schadensabrechnung festhalten lassen; eine Kombination von fiktiver und konkreter Schadensabrechnung ist insoweit unzulässig (vgl. Senatsurt. v. 15.7.2003 – VI ZR 361/02, VersR 2004, 1575; v. 15.2.2005 – VI ZR 172/04, BGHZ 162, 170, 175; v. 30.5.2006 – VI ZR 174/05, NJW 2006, 2320, 2321 Rn 11; v. 17.10.2006 – VI ZR 249/05, BGHZ 169, 263 Rn 15; v. 13.9.2016 – VI ZR 654/15, MDR 2017, 27 Rn 17). Übersteigen die konkreten Kosten der – ggf. nachträglich – tatsächlich vorgenommenen Reparatur einschließlich der Nebenkosten wie tatsächlich angefallener Umsatzsteuer den aufgrund der fiktiven Schadensabrechnung zustehenden Betrag, bleibt es dem Geschädigten – im Rahmen der rechtlichen Voraussetzungen für eine solche Schadensabrechnung und der Verjährung – im Übrigen unbenommen, zu einer konkreten Berechnung auf der Grundlage der tatsächlich aufgewendeten Reparaturkosten überzugehen (vgl. Senatsurt. v. 18.10.2012 – VI ZR 17/11, NJW 2012, 50; v. 17.10.2006 – VI ZR 249/05, BGHZ 169, 263; v. 20.4.2004 – VI ZR 109/03, BGHZ 158, 388, 391 f.). Nach diesen Grundsätzen hatte die fiktiv abrechnende Klägerin keinen Anspruch auf Ersatz der im Rahmen der konkret durchgeführten Reparatur angefallenen Kosten für die Reparaturbestätigung. Bei den geltend gemachten Kosten für die Reparaturbestätigung des Sachverständigen handelte es sich nicht um Kosten, die nach der gewählten fiktiven Berechnungsweise zur Wiederherstellung des Unfallfahrzeugs erforderlich im Sinne des § 249 Abs. 2 S. 1 BGB waren. Es handelte sich vielmehr um eine Position, die ursächlich auf der freien Entscheidung der Klägerin beruhte, ihr Fahrzeug nicht in einem Fachbetrieb, sondern in Eigenregie reparieren zu lassen. Auf die Motivation der Klägerin, im

16. Kosten einer Reparaturbestätigung bei fiktiver Schadensabrechnung §1

Hinblick auf eine mögliche spätere Veräußerung des Fahrzeugs oder einen eventuellen weiteren Unfallschaden an derselben Fahrzeugstelle den Nachweis einer ordnungsgemäß durchgeführten Reparatur vorzuhalten, kam es in diesem Zusammenhang nach der eigenen Disposition der Klägerin nicht an.

Entgegen der Auffassung der Revision änderte hieran auch der Umstand nichts, dass die Klägerin dem Beklagten durch ihre Entscheidung für eine fiktive Schadensberechnung den Ersatz von Umsatzsteuer erspart hatte, die bei einer konkreten Berechnungsweise auf die tatsächlich durchgeführte Reparatur angefallen wäre. Die Nichtersatzfähigkeit tatsächlich nicht angefallener Umsatzsteuer ist vielmehr direkte Folge der gesetzlichen Regelung des § 249 Abs. 2 S. 2 BGB und der darin liegenden Begrenzung der Dispositionsfreiheit des Geschädigten (vgl. hierzu zuletzt Senatsurt. v. 13.9.2016 – VI ZR 654/15, MDR 2017, 27 Rn 11 m.w.N.). 168

Etwas anderes könnte gelten, wenn die Reparaturbestätigung aus Rechtsgründen zur Schadensabrechnung erforderlich gewesen wäre, etwa im Rahmen der Abrechnung eines zusätzlichen Nutzungsausfallschadens. Die Reparaturbescheinigung wäre – ihre Eignung im Übrigen vorausgesetzt – dann als Nachweis der tatsächlichen Gebrauchsentbehrung erforderlich zur Rechtsverfolgung im Sinne des § 249 Abs. 2 S. 1 BGB. Entsprechendes kann im Fall der den Wiederbeschaffungsaufwand überschreitenden fiktiven Reparaturkosten für den Nachweis der verkehrssicheren (Teil-)Reparatur des Unfallfahrzeugs und damit des tatsächlich bestehenden Integritätsinteresses des Geschädigten gelten. Dies war vorliegend jedoch nicht der Fall. 169

§ 2 Umsatzsteuer und allgemeine Kostenfaktoren

1. Fiktive Schadensabrechnung ohne konkrete Ersatzbeschaffung

BGH, Urt. v. 9.5.2006 – VI ZR 225/05, VersR 2006, 987

BGB § 249 Abs. 2 S. 2

Zur Frage, welcher Umsatzsteueranteil vom Brutto-Wiederbeschaffungswert eines unfallbeschädigten Kraftfahrzeugs in Abzug zu bringen ist, wenn keine Ersatzbeschaffung vorgenommen wird.

a) Der Fall (verallgemeinert)

Der Geschädigte hat (schuldlos) einen Verkehrsunfall, bei dem sein Kfz einen wirtschaftlichen Totalschaden erleidet. Der Sachverständige ermittelt einen Wiederbeschaffungswert von 11.900 EUR brutto.

Was kann er vom Haftpflichtversicherer des Unfallgegners bei fiktiver Schadensabrechnung ersetzt verlangen?
a) den Netto-Wiederbeschaffungswert: 11.900 EUR abzgl. 19 % Regel-Umsatzsteuer nach § 10 UStG, also 10.000 EUR
b) den Netto-Wiederbeschaffungswert: 11.900 EUR abzgl. 2 % Differenzsteuer nach § 25a UStG, also 11.662 EUR
c) den Brutto-Wiederbeschaffungswert: 11.900 EUR

b) Die rechtliche Beurteilung

Ist das schädigende Ereignis nach dem 31.7.2002 eingetreten, bestimmt sich die Ersatzpflicht der Beklagten gemäß Art. 229 § 8 Abs. 1 EGBGB nach den Vorschriften der §§ 249 ff. BGB in der Fassung des zweiten Gesetzes zur Änderung schadensrechtlicher Vorschriften vom 19.7.2002 (BGBl I S. 2674).

Nach dieser gesetzlichen Neuregelung schließt der bei der Beschädigung einer Sache zur Wiederherstellung erforderliche Geldbetrag die Umsatzsteuer nur mit ein, wenn und soweit sie tatsächlich angefallen ist (§ 249 Abs. 2 S. 2 BGB). Dies gilt auch im Falle eines wirtschaftlichen Totalschadens (vgl. Senatsurt. v. 1.3.2005 – VI ZR 91/04, VersR 2005, 994; v. 20.4.2004 – VI ZR 109/03, BGHZ 158, 388, 389 und v. 18.5.2004 – VI ZR 267/03, VersR 2004, 927, 928).

Will der Geschädigte seinen Schaden fiktiv auf der Grundlage eines Sachverständigengutachtens abrechnen, ist von einem dort angegebenen Brutto-Wiederbeschaffungswert eine darin enthaltene Umsatzsteuer abzuziehen. Hierfür hat der Tatrichter – falls eine konkrete Ersatzbeschaffung nicht stattgefunden hat – zu klären, ob

§ 2 Umsatzsteuer und allgemeine Kostenfaktoren

solche Fahrzeuge üblicherweise auf dem Gebrauchtwagenmarkt nach § 10 UStG regelbesteuert oder nach § 25a UStG differenzbesteuert oder von Privat und damit umsatzsteuerfrei angeboten werden (vgl. Senatsurt. v. 1.3.2005 – VI ZR 91/04, a.a.O.). Dabei ist es aus Rechtsgründen nicht zu beanstanden, wenn sich der Tatrichter im Rahmen der Schadensschätzung im Sinne des § 287 ZPO an der überwiegenden Wahrscheinlichkeit orientiert, mit der das Fahrzeug diesbezüglich auf dem Gebrauchtwagenmarkt gehandelt wird.

5   Steht mit der für eine Schadensschätzung nach § 287 ZPO ausreichenden Wahrscheinlichkeit fest, dass ein Ersatzfahrzeug auf dem Gebrauchtwagenmarkt überwiegend regelbesteuert erworben werden kann, beschränkt sich der bei der fiktiven Schadensabrechnung vorzunehmende Abzug der Umsatzsteuer auch nicht auf einen Mittelwert aus dem Marktanteil der Regel- und dem der Differenzbesteuerung (vgl. *Huber*, NZV 2004, 105). Damit ließe sich zwar rechnerisch ein durchschnittlicher „Netto-Wiederbeschaffungswert" ermitteln. Dieser läge jedoch über dem Wert, den das Gericht im Rahmen seiner Schadensschätzung als überwiegend wahrscheinlich erachtet und würde deshalb einen fiktiven Umsatzsteueranteil enthalten, der nach der gesetzlichen Neuregelung nicht erstattungsfähig ist (vgl. Senatsurt. v. 15.11.2005 – VI ZR 26/05, VersR 2006, 238, 239).

2. Konkrete Schadensabrechnung beim Erwerb eines Ersatzfahrzeugs

6   **BGH, Urt. v. 1.3.2005 – VI ZR 91/04, VersR 2005, 994**
BGB § 249

Erwirbt der Geschädigte ein Ersatzfahrzeug zu einem Preis, der dem in einem Sachverständigengutachten ausgewiesenen (Brutto-)Wiederbeschaffungswert des unfallbeschädigten Kraftfahrzeugs entspricht oder diesen übersteigt, kann er im Wege konkreter Schadensabrechnung die Kosten der Ersatzbeschaffung bis zur Höhe des (Brutto-)Wiederbeschaffungswertes des unfallbeschädigten Kraftfahrzeugs – unter Abzug des Restwertes – ersetzt verlangen. Auf die Frage, ob und in welcher Höhe in dem im Gutachten ausgewiesenen (Brutto-)Wiederbeschaffungswert Umsatzsteuer enthalten ist, kommt es in diesem Zusammenhang nicht an (Abgrenzung zu den Senatsurt. v. 20.4.2004 – VI ZR 109/03, BGHZ 158, 388 und v. 18.5.2004 – VI ZR 267/03, VersR 2004, 927).

a) Der Fall (verallgemeinert)

7   Der Sachverständige ermittelte einen Wiederbeschaffungswert des Fahrzeugs (eines vier Jahre alten Passat TDI Trendline) von 11.900 EUR brutto und einen Restwert von 5.000 EUR. Der nicht vorsteuerabzugsberechtigte Kläger erwarb bei einem gewerblichen Kfz-Händler ein im Sinne des § 25a UStG differenzbesteuertes Ersatzfahrzeug (einen fünf Jahre alten Audi A 4 TDI) zum Preis von 13.400 EUR.

2. Konkrete Schadensabrechnung beim Erwerb eines Ersatzfahrzeugs § 2

Der Haftpflichtversicherer des Schädigers zahlte an den Kläger lediglich einen Betrag von 5.000 EUR, wobei er den Netto-Wiederbeschaffungswert aus dem Sachverständigengutachten unter Zugrundelegung des Regel-Mehrwertsteuersatzes im Sinne des § 10 UStG von 19 % errechnete (11.900 EUR − 1.900 EUR = 10.000 EUR) und hiervon den Restwert in Abzug brachte. Darüber hinaus zahlte sie weitere 268 EUR als bei dem Erwerb des Ersatzfahrzeugs tatsächlich angefallene, mit 2 % des Verkaufspreises geschätzte Differenz-Umsatzsteuer im Sinne des § 25a UStG.

Der Kläger verlangte Schadensersatz in Höhe des gesamten − um den Restwert gekürzten − Brutto-Wiederbeschaffungswertes.

b) Die rechtliche Beurteilung

Will der Geschädigte seinen Schaden fiktiv auf der Grundlage eines Sachverständigengutachtens abrechnen, ist nach § 249 Abs. 2 S. 2 BGB von einem dort angegebenen Brutto-Wiederbeschaffungswert eine darin enthaltene Mehrwertsteuer abzuziehen. Weist das Sachverständigengutachten − in solchen Fällen − lediglich pauschal einen Brutto-Wiederbeschaffungswert aus, so besteht für den Tatrichter grundsätzlich Veranlassung zu klären, ob solche Fahrzeuge üblicherweise auf dem Gebrauchtwagenmarkt nach § 10 UStG regelbesteuert oder nach § 25a UStG differenzbesteuert oder von Privat und damit umsatzsteuerfrei angeboten werden. 8

Hiervon unterscheidet sich der vorliegende Fall, in dem der Kläger ein Ersatzfahrzeug beschafft hatte und seinen Schaden konkret auf Basis dieser Ersatzbeschaffung abrechnete. 9

Durch die gesetzliche Neuregelung des § 249 Abs. 2 S. 2 BGB wollte der Gesetzgeber nichts an der Möglichkeit des Geschädigten ändern, den für die Herstellung erforderlichen Geldbetrag stets und insoweit zu verlangen, als er zur Herstellung des ursprünglichen Zustandes tatsächlich angefallen ist (vgl. BT-Drucks 14/7752, S. 22). Lediglich bei der fiktiven Schadensabrechnung nach einer Beschädigung von Sachen soll sich nach der Absicht des Gesetzgebers deren Umfang mindern, indem die fiktive Umsatzsteuer als zu ersetzender Schadensposten entfällt. Umsatzsteuer kann mithin nur noch dann ersetzt verlangt werden, wenn und soweit sie zur Wiederherstellung des ursprünglichen Zustandes durch Reparatur oder Ersatzbeschaffung auch tatsächlich anfällt, d.h. wenn und soweit sie der Geschädigte zur Wiederherstellung aus seinem Vermögen aufgewendet oder er sich hierzu verpflichtet hat. Sie soll hingegen nicht mehr ersetzt verlangt werden können, wenn und soweit sie nur fiktiv bleibt, weil es zu einer umsatzsteuerpflichtigen Reparatur oder Ersatzbeschaffung bei einem Fachbetrieb oder einem anderen umsatzsteuerpflichtigen Unternehmer im Sinne des § 2 UStG nicht mehr kommt. Wird eine gleichwertige Sache als Ersatz beschafft und fällt dafür Umsatzsteuer an, so ist die Umsatzsteuer im angefallenen Umfang zu ersetzen. Fällt für die Beschaffung einer

§ 2 Umsatzsteuer und allgemeine Kostenfaktoren

gleichwertigen Ersatzsache – etwa beim Kauf von Privat – keine Umsatzsteuer an, ist sie auch nicht zu ersetzen (vgl. BT-Drucks 14/7752, S. 23).

10 Im vorliegenden Fall ging es jedoch nicht um den Ersatz fiktiver Umsatzsteuer, sondern um den Ersatz des tatsächlich für die Ersatzbeschaffung aufgewendeten Betrages, allerdings begrenzt auf den Wiederbeschaffungswert des unfallbeschädigten Fahrzeugs.

11 Hätte der Geschädigte ein völlig gleichartiges und gleichwertiges Fahrzeug entweder differenzbesteuert oder von Privat ohne Umsatzsteuer zu dem vom Sachverständigen genannten (Brutto-)Wiederbeschaffungswert erworben, würde eine Kürzung dieses Betrages um eine „fiktive Mehrwertsteuer" von 19 % im Rahmen der konkreten Schadensabrechnung der originären Funktion des Schadensersatzes widersprechen, die in der Wiederherstellung des früheren Zustandes liegt, und den Geschädigten schlechter stellen, als er vor dem Schadensereignis gestanden hat. Stellt der Geschädigte durch eine konkrete Ersatzbeschaffung eines gleichartigen Fahrzeugs zu dem vom Sachverständigen genannten (Brutto-)Wiederbeschaffungswert wirtschaftlich den Zustand wieder her, der vor dem Unfallereignis bestand, so kann er nach § 249 BGB den tatsächlich hierfür aufgewendeten Betrag unabhängig davon ersetzt verlangen, ob in ihm die Regelumsatzsteuer im Sinne des § 10 UStG, eine Differenzsteuer im Sinne des § 25a UStG oder gar keine Umsatzsteuer enthalten ist.

12 Nach ständiger Rechtsprechung des Senats ist in den Fällen, in denen der Geschädigte gemäß § 249 Abs. 2 S. 1 BGB die Schadensbehebung selbst in die Hand nimmt, der zur Wiederherstellung erforderliche Aufwand nach der besonderen Situation zu bemessen, in der sich der Geschädigte befindet. Es ist also Rücksicht auf seine individuellen Erkenntnis- und Einflussmöglichkeiten sowie auf die möglicherweise gerade für ihn bestehenden Schwierigkeiten zu nehmen. Im Rahmen dieser „subjektbezogenen Schadensbetrachtung" kann es dem Geschädigten nicht zum Nachteil gereichen, wenn er bei der konkreten Ersatzbeschaffung auf dem Gebrauchtwagenmarkt von den umsatzsteuerrechtlich möglichen verschiedenen Erwerbsmöglichkeiten nicht gerade diejenige realisiert, die der Sachverständige – für die fiktive Schadensabrechnung – als die statistisch wahrscheinlichste bezeichnet hat. Er genügt vielmehr seiner Verpflichtung zur Geringhaltung des Schadens, wenn er sich beim Erwerb an dem vom Sachverständigen genannten (Brutto-)Wiederbeschaffungswert als Endpreis für das auf dem Gebrauchtwagenmarkt gehandelte Fahrzeug orientiert, zumal das Berufungsgericht im vorliegenden Fall – von der Revision unangegriffen – festgestellt hat, dass die unterschiedliche steuerliche Behandlung in aller Regel auf den Endverkaufspreis für den privaten Käufer auf dem Gebrauchtwagenmarkt keinen Einfluss hat.

13 Etwas anderes kann aus schadensrechtlichen Gesichtspunkten im Rahmen einer (wirtschaftlichen) Naturalrestitution im Sinne des § 249 BGB durch Beschaffung eines Ersatzfahrzeugs auch dann nicht gelten, wenn sich der Geschädigte – etwa weil er auf dem örtlichen Gebrauchtwagenmarkt kein gleichartiges und gleichwertiges Ersatzfahrzeug gefunden hat – ein (etwas) teureres Ersatzfahrzeug anschafft, wie im vorliegenden Fall statt des beschädigten vier Jahre alten Passat TDI Trendline zum (Brutto-)Wiederbeschaffungswert von 11.900 EUR einen fünf Jahre alten Audi A 4 TDI zum Preis von 13.400 EUR. Auch in diesem Fall hat der Geschädigte im Rahmen der Ersatzbeschaffung tatsächlich mindestens den Betrag aufgewendet, den der Sachverständige als erforderlich für die Wiederherstellung des früheren Zustandes durch Erwerb eines gleichartigen Fahrzeugs ermittelt hat und den der Geschädigte in diesem Fall – wie oben ausgeführt – unabhängig von einem darin enthaltenen Umsatzsteueranteil im Rahmen einer konkreten Schadensabrechnung jedenfalls hätte ersetzt verlangen können. Es ist unter Berücksichtigung einer subjektbezogenen Schadensbetrachtung kein Grund ersichtlich, den Geschädigten schlechter zu stellen, weil er entweder kein gleichartiges und gleichwertiges Ersatzfahrzeug auf dem für ihn maßgebenden Gebrauchtwagenmarkt gefunden hat oder aber weil er aus Anlass des Unfalls einen an sich erst für später geplanten Erwerb eines anderen oder eines Neufahrzeugs vorgezogen hat, zumal es im Einzelfall auch schwierig sein dürfte zu beurteilen, welche Fahrzeuge im Rahmen einer Ersatzbeschaffung nach Typ, Motorisierung und Ausstattung als gleichartig zu betrachten sind.

Erwirbt mithin der Geschädigte ein Ersatzfahrzeug zu einem Preis, der dem in einem Sachverständigengutachten ausgewiesenen Brutto-Wiederbeschaffungswert des unfallbeschädigten Fahrzeugs entspricht oder diesen übersteigt, kann er im Wege konkreter Schadensabrechnung die Kosten der Ersatzbeschaffung bis zur Höhe des Brutto-Wiederbeschaffungswertes des unfallbeschädigten Fahrzeugs – unter Abzug des Restwertes – ersetzt verlangen. Auf die Frage, ob und in welcher Höhe in dem im Gutachten ausgewiesenen Brutto-Wiederbeschaffungswert Umsatzsteuer enthalten ist, kommt es in diesem Zusammenhang nicht an. **14**

3. Umsatzsteuer bei Ersatzbeschaffung statt Reparatur?

BGH, Urt. v. 22.9.2009 – VI ZR 312/08, VersR 2009, 1387   **15**
BGB § 249

Wählt der Geschädigte den Weg der Ersatzbeschaffung, obwohl nach dem Wirtschaftlichkeitsgebot nur ein Anspruch auf Ersatz der Reparaturkosten besteht, steht ihm jedenfalls dann kein Anspruch auf Ersatz von Umsatzsteuer zu, wenn bei der Ersatzbeschaffung keine Umsatzsteuer angefallen ist.

a) Der Fall (vereinfacht)

Der Kläger nahm den beklagten Haftpflichtversicherer nach einem Verkehrsunfall vom 7.7.2007, für den die volle Haftung der Beklagten außer Streit stand, auf Zahlung der in einem vorprozessual eingeholten Gutachten angegebenen Umsatzsteuer **16** für eine Reparatur in Anspruch. In dem Gutachten hatte der Sachverständige Reparaturkosten von 3.000 EUR netto und 3.570 EUR inkl. Mehrwertsteuer angegeben. Den Wiederbeschaffungswert hat er auf 10.000 EUR inkl. Mehrwertsteuer und den Restwert des Unfallfahrzeugs auf 4.000 EUR inkl. Mehrwertsteuer geschätzt. Der Kläger hat das Unfallfahrzeug unrepariert verkauft und von privat ein Ersatzfahrzeug für 8.000 EUR erworben. Die Beklagte hat vorgerichtlich die fiktiven Netto-Reparaturkosten in Höhe von 3.000 EUR sowie die Wertminderung in Höhe von 150 EUR erstattet. Der Kläger machte die Brutto-Reparaturkosten geltend.

17 Das Amtsgericht hat die Klage auf Zahlung der Differenz von 570 EUR abgewiesen. Auf die Berufung des Klägers hat das Landgericht dieses Urteil abgeändert und die Beklagte zur Zahlung des begehrten Mehrwertsteuerbetrags verurteilt. Mit der vom Berufungsgericht zugelassenen Revision begehrte die Beklagte weiterhin, die Klage abzuweisen.

b) Die rechtliche Beurteilung

18 Das angefochtene Urteil hielt einer revisionsrechtlichen Nachprüfung nicht stand. Dem Kläger stand der geltend gemachte Betrag in Höhe der Umsatzsteuer für die Reparaturkosten nicht zu.

19 Nach der Rechtsprechung des Senats stehen dem Geschädigten im Allgemeinen zwei Wege der Naturalrestitution zur Verfügung: Die Reparatur des Unfallfahrzeugs oder die Anschaffung eines „gleichwertigen" Ersatzfahrzeugs. Unter den zum Schadensausgleich führenden Möglichkeiten der Naturalrestitution hat der Geschädigte jedoch grundsätzlich diejenige zu wählen, die den geringsten Aufwand erfordert. Dieses sogenannte Wirtschaftlichkeitspostulat findet gemäß § 249 Abs. 2 S. 1 BGB seinen gesetzlichen Niederschlag in dem Tatbestandsmerkmal der Erforderlichkeit, ergibt sich aber letztlich schon aus dem Begriff des Schadens selbst. Darüber hinaus findet das Wahlrecht des Geschädigten seine Schranke an dem Verbot, sich durch Schadensersatz zu bereichern. Denn auch wenn er vollen Ersatz verlangen kann, soll der Geschädigte an dem Schadensfall nicht „verdienen".

20 Hier hätte sich der Kläger nach dem Wirtschaftlichkeitsgebot für eine Abrechnung auf Reparaturkostenbasis entscheiden müssen, insoweit liegt der Fall anders als bei der Entscheidung des erkennenden Senats vom 1.3.2005 (VI ZR 91/04, BGHZ 162, 270), bei der die Ersatzbeschaffung vom Wirtschaftlichkeitsgebot gedeckt war. Es blieb für den Kläger zwar die Möglichkeit bestehen, dem Wirtschaftlichkeitspostulat nicht zu folgen, sondern statt einer wirtschaftlich gebotenen Reparatur – wie geschehen – eine höherwertige Ersatzsache zu erwerben. Auch in diesem Fall kann er nach dem Wirtschaftlichkeitsgebot aber nur auf Reparaturkostenbasis abrechnen, weil eine Reparatur den geringsten Aufwand zur Schadensbeseitigung erforderte. Rechnet er insoweit auf der Basis eines vorgerichtlich eingeholten Gutachtens ab,

3. Umsatzsteuer bei Ersatzbeschaffung statt Reparatur? § 2

handelt es sich um eine fiktive Schadensabrechnung, weil eine Reparatur nicht tatsächlich durchgeführt worden ist.

Daraus folgt, dass dem Kläger der geltend gemachte Umsatzsteuerbetrag für eine Reparatur nicht zustand.

Nach § 249 Abs. 2 S. 2 BGB schließt der bei der Beschädigung einer Sache zur Wiederherstellung erforderliche Geldbetrag die Umsatzsteuer nur mit ein, wenn und soweit sie tatsächlich angefallen ist. Mit dieser durch das Zweite Gesetz zur Änderung schadensrechtlicher Vorschriften vom 19.7.2002 (BGBl I 2674) eingeführten gesetzlichen Regelung wollte der Gesetzgeber nichts an der Möglichkeit des Geschädigten ändern, den für die Herstellung erforderlichen Geldbetrag stets und insoweit zu verlangen, als er zur Herstellung des ursprünglichen Zustands tatsächlich angefallen ist. In diesen Fällen kommt es für den Ersatz der Umsatzsteuer nur darauf an, ob sie zur Wiederherstellung des ursprünglichen Zustands angefallen ist, nicht aber welchen Weg der Geschädigte zur Wiederherstellung beschritten hat. Bei der fiktiven Schadensabrechnung nach einer Beschädigung von Sachen soll sich nach der Absicht des Gesetzgebers allerdings deren Umfang mindern, indem die fiktive Umsatzsteuer als zu ersetzender Schadensposten entfällt. Umsatzsteuer soll nur noch ersetzt werden, wenn und soweit sie zur Wiederherstellung des ursprünglichen Zustands durch Reparatur oder Ersatzbeschaffung tatsächlich anfällt, d.h. wenn und soweit sie der Geschädigte zur Wiederherstellung aus seinem Vermögen aufgewendet oder er sich hierzu verpflichtet hat. Sie soll hingegen nicht mehr ersetzt werden können, wenn und soweit sie nur fiktiv bleibt, weil es zu einer umsatzsteuerpflichtigen Reparatur oder Ersatzbeschaffung bei einem Fachbetrieb oder einem anderen umsatzsteuerpflichtigen Unternehmer im Sinne des § 2 UStG nicht kommt. Wird eine gleichwertige Sache als Ersatz beschafft und fällt dafür Umsatzsteuer an, so ist die Umsatzsteuer im angefallenen Umfang zu ersetzen. Fällt für die Beschaffung einer gleichwertigen Ersatzsache – etwa beim Kauf von Privat – keine Umsatzsteuer an, ist sie auch nicht zu ersetzen. In diesem Fall ist sie auch im Rahmen einer fiktiven Schadensabrechnung auf der Grundlage eines Sachverständigengutachtens nicht ersatzfähig, weil § 249 Abs. 2 S. 2 BGB insoweit die Dispositionsfreiheit begrenzt.

21

Nach diesen Grundsätzen war eine Erstattung der Umsatzsteuer schon deswegen nicht möglich, weil der Kläger weder eine umsatzsteuerpflichtige Reparatur hatte durchführen lassen noch bei der Ersatzbeschaffung eines neuen Fahrzeugs von privat Umsatzsteuer angefallen war. Dem Kläger standen mithin nur die von der Beklagten bereits geleisteten (Netto-)Beträge zu, die unterhalb des sich aus dem vorgerichtlich eingeholten Gutachten ergebenden Wiederbeschaffungsaufwands von 6.000 EUR (Wiederbeschaffungswert abzüglich Restwert) lagen, der auch ohne eine weitere Beschränkung durch das Wirtschaftlichkeitsgebot bei Abrechnung nach den fiktiven Reparaturkosten den Schadensersatzanspruch begrenzt (vgl. Senat BGHZ 163, 180).

22

§ 2 Umsatzsteuer und allgemeine Kostenfaktoren

4. Verpflichtung eines vorsteuerabzugsberechtigten Geschädigten zum Erwerb eines regelbesteuerten Ersatzfahrzeugs?

23 BGH, Beschl. v. 25.11.2008 – VI ZR 245/07, zfs 2009, 326 = VersR 2009, 516
BGB §§ 249, 254

Zur Frage, ob ein vorsteuerabzugsberechtigter Geschädigter bei Anschaffung eines Ersatzfahrzeugs verpflichtet ist, ein regelbesteuertes Fahrzeug zu erwerben.

a) Der Fall

24 Die Beklagte haftete als Haftpflichtversicherer des Schädigers in vollem Umfang aus einem Verkehrsunfall, bei dem das Fahrzeug der Klägerin einen Totalschaden erlitten hatte. Gemäß dem nach dem Unfall eingeholten Gutachten betrug der Wiederbeschaffungswert 14.000 EUR und der Restwert 4.500 EUR, jeweils einschließlich Umsatzsteuer auf der Grundlage der Differenzbesteuerung. Die vorsteuerabzugsberechtigte Klägerin erwarb ein gleichartiges, differenzbesteuertes Ersatzfahrzeug zu einem Preis von 15.900 EUR. Das beschädigte Fahrzeug veräußerte sie für 4.500 EUR an ein Autohaus.

25 Die Beklagte hatte den Fahrzeugschaden auf der Basis eines Netto-Wiederbeschaffungswerts unter Abzug einer Umsatzsteuer von 19 % für den Wiederbeschaffungswert und den Restwert in Höhe von 7.983,20 EUR reguliert. Sie trug vor, die Klägerin hätte ein regelbesteuertes Fahrzeug als Ersatz anschaffen müssen und könne die Umsatzsteuer nicht verlangen. Vergleichbare Fahrzeuge würden zu 30 % regelbesteuert angeboten.

Das Amtsgericht hat die Beklagte zur Zahlung weiterer 2.235,29 EUR verurteilt. Dagegen hat diese mit Einwilligung der Klägerin einen Antrag auf Zulassung der Sprungrevision gestellt.

b) Die rechtliche Beurteilung

26 Der Antrag auf Zulassung der Sprungrevision war aufgrund der schriftlichen Einwilligung der Klägerin statthaft (§ 566 Abs. 1 S. 1 Nr. 1 ZPO), aber nicht begründet, weil die Rechtssache weder eine grundsätzliche Bedeutung hatte noch die Fortbildung des Rechts oder die Sicherung einer einheitlichen Rechtsprechung eine Entscheidung des Revisionsgerichts erforderte (§ 566 Abs. 4 ZPO).

27 Entgegen der Auffassung der Beklagten war nicht zu beanstanden, dass das Amtsgericht der Klägerin Schadensersatz auf der Basis eines Brutto-Wiederbeschaffungswerts von 14.000 EUR zugesprochen hatte. Im Streitfall lagen die Voraussetzungen nicht vor, unter denen die Rechtsprechung angenommen hat, dass die in Rechnung gestellte Mehrwertsteuer nicht vom Schädiger zu erstatten ist, soweit der

5. Umsatzsteuerersatz bei Ersatzbeschaffung statt möglicher Reparatur §2

Halter eines für Geschäftszwecke benutzten Fahrzeugs nach § 15 Abs. 1 Nr. 1 UStG zum Vorsteuerabzug berechtigt ist (vgl. Senatsurt. v. 6.6.1972 – VI ZR 49/71, VersR 1972, 973, 974; BGH, Urt. v. 22.5.1989 – X ZR 25/88, NJW-RR 1990, 32, 33). Die Klägerin hat ein differenzbesteuertes Fahrzeug angeschafft, so dass sie nicht vorsteuerabzugsberechtigt war (vgl. §§ 15 Abs. 1, 14 Abs. 4 Nr. 8, 14a Abs. 6, 14c, 25a Abs. 3, 4 UStG; *Tipke/Lang/Reiß*, Steuerrecht, 19. Aufl., § 14 Rn 144 ff.). Zudem wurden selbst nach dem – bestrittenen – Beklagtenvortrag auf dem maßgeblichen Markt vergleichbare Fahrzeuge nur zu 30 % regelbesteuert angeboten. Unter diesen Umständen war es einem Geschädigten auch im Hinblick auf eine etwaige Schadensminderungspflicht (§ 254 Abs. 2 BGB) nicht zumutbar, sich ausschließlich nach einem regelbesteuerten Fahrzeug umzusehen und ein solches zu erwerben, um zur Entlastung des Schädigers die Vorsteuerabzugsberechtigung geltend machen zu können.

5. „Mischen possible": Umsatzsteuerersatz bei Ersatzbeschaffung statt möglicher Reparatur (auch: Nutzungsausfall, Standkosten)

BGH, Urt. v. 5.2.2013 – VI ZR 363/11, zfs 2013, 383 = VersR 2013, 471   28
BGB §§ 249 Abs. 2 S. 1, 249 Abs. 2 S. 2
a) Wählt der Geschädigte den Weg der Ersatzbeschaffung, obwohl nach dem Wirtschaftlichkeitsgebot nur ein Anspruch auf Ersatz der Reparaturkosten besteht, und rechnet er den Schaden konkret auf der Grundlage der Beschaffung eines Ersatzfahrzeugs ab, steht ihm ein Anspruch auf Ersatz von Umsatzsteuer zu, wenn bei der Ersatzbeschaffung tatsächlich Umsatzsteuer angefallen ist.
b) Der Anspruch ist auf den Umsatzsteuerbetrag begrenzt, der bei Durchführung der notwendigen Reparatur angefallen wäre.

a) Der Fall

Die Beklagte hatte dem Kläger unstreitig den bei einem Verkehrsunfall am 20.12.2009 entstandenen Schaden in vollem Umfang zu ersetzen. Die Parteien stritten um die Ersatzfähigkeit geltend gemachter Umsatzsteuer, Nutzungsausfallentschädigung und Standkosten.   29

Das Fahrzeug des Klägers war nach dem Unfall nicht mehr fahrbereit und nicht mehr verkehrssicher. Die Scheiben waren zerbrochen. Es wurde, nachdem es zunächst bis zum 22.12.2009 von der Polizei sichergestellt und untergestellt worden war, in eine Werkstatt geschleppt und dort zur Begutachtung und Schadensfeststellung durch einen Sachverständigen belassen. Der Kläger beauftragte den Sachverständigen am 23.12.2009. Das vom Sachverständigen erstellte Gutachten erreichte den Kläger am 4. oder 5.1.2010. In dem Gutachten wurden Reparaturkosten in   30

§ 2 Umsatzsteuer und allgemeine Kostenfaktoren

Höhe von 9.768,94 EUR netto zuzüglich Umsatzsteuer in Höhe von 1.856,10 EUR kalkuliert. Der Sachverständige bezifferte den Restwert auf 12.600 EUR und den Wiederbeschaffungswert auf 30.000 EUR (brutto). Der Kläger ließ sein Fahrzeug nicht reparieren, sondern verkaufte es und erwarb unter dem 7.1.2010 ein Ersatzfahrzeug zum Kaufpreis von 25.592,44 EUR zuzüglich Umsatzsteuer in Höhe von 4.862,56 EUR. Die Beklagte regulierte den Fahrzeugschaden auf der Basis der Nettoreparaturkosten und zahlte für 16 Tage Nutzungsausfall in Höhe von täglich 59 EUR.

31 Der Kläger hat Zahlung der auf Reparaturkostenbasis kalkulierten Umsatzsteuer (1.856,10 EUR), restliche Standgebühren in Höhe von 71,39 EUR und Nutzungsausfall für weitere 10 Tage in Höhe von 590 EUR verlangt.

32 Das Amtsgericht hat der Klage im Wesentlichen stattgegeben. Das Berufungsgericht hat die Berufung der Beklagten zurückgewiesen. Dagegen wandte sich die Beklagte mit der vom Berufungsgericht zugelassenen Revision.

b) Die rechtliche Beurteilung

33 Die Revision war unbegründet.

Mit Recht bejahte das Berufungsgericht einen Anspruch des Klägers auf Ersatz der anteiligen Umsatzsteuer.

34 Nach der Rechtsprechung des Senats stehen dem Geschädigten im Allgemeinen zwei Wege der Naturalrestitution zur Verfügung: Die Reparatur des Unfallfahrzeugs oder die Anschaffung eines „gleichwertigen" Ersatzfahrzeugs. Unter den zum Schadensausgleich führenden Möglichkeiten der Naturalrestitution hat der Geschädigte jedoch grundsätzlich diejenige zu wählen, die den geringsten Aufwand erfordert. Dieses sogenannte Wirtschaftlichkeitspostulat findet gemäß § 249 Abs. 2 S. 1 BGB seinen gesetzlichen Niederschlag in dem Tatbestandsmerkmal der Erforderlichkeit, ergibt sich aber letztlich schon aus dem Begriff des Schadens selbst. Darüber hinaus findet das Wahlrecht des Geschädigten seine Schranke an dem Verbot, sich durch Schadensersatz zu bereichern. Denn auch wenn er vollen Ersatz verlangen kann, soll der Geschädigte an dem Schadensfall nicht „verdienen".

35 Nach dem Wirtschaftlichkeitsgebot hätte sich der Kläger für eine Abrechnung auf Reparaturkostenbasis entscheiden müssen. Allerdings steht es dem Geschädigten frei, dem Wirtschaftlichkeitspostulat nicht zu folgen, sondern statt einer wirtschaftlich gebotenen Reparatur eine höherwertige Ersatzsache zu erwerben. In diesem Fall kann er aber nach dem Wirtschaftlichkeitsgebot die (tatsächlich angefallenen) Kosten der Ersatzbeschaffung nur bis zur Höhe der Reparaturkosten verlangen, weil eine Reparatur den geringsten Aufwand zur Schadensbeseitigung erforderte.

5. Umsatzsteuerersatz bei Ersatzbeschaffung statt möglicher Reparatur § 2

Damit war allerdings die Frage, ob der Kläger unter den Umständen des vorliegenden Falls den Ersatz anteiliger Umsatzsteuer verlangen kann, noch nicht beantwortet. 36

Nach § 249 Abs. 2 S. 2 BGB schließt der bei der Beschädigung einer Sache zur Wiederherstellung erforderliche Geldbetrag die Umsatzsteuer nur mit ein, wenn und soweit sie tatsächlich angefallen ist. Mit dieser durch das Zweite Gesetz zur Änderung schadensersatzrechtlicher Vorschriften vom 19.7.2002 (BGBl I 2674) eingeführten gesetzlichen Regelung wollte der Gesetzgeber nichts an der Möglichkeit des Geschädigten ändern, den für die Herstellung erforderlichen Geldbetrag stets und insoweit zu verlangen, als er zur Herstellung des ursprünglichen Zustands tatsächlich angefallen ist. In diesen Fällen kommt es für den Ersatz der Umsatzsteuer nur darauf an, ob sie zur Wiederherstellung des ursprünglichen Zustands angefallen ist, nicht aber welchen Weg der Geschädigte zur Wiederherstellung beschritten hat. 37

Bei der fiktiven Schadensabrechnung nach einer Beschädigung von Sachen entfällt nach der Absicht des Gesetzgebers die fiktive Umsatzsteuer als zu ersetzender Schadensposten. Umsatzsteuer soll nur noch ersetzt werden, wenn und soweit sie zur Wiederherstellung des ursprünglichen Zustands durch Reparatur oder Ersatzbeschaffung tatsächlich anfällt, d.h. wenn und soweit sie der Geschädigte zur Wiederherstellung aus seinem Vermögen aufgewendet oder er sich hierzu verpflichtet hat. Sie soll hingegen nicht mehr ersetzt werden können, wenn und soweit sie nur fiktiv bleibt, weil es zu einer umsatzsteuerpflichtigen Reparatur oder Ersatzbeschaffung nicht kommt. 38

Fällt dafür allerdings tatsächlich Umsatzsteuer an, so ist diese im angefallenen Umfang zu ersetzen. Fällt für die Beschaffung einer gleichwertigen Ersatzsache – etwa beim Kauf von privat – keine Umsatzsteuer an, ist sie auch nicht zu ersetzen. In diesem Fall ist sie auch im Rahmen einer fiktiven Schadensabrechnung auf der Grundlage eines Sachverständigengutachtens nicht ersatzfähig, weil § 249 Abs. 2 S. 2 BGB insoweit die Dispositionsfreiheit begrenzt. Dementsprechend hat der erkennende Senat bereits entschieden, dass eine Erstattung der Umsatzsteuer dann nicht erfolgt, wenn der Geschädigte weder eine umsatzsteuerpflichtige Reparatur hat durchführen lassen noch bei der Ersatzbeschaffung eines neuen Fahrzeugs von privat Umsatzsteuer angefallen ist (vgl. Senatsurt. v. 22.9.2009 – VI ZR 312/08, VersR 2009, 1554 Rn 11 m.w.N.). 39

So lag der Streitfall indes nicht. Hier handelte es sich um eine konkrete Schadensabrechnung auf der Grundlage der Beschaffung eines Ersatzfahrzeugs. Zuzüglich zum Kaufpreis in Höhe von 25.592,44 EUR hatte der Kläger darauf entfallende Umsatzsteuer in Höhe von 4.862,56 EUR bezahlt. Zur Wiederherstellung des ursprünglichen Zustands war also tatsächlich Umsatzsteuer angefallen. Zwar war der tatsächlich aufgewendete Umsatzsteuerbetrag höher als der, der bei Durchführung der Reparatur angefallen wäre. Der Kläger verlangte aber auch nicht Ersatz dieses 40 höheren Betrages, sondern nur Ersatz der Umsatzsteuer, die bei Durchführung einer Reparatur angefallen wäre.

41 Unter den Umständen des Streitfalls war dies nicht zu beanstanden. Entgegen der Ansicht der Revision fand keine Kombination von konkreter und fiktiver Schadensabrechnung statt. Nach § 249 Abs. 2 S. 2 BGB schließt der zur Wiederherstellung erforderliche Geldbetrag (§ 249 Abs. 2 S. 1 BGB) die Umsatzsteuer nur mit ein, wenn und soweit sie tatsächlich angefallen ist. Dazu heißt es in der Gesetzesbegründung (BT-Drucks 14/7752, S. 24):

42 „Nach der Neuregelung bleibt auch die Möglichkeit bestehen, dem von der Rechtsprechung konkretisierten Wirtschaftlichkeitspostulat nicht zu folgen, sondern eine andere Art der Wiederherstellung zu wählen und auf der Basis der wirtschaftlich gebotenen Wiederherstellung fiktiv abzurechnen. So kann der Geschädigte nach wie vor etwa eine höherwertige Ersatzsache anschaffen. Er kann auch statt einer wirtschaftlich gebotenen Reparatur Ersatz beschaffen oder statt einer wirtschaftlich gebotenen Ersatzbeschaffung eine Reparatur vornehmen. In jedem Fall kann er jedoch wie bisher nur die Kosten für die wirtschaftlich gebotene Wiederherstellung verlangen.

43 In diesen Fällen kommt es für den Ersatz der Umsatzsteuer nur darauf an, ob sie zur Wiederherstellung des ursprünglichen Zustands angefallen ist, nicht aber welchen Weg der Geschädigte zur Wiederherstellung beschritten hat. Auch wenn der Geschädigte das Gebot der Wirtschaftlichkeit verletzt und nicht den zumutbaren Weg zur Schadensbeseitigung wählt, der den geringeren Aufwand erfordert, so verliert er damit nicht den Anspruch auf Ersatz der Umsatzsteuer, wenn auf dem von ihm gewählten Weg Umsatzsteuer anfällt. Sein Anspruch ist jedoch auf den Umsatzsteuerbetrag begrenzt, der bei dem wirtschaftlich günstigeren Weg angefallen wäre:

44 Fällt bei der konkreten Wiederherstellung Umsatzsteuer auf das Entgelt für die Reparatur oder Ersatzbeschaffung an (§ 10 Abs. 1 UStG), kann sie bis zur Höhe des Umsatzsteuerbetrages verlangt werden, der bei der wirtschaftlich günstigeren Wiederherstellung angefallen wäre, gleichviel, ob bei dieser Abrechnung auf der Basis des wirtschaftlich günstigeren Weges ebenfalls das Entgelt für die Reparatur oder Ersatzbeschaffung (§ 10 Abs. 1 UStG) oder die Differenz zwischen Händlereinkaufs- und Händlerverkaufspreis (§ 25a UStG) als Bemessungsgrundlage der Umsatzsteuer zugrunde gelegt wird."

45 Im Streitfall war die Reparatur die wirtschaftlich günstigere Wiederherstellung. Deshalb konnte der Kläger Ersatz der Umsatzsteuer in der begehrten Höhe verlangen.

46 Ohne Rechtsfehler bejahte das Berufungsgericht auch einen Anspruch des Klägers auf Ersatz weiteren Nutzungsausfallschadens.

5. Umsatzsteuerersatz bei Ersatzbeschaffung statt möglicher Reparatur § 2

Nach den tatrichterlichen Feststellungen des Berufungsgerichts hatte der Kläger für eine zügige Regulierung des Unfalls unter Berücksichtigung der Weihnachtstage und des Jahreswechsels das Erforderliche getan. 47

Der Anspruch auf Ersatz des Nutzungsausfalls besteht für die erforderliche Ausfallzeit, d.h. für die notwendige Reparatur- bzw. Wiederbeschaffungsdauer zuzüglich der Zeit für die Schadensfeststellung und gegebenenfalls einer angemessenen Überlegungszeit. Die vom Berufungsgericht angenommene Ausfallzeit bis zum 15.1.2010 war angesichts der getroffenen Feststellungen im Hinblick auf die Feiertage zu Weihnachten und zum Jahreswechsel und die Wochenenden sowie des erst Anfang Januar zugänglichen schriftlichen Gutachtens nicht zu beanstanden. Die Revision zeigte nicht Parteivortrag auf, wonach das Ersatzfahrzeug dem Kläger – abweichend von der von ihm behaupteten Ausfallzeit – bereits früher zur Verfügung stand. Dem Vortrag der Beklagten ließ sich auch nicht entnehmen, dass für den Kläger die mündlichen Ausführungen des Sachverständigen am 23.12.2009 eine ausreichend sichere Beurteilungsgrundlage bildeten, die ihn hätten veranlassen müssen, auch ohne schriftliches Gutachten die Entscheidung darüber zu treffen, ob ein Reparaturauftrag zu erteilen oder ein Ersatzfahrzeug anzuschaffen war. 48

Dass, wie die Revision geltend machte, der Kläger die Möglichkeit hatte, zur Überbrückung des Fahrzeugausfalls kostenfrei auf das Fahrzeug seines Vaters zuzugreifen, beseitigte den eingetretenen Schaden nicht. Nach dem Rechtsgedanken des § 843 Abs. 4 BGB wird der Schädiger nicht durch eine (freiwillige) Leistung Dritter entlastet, die ihm nach dem Sinn der schadensrechtlichen Vorschriften nicht zu Gute kommen soll. Dies gilt auch für den Nutzungsausfallschaden. Insofern war die Senatsrechtsprechung, wonach Nutzungsausfall für ein beschädigtes Kraftfahrzeug nicht fordern kann, wer (selbst) über mindestens ein zweites derzeit ungenutztes Fahrzeug verfügt, dessen ersatzweiser Einsatz ihm zuzumuten ist (Senatsurt. v. 14.10.1975 – VI ZR 255/74, NJW 1976, 286), nicht einschlägig. 49

Ohne Rechtsfehler bejahte das Berufungsgericht auch einen Anspruch des Klägers auf Ersatz der restlichen Standkosten. 50

Mit Recht stellte das Berufungsgericht darauf ab, dass ein nicht mehr fahrbereites Kraftfahrzeug mit zerstörten Scheiben nicht irgendwo auf der Straße abgestellt werden kann, sondern untergestellt werden muss. Das sichere Unterstellen in einer Kfz-Werkstatt ist eine nahe liegende und angemessene Maßnahme. Die dafür anfallenden Kosten sind erstattungsfähig. Dass sie diejenigen übersteigen, die für eine gewerbliche Abstellmöglichkeit, etwa in einem Parkhaus, angefallen wären, hatte die für eine Verletzung der Schadensminderungspflicht (§ 254 BGB) darlegungs- und beweispflichtige Beklagte auch mit der Revision nicht konkret vorgetragen. Entgegen den Ausführungen der Revision war es nicht Sache des Klägers, insoweit Ermittlungen anzustellen und deren Ergebnis vorzutragen. Der Zeitraum des Verbleibs des Fahrzeugs war nach den Feststellungen des Berufungsgerichts angesichts der Feiertage zu Weihnachten und zum Jahreswechsel und der Wochenenden sowie 51 des erst Anfang Januar zugänglichen schriftlichen Gutachtens nicht zu beanstanden.

6. „Mischen impossible" bei konkreten Bruttoreparaturkosten einer vollständigen und fachgerechten Reparatur unter den abgerechneten Nettoreparaturkosten laut Sachverständigengutachten

52 BGH, Urt. v. 3.12.2013 – VI ZR 24/13, zfs 2014, 142 = VersR 2014, 214

BGB § 249 Abs. 2 S. 1

Lässt der Geschädigte einen Kraftfahrzeugsachschaden sach- und fachgerecht in dem Umfang reparieren, den der eingeschaltete Sachverständige für notwendig gehalten hat, und unterschreiten die von der beauftragten Werkstatt berechneten Reparaturkosten die von dem Sachverständigen angesetzten Kosten, so beläuft sich auch im Rahmen einer fiktiven Abrechnung der zur Herstellung erforderliche Geldbetrag auf die tatsächlich angefallenen Bruttokosten. Der Geschädigte hat in diesem Fall keinen Anspruch auf Zahlung des vom Sachverständigen angesetzten Nettobetrags zuzüglich der tatsächlich gezahlten Umsatzsteuer, soweit dieser Betrag die tatsächlich gezahlten Bruttoreparaturkosten übersteigt.

a) Der Fall

53 Der beklagte Haftpflichtversicherer hatte dem Kläger unstreitig den bei einem Verkehrsunfall im Oktober 2010 entstandenen Fahrzeugschaden zu ersetzen.

Nach Einholung eines Sachverständigengutachtens, in dem die Reparaturkosten auf brutto 8.346,72 EUR (netto 7.014,05 EUR) beziffert wurden, ließ der Kläger sein Fahrzeug auf der Grundlage des Gutachtens bei der Firma O. nach Maßgabe des Gutachtens sach- und fachgerecht instand setzen. Die Firma O. stellte dem Kläger Reparaturkosten in Höhe von brutto 7.492,22 EUR (netto 6.295,98 EUR) in Rechnung. Der Kläger rechnete den Schaden gegenüber der Beklagten auf der Grundlage des Gutachtens ab. Diese regulierte den Schaden unter Zugrundelegung der tatsächlich aufgewendeten Reparaturkosten in Höhe von 7.492,22 EUR.

54 Mit der Klage hat der Kläger weiteren Schadensersatz in Höhe von 718,07 EUR verlangt. Diesen Anspruch errechnete er unter Zugrundelegung des vom Gutachter festgestellten Nettoreparaturaufwands in Höhe von 7.014,05 EUR und der von ihm tatsächlich für die Instandsetzung gezahlten Mehrwertsteuer in Höhe von 1.196,24 EUR, wobei er die von der Beklagten gezahlten Reparaturkosten in Höhe von 7.492,22 EUR in Abzug brachte.

6. Bruttoreparaturkosten unter den abgerechneten Nettoreparaturkosten § 2

Das Amtsgericht hat der Klage stattgegeben. Das Berufungsgericht hat die Berufung der Beklagten zurückgewiesen. Dagegen wandte sich die Beklagte mit der vom Berufungsgericht zugelassenen Revision.

b) Die rechtliche Beurteilung

Das Berufungsgericht führte im Wesentlichen aus: 55

Der Kläger könne neben den Nettoreparaturkosten gemäß § 249 Abs. 2 S. 2 BGB auch die für die tatsächliche Reparatur aufgewendete Mehrwertsteuer in Höhe des eingeklagten Betrages ersetzt verlangen. Vorliegend sei die geltend gemachte Umsatzsteuer tatsächlich und für die Wiederherstellung des beschädigten Klägerfahrzeugs angefallen. Einer Kumulierung der fiktiven Abrechnung mit tatsächlich angefallener Umsatzsteuer einer Billigreparatur stünden weder eine etwaige Bindungswirkung an die ursprünglich gewählte Abrechnungsart noch das Verbot der Vermischung fiktiver und konkreter Abrechnungen entgegen. Nach Auffassung der Kammer könne der Geschädigte dann, wenn er die Unfallschäden an seinem Fahrzeug durch Teil-, Billig- oder Behelfsreparatur nur zum Teil beseitigen lasse, die hierfür aufgewendete Umsatzsteuer ungekürzt neben den durch ein Sachverständigengutachten ermittelten Nettoreparaturkosten als Kosten der Schadensbeseitigung geltend machen. Es sei nicht erkennbar, weshalb im Falle einer Teil- bzw. Billigreparatur die konkret angefallene Mehrwertsteuer neben den von einem Sachverständigen ermittelten Nettoreparaturkosten ersatzfähig sein solle, dies aber bei einer billigeren vollständigen und fachgerechten Reparatur zu günstigeren Konditionen, als vom Sachverständigen errechnet, nicht gelten solle.

Die dagegen gerichtete Revision war begründet und führte zur Abweisung der Klage. Das Klagevorbringen war unschlüssig. 56

Nach der Rechtsprechung des erkennenden Senats ist bei der fiktiven Abrechnung eines Kraftfahrzeugsachschadens von folgenden Grundsätzen auszugehen.

Der Geschädigte darf, sofern die Voraussetzungen für eine fiktive Schadensberechnung vorliegen, dieser grundsätzlich die üblichen Stundenverrechnungssätze einer markengebundenen Fachwerkstatt zugrunde legen, die ein von ihm eingeschalteter Sachverständiger auf dem allgemeinen regionalen Markt ermittelt hat. Nach der Rechtsprechung des erkennenden Senats besteht grundsätzlich ein Anspruch des Geschädigten auf Ersatz der in einer markengebundenen Vertragswerkstatt anfallenden Reparaturkosten unabhängig davon, ob der Geschädigte den Wagen tatsächlich voll, minderwertig oder überhaupt nicht reparieren lässt. Allerdings ist unter Umständen – auch noch im Rechtsstreit – ein Verweis des Schädigers auf eine günstigere Reparaturmöglichkeit in einer mühelos und ohne weiteres zugänglichen anderen markengebundenen oder „freien" Fachwerkstatt möglich, wenn der Schädiger darlegt und gegebenenfalls beweist, dass eine Reparatur in dieser Werkstatt vom Qualitätsstandard her der Reparatur in einer markengebundenen Fachwerkstatt

§ 2 Umsatzsteuer und allgemeine Kostenfaktoren

entspricht und der Geschädigte keine Umstände aufzeigt, die ihm eine Reparatur außerhalb der markengebundenen Fachwerkstatt unzumutbar machen.

57 Die Verweisung des Schädigers auf eine günstigere Reparaturmöglichkeit lässt der erkennende Senat deshalb zu, weil die Angaben des Sachverständigen in seinem Gutachten zur Höhe der voraussichtlich anfallenden Reparaturkosten keinesfalls stets verbindlich den Geldbetrag bestimmen, der im Sinne des § 249 Abs. 2 S. 1 BGB zur Herstellung erforderlich ist. Bei fiktiver Abrechnung ist der objektiv zur Herstellung erforderliche Betrag ohne Bezug zu tatsächlich getätigten Aufwendungen zu ermitteln. Der Geschädigte, der nicht verpflichtet ist, zu den von ihm tatsächlich veranlassten oder auch nicht veranlassten Herstellungsmaßnahmen konkret vorzutragen, disponiert hier dahin, dass er sich mit einer Abrechnung auf einer objektiven Grundlage zufrieden gibt. Hinweise der Schädigerseite auf Referenzwerkstätten dienen dazu, der Behauptung des Geschädigten entgegenzutreten, der vom Sachverständigen ermittelte Betrag gebe den zur Herstellung erforderlichen Betrag zutreffend wieder (vgl. Senatsurt. v. 14.5.2013 – VI ZR 320/12, VersR 2013, 876 Rn 11). Kann die Schädigerseite die zumutbare Möglichkeit der Inanspruchnahme einer preiswerteren Werkstatt ausreichend darlegen und notfalls beweisen, ist auf der Grundlage der preiswerteren Reparaturmöglichkeit abzurechnen.

58 Angesichts dieser Rechtslage versteht es sich von selbst, dass auf der Grundlage einer preiswerteren Reparaturmöglichkeit abzurechnen ist, wenn ein Verweis der Schädigerseite darauf nicht einmal erforderlich ist, weil der Geschädigte die Möglichkeit einer vollständigen und fachgerechten, aber preiswerten Reparatur selbst darlegt und sogar wahrgenommen hat. Der Vortrag des Geschädigten, trotzdem sei der vom Sachverständigen angegebene Betrag zur Herstellung erforderlich, ist dann unschlüssig. Eine abweichende Betrachtung würde dazu führen, dass der Geschädigte an dem Schadensfall verdient, was dem Verbot widerspräche, sich durch Schadensersatz zu bereichern.

59 Deshalb beläuft sich auch im Rahmen einer fiktiven Abrechnung der zur Herstellung erforderliche Geldbetrag auf die tatsächlich angefallenen Bruttokosten, wenn der Geschädigte seinen Kraftfahrzeugsachschaden sach- und fachgerecht in dem Umfang reparieren lässt, den der eingeschaltete Sachverständige für notwendig gehalten hat, und die von der beauftragten Werkstatt berechneten Reparaturkosten die von dem Sachverständigen angesetzten Kosten unterschreiten. Der Geschädigte hat in diesem Fall keinen Anspruch auf Zahlung des vom Sachverständigen angesetzten Nettobetrags zuzüglich der tatsächlich gezahlten Umsatzsteuer, soweit dieser Betrag die tatsächlich gezahlten Bruttoreparaturkosten übersteigt.

60 Auf die vom Berufungsgericht erörterte umstrittene Frage, ob bei fiktiver Abrechnung unter Umständen tatsächlich aufgewendete Umsatzsteuer neben den vom Sachverständigen ermittelten Nettoreparaturkosten ersetzt verlangt werden kann, wenn der Geschädigte sich mit einer Eigen-, Teil- oder Billigreparatur zufrieden gibt, kam es für die vorliegende Fallgestaltung nicht an. Denn unstreitig war der

Schaden am Fahrzeug des Klägers vollständig und fachgerecht nach den Vorgaben des Sachverständigen beseitigt worden.

7. Kein Anspruch auf Ersatz der Umsatzsteuer bei Ersatzbeschaffung von Privat

BGH, Urt. v. 2.7.2013 – VI ZR 351/12, zfs 2013, 629 = VersR 2013, 1277
BGB § 249 Abs. 2 S. 2

Ist bei der Ersatzbeschaffung von privat keine Umsatzsteuer angefallen, steht dem Geschädigten kein Anspruch auf Ersatz der Umsatzsteuer zu.

a) Der Fall

Die Parteien stritten nach einem Verkehrsunfall vom 23.9.2011, für den die volle Haftung der Beklagten dem Grunde nach unstreitig ist, noch um Erstattung anteiliger Umsatzsteuer nach Anschaffung eines Ersatzfahrzeugs durch den Kläger von privat.

Mit schriftlichem Kaufvertrag vom 3.10.2011 erwarb der Kläger das Fahrzeug zum Preis von 14.700 EUR. Sein verunfalltes Fahrzeug wies laut Sachverständigengutachten vom 27.9.2011 einen Wiederbeschaffungswert in Höhe von 22.000 EUR brutto bzw. 18.487,40 EUR netto, mithin einen Umsatzsteueranteil in Höhe von 3.512,60 EUR auf. Die Beklagte rechnete auf Basis des Nettowiederbeschaffungswerts ab und verweigerte eine Regulierung hinsichtlich der vom Kläger begehrten anteiligen Umsatzsteuer prozentual 66,82 % in Höhe von 2.347,13 EUR.

Das Amtsgericht hat die Klage hinsichtlich der Erstattung der Umsatzsteuer abgewiesen. Das Landgericht hat die Berufung des Klägers zurückgewiesen. Mit der vom Berufungsgericht zugelassenen Revision verfolgte der Kläger seinen Antrag auf Erstattung der anteiligen Umsatzsteuer weiter.

b) Die rechtliche Beurteilung

Die Revision des Klägers war unbegründet. Mit Recht hatte das Berufungsgericht einen Anspruch auf Ersatz der anteiligen Umsatzsteuer verneint.

Nach § 249 Abs. 2 S. 2 BGB schließt der bei der Beschädigung einer Sache zur Wiederherstellung erforderliche Geldbetrag die Umsatzsteuer nur mit ein, wenn und soweit sie tatsächlich angefallen ist. Mit dieser durch das Zweite Gesetz zur Änderung schadensersatzrechtlicher Vorschriften vom 19.7.2002 (BGBl. I, S. 2674) eingeführten gesetzlichen Regelung wollte der Gesetzgeber nichts an der Möglichkeit des Geschädigten ändern, den für die Herstellung erforderlichen Geldbetrag stets und insoweit zu verlangen, als er zur Herstellung des ursprünglichen Zustands tatsächlich angefallen ist. Für den Ersatz der Umsatzsteuer kommt es aber – unab-

§ 2 Umsatzsteuer und allgemeine Kostenfaktoren

hängig von dem Weg, den der Geschädigte zur Wiederherstellung beschritten hat darauf an, ob sie zur Wiederherstellung des ursprünglichen Zustands angefallen ist. Sie soll nur noch ersetzt werden, wenn und soweit sie zur Wiederherstellung des ursprünglichen Zustands durch Reparatur oder Ersatzbeschaffung tatsächlich anfällt, d.h. wenn und soweit sie der Geschädigte zur Wiederherstellung aus seinem Vermögen aufgewendet oder er sich hierzu verpflichtet hat. Sie soll hingegen nicht mehr ersetzt werden können, wenn und soweit sie nur fiktiv bleibt, weil es zu einer umsatzsteuerpflichtigen Reparatur oder Ersatzbeschaffung nicht kommt (vgl. Senatsurt. v. 5.2.2013 – VI ZR 363/11, VersR 2013, 471 Rn 14 f.).

65 Fällt für die Beschaffung einer gleichwertigen Ersatzsache – etwa beim Kauf von privat – keine Umsatzsteuer an, ist sie auch nicht zu ersetzen. In diesem Fall ist sie auch im Rahmen einer fiktiven Schadensabrechnung auf der Grundlage eines Sachverständigengutachtens nicht ersatzfähig, weil § 249 Abs. 2 S. 2 BGB insoweit die Dispositionsfreiheit begrenzt. Dementsprechend hat der erkennende Senat entschieden, dass eine Erstattung der Umsatzsteuer dann nicht erfolgt, wenn der Geschädigte weder eine umsatzsteuerpflichtige Reparatur hat durchführen lassen noch bei der Ersatzbeschaffung eines neuen Fahrzeugs von privat Umsatzsteuer angefallen ist (vgl. Senatsurt. v. 22.9.2009 – VI ZR 312/08, VersR 2009, 1554 Rn 11; v. 5.2.2013 – VI ZR 363/11, a.a.O. Rn 16). Dies gilt auch im Falle eines – hier vorliegenden – wirtschaftlichen Totalschadens (Senatsurt. v. 20.4.2004 – VI ZR 109/03, BGHZ 158, 388, 389 ff.; v. 18.5.2004 – VI ZR 267/03, VersR 2004, 927, 928; v. 1.3.2005 – VI ZR 91/04, a.a.O., 273 m.w.N.).

Nach diesen Grundsätzen stand dem Kläger kein Anspruch auf Ersatz anteiliger Umsatzsteuer zu, denn bei der Ersatzbeschaffung von privat ist keine Umsatzsteuer angefallen.

66 Dies stand entgegen der Auffassung der Revision nicht in Widerspruch zur Entscheidung des Senats v. 1.3.2005 (VI ZR 91/04, a.a.O.). Die damalige Fallgestaltung unterscheidet sich von dem hier vorliegenden Fall dadurch, dass der Kläger ein Ersatzfahrzeug beschafft hatte, dessen Kaufpreis den im Sachverständigengutachten ausgewiesenen (Brutto-)Wiederbeschaffungswert überstieg, und er seinen Schaden konkret auf Basis der Ersatzbeschaffung abgerechnet hatte. In diesem Fall hat der Senat entschieden, dass der Geschädigte im Wege konkreter Schadensabrechnung die Kosten der Ersatzbeschaffung bis zur Höhe des (Brutto-)Wiederbeschaffungswertes des unfallbeschädigten Kraftfahrzeugs – unter Abzug des Restwertes – ersetzt verlangen kann, wenn er ein Ersatzfahrzeug zu einem Preis erwirbt, der dem in einem Sachverständigengutachten ausgewiesenen (Brutto-)Wiederbeschaffungswert des unfallbeschädigten Kraftfahrzeugs entspricht oder diesen übersteigt. Auf die Frage, ob und in welcher Höhe in dem im Gutachten ausgewiesenen (Brutto-)Wiederbeschaffungswert Umsatzsteuer enthalten ist, kommt es in diesem Zusammenhang nicht an. Durch die gesetzliche Neuregelung des § 249 Abs. 2 S. 2 BGB wollte der Gesetzgeber nämlich nichts an der Möglichkeit

des Geschädigten ändern, den für die Herstellung erforderlichen Geldbetrag stets und insoweit zu verlangen, als er zur Herstellung des ursprünglichen Zustandes tatsächlich angefallen ist. Lediglich bei der fiktiven Schadensabrechnung nach einer Beschädigung von Sachen soll sich nach der Absicht des Gesetzgebers deren Umfang mindern, indem die fiktive Umsatzsteuer als zu ersetzender Schadensposten entfällt. Umsatzsteuer kann mithin nur noch dann ersetzt verlangt werden, wenn und soweit sie zur Wiederherstellung des ursprünglichen Zustandes durch Reparatur oder Ersatzbeschaffung auch tatsächlich anfällt, d.h. wenn und soweit sie der Geschädigte zur Wiederherstellung aus seinem Vermögen aufgewendet oder er sich hierzu verpflichtet hat (Senatsurt. v. 1.3.2005 – VI ZR 91/04, a.a.O., 273 ff.). In dieser Entscheidung hat der Senat folgerichtig zugleich ausgeführt, dass eine Umsatzsteuer nicht zu ersetzen ist, wenn sie für die Beschaffung einer gleichwertigen Ersatzsache – etwa wie hier beim Kauf von privat – nicht anfällt (a.a.O., 274).

8. Umsatzsteuer bei Schadensersatzanspruch der BRD wegen Beschädigung von Schutzplanke und Lärmschutzwand einer Bundesautobahn

BGH, Urt. v. 18.3.2014 – VI ZR 10/13, VersR 2014, 849   67

BGB § 249; § 254; § 19 2. AVVFStr

a) Die in § 19 Abs. 3 S. 2 der Zweiten Allgemeinen Verwaltungsvorschrift für die Auftragsverwaltung der Bundesfernstraßen (2. AVVFStr) v.11.2.1956 (Beilage zum Bundesanzeiger Nr. 38 v. 23.2.1956) enthaltene Anweisung, von ersatzpflichtigen Dritten keine Umsatzsteuer zu erheben, wenn Leistungen zur Beseitigung von Schäden, für die Dritte ersatzpflichtig sind, von einem Unternehmer ausgeführt werden, entfaltet nur im Rahmen der Grundsätze über die Selbstbindung der Verwaltung Außenwirkung. Fehlt es an einer entsprechenden tatsächlichen Verwaltungspraxis, kann der ersatzpflichtige Dritte aus der genannten Vorschrift keine Rechte herleiten.

b) Auch die Bundesrepublik Deutschland kann als Geschädigte die ihr im Rahmen der Schadensbeseitigung tatsächlich angefallene Umsatzsteuer vom Schädiger ersetzt verlangen (§ 249 Abs. 2 S. 2 BGB). Dass ihr ein Teil des Umsatzsteueraufkommens zufließt, ändert daran nichts.

c) Der selbst nicht vorsteuerabzugsberechtigte Geschädigte ist unter dem Gesichts-punkt seiner Obliegenheit zur Schadensminderung (§ 254 Abs. 2 S. 1 Fall 2 BGB) auch dann nicht gehalten, Aufträge zur Instandsetzung der beschädigten Sache im Namen des vorsteuerabzugsberechtigten Schädigers zu erteilen, wenn dieser ihm die Abtretung sämtlicher Gewährleistungsansprüche anbietet.

§ 2 Umsatzsteuer und allgemeine Kostenfaktoren

a) Der Fall

68 Der Landesbetrieb Straßenbau Nordrhein-Westfalen verlangte im Namen der Klägerin von den Beklagten restlichen Schadensersatz aus einem Verkehrsunfall.

Im Juli 2010 beschädigte ein bei der Beklagten zu 1 haftpflichtversicherter Lkw der Beklagten zu 2 in Nordrhein-Westfalen die Schutzplanke und die dahinter befindliche Lärmschutzwand der im Eigentum der Klägerin stehenden Bundesautobahn 43. Die vom Landesbetrieb Straßenbau mit den Instandsetzungsarbeiten beauftragten Drittfirmen stellten insgesamt 81.285,78 EUR zuzüglich Umsatzsteuer in Höhe von 15.444,30 EUR in Rechnung. Die Haftung der Beklagten stand in Höhe des Nettobetrags nunmehr außer Streit.

Nach mehreren Zahlungen der Beklagten zu 1 hatte die Klägerin erstinstanzlich zuletzt noch die gesamtschuldnerische Verurteilung der Beklagten zur Zahlung des Umsatzsteuerbetrags und weiterer 5.841,08 EUR, jeweils zuzüglich Zinsen, begehrt. Das Landgericht hat der Klage stattgegeben. Das Berufungsgericht hat die dagegen gerichteten Berufungen der Beklagten zurückgewiesen. Mit ihren vom Berufungsgericht zugelassenen Revisionen erstrebten beide Beklagte zuletzt noch die Klageabweisung in Höhe des Umsatzsteuerbetrags nebst Zinsen.

b) Die rechtliche Beurteilung

69 Das angefochtene Urteil hielt der revisionsrechtlichen Nachprüfung stand. Mit Recht hatte das Berufungsgericht die Klage für zulässig erachtet.

Die Klägerin war als Eigentümerin der beschädigten Einrichtungen Inhaberin des streitgegenständlichen Schadensersatzanspruchs und als solche prozess-führungsbefugt. Dass die Verwaltung des fraglichen Autobahnabschnitts gemäß Art. 90 Abs. 2 GG im Wege der Bundesauftragsverwaltung durch das Land Nordrhein-Westfalen erfolgte, stand dem nicht entgegen. Denn die den Ländern durch Art. 90 Abs. 2 GG zugewiesenen Verwaltungsbefugnisse werden durch die Übernahme der Prozessvertretung durch das betroffene Land hinreichend gewahrt (vgl. BGH, Urt. v. 18.7.2002 – III ZR 287/01, NVwZ 2002, 1535, 1537).

70 Entgegen den von den Revisionen geäußerten Bedenken wurde die Klägerin im vorliegenden Rechtsstreit wirksam durch den Landesbetrieb Straßenbau vertreten. Die Vertretungsmacht des Landes Nordrhein-Westfalen ergibt sich ohne weiteres aus § 7 Abs. 1 1. AVVFStr. Das Land Nordrhein-Westfalen wiederum wird nach Nr. 7 des Gemeinsamen Runderlasses der Ministerpräsidentin und verschiedener Ministerien über die Vertretung des Landes Nordrhein-Westfalen durch seine Dienststellen v. 1.7.2011 (MBl. NRW, S. 246) in der Fassung des Änderungserlasses v. 22.11.2012 (MBl. NRW, S. 723) im Zuständigkeitsbereich des Landesbetriebs Straßenbau durch diesen gerichtlich vertreten. Die Geltendmachung des streitgegenständlichen Anspruchs fällt in den Zuständigkeitsbereich des Landesbetriebs als Straßenbaubehörde (§ 1 Abs. 2 der Verordnung zur Regelung von Zu-

8. Umsatzsteuer bei Schadensersatzanspruch der BRD   § 2

ständigkeiten nach dem Straßenrecht und Eisenbahnkreuzungsrecht v. 26.1.2010, SGV. NRW, S. 125). Eine Beschränkung der aus § 7 Abs. 1 1. AVVFStr folgenden Vertretungsmacht der Länder kann § 19 Abs. 3 S. 2 2. AVVFStr inhaltlich nicht entnommen werden.

Die Klage war auch begründet. 71

§ 19 Abs. 3 S. 2 2. AVVFStr stand einem Anspruch auf Erstattung des von der Klägerin gezahlten Umsatzsteuerbetrags nicht entgegen (a.A. OLG Dresden, Urt. v. 29.1.2014 – 7 U 792/13, juris Rn 25). Diese Bestimmung sieht zwar vor, einem ersatzpflichtigen Dritten keine Umsatzsteuer in Rechnung zu stellen, wenn Leistungen zur Beseitigung von Schäden durch Fremdunternehmer ausgeführt werden. Hierauf konnten sich die Beklagten aber nicht berufen.

Da es sich bei Verwaltungsvorschriften nicht um Rechtsnormen handelt, können sie über die ihnen innewohnende interne Bindung hinaus Außenwirkung gegenüber dem Bürger grundsätzlich nur über die so genannte Selbstbindung der Verwaltung entfalten (BVerwGE 100, 335, 339 f.; 104, 220, 222 f.; 126, 33 Rn 52; 143, 50 Rn 31 f.). Die für eine solche Selbstbindung erforderliche tatsächliche Verwaltungspraxis lag nach den bindenden Feststellungen des Berufungsgerichts hier gerade nicht vor. Auch der Hinweis der Revisionen auf die Außenwirkung so genannter normkonkretisierender Verwaltungsvorschriften ging fehl. Das Bundesverwaltungs-gericht erkennt zwar im Umwelt- und Technikrecht einigen Verwaltungsvorschriften unter bestimmten Voraussetzungen ausnahmsweise eine auch für die Gerichte verbindliche normkonkretisierende Wirkung zu (BVerwGE 107, 338, 340 ff.; 110, 216, 218; 114, 342, 344). Die in Rede stehenden Vorschriften sind jedoch unter anderem dadurch gekennzeichnet, dass sie unbestimmte Rechtsbegriffe des Gesetzes durch generelle Standards konkretisieren, die entsprechend der Art ihres Zustandekommens ein hohes Maß an wissenschaftlich-technischem Sachverstand verkörpern (BVerwGE 110, 216, 219 m.w.N.). Das ist bei § 19 Abs. 3 S. 2 2. AVVFStr nicht der Fall. 72

Weiter war das Berufungsgericht zutreffend davon ausgegangen, dass der streitgegenständliche Umsatzsteuerbetrag zum nach § 249 Abs. 2 BGB ersatzfähigen Schaden gehört und dass die Klägerin mit der Weigerung, die Instandsetzungsarbeiten im Namen der Beklagten zu 2 in Auftrag zu geben, nicht gegen ihre Schadensminderungspflicht verstoßen hatte. 73

Gemäß § 249 Abs. 2 S. 2 BGB umfasst der zur Herstellung erforderliche Geldbetrag im Falle der Beschädigung einer Sache die wie hier tatsächlich angefallene Umsatzsteuer. Dies gilt auch, wenn Geschädigte die Bundesrepublik Deutschland ist (Senatsurt. v. 14.9.2004 – VI ZR 97/04, VersR 2004, 1468 f.). Denn auch sie ist dem von ihr beauftragten Unternehmer gegenüber zur Zahlung der Umsatzsteuer verpflichtet. Darin liegt der entsprechende Schaden. Dass dem Bund jedenfalls ein Teil des Umsatzsteueraufkommens wieder zufließt, ist unerheblich, sind die Voraussetzungen für das Eingreifen der Grundsätze der Vorteilsausgleichung insoweit 74 doch nicht erfüllt. Es fehlt am erforderlichen inneren Zusammenhang zwischen Vor- und Nachteil. Denn der im Bereich der Straßenbaulast eingetretenen Vermögensminderung steht ein Vorteil in einem ganz anderen Bereich gegenüber, nämlich in dem Bereich des Steueraufkommens, das der Bundesrepublik Deutschland nach dem Willen des Gesetzgebers unabhängig davon zusteht, auf welchen Vorgang das umsatzsteuerpflichtige Geschäft zurückzuführen ist (Senat, a.a.O.). Der von den Revisionen angeführte haushaltsrechtliche Grundsatz der Gesamtdeckung (§ 8 BHO) vermag an dieser schadensrechtlichen Wertung nichts zu ändern.

75 Nicht ersatzfähig ist die angefallene Umsatzsteuer freilich, soweit sie der Geschädigte als Vorsteuer abziehen kann. Hier greifen die Grundsätze des Vorteilsausgleichs. Den in der Abzugsmöglichkeit liegenden Vorteil muss sich der Geschädigte auf seinen Schaden anrechnen lassen (Senatsurteil vom 6. Juni 1972 – VI ZR 49/71, VersR 1972, 973, 974). Vorliegend konnten die Beklagten daraus aber nichts für sie Günstiges herleiten. Denn entgegen der von ihnen erstmals in der Revisionsinstanz vertretenen Auffassung war die Klägerin nicht berechtigt, den streitgegenständlichen Umsatzsteuerbetrag als Vorsteuer abzuziehen.

76 Ein Recht zum Vorsteuerabzug nach § 15 Abs. 1 Nr. 1 UStG steht Unternehmern zu. Juristische Personen des öffentlichen Rechts sind nach § 2 Absätze 3 und 1 UStG nur im Rahmen ihrer Betriebe gewerblicher Art (§ 1 Abs. 1 Nr. 6, § 4 KStG) als Unternehmer anzusehen. Betriebe, die überwiegend der Ausübung öffentlicher Gewalt dienen (Hoheitsbetriebe), gehören nach § 4 Abs. 5 KStG hierzu nicht. Diese Vorschriften sind freilich unter Berücksichtigung von Art. 13 Abs. 1 Unterabs. 1 und 2 der Richtlinie 2006/112/EG des Rates vom 28.11.2006 über das gemeinsame Mehrwertsteuersystem (Abl. EU 2006, L 347/1) richtlinienkonform auszulegen. Nach einer solchen richtlinienkonformen Auslegung sind juristische Personen des öffentlichen Rechts Unternehmer, wenn sie eine wirtschaftliche und damit eine nachhaltige Tätigkeit zur Erbringung entgeltlicher Leistungen ausüben, die sich innerhalb ihrer Gesamtbetätigung heraushebt. Handeln sie dabei auf privatrechtlicher Grundlage durch Vertrag, kommt es auf weitere Voraussetzungen nicht an. Erfolgt ihre Tätigkeit auf öffentlich-rechtlicher Grundlage, sind sie demgegenüber nur Unternehmer, wenn eine Behandlung als Nichtunternehmer zu größeren Wettbewerbsverzerrungen führen würde (vgl. BFHE 233, 274 Rn 20 f.; 235, 554 Rn 13 f.; 236, 235 Rn 13 ff.).

77 Nach diesen Grundsätzen ist die Klägerin, soweit sie schweren Nutzfahrzeugen die Benutzung von Bundesfernstraßen nur gegen Entrichtung einer Maut gestattet, nicht als Unternehmerin anzusehen; der Klägerin steht das von den Revisionen angenommene Vorsteuerabzugsrecht damit nicht zu. Denn jedenfalls erfolgt die in Rede stehende Tätigkeit auf öffentlich-rechtlicher Grundlage und es kann nicht davon ausgegangen werden, dass die Behandlung der Klägerin als Nichtunternehmerin zu größeren Wettbewerbsverzerrungen führt.

8. Umsatzsteuer bei Schadensersatzanspruch der BRD § 2

Ein Handeln auf öffentlich-rechtlicher Grundlage ist anzunehmen, wenn die juristische Person die Tätigkeit nicht unter den gleichen rechtlichen Bedingungen wie private Wirtschaftsteilnehmer, sondern im Rahmen einer eigens für sie geltenden Sonderregelung ausübt. Maßgeblich sind die im nationalen Recht vorgesehenen Ausübungsmodalitäten, wobei das Gebrauchmachen von hoheitlichen Befugnissen für eine öffentlich-rechtliche Grundlage spricht. 78

Nach diesen Grundsätzen handelt die Klägerin, wenn sie schweren Nutzfahrzeugen die Benutzung von Bundesfernstraßen nur gegen Maut gestattet, auf öffentlich-rechtlicher Grundlage: Die Erhebung der Maut erfolgt aufgrund von § 1 Abs. 1 des Bundesfernstraßenmautgesetzes (BFStrMG) bzw. des zuvor geltenden Autobahnmautgesetzes für schwere Nutzfahrzeuge (ABMG), mithin im Rahmen einer eigens für sie geltenden Sonderregelung, nach der die Maut eine öffentlich-rechtliche Gebühr darstellt, die an das Bundesamt für Güterverkehr zu entrichten ist (§ 4 Abs. 1 S. 1 BFStrMG bzw. ABMG). Schließlich stehen der Klägerin über das Bundesamt für Güterverkehr bei der Überwachung der Einhaltung der maßgeblichen gesetzlichen Vorschriften (§ 7 Abs. 1 S. 1 BFStrMG bzw. ABMG) hoheitliche Befugnisse zu (§ 7 Absätze 4 und 7 BFStrMG bzw. ABMG). 79

Ob eine Behandlung der juristischen Person des öffentlichen Rechts als Nichtunternehmerin zu größeren Wettbewerbsverzerrungen führen würde, ist mit Bezug auf die fragliche Tätigkeit als solche zu beurteilen. Unerheblich ist, ob die juristische Person gerade auf der Ebene des lokalen Marktes, auf dem sie die Tätigkeit ausübt, Wettbewerb ausgesetzt ist (EuGH, UR 2008, 816 Rn 24 ff. – Isle of Wight Council). Weiter ist nicht nur auf den gegenwärtigen, sondern auch auf einen potenziellen Wettbewerb abzustellen, sofern die Möglichkeit für einen privaten Wirtschaftsteilnehmer, in den relevanten Markt einzutreten, real und nicht rein hypothetisch ist (EuGH, a.a.O. Rn 60 ff.). Schließlich ist es für die Annahme größerer Wettbewerbsverzerrungen nicht erforderlich, dass „erhebliche" oder „außergewöhnliche" Wettbewerbsverzerrungen vorliegen. Es reicht vielmehr aus, dass die gegenwärtigen oder potenziellen Wettbewerbsverzerrungen „mehr als unbedeutend" sind (EuGH, a.a.O. Rn 72 ff.; vgl. BFHE 235, 554 Rn 22; 236, 235 Rn 19). Auch unter Berücksichtigung dieser Maßgaben kann nicht davon ausgegangen werden, dass die Behandlung der Klägerin als Nichtunternehmerin zu größeren Wettbewerbsverzerrungen führt. 80

Ohne Erfolg machten die Revisionen geltend, die Klägerin stehe, soweit sie die Benutzung von Bundesfernstraßen nur gegen Maut gestatte, bereits gegenwärtig in unmittelbarem Wettbewerb zu privaten Unternehmern. Dies ergibt sich weder aus den Feststellungen des Berufungsgerichts, noch zeigen die Revisionen in den Tatsacheninstanzen übergangenen Vortrag auf, der eine solche Annahme stützen würde. 81

Eine nicht nur unerhebliche Wettbewerbsverzerrung kann auch nicht deshalb angenommen werden, weil Privaten im Rahmen des sogenannten „F-Modells" nach §§ 1 ff. des Fernstraßenbauprivatfinanzierungsgesetzes (FStrPrivFinG) im Zusam- 82

§ 2 Umsatzsteuer und allgemeine Kostenfaktoren

menhang mit der Übertragung des Baus, der Unterhaltung, des Betriebs und der Finanzierung von Bundesfernstraßen das Recht verliehen werden kann, eine nach § 1 Abs. 1 Nr. 1 UStG der Umsatzsteuer unterliegende Mautgebühr zu erheben. Denn der Anwendungsbereich einer solchen Mautgebührenerhebung durch private Betreiber öffentlicher Straßen ist nach § 3 Abs. 1 FStrPrivFinG beschränkt auf die Brücken, Tunnel, Gebirgspässe und Bundesstraßen mit getrennten Fahrbahnen für den Richtungsverkehr, die in der Fernstraßenbauprivatfinanzierungs-Bestimmungsverordnung v. 20.6.2005 (BGBl. I, S. 1686) festgelegt sind. Danach kann das „F-Modell" derzeit bundesweit lediglich bei zwei Tunneln zur Anwendung kommen. Dass zwischen den Betreibern dieser beiden Tunnel einerseits und der Klägerin als Betreiberin mautpflichtiger Bundesfernstraßen andererseits ein Wettbewerbs-verhältnis bestünde, das darüber hinaus durch die Behandlung der Klägerin als Nichtunternehmerin nicht nur unerheblich verzerrt würde, kann jedenfalls auf der Grundlage der im Revisionsverfahren relevanten Tatsachen nicht angenommen werden.

83 Über das „F-Modell" hinaus ist eine reale Möglichkeit, dass Private in Deutschland überhaupt Leistungen der in Rede stehenden Art erbringen, also die Benutzung von Straßen gegen Maut gestatten, nicht ersichtlich. Dies gilt insbesondere auch für das sogenannte „A-Modell", in dessen Rahmen Private auf vertraglicher Grundlage den Ausbau von Autobahnabschnitten sowie den Betrieb der ausgebauten Abschnitte unter anderem gegen eine Beteiligung an den auf die betreffenden Abschnitte entfallenden Mauteinnahmen nach dem BFStrMG bzw. ABMG übernehmen. Denn hier tritt der Private nicht als Wettbewerber der Klägerin, sondern als ihr Verwaltungshelfer in Erscheinung.

84 Dass die Klägerin als Betreiberin der Bundesautobahnen nicht vorsteuerabzugsberechtigt ist, konnte der Senat entgegen der Anregung der Revisionen entscheiden, ohne die Sache gemäß Art. 267 AEUV dem Europäischen Gerichtshof vorlegen zu müssen. Die Voraussetzungen, unter denen anzunehmen ist, dass eine Einrichtung des öffentlichen Rechts im Rahmen der öffentlichen Gewalt handelt (Art. 13 Abs. 1 Unterabs. 1 der Richtlinie 2006/112/EG, zuvor Art. 4 Abs. 5 Unterabs. 1 der Richtlinie 77/388/EWG), sind in der Rechtsprechung des Gerichtshofs ebenso geklärt wie die Voraussetzungen, unter denen von größeren Wettbewerbsverzerrungen (Art. 13 Abs. 1 Unterabs. 2 der Richtlinie 2006/112/EG, zuvor Art. 4 Abs. 5 Unterabs. 2 der Richtlinie 77/388/EWG) auszugehen ist. Die Subsumtion des konkreten Falls unter diese Voraussetzungen ist Sache des nationalen Gerichts (vgl. EuGH, UR 2001, 108 Rn 23; UR 2008, 816 Rn 22).

85 Entgegen der Auffassung der Revisionen hatte die Klägerin auch nicht gegen ihre Obliegenheit zur Schadensminderung aus § 254 Abs. 2 S. 1 Fall 2 BGB verstoßen, indem sie die Instandsetzungsaufträge im eigenen Namen und nicht – wie von den Beklagten vorgeschlagen – als Vertreterin der Beklagten zu 2 erteilt hat. Selbst wenn durch das von den Beklagten vorgeschlagene Vorgehen eine Umsatzsteuerbe-

8. Umsatzsteuer bei Schadensersatzanspruch der BRD § 2

lastung letztlich hätte vermieden werden können, weil die Beklagte zu 2 den Betrag nach § 15 Abs. 1 S. 1 Nr. 1 UStG als Vorsteuer hätte abziehen können, war die Klägerin schadensrechtlich hierzu nicht verpflichtet.

Nach § 254 Abs. 2 S. 1 Fall 2 BGB ist der Geschädigte gehalten, diejenigen Maßnahmen zur Schadensminderung zu ergreifen, die ein ordentlicher und verständiger Mensch an seiner Stelle ergreifen würde (vgl. nur Senatsurt. v. 11.2.2014 – VI ZR 225/13, juris Rn 11). Entscheidender Abgrenzungsmaßstab ist der Grundsatz von Treu und Glauben. In anderen Vorschriften zum Ausdruck kommende Grundentscheidungen des Gesetzgebers dürfen dabei nicht unterlaufen werden (vgl. Senatsurt. v. 30.11.1999 – VI ZR 219/98, BGHZ 143, 189, 194 f.; v. 20.10.2009 – VI ZR 53/09, BGHZ 183, 21 Rn 13). Die von den Beklagten angenommene Obliegenheit eines selbst nicht vorsteuerabzugs-berechtigten Geschädigten, Aufträge zur Instandsetzung der beschädigten Sache nicht im eigenen, sondern im Namen des vorsteuerabzugsberechtigten Schädigers zu erteilen, widerspräche der in § 249 Abs. 2 BGB zum Ausdruck kommenden gesetzgeberischen Grundentscheidung. 86

Die in § 249 Abs. 2 BGB geregelte Ersetzungsbefugnis soll den Geschädigten davon befreien, die Schadensbeseitigung dem Schädiger anvertrauen zu müssen (Senatsurt. v. 29.10.1974 – VI ZR 42/73, BGHZ 63, 182, 184), und ihm die Möglichkeit eröffnen, sie in eigener Regie durchzuführen (Senatsurt. v. 20.10.2009 – VI ZR 53/09, BGHZ 183, 21 Rn 13). Dazu gehört das Recht des Geschädigten, mit dem von ihm ausgewählten Werkunternehmer hinsichtlich der Reparatur ausschließlich selbst und ohne Zwischenschaltung des Schädigers in vertragliche Beziehungen treten zu dürfen. Nur dann ist aus Sicht des Geschädigten hinreichend gewährleistet, dass der Werkunternehmer die Ausführung des Reparaturauftrags ausschließlich an seinen Interessen orientiert und nicht auch gegebenenfalls gegenläufige Interessen des Schädigers, der ungeachtet etwaiger Abtretungen insbesondere von Gewährleistungsansprüchen sein Vertragspartner wäre, in den Blick nimmt. 87

Fehl ging die Erwägung der Revisionen in diesem Zusammenhang, der Landesbetrieb Straßenbau habe nach pflichtgemäßem Ermessen darüber entscheiden müssen, ob die Schadensbeseitigung entsprechend dem Vorschlag der Beklagten im Namen der Beklagten zu 2 in Auftrag gegeben wird. § 249 Abs. 2 BGB dient nicht den Interessen des Schädigers. Die privatrechtliche Ersetzungsbefugnis nach § 249 Abs. 2 BGB kann deshalb grundsätzlich ohne Angabe von Gründen ausgeübt werden. Anlass, dies im Falle der Schädigung einer juristischen Person des öffentlichen Rechts anders zu sehen, besteht nicht. 88

Die Klägerin konnte ihre aus dem streitgegenständlichen Unfall resultierenden Schadensersatzansprüche gemäß § 115 Abs. 1 S. 1 Nr. 1 VVG auch direkt gegen die Beklagte zu 1 als dem Haftpflichtversicherer der Beklagten zu 2 geltend machen. 89

Zuletzt begehrten die Revisionen ohne Erfolg, die Verurteilung der Beklagten in Höhe des Umsatzsteuerbetrags dahingehend zu beschränken, dass sie nur zur Zahlung Zug um Zug gegen Aushändigung einer den Anforderungen des § 14 Abs. 3 90

UStG genügenden Rechnung über die von der Klägerin an die Drittfirmen gezahlten Beträge verpflichtet seien. Denn jedenfalls war eine Rechtsgrundlage für den geltend gemachten Gegenanspruch auf Aushändigung einer Rechnung nicht ersichtlich. Insbesondere griff § 14 Abs. 2 Nr. 2 S. 2 UStG nicht; denn die Klägerin war weder Unternehmerin, noch hatte sie mit der von ihr in Auftrag gegebenen Reparatur ihres eigenen Eigentums eine umsatzsteuerpflichtige Leistung an die Beklagte zu 2 ausgeführt.

9. Ersatzfähigkeit von allgemeinen Kostenfaktoren wie Sozialabgaben und Lohnnebenkosten bei fiktiver Schadensabrechnung

91   BGH, Urt. v. 19.2.2013 – VI ZR 69/12, zfs 2013, 502 = VersR 2013, 637
BGB § 249 Abs. 2 S. 1
Bei einer (fiktiven) Schadensabrechnung nach § 249 Abs. 2 S. 1 BGB umfassen die erforderlichen Reparaturkosten auch allgemeine Kostenfaktoren wie Sozialabgaben und Lohnnebenkosten.

a) Der Fall

92   Der Kläger verlangte von dem beklagten Haftpflichtversicherer restlichen Schadensersatz aus einem Verkehrsunfall vom 24.8.2011, bei dem sein Kraftfahrzeug beschädigt wurde. Die Haftung der Beklagten ist dem Grunde nach außer Streit. Der Kläger hat die Reparaturkosten für das unfallbeschädigte Fahrzeug fiktiv auf Grundlage eines Sachverständigengutachtens geltend gemacht, welches Nettoreparaturkosten in Höhe von 600,69 EUR ausweist, von denen 155,80 EUR auf den Arbeitslohn entfallen. Die Beklagte hat den fiktiven Arbeitslohn vorgerichtlich unter Abzug von 10 % wegen nicht angefallener Sozialabgaben und Lohnnebenkosten erstattet. Das Amtsgericht hat dem Kläger den mit der Klage geltend gemachten Differenzbetrag von 15,58 EUR nebst Zinsen hieraus zuerkannt. Die zugelassene Berufung der Beklagten hat das Landgericht zurückgewiesen. Mit der vom Berufungsgericht zugelassenen Revision verfolgt die Beklagte ihr Klageabweisungsbegehren weiter.

b) Die rechtliche Beurteilung

93   Das Berufungsurteil hielt revisionsrechtlicher Nachprüfung stand. Entgegen der Auffassung der Revision sind Sozialabgaben und Lohnnebenkosten Bestandteile des im Rahmen einer „fiktiven" Schadensabrechnung im Sinne des § 249 Abs. 2 S. 1 BGB nach einem Verkehrsunfall zu erstattenden Schadens.

94   Nach § 249 Abs. 2 S. 1 BGB kann der Gläubiger, wenn wegen Beschädigung einer Sache Schadensersatz zu leisten ist, statt der Herstellung den dazu erforderlichen

9. Ersatzfähigkeit v. allg. Kostenfaktoren bei fiktiver Schadensabrechnung § 2

Geldbetrag verlangen. Nach ständiger Rechtsprechung des erkennenden Senats darf der Geschädigte dabei seiner (fiktiven) Schadensberechnung grundsätzlich die üblichen Stundenverrechnungssätze einer markengebundenen Fachwerkstatt zugrunde legen, die ein von ihm eingeschalteter Sachverständiger auf dem allgemeinen regionalen Markt ermittelt hat.

Die Berücksichtigung fiktiver Sozialabgaben und Lohnnebenkosten bei der Berechnung der erstattungsfähigen Reparaturkosten widerspricht weder dem Wirtschaftlichkeitsgebot noch dem Bereicherungsverbot. Denn das Vermögen des durch einen Verkehrsunfall Geschädigten ist um denjenigen Betrag gemindert, der aufgewendet werden muss, um die beschädigte Sache fachgerecht zu reparieren. Zu den erforderlichen Wiederherstellungskosten gehören, wie sich aus dem von der Revision selbst in Bezug genommenen Senatsurteil vom 19.6.1973 – VI ZR 46/72 (BGHZ 61, 56, 58 f.) ergibt, grundsätzlich auch allgemeine Kostenfaktoren wie Umsatzsteuer, Sozialabgaben und Lohnnebenkosten. Deshalb hat der Senat in der vorgenannten Entscheidung vor dem Inkrafttreten des Zweiten Schadensrechtsänderungsgesetzes bei einer „fiktiven" Schadensabrechnung die Mehrwertsteuer beim nicht vorsteuerabzugsberechtigten Geschädigten als echten Schadensposten anerkannt und ausgeführt, der steuertechnisch bedingte getrennte Ausweis der Mehrwertsteuer ändere nichts daran, dass sie als objekt- bzw. leistungsbezogene allgemeine Abgabe auf den Verbrauch nicht weniger ein allgemeiner Kostenfaktor sei als andere öffentliche Abgaben, welche direkt oder indirekt in die Kosten und damit in den Preis einer Ware oder Leistung Eingang gefunden haben.

95

Soweit der Gesetzgeber nunmehr durch das Zweite Schadensrechtsänderungsgesetz in § 249 Abs. 2 S. 2 BGB die Erstattung nicht angefallener Umsatzsteuer bei fiktiver Schadensabrechnung ausdrücklich vom Schadensersatzanspruch ausgenommen hat, hat er hiermit lediglich einen – systemwidrigen – Ausnahmetatbestand geschaffen, der nicht analogiefähig ist.

96

Die Revision wies selbst darauf hin, dass sich aus den Gesetzesmaterialien (vgl. insbesondere BT-Drucks 14/7752, S. 13) ergibt, dass der Entwurf eines Zweiten Schadensrechtsänderungsgesetzes aus der 13. Legislaturperiode zunächst vorsah, bei einer fiktiven Abrechnung von Sachschäden die öffentlichen Abgaben außer Ansatz zu lassen. Dieser Vorschlag ist indes auf vielfältige Kritik gestoßen. Dieser Kritik hat der Gesetzgeber im Rahmen des weiteren Gesetzgebungsverfahrens Rechnung getragen und auf einen Abzug sämtlicher öffentlicher Abgaben bewusst verzichtet und sich auf die Umsatzsteuer als größten Faktor unter den „durchlaufenden Posten" beschränkt. Fehlt es mithin an einer Regelungslücke, kommt eine entsprechende Anwendung des § 249 Abs. 2 S. 2 BGB auf andere „öffentliche Abgaben" nicht in Betracht.

97

Soweit es nach den Gesetzesmaterialien der Rechtsprechung überlassen werden sollte, das Sachschadensrecht „zu konkretisieren und zu entwickeln", vermag dies dem Senat nicht den Weg zu einer Abweichung vom geltenden Recht und zu einer

98

§ 2 Umsatzsteuer und allgemeine Kostenfaktoren

von der Revision erwünschten, aber vom Gesetzgeber nicht vorgesehenen Gleichstellung von Umsatzsteuer und anderen „öffentlichen Abgaben" zu eröffnen.

99 Entgegen der Auffassung der Revision führt eine Erstattung des zur Herstellung erforderlichen Geldbetrags gemäß § 249 Abs. 2 S. 1 BGB ohne Abzug von Sozialabgaben und Lohnnebenkosten nicht zwangsläufig zu einer Überkompensation des Geschädigten. Sie ist vielmehr lediglich die rechtliche Folge der gesetzlichen Regelung des § 249 Abs. 2 S. 1 BGB, wonach der Geschädigte bei der Beschädigung einer Sache statt der Naturalrestitution im Sinne des § 249 Abs. 1 BGB Geldersatz verlangen kann (sogenannte Ersetzungsbefugnis). Zu ersetzen ist dabei das Integritätsinteresse, d.h. der Geldbetrag, der zur Herstellung des Zustands erforderlich ist, der ohne das schädigende Ereignis bestehen würde. Daneben ist der Geschädigte, der auf diese Weise die Beseitigung der erlittenen Vermögenseinbuße verlangt, in der Verwendung des Schadensersatzbetrags frei, d.h. er muss den ihm zustehenden Geldbetrag nicht oder nicht vollständig für eine ordnungsgemäße Reparatur in einer (markengebundenen) Fachwerkstatt einsetzen (sog. Dispositionsbefugnis). Die Revisionserwiderung weist mit Recht darauf hin, dass die Sichtweise der Revision zur Beseitigung dieser Dispositionsbefugnis führen würde, die mit einer missbräuchlichen Bereicherung des Geschädigten nichts zu tun hat. Verzichtet der Geschädigte auf eine Reparatur des unfallbeschädigten Fahrzeugs, so bleibt der entsprechende Wertverlust des Fahrzeugs bestehen. Wählt er eine Eigen-, Teil- oder Billigreparatur außerhalb einer Fachwerkstatt, kann damit ebenfalls ein Wertverlust des Fahrzeugs einhergehen. Entgegen der Auffassung der Revision kann nicht unterstellt werden, dass der Wert des Fahrzeugs nicht dadurch beeinflusst wird, ob bei der Reparatur Sozialabgaben, Lohnnebenkosten und Umsatzsteuer angefallen sind. Vielmehr spielt es beim Verkauf eines Fahrzeugs mit einem früheren Unfallschaden nach allgemeiner Lebenserfahrung durchaus eine Rolle, ob der Unfallschaden vollständig und fachgerecht in einer markengebundenen oder sonstigen Fachwerkstatt behoben worden ist.

100 Schließlich konnte der Auffassung der Revision nicht beigetreten werden, ein Abzug der Lohnnebenkosten und Sozialabgaben bei fiktiver Abrechnung eines Kfz-Sachschadens führe zu einer Harmonisierung des Schadensersatzrechts im Hinblick auf die Rechtslage bei der Abrechnung eines Haushaltsführungsschadens bei Personenschäden. Die von der Revision angeführten Senatsentscheidungen betrafen andere Fallgestaltungen. Die im Sinne des § 249 Abs. 2 S. 1 BGB erforderlichen (Gesamt-)Reparaturkosten eines Kraftfahrzeugs nach einem Verkehrsunfall setzen sich aus vielen einzelnen Kostenfaktoren zusammen und lassen sich schadensrechtlich nicht aufspalten in einen „angefallenen" und einen „nicht angefallenen" Teil. Dies wäre in der Rechtspraxis nicht handhabbar und würde dem Geschädigten sowohl die Ersetzungsbefugnis als auch die Dispositionsfreiheit im Sinne des § 249 Abs. 2 S. 1 BGB nehmen.

10. Unzulässigkeit einer Kombination von fiktiver und konkreter Schadensabrechnung hinsichtlich der Umsatzsteuer

BGH, Urt. v. 13.9.2016 – VI ZR 654/15, VersR 2017, 115
BGB § 249
a) Zur Berechnung des bei fiktiver Schadensabrechnung vom Brutto-Wiederbeschaffungswert eines unfallbeschädigten Kraftfahrzeugs in Abzug zu bringenden Umsatzsteueranteils (Anschluss Senat, Urt. v. 9.5.2006 – VI ZR 225/05, VersR 2006, 987).
b) Wählt der Geschädigte den Weg der fiktiven Schadensabrechnung, ist die im Rahmen einer Ersatzbeschaffung angefallene Umsatzsteuer nicht ersatzfähig. Eine Kombination von fiktiver und konkreter Schadensabrechnung ist insoweit unzulässig (Anschluss Senat, Urt. v. 30.5.2006 – VI ZR 174/05, VersR 2006, 1088 Rn 11).

a) Der Fall

Der Kläger, ein Taxiunternehmer, nahm den beklagten Haftpflichtversicherer auf restlichen Schadensersatz aus einem Verkehrsunfall vom 21.12.2013 in Anspruch. Die volle Haftung der Beklagten für den Unfallschaden stand dem Grunde nach außer Streit.

In einem vom Kläger vorprozessual eingeholten Gutachten ermittelte ein Sachverständiger einen Wiederbeschaffungswert von brutto 7.400 EUR und einen Restwert des Unfallfahrzeugs, eines Taxis der Marke Opel Zafira, Erstzulassung 2006, von netto 1.134,45 EUR. Der Kläger rechnete mit der Beklagten auf Gutachtenbasis ab, zuletzt machte er zudem entgangenen Gewinn für 26 Tage zu je 31,52 EUR geltend. Die Beklagte zog bei der Schadensregulierung von dem geltend gemachten Wiederbeschaffungswert einen Umsatzsteueranteil von 19 % ab und zahlte entgangenen Gewinn in Höhe von elf Tagen zu je 14,84 EUR. Der vorsteuerabzugsberechtigte Kläger erwarb am 16.1.2014 ein erstmals im September 2009 zugelassenes, regelumsatzbesteuertes Fahrzeug der gleichen Baureihe für 5.800 EUR einschließlich 926,05 EUR ausgewiesener Umsatzsteuer.

Das Amtsgericht hat nach Einholung eines Sachverständigengutachtens, wonach ein Ersatzfahrzeug der Differenzbesteuerung mit einem Umsatzsteueranteil von 2,4 % unterläge, vom ermittelten Wiederbeschaffungswert von brutto 7.400 EUR Umsatzsteuer in Höhe von 173,44 EUR abgezogen. Ausgehend von einem Wiederbeschaffungswert von damit netto 7.226,56 EUR und einem Restwert von netto 1.134,45 EUR hat das Amtsgericht einen Wiederbeschaffungsaufwand von 6.092,11 EUR errechnet und der Klage unter Berücksichtigung der hierauf geleisteten vorgerichtlichen Zahlung der Beklagten von 5.084,04 EUR insoweit in Höhe von 1.008,07 EUR stattgegeben. Zudem hat das Amtsgericht weiteren entgangenen

§ 2 Umsatzsteuer und allgemeine Kostenfaktoren

Gewinn in Höhe von 286,30 EUR (26 Tage zu jeweils 17,29 EUR abzüglich vorgerichtlicher Zahlung der Beklagten in Höhe von 163,24 EUR) sowie Sachverständigenkosten in Höhe von weiteren 35,70 EUR zugesprochen und die Beklagte verpflichtet, den Kläger von vorgerichtlich angefallenen Rechtsanwaltskosten in Höhe von weiteren 91,80 EUR freizustellen.

104 Auf die Berufung der Beklagten sowie die Anschlussberufung des Klägers hat das Landgericht das erstinstanzliche Urteil abgeändert und der Klage lediglich in Höhe von insgesamt 336,90 EUR stattgegeben. Den vom Gutachter ermittelten Wiederbeschaffungswert hat es um die in dem Fahrzeugerwerb vom 16.1.2014 enthaltene Umsatzsteuer von 926,05 EUR gekürzt. Im Ergebnis ist das Berufungsgericht von einem restlichen Wiederbeschaffungsaufwand des Klägers von 255,46 EUR ausgegangen (Wiederbeschaffungswert brutto 7.400 EUR abzüglich anzurechnender Umsatzsteuer in Höhe von 926,05 EUR abzüglich Restwert netto von 1.134,45 EUR abzüglich insoweit geleisteter vorgerichtlicher Zahlung der Beklagten von 5.084,04 EUR). Zudem hat das Berufungsgericht entgangenen Gewinn in Höhe von weiteren 45,74 EUR (6,63 Tage zu jeweils 31,52 EUR abzüglich vorgerichtlicher Zahlung der Beklagten in Höhe von 163,24 EUR) sowie Sachverständigenkosten in Höhe von weiteren 35,70 EUR zugesprochen und die Beklagte verpflichtet, den Kläger von vorgerichtlich angefallenen Rechtsanwaltskosten in Höhe von weiteren 91,80 EUR freizustellen.

105 Mit der vom Berufungsgericht zugelassenen Revision begehrte der Kläger über den vom Amtsgericht zuerkannten Betrag hinaus weitere 1.211,07 EUR (926,05 EUR Restwiederbeschaffungsaufwand und 285,02 EUR weiteren entgangenen Gewinn). Die Beklagte wandte sich mit der Anschlussrevision gegen den dem Kläger vom Berufungsgericht zugesprochenen weiteren entgangenen Gewinn.

b) Die rechtliche Beurteilung

106 Das Berufungsurteil hielt revisionsrechtlicher Überprüfung nicht stand.

Die Revision des Klägers wandte sich mit Erfolg gegen die Auffassung des Berufungsgerichts, der Kläger müsse sich im Rahmen der fiktiven Schadensberechnung die – im regelbesteuerten Fahrzeugerwerb vom 16.1.2014 enthaltene – Umsatzsteuer von 926,05 EUR anrechnen lassen. Auch die vom Berufungsgericht vorgenommene Schätzung des entgangenen Gewinns begegnete durchgreifenden Bedenken.

107 Zutreffend war das Berufungsgericht davon ausgegangen, dass der Kläger nach § 249 Abs. 2 S. 2 BGB keinen Anspruch auf Ersatz von Umsatzsteuer hat, die tatsächlich nicht angefallen ist. Hingegen war die Annahme des Berufungsgerichts, der deshalb vom Wiederbeschaffungswert in Abzug zu bringende Betrag bemesse sich aus dem Umsatzsteueranteil des Fahrzeugerwerbs vom 16.1.2014, nicht frei von Rechtsfehlern. Eine Kombination fiktiver und konkreter Schadensberechnung ist insoweit nicht zulässig.

10. Unzulässigkeit einer Kombination von fiktiver und konkreter Abrechnung § 2

Der bei Beschädigung einer Sache zur Wiederherstellung erforderliche Geldbetrag schließt die Umsatzsteuer nach § 249 Abs. 2 S. 2 BGB nur mit ein, wenn und soweit sie tatsächlich angefallen ist. Mit dieser durch das Zweite Gesetz zur Änderung schadensersatzrechtlicher Vorschriften v. 19.7.2002 (BGBl. I 2002, S. 2674) eingeführten gesetzlichen Regelung wollte der Gesetzgeber nichts an der Möglichkeit des Geschädigten ändern, den für die Herstellung erforderlichen Geldbetrag stets und insoweit zu verlangen, als er zur Herstellung des ursprünglichen Zustands durch Reparatur oder Ersatzbeschaffung tatsächlich angefallen ist. Für den Ersatz der Umsatzsteuer kommt es aber unabhängig von dem Weg, den der Geschädigte zur Wiederherstellung beschritten hat darauf an, ob sie zur Wiederherstellung des ursprünglichen Zustands angefallen ist. Hingegen soll die Umsatzsteuer nicht mehr ersetzt werden, wenn und soweit sie nur fiktiv bleibt, weil es zu einer umsatzsteuerpflichtigen Reparatur oder Ersatzbeschaffung nicht kommt (Senatsurt. v. 2.7.2013 – VI ZR 351/12, NZV 2013, 587). Verzichtet der Geschädigte auf eine Reparatur oder Ersatzbeschaffung und verlangt stattdessen den hierfür erforderlichen Geldbetrag, erhält er nicht mehr den vollen, sondern den um die Umsatzsteuer reduzierten Geldbetrag. Dies gilt sowohl für den Fall, dass sich der erforderliche Geldbetrag nach den fiktiven Reparaturkosten richtet als auch für den Fall, dass er sich nach den fiktiven Kosten für die Beschaffung einer gleichwertigen Ersatzsache richtet (BT-Drucks 14/7752, 23 f.). Die Vorschrift des § 249 Abs. 2 S. 2 BGB begrenzt insoweit die Dispositionsfreiheit des Geschädigten (Senatsurt. v. 2.7.2013– VI ZR 351/12, NZV 2013, 587 Rn 7; v. 9.5.2006 – VI ZR 225/05, NJW 2006, 2181, Rn 10). **108**

Das Berufungsgericht hat hierbei aus dem Blick verloren, dass der Kläger nach den getroffenen Feststellungen den Schaden fiktiv auf der Grundlage eines Sachverständigengutachtens abrechnet. Die vom Brutto-Wiederbeschaffungswert von 7.400 EUR in Abzug zu bringende Umsatzsteuer bemisst sich folglich nicht aus dem – am 16.1.2014 tatsächlich erfolgten – Erwerb eines Ersatzfahrzeugs, sondern aus dem fiktiven Ersatzbeschaffungsgeschäft. **109**

Hierfür hatte der Tatrichter zu klären, ob solche Fahrzeuge üblicherweise auf dem Gebrauchtwagenmarkt nach § 10 UStG regelbesteuert oder nach § 25a UStG differenzbesteuert oder von Privat und damit umsatzsteuerfrei angeboten werden. Dabei ist es aus Rechtsgründen nicht zu beanstanden, wenn sich der Tatrichter im Rahmen der Schadensschätzung (§ 287 ZPO) an der überwiegenden Wahrscheinlichkeit orientiert, mit der das Fahrzeug diesbezüglich auf dem Gebrauchtwagenmarkt gehandelt wird (Senatsurt. v. 9.5.2006 – VI ZR 225/05, NJW 2006, 2181). **110**

Nach den von den Parteien nicht beanstandeten Feststellungen war vorliegend bei einer (hypothetischen) Ersatzbeschaffung von Differenzbesteuerung auszugehen und war in dem Brutto-Wiederbeschaffungswert von 7.400 EUR ein Umsatzsteueranteil in Höhe von 2,4 % (173,44 EUR) enthalten. Der Schaden des Klägers errechnete sich somit insoweit aus einem Netto-Wiederbeschaffungswert von **111**

7.226,56 EUR. Abzüglich des Restwerts von netto 1.134,45 EUR und der vorgerichtlichen Zahlung auf den Wiederbeschaffungsaufwand von 5.084,04 EUR ergab sich folglich der vom Amtsgericht zugesprochene restliche Wiederbeschaffungsaufwand von 1.008,07 EUR.

112 Bei dieser Sachlage kam es entgegen der Auffassung der Anschlussrevision auf die Vorsteuerabzugsberechtigung des Klägers nur bei Berechnung des Netto-Restwerts des Unfallfahrzeugs, nicht aber dessen Netto-Wiederbeschaffungswertes an. Da die fiktive Umsatzsteuer nach § 249 Abs. 2 S. 2 BGB von vornherein nicht zu erstatten war, war es entgegen der Auffassung der Revision nicht erheblich, dass die bei Differenzbesteuerung im (fiktiven) Brutto-Wiederbeschaffungswert enthaltene (fiktive) Umsatzsteuer von der Möglichkeit des Vorsteuerabzugs nicht erfasst würde (vgl. hierzu Senatsbeschl. v. 25.11.2008 – VI ZR 245/07, r+s 2009, 83 m.w.N.).

113 Der Abzug der Umsatzsteuer vom Brutto-Wiederbeschaffungswert hatte nicht deshalb zu unterbleiben, weil bei der Ersatzbeschaffung vom 16.1.2014 tatsächlich Umsatzsteuer in Höhe von 926,05 EUR angefallen ist. Dies ergab sich im Streitfall schon aus dem Umstand, dass der vorsteuerabzugsberechtigte Kläger am 16.1.2014 ein regelbesteuertes Fahrzeug erworben hatte und er sich nach den Grundsätzen des Vorteilsausgleichs den Einwand der Vorsteuerabzugsmöglichkeit entgegen halten lassen musste (st. Rspr. seit Senatsurt. v. 6.6.1972 – VI ZR 49/71, NJW 1972, 1460; zuletzt etwa Senatsurt. v. 18.3.2014 – VI ZR 10/13, NJW 2014, 2874 Rn 17).

114 Unabhängig hiervon war die beim Fahrzeugerwerb vom 16.1.2014 tatsächlich angefallene Umsatzsteuer nicht ersatzfähig, weil der Kläger die für ihn günstigere Möglichkeit einer fiktiven Schadensabrechnung auf der Grundlage des Sachverständigengutachtens gewählt hatte. An dieser Art der Schadensabrechnung musste er sich jedenfalls dann festhalten lassen, wenn – wie hier – die konkreten Kosten der Ersatzbeschaffung unter Einbeziehung der geltend gemachten Nebenkosten den ihm aufgrund der fiktiven Schadensabrechnung zustehenden Betrag nicht überstiegen; eine Kombination von fiktiver und konkreter Schadensabrechnung ist insoweit unzulässig (Senatsurt. v. 30.5.2006 – VI ZR 174/05, NJW 2006, 2320, 2321 Rn 11; vgl. auch Senatsurt. v. 17.10.2006 – VI ZR 249/05, BGHZ 169, 263 Rn 15; v. 15.2.2005 – VI ZR 172/04, BGHZ 162, 170, 175). Auf die umstrittene Frage, ob bei fiktiver Abrechnung von Reparaturkosten unter Umständen tatsächlich aufgewendete Umsatzsteuer neben den vom Sachverständigen ermittelten Nettoreparaturkosten ersetzt verlangt werden kann, wenn der Geschädigte sich mit einer Eigen-, Teil- oder Billigreparatur zufrieden gibt (vgl. hierzu Senatsurt. v. 3.12.2013 – VI ZR 24/13, NJW 2014, 535 Rn 13 m.w.N.), kam es für die vorliegende Fallgestaltung nicht an. Solche Fallgestaltungen sind schon deshalb nicht vergleichbar, weil die verkehrssichere (Teil-)Reparatur nach der Rechtsprechung des erkennenden Senats unter Umständen gerade Voraussetzung der Abrechenbarkeit von fiktiven Reparaturkosten ist (Senatsurt. v. 29.4.2008 — VI ZR 220/07, NJW 2008, 1941; v. 29.4.2003 – VI ZR 393/02, BGHZ 154, 395).

10. Unzulässigkeit einer Kombination von fiktiver und konkreter Abrechnung § 2

Überstiegen – wie hier nicht – die konkreten Kosten der nachträglich vorgenommenen Ersatzbeschaffung einschließlich der Nebenkosten wie tatsächlich angefallener Umsatzsteuer den aufgrund der fiktiven Schadensabrechnung zustehenden Betrag, bliebe es dem Geschädigten – im Rahmen der rechtlichen Voraussetzungen für eine solche Schadensabrechnung und der Verjährung – im Übrigen unbenommen, zu einer konkreten Berechnung auf der Grundlage der Ersatzbeschaffung überzugehen (Senatsurt. v. 18.10.2012 – VI ZR 17/11, NJW 2012, 50; vom 17.10.2006 – VI ZR 249/05, BGHZ 169, 263; v. 20.4.2004 – VI ZR 109/03, BGHZ 158, 388, 391 f.; zur konkreten Berechnung der zu ersetzenden Umsatzsteuer s. insoweit Senatsurt. v. 15.11.2005 – VI ZR 26/05, BGHZ 164, 397). **115**

Die von den Vorinstanzen zugesprochenen weiteren Sachverständigenkosten sowie die Verpflichtung zur Freistellung vorgerichtlicher Rechtsanwaltskosten waren nicht Gegenstand des Revisionsverfahrens. **116**

Die Berechnung des dem Kläger zugesprochenen weiteren entgangenen Gewinns (§ 252 BGB) erwies sich ebenfalls als rechtsfehlerhaft. **117**

Mit Erfolg wandte sich die Revision gegen die diesbezügliche Beweiswürdigung des Berufungsgerichts. Das Revisionsgericht kann dabei lediglich nachprüfen, ob sich der Tatrichter entsprechend dem Gebot des § 286 ZPO mit dem Prozessstoff und den Beweisergebnissen umfassend und widerspruchsfrei auseinandergesetzt hat, die Beweiswürdigung also vollständig und rechtlich möglich ist und nicht gegen Denkgesetze und Erfahrungssätze verstößt. Diese Grundsätze gelten in gleicher Weise für eine Beweiswürdigung, die wie hier nach § 287 ZPO vorzunehmen ist. Diese Vorschrift stellt nämlich lediglich geringere Anforderungen an das Maß für eine Überzeugungsbildung des Tatrichters, ist aber hinsichtlich der revisionsrechtlichen Überprüfung keinen anderen Maßstäben als die Überzeugungsbildung im Rahmen des § 286 ZPO unterworfen. **118**

Die Revision zeigte einen solchen Denkfehler auf. Sie wies zutreffend darauf hin, dass sich das Berufungsgericht die Angaben aus dem Privatgutachten des Klägers zu Eigen gemacht, dabei aber übersehen hatte, dass der Privatgutachter für die Dauer der Wiederbeschaffung von elf Werktagen ausging und nicht, wie vom Berufungsgericht ohne weiteres im Urteil niedergelegt, von elf (Kalender-)Tagen. Die auf diesem Fehlverständnis aufbauende Herleitung von 6,63 Tagen Nutzungsausfalldauer war denkfehlerhaft. **119**

Die dem Berufungsurteil zugrundeliegende Berechnung der Nutzungsausfalltage verkannte zudem, dass sich die Ausfallzeit eines Fahrzeugs aus der notwendigen Reparatur- oder Wiederbeschaffungsdauer zuzüglich der Zeit für die Schadensfeststellung und gegebenenfalls einer angemessenen Überlegungszeit zusammensetzt (Senatsurt. v. 5.2.2013 – VI ZR 363/11, NJW 2013, 1151 Rn 22). Aufgrund der bisherigen Feststellungen wäre – die Darlegung entgangenen Gewinns unterstellt – von einer längeren Ausfallzeit auszugehen gewesen, da das Schadensgutachten den Kläger erst am 30.12.2013 erreichte. **120**

§ 2 Umsatzsteuer und allgemeine Kostenfaktoren

121 Darüber hinaus hielt die Schätzung des entgangenen Gewinns aufgrund des vom Kläger gehaltenen, vom Berufungsgericht selbst als unzureichend monierten Vortrags auch den Angriffen der Anschlussrevision nicht stand.

122 Die vom Berufungsgericht vorgenommene Schätzung entgangenen Gewinns des Klägers nach § 287 ZPO war überraschend und verletzte den Anspruch der Beklagten auf rechtliches Gehör aus Art. 103 Abs. 1 GG. Erteilt das Gericht einen rechtlichen Hinweis in einer entscheidungserheblichen Frage, so darf es diese Frage im Urteil nicht abweichen von seiner geäußerten Rechtsauffassung entscheiden, ohne die Verfahrensbeteiligten zuvor auf die Änderung der rechtlichen Beurteilung hingewiesen und ihnen Gelegenheit zur Stellungnahme gegeben zu haben (Senatsbeschl. v. 29.4.2014 – VI ZR 530/12, r+s 2014, 427 m.w.N.; BVerfG, NJW 1996, 3202). Gleiches galt für das vorliegende Abrücken des Berufungsgerichts von seinem Hinweis, der klägerische Vortrag betreffend entgangenen Gewinn sei unzureichend. Mit einer Schadensschätzung durch das Berufungsgericht musste die Beklagte nach dem dokumentierten Fortgang des Verfahrens auch bei kundiger und gewissenhafter Vorbereitung nicht rechnen. Das Berufungsgericht hatte den Kläger in der mündlichen Verhandlung vom 25.4.2015 darauf hingewiesen, dass er den entgangenen Ertrag konkret darlegen müsse. Auf sodann vom Kläger gehaltenen Vortrag wies das Berufungsgericht in der nächsten Verhandlung am 24.9.2015 darauf hin, dass auch der weitere Vortrag des Klägers für den Nachweis entgangenen Gewinns nicht genüge. In der Berufungsentscheidung legte es sodann aber den vom Kläger genannten Betrag zugrunde. Überdies fehlte eine Auseinandersetzung mit dem Vortrag der Beklagten zum Ende eines geordneten Geschäftsbetriebs des Klägers noch vor dem Unfall gänzlich.

123 Über die Verletzung rechtlichen Gehörs hinaus monierte die Anschlussrevision zutreffend die Schätzung des entgangenen Gewinns nach § 287 ZPO als solche. Der Tatrichter kann und muss von einer Schätzung absehen, wenn diese mangels greifbarer Anhaltspunkte völlig in der Luft hinge. Eine hinreichende Schätzgrundlage war vorliegend nicht ersichtlich. Das Berufungsgericht selbst hatte durch seine Hinweise im Verfahren deutlich gemacht, dass es den Vortrag des Klägers zum entgangenen Gewinn für unzureichend erachtete. Eine auf Gewinn zielende unternehmerische Tätigkeit für das Jahr 2014 konnte das Berufungsgericht nicht mehr feststellen. Das Abstellen auf den Einkommensteuerbescheid des Klägers für das Jahr 2013, in dem zu erheblichen Teilen eine aufgelöste Rücklage des Vorjahres enthalten war, genügte nicht, zumal sich das Berufungsgericht in keiner Weise mit dem Vortrag der Beklagten auseinandersetzte, der Geschäftsbetrieb des Klägers sei im Jahr 2013 in sich zusammengebrochen.

124 Das angefochtene Urteil war daher im Umfang der Anfechtung durch Revision und Anschlussrevision teilweise aufzuheben. Hinsichtlich des restlichen Wiederbeschaffungsaufwands hat der Senat in der Sache selbst entschieden und im Ergebnis das Urteil des Amtsgerichts wiederhergestellt, weil die Aufhebung des Berufungs-

10. Unzulässigkeit einer Kombination von fiktiver und konkreter Abrechnung § 2

urteils insoweit nur wegen Rechtsverletzung bei Anwendung des Gesetzes auf das festgestellte Sachverhältnis erfolgt und nach letzterem die Sache zur Entscheidung reif war. Hinsichtlich der Frage des restlichen entgangenen Gewinns war die Sache zu neuer Verhandlung und Entscheidung an das Berufungsgericht zurückzuverweisen (§ 562 Abs. 1, § 563 Abs. 3, Abs. 1 S. 1 ZPO).

§3 Restwertproblematik

1. Bedeutung von Internet-Restwertbörsen bei der Ermittlung des Restwerts (LS)

BGH, Urt. v. 7.12.2004 – VI ZR 119/04, zfs 2005, 184 = VersR 2005, 381

BGB § 249

a) Ein überdurchschnittlicher Erlös, den der Geschädigte für seinen Unfallwagen aus Gründen erzielt, die mit dem Zustand des Fahrzeugs nichts zu tun haben, ist dem Schädiger nicht gutzubringen (im Anschluss an Senatsurt. v. 5.3.1985 – VI ZR 204/83, VersR 1985, 593 f. und v. 21.1.1992 – VI ZR 142/91, VersR 1992, 457 f.).

b) Ein Geschädigter ist grundsätzlich nicht verpflichtet, einen Sondermarkt für Restwertaufkäufer im Internet in Anspruch zu nehmen; er muss er sich jedoch einen höheren Erlös anrechnen lassen, den er bei tatsächlicher Inanspruchnahme eines solchen Sondermarktes ohne besondere Anstrengungen erzielt.

2. Restwertabrechnung im Prozess auf Grundlage der BGH-Rechtsprechung

BGH, Urt. v. 12.7.2005 – VI ZR 132/04, zfs 2005, 600 = VersR 2005, 1448

BGB § 249

Realisiert der Geschädigte den Restwert durch den Verkauf seines Fahrzeugs, kann er seiner Schadensabrechnung grundsätzlich den erzielten Restwertbetrag zugrunde legen. Macht der Haftpflichtversicherer des Schädigers demgegenüber geltend, auf dem regionalen Markt habe ein höherer Restwert erzielt werden müssen, liegt die Darlegungs- und Beweislast bei ihm.

a) Der Fall

Die Parteien stritten um den Betrag, den sich der Kläger als Restwert seines beschädigten Fahrzeugs nach einem Verkehrsunfall vom 3.7.2002, für den die Beklagte als Haftpflichtversicherer voll einzustehen hatte, anrechnen lassen muss. An dem Fahrzeug trat wirtschaftlicher Totalschaden ein. Der vom Kläger beauftragte Sachverständige wies in seinem Gutachten vom 4.7.2002 einen Restwert von 1.065 EUR aus. Dies entsprach dem Angebot eines in der Nähe der tschechischen Grenze ansässigen Restwerthändlers, das der Sachverständige über das Internet recherchiert hatte.

Mit anwaltlichem Schreiben von Mittwoch, dem 10.7.2002, wies der Kläger die Beklagte darauf hin, dass die Restwertfestsetzung durch den Sachverständigen

§ 3 Restwertproblematik

falsch sei; in dem Einzugsbereich, der dem im Saarland wohnenden Kläger zugänglich sei, liege das Höchstangebot bei 300 EUR. Er forderte die Beklagte auf, dafür Sorge zu tragen, dass sich der Restwerthändler binnen drei Tagen bei ihm melde und das Fahrzeug gegen Barzahlung abhole. Zudem kündigte er an, das Fahrzeug nach Ablauf dieser Frist für 300 EUR zu verkaufen. Nach Ablauf der Frist verkaufte der Kläger das Fahrzeug am 16.7.2002 für 300 EUR. Am 18.7.2002 ging ein verbindliches höheres Angebot von der im Gutachten genannten Firma ein. Die Beklagte legte der Schadensregulierung den im Gutachten ausgewiesenen Restwert zugrunde. Mit der Klage begehrt der Kläger den Differenzbetrag in Höhe von 765 EUR zu dem von ihm erzielten Verkaufserlös.

5   Das Amtsgericht hat der Klage stattgegeben. Auf die Berufung der Beklagten wies das Landgericht die Klage ab. Mit der vom Berufungsgericht zugelassenen Revision verfolgte der Kläger sein Klagebegehren weiter.

b) Die rechtliche Beurteilung

6   Das Berufungsgericht hatte ausgeführt, wenn sich der Kläger – wie hier – zum Schadensnachweis mit Ausnahme des darin ermittelten Restwerts auf die Feststellungen in dem von ihm eingeholten Gutachten berufe, sei es seine Sache darzutun und nachzuweisen, dass der nach dem Gutachten an sich zu erzielende Restwert nicht zu realisieren sei und das Fahrzeug daher nur zu dem tatsächlich erzielten Preis habe verkauft werden können. Der Kläger sei als Anspruchsteller verpflichtet, die Höhe des ihm entstandenen Schadens nachzuweisen. Dieser Nachweis sei ihm durch das vom Amtsgericht eingeholte Gutachten nicht gelungen. Danach wären zu dem maßgeblichen Zeitpunkt auf dem regionalen Markt Restwerte von 300 EUR bis 1.500 EUR zu realisieren gewesen.

7   Jedenfalls habe der Kläger gegen die ihm obliegende Schadensminderungspflicht nach § 254 Abs. 2 BGB verstoßen. Könne nach Auffassung des Geschädigten ein Verkauf nur unter dem von dem eigenen Sachverständigen angenommenen Restwert stattfinden, sei es seine Sache, den Schädiger bzw. dessen Versicherer davon in Kenntnis zu setzen und unter Fristsetzung die Möglichkeit zu geben, ein Angebot zu dem im Gutachten festgesetzten Restwert zu vermitteln. Der Kläger habe die Beklagte zwar davon in Kenntnis gesetzt, dass er das Fahrzeug zu einem Preis von 300 EUR verkaufen wolle. Die gesetzte Frist von drei Tagen für die vollständige Kaufabwicklung sei jedoch nicht angemessen gewesen. Unter Berücksichtigung der Postlaufzeiten sowie der noch erforderlichen Kontaktaufnahme zwischen der Beklagten und potentiellen Anbietern sei es vielmehr zumutbar gewesen, eine Frist von acht Tagen für ein verbindliches Angebot zu setzen. Der Kläger müsse sich daher so behandeln lassen, als sei ihm das Angebot der im Gutachten aufgeführten Firma rechtzeitig zugegangen. Es sei kein Interesse des Geschädigten erkennbar, das verbindliche Angebot eines nicht ortsansässigen Aufkäufers auszuschlagen.

2. Restwertabrechnung im Prozess auf Grundlage der BGH-Rechtsprechung §3

Die Revision hatte Erfolg und führte zur Wiederherstellung des amtsgerichtlichen Urteils.

Ohne Rechtsfehler war das Berufungsgericht allerdings davon ausgegangen, dass der Geschädigte im Totalschadensfall, wenn er von der Ersetzungsbefugnis des § 249 S. 2 BGB a.F. (Art. 229 § 8 Abs. 1 EGBGB) Gebrauch macht und den Schaden nicht im Wege der Reparatur, sondern durch Beschaffung eines Ersatzfahrzeugs beheben will, nur Ersatz des Wiederbeschaffungswerts abzüglich des Restwerts verlangen kann. 8

Wie der Senat in ständiger Rechtsprechung ausgesprochen hat, steht eine solche Ersatzbeschaffung als Variante der Naturalrestitution unter dem Gebot der Wirtschaftlichkeit, das auch für die Frage gilt, in welcher Höhe der Restwert des Unfallfahrzeugs bei der Schadensabrechnung berücksichtigt werden muss. Dies bedeutet, dass der Geschädigte bei der Schadensbehebung gemäß § 249 S. 2 BGB a.F. im Rahmen des ihm Zumutbaren und unter Berücksichtigung seiner individuellen Erkenntnis- und Einflussmöglichkeiten sowie der gerade für ihn bestehenden Schwierigkeiten den wirtschaftlichsten Weg zu wählen hat – sogenannte „subjektbezogene Schadensbetrachtung". Ein Geschädigter ist allerdings grundsätzlich nicht verpflichtet, einen Sondermarkt für Restwertaufkäufer im Internet in Anspruch zu nehmen und kann vom Schädiger auch nicht auf einen höheren Restwerterlös verwiesen werden, der auf einem Sondermarkt durch spezialisierte Restwertaufkäufer erzielt werden könnte. Nach diesen Grundsätzen leistet der Geschädigte dem Gebot zur Wirtschaftlichkeit im allgemeinen Genüge und bewegt sich in den für die Schadensbehebung nach § 249 S. 2 BGB a.F. gezogenen Grenzen, wenn er die Veräußerung seines beschädigten Kraftfahrzeugs zu demjenigen Preis vornimmt, den ein von ihm eingeschalteter Sachverständiger als Wert auf dem allgemeinen regionalen Markt ermittelt hat. 9

Demgegenüber musste sich im Streitfall der Kläger den von seinem Sachverständigen ermittelten Restwert schon deshalb nicht anrechnen lassen, weil dessen Gutachten nicht den vorstehend dargelegten Grundsätzen entsprach, die insoweit auch für die Restwertermittlung durch einen vom Geschädigten beauftragten Sachverständigen gelten. Der Sachverständige hatte nämlich den Restwert nicht auf dem dem Kläger zugänglichen allgemeinen regionalen Markt, sondern anhand eines über das Internet recherchierten Angebots eines in der Nähe der tschechischen Grenze ansässigen Restwerthändlers ermittelt, auf das sich der Kläger nicht einzulassen brauchte, zumal die konkrete Abwicklung nicht geklärt war (vgl. hierzu Senatsurt. BGHZ 143, 189, 196). Unter diesen Umständen konnte das vom Kläger eingeholte Gutachten entgegen der Auffassung des Berufungsgerichts keine geeignete Grundlage für die Bestimmung des Restwerts bilden. 10

In einer solchen Situation braucht der Geschädigte kein weiteres Sachverständigengutachten zum Restwert einzuholen und muss grundsätzlich auch nicht den Haftpflichtversicherer über den beabsichtigten Verkauf seines beschädigten Fahrzeugs 11

§ 3 Restwertproblematik

informieren, weil andernfalls die ihm nach § 249 S. 2 BGB a.F. (jetzt § 249 Abs. 2 S. 1 BGB) zustehende Ersetzungsbefugnis unterlaufen würde, die ihm die Möglichkeit der Schadensbehebung in eigener Regie eröffnet und deshalb auf seine individuelle Situation und die konkreten Gegebenheiten des Schadensfalles abstellt. Dies entspricht dem gesetzlichen Bild des Schadensersatzes, nach dem der Geschädigte Herr des Restitutionsgeschehens ist und grundsätzlich selbst bestimmen darf, wie er mit der beschädigten Sache verfährt. Will also der Geschädigte sein Fahrzeug der ihm vertrauten Vertragswerkstatt oder einem angesehenen Gebrauchtwagenhändler beim Erwerb eines Ersatzfahrzeugs in Zahlung geben, kann ihn der Schädiger – wie oben dargelegt – nicht auf einen Sondermarkt spezialisierter Restwertaufkäufer verweisen. Vielmehr kann der Geschädigte, der wie im Streitfall nicht einen fiktiven Restwert abrechnet, sondern denjenigen, den er durch den Verkauf des Fahrzeugs tatsächlich realisiert hat, seiner Schadensberechnung grundsätzlich den (konkret) erzielten Restwertbetrag zugrunde legen.

12   Freilich gelten auch bei einer solchen konkreten Schadensberechnung das Wirtschaftlichkeitsgebot und die sich aus § 254 Abs. 2 BGB ergebende Verpflichtung zur Geringhaltung des Schadens, so dass der Schädiger oder dessen Haftpflichtversicherer nicht an dem Vorbringen gehindert ist, auf dem regionalen Markt hätte ein höherer Restwert erzielt werden müssen. Wie der Senat bereits in dem in BGHZ 143, 189, 194 abgedruckten Urteil dargelegt hat, ist es nämlich nicht ausgeschlossen, dass besondere Umstände dem Geschädigten Veranlassung geben können, günstigere Verwertungsmöglichkeiten wahrzunehmen, um dem Wirtschaftlichkeitsgebot und seiner sich aus § 254 Abs. 2 BGB ergebenden Verpflichtung zur Geringhaltung des Schadens zu genügen. Unter diesem Blickpunkt kann er gehalten sein, von einer grundsätzlich zulässigen Verwertung der beschädigten Sache Abstand zu nehmen und im Rahmen des Zumutbaren andere sich ihm darbietende Verwertungsmöglichkeiten zu ergreifen. Derartige Ausnahmen stehen nach allgemeinen Grundsätzen zur Beweislast des Schädigers. Auch müssen sie in engen Grenzen gehalten werden und dürfen insbesondere nicht dazu führen, dass dem Geschädigten bei der Schadensbehebung die von der Versicherung gewünschten Verwertungsmodalitäten aufgezwungen werden. Gleichwohl verbleibt dem Geschädigten ein Risiko, wenn er den Restwert ohne hinreichende Absicherung realisiert und der Erlös sich später im Prozess als zu niedrig erweist. Will er dieses Risiko vermeiden, muss er sich vor Verkauf des beschädigten Fahrzeugs mit dem Haftpflichtversicherer abstimmen oder aber ein eigenes Gutachten mit einer korrekten Wertermittlung einholen, auf dessen Grundlage er die Schadensberechnung vornehmen kann.

13   Das angefochtene Urteil stand mit diesen Grundsätzen nicht in Einklang. Rechtsfehlerhaft war das Berufungsgericht davon ausgegangen, der Kläger müsse beweisen, dass das Fahrzeug nur zu dem tatsächlich erzielten Preis habe verkauft werden können.

3. Bestimmung des Restwerts bei Reparaturkosten oberhalb der 130 %-Grenze § 3

Nach den vorstehenden Ausführungen hatte der Kläger seiner Darlegungs- und Beweislast dadurch genügt, dass er seiner Schadensberechnung den tatsächlich für das beschädigte Auto erzielten und auch unstreitigen Preis zugrunde gelegt hat. Soweit die Beklagte geltend machte, er hätte einen höheren Preis erzielen müssen, hatte sie den ihr obliegenden Beweis nicht geführt. Nach den Feststellungen des Berufungsgerichts wären zu dem maßgeblichen Zeitpunkt auf dem maßgeblichen regionalen Markt Restwerte von 300 EUR bis 1.500 EUR zu realisieren gewesen. Der vom Kläger erzielte Preis lag somit im Rahmen der vom gerichtlichen Sachverständigengutachten ermittelten Restwertangebote und war von daher nicht zu beanstanden. Auf die Frage, ob die vom Kläger gesetzte Frist zur Abgabe eines höheren Kaufangebots angemessen war, kam es schon deswegen nicht an, weil der Kläger – wie oben dargelegt – nicht verpflichtet war, die Beklagte über die beabsichtigte Veräußerung zu informieren und ihr Gelegenheit zu geben, ein höheres Angebot zu unterbreiten. Bei dieser Sachlage konnte auch dahinstehen, ob das nach Verkauf des Fahrzeugs eingegangene verbindliche Angebot des in der Nähe der tschechischen Grenze ansässigen Restwerthändlers den Anforderungen entsprach, bei deren Vorliegen der Kläger nach der Rechtsprechung des Senats verpflichtet gewesen sein könnte, im Interesse der Geringhaltung des Schadens davon Gebrauch zu machen (vgl. Senatsurt. BGHZ 143, 189, 194 ff.).

14

3. Bestimmung des Restwerts bei Reparaturkosten oberhalb der 130 %-Grenze

BGH, Urt. v. 6.3.2007 – VI ZR 120/06, zfs 2007, 382 = NJW 2007, 1674
BGB § 249

15

Benutzt der Geschädigte im Totalschadensfall (hier: Reparaturkosten höher als 130 % des Wiederbeschaffungswerts) sein unfallbeschädigtes, aber fahrtaugliches und verkehrssicheres Fahrzeug weiter, ist bei der Abrechnung nach den fiktiven Wiederbeschaffungskosten in der Regel der in einem Sachverständigengutachten für den regionalen Markt ermittelte Restwert in Abzug zu bringen (Fortführung von Senat, BGHZ 143, 189 ff.).

a) Der Fall

Der Kläger verlangte von den Beklagten restlichen Schadensersatz aus einem Verkehrsunfall vom 26.3.2005, bei dem sein Fahrzeug einen wirtschaftlichen Totalschaden erlitten hatte. Die Parteien stritten nur noch um die Höhe des Restwerts des Fahrzugs des Klägers.

16

Nach dem vom Kläger eingeholten Sachverständigengutachten hatte das Fahrzeug einen Wiederbeschaffungswert von 1.800 EUR brutto und einen Restwert von 500 EUR brutto. Den Reparaturaufwand kalkulierte der Sachverständige in Höhe von ca. 2.500 EUR brutto. Der Kläger benutzte sein fahrtüchtiges und verkehrs-

17

§ 3 Restwertproblematik

sicheres Fahrzeug unrepariert weiter. Der beklagte Versicherer legte dem Kläger zwei Restwertangebote vor. Eines der Angebote belief sich auf 550 EUR brutto, das andere auf 1.300 EUR brutto. Das zuletzt genannte Angebot stammte von einer Firma aus Norddeutschland, die anbot, das Fahrzeug beim Kläger gegen Barzahlung und kostenfrei abzuholen. Der beklagte Versicherer legte der Schadensabrechnung das Restwertangebot von 1.300 EUR zugrunde und erstattete an den Kläger 500 EUR. Der Kläger errechnete einen Mittelwert von 400 EUR aus den dem Sachverständigengutachten zugrunde liegenden Restwertangeboten von 300 EUR und 500 EUR und verlangte mit seiner Klage weitere 900 EUR.

18 Das Amtsgericht hat die Klage abgewiesen. Die Berufung des Klägers hatte keinen Erfolg. Mit der vom Berufungsgericht zugelassenen Revision verfolgte der Kläger sein Begehren weiter.

b) Die rechtliche Beurteilung

19 Die Revision hatte Erfolg. Der Kläger musste sich bei der Schadensabrechnung auf Gutachtensbasis nicht den Restwert von 1.300 EUR anrechnen lassen, obwohl der Sachverständige das verunfallte Fahrzeug nur mit 500 EUR bewertet hatte.

20 Der Geschädigte kann im Totalschadensfall, wenn – wie hier – die Reparaturkosten des Fahrzeugs den Wiederbeschaffungswert um mehr als 30 % übersteigen, nur Ersatz der für die Beschaffung eines gleichwertigen Fahrzeugs erforderlichen Kosten, also den Wiederbeschaffungswert abzüglich des Restwerts, verlangen. Bei Reparaturkosten, die den Wiederbeschaffungswert um mehr als 30 % überschreiten, besteht wegen des Wirtschaftlichkeitsgebots kein schützenswertes Interesse an der Wiederherstellung des Fahrzeugs. Auch die Ersatzbeschaffung ist Naturalrestitution, deren Ziel sich nicht auf eine (Wieder-)Herstellung der beschädigten Sache beschränkt; es besteht in umfassenderer Weise gemäß § 249 Abs. 1 BGB darin, den Zustand herzustellen, der, wirtschaftlich gesehen, der ohne das Schadensereignis bestehenden Lage entspricht. Die Ersatzbeschaffung als Variante der Naturalrestitution steht ebenfalls unter dem Gebot der Wirtschaftlichkeit. Das bedeutet, dass der Geschädigte bei der Schadensbehebung gemäß § 249 Abs. 2 S. 1 BGB im Rahmen des ihm Zumutbaren und unter Berücksichtigung seiner individuellen Lage grundsätzlich den wirtschaftlichsten Weg zu wählen hat – sogenannte „subjektbezogene Schadensbetrachtung". Will der Geschädigte in einem solchen Fall sein Fahrzeug weiter nutzen, muss er sich den Restwert seines Fahrzeugs anrechnen lassen, auch wenn er diesen nicht realisiert, da ihm ein Integritätsinteresse hinsichtlich des beschädigten Fahrzeugs nicht zugebilligt werden kann. Nach sachgerechten Kriterien ist festzustellen, in welcher Höhe dem Geschädigten angesichts des ihm verbliebenen Restwertes seines Fahrzeugs durch den Unfall überhaupt ein Vermögensnachteil erwachsen ist. Dadurch wird verhindert, dass sich der Geschädigte an dem Schadensfall bereichert.

3. Bestimmung des Restwerts bei Reparaturkosten oberhalb der 130%-Grenze §3

Im Veräußerungsfall leistet der Geschädigte im Allgemeinen dem Gebot zur Wirtschaftlichkeit genüge und bewegt sich in den für die Schadensbehebung nach § 249 Abs. 2 S. 1 BGB gezogenen Grenzen, wenn er die Veräußerung seines beschädigten Kraftfahrzeugs zu demjenigen Preis vornimmt, den ein von ihm eingeschalteter Sachverständiger als Wert auf dem allgemeinen regionalen Markt ermittelt hat. Er ist grundsätzlich nicht verpflichtet, einen Sondermarkt für Restwertaufkäufer im Internet in Anspruch zu nehmen. Auch kann er vom Schädiger nicht auf einen höheren Restwerterlös verwiesen werden, der auf einem Sondermarkt durch spezialisierte Restwertaufkäufer erzielt werden könnte. 21

Damit war die Auffassung des Berufungsgerichts nicht vereinbar, dass der Kläger sich bei der Schadensabrechnung auf der Grundlage einer Schadensschätzung einen über das Internet ermittelten Restwert in Höhe von 1.300 EUR anrechnen lassen müsse, obwohl der Sachverständige den Restwert des Unfallfahrzeugs lediglich mit 500 EUR bewertet hatte und Gesichtspunkte, die auf eine fehlerhafte Begutachtung durch den Sachverständigen hinweisen konnten, nicht ersichtlich waren. 22

Zwar können besondere Umstände dem Geschädigten Veranlassung geben, ohne weiteres zugängliche günstigere Verwertungsmöglichkeiten wahrzunehmen und durch die Verwertung seines Fahrzeugs in Höhe des tatsächlich erzielten Erlöses den ihm entstandenen Schaden auszugleichen. Doch müssen derartige Ausnahmen, deren Voraussetzungen zur Beweislast des Schädigers stehen, in engen Grenzen gehalten werden, weil anderenfalls die dem Geschädigten nach § 249 Abs. 2 S. 1 BGB zustehende Ersetzungsbefugnis unterlaufen würde, wonach es Sache des Geschädigten ist, in welcher Weise er mit dem beschädigten Fahrzeug verfährt. Insbesondere dürfen dem Geschädigten bei der Schadensbehebung die von der Versicherung gewünschten Verwertungsmodalitäten nicht aufgezwungen werden. Dies wäre jedoch der Fall, müsste er sich einen Restwert anrechnen lassen, der lediglich in einem engen Zeitraum auf einem Sondermarkt zu erzielen ist. 23

Nutzt der Geschädigte sein Fahrzeug nach dem Unfall weiter, obwohl es wegen der hohen Kosten nicht mehr reparaturwürdig ist, gilt für die Abrechnung des Schadens auf der Grundlage eines Sachverständigengutachtens nichts anderes. Auch in einem solchen Fall kann er den Restwert, der vom Sachverständigen nach den örtlichen Gegebenheiten ermittelt worden ist, der Schadensabrechnung zugrunde legen. Er muss sich nicht an einem Angebot eines Restwerthändlers außerhalb des ihm zugänglichen allgemeinen regionalen Markts festhalten lassen, das vom Versicherer über das Internet recherchiert worden ist. Andernfalls würde der vollständige Schadensausgleich nicht gewährleistet. Der Versicherer des Schädigers könnte mit einem entsprechend hohen Angebot den Verkauf des Fahrzeugs erzwingen. Bei Weiternutzung und späterem Verkauf in eigener Regie liefe der Geschädigte jedenfalls Gefahr, wegen eines wesentlich niedrigeren Verkaufspreises für den Kauf des Ersatzfahrzeugs eigene Mittel aufwenden zu müssen. Dies entspricht nicht dem gesetzlichen Bild des Schadensersatzes, nach dem der Geschädigte Herr des Restituti- 24 onsgeschehens ist und grundsätzlich selbst bestimmen darf, wie er mit der beschädigten Sache verfährt. Der Streitfall war nicht vergleichbar mit den Fällen, in denen das Fahrzeug durch den Geschädigten tatsächlich verkauft wird. Der erzielte Restwert steht dann bei der Schadensabrechnung fest und es liegt auf der Hand, in welcher Höhe der Schaden durch den erzielten Verkaufspreis ausgeglichen ist.

25 Im Streitfall genügte der Kläger seiner Darlegungs- und Beweislast, indem er der Schadensabrechnung den Restwert, den der Sachverständige ermittelt hatte, zugrunde legte. Soweit die Beklagten geltend machten, er hätte einen höheren Preis erzielen können, wenn er das Fahrzeug an den von ihnen benannten Restwertaufkäufer verkauft hätte, war dazu der Kläger nicht verpflichtet. Da die Beklagten die Schätzung des Sachverständigen für den regionalen Markt des Klägers nicht in Zweifel gezogen hatten, war der Schadensabrechnung der geschätzte Restwert von 500 EUR zugrunde zu legen. Hingegen bestand keine Veranlassung für die Bildung eines Mittelwerts aus Restwertangeboten im Gutachten zwischen 300 EUR und 500 EUR. Dass für das Fahrzeug 500 EUR hätte erzielt werden können, war aufgrund des Sachverständigengutachtens, auf das sich der Kläger stützte, erwiesen. Da ein Verkauf tatsächlich nicht getätigt worden ist, stellte sich die Frage eines geringeren erzielten Kaufpreises nicht.

4. Bestimmung des Restwerts bei fiktiver Schadensabrechnung und Weiternutzung im 130 %-Fall

26 BGH, Urt. v. 10.7.2007 – VI ZR 217/06, zfs 2007, 631 = VersR 2007, 1243
BGB § 249

Benutzt der Geschädigte im Totalschadensfall (hier: Reparaturkosten bis zu 130 % des Wiederbeschaffungswerts) sein unfallbeschädigtes Fahrzeug nach einer (Teil-)Reparatur weiter, ist bei der Abrechnung nach den fiktiven Wiederbeschaffungskosten in der Regel der in einem Sachverständigengutachten für den regionalen Markt ermittelte Restwert in Abzug zu bringen (Ergänzung zum Senatsurt. v. 6.3.2007 – VI ZR 120/06, BGHZ 171, 287 [= zfs 2007, 382–384]).

a) Der Fall

27 Der Kläger nahm die Beklagten zu 1 und 2 als Gesamtschuldner auf restlichen Schadensersatz aus einem Verkehrsunfall vom 31.12.2004 in Anspruch. Die Haftung der Beklagten stand außer Streit. Die Parteien stritten nur noch darum, in welcher Höhe sich der Kläger bei der Ermittlung des Wiederbeschaffungsaufwandes den Restwert des unfallbeschädigten Kraftfahrzeugs anrechnen lassen musste.

28 Der vom Kläger mit der Schadensermittlung beauftragte Sachverständige ermittelte für das Fahrzeug Reparaturkosten in Höhe von ca. 13.800 EUR, einen Brutto-Wiederbeschaffungswert von 12.500 EUR und einen auf dem regionalen Markt erziel-

5. Keine Verpflichtung zur Restwertermittlung über Internet-Restwertbörsen §3

baren Restwert von 2.000 EUR. Der Netto-Wiederbeschaffungswert betrug nach Abzug der Differenzsteuer 12.200 EUR. Der beklagte Haftpflichtversicherer legte dem Kläger ein höheres Restwertangebot von 4.300 EUR eines Restwertaufkäufers aus einer Internet-Restwertbörse vor und regulierte auf dieser Basis den Fahrzeugschaden mit 7.900 EUR.

Der Kläger wollte sich das höhere Restwertangebot nicht anrechnen lassen, weil er das Unfallfahrzeug (teil-)repariert hatte und weiternutzte und verlangte mit seiner Klage die Differenz von 2.300 EUR zu dem Restwert von 2.000 EUR, den sein Sachverständiger auf dem regionalen Markt ermittelt hatte.

Das Amtsgericht hat die entsprechende Klage abgewiesen. Auf die Berufung des Klägers hat das Landgericht das Urteil des Amtsgerichts insoweit abgeändert und die Beklagten verurteilt, als Gesamtschuldner an den Kläger weitere 2.300 EUR nebst Zinsen zu zahlen. Mit der vom Landgericht zugelassenen Revision verfolgten die Beklagten ihr Klageabweisungsbegehren weiter.

b) Die rechtliche Beurteilung

Das Berufungsurteil hielt einer revisionsrechtlichen Überprüfung stand. Der Kläger musste sich bei der Berechnung des von den Beklagten zu ersetzenden Wiederbeschaffungsaufwandes lediglich den von seinem Sachverständigen ermittelten Restwert von 2.000 EUR anrechnen lassen (zur Begründung vgl. vorstehendes Urteil, siehe Rdn 19 ff.).

5. Keine Verpflichtung des vom Geschädigten beauftragten Sachverständigen zur Restwertermittlung über Internet-Restwertbörsen

BGH, Urt. v. 13.1.2009 – VI ZR 205/08, zfs 2009, 327 = VersR 2009, 413
BGB §§ 249, 254

Der vom Geschädigten mit der Schadensschätzung beauftragte Sachverständige hat bei der Ermittlung des Fahrzeugrestwerts grundsätzlich nur solche Angebote einzubeziehen, die auch sein Auftraggeber berücksichtigen müsste.

a) Der Fall

Die Klägerin, ein Kfz-Haftpflichtversicherer, verlangte Ersatz eines Teils der Unfallkosten, die sie auf der Grundlage einer Schadensschätzung durch die Beklagten erstattet hatte.

Am 9.8.2003 kam es zu einem Unfall zwischen dem Kraftfahrzeug des Versicherungsnehmers der Klägerin und einem Pkw Audi A 4 Kombi 1.9 TDI. Der Versicherungsnehmer der Klägerin haftete zu 75 % für den Unfallschaden am gegneri-

§ 3 Restwertproblematik

schen Fahrzeug. Die Halterin des geleasten Audi A 4 beauftragte am selben Tag die Beklagten mit der Schadensbegutachtung. Das am 14.8.2003 erstellte Gutachten wies auf der Grundlage zweier Angebote von ortsansässigen Restwertaufkäufern und eines in der Region tätigen Autohändlers einen Restwert des verunfallten Fahrzeugs von 3.500 EUR inklusive Mehrwertsteuer aus. Zu diesem Preis wurde das Fahrzeug durch die Geschädigte verkauft. Die Möglichkeit eines Verkaufs zu einem höheren Preis eröffnete die Klägerin der Geschädigten bis zum Verkauf nicht. Am 26.4.2004 beauftragte sie einen Gutachter, der den Restwert auf mindestens 9.000 EUR schätzte. Die Klägerin verlangte von den Beklagten unter Berücksichtigung der Mithaftungsquote der Geschädigten von 25 % den Differenzbetrag zwischen dem tatsächlich erzielten und dem nach ihrer Auffassung erzielbaren Restwert zuzüglich der Kosten für das von ihr eingeholte Gutachten.

34 Das Amtsgericht hat der Klage teilweise stattgegeben. Auf die Berufung der Beklagten hat das Landgericht das erstinstanzliche Urteil abgeändert, die Klage abgewiesen und die Anschlussberufung der Klägerin zurückgewiesen. Mit der vom Berufungsgericht zugelassenen Revision verfolgte die Klägerin ihren Anspruch weiter.

b) Die rechtliche Beurteilung

35 Die Revision hatte keinen Erfolg.

Die Revision wandte sich nicht gegen die ihr günstige Auffassung des Berufungsgerichts, dass die Klägerin in den Schutzbereich des zwischen den Beklagten und der Geschädigten abgeschlossenen Vertrags einbezogen war und Schadensersatz beanspruchen konnte, wenn die Beklagten vertragliche Pflichten verletzt hatten, die auch zugunsten der Klägerin bestanden.

36 Der Auffassung der Revision, dass die Schadensschätzung mangelhaft sei, weil die Beklagten sich bei der Ermittlung des vom Wiederbeschaffungswert abzurechnenden Restwerts auf drei Angebote des regional zugänglichen Marktes gestützt und nicht die Angebote des sogenannten „Internetmarkts" berücksichtigt hatten, war nicht zu folgen. Die Beklagten hatten ihrem Auftrag entsprechend denjenigen Restwert zu ermitteln, der auf dem regional zugänglichen allgemeinen Markt für das unfallbeschädigte Kraftfahrzeug zu erzielen war.

37 Auch wenn der Sachverständige weiß, dass im Regelfall das Gutachten als Grundlage der Schadensregulierung dient und Auswirkungen für den Haftpflichtversicherer haben kann, reichen die Rechte des in die Schutzwirkung des Vertrages einbezogenen Dritten nicht weiter als die des Vertragspartners selbst. Maßgebend ist dafür der Inhalt des Vertrags des Geschädigten mit dem Sachverständigen. Beauftragt der Geschädigte – wie im Streitfall – den Gutachter mit der Schadensschätzung zum Zwecke der Schadensregulierung, hat der Sachverständige das Gutachten unter Berücksichtigung der geltenden Rechtsprechung zum Schadensersatz bei Kfz-Unfällen zu erstellen. Zu weiteren Erhebungen und Berechnungen ist der Sachverständi-

5. Keine Verpflichtung zur Restwertermittlung über Internet-Restwertbörsen §3

ge auch nicht im Interesse des Haftpflichtversicherers des Unfallgegners verpflichtet.

Nach gefestigter Rechtsprechung des erkennenden Senats ist bei der Beschädigung eines Fahrzeugs, wenn der Geschädigte gemäß § 249 Abs. 2 S. 1 BGB die Schadensbehebung selbst in die Hand nimmt, der zur (Wieder-)Herstellung erforderliche Aufwand nach der besonderen Situation zu bemessen, in der sich der Geschädigte befindet. Es ist also Rücksicht auf seine individuellen Erkenntnis- und Einflussmöglichkeiten sowie auf die möglicherweise gerade für ihn bestehenden Schwierigkeiten zu nehmen. Diese subjektbezogene Schadensbetrachtung gilt auch für die Frage, in welcher Höhe dem Geschädigten im Hinblick auf die ihm in seiner individuellen Lage mögliche und zumutbare Verwertung seines Unfallfahrzeugs ein Schaden entstanden ist. Hat er das Fahrzeug der ihm vertrauten Vertragswerkstatt oder einem angesehenen Gebrauchtwagenhändler bei dem Erwerb eines Ersatzwagens in Zahlung gegeben, so kann der Schädiger gegenüber deren Ankaufsangebot nicht auf ein höheres Angebot verweisen, das vom Geschädigten nur auf einem Sondermarkt, etwa durch Einschaltung spezialisierter Restwertaufkäufer über das Internet, zu erzielen wäre. Andernfalls würde die dem Geschädigten nach § 249 Abs. 2 S. 1 BGB zustehende Ersetzungsbefugnis unterlaufen.

38

Das gilt auch für die Begutachtung durch die von der Geschädigten eingeschalteten Sachverständigen, die im Streitfall mit Recht auf denjenigen Kaufpreis abgestellt hatten, der auf dem für die Geschädigte allgemein zugänglichen regionalen Markt für das unfallbeschädigte Fahrzeug zu erzielen war. Soweit die Revision die Auffassung vertrat, der Schadensgutachter habe die optimale Verwertungsmöglichkeit unter Einschluss der Online-Börsen zu ermitteln, verkannte sie, dass der Gutachtensumfang durch den Gutachtensauftrag und nicht durch das Interesse des Haftpflichtversicherers des Unfallgegners an einer besonders Kosten sparenden Schadensabrechnung bestimmt wird. Wenn der Fahrzeugeigentümer Internetangebote nicht berücksichtigen muss, sind diese auch vom Gutachter nicht einzubeziehen, denn der Sachverständige hat den Fahrzeugrestwert aus der Position seines Auftraggebers zu ermitteln. Müsste der Sachverständige einen höheren Restwert berücksichtigen, der sich erst nach Recherchen auf dem Sondermarkt über Internet-Restwertbörsen und spezialisierte Restwertaufkäufer ergibt, so könnte der Geschädigte nur auf der Basis eines solchen Gutachtens abrechnen, auch wenn er diesen Preis bei der Inzahlunggabe oder bei einem Verkauf auf dem ihm zugänglichen „allgemeinen" regionalen Markt nicht erzielen kann. Folglich müsste er sich entweder mit einem geringeren Schadensersatz abfinden oder seinerseits zeitaufwändig nach besseren Verwertungsmöglichkeiten suchen, wozu er jedoch nicht verpflichtet ist.

39

Das Argument der Revision, dass die allermeisten Unfallfahrzeuge letztlich bei den spezialisierten Unfallwagenhändlern landeten, auch wenn das Fahrzeug zunächst von einem Autohaus oder einer Reparaturwerkstatt angekauft worden sei, mithin

40

§ 3 Restwertproblematik

ein weiterer Erlös mit dem Unfallwagen erzielt werde, der dem Geschädigten nicht zu Gute komme, vom Versicherer aber bezahlt werden müsse, führt zu keiner anderen Betrachtungsweise. Selbst wenn dem so wäre, kann der interessengerechte Ausgleich nicht zu Lasten des Geschädigten herbeigeführt werden. Der Versicherer des Schädigers könnte sonst mit einem entsprechend hohen Angebot den Verkauf des Fahrzeugs erzwingen. Bei Weiternutzung und späterem Verkauf in eigener Regie liefe der Geschädigte jedenfalls Gefahr, wegen eines wesentlich niedrigeren Verkaufspreises für den Kauf des Ersatzfahrzeugs eigene Mittel aufwenden zu müssen. Ein vollständiger Schadensausgleich wäre nicht gewährleistet.

41 Hat der Geschädigte tatsächlich verkauft, steht außerdem mit dem Verkaufspreis der erzielte Restwert und damit fest, in welcher Höhe der Schaden durch den Verkauf ausgeglichen worden ist. In diesem Fall obliegt es dem Schädiger darzulegen und zu beweisen, dass der Geschädigte mit dem Verkauf seine Pflicht zur Geringhaltung des Schadens verletzt hat (§ 254 Abs. 2 BGB).

42 Im Streitfall hatte die Klägerin der Geschädigten vor der Veräußerung des Fahrzeugs kein günstigeres Angebot unterbreitet, das ohne weiteres wahrzunehmen gewesen wäre. Die Beklagten durften deshalb bei der Schätzung des Restwerts auf denjenigen Kaufpreis abstellen, der auf dem allgemeinen regionalen Markt für das unfallbeschädigte Kraftfahrzeug zu erzielen war. Die Einholung von drei Angeboten als Schätzgrundlage entspricht der Empfehlung des 40. Deutschen Verkehrsgerichtstags, wonach der Sachverständige im Regelfall drei Angebote einholen sollte. Die Auffassung des Berufungsgerichts, dass keine Anhaltspunkte für deren fehlende Seriosität vorliegen, begegnet keinen revisionsrechtlichen Bedenken. Die Revision nannte bis auf die erheblichen Differenzen zu den meisten der acht Monate später eingeholten Angebote der Klägerin keine konkreten Umstände, die den Beklagten hätten Anlass geben müssen, die Preisangaben zu hinterfragen. Die Tatsache, dass die Angebote gleich hoch waren, musste die Beklagten noch nicht eine unredliche Preisabsprache vermuten lassen. Hiergegen sprach im Übrigen, dass ein Angebot in gleicher Höhe auch gegenüber der Klägerin abgegeben worden war. Eine Verpflichtung, Marktforschung zu betreiben und dabei die Angebote räumlich entfernter Interessenten einzuholen, traf die Beklagten dabei so wenig wie die Geschädigte.

43 Soweit die Revision eine Verpflichtung der Beklagten zur Berücksichtigung höherer Angebote im Internetmarkt annehmen wollte, weil die Geschädigte ein Mitverschulden von 25 % traf, sprach entscheidend dagegen, dass die Frage der Mithaftung des Geschädigten für die Höhe des durch den Unfall entstandenen Schadens als Grundlage des Erstattungsanspruchs nicht relevant ist. Sie hat deshalb regelmäßig bei der Schadensschätzung außer Betracht zu bleiben. Die Frage, ob etwas anderes gelten kann, wenn der Gutachtensauftrag auf die Ermittlung der für den Geschädigten wirtschaftlich bestmöglichen Schadensabrechnung gerichtet wäre, konnte schon deshalb offen bleiben, weil im Streitfall von keiner Partei hierzu etwas vorgetragen worden war.

Ergänzend war darauf hinzuweisen, dass Vortrag der Klägerin dazu fehlte, dass die Geschädigte das Unfallfahrzeug über das Internet zu dem von ihr behaupteten Preis und nicht am regionalen Markt – wie geschehen – veräußert hätte. Eine auch nur überwiegende Wahrscheinlichkeit dafür, dass die Geschädigte dies getan hätte, obwohl sie dazu gar nicht verpflichtet war, war nicht gegeben. Insoweit traf aber die Klägerin die Darlegungs- und Beweislast. 44

6. Vertrauensschutz bei Reparatur trotz Totalschaden (RK über 130 %) nur bei ordnungsgemäßer Restwertermittlung

BGH, Urt. v. 13.10.2009 – VI ZR 318/08, zfs 2010, 84 = VersR 2010, 130 45

BGB § 249 Abs. 2 S. 1; ZPO § 287

a) Im Falle eines wirtschaftlichen Totalschadens kann der Geschädigte, der ein Sachverständigengutachten einholt, das eine korrekte Wertermittlung erkennen lässt, und im Vertrauen auf den darin genannten Restwert und die sich daraus ergebende Schadensersatzleistung des Unfallgegners sein Fahrzeug reparieren lässt und weiternutzt, seiner Schadensabrechnung grundsätzlich diesen Restwertbetrag zugrunde legen.

b) Der vom Geschädigten mit der Schadensschätzung zum Zwecke der Schadensregulierung beauftragte Sachverständige hat als geeignete Schätzgrundlage für den Restwert im Regelfall drei Angebote auf dem maßgeblichen regionalen Markt zu ermitteln und diese in seinem Gutachten konkret zu benennen.

a) Der Fall

Der Kläger machte restliche Schadensersatzansprüche aus einem Verkehrsunfall vom 11.7.2007 geltend, für dessen Folgen die Beklagte als Haftpflichtversicherer dem Grunde nach unstreitig in vollem Umfang einzustehen hatte. Der vom Kläger mit der Begutachtung des Schadens beauftragte Sachverständige ermittelte für dessen Fahrzeug, einen Mercedes Benz A 170, einen Brutto-Wiederbeschaffungswert von 5.000 EUR, Brutto-Reparaturkosten in Höhe von ca. 8.000 EUR sowie einen Restwert von 1.000 EUR, zu dem es im Gutachten vom 17.7.2007 hieß: „Restwert: Angebot liegt vor EUR 1.000" und „Der ausgewiesene Restwert basiert auf Angeboten von Interessenten". Der Kläger hatte sein Fahrzeug reparieren lassen und nutzte es weiter. Die Beklagte verwies den Kläger mit Schreiben vom 2.8.2007 auf ein Restwertangebot eines spezialisierten Restwertaufkäufers in Frankfurt in Höhe von 4.210 EUR und zahlte dem Kläger lediglich einen Betrag von insgesamt 790 EUR. 46

§ 3 Restwertproblematik

47 Mit seiner Klage machte der Kläger den Differenzbetrag in Höhe von 4.000 EUR (5.000 EUR Wiederbeschaffungswert abzüglich 1.000 EUR Restwert) abzüglich gezahlter 790 EUR geltend. Vor dem Amtsgericht hatte er Erfolg. Das Landgericht hat dagegen den Restwert auf 2.000 EUR geschätzt und das erstinstanzliche Urteil entsprechend abgeändert. Mit seiner zugelassen Revision verfolgte der Kläger sein Klagebegehren weiter, soweit das Berufungsgericht hinsichtlich des Restwerts das erstinstanzliche Urteil zu seinem Nachteil abgeändert hatte.

b) Die rechtliche Beurteilung

48 Das Berufungsgericht meinte, jedenfalls dann, wenn von Seiten des Gerichts nicht beurteilt werden könne, auf welcher Grundlage der vom Kläger beauftragte Sachverständige den Restwert bestimmt habe, könne dieser nicht allein maßgeblich für die Schadensberechnung sein. In diesem Fall könne und müsse das Gericht ggf. unter sachverständiger Beratung nach § 287 ZPO die Höhe des Restwertes schätzen. Bei der Bestimmung des Restwertes müsse sich der Kläger zwar nicht auf das Angebot des in Frankfurt ansässigen spezialisierten Restwertaufkäufers in Höhe von 4.210 EUR verweisen lassen, weil dieses außerhalb des dem Kläger zugänglichen allgemeinen regionalen Marktes abgegeben worden sei und die Beklagte den Kläger, der Herr des Restitutionsverfahrens sei, durch die Unterbreitung eines solchen Angebotes nicht zum Verkauf des Fahrzeugs zwingen könne. Die Beklagte habe jedoch den Nachweis erbracht, dass auf dem relevanten regionalen Markt ein höherer Restwert als der vom Kläger veranschlagte Betrag von 1.000 EUR zu realisieren gewesen sei. Der vom Amtsgericht beauftragte gerichtliche Sachverständige habe Angebote von Autohäusern im regionalen Bereich eingeholt, die sich im Bereich zwischen 1.000 EUR, 2.500 EUR und 2.560 EUR bewegt hätten. Dabei sei dem Kläger jedenfalls eine nahe liegende telefonische Anfrage bei der Mercedes-Benz Niederlassung in der Stadt S. zumutbar gewesen, die nach dem Ergebnis der Beweisaufnahme zu einem Angebot von 2.500 EUR geführt hätte. Mit Blick auf die deutlichen Preisunterschiede bei örtlichen Markenfachhändlern sei der Restwert deshalb auf 2.000 EUR zu schätzen.

49 Die hiergegen gerichtete Revision des Klägers hatte keinen Erfolg.

Das Berufungsgericht war zutreffend von der Rechtsprechung des erkennenden Senats ausgegangen, wonach sich der Geschädigte, der im Totalschadensfall sein unfallbeschädigtes Fahrzeug – ggf. nach einer (Teil-)Reparatur – weiter nutzt, bei der Abrechnung nach den fiktiven Wiederbeschaffungskosten in der Regel den in einem Sachverständigengutachten für den regionalen Markt ermittelten Restwert in Abzug bringen lassen muss. Diesen Wert hat es im Rahmen der vom Gerichtssachverständigen ermittelten drei Angebote auf einen Zwischenwert von 2.000 EUR geschätzt.

50 Die Bemessung der Höhe des Schadensersatzanspruchs ist in erster Linie Sache des nach § 287 ZPO besonders frei gestellten Tatrichters. Sie ist revisionsrechtlich nur daraufhin überprüfbar, ob der Tatrichter Rechtsgrundsätze der Schadensbemessung verkannt, wesentliche Bemessungsfaktoren außer Betracht gelassen oder seiner Schätzung unrichtige Maßstäbe zugrunde gelegt hat. Dies war hier – entgegen der Auffassung der Revision – nicht der Fall.

Im Veräußerungsfall genügt der Geschädigte im Allgemeinen dem Gebot der Wirtschaftlichkeit und seiner Darlegungs- und Beweislast und bewegt sich in den für die Schadensbehebung nach § 249 Abs. 2 S. 1 BGB gezogenen Grenzen, wenn er die Veräußerung seines beschädigten Kraftfahrzeugs zu demjenigen Preis vornimmt, den ein von ihm eingeschalteter Sachverständiger als Wert auf dem allgemeinen regionalen Markt ermittelt hat. Dem Geschädigten verbleibt im Rahmen der Schadensminderungspflicht nach § 254 Abs. 2 BGB regelmäßig nur dann ein Risiko, wenn er den Restwert ohne hinreichende Absicherung durch ein eigenes Gutachten realisiert und der Erlös sich später im Prozess als zu niedrig erweist. Will er dieses Risiko vermeiden, muss er sich vor dem Verkauf des beschädigten Fahrzeugs mit dem Haftpflichtversicherer abstimmen oder aber ein eigenes Gutachten mit einer korrekten Wertermittlung einholen, auf dessen Grundlage er die Schadensberechnung vornehmen kann. 51

Entsprechendes hat zwar auch dann zu gelten, wenn der Geschädigte nach der Einholung eines Sachverständigengutachtens, das eine korrekte Wertermittlung erkennen lässt, im Vertrauen auf den darin genannten Restwert und die sich daraus ergebende Schadensersatzleistung des Unfallgegners sein unfallbeschädigtes Fahrzeug repariert hat und weiternutzt. Im Streitfall hatte das Berufungsgericht jedoch ohne Rechtsfehler das vom Kläger vorgelegte Sachverständigengutachten nicht als geeignete Schätzungsgrundlage angesehen, weil eine korrekte Wertermittlung darin nicht hinreichend zum Ausdruck kam. 52

Beauftragt der Geschädigte – wie im Streitfall – einen Gutachter mit der Schadensschätzung zum Zwecke der Schadensregulierung, hat der Sachverständige das Gutachten unter Berücksichtigung der geltenden Rechtsprechung zum Schadensersatz bei Kfz-Unfällen zu erstellen. Die Bemerkungen „Restwert: Angebot liegt vor 1.000 EUR" und „Der ausgewiesene Restwert basiert auf Angeboten von Interessenten" lassen weder erkennen, wie viele Angebote der Sachverständige eingeholt hat, noch von wem diese stammen. Letzteres ist auch für den Geschädigten von Bedeutung, weil nur dann ersichtlich ist, ob der Sachverständige die Angebote auf dem maßgeblichen regionalen Markt ermittelt hat. Dabei hat der Sachverständige als ausreichende Schätzgrundlage entsprechend der Empfehlung des 40. Deutschen Verkehrsgerichtstags im Regelfall drei Angebote einzuholen. 53

Da das vom Kläger eingeholte Sachverständigengutachten diesen Anforderungen nicht genügte, war das Berufungsgericht von Rechts wegen nicht gehindert, auf der Grundlage des gerichtlichen Sachverständigengutachtens, den auf dem regionalen Markt erzielbaren Restwert nach § 287 ZPO auf 2.000 EUR zu schätzen. 54

§ 3 Restwertproblematik

7. Schadensminderungspflicht des Geschädigten beim Nachweis günstigerer Verwertungsmöglichkeiten durch den KH-Versicherer

55   BGH, Urt. v. 1.6.2010 – VI ZR 316/09, VersR 2010, 963

BGB §§ 249 Abs. 2 S. 1, 254 Abs. 2 S. 1

a) Der Geschädigte leistet dem Gebot zur Wirtschaftlichkeit im Allgemeinen Genüge und bewegt sich in den für die Schadensbehebung durch § 249 Abs. 2 S. 1 BGB gezogenen Grenzen, wenn er die Veräußerung seines beschädigten Kraftfahrzeugs zu demjenigen Preis vornimmt, den ein von ihm eingeschalteter Sachverständiger in einem Gutachten, das eine korrekte Wertermittlung erkennen lässt, als Wert auf dem allgemeinen regionalen Markt ermittelt hat.

b) Um seiner sich aus § 254 Abs. 2 S. 1 BGB ergebenden Verpflichtung zur Geringhaltung des Schadens zu genügen, kann der Geschädigte im Einzelfall jedoch gehalten sein, von einer danach grundsätzlich zulässigen Verwertung des Unfallfahrzeugs Abstand zu nehmen und im Rahmen des Zumutbaren andere sich ihm darbietende Verwertungsmöglichkeiten zu ergreifen.

a) Der Fall

56   Der Kläger nahm den Beklagten, das Deutsche Büro „Grüne Karte", auf Ersatz restlichen Sachschadens aus einem Verkehrsunfall in Anspruch, bei dem sein Pkw beschädigt wurde. Die volle Haftung des Beklagten stand dem Grunde nach außer Streit. Die Parteien stritten nur noch darum, in welcher Höhe sich der Kläger bei der Ermittlung des Wiederbeschaffungsaufwandes den Restwert seines unfallbeschädigten Kraftfahrzeugs anrechnen lassen muss. Der vom Kläger mit der Schadensermittlung beauftragte Sachverständige ermittelte für das Fahrzeug Reparaturkosten in Höhe von 4.924,97 EUR brutto, einen Wiederbeschaffungswert von 4.200 EUR brutto und einen Restwert von 800 EUR. Mit Schreiben vom 9.4.2008 unterbreitete der Beklagte dem Kläger neun Restwertangebote, an die die Bieter bis 29.4.2008 gebunden waren und die die kostenlose Abholung des Unfallfahrzeugs gegen Barzahlung („auf Wunsch des Geschädigten") vorsahen. Das höchste Gebot belief sich auf 1.730 EUR. Der Kläger veräußerte sein Fahrzeug am 10.5.2008 für 800 EUR an einen von ihm ausgewählten Käufer.

57   Der Beklagte legte der Schadensregulierung einen Restwert in Höhe von 1.730 EUR zugrunde. Mit der Klage begehrt der Kläger, soweit in der Revisionsinstanz noch von Interesse, den Differenzbetrag in Höhe von 930 EUR zu dem von ihm erzielten Verkaufserlös.

Beide Vorinstanzen haben die Klage insoweit abgewiesen. Mit der vom Landgericht zugelassenen Revision verfolgte der Kläger sein Klagebegehren weiter.

7. Schadensminderungspflicht bei günstigeren Verwertungsmöglichkeiten § 3

b) Die rechtliche Beurteilung

Die Revision hatte im Ergebnis keinen Erfolg. Das Berufungsgericht hatte der Schadensberechnung zu Recht einen Restwert des Unfallfahrzeugs von 1.730 EUR brutto zugrunde gelegt. 58

Das Berufungsgericht war im Ansatz zu Recht davon ausgegangen, dass der Geschädigte, wenn er von der Ersetzungsbefugnis des § 249 Abs. 2 S. 1 BGB Gebrauch macht und den Schaden wie im Streitfall nicht im Wege der Reparatur, sondern durch Beschaffung eines Ersatzfahrzeugs beheben will, nur Ersatz des Wiederbeschaffungswerts abzüglich des Restwerts verlangen kann. Das Berufungsgericht hatte auch zutreffend angenommen, dass die Ersatzbeschaffung als Variante der Naturalrestitution unter dem Gebot der Wirtschaftlichkeit steht. Dies bedeutet, dass der Geschädigte bei der Schadensbehebung gemäß § 249 Abs. 2 S. 1 BGB im Rahmen des ihm Zumutbaren und unter Berücksichtigung seiner individuellen Lage den wirtschaftlichsten Weg zu wählen hat. Das Wirtschaftlichkeitspostulat gilt auch für die Frage, in welcher Höhe der Restwert des Unfallfahrzeugs bei der Schadensabrechnung berücksichtigt werden muss. Denn auch bei der Verwertung des beschädigten Fahrzeugs muss sich der Geschädigte im Rahmen der wirtschaftlichen Vernunft halten. 59

Entgegen der Auffassung des Berufungsgerichts leistet der Geschädigte dem Gebot zur Wirtschaftlichkeit indessen im Allgemeinen Genüge und bewegt sich in den für die Schadensbehebung durch § 249 Abs. 2 S. 1 BGB gezogenen Grenzen, wenn er die Veräußerung seines beschädigten Kraftfahrzeugs zu demjenigen Preis vornimmt, den ein von ihm eingeschalteter Sachverständiger in einem Gutachten, das eine korrekte Wertermittlung erkennen lässt, als Wert auf dem allgemeinen regionalen Markt ermittelt hat. Anders als das Berufungsgericht meinte, ist der Geschädigte insbesondere grundsätzlich nicht verpflichtet, einen Sondermarkt für Restwertaufkäufer im Internet in Anspruch zu nehmen. Will der Geschädigte das Fahrzeug der ihm vertrauten Vertragswerkstatt oder einem Gebrauchtwagenhändler bei dem Erwerb eines Ersatzwagens in Zahlung geben, so kann der Schädiger gegenüber deren Ankaufsangebot grundsätzlich nicht auf ein höheres Angebot verweisen, das vom Geschädigten nur auf einem Sondermarkt, etwa durch Einschaltung spezialisierter Restwertaufkäufer über das Internet, zu erzielen wäre. Andernfalls würde die dem Geschädigten nach § 249 Abs. 2 S. 1 BGB zustehende Ersetzungsbefugnis unterlaufen und dem Geschädigten die vom Schädiger gewünschte Verwertungsmodalität aufgezwungen. 60

Auf die dargestellten Fragen kam es im Streitfall indes nicht an. Das Berufungsgericht hatte ohne Rechtsfehler angenommen, dass der Kläger durch den Verkauf des Unfallfahrzeugs für 800 EUR seine Pflicht zur Geringhaltung des Schadens gemäß § 254 Abs. 2 S. 1 BGB verletzt hatte. 61

Nach der gefestigten Rechtsprechung des BGH können besondere Umstände dem Geschädigten Veranlassung geben, günstigere Verwertungsmöglichkeiten wahr- 62 zunehmen, um seiner sich aus § 254 Abs. 2 S. 1 BGB ergebenden Verpflichtung zur Geringhaltung des Schadens zu genügen. Unter diesem Blickpunkt kann er gehalten sein, von einer grundsätzlich zulässigen Verwertung des Unfallfahrzeugs Abstand zu nehmen und im Rahmen des Zumutbaren andere sich ihm darbietende Verwertungsmöglichkeiten zu ergreifen. Derartige Ausnahmen stehen nach allgemeinen Grundsätzen zur Beweislast des Schädigers. Auch müssen sie in engen Grenzen gehalten werden und dürfen insbesondere nicht dazu führen, dass dem Geschädigten bei der Schadensbehebung die von dem Schädiger bzw. dessen Versicherer gewünschten Verwertungsmodalitäten aufgezwungen werden.

63   Unter Zugrundelegung dieser Maßstäbe war die Beurteilung des Berufungsgerichts, der Kläger habe durch den Verkauf des Unfallfahrzeugs zu dem vom Sachverständigen geschätzten Wert gegen die ihm obliegende Schadensminderungspflicht verstoßen, revisionsrechtlich nicht zu beanstanden. Nach den von der Revision nicht angegriffenen Feststellungen des Berufungsgerichts hatte der Beklagte dem Kläger vor der Veräußerung des Fahrzeugs eine erheblich günstigere Verwertungsmöglichkeit unterbreitet, die dieser ohne weiteres hätte wahrnehmen können und deren Wahrnehmung ihm zumutbar war. Danach hatte der Beklagte dem Kläger mit Schreiben vom 9.4.2008 ein bis 29.4.2008 bindendes Restwertangebot unterbreitet, welches eine Abholung des Unfallfahrzeugs gegen Barzahlung von 1.730 EUR garantierte und das der Kläger lediglich telefonisch hätte annehmen müssen. Die Revision zeigte keinen übergangenen Sachvortrag auf, der ein anerkennenswertes Interesse des Klägers daran begründen könnte, das Unfallfahrzeug nicht an den von der Beklagten benannten Interessenten, sondern zu einem wesentlich geringeren Preis an den von ihm ausgewählten Käufer zu veräußern.

8. Anrechnung eines ohne besondere Anstrengungen erzielbaren höheren Restwerterlöses

64   **BGH, Urt. v. 15.6.2010 – VI ZR 232/09, VersR 2010, 1197**
       BGB § 249 Abs. 2 S. 1

   a) Der Geschädigte, der sein beschädigtes Fahrzeug nicht reparieren lassen, sondern es veräußern und ein Ersatzfahrzeug anschaffen will, darf seiner Schadensabrechnung im Allgemeinen denjenigen Restwert zugrunde legen, den ein von ihm eingeschalteter Sachverständiger in einem Gutachten, das eine korrekte Wertermittlung erkennen lässt, als Wert auf dem allgemeinen regionalen Markt ermittelt hat.

   b) Anderes gilt aber dann, wenn der Geschädigte für das Unfallfahrzeug ohne besondere Anstrengungen einen Erlös erzielt hat, der den vom Sachverständigen geschätzten Betrag übersteigt.

8. Anrechnung eines höheren Restwerterlöses § 3

a) Der Fall

Der Kläger nahm den beklagten Haftpflichtversicherer (nachfolgend: Beklagte) auf Zahlung weiterer Mietwagenkosten und eines weiteren Schmerzensgeldes aus einem Verkehrsunfall vom 11.6.2003 in Anspruch, bei dem der Kläger verletzt und sein Pkw beschädigt wurde. Die volle Haftung der Beklagten stand dem Grunde nach außer Streit. Die Parteien stritten nur noch um die Frage, ob die vom Amtsgericht für begründet erachtete Klageforderung in Höhe von 4.653,16 EUR durch die von der Beklagten hilfsweise erklärte Aufrechnung mit einem Rückzahlungsanspruch aus ungerechtfertigter Bereicherung in Höhe von 5.500 EUR erloschen war. Die Beklagte hatte bei der Schadensregulierung Mitte August 2003 vom unstreitigen Wiederbeschaffungswert des unfallbeschädigten Kraftfahrzeugs in Höhe von 25.800 EUR brutto lediglich den vom Sachverständigen des Klägers ermittelten Restwert in Höhe von 5.200 EUR in Abzug gebracht. Der Kläger hatte das Unfallfahrzeug aber, nachdem er im Juli 2003 seinen Fahrzeugversicherer eingeschaltet und dieser ihm mit Hilfe der Internetrestwertbörse „Car TV" eine günstigere Verwertungsmöglichkeit aufgezeigt hatte, an die Firma Kfz-Handel F. zu einem Kaufpreis von 10.700 EUR brutto veräußert. Die Beklagte war der Auffassung, der Kläger müsse sich auf den Wiederbeschaffungswert des Unfallfahrzeugs nicht lediglich den von seinem Gutachter geschätzten Restwert seines Fahrzeugs in Höhe von 5.200 EUR, sondern den tatsächlich von ihm erzielten Veräußerungserlös in Höhe von 10.700 EUR anrechnen lassen, weshalb sie 5.500 EUR zu viel an den Kläger gezahlt habe. 65

Das Amtsgericht hat die Klage, soweit im Revisionsverfahren noch von Interesse, im Hinblick auf die von der Beklagten erklärte Hilfsaufrechnung abgewiesen. Das Landgericht hat die Berufung des Klägers zurückgewiesen. Mit der vom Landgericht zugelassenen Revision verfolgte der Kläger seine Klageforderung in Höhe von 4.653,16 EUR weiter. 66

b) Die rechtliche Beurteilung

Die Revision hatte keinen Erfolg. Das Berufungsgericht hatte mit Recht angenommen, dass die Klageforderung durch die von der Beklagten erklärte Aufrechnung mit einem Rückzahlungsanspruch aus § 812 Abs. 1 S. 1 Alt. 1 BGB erloschen war. Die Beklagte hatte an den Kläger im Rahmen ihrer Schadensregulierung 5.500 EUR zuviel geleistet. In dieser Höhe stand dem Kläger kein Schadensersatzanspruch gegen die Beklagte zu. Das Berufungsgericht hatte der Schadensberechnung zu Recht einen Restwert des Unfallfahrzeugs von 10.700 EUR und nicht von lediglich 5.200 EUR zugrunde gelegt. 67

Die Bemessung der Höhe des Schadensersatzanspruchs ist in erster Linie Sache des nach § 287 ZPO besonders frei gestellten Tatrichters. Sie ist revisionsrechtlich nur daraufhin überprüfbar, ob der Tatrichter Rechtsgrundsätze der Schadensbemessung 68

§ 3 Restwertproblematik

verkannt, wesentliche Bemessungsfaktoren außer Betracht gelassen oder seiner Schätzung unrichtige Maßstäbe zugrunde gelegt hat. Derartige Rechtsfehler waren vorliegend nicht ersichtlich.

69 Rechtsfehlerfrei hatte das Berufungsgericht im Ausgangspunkt angenommen, dass der zu ersetzende Schaden dann, wenn der Geschädigte sein beschädigtes Fahrzeug nicht reparieren lassen, sondern es veräußern und ein Ersatzfahrzeug anschaffen will, in der Differenz zwischen dem Wiederbeschaffungswert und dem Restwert besteht. Hierüber bestand zwischen den Parteien auch kein Streit.

70 Ohne Rechtsfehler hatte das Berufungsgericht den Restwert des Unfallfahrzeugs an dem Preis bemessen, den der Kläger bei der Veräußerung seines Fahrzeugs erzielt hat.

Zwar darf der Geschädigte seiner Schadensabrechnung im Allgemeinen denjenigen Restwert zugrunde legen, den ein von ihm eingeschalteter Sachverständiger in einem Gutachten, das eine korrekte Wertermittlung erkennen lässt, als Wert auf dem allgemeinen regionalen Markt ermittelt hat.

71 Anderes gilt aber dann, wenn der Geschädigte, was zur Beweislast des Schädigers steht, für das Unfallfahrzeug ohne besondere Anstrengungen einen Erlös erzielt hat, der den vom Sachverständigen geschätzten Betrag übersteigt. In diesem Fall hat er durch die Verwertung seines Fahrzeugs in Höhe des tatsächlich erzielten Erlöses den ihm entstandenen Schaden ausgeglichen. Da nach allgemeinen schadensrechtlichen Grundsätzen der Geschädigte zwar vollen Ersatz verlangen kann, an dem Schadensfall aber nicht „verdienen" soll, kann ihn der Schädiger an dem tatsächlich erzielten Erlös festhalten.

72 Die Annahme des Berufungsgerichts, die Veräußerung des Unfallfahrzeugs zu einem Preis von 10.700 EUR sei für den Kläger nicht mit besonderen Anstrengungen verbunden gewesen, war revisionsrechtlich nicht zu beanstanden. Die Revision wandte sich nicht gegen die tatrichterliche Würdigung, wonach das Veräußerungsgeschäft unter den festgestellten Umständen weder für den Kläger noch für seine Kaskoversicherung, die ihm das Kaufangebot der Firma F. übermittelt hatte, einen nennenswerten Aufwand verursacht hat. Diese Würdigung ließ Rechtsfehler nicht erkennen.

73 Entgegen der Auffassung der Revision hatte der Kläger besondere – einer vollständigen Anrechnung des erzielten Verkaufserlöses auf den Wiederbeschaffungswert des Unfallfahrzeugs entgegenstehende – Anstrengungen auch nicht dadurch entfaltet, dass er eine Fahrzeugversicherung unterhalten und dafür Beiträge geleistet hat. Denn diese Aufwendungen sind weder durch die Veräußerung des Unfallfahrzeugs verursacht worden noch überhaupt im Zusammenhang mit ihr entstanden. Die Entscheidung des Klägers, eine Fahrzeugversicherung abzuschließen und die Versicherungsbeiträge zu zahlen, war in jeder Hinsicht unabhängig von der späteren Verwertung des Unfallfahrzeugs. Die Revision zeigte keinen übergangenen Sach-

vortrag auf, der die Annahme begründen konnte, der Kläger habe die Versicherung zu dem Zweck abgeschlossen, dass ihm im Schadensfall eine günstige Verwertungsmöglichkeit aufgezeigt werde. Dies wäre auch lebensfremd. Gegenstand der Fahrzeugversicherung ist das Interesse des Eigentümers an der Erhaltung des versicherten Fahrzeugs. Ihr Sinn besteht darin, Ersatz des unmittelbar am Fahrzeug entstandenen Schadens auch dann erlangen zu können, wenn ein Dritter nicht haftbar gemacht werden kann. Wie das Berufungsgericht zutreffend ausgeführt hat, handelt der Versicherer, wenn er dem Versicherungsnehmer eine günstige Verwertungsmöglichkeit aufzeigt, auch ausschließlich im eigenen Interesse, seine Leistungsverpflichtung gering zu halten.

Bei dieser Sachlage war es revisionsrechtlich nicht zu beanstanden, dass das Berufungsgericht den vom Kläger erzielten Verkaufserlös in Höhe von 10.700 EUR in vollem Umfang auf den Wiederbeschaffungswert angerechnet hatte. 74

9. Keine Beteiligung des Haftpflichtversicherers an der Einholung von Restwertangeboten und Maßgeblichkeit des regionalen Markts

BGH, Urt. v. 27.9.2016 – VI ZR 673/15, VersR 2017, 56 75

BGB §§ 249, 254

a) Der Geschädigte, der von der Ersetzungsbefugnis des § 249 Abs. 2 Satz 1 BGB Gebrauch macht und den Schaden wie im Streitfall nicht im Wege der Reparatur, sondern durch Beschaffung eines Ersatzfahrzeugs beheben will, leistet bei der Verwertung des beschädigten Fahrzeugs dem Wirtschaftlichkeitsgebot im Allgemeinen Genüge, wenn er die Veräußerung zu einem Preis vornimmt, den ein von ihm eingeschalteter Sachverständiger in einem Gutachten, das eine korrekte Wertermittlung erkennen lässt, als Wert auf dem allgemeinen regionalen Markt ermittelt hat (Fortführung Senatsurt. v. 1.6.2010 – VI ZR 316/09, VersR 2010, 963).

b) Er ist weder unter dem Gesichtspunkt des Wirtschaftlichkeitsgebots noch unter dem Gesichtspunkt der Schadensminderungspflicht dazu verpflichtet, über die Einholung des Sachverständigengutachtens hinaus noch eigene Marktforschung zu betreiben und dabei die Angebote auch räumlich entfernter Interessenten einzuholen oder einen Sondermarkt für Restwertaufkäufer im Internet in Anspruch zu nehmen. Auch ist er nicht gehalten abzuwarten, um dem Schädiger oder dessen Haftpflichtversicherer vor der Veräußerung des beschädigten Fahrzeugs Gelegenheit zu geben, zum eingeholten Gutachten Stellung zu nehmen und gegebenenfalls bessere Restwertangebote vorzulegen.

§ 3 Restwertproblematik

a) Der Fall

76 Der Kläger nahm den Beklagten nach einem Verkehrsunfall auf restlichen Schadensersatz in Anspruch.

Der Pkw des Klägers wurde am 3.2.2014 bei einem Verkehrsunfall beschädigt. Der Beklagte war als Haftpflichtversicherer des Unfallgegners dem Grunde nach voll einstandspflichtig. In einem vom Kläger eingeholten Schadensgutachten vom 4.2.2014 wurde der Restwert seines Fahrzeugs auf der Grundlage von vier auf dem regionalen Markt eingeholten Angeboten mit 10.750 EUR beziffert, der – zwischen den Parteien unstreitige – Wiederbeschaffungswert mit netto 27.804,88 EUR. Mit anwaltlichem Schreiben vom 7.2.2014 übersandte der Kläger das Gutachten dem Beklagten, wo es am 8.2.2014 einging. Der Beklagte bestätigte den Eingang mit Telefax vom 11.2.2014 und teilte zugleich mit, die Schadensunterlagen momentan zu prüfen. Ebenfalls am 11.2.2014 verkaufte der Kläger das beschädigte Fahrzeug für 11.000 EUR an einen nicht ortsansässigen Käufer. Mit Schreiben vom 13.2.2014 legte der Beklagte dem Kläger mehrere höhere Angebote für das beschädigte Fahrzeug vor, darunter ein verbindliches Angebot eines ebenfalls nicht ortsansässigen Händlers über 20.090 EUR. Den im Wiederbeschaffungsaufwand liegenden Schaden des Klägers rechnete der Beklagte sodann auf der Grundlage eines Restwerts von 20.090 EUR ab. Mit seiner Klage verlangte der Kläger vom Beklagten den Differenzbetrag in Höhe von 9.090 EUR aus dem vom Beklagten angesetzten Restwert (20.090 EUR) und dem tatsächlich erzielten Verkaufserlös (11.000 EUR) sowie die Erstattung vorgerichtlicher Rechtsverfolgungskosten in Höhe von 887,03 EUR, jeweils nebst Zinsen.

77 Das Landgericht hat die Klage abgewiesen. Der Berufung des Klägers hat das Oberlandesgericht unter Abänderung des landgerichtlichen Urteils stattgegeben. Mit der vom Berufungsgericht zugelassenen Revision verfolgt der Beklagte sein Ziel der Klageabweisung weiter.

b) Die rechtliche Beurteilung

78 Das Berufungsurteil hielt der revisionsrechtlichen Überprüfung stand. Auf der Grundlage der gefestigten Rechtsprechung des erkennenden Senats hatte das Berufungsgericht der Schadensberechnung zu Recht einen Restwert des Unfallfahrzeugs von nur 11.000 EUR zugrunde gelegt. Durchgreifende Gründe, seine Rechtsprechung zu ändern, sah der Senat nicht.

79 Nach ständiger Senatsrechtsprechung kann der Geschädigte, der von der Ersetzungsbefugnis des § 249 Abs. 2 S. 1 BGB Gebrauch macht und den Schaden wie im Streitfall nicht im Wege der Reparatur, sondern durch Beschaffung eines Ersatzfahrzeugs beheben will, Ersatz des Wiederbeschaffungswertes abzüglich des Restwerts verlangen. Als Variante der Naturalrestitution steht auch die Ersatzbeschaffung unter dem Gebot der Wirtschaftlichkeit. Das bedeutet, dass der Geschädigte

9. Keine Beteiligung des Haftpflichtversicherers § 3

bei der Schadensbehebung gemäß § 249 Abs. 2 S. 1 BGB im Rahmen des ihm Zumutbaren und unter Berücksichtigung seiner individuellen Lage den wirtschaftlichsten Weg zu wählen hat. Das Wirtschaftlichkeitspostulat gilt daher auch für die Frage, in welcher Höhe der Restwert des Unfallfahrzeugs bei der Schadensabrechnung berücksichtigt werden muss. Denn auch bei der Verwertung des beschädigten Fahrzeugs muss sich der Geschädigte im Rahmen der wirtschaftlichen Vernunft halten (vgl. zum Ganzen: Senatsurt. v. 1.6.2010 – VI ZR 316/09, VersR 2010, 963 Rn 6, m.w.N.).

Weiter ist in der bisherigen Rechtsprechung des Senats anerkannt, dass der Geschädigte dem Wirtschaftlichkeitsgebot im Allgemeinen Genüge leistet und sich in den für die Schadensbehebung durch § 249 Abs. 2 S. 1 BGB gezogenen Grenzen bewegt, wenn er die Veräußerung seines beschädigten Kraftfahrzeugs zu dem Preis vornimmt, den ein von ihm eingeschalteter Sachverständiger in einem Gutachten, das eine korrekte Wertermittlung erkennen lässt, als Wert auf dem allgemeinen regionalen Markt ermittelt hat (Senatsurt. v. 1.6.2010 – VI ZR 316/09, VersR 2010, 963 Rn 7, m.w.N.). Der Geschädigte ist weder verpflichtet, über die Einholung des Sachverständigengutachtens hinaus noch eigene Marktforschung zu betreiben und dabei die Angebote auch räumlich entfernter Interessenten einzuholen (Senatsurt. v. 7.12.2004 – VI ZR 119/04, VersR 2005, 381, 382; v. 6.4.1993 – VI ZR 181/92, VersR 1993, 769, 770) oder einen Sondermarkt für Restwertaufkäufer im Internet in Anspruch zu nehmen (Senatsurt. v. 1.6.2010 – VI ZR 316/09, a.a.O.), noch ist er gehalten abzuwarten, um dem Schädiger oder dessen Haftpflichtversicherer vor der Veräußerung des beschädigten Fahrzeugs Gelegenheit zu geben, zum eingeholten Gutachten Stellung zu nehmen und gegebenenfalls bessere Restwertangebote vorzulegen (vgl. Senatsurt. v. 6.4.1993 – VI ZR 181/92, a.a.O.; a.A. OLG Köln, Beschl. v. 16.7.2012 – 13 U 80/12, NJW-RR 2013, 224, 225 und Beschl. v. 14.2.2005 – 15 U 191/04, BeckRS 2005, 09804). Ein vom Geschädigten tatsächlich erzielter, über dem vom Sachverständigen ermittelten Restwert liegender Mehrerlös ist freilich zu berücksichtigen, wenn ihm keine überobligationsmäßigen Anstrengungen des Geschädigten zugrunde liegen (Senatsurt. v. 7.12.2004 – VI ZR 119/04, VersR 2005, 381, 382; v. 21.1.1992 – VI ZR 142/91, VersR 1992, 457, 458).

80

Nach diesen Grundsätzen, mit denen die vom Berufungsgericht abgelehnte Rechtsprechung des Oberlandesgerichts Köln (OLG Köln, Beschl. v. 16.7.2012 – 13 U 80/12, NJW-RR 2013, 224, 225 und vom 14.2.2005 – 15 U 191/04, BeckRS 2005, 09804) – wie das Berufungsgericht zutreffend sah – nicht in Übereinstimmung zu bringen ist, begegnet die Annahme, der vom Wiederbeschaffungswert abzuziehende Restwert des Unfallfahrzeugs sei im Hinblick auf den vom Kläger tatsächlich erzielten Verkaufserlös mit 11.000 EUR zu bemessen, keinen rechtlichen Bedenken. Den Feststellungen des Berufungsgerichts zufolge lagen dem vom Kläger eingeholten Schadensgutachten hinsichtlich der Restwertfrage vier bei verschiedenen Unternehmen des regionalen Marktes eingeholte Angebote zugrunde, was nach der

81

§ 3 Restwertproblematik

Rechtsprechung des Senats (vgl. Senatsurt. v. 13.10.2009 – VI ZR 318/08, VersR 2010, 130 Rn 11; v. 13.1.2009 – VI ZR 205/08, VersR 2009, 413 Rn 13) grundsätzlich genügt. Auch sonst begegnete die Auffassung des Berufungsgerichts, für den Kläger habe kein Anlass zu Misstrauen gegenüber den Angaben des Sachverständigen bestanden, auf der Grundlage der bisherigen Rechtsprechung des Senats keinen revisionsrechtlichen Bedenken. Zu weiteren Recherchen war der Kläger nach den dargestellten Grundsätzen nicht verpflichtet, ebenso wenig dazu, dem Beklagten Gelegenheit zu geben, ihm andere Verwertungsmöglichkeiten aufzuzeigen. Der Kläger durfte danach von dem im Gutachten genannten Restwert von 10.750 EUR ausgehen und musste sich – was er nicht in Abrede stellte – unter Einschluss des erzielten Mehrerlöses von 250 EUR einen Betrag von 11.000 EUR als Restwert anrechnen lassen.

Durchgreifende Gründe, die dafür sprachen, die dargestellten Grundsätze zu modifizieren und dadurch auch im Streitfall zu einem anderen Ergebnis zu gelangen, sah der erkennende Senat nicht.

82 Entgegen der Auffassung des Landgerichts bestand auch in Anbetracht der technischen und wirtschaftlichen Entwicklung der letzten Jahre kein Anlass, dem Geschädigten unter dem Gesichtspunkt des Wirtschaftlichkeitsgebots des § 249 Abs. 2 S. 1 BGB oder der Schadensminderungspflicht nach § 254 Abs. 2 S. 1 BGB aufzuerlegen, dem Schädiger oder dessen Haftpflichtversicherer vor dem Verkauf des beschädigten Fahrzeugs die Möglichkeit einzuräumen, ihm höhere Restwertangebote zu übermitteln. Zwar mag es sein, dass der Schädiger bzw. der hinter diesem stehende Haftpflichtversicherer nicht nur ein besonderes Interesse an möglichst hohen Restwertangeboten hat, sondern auch über besondere Expertise darin verfügt, an entsprechende Angebote zu gelangen. Das ändert aber nichts daran, dass der Gesetzgeber dem Geschädigten in § 249 Abs. 2 S. 1 BGB die Möglichkeit eingeräumt hat, die Behebung des Schadens gerade unabhängig vom Schädiger in die eigenen Hände zu nehmen und in eigener Regie durchzuführen (z.B. Senatsurt. v. 18.3.2014 – VI ZR 10/13, VersR 2014, 849 Rn 29; v. 20.10.2009 – VI ZR 53/09, BGHZ 183, 21 Rn 13; v. 6.4.1993 – VI ZR 181/92, VersR 1993, 769, 770). Diese gesetzgeberische Grundentscheidung würde unterlaufen, sähe man den Geschädigten schadensrechtlich grundsätzlich für verpflichtet an, vor der von ihm beabsichtigten Schadensbehebung Alternativvorschläge des Schädigers einzuholen und diesen dann gegebenenfalls zu folgen. Gründe, die es de lege lata erlaubten, von diesem gesetzlich vorgegebenen allgemeinen Grundsatz in Bezug auf die Verwertung des beschädigten Fahrzeugs abzuweichen, sind nicht erkennbar (vgl. Senatsurt. v. 12.7.2005 – VI ZR 132/04, BGHZ 163, 362, 366f.; v. 30.11.1999 – VI ZR 219/98, BGHZ 143, 189, 194f.; v. 6.4.1993 – VI ZR 181/92, a.a.O.; v. 21.1.1992 – VI ZR 142/91, VersR 1992, 457; zweifelnd dagegen *Lemcke*, r+s 2016, 267, 268). Der Schädigerseite bleibt es im Übrigen unbenommen, im Rahmen einer möglichst frühzeitigen Kontaktaufnahme etwa durch wirtschaftliche Anreize darauf hinzuwirken, dass der Geschädigte die Verwertung des beschädigten Fahrzeugs freiwillig in die Hände des

9. Keine Beteiligung des Haftpflichtversicherers § 3

Haftpflichtversicherers legt, oder zu versuchen, dem Geschädigten auch ohne dessen Mitwirkung rechtzeitig eine günstigere Verwertungsmöglichkeit zu unterbreiten, die dieser ohne weiteres wahrnehmen kann und die ihm zumutbar ist (vgl. Senatsurt. v. 1.6.2010 – VI ZR 316/09, VersR 2010, 963 Rn 9 f.).

Anders als die Revision meinte, war auch der regionale Markt als Bezugspunkt für die Ermittlung des Restwerts durch die auf dem Gebrauchtwagenmarkt eingetretene Entwicklung und die – unterstellt – allgemeine Zugänglichkeit von Online-Gebrauchtwagenbörsen nicht als überholt anzusehen. Vorrangiger Grund für die Annahme, bei der Ermittlung des Restwerts sei grundsätzlich entscheidend auf den regionalen Markt abzustellen, war für den Senat die Überlegung, dass es einem Geschädigten – unabhängig davon, ob er im Einzelfall nach Einholung des Gutachtens dann auch entsprechend verfährt (vgl. Senatsurt. v. 7.12.2004 – VI ZR 119/04, VersR 2005, 381, 382; v. 6.4.1993 – VI ZR 181/92, VersR 1993, 769 f.) – möglich sein muss, das Fahrzeug einer ihm vertrauten Vertragswerkstatt oder einem angesehenen Gebrauchtwagenhändler bei dem Erwerb des Ersatzwagens in Zahlung zu geben (Senatsurt. v. 13.1.2009 – VI ZR 205/08, VersR 2009, 413 Rn 9; v. 21.1.1992 – VI ZR 142/91, VersR 1992, 457; *Steffen*, zfs 2002, 161 f.; *ders.*, DAR 1997, 297, 300). Das für den Kauf eines Ersatzfahrzeugs unter Inzahlunggabe des Unfallwagens notwendige persönliche Vertrauen wird der Geschädigte ohne Nachforschungen, zu denen er nicht verpflichtet ist, aber typischerweise nur ortsansässigen Vertragswerkstätten und Gebrauchtwagenhändlern, die er kennt oder über die er gegebenenfalls unschwer Erkundigungen einholen kann, entgegenbringen, nicht aber erst über das Internet gefundenen, jedenfalls ohne weitere Nachforschungen häufig nicht ausschließbar unseriösen Händlern und Aufkäufern. Dass – wie die Revision behauptet – der Fahrzeughandel über Online-Gebrauchtwagenbörsen üblicher geworden ist, ändert daran nichts. Die Befürchtung der Revision, im Falle einer Inzahlungnahme des beschädigten Fahrzeugs würden in der Praxis eher niedrigere Restwerte angesetzt, greift ebenfalls nicht durch. Denn der im Gutachten zu ermittelnde Restwert ist losgelöst von dem Fall der Inzahlungnahme bei Kauf eines Ersatzfahrzeugs zu ermitteln. Es ist deshalb nach wie vor sachgerecht, bei der Ermittlung des für eine Schadensbeseitigung im Wege der Ersatzbeschaffung erforderlichen Geldbetrags im Sinne von § 249 Abs. 2 S. 1 BGB einen Restwert des beschädigten Fahrzeugs grundsätzlich nur in der Höhe des Betrags zu berücksichtigen, der bei einer Veräußerung auf dem vom Geschädigten aus gesehen regionalen Markt erzielt werden kann.

83

10. Keine Einstellung von Lichtbildern aus Gutachten durch KH-Versicherer in eine Restwertbörse ohne Einwilligung des Sachverständigen (LS)

84   BGH, Urt. v. 29.4.2010 – I ZR 68/08, zfs 2010, 554 = WRP 2010, 927

UrhG § 31 Abs. 5 S. 2; BGB § 242

a) Erstattet ein Sachverständiger im Auftrag eines Unfallgeschädigten ein Gutachten über den Schaden an einem Unfallfahrzeug, das dem Haftpflichtversicherer des Unfallgegners vorgelegt werden soll, ist der Haftpflichtversicherer grundsätzlich nicht berechtigt, im Gutachten enthaltene Lichtbilder ohne Einwilligung des Sachverständigen in eine Restwertbörse im Internet einzustellen, um den vom Sachverständigen ermittelten Restwert zu überprüfen.

b) Der aus § 242 BGB hergeleitete Auskunftsanspruch wegen Verletzung eines Schutzrechts kann sich über die konkrete Verletzungshandlung hinaus auf Verletzungshandlungen erstrecken, die einen anderen Schutzgegenstand betreffen, wenn die Gefahr einer unzulässigen Ausforschung des Auskunftspflichtigen nicht besteht (Fortführung von BGHZ 166, 233 Tz. 34 ff., Parfümtestkäufe).

§ 4 Stundenverrechnungssätze, UPE-Aufschläge und Verbringungskosten

1. Die „Porsche-Entscheidung"

BGH, Urt. v. 29.4.2003 – VI ZR 398/02, zfs 2003, 405 = VersR 2003, 920 1
BGB § 249

Der Geschädigte, der fiktive Reparaturkosten abrechnet, darf der Schadensberechnung die Stundenverrechnungssätze einer markengebundenen Fachwerkstatt zugrunde legen. Der abstrakte Mittelwert der Stundenverrechnungssätze aller repräsentativen Marken- und freien Fachwerkstätten einer Region repräsentiert als statistisch ermittelte Rechengröße nicht den zur Wiederherstellung erforderlichen Betrag.

a) Der Fall

In dem Urteil vom 29.4.2003 – VI ZR 398/02, VersR 2003, 920, der sogenannten Porsche-Entscheidung, ging es um die fiktive Abrechnung von Reparaturkosten nach den Stundenverrechnungssätzen einer markengebundenen (Porsche-)Fachwerkstatt. 2

Die Klägerin hatte nach einem Unfall ihren Porsche unrepariert weiterveräußert und rechnete ihren Schaden auf der Basis eines Sachverständigengutachtens ab. Der Haftpflichtversicherer erkannte lediglich einen niedrigeren Betrag auf der Basis mittlerer ortsüblicher Stundenverrechnungssätze an, welche die von DEKRA unter Einbeziehung aller repräsentativen Marken- und freien Fachwerkstätten in der Region ermittelt hatte. Die Klägerin klagte den Differenzbetrag ein, den ihr das Amtsgericht zusprach, das Berufungsgericht jedoch versagte. Die zugelassene Revision der Klägerin führte zur Wiederherstellung des amtsgerichtlichen Urteils.

b) Die rechtliche Beurteilung

Das Berufungsgericht hatte gemeint, die Zubilligung fiktiver Reparaturkosten entsprechend den Kosten einer Fachwerkstatt widerspreche dem Wirtschaftlichkeitsgebot „in strengem Sinne". Die Klägerin habe weder bestritten, das mit dem vom Haftpflichtversicherer regulierten Betrag eine ordnungsgemäße Reparatur des Fahrzeugs außerhalb einer Porsche-Vertragswerkstatt möglich gewesen wäre, noch habe sie dargelegt, dass bei einer anderweitigen Reparatur des Wagens ein höherer Minderwert verbleibe als bei einer Reparatur in einer Porsche-Vertragswerkstatt. 3

Dabei hatte das Berufungsgericht jedoch verkannt, dass Ziel des Schadensersatzes die Totalreparation ist und der Geschädigte nach schadensrechtlichen Grundsätzen sowohl in der Wahl der Mittel zur Schadensbehebung, als auch in der Verwendung 4 des vom Schädiger zu leistenden Schadensersatzes frei ist. Zwar ist der Geschädigte unter dem Gesichtspunkt der Schadensminderungspflicht gehalten, im Rahmen des ihm Zumutbaren den wirtschaftlicheren Weg der Schadensbehebung zu wählen, sofern er die Höhe der für die Schadensbeseitigung aufzuwendenden Kosten beeinflussen kann. Doch genügt im Allgemeinen, dass er den Schaden auf der Grundlage eines von ihm eingeholten Sachverständigengutachtens berechnet, sofern das Gutachten hinreichend ausführlich ist und das Bemühen erkennen lässt, den konkreten Schadensfall vom Standpunkt eines wirtschaftlich denkenden Betrachters gerecht zu werden. Bei dem Bemühen um eine wirtschaftlich vernünftige Objektivierung des Restitutionsbedarf im Rahmen von § 249 Abs. 2 S. 1 BGB darf nicht das Grundanliegen dieser Vorschrift aus den Augen verloren werden, dass dem Geschädigten bei voller Haftung des Schädigers ein möglichst vollständiger Schadensausgleich zukommen soll. Deshalb ist bei der Prüfung, ob sich der Aufwand zur Schadensbeseitigung in vernünftigen Grenzen hält, eine subjektbezogene Schadensbetrachtung anzustellen, d.h. Rücksicht auf die spezielle Situation des Geschädigten, insbesondere auf seine individuellen Erkenntnisse und Einflussmöglichkeiten sowie auf die möglicherweise gerade für ihn bestehenden Schwierigkeiten zu nehmen. Zwar konnte dem Berufungsgericht vom Ansatz her in der Auffassung beigetreten werden, dass der Geschädigte, der mühelos eine ohne weiteres zugängliche günstigere und gleichwertige Reparaturmöglichkeit hat, sich auf diese verweisen lassen muss. Jedoch hatte das Berufungsgericht die tatsächlichen Voraussetzungen hierfür nicht festgestellt. Nach den tatsächlichen Feststellungen im Berufungsurteil hatten die Beklagten weder bestritten, dass die vom Sachverständigen angesetzten Stundenverrechnungssätze bei einer Reparatur in einer Porsche-Vertragswerkstatt tatsächlich angefallen wären, noch haben sie gravierende Mängel des Sachverständigengutachtens gerügt.

5   Unter diesen Umständen musste sich die Klägerin jedoch nicht auf die abstrakte Möglichkeit der technisch ordnungsgemäßen Reparatur in irgendeiner kostengünstigeren Fremdwerkstatt auch unter dem Gesichtspunkt der Schadensminderungspflicht verweisen lassen. Grundlage der Berechnung der im konkreten Schadensfall erforderlichen Reparaturkosten kann nicht der abstrakte Mittelwert der Stundenverrechnungssätze aller repräsentativen marken- und freien Fachwerkstätten einer Region sein, wenn der Geschädigte fiktive Reparaturkosten abrechnet. Dagegen spricht zum einen, dass der Schädiger zur vollständigen Behebung des Schadens unabhängig von den wirtschaftlichen Dispositionen des Geschädigten verpflichtet ist, zum anderen würde bei anderer Sicht die dem Geschädigten in § 249 Abs. 2 S. 1 eröffnete Möglichkeit der Schadensbehebung in eigener Regie eingeschränkt werden. Zudem würde die Realisierung einer Reparatur zu den von den Beklagten vorgetragenen Preisen die Entfaltung erheblicher Eigeninitiative durch den Geschädigten erfordern, wozu dieser nicht verpflichtet ist. Dies ist vergleichbar mit der Abrechnung von Mietwagenkosten (vgl. BGHZ 132, 373, 378) und zur Bestimmung des Restwertes bei Inzahlunggabe des Fahrzeugs (BGHZ 143, 189, 194). In

der Regel wäre erforderlich, Erkundigungen hinsichtlich der Werkstattausstattung und Werkstatterfahrung für die Reparatur der entsprechenden Fahrzeugmarke einzuziehen und entsprechende Preisangebote einzuholen. Im Streitfall durfte deshalb die Klägerin ihrer Schadensberechnung die Stundenverrechnungssätze der Porsche-Vertragswerkstatt als markengebundener Fachwerkstatt in ihrer Umgebung zugrunde legen, auch wenn deren Stundenverrechnungssätze über den von der DEKRA übermittelten Lohnsätzen der Region lagen. Der abstrakte Mittelwert der Stundenverrechnungssätze aller repräsentativen Marken- und freien Fachwerkstätten einer Region repräsentiert als statistisch ermittelte Rechengröße nicht den zur Wiederherstellung erforderliche Betrag.

Eine Kürzung der Stundenverrechnungssätze ließ sich auch nicht mit der weiteren Begründung des Berufungsgerichts rechtfertigen, die Klägerin habe nicht dargelegt, dass ihr bei einer Reparatur außerhalb einer Porsche-Vertragswerkstatt ein höherer Minderwert verbleibe als bei einer Reparatur in einer solchen Werkstatt. Entspricht der vom Geschädigten gewählte Weg zur Schadensberechnung dem Wirtschaftlichkeitsgebot nach § 249 Abs. 2 S. 1 BGB, so begründet allein das Alter des Fahrzeugs keine weitere Darlegungslast des Geschädigten, wenn der erforderliche Reparaturaufwand durch ein Sachverständigengutachten nachgewiesen ist. Der Senat hat bereits für die vergleichbare Problematik bei der Bewertung des Restwertes eines Fahrzeugs in der Schadensabrechnung in seinem Urteil vom 30.11.1999 (BGHZ 143, 189, 194) darauf hingewiesen, dass der Schädiger für die tatsächlichen Voraussetzungen einer Ausnahme, die es rechtfertigt, die erforderlichen Kosten zur Schadensbehebung abweichend vom Sachverständigengutachten festzusetzen, beweispflichtig ist. Rechnet dementsprechend der Geschädigte die Kosten der Instandsetzung als Schaden ab und weist er die Erforderlichkeit der Mittel durch die Reparaturkostenrechnung oder durch ein ordnungsgemäßes Gutachten eines Sachverständigen nach, hat der Schädiger die **konkreten** Tatsachen darzulegen und zu beweisen, aus denen sich die Unwirtschaftlichkeit der Abrechnung und damit ein Verstoß gegen die Schadensminderungspflicht ergibt.

2. Die „VW-Entscheidung"

BGH, Urt. v. 20.10.2009 – VI ZR 53/09, zfs 2010, 143 = VersR 2010, 225
BGB §§ 249, 254 Abs. 2
a) Der Geschädigte darf seiner (fiktiven) Schadensberechnung grundsätzlich die üblichen Stundenverrechnungssätze einer markengebundenen Fachwerkstatt zugrunde legen, die ein von ihm eingeschalteter Sachverständiger auf dem allgemeinen regionalen Markt ermittelt hat (Bestätigung des Senatsurt. BGHZ 155, 1 ff.).
b) Will der Schädiger den Geschädigten unter dem Gesichtspunkt der Schadensminderungspflicht im Sinne des § 254 Abs. 2 BGB auf eine günstigere Reparaturmöglichkeit in einer mühelos und ohne weiteres zugänglichen

§ 4 Stundenverrechnungssätze, UPE-Aufschläge und Verbringungskosten

„*freien Fachwerkstatt*" *verweisen, muss der Schädiger darlegen und gegebenenfalls beweisen, dass eine Reparatur in dieser Werkstatt vom Qualitätsstandard her der Reparatur in einer markengebundenen Fachwerkstatt entspricht.*

c) Zur Frage, unter welchen Umständen es dem Geschädigten gleichwohl unzumutbar sein kann, sich auf eine technisch gleichwertige Reparaturmöglichkeit außerhalb der markengebundenen Fachwerkstatt verweisen zu lassen.

a) Der Fall

8   Der Kläger machte gegen den Beklagten restlichen Schadensersatz aus einem Verkehrsunfall geltend. Dabei wurde das Fahrzeug des Klägers, ein zum Unfallzeitpunkt ca. 9 $^{1}/_{2}$ Jahre alter VW Golf mit einer Laufleistung von über 190.000 km, beschädigt.

9   Die Haftung des Beklagten stand dem Grunde nach außer Streit. Die Parteien stritten nur noch um die Frage, ob sich der Kläger im Rahmen der fiktiven Abrechnung seines Fahrzeugschadens auf niedrigere Stundenverrechnungssätze einer ihm vom Schädiger bzw. von dessen Haftpflichtversicherer benannten „freien Karosseriefachwerkstatt" verweisen lassen musste oder ob er auf der Grundlage des von ihm vorgelegten Sachverständigengutachtens die Stundenverrechnungssätze einer markengebundenen VW-Fachwerkstatt erstattet verlangen konnte.

10 Der Haftpflichtversicherer des Beklagtenfahrzeugs hatte die Stundenverrechnungssätze (Arbeitslohn und Lackierkosten) entsprechend den günstigeren Preisen der benannten freien Reparaturwerkstatt um insgesamt ca. 220 EUR gekürzt. Dieser Differenzbetrag nebst Zinsen war Gegenstand der Klage.

11 Das Amtsgericht hat die Klage abgewiesen. Auf die zugelassene Berufung des Klägers hat das Landgericht das erstinstanzliche Urteil abgeändert und der Klage antragsgemäß stattgegeben. Mit der vom Berufungsgericht zugelassenen Revision begehrte der Beklagte eine Wiederherstellung des erstinstanzlichen Urteils.

b) Die rechtliche Beurteilung

12 Das Berufungsurteil hielt revisionsrechtlicher Nachprüfung nicht stand.
Das Berufungsgericht war zutreffend von dem Senatsurteil BGHZ 155, 1 ff. (sogenanntes Porsche-Urteil, siehe Rdn 1 ff.) ausgegangen, in welchem der Senat entschieden hat, dass der Geschädigte, der fiktive Reparaturkosten abrechnet, der Schadensberechnung grundsätzlich die Stundenverrechnungssätze einer markengebundenen Fachwerkstatt zugrunde legen darf.

13 Ist wegen der Beschädigung einer Sache Schadensersatz zu leisten, kann der Geschädigte vom Schädiger gemäß § 249 Abs. 2 S. 1 BGB den zur Herstellung erforderlichen Geldbetrag beanspruchen. Was insoweit erforderlich ist, richtet sich da-

2. Die „VW-Entscheidung" § 4

nach, wie sich ein verständiger, wirtschaftlich denkender Fahrzeugeigentümer in der Lage des Geschädigten verhalten hätte. Der Geschädigte leistet im Reparaturfall dem Gebot zur Wirtschaftlichkeit im Allgemeinen Genüge und bewegt sich in den für die Schadensbehebung nach § 249 Abs. 2 S. 1 BGB gezogenen Grenzen, wenn er der Schadensabrechnung die üblichen Stundenverrechnungssätze einer markengebundenen Fachwerkstatt zugrunde legt, die ein von ihm eingeschalteter Sachverständiger auf dem allgemeinen regionalen Markt ermittelt hat (vgl. Senatsurt. BGHZ 155, 1, 3). Wählt der Geschädigte den vorbeschriebenen Weg der Schadensberechnung und genügt er damit bereits dem Wirtschaftlichkeitsgebot nach § 249 Abs. 2 S. 1 BGB, so begründen besondere Umstände, wie das Alter des Fahrzeugs oder seine Laufleistung keine weitere Darlegungslast des Geschädigten.

In seinem Urteil BGHZ 155, 1 ff. ist der Senat dem dortigen Berufungsgericht vom Ansatz her allerdings auch in der Auffassung beigetreten, dass der Geschädigte, der mühelos eine ohne weiteres zugängliche günstigere und gleichwertige Reparaturmöglichkeit hat, sich auf diese verweisen lassen muss. Rechnet der Geschädigte – konkret oder fiktiv – die Kosten der Instandsetzung als Schaden ab und weist er die Erforderlichkeit der Mittel durch eine Reparaturkostenrechnung oder durch ein ordnungsgemäßes Gutachten eines Sachverständigen (vgl. BGHZ, a.a.O. S. 4) nach, hat der Schädiger die Tatsachen darzulegen und zu beweisen, aus denen sich ein Verstoß gegen die Schadensminderungspflicht im Sinne des § 254 Abs. 2 BGB ergibt.

14

Welche konkreten Anforderungen in diesem Zusammenhang an eine „gleichwertige" Reparaturmöglichkeit zu stellen sind, konnte im vorgenannten Senatsurteil offen bleiben, weil der dort vom Berufungsgericht der Schadensabrechnung zugrunde gelegte abstrakte Mittelwert der Stundenverrechnungssätze aller repräsentativen Marken- und freien Fachwerkstätten einer Region als statistisch ermittelte Rechengröße nicht den zur Wiederherstellung erforderlichen Betrag repräsentierte. Im vorliegenden Fall war die Frage jedoch von Bedeutung, weil nach dem im Streitstand des Berufungsurteils referierten Vortrag des Beklagten die aufgezeigte, dem Kläger ohne weiteres zugängliche Karosseriefachwerkstatt in der Lage war, die Reparatur ebenso wie jede markengebundene Fachwerkstatt durchzuführen. Da das Berufungsgericht – von seinem Standpunkt aus folgerichtig – die vom Kläger zulässigerweise (vgl. § 138 Abs. 4 ZPO) mit Nichtwissen bestrittene technische Gleichwertigkeit der Reparatur, ohne Feststellungen zu treffen, lediglich unterstellt hatte, war hiervon für die rechtliche Prüfung auszugehen.

15

Die Frage, ob und ggf. unter welchen Voraussetzungen es dem Geschädigten im Rahmen seiner Schadensminderungspflicht im Sinne des § 254 Abs. 2 BGB bei der (fiktiven) Schadensabrechnung zumutbar ist, sich auf eine kostengünstigere Reparatur in einer nicht markengebundenen Fachwerkstatt verweisen zu lassen, ist in der Literatur und instanzgerichtlichen Rechtsprechung umstritten.

16

§ 4 Stundenverrechnungssätze, UPE-Aufschläge und Verbringungskosten

Nach Auffassung des erkennenden Senats ist eine differenzierte Betrachtungsweise geboten, die sowohl dem Interesse des Geschädigten an einer Totalreparation als auch dem Interesse des Schädigers an einer Geringhaltung des Schadens angemessen Rechnung trägt.

17 Die Zumutbarkeit für den Geschädigten, sich auf eine kostengünstigere Reparatur in einer nicht markengebundenen Fachwerkstatt verweisen zu lassen, setzt – wovon auch das Berufungsgericht ausgegangen ist und was von der Revision nicht in Zweifel gezogen wurde – jedenfalls eine technische Gleichwertigkeit der Reparatur voraus. Will der Schädiger mithin den Geschädigten unter dem Gesichtspunkt der Schadensminderungspflicht im Sinne des § 254 Abs. 2 BGB auf eine günstigere Reparaturmöglichkeit in einer mühelos und ohne weiteres zugänglichen „freien Fachwerkstatt" verweisen, muss der Schädiger darlegen und ggf. beweisen, dass eine Reparatur in dieser Werkstatt vom Qualitätsstandard her der Reparatur in einer markengebundenen Fachwerkstatt entspricht. Dabei sind dem Vergleich die (markt-)üblichen Preise der Werkstätten zugrunde zu legen. Das bedeutet insbesondere, dass sich der Geschädigte im Rahmen seiner Schadensminderungspflicht nicht auf Sonderkonditionen von Vertragswerkstätten des Haftpflichtversicherers des Schädigers verweisen lassen muss. Andernfalls würde die ihm nach § 249 Abs. 2 S. 1 BGB zustehende Ersetzungsbefugnis unterlaufen, die ihm die Möglichkeit der Schadensbehebung in eigener Regie eröffnet. Dies entspricht dem gesetzlichen Bild des Schadensersatzes, nach dem der Geschädigte Herr des Restitutionsgeschehens ist und grundsätzlich selbst bestimmen darf, wie er mit der beschädigten Sache verfährt.

18 Steht unter Berücksichtigung dieser Grundsätze die Gleichwertigkeit der Reparatur zu einem günstigeren Preis fest, kann es für den Geschädigten gleichwohl unter dem Gesichtspunkt der Schadensminderungspflicht unzumutbar sein, eine Reparaturmöglichkeit in dieser Werkstatt in Anspruch zu nehmen. Dies gilt vor allem bei Fahrzeugen bis zum Alter von drei Jahren. Denn bei neuen bzw. neuwertigen Kraftfahrzeugen muss sich der Geschädigte im Rahmen der Schadensabrechnung grundsätzlich nicht auf Reparaturmöglichkeiten verweisen lassen, die ihm bei einer späteren Inanspruchnahme von Gewährleistungsrechten, einer Herstellergarantie und/oder von Kulanzleistungen Schwierigkeiten bereiten könnten. Im Interesse einer gleichmäßigen und praxisgerechten Regulierung bestehen deshalb bei Fahrzeugen bis zum Alter von drei Jahren grundsätzlich keine rechtlichen Bedenken gegen eine (generelle) tatrichterliche Schätzung der erforderlichen Reparaturkosten nach den Stundenverrechnungssätzen einer markengebundenen Fachwerkstatt.

19 Bei Kraftfahrzeugen, die älter sind als drei Jahre, kann es für den Geschädigten ebenfalls unzumutbar sein, sich im Rahmen der Schadensabrechnung auf eine alternative Reparaturmöglichkeit außerhalb einer markengebundenen Fachwerkstatt verweisen zu lassen. Denn auch bei älteren Fahrzeugen kann – wie vom Berufungsgericht im Ausgangspunkt zutreffend angenommen – die Frage Bedeutung haben, wo das Fahrzeug regelmäßig gewartet, „scheckheftgepflegt" oder ggf. nach einem Unfall repariert worden ist. Dabei besteht – wie entsprechende Hinweise in Verkaufsanzeigen belegen – bei einem großen Teil des Publikums insbesondere wegen fehlender Überprüfungsmöglichkeiten die Einschätzung, dass bei einer (regelmäßigen) Wartung und Reparatur eines Kraftfahrzeugs in einer markengebundenen Fachwerkstatt eine höhere Wahrscheinlichkeit besteht, dass diese ordnungsgemäß und fachgerecht erfolgt ist. Deshalb kann auch dieser Umstand es rechtfertigen, der Schadensabrechnung die Stundenverrechnungssätze einer markengebundenen Fachwerkstatt zugrunde zu legen, obwohl der Schädiger oder dessen Haftpflichtversicherer dem Geschädigten eine ohne weiteres zugängliche, gleichwertige und günstigere Reparaturmöglichkeit aufzeigt. Dies kann etwa auch dann der Fall sein, wenn der Geschädigte konkret darlegt (zur sekundären Darlegungslast vgl. etwa Senatsurt. BGHZ 163, 19, 26), dass er sein Kraftfahrzeug bisher stets in der markengebundenen Fachwerkstatt hat warten und reparieren lassen oder – im Fall der konkreten Schadensberechnung – sein besonderes Interesse an einer solchen Reparatur durch die Reparaturrechnung belegt. Dabei kann der Tatrichter u.a. nach § 142 ZPO anordnen, dass der Geschädigte oder ein Dritter die in ihrem oder seinem Besitz befindlichen Urkunden und sonstigen Unterlagen, auf die sich der Geschädigte bezogen hat, etwa das „Scheckheft" oder Rechnungen über die Durchführung von Reparatur- und/oder Wartungsarbeiten, vorlegt.

Nach diesen Grundsätzen konnte das Berufungsurteil nicht Bestand haben. Da der Kläger keine erheblichen Umstände dargetan hatte, nach denen ihm eine Reparatur seines 9 $^{1}/_{2}$ Jahre alten Fahrzeugs außerhalb einer markengebundenen Fachwerkstatt auch unter dem Gesichtspunkt seiner Schadensminderungspflicht unzumutbar sein konnte, war der Beklagte nicht daran gehindert, den Kläger auf eine gleichwertige günstigere Reparaturmöglichkeit zu verweisen. Im Streitfall war das Urteil des Berufungsgerichts mithin aufzuheben und an das Berufungsgericht zurückzuverweisen, weil das Berufungsgericht zur Frage der Gleichwertigkeit der aufgezeigten alternativen Reparaturmöglichkeit noch keine Feststellungen getroffen hatte.

3. Die „BMW-Entscheidung"

BGH, Urt. v. 23.2.2010 – VI ZR 91/09, zfs 2010, 494 = VersR 2010, 923
BGB §§ 249, 254 Abs. 2

Der Schädiger darf den Geschädigten im Rahmen der fiktiven Schadensabrechnung unter dem Gesichtspunkt der Schadensminderungspflicht im Sinne des § 254 Abs. 2 BGB auf eine günstigere und vom Qualitätsstandard gleichwertige Reparaturmöglichkeit in einer mühelos und ohne weiteres zugänglichen „freien Fachwerkstatt" verweisen, wenn der Geschädigte keine Umstände aufzeigt, die ihm eine Reparatur außerhalb der markengebundenen Fachwerkstatt unzumut-

§ 4 Stundenverrechnungssätze, UPE-Aufschläge und Verbringungskosten

bar machen (Bestätigung des Senatsurt. v. 20.10.2009 – VI ZR 53/09, BGHZ 183, 21).

a) Der Fall

22 Der Kläger machte einen Anspruch auf restlichen Schadensersatz aus einem Verkehrsunfall vom 12.11.2007 geltend, bei dem sein Pkw, ein BMW 520i Touring mit Erstzulassung April 1999 und einer Laufleistung von ca. 140.000 km, im Heckbereich beschädigt wurde. Betroffen waren der Stoßfänger, die Heckklappe, das Heckabschlussblech, die Seitenwand unten und die Abgasanlage. Die volle Haftung des beklagten Haftpflichtversicherers des Unfallgegners ist unstreitig.

23 Der Kläger rechnete den Fahrzeugschaden gegenüber der Beklagten fiktiv unter Bezugnahme auf ein von ihm eingeholtes Sachverständigengutachten auf der Grundlage der Stundenverrechnungssätze einer BMW-Vertragswerkstatt in seiner Region mit Netto-Reparaturkosten in Höhe von insgesamt 4.200 EUR ab. In dem Gutachten ist der Wiederbeschaffungswert mit 7.800 EUR und der Restwert des Fahrzeugs mit 2.800 EUR angegeben.

24 Die Beklagte zahlte an den Kläger vorgerichtlich auf den Fahrzeugschaden 3.400 EUR mit der Begründung, ihm seien gleichwertige, günstigere Reparaturmöglichkeiten ohne weiteres zugänglich. Sie berief sich dabei auf einen ihrem Regulierungsschreiben beiliegenden Prüfbericht, in welchem drei Reparaturwerkstätten mit Anschrift und Telefonnummer unter Benennung der jeweiligen Reparaturkosten angegeben waren und ausgeführt wurde, dass in diesen Reparaturwerkstätten eine fachgerechte und qualitativ hochwertige Reparatur gewährleistet sei. Die höchsten Reparaturkosten beliefen sich bei der Firma J. auf insgesamt 3.400 EUR (netto), wobei deren Berechnung im Einzelnen aufgeschlüsselt wurde. Die drei von der Beklagten im Prüfbericht angeführten Werkstätten sind Mitglied des Zentralverbandes Karosserie- und Fahrzeugtechnik und zertifizierte Meisterbetriebe für Karosseriebau- und Lackierarbeiten, deren Qualitätsstandard regelmäßig vom TÜV oder von der DEKRA kontrolliert wird. Es werden ausschließlich Original-Ersatzteile verwendet und die Kunden erhalten mindestens drei Jahre Garantie.

25 Nachdem der Kläger den Differenzbetrag von 800 EUR eingeklagt hatte, hat die Beklagte im Laufe des erstinstanzlichen Verfahrens eine Forderung in Höhe von 200 EUR anerkannt. Dies beruhte darauf, dass sie nach einem Hinweis des Amtsgerichts von der Firma J. einen Kostenvoranschlag erstellen ließ, der eine höhere Stundenzahl für die Lackierarbeiten zugrunde legte, so dass sich nunmehr Reparaturkosten in Höhe von 3.600 EUR ergaben. Das Amtsgericht hat die Klage auf Zahlung des verbleibenden Differenzbetrages abgewiesen. Das Berufungsgericht hat die (zugelassene) Berufung des Klägers zurückgewiesen. Mit der vom Berufungsgericht zugelassenen Revision verfolgte der Kläger sein Klagebegehren weiter.

3. Die „BMW-Entscheidung" § 4

b) Die rechtliche Beurteilung

Die Revision hatte keinen Erfolg. 26

Das Berufungsurteil stand im Einklang mit dem Senatsurteil BGHZ 155, 1 ff. (sogenanntes Porsche-Urteil, siehe Rdn 1 ff.) und dem – nach dem Berufungsurteil ergangenen – Senatsurteil v. 20.10.2009 – VI ZR 53/09, VersR 2010, 225 (sogenanntes VW-Urteil, siehe Rdn 7 ff.).

Will der Schädiger bzw. der Haftpflichtversicherer des Schädigers den Geschädigten unter dem Gesichtspunkt der Schadensminderungspflicht im Sinne des § 254 Abs. 2 BGB auf eine günstigere Reparaturmöglichkeit in einer mühelos und ohne weiteres zugänglichen „freien Fachwerkstatt" verweisen, muss der Schädiger darlegen und gegebenenfalls beweisen, dass eine Reparatur in dieser Werkstatt vom Qualitätsstandard her der Reparatur in einer markengebundenen Fachwerkstatt entspricht. 27

Nach den insoweit unangegriffenen Feststellungen des Berufungsgerichts handelte es sich bei der von der Beklagten aufgezeigten Reparaturmöglichkeit bei der Firma J. um eine im Vergleich zu einer Reparatur in einer markengebundenen Fachwerkstatt günstigere und gleichwertige Reparaturmöglichkeit. Die Unfallschäden am Fahrzeug des Klägers würden unter Verwendung von Originalersatzteilen in einem zertifizierten Meisterbetrieb für Lackier- und Karosseriearbeiten, der Mitglied des Zentralverbandes Karosserie- und Fahrzeugtechnik ist, instand gesetzt, dessen Qualitätsstandard regelmäßig von unabhängigen Prüforganisationen kontrolliert wird. Den Kunden dieser Fachbetriebe werden drei Jahre Garantie gewährt. 28

Die Revision zeigte keine Gesichtspunkte auf, die es dem Kläger unzumutbar machen konnten, die ihm von der Beklagten aufgezeigte günstigere und gleichwertige Reparaturmöglichkeit wahrzunehmen. 29

Soweit die Revision wegen der Entfernung der Firma J. vom Wohnort des Klägers (21 km) Zweifel daran äußerte, dass diese Fachwerkstatt dem Kläger ohne weiteres zugänglich sei, hatte bereits das Berufungsgericht zutreffend darauf hingewiesen, dass der Kläger in den Instanzen nicht aufgezeigt hatte, dass sich eine markengebundene Fachwerkstatt in einer deutlich geringeren Entfernung zu seinem Wohnort befindet. 30

Weiterhin zeigte die Revision keine konkreten Anhaltspunkte dafür auf, dass es sich bei den Preisen der Firma J. nicht um deren (markt-)übliche Preise (vgl. hierzu Senatsurt. v. 20.10.2009 – VI ZR 53/09, a.a.O.), sondern um Sonderkonditionen aufgrund vertraglicher Vereinbarungen mit der Beklagten handeln konnte. Die Revisionserwiderung wies insoweit zutreffend darauf hin, dass die Beklagte klargestellt hatte, dass die Preise von einem unabhängigen Prüfinstitut ermittelt wurden und daher auch jedem anderen frei zugänglich seien. Da sich die (markt-)üblichen Preise eines Fachbetriebes im Allgemeinen ohne weiteres in Erfahrung bringen lassen und der Kläger in diesem Zusammenhang nichts Abweichendes mehr vorgetra- 31 gen hatte, war das Berufungsgericht im Rahmen des ihm zustehenden Ermessens bei der Schadensschätzung nach § 287 ZPO aus Rechtsgründen nicht mehr gehalten, diesen Gesichtspunkt weiter aufzuklären.

32 Soweit die Revision schließlich meinte, die Gleichwertigkeit der von der Beklagten aufgezeigten Reparaturmöglichkeit fehle schon deshalb, weil dem Kläger nur von seiner Markenwerkstatt drei Jahre Garantie gewährt würden, auf die er einen Käufer verweisen könne, wurde übersehen, dass nach den unangegriffenen Feststellungen des Berufungsgerichts dem Kläger auch bei einer Reparatur durch die Firma J. auf deren Arbeiten eine Garantie von drei Jahren gewährt würde.

33 Weitere Umstände, die es dem Kläger gleichwohl unzumutbar machen konnten, sich auf eine technisch gleichwertige Reparaturmöglichkeit außerhalb der markengebundenen Fachwerkstatt verweisen zu lassen (vgl. hierzu Senatsurt. v. 20.10.2009 – VI ZR 53/09, a.a.O.), zeigte die Revision nicht auf. Nach den Feststellungen des Berufungsgerichts war das Fahrzeug des Klägers zum Zeitpunkt des Unfalls bereits mehr als 8 $^{1}/_{2}$ Jahre alt und hatte eine Laufleistung von 140.000 km. Bei dieser Sachlage spielen Gesichtspunkte wie die Erschwernis einer Inanspruchnahme von Gewährleistungsrechten, einer Herstellergarantie und/oder von Kulanzleistungen regelmäßig keine Rolle mehr. Zwar kann auch bei älteren Fahrzeugen die Frage Bedeutung haben, wo das Fahrzeug regelmäßig gewartet, „scheckheftgepflegt" oder gegebenenfalls nach einem Unfall repariert worden ist. In diesem Zusammenhang kann es dem Kläger unzumutbar sein, sich auf eine günstigere gleichwertige und ohne weiteres zugängliche Reparaturmöglichkeit in einer freien Fachwerkstatt verweisen zu lassen, wenn er konkret darlegt, dass er sein Fahrzeug bisher stets in der markengebundenen Fachwerkstatt hat warten und reparieren lassen oder – im Fall der konkreten Schadensberechnung – sein besonderes Interesse an einer solchen Reparatur durch die Reparaturrechnung belegt (vgl. Senatsurt. v. 20.10.2009 – VI ZR 53/09, a.a.O.). Diese Voraussetzungen lagen nach den Feststellungen des Berufungsgerichts im Streitfall nicht vor. Soweit die Revision nunmehr die Gleichwertigkeit der Reparatur bei der Firma J. mit der Begründung in Abrede stellen wollte, dass es sich nicht um die markengebundene Vertragswerkstatt handele, bei der der Kläger sein Auto gekauft habe und auch habe warten und bei erforderlichen Reparaturen instand setzen lassen, zeigte sie nicht auf, wo der Kläger in den Instanzen entsprechenden – vom Berufungsgericht übergangenen – konkreten Sachvortrag gehalten hatte. In der Revisionsinstanz ist neuer Sachvortrag grundsätzlich rechtlich unbeachtlich (vgl. § 559 ZPO).

4. Die „Audi-Quattro-Entscheidung"

34 **BGH, Urt. v. 22.6.2010 – VI ZR 302/08, VersR 2010, 1096**
BGB §§ 249 Abs. 2 S. 1, 254 Abs. 2 S. 1
a) Der Geschädigte leistet dem Gebot der Wirtschaftlichkeit im Allgemeinen Genüge und bewegt sich in den für die Schadensbehebung nach § 249 Abs. 2

4. Die „Audi-Quattro-Entscheidung" § 4

S. 1 BGB gezogenen Grenzen, wenn er der Schadensabrechnung die üblichen Stundenverrechnungssätze einer markengebundenen Fachwerkstatt zugrunde legt, die ein von ihm eingeschalteter Sachverständiger auf dem allgemeinen regionalen Markt ermittelt hat.

b) Der Schädiger kann den Geschädigten aber unter dem Gesichtspunkt der Schadensminderungspflicht gemäß § 254 Abs. 2 BGB auf eine günstigere Reparaturmöglichkeit in einer mühelos und ohne weiteres zugänglichen „freien Fachwerkstatt" verweisen, wenn er darlegt und gegebenenfalls beweist, dass eine Reparatur in dieser Werkstatt vom Qualitätsstandard her der Reparatur in einer markengebundenen Fachwerkstatt entspricht, und wenn er gegebenenfalls vom Geschädigten aufgezeigte Umstände widerlegt, die diesem eine Reparatur außerhalb der markengebundenen Fachwerkstatt unzumutbar machen würden.

a) Der Fall

Der Kläger nahm die Beklagten auf Ersatz restlichen Sachschadens aus einem Verkehrsunfall vom 3.7.2007 in Anspruch, bei dem sein Fahrzeug, ein zum Unfallzeitpunkt mehr als zehn Jahre alter Audi Quattro mit einer Laufleistung von über 190.000 km, beschädigt wurde. Die Haftung des Beklagten zu 1 als Fahrer des anderen unfallbeteiligten Fahrzeugs und der Beklagten zu 2 als Haftpflichtversicherer stand dem Grunde nach außer Streit. Die Parteien stritten nur noch um die Frage, ob sich der Kläger im Rahmen der fiktiven Abrechnung seines Fahrzeugschadens auf niedrigere Stundenverrechnungssätze einer von der Beklagten zu 2 benannten, nicht markengebundenen Reparaturwerkstatt verweisen lassen muss oder ob er auf der Grundlage des von ihm eingeholten Sachverständigengutachtens die Stundenverrechnungssätze einer markengebundenen Vertragswerkstatt erstattet verlangen kann. 35

Die Beklagte zu 2 legte ihrer Schadensberechnung die günstigeren Stundenverrechnungssätze der von ihr benannten Reparaturwerkstatt zugrunde und kürzte deshalb die im Sachverständigengutachten ausgewiesenen Reparaturkosten um insgesamt 670 EUR. Dieser Differenzbetrag nebst Zinsen sowie vorgerichtliche Anwaltskosten waren Gegenstand der Klage. 36

Die Klage hatte in beiden Vorinstanzen keinen Erfolg. Mit der vom Landgericht zugelassenen Revision verfolgte der Kläger sein Klagebegehren weiter.

b) Die rechtliche Beurteilung

Die Revision hatte Erfolg. 37

Der Senat hat in seinen Entscheidungen vom 20.10.2009 (VI ZR 53/09, VersR 2010, 225, VersR 2010, 225) und vom 23.2.2010 (VI ZR 91/09, VersR 2010, 923) grundsätzlich Stellung dazu bezogen, unter welchen Voraussetzungen ein Geschä-

141

digter, der den Ersatz fiktiver Reparaturkosten begehrt, gemäß § 249 Abs. 2 S. 1 BGB die Erstattung der Stundenverrechnungssätze einer markengebundenen Fachwerkstatt verlangen kann.

38 Mit diesen Grundsätzen stand das Berufungsurteil nicht im Einklang. Zwar entsprach die Reparatur in der von der Beklagten zu 2 benannten, nicht markengebundenen Reparaturwerkstatt M. nach den von der Revision nicht angegriffenen Feststellungen des Berufungsgerichts vom Qualitätsstandard her der Reparatur in einer markengebundenen Fachwerkstatt. Nach den bisherigen Feststellungen erschien es aber nicht ausgeschlossen, dass es dem Kläger gleichwohl unzumutbar war, sein Fahrzeug bei der Firma M. reparieren zu lassen. Denn nach der Behauptung des Klägers, die mangels tatsächlicher Feststellungen des Berufungsgerichts revisionsrechtlich zugrunde zu legen war, hatte der Kläger sein Fahrzeug bei der markengebundenen Fachwerkstatt V. gekauft, es dort warten und alle erforderlichen Reparaturen dort durchführen lassen. Das Berufungsurteil war deshalb aufzuheben und die Sache an das Berufungsgericht zurückzuverweisen, damit es die insoweit erforderlichen Feststellungen treffen konnte.

5. Die „Mercedes-A 170-Entscheidung"

39 **BGH, Urt. v. 22.6.2010 – VI ZR 337/09, zfs 2010, 497 = VersR 2010, 1097**

BGB §§ 249 Abs. 2 S. 1, 254 Abs. 2 S. 1

a) Der Geschädigte leistet dem Gebot der Wirtschaftlichkeit im Allgemeinen Genüge und bewegt sich in den für die Schadensbehebung nach § 249 Abs. 2 S. 1 BGB gezogenen Grenzen, wenn er der Schadensabrechnung die üblichen Stundenverrechnungssätze einer markengebundenen Fachwerkstatt zugrunde legt, die ein von ihm eingeschalteter Sachverständiger auf dem allgemeinen regionalen Markt ermittelt hat.

b) Der Schädiger kann den Geschädigten aber unter dem Gesichtspunkt der Schadensminderungspflicht gemäß § 254 Abs. 2 BGB auf eine günstigere Reparaturmöglichkeit in einer mühelos und ohne weiteres zugänglichen „freien Fachwerkstatt" verweisen, wenn er darlegt und gegebenenfalls beweist, dass eine Reparatur in dieser Werkstatt vom Qualitätsstandard her der Reparatur in einer markengebundenen Fachwerkstatt entspricht, und wenn er gegebenenfalls vom Geschädigten aufgezeigte Umstände widerlegt, die diesem eine Reparatur außerhalb der markengebundenen Fachwerkstatt unzumutbar machen würden.

c) Unzumutbar ist eine Reparatur in einer „freien Fachwerkstatt" für den Geschädigten insbesondere dann, wenn sie nur deshalb kostengünstiger ist, weil ihr nicht die markt-üblichen Preise dieser Werkstatt, sondern auf vertraglichen Vereinbarungen mit dem Haftpflichtversicherer des Schädigers beruhende Sonderkonditionen zugrunde liegen.

5. Die „Mercedes-A 170-Entscheidung" § 4

a) Der Fall

Der Kläger nahm die Beklagten auf Ersatz restlichen Sachschadens aus einem Verkehrsunfall vom 28.1.2008 in Anspruch, bei dem sein Fahrzeug, ein zum Unfallzeitpunkt mehr als sieben Jahre alter Mercedes-Benz mit einer Laufleistung von über 114.000 km, beschädigt wurde. Die Haftung des Beklagten zu 1 als Fahrer des anderen unfallbeteiligten Fahrzeugs und der Beklagten zu 2 als Haftpflichtversicherer stand dem Grunde nach außer Streit. Die Parteien stritten nur noch um die Frage, ob sich der Kläger im Rahmen der fiktiven Abrechnung seines Fahrzeugschadens auf niedrigere Stundenverrechnungssätze einer von der Beklagten zu 2 benannten, nicht markengebundenen Reparaturwerkstatt verweisen lassen muss oder ob er auf der Grundlage des von ihm eingeholten Sachverständigengutachtens die Stundenverrechnungssätze einer markengebundenen Vertragswerkstatt erstattet verlangen kann. 40

Die Beklagte zu 2 legte ihrer Schadensberechnung die günstigeren Stundenverrechnungssätze der von ihr benannten Reparaturwerkstatt zugrunde und kürzte deshalb die im Sachverständigengutachten ausgewiesenen Reparaturkosten um insgesamt 883 EUR. Dieser Differenzbetrag nebst Zinsen sowie vorgerichtliche Anwaltskosten waren Gegenstand der vorliegenden Klage. 41

Das Amtsgericht hat die Klage abgewiesen. Das Landgericht hat die Berufung des Klägers zurückgewiesen. Mit der vom Landgericht zugelassenen Revision verfolgte der Kläger sein Klagebegehren weiter.

b) Die rechtliche Beurteilung

Die Revision hatte Erfolg. 42

Der Senat hat in seinen Entscheidungen vom 20.10.2009 (VI ZR 53/09, VersR 2010, 225 [(siehe auch Rdn 7 ff.)]) und vom 23.2.2010 (VI ZR 91/09, VersR 2010, 923 [(siehe auch Rdn 21 ff.)]) grundsätzlich Stellung dazu bezogen, unter welchen Voraussetzungen ein Geschädigter, der den Ersatz fiktiver Reparaturkosten begehrt, gemäß § 249 Abs. 2 S. 1 BGB die Erstattung der Stundenverrechnungssätze einer markengebundenen Fachwerkstatt verlangen kann. Danach leistet der Geschädigte dem Gebot der Wirtschaftlichkeit im Allgemeinen Genüge und bewegt sich in den für die Schadensbehebung nach § 249 Abs. 2 S. 1 BGB gezogenen Grenzen, wenn er der Schadensabrechnung die üblichen Stundenverrechnungssätze einer markengebundenen Fachwerkstatt zugrunde legt, die ein von ihm eingeschalteter Sachverständiger auf dem allgemeinen regionalen Markt ermittelt hat (Senatsurt. v. 20.10.2009 – VI ZR 53/09, a.a.O., Rn 8 m.w.N.; v. 23.2.2010 – VI ZR 91/09, Rn 8).

Der Schädiger kann den Geschädigten aber unter dem Gesichtspunkt der Schadensminderungspflicht gemäß § 254 Abs. 2 BGB auf eine günstigere Reparaturmöglichkeit in einer mühelos und ohne weiteres zugänglichen „freien Fachwerkstatt" verweisen, wenn er darlegt und gegebenenfalls beweist, dass eine Reparatur in dieser 43

143

§ 4 Stundenverrechnungssätze, UPE-Aufschläge und Verbringungskosten

Werkstatt vom Qualitätsstandard her der Reparatur in einer markengebundenen Fachwerkstatt entspricht, und wenn er gegebenenfalls vom Geschädigten aufgezeigte Umstände widerlegt, die diesem eine Reparatur außerhalb der markengebundenen Fachwerkstatt unzumutbar machen würden (Senatsurt. v. 20.10.2009 – VI ZR 53/09, a.a.O., Rn 9, 13; v. 23.2. 2010 – VI ZR 91/09, Rn 9). Unzumutbar ist eine Reparatur in einer „freien Fachwerkstatt" für den Geschädigten insbesondere dann, wenn sie nur deshalb kostengünstiger ist, weil ihr nicht die (markt-)üblichen Preise dieser Werkstatt, sondern auf vertraglichen Vereinbarungen mit dem Haftpflichtversicherer des Schädigers beruhende Sonderkonditionen zugrunde liegen. Andernfalls würde die dem Geschädigten nach § 249 Abs. 2 S. 1 BGB zustehende Ersetzungsbefugnis unterlaufen, die ihm die Möglichkeit der Schadensbehebung in eigener Regie eröffnet und ihn davon befreit, die beschädigte Sache dem Schädiger oder einer von ihm ausgewählten Person zur Reparatur anvertrauen zu müssen (vgl. Senatsurt. BGHZ 63, 182, 184; v. 20.9.2009 – VI ZR 53/09, a.a.O., Rn 9 f., 12 ff. m.w.N.).

44 Mit diesen Grundsätzen stand das Berufungsurteil nicht im Einklang. Zwar entsprach die Reparatur in der von der Beklagten zu 2 benannten, nicht markengebundenen Reparaturwerkstatt E nach den von der Revision nicht angegriffenen Feststellungen des Berufungsgerichts vom Qualitätsstandard her der Reparatur in einer markengebundenen Fachwerkstatt. Nach den bisherigen Feststellungen erschien es aber nicht ausgeschlossen, dass es dem Kläger gleichwohl unzumutbar war, sein Fahrzeug bei der Firma E reparieren zu lassen. Denn nach der Behauptung des Klägers, die mangels tatsächlicher Feststellungen des Berufungsgerichts in der Revisionsinstanz zugrunde zu legen war, handelte es sich bei den Preisen der Firma E nicht um deren (markt-)übliche Preise, sondern um Sonderkonditionen aufgrund einer vertraglichen Vereinbarung mit der Beklagten zu 2. Wie die Revision mit Recht geltend machte, hatte der Kläger mit Schriftsätzen vorgetragen, dass die Firma E eine Vertragswerkstatt der Beklagten zu 2 sei, die dieser geringere als die marktüblichen Preise in Rechnung stelle. Der Kläger hatte dabei ausdrücklich auf das Ergänzungsgutachten des Sachverständigen Bezug genommen, dem ein Lichtbild des am Büroeingang der Firma E angebrachten Hinweisschildes mit der Aufschrift „Schadenservice Spezial-Partnerwerkstatt VHV Versicherungen" beigefügt war.

45 Das Berufungsurteil war deshalb aufzuheben und die Sache an das Berufungsgericht zurückzuverweisen, damit es die insoweit erforderlichen Feststellungen treffen konnte. Es wird dabei zu beachten haben, dass die Beklagte die Beweislast dafür trägt, dass sie ihrer Abrechnung die üblichen Preise der Firma E zugrunde gelegt hat und es dem Kläger deshalb zumutbar war, die ihm aufgezeigte günstigere und gleichwertige Reparaturmöglichkeit bei der Firma E wahrzunehmen. Dies entspricht dem Grundsatz, dass der Schädiger die Tatsachen zu beweisen hat, aus denen sich ein Verstoß gegen die Schadensminderungspflicht im Sinne des § 254 Abs. 2 BGB ergibt (Senatsurt. v. 20.10.2009 – VI ZR 53/09, a.a.O., Rn 9).

Bei der neuen Verhandlung wird das Berufungsgericht ferner dem Kläger Gelegenheit zur Konkretisierung seiner pauschalen Behauptung zu geben haben, er habe sein Fahrzeug bei der Mercedes-Benz-Niederlassung in H gekauft und es dort auch stets warten und reparieren lassen. Zwar kann es für den Geschädigten auch bei älteren Kraftfahrzeugen unzumutbar sein, sich auf eine technisch gleichwertige Reparaturmöglichkeit außerhalb der markengebundenen Fachwerkstatt verweisen zu lassen. Dies kann insbesondere dann der Fall sein, wenn der Geschädigte sein Kraftfahrzeug bisher stets in der markengebundenen Fachwerkstatt hat warten und reparieren lassen (vgl. Senatsurt. v. 20.10.2009 – VI ZR 53/09, a.a.O., Rn 15). Da es sich insoweit um ein zum Wahrnehmungsbereich des Geschädigten gehörendes Geschehen handelt, setzt die Prüfung der Unzumutbarkeit unter diesem Gesichtspunkt im Falle des Bestreitens durch die Gegenseite aber konkreten – beispielsweise durch Vorlage des Scheckheftes, der Rechnungen oder durch Mitteilung der Reparatur- bzw. Wartungstermine substantiierten und vom Schädiger widerlegbaren – Tatsachenvortrag des Geschädigten voraus (vgl. Senatsurt. v. 20.10.2009 – VI ZR 53/09, a.a.O., Rn 15; v. 23.2.2010 – VI ZR 91/09, Rn 15), an dem es bislang fehlte.

46

6. Die „Mercedes-A 140-Entscheidung"

BGH, Urt. v. 13.7.2010 – VI ZR 259/09, zfs 2010, 621 = VersR 2010, 1380

47

BGB §§ 249, 254 Abs. 2

a) Der Schädiger kann den Geschädigten unter dem Gesichtspunkt der Schadensminderungspflicht gemäß § 254 Abs. 2 BGB auf eine günstigere Reparaturmöglichkeit in einer mühelos und ohne weiteres zugänglichen „freien Fachwerkstatt" verweisen, wenn er darlegt und gegebenenfalls beweist, dass eine Reparatur in dieser Werkstatt vom Qualitätsstandard her der Reparatur in einer markengebundenen Fachwerkstatt entspricht, und wenn er gegebenenfalls vom Geschädigten aufgezeigte Umstände widerlegt, die diesem eine Reparatur außerhalb der markengebundenen Fachwerkstatt unzumutbar machen würden (vgl. Senatsurt. v. 20.10.2009 – VI ZR 53/09, VersR 2010, 225, BGHZ 183, 21; v. 23.2.2010 – VI ZR 91/09, VersR 2010, 923; v. 22.6.2010 – VI ZR 337/09 und VI ZR 302/08).

b) Für die tatrichterliche Beurteilung der Gleichwertigkeit der Reparaturmöglichkeit gilt auch im Rahmen des § 254 Abs. 2 S. 1 BGB das erleichterte Beweismaß des § 287 ZPO.

a) Der Fall

Die Klägerin, eine Autovermietung mit Sitz in Frankfurt am Main, nahm den beklagten Haftpflichtversicherer auf Ersatz restlichen Sachschadens aus einem Verkehrsunfall vom 9.10.2008 in Anspruch, bei dem ihr Fahrzeug, ein zum Unfallzeitpunkt sieben Jahre alter gewerblich genutzter Mercedes-Benz A 140, beschädigt

48

§ 4 Stundenverrechnungssätze, UPE-Aufschläge und Verbringungskosten

wurde. Die Haftung der Beklagten als Haftpflichtversicherer des Unfallgegners stand dem Grunde nach außer Streit. Die Parteien stritten nur noch um die Frage, ob sich die Klägerin im Rahmen der fiktiven Abrechnung ihres Fahrzeugschadens auf niedrigere Stundenverrechnungssätze einer von der Beklagten benannten, nicht markengebundenen Karosseriefachwerkstatt verweisen lassen musste oder ob sie auf Grundlage des von ihr eingeholten Sachverständigengutachtens die Stundenverrechnungssätze einer markengebundenen Vertragswerkstatt des Kfz-Herstellers erstattet verlangen konnte.

49 Die Beklagte legte ihrer Schadensberechnung die günstigeren Stundenverrechnungssätze einer von ihr benannten Karosseriefachwerkstatt zugrunde und kürzte deshalb die im Sachverständigengutachten kalkulierten Stundenverrechnungssätze einer Mercedes-Benz-Vertragswerkstatt auf die Stundenverrechnungssätze des teuersten der drei von ihr benannten Karosseriefachbetriebe. Ferner berücksichtigte sie nicht Fahrzeugverbringungskosten. Der Differenzbetrag von insgesamt 442 EUR nebst Zinsen war Gegenstand der vorliegenden Klage. Die Klage ist in den Vorinstanzen erfolglos geblieben. Mit der vom Landgericht zugelassenen Revision verfolgte die Klägerin ihr Klagebegehren weiter.

b) Die rechtliche Beurteilung

50 Das Berufungsurteil hielt revisionsrechtlicher Nachprüfung stand.

Der erkennende Senat hat in mehreren Entscheidungen grundsätzlich Stellung dazu bezogen, unter welchen Voraussetzungen ein Geschädigter, der den Ersatz fiktiver Reparaturkosten begehrt, gemäß § 249 Abs. 2 S. 1 BGB die Erstattung der Stundenverrechnungssätze einer markengebundenen Fachwerkstatt verlangen kann (vgl. Senatsurt. v. 20.10.2009 – VI ZR 53/09, VersR 2010, 225, BGHZ 183, 21 [(siehe auch Rn 7)]; v. 23.2.2010 – VI ZR 91/09, VersR 2010, 923 [(siehe auch Rn 21)]; v. 22.6.2010 – VI ZR 337/09, VersR 2010, 1097 [(siehe auch Rn 39)], und VI ZR 302/08, z.V.b.).

51 Danach leistet der Geschädigte dem Gebot der Wirtschaftlichkeit im allgemeinen Genüge und bewegt sich in den für die Schadensbehebung nach § 249 Abs. 2 S. 1 BGB gezogenen Grenzen, wenn er der Schadensabrechnung die üblichen Stundenverrechnungssätze einer markengebundenen Fachwerkstatt zugrunde legt, die ein von ihm eingeschalteter Sachverständiger auf dem allgemeinen regionalen Markt ermittelt hat.

52 Der Schädiger kann den Geschädigten aber unter dem Gesichtspunkt der Schadensminderungspflicht gemäß § 254 Abs. 2 BGB auf eine günstigere Reparaturmöglichkeit in einer mühelos und ohne weiteres zugänglichen „freien Fachwerkstatt" verweisen, wenn er darlegt und ggf. beweist, dass eine Reparatur in dieser Werkstatt vom Qualitätsstandard her der Reparatur in einer markengebundenen Fachwerkstatt entspricht, und wenn er ggf. vom Geschädigten aufgezeigte Umstände widerlegt,

6. Die „Mercedes-A 140-Entscheidung" § 4

die diesem eine Reparatur außerhalb der markengebundenen Fachwerkstatt unzumutbar machen würden.

Unzumutbar ist eine Reparatur in einer „freien Fachwerkstatt" für den Geschädigten im Allgemeinen dann, wenn das beschädigte Fahrzeug im Unfallzeitpunkt nicht älter als drei Jahre war. Aber auch bei Kraftfahrzeugen, die älter sind als drei Jahre, kann es für den Geschädigten unzumutbar sein, sich auf eine technisch gleichwertige Reparaturmöglichkeit außerhalb der markengebundenen Fachwerkstatt verweisen zu lassen. Dies kann insbesondere dann der Fall sein, wenn der Geschädigte sein Fahrzeug bisher stets in einer markengebundenen Fachwerkstatt hat warten und reparieren lassen. Unzumutbar ist eine Reparatur in einer „freien Fachwerkstatt" für den Geschädigten auch dann, wenn sie nur deshalb kostengünstiger ist, weil ihr nicht die (markt-)üblichen Preise dieser Werkstatt, sondern vertragliche Sonderkonditionen mit dem Haftpflichtversicherer des Schädigers zugrunde liegen. 53

Mit diesen Grundsätzen stand das Berufungsgericht im Einklang. 54

Das Berufungsgericht hatte Fahrzeugverbringungskosten in Höhe eines Nettobetrages von 114 EUR nicht als ersatzfähig angesehen, weil nach dem substantiierten Vortrag der Beklagten, dem die Klägerin nicht in erheblicher Weise entgegengetreten sei, sämtliche Niederlassungen der Daimler AG in der Umgebung eine eigene Lackierwerkstatt hätten, insbesondere die Werkstätten der Niederlassungen in Frankfurt am Main und Offenbach. Die Revision zeigte nicht auf, weshalb diese tatrichterliche Würdigung des Berufungsgerichts rechtsfehlerhaft sein soll. Anhaltspunkte hierfür waren auch nicht ersichtlich.

Auf der Grundlage der vom Berufungsgericht im Streitfall getroffenen Feststellungen durfte die Beklagte die Klägerin im Rahmen des § 254 Abs. 2 S. 1 BGB auf eine günstigere und gleichwertige Reparaturmöglichkeit in der benannten Karosseriefachwerkstatt verweisen. 55

Für die technische Gleichwertigkeit der Reparatur der am Fahrzeug der Klägerin entstandenen Bagatellschäden hatte das Berufungsgericht in tatrichterlicher Würdigung festgestellt, dass sämtliche benannten Fachbetriebe den „Eurogarant-Fachbetrieben" angehören, deren hoher Qualitätsstandard regelmäßig vom TÜV oder der DEKRA kontrolliert werde. Es handele sich um Meisterbetriebe und Mitgliedsbetriebe des Zentralverbandes Karosserie- und Fahrzeugtechnik, die auf die Instandsetzung von Unfallschäden spezialisiert seien. Zudem erfolge die Reparatur nach dem unbestrittenen Beklagtenvortrag unter Verwendung von Originalteilen. 56

Auf dieser Grundlage durfte sich das auch im Rahmen des § 254 Abs. 2 S. 1 BGB nach § 287 ZPO besonders frei gestellte Berufungsgericht ohne Rechtsfehler die Überzeugung bilden, dass die benannten Betriebe die Unfallschäden genauso kompetent beheben könnten wie eine markengebundene Vertragswerkstatt. Soweit die Revision meinte, dadurch sei nicht der Nachweis geführt, dass diese Werkstätten über eine ausreichende Ausstattung und auch Erfahrung mit der Automarke Mercedes-Benz verfügten, stand dem die unangegriffene Feststellung des Berufungs- 57 gerichts entgegen, dass es für die Behebung der am Fahrzeug der Klägerin entstandenen Bagatellschäden besonderer Erfahrungen mit dieser Automarke nicht bedurfte.

58 Die Revision zeigte keine Umstände auf, die es im Streitfall der Klägerin gleichwohl unzumutbar machen könnten, sich auf eine mühelos und ohne weiteres zugängliche Reparatur außerhalb einer markengebundenen Fachwerkstatt verweisen zu lassen. Nach den Feststellungen des Berufungsgerichts war das Fahrzeug der Klägerin zum Unfallzeitpunkt bereits sieben Jahre alt, so dass im Rahmen der Zumutbarkeit Gesichtspunkte wie Gewährleistung, Garantie oder Kulanz keine Rolle mehr spielten. Die Revision machte auch nicht geltend, dass das Fahrzeug nach dem Sachvortrag der Klägerin vor dem Unfall stets in der markengebundenen Fachwerkstatt gewartet und repariert worden sei.

59 Ohne Erfolg blieb schließlich die Rüge der Revision, die Beklagte habe den Nachweis nicht geführt, dass die von ihr benannten Reparaturwerkstätten tatsächlich im konkreten Fall bereit gewesen wären, einen entsprechenden Reparaturauftrag des Geschädigten zu den im Rechtsstreit benannten Stundenverrechnungssätzen auszuführen. Zwar trug die Beklagte grundsätzlich die Beweislast dafür, dass sie ihrer Abrechnung die üblichen Preise der Vergleichswerkstatt zugrunde gelegt hatte und es der Klägerin deshalb zumutbar war, die ihr aufgezeigte günstigere und gleichwertige Reparaturmöglichkeit wahrzunehmen (vgl. Senatsurt. v. 22.6.2010 – VI ZR 337/09, VersR 2010, 1097). Da die Revision aber nicht geltend machte, dass die Klägerin die (Markt-)Üblichkeit der von der Beklagten benannten Preise bestritten habe, war das Berufungsgericht nach § 287 ZPO aus Rechtsgründen nicht gehalten, diesen Gesichtspunkt weiter aufzuklären (vgl. Senatsurt. v. 23.2.2010 – VI ZR 91/09, VersR 2010, 923).

60 Schließlich war der Klägerin eine Reparatur in der von der Beklagten benannten „freien Fachwerkstatt" auch nicht deshalb unzumutbar, weil diese nicht im Sinne der Rechtsprechung des erkennenden Senats „mühelos und ohne weiteres zugänglich" gewesen wäre. Das Berufungsgericht hatte für die Frage der räumlichen Zugänglichkeit mit Recht auf die Umstände des Einzelfalls abgestellt, wonach sich sämtliche seitens der Beklagten benannten Fachwerkstätten im unmittelbaren Einzugsbereich von Frankfurt am Main befänden, so dass es der Klägerin ohne weiteres möglich und auch zumutbar gewesen wäre, eine Reparatur in einer dieser Werkstätten ausführen zu lassen. Der lediglich pauschale Hinweis der Revision, die Werkstätten befänden sich „nicht am Sitz der Klägerin", vermochte dabei keine abweichende Beurteilung zu rechtfertigen.

7. Verweisung auf günstigere Reparaturmöglichkeit bei fiktiver Schadensabrechnung noch im Rechtsstreit

BGH, Urt. v. 14.5.2013 – VI ZR 320/12, zfs 2013, 446 = VersR 2013, 876

BGB § 249

Im Fall einer fiktiven Schadensabrechnung des Geschädigten kann der Verweis des Schädigers auf eine günstigere Reparaturmöglichkeit in einer mühelos und ohne weiteres zugänglichen anderen markengebundenen oder freien Fachwerkstatt noch im Rechtsstreit erfolgen, soweit dem nicht prozessuale Gründe, wie die Verspätungsvorschriften, entgegenstehen.

a) Der Fall

Der Kläger machte nach einem Verkehrsunfall den ihm entstandenen Fahrzeugschaden geltend. Der beklagte Versicherer war unstreitig eintrittspflichtig. Der Kläger hatte eine Reparatur in Eigenregie durchgeführt. Er hatte den Schaden gegenüber der Beklagten fiktiv auf der Grundlage eines Sachverständigengutachtens abgerechnet. Die Beklagte hatte den Schadensbetrag aufgrund eines eigenen Prüfgutachtens um 1.197,22 EUR gekürzt (davon entfallen 107,40 EUR auf fiktive Verbringungskosten). Vorprozessual hatte sie den Kläger auf günstigere Stundenverrechnungssätze von Referenzwerkstätten verwiesen, ohne diese konkret zu benennen. In erster Instanz hatte sie sodann konkrete Werkstätten benannt, die unstreitig zu den von der Beklagten angesetzten Kosten repariert hätten. Die Parteien stritten darüber, ob der Kläger noch im vorliegenden Rechtsstreit auf die preisgünstigeren Referenzwerkstätten verwiesen werden konnte, ferner über die Ersatzfähigkeit der geltend gemachten fiktiven Verbringungskosten.

Das Amtsgericht hat die Klage abgewiesen. Das Berufungsgericht hat die Berufung des Klägers zurückgewiesen. Mit der vom Berufungsgericht zugelassenen Revision verfolgte der Kläger den Klageanspruch weiter.

b) Die rechtliche Beurteilung

Nach Auffassung des Berufungsgerichts war die Verweisung des Schädigers bzw. seines Haftpflichtversicherers auf kostengünstigere Referenzwerkstätten im Fall der fiktiven Schadensabrechnung noch im Rechtsstreit möglich. Eine Einschränkung der Dispositionsfreiheit des Geschädigten sei weder im Allgemeinen ersichtlich noch im vorliegenden Fall vorgetragen. Der Kläger trage bereits nicht vor, dass er sich bei einem Hinweis der Beklagten zu einem vor Durchführung der Reparatur gelegenen Zeitpunkt zu einem abweichenden Vorgehen bei der Schadensbehebung entschieden hätte.

§ 4 Stundenverrechnungssätze, UPE-Aufschläge und Verbringungskosten

65 Der Anspruch auf fiktive Verbringungskosten bestehe bereits deshalb nicht, weil der Kläger dazu weder in erster Instanz noch im Berufungsverfahren substantiiert vorgetragen habe.

66 Die zulässige Revision hatte keinen Erfolg.

67 Die Ansicht des Berufungsgerichts, dass der Schädiger den Geschädigten, der fiktiv abrechnet, noch im Rechtsstreit auf günstigere Reparaturmöglichkeiten in einer Referenzwerkstatt verweisen kann, war nicht zu beanstanden.

68 Der Geschädigte darf, sofern die Voraussetzungen für eine fiktive Schadensberechnung vorliegen, dieser grundsätzlich die üblichen Stundenverrechnungssätze einer markengebundenen Fachwerkstatt zugrunde legen, die ein von ihm eingeschalteter Sachverständiger auf dem allgemeinen regionalen Markt ermittelt hat (Senatsurt. v. 29.4.2003 – VI ZR 398/02, BGHZ 155, 1, 4 – Porsche-Urteil [(siehe auch Rdn 1 ff.)]; v. 20.10.2009 – VI ZR 53/09, BGHZ 183, 21 Rn 7 f. – VW-Urteil [(siehe auch Rdn 7 ff.)]; v. 22.6.2010 – VI ZR 302/08, VersR 2010, 1096 Rn 6 – Audi-Quattro-Urteil [(siehe auch Rdn 34 ff.)]; v. 22.6.2010 – VI ZR 337/09, VersR 2010, 1097 Rn 6 – Mercedes-A 170-Urteil [(siehe auch Rdn 39 ff.)]. Nach der Rechtsprechung des erkennenden Senats besteht grundsätzlich ein Anspruch des Geschädigten auf Ersatz der in einer markengebundenen Vertragswerkstatt anfallenden Reparaturkosten unabhängig davon, ob der Geschädigte den Wagen tatsächlich voll, minderwertig oder überhaupt nicht reparieren lässt (vgl. z.B. Senatsurt. v. 23.3.1976 – VI ZR 41/74, BGHZ 66, 239, 241; v. 29.4.2003 – VI ZR 398/02, BGHZ 155, 1, 3). Allerdings ist unter Umständen ein Verweis des Schädigers auf eine günstigere Reparaturmöglichkeit in einer mühelos und ohne weiteres zugänglichen anderen markengebundenen oder „freien" Fachwerkstatt möglich, wenn der Schädiger darlegt und gegebenenfalls beweist, dass eine Reparatur in dieser Werkstatt vom Qualitätsstandard her der Reparatur in einer markengebundenen Fachwerkstatt entspricht und der Geschädigte keine Umstände aufzeigt, die ihm eine Reparatur außerhalb der markengebundenen Fachwerkstatt unzumutbar machen (Senatsurt. v. 20.10.2009 – VI ZR 53/09, a.a.O. Rn 12 ff. – VW-Urteil [(siehe auch Rdn 7 ff.)]; v. 23.2.2010 – VI ZR 91/09, VersR 2010, 923 Rn 9, 11 – BMW-Urteil [(siehe auch Rdn 21 ff.)]; v. 22.6.2010 – VI ZR 302/08, VersR 2010, 1096 Rn 7 – Audi-Quattro-Urteil [(siehe auch Rdn 34 ff.)]; v. 22.6.2010 – VI ZR 337/09, VersR 2010, 1097 Rn 7 – Mercedes-A 170-Urteil [(siehe auch Rdn 39 ff.)]; v. 13.7.2010 – VI ZR 259/09, VersR 2010, 1380 Rn 7 – Mercedes-A 140-Urteil [(siehe auch Rdn 47 ff.)]).

69 Hinsichtlich des Zeitpunkts, zu dem der Verweis spätestens erfolgen muss, bestehen unterschiedliche Auffassungen.

70 Nach Ansicht des erkennenden Senats ist der Verweis noch im Rechtsstreit möglich, soweit dem nicht prozessuale Gründe, wie die Verspätungsvorschriften, entgegenstehen.

71 Für den Geschädigten, der fiktiv abrechnet, ist es im Prinzip unerheblich, ob und wann der Versicherer auf die alternative Reparaturmöglichkeit verweist. Dem steht

8. Verweisung auf günstigere Reparaturmöglichkeit noch im Rechtsstreit § 4

nicht entgegen, dass der Geschädigte nicht verpflichtet ist, zu den von ihm tatsächlich veranlassten oder auch nicht veranlassten Herstellungsmaßnahmen konkret vorzutragen. Entscheidend ist, dass in solchen Fällen der objektiv zur Herstellung erforderliche Betrag ohne Bezug zu tatsächlich getätigten Aufwendungen zu ermitteln ist. Der Geschädigte disponiert dahin, dass er sich mit einer Abrechnung auf dieser objektiven Grundlage zufrieden gibt. Hinweise der Schädigerseite auf Referenzwerkstätten dienen hier nur dazu, der in dem vom Geschädigten vorgelegten Sachverständigengutachten vorgenommenen Abrechnung entgegenzutreten.

Die Revision griff das Berufungsurteil hinsichtlich der fiktiven Verbringungskosten nur mit grundsätzlichen Erwägungen an. Damit konnte sie keinen Erfolg haben. 72

Sie stellte das Berufungsurteil nicht in Frage, soweit dort ausgeführt war, der Kläger habe zu den Verbringungskosten in den Tatsacheninstanzen nicht ansatzweise substantiiert vorgetragen. Ohne Erfolg machte sie geltend, der Kläger habe auf die fehlende Substantiierung seines Vortrags gemäß § 139 ZPO hingewiesen werden müssen. Die Beklagte hatte bereits in der Klageerwiderung zu den Verbringungskosten vorgetragen. Im Hinblick darauf und auf die aufgrund zahlreicher Fundstellen ersichtliche Rechtslage (vgl. etwa OLG Düsseldorf, Urt. v. 16.6.2008 – 1 U 246/07, DAR 2008, 523, 526; Urt. v. 6.3.2012 – 1 U 108/11, SP 2012, 324, 325; LG Kiel, Urt. v. 15.2.2010 – 1 S 107/09, DAR 2010, 270; LG Dortmund, Urt. v. 28.11.2008 – 17 S 68/08, zfs 2009, 265, 266; AG Ansbach, Urt. v. 15.6.2009 – 2 C 1085/08, SP 2010, 190; AG Nürnberg, Urt. v. 24.7.2009 – 35 C 785/09, SP 2010, 190; MüKo-BGB/*Oetker*, 6. Aufl., § 249 Rn 372; *Eggert*, Verkehrsrecht aktuell 2007, 141, 144) waren die Vorinstanzen zu einem Hinweis nicht verpflichtet. 73

8. Nochmal: Verweisung auf günstigere Reparaturmöglichkeit bei fiktiver Schadensabrechnung noch im Rechtsstreit

BGH, Urt. v. 15.7.2014 – VI ZR 313/13, NJW 2014, 3236 74

BGB § 254 Abs. 2

Orientierungssatz juris:

Der Geschädigte eines Kfz-Unfalls, der seinen Fahrzeugschaden fiktiv abrechnet, kann auch während des Prozesses vom Schädiger bzw. seiner Kfz-Haftpflichtversicherung auf eine günstigere Reparaturmöglichkeit in einer freien Fachwerkstatt verwiesen werden (Fortführung BGH, Urt. v. 14.5.2013 – VI ZR 320/12, VersR 2013, 876).

a) Der Fall

Die Klägerin begehrte restlichen Schadensersatz nach einem Verkehrsunfall am 27.11.2011, bei dem der Fahrer des bei der Beklagten haftpflichtversicherten Fahr- 75

§ 4 Stundenverrechnungssätze, UPE-Aufschläge und Verbringungskosten

zeugs die Fahrerseite des parkenden Fahrzeugs der Klägerin beschädigte. Die volle Einstandspflicht der Beklagten war unstreitig.

76 Der von der Klägerin beauftragte Sachverständige U gelangte in seinem Gutachten zu Nettoreparaturkosten in Höhe von 6.579,97 EUR, wobei er für Instandsetzungs- und Lackierarbeiten einen Nettostundensatz von 96,96 EUR zugrunde legte und unter anderem Kosten für Fahrzeugverbringung in Höhe von 96,96 EUR und einen Preisaufschlag auf die unverbindlich empfohlenen Preise für Ersatzteile (UPE-Zuschlag) von 10 % in Ansatz brachte. Mit Schreiben vom 5.12.2011 machte der Prozessbevollmächtigte der Klägerin unter Übersendung des Gutachtens gegenüber der Beklagten unter anderem die Nettoreparaturkosten geltend, wobei er darauf verwies, dass die Klägerin vorerst auf Gutachtenbasis abrechne. Diese reparierte das Fahrzeug nachfolgend in Eigenregie.

Mit Schreiben vom 30.12.2011 rechnete die Beklagte den Schaden ab. Auf die Reparaturkosten kündigte sie eine Zahlung von 5.686,37 EUR an unter Hinweis auf ihren beigefügten Prüfbericht vom 13.12.2011, in dem die im Gutachten ausgewiesenen Stundenverrechnungssätze als nicht erforderlich bezeichnet wurden. Zudem verwies sie auf den Meisterbetrieb Firma B GmbH, dessen Stundenverrechnungssatz für Karosseriearbeiten 89 EUR, für Lackierung 93 EUR und für Mechanikarbeiten sowie Elektrikarbeiten 68 EUR betrage. Darüber hinaus wurden zwei weitere Reparaturbetriebe als gleichwertig bezeichnet und benannt.

77 Die Klägerin verlangte den Differenzbetrag zwischen den vom Sachverständigen U kalkulierten Nettoreparaturkosten gemäß Gutachten und den im Prüfbericht zugestandenen in Höhe von 893,60 EUR. Zudem hat sie Ansprüche auf Zahlung bzw. Freistellung von weiteren vorgerichtlichen Rechtsanwaltskosten geltend gemacht. Das Amtsgericht hat die Klage hinsichtlich des Hauptantrages abgewiesen und die Beklagte verurteilt, an die Klägerin vorgerichtliche Rechtsanwaltskosten in Höhe von 155,29 EUR zu zahlen. Auf die Berufung der Klägerin hat das Landgericht unter Zurückweisung des weitergehenden Rechtsmittels das Urteil des Amtsgerichts teilweise abgeändert und die Beklagte auch verurteilt, an die Klägerin 893,60 EUR zu zahlen. Mit der vom Berufungsgericht zugelassenen Revision verfolgte die Beklagte ihren Antrag weiter, die Berufung der Klägerin gegen das Urteil des Amtsgerichts in vollem Umfang zurückzuweisen.

b) Die rechtliche Beurteilung

78 Die Beurteilung des Berufungsgerichts hielt der revisionsrechtlichen Überprüfung nicht stand.

Das Berufungsgericht hatte seine Auffassung, die Klägerin sei zur fiktiven Abrechnung nach den im Gutachten U wiedergegebenen Stundenverrechnungssätzen berechtigt, damit begründet, dass ihr der Prüfbericht der Beklagten nicht rechtzeitig übermittelt worden sei. Dies stand im Widerspruch zur – zum Zeitpunkt der Berufungsentscheidung noch nicht veröffentlichten – Entscheidung des erkennenden

8. Verweisung auf günstigere Reparaturmöglichkeit noch im Rechtsstreit § 4

Senats vom 14.5.2013 (VI ZR 320/12, VersR 2013, 876). Danach darf der Schädiger den Geschädigten, der – wie hier – fiktiv abrechnet, unter Umständen noch im Rechtsstreit auf günstigere Reparaturmöglichkeiten in einer Referenzwerkstatt verweisen.

Der Geschädigte darf, sofern die Voraussetzungen für eine fiktive Schadensberechnung vorliegen, dieser grundsätzlich die üblichen Stundenverrechnungssätze einer markengebundenen Fachwerkstatt zugrunde legen, die ein von ihm eingeschalteter Sachverständiger auf dem allgemeinen regionalen Markt ermittelt hat (Senatsurt. v. 29.4.2003 – VI ZR 398/02, BGHZ 155, 1, 4 – Porsche-Urteil [siehe auch Rdn 1 ff.)]; v. 20.10.2009 – VI ZR 53/09, BGHZ 183, 21 Rn 7 f. – VW-Urteil [(siehe auch Rdn 7 ff.)]; v. 22.6.2010 – VI ZR 302/08, VersR 2010, 1096 Rn 6 – Audi-Quattro-Urteil [(siehe auch Rdn 34 ff.)]; v. 22.6.2010 – VI ZR 337/09, VersR 2010, 1097 Rn 6 – Mercedes-A 170-Urteil [siehe auch Rdn 47 ff.)]). Nach der Rechtsprechung des erkennenden Senats besteht in der Regel ein Anspruch des Geschädigten auf Ersatz der in einer markengebundenen Vertragswerkstatt anfallenden Reparaturkosten unabhängig davon, ob der Geschädigte den Wagen tatsächlich voll, minderwertig oder überhaupt nicht reparieren lässt (vgl. z.B. Senatsurt. v. 23.3.1976 – VI ZR 41/74, BGHZ 66, 239, 241; v. 29.4.2003 – VI ZR 398/02, BGHZ 155, 1, 3). Allerdings ist unter Umständen ein Verweis des Schädigers auf eine günstigere Reparaturmöglichkeit in einer mühelos und ohne weiteres zugänglichen anderen markengebundenen oder „freien" Fachwerkstatt möglich, wenn der Schädiger darlegt und ggf. beweist, dass eine Reparatur in dieser Werkstatt vom Qualitätsstandard her der Reparatur in einer markengebundenen Fachwerkstatt entspricht und der Geschädigte keine Umstände aufzeigt, die ihm eine Reparatur außerhalb der markengebundenen Fachwerkstatt unzumutbar machen (Senatsurt. v. 20.10.2009 – VI ZR 53/09, a.a.O. Rn 12 ff. – VW-Urteil; v. 23.2.2010 – VI ZR 91/09, VersR 2010, 923 Rn 9, 11 – BMW-Urteil; v. 22.6.2010 – VI ZR 302/08, VersR 2010, 1096 Rn 7 – Audi-Quattro-Urteil; v. 22.6.2010 – VI ZR 337/09, VersR 2010, 1097 Rn 7 – Mercedes-A 170-Urteil; v. 13.7.2010 – VI ZR 259/09, VersR 2010, 1380 Rn 7 – Mercedes-A 140-Urteil).

Hinsichtlich des Zeitpunkts, zu dem der Verweis spätestens erfolgen muss, bestanden zum Zeitpunkt des Erlasses des Berufungsurteils unterschiedliche Auffassungen. Der erkennende Senat hat inzwischen entschieden, dass der Verweis auf eine günstigere Reparaturmöglichkeit im Fall einer fiktiven Schadensabrechnung des Geschädigten noch im Rechtsstreit erfolgen kann, soweit dem nicht prozessuale Gründe, wie die Verspätungsvorschriften, entgegenstehen (Senatsurt. v. 14.5.2013 – VI ZR 320/12, VersR 2013, 876 Rn 10 f.; zustimmend *Lemcke*, r+s 2013, 359, 360; *Witt*, NJW 2013, 2818). Für den Geschädigten, der fiktiv abrechnet, ist es unerheblich, ob und wann der Versicherer auf die alternative Reparaturmöglichkeit verweist. Dem steht nicht entgegen, dass der Geschädigte nicht verpflichtet ist, zu den von ihm tatsächlich veranlassten oder auch nicht veranlassten Herstellungsmaßnahmen konkret vorzutragen. Entscheidend ist, dass in solchen Fällen der ob-

79

80

jektiv zur Herstellung erforderliche Betrag ohne Bezug zu tatsächlich getätigten Aufwendungen zu ermitteln ist. Der Geschädigte disponiert dahin, dass er sich mit einer Abrechnung auf dieser objektiven Grundlage zufrieden gibt. Hinweise des Schädigers auf Referenzwerkstätten dienen hier nur dazu, der in dem vom Geschädigten vorgelegten Sachverständigengutachten vorgenommenen Abrechnung entgegenzutreten. Im Hinblick darauf muss auch der Geschädigte, der den Fahrzeugschaden bereits behoben hat, ihn aber weiterhin fiktiv auf Gutachtenbasis abrechnet, mit der Möglichkeit rechnen, dass die Erforderlichkeit des vom Gutachter ermittelten Geldbetrags noch im Prozess von der Gegenseite bestritten wird und sich bei der Überzeugungsbildung des Gerichts, ob der verlangte Geldbetrag der erforderliche Geldbetrag im Sinne des § 249 Abs. 2 S. 1 BGB ist, ein geringerer zu ersetzender Betrag ergibt (vgl. *Lemcke*, a.a.O.).

81 Die Sache war nach den vorstehenden Ausführungen gemäß § 563 Abs. 1 ZPO zur neuen Verhandlung und Entscheidung an das Berufungsgericht zurückzuverweisen, weil dieses nicht geprüft hatte, ob die Voraussetzungen für einen Verweis des Schädigers auf eine günstigere Reparaturmöglichkeit erfüllt waren.

9. Unzumutbarkeit der Verweisung auf eine „freie" Fachwerkstatt bei älterem Fahrzeug – was ist „scheckheftgepflegt"

82 BGH, Urt. v. 7.2.2017 – VI ZR 182/16, zfs 2017, 321 = VersR 2017, 504
BGB §§ 249 Abs. 2 S. 1, 254 Abs. 2
a) Der Schädiger kann den Geschädigten gemäß § 254 Abs. 2 BGB auf eine günstigere Reparaturmöglichkeit in einer mühelos und ohne weiteres zugänglichen „freien" Fachwerkstatt verweisen, wenn er darlegt und beweist, dass eine Reparatur in dieser Werkstatt vom Qualitätsstandard her der Reparatur in einer markengebundenen Werkstatt entspricht und wenn er gegebenenfalls vom Geschädigten aufgezeigte Umstände widerlegt, die diesem eine Reparatur außerhalb einer markengebundenen Werkstatt unzumutbar machen würden (Senatsurt. v. 28.4.2015 – VI ZR 267/14, VersR 2015, 861 Rn 9 f.; v. 15.7.2014 – VI ZR 313/13, NJW 2014, 3236 Rn 8; v. 3.12.2013 – VI ZR 24/13, VersR 2014, 214 Rn 9; v. 14.5.2013 – VI ZR 320/12, NJW 2013, 2817 Rn 8; v. 13.7.2010, – VI ZR 259/09, DAR 2010, 577 Rn 6 f. und v. 22.6.2010 – VI ZR 302/08, NJW 2010, 2727 Rn 6 f.).
b) Bei Fahrzeugen, die älter sind als drei Jahre, kann der Verweis auf eine technisch gleichwertige Reparaturmöglichkeit in einer „freien" Fachwerkstatt insbesondere dann unzumutbar sein, wenn der Geschädigte konkret darlegt, dass er sein Fahrzeug bisher stets in einer markengebundenen Fachwerkstatt hat warten und reparieren lassen und dies vom Schädiger nicht widerlegt wird (Senatsurt. v. 28.4.2015 – VI ZR 267/14, VersR 2015,

9. Unzumutbarkeit der Verweisung auf eine „freie" Fachwerkstatt § 4

861 Rn 10; v. 13.7.2010 – VI ZR 259/09, DAR 2010, 577 Rn 8; v. 22.6.2010 – VI ZR 302/08, NJW 2010, 2727 Rn 7 und 22.6.2010 – VI ZR 337/09, NJW 2010, 2725 Rn 10).

c) Ist ein über neun Jahre altes und bei dem Unfall verhältnismäßig leicht beschädigtes Fahrzeug zwar stets in einer markengebundenen Fachwerkstatt repariert, dort aber in den letzten Jahren vor dem Unfall nicht mehr gewartet worden, ist der Verweis auf eine „freie" Fachwerkstatt nicht unzumutbar.

a) Der Fall

Der Kläger nahm die Beklagte zu 1 sowie deren Haftpflichtversicherer, die Beklagte zu 2, auf Ersatz restlichen Sachschadens aus einem Verkehrsunfall vom 4.5.2013 in Anspruch, bei dem sein Pkw, ein zum Unfallzeitpunkt rund neuneinhalb Jahre alter Mercedes Kombi 320 T mit einer Laufleistung von rund 123.700 km, hinten rechts an der Heckklappe und am Spoiler durch einen Streifstoß beschädigt wurde. Die Haftung der Beklagten mit einem Anteil von 70 % stand dem Grunde nach außer Streit. 83

Die Parteien stritten nur noch über die Frage, ob sich der Kläger im Rahmen der fiktiven Abrechnung seines Fahrzeugschadens auf die niedrigeren Stundenverrechnungssätze der von der Beklagten zu 2 benannten, nicht markengebundenen Fachwerkstatt S verweisen lassen musste oder ob er auf der Grundlage des von ihm eingeholten Sachverständigengutachtens die Stundenverrechnungssätze einer markengebundenen Fachwerkstatt erstattet verlangen konnte. Nach dem vom Kläger eingeholten Sachverständigengutachten beliefen sich die erforderlichen Reparaturkosten unter Zugrundelegung der Verrechnungssätze einer markengebundenen Fachwerkstatt auf 3.546,48 EUR netto. Die Beklagte zu 2 legte ihrer Schadensberechnung die günstigeren Reparaturkosten der Fachwerkstatt S. in Höhe von 2.872,12 EUR netto zugrunde; streitgegenständlich waren somit noch 472,05 EUR (70 % des Differenzbetrags). Der Kläger hatte den Pkw während seiner seit dem Jahr 2006 andauernden Besitzzeit nur in markengebundenen Fachwerkstätten reparieren lassen. 84

Das Amtsgericht hat seiner Entscheidung die niedrigeren Reparaturkosten der Fachwerkstatt S zugrunde gelegt und der Klage unter Hinzurechnung geltend gemachter Sachverständigenkosten sowie unter Abzug vorgerichtlich geleisteter Zahlungen in Höhe von 724,36 EUR stattgegeben. Auf die Berufung des Klägers hat das Landgericht das amtsgerichtliche Urteil dahingehend abgeändert, dass es die Beklagten zur Zahlung weiterer 472,05 EUR verurteilt hat. Mit der vom Berufungsgericht zugelassenen Revision beantragten die Beklagten die Wiederherstellung des amtsgerichtlichen Urteils. 85

§ 4 Stundenverrechnungssätze, UPE-Aufschläge und Verbringungskosten

b) Die rechtliche Beurteilung

86 Das angefochtene Urteil hielt der revisionsrechtlichen Nachprüfung nicht stand. Der erkennende Senat hat in mehreren Entscheidungen Stellung dazu bezogen, unter welchen Voraussetzungen ein Geschädigter, der den Ersatz fiktiver Reparaturkosten begehrt, gemäß § 249 Abs. 2 S. 1 BGB die Erstattung der Stundenverrechnungssätze einer markengebundenen Fachwerkstatt verlangen kann.

87 Der Geschädigte darf, sofern die Voraussetzungen für eine fiktive Schadensberechnung vorliegen, dieser grundsätzlich die üblichen Stundenverrechnungssätze einer markengebundenen Fachwerkstatt zugrunde legen, die ein von ihm eingeschalteter Sachverständiger auf dem allgemeinen regionalen Markt ermittelt hat. Nach der Rechtsprechung des erkennenden Senats besteht dann in der Regel ein Anspruch des Geschädigten auf Ersatz der in einer markengebundenen Fachwerkstatt anfallenden Reparaturkosten unabhängig davon, ob der Geschädigte das Fahrzeug tatsächlich voll, minderwertig oder überhaupt nicht reparieren lässt. Allerdings kann der Schädiger den Geschädigten unter dem Gesichtspunkt der Schadensminderungspflicht gemäß § 254 Abs. 2 BGB auf eine günstigere Reparaturmöglichkeit in einer mühelos und ohne weiteres zugänglichen „freien" Fachwerkstatt verweisen, wenn er darlegt und gegebenenfalls beweist, dass eine Reparatur in dieser Werkstatt vom Qualitätsstandard her der Reparatur in einer markengebundenen Fachwerkstatt entspricht, und wenn er gegebenenfalls vom Geschädigten aufgezeigte Umstände widerlegt, die diesem eine Reparatur außerhalb der markengebundenen Fachwerkstatt unzumutbar machen.

88 Unzumutbar ist eine Reparatur in einer „freien" Fachwerkstatt für den Geschädigten im Allgemeinen dann, wenn das beschädigte Fahrzeug im Unfallzeitpunkt nicht älter als drei Jahre war. Aber auch bei Fahrzeugen, die älter sind als drei Jahre, kann es für den Geschädigten unzumutbar sein, sich auf eine technisch gleichwertige Reparaturmöglichkeit außerhalb der markengebundenen Fachwerkstatt verweisen zu lassen. Zwar spielen bei diesen Fahrzeugen anders als bei neuen oder neuwertigen Fahrzeugen Gesichtspunkte wie die Erschwernis einer Inanspruchnahme von Gewährleistungsrechten, einer Herstellergarantie oder von Kulanzleistungen regelmäßig keine Rolle mehr. Aber auch bei älteren Fahrzeugen kann die Frage Bedeutung haben, wo das Fahrzeug regelmäßig gewartet, „scheckheftgepflegt" oder gegebenenfalls nach einem Unfall repariert worden ist. Es besteht bei einem großen Teil des Publikums die Einschätzung, dass bei einer (regelmäßigen) Wartung und Reparatur eines Fahrzeugs in einer markengebundenen Fachwerkstatt eine höhere Wahrscheinlichkeit besteht, dass diese ordnungsgemäß und fachgerecht erfolgt ist. In diesem Zusammenhang kann es dem Geschädigten unzumutbar sein, sich auf eine günstigere gleichwertige und ohne weiteres zugängliche Reparaturmöglichkeit in einer freien Fachwerkstatt verweisen zu lassen, wenn er – zum Beispiel unter Vorlage des „Scheckheftes", der Rechnungen oder durch Mitteilung der Reparatur- bzw. Wartungstermine – konkret darlegt, dass er sein Fahrzeug bisher stets in einer

9. Unzumutbarkeit der Verweisung auf eine „freie" Fachwerkstatt § 4

markengebundenen Fachwerkstatt hat warten und reparieren lassen und dies vom Schädiger nicht widerlegt wird. Wie der Senat in einigen Entscheidungen formuliert hat, kann insbesondere in diesem Fall der Verweis auf eine günstigere Reparaturmöglichkeit unzumutbar sein (Senatsurt. v. 28.4.2015 – VI ZR 267/14, VersR 2015, 861 Rn 10; v. 13.7.2010 – VI ZR 259/09, DAR 2010, 577 Rn 8; v. 22.6.2010 – VI ZR 302/08, NJW 2010, 2727 Rn 7 und – VI ZR 337/09, NJW 2010, 2725 Rn 10).

Für die Beurteilung der Unzumutbarkeit kommt es nicht auf die subjektive Sicht des Geschädigten an. § 254 BGB ist eine Ausprägung des Grundsatzes von Treu und Glauben. Im Rahmen des § 254 Abs. 2 S. 1 BGB geht es mithin um ein Unterlassen derjenigen Maßnahmen, die ein ordentlicher und verständiger Mensch an der Stelle des Geschädigten zur Schadensabwehr oder -minderung ergreifen würde. Auch wenn dabei die Situation des Geschädigten zu berücksichtigen ist, ist es nicht dessen persönliche Sicht, die die Grenzen der Zumutbarkeit und damit den Umfang der Schadensminderungspflicht bestimmt. **89**

Der Tatrichter ist bei seiner Überzeugungsbildung im Rahmen des § 254 Abs. 2 S. 1 BGB nach § 287 BGB besonders freigestellt. Denn die Bemessung der Höhe des Schadensersatzanspruchs, auf die sich die Verletzung der Schadensminderungspflicht auswirken kann, ist revisionsrechtlich nur daraufhin überprüfbar, ob der Tatrichter erhebliches Vorbringen der Parteien unberücksichtigt gelassen, Rechtsgrundsätze der Schadensbemessung verkannt, wesentliche Bemessungsfaktoren außer Betracht gelassen oder seiner Schätzung unrichtige Maßstäbe zugrunde gelegt hat. **90**

Derartige Rechtsfehler wies das angefochtene Urteil auf. **91**

Das Berufungsgericht hatte bei der Prüfung der Frage, ob sich die Verweisung des Klägers auf die „freie" Fachwerkstatt S. als unzumutbar darstellt, rechtsfehlerhaft auf dessen subjektive Sicht abgestellt. Ausgehend von seinen für den Senat bindenden Feststellungen hätte es aber darauf abstellen müssen, ob es für einen ordentlichen und verständigen Menschen an der Stelle des Klägers unzumutbar war, einen rund neuneinhalb Jahre alten Mercedes Kombi 320 T mit einer Laufleistung von rund 123.700 km, der an der Heckklappe und am Spoiler durch einen Streifstoß beschädigt wurde, in die Fachwerkstatt S. zur Vornahme einer Reparatur zu geben, die vom Qualitätsstandard her der Reparatur in einer markengebundenen Fachwerkstatt entsprach. Dies war angesichts des vom Berufungsgericht festgestellten konkreten – d.h. durch Rechnungen unterlegten – Vortrags des Klägers, demzufolge er zwar die Reparaturen, nach dem 6.2.2008 aber nicht mehr die Inspektionen an seinem Fahrzeug in einer markengebundenen Fachwerkstatt hatte vornehmen lassen, nicht der Fall. Dabei konnte dahinstehen, ob die Vornahme nicht „scheckheftrelevanter" Arbeiten am Fahrzeug wie eines Reifenwechsels oder eines Austausches der Scheibenwischblätter in einer nicht markengebundenen Fachwerkstatt im Schadensfall eine Verweisung auf eine „freie" Fachwerkstatt ermöglichen würde.

Denn vorliegend ging es nicht nur um Arbeiten dieser Art, sondern um Inspektionen über einen Zeitraum von fünf Jahren vor dem Unfall, von denen mangels konkreten Vortrags des Klägers nicht davon ausgegangen werden konnte, dass sie in einer markengebundenen Fachwerkstatt erfolgt waren. Dann aber hatte der Kläger ersichtlich keinen Wert darauf gelegt, dass eine markengebundene Fachwerkstatt sein Fahrzeug regelmäßig wartete, weshalb er damit beispielsweise bei einem Verkauf seines Fahrzeugs nicht werben dürfte. Wenn aber seit Jahren keine Inspektionen mehr in einer markengebundenen Fachwerkstatt vorgenommen worden waren, wurde dies allein durch den Umstand, dass sämtliche Reparaturen dort ausgeführt wurden, bei einem rund neuneinhalb Jahre alten und verhältnismäßig leicht beschädigten Fahrzeug nicht derart aufgewogen, dass sich vorliegend die Unzumutbarkeit des Verweises auf eine Reparatur in der Fachwerkstatt S. begründen ließ.

10. Schadensersatz bei gewerblicher Eigenreparatur

92 BGH, Urt. v.19.11.2013 – VI ZR 363/12, zfs 2014, 204 = VersR 2014, 256
BGB §§ 249 Abs. 2 S. 1, 632 Abs. 2

Wird eine im Bereich einer Autobahn befindliche Baustellenabsicherungsanlage durch ein Kraftfahrzeug beschädigt, kann dem Unternehmer, der die Anlage im Auftrag der zuständigen Behörde errichtet hat, ein Anspruch auf Ersatz des entstandenen Schadens in Höhe des Werklohns zustehen, den ein gewerblicher Betrieb für eine Reparatur in vergleichbaren Fällen üblicherweise verlangen kann.

a) Der Fall

93 Die Beklagten hatten der Klägerin unstreitig den bei einem Verkehrsunfall entstandenen Schaden zu ersetzen. Die Klägerin betreibt ein Unternehmen, das komplette Baustellenabsicherungsanlagen errichtet. Am Unfalltag geriet ein vom Beklagten zu 2 gesteuerter, bei der Beklagten zu 1 versicherter Lkw auf der A 61 im Bereich der Gemarkung D aufgrund eines geplatzten Vorderreifens ins Schleudern und kollidierte mit einer von der Klägerin errichteten Baustellenabsicherungsanlage, wobei diese beschädigt wurde.

94 Die Beklagte zu 1 hatte auf den von der Klägerin in Rechnung gestellten Ersatzbetrag in Höhe von 7.830,14 EUR insgesamt eine Zahlung von 2.832,42 EUR (zuzüglich einer Schadenspauschale) erbracht. Der Ersatzbetrag setzte sich im Wesentlichen zusammen aus der Höhe der Netto-Materialkosten, den abgerechneten Arbeitsstunden und den Fahrzeugkosten. Die Parteien stritten im Berufungsverfahren noch um die Ersatzfähigkeit der Positionen Materialgemeinkostenzuschlag, Fertigungsgemeinkostenzuschlag, Kosten der Schadensbekämpfung, Kosten der allgemeinen Verwaltung sowie Wagnis und Gewinn.

10. Schadensersatz bei gewerblicher Eigenreparatur § 4

Das Amtsgericht hat die Klage abgewiesen. Das Berufungsgericht hat die Berufung der Klägerin unter Abweisung der erweiterten Klage zurückgewiesen. Dagegen wandte sich die Klägerin mit der vom Berufungsgericht zugelassenen Revision. 95

b) Die rechtliche Beurteilung

Das Berufungsgericht führte im Wesentlichen aus: 96

Der Bundesgerichtshof lasse zu, dass, wenn bei einer Beschädigung einer Sache der Geschädigte die Sache im eigenen Betrieb reparieren lasse, dieser neben dem Lohn- und Materialaufwand auch anteilige Gemeinkosten – außer Unternehmergewinn – geltend machen könne. Der Bundesgerichtshof habe jedoch klargestellt, dass der Geschädigte nur die Kosten der jeweiligen Schadensbeseitigung beanspruchen könne. Der Anspruch sei auf die dem Geschädigten erwachsenen unfallbedingten Selbstkosten beschränkt. Mithin könne der Geschädigte nur die Mehrkosten verlangen, die ihm durch den jeweiligen konkreten Unfall entstanden seien, die also als solche durch die Schadensbilanz – und nicht durch eine betriebswirtschaftliche Kalkulation – ausgewiesen würden.

Die geltend gemachten Materialgemeinkosten, Fertigungsgemeinkosten, Kosten der Schadensbekämpfung und Kosten der allgemeinen Verwaltung sowie Wagnis und Gewinn seien in diesem Sinne nicht auf das konkrete Unfallereignis bezogen. Bei den Kosten handele es sich um solche, die sich aus dem Geschäftsmodell der Klägerin bzw. aufgrund der „klassischen Mühewaltung" ergäben und die durch den „normalen Geschäftsbetrieb", nicht aber durch Schadensfälle erwirtschaftet werden müssten.

Die dagegen gerichtete Revision war begründet. Die Abweisung der Klage konnte mit der vom Berufungsgericht gegebenen Begründung nicht aufrechterhalten werden. 97

Die Auffassung des Berufungsgerichts, ein Anspruch der Klägerin sei zu verneinen, weil die streitigen Positionen nicht durch das konkrete Unfallereignis bedingt seien, beruhte auf einer rechtsfehlerhaften Anwendung des § 249 Abs. 2 S. 1 BGB, wonach dann, wenn wegen Beschädigung einer Sache Schadensersatz zu leisten ist, der Gläubiger statt der Herstellung den dazu erforderlichen Geldbetrag verlangen kann.

Das Berufungsgericht meinte, seiner Entscheidung die Ausführungen des erkennenden Senats in dem Urt. v. 31.5.1983 (VI ZR 241/79, VersR 1983, 755) zugrunde legen zu können (ähnlich auch OLG Zweibrücken, VersR 2002, 1566). Das war indes nicht der Fall. Jene Entscheidung greift Erwägungen des Senatsurt. v. 26.5.1970 (VI ZR 168/68, BGHZ 54, 82, 87 f.; vgl. auch Senatsurt. v. 3.2.1961 – VI ZR 178/59, JZ 1961, 420, 421) auf. Diesen Entscheidungen liegt jeweils zugrunde, dass ein Verkehrsbetrieb unfallbedingt einen Schaden an seinen Fahrzeugen erlitt. Der erkennende Senat hat entschieden, dass ein Verkehrsbetrieb, der eine Werkstät- 98

§ 4 Stundenverrechnungssätze, UPE-Aufschläge und Verbringungskosten

te unterhält, die nur zur Instandsetzung der eigenen Fahrzeuge bestimmt ist, von dem Schädiger eines Fahrzeugs nicht ohne weiteres Ersatz der höheren Kosten einer nicht vorgenommenen Fremdreparatur fordern kann, dass vielmehr in der Regel lediglich nach den Selbstkosten einer solchen Betriebswerkstatt zuzüglich anteiliger Gemeinkosten abgerechnet werden kann, weil nur diese Kosten im Sinne des § 249 Abs. 2 S. 1 BGB zur Herstellung erforderlich sind.

99 Bei der vorliegenden Fallgestaltung lagen die Dinge anders. Ein Verkehrsbetrieb, der seine eigenen Fahrzeuge in einer eigenen Werkstatt repariert, ist nicht als Reparaturbetrieb gegenüber Dritten gewerblich tätig. Er führt die Reparaturen durch, um seine Leistungen als Verkehrsbetrieb unter Inanspruchnahme der reparierten Verkehrsmittel erbringen zu können. Es ist deshalb gerechtfertigt, ihn auf die Selbstkosten der durchgeführten Reparaturen zuzüglich anteiliger Gemeinkosten zu verweisen.

100 Die Klägerin erbringt hingegen die Einrichtung und Wartung von Baustellenabsicherungsanlagen als typische Fremdleistung für die beauftragenden Straßenverwaltungen. Auch die Reparatur einer unfallbeschädigten Baustellenabsicherungsanlage erfolgt, sofern nicht ohnehin ein gesonderter Auftrag für die Reparatur einer Fremdanlage vorliegt, um die dem Auftraggeber geschuldete Leistung vertragsgemäß zu erbringen. Nach der Rechtsprechung des erkennenden Senats hat aber ein Gewerbetreibender, der die ansonsten gewinnbringend eingesetzten Kapazitäten seines Betriebs dazu benutzt, beschädigtes Eigentum selbst zu reparieren, einen Anspruch darauf, dass ihm die Kosten einer Fremdreparatur ersetzt werden. Dies gilt selbst dann, wenn das vorhandene Personal die Reparatur ohne gesonderte Vergütung vornimmt. Eine Ausnahme gilt nur dann, wenn der Betrieb nicht ausgelastet ist und deshalb ansonsten ungenutzte Kapazitäten für die notwendige Reparatur genutzt werden können (vgl. Senatsurt. v. 26.5.1970 – VI ZR 168/68, a.a.O., S.87; v. 19.6.1973 – VI ZR 46/72, BGHZ 61, 56, 58; BGH, Urt. v. 30.6.1997 – II ZR 186/96, VersR 1997, 1287, 1288 f.; OLG Hamm, VersR 1991, 349 f.). Für Letzteres ist der Schädiger darlegungs- und beweisbelastet (vgl. OLG Frankfurt am Main, NJW 2012, 2977; LG Bochum, NJW-RR 1989, 1195; LG Mühlhausen, Urt. v. 8.11.2011 – 2 S 95/11, juris Rn 10; a.A. wohl OLG Saarbrücken, r+s 2013, 520, 522), wobei allerdings dem Geschädigten im Rahmen der sekundären Darlegungslast eine konkrete Darstellung der betrieblichen Auslastungssituation obliegt (LG Hannover, SP 2012, 364; dazu *Wenker,* jurisPR-VerkR 1/2013 Anm. 3).

101 Dass der Betrieb der Klägerin nicht ausgelastet gewesen wäre, stellte das Berufungsgericht nicht fest. Demgemäß hätte es darauf abstellen müssen, welchen Werklohn ein gewerblicher Betrieb für eine Reparatur in vergleichbaren Fällen üblicherweise verlangen kann. Denn das ist der zur Herstellung erforderliche Betrag im Sinne des § 249 Abs. 2 S. 1 BGB, wobei sich die Grenzen aus § 632 Abs. 2 BGB ergeben (vgl. Senatsurt. v. 15.10.2013 – VI ZR 528/12 und – VI ZR 471/12, z.V.b.). Üblich im Sinne des § 632 Abs. 2 BGB ist eine Vergütung, die zur Zeit des Ver-

11. Anmerkung betreffend UPE-Aufschläge und Verbringungskosten § 4

tragsschlusses nach allgemeiner Auffassung der beteiligten Kreise am Ort der Werkleistung gewährt zu werden pflegt, wobei Vergleichsmaßstab Leistungen gleicher Art, gleicher Güte und gleichen Umfangs sind und die Anerkennung der Üblichkeit gleiche Verhältnisse in zahlreichen Einzelfällen voraussetzt (BGH, Urt. v. 26.10.2000 – VII ZR 239/98, NJW 2001, 151, 152). Auf die Ausführungen des Berufungsgerichts zu den einzelnen von der Klägerin in Rechnung gestellten Positionen kam es dabei ebenso wenig an wie auf die betriebswirtschaftlichen Ausführungen der Revision.

Demnach war das angefochtene Urteil aufzuheben und die Sache an das Berufungsgericht zurückzuverweisen. Bei der neuen Verhandlung und Entscheidung wird das Berufungsgericht im Rahmen freier Schadensschätzung (§ 287 Abs. 1 ZPO) den Umfang der üblichen Vergütung und den danach zu bemessenden zur Herstellung erforderlichen Geldbetrag festzustellen haben.

Anmerkung

Die Entscheidung kann auch im Fall der Eigenreparatur eines Fahrzeugs einer Kfz-Werkstatt herangezogen werden.

11. Anmerkung betreffend UPE-Aufschläge und Verbringungskosten

Der BGH hat zu dem Thema noch keine Entscheidung getroffen. Eine Revision wurde kurz vor der Verhandlung zurückgenommen. Für den Fall, dass eine fiktive Schadensberechnung möglich ist, sind nach der BGH-Rechtsprechung allerdings die üblichen Preise einer (regionalen) markengebundenen Fachwerkstatt zugrunde zu legen. Dies könnte auch für UPE-Aufschläge und Verbringungskosten gelten – falls diese üblicherweise bei einer dortigen Reparatur anfallen (vgl. auch die Nachweise im Senatsurt. v. 14.5.2013 – VI ZR 320/12, siehe oben Rdn 61 ff.).

§ 5 Mietwagenkosten, insbesondere Unfallersatztarife

1. Zugänglichkeit eines „Normaltarifs" und Einsatz der Kreditkarte

BGH, Urt. v. 19.4.2005 – VI ZR 37/04, zfs 2005, 435 = VersR 2005, 850

BGB § 249

a) Ein „Unfallersatztarif" ist nur insoweit ein „erforderlicher" Aufwand zur Schadensbeseitigung gemäß § 249 S. 2 BGB a.f. als die Besonderheiten dieses Tarifs einen gegenüber dem „Normaltarif" höheren Preis aus betriebswirtschaftlicher Sicht rechtfertigen, weil sie auf Leistungen des Vermieters beruhen, die durch die besondere Unfallsituation veranlasst und infolgedessen zur Schadensbehebung erforderlich sind (Bestätigung des Senatsurt. v. 12.10.2004 – VI ZR 151/03, VersR 2005, 239 = BGHZ 160, 377).

b) Einen ungerechtfertigt überhöhten „Unfallersatztarif" kann der Geschädigte nur ersetzt verlangen, wenn er darlegt und gegebenenfalls beweist, dass ihm unter Berücksichtigung seiner individuellen Erkenntnis- und Einflussmöglichkeiten sowie den gerade für ihn bestehenden Schwierigkeiten unter zumutbaren Anstrengungen auf dem in seiner Lage zeitlich und örtlich relevanten Markt kein wesentlich günstigerer Tarif zugänglich war.

c) Zur Frage, wann der Geschädigte zur Nachfrage nach einem günstigeren Tarif und zum Einsatz seiner Kreditkarte oder zu einer sonstigen Form einer Vorfinanzierung verpflichtet ist.

a) Der Fall

Die Klägerin, eine Autovermieterin, machte gegen den beklagten Kfz-Haftpflichtversicherer aus abgetretenem Recht der Unfallgeschädigten den Ersatz restlicher Mietwagenkosten aus (ursprünglich) drei Verkehrsunfällen geltend, die sich in den Jahren 2001 bzw. 2002 ereignet hatten. Die Haftung des Beklagten war dem Grunde nach außer Streit. Die Unfallgeschädigten mieteten jeweils nach den Verkehrsunfällen bei der Klägerin Mietwagen zu sogenannten Unfallersatztarifen an und traten ihre Schadensersatzforderungen an die Klägerin ab. Die Klägerin war im Besitz der erforderlichen Erlaubnis im Sinne des Rechtsberatungsgesetzes (vgl. Art. 1 § 1 Abs. 1 S. 2 Nr. 5 RBerG).

Das Amtsgericht hat der Klage in vollem Umfang stattgegeben mit der Begründung, die Geschädigten hätten grundsätzlich ein Fahrzeug zum sogenannten Unfallersatztarif anmieten dürfen und dieser sei in den vorliegenden Fällen im Vergleich mit anderen Unfallersatztarifen nicht unangemessen hoch. Auf die Berufung der Beklagten hat das Landgericht das erstinstanzliche Urteil in einem Schadensfall abgeändert und diesbezüglich die Klage auf Zahlung des – über dem vorgerichtlich von der Beklagten geleisteten – Betrags abgewiesen. Mit der vom Landgericht zugelassenen Revision begehrte die Klägerin Wiederherstellung des erstinstanzlichen Urteils.

b) Die rechtliche Beurteilung

4   Das angefochtene Urteil hielt nicht in allen Punkten revisionsrechtlicher Nachprüfung stand.

Die Begründung, mit der das Berufungsgericht in dem allein noch den Gegenstand des Revisionsverfahrens bildenden Fall eine Ersatzfähigkeit des geltend gemachten Unfallersatztarifs abgelehnt und die Mietwagenkosten auf den von ihm geschätzten Normaltarif beschränkt hat, war nicht frei von Rechtsfehlern.

5   Das Berufungsgericht war zwar zutreffend davon ausgegangen, dass die Klägerin von der Beklagten aus abgetretenem Recht nach § 249 S. 2 BGB a.F. (vgl. Art. 2 Nr. 1 des 2. Schadensersatzrechtsänderungsgesetzes vom 19.7.2002, BGBl I 2674) als Herstellungsaufwand nur den Ersatz der erforderlichen Mietwagenkosten verlangen konnte, die ein verständiger, wirtschaftlich denkender Mensch in der Lage des Geschädigten für zweckmäßig und notwendig halten darf, und dass der Geschädigte dabei nach dem Wirtschaftlichkeitsgebot gehalten ist, im Rahmen des ihm Zumutbaren von mehreren möglichen den wirtschaftlicheren Weg der Schadensbehebung zu wählen. Hierzu hatte der erkennende Senat im Urteil vom 7.5.1996 (VI ZR 138/95) ausgeführt, dass der Geschädigte nicht allein deshalb gegen seine Pflicht zur Schadensgeringhaltung verstoße, weil er ein Kraftfahrzeug zu einem „Unfallersatztarif" anmiete, der gegenüber einem Normaltarif teurer ist, solange dies dem Geschädigten nicht ohne weiteres erkennbar sei (vgl. BGHZ 132, 373, 378 f.).

6   Dieser Grundsatz kann jedoch, wie der Senat in den Urteilen v. 12.10.2004 (VI ZR 151/03, VersR 2005, 239) entschieden hat, keine uneingeschränkte Geltung beanspruchen in den Fällen, in denen sich ein besonderer Tarif für Ersatzmietwagen nach Unfällen entwickelt hat, der nicht mehr maßgeblich von Angebot und Nachfrage bestimmt wird, sondern insbesondere durch gleichförmiges Verhalten der Anbieter. Insoweit kann aus schadensrechtlicher Sicht der zur Herstellung „erforderliche" Geldbetrag nicht ohne weiteres mit einem solchen „Unfallersatztarif" gleichgesetzt werden. Vielmehr sind die nach einem sogenannten Unfallersatztarif geschuldeten Kosten grundsätzlich nur insoweit zu ersetzen, als sie tatsächlich zur Herstellung des Zustandes erforderlich sind, der ohne die Schädigung bestehen würde.

7   Hiervon ging auch das Berufungsgericht aus. Indessen standen die Ausführungen, mit denen es für den noch im Streit befindlichen Schadensfall die Erstattungsfähigkeit des Unfallersatztarifs verneint hatte, nicht durchweg in Einklang mit den nach Erlass des Berufungsurteils ergangenen Entscheidungen des Senats. Hiernach

1. Zugänglichkeit eines „Normaltarifs" und Einsatz der Kreditkarte § 5

kommt es darauf an, ob und inwieweit der geltend gemachte „Unfallersatztarif" nach seiner Struktur als „erforderlicher" Aufwand zur Schadensbeseitigung angesehen werden kann. Dies kann nur insoweit der Fall sein, als die Besonderheiten dieses Tarifs mit Rücksicht auf die Unfallsituation (etwa die Vorfinanzierung, das Risiko eines Ausfalls mit der Ersatzforderung wegen falscher Bewertung der Anteile am Unfallgeschehen durch den Kunden oder das Mietwagenunternehmen u.Ä.) einen gegenüber dem „Normaltarif" höheren Preis aus betriebswirtschaftlicher Sicht rechtfertigen, weil sie auf Leistungen des Vermieters beruhen, die durch die besondere Unfallsituation veranlasst und infolgedessen zur Schadensbehebung nach § 249 BGB erforderlich sind. Anknüpfungspunkt für diese Prüfung kann nur ein „Normaltarif" sein, also regelmäßig ein Tarif, der für Selbstzahler Anwendung findet und daher unter marktwirtschaftlichen Gesichtspunkten gebildet wird. Eine Erhöhung des sich bei der Anknüpfung an einen „Normaltarif" ergebenden Betrages ist nur gerechtfertigt, wenn und soweit sie nach den vorstehenden Ausführungen unfallbedingt ist. Inwieweit dies der Fall ist, hat der Tatrichter aufgrund des Vortrags des Geschädigten – gegebenenfalls nach Beratung durch einen Sachverständigen – gemäß § 287 Abs. 1 ZPO zu schätzen. Die Beweislast für die Berechtigung einer Erhöhung gegenüber dem „Normaltarif" obliegt dabei dem Geschädigten bzw. seinem Rechtsnachfolger.

Mit diesen Grundsätzen war es nicht vereinbar, dass das Berufungsgericht generell den Unfallersatztarif nicht für erstattungsfähig bzw. eine Erhöhung gegenüber dem „Normaltarif" für ausgeschlossen hielt, anstatt – gegebenenfalls mit Hilfe eines Sachverständigen – zu prüfen, inwieweit eine solche Erhöhung nach dem Maßstab des § 249 BGB durch die besondere Unfallsituation gerechtfertigt war. Hierbei kann entgegen der Auffassung des Berufungsgerichts auch eine Vorfinanzierung der Mietwagenkosten zu berücksichtigen sein, zu der der Geschädigte nicht unter allen Umständen verpflichtet ist. 8

Ergibt diese Prüfung, dass der „Unfallersatztarif" auch mit Rücksicht auf die Unfallsituation nicht im geltend gemachten Umfang zur Herstellung „erforderlich" war, kann der Geschädigte oder dessen Rechtsnachfolger im Hinblick auf die gebotene subjektbezogene Schadensbetrachtung (hierzu Senatsurt. BGHZ 132, 373, 376) den übersteigenden Betrag nur ersetzt verlangen, wenn ihm ein günstigerer „Normaltarif" nicht ohne weiteres zugänglich war (Senatsurt. v. 15.2.2005 – VI ZR 70/04 und VI ZR 160/04). Auf die Frage der Zugänglichkeit kommt es also erst an, wenn und soweit eine Erhöhung des „Unfallersatztarifs" gegenüber dem „Normaltarif" nicht durch die besondere Unfallsituation gerechtfertigt ist. Hierfür haben der Geschädigte bzw. sein Rechtsnachfolger darzulegen und erforderlichenfalls zu beweisen, dass dem Geschädigten unter Berücksichtigung seiner individuellen Erkenntnis- und Einflussmöglichkeiten sowie der gerade für ihn bestehenden Schwierigkeiten unter zumutbaren Anstrengungen auf dem in seiner Lage zeitlich und örtlich relevanten Markt kein wesentlich günstigerer Tarif zugänglich war. 9

§ 5 Mietwagenkosten, insbesondere Unfallersatztarife

10 Soweit der erkennende Senat in seinem Urteil vom 7.5.1996 (VI ZR 138/95, BGHZ 132, 373) davon ausgegangen ist, dass unfallgeschädigten Verkehrsteilnehmern von Mietwagenunternehmen allein der „Unfallersatztarif" angeboten werde, beruhte dies auf den nach der damaligen Prozesslage zugrunde zu legenden Marktgepflogenheiten. Diese hat das Berufungsgericht im Streitfall aufgrund einer von ihm durchgeführten telefonischen Umfrage bei den örtlichen Autovermietern abweichend beurteilt. Ob die hiergegen von der Revision erhobene Verfahrensrüge durchgreift, bedarf keiner Entscheidung, weil das angefochtene Urteil ohnehin der Aufhebung unterliegt. Jedenfalls könnten sich die Marktgepflogenheiten nach dem Vorbringen der Beklagten inzwischen dahin geändert haben, dass Unfallgeschädigten zumindest auf Nachfrage auch ein „Normaltarif" angeboten wird. Die Klägerin, die möglicherweise in diesem Zusammenhang die Darlegungs- und Beweislast verkannt hatte, hatte nach Aufhebung und Zurückverweisung Gelegenheit, hierzu gegebenenfalls unter Beweisantritt erneut vorzutragen.

11 Zu einer solchen Nachfrage nach einem günstigeren Tarif ist ein vernünftiger und wirtschaftlich denkender Geschädigter schon unter dem Aspekt des Wirtschaftlichkeitsgebots gehalten, wenn er Bedenken gegen die Angemessenheit des ihm angebotenen Unfallersatztarifs haben muss, die sich aus dessen Höhe sowie der kontroversen Diskussion und der neueren Rechtsprechung zu diesen Tarifen ergeben können. Auch liegt eine Nachfrage im eigenen Interesse des Geschädigten, weil er andernfalls Gefahr läuft, dass ihm ein nach den oben dargelegten Grundsätzen überhöhter Unfallersatztarif nicht in vollem Umfang erstattet wird. Dabei kann es je nach Lage des Einzelfalls auch erforderlich sein, sich anderweitig nach günstigeren Tarifen zu erkundigen. Der Senat hat bereits in früheren Entscheidungen (vgl. Senatsurt. v. 2.7.1985 – VI ZR 86/84, VersR 1985, 1090 und VI ZR 177/84, VersR 1985, 1092 sowie v. 7.5.1996 – VI ZR 138/95, BGHZ 132, 373, 378) darauf hingewiesen, dass der Geschädigte unter Umständen zur Einholung von ein oder zwei Konkurrenzangeboten gehalten sein kann. In diesem Zusammenhang kann es auch eine Rolle spielen, wie schnell der Geschädigte ein Ersatzfahrzeug benötigt, was das Berufungsgericht vorliegend in zwei Fällen als maßgeblichen Umstand für die Erstattungsfähigkeit des Unfallersatztarifs hat ausreichen lassen. Dass es in dem hier zu entscheidenden Fall unter den von ihm festgestellten Umständen eine solche Dringlichkeit verneint hatte, bewegte sich im Bereich tatrichterlicher Würdigung und ließ keinen Rechtsfehler erkennen.

12 Soweit es allerdings die Erforderlichkeit der geltend gemachten Mietwagenkosten mit der Begründung verneint hatte, der Geschädigte sei zur Erlangung eines „Normaltarifs" verpflichtet gewesen, seine Kreditkarte einzusetzen, vermochte der erkennende Senat dem in dieser Allgemeinheit nicht zu folgen.

13 Zwar wird die Frage, ob der Geschädigte in derartigen Fällen zum Einsatz seiner Kreditkarte verpflichtet ist, vielfach nur aufgrund tatrichterlicher Feststellungen für den jeweiligen Einzelfall beantwortet werden können. Indessen ist bei der recht-

2. Schadensminderungspflicht bei Anmietung zu einem günstigeren Tarif § 5

lichen Beurteilung von den Grundsätzen auszugehen, die der Senat in seinem bereits erwähnten Urteil vom 6.11.1973 (VI ZR 27/73, VersR 1974, 90) für die Erforderlichkeit von Finanzierungskosten (auch) zur Anmietung eines Ersatzfahrzeugs aufgestellt hat. Danach kommt es darauf an, ob dem Geschädigten die Schadensbeseitigung nur durch Aufnahme von Fremdmitteln möglich oder zuzumuten ist. Zwar betrifft die Frage, ob der Geschädigte im Interesse des Schädigers an der Geringhaltung des Schadens bei der Anmietung eines Ersatzfahrzeugs zum Einsatz einer etwa vorhandenen Kreditkarte verpflichtet ist, nicht die Erforderlichkeit der Herstellungskosten im Sinne des § 249 BGB, sondern die Schadensminderungspflicht nach § 254 BGB. Es kommt jedoch auch unter diesem Blickwinkel darauf an, ob dem Geschädigten eine derartige Form der Vorfinanzierung, zu der auch der Einsatz einer ec-Karte oder die Stellung einer Kaution gerechnet werden könnten, möglich und zumutbar ist. Das kann angesichts der heutigen wirtschaftlichen Gepflogenheiten nicht generell ausgeschlossen, für den Streitfall aber mangels hinreichender tatsächlicher Grundlagen auch nicht abschließend bejaht werden. Vielmehr bedarf es hierzu weiterer tatrichterlicher Feststellungen auf der Grundlage ergänzenden Vortrags der Parteien, wobei sich für die im Rahmen des § 254 BGB zunächst nicht darlegungs- und beweispflichtige Klägerin je nach dem Inhalt des Beklagtenvortrags eine sekundäre Darlegungs- und Beweislast ergeben kann.

2. Schadensminderungspflicht bei ohne weiteres möglicher und zumutbarer Anmietung zu einem günstigeren Tarif

BGH, Urt. v. 6.3.2007 – VI ZR 36/06, zfs 2007, 505 = VersR 2007, 706 14
BGB §§ 249, 254

Zu den Anforderungen an den Vortrag eines Verkehrsunfallgeschädigten, der sich für die Inanspruchnahme eines Unfallersatztarifs darauf beruft, er habe die Anmietung eines Ersatzfahrzeugs zum Normaltarif wegen der Notwendigkeit, eine Kaution zu leisten und in Vorkasse zu treten, abgelehnt.

Die rechtliche Beurteilung 15

Es war nicht zu beanstanden, dass das Berufungsgericht zu der Frage, ob der vom Geschädigten, hier dem Kläger, beanspruchte Unfallersatztarif aufgrund unfallspezifischer Kostenfaktoren erforderlich war im Sinne des § 249 Abs. 2 S. 1 BGB, keine Feststellungen getroffen hatte.

Diese Frage kann dann offen bleiben, wenn feststeht, dass dem Geschädigten jedenfalls ein günstigerer, seinen Bedürfnissen entsprechender „Normaltarif" bekannt und in der konkreten Situation ohne weiteres zugänglich war, so dass ihm die kostengünstigere Anmietung eines entsprechenden Fahrzeugs unter dem Blickwinkel der ihm gemäß § 254 BGB obliegenden Schadensminderungspflicht zugemutet werden konnte (vgl. Senatsurt. v. 14.2.2006 – VI ZR 32/05, VersR 2006, 564, 565; 16

§ 5 Mietwagenkosten, insbesondere Unfallersatztarife

v. 4.7.2006 – VI ZR 237/05, VersR 2006, 1425, 1426; v. 23.1.2007 – VI ZR 18/06, VersR 2007, 515 f.).

17 Dies war nach den vom Berufungsgericht getroffenen Feststellungen der Fall. Danach kannte der Kläger aufgrund des Schreibens der Beklagten und der Erläuterungen des Zeugen S die erheblichen Tarifunterschiede im Mietwagenbereich und wusste auch um die Besonderheit des Unfallersatztarifs und darum, dass er einen Mietwagen erheblich günstiger zum Normaltarif anmieten konnte. Gleichwohl hat er es trotz fehlenden Zeitdrucks und dem Angebot der Beklagten, bestehende Zweifelsfragen durch Rücksprache mit ihr zu klären, abgelehnt, das Mietfahrzeug zum Normaltarif anzumieten, weil er nicht bereit war, eine Kaution zu leisten und in Vorkasse zu treten. Insofern lag eine rechtlich relevante Verletzung der Schadensminderungspflicht vor.

18 Der erkennende Senat hat bereits entschieden, dass die Frage, ob der Geschädigte in Fällen der Inanspruchnahme eines Mietwagens nach einem Verkehrsunfall zum Einsatz seiner Kreditkarte oder zu einer sonstigen Art der Vorleistung verpflichtet ist, nicht generell verneint werden kann. Es komme vielmehr auf den jeweiligen Einzelfall, insbesondere darauf an, ob dem Geschädigten der Einsatz einer Kreditkarte oder die Stellung einer Kaution möglich und zumutbar ist (Senatsurt. BGHZ 163, 19, 26). Dies wird weitgehend von Art und Ausmaß der Beschädigung des Fahrzeugs sowie von den Umständen abhängen, in denen der Geschädigte durch den Schaden betroffen wird, insbesondere von seinen wirtschaftlichen Verhältnissen, wobei es ihm grundsätzlich zuzumuten ist, die im Zusammenhang mit der Instandsetzung anfallenden Kosten ohne Rückgriff auf einen Bankkredit aus eigenen Mitteln vorzustrecken, wenn dies ohne besondere Einschränkung der gewohnten Lebensführung möglich ist (vgl. Senatsurt. BGHZ 61, 346, 350).

19 Für die Voraussetzungen einer Verletzung der Schadensminderungspflicht ist zwar grundsätzlich die Beklagte darlegungs- und beweispflichtig, jedoch trifft den Kläger eine sekundäre Darlegungslast (vgl. Senatsurt. BGHZ 163, 19, 26). Insbesondere hat er die wohl ihm, nicht aber der Beklagten, bekannten Umstände darzulegen, aus denen sich die Unzumutbarkeit schadensmindernder Maßnahmen ergibt. Ein solcher Vortrag des Klägers war nicht ersichtlich. Noch in der mündlichen Verhandlung vor dem Revisionsgericht hatte er sich ausschließlich darauf berufen, er sei zu eigenen Leistungen an den Vermieter nicht bereit gewesen, weil seines Erachtens eine dahin gehende rechtliche Verpflichtung zu verneinen sei. Dies ist indes nach der oben zitierten Rechtsprechung des erkennenden Senats nicht der Fall. Dabei ging es entgegen der Ansicht der Revision keineswegs um Fragen der neueren Entwicklung der Rechtsprechung zu den Unfallersatztarifen, die der Kläger im Jahre 2002 nicht hat voraussehen können und zu denen ihm jedenfalls damals das Problembewusstsein gefehlt haben könnte. Vielmehr ging es schlichtweg um die jedem Geschädigten abzuverlangende nahe liegende Überlegung, dass die Ersatzpflicht eines Dritten nicht die Verursachung unnötiger, wesentlich überhöhter Kosten rechtfertigt. Dazu bedarf es keiner Einsicht in komplexe rechtliche Zusammenhänge, sondern lediglich wirtschaftlicher Vernunft und der sich jedem aufdrängenden Einsicht, dass der Geschädigte verpflichtet ist, den Schaden nicht durch eigenes Verhalten unnötig zu erhöhen. Dem hatte der Kläger nicht Rechnung getragen. Er konnte sich schon deshalb auch nicht mit Erfolg darauf berufen, dass die Beklagte nicht von sich aus angeboten hatte, die erforderlichen Mittel vorschussweise zur Verfügung zu stellen oder für eine sonstige Sicherung des Mietwagenunternehmens zu sorgen. Ob der Kläger nicht ohnehin aus Rechtsgründen verpflichtet war, die Beklagte erforderlichenfalls seinerseits darauf anzusprechen, konnte insoweit dahinstehen.

3. Zur Erforderlichkeit eines Unfallersatztarifs

BGH, Urt. v. 12.6.2007 – VI ZR 161/06, VersR 2007, 1144 20
BGB § 249
Zur Erforderlichkeit eines Unfallersatztarifs.

Die rechtliche Beurteilung 21

Das Berufungsgericht ging in (offener) Abweichung zu der ständigen Rechtsprechung des Bundesgerichtshofs nicht davon aus, dass ein Unfallersatztarif ersatzfähig sein könne, wenn die Besonderheiten dieses Tarifs einen gegenüber dem Normaltarif höheren Preis aus betriebswirtschaftlicher Sicht rechtfertigen. Der BGH hat an seiner bisherigen Rechtsprechung festgehalten, das Berufungsurteil aufgehoben und die Sache zur neuen Verhandlung und Entscheidung an das Berufungsgericht zurückverwiesen. Dabei hat der BGH die Prüfungsschritte nochmals zusammengefasst:

Nach gefestigter Rechtsprechung des erkennenden Senats kann der Geschädigte 22
vom Schädiger bzw. dessen Haftpflichtversicherer nach § 249 BGB als erforderlichen Herstellungsaufwand nur den Ersatz derjenigen Mietwagenkosten verlangen, die ein verständiger, wirtschaftlich vernünftig denkender Mensch in der Lage des Geschädigten für zweckmäßig und notwendig halten darf. Der Geschädigte ist dabei nach dem aus dem Grundsatz der Erforderlichkeit hergeleiteten Wirtschaftlichkeitsgebot gehalten, im Rahmen des ihm Zumutbaren von mehreren möglichen den wirtschaftlicheren Weg der Schadensbehebung zu wählen. Das bedeutet für den Bereich der Mietwagenkosten, dass er von mehreren auf dem örtlich relevanten Markt – nicht nur für Unfallgeschädigte – erhältlichen Tarifen für die Anmietung eines vergleichbaren Ersatzfahrzeugs (innerhalb eines gewissen Rahmens) grundsätzlich nur den günstigeren Mietpreis ersetzt verlangen kann. Der Geschädigte verstößt allerdings noch nicht allein deshalb gegen seine Pflicht zur Schadensgeringhaltung, weil er ein Kraftfahrzeug zum Unfallersatztarif anmietet, der gegenüber einem „Normaltarif" teurer ist, soweit die Besonderheiten dieses Tarifs mit Rücksicht auf die Unfallsituation (etwa die Vorfinanzierung, das Risiko eines Ausfalls mit der Er-

satzforderung wegen falscher Bewertung der Anteile am Unfallgeschehen durch den Kunden oder das Mietwagenunternehmen u.Ä.) einen gegenüber dem „Normaltarif" höheren Preis rechtfertigen, weil sie auf Leistungen des Vermieters beruhen, die durch die besondere Unfallsituation veranlasst und infolgedessen zur Schadensbehebung nach § 249 BGB erforderlich sind.

23 Wie der Senat inzwischen mehrfach dargelegt hat, ist es dabei nicht erforderlich, dass der bei der Schadensberechnung nach § 287 ZPO besonders frei gestellte Tatrichter für die Prüfung der betriebswirtschaftlichen Rechtfertigung eines „Unfallersatztarifs" die Kalkulation des konkreten Unternehmens – ggf. nach Beratung durch einen Sachverständigen – in jedem Fall nachvollzieht. Vielmehr kann sich die Prüfung darauf beschränken, ob spezifische Leistungen bei der Vermietung an Unfallgeschädigte allgemein einen Aufschlag rechtfertigen, wobei unter Umständen auch ein pauschaler Aufschlag auf den „Normaltarif" in Betracht kommt. In Ausübung des Ermessens nach § 287 ZPO kann der Tatrichter den „Normaltarif" auch auf der Grundlage des gewichteten Mittels des Schwacke-Mietpreisspiegels im Postleitzahlengebiet des Geschädigten – ggf. mit sachverständiger Beratung – ermitteln.

Weil das Berufungsgericht die grundsätzlich notwendige Prüfung der Erforderlichkeit eines höheren Unfallersatztarifs nicht vorgenommen hatte, war revisionsrechtlich zu unterstellen, dass der geltend gemachte Unfallersatztarif erforderlich war.

Im Streitfall konnte die Frage der Erforderlichkeit nach den bisher getroffenen Feststellungen auch nicht offen bleiben.

24 Die Frage, ob ein Unfallersatztarif aufgrund unfallspezifischer Kostenfaktoren erforderlich im Sinne des § 249 Abs. 2 S. 1 BGB ist, kann offen bleiben, wenn feststeht, dass dem Geschädigten ein günstigerer „Normaltarif" in der konkreten Situation ohne weiteres zugänglich war, so dass ihm eine kostengünstigere Anmietung unter dem Blickwinkel der ihm gemäß § 254 BGB obliegenden Schadensminderungspflicht zugemutet werden konnte. Ebenso kann diese Frage offen bleiben, wenn zur Überzeugung des Tatrichters feststeht, dass dem Geschädigten die Anmietung zum „Normaltarif" nach den konkreten Umständen nicht zugänglich gewesen ist, denn der Geschädigte kann in einem solchen Fall einen den „Normaltarif" übersteigenden Betrag im Hinblick auf die gebotene subjektbezogene Schadensbetrachtung auch dann verlangen, wenn die Erhöhung nicht durch unfallspezifische Kostenfaktoren gerechtfertigt wäre. Für die Frage, ob dem Geschädigten ein wesentlich günstigerer Tarif ohne weiteres zugänglich war, ist auf die konkreten Umstände des Einzelfalles abzustellen. Solche auf den Einzelfall bezogenen Feststellungen hatte das Berufungsgericht nicht getroffen.

4. Keine Schätzung des erforderlichen Unfallersatztarifs nach den Tabellen zur Nutzungsausfallentschädigung (sogenanntes Freiburger Modell)

BGH, Urt. v. 26.6.2007 – VI ZR 163/06, zfs 2007, 628   25
BGB § 249; ZPO § 287

Zur Schätzung der erforderlichen Herstellungskosten nach den Tabellen zur Nutzungsausfallentschädigung bei Anmietung eines Ersatzfahrzeugs zu einem Unfallersatztarif.

a) Der Fall

Die Parteien stritten um die Erstattung weiterer Mietwagenkosten nach einem Verkehrsunfall. Der Kläger hielt die Beklagte zur Erstattung des dreifachen Nutzungsausfalls nach der Tabelle von *Sanden/Danner/Küppersbusch* für verpflichtet. Das Berufungsgericht ist dieser Auffassung gefolgt. Mit der vom Berufungsgericht zugelassenen Revision verfolgte die Beklagte ihr Ziel einer Klageabweisung weiter.   26

b) Die rechtliche Beurteilung

Das Berufungsgericht hatte im Wesentlichen ausgeführt, der Autorenrat für die Nutzungsentschädigungstabelle nach *Sanden/Danner/Küppersbusch* setze sich paritätisch aus einem Vertreter der Versicherungswirtschaft, einem Vertreter eines Automobilclubs und einem technischen Sachverständigen zusammen und fälle seine Entscheidungen über Berechnung, Umstufung und Höhe der Nutzungsentschädigung in der Regel übereinstimmend. Bei den zugrunde liegenden Mietwagenkosten stütze sich der Autorenrat auf den Automietpreisspiegel von eurotax Schwacke Expert. In einem Berechnungsbeispiel betrage der Nutzungswert 33,52 % der durchschnittlichen Mietwagenkosten abzüglich Eigenersparnis für diese Fahrzeugklasse. Das zeige die Eignung des dreifachen Nutzungswerts als Bemessungsgrundlage für die Schätzung, welche Mietwagenkosten gemäß § 249 ZPO erforderlich seien. An einer solchen nach freiem Ermessen unter Anlegung generalisierender Maßstäbe vorgenommenen Schätzung gemäß § 287 ZPO sei das Berufungsgericht durch die Rechtsprechung zur Erforderlichkeit der Kosten von Unfallersatztarifen nicht gehindert.   27

Das Berufungsurteil hielt der revisionsrechtlichen Nachprüfung nicht stand. Wie der BGH inzwischen mehrfach dargelegt hat, ist es zwar nicht erforderlich, dass der bei der Schadensberechnung nach § 287 ZPO besonders freie Tatrichter für die Prüfung der betriebswirtschaftlichen Rechtfertigung eines „Unfallersatztarifs" die Kalkulation des konkreten Unternehmens – gegebenenfalls nach Beratung durch einen Sachverständigen – in jedem Falle nachvollzieht. Vielmehr kann sich die Prüfung darauf beschränken, ob spezifische Leistungen bei der Vermietung   28

§ 5 Mietwagenkosten, insbesondere Unfallersatztarife

an Unfallgeschädigte allgemein einen Aufschlag rechtfertigen, wobei unter Umständen auch ein pauschaler Aufschlag auf den „Normaltarif" in Betracht kommt. In Ausübung seines Ermessens nach § 287 ZPO kann der Tatrichter den „Normaltarif" auch auf der Grundlage des gewichteten Mittels des Schwacke-Mietpreisspiegels im Postleitzahlengebiet des Geschädigten – gegebenenfalls mit sachverständiger Beratung – ermitteln.

29 Die Erwägungen, mit denen das Berufungsgericht von der Rechtsprechung des erkennenden Senats abweichen wollte, waren nicht stichhaltig. Sie waren nicht fallbezogen und beruhten nicht auf sachverständiger Beratung, sondern stützten sich auf eigene Schätzungen und Vermutungen ohne die hierzu auch im Rahmen des § 287 ZPO erforderliche Sachkunde darzulegen. Sie waren daher nicht geeignet, die angefochtene Entscheidung zu tragen, zumal die Beklagte vorgetragen hatte, die Autovermietung habe das angemietete Fahrzeug im „Normaltarif" zu dem von der Beklagten bezahlten Betrag angeboten.

Deshalb war revisionsrechtlich der schlüssige Vortrag der Beklagten als Revisionsklägerin zu unterstellen, dass der geltend gemachte Unfallersatztarif nicht erforderlich gewesen sei.

30 Soweit das Berufungsgericht erforderliche Mietwagenkosten anhand des dreifachen Satzes der Nutzungsausfallentschädigung nach *Sanden/Danner/Küppersbusch* geschätzt hatte, machte dies eine Prüfung, ob der Unfallersatztarif erforderlich war, nicht entbehrlich. Bei seiner Schätzung ist es nämlich entgegen der Rechtsprechung des erkennenden Senats davon ausgegangen, dass ein Unfallersatztarif grundsätzlich nicht ersatzfähig sei und Mietwagenkosten nur im Rahmen des dreifachen Satzes der Nutzungsausfallentschädigung für ein Fahrzeug der Gruppe des Unfallfahrzeugs als erforderlich anzusehen seien. Es hatte somit nicht berücksichtigt, dass möglicherweise beim Unfallersatztarif ein Aufschlag auf den „Normaltarif" zuzubilligen ist. Daher hatte es seiner Schätzung einen Ausgangspunkt zugrunde gelegt, der einer revisionsrechtlichen Überprüfung nicht standhielt. Hinzu kam, dass das angefochtene Urteil eine Begründung dafür vermissen ließ, aus welchem Grund der dreifache Tagessatz der Nutzungsausfallentschädigung maßgebend sein soll. Allein der Umstand, dass der dreifache Tagessatz in einem einzigen Beispielsfall einem „Normaltarif" entsprochen haben mag, zeigt eine generelle Berechtigung dieser Schätzung nicht auf.

Im Streitfall konnte die Frage der Erforderlichkeit nach den bisher getroffenen Feststellungen auch nicht offen bleiben.

31 Die Frage, ob ein Unfallersatztarif aufgrund unfallspezifischer Kostenfaktoren erforderlich im Sinne des § 249 Abs. 2 S. 1 BGB ist, kann offen bleiben, wenn feststeht, dass dem Geschädigten ein günstigerer „Normaltarif" in der konkreten Situation ohne weiteres zugänglich war (wie die Beklagte vorgetragen hatte), so dass ihm eine kostengünstigere Anmietung unter dem Blickwinkel der ihm gemäß § 254 BGB obliegenden Schadensminderungspflicht zugemutet werden konnte. Ebenso

5. Bedeutung der Wirksamkeit des vereinbarten Mietpreises § 5

kann diese Frage offen bleiben, wenn zur Überzeugung des Tatrichters feststeht, dass dem Geschädigten die Anmietung zum „Normaltarif" nach den konkreten Umständen nicht zugänglich gewesen ist, denn der Geschädigte kann in einem solchen Fall einen den „Normaltarif" übersteigenden Betrag im Hinblick auf die subjektbezogene Schadensbetrachtung auch dann verlangen, wenn die Erhöhung nicht durch unfallspezifische Kostenfaktoren gerechtfertigt wäre. Für die Frage, ob dem Geschädigten ein wesentlich günstigerer Tarif ohne weiteres zugänglich war, ist auf die konkreten Umstände des Einzelfalles abzustellen. Solche auf den Einzelfall bezogenen Feststellungen hatte das Berufungsgericht nicht getroffen.

Nach allem war die Sache zur neuen Verhandlung und Entscheidung an das Berufungsgericht zurückzuverweisen, damit dieses unter Beachtung der Rechtsauffassung des erkennenden Senats die gebotenen Feststellungen zur Erforderlichkeit des Unfallersatztarifs im konkreten Fall nachholen konnte.

5. Bedeutung der Wirksamkeit des vereinbarten Mietpreises für die Frage der Erforderlichkeit eines Unfallersatztarifs

BGH, Urt. v. 9.10.2007 – VI ZR 27/07, zfs 2008, 22 = VersR 2007, 1577   32
BGB §§ 138, 139, 249; ZPO § 287

Für die Frage der Erforderlichkeit eines Unfallersatztarifs kommt es im Allgemeinen nicht darauf an, ob der Mietpreis für das Ersatzfahrzeug zwischen Mieter und Vermieter wirksam vereinbart worden ist.

a) Der Fall

Die Parteien stritten um die Erstattung weiterer Mietwagenkosten nach einem Verkehrsunfall vom 27.6.2005, für dessen Folgen die Beklagten dem Grunde nach unstreitig voll hafteten. Am Abend des 28.6.2005 mietete der Ehemann der Klägerin, nachdem er mit dem beschädigten, aber noch fahrfähigen Pkw zur Arbeit gefahren war, bei der ihm von der Kfz-Werkstatt empfohlenen Autovermietung ein Fahrzeug der gleichen Wagenklasse an. Von den in Rechnung gestellten Mietwagenkosten zahlte die Beklagte zu 2 lediglich die Hälfte. Die Klägerin begehrte mit der Klage den Restbetrag.   33

Das Amtsgericht hat der Klage stattgegeben. Auf die Berufung der Beklagten hat das Landgericht das erstinstanzliche Urteil abgeändert und die Klage abgewiesen. Mit der vom Berufungsgericht zugelassenen Revision verfolgte die Klägerin ihren Klageanspruch weiter.

b) Die rechtliche Beurteilung

Das Berufungsgericht hatte im Wesentlichen ausgeführt, dass der Klägerin ein bereits ausgeglichenen Betrag übersteigender Schaden durch Mietwagenkosten   34

§ 5 Mietwagenkosten, insbesondere Unfallersatztarife

nicht entstanden sei. Der Mietvertrag zwischen der Klägerin und der Mietwagenfirma sei insgesamt nach den §§ 138, 139 BGB nichtig. Die Kosten seien weit überhöht. Der Vermieter habe die Zwangslage, in der sich die Klägerin befunden habe, sowie deren Unwissenheit ausgenutzt. Da der Ehemann der Klägerin das Fahrzeug für seine Fahrten zur Arbeit benötige, habe er das Ersatzfahrzeug anmieten müssen. Zwischen Leistung und Gegenleistung liege ein auffälliges Missverhältnis vor. Der Preis übersteige den „Normaltarif" auf der Grundlage des gewichteten Mittels des Schwacke-Mietpreisspiegels im Postleitzahlengebiet der Klägerin für die entsprechende Wagenklasse um 142 %. Mit Ausnahme der Vorfinanzierung der Mietwagenkosten seien für die Klägerin Vorteile nicht ersichtlich, die eine solche Überhöhung rechtfertigen könnten. Die ungerechtfertigte Kostenüberhebung und die Unterlassung der Aufklärung über die Gefahr, dass die Haftpflichtversicherung nicht den vollen Betrag erstatte, wenn der in Anspruch genommene Tarif deutlich über dem des örtlich relevanten Marktes liege, offenbarten eine verwerfliche Gesinnung des Mietwagenunternehmens, weshalb der Mietvertrag wegen Sittenwidrigkeit nichtig sei. Das Mietwagenunternehmen, das der Klägerin den Mietwagen rechtsgrundlos für die Nutzungsdauer überlassen habe, könne Wertersatz gemäß § 818 Abs. 2 BGB beanspruchen. Dieser Anspruch sei jedoch durch die vorprozessuale Zahlung bereits abgegolten.

35 Das Berufungsurteil hielt revisionsrechtlicher Nachprüfung nicht stand. Die Erwägungen des Berufungsgerichts standen nicht in Einklang mit der höchstrichterlichen Rechtsprechung zur Erstattung von Mietwagenkosten nach einem Verkehrsunfall.

36 Ist der geltend gemachte Aufwand zur Schadensbeseitigung erforderlich, weil ggf. über dem „Normaltarif" liegende Mietwagenkosten durch unfallspezifische, besondere Kosten verursachende Umstände gerechtfertigt sind oder weil dem Geschädigten im konkreten Fall ein wesentlich günstigerer „Normaltarif" nicht zugänglich gewesen ist, so ist der Anspruch auf Erstattung des den „Normaltarif" übersteigenden Betrages gegeben. Es kommt im Allgemeinen nicht darauf an, ob der Mietpreis für das Ersatzfahrzeug zwischen Mieter und Vermieter wirksam vereinbart worden ist. Der Schädiger und sein Haftpflichtversicherer können sich in einem solchen Fall nicht im Hinblick auf möglicherweise bestehende vertragliche Ansprüche des Geschädigten gegen den Vermieter von der Schadensersatzverpflichtung befreien. In ihrem Verhältnis zum Geschädigten spielen solche Ansprüche angesichts der Regelung des § 249 Abs. 2 S. 1 BGB keine Rolle.

37 Für die Entscheidung des Streitfalls war demzufolge nicht erheblich, ob der Mietvertrag zwischen der Klägerin und dem Mietwagenunternehmer wegen Verstoßes gegen die guten Sitten nach den §§ 138, 139 BGB nichtig war. Dies vermochte der erkennende Senat auf der Grundlage der hierzu getroffenen tatsächlichen Feststellungen auch nicht zu beurteilen. Nach der Rechtsprechung des XII. Zivilsenats des Bundesgerichtshofs (Urt. v. 10.1.2007 – XII ZR 72/04, NJW 2007, 1447 und v.

5. Bedeutung der Wirksamkeit des vereinbarten Mietpreises § 5

7.2.2007 – XII ZR 125/04, NJW 2007, 2181) wäre nämlich für die Frage der Sittenwidrigkeit des zwischen dem Geschädigten und einem Mietwagenunternehmen geschlossenen Mietvertrags darauf abzustellen, ob der im Einzelfall verlangte Unfallersatztarif den auf dem Markt üblichen Unfallersatztarif in sittenwidriger Weise übersteigt (vgl. BGH, Urt. v. 7.2.2007 – XII ZR 125/04, a.a.O.). Hierzu hatte das Berufungsgericht aber keine ausreichenden Feststellungen getroffen, sondern den der Klägerin in Rechnung gestellten Tarif mit dem „Normaltarif" verglichen.

In diesem Zusammenhang war allerdings nicht zu beanstanden, dass das Berufungsgericht in Ausübung seines tatrichterlichen Ermessens nach § 287 ZPO den „Normaltarif" auf der Grundlage des gewichteten Mittels des Schwacke-Mietpreisspiegels im Postleitzahlengebiet der Geschädigten geschätzt hatte. Die Einwände der Revision, dass die Geschädigte im ländlichen Bereich wohne und größere Anstrengungen und Mühen auf sich nehmen müsse, um den Haftpflichtversicherer zu entlasten, sind als besondere Umstände des Einzelfalles im Rahmen der Beurteilung der Zugänglichkeit des jeweiligen „Normaltarifs" zu berücksichtigen. Hingegen ist nicht maßgebend, dass sich der streitgegenständliche Mietwagentarif im Mittelfeld der sonst in vergleichbarer Situation angebotenen Tarife hielt. Hierauf kommt es letztlich nicht an. Die Prüfung der Erforderlichkeit erstreckt sich darauf, ob spezifische Leistungen bei der Vermietung an Unfallgeschädigte allgemein den Mehrpreis rechtfertigen. Hingegen spielte keine Rolle, ob der Klägerin persönlich außer der Vorfinanzierung der Mietwagenkosten weitere unfallbedingte Mehrleistungen, die eine Tariferhöhung rechtfertigten, zugute gekommen waren. Auch musste zur Beurteilung der Erforderlichkeit die Kalkulation des Vermieters im konkreten Einzelfall nicht nachvollzogen werden. 38

Im Streitfall konnte die Frage der Erforderlichkeit der geltend gemachten Kosten nicht offen bleiben. Dies wäre nur der Fall gewesen, wenn festgestanden hätte, dass der Geschädigten ein günstigerer „Normaltarif" in der konkreten Situation ohne weiteres zugänglich gewesen wäre, so dass ihr eine kostengünstigere Anmietung unter dem Blickwinkel der ihr gemäß § 254 BGB obliegenden Schadensminderungspflicht hätte zugemutet werden können. Ebenso hätte die Frage der Erforderlichkeit des Tarifs ungeklärt bleiben können, wenn zur Überzeugung des Tatrichters festgestanden hätte, dass dem Geschädigten die Anmietung zum „Normaltarif" nach den konkreten Umständen nicht zugänglich gewesen wäre. Der Geschädigte kann nämlich in einem solchen Fall einen den „Normaltarif" übersteigenden Betrag im Hinblick auf die subjektbezogene Schadensbetrachtung auch dann verlangen, wenn die Erhöhung nicht durch unfallspezifische Kostenfaktoren gerechtfertigt wäre. Für die Frage, ob dem Geschädigten ein wesentlich günstigerer Tarif ohne weiteres zugänglich war, ist stets auf die konkreten Umstände des Einzelfalles abzustellen. Solche auf den Einzelfall bezogenen Feststellungen hatte das Berufungsgericht nicht getroffen. Zwar fand sich im Urteil des Amtsgerichts die „Feststellung", dass dem Ehemann der Klägerin bei der Anmietung des Ersatzfahrzeugs kein anderer günstigerer Tarif zugänglich gewesen sei. Doch widersprachen 39

§ 5 Mietwagenkosten, insbesondere Unfallersatztarife

die zugrunde liegenden Rechtsausführungen der gefestigten Rechtsprechung des erkennenden Senats. Danach hat der Geschädigte darzulegen und erforderlichenfalls zu beweisen, dass ihm unter Berücksichtigung seiner individuellen Erkenntnis- und Einflussmöglichkeiten sowie der gerade für ihn bestehenden Schwierigkeiten unter zumutbaren Anstrengungen auf dem in seiner Lage zeitlich und örtlich relevanten Markt – zumindest auf Nachfrage – kein wesentlich günstigerer Tarif zugänglich war. Dass ein Mietwagenunternehmen dem Geschädigten nur einen Tarif angeboten hat, reicht grundsätzlich nicht für die Annahme aus, dem Geschädigten sei kein wesentlich günstigerer Tarif zugänglich gewesen. Allein das allgemeine Vertrauen darauf, der ihm vom Autovermieter angebotene Tarif sei „auf seine speziellen Bedürfnisse zugeschnitten", rechtfertigt es nicht, zu Lasten des Schädigers und seines Haftpflichtversicherers ungerechtfertigt überhöhte und nicht durch unfallbedingte Mehrleistungen des Vermieters gedeckte Unfallersatztarife zu akzeptieren.

40   Das Berufungsurteil war deshalb aufzuheben und die Sache zur neuen Verhandlung und Entscheidung an das Berufungsgericht zurückzuverweisen, damit dieses unter Beachtung der Rechtsauffassung des erkennenden Senats die gebotenen Feststellungen zur Erforderlichkeit des Unfallersatztarifes und ggf. zu dessen Zugänglichkeit im konkreten Fall nachholen konnte. Hierbei wird das Berufungsgericht die besonderen örtlichen Verhältnisse im Streitfall zu berücksichtigen haben. Hingegen war die Auffassung der Revisionserwiderung, dass die Klägerin verpflichtet gewesen sei, Angebote in größeren Städten mit mehreren Mietwagenanbietern einzuholen, nicht mit den Grundsätzen der subjektbezogenen Schadensbetrachtung vereinbar. Danach ist bei der Prüfung, ob der Geschädigte den Aufwand zur Schadensbeseitigung in vernünftigen Grenzen gehalten hat, Rücksicht auf die spezifische Situation des Geschädigten, insbesondere auf seine individuellen Erkenntnis- und Einflussmöglichkeiten sowie auf die möglicherweise gerade für ihn bestehenden Schwierigkeiten zu nehmen. In dieser Hinsicht stellt sich die Lage für den Geschädigten, der ein Ersatzfahrzeug bei einem namhaften Mietwagenunternehmen zu den ihm dort angebotenen Konditionen anmietet, ähnlich dar wie bei einer Inzahlunggabe des bei dem Unfall beschädigten Fahrzeugs an einen angesehenen Gebrauchtwagenhändler. Ebenso wie bei der letzteren Art der Schadensbehebung braucht sich der Geschädigte auch bei der Anmietung eines Ersatzfahrzeugs nur auf den ihm in seiner Lage ohne weiteres offen stehenden Markt zu begeben.

6. Eignung des Schwacke-Mietpreisspiegels 2006 zur Schätzung des „Normaltarifs"

41   BGH, Urt. v. 11.3.2008 – VI ZR 164/07, zfs 2008, 383, 441 = VersR 2008, 699
BGB § 249; ZPO § 287
a) Die Eignung von Listen oder Tabellen, die bei der Schadensschätzung Verwendung finden können, bedarf nur der Klärung, wenn mit konkreten Tatsa-

6. Eignung des Schwacke-Mietpreisspiegels zur Schätzung des „Normaltarifs" § 5

chen aufgezeigt wird, dass geltend gemachte Mängel sich auf den zu entscheidenden Fall auswirken.

b) Bei der Prüfung der Wirtschaftlichkeit von Mietwagenkosten ist grundsätzlich das Preisniveau an dem Ort maßgebend, an dem das Fahrzeug angemietet und übernommen wird.

a) Der Fall

Die Parteien stritten um die Erstattung weiterer Mietwagenkosten nach einem Verkehrsunfall vom 1.2.2006, für dessen Folgen die Beklagten dem Grunde nach unstreitig voll hafteten. 42

Der Kläger mietete am Tag nach dem Unfall bei der Firma, die sein beschädigtes Fahrzeug, einen Audi A 6, reparierte, für die Reparaturdauer von 12 Tagen ein Ersatzfahrzeug des Typs Audi A 4 Cabrio 1,8 T an. Bei Abschluss des Mietvertrages wurde dem Kläger von einem Mitarbeiter der Autovermietung mitgeteilt, dass ihm der übliche Mietzins für einen Unfallersatzwagen in Rechnung gestellt werde und diese Kosten von der Gegenseite zu tragen seien. Eine Vorauszahlung leistete der Kläger nicht. Er holte auch vor der Anmietung keine anderen Angebote ein. Im Vertragsformular fand sich der Hinweis: „Grundlage für die Abrechnung ist unser Unfallersatztarif". Die Mietwagenfirma berechnete für die Zeit vom 2.2.2006 bis 13.2.2006 einen Betrag von 3.747,98 EUR, wobei in der Rechnung der Tarif als Normaltarif bezeichnet wird. Die Beklagte zu 2 zahlte vorgerichtlich 1.381,56 EUR, darüber hinaus gehende Zahlungen lehnte sie ab. 43

Das Amtsgericht hat die Beklagten zur Zahlung weiterer Mietwagenkosten von 776,04 EUR verurteilt. Hinsichtlich des Restbetrages von 1.590,38 EUR hat es die Klage abgewiesen. Auf die Berufung der Beklagten hat das Landgericht unter Abänderung des Urteils des Amtsgerichts dem Kläger einen Restanspruch von lediglich 584,44 EUR zuerkannt. Dagegen richtete sich die vom Berufungsgericht zugelassene Revision der Beklagten, mit der sie die Abweisung der Klage in vollem Umfang erstreben. Der Kläger wollte mit der Anschlussrevision die Wiederherstellung des erstinstanzlichen Urteils erreichen. 44

b) Die rechtliche Beurteilung

Das Berufungsurteil hielt den Angriffen der Revision und der Anschlussrevision stand. 45

aa) Zur Revision der Beklagten

Die Revision wandte sich nicht gegen den zutreffenden Ansatz des Berufungsgerichts, dass der Geschädigte nach § 249 Abs. 2 S. 1 BGB als Herstellungsaufwand Ersatz derjenigen Mietwagenkosten verlangen kann, die ein verständiger, wirtschaftlich vernünftig denkender Mensch in seiner Lage für zweckmäßig und not- 46

§ 5 Mietwagenkosten, insbesondere Unfallersatztarife

wendig halten darf. Der Geschädigte hat nach dem aus dem Grundsatz der Erforderlichkeit hergeleiteten Wirtschaftlichkeitsgebot im Rahmen des ihm Zumutbaren stets den wirtschaftlicheren Weg der Schadensbehebung zu wählen. Das bedeutet für den Bereich der Mietwagenkosten, dass er von mehreren auf dem örtlich relevanten Markt – nicht nur für Unfallgeschädigte – erhältlichen Tarifen für die Anmietung eines vergleichbaren Ersatzfahrzeugs (innerhalb eines gewissen Rahmens) grundsätzlich nur den günstigeren Mietpreis verlangen kann. Dem folgend hat das Berufungsgericht den von der Mietwagenfirma berechneten Tarif mit den auf dem örtlich relevanten Markt erhältlichen „Normaltarifen" verglichen. Insoweit spielte es keine Rolle, unter welchen Voraussetzungen Mietwagenkosten, denen ein Unfallersatztarif zugrunde liegt, zu ersetzen sind. Das Berufungsgericht hatte nämlich – von der Revision nicht beanstandet – angenommen, dass der Mietwagenrechnung ein „Normaltarif" zugrunde liegt.

47 Dass das Berufungsgericht den „Normaltarif" auf der Grundlage des gewichteten Mittels des Schwacke-Mietpreisspiegels 2006 ermittelt hatte, begegnete unter den vorliegenden Umständen keinen durchgreifenden Bedenken. Es hält sich insoweit im Rahmen des tatrichterlichen Ermessens nach § 287 ZPO.

48 Zwar darf die Schadenshöhe nicht auf der Grundlage falscher oder offenbar unsachlicher Erwägungen festgesetzt werden. Wesentliche die Entscheidung bedingende Tatsachen dürfen nicht außer Acht bleiben. § 287 ZPO rechtfertigt es nicht, dass das Gericht in für die Streitentscheidung zentralen Fragen auf nach Sachlage unerlässliche fachliche Erkenntnisse verzichtet. Doch ist es nicht Aufgabe des Tatrichters, lediglich allgemein gehaltenen Angriffen gegen eine Schätzgrundlage nachzugehen. Einwendungen gegen die Grundlagen der Schadensbemessung sind nur dann erheblich, wenn sie auf den konkreten Fall bezogen sind. Deshalb bedarf die Eignung von Listen oder Tabellen, die bei der Schadensschätzung Verwendung finden können, nur dann der Klärung, wenn mit konkreten Tatsachen aufgezeigt wird, dass geltend gemachte Mängel der betreffenden Schätzungsgrundlage sich auf den zu entscheidenden Fall auswirken.

49 Im Streitfall fehlte Tatsachenvortrag in den Vorinstanzen dazu, dass und inwieweit der nach der Liste ermittelte Normaltarif für die vorzunehmende Schätzung nicht zutreffe. Das Übergehen eines solchen Vortrags wird von der Revision auch nicht geltend gemacht. Ohne Bezug zur konkreten Schadensschätzung war das Berufungsgericht aufgrund der allgemeinen Einwendungen der Beklagten aber nicht verpflichtet, die Methode der Erfassung der einzelnen Mietpreise und die Ermittlung des gewichteten Mittels im Schwacke-Mietpreisspiegel 2006 zu klären. Deshalb konnte auch dahinstehen, ob dieser – wie das Berufungsgericht meinte – als „vorweggenommenes Sachverständigengutachten" anzusehen ist.

50 Es war auch nicht zu beanstanden, dass das Berufungsgericht zum Vergleich die Tarife für das Postleitzahlengebiet herangezogen hatte, in dem die Anmietung des Mietwagens erfolgte und nicht diejenigen, die für den Wohnort des Geschädigten

6. Eignung des Schwacke-Mietpreisspiegels zur Schätzung des „Normaltarifs" §5

galten. Bei der Prüfung der Wirtschaftlichkeit von Mietwagenkosten ist grundsätzlich das Preisniveau an dem Ort maßgebend, an dem das Fahrzeug angemietet und übernommen wird, weil dort der Bedarf für ein Mietfahrzeug entsteht. Da der Kläger nach der Abgabe des beschädigten Fahrzeugs in der Reparaturwerkstatt ein Ersatzfahrzeug benötigte, um seine Mobilität wieder herzustellen, bot es sich für ihn an, am Ort der Reparaturwerkstatt ein Ersatzfahrzeug anzumieten, weshalb für die Schadensabrechnung grundsätzlich von den dort üblichen Mietpreisen auszugehen war.

Die Revision des Haftpflicht-Versicherers war danach zurückzuweisen.

bb) Zur Anschlussrevision des Klägers

Nach der ständigen Rechtsprechung des erkennenden Senats zur Erstattungsfähigkeit eines „Unfallersatztarifs" kann der Geschädigte im Hinblick auf die gebotene subjektbezogene Schadensbetrachtung den „Normaltarif" übersteigende Mietwagenkosten nur verlangen, wenn er darlegt und erforderlichenfalls beweist, dass ihm unter Berücksichtigung seiner individuellen Erkenntnis- und Einflussmöglichkeiten sowie der gerade für ihn bestehenden Schwierigkeiten unter zumutbaren Anstrengungen auf dem in seiner Lage zeitlich und örtlich relevanten Markt – zumindest auf Nachfrage – kein wesentlich günstigerer „Normaltarif" zugänglich war. Kann der Geschädigte nämlich nach § 249 BGB grundsätzlich nur den zur Herstellung „erforderlichen" Betrag ersetzt verlangen, so gilt dies erst recht für die ausnahmsweise Ersatzfähigkeit an sich nicht erforderlicher Aufwendungen wegen der Nichtzugänglichkeit eines „Normaltarifs". Dies gilt in gleicher Weise, wenn – wie im Streitfall – der Autovermieter nicht auf der Grundlage eines „Unfallersatztarifs" abrechnet, sondern einen „Normaltarif" zugrunde legt, der weit über dem Durchschnitt der auf dem örtlichen Markt erhältlichen „Normaltarife" liegt. Allerdings handelt es sich bei der Unterlassung entsprechender Nachfragen nach günstigeren Tarifen durch den Geschädigten nicht – wie das Berufungsgericht meinte – um die Verletzung der Schadensminderungspflicht, für die grundsätzlich der Schädiger die Beweislast trägt, sondern um die Schadenshöhe, die der Geschädigte darzulegen und erforderlichenfalls zu beweisen hat. 51

Im Übrigen begegnete die Auffassung des Berufungsgerichts aus Rechtsgründen keinen Bedenken, dass der Kläger aufgrund seiner Pflicht zur Schadensgeringhaltung gehalten war, sich vor der Anmietung nach dem Mietpreis und günstigeren Angeboten zu erkundigen. Da die Anmietung erst einen Tag nach dem Unfall erfolgte, war eine Eil- oder Notsituation ersichtlich nicht gegeben. Auch war dem Kläger bereits bei der Anmietung klar, dass eine Reparaturdauer von 12 Arbeitstagen zu erwarten war. Dem Kläger oblag die Erkundigungspflicht auch dann, wenn er in der Anmietung eines Ersatzfahrzeugs unerfahren war. Ein vernünftiger und wirtschaftlich denkender Geschädigter muss unter dem Aspekt des Wirtschaftlichkeitsgebots nach der Höhe des angebotenen Tarifs fragen, um dessen Angemes- 52 senheit beurteilen zu können und sich, wenn diese zweifelhaft erscheinen muss, nach günstigeren Tarifen erkundigen.

53 Die Auffassung des Berufungsgerichts, dass der Kläger den Ersatzwagen kostengünstiger hätte anmieten können, beruhte auch nicht auf einer unzureichend aufgeklärten Tatsachengrundlage. Nachdem der Kläger selbst vorgetragen hatte, dass es sich bei dem ihm in Rechnung gestellten Tarif um den Normaltarif der Mietwagenfirma handele, war dem unter Beweis gestellten Vortrag des Klägers, es wären ihm bei der nachträglichen Einholung eines Konkurrenzangebotes von drei exemplarisch ausgewählten örtlichen Autovermietungen durchweg Preise genannt worden, welche die vom Amtsgericht zuerkannten Mietwagenkosten überstiegen, nicht mehr nachzugehen. Die Angebote betrafen ersichtlich sogenannte Unfallersatztarife und waren deshalb für den Vergleich mit einem „Normaltarif", wie er nach dem Klägervortrag der Schadensabrechnung im Streitfall zugrunde lag, ungeeignet.

54 Schließlich hatte das Berufungsgericht dem Kläger auch einen prozentualen Zuschlag auf den Normaltarif mit Recht versagt. Zwar hat der erkennende Senat einen pauschalen Aufschlag auf den Normaltarif für erwägenswert gehalten, um etwaigen Mehrleistungen und Risiken bei der Vermietung an Unfallgeschädigte Rechnung zu tragen, doch zeigte die Anschlussrevision keinen konkreten Sachvortrag des Klägers zu unfallbedingten Mehrkosten der Mietwagenfirma auf.

Nach allem war auch die Anschlussrevision des Klägers zurückzuweisen.

7. Zur Schätzung eines Aufschlags zum Normaltarif bei einem sogenannten Unfallersatztarif – hier: Aufschlag von 15 %

55 BGH, Urt. v. 24.6.2008 – VI ZR 234/07, zfs 2008, 622 = VersR 2008, 1370
BGB § 249; ZPO § 287
a) Zur Schätzung eines Aufschlags zum Normaltarif bei einem sogenannten Unfallersatztarif (hier: Aufschlag von 15 %).
b) Der Schädiger muss darlegen und gegebenenfalls beweisen, dass dem Geschädigten ein günstigerer Tarif nach den konkreten Umständen „ohne weiteres" zugänglich gewesen ist.

a) Der Fall

56 Die Parteien stritten um die Erstattung restlicher Mietwagenkosten nach einem Verkehrsunfall vom 19.10.2004. Die Haftung des Beklagten stand dem Grunde nach außer Streit.

Der Kläger hatte das Unfallfahrzeug unrepariert verkauft und sich ein Ersatzfahrzeug angeschafft. Die Reparaturdauer des Unfallwagens hätte laut Sachverständigengutachten 5 Arbeitstage betragen. Vom 19. bis 28.10.2004 mietete der Kläger

7. Zur Schätzung eines Aufschlags zum Normaltarif § 5

einen Ersatzwagen an, für den der Vermieter 1.082 EUR in Rechnung stellte. Der Beklagte hat hierauf vorprozessual 255 EUR gezahlt und eine weitergehende Erstattung abgelehnt.

Mit seiner Klage hat der Kläger den Restbetrag der Mietwagenkosten geltend gemacht. Das Amtsgericht hat den Beklagten unter Abweisung der Klage im Übrigen zur Zahlung von 66 EUR verurteilt. Auf die Berufung des Klägers hat das Landgericht den Beklagten unter Zurückweisung der weitergehenden Berufung zur Zahlung von 390 EUR verurteilt. Mit der vom Berufungsgericht zugelassenen Revision verfolgten der Kläger sein Klagebegehren und der Beklagte im Wege der Anschlussrevision seinen Antrag auf Zurückweisung der Berufung weiter.

b) Die rechtliche Beurteilung

Das Berufungsurteil hielt den Angriffen der Revision und der Anschlussrevision stand. 57

aa) Zur Revision des Klägers

Das Berufungsurteil entsprach in seinem rechtlichen Ansatz der gefestigten Rechtsprechung des erkennenden Senats. 58

Danach kann der Geschädigte vom Schädiger und dessen Haftpflichtversicherer nach § 249 BGB als erforderlichen Herstellungsaufwand nur den Ersatz derjenigen Mietwagenkosten verlangen, die ein verständiger, wirtschaftlich denkender Mensch in der Lage des Geschädigten für zweckmäßig und notwendig halten darf. Der Geschädigte ist hierbei nach dem aus dem Grundsatz der Erforderlichkeit hergeleiteten Wirtschaftlichkeitsgebot gehalten, im Rahmen des ihm Zumutbaren von mehreren möglichen den wirtschaftlicheren Weg der Schadensbehebung zu wählen. Das bedeutet, dass er von mehreren auf dem örtlich relevanten Markt – nicht nur für Unfallgeschädigte – erhältlichen Tarifen für die Anmietung eines vergleichbaren Ersatzfahrzeugs (innerhalb eines gewissen Rahmens) grundsätzlich nur den günstigeren Mietpreis als zur Herstellung objektiv erforderlich ersetzt verlangen kann. Der Geschädigte verstößt allerdings noch nicht allein deshalb gegen seine Pflicht zur Schadensgeringhaltung, weil er ein Kraftfahrzeug zu einem Unfallersatztarif anmietet, der gegenüber dem „Normaltarif" teurer ist, soweit die Besonderheiten dieses Tarifs mit Rücksicht auf die Unfallsituation einen gegenüber dem „Normaltarif" höheren Preis rechtfertigen, weil sie auf Leistungen des Vermieters beruhen, die durch die besondere Unfallsituation veranlasst und infolgedessen zur Schadensbehebung nach § 249 BGB erforderlich sind. 59

Der bei der Schadensberechnung nach § 287 ZPO besonders freie Tatrichter muss für die Prüfung der betriebswirtschaftlichen Rechtfertigung eines „Unfallersatztarifs" die Kalkulation des konkreten Unternehmens nicht in jedem Falle nachvollziehen. Vielmehr kann sich die Prüfung darauf beschränken, ob spezifische Leis- 60 tungen bei der Vermietung an Unfallgeschädigte allgemein einen Aufschlag rechtfertigen, wobei unter Umständen auch ein pauschaler Aufschlag auf den „Normaltarif" in Betracht kommt. In Ausübung seines Ermessens nach § 287 ZPO kann der Tatrichter den „Normaltarif" auch auf der Grundlage des gewichteten Mittels des Schwacke-Mietpreisspiegels im Postleitzahlengebiet des Geschädigten – gegebenenfalls mit sachverständiger Beratung – ermitteln.

61 Das Berufungsgericht durfte diese Grundsätze seiner Entscheidung zugrunde legen, auch wenn der Kläger Kalkulationsgrundlagen und weitere betriebswirtschaftliche Unterlagen seines Autovermieters vorgelegt hatte. Die Beschränkung der Prüfung darauf, ob spezifische Leistungen bei der Vermietung an Unfallgeschädigte allgemein bzw. bei Unternehmen dieser Art einen Aufschlag rechtfertigen, dient nicht nur dem Interesse des Geschädigten, um den für ihn bestehenden Darlegungs- und Beweisschwierigkeiten zu begegnen. Diese Art der Prüfung gewährleistet vielmehr auch, dass die erforderlichen Mietwagenkosten nach einem Unfall anhand objektiver Kriterien ermittelt werden, ohne dass es für die Erforderlichkeit im Sinne des § 249 Abs. 1 BGB auf die konkrete Situation und Kalkulation des einzelnen Vermieters ankommt.

62 Auch die Erwägungen des Berufungsgerichts, aufgrund derer es den vom Sachverständigen für möglich gehaltenen Aufschlag wegen des Auslastungsrisikos und eines höheren Forderungs- und Mietausfallrisikos nicht berücksichtigt hat, waren revisionsrechtlich nicht zu beanstanden.

63 Die grundsätzlich dem Tatrichter obliegende Beweiswürdigung kann vom Revisionsgericht lediglich daraufhin überprüft werden, ob sich der Tatrichter entsprechend dem Gebot des § 286 ZPO mit dem Streitstoff und den Beweisergebnissen umfassend und widerspruchsfrei auseinandergesetzt hat, die Beweiswürdigung also vollständig und rechtlich möglich ist und nicht gegen Denkgesetze und Erfahrungssätze verstößt. Diese Grundsätze gelten in gleicher Weise für eine Beweiswürdigung, die – wie hier – nach § 287 ZPO vorzunehmen ist. Diese Vorschrift stellt nämlich lediglich geringere Anforderungen an das Maß für eine Überzeugungsbildung des Tatrichters, ist aber hinsichtlich der revisionsrechtlichen Überprüfung keinen anderen Maßstäben als die Überzeugungsbildung im Rahmen des § 286 ZPO unterworfen.

64 Hinsichtlich des Auslastungsrisikos hatte das Berufungsgericht nicht in Frage gestellt, dass dieses grundsätzlich in die Kalkulation der einzelnen Tarife einfließt. Da es demnach auch bei der Kalkulation der „Normaltarife" zu berücksichtigen ist, ging es hier nur darum, ob beim Unfallersatztarif ein höheres Auslastungsrisiko anzusetzen ist. Davon hatte sich das Berufungsgericht nicht überzeugen können, weil nach den Ausführungen des Sachverständigen Fahrzeuge regelmäßig sowohl im Normalgeschäft als auch im Unfallersatzgeschäft eingesetzt werden und deshalb eine Zuordnung des Auslastungsrisikos zum einen oder anderen Geschäftsfeld

7. Zur Schätzung eines Aufschlags zum Normaltarif §5

kaum mehr möglich sei. Dies war eine Wertung des Tatrichters im Einzelfall, die revisionsrechtlich nicht zu beanstanden war.

Dies galt auch, soweit das Berufungsgericht eine Erhöhung wegen eines höheren Forderungs- und Mietausfallrisikos abgelehnt hatte, weil dieses Zusatzrisiko im Wesentlichen auf Forderungsausfälle wegen verstärkter Auseinandersetzungen zwischen Autovermietern und Versicherungsgesellschaften über die Höhe der erforderlichen Mietwagenkosten zurückzuführen sei. Die hierfür gegebene Begründung, von Versicherungsseite wegen regelmäßig überhöhter Unfallersatztarife berechtigterweise vorgenommene Kürzungen dürften nicht zu einer Erhöhung der Unfallersatztarife führen, war jedenfalls vertretbar, zumal von Klägerseite nicht dargelegt worden war, in welchem Umfang Mietausfälle gegebenenfalls auf unberechtigten Rechnungskürzungen beruhten. 65

bb) Zur Anschlussrevision des Beklagten

Dass das Berufungsgericht den „Normaltarif" auf der Grundlage des gewichteten Mittels des Schwacke-Mietpreisspiegels 2003 ermittelt hatte, begegnete unter den vorliegenden Umständen keinen durchgreifenden Bedenken. Dies hielt sich – wie oben ausgeführt – im Rahmen des tatrichterlichen Ermessens nach § 287 ZPO und der Rechtsprechung des erkennenden Senats. Soweit die Anschlussrevision geltend machte, es sei unstreitig gewesen, dass der deutlich unter dem durchschnittlichen Mietwagentarif laut Schwacke-Mietpreisspiegel liegende „Opel-Rent-Tarif" als Normaltarif gelten solle, entsprach dies nicht dem Tatsachenvortrag in den Vorinstanzen. Dieser bestätigte vielmehr die auch auf den Ausführungen des Sachverständigen beruhende Auffassung des Berufungsgerichts, dass nur ein sogenannter Werkstatttarif als Werbeangebot für die Werkstattkunden vorhanden war, der nicht als „Normaltarif" zu berücksichtigen sei. 66

Der Anknüpfung an den Schwacke-Mietpreisspiegel stand auch nicht der Einwand der Anschlussrevision entgegen, die Verfasser des eurotax-Schwacke-Automietpreisspiegels hätten ihren Ermittlungen lediglich eine Sammlung schriftlicher Angebotspreise der Autovermieter zugrunde gelegt und nicht auf Ergebnisse von Marktuntersuchungen über die tatsächlich gezahlten Mietpreise abgestellt. Wie der Senat inzwischen entschieden hat, ist es nicht Aufgabe des Tatrichters, lediglich allgemein gehaltenen Angriffen gegen eine Schätzgrundlage nachzugehen. Einwendungen gegen die Grundlagen der Schadensbemessung sind nur dann erheblich, wenn sie auf den konkreten Fall bezogen sind. Deshalb bedarf die Eignung von Listen oder Tabellen, die bei der Schadensschätzung Verwendung finden können (vgl. Senat BGHZ 161, 151, 154 ff.), nur dann der Klärung, wenn mit konkreten Tatsachen aufgezeigt wird, dass geltend gemachte Mängel der betreffenden Schätzungsgrundlage sich auf den zu entscheidenden Fall auswirken (vgl. Senatsurt. v. 11.3.2008 – VI ZR 164/07, VersR 2008, 699, 700). Im Streitfall lag ein solcher Tatsachenvortrag nicht vor. 67

§ 5 Mietwagenkosten, insbesondere Unfallersatztarife

68 Die Anschlussrevision hatte auch keinen Erfolg, soweit sie auf die Senatsrechtsprechung verwies, dass die Frage, ob ein Unfallersatztarif aufgrund unfallspezifischer Kosten erforderlich gewesen sei, offen bleiben könne, wenn feststehe, dass dem Geschädigten ein günstigerer Normaltarif in der konkreten Situation ohne weiteres zur Verfügung gestanden hätte, und in diesem Zusammenhang meinte, die Beweislast dafür, dass ihm kein anderer Tarif zugänglich gewesen sei, trage der Geschädigte.

69 Im letzten Punkt verkannte die Anschlussrevision die Rechtsprechung des erkennenden Senats. Danach kann die Frage, ob ein Unfallersatztarif aufgrund unfallspezifischer Kostenfaktoren erforderlich im Sinne des § 249 Abs. 2 S. 1 BGB ist, offen bleiben, wenn feststeht, dass dem Geschädigten ein günstigerer „Normaltarif" in der konkreten Situation ohne weiteres zugänglich war, so dass ihm eine kostengünstigere Anmietung unter dem Blickwinkel der ihm gemäß § 254 BGB obliegenden Schadensminderungspflicht zugemutet werden konnte. Ebenso kann diese Frage offen bleiben, wenn zur Überzeugung des Tatrichters feststeht, dass dem Geschädigten die Anmietung zum „Normaltarif" nach den konkreten Umständen nicht zugänglich gewesen ist, denn der Geschädigte kann in einem solchen Fall einen den „Normaltarif" übersteigenden Betrag im Hinblick auf die subjektbezogene Schadensbetrachtung auch dann verlangen, wenn die Erhöhung nicht durch unfallspezifische Kostenfaktoren gerechtfertigt wäre.

70 Aus diesen Ausführungen ergibt sich, dass dem Geschädigten ein Unfallersatztarif grundsätzlich in der Höhe zu ersetzen ist, die der Tatrichter zur Schadensbehebung als erforderlich im Sinne des § 249 Abs. 2 S. 1 BGB ansieht. Nur ausnahmsweise ist nach § 254 BGB ein niedrigerer Schadensersatz zu leisten, wenn feststeht, dass dem Geschädigten ein günstigerer „Normaltarif" in der konkreten Situation „ohne weiteres" zugänglich war (vgl. etwa Senatsurt. v. 6.3.2007 – VI ZR 36/06, VersR 2007, 706, 707). Dies hat nach allgemeinen Grundsätzen der Schädiger darzulegen und zu beweisen. Hierfür reichte der Hinweis der Anschlussrevision auf den „Opel-Rent-Tarif" nicht aus. Entgegen ihrer Darstellung war keineswegs unstreitig, dass der Normaltarif nach dem „Opel-Rent-Tarif" zu berechnen sei. Nach dem Vortrag des Klägers wurde dieser Tarif von der Vermieterfirma überhaupt nicht angeboten, sondern ein sogenannter Werkstatttarif nur in Ausnahmefällen für Stammkunden, die ihr Fahrzeug zur Reparatur bzw. Inspektion überließen. Bei dieser Sachlage fehlte es an einer tragfähigen Feststellung des Berufungsgerichts, dass dem Kläger ein günstigerer Tarif ohne weiteres zugänglich gewesen wäre, so dass der Beklagte hierfür beweisfällig geblieben war.

71 Die Überzeugungsbildung des Tatrichters war auch nicht deswegen zu beanstanden, weil sich das Berufungsurteil nicht ausdrücklich mit den – von der Wertung des Gerichtssachverständigen teilweise abweichenden – Ausführungen in dem vom Beklagten vorgelegten Gutachten des Sachverständigen T auseinandergesetzt hatte, das dieser in einem anderen Verfahren erstattet hatte. Das Berufungsgericht hatte diese Ausführungen beachtet und dazu eine ergänzende Stellungnahme des Gerichtssachverständigen eingeholt und ihn zusätzlich angehört. Zudem hatte der Gerichtssachverständige in seinem Gutachten die verschiedenen in der Fachliteratur vertretenen Ansichten dargestellt und sich nach Überprüfung der einzelnen Risikofaktoren eine eigene Auffassung gebildet. Unter diesen Umständen war es im Rahmen des § 287 ZPO aus revisionsrechtlicher Sicht nicht zu beanstanden, dass das Berufungsgericht seine eigene Würdigung auf der Grundlage der Ausführungen des Gerichtssachverständigen vorgenommen hatte.

8. Verpflichtung zur Einholung von Vergleichsangeboten trotz Vorlage von Preislisten durch den Vermieter

BGH, Urt. v. 14.10.2008 – VI ZR 210/07, VersR 2009, 83
BGB § 249 Abs. 2 S. 1

Zur Verpflichtung zur Einholung von Vergleichsangeboten bei Konkurrenzunternehmen, obwohl dem Verkehrsunfallgeschädigten bei der Anmietung eines Ersatzfahrzeugs vom Autovermieter Einblick in Preislisten anderer Anbieter gewährt wird.

a) Der Fall

Der Kläger nahm den beklagten Haftpflichtversicherer seines Unfallgegners auf Zahlung restlicher Mietwagenkosten aus einem Verkehrsunfall vom 10.10.2005 in Anspruch, bei dem sein Kfz beschädigt wurde und sich anschließend für 12 Kalendertage in Reparatur befand. Für die Reparaturdauer hatte der Kläger am 11.10.2005 bei der L GmbH ein Ersatzfahrzeug der Mietwagengruppe 5 angemietet, wofür ihm diese einschließlich Haftungsbeschränkungs- sowie Zustell-/Rückführungskosten einen Betrag in Höhe von 2.352 EUR in Rechnung stellte. Bei der Anmietung des Ersatzfahrzeugs wurde der Kläger, der zu diesem Zeitpunkt über keine Vorkenntnisse über die Preisgestaltung auf dem Mietwagenmarkt verfügte, durch einen Mitarbeiter der Autovermietung darauf hingewiesen, dass Wettbewerber auf dem Gebiet des Unfallersatzwagengeschäfts keine oder allenfalls nur geringfügig günstigere Preise für eine solche Anmietung anböten und die von der Autovermietung L GmbH erhobenen Preise ortsüblich und angemessen seien. Hierzu wurde ihm Einblick in Preislisten anderer Anbieter und in den Schwacke-Mietpreisspiegel gewährt. Vergleichsangebote bei Konkurrenzunternehmen holte der Kläger selbst nicht ein.

Die Beklagte zahlte an den Kläger auf die Mietwagenkosten vorgerichtlich lediglich einen Betrag von 1.490 EUR. Mit seiner Klage hat der Kläger Mietwagenkosten in Höhe von insgesamt 2.153 EUR geltend gemacht und beantragt, die Beklagte zur Zahlung des Differenzbetrags in Höhe von 663 EUR nebst Zinsen zu verurteilen. Das Amtsgericht hat die Klage abgewiesen. Auf die Berufung des Klägers hat

§ 5 Mietwagenkosten, insbesondere Unfallersatztarife

das Landgericht dem Kläger in entsprechender Abänderung des erstinstanzlichen Urteils einen weiteren Betrag von 8 EUR nebst Zinsen zugesprochen. Die weitergehende Berufung hat es zurückgewiesen. Mit der vom Berufungsgericht zugelassenen Revision verfolgte der Kläger sein Klagebegehren weiter, soweit das Berufungsgericht zu seinem Nachteil erkannt hatte.

b) Die rechtliche Beurteilung

75 Das Berufungsurteil hielt revisionsrechtlicher Nachprüfung stand.

Die Revision wandte sich nicht gegen die Feststellungen des Berufungsgerichts, dass sich die erforderlichen Mietwagenkosten im Sinne des § 249 Abs. 2 S. 1 BGB auf 1.498 EUR beliefen. Hiervon war mithin revisionsrechtlich auszugehen.

76 Darüber hinausgehende, mithin nicht erforderliche Mietwagenkosten kann der Geschädigte nach der ständigen Rechtsprechung des erkennenden Senats aus dem Blickwinkel der subjektbezogenen Schadensbetrachtung nur ersetzt verlangen, wenn er darlegt und erforderlichenfalls beweist, dass ihm unter Berücksichtigung seiner individuellen Erkenntnis- und Einflussmöglichkeiten sowie der gerade für ihn bestehenden Schwierigkeiten unter zumutbaren Anstrengungen auf dem in seiner Lage zeitlich und örtlich relevanten Markt kein wesentlich günstigerer (Normal-)Tarif zugänglich war. Dabei kommt es insbesondere für die Frage der Erkennbarkeit der Tarifunterschiede für den Geschädigten darauf an, ob ein vernünftiger und wirtschaftlich denkender Geschädigter unter dem Aspekt des Wirtschaftlichkeitsgebots zu einer Nachfrage nach einem günstigeren Tarif gehalten gewesen wäre. Dies ist der Fall, wenn er Bedenken gegen die Angemessenheit des ihm angebotenen Unfallersatztarifs haben muss, die sich insbesondere aus dessen Höhe ergeben können. Dabei kann es je nach Lage des Einzelfalls auch erforderlich sein, sich nach anderen Tarifen zu erkundigen und ggf. ein oder zwei Konkurrenzangebote einzuholen. In diesem Zusammenhang kann es eine Rolle spielen, wie schnell der Geschädigte ein Ersatzfahrzeug benötigt. Allein das allgemeine Vertrauen darauf, der ihm vom Autovermieter angebotene Tarif sei „auf seine speziellen Bedürfnisse zugeschnitten", rechtfertigt es dagegen nicht, zu Lasten des Schädigers und seines Haftpflichtversicherers ungerechtfertigt überhöhte und nicht durch unfallbedingte Mehrleistung des Vermieters gedeckte Unfallersatztarife zu akzeptieren.

77 Nach diesen Grundsätzen war es revisionsrechtlich nicht zu beanstanden, dass das Berufungsgericht aufgrund des Vorbringens des Klägers nicht davon ausgegangen war, dass diesem unter den Umständen des Streitfalls der vom Berufungsgericht für erforderlich erachtete Tarif nicht zugänglich gewesen wäre.

78 Nach den rechtsfehlerfreien Feststellungen des Berufungsgerichts hätten sich beim Kläger bei einem Tagesmietpreis von rund 181 EUR (brutto ohne Nebenkosten) für einen Mietwagen der Gruppe 5 (hier: Subaru Impreza 2,0) Zweifel an der Angemessenheit und die Notwendigkeit einer Nachfrage nach günstigeren Tarifen – auch bei anderen Anbietern – aufdrängen müssen.

8. Verpflichtung zur Einholung von Vergleichsangeboten § 5

Diesen Anforderungen an seine Pflichten zur Schadensgeringhaltung im Rahmen des § 249 Abs. 2 S. 1 BGB hatte der Kläger – entgegen der Auffassung der Revision – nicht dadurch genügt, dass er sich von einem Mitarbeiter der Autovermietung L GmbH über vergleichbare Unfallersatztarife von Konkurrenzunternehmen beraten ließ und in ihm vorgelegte Preislisten sowie in die Schwacke-Mietpreisliste Einblick genommen hatte.

79

Die Beratung und die Preise betrafen nach dem von der Revision selbst herangezogenen Vorbringen des Klägers lediglich das Unfallersatzgeschäft bei der Anmietung infolge eines unverschuldet erlittenen Verkehrsunfalls und waren deshalb für den Vergleich mit einem günstigeren „Normaltarif" für Selbstzahler ungeeignet. Bereits aus diesem Grund machten sie aus der Sicht eines wirtschaftlich vernünftig denkenden Geschädigten die Nachfrage nach einem günstigeren Tarif für Selbstzahler nicht entbehrlich. Daran vermochte auch der Hinweis der Revision nichts zu ändern, dass sich der vom Vermieter des Klägers geforderte Preis noch im Rahmen der in der Schwacke-Mietpreisliste ausgewiesenen Normaltarife bewege, welche für das entsprechende Postleitzahlgebiet und die Wagenklasse 5 eine Preisspanne zwischen 345 EUR und 1.196 EUR für die wöchentliche Anmietung und eine Preisspanne zwischen 87 EUR und 176 EUR für die eintägige Anmietung ausweise. Zum einen handelte es sich bei der von der Revision insoweit in Bezug genommenen Anlage zur Berufungsbegründung um einen Auszug aus der Schwacke-Mietpreisliste 2006, die dem Kläger nach seinem Unfall im Jahre 2005 noch nicht vorgelegt worden sein konnte. Zum anderen hätte eine solche Preisspanne dem Kläger – wenn sie ihm bekannt gemacht worden wäre – erst recht Veranlassung geben müssen, nach einem günstigeren Tarif als dem ihm zunächst angebotenen zu fragen und ggf. – bei anderen Anbietern – ein oder zwei Konkurrenzangebote einzuholen. Eine Einblicknahme in Preislisten anderer Mietwagenunternehmen, die dem Geschädigten von dem zunächst angesprochenen Vermieter vorgelegt werden, reicht dabei nicht aus, denn daraus ergibt sich noch kein konkretes Angebot eines Konkurrenten.

80

Darüber hinaus liegt es – wie das Berufungsgericht zutreffend ausgeführt hat – nach der Lebenserfahrung auf der Hand, dass bei einem Autovermieter, bei dem aufgrund der Höhe seiner Preise Zweifel an deren Angemessenheit bestehen, wenig Neigung bestehen wird, einen potentiellen Kunden auf günstigere Konkurrenzangebote hinzuweisen, wozu er im Übrigen auch nicht verpflichtet ist (vgl. BGHZ 168, 168, 178).

81

9. Schätzung aktueller Mietwagenkosten nach dem Schwacke-Mietpreisspiegel aus dem Jahr 2003

82 BGH, Urt. v. 14.10.2008 – VI ZR 308/07, zfs 2009, 82 = VersR 2008, 1706
BGB §§ 249, 254; ZPO § 287
a) Mietet ein Verkehrsunfallgeschädigter bei einem Autovermieter ein Ersatzfahrzeug zu einem überhöhten Preis an, ohne sich nach der Höhe der Mietwagenkosten anderweit erkundigt zu haben, so trägt er die Darlegungs- und Beweislast für seine Behauptung, ein günstigerer Tarif sei ihm nicht zugänglich gewesen.

b) Dem Tatrichter steht es im Rahmen des durch § 287 ZPO eingeräumten Schätzungsermessens frei, ob er zur Bestimmung der Höhe erforderlicher Mietwagenkosten auf den Schwacke-Mietpreisspiegel aus dem Jahr 2003 oder aus dem Jahr 2006 zurückgreift. Bedenken gegen eine Schätzgrundlage muss nicht durch Beweiserhebung nachgegangen werden, wenn eine andere geeignete Schätzgrundlage zur Verfügung steht.

a) Der Fall

83 Der beklagte Haftpflichtversicherer war einstandspflichtig für den Ersatz des Schadens, der den Klägerinnen aufgrund eines Verkehrsunfalls am 27.9.2005 entstanden war. Die Parteien stritten über den Ersatz restlicher Mietwagenkosten.

84 Bei dem Unfall wurde das Fahrzeug der Klägerinnen beschädigt, war aber noch fahrfähig. Bei der Begutachtung am nachfolgenden Tag ergab sich eine Reparaturdauer von 11 Tagen. Am 29.9.2005 nahm die Beklagte in einem an die Klägerinnen gerichteten Schreiben unter anderem zur Höhe der Mietwagenkosten Stellung, welche in der relevanten Mietwagenklasse 49 EUR pro Tag betrügen. Am 4.10.2005, dem Tag des Reparaturbeginns, mieteten die Klägerinnen bei einer Autovermietung ein Ersatzfahrzeug zum Preis von 158 EUR netto täglich an. Auf den vom Autovermieter in Rechnung gestellten Betrag von 1.650 EUR zahlte die Beklagte 699 EUR. Den Differenzbetrag verlangten die Klägerinnen mit der Klage ersetzt.

85 Das Amtsgericht hat der Klage in Höhe von 32 EUR stattgegeben und sie im Übrigen abgewiesen. Die Berufung der Klägerinnen hatte keinen Erfolg. Vielmehr hat das Berufungsgericht auf die Anschlussberufung der Beklagten die Klage vollständig abgewiesen. Mit ihrer vom Berufungsgericht zugelassenen Revision verfolgten die Klägerinnen ihren Klagantrag weiter. Die Revision hatte keinen Erfolg.

b) Die rechtliche Beurteilung

86 Nach der Rechtsprechung des erkennenden Senats kann der Geschädigte nach § 249 Abs. 2 S. 1 BGB als Herstellungsaufwand Ersatz derjenigen Mietwagenkosten verlangen, die ein verständiger, wirtschaftlich vernünftig denkender Mensch in

9. Schätzung aktueller Mietwagenkosten nach Schwacke 2003 § 5

seiner Lage für zweckmäßig und notwendig halten darf. Der Geschädigte hat nach dem aus dem Grundsatz der Erforderlichkeit hergeleiteten Wirtschaftlichkeitsgebot im Rahmen des ihm Zumutbaren stets den wirtschaftlicheren Weg der Schadensbehebung zu wählen. Das bedeutet für den Bereich der Mietwagenkosten, dass er von mehreren auf dem örtlich relevanten Markt – nicht nur für Unfallgeschädigte – erhältlichen Tarifen für die Anmietung eines vergleichbaren Ersatzfahrzeugs (innerhalb eines gewissen Rahmens) grundsätzlich nur den günstigeren Mietpreis verlangen kann.

Das Berufungsurteil enthielt keine Ausführungen dazu, ob der den Klägerinnen berechnete Tarif gerechtfertigt sein konnte, weil die Besonderheiten dieses Tarifs mit Rücksicht auf die Unfallsituation (etwa die Vorfinanzierung, das Risiko eines Ausfalls mit der Ersatzforderung wegen falscher Bewertung der Anteile am Unfallgeschehen durch den Kunden oder das Mietwagenunternehmen u.Ä.) einen gegenüber dem „Normaltarif" höheren Preis rechtfertigten, weil sie auf Leistungen des Vermieters beruhen, die durch die Besonderheiten der Unfallsituation veranlasst und infolge dessen zur Schadensbehebung nach § 249 BGB erforderlich waren. Allerdings war den Rechtsausführungen im Berufungsurteil zu entnehmen, dass das Berufungsgericht die einschlägige Rechtsprechung des erkennenden Senats zur Kenntnis genommen hatte und bei seiner Rechtsprechung in Rechtsstreitigkeiten über Mietwagenkosten regelmäßig zugrunde legt. Den Ausführungen der Vorinstanzen konnte zudem entnommen werden, dass der in Anspruch genommene Autovermieter keinen als Unfallersatztarif bezeichneten, sondern einen einheitlichen Tarif angeboten hatte. 87

Die Revision rügte, das Berufungsgericht habe keine Feststellungen dazu getroffen, ob den Klägerinnen vorliegend ein günstigerer Tarif auf dem zeitlichen und örtlichen Markt zugänglich gewesen wäre; wenn es meine, die Klägerinnen, da sie keine Vergleichsangebote eingeholt hätten, ohne weiteres auf den Normaltarif nach Schwacke verweisen zu können, verkenne es entweder, dass nach der Rechtsprechung des erkennenden Senats ein über dem ortsüblichen Normaltarif liegender Tarif zu erstatten sei, wenn dem Geschädigten auf dem zeitlichen und örtlichen Markt kein günstigerer Tarif zugänglich sei, oder aber es übergehe Parteivortrag der Klägerinnen. Damit konnte die Revision keinen Erfolg haben. 88

Nach der Rechtsprechung des erkennenden Senats kann die Frage, ob ein Unfallersatztarif aufgrund unfallspezifischer Kostenfaktoren erforderlich im Sinne des § 249 Abs. 2 S. 1 BGB ist, offen bleiben, wenn feststeht, dass dem Geschädigten ein günstigerer „Normaltarif" in der konkreten Situation ohne weiteres zugänglich war, so dass ihm eine kostengünstigere Anmietung unter dem Blickwinkel der ihm gemäß § 254 BGB obliegenden Schadensminderungspflicht zugemutet werden konnte. Ebenso kann diese Frage offen bleiben, wenn zur Überzeugung des Tatrichters feststeht, dass dem Geschädigten die Anmietung zum „Normaltarif" nach den konkreten Umständen nicht zugänglich gewesen ist, denn der Geschädigte kann in 89

| § 5 | Mietwagenkosten, insbesondere Unfallersatztarife |

einem solchen Fall einen den „Normaltarif" übersteigenden Betrag im Hinblick auf die subjektbezogene Schadensbetrachtung auch dann verlangen, wenn die Erhöhung nicht durch unfallspezifische Kostenfaktoren gerechtfertigt wäre.

90 Die Revision meinte, nach den Umständen des Falls habe das Berufungsgericht davon ausgehen müssen, dass den Klägerinnen ein günstigerer als der ihnen in Rechnung gestellte Tarif nicht zugänglich gewesen sei.

91 Die Rechtsprechung des erkennenden Senats zur Zugänglichkeit eines Normaltarifs kann auch auf Fallgestaltungen übertragen werden, bei denen dem Geschädigten kein Unfallersatztarif, sondern ein einheitlicher Tarif angeboten wurde. In beiden Fällen ist es aber Sache des Geschädigten darzulegen und zu beweisen, dass ihm unter Berücksichtigung seiner individuellen Erkenntnis- und Einflussmöglichkeiten sowie der gerade für ihn bestehenden Schwierigkeiten unter zumutbaren Anstrengungen auf dem in seiner Lage zeitlich und örtlich relevanten Markt – zumindest auf Nachfrage – kein wesentlich günstigerer Tarif zugänglich war. Unterlässt der Geschädigte die Nachfrage nach günstigeren Tarifen, geht es nicht um die Verletzung der Schadensminderungspflicht, für die grundsätzlich der Schädiger die Beweislast trägt, sondern um die Schadenshöhe, die der Geschädigte darzulegen und erforderlichenfalls zu beweisen hat. Insofern liegt es anders als in Fällen, in denen die Inanspruchnahme eines Unfallersatztarifs grundsätzlich gerechtfertigt erscheint und durch einen Aufschlag zum Normaltarif geschätzt werden kann. Hier trägt der Schädiger die Darlegungs- und Beweislast, wenn er geltend macht, dass dem Geschädigten ein günstigerer Tarif nach den konkreten Umständen „ohne weiteres" zugänglich gewesen sei.

92 Die Auffassung des Berufungsgerichts, dass die Klägerinnen aufgrund ihrer Pflicht zur Schadensgeringhaltung gehalten waren, sich vor der Anmietung nach dem Mietpreis und günstigeren Angeboten zu erkundigen, begegnete aus Rechtsgründen keinen Bedenken. Da die Anmietung erst sieben Tage nach dem Unfall erfolgte, war eine Eil- oder Notsituation ersichtlich nicht gegeben. Den Klägerinnen war auch bei der Anmietung bekannt, dass eine Reparaturdauer von 11 Arbeitstagen zu erwarten war. Die Annahme des Berufungsgerichts, ihnen habe die Erkundigungspflicht, auch wenn sie erstmals mit der Anmietung eines Ersatzfahrzeugs konfrontiert waren, schon deshalb oblegen, weil die Beklagte das Problem der Mietwagenpreise schriftlich angesprochen hatte und der vom Autovermieter angebotene Preis weit über dem von der Beklagten genannten lag, war nicht zu beanstanden, sondern lag nahe. Ein vernünftiger und wirtschaftlich denkender Geschädigter muss unter dem Aspekt des Wirtschaftlichkeitsgebots nach der Höhe des angebotenen Tarifs fragen, um dessen Angemessenheit beurteilen zu können und sich, wenn diese zweifelhaft erscheinen muss, nach günstigeren Tarifen erkundigen.

93 Ohne Erfolg verwies die Revision darauf, die Klägerinnen hätten sich unwidersprochen darauf berufen, dass an ihrem Wohnort überhaupt keine Autovermietung ansässig sei, während am Reparaturort lediglich die von den Klägerinnen in Anspruch

9. Schätzung aktueller Mietwagenkosten nach Schwacke 2003 § 5

genommene Autovermietung tätig sei sowie eine weitere Autovermietung, die jedoch nicht ständig Fahrzeuge vorrätig habe und nur über einen Fahrzeugbestand von 3 bis 4 Fahrzeugen verfüge. Weitere Autovermietungen befänden sich lediglich in den umliegenden Großstädten wie Plauen, Zwickau oder Chemnitz, die ca. 30 km und mehr entfernt lägen.

Ob dem Geschädigten die Anmietung zu einem günstigeren Tarif nach den konkreten Umständen nicht zugänglich gewesen ist, ist eine Frage des Einzelfalls. An den Geschädigten dürfen hinsichtlich der Anmietung eines Ersatzfahrzeugs keine unzumutbaren Anforderungen gestellt werden, wobei insbesondere auch die besonderen örtlichen Verhältnisse zu berücksichtigen sind. Entgegen der Ansicht der Revision kann dem Senatsurt. v. 9.10.2007 (VI ZR 27/07, VersR 2007, 1577, 1578) indes nicht entnommen werden, die Klägerinnen seien im Streitfall generell nicht verpflichtet gewesen, Angebote in den von den Parteien genannten größeren Städten mit mehreren Mietwagenanbietern einzuholen. Auch wenn die Anmietung eines Mietwagens für einen Geschädigten im ländlichen Bereich mit erhöhten Schwierigkeiten verbunden sein mag, weil Autovermieter nicht unmittelbar vor Ort tätig sind, entbindet dies nicht ohne weiteres von der Pflicht, in geeigneten Fällen Vergleichsangebote einzuholen. Mit Recht stellte das Berufungsgericht insoweit maßgeblich darauf ab, dass den Klägerinnen ausreichend Zeit für die Anmietung zur Verfügung stand und dass sie aufgrund des Schreibens der Beklagten davon ausgehen mussten, dass das Angebot des dann in Anspruch genommenen Vermieters um ein Vielfaches überhöht war, so dass sich ein verständiger, wirtschaftlich denkender Mensch in der Lage des Geschädigten um eine preiswertere Möglichkeit der Anmietung bemüht hätte. 94

Die Revision stellte weiter zur Überprüfung, dass das Berufungsgericht im Streitfall den der Berechnung des zur Anmietung eines Ersatzfahrzeugs erforderlichen Betrag auf der Grundlage des Schwacke-Mietpreisspiegels 2003 anstatt desjenigen aus dem Jahr 2006 ermittelt hatte. Auch damit konnte sie keinen Erfolg haben. 95

Der erkennende Senat hat bereits mehrfach ausgesprochen, dass der Tatrichter in Ausübung des Ermessens nach § 287 ZPO den „Normaltarif" auch auf der Grundlage des gewichteten Mittels des Schwacke-Mietpreisspiegels im Postleitzahlengebiet des Geschädigten (ggf. mit sachverständiger Beratung) ermitteln kann, solange nicht mit konkreten Tatsachen Mängel der betreffenden Schätzungsgrundlage aufgezeigt werden, die sich auf den zu entscheidenden Fall auswirken. 96

Der Auffassung der Revision, das Berufungsgericht hätte entweder den Schwacke-Mietpreisspiegel 2006 heranziehen oder aber Bedenken gegen dessen Anwendbarkeit durch die Einholung von Sachverständigenbeweis nachgehen müssen, konnte nicht gefolgt werden. 97

Das Berufungsgericht hatte ausführlich unter Darstellung des in Betracht gezogenen Zahlenmaterials ausgeführt, warum es der Meinung ist, der Moduswert nach der Schwackeliste 2006 könne zumindest im Bezirk des Landgerichts Chemnitz für 98

§ 5 Mietwagenkosten, insbesondere Unfallersatztarife

eine Ermittlung des für die Schadensbehebung nach § 249 BGB erforderlichen Aufwands nicht herangezogen werden, da für diesen Wert nicht ausgeschlossen werden könne, dass er von den hieran interessierten wirtschaftlichen Kreisen in ihrem Interesse manipuliert worden sei. Dass es deshalb auf andere Schätzungsgrundlagen zurückgriff, war vom tatrichterlichen Ermessen, welches § 287 ZPO einräumt, gedeckt.

99 Die Art der Schätzungsgrundlage gibt § 287 ZPO nicht vor. Die Schadenshöhe darf lediglich nicht auf der Grundlage falscher oder offenbar unsachlicher Erwägungen festgesetzt werden und ferner dürfen wesentliche die Entscheidung bedingende Tatsachen nicht außer Acht bleiben. Auch darf das Gericht nicht in für die Streitentscheidung zentralen Fragen auf nach Sachlage unerlässliche fachliche Erkenntnisse verzichten. Gleichwohl können in geeigneten Fällen Listen oder Tabellen bei der Schadensschätzung Verwendung finden. Sie müssen es aber nicht; insbesondere, wenn das Gericht berechtigte Zweifel an ihrer Eignung hat, kann es die Heranziehung einer bestimmten Liste ablehnen.

100 So lag es hier. Die Problematik der Schwackeliste 2006 ist nicht nur vom Berufungsgericht, sondern auch anderweit in Rechtsprechung und Literatur beschrieben worden. Es ist dem Tatrichter nicht verwehrt, sich diesen Bedenken insbesondere dann anzuschließen, wenn er sie aufgrund rechnerischer Überlegungen bestätigt sieht, und die Schwackeliste 2006 nicht als Schätzgrundlage heranzuziehen. Dass andere Gerichte und Literaturstimmen zu einer abweichenden Einschätzung gelangen, steht dem nicht entgegen.

101 Das Berufungsgericht war auch nicht verpflichtet, seine Bedenken gegen die Schwackeliste 2006 durch Sachverständige auf ihre Berechtigung prüfen zu lassen. Es durfte auf eine andere geeignete Schätzungsgrundlage zurückgreifen. Deshalb sind die Heranziehung der Schwackeliste 2003 und die Berichtigung der sich danach ergebenden Werte durch einen Zuschlag und einen Inflationsausgleich im Streitfall vom tatrichterlichen Ermessen gedeckt. Die Revision zeigte im Übrigen nicht auf, inwieweit sich die nach ihrer Ansicht fehlerhafte Anwendung auf das Schätzungsergebnis auswirkt hatte.

102 Ohne Erfolg blieb auch der Angriff der Revision, das Berufungsgericht habe bei der Berechnung des für die Schadensbehebung erforderlichen Aufwands zu Unrecht auf denjenigen Tarif abgestellt, der der Anmietdauer am nächsten kam, vorliegend also den Wochentarif.

103 Es mag sein, dass die von der Revision für richtig gehaltene Ansicht, bei der Abrechnung der Mietwagenkosten seien die sich bei mehrtägiger Vermietung ergebenden Reduzierungen nach dem Schwacke-Automietpreisspiegel nach Wochen-, Dreitages- und Tagespauschalen zu berücksichtigen (so OLG Köln NZV 2007, 199), im Einzelfall zu überzeugenderen Ergebnissen führt, als der Weg des Berufungsgerichts, aus dem Wochenpreis einen Tagespreis abzuleiten und diesen mit der Anzahl der Miettage zu vervielfältigen, oder als die Multiplikation des einfachen Tagessatzes mit der Anzahl der Miettage. Dabei ist allerdings zu berücksichtigen, dass die Rechnungsweise des OLG Köln dazu dient, den sich bei einer längeren Anmietung ergebenden Kostenvorteil für den Mieter gegenüber der bloßen Multiplikation des Tagessatzes mit der Anzahl der Miettage bei der Schadensberechnung zu berücksichtigen. Diese Absicht verfolgte auch der Rechenweg des Berufungsgerichts. Dass die Errechnung des Tagessatzes aus der Wochenmiete den Spareffekt im vorliegenden Fall nicht ausreichend widerspiegelte, zeigte die Revision nicht konkret auf. Die Schätzung des Berufungsgerichts bewegte sich daher im Rahmen des durch § 287 ZPO eingeräumten Ermessens.

10. Schätzung eines Aufschlags zum Normaltarif bei einem sogenannten Unfallersatztarif

BGH, Urt. v. 19.1.2010 – VI ZR 112/09, zfs 2010, 260

BGB §§ 249 Abs. 2 S. 1, 254; ZPO § 287

Zur Schätzung eines Aufschlags zum Normaltarif bei einem sogenannten Unfallersatztarif.

a) Der Fall

Die Parteien stritten um die Erstattung restlicher Mietwagenkosten nach einem Verkehrsunfall vom 22.3.2006. Die volle Haftung der Beklagten stand dem Grunde nach außer Streit. Der Kläger hatte bei der Autovermietung H, die dem Rechtsstreit als Streithelferin auf Klägerseite beigetreten war (künftig: Streithelferin), für die Zeit der Reparatur des bei dem Unfall beschädigten Transporters Fiat Ducato als Ersatzwagen einen Transporter Hyundai H1 der Mietwagengruppe 6 zum Tagespreis von 172 EUR netto angemietet. Dabei ging der vorsteuerabzugsberechtigte Kläger nach dem Reparaturablaufplan von einer Reparaturdauer von fünf Tagen aus. Aufgrund der Lieferung falscher Türen verlängerte sich die Reparaturzeit um weitere vier Tage und dauerte von Montag, dem 27.3.2006, bis Mittwoch, den 4.4.2006. Die Beklagte zahlte vorgerichtlich 531 EUR für den Mietwagen und lehnte eine weitere Erstattung von Mietwagenkosten ab. Der Kläger machte mit der Klage unter Berücksichtigung einer 5 %-igen Eigenersparnis weitere Mietwagenkosten von 1.116 EUR geltend.

Das Amtsgericht hat die Klage abgewiesen. Auf die Berufung des Klägers hat das Landgericht die Beklagte unter Zurückweisung der weitergehenden Berufung zur Zahlung von lediglich 284 EUR nebst Zinsen verurteilt. Mit der vom Berufungsgericht zugelassenen Revision verfolgte der Kläger sein Klagebegehren weiter.

b) Die rechtliche Beurteilung

107 Die Revision des Klägers hatte Erfolg.

Das Berufungsgericht war im Ansatz zutreffend davon ausgegangen, dass der Kläger von der Beklagten nach § 249 Abs. 2 S. 1 BGB als erforderlichen Herstellungsaufwand nur den Ersatz der Mietwagenkosten verlangen kann, die ein verständiger, wirtschaftlich denkender Mensch in der Lage des Geschädigten für zweckmäßig und notwendig halten darf. Der Geschädigte ist dabei ebenso wie in anderen Fällen, in denen er die Schadensbeseitigung selbst in die Hand nimmt, nach dem Wirtschaftlichkeitsgebot gehalten, im Rahmen des ihm Zumutbaren von mehreren möglichen den wirtschaftlicheren Weg der Schadensbehebung zu wählen. Er verstößt aber noch nicht allein deshalb gegen seine Pflicht zur Schadensgeringhaltung, weil er ein Kraftfahrzeug zu einem Unfallersatztarif anmietet, der gegenüber einem Normaltarif teurer ist, soweit die Besonderheiten dieses Tarifs mit Rücksicht auf die Unfallsituation (etwa die Vorfinanzierung, das Risiko eines Ausfalls mit der Ersatzforderung wegen falscher Bewertung der Anteile am Unfallgeschehen durch den Kunden oder das Mietwagenunternehmen u.Ä.) aus betriebswirtschaftlicher Sicht einen gegenüber dem „Normaltarif" höheren Preis rechtfertigen, weil sie auf Leistungen des Vermieters beruhen, die durch die besondere Unfallsituation veranlasst und infolgedessen zur Schadensbehebung nach § 249 BGB erforderlich sind. Inwieweit dies der Fall ist, hat der bei der Schadensabrechnung nach § 287 ZPO besonders freigestellte Tatrichter – gegebenenfalls nach Beratung durch einen Sachverständigen – zu schätzen, wobei unter Umständen auch ein pauschaler Aufschlag auf den „Normaltarif" in Betracht kommt. In Ausübung seines Ermessens nach § 287 ZPO kann der Tatrichter den „Normaltarif" auf der Grundlage des gewichteten Mittels des Schwacke-Mietpreisspiegels im Postleitzahlengebiet des Geschädigten – gegebenenfalls mit sachverständiger Beratung – ermitteln.

108 Danach war nicht zu beanstanden, dass das Berufungsgericht den zur Frage der Erforderlichkeit der Mietwagenkosten vergleichsweise heranzuziehenden „Normaltarif" an Hand des Schwacke-Mietpreisspiegels 2006 ermittelt hatte. Insoweit hielt es sich im Rahmen des tatrichterlichen Ermessens nach § 287 ZPO. Doch überspannte das Berufungsgericht die Anforderungen an die Darlegungslast des Klägers dadurch, dass es zur Rechtfertigung des der Schadensabrechnung zugrunde liegenden höheren Unfallersatztarifs aus betriebswirtschaftlicher Sicht die Darlegung bezifferbarer Beträge bzw. konkreter prozentualer Aufschläge für unfallbedingte Leistungen verlangt hatte. Nach ständiger Rechtsprechung des erkennenden Senats ist es nicht erforderlich, für die Frage der betriebswirtschaftlichen Rechtfertigung eines Unfallersatztarifs die Kalkulation des konkreten Vermieters nachzuvollziehen. Vielmehr hat sich die Prüfung darauf zu beschränken, ob spezifische Leistungen bei der Vermietung an Unfallgeschädigte allgemein den Mehrpreis rechtfertigen. Der erkennende Senat vermochte die Bedenken des Berufungsgerichts, wonach die Prüfung der Rechtfertigung eines Aufschlags nicht zu einem konkreten

10. Schätzung eines Aufschlags bei einem sogenannten Unfallersatztarif § 5

Ergebnis führen könne, wenn sich die spezifischen unfallbedingten Leistungen nicht in bezifferbare Beträge bzw. konkrete prozentuale Aufschläge fassen ließen, nicht zu teilen. Die Beschränkung der Prüfung darauf, ob spezifische Leistungen bei der Vermietung an Unfallgeschädigte allgemein einen Aufschlag rechtfertigen, dient nicht nur dem Interesse des Geschädigten, um für ihn bestehenden Darlegungs- und Beweisschwierigkeiten zu begegnen. Diese Art der Prüfung gewährleistet vielmehr auch, dass die erforderlichen Mietwagenkosten nach einem Unfall anhand objektiver Kriterien ermittelt werden, ohne dass es für die Erforderlichkeit im Sinne des § 249 Abs. 2 S. 1 BGB auf die konkrete Situation und Kalkulation des einzelnen Vermieters ankommt. Ob und in welchem Umfang sich die unfallspezifischen Faktoren Kosten erhöhend auswirken, ist vom Tatrichter erforderlichenfalls mit Hilfe eines Sachverständigen zu schätzen (§ 287 ZPO). Entgegen der Auffassung des Berufungsgerichts fehlten für eine solche Begutachtung ohne konkrete Zahlenangaben nicht die Anknüpfungstatsachen. So hatte der gerichtliche Sachverständige in dem Verfahren, das dem Senatsurteil v. 24.6.2008 (VI ZR 234/07, VersR 2008, 1370, 1371) zugrunde liegt, aufgrund verschiedener in der Fachliteratur vertretener Ansichten und nach Überprüfung der Plausibilität der einzelnen Risikofaktoren einen Aufschlag von 15,13 % wegen spezifischer Sonderleistungen für erforderlich erachtet.

Die Streithelferin hatte allgemeine unfallspezifische Kostenfaktoren vorgetragen, die einen höheren Mietpreis rechtfertigen konnten. Danach sei das angemietete Fahrzeug zur Werkstatt des Klägers gebracht und von dort zurückgeholt worden. Eine Vorreservierungszeit sei nicht erforderlich gewesen, obwohl es sich nicht um einen üblichen Pkw, sondern um einen Transporter handelte. Die voraussichtliche Mietzeit sei offen geblieben. Es seien keine Vorauszahlung und keine Kaution für Fahrzeugschäden oder für die Betankung erhoben worden. Auch seien keine Nutzungseinschränkungen vereinbart worden. Schließlich sei das Fahrzeug mit Winterreifen ausgerüstet gewesen. Zu mehr Angaben war der Kläger nicht verpflichtet.

109

Das Berufungsgericht durfte die Vorfinanzierung der Mietwagenkosten als unfallspezifischen Kostenfaktor nicht auch schon deshalb unberücksichtigt lassen, weil substantiierter Vortrag des Klägers dazu fehlte, dass er zur Vorfinanzierung nicht im Stande sei. Diese Frage betrifft nicht die Erforderlichkeit der Herstellungskosten im Sinne des § 249 Abs. 2 S. 1 BGB, sondern die Schadensminderungspflicht nach § 254 BGB. Unter diesem Blickwinkel kommt es darauf an, ob dem Geschädigten die Vorfinanzierung, zu der auch der Einsatz einer EC-Karte oder einer Kreditkarte gerechnet werden könnte, möglich und zumutbar ist. Das kann angesichts der heutigen Gepflogenheiten nicht generell ausgeschlossen werden, für den Streitfall aber auch nicht mangels hinreichender tatsächlicher Grundlagen bejaht werden, wobei zunächst im Rahmen des § 254 BGB nicht der Kläger darlegungs- und beweispflichtig ist, wenn sich auch je nach dem Vortrag der Beklagten für ihn eine sekundäre Darlegungs- und Beweislast ergeben kann. Der Geschädigte ist im Rahmen des § 254 BGB auch unter Berücksichtigung seiner sekundären Darlegungs- und

110

§ 5 Mietwagenkosten, insbesondere Unfallersatztarife

Beweislast jedenfalls nicht gehalten, von sich aus zu seiner finanziellen Situation vorzutragen.

111 Unter den Umständen des Streitfalls konnte dem Kläger auch nicht vorgeworfen werden, dass er sich mit der Beklagten bis zur Anmietung des Fahrzeugs nicht in Verbindung gesetzt hatte. Dass die Beklagte zur Vorfinanzierung bereit gewesen wäre, behauptete diese selbst nicht. Die Revision rügte mit Recht, dass das Berufungsgericht den unter Beweis gestellten Vortrag der Streithelferin in der ersten Instanz hierzu nicht gewürdigt hatte, dass der Beklagten von der Streithelferin ein um 25 % günstigerer Tarif angeboten worden sei, wenn keinerlei Haftungseinwände erfolgten und die Kostenübernahme erklärt würde, die Beklagte jedoch darauf nicht reagiert habe. Auch hätte das Berufungsgericht den beweisbewehrten Vortrag der Streithelferin berücksichtigen müssen und insoweit nicht einen Mangel an Vortrag des Klägers dazu annehmen dürfen, dass das Fahrzeug mit Winterreifen ausgestattet war (§ 287 ZPO; Art. 103 Abs. 1 GG).

112 Auf die Klärung der Erforderlichkeit des geltend gemachten Unfallersatztarifs konnte auch nicht deshalb verzichtet werden, weil nach den Umständen des Streitfalls festgestanden hätte, dass dem Kläger jedenfalls ein günstigerer „Normaltarif" in der konkreten Situation ohne weiteres zugänglich war, so dass ihm eine solche (kostengünstigere) Anmietung eines entsprechenden Fahrzeugs unter dem Blickwinkel der ihm gemäß § 254 BGB obliegenden Schadensminderungspflicht zugemutet werden konnte.

113 Wenn die „Erforderlichkeit" des geltend gemachten Unfallersatztarifs nicht feststeht, trifft den Kläger die Beweislast dafür, dass ihm ein wesentlich günstigerer Tarif nicht zugänglich war. Insoweit geht es nicht um die Verletzung der Schadensminderungspflicht, für die grundsätzlich der Schädiger die Beweislast trägt, sondern um die Schadenshöhe, die der Geschädigte darzulegen und erforderlichenfalls zu beweisen hat. Steht fest, dass der Unfallersatztarif betriebswirtschaftlich gerechtfertigt ist, sodass er grundsätzlich dem Geschädigten als unfallbedingter Herstellungsaufwand zu ersetzen wäre, möchte jedoch der Schädiger nach § 254 BGB nur einen niedrigeren Schadensersatz leisten, so hat er nach allgemeinen Grundsätzen darzulegen und zu beweisen, dass dem Geschädigten in der konkreten Situation ein günstigerer Normaltarif ohne weiteres zugänglich war.

114 Nach diesen Grundsätzen hatte das Berufungsgericht aus seiner Sicht zutreffend dem Kläger die Darlegungs- und Beweislast dafür überbürdet, dass ihm unter Berücksichtigung seiner individuellen Erkenntnis- und Einflussmöglichkeiten sowie der gerade für ihn bestehenden Schwierigkeiten unter zumutbaren Anstrengungen auf dem in seiner Lage zeitlich und örtlich relevanten Markt – zumindest auf Nachfrage – kein wesentlich günstigerer Tarif zugänglich war. Auch ging das Berufungsgericht zutreffend davon aus, dass es zur Frage der Erkennbarkeit der Tarifunterschiede für den Geschädigten darauf ankommt, ob ein vernünftiger und wirtschaftlich denkender Geschädigter unter dem Aspekt des Wirtschaftlichkeits-

10. Schätzung eines Aufschlags bei einem sogenannten Unfallersatztarif § 5

gebots zu einer Nachfrage nach einem günstigeren Tarif gehalten gewesen wäre, wobei die Höhe des angebotenen Unfallersatztarifs eine maßgebende Rolle spielt, wenn sich daraus Bedenken gegen die Angemessenheit ergeben können. Liegt die Höhe des Mietpreises weit über den Vergleichspreisen und ist das Angebot des in Anspruch genommenen Vermieters um ein Vielfaches überhöht, wird sich ein verständiger, wirtschaftlich denkender Mensch in der Lage des Geschädigten um eine preiswertere Möglichkeit der Anmietung bemühen. Die Frage, welche Bemühungen dem Geschädigten um einen günstigeren Tarif zuzumuten sind, ist somit maßgeblich beeinflusst von der Höhe des Mietpreisangebots.

Hierzu rügte die Revision mit Recht, dass das Berufungsgericht aufgrund einer fehlerhaften Rechnung eine erhebliche Differenz zwischen Normaltarif und Unfallsatztarif angenommen hatte, die den Kläger zu weiteren Erkundigungen hätte veranlassen müssen. Bei der vom Berufungsgericht vorgenommenen Berechnung des einheitlichen Tagestarifs aus dem siebten Teil des Wochentarifs blieb außer Betracht, dass der Kläger bei Anmietung des Ersatzfahrzeugs nach dem Reparaturplan von einer Reparaturdauer von fünf Tagen ausgehen durfte und sich diese erst nach Lieferung der falschen Ersatztüren um vier Tage verlängerte. Ein Angebot zum Wochentarif kam, da der Kläger an einem Montag das Ersatzfahrzeug mietete, somit vorerst für ihn nicht in Frage. Ob der Kläger auch schon aufgrund der Höhe des Tagespreises gehalten gewesen wäre, sich nach weiteren günstigeren Tarifen zu erkundigen, konnte auf der Grundlage der bisherigen Feststellungen vom erkennenden Senat nicht beurteilt werden.

115

Der Kläger musste sich auch nicht schon aufgrund der Verlängerung der Mietzeit um einen günstigeren Tarif bemühen, selbst wenn ihm Vergleichspreise im Informationsschreiben der Beklagten vom 22.3.2006 genannt worden waren. Das Schreiben war erst am 29.3.2006, mithin zwei Tage nach Abschluss des Mietvertrags, zugegangen. Die in Tabellenform dargestellten Mietpreise betrafen Pkw und keinen Transporter. Sie bezogen sich auch nicht auf eine konkrete Vermieterfirma in der dem Kläger zugänglichen Region. Schon deshalb war der Kläger nicht verpflichtet, den Mietvertrag zu kündigen und ein Fahrzeug bei einem anderen günstigeren Anbieter anzumieten, zumal die Reparaturzeit lediglich auf fünf Tage veranschlagt war.

116

Hingegen lag es im Ermessen des im Rahmen des § 287 ZPO besonders frei gestellten Tatrichters und begegnete die Auffassung des Berufungsgerichts keinen rechtlichen Bedenken, dass die Einholung eines einzigen Vergleichsangebots durch den Kläger nicht genügt hätte, wenn aufgrund der Höhe des Mietangebots der Streithelferin eine Erkundigungspflicht bestanden hätte. Nachdem die Firma U die Preisangabe verweigert hatte, lag lediglich ein einziges Vergleichsangebot vor, das der Kläger schon deshalb hätte kritisch prüfen müssen, weil er die Telefonnummer dieser Firma vom Angestellten der Streithelferin, mithin der Konkurrenz, aus dessen Telefonbuch erhalten hatte und der Anruf bei einem weiteren Vermieter von dem

117

Angestellten abgewehrt worden war, nachdem ein Anbieter die Auskunft verweigert hatte.

118 Nach alledem konnte das Berufungsurteil keinen Bestand haben. Es wurde aufgehoben und die Sache zur neuen Verhandlung und Entscheidung an das Berufungsgericht zurückverwiesen, damit dieses unter Beachtung der Rechtsauffassung des erkennenden Senats die gebotenen Feststellungen zur Erforderlichkeit des Unfallersatztarifs im konkreten Fall und unter Umständen zur Zugänglichkeit eines günstigeren Tarifs nachholen konnte.

11. Darlegungs- und Beweislast für die „Ohne-weiteres-Zugänglichkeit" günstigerer Tarife

119 BGH, Urt. v. 2.2.2010 – VI ZR 139/08, zfs 2010, 381 = VersR 2010, 545

BGB §§ 249, 254; ZPO § 287

a) Für die Frage, ob ein günstiger Tarif als der sogenannte Unfallersatztarif „ohne weiteres" zugänglich war, kommt es darauf an, ob dem Geschädigten in seiner konkreten Situation „ohne weiteres" ein günstigeres Angebot eines bestimmten Autovermieters zur Verfügung stand.

b) Es obliegt dem Schädiger, der einen Verstoß gegen die Schadensminderungspflicht (§ 254 Abs. 2 BGB) geltend macht, darzulegen und gegebenenfalls zu beweisen, dass dem Geschädigten ein günstigerer Tarif nach den konkreten Umständen „ohne weiteres" zugänglich gewesen ist.

a) Der Fall

120 Die Parteien stritten um die Erstattung weiterer Mietwagenkosten nach einem Verkehrsunfall vom 30.4.2005. Die Haftung der Beklagten dem Grunde nach stand außer Streit.

Das Fahrzeug der Klägerin, ein Mitsubishi Galant 2.0 GLS, wurde in der Zeit vom 3. bis 10.5.2005 repariert. Während dieser Zeit mietete die Klägerin bei der Streithelferin einen AUDI A 4 1.8 T an, für den ihr Mietwagenkosten in Höhe von 1.838 EUR in Rechnung gestellt wurden. Die Beklagte zahlte als Haftpflichtversicherer des Schädigers hierauf 749,82 EUR.

121 Das Amtsgericht hat die Klage abgewiesen. Auf die Berufung der Klägerin hat ihr das Landgericht unter Abänderung des erstinstanzlichen Urteils weitere 162 EUR zuerkannt. Dagegen richteten sich die vom Berufungsgericht zugelassene Revision der Klägerin und ihrer Streithelferin, mit denen diese die nicht zugesprochenen weiteren Mietwagenkosten in Höhe von 883 EUR begehrten, und die Anschlussrevision der Beklagten, die eine Abweisung der Klage erreichen wollte.

11. Darlegungs- und Beweislast für die Zugänglichkeit günstigerer Tarife § 5

b) Die rechtliche Beurteilung

Das Berufungsurteil hielt den Angriffen der Revision der Klägerin und der Streithelferin nicht stand, wohingegen die Anschlussrevision der Beklagten keinen Erfolg hatte.

122

aa) Zur Revision der Klägerin und der Streithelferin

In seinem rechtlichen Ansatz entsprach das Berufungsurteil der gefestigten Rechtsprechung des erkennenden Senats.

123

Danach kann der Geschädigte vom Schädiger und dessen Haftpflichtversicherer nach § 249 BGB als erforderlichen Herstellungsaufwand nur den Ersatz derjenigen Mietwagenkosten verlangen, die ein verständiger, wirtschaftlich denkender Mensch in der Lage des Geschädigten für zweckmäßig und notwendig halten darf. Der Geschädigte ist hierbei nach dem aus dem Grundsatz der Erforderlichkeit hergeleiteten Wirtschaftlichkeitsgebot gehalten, im Rahmen des ihm Zumutbaren von mehreren möglichen den wirtschaftlicheren Weg der Schadensbehebung zu wählen. Das bedeutet, dass er von mehreren auf dem örtlich relevanten Markt nicht nur für Unfallgeschädigte erhältlichen Tarifen für die Anmietung eines vergleichbaren Ersatzfahrzeugs (innerhalb eines gewissen Rahmens) grundsätzlich nur den günstigeren Mietpreis als zur Herstellung objektiv erforderlich ersetzt verlangen kann. Der Geschädigte verstößt allerdings nicht allein deshalb gegen das Wirtschaftlichkeitsgebot, weil er ein Kraftfahrzeug zu einem Unfallersatztarif anmietet, der gegenüber dem „Normaltarif" teurer ist, soweit die Besonderheiten dieses Tarifs mit Rücksicht auf die Unfallsituation einen gegenüber dem „Normaltarif" höheren Preis rechtfertigen, weil sie auf Leistungen des Vermieters beruhen, die durch die besondere Unfallsituation veranlasst und infolgedessen zur Schadensbehebung nach § 249 BGB erforderlich sind.

Nach diesen Grundsätzen müssen grundsätzlich Feststellungen zur Erforderlichkeit des Unfallersatztarifs getroffen werden, wenn der Geschädigte Umstände vorträgt, die einen gegenüber dem „Normaltarif" höheren Unfallersatztarif rechtfertigen sollen. Solche Umstände hatten die Klägerin und die Streithelferin geltend gemacht, indem sie vorgetragen hatten, die Klägerin sei nicht in der Lage gewesen, einen Mietpreis vorzufinanzieren, und eine Anmietung zum „Normaltarif" hätte neben der nicht möglichen Angabe der voraussichtlichen Mietdauer die Leistung einer Sicherheit und Vorauszahlung des Mietpreises mittels einer Kreditkarte erfordert, welche die Klägerin nicht besessen habe.

124

Das Berufungsgericht hatte in seinem rechtlichen Ausgangspunkt auch zutreffend gesehen, dass die Frage, ob ein Unfallersatztarif aufgrund unfallspezifischer Kostenfaktoren erforderlich im Sinne des § 249 Abs. 2 S. 1 BGB ist, nur ausnahmsweise offen bleiben kann, wenn feststeht, dass dem Geschädigten ein günstigerer Tarif in der konkreten Situation „ohne weiteres" zugänglich war, so dass ihm eine kostengünstigere Anmietung unter dem Blickwinkel der ihm gemäß § 254 BGB oblie-

125

genden Schadensminderungspflicht zugemutet werden konnte. Die Frage, ob die geltend gemachten höheren Mietwagenkosten aufgrund unfallspezifischer Kostenfaktoren erforderlich sind, kann auch offen bleiben, wenn zur Überzeugung des Tatrichters feststeht, dass dem Geschädigten die Anmietung zum „Normaltarif" nach den konkreten Umständen nicht zugänglich gewesen ist. Denn der Geschädigte kann in einem solchen Fall einen den „Normaltarif" übersteigenden Betrag im Hinblick auf die subjektbezogene Schadensbetrachtung auch dann als im Sinne des § 249 Abs. 2 S. 1 BGB erforderlichen Geldbetrag ersetzt verlangen, wenn die Erhöhung nicht durch unfallspezifische Kostenfaktoren gerechtfertigt wäre.

126 Trotz des zutreffenden rechtlichen Ansatzes hielten die nachfolgenden Ausführungen des Berufungsgerichts einer revisionsrechtlichen Überprüfung nicht stand. Das Berufungsgericht hatte die Frage der Erforderlichkeit im Sinne des § 249 Abs. 2 S. 1 BGB mit der Frage der Schadensminderungspflicht gemäß § 254 Abs. 2 BGB vermengt und zu geringe Anforderungen daran gestellt, ob der Klägerin ein günstigerer Tarif „ohne weiteres" zugänglich gewesen wäre.

127 Das Berufungsgericht hatte offen gelassen, ob der in Anspruch genommene Unfallersatztarif aufgrund unfallspezifischer Kostenfaktoren erforderlich im Sinne des § 249 Abs. 2 S. 1 BGB war. Für das Revisionsverfahren war dies deshalb zu unterstellen.

128 Das Berufungsgericht durfte die Frage nicht mit der Begründung offen lassen, dem Kläger sei ein wesentlich günstigerer Tarif „ohne weiteres" zugänglich gewesen.

Das Berufungsgericht ging zwar zutreffend davon aus, dass für die Frage, ob dem Geschädigten ein wesentlich günstigerer Tarif „ohne weiteres" zugänglich war, auf die konkreten Umstände des Einzelfalls abzustellen ist. Soweit es jedoch in diesem Zusammenhang ausführte, der Geschädigte habe „hierfür" darzulegen und gegebenenfalls zu beweisen, dass ihm unter Berücksichtigung seiner individuellen Erkenntnis- und Einflussmöglichkeiten sowie der gerade für ihn bestehenden Schwierigkeiten unter zumutbaren Anstrengungen auf dem in seiner Lage zeitlich und örtlich relevanten Markt zumindest auf Nachfrage kein wesentlich günstigerer Tarif zugänglich war, vermengte es die Frage der Erforderlichkeit im Sinne des § 249 Abs. 2 S. 1 BGB mit der Frage der Schadensminderungspflicht gemäß § 254 Abs. 2 BGB. Im Streitfall ging es nur darum, ob die Erforderlichkeit des in Rechnung gestellten Unfallersatztarifs offen bleiben kann, da die Geschädigte ihrer Schadensminderungspflicht gemäß § 254 Abs. 2 BGB deshalb nicht nachgekommen war, weil ihr ein wesentlich günstigerer Tarif „ohne weiteres" zugänglich gewesen wäre. Die dafür maßgeblichen Umstände haben nach allgemeinen Grundsätzen der Schädiger bzw. sein Haftpflichtversicherer darzulegen und gegebenenfalls zu beweisen.

129 Die Ausführungen des Berufungsgerichts standen auch nicht in Einklang mit der Rechtsprechung des Senats, soweit es darauf abstellte, es sei allgemeinkundig, dass es im Bereich der Stadt Dresden ohne weiteres möglich sei, einen Pkw zum „Normaltarif" anzumieten. Das Berufungsgericht hatte dabei zu geringe Anforderungen

11. Darlegungs- und Beweislast für die Zugänglichkeit günstigerer Tarife § 5

an die Prüfung der Frage gestellt, ob der Geschädigten ein wesentlich günstigerer Tarif „ohne weiteres" zugänglich gewesen wäre.

Das Berufungsgericht hatte nicht in dem für den Ausnahmefall des § 254 Abs. 2 BGB erforderlichem Maße auf die konkreten Umstände des Einzelfalls abgestellt. Insoweit reichte die Feststellung nicht aus, dass es in Dresden mehr als 20 Mietwagenvermieter gebe, bei denen Mitgliedern der Berufungskammer bei unterschiedlichen Anmietungen jeweils der übliche „Normaltarif" angeboten worden sei. Bei der gebotenen subjektbezogenen Betrachtungsweise kommt es vielmehr darauf an, ob der Klägerin in ihrer konkreten Situation „ohne weiteres" ein günstigeres Angebot eines bestimmten Autovermieters zur Verfügung gestanden hätte. Im Rahmen des § 254 Abs. 2 BGB war es entgegen der Auffassung des Berufungsgerichts nicht Aufgabe der Klägerin und ihrer Streithelferin, „dezidierte Behauptungen" dazu aufzustellen, wie sich etwaige Mietwagenunternehmer auf eine etwaige Nachfrage nach einem Selbstzahlertarif verhalten hätten. Es oblag vielmehr der Beklagten und in der Begründung seines Urteils dem Berufungsgericht, konkrete Umstände aufzuzeigen, aus denen sich ergab, dass der Klägerin ein günstigerer Tarif „ohne weiteres" zugänglich war, weil sie etwa bei der Streithelferin auch ein Fahrzeug zum „Normaltarif" hätte anmieten können oder der Haftpflichtversicherer die Klägerin vor der Anmietung auf einen günstigeren Tarif hingewiesen hatte. Darauf konnte entgegen der Auffassung des Berufungsgerichts auch nicht deshalb verzichtet werden, weil die Geschädigte ohne Kenntnisse bezüglich des üblichen Preisniveaus auf Anfragen bei Drittunternehmen gänzlich verzichtet habe. Dies entbindet nicht davon, im konkreten Fall festzustellen, ob sich dies ausgewirkt hat. Daran fehlte es im Streitfall.

Nach den vorstehenden Ausführungen kam es für den Erfolg der Revision auf das weitere Vorbringen der Klägerin und der Streithelferin nicht mehr an. Für das weitere Verfahren wies der Senat auf Folgendes hin:

Soweit sich die Klägerin und die Streithelferin gegen den Abzug einer Eigenersparnis in Höhe von 10 % der Mietwagenkosten wanden, lag die Schätzung des Berufungsgerichts gemäß § 287 ZPO im Rahmen der bisherigen Rechtsprechung, in der sich im Interesse der Vereinfachung ein prozentualer Abzug durchgesetzt hat. Nachdem früher eine Ersparnis von 15–20 % der Mietwagenkosten angesetzt worden ist (vgl. OLG Köln VersR 1993, 372, 373; OLG Celle SP 2001, 204), wird heute teilweise eine Ersparnis von 10 % der Mietwagenkosten (vgl. etwa OLG Hamm VersR 2001, 206, 208 und Urt. v. 21.4.2008 – 6 U 188/07, juris Rn 20; OLG Jena OLGR Jena 2007, 985, 988; LG Dortmund NZV 2008, 93, 95) und teilweise eine solche von 3–5 % angenommen (vgl. etwa OLG Stuttgart NZV 1994, 313, 315; OLG Düsseldorf VersR 1998, 1523, 1524 f.; OLG Nürnberg VersR 2001, 208; OLG Köln SP 2007, 13, 16). Zum Teil wird die Auffassung vertreten, ein Abzug wegen ersparter Eigenaufwendungen in Höhe von 10 % der Mietwagenkosten sei jedenfalls dann berechtigt, wenn der zu ersetzende Mietpreis nicht durch pauschale Zu-

130

131

schläge auf den Normaltarif einem deutlich höheren Unfallersatztarif angenähert sei (OLG Hamm, Urt. v. 21.4.2008 – 6 U 188/07, a.a.O.; vgl. auch *Nugel*, jurisPR-VerkR 13/2009, Anm. 5 E).

132 Einer Überprüfung des tatrichterlichen Ermessens nach § 287 ZPO durch das Revisionsgericht sind enge Grenzen gezogen; es hat nur zu prüfen, ob die Schadensermittlung auf grundsätzlich falschen oder offenbar unsachlichen Erwägungen beruht und ob wesentliche, die Entscheidung bedingende Tatsachen außer Acht gelassen worden sind. Derartige Rechtsfehler ließen die Erwägungen des Berufungsgerichts nicht erkennen. Ihnen war insbesondere zu entnehmen, dass das Berufungsgericht eine mögliche geringere Eigenersparnis in seine Überlegungen einbezogen hatte, jedoch aus sachlichen Gründen eine Schätzung auf 10 % der Mietwagenkosten als angemessen ansah.

133 Soweit sich die Revision gegen die vom Berufungsgericht vorgenommene Schätzung der Höhe des „Normaltarifs" im konkreten Fall wandte, kann das Berufungsgericht nach der gebotenen Zurückverweisung seine Schätzung unter Berücksichtigung des Vorbringens der Klägerin und der Streithelferin überprüfen.

bb) Zur Anschlussrevision der Beklagten

134 Die Anschlussrevision machte geltend, der vom Berufungsgericht für die Schätzung des „Normaltarifs" zugrunde gelegte Schwacke-Mietpreisspiegel 2006 stelle keine geeignete Schätzungsgrundlage dar. Diese Rüge hatte keinen Erfolg.

135 Die Art der Schätzungsgrundlage gibt § 287 ZPO nicht vor. Die Schadenshöhe darf lediglich nicht auf der Grundlage falscher oder offenbar unsachlicher Erwägungen festgesetzt werden und ferner dürfen wesentliche, die Entscheidung bedingende Tatsachen nicht außer Acht bleiben. Auch darf das Gericht nicht in für die Streitentscheidung zentralen Fragen auf nach Sachlage unerlässliche fachliche Erkenntnisse verzichten. Gleichwohl können in geeigneten Fällen Listen oder Tabellen bei der Schadensschätzung Verwendung finden. Demgemäß hat der Senat mehrfach ausgesprochen, dass der Tatrichter in Ausübung des Ermessens nach § 287 ZPO den „Normaltarif" grundsätzlich auch auf der Grundlage des gewichteten Mittels des Schwacke-Mietpreisspiegels im Postleitzahlengebiet des Geschädigten ermitteln kann. Er hat auch die Schätzung auf der Grundlage des Schwacke-Mietpreisspiegels 2006 als grundsätzlich möglich angesehen. Die Eignung von Listen oder Tabellen, die bei der Schadensschätzung Verwendung finden können, bedarf nur der Klärung, wenn mit konkreten Tatsachen aufgezeigt wird, dass geltend gemachte Mängel sich auf den zu entscheidenden Fall auswirken.

136 Nach diesen Grundsätzen begegnete es keinen durchgreifenden Bedenken, dass das Berufungsgericht den „Normaltarif" auf der Grundlage des Schwacke-Mietpreisspiegels 2006 ermittelt hatte. Es hielt sich insoweit im Rahmen des tatrichterlichen Ermessens nach § 287 ZPO.

11. Darlegungs- und Beweislast für die Zugänglichkeit günstigerer Tarife § 5

Entgegen der Auffassung der Anschlussrevision, die sich insoweit auf ein Urteil des Oberlandesgerichts Köln stützte (OLGR Köln 2008, 545), war die Heranziehung des Schwacke-Mietpreisspiegels 2006 für die erfolgte Anmietung im Mai 2005 revisionsrechtlich nicht zu beanstanden. Das Berufungsgericht hatte dies damit begründet, dass der Erhebungszeitraum dieses Mietpreisspiegels näher beim Anmietzeitraum liege als der Erhebungszeitraum des Mietpreisspiegels 2003. Auch wenn die Anmietung im Mai 2005 erfolgte, war es nicht rechtsfehlerhaft, im Rahmen der Schätzung der Höhe des Schadens als Schätzgrundlage auf einen nach dem Unfallereignis erstellten Mietpreisspiegel zurückzugreifen, wenn dies – wie hier – aus sachlichen Gründen geschah.

137

Die Beklagte hatte auch nicht mit konkreten Tatsachen aufgezeigt, dass sich geltend gemachte Mängel des Mietpreisspiegels 2006 auf den zu entscheidenden Fall auswirkten.

138

Soweit die Beklagte darauf hinwies, in die Liste seien Unfallersatztarife als Normaltarife eingeflossen, wenn Mietwagenunternehmen nur Unfallersatztarife anböten, ist dies in der Liste offen gelegt, so dass der Tatrichter diesen Umstand bei seiner Schätzung berücksichtigen kann. Es war nicht ersichtlich, dass sich dies unter den Umständen des Streitfalls ausgewirkt hatte. Das Berufungsgericht war aufgrund eines Vergleichs des Modus des Tagestarifes 2006 mit dem gewichteten Mittel nach dem Mietpreisspiegel 2003 für Dresden und Nachbarstädte zu der Überzeugung gelangt, dass der Modus des Mietpreisspiegels 2006 jedenfalls für den Postleitzahlenbereich, in dem sich die Wohnung der Klägerin und die mit der Reparatur beauftragte Werkstatt befanden, keine derartigen Besonderheiten aufwies, dass sich Zweifel an seiner Eignung als Schätzgrundlage ergaben. Diese tatrichterliche Würdigung war revisionsrechtlich nicht zu beanstanden.

Auch der Vortrag, der Prozessbevollmächtigte der Beklagten habe bei einer Internet-Recherche festgestellt, dass die Klägerin ein dem unfallgeschädigten Pkw vergleichbares Fahrzeug günstiger hätte anmieten können, ließ nicht erkennen, dass sich Mängel des Mietpreisspiegels 2006 auf den zu entscheidenden Fall auswirkten. Aus den vorgelegten Vergleichsangeboten ergab sich, dass die Recherche Angebote für den Zeitraum von sieben Tagen betraf, bei denen es sich um Wochenpauschalen handeln konnte. Das Berufungsgericht hatte seiner Schätzung jedoch den zweimaligen Ansatz eines Dreitagestarifs und eines Eintagestarifs für insgesamt acht Tage zugrunde gelegt, weil zum Zeitpunkt der Anmietung die Reparaturdauer noch nicht bekannt war.

139

Entgegen der Auffassung der Revision musste das Berufungsgericht nicht dem Beweisangebot der Beklagten nachgehen, im Selbstzahlergeschäft würden im Nachhinein immer Wochenpauschalen abgerechnet, auch wenn sich der Kunde vorher nicht festgelegt habe. Nach § 287 Abs. 1 S. 2 ZPO ist auch die Beweiserhebung in das (pflichtgemäße) Ermessen des Gerichts gestellt; dies bedeutet, dass das Gericht im Rahmen des § 287 ZPO an Beweisanträge nicht gebunden ist. Einer Überprü-

140

fung des tatrichterlichen Ermessens durch das Revisionsgericht sind auch insoweit enge Grenzen gezogen; es hat nur zu prüfen, ob die Schadensermittlung auf grundsätzlich falschen oder offenbar unsachlichen Erwägungen beruht und ob wesentliche, die Entscheidung bedingende Tatsachen außer Acht gelassen worden sind. Derartige Rechtsfehler ließ die Erwägung des Berufungsgerichts nicht erkennen, für die Gewährung von Rabatten bei der Anmietung über größere Zeiträume sei auch der Gesichtspunkt der besseren Planbarkeit des Einsatzes von Fahrzeugen maßgebend, die hier nicht gegeben war.

12. Tauglichkeit der Fraunhofer- und sonstiger Listen als Schätzungsgrundlage

141 BGH, Urt. v. 12.4.2011 – VI ZR 300/09, zfs 2011, 441 = VersR 2011, 769
BGB § 249 Abs. 2 S. 1; ZPO § 287
a) Sowohl die Schwacke-Liste als auch der Fraunhofer-Mietpreisspiegel sind grundsätzlich zur Schätzung der erforderlichen Mietwagenkosten geeignet.
b) Da die Listen nur als Grundlage für eine Schätzung dienen, kann der Tatrichter im Rahmen seines Ermessens nach § 287 ZPO von dem sich aus den Listen ergebenden Tarif etwa durch Abschläge oder Zuschläge abweichen

a) Der Fall

142 Die Klägerin machte als Mietwagenunternehmen aus abgetretenem Recht des Geschädigten gegen die Beklagte als Haftpflichtversicherer des Schädigers restliche Mietwagenkosten nach einem Verkehrsunfall geltend. Am 23.12.2006 verschuldete der bei der Beklagten versicherte Schädiger einen Verkehrsunfall, für den die volle Haftung der Beklagten unstreitig war. Am 27.12.2006 besichtigte ein Sachverständiger das Fahrzeug und gelangte gemäß seinem Gutachten vom 29.12.2006 zum Ergebnis, eine Reparatur des Fahrzeugs dauere etwa sieben Arbeitstage. Der Geschädigte benötigte aus beruflichen Gründen ein Ersatzfahrzeug und setzte sich, nachdem er auf telefonische Anfragen bei den Firmen A und S keinen Preis genannt bekommen hatte, mit der Klägerin in Verbindung. Dort mietete er am 27.12.2006 nach einem sogenannten Einheitstarif ein Fahrzeug der für seinen Fahrzeugtyp geltenden Mietwagenklasse 5 zu einem Tagessatz von 100 EUR pauschal zuzüglich Nebenkosten für Haftungsbefreiung, Zustellung und Abholung sowie Winterbereifung an. Zuvor waren ihm Vergleichstabellen zu Tarifen anderer Fahrzeuganbieter vorgelegt worden.

143 Der Mietwagen wurde für 18 Tage in Anspruch genommen, wofür die Klägerin unter Berücksichtigung einer Eigenersparnis insgesamt 2.757 EUR in Rechnung stellte. Die Beklagte erstattete davon 1.999 EUR auf Grundlage der Schwacke-Liste für das Postleitzahlengebiet des Orts der Anmietung gemäß Preisgruppe 4 nebst Nebenkosten.

12. Tauglichkeit der Fraunhofer- und sonstiger Listen als Schätzungsgrundlage §5

Das Amtsgericht hat der Klage unter Abweisung im Übrigen in Höhe von 680 EUR nebst Zinsen stattgegeben. Auf die Berufung der Beklagten hat das Landgericht die Klage abgewiesen. Es hat die Revision vor dem Hintergrund der streitigen Rechtsfrage zugelassen, ob der vom Berufungsgericht zugrunde gelegte „Marktpreisspiegel Mietwagen Deutschland 2008" des Fraunhofer Instituts Arbeitswirtschaft und Organisation (Fraunhofer-Mietpreisspiegel) eine geeignete Schätzungsgrundlage für die Höhe der erforderlichen Mietwagenkosten darstellt.

144

b) Die rechtliche Beurteilung

Das Berufungsurteil hielt einer revisionsrechtlichen Überprüfung nicht stand. Zwar durfte das Berufungsgericht grundsätzlich der Berechnung des von ihm angewendeten „Normaltarifs" den Fraunhofer-Mietpreisspiegel zugrunde legen. Zu beanstanden war aber, dass es den zweitinstanzlichen Vortrag der Klägerin, der Geschädigte sei nicht in der Lage gewesen, bei anderen Vermietern ein Fahrzeug anzumieten, so dass ein Aufschlag zum „Normaltarif" zu gewähren sei, gemäß § 531 Abs. 2 ZPO nicht zugelassen hatte.

145

Das Berufungsgericht war gemäß der ständigen Rechtsprechung des erkennenden Senats zutreffend davon ausgegangen, dass der Kläger nach § 249 Abs. 2 S. 1 BGB als erforderlichen Herstellungsaufwand nur den Ersatz der Mietwagenkosten verlangen kann, die ein verständiger, wirtschaftlich denkender Mensch in der Lage des Geschädigten für zweckmäßig und notwendig halten darf. Der Geschädigte hat nach dem aus dem Grundsatz der Erforderlichkeit hergeleiteten Wirtschaftlichkeitsgebot im Rahmen des ihm Zumutbaren stets den wirtschaftlicheren Weg der Schadensbehebung zu wählen. Das bedeutet für den Bereich der Mietwagenkosten, dass er von mehreren auf dem örtlich relevanten Markt – nicht nur für Unfallgeschädigte – erhältlichen Tarifen für die Anmietung eines vergleichbaren Ersatzfahrzeugs (innerhalb eines gewissen Rahmens) grundsätzlich nur den günstigeren Mietpreis verlangen kann. Darüber hinausgehende, mithin nicht erforderliche Mietwagenkosten kann der Geschädigte aus dem Blickwinkel der subjektbezogenen Schadensbetrachtung nur ersetzt verlangen, wenn er darlegt und erforderlichenfalls beweist, dass ihm unter Berücksichtigung seiner individuellen Erkenntnis- und Einflussmöglichkeiten sowie der gerade für ihn bestehenden Schwierigkeiten unter zumutbaren Anstrengungen auf dem in seiner Lage zeitlich und örtlich relevanten Markt kein wesentlich günstigerer (Normal-)Tarif zugänglich war.

146

Nach diesen Grundsätzen war nicht zu beanstanden, dass das Berufungsgericht es für die Zubilligung eines Aufschlags wegen spezifischer Unfallersatzleistungen nicht als ausreichend angesehen hatte, dass der Geschädigte zwei erfolglose Telefonate mit anderen Mietwagenunternehmen geführt und sodann lediglich in die ihm von der Klägerin vorgelegte Preisliste sowie in den Schwacke-Mietpreisspiegel Einblick genommen hatte. Insbesondere, weil die vorgelegten Preislisten lediglich das Unfallersatzgeschäft bei der Anmietung infolge eines unverschuldet erlittenen

147

§ 5 Mietwagenkosten, insbesondere Unfallersatztarife

Verkehrsunfalls betrafen, machte dies aus Sicht eines wirtschaftlich vernünftig denkenden Geschädigten die Nachfrage nach einem günstigeren Tarif für Selbstzahler nicht entbehrlich. Entgegen der Auffassung der Revision war auch nicht zu beanstanden, dass das Berufungsgericht eine Not- und Eilsituation verneint hatte, die möglicherweise höhere Mietwagenkosten gerechtfertigt hätte. Obgleich sich der Unfall am 23.12.2006, also kurz vor dem Weihnachtsfest ereignete, hatte der Geschädigte genügend Zeit, Angebote anderer Mietwagenunternehmen einzuholen.

148 Zu Recht rügte allerdings die Revision, dass das Berufungsgericht den in der Berufungsinstanz erfolgten Vortrag der Klägerin, der Unfallgeschädigte habe keine Kreditkarte besessen, er habe als Leiharbeiter nur einen Monatsverdienst von 800 EUR netto gehabt und habe bei einem Minus im Kontostand keine Sicherheitsleistung oder Barkaution aufbringen können, gemäß § 531 Abs. 2 ZPO nicht zugelassen und nicht berücksichtigt hatte. Das neue Vorbringen des in erster Instanz siegreichen Klägers war zuzulassen, weil das Berufungsgericht die Sach- und Rechtslage anders als das Amtsgericht beurteilt hatte, welches die Schwacke-Liste seiner Schadensschätzung zugrunde gelegt und wegen spezifischer Leistungen des Unfallersatztarifgeschäfts auf den danach gegebenen Normaltarif einen pauschalen Aufschlag von 25 % hinzugerechnet hatte. Nach der Rechtsprechung des Bundesgerichtshofs darf der siegreiche Berufungsbeklagte darauf vertrauen, nicht nur rechtzeitig darauf hingewiesen zu werden, dass und aufgrund welcher Erwägungen das Berufungsgericht der Beurteilung der Vorinstanz nicht folgen will, sondern er muss dann auch Gelegenheit erhalten, seinen Tatsachenvortrag sachdienlich zu ergänzen oder weiteren Beweis anzutreten. Das Gericht muss sachdienlichen Vortrag der Partei auf einen nach der Prozesslage gebotenen Hinweis nach § 139 ZPO zulassen. Die Hinweispflicht des Berufungsgerichts und die Berücksichtigung neuen Vorbringens gehören insoweit zusammen. Die Hinweispflicht liefe ins Leere, wenn von dem Berufungsbeklagten darauf vorgebrachte entscheidungserhebliche Angriffs- und Verteidigungsmittel bei der Entscheidung über das Rechtsmittel unberücksichtigt blieben. Neues Vorbringen des Berufungsbeklagten, das auf einen solchen Hinweis des Berufungsgerichts erfolgt und den Prozessverlust wegen einer von der ersten Instanz abweichenden rechtlichen oder tatsächlichen Beurteilung durch das Berufungsgericht vermeiden soll, ist zuzulassen, ohne dass es darauf ankommt, ob es schon in erster Instanz hätte vorgebracht werden können.

149 Der Zulassung stand auch nicht die Hilfserwägung des Berufungsgerichts entgegen, der Vortrag könne auch in der Sache nicht überzeugen. Soweit das Berufungsgericht darauf abstellte, die Klägerin habe nicht vorgetragen, dass der Geschädigte nicht etwa eine Barkaution hätte erbringen können, standen dem schon das vorgetragene monatliche Gehalt von 800 EUR netto und der Hinweis entgegen, das Konto habe einen Minusstand ausgewiesen. Das Verlangen, der Geschädigte hätte zumindest bei der Beklagten anfragen müssen, ob diese bereit sei, die anfallende Kaution zu stellen, überspannte die Anforderungen an einen Geschädigten. Zudem war nicht ersichtlich, dass die Beklagte eine solche Kaution gestellt hätte.

12. Tauglichkeit der Fraunhofer- und sonstiger Listen als Schätzungsgrundlage § 5

Es war nicht auszuschließen, dass das Berufungsgericht bei Berücksichtigung des Vortrags einen Aufschlag auf den zugrunde gelegten Normaltarif des Fraunhofer-Mietpreisspiegels vorgenommen hätte. Die Sache war daher zur neuen Verhandlung und Entscheidung an das Berufungsgericht zurückzuverweisen, um diesem Gelegenheit zu geben, seine Schadensschätzung unter Berücksichtigung des übergangenen Vortrags der Klägerin zu überprüfen. 150

Für das weitere Verfahren weist der erkennende Senat darauf hin, dass die vom Berufungsgericht vorgenommene, vom Amtsgericht abweichende Ermittlung des sogenannten Normaltarifs auf der Grundlage des Fraunhofer- Mietpreisspiegels revisionsrechtlich grundsätzlich nicht zu beanstanden ist. 151

Die Bemessung der Höhe des Schadensersatzanspruchs ist in erster Linie Sache des nach § 287 ZPO besonders frei gestellten Tatrichters. Sie ist revisionsrechtlich nur daraufhin überprüfbar, ob der Tatrichter erhebliches Vorbringen der Parteien unberücksichtigt gelassen, Rechtsgrundsätze der Schadensbemessung verkannt, wesentliche Bemessungsfaktoren außer Betracht gelassen oder seiner Schätzung unrichtige Maßstäbe zugrunde gelegt hat. 152

Die Art der Schätzungsgrundlage gibt § 287 ZPO nicht vor. Die Schadenshöhe darf lediglich nicht auf der Grundlage falscher oder offenbar unsachlicher Erwägungen festgesetzt werden und ferner dürfen wesentliche, die Entscheidung bedingende Tatsachen nicht außer Acht bleiben. Auch darf das Gericht in für die Streitentscheidung zentralen Fragen auf nach Sachlage unerlässliche fachliche Erkenntnisse nicht verzichten. Gleichwohl können in geeigneten Fällen Listen oder Tabellen bei der Schadensschätzung Verwendung finden. Demgemäß hat der erkennende Senat mehrfach ausgesprochen, dass der Tatrichter in Ausübung des Ermessens nach § 287 ZPO den „Normaltarif" grundsätzlich auch auf der Grundlage des Schwacke-Mietpreisspiegels 2003 oder 2006 im maßgebenden Postleitzahlengebiet (ggf. mit sachverständiger Beratung) ermitteln kann. Dies bedeutet jedoch nicht, dass eine Schätzung auf der Grundlage anderer Listen oder Tabellen grundsätzlich rechtsfehlerhaft wäre. Die Eignung von Listen oder Tabellen, die bei der Schadensschätzung Verwendung finden können, bedarf nur der Klärung, wenn mit konkreten Tatsachen aufgezeigt wird, dass geltend gemachte Mängel der Schätzungsgrundlage sich auf den zu entscheidenden Fall in erheblichem Umfang auswirken. Der Tatrichter ist bei der Verwendung geeigneter Listen grundsätzlich frei. Insbesondere, wenn das Gericht berechtigte Zweifel an der Eignung einer Liste hat, kann es die Heranziehung einer bestimmten Liste ablehnen. 153

Nach diesen Grundsätzen ist der Tatrichter grundsätzlich weder gehindert, seiner Schadensschätzung gemäß § 287 ZPO die Schwacke-Liste noch den Fraunhofer-Mietpreisspiegel zugrunde zu legen. Der Umstand, dass die vorhandenen Markterhebungen im Einzelfall zu deutlich voneinander abweichenden Ergebnissen führen können, genügt nicht, um Zweifel an der Eignung der einen oder anderen Erhebung als Schätzgrundlage zu begründen. Demgemäß wird in der Rechtspre- 154 chung nach sorgfältiger Abwägung der Vor- und Nachteile der beiden Listen teils der Anwendung der Schwacke-Liste und teils dem Fraunhofer-Mietpreisspiegel der Vorzug eingeräumt. Dies zeigt, dass von den Instanzgerichten – je nach Bewertung der Vor- und Nachteile – beide Listen grundsätzlich als geeignet angesehen werden, dem Tatrichter als Grundlage für seine Schätzung nach § 287 ZPO zu dienen. Dies ist revisionsrechtlich nicht zu beanstanden, zumal die Listen dem Tatrichter nur als Grundlage für seine Schätzung nach § 287 ZPO dienen und er im Rahmen seines Ermessens von diesen – etwa durch Abschläge oder Zuschläge auf den sich aus ihnen ergebenden Normaltarif – abweichen kann. Er kann mithin auch berücksichtigen, dass die Erhebung des Fraunhofer-Instituts Internet-Buchungen mit Besonderheiten einbezieht und die Anwendung des jeweiligen Mietpreisspiegels im Einzelfall zu deutlich unterschiedlichen Ergebnissen führen kann.

155 Die Rügen der Revision bezogen sich auf die grundsätzliche Eignung des Fraunhofer-Mietpreisspiegels im Hinblick auf die in der Instanzrechtsprechung erörterten Gesichtspunkte. Es wurden keine konkreten Tatsachen aufgezeigt, aus denen sich darüber hinaus Mängel der Schätzungsgrundlage ergaben, die sich auf den zu entscheidenden Fall in erheblichem Umfang auswirkten. Die geltend gemachten, allgemein gegen den Fraunhofer-Mietpreisspiegel angeführten Gesichtspunkte hatte das Berufungsgericht gesehen und diesen Mietpreisspiegel dennoch als gegenüber dem Schwacke-Mietpreisspiegel vorzugswürdig eingestuft. Dies war nach den vorstehenden Ausführungen nicht zu beanstanden.

156 Dies galt auch, soweit das Berufungsgericht bei Anwendung des Fraunhofer-Mietpreisspiegels vom Amtsgericht abgewichen war, welches die Schwacke-Liste zugrunde gelegt hatte.

157 Auch wenn für die Bestimmung der Schadenshöhe der Zeitpunkt maßgeblich ist, in dem der Schaden eintritt, war im Streitfall nicht zu beanstanden, dass das Berufungsgericht den erst 2008 erstellten Fraunhofer-Mietpreisspiegel angewendet hatte. Der Umstand, dass die Erhebung nach der grundsätzlich geeigneten Methode Fraunhofer erst 2008 stattfand, dürfte sich allenfalls zugunsten der Klägerin ausgewirkt haben, da seit 2006 eher von einer Preissteigerung auszugehen war. Dass die Mietwagenpreise in der Zeit zwischen 2006 und 2008 gesunken seien, hatte die Klägerin nicht vorgetragen.

158 Entgegen der Auffassung der Revision war auch nicht zu beanstanden, dass das Berufungsgericht eine andere Schätzungsgrundlage gewählt hatte als das Amtsgericht. Das Berufungsgericht kann im Fall einer auf § 287 ZPO gründenden Entscheidung auch nach der Reform des Rechtsmittelrechts durch das Gesetz zur Reform des Zivilprozesses vom 27.7.2001 (BGBl I S. 1887) den Prozessstoff auf der Grundlage der nach § 529 ZPO berücksichtigungsfähigen Tatsachen ohne Bindung an die Ermessensausübung des erstinstanzlichen Gerichts selbständig nach allen Richtungen von neuem prüfen und bewerten. Selbst wenn es die erstinstanzliche Entscheidung zwar für vertretbar hält, letztlich aber bei Berücksichtigung aller Ge-

sichtspunkte nicht für sachlich überzeugend, darf es nach seinem Ermessen eine eigene Bewertung vornehmen.

Nach allem war das Berufungsurteil aufzuheben und die Sache zur neuen Verhandlung und Entscheidung an das Berufungsgericht zurückzuverweisen, damit dieses prüfen kann, ob der Klägerin ein Unfallersatztarif zuzusprechen und bei dem zugrunde gelegten Tarif des Fraunhofer-Mietpreisspiegels gegebenenfalls ein Zuschlag angemessen ist.

13. Nachweis konkreter Mietwagenpreise

BGH, Urt. v. 17.5.2011 – VI ZR 142/10, zfs 2011, 497 = MDR 2011, 845

ZPO § 287; BGB §§ 249 Abs. 2 S. 1, 254 Abs. 2 S. 1

Zur Schätzung von Mietwagenkosten auf der Grundlage von Listen und Tabellen, wenn mit konkreten Tatsachen aufgezeigt wird, dass geltend gemachte Mängel der Schätzungsgrundlage sich auf den zu entscheidenden Fall in erheblichem Umfang auswirken.

a) Der Fall

Die Klägerin machte restliche Mietwagenkosten gegen den beklagten Haftpflichtversicherer geltend. Am 29.9.2008 wurde bei einem Verkehrsunfall das Fahrzeug der Klägerin beschädigt und musste repariert werden. Die volle Haftung des Unfallgegners war außer Streit. Die Anmietung des Ersatzfahrzeugs erfolgte am 6.10.2008 für sieben Tage. Die Beklagte zahlte auf die vom Vermieter des Ersatzfahrzeugs in Rechnung gestellten 1.841 EUR vorgerichtlich einen Betrag von 554 EUR. Um den Differenzbetrag stritten die Parteien.

Das Amtsgericht hat unter Klageabweisung im Übrigen der Klägerin einen weiteren Betrag in Höhe von 843 EUR zuerkannt. Auf die Berufung der Klägerin hat das Landgericht das Urteil des Amtsgerichts abgeändert und unter Klageabweisung im Übrigen die Beklagte verurteilt, an die Klägerin 764 EUR nebst Zinsen zu zahlen. Es hat die Revision zugelassen, mit der die Beklagte die Abweisung der Klage erstrebte.

b) Die rechtliche Beurteilung

Das angefochtene Urteil hielt revisionsrechtlicher Nachprüfung nicht stand.

Allerdings ist die Bemessung der Höhe des Schadensersatzanspruchs in erster Linie Sache des nach § 287 ZPO besonders freigestellten Tatrichters. Sie ist revisionsrechtlich nur daraufhin überprüfbar, ob der Tatrichter erhebliches Vorbringen der Parteien unberücksichtigt gelassen, Rechtsgrundsätze der Schadensbemessung verkannt, wesentliche Bemessungsfaktoren außer Betracht gelassen oder seiner Schätzung unrichtige Maßstäbe zugrunde gelegt hat.

§ 5 Mietwagenkosten, insbesondere Unfallersatztarife

164 Die Art der Schätzungsgrundlage gibt § 287 ZPO nicht vor. Die Schadenshöhe darf lediglich nicht auf der Grundlage falscher oder offenbar unsachlicher Erwägungen festgesetzt werden. Ferner dürfen wesentliche die Entscheidung bedingende Tatsachen nicht außer Betracht bleiben. Auch darf das Gericht in für die Streitentscheidung zentralen Fragen nicht auf nach Sachlage unerlässliche fachliche Erkenntnisse verzichten. Gleichwohl können in geeigneten Fällen Listen oder Tabellen bei der Schadensschätzung Verwendung finden. Demgemäß hat der erkennende Senat vielfach ausgesprochen, dass der Tatrichter in Ausübung des Ermessens nach § 287 ZPO den „Normaltarif" grundsätzlich auch auf der Grundlage des Schwacke-Mietpreisspiegels im maßgebenden Postleitzahlengebiet (ggf. mit sachverständiger Beratung) ermitteln kann. Grundsätzlich ist weder die Schätzung auf der Grundlage des Schwacke-Mietpreisspiegels 2006 noch des Schwacke-Mietpreisspiegels 2007 als rechtsfehlerhaft zu erachten. Auch eine Schätzung auf der Grundlage anderer Listen oder Tabellen, wie etwa der sogenannten Fraunhofer-Liste, ist nicht von vornherein grundsätzlich rechtsfehlerhaft. Die Listen dienen dem Tatrichter nur als Grundlage für seine Schätzung nach § 287 ZPO. Er kann im Rahmen seines Ermessens unter Berücksichtigung der Umstände des Einzelfalles von diesen – etwa durch Abschläge oder Zuschläge auf den sich aus ihnen ergebenden Normaltarif – abweichen.

165 Die Eignung von Listen oder Tabellen, die bei der Schadensschätzung Verwendung finden können, bedarf allerdings dann, aber auch nur dann, der Klärung, wenn mit konkreten Tatsachen aufgezeigt wird, dass geltend gemachte Mängel der Schätzungsgrundlage sich auf den zu entscheidenden Fall in erheblichem Umfang auswirken.

166 Im Ansatz ging das Berufungsgericht von diesen Grundsätzen bei seiner Schadensschätzung auf der Grundlage des Schwacke-Mietpreisspiegels 2007 aus. Doch machte die Revision mit Recht geltend, dass die Beklagte konkrete Mängel dieses Mietpreisspiegels aufgezeigt und unter Beweis gestellten umfassenden Sachvortrag dazu gehalten hatte, dass die Klägerin ein vergleichbares Fahrzeug für sieben Tage inklusive sämtlicher Kilometer und Vollkaskoversicherung zu konkret benannten, wesentlich günstigeren Preisen bestimmter anderer Mietwagenunternehmen hätte anmieten können. Die Beklagte hatte unter Benennung von drei konkreten Mietpreisangeboten dargelegt, dass der angebotene Normaltarif in dem der Klägerin örtlich zugänglichen Bereich zwischen 282 EUR und 312 EUR für sieben Tage liege. Dieser Tarif stimme überein mit dem örtlichen Normaltarif für die entsprechende Fahrzeugklasse nach der sogenannten Fraunhofer-Liste. Er sei nicht nur deutlich niedriger als der von der hier eingeschalteten Mietwagenfirma in Rechnung gestellte Preis von 1.429 EUR netto, sondern auch erheblich günstiger als der Normaltarif von 1.178 EUR nach dem Modus der Schwacke-Mietpreisliste 2007. Es handle sich bei den aufgezeigten Angeboten um den ortsüblichen Normaltarif für Selbstzahler im maßgebenden Anmietungszeitraum und nicht um kurzfristige Sonderangebote oder Schnäppchenpreise. Zum Beweis dafür hatte die Beklagte die Einholung eines

Sachverständigengutachtens beantragt. Damit hatte die Beklagte hinreichend deutlich gemacht, dass der zur Schadensbehebung erforderliche maßgebende Normaltarif deutlich günstiger sei als der, zu dem die Klägerin das Fahrzeug angemietet hatte, und der sich nach dem Modus der Schwacke-Mietpreisliste 2007 ergab.

Mit diesem konkreten Sachvortrag der Beklagten gegen die Tauglichkeit des Modus der Schwacke-Mietpreisliste 2007 als Schätzungsgrundlage im Streitfall hätte sich das Berufungsgericht näher befassen müssen. Dadurch, dass es dies unterlassen hat, hat es den Anspruch der Beklagten auf rechtliches Gehör verletzt und die Grenzen seines tatrichterlichen Ermessens im Rahmen des § 287 ZPO überschritten. 167

Erfolglos bemängelte die Revision allerdings, dass das Berufungsgericht Nebenkosten für einen zusätzlichen Fahrer berücksichtigt hatte. Auf der Grundlage der Aussage des vom Berufungsgericht gehörten Zeugen H. begegnet die Schadensbemessung insoweit keinen rechtlichen Bedenken. 168

Das Urteil des Landgerichts war mithin aufzuheben und die Sache zu neuer Verhandlung und Entscheidung an das Berufungsgericht zurückzuverweisen.

14. Einziehung abgetretener Schadensersatzforderungen des Geschädigten durch Mietwagenunternehmen

BGH, Urt. v. 31.1.2012 – VI ZR 143/11, zfs 2012, 321 = DB 2012, 509 169
RDG § 5 Abs. 1 S. 1
a) Die Einziehung einer an ein Mietwagenunternehmen abgetretenen Schadensersatzforderung des Geschädigten auf Erstattung von Mietwagenkosten ist gemäß § 5 Abs. 1 S. 1 RDG grundsätzlich erlaubt, wenn allein die Höhe der Mietwagenkosten streitig ist.
b) Etwas anderes gilt, wenn die Haftung dem Grunde nach oder die Haftungsquote streitig ist oder Schäden geltend gemacht werden, die in keinem Zusammenhang mit der Haupttätigkeit stehen.

a) Der Fall

Die Klägerin, eine Autovermietung, verlangte von dem beklagten Kraftfahrzeughaftpflichtversicherer aus abgetretenem Recht der Geschädigten Ersatz restlicher Mietwagenkosten nach einem Verkehrsunfall vom 4.11.2009. Die volle Einstandspflicht der Beklagten stand außer Streit. 170

Die Geschädigte mietete bei der Klägerin für die Zeit des schädigungsbedingten Ausfalls ihres Kraftfahrzeugs ein Ersatzfahrzeug an. In diesem Zusammenhang unterzeichneten die Mietvertragsparteien am 5./9.11.2009 eine von der Klägerin vorformulierte Erklärung „Abtretung und Zahlungsanweisung" mit folgendem Wortlaut: 171

§ 5 Mietwagenkosten, insbesondere Unfallersatztarife

„Hiermit trete ich die Schadensersatzforderung auf Erstattung der Mietwagenkosten gegen den Fahrer, Halter und deren/dessen Haftpflichtversicherung aus dem oben genannten Schadensereignis erfüllungshalber an die ... (Klägerin) ab.

Ich weise die Versicherung und gegebenenfalls den regulierenden Rechtsanwalt an, den sich aus der Fahrzeuganmietung ergebenden Schadensbetrag unmittelbar an die oben genannte Autovermietung zu zahlen und bitte darum, die Zahlungsbereitschaft kurzfristig dorthin zu bestätigen.

Durch diese Abtretung und Zahlungsanweisung werde ich nicht von meiner Verpflichtung zur Zahlung der Mietwagenkosten befreit, wenn die Versicherung nicht in angemessener Zeit/Höhe leistet. Zahlungen werden mit den Ansprüchen der Geschädigten verrechnet."

172 Die Klägerin übersandte das Original ihrer Rechnung über einen Betrag von 1.246,41 EUR an die Zedentin und eine Kopie an die Beklagte, die auf den Rechnungsbetrag 575 EUR erstattete. Mit der Klage macht die Klägerin die Differenz aus einem von ihr als berechtigt angenommenen Mindestbetrag von 1.147,40 EUR („Normaltarif/Selbstzahlertarif" unter Heranziehung des Schwacke-Mietpreisspiegels unter Hinzurechnung eines Zuschlages für unfallbedingte Zusatzleistungen in Höhe von 262 EUR) und der gezahlten 575 EUR, mithin 572,40 EUR zuzüglich Zinsen und vorgerichtlicher Rechtsanwaltskosten geltend.

173 Das Amtsgericht (AG Waiblingen, Urt. v. 5.11.2010 – 8 C 1039/10, juris) hat der Klage stattgegeben, das Berufungsgericht hat sie auf die Berufung der Beklagten abgewiesen, weil die Abtretung gemäß § 134 BGB wegen eines Verstoßes gegen §§ 1, 2, 3 und 5 RDG unwirksam sei. Mit der vom Berufungsgericht zugelassenen Revision erstrebte die Klägerin die Wiederherstellung des amtsgerichtlichen Urteils.

b) Die rechtliche Beurteilung

174 Die Beurteilung des Berufungsgerichts hielt revisionsrechtlicher Überprüfung nicht stand. Die Abtretung war nicht nach § 134 BGB wegen eines Verstoßes gegen §§ 1, 2, 3 und 5 RDG nichtig. Die von der Klägerin aufgrund der Abtretungsvereinbarung ausgeübte Tätigkeit war jedenfalls gemäß § 5 Abs. 1 RDG erlaubt.

175 Es konnte offenbleiben, ob es sich bei der Einziehung der an die Klägerin erfüllungshalber abgetretenen Schadensersatzforderung der Geschädigten – wie vom Berufungsgericht angenommen – um eine Rechtsdienstleistung im Sinne des § 2 Abs. 1 RDG handelte oder – wie die Revision meinte – eine eigene Rechtsangelegenheit der Klägerin vorlag. Auch wenn man vom Vorliegen einer Rechtsdienstleistung ausgeht, ist diese jedenfalls nach § 5 Abs. 1 S. 1 RDG erlaubt. Nach dieser Vorschrift sind Rechtsdienstleistungen im Zusammenhang mit einer anderen Tätigkeit erlaubt, wenn sie als Nebenleistung zum Berufs- oder Tätigkeitsbild des Handeln-

14. Einziehung abgetretener Schadensersatzforderungen § 5

den gehören. Ob eine Nebenleistung vorliegt, ist nach ihrem Inhalt, Umfang und sachlichen Zusammenhang mit der Haupttätigkeit unter Berücksichtigung der Rechtskenntnisse zu beurteilen, die für die Haupttätigkeit erforderlich sind (§ 5 Abs. 1 S. 2 RDG). Danach waren im Streitfall die Voraussetzungen des § 5 Abs. 1 S. 1 RDG erfüllt.

Die Frage, ob die Einziehung erfüllungshalber abgetretener Schadensersatzforderungen von Kunden zum Berufs- oder Tätigkeitsbild des Autovermieters gehört, wird in Rechtsprechung und Schrifttum unterschiedlich beurteilt. Nach der auch vom Berufungsgericht vertretenen Auffassung besteht das Berufs- oder Tätigkeitsbild eines Mietwagenunternehmens in der Vermietung von Kraftfahrzeugen und beinhaltet schon mangels ausreichender Rechtskenntnisse des durchschnittlichen Autovermieters nicht die Befassung mit komplexen Rechtsfragen des Schadensersatzrechts. Eine andere Auffassung verweist darauf, dass die Einziehung abgetretener Kundenforderungen zu den üblichen Nebenleistungen von Mietwagenunternehmen gehöre und es durchaus in einem sachlichen Zusammenhang zu der Vermietungstätigkeit stehe, wenn der Autovermieter die Berechtigung der abgerechneten Mietwagenkosten der gegnerischen Versicherung gegenüber nachweise; eine vertiefte rechtliche Prüfung sei hierbei nicht anzustellen. Einschränkend sieht eine dritte Meinung die Forderungseinziehung durch Mietwagenunternehmen nur dann als erlaubte Nebenleistung an, wenn allein die Höhe der Mietwagenkosten im Streit steht, wegen der darüber hinausgehenden Komplexität der Rechtslage hingegen nicht, wenn die Haftung dem Grunde nach bzw. die Haftungsquote streitig ist oder Schäden geltend gemacht werden, die in keinem Zusammenhang mit der Haupttätigkeit stehen, wie z.B. Schmerzensgeldansprüche.

176

Die letztgenannte Auffassung ist richtig und führte im Streitfall dazu, dass eine erlaubte Tätigkeit der Klägerin vorlag. Dies entspricht dem im Gesetzgebungsverfahren zum Ausdruck gekommenen Willen des Gesetzgebers und den Interessen der Beteiligten.

177

Nach der früheren Rechtslage war eine rechtsberatende Tätigkeit gemäß Art. 1 § 5 Nr. 1 RBerG zulässig, wenn kaufmännische oder sonstige gewerbliche Unternehmer für ihre Kunden rechtliche Angelegenheiten erledigten, die mit einem Geschäft ihres Gewerbebetriebs in unmittelbarem Zusammenhang standen. Zu dieser Vorschrift hat der Senat entschieden, dass ihre Voraussetzungen bei einem gewerblichen Kraftfahrzeugvermieter nicht vorliegen, weil es seine Berufstätigkeit nicht erfordert, sich geschäftsmäßig mit der Regulierung von Schadensfällen seiner Kunden zu befassen, und deshalb kein unmittelbarer Zusammenhang mit dem Hauptberuf gegeben ist (Senatsurt. v. 18.4.1967 – VI ZR 188/65, BGHZ 47, 364, 368 und v. 26.4.1994 – VI ZR 305/93, VersR 1994, 950, 952). Bereits im Senatsurteil v. 26.4.1994 (VI ZR 305/93, a.a.O.) hatte der Senat allerdings darauf hingewiesen, dass ein solches Vorgehen branchenüblich geworden sei und von den Kfz-Vermietern sogar erwartet werde, dass sie unmittelbar mit dem Haftpflichtversicherer des

178

213

Schädigers abrechneten und ihm gegenüber die Ansprüche des Geschädigten verfolgten und durchsetzten. Für die Einschaltung des Kfz-Vermieters in die Verfolgung und Durchsetzung der Schadensersatzansprüche eines durch einen Verkehrsunfall Geschädigten gegenüber dem Haftpflichtversicherer des Schädigers spreche ein starkes praktisches Bedürfnis. Die Bindung des Richters an das Gesetz lasse es aber nicht zu, diesem Bedürfnis durch eine die gesetzgeberische Regelung „überholende" richterliche Gesetzesauslegung Rechnung zu tragen. Es müsse vielmehr dem Gesetzgeber überlassen bleiben, die Notwendigkeit einer Gesetzesänderung zu überprüfen und gegebenenfalls das Gesetz zu ändern.

179 Der Gesetzgeber hat diese Erwägungen in § 5 RDG aufgegriffen, der als zentrale Erlaubnisnorm für alle wirtschaftlich tätigen Unternehmen den verfassungsrechtlichen Vorgaben entsprechend den Weg für eine neue, weitere Auslegung der zulässigen Nebentätigkeit durch die Rechtsprechung eröffnen sollte. Zwar sind auch nach jetzt geltendem Recht Rechtsdienstleistungen nur erlaubt, wenn es sich um eine Nebenleistung handelt und diese zum Berufs- und Tätigkeitsbild des Unternehmens gehört (§ 5 Abs. 1 S. 1 RDG). Im Vordergrund muss also die allgemeine, nicht rechtliche Dienstleistung stehen; die Rechtsdienstleistung darf nicht ein solches Gewicht haben, dass für sie die volle Kompetenz eines Rechtsanwalts oder die besondere Sachkunde einer registrierten Person (vgl. §§ 10 ff. RDG) erforderlich ist. Anders als nach Art. 1 § 5 RBerG erfordert die Zulässigkeit rechtsdienstleistender Nebenleistungen nach § 5 Abs. 1 RDG aber nicht mehr einen unmittelbaren, unlösbaren Zusammenhang mit der beruflichen Tätigkeit, sondern setzt lediglich voraus, dass die Rechtsdienstleistungen zu der jeweiligen Haupttätigkeit gehören. Entscheidend ist, ob ein sachlicher Zusammenhang zwischen Haupt- und Nebenleistung besteht.

180 Nach diesen Grundsätzen soll nach dem Entwurf zum Rechtsdienstleistungsgesetz die Einziehung von Kundenforderungen, die einem Unternehmer, Arzt oder einer Werkstatt erfüllungshalber abgetreten wurden, grundsätzlich erlaubt sein, auch wenn sie eine rechtliche Prüfung erfordert, weil die Rechtsdienstleistung – die Einziehung der eigenen Vergütungsansprüche gegenüber einem Dritten – besonders eng mit der eigentlichen, den Vergütungsanspruch auslösenden Haupttätigkeit verbunden ist. Als ein Anwendungsfall der als Nebenleistung zulässigen Inkassotätigkeit wird der Bereich der Unfallschadenregulierung, etwa bei der Geltendmachung von Mietwagenkosten, genannt, wobei häufig Streit über die Höhe der Mietwagenrechnung entstehe, insbesondere bei Zugrundelegung eines sogenannten Unfallersatztarifs. Gerade die in einem Streitfall erforderliche Rechtfertigung der eigenen Leistung durch den Unternehmer belege die in § 5 Abs. 1 RDG geforderte Zugehörigkeit zu dessen eigentlicher Hauptleistung. Soweit die Rechtsprechung unter Geltung des Art. 1 § 5 RBerG ganz überwiegend daran festhalte, dass die Einziehung abgetretener Kundenforderungen durch den gewerblichen Unternehmer nur dann zulässig sei, wenn es diesem wesentlich darum gehe, die ihm durch die Abtretung eingeräumte Sicherheit zu verwirklichen, solle dies künftig nicht mehr gelten.

14. Einziehung abgetretener Schadensersatzforderungen § 5

Allerdings hat der Regierungsentwurf hinsichtlich der Einziehung von Kundenforderungen durch Autovermieter danach differenziert, ob die betroffene Forderung dem Grunde oder lediglich der Höhe nach im Streit steht. Die Regulierung dem Grunde nach streitiger Schadensfälle soll keine nach § 5 Abs. 1 RDG zulässige Nebenleistung der Vermietung eines Kraftfahrzeugs sein, weil die Klärung der Verschuldensfrage für den Unfallgeschädigten von essentieller Bedeutung sei. Zudem gehöre die rechtliche Beurteilung von Verkehrsunfällen nicht zum Berufsbild des Mietwagenunternehmers, so dass es auch an dem erforderlichen Zusammenhang mit der eigentlichen Hauptleistung fehle. Soweit ein Mietwagenunternehmen dem Unfallgeschädigten dagegen bei unstreitigem Haftungsgrund Hinweise zur Erstattungsfähigkeit der durch seine Beauftragung entstandenen Kosten erteile, soll die rechtliche Beratung des Unfallgeschädigten nach § 5 Abs. 1 RDG zulässig sein.

181

Diese Erwägungen sind bei der Auslegung der Norm zu berücksichtigen. Sie finden Niederschlag im Wortlaut des § 5 Abs. 1 RDG. Eine andere Bewertung ist entgegen der Auffassung des Berufungsgerichts nicht deshalb geboten, weil der im Regierungsentwurf des § 5 Abs. 1 S. 1 RDG nach den Worten „zum Berufs- oder Tätigkeitsbild" enthaltene Satzteil „oder zur vollständigen Erfüllung der mit der Haupttätigkeit verbundenen gesetzlichen oder vertraglichen Pflichten" im Gesetzgebungsverfahren auf Empfehlung des Rechtsausschusses gestrichen worden ist. Nach der Begründung der Beschlussempfehlung diente diese Änderung lediglich dazu, den Nebenleistungstatbestand zu straffen und möglicherweise unklare Tatbestandselemente zu vermeiden. Durch die Streichung der entbehrlichen Tatbestandselemente werde eine ausufernde Auslegung der Vorschrift, wonach rechtsdienstleistende Nebenpflichten von den Vertragsparteien willkürlich und ohne Zusammenhang mit der eigentlichen Haupttätigkeit vereinbart werden könnten, ausgeschlossen (BT-Drucks 16/6634, S. 51). Durch die Änderung des Gesetzeswortlauts sind demnach nicht die Anforderungen an erlaubnisfreie Rechtsdienstleistungen verschärft worden, sondern es sollte lediglich verhindert werden, dass die gesetzliche Erlaubnispflicht disponibel wird, indem die Möglichkeit besteht, eine an sich erlaubnispflichtige Rechtsdienstleistung als – dann erlaubnisfreie – Nebenleistung zu vereinbaren.

182

Nachdem im Streitfall die Haftung der Beklagten dem Grunde nach von Anfang an unstreitig war und die Beklagte die Mietwagenrechnung nach Übersendung einer Kopie der Rechnung durch die Klägerin teilweise erstattete und die geltend gemachte Forderung allein ihrer Höhe wegen angriff, lag eine Fallgestaltung vor, in welcher der Forderungseinzug durch das Mietwagenunternehmen als Nebenleistung zum Berufs- oder Tätigkeitsbild der Klägerin gehörte und auch bei Annahme einer Rechtsdienstleistung im Sinne des § 2 Abs. 1 RDG jedenfalls gemäß § 5 Abs. 1 RDG grundsätzlich erlaubt war. Dies entsprach auch den Interessen der Beteiligten. Die an der Anmietung eines Unfallersatzfahrzeugs interessierten Unfallgeschädigten gehen für den Vermieter erkennbar davon aus, dass die Mietwagenkosten von dem gegnerischen Haftpflichtversicherer, der ihnen gegenüber dem

183

§ 5 Mietwagenkosten, insbesondere Unfallersatztarife

Grunde nach zu deren Übernahme verpflichtet ist, erstattet werden und sie mit der Schadensregulierung in keinem größeren Umfang behelligt werden, als unbedingt notwendig. Demzufolge sind Direktabrechnungen von Autovermietern mit dem gegnerischen Haftpflichtversicherer weit verbreitet. Damit liegt es auch im Interesse des Vermieters, seine Tarife so zu gestalten, dass sie einerseits dem eigenen Gewinnmaximierungsinteresse entsprechen, andererseits in der Abrechnung mit dem Haftpflichtversicherer durchgesetzt werden können. Dieses Interesse wird dadurch verstärkt, dass bei Anmietung eines Ersatzfahrzeugs nach einem Unfall eine Aufklärungspflicht des Vermieters über mögliche Regulierungsschwierigkeiten mit dem gegnerischen Haftpflichtversicherer bestehen kann und dem Vermieter bei Verletzung der Aufklärungspflicht gegenüber dem Geschädigten unter Umständen nur der Betrag zusteht, der in einem Rechtsstreit mit dem Haftpflichtversicherer als nach § 249 Abs. 2 BGB erforderlich angesehen wird.

184 Schon im Hinblick darauf muss sich der Autovermieter – auch rechtliche – Kenntnisse hinsichtlich der Erstattungsfähigkeit von Rechnungen aneignen, wenn es sich um die Anmietung eines Ersatzfahrzeugs nach einem Unfall handelt. Es ist – auch im Streitfall – nicht ersichtlich, dass sich dann bei der nach einer Abtretung erfolgten Geltendmachung einer dem Grunde nach unstreitigen Forderung regelmäßig komplexe juristische Fragen stellten, die darüber hinausgehende Rechtskenntnisse erforderten. Die Höhe des Mietpreises ist nach § 287 ZPO von dem insoweit besonders frei gestellten Tatrichter zu schätzen, der dabei auf regelmäßig zugrunde gelegte Listen oder Tabellen zurückgreifen kann.

185 Entgegen der Auffassung der Revisionserwiderung war die Einziehung der Forderung auch nicht nach § 4 RDG unzulässig. Nach § 4 RDG dürfen Rechtsdienstleistungen, die unmittelbaren Einfluss auf die Erfüllung einer anderen Leistungspflicht haben können, nicht erbracht werden, wenn hierdurch die ordnungsgemäße Erbringung der Rechtsdienstleistung gefährdet wird. Eine solche Gefährdung besteht bei der hier vorliegenden Einziehung einer Forderung nicht (vgl. *Otting*, SVR 2011, 8, 12).

186 Entgegen der Auffassung der Revisionserwiderung war die Abtretung auch nicht aus anderen Gründen unwirksam. Eine Abtretung ist nur wirksam, wenn die Forderung, die Gegenstand der Abtretung ist, bestimmt oder wenigstens bestimmbar ist (vgl. Senatsurt. v. 7.6.2011 – VI ZR 260/10, VersR 2011, 1008 Rn 6, m.w.N.). Dies war der Fall, weil nur die Schadensersatzansprüche auf Erstattung der Mietwagenkosten nach dem konkret benannten Schadensereignis abgetreten wurden und für die Klägerin auch hinreichend deutlich war, unter welchen Umständen sie durch die Abtretung nicht von einer Verpflichtung zur Zahlung befreit wird. Eine Bezifferung des Schadensersatzanspruchs war im Zeitpunkt der Abtretungserklärung weder möglich noch erforderlich. Die – nach § 5 Abs. 1 S. 1 RDG erlaubte – Geschäftspraxis der Klägerin wich auch nicht von wesentlichen Grundgedanken der gesetzlichen Regelung ab (§ 307 Abs. 2 Nr. 1 BGB).

Da die Abtretung mithin wirksam war, war das Berufungsurteil aufzuheben (§ 562 Abs. 1 ZPO). Die Sache war an das Berufungsgericht zurückzuverweisen, weil es – nach seiner rechtlichen Bewertung folgerichtig – keine Feststellungen zur von der Beklagten bestrittenen Anspruchshöhe getroffen hatte (§ 563 Abs. 1 S. 1 ZPO). **187**

15. Erstattungsfähigkeit von Sonderausstattungen bei Mietwagenkosten

BGH, Urt. v. 27.3.2012 – VI ZR 40/10, zfs 2012, 378 = VersR 2012, 874 **188**

BGB § 249

Der Geschädigte kann Ersatz nur derjenigen Mietwagenkosten verlangen, die ein verständiger, wirtschaftlich denkender Mensch in der Lage des Geschädigten zum Ausgleich des Gebrauchsentzugs seines Fahrzeugs für erforderlich halten durfte. Auszugleichen sind nur solche Vorteile, die für den Gebrauch des Fahrzeugs von wesentlicher Bedeutung sind.

a) Der Fall

Die Klägerin, eine gewerbliche Kraftfahrzeugvermieterin, nahm den beklagten Haftpflichtversicherer (nachfolgend: Beklagte) aus übergegangenem Recht der Geschädigten auf Ersatz von Mietwagenkosten nach einem Verkehrsunfall vom 15.2.2005 in Anspruch, bei dem das Fahrzeug der Geschädigten, ein Mercedes Benz CLK 240 Avantgarde, beschädigt wurde. Die volle Haftung der Beklagten stand dem Grunde nach außer Streit. Die Geschädigte mietete für die Zeit vom 21.2.2005 bis 9.3.2005 bei der Klägerin einen Pkw Mercedes Benz E 320. Auf die von der Klägerin in Rechnung gestellten 2.720 EUR netto zahlte die Beklagte vorgerichtlich einen Betrag in Höhe von 1.084 EUR. Mit der Klage beansprucht die Klägerin die Zahlung weiterer 1.558 EUR. Sie machte geltend, die besondere Ausstattung des Mietwagens rechtfertige einen angemessenen Aufschlag auf den auf der Grundlage des gewichteten Mittels des Schwacke-Automietpreisspiegels für 2003 ermittelten Normaltarif. Darüber hinaus seien Zusatzkosten für einen Zweitfahrer zu berücksichtigen. **189**

Das Amtsgericht hat der Klägerin unter Klageabweisung im Übrigen einen weiteren Betrag in Höhe von 950 EUR zuerkannt. Das Landgericht hat die Berufung der Klägerin zurückgewiesen. Auf die Anschlussberufung der Beklagten hat es das Urteil des Amtsgerichts abgeändert und die Beklagte unter Klageabweisung im Übrigen verurteilt, an die Klägerin 803 EUR zu zahlen. Mit der vom Landgericht zugelassenen Revision verfolgte die Klägerin ihr Klagebegehren, soweit ihm nicht entsprochen worden war, weiter. **190**

§ 5 Mietwagenkosten, insbesondere Unfallersatztarife

b) Die rechtliche Beurteilung

191 Die Revision war nicht begründet. Die tatrichterliche Schätzung der für die Anmietung eines gleichwertigen Fahrzeugs erforderlichen Kosten durch das Berufungsgericht war revisionsrechtlich nicht zu beanstanden.

192 Die Bemessung der Höhe des Schadensersatzanspruchs ist in erster Linie Sache des nach § 287 ZPO besonders frei gestellten Tatrichters. Sie ist revisionsrechtlich nur daraufhin überprüfbar, ob der Tatrichter Rechtsgrundsätze der Schadensbemessung verkannt, wesentliche Bemessungsfaktoren außer Betracht gelassen oder seiner Schätzung unrichtige Maßstäbe zugrunde gelegt hat.

Derartige Rechtsfehler waren vorliegend nicht ersichtlich. Entgegen der Auffassung der Revision hatte das Berufungsgericht seiner Beurteilung insbesondere keine fehlerhaften rechtlichen Maßstäbe zugrunde gelegt.

193 Gemäß § 249 Abs. 1 BGB hat der zum Schadensersatz Verpflichtete den Zustand herzustellen, der bestehen würde, wenn der zum Ersatz verpflichtende Umstand nicht eingetreten wäre. Ist wegen der Verletzung einer Person oder der Beschädigung einer Sache Schadensersatz zu leisten, so kann der Geschädigte gemäß § 249 Abs. 2 S. 1 BGB statt der Herstellung den dazu erforderlichen Geldbetrag verlangen. Dementsprechend kann derjenige, der sein Fahrzeug infolge des schädigenden Ereignisses nicht nutzen kann, grundsätzlich Ersatz der für die Anmietung eines gleichwertigen Fahrzeugs entstehenden Kosten beanspruchen. Allerdings hat der Geschädigte auch das in § 249 Abs. 2 S. 1 BGB verankerte Wirtschaftlichkeitsgebot zu beachten. Danach hat der Geschädigte im Rahmen des ihm Zumutbaren stets den wirtschaftlichsten Weg der Schadensbehebung zu wählen. Für den Bereich der Mietwagenkosten bedeutet dies, dass er Ersatz nur derjenigen Kosten verlangen kann, die ein verständiger, wirtschaftlich denkender Mensch in der Lage des Geschädigten zum Ausgleich des Gebrauchsentzugs seines Fahrzeugs für erforderlich halten durfte. Auszugleichen sind nur solche Vorteile, die für den Gebrauch des Fahrzeugs von wesentlicher Bedeutung sind.

194 Diese Grundsätze hatte das Berufungsgericht beachtet. Entgegen der Auffassung der Revision war es revisionsrechtlich insbesondere nicht zu beanstanden, dass das Berufungsgericht die Kosten für die Anmietung eines dem beschädigten Fahrzeug der Geschädigten gleichwertigen Mietwagens unter den Umständen des Streitfalls auf den Betrag geschätzt hatte, der dem auf der Grundlage des gewichteten Mittels des Schwacke-Automietpreisspiegels für 2003 im Postleitzahlengebiet von Pf. ermittelten Normaltarif für einen Pkw der Fahrzeugklasse 8 entsprach.

195 Die Revision wandte sich nicht dagegen, dass das Berufungsgericht seiner Schätzung den Schwacke-Automietpreisspiegel für 2003 zugrunde gelegt hatte. Dies ließ Rechtsfehler zum Nachteil der Klägerin nicht erkennen. Es entspricht der ständigen Rechtsprechung des erkennenden Senats, dass der Tatrichter in Ausübung seines Ermessens gemäß § 287 ZPO den „Normaltarif" grundsätzlich auf der Grundlage

16. Bestimmung d. Normalpreises durch Zu-/Abschläge auf Mietpreisspiegel § 5

des Schwacke-Mietpreisspiegels im maßgebenden Postleitzahlengebiet ermitteln kann. Die Revision wandte sich auch nicht gegen die Einordnung sowohl des geschädigten als auch des angemieteten Fahrzeugs in Fahrzeugklasse 8.

Entgegen der Auffassung der Revision begegnete es keinen durchgreifenden rechtlichen Bedenken, dass das Berufungsgericht die Sonderausstattung sowohl des geschädigten als auch des gemieteten Fahrzeugs nicht zum Anlass genommen hatte, den auf der Grundlage des gewichteten Mittels des Schwacke-Automietpreisspiegels ermittelten Normaltarif für einen Pkw der Fahrzeugklasse 8 durch einen Zuschlag zu erhöhen. Nach den von der Revision nicht angegriffenen Feststellungen des Berufungsgerichts hatte die Klägerin das von der Geschädigten angemietete Fahrzeug in ihrer Rechnung vom 10.3.2005 ausdrücklich in die Fahrzeugklasse 8 des Schwacke-Automietpreisspiegels eingeordnet. Hinweise auf besondere werterhöhende Ausstattungsmerkmale fanden sich weder in der Rechnung noch im Mietvertrag vom 21.2.2005. Bei dieser Sachlage war es revisionsrechtlich nicht zu beanstanden, dass das Berufungsgericht die Klägerin im Ergebnis an ihrer eigenen Einordnung festgehalten und die Sonderausstattung mit dem Betrag als abgegolten angesehen hatte, der dem auf der Grundlage des gewichteten Mittels des Schwacke-Automietpreisspiegels für 2003 ermittelten Normaltarif für einen Pkw der Fahrzeugklasse 8 entsprach. Das Berufungsgericht hatte insofern die Grenzen tatrichterlicher Würdigung nicht überschritten. 196

Die Revision rügte auch ohne Erfolg, dass das Berufungsgericht bei der Ermittlung des Normaltarifs Nebenkosten für einen zusätzlichen Fahrer außer Betracht gelassen hatte. Zusätzliche Kosten für einen weiteren Fahrer waren weder im Mietvertrag vereinbart noch in Rechnung gestellt worden. Der Mietvertrag, in dem der Fahrer namentlich genannt war, sah die Nutzung durch einen Zweitfahrer nicht vor. Die Revision zeigte keinen konkreten Sachvortrag in den Tatsacheninstanzen auf, wonach die Mietvertragsparteien die Nutzung des Fahrzeugs durch einen weiteren Fahrer abweichend von der Vertragsurkunde vereinbart hatten. Entgegen der Auffassung der Revision bedurfte es auch keinen Hinweises durch das Berufungsgericht, dass es den Inhalt der zwischen der Klägerin und der Geschädigten zustande gekommenen Vereinbarung auf der Grundlage des schriftlichen Mietvertrags und unter Berücksichtigung der Mietwagenrechnung bestimmen würde. 197

16. Bestimmung des maßgeblichen Normalpreises durch Zu- oder Abschläge auf einen grundsätzlich geeigneten Mietpreisspiegel auch bei Zweifeln im Einzelfall

BGH, Urt. v. 18.12.2012 – VI ZR 316/11, VersR 2013, 330 198
BGB § 249 Abs. 2 S. 1; ZPO § 287 Abs. 1

Auch ein grundsätzlich geeigneter Mietpreisspiegel stellt nur eine Grundlage für die Schätzung gemäß § 287 Abs. 1 ZPO dar. Deshalb kann etwaigen Zwei-

§ 5 Mietwagenkosten, insbesondere Unfallersatztarife

feln daran, dass es sich bei den in einer Liste ausgewiesenen Mietpreisen um den im Einzelfall maßgeblichen Normalpreis handelt, gegebenenfalls auch durch Zu- oder Abschläge Rechnung getragen werden (Fortführung Senatsurt. v. 12.4.2011 – VI ZR 300/09, VersR 2011, 769 Rn 18).

a) Der Fall

199 Die Klägerin, ein Mietwagenunternehmen, machte nach einem Verkehrsunfall vom 22.12.2010 aus abgetretenem Recht des Geschädigten restliche Mietwagenkosten gegen die Beklagte als Haftpflichtversicherer des Schädigers geltend, dessen volle Haftung dem Grunde nach unstreitig war.

200 Der Geschädigte mietete bei der Klägerin für seinen beschädigten Pkw VW Passat Variant Diesel, Leistung 103 kW, ein Ersatzfahrzeug an, für welches ihm für die Zeit vom 23. bis zum 30.12.2010 ein Betrag in Höhe von 1.166,68 EUR in Rechnung gestellt wurde. Am 23.12.2010 trat er die Schadensersatzforderung auf Erstattung der Mietwagenkosten an die Klägerin ab. Nach Teilzahlung der Beklagten machte die Klägerin einen Restbetrag in Höhe von 636,96 EUR geltend.

201 Das Amtsgericht hat die Klage abgewiesen, weil die Abtretung gemäß § 134 BGB wegen eines Verstoßes gegen § 3 RDG unwirksam sei. Auf die Berufung der Klägerin hat das Landgericht die Beklagte zur Zahlung der beantragten restlichen Mietwagenkosten verurteilt. Mit der vom Berufungsgericht zugelassenen Revision verfolgte die Beklagte ihren Klageabweisungsantrag weiter.

b) Die rechtliche Beurteilung

202 Das angefochtene Urteil hielt revisionsrechtlicher Nachprüfung nicht stand.

Zutreffend und von der Revision nicht angegriffen hatte das Berufungsgericht allerdings angenommen, dass die Einziehung einer an ein Mietwagenunternehmen abgetretenen Schadensersatzforderung des Geschädigten auf Erstattung von Mietwagenkosten gemäß § 5 Abs. 1 S. 1 RDG grundsätzlich erlaubt ist, wenn – wie hier – allein die Höhe der Mietwagenkosten streitig ist.

203 Das Berufungsgericht war auch zutreffend davon ausgegangen, dass die Klägerin nach § 7 Abs. 1 StVG, § 115 Abs. 1 Nr. 1 VVG, § 398 BGB als erforderlichen Herstellungsaufwand (§ 249 Abs. 2 S. 1 BGB) Ersatz der Mietwagenkosten verlangen kann, die ein verständiger, wirtschaftlich denkender Mensch in der Lage des Geschädigten für zweckmäßig und notwendig halten darf. Nach dem aus dem Grundsatz der Erforderlichkeit hergeleiteten Wirtschaftlichkeitsgebot kann der Geschädigte für die Anmietung eines vergleichbaren Ersatzfahrzeugs von mehreren auf dem örtlich relevanten Markt – nicht nur für Unfallgeschädigte – erhältlichen Tarifen grundsätzlich nur den günstigeren Mietpreis verlangen. Darüber hinausgehende, bei gebotener wirtschaftlicher Betrachtungsweise nicht erforderliche Mietwagenkosten kann der Geschädigte aus dem Blickwinkel der subjektbezogenen

16. Bestimmung d. Normalpreises durch Zu-/Abschläge auf Mietpreisspiegel §5

Schadensbetrachtung nur dann ersetzt verlangen, wenn er darlegt und erforderlichenfalls beweist, dass ihm unter Berücksichtigung seiner individuellen Erkenntnis- und Einflussmöglichkeiten sowie der gerade für ihn bestehenden Schwierigkeiten unter zumutbaren Anstrengungen auf dem in seiner Lage zeitlich und örtlich relevanten Markt kein wesentlich günstigerer (Normal-)Tarif zugänglich war.

Die Revision hielt allerdings mit Recht die Schätzung des der Klägerin zugänglichen Normaltarifs für fehlerhaft. **204**

Die Bemessung der Höhe des Schadensersatzanspruchs ist in erster Linie Sache des nach § 287 ZPO besonders frei gestellten Tatrichters. Sie ist revisionsrechtlich nur daraufhin überprüfbar, ob erhebliches Vorbringen der Parteien unberücksichtigt gelassen, Rechtsgrundsätze der Schadensbemessung verkannt, wesentliche Bemessungsfaktoren außer Betracht gelassen oder der Schätzung unrichtige Maßstäbe zugrunde gelegt worden sind. Die Art der Schätzungsgrundlage gibt § 287 ZPO nicht vor. Die Schadenshöhe darf lediglich nicht auf der Grundlage falscher oder offenbar unsachlicher Erwägungen festgesetzt werden und ferner dürfen wesentliche die Entscheidung bedingende Tatsachen nicht außer Betracht bleiben. Auch darf das Gericht in für die Streitentscheidung zentralen Fragen auf nach Sachlage unerlässliche fachliche Erkenntnisse nicht verzichten. Gleichwohl können in geeigneten Fällen Listen oder Tabellen bei der Schadensschätzung Verwendung finden. Nach diesen Grundsätzen ist der Tatrichter grundsätzlich weder gehindert, seiner Schadensschätzung die Schwacke-Liste noch den Fraunhofer-Mietpreisspiegel zugrunde zu legen. Der Umstand, dass die vorhandenen Markterhebungen im Einzelfall zu deutlich voneinander abweichenden Ergebnissen führen können, genügt nicht, um Zweifel an der Eignung der einen oder anderen Erhebung als Schätzgrundlage zu begründen. Die Listen dienen dem Tatrichter nur als Grundlage für seine Schätzung nach § 287 ZPO. Er kann im Rahmen seines Ermessens unter Berücksichtigung der Umstände des Einzelfalls von diesen – etwa durch Abschläge oder Zuschläge auf den sich aus ihnen ergebenden Normaltarif – abweichen. **205**

Die Eignung von Listen oder Tabellen, die bei der Schadensschätzung Verwendung finden können, bedarf allerdings dann, aber auch nur dann, der Klärung, wenn mit konkreten Tatsachen aufgezeigt wird, dass geltend gemachte Mängel der Schätzungsgrundlage sich auf den zu entscheidenden Fall in erheblichem Umfang auswirken. Die Anwendung der Listen durch den Tatrichter begegnet also nur dann Bedenken, wenn die Parteien deutlich günstigere bzw. ungünstigere Angebote anderer Anbieter für den konkreten Zeitraum am Ort der Anmietung aufzeigen. **206**

Im Ansatz ist das Berufungsgericht von diesen Grundsätzen bei seiner Schadensschätzung auf der Grundlage des Schwacke-Mietpreisspiegels 2010 ausgegangen. Zutreffend hat es die von der Beklagten gegen die Eignung der Schwacke-Liste allgemein erhobenen Einwände als unerheblich angesehen. Es hat aber nicht hinreichend berücksichtigt, dass auch ein grundsätzlich geeigneter Mietpreisspiegel nur eine Grundlage für die Schätzung darstellt. Im Streitfall begegnet die uneinge- **207** schränkte Übernahme der in der Schwacke-Liste ausgewiesenen Mietpreise deshalb Bedenken, weil die Beklagte – wie die Revision mit Recht geltend machte – deutlich günstigere Angebote anderer Anbieter aufgezeigt hatte. Sie hatte bereits in ihrer Klageerwiderung auf Online-Anfragen bei großen Anbietern – jeweils bezogen auf deren Stationen in B., dem Sitz der Klägerin – verwiesen und zugleich vorgetragen, dass zu einem Betrag in dieser Größenordnung auch im streitgegenständlichen Unfallzeitpunkt ein Fahrzeug hätte angemietet werden können. Zu den vorstehenden Tarifen hätte der Geschädigte problemlos (auch telefonisch bzw. unmittelbar an den Stationen der benannten Vermieter) durch Vorlage einer Kreditkarte oder entsprechende Barkaution ein Fahrzeug erhalten können. Damit hat sie hinreichend deutlich gemacht, dass der zur Schadensbehebung erforderliche maßgebende Normaltarif zum Zeitpunkt der Anmietung deutlich günstiger gewesen sein könnte als der Modus des Schwacke-Mietpreisspiegels 2010. Mit diesem konkreten Sachvortrag der Beklagten hätte sich das Berufungsgericht im Streitfall näher auseinandersetzen müssen. Dadurch, dass es dies unterlassen hat, hat es die Grenzen seines tatrichterlichen Ermessens im Rahmen des § 287 ZPO überschritten.

208 Das Berufungsgericht wird im weiteren Verfahren zu berücksichtigen haben, dass der Tatrichter im Rahmen des § 287 Abs. 1 S. 2 ZPO auch hinsichtlich der Entscheidung, eine Beweisaufnahme durchzuführen, freier gestellt ist. Deshalb kann etwaigen Zweifeln daran, dass es sich bei den in einer Liste ausgewiesenen Mietpreisen um den im Einzelfall maßgeblichen Normalpreis handelt, gegebenenfalls auch durch Zu- oder Abschläge Rechnung getragen werden.

17. Aktivlegitimation eines Mietwagenunternehmens hinsichtlich der Durchsetzung abgetretener Mietwagenkosten

209 BGH, Urt. v. 11.9.2012 – VI ZR 296/11, VersR 2012, 1451

RDG § 5 Abs. 1; BGB § 134

Ist die Haftung des Unfallverursachers bzw. seines Haftpflichtversicherers dem Grunde nach unstreitig, ist der Einzug der Forderung des Geschädigten auf Erstattung der Mietwagenkosten durch das Mietwagenunternehmen als Nebenleistung gemäß § 5 Abs. 1 RDG erlaubt (Bestätigung des Senatsurt. v. 31.1.2012 – VI ZR 143/11, VersR 2012, 458).

a) Der Fall

210 Die Klägerin, eine Autovermietung, verlangte von dem beklagten Kraftfahrzeughaftpflichtversicherer aus abgetretenem Recht des Geschädigten Ersatz restlicher

17. Aktivlegitimation eines Mietwagenunternehmens § 5

Mietwagenkosten sowie vorgerichtliche Anwaltskosten nach einem Verkehrsunfall vom 28.8.2008. Die volle Einstandspflicht der Beklagten stand außer Streit. Der Geschädigte mietete bei der Klägerin für die Zeit der Reparatur seines Kraftfahrzeugs ein Ersatzfahrzeug an. Bei der Anmietung am 28.8.2008 unterzeichnete er eine von der Klägerin vorformulierte Abtretung und Zahlungsanweisung, die u.a. wie folgt lautete: 211

> *„Hiermit trete ich die Schadensersatzforderung auf Erstattung der Mietwagenkosten gegen den Fahrer, den Halter und deren/dessen Haftpflichtversicherung aus dem unten bezeichneten Schadensereignis erfüllungshalber an die Autovermietung ... ab.*
>
> *Ich weise die Versicherung und gegebenenfalls den regulierenden Rechtsanwalt an, den sich aus der Fahrzeuganmietung ergebenden Schadensbetrag unmittelbar an die oben genannte Autovermietung zu zahlen und bitte darum, die Zahlungsbereitschaft kurzfristig dorthin zu bestätigen.*
>
> *Durch diese Abtretung und Zahlungsanweisung werde ich nicht von meiner Verpflichtung zur Zahlung der Mietwagenkosten befreit, wenn die Versicherung nicht in angemessener Zeit/Höhe leistet. Zahlungen werden mit den Ansprüchen der Geschädigten gegengerechnet."*

Unter dem 11.9.2008 übersandte die Klägerin dem Geschädigten sowie der Beklagten eine Rechnung über einen Betrag von 1363,01 EUR, den die Beklagte teilweise erstattete. 212

Das Amtsgericht hat die Klage abgewiesen. Das Landgericht hat die Berufung der Klägerin zurückgewiesen. Mit der vom Landgericht zugelassenen Revision verfolgte die Klägerin ihre Ansprüche weiter. 213

b) Die rechtliche Beurteilung

Die Beurteilung des Berufungsgerichts hielt revisionsrechtlicher Überprüfung nicht stand. Entgegen der Auffassung des Berufungsgerichts war die Klägerin aktivlegitimiert und hatte eine jedenfalls nach § 5 Abs. 1 RDG erlaubte Rechtsdienstleistung vorgenommen. Eine Abtretung ist nur wirksam, wenn die Forderung, die Gegenstand der Abtretung ist, bestimmt oder wenigstens bestimmbar ist (vgl. Senatsurt. v. 7.6.2011 – VI ZR 260/10, VersR 2011, 1008 Rn 6 m.w.N.). Dies ist der Fall, weil nach dem Wortlaut der Abtretung vom 28.8.2008 nur die Schadensersatzforderung auf Erstattung der Mietwagenkosten nach dem konkret benannten Schadensereignis abgetreten wurde. Eine Bezifferung des Schadensersatzanspruchs war im Zeitpunkt der Abtretungserklärung weder möglich noch erforderlich. 214

Entgegen der Auffassung des Berufungsgerichts war die Abtretung nicht nach § 134 BGB wegen eines Verstoßes gegen das Rechtsdienstleistungsgesetz nichtig. Es konnte offenbleiben, ob es sich bei der Einziehung der an die Klägerin abgetretenen Schadensersatzforderung des Geschädigten um eine Rechtsdienstleistung im 215

Sinne des § 2 Abs. 1 RDG handelte oder eine eigene Rechtsangelegenheit der Klägerin vorlag. Auch wenn man vom Vorliegen einer Rechtsdienstleistung ausging, war diese jedenfalls nach den Grundsätzen des nach der Entscheidung des Berufungsgerichts ergangenen Senatsurteils vom 31.1.2012 (VI ZR 143/11, VersR 2012, 458) nach § 5 Abs. 1 S. 1 RDG erlaubt.

216 Nach dieser Vorschrift sind Rechtsdienstleistungen im Zusammenhang mit einer anderen Tätigkeit erlaubt, wenn sie als Nebenleistung zum Berufs- oder Tätigkeitsbild des Handelnden gehören. Ob eine Nebenleistung vorliegt, ist nach ihrem Inhalt, Umfang und sachlichen Zusammenhang mit der Haupttätigkeit und der Berücksichtigung der Rechtskenntnisse zu beurteilen, die für die Haupttätigkeit erforderlich sind (§ 5 Abs. 1 S. 2 RDG). Danach waren im Streitfall die Voraussetzungen des § 5 Abs. 1 S. 1 RDG erfüllt. Im Senatsurteil vom 31.1.2012 hat der Senat entschieden, dass die Einziehung einer an ein Mietwagenunternehmen abgetretenen Schadensersatzforderung des Geschädigten auf Erstattung von Mietwagenkosten grundsätzlich erlaubt ist, wenn allein die Höhe der Mietwagenkosten streitig ist (Senatsurteil vom 31.1.2012 – VI ZR 143/11, a.a.O. Rn 8 ff., 15). Nachdem im Streitfall die Haftung der Beklagten dem Grunde nach unstreitig war, lag eine Fallgestaltung vor, in welcher nach dem Senatsurteil vom 31.1.2012 der Forderungseinzug durch das Mietwagenunternehmen als Nebenleistung zum Berufs- oder Tätigkeitsbild der Klägerin gehörte und auch bei Annahme einer Rechtsdienstleistung im Sinne des § 2 Abs. 1 RDG jedenfalls gemäß § 5 Abs. 1 RDG erlaubt ist.

217 Dies entspricht den Interessen der Beteiligten. Die an der Anmietung eines Unfallersatzfahrzeugs interessierten Unfallgeschädigten gehen erkennbar davon aus, dass die Mietwagenkosten von dem gegnerischen Haftpflichtversicherer, der ihnen gegenüber dem Grunde nach zu deren Übernahme verpflichtet ist, erstattet werden und sie mit der Schadensregulierung in keinem größeren Umfang behelligt werden, als unbedingt notwendig. Demzufolge sind Direktabrechnungen von Autovermietern mit dem gegnerischen Haftpflichtversicherer weit verbreitet. Damit liegt es auch im Interesse des Vermieters, seine Tarife so zu gestalten, dass sie einerseits dem eigenen Gewinnmaximierungsinteresse entsprechen, andererseits in der Abrechnung mit dem Haftpflichtversicherer durchgesetzt werden können. Dieses Interesse wird dadurch verstärkt, dass bei Anmietung eines Ersatzfahrzeugs nach einem Unfall eine Aufklärungspflicht des Vermieters über mögliche Regulierungsschwierigkeiten mit dem gegnerischen Haftpflichtversicherer bestehen kann und dem Vermieter bei Verletzung der Aufklärungspflicht gegenüber dem Geschädigten unter Umständen nur der Betrag zusteht, der in einem Rechtsstreit mit dem Haftpflichtversicherer als nach § 249 Abs. 2 BGB erforderlich angesehen wird.

218 Schon im Hinblick darauf muss sich der Autovermieter – auch rechtliche – Kenntnisse hinsichtlich der Erstattungsfähigkeit von Rechnungen aneignen, wenn es sich um die Anmietung eines Ersatzfahrzeugs nach einem Unfall handelt. Die Höhe des

Mietpreises ist nach § 287 ZPO von dem insoweit besonders frei gestellten Tatrichter zu schätzen, der dabei auf regelmäßig zugrunde gelegte Listen oder Tabellen zurückgreifen und gegebenenfalls Einwänden gegen die Anwendung einer bestimmten Liste auch durch Abschläge oder Zuschläge auf den sich aus ihnen ergebenden Normaltarif begegnen kann.

Entgegen der Auffassung der Beklagten war die Abtretung nicht deshalb unwirksam, weil die Abtretung zu einem Zeitpunkt erfolgte, zu dem noch nicht geklärt war, ob und wie sich der Unfallgegner bzw. dessen Haftpflichtversicherer einlässt (so AG Mönchengladbach, Urt. v. 17.7.2012 – 36 C 491/11, juris Rn 17 ff.). Die Abtretung als solche ist ein neutrales Geschäft, welches nicht per se gegen ein Verbotsgesetz (§ 134 BGB) verstößt. Sie wäre allenfalls unwirksam, wenn sie von vornherein auf eine nicht erlaubte Rechtsdienstleistung zielte. Dies ist bei der Abtretung eines Schadensersatzanspruchs auf Erstattung von Mietwagenkosten nicht der Fall, weil die Einziehung dieses Anspruchs durch das Mietwagenunternehmen gemäß § 5 Abs. 1 S. 1 RDG grundsätzlich erlaubt ist, wenn allein die Höhe der Mietwagenkosten streitig ist. Liegen mithin keine Umstände vor, aus denen ohne weiteres ersichtlich ist, dass es sich um einen Unfall handelt, bei dem die Einziehung einer abgetretenen Schadensersatzforderung durch ein Mietwagenunternehmen nicht erlaubt ist (vgl. dazu Senatsurt. v. 31.1.2012 – VI ZR 143/11, a.a.O. Rn 8 f.), ist die Abtretung nicht deshalb wegen eines Verstoßes gegen das Rechtsdienstleistungsgesetz unwirksam, weil noch nicht feststeht, wie sich der Unfallgegner bzw. dessen Haftpflichtversicherer einlässt. **219**

Da die Abtretung mithin wirksam war, war das Berufungsurteil aufzuheben (§ 562 Abs. 1 ZPO). Die Sache war an das Berufungsgericht zurückzuverweisen, weil es – nach seiner rechtlichen Bewertung folgerichtig – keine Feststellungen zur von der Beklagten bestrittenen Anspruchshöhe getroffen hatte (§ 563 Abs. 1 S. 1 ZPO). **220**

18. Maßgebender Zeitpunkt für die Beurteilung der Wirksamkeit einer Abtretung von Schadensersatzforderungen des Geschädigten an ein Mietwagenunternehmen

BGH, Urt. v. 11.9.2012 – VI ZR 297/11, VersR 2012, 1409 **221**

RDG § 5 Abs. 1

Zur Wirksamkeit der Abtretung eines Schadensersatzanspruchs auf Erstattung der Mietwagenkosten an den Autovermieter, wenn die Abtretung vor und die Rechtsdienstleistung nach Inkrafttreten des Rechtsdienstleistungsgesetzes erfolgt.

§ 5 Mietwagenkosten, insbesondere Unfallersatztarife

a) Der Fall

222 Die Klägerin, eine Autovermietung, verlangte von dem beklagten Haftpflichtversicherer aus abgetretenem Recht der Geschädigten Zahlung restlicher Mietwagenkosten aus einem Verkehrsunfall vom 3.4.2007. Die volle Einstandspflicht der Beklagten steht außer Streit.

223 Die Geschädigte mietete bei der Klägerin für die Zeit der Reparatur ihres Kraftfahrzeugs ein Ersatzfahrzeug an. Bei der Anmietung am 3.4.2007 unterzeichnete sie eine von der Klägerin vorformulierte Abtretungserklärung, die u.a. wie folgt lautete:

> „Ich weise den leistungspflichtigen Versicherer unwiderruflich an, unter Anrechnung auf meine Ansprüche auf Ersatz der Mietwagenkosten direkt an den Vermieter zu bezahlen. Gleichzeitig trete ich meinen Schadensersatzanspruch auf Erstattung der Mietwagenkosten gegen das leistungsverpflichtete Versicherungsunternehmen und seine versicherten Personen zur Sicherheit an den Vermieter ab.
>
> Für die Geltendmachung meiner Schadensersatzansprüche werde ich selbst sorgen.
>
> Soweit der Versicherer bzw. die versicherte Person dem Grunde nach nicht oder nicht voll haften, verpflichte ich mich, den auf meine Mithaftung fallenden Teil der Mietwagenkosten dem Vermieter unmittelbar zu bezahlen.
>
> Um die Schadenregulierung werde ich mich selbst kümmern und beim leistungsverpflichteten Versicherer den Schaden anmelden."

224 Am 2.5.2007 übersandte die Klägerin der Geschädigten sowie der Beklagten eine Rechnung über einen Betrag von 2.125,97 EUR. Die Beklagte zahlte hierauf am 4.5.2007 1.293,10 EUR. Mit Anwaltsschreiben vom 15.6.2009 forderte die Klägerin die Beklagte zur Zahlung einer Hauptforderung von 493,43 EUR nebst Zinsen und Anwaltskosten auf.

225 Das Amtsgericht hat die Klage abgewiesen. Das Landgericht hat die Berufung der Klägerin zurückgewiesen. Mit der vom Landgericht zugelassenen Revision verfolgte die Klägerin ihre Ansprüche weiter.

b) Die rechtliche Beurteilung

226 Die Beurteilung des Berufungsgerichts hielt revisionsrechtlicher Überprüfung nicht stand. Entgegen der Auffassung des Berufungsgerichts war die Abtretung des Schadensersatzanspruchs auf Erstattung der Mietwagenkosten zur Sicherheit an die Klägerin nicht nach § 134 BGB wegen eines Verstoßes gegen Art. 1 § 1 Abs. 1 RBerG oder § 3 RDG nichtig und es lag eine jedenfalls nach § 5 Abs. 1 RDG erlaubte Rechtsdienstleistung vor.

18. Maßgebender Zeitpunkt für die Beurteilung der Wirksamkeit einer Abtretung § 5

Die Abtretung vom 3.4.2007 erfolgte zu einem Zeitpunkt, als das seit dem 1.7.2008 geltende Rechtsdienstleistungsgesetz noch nicht in Kraft getreten war. Nach dem damals geltenden Art. 1 § 1 RBerG durfte die Besorgung fremder Rechtsangelegenheiten, einschließlich der Rechtsberatung und der Einziehung fremder oder zu Einziehungszwecken abgetretener Forderungen, geschäftsmäßig nur von Personen betrieben werden, denen dazu von der zuständigen Behörde die Erlaubnis erteilt war. Nach ständiger Rechtsprechung bedurfte der Inhaber eines Mietwagenunternehmens, das es geschäftsmäßig übernahm, für unfallgeschädigte Kunden die Schadensregulierung durchzuführen, der Erlaubnis nach Art. 1 § 1 Abs. 2 RBerG, und zwar auch dann, wenn er sich die Schadensersatzforderung erfüllungshalber abtreten ließ und die eingezogenen Beträge auf seine Forderungen an den Kunden verrechnete. Die Ausnahmevorschrift des Art. 1 § 5 Nr. 1 RBerG, nach der kaufmännische oder sonstige gewerbliche Unternehmer für ihre Kunden rechtliche Angelegenheiten erledigen durften, die mit einem Geschäft ihres Gewerbebetriebs in unmittelbarem Zusammenhang standen, kam ihm nicht zu Gute.

227

Bei der Beurteilung, ob die Abtretung den Weg zu einer erlaubnispflichtigen Besorgung von Rechtsangelegenheiten eröffnen sollte, war nicht allein auf den Wortlaut der getroffenen vertraglichen Vereinbarung, sondern auf die gesamten dieser zugrundeliegenden Umstände und ihren wirtschaftlichen Zusammenhang abzustellen, also auf eine wirtschaftliche Betrachtung, die es vermied, dass Art. 1 § 1 RBerG durch formale Anpassung der geschäftsmäßigen Rechtsbesorgung an den Gesetzeswortlaut und die hierzu entwickelten Rechtsgrundsätze umgangen wurde. Ging es dem Mietwagenunternehmen im Wesentlichen darum, die durch die Abtretung eingeräumte Sicherheit zu verwirklichen, so besorgte es keine Rechtsangelegenheit des geschädigten Kunden, sondern eine eigene Angelegenheit. Ein solcher Fall lag allerdings nicht vor, wenn nach der Geschäftspraxis des Mietwagenunternehmens die Schadensersatzforderungen der unfallgeschädigten Kunden eingezogen wurden, bevor diese selbst auf Zahlung in Anspruch genommen wurden. Denn damit wurden den Geschädigten Rechtsangelegenheiten abgenommen, um die sie sich eigentlich selbst hätten kümmern müssen (vgl. etwa Senatsurt. v. 26.10.2004 – VI ZR 300/03, VersR 2005, 241 f.; v. 15.11.2005 – VI ZR 268/04, VersR 2006, 283 Rn 8 f.; v. 4.4.2006 – VI ZR 338/04, VersR 2006, 852 Rn 8 f., jeweils m.w.N.). Allerdings war es nach der Rechtsprechung des Senats durchaus zulässig, dem praktischen Bedürfnis nach einer gewissen Mitwirkung des Fahrzeugvermieters bei der Geltendmachung der Schadensersatzansprüche des Geschädigten gegenüber dem Haftpflichtversicherer des Schädigers Rechnung zu tragen. Deshalb war es zulässig, der eintrittspflichtigen Versicherung zeitgleich mit der Übersendung der Rechnung an den Kunden eine Rechnungskopie, die Sicherungsabtretung und eine Zahlungsaufforderung zu schicken (vgl. Senatsurt. v. 26.10.2004 – VI ZR 300/03, a.a.O., 242 m.w.N.; v. 4.4.2006 – VI ZR 338/04, a.a.O. Rn 9).

228

Nach Auffassung des Berufungsgerichts lag die Besorgung einer fremden Rechtsangelegenheit und eine nicht erlaubte Tätigkeit der Klägerin aufgrund der gesamten

229

der Abtretungsvereinbarung zugrundeliegenden Umstände und des wirtschaftlichen Zusammenhangs vor. Dies folge insbesondere aus dem Umstand, dass die Klägerin nach Mietende gegenüber der Beklagten die Mietwagenkosten unmittelbar geltend gemacht habe, ohne versucht zu haben, diese von der Geschädigten zu erlangen, und die Geschädigte bis heute nicht in Anspruch genommen, sondern ihr lediglich eine Abschrift der Rechnung zugeleitet habe. Diese in erster Linie dem Tatrichter obliegende Würdigung der den vertraglichen Vereinbarungen zugrundeliegenden Umstände hält einer revisionsrechtlichen Nachprüfung nicht stand. Das Revisionsgericht kann zwar nur prüfen, ob der Tatrichter die gesetzlichen Auslegungsregeln beachtet hat, seine Auslegung nicht gegen Denkgesetze und Erfahrungssätze verstößt und Verfahrensvorschriften nicht verletzt worden sind. Im Streitfall lag aber ein im Revisionsverfahren beachtlicher Rechtsfehler vor. Allein aus dem Umstand, dass die Klägerin im Jahre 2009 nach Inkrafttreten des Rechtsdienstleistungsgesetzes die zur Sicherheit abgetretene Forderung im Wege einer Mahnung der Beklagten mit nachfolgender Klageerhebung geltend gemacht hatte, konnte nicht der Rückschluss gezogen werden, dass die Abtretung den Weg zu einer nach dem Rechtsberatungsgesetz erlaubnispflichtigen Besorgung von Rechtsangelegenheiten eröffnen sollte (vgl. Senatsurt. v. 26.10.2004 – VI ZR 300/03, a.a.O., 241).

230 Nach den oben dargelegten Rechtsprechungsgrundsätzen war nach den Umständen des Streitfalls für die Dauer der Geltung des Rechtsberatungsgesetzes nicht davon auszugehen, dass es der Klägerin bei der Abtretung der Forderung um die Besorgung eines fremden Rechtsgeschäfts ging, das eigentlich der Geschädigten oblag, und nicht darum, die ihr eingeräumte Sicherheit zu verwirklichen. Bereits nach ihrem Wortlaut enthielt die Abtretungserklärung die Zweckbestimmung einer Sicherung der Zahlungsansprüche der Klägerin gegen den Geschädigten und einen deutlichen Hinweis darauf, dass dieser die Schadensersatzansprüche selbst durchzusetzen habe. Außerdem hatte sich die Klägerin nicht sämtliche Ansprüche des Geschädigten gegen den Schädiger abtreten lassen, die Abtretung war vielmehr auf die Ersatzansprüche hinsichtlich der Mietwagenkosten beschränkt. Dies sprach gegen eine umfassende Besorgung fremder Angelegenheiten im Sinne des Art. 1 § 1 RBerG. Auch aufgrund des weiteren Vorgehens der Klägerin während des Zeitraums der Geltung des Rechtsberatungsgesetzes war eine Umgehung dieses Gesetzes nicht naheliegend. Insbesondere ergab sich dies – entgegen der Auffassung des Berufungsgerichts – nicht daraus, dass die Klägerin zeitgleich mit der Übersendung der Rechnung an den Geschädigten eine Rechnungskopie an den eintrittspflichtigen Haftpflichtversicherer versandt hatte. Dies beruhte auf der Anweisung der Geschädigten, Zahlungen unmittelbar an die Autovermietung zu leisten, erforderte keine besonderen Rechtskenntnisse und nahm der Geschädigten noch nicht ihre Verpflichtung zur eigenen Rechtsbesorgung ab (vgl. Senatsurt. v. 26.10.2004 – VI ZR 300/03, a.a.O., 242; v. 4.6.2006 – VI ZR 338/04, a.a.O., Rn 11). Nachdem der Haftpflichtversicherer eine Teilzahlung in Höhe von 1.293,10 EUR geleistet hatte, hatte die Klägerin bis zum Inkrafttreten des Rechtsdienstleistungsgesetzes am

18. Maßgebender Zeitpunkt für die Beurteilung der Wirksamkeit einer Abtretung   § 5

1.7.2008 keine weiteren Maßnahmen zur Einziehung der Forderung unternommen, was dafür sprach, dass sie die Abtretung nur „zur Sicherheit" ernst genommen und beachtet hatte.

Soweit das Berufungsgericht eine nicht ernsthaft gemeinte Sicherungsabtretung daraus herleiten wollte, dass die Klägerin entgegen den Anforderungen der Rechtsprechung zu Art. 1 § 1 RBerG die Schadensersatzforderung des unfallgeschädigten Kunden eingezogen hatte, ohne diesen vorher selbst auf Zahlung in Anspruch zu nehmen, verkannte es, dass nach Inkrafttreten des Rechtsdienstleistungsgesetzes eine solche Maßnahme nicht mehr erforderlich ist. Selbst wenn insoweit eine Rechtsdienstleistung im Sinne des § 2 Abs. 1 RDG vorliegen sollte, war diese jedenfalls nach den Grundsätzen des nach der Entscheidung des Berufungsgerichts ergangenen Senatsurteils vom 31.1.2012 (VI ZR 143/11, zfs 2012, 321 = VersR 2012, 458) nach § 5 Abs. 1 S. 1 RDG erlaubt und ließ deshalb keinen Rückschluss auf die Absicht einer unerlaubten Rechtsdienstleistung zum Zeitpunkt der Abtretung zu. **231**

Nach dieser Vorschrift sind Rechtsdienstleistungen im Zusammenhang mit einer anderen Tätigkeit erlaubt, wenn sie als Nebenleistung zum Berufs- oder Tätigkeitsbild des Handelnden gehören. Ob eine Nebenleistung vorliegt, ist nach ihrem Inhalt, Umfang und sachlichen Zusammenhang mit der Haupttätigkeit und der Berücksichtigung der Rechtskenntnisse zu beurteilen, die für die Haupttätigkeit erforderlich sind (§ 5 Abs. 1 S. 2 RDG). Danach waren im Streitfall die Voraussetzungen des § 5 Abs. 1 S. 1 RDG erfüllt. Im Senatsurteil vom 31.1.2012 hat der Senat entschieden, dass die Einziehung einer an ein Mietwagenunternehmen abgetretenen Schadensersatzforderung des Geschädigten auf Erstattung von Mietwagenkosten grundsätzlich erlaubt ist, wenn allein die Höhe der Mietwagenkosten streitig ist (Senatsurt. v. 31.1.2012 – VI ZR 143/11, a.a.O. Rn 8 ff., 15). Nachdem im Streitfall die Haftung der Beklagten dem Grunde nach unstreitig war, lag eine Fallgestaltung vor, in welcher nach dem Senatsurteil vom 31.1.2012 der Forderungseinzug durch das Mietwagenunternehmen als Nebenleistung zum Berufs- oder Tätigkeitsbild der Klägerin gehörte und auch bei Annahme einer Rechtsdienstleistung im Sinne des § 2 Abs. 1 RDG jedenfalls gemäß § 5 Abs. 1 RDG erlaubt war. **232**

Dies entspricht den Interessen der Beteiligten. Die an der Anmietung eines Unfallersatzfahrzeugs interessierten Unfallgeschädigten gehen erkennbar davon aus, dass die Mietwagenkosten von dem gegnerischen Haftpflichtversicherer, der ihnen gegenüber dem Grunde nach zu deren Übernahme verpflichtet ist, erstattet werden und sie mit der Schadensregulierung in keinem größeren Umfang behelligt werden, als unbedingt notwendig. Demzufolge sind Direktabrechnungen von Autovermietern mit dem gegnerischen Haftpflichtversicherer weit verbreitet. Damit liegt es auch im Interesse des Vermieters, seine Tarife so zu gestalten, dass sie einerseits dem eigenen Gewinnmaximierungsinteresse entsprechen, andererseits in der Ab- **233**

§ 5 Mietwagenkosten, insbesondere Unfallersatztarife

rechnung mit dem Haftpflichtversicherer durchgesetzt werden können. Dieses Interesse wird dadurch verstärkt, dass bei Anmietung eines Ersatzfahrzeugs nach einem Unfall eine Aufklärungspflicht des Vermieters über mögliche Regulierungsschwierigkeiten mit dem gegnerischen Haftpflichtversicherer bestehen kann und dem Vermieter bei Verletzung der Aufklärungspflicht gegenüber dem Geschädigten unter Umständen nur der Betrag zusteht, der in einem Rechtsstreit mit dem Haftpflichtversicherer als nach § 249 Abs. 2 BGB erforderlich angesehen wird.

234 Schon im Hinblick darauf muss sich der Autovermieter – auch rechtliche – Kenntnisse hinsichtlich der Erstattungsfähigkeit von Rechnungen aneignen, wenn es sich um die Anmietung eines Ersatzfahrzeugs nach einem Unfall handelt. Die Höhe des Mietpreises ist nach § 287 ZPO von dem insoweit besonders frei gestellten Tatrichter zu schätzen, der dabei auf regelmäßig zugrunde gelegte Listen oder Tabellen zurückgreifen und gegebenenfalls Einwänden gegen die Anwendung einer bestimmten Liste auch durch Abschläge oder Zuschläge auf den sich aus ihnen ergebenden Normaltarif begegnen kann.

235 Entgegen der Auffassung der Beklagten war die Abtretung nicht deshalb unwirksam, weil die Abtretung zu einem Zeitpunkt erfolgte, zu dem noch nicht geklärt war, ob und wie sich der Unfallgegner bzw. dessen Haftpflichtversicherer einlässt (so AG Mönchengladbach, Urt. v. 17.7.2012 – 36 C 491/11, juris Rn 17 ff.). Die Abtretung als solche ist ein neutrales Geschäft, welches nicht per se gegen ein Verbotsgesetz (§ 134 BGB) verstößt. Sie wäre allenfalls unwirksam, wenn sie von vornherein auf eine nicht erlaubte Rechtsdienstleistung zielte. Dies ist bei der Abtretung eines Schadensersatzanspruchs auf Erstattung von Mietwagenkosten nicht der Fall, weil die Einziehung dieses Anspruchs durch das Mietwagenunternehmen gemäß § 5 Abs. 1 S. 1 RDG grundsätzlich erlaubt ist, wenn allein die Höhe der Mietwagenkosten streitig ist. Liegen mithin keine Umstände vor, aus denen ohne weiteres ersichtlich ist, dass es sich um einen Unfall handelt, bei dem die Einziehung einer abgetretenen Schadensersatzforderung durch ein Mietwagenunternehmen nicht erlaubt ist (vgl. dazu Senatsurt. v. 31.1.2012 – VI ZR 143/11, a.a.O. Rn 8 f.), ist die Abtretung nicht deshalb wegen eines Verstoßes gegen das Rechtsdienstleistungsgesetz unwirksam, weil noch nicht feststeht, wie sich der Unfallgegner bzw. dessen Haftpflichtversicherer einlässt.

236 Da mithin kein Verstoß gegen ein gesetzliches Verbot im Sinne des § 134 BGB vorlag und die Abtretung an die Klägerin wirksam war, war das Berufungsurteil aufzuheben (§ 562 Abs. 1 ZPO). Die Sache war an das Berufungsgericht zurückzuverweisen, weil es – nach seiner rechtlichen Bewertung folgerichtig – keine Feststellungen zur von der Beklagten bestrittenen Anspruchshöhe getroffen hatte (§ 563 Abs. 1 S. 1 ZPO).

19. Ersatz von Mietwagenkosten statt Taxikosten bei geringer Fahrleistung und Nutzungsausfall als Mindestschaden

BGH, Urt. v. 5.2.2013 – VI ZR 290/11, zfs 2013, 322 = VersR 2013, 515   237
BGB § 249; ZPO §§ 139, 308
a) Zwar kann sich daraus, dass ein angemietetes Ersatzfahrzeug nur für geringe Fahrleistungen benötigt wird, die Unwirtschaftlichkeit der Anmietung ergeben. Doch kann im Einzelfall die Erforderlichkeit der Anmietung deshalb zu bejahen sein, weil der Geschädigte auf die ständige Verfügbarkeit eines Kraftfahrzeugs angewiesen ist.
b) Ein Anspruch auf Nutzungsausfallentschädigung kann demjenigen Geschädigten zustehen, der Ersatz der Kosten für einen Mietwagen nicht beanspruchen kann. Der Anspruch auf Nutzungsausfallentschädigung kann im Rechtsstreit (konkludent) hilfsweise geltend gemacht werden, ist aber auf Zahlung an den Geschädigten, nicht auf Freistellung von den Kosten des Vermieters gerichtet. Das Gericht hat insoweit auf eine sachdienliche Antragstellung hinzuwirken.

a) Der Fall

Die Beklagte hatte der Klägerin unstreitig den bei einem Verkehrsunfall am 8.4.2008 entstandenen Schaden in vollem Umfang zu ersetzen. Die Parteien stritten – nach Abschluss eines Teilvergleichs hinsichtlich der Reparaturkosten – nur noch darüber, ob und gegebenenfalls in welchem Umfang die Klägerin auch Ersatz für die angefallenen Mietwagenkosten in Höhe von 5.390 EUR beanspruchen konnte. Die Reparaturzeit dauerte 93 Tage. Die Klägerin mietete vom 9.4. bis zum 11.7.2008 ein Ersatzfahrzeug an. Mit diesem Fahrzeug legte die Klägerin insgesamt 553 km (ca. 6 km/Tag) zurück.   238

Auf die angefallenen Mietwagenkosten leistete die Beklagte eine Zahlung in Höhe von 1.395 EUR, wobei sie von fiktiven Taxikosten in Höhe von 15 EUR täglich ausging. Die Klage war darauf gerichtet, die Klägerin von der Rechnung des Autovermieters in Höhe von weiteren 3.995 EUR freizustellen und an sie, die Klägerin, 402 EUR als Nebenkosten zu zahlen.   239

Das Amtsgericht hat die Beklagte verurteilt, die Klägerin von der Rechnung des Autovermieters in Höhe von 1.860 EUR freizustellen und an die Klägerin 359 EUR als Nebenkosten zu zahlen. Das Berufungsgericht hat auf die Berufung der Beklagten die Klage vollständig abgewiesen und die Anschlussberufung der Klägerin, die ungeachtet unterschiedlich formulierter (Hilfs-)Anträge auf Freistellung bzw. Zahlung in Höhe der Klagesumme gerichtet war, zurückgewiesen. Dagegen wandte sich die Klägerin mit der vom Berufungsgericht zugelassenen Revision.   240

b) Die rechtliche Beurteilung

241 Die Revision der Klägerin ist begründet. Das angefochtene Urteil war rechtsfehlerhaft, soweit das Berufungsgericht annahm, die Beklagte habe der Klägerin für die Ausfallzeit über den bereits gezahlten Betrag hinaus keine weitere Entschädigung zu leisten.

242 Der durch die Instandsetzung eines beschädigten Fahrzeugs bedingte Nutzungsausfall ist regelmäßig ein nach § 249 Abs. 2 BGB zu ersetzender Schaden. Der Schädiger hat ihn jedoch nicht unbegrenzt zu ersetzen. Mietwagenkosten sind grundsätzlich nur insoweit zu ersetzen, als dies tatsächlich zur Herstellung des Zustands erforderlich ist, der ohne die Schädigung bestehen würde. Zur Herstellung erforderlich sind nur die Aufwendungen, die ein verständiger, wirtschaftlich denkender Mensch in der Lage des Geschädigten für zweckmäßig und notwendig halten darf. Der Geschädigte ist dabei gehalten, im Rahmen des ihm Zumutbaren von mehreren möglichen den wirtschaftlicheren Weg der Schadensbeseitigung zu wählen. Davon, wie sich der Nutzungsbedarf des Geschädigten im Einzelfall während der Entbehrung tatsächlich gestaltet hat, hängt u.a. ab, ob dieser sich im Zweifel mit dem inzwischen in der Praxis eingespielten Pauschalbetrag begnügen muss oder ob er einen höheren Aufwand für Mietwagen oder Taxen beanspruchen kann (Senatsurt. v. 23.3.1976 – VI ZR 41/74, BGHZ 66, 239, 249; v. 10.3.2009 – VI ZR 211/08, zfs 2009, 564 = VersR 2009, 697 Rn 9).

243 Das Berufungsgericht stellte darauf ab, dass die Anmietung eines Mietwagens unterhalb einer gewissen Kilometerleistung unwirtschaftlich sei und ein Anspruch auf Ersatz der Mietwagenkosten deshalb nicht bestehe. Dem konnte in dieser Allgemeinheit nicht gefolgt werden. Ob eine Maßnahme des Geschädigten zur Schadensbeseitigung unwirtschaftlich ist, kann nur mit Blick auf die konkreten Umstände des Einzelfalls entschieden werden. Es ist nicht zu beanstanden, wenn insoweit bestimmte Fallgruppen gebildet werden, die die Beurteilung erleichtern, weil nicht jedem einzelnen Umstand des Schadensfalls eingehend nachgegangen werden muss. Nicht zu billigen ist aber, dass bestimmte Fallgruppen, in denen die Erforderlichkeit eines jederzeit verfügbaren Kraftfahrzeugs bei natürlicher Beurteilung auf der Hand liegt, einer undifferenzierten Beurteilung aufgrund eines untauglichen Maßstabs unterzogen werden.

244 Zwar kann sich daraus, dass ein Fahrzeug nur für geringe Fahrleistungen benötigt wird, die Unwirtschaftlichkeit der Anmietung eines Ersatzfahrzeugs ergeben. Bei gewissen Sachverhalten kann aber alleine die Notwendigkeit der ständigen Verfügbarkeit eines Kraftfahrzeugs die Anmietung eines Ersatzfahrzeugs rechtfertigen, ohne dass es auf die gefahrene Kilometerleistung ankommt.

245 Ob ein solcher Sachverhalt im Streitfall vorlag, konnte auf der Grundlage der getroffenen Feststellungen vom Revisionsgericht nicht beurteilt werden. Deshalb war darauf abzustellen, dass das Berufungsgericht fehlerhaft seine Beurteilung, das Wirtschaftlichkeitsgebot sei nicht eingehalten, alleine auf die tägliche Kilometer-

19. Ersatz von Mietwagenkosten statt Taxikosten §5

leistung gestützt hat. Für die weitere Verhandlung und Entscheidung wird zu beachten sein, dass die Klägerin als Geschädigte zur Erforderlichkeit der Inanspruchnahme eines Mietwagens konkret vortragen muss.

Es wird sodann zu prüfen sein, ob die Klägerin den Mietvertrag mit den erheblichen laufenden Kosten aufrechterhalten durfte, als sie feststellte, dass sie Schwierigkeiten bei der Bedienung des Mietfahrzeugs hatte, so dass sie es nur noch in geringem Umfang benutzte. Insoweit spricht einiges für die Ansicht des Berufungsgerichts, dass die Klägerin – zumindest nach Ablauf eines angemessenen Beurteilungszeitraums – eine preiswertere Möglichkeit hätte suchen müssen. Bedenken gegen die Höhe der Ersatzforderung können sich auch daraus ergeben, dass die Anmietung des Ersatzfahrzeugs zu einem Unfallersatztarif erfolgte. 246

Sämtliche angesprochenen Fragen können nur im Zusammenhang tatrichterlich beurteilt werden. 247

Von Rechtsfehlern beeinflusst war auch die Auffassung des Berufungsgerichts, einem Geschädigten, dem kein Anspruch auf Ersatz von aufgewendeten Mietwagenkosten zustehe, könne nicht (hilfsweise) eine Nutzungsentschädigung zugesprochen werden. 248

Mit Recht beanstandete die Revision, dass das Berufungsgericht in der Zuerkennung einer Nutzungsausfallentschädigung durch das Amtsgericht einen Verstoß gegen § 308 Abs. 1 ZPO gesehen hatte. Nach dieser Vorschrift ist das Gericht nicht befugt, einer Partei etwas zuzusprechen, was nicht beantragt ist. Ungeachtet der Frage, ob es sich bei der Geltendmachung einer Nutzungsausfallentschädigung anstatt eines (nicht durchsetzbaren) Anspruchs auf Ersatz höherer Mietwagenkosten überhaupt um einen anderen Streitgegenstand handelt, wovon auszugehen sein könnte, wenn beide Ansprüche in einem Alternativverhältnis stünden, galt hier Folgendes: 249

Das Amtsgericht hatte mit Beschluss vom 8.10.2010 die Parteien darauf hingewiesen, dass für den Fall, dass ein Anspruch auf Ersatz von Mietwagenkosten nicht bestehen sollte, ein Anspruch auf Nutzungsausfallentschädigung in Betracht kommen könnte. Zugleich hat es einen Beweisbeschluss zu den Umständen der langen Reparaturdauer erlassen. Nach Durchführung der Beweisaufnahme haben die Parteien die Anträge gestellt. Bei einer derartigen Prozesslage ist davon auszugehen, dass die klagende Partei die Auffassung des Gerichts, es könne auf anderer rechtlicher Grundlage ebenfalls ein – wenn auch geringerer – Anspruch bestehen, zur Kenntnis genommen und sich zumindest hilfsweise zu Eigen gemacht hat. Im Übrigen hatte die Klägerin sich in ihrer Erwiderung auf die Berufung der Beklagten ausdrücklich auf den Standpunkt gestellt, dass ihr hilfsweise eine Nutzungsausfallentschädigung zustehe. 250

Darauf, dass das Amtsgericht die Beklagte, insoweit dem Antrag der Klägerin folgend, zur Freistellung verurteilt hat und auch der zur Anschlussberufung gestellte Antrag die fehlerhafte erstinstanzliche Antragstellung nur teilweise korrigierte,

§ 5 Mietwagenkosten, insbesondere Unfallersatztarife

durfte das Berufungsgericht nicht streitentscheidend abstellen. Zwar ist ein Anspruch auf Nutzungsausfallentschädigung im Wege der Klage auf Zahlung an die Klägerin selbst zu verfolgen. Insoweit hätten aber das Amtsgericht und sodann das Berufungsgericht auf eine sachgerechte Antragstellung hinwirken müssen (§ 139 Abs. 1 S. 2 a.E. ZPO).

251 Rechtsfehlerhaft war die Ansicht des Berufungsgerichts, dem Anspruch auf Nutzungsausfallentschädigung stehe der Umstand entgegen, dass die Klägerin tatsächlich für die Dauer der Reparaturzeit einen Mietwagen angemietet habe, sich mithin einen Ausgleich für die unfallbedingt entzogene Nutzungsmöglichkeit gegen ein Entgelt „erkauft" und diese Mietwagenkosten gegenüber der Beklagten aufgrund der Rechnung der Autovermietung auch konkret abgerechnet habe. Das Berufungsgericht meinte, der Nutzungsausfall könne dem Unfallgeschädigten nicht fiktiv zugesprochen werden, vielmehr müsse – neben dem Vorliegen eines Nutzungswillens des Geschädigten – nachweislich ein Kraftfahrzeug nicht zur Verfügung gestanden haben. Zwar sei hier der Pkw der Klägerin unfallbedingt nicht mehr fahrtüchtig gewesen, die Klägerin habe sich jedoch während des gesamten Reparaturzeitraums ein Ersatzfahrzeug angemietet, so dass insoweit ein tatsächlicher Nutzungsausfall überhaupt nicht eingetreten sei. In diesem Fall könne sie lediglich die erforderlichen Kosten für die Anmietung eines Ersatzfahrzeugs als Unfallfolgeschaden geltend machen, nicht jedoch zusätzlich eine Nutzungsausfallentschädigung verlangen.

252 Diese Ausführungen begegneten in mehrfacher Hinsicht durchgreifenden Bedenken.

253 Zunächst ging es hier nicht darum, Mietwagenkosten und daneben „zusätzlich" eine Nutzungsausfallentschädigung geltend zu machen. Es ging lediglich darum, ob der Geschädigte, der eine schadensrechtlich als unwirtschaftlich einzustufende Maßnahme (hier: Anmietung eines Mietwagens) ergreift, statt der dafür aufgewendeten, aber nicht ersatzfähigen Kosten zumindest die (meistens) geringere Nutzungsausfallentschädigung verlangen kann. Dabei kann davon ausgegangen werden, dass die Nutzungsausfallentschädigung zu dem Anspruch auf Ausgleich konkreter Vermögensnachteile, die dem Geschädigten durch Aufwendungen für die Erlangung einer ersatzweisen Nutzungsmöglichkeit (insbesondere Mietwagen- oder Taxikosten) entstehen, in einem Alternativverhältnis steht. Jedenfalls hat der Geschädigte die Wahl, ob er einen konkreten Nutzungsausfallschaden oder eine pauschalierte Entschädigung für den allgemeinen Verlust seiner Nutzungsmöglichkeit verlangt.

254 Es war auch rechtsfehlerhaft, im Ergebnis das Vorliegen eines ersatzpflichtigen Schadens zu verneinen, weil der Geschädigte – zu kostspielige – Maßnahmen zur Beseitigung des Schadens unternommen habe. So kann beispielsweise der Anspruch auf Ersatz der Kosten für die Beseitigung des Fahrzeugschadens nicht mit der Begründung verneint werden, der Geschädigte habe das Fahrzeug reparieren

19. Ersatz von Mietwagenkosten statt Taxikosten §5

lassen und deshalb keinen Schaden (mehr). Auch beim Nutzungsausfallschaden ist eine solche Erwägung verfehlt, ungeachtet der Tatsache, dass die Rechtsprechung bei dieser Schadensart nicht auf den Gedanken der Naturalrestitution zurückgreift bzw. darüber hinaus geht (vgl. BGH, Beschl. v. 9.7.1986 – GSZ 1/86, BGHZ 98, 212, 217 ff., insb. 220 ff.).

Es war ferner nicht unbedenklich, wenn das Berufungsgericht argumentierte, ein Nutzungsausfallschaden könne nicht fiktiv abgerechnet werden. Die Nutzungsausfallentschädigung stellt zwar keine aufgrund der Differenzhypothese abzurechnende Vermögenseinbuße dar. Vielmehr wird der Verlust von Gebrauchsvorteilen kompensiert, die sich aus der ständigen Verfügbarkeit eines Kraftfahrzeugs ergeben. Das regelmäßig mit erheblichen finanziellen Aufwendungen verbundene Halten eines Kraftwagens erfolgt fast ausschließlich, um den Wagen jederzeit nutzen zu können, insbesondere zum Fahren zur Verfügung zu haben. Der vorübergehende Fortfall der Benutzbarkeit ist deshalb bereits ein Vermögensschaden, der einen Schadensersatzanspruch zur Entstehung gelangen lässt. Gleichwohl kann diese Vermögenseinbuße konkret auf der Grundlage angefallener Kosten für ein Ersatzfahrzeug als auch abstrakt als Nutzungsausfallentschädigung auf der Grundlage der üblicherweise benutzten Tabellen berechnet werden. In letzterem Fall muss der Geschädigte nicht vortragen, dass ihn der Nutzungsausfall etwas gekostet hat. Erforderlich ist nur, dass ein Nutzungswille bestand und sich die zeitweise Unbenutzbarkeit des Fahrzeugs ausgewirkt hat (was etwa beim Vorhandensein eines zumutbar nutzbaren Zweitfahrzeugs möglicherweise nicht der Fall ist). 255

Die Sache war danach unter Aufhebung des angefochtenen Urteils an das Berufungsgericht zurückzuverweisen. Das Berufungsgericht wird nunmehr unter Beachtung der Rechtsauffassung des erkennenden Senats zu entscheiden haben. Ob ergänzende Feststellungen zu treffen sind, wird auch davon abhängen, ob unter Berücksichtigung der erforderlichen Erwägungen die eventuell zuzuerkennende Nutzungsausfallentschädigung die Grenze des ersatzfähigen Betrags darstellt. Hinsichtlich eines Anspruchs auf Nutzungsausfallentschädigung wird darauf hinzuwirken sein, dass sachdienliche Anträge gestellt werden. Die Gegenrügen der Revisionserwiderung zur Berechnung der Mietwagenkosten (Anmietung eines Ersatzfahrzeugs zum Unfallersatztarif) und zur Erstattungsfähigkeit der außergerichtlichen Rechtsverfolgungskosten wird das Berufungsgericht in Erwägung zu ziehen haben. 256

§ 5 Mietwagenkosten, insbesondere Unfallersatztarife

20. Wirksamkeit der Abtretung, Rechtfertigungsgründe für höhere Mietpreise (Eil- und Notsituation, Vorfinanzierung, Winterreifen) sowie Abzug für Eigenersparnis

257 BGH, Urt. v. 5.3.2013 – VI ZR 245/11, VersR 2013, 730

BGB §§ 249 Abs. 2 S. 1, 254 Abs. 2 S. 1, 398; RDG § 5 Abs. 1; ZPO § 287 Abs. 1

a) Liegen keine Umstände vor, aus denen ohne weiteres ersichtlich ist, dass es sich um einen Unfall handelt, bei dem die Einziehung einer abgetretenen Schadensersatzforderung durch ein Mietwagenunternehmen nicht erlaubt ist, ist die Abtretung nicht deshalb wegen eines Verstoßes gegen das Rechtsdienstleistungsgesetz unwirksam, weil noch nicht feststeht, wie sich der Unfallgegner bzw. dessen Haftpflichtversicherer einlässt.

b) Zu allgemeinen unfallspezifischen Kostenfaktoren, die den Ersatz eines höheren Mietpreises rechtfertigen können (hier: Eil- und Notsituation, Vorfinanzierung, Winterreifen), sowie zum Abzug für Eigenersparnis.

a) Der Fall

258 Die Klägerin, eine Autovermietung, verlangte von dem beklagten Kraftfahrzeughaftpflichtversicherer in 17 Fällen aus abgetretenem Recht der Geschädigten Ersatz restlicher Mietwagenkosten nach einem Verkehrsunfall. Die volle Einstandspflicht der Beklagten stand außer Streit.

259 Die Geschädigten mieteten jeweils bei der Klägerin für die Zeit des schädigungsbedingten Ausfalls ihres Kraftfahrzeugs ein Ersatzfahrzeug an. Diese ließ sich bei der Anmietung die Schadensersatzansprüche auf Erstattung der Mietwagenkosten gegen die Schädiger und das Versicherungsunternehmen sicherungshalber abtreten. Die Verkehrsunfälle und die Abtretungen datieren zwischen Dezember 2007 und Mai 2009. In zwei Schadensfällen ereignete sich der Verkehrsunfall vor dem 1.7.2008, wobei die vor diesem Zeitpunkt getroffenen Abtretungsvereinbarungen im August/September 2009 erneut abgeschlossen wurden.

260 Die Beklagte erstattete die geltend gemachten Mietwagenkosten nur zum Teil. Die Klägerin machte die auf die erteilten Rechnungen verbleibenden Restbeträge geltend, der Höhe nach jedoch beschränkt auf die Mietwagenkosten, die sich als Normaltarif nach der Automietpreis-Schwacke-Liste 2007 ergaben, erhöht um die im Einzelfall angefallenen zusätzlichen Nebenkosten (für Winterreifen, Zustellung und Abholung des Mietfahrzeugs, Vollkasko-Schutz, Navigationssysteme, Anhängerkupplungen usw.) sowie um einen pauschalen Zuschlag von 20 % für ein Unfallersatzwagen-Geschäft. Dem geltend gemachten Anspruch in Höhe von insgesamt 8.322,35 EUR hat das Landgericht hinsichtlich eines Teilbetrags von 5.547,29 EUR stattgegeben. Auf die Berufung der Klägerin hat das Berufungsgericht die Klage in

20. Wirksamkeit der Abtretung, Rechtfertigungsgründe für höhere Mietpreise § 5

Höhe weiterer 1.367,40 EUR zugesprochen; die Anschlussberufung der Beklagten hat es zurückgewiesen. Mit der vom Berufungsgericht zugelassenen Revision verfolgten die Parteien ihr Begehren auf vollständige Verurteilung beziehungsweise Klagabweisung weiter.

b) Die rechtliche Beurteilung

Die Beurteilung des Berufungsgerichts hielt revisionsrechtlicher Überprüfung nicht in allen Punkten stand. 261

Entgegen der Auffassung der Beklagten war die Klägerin allerdings aktivlegitimiert, weil sie eine jedenfalls nach § 5 Abs. 1 RDG erlaubte Rechtsdienstleistung vorgenommen hat.

Die Abtretungen waren in allen Fällen nach dem am 1.7.2008 in Kraft getretenen Rechtsdienstleistungsgesetz zu beurteilen, weil die vor diesem Zeitpunkt getroffenen Abtretungsvereinbarungen im August/September 2009 erneut abgeschlossen wurden. Die Forderungen, welche Gegenstand der Abtretungen waren, waren auch hinreichend bestimmt, weil jeweils nur die Schadensersatzforderung auf Erstattung der Mietwagenkosten nach dem konkret benannten Schadensereignis abgetreten wurde. Eine Bezifferung des Schadensersatzanspruchs war im Zeitpunkt der Abtretungserklärung weder möglich noch erforderlich. 262

Zutreffend hat das Berufungsgericht auch angenommen, dass die Abtretungsvereinbarungen jedenfalls deshalb wirksam sind, weil die Einziehung einer an ein Mietwagenunternehmen abgetretenen Schadensersatzforderung des Geschädigten auf Erstattung von Mietwagenkosten gemäß § 5 Abs. 1 S. 1 RDG grundsätzlich erlaubt ist, wenn – wie hier – allein die Höhe der Mietwagenkosten streitig ist. 263

Entgegen der Auffassung der Beklagten war die Abtretung nicht deshalb unwirksam, weil die Abtretung zu einem Zeitpunkt erfolgte, zu dem noch nicht geklärt war, ob und wie sich der Unfallgegner bzw. dessen Haftpflichtversicherer einlässt. Die Abtretung als solche ist ein neutrales Geschäft, welches nicht per se gegen ein Verbotsgesetz (§ 134 BGB) verstößt. Sie wäre allenfalls unwirksam, wenn sie von vornherein auf eine nicht erlaubte Rechtsdienstleistung zielte. Dies ist bei der Abtretung eines Schadensersatzanspruchs auf Erstattung von Mietwagenkosten nicht der Fall, weil die Einziehung dieses Anspruchs durch das Mietwagenunternehmen gemäß § 5 Abs. 1 S. 1 RDG grundsätzlich erlaubt ist, wenn allein die Höhe der Mietwagenkosten streitig ist. Liegen mithin keine Umstände vor, aus denen (objektiv) ohne weiteres ersichtlich ist, dass es sich um einen Unfall handelt, bei dem die Einziehung einer abgetretenen Schadensersatzforderung durch ein Mietwagenunternehmen nicht erlaubt ist, ist die Abtretung nicht deshalb wegen eines Verstoßes gegen das Rechtsdienstleistungsgesetz unwirksam, weil noch nicht feststeht, wie sich der Unfallgegner bzw. dessen Haftpflichtversicherer einlässt. Solche Umstände hat die Beklagte nicht dargelegt. 264

§ 5 Mietwagenkosten, insbesondere Unfallersatztarife

265 Entgegen der Auffassung der Revisionserwiderung war die Einziehung der Forderung auch nicht nach § 4 RDG unzulässig. Nach dieser Vorschrift sind Rechtsdienstleistungen unzulässig, wenn sie mit anderen Leistungspflichten des Erbringers unvereinbar sind. Eine solche Unvereinbarkeit liegt allerdings nicht bei jeder Form einer möglicherweise bestehenden Interessenkollision vor, sondern nur dann, wenn die Rechtsdienstleistung unmittelbaren Einfluss auf die Erfüllung einer anderen Leistungspflicht haben kann. Zudem muss gerade hierdurch die ordnungsgemäße Erfüllung der Rechtsdienstleistungspflicht gefährdet sein. Eine solche Gefährdung besteht bei der hier vorliegenden Einziehung einer Forderung auf Erstattung der Mietwagenkosten nicht. Die maßgebliche Rechtsdienstleistung, nämlich die Durchsetzung der Forderung gegenüber der Versicherung, entspricht auch dem Interesse des Geschädigten.

266 Die gegen die vom Berufungsgericht als begründet erachtete Schadenshöhe gerichteten Revisionsangriffe der Klägerin hatten teilweise Erfolg.

267 Die Bemessung der Höhe des Schadensersatzanspruchs ist in erster Linie Sache des nach § 287 ZPO besonders frei gestellten Tatrichters. Sie ist revisionsrechtlich nur daraufhin überprüfbar, ob der Tatrichter Rechtsgrundsätze der Schadensbemessung verkannt, wesentliche Bemessungsfaktoren außer Betracht gelassen oder seiner Schätzung unrichtige Maßstäbe zugrunde gelegt hat.

268 Nach gefestigter Rechtsprechung des erkennenden Senats kann der Geschädigte vom Schädiger und dessen Haftpflichtversicherer nach § 249 Abs. 2 S. 1 BGB als erforderlichen Herstellungsaufwand nur den Ersatz derjenigen Mietwagenkosten verlangen, die ein verständiger, wirtschaftlich denkender Mensch in der Lage des Geschädigten für zweckmäßig und notwendig halten darf. Der Geschädigte ist hierbei nach dem aus dem Grundsatz der Erforderlichkeit hergeleiteten Wirtschaftlichkeitsgebot gehalten, im Rahmen des ihm Zumutbaren von mehreren möglichen den wirtschaftlicheren Weg der Schadensbehebung zu wählen. Das bedeutet, dass er von mehreren auf dem örtlich relevanten Markt – nicht nur für Unfallgeschädigte – erhältlichen Tarifen für die Anmietung eines vergleichbaren Ersatzfahrzeugs (innerhalb eines gewissen Rahmens) grundsätzlich nur den günstigeren Mietpreis als zur Herstellung objektiv erforderlich ersetzt verlangen kann. Der Geschädigte verstößt allerdings noch nicht allein deshalb gegen das Wirtschaftlichkeitsgebot, weil er ein Kfz zu einem Unfallersatztarif anmietet, der gegenüber dem Normaltarif teurer ist, soweit die Besonderheiten dieses Tarifs mit Rücksicht auf die Unfallsituation (etwa die Vorfinanzierung, das Risiko eines Ausfalls mit der Ersatzforderung wegen falscher Bewertung der Anteile am Unfallgeschehen durch den Kunden oder das Mietwagenunternehmen u.Ä.) allgemein einen gegenüber dem Normaltarif höheren Preis rechtfertigen, weil sie auf Leistungen des Vermieters beruhen, die durch die besondere Unfallsituation veranlasst und infolgedessen zur Schadensbehebung nach § 249 Abs. 2 S. 1 BGB erforderlich sind.

20. Wirksamkeit der Abtretung, Rechtfertigungsgründe für höhere Mietpreise § 5

Inwieweit dies der Fall ist, hat der bei der Schadensberechnung nach § 287 ZPO besonders frei gestellte Tatrichter – gegebenenfalls nach Beratung durch einen Sachverständigen – zu schätzen, wobei unter Umständen auch ein pauschaler Zuschlag auf den „Normaltarif" in Betracht kommt. 269

Gemessen an diesen Grundsätzen ist die von der Klägerin beanstandete Beurteilung des Berufungsgerichts, die in drei Fällen vereinbarte flexible Vertragsgestaltung, also die Möglichkeit, den Mietvertrag ohne Einhaltung einer Kündigungsfrist vor dem ursprünglich vereinbarten Mietzeitende zu beenden, rechtfertige nicht die Geltendmachung eines Unfallersatztarifs, aus revisionsrechtlicher Sicht nicht zu beanstanden. Die Auffassung des Berufungsgerichts, eine flexible Gestaltung der Mietdauer sei auch im normalen Vermietungsgeschäft möglich und bedeute bei einer hohen Nachfrage keine Ertragseinbußen auf Seiten des Autovermieters, weil ein unvorhergesehen vorzeitig zurückgegebenes Fahrzeug weitervermietet werden könne, hält sich im Rahmen des tatrichterlichen Ermessens. 270

Rechtsfehlerhaft war allerdings die Erwägung des Berufungsgerichts, eine fehlende Sicherung des Mietwagenunternehmens durch Kreditkarten komme als Kriterium für die Zuerkennung eines Unfallersatztarifs nicht in Betracht, weil die Abtretung der Ersatzansprüche des Geschädigten als gleichwertiges Sicherungsmittel anzusehen sei. Dies entspricht nicht der Rechtsprechung des erkennenden Senats. Danach kommt es für die Zubilligung eines Aufschlags zum Normaltarif wegen der Erforderlichkeit eines sogenannten Unfallersatztarifs nicht darauf an, ob dem Mietwagenunternehmen ein gleichwertiges Sicherungsmittel zur Verfügung steht. Wie oben ausgeführt, ist für die Erforderlichkeit eines Unfallersatztarifs vielmehr darauf abzustellen, ob die Besonderheiten dieses Tarifs mit Rücksicht auf die Unfallsituation allgemein einen gegenüber dem „Normaltarif" höheren Preis rechtfertigen, weil sie auf Leistungen des Vermieters beruhen, die durch die besondere Unfallsituation veranlasst und infolgedessen zur Schadensbehebung nach § 249 Abs. 2 S. 1 BGB erforderlich sind. Einen solchen allgemeinen unfallspezifischen Kostenfaktor, der einen höheren Mietpreis rechtfertigt, kann die Vorfinanzierung des Mietpreises darstellen, wenn der Unfallgeschädigte weder zum Einsatz einer Kreditkarte noch zu einer sonstigen Art der Vorleistung verpflichtet ist. 271

Dazu hatte das Berufungsgericht keine Feststellungen getroffen. Es durfte indes die Vorfinanzierung der Mietwagenkosten als allgemeinen unfallspezifischen Kostenfaktor nach den vorstehenden Ausführungen nicht schon wegen der – das Sicherungsinteresse des Autovermieters betreffenden – Abtretung der Ersatzansprüche des Geschädigten unberücksichtigt lassen. Insoweit wies der Senat für das weitere Verfahren darauf hin, dass die Frage, ob der Geschädigte im Einzelfall zu einer Vorfinanzierung verpflichtet war, nicht die Erforderlichkeit der Herstellungskosten im Sinne des § 249 Abs. 2 S. 1 BGB betrifft, sondern die Schadensminderungspflicht nach § 254 Abs. 2 S. 1 BGB. Unter diesem Blickwinkel kommt es darauf an, ob dem Geschädigten eine Vorfinanzierung, zu der auch der Einsatz einer EC-Karte 272 oder einer Kreditkarte gerechnet werden könnte, möglich und zumutbar war. Das kann angesichts der heutigen Gepflogenheiten nicht generell ausgeschlossen werden, wobei allerdings im Rahmen des § 254 BGB nicht der Geschädigte darlegungs- und beweispflichtig ist, wenn sich auch je nach dem Vortrag des auf Schadensersatz in Anspruch Genommenen für ihn eine sekundäre Darlegungslast ergeben kann. Jedenfalls ist der Geschädigte im Rahmen des § 254 BGB auch unter Berücksichtigung seiner sekundären Darlegungslast nicht gehalten, von sich aus zu seiner finanziellen Situation vorzutragen.

273 Auch die Revisionsangriffe der Beklagten hatten teilweise Erfolg.

274 Ohne Erfolg machte die Beklagte allerdings geltend, ein pauschaler Zuschlag zum Normaltarif sei nicht ersatzfähig, weil das Landgericht festgestellt habe, dass den Geschädigten in allen 17 Fällen die Anmietung zum Normaltarif „ohne weiteres" möglich gewesen sei. Derartige Feststellungen hatte das Landgericht nicht getroffen. Es hatte lediglich zum Ausdruck gebracht, dass das Gegenteil nicht festgestellt werden könne. Dementsprechend hatte das Berufungsgericht ausgeführt, die Beklagte habe nicht dargelegt und nachgewiesen, dass den Geschädigten in der konkreten Anmietsituation ein günstigerer Normaltarif „ohne weiteres" zugänglich gewesen wäre. Dies war revisionsrechtlich nicht zu beanstanden, weil der Schädiger gemäß § 254 Abs. 2 S. 1 BGB darlegen und gegebenenfalls beweisen muss, dass dem Geschädigten ein günstigerer Tarif nach den konkreten Umständen „ohne weiteres" zugänglich war.

275 Zutreffend beanstandete die Beklagte allerdings, dass das Berufungsgericht in den Fällen 9, 12 und 17, in denen die Anmietung am Folgetag des Unfalls erfolgte, aufgrund einer Eil- oder Notsituation einen Unfallersatztarif für erforderlich gehalten hatte. Nach der Rechtsprechung des erkennenden Senats kann sich die Erforderlichkeit eines Unfallersatztarifs zwar daraus ergeben, dass es dem Geschädigten aufgrund einer besonderen Eilbedürftigkeit in der konkreten Anmietsituation nicht zuzumuten war, sich vor Anmietung nach günstigeren Tarifen zu erkundigen. Eine solche Eil- oder Notsituation kann bei Anmietung einen Tag nach dem Unfall aber grundsätzlich nicht angenommen werden. Eine besondere Eilbedürftigkeit kann sogar bei einer Anmietung noch am Unfalltag fehlen. Auf dieser Grundlage erwies sich die Annahme einer Eil- oder Notsituation einen Tag nach dem Unfall ohne Hinzutreten weiterer, ausnahmsweise auch nach Ablauf dieses Zeitraums eine besondere Eilbedürftigkeit begründender Umstände, für die nichts festgestellt war, als rechtsfehlerhaft. Bereits das Landgericht hatte darauf hingewiesen, dass die Klägerin nichts dazu vorgetragen habe, dass sich die konkrete Anmietsituation für die Geschädigten als Notsituation dargestellt habe.

276 Unbegründet war die Revision der Beklagten, soweit sie sich gegen die Zuerkennung eines Aufschlags für Winterreifen in neun der 17 Schadensfälle wandte.

Die Revision machte insoweit geltend, es liege eine Besserstellung der Geschädigten vor, weil das Berufungsgericht keine Feststellungen dazu getroffen habe, dass

20. Wirksamkeit der Abtretung, Rechtfertigungsgründe für höhere Mietpreise § 5

die eigenen Fahrzeuge der Betroffenen über Winterreifen verfügten. Nach den von der Revision nicht angegriffenen Feststellungen des Berufungsgerichts hatte aber außer Streit gestanden, dass die Fahrzeuge der Geschädigten mit Winterreifen ausgerüstet waren.

Unter diesen Umständen war die Ansicht des Berufungsgerichts, das Zusatzentgelt für Winterreifen sei von der Beklagten zu erstatten, aus revisionsrechtlicher Sicht nicht zu beanstanden. Sie stand im Einklang mit dem überwiegenden Teil der obergerichtlichen Rechtsprechung. Nach der damals geltenden Rechtslage waren die konkreten Wetterverhältnisse für die Erforderlichkeit von Winterreifen maßgebend (vgl. § 2 Abs. 3a S. 1 und 2 StVO in der Fassung des Art. 1 Nr. 1 der Vierzigsten Verordnung zur Änderung straßenverkehrsrechtlicher Vorschriften [40. StVRÄndV] vom 22.12.2005, BGBl I S. 3716). Im Hinblick darauf war es nicht zu beanstanden, dass zur Winterzeit Fahrzeuge vermietet wurden, die mit Winterreifen ausgestattet waren, da mit winterlichen Wetterverhältnissen jederzeit gerechnet werden musste. Zwar schuldet der Autovermieter die Überlassung eines verkehrstauglichen, mithin gegebenenfalls gemäß § 2 Abs. 3a StVO mit Winterreifen ausgerüsteten Fahrzeugs. Dies bedeutet jedoch nicht, dass er für eine solche Ausstattung nicht auch eine besondere Vergütung verlangen kann. Das Berufungsgericht hatte insoweit festgestellt, dass die von der Klägerin ihrer Berechnung zugrunde gelegte Schwacke-Liste die Winterreifen als typischerweise gesondert zu vergütende Zusatzausstattung ausweist und auch gemäß einem Artikel der Stiftung Warentest vom 10.12.2010 große Autovermieter Winterreifen extra in Rechnung stellen. Diese Feststellungen hatte die Revision nicht angegriffen.

277

Ohne Erfolg rügte die Beklagte auch, dass ein Abzug für Eigenersparnis nicht vorgenommen worden war, weil die Geschädigten jeweils ein klassenniedrigeres Fahrzeug angemietet hatten. Diese Auffassung entspricht einer in der obergerichtlichen Rechtsprechung und im Schrifttum im Vordringen befindlichen Meinung. Sie geht von der Erwägung aus, dass der Geschädigte grundsätzlich berechtigt ist, einen gleichwertigen Ersatzwagen anzumieten (vgl. Senatsurt. v. 17.3.1970 – VI ZR 108/68, VersR 1970, 547; v. 2.3.1982 – VI ZR 35/80, VersR 1982, 548, 549); mietet er gleichwohl ein einfacheres Fahrzeug an, widerspräche ein Ersparnisabzug der Billigkeit, weil der Schädiger so in doppelter Weise entlastet würde (vgl. OLG Celle VersR 1994, 741; OLG Frankfurt am Main OLG-Report 1995, 3, 5; OLG Hamm VersR 1999, 769). Lehnt der Tatrichter den Abzug einer Eigenersparnis dieser Auffassung folgend ab, ist diese Vorgehensweise revisionsrechtlich nicht zu beanstanden, weil die Ausübung des Ermessens nach § 287 ZPO bei der Schätzung einer etwaigen Eigenersparnis im Wege des Vorteilsausgleichs Sache des hierzu berufenen Tatrichters ist und die Grenzen des Ermessens nicht überschritten sind. Die Auffassung der vorstehend zitierten Rechtsprechung steht im Einklang mit einer verbreiteten Regulierungspraxis der Haftpflichtversicherer, welche einem vom Verband der Autoversicherer (HUK-Verband) empfohlenen Abrechnungsverfahren entspricht (vgl. NJW 1993, 376). Nachdem zum Zeitpunkt dieser Empfehlung noch

278

241

eine Ersparnis von 15–20 % der Mietwagenkosten angesetzt worden ist (vgl. OLG Köln VersR 1993, 372, 373), wird heute selbst dann, wenn ein gleichwertiges Fahrzeug angemietet wird, nur noch teilweise eine Ersparnis von 10 % der Mietwagenkosten (vgl. etwa OLG Hamm VersR 2001, 206, 208 und Urt. v. 21.4.2008 – 6 U 188/07, juris Rn 20; OLG Jena OLGR Jena 2007, 985, 988; LG Dortmund NZV 2008, 93, 95) und teilweise eine solche von 3–5 % angenommen (vgl. etwa OLG Stuttgart NZV 1994, 313, 315; OLG Nürnberg VersR 2001, 208; OLG Köln SP 2007, 13, 16).

21. Undifferenzierter Haftungsvorbehalt für den Fall grober Fahrlässigkeit in einem gewerblichen Kfz-Mietvertrag

279 **BGH, Urt. v. 11.10.2011 – VI ZR 46/10, zfs 2011, 697**

BGB § 307; VVG § 81 Abs. 2

a) Ist in einem gewerblichen Kfz-Mietvertrag eine Haftungsbefreiung oder eine Haftungsreduzierung nach Art der Vollkaskoversicherung vereinbart, ist ein in den Allgemeinen Vermietungsbedingungen vorgesehener undifferenzierter Haftungsvorbehalt für den Fall grober Fahrlässigkeit nach § 307 BGB unwirksam.

b) An die Stelle der unwirksamen Klausel über den Haftungsvorbehalt tritt der Grundgedanke der gesetzlichen Regelung des § 81 Abs. 2 VVG.

c) Dies gilt hinsichtlich der Haftung des grob fahrlässig handelnden berechtigten Fahrers, der nicht Mieter ist, gleichermaßen jedenfalls dann, wenn dessen Haftungsfreistellung in den Allgemeinen Vermietungsbedingungen ausdrücklich vorgesehen ist.

a) Der Fall

280 Die Klägerin, eine gewerbliche Kraftfahrzeugvermieterin, nahm den Beklagten auf Ersatz des Schadens in Anspruch, den er als Fahrer eines von seiner Arbeitgeberin angemieteten Kraftfahrzeugs verursacht hatte.

281 Am 2.6.2008 vermietete die Klägerin einen Pkw an die Arbeitgeberin des Beklagten. Sie vereinbarten eine Haftungsfreistellung für selbstverschuldete Unfälle mit einer Selbstbeteiligung von 770 EUR pro Schadensfall. Dem Vertrag lagen die Allgemeinen Vermietbedingungen der Klägerin zugrunde, die unter anderem folgende Regelung enthielten:

„2. Dem Mieter steht es frei, die Haftung aus Unfällen für Schäden der Vermieterin durch Zahlung eines besonderen Entgelts auszuschließen = vertragliche Haftungsfreistellung. In diesem Fall haftet er für Schäden, abgesehen von der vereinbarten Selbstbeteiligung, nur dann, wenn … er oder seine Erfüllungsgehilfen den Schaden durch Vorsatz oder grobe Fahrlässigkeit herbeigeführt haben …

7. Diese Regelungen gelten neben dem Mieter auch für den berechtigten Fahrer, wobei die vertragliche Haftungsfreistellung nicht zugunsten unberechtigter Nutzer der Mietwagen gilt."

Am 4.6.2008 fuhr der Beklagte um 0.59 Uhr nach einem Streit mit seiner Ehefrau und einem Kneipenbesuch mit dem angemieteten Pkw mit überhöhter Geschwindigkeit, kam von der Fahrbahn ab und kollidierte mit einem Baum. Der Beklagte war erheblich alkoholisiert, eine bei ihm um 2.54 Uhr entnommene Blutprobe wies eine Blutalkoholkonzentration von 2,96 Promille auf. Der Beklagte wurde rechtskräftig wegen fahrlässigen Vollrausches zu einer Geldstrafe verurteilt. Am Fahrzeug der Klägerin entstand infolge des Unfalls ein wirtschaftlicher Totalschaden in Höhe von 16.386 EUR.

282

Mit ihrer Klage hat die Klägerin u.a. den Fahrzeugschaden sowie Freistellung von den vorgerichtlichen Anwaltskosten geltend gemacht. Das Landgericht hat den Beklagten unter Klageabweisung im Übrigen zur Zahlung von 16.533 EUR zuzüglich Zinsen und zur Freistellung von vorgerichtlichen Rechtsanwaltskosten verurteilt. Auf die Berufung des Beklagten hat das Oberlandesgericht der Klage lediglich in Höhe der vereinbarten Selbstbeteiligung von 770 EUR zuzüglich anteiliger vorgerichtlicher Rechtsanwaltskosten stattgegeben und die Klage im Übrigen abgewiesen. Mit der vom Berufungsgericht zugelassenen Revision erstrebte die Klägerin die Wiederherstellung des landgerichtlichen Urteils.

283

b) Die rechtliche Beurteilung

Die Beurteilung des Berufungsgerichts hielt revisionsrechtlicher Überprüfung nicht stand.

284

Zutreffend und von der Revision nicht angegriffen hatte das Berufungsgericht angenommen, dass der Beklagte dem Grunde nach gemäß § 823 Abs. 1 BGB zum Schadensersatz verpflichtet ist und die Voraussetzungen für die Unzurechnungsfähigkeit gemäß § 827 S. 1 BGB, die zur Beweislast des Schädigers stehen, nicht vorlagen.

Entgegen der Annahme des Berufungsgerichts scheiterte die Haftung des Beklagten aber nicht ohne weiteres an der zwischen der Klägerin und der Arbeitgeberin des Beklagten vereinbarten vertraglichen Haftungsfreistellung.

285

Mit Recht hatte das Berufungsgericht allerdings angenommen, dass bei einem gewerblichen Kraftfahrzeugmietvertrag mit Haftungsfreistellung nach Art der Fahrzeugvollversicherung die Vertragsbestimmung, die die volle Haftung des Mieters oder seines berechtigten Fahrers bei grober Fahrlässigkeit vorsieht, gemäß § 307 BGB unwirksam ist. Denn eine solche Klausel weicht von wesentlichen Grundgedanken der hier maßgeblichen gesetzlichen Regelung über die Fahrzeugvollversicherung ab und ist mit dieser nicht zu vereinbaren.

286

§ 5 Mietwagenkosten, insbesondere Unfallersatztarife

287 Gemäß § 307 Abs. 2 Nr. 1 BGB ist der Vertragspartner im Zweifel nach § 307 Abs. 1 S. 1 BGB unangemessen benachteiligt, wenn eine Vertragsbestimmung mit wesentlichen Grundgedanken der gesetzlichen Regelung, von der abgewichen wird, nicht zu vereinbaren ist. Von maßgeblicher Bedeutung ist insoweit, ob die dispositive gesetzliche Regelung nicht nur auf Zweckmäßigkeitserwägungen beruht, sondern eine Ausprägung des Gerechtigkeitsgebots darstellt. Dabei brauchen Grundgedanken eines Rechtsbereichs nicht in Einzelbestimmungen formuliert zu sein. Es reicht aus, dass sie in allgemeinen, am Gerechtigkeitsgedanken ausgerichteten und auf das betreffende Rechtsgebiet anwendbaren Grundsätzen ihren Niederschlag gefunden haben.

288 Dementsprechend wird der Umfang einer entgeltlichen Haftungsfreistellung in einem gewerblichen Kraftfahrzeugmietvertrag am Leitbild der Kraftfahrzeugvollversicherung beurteilt. Vereinbaren die Parteien eines Kraftfahrzeugmietvertrags eine entgeltliche Haftungsreduzierung für den Mieter nach Art einer Vollkaskoversicherung, so darf dieser – wie der Versicherungsnehmer – darauf vertrauen, dass die Reichweite des mietvertraglich vereinbarten Schutzes im Wesentlichen dem Schutz entspricht, den er als Eigentümer des Kraftfahrzeugs und als Versicherungsnehmer in der Fahrzeugvollversicherung genießen würde. Nur bei Einräumung dieses Schutzes genügt der gewerbliche Vermieter von Kraftfahrzeugen seiner aus dem Grundsatz von Treu und Glauben erwachsenen Verpflichtung, schon bei der Festlegung seiner Allgemeinen Geschäftsbedingungen die Interessen künftiger Vertragspartner angemessen zu berücksichtigen.

289 In der Fahrzeugvollversicherung ist – wie auch sonst im Versicherungsvertragsrecht – eine Vertragsbestimmung in Allgemeinen Geschäftsbedingungen, wonach der Versicherungsnehmer voll haftet, wenn er den Versicherungsfall grob fahrlässig herbeiführt, regelmäßig gemäß § 307 Abs. 1 S. 1, Abs. 2 Nr. 1 BGB unwirksam.

290 Nach Ziff. 7 der Allgemeinen Vermietbedingungen wurde dem berechtigten Fahrer der gleiche Umfang der Haftungsfreistellung gewährt wie dem Mieter, weshalb für die Beurteilung der Wirksamkeit der Klausel hier auch das Verhältnis des Vermieters zum Mieter maßgeblich ist. Die Erwartung einer der Fahrzeugvollversicherung entsprechenden Vertragsgestaltung besteht bei Kraftfahrzeugmietverträgen mit entgeltlicher Haftungsreduzierung auch hinsichtlich des Verhaltens eines Fahrers, dem der Mieter berechtigterweise das Mietfahrzeug überlässt, so dass entgegenstehende Geschäftsbedingungen gemäß § 307 BGB unwirksam sind. Das gilt auch für nach dem 1.1.2008 geschlossene Kraftfahrzeugmietverträge, bei denen die Allgemeinen Geschäftsbedingungen abweichend von § 81 Abs. 2 VVG die volle Haftung des Mieters für vom berechtigten Fahrer grob fahrlässig herbeigeführte Schäden vorsehen.

291 Mit Erfolg rügte die Revision aber die Auffassung des Berufungsgerichts, der Vorbehalt der Haftung für grobe Fahrlässigkeit entfalle insgesamt, so dass der Beklagte im Fall grober Fahrlässigkeit nicht einmal anteilig hafte.

21. Undifferenzierter Haftungsvorbehalt für den Fall grober Fahrlässigkeit § 5

Welche Rechtsfolgen die Unwirksamkeit der Klausel, die in einem gewerblichen Kraftfahrzeugmietvertrag mit entgeltlicher Haftungsreduzierung die volle Haftung für grob fahrlässig herbeigeführte Schäden vorsieht, nach sich zieht, ist in Rechtsprechung und Literatur umstritten. Nach zutreffender Ansicht tritt an die Stelle der unwirksamen Klausel über den Haftungsvorbehalt bei grober Fahrlässigkeit gemäß § 306 Abs. 2 BGB der Grundgedanke der gesetzlichen Regelung des § 81 Abs. 2 VVG. 292

Ist eine Klausel in Allgemeinen Geschäftsbedingungen nicht Vertragsbestandteil geworden oder unwirksam, sind vorrangig die gesetzlichen Vorschriften als eine konkrete Ersatzregelung in Betracht zu ziehen (vgl. § 306 Abs. 2 BGB). Nur wenn solche nicht zur Verfügung stehen, stellt sich die Frage, ob ein ersatzloser Wegfall der unwirksamen Klausel eine sachgerechte Lösung darstellt. Scheiden beide Möglichkeiten aus, ist zu prüfen, ob durch eine ergänzende Vertragsauslegung eine interessengerechte Lösung gefunden werden kann. 293

Ist eine Allgemeine Versicherungsbedingung nicht Vertragsbestandteil geworden, so treten an ihre Stelle die Regelungen des Versicherungsvertragsgesetzes. Das gilt entsprechend für die Haftungsfreistellung bei der gewerblichen Kraftfahrzeugvermietung, die sich am Leitbild der Fahrzeugversicherung zu orientieren hat. 294

Weil sich der Umfang der vertraglichen Haftungsfreistellung am Leitbild der Kaskoversicherung orientiert, steht mit § 81 VVG für die Frage des Maßes der Haftung eine Vorschrift des dispositiven Rechts zur Verfügung, die geeignet ist, die infolge der Unwirksamkeit der Klausel entstehende Lücke zu schließen. Im Fall einer ungültigen Allgemeinen Versicherungsbedingung über die grob fahrlässige Herbeiführung des Versicherungsfalls käme nach § 306 Abs. 2 BGB die Regelung des § 81 Abs. 2 VVG zur Anwendung. Da der Umfang der mietvertraglichen Haftungsfreistellung am Leitbild der Kaskoversicherung auszurichten ist, findet auch die Regelung des § 81 Abs. 2 VVG entsprechende Anwendung. Im Fall einer mietvertraglichen Haftungsfreistellung ist der Vermieter, der eine unwirksame Klausel verwendet, dem Versicherer gleichzustellen. Die Regelung des § 81 Abs. 2 VVG stellt auch für die mietvertragliche Haftungsfreistellung den vom Gesetzgeber bezweckten angemessenen Interessenausgleich zwischen den Parteien her. 295

Die entsprechende Anwendung von § 81 Abs. 2 VVG läuft entgegen der Ansicht des Berufungsgerichts und anderer Instanzgerichte nicht auf eine unzulässige geltungserhaltende Reduktion hinaus. Das Verbot der geltungserhaltenden Reduktion verlangt, dass eine gegen §§ 307 ff. BGB verstoßende Vertragsbestimmung nicht durch andere im Wege der ergänzenden Vertragsauslegung ermittelte Regelungen ersetzt wird, sondern insgesamt entfällt. Eine ergänzende Vertragsauslegung, die eine unwirksame Vertragsbestimmung auf den gerade noch zulässigen Inhalt reduziert, liefe dem Zweck der Regelungen über die Allgemeinen Geschäftsbedingungen zuwider. Sie würde es dem Verwender ermöglichen, risikolos die Allgemeinen Geschäftsbedingungen einseitig in seinem Interesse auszugestalten. Der Zweck des 296

Rechts der Allgemeinen Geschäftsbedingungen, den Vertragspartner des Verwenders vor ungültigen Klauseln zu schützen, den Rechtsverkehr von unwirksamen Allgemeinen Geschäftsbedingungen freizuhalten und auf einen den Interessen beider Seiten gerecht werdenden Inhalt Allgemeiner Geschäftsbedingungen hinzuwirken, würde unterlaufen. Die Geltung des – hier entsprechend anzuwendenden – dispositiven Gesetzesrechts anstelle einer unwirksamen Klausel verstößt nicht gegen das Verbot der geltungserhaltenden Reduktion, sondern entspricht vielmehr seiner Intention.

297 Der Senat konnte nicht gemäß § 563 Abs. 3 ZPO in der Sache selbst entscheiden. Die Entscheidung über den Umfang der Anspruchskürzung entsprechend § 81 Abs. 2 VVG bedarf einer umfassenden Abwägung der Umstände des Einzelfalls (vgl. BGH, Urt. v. 22.6.2011 – IV ZR 255/10, VersR 2011, 1037, Rn 33). Da das Landgericht die streitgegenständliche Klausel als wirksam angesehen und das Berufungsgericht den Standpunkt vertreten hatte, die streitgegenständliche Klausel sei unwirksam und werde nicht durch eine entsprechende Anwendung des § 81 Abs. 2 VVG ersetzt, bestand für die Parteien bislang kein Anlass, zu den für die Abwägung relevanten Umständen näher vorzutragen.

22. Voraussetzungen für die Annahme grober Fahrlässigkeit bei einem selbstverschuldeten Unfall mit einem angemieteten Kraftfahrzeug

298 BGH, Urt. v. 15.7.2014 – VI ZR 452/13, zfs 2014, 685 = VersR 2014, 1135
BGB § 307; VVG § 81 Abs. 2
a) Ist der in den Allgemeinen Geschäftsbedingungen eines gewerblichen Kfz-Vermieters vorgesehene Haftungsvorbehalt für Fälle grober Fahrlässigkeit wegen Verstoßes gegen § 307 Abs. 1 S. 1, Abs. 2 Nr. 1 BGB unwirksam, findet die Regelung des § 81 Abs. 2 VVG entsprechende Anwendung (Bestätigung des Senatsurt. v. 11.10.2011 – VI ZR 46/10, BGHZ 191, 150).
b) Zu den Voraussetzungen für die Annahme grober Fahrlässigkeit bei einem selbstverschuldeten Unfall mit einem angemieteten Kraftfahrzeug.

a) Der Fall

299 Die Klägerin, eine gewerbliche Kraftfahrzeugvermieterin, nahm den Beklagten auf Ersatz des Schadens in Anspruch, den er als Fahrer eines von seiner Ehefrau, der ehemaligen Beklagten zu 1, am 10.6.2010 angemieteten Kraftfahrzeugs verursacht hatte. In dem Mietvertrag war eine Haftungsfreistellung für selbstverschuldete Unfälle mit einer Selbstbeteiligung von 350 EUR pro Schadensfall vereinbart. Dem Vertrag lagen die Allgemeinen Vermietbedingungen der Klägerin zugrunde, die unter anderem folgende Regelung enthielten:

22. Voraussetzungen für die Annahme grober Fahrlässigkeit §5

„I: 2. Dem Mieter steht es frei, die Haftung aus Unfällen für Schäden der Vermieterin durch Zahlung eines besonderen Entgelts auszuschließen = vertragliche Haftungsfreistellung. In diesem Fall haftet er für Schäden, abgesehen von der vereinbarten Selbstbeteiligung nur dann, wenn

- ...
- er oder seine Erfüllungsgehilfen den Schaden durch Vorsatz oder grobe Fahrlässigkeit herbeigeführt haben.
- ..."

Nach der im Vertrag unter I: 7. getroffenen Regelung gelten sämtliche Rechte und Verpflichtungen aus dieser Vereinbarung zugunsten und zulasten des berechtigten Fahrers.

Am 13.6.2010 verursachte der Beklagte gegen 20.00 Uhr in B einen Verkehrsunfall, weil er vor einer Kreuzung das Rotlicht einer Lichtzeichenanlage missachtete. In der Kreuzungsmitte kollidierte das Mietfahrzeug mit einem anderen Kraftfahrzeug und wurde im Frontbereich erheblich beschädigt. 300

Mit ihrer Klage hat die Klägerin Reparaturkosten, Wertminderung und Sachverständigenkosten sowie eine Kostenpauschale mit einer Quote von 75 % geltend gemacht und Zahlung von insgesamt 5.378,15 EUR verlangt. Das Landgericht hat die Klage abgewiesen. Auf die Berufung der Klägerin hat das Oberlandesgericht der Klage mit einer Haftungsquote von 50 % stattgegeben und den Beklagten unter Abzug der bei Vertragsschluss erbrachten Selbstbeteiligung zur Zahlung von 2.982,94 EUR nebst Zinsen verurteilt. Mit der vom Berufungsgericht zugelassenen Revision erstrebte der Beklagte die Wiederherstellung des landgerichtlichen Urteils. 301

b) Die rechtliche Beurteilung

Das angefochtene Urteil hielt der revisionsrechtlichen Nachprüfung nicht stand. 302

Zutreffend ging das Berufungsgericht allerdings davon aus, dass der in den Allgemeinen Vermietbedingungen der Klägerin vorgesehene Haftungsvorbehalt für Fälle grober Fahrlässigkeit wegen Verstoßes gegen § 307 Abs. 1 S. 1, Abs. 2 Nr. 1 BGB unwirksam war, denn diese Klausel weicht von wesentlichen Grundgedanken der hier maßgeblichen gesetzlichen Regelung über die Fahrzeugvollversicherung ab und ist mit diesen nicht zu vereinbaren. Vereinbaren die Parteien eines gewerblichen Kraftfahrzeugmietvertrages gegen Entgelt eine Haftungsreduzierung für den Mieter nach Art der Vollkaskoversicherung mit Selbstbeteiligung, so darf dieser nämlich darauf vertrauen, dass die Reichweite des mietvertraglich vereinbarten Schutzes im Wesentlichen dem Schutz entspricht, den er als Eigentümer des Kraftfahrzeugs und als Versicherungsnehmer in der Fahrzeugvollversicherung genießen würde. Nur bei Einräumung dieses Schutzes genügt der gewerbliche Vermieter von Kraftfahrzeugen seiner aus dem Grundsatz von Treu und Glauben erwachsenen Verpflichtung, schon bei der Festlegung seiner Allgemeinen Geschäftsbedingungen

247

die Interessen künftiger Vertragspartner angemessen zu berücksichtigen (BGH, Urt. v. 20.5.2009 – XII ZR 94/07, BGHZ 181, 179 Rn 13). In der Fahrzeugvollversicherung ist – wie auch sonst im Versicherungsvertragsrecht – eine Vertragsbestimmung in Allgemeinen Geschäftsbedingungen, wonach der Versicherungsnehmer voll haftet, wenn er den Versicherungsfall grob fahrlässig herbeiführt, regelmäßig gemäß § 307 Abs. 1 S. 1, Abs. 2 Nr. 1 BGB unwirksam (Senatsurt. v. 11.10.2011 – VI ZR 46/10, BGHZ 191, 150 Rn 12 m.w.N.). Dies gilt hinsichtlich der Haftung des grob fahrlässig handelnden berechtigten Fahrers, der nicht Mieter ist, gleichermaßen jedenfalls dann, wenn dessen Haftungsfreistellung – wie hier – in den Allgemeinen Vermietungsbedingungen ausdrücklich vorgesehen ist (Senatsurt. v. 11.10.2011 – VI ZR 46/10, a.a.O. Rn 14).

303   Mit Recht nahm das Berufungsgericht auch an, dass an die Stelle der unwirksamen Klausel über den Haftungsvorbehalt der Grundgedanke der gesetzlichen Regelung des § 81 Abs. 2 VVG tritt.

304   Ist eine Klausel in Allgemeinen Geschäftsbedingungen nicht Vertragsbestandteil geworden oder unwirksam, sind vorrangig die gesetzlichen Vorschriften als eine konkrete Ersatzregelung in Betracht zu ziehen (vgl. § 306 Abs. 2 BGB). Ist eine Allgemeine Versicherungsbedingung nicht Vertragsbestandteil geworden, so treten an ihre Stelle die Regelungen des Versicherungsvertragsgesetzes. Das gilt entsprechend für die Haftungsfreistellung bei der gewerblichen Kraftfahrzeugvermietung, die sich am Leitbild der Fahrzeugversicherung zu orientieren hat.

305   Im Fall einer ungültigen Allgemeinen Versicherungsbedingung über die grob fahrlässige Herbeiführung des Versicherungsfalls käme nach § 306 Abs. 2 BGB die Regelung des § 81 Abs. 2 VVG zur Anwendung. Da der Umfang der mietvertraglichen Haftungsfreistellung am Leitbild der Kaskoversicherung auszurichten ist, findet auch hier die Regelung des § 81 Abs. 2 VVG entsprechende Anwendung. Mit dieser Norm steht für die Frage des Maßes der Haftung eine Vorschrift des dispositiven Rechts zur Verfügung, die geeignet ist, die infolge der Unwirksamkeit der Klausel entstehende Lücke zu schließen. Im Fall einer mietvertraglichen Haftungsfreistellung ist der Vermieter, der eine unwirksame Klausel verwendet, dem Versicherer gleichzustellen.

306   So wie der Versicherer gemäß § 81 Abs. 2 VVG berechtigt ist, seine Leistung in einem der Schwere des Verschuldens des Versicherungsnehmers entsprechenden Verhältnis zu kürzen, wenn dieser den Versicherungsfall grob fahrlässig herbeiführt, richtet sich auch das Maß der Haftung des Mieters und des berechtigten Fahrers eines von einem gewerblichen Vermieter angemieteten Kraftfahrzeugs im Falle grob fahrlässiger Schadensverursachung nach der Schwere des Fahrlässigkeitsvorwurfs. Eine vollständige Haftungsfreistellung erfolgt in Anlehnung an die in § 81 Abs. 2 VVG getroffene Regelung grundsätzlich nicht. Zwar bewegt sich dort der Rahmen der zulässigen Kürzung in einem Bereich von 0 % bis 100 %, doch kommt eine Kürzungsquote von weniger als 10 % praktisch nicht in Betracht.

22. Voraussetzungen für die Annahme grober Fahrlässigkeit § 5

Entgegen der Auffassung der Revision kann die infolge der Unwirksamkeit der Klausel entstandene Vertragslücke nicht dahingehend geschlossen werden, dass in Fällen grob fahrlässiger Schadensherbeiführung stets eine vollständige Haftungsfreistellung erfolgt und eine Ausnahme davon nur für Alkoholfahrten und Diebstahl anzunehmen ist. Dabei kommt es nicht darauf an, ob sich zum Zeitpunkt der Anmietung des Fahrzeugs durch die Ehefrau des Klägers auf dem Markt der Vollkaskoversicherung eine Vertragsgestaltung durchgesetzt hatte, wonach der Versicherer auf den Einwand der groben Fahrlässigkeit mit Ausnahme von Alkoholfahrten und Diebstahl verzichtet. 307

Dass der Umfang der mietvertraglichen Haftungsfreistellung am Leitbild der Kaskoversicherung auszurichten ist, bedeutet entgegen der Auffassung der Revision nicht, dass bei der Schließung einer infolge der Unwirksamkeit einer Klausel entstandenen Vertragslücke Vertragsgestaltungen zu berücksichtigen sind, die am Versicherungsmarkt üblich sind. Dies wäre nur im Rahmen einer ergänzenden Vertragsauslegung möglich, denn nach § 306 Abs. 2 BGB richtet sich der Inhalt des Vertrags im Falle einer unwirksamen Klausel vorrangig nach den gesetzlichen Vorschriften. Nur wenn eine geeignete Regelung nicht zur Verfügung steht und ein ersatzloser Wegfall der unwirksamen Klausel keine sachgerechte Lösung darstellt, ist zu prüfen, ob durch eine ergänzende Vertragsauslegung eine interessengerechte Lösung gefunden werden kann (vgl. BGH, Urt. v. 12.10.2005 – IV ZR 162/03, VersR 2005, 1565 Rn 37). Dafür ist vorliegend kein Raum, denn die Regelung des § 81 Abs. 2 VVG stellt auch für die mietvertragliche Haftungsfreistellung den vom Gesetzgeber bezweckten angemessenen Interessenausgleich zwischen den Parteien her (Senatsurt. v. 11.10.2011 – VI ZR 46/10, a.a.O. Rn 19). 308

Entgegen der von der Revision in der mündlichen Verhandlung vertretenen Auffassung kann der Beklagte der Klägerin auch nicht mit Erfolg entgegenhalten, sie habe es treuwidrig unterlassen, vor Abschluss des Mietvertrages darauf hinzuweisen, dass andere Autovermieter auf den Einwand der groben Fahrlässigkeit – abgesehen von Alkohol- und Drogenfahrten oder Diebstahl – verzichten würden. Eine solche Hinweispflicht auf angeblich marktübliche Mietbedingungen besteht nicht. 309

Mit Erfolg wandte sich die Revision jedoch gegen die Beurteilung des Berufungsgerichts, eine Haftungsquote von 50 % erscheine angemessen, weil der Beklagte den Schaden an dem Mietfahrzeug grob fahrlässig herbeigeführt habe und sein Verschulden im mittleren Bereich zwischen leichter Fahrlässigkeit und bedingtem Vorsatz liege. 310

Die Beurteilung, ob die Fahrlässigkeit im Einzelfall als einfach oder grob zu werten ist, ist Sache der tatrichterlichen Würdigung. Sie erfordert eine Abwägung aller objektiven und subjektiven Tatumstände und entzieht sich deshalb weitgehend einer Anwendung fester Regeln. Die tatrichterliche Würdigung ist mit der Revision nur beschränkt angreifbar. Nachgeprüft werden kann nur, ob in der Tatsacheninstanz der Rechtsbegriff der groben Fahrlässigkeit verkannt worden ist oder ob beim Be- 311 werten des Grades der Fahrlässigkeit wesentliche Umstände außer Betracht geblieben sind.

312 Das Berufungsgericht ging im Ansatz zutreffend davon aus, dass das Nichtbeachten des Rotlichts einer Lichtzeichenanlage wegen der damit verbundenen erheblichen Gefahren in aller Regel als objektiv grob fahrlässig anzusehen ist. Nach den jeweiligen Umständen kann es jedoch schon an den objektiven oder an den subjektiven Voraussetzungen der groben Fahrlässigkeit fehlen. Dies kann etwa der Fall sein, wenn die Lichtzeichenanlage nur schwer zu erkennen oder verdeckt ist (vgl. BGH, Urt. v. 29.1.2003 – IV ZR 173/01, a.a.O. Rn 12). Das Berufungsgericht meinte, dies sei vorliegend nicht der Fall, denn das zu den Akten gereichte Lichtbild zeige eine übersichtliche Kreuzung mit einer Lichtzeichenanlage links und rechts neben der Fahrspur sowie über der mittleren Fahrspur, die sehr gut einsehbar sei.

313 Wie die Revision mit Recht geltend machte, stimmten diese Ausführungen mit der Abbildung nicht in jeder Hinsicht überein. Dem Foto, das lediglich die Rückseite einer Lichtzeichenanlage zeigte, ließ sich nämlich nicht entnehmen, ob die für den Beklagten maßgebliche Ampel für diesen tatsächlich gut zu erkennen war. Hinzu kam, dass der Beklagte, worauf die Revision ebenfalls hinwies, vorgetragen hatte, die Signale der Lichtzeichenanlage seien – wohl wegen der tief stehenden Sonne – nicht sehr auffällig gewesen. Mit diesem Sachvortrag hatte sich das Berufungsgericht verfahrensfehlerhaft nicht befasst.

314 Nach alledem konnte das Berufungsurteil, soweit zum Nachteil des Beklagten erkannt worden war, keinen Bestand haben. Insoweit war die Sache unter Aufhebung der angefochtenen Entscheidung an das Berufungsgericht zurückzuverweisen (§ 563 Abs. 1 S. 1 ZPO), damit die erforderliche Entscheidung über den Umfang der Anspruchskürzung entsprechend § 81 Abs. 2 VVG unter umfassender Abwägung aller Umstände des Einzelfalls nachgeholt werden konnte (vgl. BGH, Urt. v. 22.6.2011 – IV ZR 225/10, VersR 2011, 1037 Rn 33). Dabei wird auch das weitere Vorbringen der Revision zum Vorwurf der groben Fahrlässigkeit zu berücksichtigen sein.

23. Vermittlung einer günstigeren Anmietmöglichkeit durch den gegnerischen Haftpflichtversicherer

315 BGH, Urt. v. 26.4.2016 – VI ZR 563/15, VersR 2016, 1071
BGB §§ 249 Abs. 2 S. 1, 254 Abs. 2 S. 1
a) Die Frage, ob der vom Geschädigten gewählte Mietwagentarif erforderlich war im Sinne des § 249 Abs. 2 S. 1 BGB, kann ausnahmsweise offen bleiben, wenn feststeht, dass dem Geschädigten ein günstigerer Tarif in der konkreten Situation „ohne weiteres" zugänglich gewesen wäre, so dass ihm eine kostengünstigere Anmietung unter dem Blickwinkel der ihm gemäß § 254 Abs. 2 S. 1 BGB obliegenden Schadensminderungspflicht zugemutet werden

konnte *(im Anschluss an Senatsurt. v. 2.2.2010 – VI ZR 139/08, a.a.O. Rn 12).*

b) In diesem Zusammenhang kann auch das Angebot des Haftpflichtversicherers an den Geschädigten, ihm eine günstige Anmietmöglichkeit zu vermitteln, beachtlich sein.

a) Der Fall

Der Kläger machte gegen den beklagten Haftpflichtversicherer restliche Mietwagenkosten aus einem Verkehrsunfall vom 27.9.2012 geltend. Die Einstandspflicht der Beklagten stand dem Grunde nach außer Streit.

Am Vormittag des 28.9.2012 führte der Kläger mit einem Mitarbeiter der Beklagten ein Telefonat über den vorgenannten Verkehrsunfall, wobei ihm nach dem Sachvortrag der Beklagten angeboten worden sei, ihm einen Mietwagen zu einem günstigen Tagespreis zu vermitteln. Darauf sei der Kläger jedoch nicht eingegangen. Am Nachmittag desselben Tages mietete der Kläger bei der Autovermietung L-GmbH ein dem unfallbeschädigten Pkw vergleichbares Mietfahrzeug an. Für die Mietdauer bis zum 12.10.2012 berechnete ihm das Mietwagenunternehmen Kosten in Höhe von 1.632,82 EUR. Die Beklagte zahlte an den Kläger lediglich Mietwagenkosten in Höhe von 570 EUR, die bei Anmietung eines Mietfahrzeugs zu einem Tagesmietpreis von 38 EUR angefallen wären. Mit der vorliegenden Klage machte der Kläger den Differenzbetrag von 1.062,82 EUR nebst Zinsen geltend.

Das Amtsgericht hat die Klage abgewiesen. Die hiergegen gerichtete Berufung hat das Berufungsgericht zurückgewiesen. Mit der vom Berufungsgericht zugelassenen Revision verfolgte der Kläger sein Klagebegehren weiter.

b) Die rechtliche Beurteilung

Das Berufungsurteil hielt revisionsrechtlicher Überprüfung stand.

Nach ständiger Rechtsprechung des Senats kann der Geschädigte vom Schädiger und dessen Haftpflichtversicherer nach § 249 BGB als erforderlichen Herstellungsaufwand grundsätzlich den Ersatz derjenigen Mietwagenkosten verlangen, die ein verständiger, wirtschaftlich denkender Mensch in der Lage des Geschädigten für zweckmäßig und notwendig halten durfte. Der Geschädigte ist hierbei nach dem aus dem Grundsatz der Erforderlichkeit hergeleiteten Wirtschaftlichkeitsgebot gehalten, im Rahmen des ihm Zumutbaren, von mehreren möglichen Wegen den wirtschaftlicheren Weg der Schadensbehebung zu wählen. Das bedeutet, dass er von mehreren auf dem örtlich relevanten Markt – nicht nur für Unfallgeschädigte – erhältlichen Tarifen für die Anmietung eines vergleichbaren Ersatzfahrzeugs (innerhalb eines gewissen Rahmens) grundsätzlich nur den günstigeren Mietpreis als zur Herstellung objektiv erforderlich ersetzt verlangen kann (vgl. etwa Senatsurt. v.

§ 5 Mietwagenkosten, insbesondere Unfallersatztarife

2.2.2010 – VI ZR 139/08, VersR 2010, 545 Rn 10 und v. 18.12.2012 – VI ZR 316/11, VersR 2013, 330 Rn 8, jeweils m.w.N.).

320 Die Frage, ob der vom Geschädigten gewählte Tarif erforderlich war im Sinne des § 249 Abs. 2 S. 1 BGB, kann ausnahmsweise offen bleiben, wenn feststeht, dass dem Geschädigten ein günstigerer Tarif in der konkreten Situation „ohne weiteres" zugänglich gewesen wäre, so dass ihm eine kostengünstigere Anmietung unter dem Blickwinkel der ihm gemäß § 254 Abs. 2 S. 1 BGB obliegenden Schadensminderungspflicht zugemutet werden konnte (vgl. Senatsurt. V. 2.2.2010 – VI ZR 139/08, a.a.O. Rn 12). So lag der Fall hier. Die Feststellungen des Berufungsgerichts, dass die seitens der Beklagten dem Kläger angebotenen günstigeren Anmietmöglichkeiten „ohne weiteres" zugänglich gewesen wären, ließen entgegen der Auffassung der Revision keinen Rechtsfehler erkennen.

321 Die Würdigung der Beweise ist grundsätzlich dem Tatrichter vorbehalten, an dessen Feststellungen das Revisionsgericht gemäß § 559 Abs. 2 ZPO gebunden ist. Dieses kann lediglich nachprüfen, ob sich der Tatrichter entsprechend dem Gebot des § 286 ZPO mit dem Prozessstoff und den Beweisergebnissen umfassend und widerspruchsfrei auseinandergesetzt hat, die Beweiswürdigung also vollständig und rechtlich möglich ist und nicht gegen Denkgesetze und Erfahrungssätze verstößt (st. Rspr., vgl. etwa Senatsurt. v. 16.4.2013 – VI ZR 44/12, VersR 2013, 1045 Rn 13 m.w.N.). Einen solchen Fehler zeigte die Revision nicht auf.

322 Die Revision ging selbst davon aus, dass nach der vorgenannten Rechtsprechung des erkennenden Senats das Angebot des Haftpflichtversicherers an den Geschädigten, ihm ein Ersatzfahrzeug zur Verfügung zu stellen oder zu vermitteln, beachtlich sein kann (vgl. zur Schadensgeringhaltungspflicht bei der Verwertung von Unfallfahrzeugen Senatsurt. v. 1.6.2010 – VI ZR 316/09, VersR 2010, 963 Rn 9 f.). Sie meinte jedoch, die Vorinstanzen hätten nicht festgestellt, dass der Mitarbeiter der Beklagten dem Kläger mitgeteilt habe, was er zur Anmietung dieses Fahrzeugs hätte tun müssen, wo es sich befinde, und ab wann es zur Verfügung stehe. Für den Kläger sei deshalb in keiner Weise überprüfbar gewesen, ob das Angebot der Beklagten überhaupt zu einem „zugänglichen Fahrzeug" hätte führen können.

323 Die Rüge der Revision, die Vorinstanzen hätten keine hinreichenden Feststellungen zur Zugänglichkeit der von der Beklagten vorgeschlagenen Mietwagenangebote getroffen, hatte keinen Erfolg. Das Amtsgericht, dessen Beweiswürdigung das Berufungsgericht folgte, hatte sich nämlich nicht – wie die Revision geltend machte – mit der Feststellung begnügt, es bestehe kein Zweifel daran, dass eine Fahrzeuganmietung zu den vom Zeugen genannten Preisen tatsächlich möglich gewesen wäre. Es hatte sich dabei vielmehr auf die als glaubhaft angesehene Aussage des Zeugen P gestützt, wonach dieser regelmäßig – sollte vom Geschädigten ein Mietwagen gewünscht werden – dessen Telefonnummer notiere und an das Mietwagenunternehmen weitergebe, welches sich dann bei dem Geschädigten melde und Zeitpunkt und Art der Fahrzeugzustellung vereinbare. Da die genauen Übergabemodalitäten

23. Vermittlung durch den gegnerischen Haftpflichtversicherer §5

(sinnvollerweise) dabei unmittelbar zwischen dem von der Beklagten vermittelten Mietwagenunternehmen und dem Kläger vereinbart werden konnten, musste dem Kläger – entgegen der Ansicht der Revision – nicht bereits seitens des Haftpflichtversicherers mitgeteilt werden, wo sich das Fahrzeug befand und ab wann es konkret zur Verfügung gestellt wurde.

Aus den Ausführungen des Amtsgerichts ergab sich weiter, dass sich dessen Überzeugungsbildung auch darauf gründete, dass der Zeuge im Einzelnen dargelegt habe, wie problemlos eine solche Anmietung üblicherweise stattfinde. Er habe ausgesagt, er könne aus Erfahrung sagen, dass ein solches Fahrzeug zur Verfügung gestellt werde. In seiner langjährigen Bearbeitungszeit sei es niemals vorgekommen, dass ein Fahrzeug nicht zum entsprechenden Zeitpunkt zur Verfügung gestanden habe. Bei dem Fahrzeug des Klägers habe es sich auch keineswegs um ein „Exotenfahrzeug" gehandelt, für das ein großes Mietwagenunternehmen kein entsprechendes oder gleichwertiges Fahrzeug anbieten könne. Darüber hinaus werde in Fällen, in denen ein klassengleiches Fahrzeug nicht vorhanden sei, notfalls ohne Aufpreis ein höherwertiges zur Verfügung gestellt. **324**

Nach alledem durfte sich auch das Berufungsgericht ohne Rechtsfehler in tatrichterlicher Würdigung die Überzeugung bilden, dass die von der Beklagten vorgeschlagenen Anmietmöglichkeiten dem Kläger „ohne weiteres" zugänglich gewesen wären. Aufgrund dieser Feststellungen war es revisionsrechtlich nicht zu beanstanden, dass das Berufungsgericht in der Anmietung eines teureren Mietfahrzeugs durch den Kläger einen Verstoß gegen die sich aus § 254 Abs. 2 S. 1 BGB ergebende Verpflichtung zur Geringhaltung des Schadens gesehen und nur die Mietwagenkosten als ersatzfähig erachtet hatte, die dem Kläger bei Wahrnehmung des Vermittlungsangebots der Beklagten entstanden wären. Die Revision zeigte keinen übergangenen Sachvortrag auf, wonach es dem Kläger unzumutbar gewesen sein könnte, den Mietwagen nicht von den von der Beklagten benannten Mietwagenunternehmen, sondern zu einem wesentlich höheren Preis bei dem von ihm ausgewählten Unternehmen anzumieten. **325**

253

§ 6 Nutzungsausfall und merkantiler Minderwert

1. Nutzungsausfall und merkantiler Minderwert bei älteren Kraftfahrzeugen

BGH, Urt. v. 23.11.2004 – VI ZR 357/03, zfs 2005, 126 = VersR 2005, 284
BGB §§ 249, 251; ZPO § 287

Zur Bemessung der Nutzungsausfallentschädigung und des merkantilen Minderwerts bei einem älteren Kraftfahrzeug.

a) Der Fall

Die Klägerin machte gegen die Beklagte zu 1 als Kfz-Versicherer und die Beklagte zu 2 als Fahrerin des gegnerischen Fahrzeugs restlichen Schadensersatz aus einem Verkehrsunfall geltend. Dabei wurde der Pkw der Klägerin, ein zum Unfallzeitpunkt 16 Jahre alter Mercedes Benz 200 D mit einer Laufleistung von ca. 164.000 km, beschädigt. Die volle Haftung der Beklagten stand dem Grunde nach außer Streit. Die Parteien stritten noch um die Höhe der Nutzungsausfallentschädigung sowie um einen merkantilen Minderwert des Fahrzeugs der Klägerin infolge des Verkehrsunfalls. Die Beklagte zu 1 hatte der Klägerin für 10 Tage Nutzungsausfall lediglich eine Entschädigung für Vorhaltekosten in Höhe von 25 EUR pro Tag, insgesamt 250 EUR, gezahlt. Das Amtsgericht hat das Begehren der Klägerin auf Zahlung eines höheren Nutzungsausfalls und auf Zahlung eines merkantilen Minderwerts abgewiesen. Auf die Berufung der Klägerin hatte ihr das Landgericht nach den Tabellen von *Sanden/Danner/Küppersbusch* unter Herabstufung um zwei Gruppen weitere 90 EUR als Nutzungsausfallentschädigung zuerkannt. Mit ihrer vom Landgericht zugelassenen Revision verfolgte die Klägerin ihr Klagebegehren weiter, soweit ihm das Berufungsgericht nicht entsprochen hatte. Sie hatte keinen Erfolg.

b) Die rechtliche Beurteilung

Das Berufungsurteil ließ hinsichtlich der zugesprochenen Nutzungsausfallentschädigung keinen Rechtsfehler zum Nachteil der Klägerin erkennen.

Das Berufungsgericht war zutreffend davon ausgegangen, dass dem Eigentümer eines privat genutzten Pkw, der durch einen Eingriff die Möglichkeit zur Nutzung verliert, grundsätzlich ein Anspruch auf Ersatz seines Nutzungsausfallschadens zusteht (vgl. Senatsurt. BGHZ 45, 212 ff.; 56, 214, 215 f.; GSZ BGHZ 98, 212 f.; BGH, Urt. v. 20.10.1987 – X ZR 49/86, NJW 1988, 484, 485 f.). Die Bemessung der Höhe des Anspruchs ist dabei in erster Linie Sache des nach § 287 ZPO besonders frei gestellten Tatrichters. Es ist nicht Aufgabe des Revisionsgerichts, dem Tatrichter eine bestimmte Berechnungsmethode bindend vorzuschreiben, zumal einzelne Faktoren der speziellen Schadensberechnung zeitbedingt sind. Soweit es sich allerdings um typische Fälle handelt, muss die Schätzung im Interesse gleichmäßiger Handhabung rechtlich daraufhin überprüft werden, ob sie den Gegenstand des zu entschädigenden Vermögensnachteils beachtet und nicht zu einer grundlosen Bereicherung des Geschädigten oder zu einem verkappten Ausgleich immateriellen Schadens führt. Als eine in diesem Sinne geeignete Methode der Schadensschätzung hat der Bundesgerichtshof die von der Rechtsprechung herangezogenen Tabellen von *Sanden/Danner* (jetzt: *Sanden/Danner/Küppersbusch*) anerkannt. Die Tabellen gehen von durchschnittlichen Mietsätzen für Pkw aus als einem vom Markt anerkannten Maßstab für die Bewertung der Gebrauchsmöglichkeit eines Kraftfahrzeugs. Da bei der Nutzungsausfallentschädigung jedoch lediglich entgangene Gebrauchsvorteile für die „eigenwirtschaftliche Verwendungsplanung" zu ersetzen sind, es also um Kompensation und nicht um die Wahrung des Integritätsinteresses geht, müssen die Mietpreise um die spezifisch die erwerbswirtschaftliche Nutzung betreffenden Wertfaktoren zuverlässig bereinigt werden. Diesen Anforderungen wird in den Tabellen von *Sanden/Danner/Küppersbusch* dadurch hinreichend Rechnung getragen, dass die Mietpreise um die Gewinnspannen des Vermieters und die bei einer privaten Nutzung nicht anfallenden Kosten für Verwaltung, Vermittlungsprovisionen, erhöhte Abnutzung und erhöhte Versicherungsprämien gekürzt werden. Der danach verbleibende Betrag liegt bei 35 bis 40 % der üblichen Miete und 200 bis 400 % der Vorhaltekosten.

5   Der BGH hatte zwar in einer älteren Entscheidung vom 18.5.1971 (BGHZ 56, 214, 221) ausgeführt, dass die Nutzungsausfallentschädigung die Vorhaltekosten nur maßvoll übersteigen soll und eine reichliche Verdoppelung der Vorhaltekosten zu hoch sei (vgl. auch GSZ BGHZ 98, 212, 226). Dies beruhte jedoch auf anderen tatsächlichen Grundlagen, als sie heute vorzufinden sind. Während im Jahre 1975 beispielsweise nach der Tabelle von *Sanden/Danner* in der Regel eine Verdoppelung der Vorhaltekosten knapp verfehlt wurde (vgl. VersR 1975, 972 ff.), gelangen die aktuellen Tabellen nach demselben Berechnungsmodell zu höheren Ergebnissen, was im Wesentlichen auf die im Vergleich zu den Vorhaltekosten stärker gestiegenen Mietwagenpreise zurückzuführen sein dürfte. Diese Marktentwicklung darf bei der Bemessung der Nutzungsausfallentschädigung nicht unberücksichtigt bleiben, weil den Mietwagenpreisen Anhaltspunkte für den Wert der Gebrauchsmöglichkeit entnommen werden können.

6   Nicht einheitlich beurteilt wurde bisher die Frage, wie die Nutzungsausfallentschädigung bei älteren Pkw – wie im Streitfall – zu bemessen ist.

Zum Teil wurde in der Rechtsprechung und Literatur eine pauschale, allein am Alter orientierte Herabstufung älterer Fahrzeuge abgelehnt. Entweder wurde auf einen Abschlag von der Nutzungsausfallentschädigung für ein vergleichbares Neufahrzeug prinzipiell verzichtet oder es wurden Abstriche nur unter Berücksichtigung des Einzelfalls bei Vorliegen besonderer Umstände gemacht, etwa bei erheblichen

1. Nutzungsausfall und merkantiler Minderwert bei älteren Kraftfahrzeugen §6

Mängeln oder bei sonstigen erheblichen Einschränkungen des Nutzungswertes. Häufig wurde auch zusätzlich zur Vermeidung einer Herabstufung berücksichtigt, ob sich das Fahrzeug in einem guten Erhaltungszustand befindet.

Diese Auffassungen wurden im Wesentlichen damit begründet, dass auch ein älteres Kraftfahrzeug in einem entsprechenden Erhaltungszustand für den Eigentümer den gleichen Nutzen im Rahmen der eigenwirtschaftlichen Lebensführung haben könne wie ein Neufahrzeug. 7

Eine andere Meinung in der Rechtsprechung und Literatur befürwortete demgegenüber – ebenso wie die Bearbeiter der Tabelle selbst (vgl. *Danner/Küppersbusch*, NZV 1989, 11 f.; *Küppersbusch*, Beilage zu NJW Heft 10/2002, S. 3; DAR 2004, 1 ff.) – eine Herabstufung innerhalb der Gruppen der Tabelle und zwar bei Pkw, die älter als fünf Jahre sind, um eine Gruppe und bei Fahrzeugen mit einem Alter von über 10 Jahren um eine weitere Gruppe. 8

Dies wurde sowohl mit Gesichtspunkten der Abschreibung als auch damit begründet, dass der Nutzungswert eines entsprechend älteren Fahrzeugs in der Regel gegenüber demjenigen eines neueren Fahrzeugs aufgrund der Fortentwicklung der Fahrzeugtechnik wesentlich geringer sei. 9

Der Bundesgerichtshof hatte bisher nur in einer Entscheidung des X. Zivilsenats vom 20.10.1987 – X ZR 49/86 (NJW 1988, 484) zu dem Problem der Bemessung einer Nutzungsausfallentschädigung für ein im Rahmen eines Werkvertrages zurückbehaltenes älteres Fahrzeug der Tabelle von *Sanden/Danner* die Eignung als Schätzungsgrundlage versagt und nur einen Betrag etwa in Höhe der – im Einzelfall angemessen erhöhten – Vorhaltekosten zugrunde gelegt. Der Entscheidung lag jedoch eine mit der vorliegenden nicht vergleichbare Fallgestaltung zugrunde, weil neben dem Alter von nahezu 10 Jahren ausschlaggebend war, dass das Fahrzeug mit zahlreichen erheblichen Mängeln behaftet war, welche den Nutzungswert wesentlich beeinträchtigten. Lediglich zusätzlich wurde darauf abgehoben, dass der dort zu beurteilende Fahrzeugtyp (Fiat 500) in der Liste von *Sanden/Danner* nicht mehr aufgeführt war, sondern lediglich das stärker motorisierte und deutlich komfortablere Nachfolgemodell (Fiat 126). 10

Spielt hingegen – wie im jetzt entschiedenen Fall – das Alter des Pkw eine wesentliche Rolle, so ist der Tatrichter aus Rechtsgründen nicht gehalten, in jedem Einzelfall bei der Beurteilung der entgangenen Gebrauchsvorteile eine aufwendige Berechnung anzustellen, sondern darf grundsätzlich im Rahmen des ihm nach § 287 ZPO bei der Schadensschätzung eingeräumten Ermessens aus Gründen der Praktikabilität und der gleichmäßigen Handhabung typischer Fälle weiterhin mit den in der Praxis anerkannten Tabellen arbeiten, selbst wenn das Fahrzeug darin nicht mehr aufgeführt ist. In diesen Tabellen sind bei der Berechnung der Nutzungswerte Mietsätze für Neufahrzeuge zugrunde gelegt, die durch die Entwicklung der Fahrzeugtechnik gegenüber Vorgängermodellen teilweise erhebliche Nutzungsvorteile wie größere Sicherheit (z.B. durch Airbag, ABS, ESP usw.), geringeren Kraftstoff- 11

§ 6 Nutzungsausfall und merkantiler Minderwert

verbrauch trotz besserer Fahrleistungen und höheren (Fahr-)Komfort bieten. Diese Veränderungen spiegeln sich im Kaufpreis und dem hierauf wesentlich basierenden Mietpreis wieder, der wiederum Grundlage der Tabellen und damit Anhaltspunkt für die Bemessung der Entschädigung für den Verlust der Gebrauchsmöglichkeit darstellt. Die Bearbeiter der Tabellen weisen zudem darauf hin, dass es keinen verbreiteten Vermietermarkt für ausgelaufene Modelle gibt und solche Fahrzeuge – im Falle einer Vermietung – billiger angeboten werden müssten, um konkurrenzfähig zu sein (vgl. *Danner/Küppersbusch*, a.a.O., S. 12). Da sich in den um erwerbswirtschaftliche Faktoren bereinigten Mietpreisen die Bewertung der Gebrauchsvorteile für die eigenwirtschaftliche Verwendung eines Kraftfahrzeugs widerspiegeln, würde es regelmäßig zu einer grundlosen Bereicherung des Geschädigten oder zu einem verkappten Ausgleich immateriellen Schadens führen, wollte man ihn für die entgangenen Gebrauchsvorteile seines in den Tabellen nicht mehr aufgeführten, nicht mehr hergestellten Fahrzeugs so entschädigen, als handelte es sich um ein Neufahrzeug.

12 Gegen die Beurteilung des Berufungsgerichts, dass solchen Veränderungen des Nutzungswertes durch eine Herabstufung in den jeweiligen Fahrzeuggruppen der Tabellen Rechnung getragen werden kann, ist aus Rechtsgründen nichts zu erinnern. Ab welchem Alter und um wie viele Stufen dies zu geschehen hat, ob alternativ auch die letzte Tabelle herangezogen werden kann, in der das beschädigte Kfz noch aufgeführt worden ist (vgl. *Danner/Küppersbusch*, a.a.O., S. 12 m.w.N.) und ab welchem Alter nur noch von den Vorhaltekosten auszugehen ist, braucht hier nicht abschließend entschieden zu werden. Unter den Umständen des vorliegenden Falles, in dem das zu beurteilende Fahrzeug älter als 15 Jahre ist und das Berufungsgericht im Rahmen seines ihm durch § 287 ZPO eingeräumten tatrichterlichen Ermessens nicht nur – wie das Amtsgericht – von den Vorhaltekosten ausgegangen ist, sondern lediglich eine Herabstufung in den Tabellen von *Sanden/Danner/Küppersbusch* um zwei Gruppen vorgenommen hat, ist jedenfalls ein Rechtsfehler zu Lasten der Klägerin nicht erkennbar.

13 Das Berufungsgericht hatte auch ohne Rechtsfehler einen merkantilen Minderwert des Fahrzeugs der Klägerin infolge des Verkehrsunfalls verneint.

Nach ständiger Rechtsprechung des BGH handelt es sich beim merkantilen Minderwert um eine Minderung des Verkaufswerts, die trotz völliger und ordnungsgemäßer Instandsetzung eines bei einem Unfall erheblich beschädigten Kraftfahrzeugs allein deshalb verbleibt, weil bei einem großen Teil des Publikums, vor allem wegen des Verdachts verborgen gebliebener Schäden, eine den Preis beeinflussende Abneigung gegen den Erwerb unfallbeschädigter Kraftfahrzeuge besteht. Diese Wertdifferenz stellt einen unmittelbaren Sachschaden dar (vgl. Senatsurt. BGHZ 27, 181, 182, 184 f.; 35, 396, 397 f.; v. 30.5.1961 – VI ZR 139/60, VersR 1961, 707, 708; v. 2.12. 1966 – VI ZR 72/65, VersR 1967, 183; vgl. auch BGHZ 82, 338, 343 f.). An dieser Rechtsprechung hält der BGH trotz kritischer Stimmen im

1. Nutzungsausfall und merkantiler Minderwert bei älteren Kraftfahrzeugen § 6

Schrifttum fest. Der Ausgangspunkt dieser Rechtsprechung, dass auf dem Gebrauchtwagenmarkt Unfallfahrzeuge einen geringeren Preis erzielen als unfallfreie, weil verborgene technische Mängel nicht auszuschließen sind und das Risiko höherer Schadensanfälligkeit infolge nicht fachgerechter Reparatur besteht, trifft trotz aller Fortschritte der Reparaturtechnik nach wie vor zu, zumal die technische Entwicklung im Fahrzeugbau insoweit auch höhere Anforderungen stellt.

Der BGH hat bisher nicht abschließend entschieden, bis zu welchem Alter eines Fahrzeugs bzw. bis zu welcher Laufleistung ein merkantiler Minderwert zuerkannt werden kann. In einem älteren Urteil vom 3.10.1961 (BGHZ 35, 396, 399) hat er die Zubilligung eines merkantilen Minderwerts bei einem Fahrzeug mit einer Fahrleistung von über 100.000 km zwar nicht beanstandet. Die entsprechenden Feststellungen des dortigen Berufungsgerichts beruhten jedoch auf sachverständiger Beratung und ließen keinen Rechtsfehler erkennen. In einer späteren Entscheidung vom 18.9.1979 – VI ZR 16/79 (VersR 1980, 46, 47) hat der BGH zwar erwogen, bei Personenkraftwagen könne im allgemeinen eine Fahrleistung von 100.000 km als obere Grenze für den Ersatz eines merkantilen Minderwerts angesetzt werden. Diese Einschätzung stützte sich jedoch unter Berücksichtigung der damaligen Verhältnisse auf dem Gebrauchtwagenmarkt auf die Überlegung, dass solche Pkw im Allgemeinen nur noch einen derart geringen Handelswert hätten, dass ein messbarer Minderwert nach Behebung der Unfallschäden nicht mehr eintrete (vgl. Senatsurt. v. 18.9.1979 – VI ZR 16/79, a.a.O.). Die Beurteilung war mithin nicht allein auf die Laufleistung des Fahrzeugs bezogen, sondern maßgeblich auf deren Bedeutung für seine Bewertung auf dem Gebrauchtwagenmarkt. Diese Bedeutung kann sich im Laufe der Zeit mit der technischen Entwicklung und der zunehmenden Langlebigkeit der Fahrzeuge (z.B. infolge längerer Haltbarkeit von Motoren, vollverzinkter Karosserien etc.) ändern. Ein entsprechender Wandel auf dem Gebrauchtwagenmarkt spiegelt sich insbesondere in der Bewertung von Gebrauchtfahrzeugen durch Schätzorganisationen wie Schwacke und DAT wieder, die in ihren Notierungen inzwischen bis auf 12 Jahre zurückgehen und ausdrücklich darauf hinweisen, dass sich sämtliche Marktdotierungen auf unfallfreie Fahrzeuge beziehen.

14

Der vorliegende Fall nötigte den BGH nicht zu einer abschließenden Stellungnahme, bis zu welcher Grenze nach heutigen Maßstäben ein merkantiler Minderwert zuerkannt werden kann. Das Berufungsgericht hatte berücksichtigt, dass sich das Fahrzeug der Klägerin zwar in einem guten Pflegezustand befand, aber eine Laufleistung von 164.000 km auswies und 16 Jahre alt war, wodurch sich der Wiederbeschaffungswert auf (nur) 2.100 EUR reduzierte. Bei dieser Sachlage war es aus Rechtsgründen nicht zu beanstanden, dass sich das Berufungsgericht im Rahmen des ihm nach § 287 ZPO zustehenden Ermessens die tatrichterliche Überzeugung gebildet hatte, bei einem solchen Marktpreis werde sich ein Unfallschaden, der zudem erkennbar nur nicht tragende Teile des Kraftfahrzeugs betroffen habe, nicht mehr wertmindernd auswirken.

15

16 Anmerkung

Der BGH hat mit der Entscheidung der Praxis einen praktikablen Weg zur Beurteilung des Massenphänomens Nutzungsausfall bei älteren Kfz anhand der Tabellen von *Sanden/Danner/Küppersbusch* eröffnet: Nach fünf Jahren erfolgt grundsätzlich eine Herabstufung um eine Gruppe, nach zehn Jahren um zwei Gruppen. Nach fünfzehn Jahren läge wohl eine Beschränkung auf die Vorhaltekosten nahe. Der BGH musste dies jedoch nicht entscheiden, weil der beklagte Haftpflichtversicherer keine (Anschluss-)Revision eingelegt hatte. Im Übrigen lässt der BGH dem Tatrichter im Rahmen des § 287 ZPO weitgehend freie Hand.

17 Beim merkantilen Minderwert kommt es bei älteren Kfz nicht allein auf Alter und Laufleistung, sondern in erster Linie auf den Wiederbeschaffungswert an, der freilich von Alter und Laufleistung maßgebend beeinflusst wird, aber von Fahrzeugtyp zu Fahrzeugtyp durchaus unterschiedlich sein kann. Daneben spielt natürlich auch der Erhaltungszustand eine wesentliche Rolle.

2. Keine Nutzungsausfallentschädigung beim gewerblich genutzten Kraftfahrzeug bei Ersatz der Kosten für die Anmietung eines gleichwertigen Ersatzfahrzeugs

18 BGH, Urt. v. 4.12.2007 – VI ZR 241/06, zfs 2008, 267 = VersR 2008, 369
BGB § 249

Steht nach Beschädigung eines gewerblich genutzten Kraftfahrzeugs dem Geschädigten ein gleichwertiges Ersatzfahrzeug zur Verfügung und werden ihm die Kosten für dessen Anmietung erstattet, so kann ihm eine Nutzungsentschädigung schon mangels eines fühlbaren wirtschaftlichen Nachteils nicht zugebilligt werden.

a) Der Fall

19 Die Klägerin verlangte Nutzungsausfallentschädigung nach einem Unfall vom 6.4.2003, für den die Beklagten dem Grunde nach uneingeschränkt hafteten.

Bei dem Unfall wurde ein der Klägerin gehörender Firmenwagen beschädigt, der als Geschäftsführerfahrzeug benutzt und zum Unfallzeitpunkt vom Ehemann der Geschäftsführerin gefahren wurde. Das stark beschädigte Fahrzeug wurde in der Zeit vom 22.4.2003 bis 27.6.2003 in einem Autohaus repariert. Dieses hatte der Klägerin am 11.4.2003 ein gleichwertiges Ersatzfahrzeug zur Verfügung gestellt, welches die Klägerin bis zum 30.6.2003 genutzt hat. Hierfür wurden ihr 1.500 EUR brutto pauschal in Rechnung gestellt.

20 Die Klägerin hatte u.a. eine Nutzungsausfallentschädigung für 82 Tage à 91 EUR abzüglich vorprozessual gezahlter 1.100 EUR geltend gemacht. Das Landgericht hat ihr für den Zeitraum des Nutzungsausfalls eine Entschädigung für fünf Tage

2. Keine Nutzungsausfallentschädigung beim gewerblich genutzten Kfz § 6

und die von ihr gezahlten Mietwagenkosten abzüglich des vorprozessual gezahlten Betrages zugesprochen. Das Oberlandesgericht hat die Berufung der Klägerin zurückgewiesen, mit der diese nur den erstinstanzlich geltend gemachten Nutzungsausfall in voller Höhe weiterverfolgt hatte. Mit der vom Berufungsgericht zugelassenen Revision verfolgte die Klägerin ihr Begehren weiter.

b) Die rechtliche Beurteilung

Nach Auffassung des Berufungsgerichts stand der Klägerin für den gewerblich genutzten Pkw schon dem Grunde nach kein Anspruch auf Nutzungsausfallentschädigung zu. Beim Ausfall eines gewerblich genutzten Fahrzeugs bemesse sich der Schaden allein nach dem entgangenen Gewinn, den Vorhaltekosten eines Reservefahrzeugs oder der Miete eines Ersatzfahrzeugs. Da die entgangene Nutzungsmöglichkeit unter den in § 252 BGB genannten Voraussetzungen als entgangener Gewinn ersatzfähig sei, bestehe für eine Fortbildung des Gesetzes – anders als bei eigenwirtschaftlich genutzten Fahrzeugen – methodisch kein Raum. Die der Klägerin tatsächlich entstandenen Kosten (Mietwagen zu einem „Freundschaftspreis") habe das Landgericht zuerkannt. Soweit das beschädigte Fahrzeug auch privat – durch den Ehemann der Geschäftsführerin der Klägerin – genutzt worden sei, fehle es an einem Schaden der Klägerin. Darauf, ob wegen der Nutzung eines Mietwagens eine fühlbare Beeinträchtigung als Voraussetzung einer Nutzungsausfallentschädigung gefehlt habe, und ob die Zurverfügungstellung eines Mietfahrzeugs zu einem „Freundschaftspreis" dem Schädiger zugute kommen könne, komme es somit nicht an.

21

Das angefochtene Urteil hielt der revisionsrechtlichen Nachprüfung im Ergebnis stand.

22

Nach der Rechtsprechung des erkennenden Senats kommt eine Entschädigung für zeitweise entzogene Gebrauchsvorteile auch bei gewerblich genutzten Fahrzeugen, Behördenfahrzeugen oder Fahrzeugen gemeinnütziger Einrichtungen in Betracht, falls sich deren Gebrauchsentbehrung nicht unmittelbar in einer Minderung des Gewerbeertrages (entweder in entgangenen Einnahmen oder über die mit der Ersatzbeschaffung verbundenen Unkosten) niederschlägt (vgl. Senatsurt. BGHZ 70, 199, 203 f.; v. 26.3.1985 – VI ZR 267/83, VersR 1985, 736, 737). Wo das Fahrzeug unmittelbar zur Erbringung gewerblicher Leistungen dient, wie etwa bei einem Taxi oder Lkw, muss der Geschädigte den Ertragsentgang konkret berechnen (vgl. Senatsurt. BGHZ 70, 199, 203). Wenn aber kein konkret bezifferbarer Verdienstentgang vorliegt, ist es dem Geschädigten grundsätzlich nicht verwehrt, an Stelle des Verdienstentgangs eine Nutzungsentschädigung zu verlangen, wenn deren Voraussetzungen vorliegen, also insbesondere ein fühlbarer wirtschaftlicher Nachteil für den Geschädigten eingetreten ist (vgl. Senatsurt. BGHZ 66, 239, 249; v. 26.3.1985 – VI ZR 267/83, a.a.O.; vgl. auch BGHZ 40, 345, 353).

§ 6 Nutzungsausfall und merkantiler Minderwert

23 Mit dem Nutzungsausfall befasst sich auch eine später ergangene Entscheidung des Großen Zivilsenats des Bundesgerichtshofs. Dort heißt es, dass über die Fälle der Eigennutzung eines Kraftfahrzeugs hinaus jedenfalls bei Sachen, auf deren ständige Verfügbarkeit die eigenwirtschaftliche Lebenshaltung des Eigentümers derart angewiesen sei wie auf das von ihm selbst bewohnte Haus, der zeitweise Verlust der Möglichkeit zum eigenen Gebrauch infolge eines deliktischen Eingriffs in das Eigentum bereits ein ersatzfähiger Vermögensschaden sein könne, sofern der Eigentümer die Sache in der Zeit ihres Ausfalls entsprechend genutzt hätte (BGHZ [GSZ] 98, 212, 216 ff.). Bei erwerbswirtschaftlichem, produktivem Einsatz einer Sache werde die Verkürzung ihres Nutzungswerts im Wesentlichen durch einen Gewinnentgang ausgewiesen, dessen Ersatz § 252 S. 1 BGB ausdrücklich anordne. Diese Vorschrift unterstreiche die schadensrechtliche Bedeutung, die der Gesetzgeber Ausfällen im erwerbswirtschaftlichen, vermögensmehrenden Einsatz von Wirtschaftsgütern beigemessen habe; eine entsprechende Vorschrift für die eigenwirtschaftliche Nutzung des Vermögens fehle. Hieraus könne indes nicht gefolgert werden, dass das Gesetz sich gegen den Geldersatz für Einbußen im eigenwirtschaftlichen Einsatz von Wirtschaftsgütern entschieden habe, die sich nicht in einem Gewinnentgang niederschlügen. Deshalb sei eine Fortentwicklung des Gesetzes zulässig, wenn gewährleistet bleibe, dass der Ersatz nicht zur abstrakten Nutzungsentschädigung werde, die das Bürgerliche Gesetzbuch nur ausnahmsweise zulasse. Dem trage die Rechtsprechung zur Nutzungsentschädigung für Kraftfahrzeuge Rechnung, indem sie mit dem Begriff des „fühlbaren" Schadens an den Ersatz das Erfordernis knüpfe, dass der Geschädigte zur Nutzung des Kraftfahrzeugs willens und fähig gewesen wäre. Freilich müsse eine derartige Ergänzung des Gesetzes auf Sachen beschränkt bleiben, auf deren ständige Verfügbarkeit die eigenwirtschaftliche Lebenshaltung typischerweise angewiesen sei (vgl. BGHZ [GSZ] 98, 212, 219 f., 222).

24 Hervorzuheben ist, dass mit dieser Entscheidung die bisherige Rechtsprechung zur Nutzungsentschädigung bei Kraftfahrzeugschäden in keiner Weise in Frage gestellt oder eingeschränkt, sondern im Gegenteil als Grundlage für die Gewährung von Nutzungsentschädigung für vergleichbare Sachen herangezogen wird, die für die hierauf zugeschnittene Lebenshaltung unentbehrlich sind. Dies wird am Beispiel des privaten Nutzers eines Kraftfahrzeugs erläutert, für den die Einsatzfähigkeit seines Fahrzeugs häufig die Grundlage für die Wirtschaftlichkeit seiner hierauf zugeschnittenen Lebenshaltung sei, insbesondere wenn er als Berufstätiger auf das Kraftfahrzeug angewiesen sei (vgl. BGHZ [GSZ] 98, 212, 218).

25 Gleichwohl wird die Entscheidung vielfach dahin verstanden, dass bei gewerblich genutzten Fahrzeugen eine Nutzungsentschädigung nicht in Betracht komme, sondern sich in diesen Fällen der Schaden nur nach dem entgangenen Gewinn, den Vorhaltekosten eines Reservefahrzeugs oder den Mietkosten für ein Ersatzfahrzeug bemesse, die jeweils konkret darzulegen und nachzuweisen seien. Andere wiederum sind der Auffassung, die Entscheidung schließe eine Nutzungsausfallentschädi-

gung auch für gewerblich genutzte Fahrzeuge bei Vorliegen der dafür geforderten Voraussetzungen nicht aus.

Der Senat neigt der letztgenannten Auffassung zu, brauchte aber diese Frage im vorliegenden Fall nicht abschließend zu entscheiden. Schon nach der bisherigen Rechtsprechung des erkennenden Senats kommt eine Nutzungsentschädigung nicht in Betracht, weil es an einer fühlbaren Beeinträchtigung des Geschädigten fehlt. Nach den von den Instanzgerichten getroffenen Feststellungen stand der Klägerin für den hier maßgeblichen Zeitraum ein gleichwertiger Mietwagen zur Verfügung. Infolgedessen lag weder ein fühlbarer wirtschaftlicher Nachteil für die Klägerin noch überhaupt ein Schaden vor, nachdem ihr die Mietwagenkosten zugesprochen worden waren. Darauf, ob das Fahrzeug zu einem „Freundschaftspreis" zur Verfügung gestellt wurde, kam es nicht an. Eine andere Betrachtung widerspräche dem Verbot, sich durch Schadensersatz zu bereichern, weil der Geschädigte am Schadensfall nicht „verdienen" soll (vgl. Senatsurt. BGHZ 162, 161, 165 m.w.N.).

3. Nutzungsausfallentschädigung oder Anschaffung eines Interimfahrzeugs

BGH, Urt. v. 18.12.2007 – VI ZR 62/07, zfs 2008, 201 = VersR 2008, 370

BGB § 249

Dem Geschädigten kann über den vom Sachverständigen veranschlagten Zeitraum hinaus bis zur Lieferung des bereits vor dem Unfall bestellten Fahrzeugs Nutzungsausfallentschädigung zuzubilligen sein, soweit diese die wirtschaftlichen Nachteile, die durch den Ankauf und Wiederverkauf eines Zwischenfahrzeugs zusätzlich entstehen würden, nicht wesentlich übersteigt.

a) Der Fall

Der Kläger forderte nach einem Verkehrsunfall vom Haftpflichtversicherer des Fahrzeugs des Unfallgegners u.a. Nutzungsausfallentschädigung.

Am 11.10.2005 wurde der Pkw des Klägers bei einem Auffahrunfall total beschädigt. Für den entstandenen Schaden haftete der Unfallgegner unstreitig in vollem Umfang. Die Beklagte zahlte vorprozessual den für die Wiederbeschaffung eines gleichwertigen Ersatzfahrzeugs erforderlichen Betrag von rund 7.000 EUR. Der für den Ersatzkauf erforderliche Zeitraum wurde vom Sachverständigen auf 14 Kalendertage geschätzt. Der Kläger mietete vom 11.10.2005 bis 21.10.2005 einen Mietwagen. Am 17.10.2005 übersandte der damalige anwaltliche Vertreter des Klägers der Beklagten den am 26.4.2005 geschlossenen Kaufvertrag über einen Pkw, dessen Lieferung für Dezember 2005 vorgesehen war. In einem Begleitschreiben wies er darauf hin, dass der Kläger gezwungen sei, bis zur Lieferung des bestellten Fahrzeugs entweder auf Kosten der Beklagten ein „Interimsfahrzeug" anzukaufen oder

§ 6 Nutzungsausfall und merkantiler Minderwert

bis zur Lieferung Nutzungsausfallentschädigung geltend zu machen. Für den Fall, dass die Beklagte bis 24.10.2005 nichts anderes mitteilen sollte, werde für den weitergehenden Zeitraum Nutzungsausfall beansprucht werden. Die Beklagte ließ die Frist verstreichen. Die Kosten für das Mietfahrzeug glich sie aus, weitere Zahlungen lehnte sie ab. Der Kläger verlangte Entschädigung des Nutzungsausfalls bis zum 2.1.2006, dem Liefertag des Pkw.

30   Das Amtsgericht hat der Klage stattgegeben. Auf die Berufung der Beklagten hat das Landgericht das erstinstanzliche Urteil aufgehoben und die Klage abgewiesen. Es hat die Revision zugelassen, weil die Frage eines Nutzungsausfallschadens und der Schadensminderungspflicht des Geschädigten bei im Unfallzeitpunkt bereits bestelltem Ersatzfahrzeug durch Anschaffung eines Interimfahrzeugs in der obergerichtlichen Rechtsprechung bisher noch nicht abschließend geklärt sei. Mit der Revision verfolgte der Kläger die Klageforderung in vollem Umfang weiter.

b) Die rechtliche Beurteilung

31   Das Berufungsgericht führte aus, dass der Kläger zwar über die bereits erstatteten Mietwagenkosten hinaus für die zur Wiederbeschaffung eines gleichwertigen Ersatzfahrzeugs erforderliche Zeit Nutzungsausfallentschädigung für vier Tage beanspruchen könne. Die Forderung sei jedoch durch vorprozessuale Zahlungen ausgeglichen. Darüber hinaus komme Nutzungsentschädigung nicht in Betracht, weil der finanzielle Verlust im Zusammenhang mit der Anschaffung eines Interimsfahrzeugs und dessen anschließendem Wiederverkauf im Hinblick auf die Lieferzeit von neun Wochen für das vor dem Unfall bestellte Fahrzeug jedenfalls deutlich niedriger sei als die Nutzungsausfallentschädigung bis zur Lieferung. Der Kläger verletze die Schadensminderungspflicht. Daran ändere auch das Schreiben vom 17.10.2005 nichts, da ein bestimmter Erklärungswert mit dem Schweigen der Beklagten nicht verbunden sei.

32   Das Berufungsurteil hielt der revisionsrechtlichen Nachprüfung nicht stand.

Dem Eigentümer eines privat genutzten Pkw, der durch einen Schaden die Möglichkeit zur Nutzung verliert, steht grundsätzlich ein Anspruch auf Ersatz für seinen Nutzungsausfall zu, wenn er zur Nutzung willens und fähig gewesen wäre. Seine Grenze findet der Ersatzanspruch am Merkmal der Erforderlichkeit nach § 249 Abs. 2 S. 1 BGB sowie an der Verhältnismäßigkeitsschranke des § 251 Abs. 2 BGB. Im Rahmen der Erforderlichkeitsprüfung ist auch zu berücksichtigen, dass der Geschädigte unter mehreren möglichen Wegen des Schadensausgleichs im Rahmen des ihm Zumutbaren den wirtschaftlicheren Weg zu wählen hat. Das gilt nicht nur für die eigentlichen Reparatur- oder Wiederbeschaffungskosten, sondern gleichermaßen für die Mietwagenkosten und ebenso für die Nutzungsausfallentschädigung. Dementsprechend hat der Schädiger grundsätzlich Nutzungsersatz nur für den Zeitraum zu leisten, der zur Wiederherstellung des vor dem Unfall bestehenden Zustandes erforderlich ist. Im Allgemeinen ist dies die Dauer der Reparatur bzw. bis zur

3. Nutzungsausfallentschädigung oder Anschaffung eines Interimfahrzeugs § 6

Beschaffung eines Ersatzfahrzeugs. Benötigt der Geschädigte für die Schadensbehebung einen längeren Zeitraum, ist zu unterscheiden, ob er sich wegen des Unfalls ein Ersatzfahrzeug mit längerer Lieferzeit anschafft oder ob er – wie im Streitfall – schon vor dem Unfall ein Ersatzfahrzeug bestellt hat. Bei der ersten Fallgruppe kann eine längere Wartezeit nicht zu Lasten des Schädigers gehen, weil sie auf der freien Disposition des Geschädigten beruht.

Hat der Geschädigte hingegen das Fahrzeug bereits vor dem Unfall bestellt und wollte er bis zur Lieferung das verunfallte Fahrzeug nutzen, ist die bereits bestehende wirtschaftliche Planung aufgrund des Unfalls gestört. Der Geschädigte ist gezwungen, entweder für die Lieferzeit ein gebrauchtes Fahrzeug zu kaufen und dieses nach der Lieferung wieder zu verkaufen oder ein Fahrzeug zu mieten oder auf die Nutzung zu verzichten. In einem solchen Fall ist zum einen zu bedenken, dass nach dem Grundsatz der subjektbezogenen Schadensbetrachtung bei der Schadensabrechnung Rücksicht auf die spezielle Situation des Geschädigten, insbesondere auf seine individuellen Erkenntnis- und Einflussmöglichkeiten, sowie auf die möglicherweise gerade für ihn bestehenden Schwierigkeiten zu nehmen ist. Auch muss das Grundanliegen des § 249 Abs. 2 S. 1 BGB berücksichtigt werden, dass dem Geschädigten bei voller Haftung des Schädigers ein möglichst vollständiger Schadensausgleich zukommen soll, indem der Zustand wiederhergestellt wird, der wirtschaftlich gesehen der hypothetischen Lage ohne Schadensereignis entspricht. Zum andern hat der Geschädigte unter mehreren möglichen Wegen des Schadensausgleichs im Rahmen des ihm Zumutbaren stets den wirtschaftlicheren Weg zu wählen. Die Wirtschaftlichkeit der Schadensberechnung ist dabei mit Blick auf die zu erwartenden Kosten ex ante aus der Sicht des Geschädigten zu beurteilen. 33

Nach diesen Grundsätzen kann dem Geschädigten über den vom Sachverständigen veranschlagten Zeitraum hinaus bis zur Lieferung des bereits vor dem Unfall bestellten Fahrzeugs Nutzungsausfallentschädigung zuzubilligen sein, soweit diese die wirtschaftlichen Nachteile, die durch den Ankauf und Wiederverkauf eines Zwischenfahrzeugs zusätzlich entstehen würden, nicht wesentlich übersteigt. In einem solchen Fall kann dem Geschädigten Aufwand und Risiko, die mit dem An- und Verkauf eines Gebrauchtwagens verbunden sind, nicht zugemutet werden. 34

Ob die Kosten noch verhältnismäßig und erforderlich waren, hat der hinsichtlich der Schadenshöhe nach § 287 ZPO besonders frei gestellte Tatrichter unter Würdigung der Gesamtumstände im Einzelfall zu entscheiden. Der Geschädigte hat, da es um die Frage der Erforderlichkeit der Kosten zur Schadensbehebung nach § 249 Abs. 2 S. 1 BGB geht, darzulegen und zu beweisen, dass der Kostenunterschied unwesentlich und die Schadensabrechnung noch wirtschaftlich ist. Die Entscheidung ist vom Revisionsgericht nur daraufhin überprüfbar, ob Rechtsgrundsätze der Schadensbemessung verkannt, wesentliche Bemessungsfaktoren außer Betracht gelassen oder der Schätzung unrichtige Maßstäbe zugrunde gelegt worden sind. 35

§ 6 Nutzungsausfall und merkantiler Minderwert

36 Im Streitfall rügte die Revision mit Erfolg, dass das Berufungsgericht auf der Grundlage unzureichender Feststellungen zu der Auffassung gelangt war, der finanzielle Verlust im Zusammenhang mit der Anschaffung eines entsprechenden Interimsfahrzeugs sei jedenfalls deutlich geringer als die in dem Zeitraum bis zur Lieferung anfallende Nutzungsausfallentschädigung.

37 Die Ausführungen des Berufungsgerichts beruhten auf eigenen Einschätzungen und Vermutungen, ohne dass die hierzu auch im Rahmen des § 287 ZPO erforderliche Sachkunde dargelegt wurde. Allein der Umstand, dass das beschädigte Fahrzeug bereits 7 Jahre alt war und eine Laufleistung von 174.000 Kilometer aufwies, sagte nichts darüber aus, mit welchen zusätzlichen Kosten bei einem Zwischenkauf tatsächlich zu rechnen wäre.

38 Die für den Kostenvergleich erforderlichen Feststellungen waren im Streitfall auch nicht deshalb entbehrlich, weil der Kläger aufgrund des Schweigens der Rechtsvorgängerin der Beklagten auf sein Schreiben vom 17.10.2005 einen Anspruch auf weiteren Nutzungsersatz hätte. Wäre der Kläger gehalten gewesen, sich im Hinblick auf die deutlich niedrigeren Kosten mit einem Interimsfahrzeug zu behelfen, konnte er keinen Anspruch auf weitere Nutzungsausfallentschädigung dadurch begründen, dass er die Rechtsvorgängerin der Beklagten zur Äußerung aufforderte und diese darauf nicht reagierte. Schweigen als Zustimmung kommt im Rechtsverkehr nur in Betracht, wenn besondere Umstände, insbesondere ein zugunsten des anderen Teils entstandener Vertrauenstatbestand, dies rechtfertigt. Allein die Aufforderung, eine Erklärung abzugeben, begründet für die andere Seite jedoch noch keine Verpflichtung, einen gegenteiligen Willen zum Ausdruck zu bringen. Dies ist nur der Fall, wenn nach Treu und Glauben ein Widerspruch des Empfängers des Schreibens erforderlich gewesen wäre. Davon kann im Verhältnis zwischen Geschädigtem und gegnerischer Haftpflichtversicherung in der Regel nicht ausgegangen werden. Entgegen der Auffassung der Revision war die Beklagte auch nicht verpflichtet, den Kläger auf die mögliche Unwirtschaftlichkeit seines Vorgehens hinzuweisen.

4. Keine auf die fiktiven Kosten für die Anschaffung eines Interimsfahrzeugs begrenzte Nutzungsausfallentschädigung

39 BGH, Urt. v. 10.3.2009 – VI ZR 211/08, zfs 2009, 564 = VersR 2009, 697
BGB § 249

Steht dem Geschädigten nach einem Unfall über den vom Sachverständigen veranschlagten Zeitraum für die Ersatzbeschaffung eines Fahrzeugs hinaus bis zur Lieferung des bereits vor dem Unfall bestellten Fahrzeugs bei der gebotenen wirtschaftlichen Betrachtungsweise keine weitere Nutzungsausfallentschädi-

4. Keine Begrenzung auf fiktive Kosten eines Interimsfahrzeugs § 6

gung zu, kommt auch ein auf die fiktiven Kosten für die Anschaffung eines Interimsfahrzeugs begrenzter Anspruch auf Nutzungsersatz nicht in Betracht.

a) Der Fall

Der Kläger forderte nach einem Verkehrsunfall vom Haftpflichtversicherer des Fahrzeugs des Unfallgegners Nutzungsausfallentschädigung. 40

Am 11.10.2005 wurde der Pkw des Klägers bei einem Auffahrunfall total beschädigt. Für den entstandenen Schaden haftete der Unfallgegner unstreitig in vollem Umfang. Die Beklagte erstattete vorprozessual die für die Wiederbeschaffung eines gleichwertigen Ersatzfahrzeugs erforderlichen Kosten. Für den zum Kauf eines Ersatzfahrzeugs erforderlichen Zeitraum von 14 Kalendertagen mietete der Kläger einen Mietwagen. Bereits am 26.4.2005 hatte der Kläger einen Pkw gekauft, der im Dezember 2005 geliefert werden sollte. Mit Schreiben vom 17.10.2005 teilte er dies der Beklagten mit und kündigte an, dass er für den Zeitraum bis zur Lieferung des bestellten Fahrzeugs Nutzungsausfallentschädigung geltend machen werde, falls die Beklagte bis 24.10.2005 sich nicht dagegen wenden würde. Die Beklagte ließ die Frist verstreichen und glich lediglich die Kosten für das Mietfahrzeug aus. Die Zahlung einer Nutzungsausfallentschädigung lehnte sie ab. Der Kläger verlangte Entschädigung des Nutzungsausfalls bis zur Lieferung des Pkw am 2.1.2006. 41

Das Amtsgericht hat der Klage stattgegeben. Auf die Berufung der Beklagten hat das Landgericht das erstinstanzliche Urteil aufgehoben und die Klage abgewiesen. Es hat die Revision zugelassen, weil die Frage eines Nutzungsausfallschadens und der Schadensminderungspflicht des Geschädigten bei Anschaffung eines Interimsfahrzeugs bis zur Lieferung eines im Unfallzeitpunkt bereits bestellten Ersatzfahrzeugs in der obergerichtlichen Rechtsprechung nicht abschließend geklärt sei. Auf die Revision des Klägers hat der Senat die Entscheidung des Berufungsgerichts mit Urt. v. 18.12. 2007 – VI ZR 62/07, VersR 2008, 370 f. aufgehoben und die Sache zu neuer Verhandlung und Entscheidung an das Berufungsgericht zurückverwiesen. Das Berufungsgericht hat nach Beweisaufnahme erneut unter Aufhebung des amtsgerichtlichen Urteils die Klage abgewiesen. Es hat wiederum die Revision zugelassen. Der Kläger erstrebte mit der Revision die Aufhebung des Berufungsurteils insoweit, als unter Abänderung des Urteils des Amtsgerichts die Klage auf Zahlung von 2.985 EUR nebst Zinsen von 5 Prozentpunkten über dem Basiszinssatz hieraus seit 13.1.2006 abgewiesen worden ist. 42

b) Die rechtliche Beurteilung

Das Berufungsgericht hat ausgeführt, dass der Kläger aus dem Verkehrsunfall gegen die Beklagte unter keinem rechtlichen Gesichtspunkt mehr Ansprüche auf weiteren Schadensersatz habe. Nach dem anzustellenden Kostenvergleich zwischen 43

§ 6 Nutzungsausfall und merkantiler Minderwert

der vom Kläger geltend gemachten abstrakten Nutzungsausfallentschädigung einerseits und den auf der Grundlage eines Sachverständigengutachtens geschätzten wirtschaftlichen Nachteilen aus dem An- und Wiederverkauf eines Zwischenfahrzeugs andererseits übersteige die abstrakte Nutzungsausfallentschädigung deutlich die Kosten für ein Ersatzfahrzeug und sei deshalb unwirtschaftlich. Der Kläger könne lediglich Nutzungsausfallentschädigung in Höhe der Aufwendungen verlangen, die für die tatsächliche Erhaltung der Kfz-Nutzung bis zur Lieferung des bestellten Fahrzeugs erforderlich gewesen wären. Selbst bei Berücksichtigung dieser Kosten sei jedoch der Schadensersatzanspruch des Klägers durch die vorprozessual geleisteten Zahlungen der Beklagten bereits abgegolten.

44 Die Revision blieb im Ergebnis ohne Erfolg. Dem Kläger stand eine weitere Nutzungsausfallentschädigung über die bereits erstatteten Mietwagenkosten hinaus nicht zu.

45 Die allgemeine Anerkennung der Gebrauchsmöglichkeit eines Pkw als Vermögensgut führt nicht dazu, dass jedwede Nutzungsbeeinträchtigung als Schaden auszugleichen wäre. Auch für den Nutzungsausfallschaden gelten die schadensrechtlichen Grundsätze der subjektbezogenen Schadensbetrachtung, des Wirtschaftlichkeitsgebots und des Bereicherungsverbots. Darüber hinaus bedarf es bei der Frage, ob die entbehrte Nutzung einen durch den Unfall verursachten Vermögensschaden darstellt, der wertenden, auch wirtschaftliche Gesichtspunkte berücksichtigenden Abwägung im Einzelfall, soll die in § 253 BGB getroffene Regelung nicht völlig ausgehöhlt werden. Deshalb hat der erkennende Senat im Urteil vom 18.12.2007 – VI ZR 62/07 – entschieden, dass bei einem Unfall dem Geschädigten, der bereits vor dem Unfall ein neues Fahrzeug bestellt hatte, Nutzungsersatz über den für die Beschaffung eines dem Unfallfahrzeug gleichwertigen Ersatzfahrzeugs erforderlichen Zeitraum hinaus nur dann zugebilligt werden kann, wenn bei wirtschaftlicher Betrachtungsweise die Nutzungsentschädigung die wirtschaftlichen Nachteile, die mit der Anschaffung und dem Wiederverkauf eines Ersatzfahrzeugs zusätzlich entstehen würden, betragsmäßig nicht wesentlich übersteigt. Der Betrag der abstrakten Nutzungsausfallentschädigung und die mit der Beschaffung eines Ersatzfahrzeugs erforderlichen Kosten sind insoweit nichts anderes als Rechnungsposten in der erforderlichen Vergleichsrechnung.

46 Dementsprechend hatte das Berufungsgericht nach der auf der Grundlage der Schätzung durch einen Sachverständigen angestellten Vergleichsrechnung die Zahlung der geforderten abstrakten Nutzungsausfallentschädigung bis zur Lieferung des bereits vor dem Unfall bestellten Fahrzeugs als unwirtschaftlich abgelehnt. Dass fälschlicherweise die Mietwagenkosten vom 11. bis 25.10.2005 in der Vergleichsrechnung nicht berücksichtigt worden waren, wirkte sich auf die Entscheidung nicht aus.

47 Nicht zu folgen vermochte der Senat dem Berufungsgericht allerdings darin, dass dem Kläger grundsätzlich ein Anspruch auf Nutzungsausfallersatz in Höhe der

4. Keine Begrenzung auf fiktive Kosten eines Interimsfahrzeugs § 6

Kosten für ein Interimsfahrzeug auf der Grundlage der Schätzung des gerichtlichen Sachverständigen zustehe. Es besteht kein sachlicher Grund und würde insgesamt zu einer nicht gerechtfertigten Bereicherung des Geschädigten führen, würden hypothetische Kosten für die Anschaffung eines Interimsfahrzeugs anerkannt werden, obwohl solche Kosten nicht entstanden sind.

Der Nutzungsausfall ist nicht notwendiger Teil des am Kfz in Natur eingetretenen Schadens. Vielmehr handelt es sich um einen typischen, aber nicht notwendigen Folgeschaden, der weder überhaupt noch seiner Höhe nach von Anfang an fixiert ist. So hängt er davon ab, ob der Geschädigte den Wagen überhaupt nutzen wollte und konnte, ggf. auch durch Überlassung an Dritte (vgl. etwa Senatsurt. v. 16.10.1973 – VI ZR 96/72, VersR 1974, 171 m.w.N.). Maßgebend dafür, ob der Geschädigte sich mit dem inzwischen in der Praxis eingespielten Pauschalbetrag in Form der abstrakten Nutzungsausfallentschädigung begnügen muss oder ob er einen höheren Aufwand für Mietwagen oder Taxen beanspruchen kann, ist, wie sich der Nutzungsbedarf des Geschädigten im Einzelfall während der Gebrauchsentbehrung tatsächlich gestaltet hat. Ein solcher Schaden ist deshalb als adäquater Folgeschaden nach den Umständen des Einzelfalls zu beurteilen, wenn ein Ersatzwagen wirklich gekauft und verkauft worden ist. Er ist nur dann zu ersetzen, wenn er tatsächlich vermögensrechtlich eintritt (vgl. zum Zweithandzuschlag Senatsurt. v. 7.3.1978 – VI ZR 237/76, VersR 1978, 664 f.). 48

Etwas anderes ergab sich weder aus dem Urteil des Oberlandesgerichts Schleswig (NZV 1990, 150), auf das sich das Berufungsgericht bezog, noch aus dem Urteil des OLG Hamm (zfs 1991, 234). Die diesen Urteilen zugrunde liegenden Sachverhalte unterschieden sich wesentlich von den Umständen des Streitfalls. In beiden Fällen handelte es sich um Unfälle mit einem sogenannten „Neuwagen", dessen Wiederbeschaffungszeit mehrere Monate betrug. Den Geschädigten stand zwar für den Beschaffungszeitraum grundsätzlich eine Nutzungsausfallentschädigung zu. Sie waren allerdings mit Blick auf § 254 Abs. 2 BGB gehalten, den Wiederbeschaffungszeitraum durch Anschaffung eines Ersatzfahrzeugs (Interimsfahrzeug) zu überbrücken. Der geltend gemachte Nutzungsausfallschaden war infolge dessen nur bis zur (geschätzten) Höhe der Kosten für ein Ersatzfahrzeug zu ersetzen. 49

Anders lag der Streitfall. Der Zeitraum für die Wiederbeschaffung eines dem verunfallten Fahrzeug gleichwertigen Ersatzfahrzeugs betrug hier unstreitig nur zwei Wochen. Diesen hatte der Kläger mit einem Mietwagen überbrückt. Die dafür angefallenen Kosten und den Wiederbeschaffungsaufwand für ein gleichwertiges Ersatzfahrzeug hatte die Beklagte erstattet. Darüber hinaus stand dem Kläger Nutzungsausfallentschädigung nach der gebotenen wirtschaftlichen Betrachtungsweise nicht zu. Besteht aber kein Anspruch auf Nutzungsersatz, kann dieser auch nicht der Höhe nach durch die hypothetisch erforderlichen Aufwendungen für die Anschaffung eines Interimsfahrzeugs begrenzt werden. 50

5. Nutzungsausfallentschädigung bei Wohnmobilen

51 BGH, Urt. v. 10.6.2008 – VI ZR 248/07, zfs 2008, 501 = VersR 2008, 1086
BGB §§ 249, 251, 253

Der zeitweilige Verlust der Gebrauchsmöglichkeit eines reinen Freizeitzwecken dienenden Wohnmobils begründet keinen Anspruch auf abstrakte Nutzungsausfallentschädigung.

a) Der Fall

52 Der Kläger verlangte nach einem Unfall, für dessen Folgen die Beklagten dem Grunde nach in vollem Umfang hafteten, Nutzungsausfallentschädigung wegen der Beschädigung seines Wohnmobils.

53 Am 20.10.2005 stieß der Beklagte zu 1 mit seinem bei der Beklagten zu 2 versicherten Fahrzeug gegen das ordnungsgemäß geparkte Wohnmobil, bei dem es sich um eine den Freizeitbedürfnissen des Klägers entsprechende Spezialanfertigung handelte. Zur Beförderung und zum Transport im Alltag benutzte der Kläger seinen Pkw. Für die Zeit der Reparatur des Wohnmobils vom 21.10.2005 bis 24.11.2005 (35 Tage) machte er Nutzungsausfallentschädigung in Höhe von 150 EUR pro Tag, insgesamt 5.250 EUR geltend.

54 Das Landgericht hat die Klage auf Nutzungsersatz abgewiesen. Die Berufung des Klägers ist insoweit erfolglos geblieben. Mit der vom Berufungsgericht zugelassenen Revision verfolgte der Kläger sein Begehren auf Ersatz von Nutzungsausfall weiter.

b) Die rechtliche Beurteilung

55 Das Berufungsurteil hielt revisionsrechtlicher Überprüfung stand. Die Gebrauchsmöglichkeit eines Kraftfahrzeugs stellt nach allgemeiner Rechtsauffassung grundsätzlich ein vermögenswertes Gut dar und ist als geldwerter Vorteil anzusehen, so dass sich bei vorübergehender Entziehung ein Vermögensschaden ergeben kann. Dies ergibt sich vor allem daraus, dass die Verfügbarkeit des Fahrzeugs innerhalb und außerhalb des Erwerbslebens geeignet ist, Zeit und Kraft zu sparen und damit das Fortkommen im allgemeinsten Sinn zu fördern (vgl. Senat, BGHZ 45, 212, 215; 56, 214, 215).

56 Auch für den Nutzungsausfallschaden gelten die schadensrechtlichen Grundsätze der subjektbezogenen Betrachtung des Schadens sowie des Bereicherungsverbots (Senatsurt. BGHZ 45, 212, 219 f.; 162, 161, 165 m.w.N. und Urt. v. 18.12.2007 – VI ZR 62/07, DAR 2008, 139). Dem betroffenen Eigentümer gebührt die Entschädigung daher nicht unabhängig davon, ob er seinen Wagen während der Reparaturzeit benutzen wollte und hierzu in der Lage war. So ist ein Nutzungsschaden nicht gegeben, wenn etwa wegen Erkrankung oder Ortsabwesenheit der allein für die Benutzung in Frage kommenden Person der Gebrauch des Fahrzeugs ohnehin nicht möglich war (Senat, BGHZ 45, 212, 219; Urt. v. 7.6.1968 – VI ZR 40/67, VersR 1968, 803; BGHZ GSZ 98, 212, 220; BGHZ 40, 345, 353). Die Entbehrung der Nutzung muss darüber hinaus auch deshalb „fühlbar" geworden sein, weil der Geschädigte das Fahrzeug mangels eines weiteren geeigneten Kraftfahrzeugs für seine alltägliche Lebensführung wirklich gebraucht hätte. Diese Einschränkung stellt sicher, dass der Geldersatz für Verluste im eigenwirtschaftlichen Einsatz der Sache ungeachtet der notwendigen Typisierung und Pauschalierung einer konkreten, auf das jeweils betroffene Vermögen bezogenen Schadensbetrachtung verhaftet bleibt. Der Nutzungsersatz kommt nur für einen der vermögensmehrenden, erwerbswirtschaftlichen Verwendung des Wirtschaftsgutes vergleichbaren eigenwirtschaftlichen, vermögensmäßig erfassbaren Einsatz der betreffenden Sache in Betracht, denn der Ersatz für den Verlust der Möglichkeit zum Gebrauch einer Sache muss grundsätzlich Fällen vorbehalten bleiben, in denen die Funktionsstörung sich typischerweise als solche auf die materiale Grundlage der Lebenshaltung signifikant auswirkt. Andernfalls bestünde die Gefahr, unter Verletzung des § 253 BGB die Ersatzpflicht auf Nichtvermögensschäden auszudehnen. Auch würde dies mit den Erfordernissen von Rechtssicherheit und Berechenbarkeit des Schadens in Konflikt geraten. Deshalb beschränkt sich der Nutzungsausfallersatz auf Sachen, auf deren ständige Verfügbarkeit die eigenwirtschaftliche Lebenshaltung typischerweise angewiesen ist und bei denen die Nutzungseinbußen an objektiven Maßstäben gemessen werden können. Der Tatrichter soll den Schadensersatz nicht an unkontrollierbaren subjektiven Wertschätzungen festmachen müssen, die ihm der Geschädigte angibt, sondern an Werten, die der Verkehr dem Interesse an der konkreten Nutzung beimisst (vgl. BGHZ GSZ 98, 212, 222 ff.). Hierzu kann auf die Verkehrsanschauung abgehoben werden, wenn diese auch nicht darüber entscheiden kann, wo die Grenze des § 253 BGB verläuft (vgl. Senat, BGHZ 89, 60, 62 f. m.w.N.).

Nach diesen Kriterien hat der Ersatzpflichtige für den vorübergehenden Verlust der Nutzungsmöglichkeit eines Kraftfahrzeugs grundsätzlich auch dann eine Entschädigung zu leisten, wenn sich der Geschädigte einen Ersatzwagen nicht beschafft hat. Wie oben dargelegt, ist die Verfügbarkeit eines Kraftfahrzeugs innerhalb und außerhalb des Erwerbslebens grundsätzlich geeignet, Zeit und Kraft zu sparen, so dass die dadurch gewonnenen Vorteile als „Geld" zu betrachten sind. Auch hat der Geschädigte finanzielle Mittel zur Anschaffung und Haltung des Fahrzeugs eingesetzt, um den damit verbundenen „geldwerten" Vorteil zu erreichen. Dass der Gebrauch eines Kraftfahrzeugs für den Benutzer daneben einen Gewinn an Bequemlichkeit bedeuten kann, steht bei der gebotenen generalisierenden Betrachtungsweise nicht im Vordergrund, weil Anschaffung und Unterhalt eines Kraftfahrzeugs in erster Linie um des wirtschaftlichen Vorteils willen erfolgen, der in der Zeitersparnis liegt.

Bei der Prüfung, ob nach der Verkehrsauffassung der vorübergehende Verlust der Nutzungsmöglichkeit des beschädigten Gegenstandes als wirtschaftlicher Schaden gewertet werden kann, ist ein strenger Maßstab anzulegen. Das verlangt die in § 253 BGB getroffene gesetzgeberische Entscheidung, wonach immaterieller Schaden nur ausnahmsweise, nämlich in den gesetzlich geregelten Fällen, zu ersetzen ist. Dieser strenge Maßstab hat dazu geführt, dass der Bundesgerichtshof mehrfach für den Nutzungsausfall von anderen Gegenständen als Kraftfahrzeugen eine Entschädigungspflicht verneint hat (vgl. BGHZ 63, 393 – Pelzmantel; BGHZ 76, 179 – privates Schwimmbad; BGHZ 86, 128 – Wohnwagen; BGHZ 89, 60 – Sportmotorboot). In den genannten Fällen ist die Zuerkennung eines Entschädigungsanspruchs für den Nutzungsverlust letztlich daran gescheitert, dass sich der zeitweise Verlust unter Berücksichtigung der Verkehrsauffassung nicht als wirtschaftlicher Schaden dargestellt hat, sondern als individuelle Genussschmälerung und damit als nicht vermögensrechtlicher Schaden. Dies galt auch für den Streitfall.

59 Anders als bei einem für den alltäglichen Gebrauch vorgesehenen Pkw ist die jederzeitige Benutzbarkeit des Wohnmobils für den Kläger nach seinem eigenen Vortrag zwar ein die Lebensqualität erhöhender Vorteil, der jedoch keinen ersatzfähigen materiellen Wert darstellt. Die Wertschätzung des Wohnmobils stützt der Kläger auf die Möglichkeit, seine Freizeit aufgrund der besonderen Mobilität besonders intensiv gestalten zu können. Dieser Gesichtspunkt betrifft indes nicht die alltägliche Nutzbarkeit zur eigenwirtschaftlichen Lebensführung und entzieht sich einer vermögensrechtlichen Bewertung. Entgegen der Auffassung der Revision ist die vorliegende Interessenlage durchaus mit der im sogenannten Sportmotorbootfall vergleichbar (Senat, BGHZ 89, 60, 64).

60 Zwar ist der Revision zuzugeben, dass anders als beim Wohnanhänger (BGHZ 86, 128, 133) das Wohnmobil auch der Personenbeförderung dient. Doch musste der Kläger diese Nutzung nicht infolge der Beschädigung entbehren, da ihm dafür ein Pkw zur Verfügung steht. Das Argument der Revision, dass die Nutzungsmöglichkeit eines Wohnmobils nach heutiger Verkehrsauffassung kommerzialisiert sei, legt ebenfalls keine andere Betrachtung nahe. Zwar kann es für die Annahme eines Vermögensschadens sprechen, wenn ein Markt für den betreffenden Gegenstand besteht und anerkannte Maßstäbe zur geldmäßigen Bemessung einer vorübergehend entzogenen Gebrauchsmöglichkeit zur Verfügung stehen (BGHZ 63, 393 ff.; 45, 212, 217; 86, 128). Die Anerkennung einer Gebrauchsmöglichkeit als Vermögensgut bedeutet indes nicht, dass jeder Entzug von Gebrauchsvorteilen, jede Einbuße an Freizeit und jede Beeinträchtigung von Genussmöglichkeiten als ersatzfähiger Vermögensschaden anzuerkennen wären. Genussmöglichkeiten lassen sich heute weitgehend mit Geld erkaufen. Soll die in § 253 BGB getroffene Regelung nicht völlig ausgehöhlt werden, bedarf es der wertenden, auch wirtschaftliche Gesichtspunkte berücksichtigenden Abwägung im Einzelfall, ob nach der Verkehrsauffassung die Benutzbarkeit einer Sache als selbstständiger Vermögenswert neben ihrem Substanzwert angesehen werden kann und ob deshalb die Beeinträchtigung der Gebrauchsmöglichkeit als solcher einen Vermögensschaden darstellt (Senat BGHZ 45, 212, 215 f.; BGHZ 63, 393; 76, 179; 86, 128, 131).

5. Nutzungsausfallentschädigung bei Wohnmobilen § 6

Nach diesen Kriterien begegnete es keinen Bedenken, dass das Berufungsgericht unter den Umständen des Streitfalls die Nutzung des reinen Freizeitzwecken dienenden Wohnmobils nicht als vermögenswerten Vorteil angesehen hat. Ob anderes gilt, wenn mangels eines Pkw das Wohnmobil zur Bewältigung alltäglicher Transportaufgaben genutzt wird (vgl. OLG Hamm, VersR 90, 864; LG Kiel, VersR 1988, 47; AG Augsburg, zfs 1988, 8 f.; AG Dresden SP 1999, 54 f.), musste vom Senat in diesem Fall nicht entschieden werden. Da Vortrag zu konkreten Unkosten und Aufwendungen, die der Kläger infolge der Beschädigung des Wohnmobils getätigt hat, fehlte, musste die Klage auf Nutzungsersatz erfolglos bleiben.

61

§ 7 Haftung bei Unfällen mit einem Kraftfahrzeug bei Beteiligung von Kindern (§ 828 Abs. 2 BGB)

1. Beschädigung eines ordnungsgemäß geparkten Kraftfahrzeugs durch ein Kind im Alter zwischen dem 7. und dem vollendeten 10. Lebensjahr

BGH, Urt. v. 30.11.2004 – VI ZR 335/03, zfs 2005, 174 = NJW 2005, 354

BGB §§ 823, 828 Abs. 2

Das Haftungsprivileg des § 828 Abs. 2 S. 1 BGB in der Fassung des Zweiten Gesetzes zur Änderung schadensrechtlicher Vorschriften vom 19.7.2002 (BGBl I S. 2674) greift nach dem Sinn und Zweck der Vorschrift nur ein, wenn sich bei der gegebenen Fallkonstellation eine typische Überforderungssituation des Kindes durch die spezifischen Gefahren des motorisierten Verkehrs realisiert hat.

a) Der Fall

Am 12.9.2002 veranstalteten der damals neun Jahre alte Beklagte zu 1 (nachfolgend: Beklagter), sein Zwillingsbruder und ein Klassenkamerad auf der Fahrbahn einer Straße ein Wettrennen mit Kickboards. Obgleich der Beklagte im Umgang mit einem Kickboard geübt war, stürzte er aus Unachtsamkeit. Sein Kickboard prallte gegen den ordnungsgemäß am rechten Straßenrand geparkten Pkw des Klägers. Es entstand ein Sachschaden, für den der Kläger nebst weiteren Folgeschäden vom Beklagten und – wegen einer Verletzung der Aufsichtspflicht – auch von dessen Eltern Ersatz begehrt hat.

Das Amtsgericht hat die Klage abgewiesen. Auf die Berufung des Klägers hat das Landgericht den Beklagten zu einem Schadensersatz in Höhe von 1.904 EUR verurteilt und seine weitergehende Berufung sowie die gegen seine Eltern gerichtete Berufung zurückgewiesen. Mit der vom Landgericht zugelassenen Revision begehrte der Beklagte – ohne Erfolg – die Wiederherstellung des erstinstanzlichen Urteils.

b) Die rechtliche Beurteilung

Der Beklagte war gemäß § 823 Abs. 1 BGB verpflichtet, dem Kläger den aufgrund des Zusammenpralls seines Kickboards mit dessen Pkw entstandenen Schaden zu ersetzen.

§ 7 Haftung bei Unfällen mit einem Kraftfahrzeug bei Beteiligung von Kindern

Unter den Umständen des Streitfalls war die Verantwortung des Beklagten nicht gemäß § 828 Abs. 2 S. 1 BGB ausgeschlossen. Da das schädigende Ereignis nach dem 31.7.2002 eingetreten ist, richtete sich die Verantwortlichkeit des minderjährigen Schädigers gemäß Art. 229 § 8 Abs. 1 EGBGB nach § 828 BGB in der Fassung des Zweiten Gesetzes zur Änderung schadensrechtlicher Vorschriften vom 19.7.2002 (BGBl I S. 2674). Danach ist für den Schaden, den er bei einem Unfall mit einem Kraftfahrzeug einem anderen zufügt, nicht verantwortlich, wer das siebente, aber nicht das zehnte Lebensjahr vollendet hat.

5   Zwar könnte der hier zu beurteilende Sachverhalt nach dem Wortlaut des neugefassten § 828 Abs. 2 S. 1 BGB ohne weiteres unter das Haftungsprivileg für Minderjährige fallen. Aus seinem Wortlaut geht nicht hervor, dass das Haftungsprivileg davon abhängen soll, ob sich das an dem Unfall beteiligte Kraftfahrzeug im fließenden oder – wie der hier geschädigte parkende Pkw – im ruhenden Verkehr befindet. Auch aus der systematischen Stellung der Vorschrift ergibt sich nicht, dass der Gesetzgeber einen bestimmten Betriebszustand des Kraftfahrzeugs zugrunde legen wollte, zumal er bewusst nicht das Straßenverkehrsgesetz, sondern das allgemeine Deliktsrecht als Standort für die Regelung gewählt hat. Allein diese Auslegungsmethoden führten daher nicht zu dem Ergebnis, dass § 828 Abs. 2 BGB auf Fälle des fließenden Verkehrs von Kraftfahrzeugen begrenzt ist. Andererseits ist dem Wortlaut der Vorschrift auch nicht zweifelsfrei zu entnehmen, dass sie sich ohne Ausnahme auf sämtliche Unfälle beziehen soll, an denen ein Kraftfahrzeug beteiligt ist, wie schon die seit ihrem Inkrafttreten dazu veröffentlichten kontroversen Meinungen im Schrifttum zeigen.

6   Da der Wortlaut des § 828 Abs. 2 BGB nicht zu einem eindeutigen Ergebnis führte, war der in der Vorschrift zum Ausdruck kommende objektivierte Wille des Gesetzgebers mit Hilfe der weiteren Auslegungskriterien zu ermitteln, wobei im vorliegenden Fall insbesondere die Gesetzesmaterialien von Bedeutung sind. Aus ihnen ergibt sich mit der erforderlichen Deutlichkeit, dass das Haftungsprivileg des § 828 Abs. 2 S. 1 BGB nach dem Sinn und Zweck der Vorschrift nur eingreift, wenn sich bei der gegebenen Fallkonstellation eine typische Überforderungssituation des Kindes durch die spezifischen Gefahren des motorisierten Verkehrs realisiert hat.

7   Mit der Einführung der Ausnahmevorschrift in § 828 Abs. 2 BGB wollte der Gesetzgeber dem Umstand Rechnung tragen, dass Kinder regelmäßig frühestens ab Vollendung des zehnten Lebensjahres imstande sind, die besonderen Gefahren des motorisierten Straßenverkehrs zu erkennen, insbesondere Entfernungen und Geschwindigkeiten richtig einzuschätzen und sich den Gefahren entsprechend zu verhalten (vgl. BT-Drucks 14/7752, S. 16, 26). Allerdings wollte er die Deliktsfähigkeit nicht generell und nicht bei sämtlichen Verkehrsunfällen erst mit Vollendung des zehnten Lebensjahres beginnen lassen. Er wollte die Heraufsetzung der Deliktsfähigkeit vielmehr auf im motorisierten Straßen- oder Bahnverkehr plötzlich eintretende Schadensereignisse begrenzen, bei denen die altersbedingten Defizite

1. Beschädigung eines ordnungsgemäß geparkten Kfz durch ein Kind § 7

eines Kindes, wie z.b. Entfernungen und Geschwindigkeiten nicht richtig einschätzen zu können, regelmäßig zum Tragen kommen (vgl. BT-Drucks 14/7752, S. 26). Für eine solche Begrenzung sprach, dass sich Kinder im motorisierten Verkehr durch die Schnelligkeit, die Komplexität und die Unübersichtlichkeit der Abläufe in einer besonderen Überforderungssituation befinden. Gerade in diesem Umfeld wirken sich die Entwicklungsdefizite von Kindern besonderes gravierend aus. Demgegenüber weisen der nicht motorisierte Straßenverkehr und das allgemeine Umfeld von Kindern gewöhnlich keine vergleichbare Gefahrenlage auf. Diese Erwägungen zeigen, dass Kinder nach dem Willen des Gesetzgebers auch in dem hier maßgeblichen Alter von sieben bis neun Jahren für einen Schaden haften sollen, wenn sich bei dem Schadensereignis nicht ein typischer Fall der Überforderung des Kindes durch die spezifischen Gefahren des motorisierten Verkehrs verwirklicht hat und das Kind deshalb von der Haftung freigestellt werden soll.

Dem Wortlaut des § 828 Abs. 2 S. 1 BGB ist nicht zu entnehmen, dass der Gesetzgeber bei diesem Haftungsprivileg zwischen dem fließenden und dem ruhenden Verkehr unterscheiden wollte, wenn es auch im fließenden Verkehr häufiger als im sogenannten ruhenden Verkehr eingreifen mag. Das schließt jedoch nicht aus, dass sich in besonders gelagerten Fällen – zu denen der Streitfall aber nicht gehört – auch im ruhenden Verkehr eine spezifische Gefahr des motorisierten Verkehrs verwirklichen kann (vgl. etwa Senatsurt. BGHZ 29, 163, 166 f. und v. 25.10.1994 – VI ZR 107/94, VersR 1995, 90, 92).

8

Aus den vorstehenden Ausführungen ergibt sich, dass der Gesetzgeber nur dann, wenn sich bei einem Schadensfall eine typische Überforderungssituation des Kindes durch die spezifischen Gefahren des motorisierten Verkehrs verwirklicht hat, eine Ausnahme von der Deliktsfähigkeit bei Kindern vor Vollendung des zehnten Lebensjahres schaffen wollte. Andere Schwierigkeiten für ein Kind, sich im Straßenverkehr verkehrsgerecht zu verhalten, sollten diese Ausnahme nicht rechtfertigen. Insoweit ging der Gesetzgeber davon aus, dass Kinder in dem hier maßgeblichen Alter mit solchen Situationen nicht generell überfordert sind und die Deliktsfähigkeit daher grundsätzlich anzunehmen ist. Das wird auch deutlich bei der Begründung, weshalb das Haftungsprivileg in Fällen vorsätzlicher Schädigung nicht gilt.

9

Hierzu heißt es, dass in diesen Fällen die Überforderungssituation als schadensursächlich auszuschließen sei und sich jedenfalls nicht ausgewirkt habe (vgl. BT-Drucks 14/7752, S. 16, 27; *Hentschel*, NZV 2002, 433, 442). Allerdings kam es dem Gesetzgeber darauf an, die Rechtsstellung von Kindern im Straßenverkehr umfassend zu verbessern. Sie sollte insbesondere nicht davon abhängen, ob das betroffene Kind im Einzelfall „Täter" oder „Opfer" eines Unfalls ist, denn welche dieser beiden Möglichkeiten sich verwirklicht, hängt oft vom Zufall ab. Die Haftungsprivilegierung Minderjähriger erfasst deshalb nicht nur die Schäden, die Kinder einem anderen zufügen. Da § 828 BGB auch für die Frage des Mitverschuldens nach

10

277

§ 254 BGB maßgeblich ist (vgl. Senatsurt. BGHZ 34, 355, 366), hat die Haftungsfreistellung Minderjähriger auch zur Folge, dass Kinder dieses Alters sich ihren eigenen Ansprüchen, gleichviel ob sie aus allgemeinem Deliktsrecht oder aus den Gefährdungshaftungstatbeständen des Straßenverkehrsgesetzes oder des Haftpflichtgesetzes hergeleitet werden, ein Mitverschulden bei der Schadensverursachung nicht entgegenhalten lassen müssen. § 828 Abs. 2 BGB gilt deshalb unabhängig davon, ob das an einem Unfall mit einem Kraftfahrzeug beteiligte Kind Schädiger oder Geschädigter ist.

11 Diese Grundsätze konnten im Streitfall jedoch nicht eingreifen, weil nach den Feststellungen des Berufungsgerichts unter den Umständen des vorliegenden Falles das Schadensereignis nicht auf einer typischen Überforderungssituation des Kindes durch die spezifischen Gefahren des motorisierten Verkehrs beruhten, so dass das Berufungsgericht im Ergebnis zu Recht eine Freistellung des Beklagten von der Haftung verneint hat.

12 Auch § 828 Abs. 3 BGB stand einer haftungsrechtlichen Verantwortung des Beklagten nicht entgegen.

Nach der Rechtsprechung des BGH besitzt derjenige die zur Erkenntnis seiner Verantwortlichkeit erforderliche Einsicht im Sinne von § 828 Abs. 3 BGB, der nach seiner individuellen Verstandesentwicklung fähig ist, das Gefährliche seines Tuns zu erkennen und sich der Verantwortung für die Folgen seines Tuns bewusst zu sein. Auf die individuelle Fähigkeit, sich dieser Einsicht gemäß zu verhalten, kommt es insoweit nicht an. Die Darlegungs- und Beweislast für das Fehlen der Einsichtsfähigkeit trägt der in Anspruch genommene Minderjährige; ab dem Alter von 7 Jahren wird deren Vorliegen vom Gesetz widerlegbar vermutet.

13 Der Beklagte hatte zu einem Mangel, das Gefährliche seines Tuns erkennen und sich der Verantwortung seines Tuns bewusst sein zu können, nichts vorgetragen. Der Vortrag, der Beklagte habe mit dem Kickboard zunächst die Fahrbahn einer Spielstraße befahren und habe deren Ende im Eifer des veranstalteten Wettrennens übersehen, bevor es zu dem Unfall mit dem Pkw des Klägers gekommen sei, betraf nicht die Einsichtsfähigkeit des Beklagten im Sinne von § 828 Abs. 3 BGB.

Mit Recht hatte das Berufungsgericht auch ein fahrlässiges Verhalten (§ 276 BGB) des Beklagten bejaht.

14 Ein solches Verhalten setzt voraus, dass die im Verkehr erforderliche Sorgfalt außer acht gelassen (§ 276 Abs. 2 BGB) und dabei die Möglichkeit eines Schadenseintritts erkannt oder sorgfaltswidrig verkannt wurde sowie ein die Gefahr vermeidendes Verhalten möglich und zumutbar war. Dabei ist dem Alter des Schädigers Rechnung zu tragen. Bei einem Minderjährigen kommt es darauf an, ob Kinder bzw. Jugendliche seines Alters und seiner Entwicklungsstufe den Eintritt eines Schadens hätten voraussehen können und müssen und es ihnen bei Erkenntnis der Gefährlichkeit ihres Handelns in der konkreten Situation möglich und zumutbar gewesen wäre, sich dieser Erkenntnis gemäß zu verhalten.

1. Beschädigung eines ordnungsgemäß geparkten Kfz durch ein Kind § 7

Diese Voraussetzungen waren erfüllt. Kinder in der Altersgruppe des Beklagten wissen, dass sie sich so zu verhalten haben, dass ihr Kickboard nicht gegen einen parkenden Pkw prallt und diesen beschädigt. Es ist ihnen auch möglich und zumutbar, dieses Spielgerät so zu benutzen, dass eine solche Schädigung vermieden wird. Die danach gebotene Sorgfalt hatte der Beklagte missachtet, indem er im Wettrennen mit seinem Bruder und einem Freund so schnell fuhr, dass er stürzte und sein Kickboard führungslos mit dem Pkw des Klägers zusammenstieß. Insoweit ist ohne Bedeutung, ob der Beklagte das Ende der Spielstraße im Eifer des Wettrennens übersah, da er die vorgenannten Sorgfaltspflichten auf allen Verkehrsflächen hätte beachten müssen.

15

Es war weder vorgetragen noch ersichtlich, dass sich unter den vom Berufungsgericht festgestellten Umständen die Betriebsgefahr des parkenden Fahrzeugs ausgewirkt haben könnte, so dass auch nicht eine Mithaftung des Klägers nach den Grundsätzen des § 254 BGB in Betracht kam.

16

Anmerkung

17

Der BGH hat sich zu einer teleologischen Reduktion des neuen § 828 Abs. 2 BGB entschlossen, wonach das Haftungsprivileg der angesprochenen Altersgruppe nur im Zusammenhang mit einer typischen Überforderungssituation des Kindes durch die spezifischen Gefahren des motorisierten Verkehrs relevant werden kann. Dies gilt sowohl für Sachschäden als auch für Personenschäden und sowohl für Fälle, in denen das Kind Schädiger („Kind als Täter") als auch für Fälle, in denen es um ein Mitverschulden des Kindes als Geschädigten („Kind als Opfer") geht. Beides kann auch in ein und demselben Fall eintreten, in welchem das Kind unvorsichtigerweise gegen ein geparktes Fahrzeug prallt und sich dabei verletzt. Wirkt sich die Betriebsgefahr des parkenden Fahrzeugs aus, haftet der Halter auch ohne Verschulden nach § 7 Abs. 1 StVG für den Personenschaden des Kindes (inkl. Schmerzensgeld). Ein Haftungsausschluss nach § 7 Abs. 2 StVG wird kaum in Betracht kommen, seit das unabwendbare Ereignis durch die höhere Gewalt ersetzt worden ist. Was bleibt, ist die Möglichkeit einer Haftungsreduktion nach § 254 Abs. 1 BGB wegen Mitverschuldens des im Sinne des § 828 Abs. 3 BGB verantwortlichen Kindes. Das im Sinne des § 828 Abs. 3 BGB verantwortliche Kind seinerseits haftet für den schuldhaft verursachten Sachschaden an dem parkenden Fahrzeug nach § 823 BGB, wobei sich der Eigentümer die von dem geparkten Fahrzeug ausgehende Betriebsgefahr ggf. anspruchsmindernd anrechnen lassen muss. Aufgrund dieser rechtlichen Gestaltung kann den Besonderheiten des jeweiligen Einzelfalles Rechnung getragen werden.

2. Bedeutung des neuen Haftungsprivilegs des § 828 Abs. 2 BGB für die Darlegungs- und Beweislast für Altfälle

18 BGH, Urt. v. 14.6.2005 – VI ZR 181/04, zfs 2005, 486 = VersR 2005, 1154
BGB §§ 823, 828 Abs. 2

Das Haftungsprivileg des § 828 Abs. 2 S. 1 BGB in der Fassung des Zweiten Gesetzes zur Änderung schadensersatzrechtlicher Vorschriften vom 19.7.2002 (BGBl I 2674) führt nicht zu einer Änderung der Darlegungs- und Beweislast für Schadensfälle, die sich vor dem 1.8.2002 ereignet haben.

a) Der Fall

19 Der Kläger, ein überörtlicher Sozialhilfeträger, nahm die Beklagte aus gemäß § 116 SGB X übergegangenem Recht auf Erstattung von Aufwendungen und Feststellung der zukünftigen Haftung aus Anlass eines Verkehrsunfalls in Anspruch.

20 Am 5.6.1993 lief der damals 8-jährige Jens, der zuvor mit drei anderen Kindern in einer breiten Parklücke gestanden hatte, gegen einen mit einer Geschwindigkeit zwischen 25 und 40 km/h vorbeifahrenden Pkw, der bei der Beklagten haftpflichtversichert war. Jens wurde schwer verletzt und ist seitdem zu 100% behindert. Auf seine Klage wurde durch Urteil des Landgerichts K. vom 22.11.1995 rechtskräftig festgestellt, dass die Beklagte als Gesamtschuldnerin mit der Führerin des Fahrzeugs verpflichtet ist, dem Geschädigten ²/₃ aller ihm zukünftig erwachsenden Schäden aus dem Unfall zu ersetzen, soweit nicht der Anspruch auf Sozialversicherungsträger übergegangen ist. Der Kläger begehrt vollumfänglichen Ersatz der von ihm übernommenen Kosten für die Heil- und Rehabilitationsbehandlung sowie die fortdauernde Unterbringung des Geschädigten. Das Landgericht hat die Beklagte zur Zahlung von ²/₃ der geltend gemachten Aufwendungen verurteilt und dem Feststellungsbegehren mit einer entsprechenden Quote entsprochen. Die Berufung des Klägers hatte keinen Erfolg. Mit seiner vom Oberlandesgericht zugelassenen Revision verfolgte der Kläger sein Begehren in vollem Umfang weiter.

b) Die rechtliche Beurteilung

21 Das angefochtene Urteil hielt der revisionsrechtlichen Nachprüfung stand.

Ohne Erfolg wandte sich die Revision dagegen, dass das Berufungsgericht ein Mitverschulden des Verletzten bejaht und dieses mit einem Drittel bemessen hatte.

22 Da das schädigende Ereignis vor dem 1.8.2002 eingetreten war, bestimmte sich die Mitverantwortung des geschädigten Kindes (§ 254 BGB) gemäß Art. 229 § 8 Abs. 1 EGBGB nach der Vorschrift des § 828 BGB in der vor Inkrafttreten des Zweiten Gesetzes zur Änderung schadensrechtlicher Vorschriften vom 19.7.2002 (BGBl I S. 2674) geltenden Fassung. Nach § 828 Abs. 2 BGB a.F. ist, wer das siebente, aber nicht das 18. Lebensjahr vollendet hat, für einen Schaden nicht verantwortlich,

2. Bedeutung des § 828 Abs. 2 BGB für die Darlegungs- und Beweislast   § 7

wenn er zum maßgeblichen Zeitpunkt nicht die zur Erkenntnis der Verantwortlichkeit erforderliche Einsicht hat. Die Einsichtsfähigkeit wird danach vom Gesetz vermutet. Ihr Fehlen ist eine Ausnahme, deren Vorliegen der Minderjährige im konkreten Fall darlegen und beweisen muss.

An dieser Rechtslage hat sich für die Beurteilung der vor Inkrafttreten der gesetzlichen Neuregelung erfolgten Schadensfälle nichts geändert. Das Zweite Gesetz zur Änderung schadensersatzrechtlicher Vorschriften sieht keine rückwirkende Geltung für „Altfälle" vor. Das wurde von der Revision auch nicht verkannt. Sie meinte jedoch, die Neufassung der Vorschrift des § 828 Abs. 2 BGB habe nur klarstellende Funktion. Der Gesetzgeber habe damit lediglich nachvollzogen, dass nach neuen wissenschaftlich gesicherten Erkenntnissen der Entwicklungspsychologie einer Haftung von Kindern bis zum zehnten Lebensjahr kindliche Eigenheiten entgegenstünden. Deswegen sei bei Verkehrsunfällen im Straßenverkehr von einer mangelnden Einsichtsfähigkeit auszugehen. Im Streitfall hätte mithin die Beklagte Anhaltspunkte für das Vorhandensein der Einsichtsfähigkeit vortragen und unter Beweis stellen müssen. Dem konnte nicht gefolgt werden.   23

Richtig ist, dass der Gesetzgeber mit der Einführung der Ausnahmevorschrift des § 828 Abs. 2 BGB dem Umstand Rechnung getragen hat, dass Kinder bis zur Vollendung ihres zehnten Lebensjahres regelmäßig überfordert sind, die besonderen Gefahren des motorisierten Straßenverkehrs zu erkennen, insbesondere die Entfernungen und Geschwindigkeiten von anderen Verkehrsteilnehmern richtig einzuschätzen und sich den Gefahren entsprechend zu verhalten. Dabei hat er sich von der Erkenntnis leiten lassen, dass Kinder in diesem Alter wegen ihres Lauf- und Erprobungsdrangs, ihrer Impulsivität, Affektreaktionen, mangelnden Konzentrationsfähigkeit und ihrem gruppendynamischen Verhalten oft zu einem verkehrsgerechten Verhalten nicht in der Lage sind (vgl. BT-Drucks 14/7752, S. 16 und 26). Der Gesetzgeber hat damit Gesichtspunkte aufgegriffen, mit denen in den vorangegangenen rechts- und verkehrspolitischen Diskussionen die Forderung begründet wurde, den Beginn der Deliktsfähigkeit generell, zumindest aber bei sämtlichen Verkehrsunfällen auf das Alter von zehn Jahren heraufzusetzen. Der gesetzlichen Neuregelung kann jedoch nicht entnommen werden, dass Kindern bis zur Vollendung des zehnten Lebensjahres bei Unfällen im motorisierten Straßenverkehr regelmäßig die zur Erkenntnis der Verantwortlichkeit erforderliche Einsicht im Sinne von § 828 Abs. 2 BGB a.F. fehlt. Das mag zwar der Fall sein, soweit Kinder dieser Altersgruppe etwa im Hinblick auf ihre psychomotorischen Fähigkeiten nicht in der Lage sind, sich verkehrsgerecht zu verhalten. Es trifft aber nicht zu, wenn sieben- bis zehnjährige Kinder sich deshalb nicht verkehrsgerecht verhalten, weil sie nicht in der Lage sind, ihre Impulsivität zu bändigen. Um eine klare Grenzlinie für die Haftung von Kindern zu ziehen, hat der Gesetzgeber diese Fallgestaltungen einheitlich in der Weise geregelt, dass er die Altersgrenze der Deliktsfähigkeit von Kindern für den Bereich des motorisierten Verkehrs generell heraufgesetzt hat, ohne hierfür jedoch eine Rückwirkung anzuordnen. Für „Altfälle" bedeutet dies,   24 dass die anerkannten Grundsätze über die Verteilung der Darlegungs- und Beweislast auch nach der gesetzlichen Neuregelung unverändert fortgelten.

3. Zusammenstoß eines Fahrrad fahrenden Kindes mit einem verkehrsbedingt haltenden Kraftfahrzeug

25   BGH, Urt. v. 17.4.2007 – VI ZR 109/06, zfs 2007, 435 = VersR 2007, 855
BGB § 828 Abs. 2 S. 1 n.F.
a) Stößt ein achtjähriges Kind mit seinem Fahrrad aufgrund überhöhter, nicht angepasster Geschwindigkeit und Unaufmerksamkeit im fließenden Verkehr gegen ein verkehrsbedingt haltendes Kraftfahrzeug, das es nicht herankommen sehen konnte und mit dem es deshalb möglicherweise nicht rechnete, so handelt es sich um eine typische Fallkonstellation der Überforderung des Kindes durch die Schnelligkeit, die Komplexität und die Unübersichtlichkeit der Abläufe im motorisierten Straßenverkehr.
b) Darauf, ob sich diese Überforderungssituation konkret ausgewirkt hat oder ob das Kind aus anderen Gründen nicht in der Lage war, sich verkehrsgerecht zu verhalten, kommt es im Hinblick auf die generelle Heraufsetzung der Deliktsfähigkeit von Kindern durch § 828 Abs. 2 S. 1 BGB in der Fassung des Zweiten Gesetzes zur Änderung schadensrechtlicher Vorschriften vom 19.7.2002 (BGBl I S. 2674) nicht an.

a) Der Fall

26   Die Klägerin machte gegen den Beklagten Schadensersatzansprüche aus einem Verkehrsunfall vom 16.7.2005 geltend. An dem Verkehrsunfall waren die Klägerin mit ihrem Pkw und der zum Unfallzeitpunkt achtjährige Beklagte mit seinem Fahrrad beteiligt.

27   Die Klägerin hielt ihren Pkw im Bereich einer Straßeneinmündung auf ihrer Fahrbahnhälfte vor der gedachten Sichtlinie an, um sich vor dem beabsichtigten Linksabbiegen zu vergewissern, ob sie bevorrechtigtem Verkehr eventuell Vorfahrt gewähren musste. Zur selben Zeit näherte sich der Beklagte mit seinem Fahrrad aus Sicht der Klägerin von links kommend dem Einmündungsbereich, um nach rechts in die Straße einzubiegen, in der die Klägerin mit ihrem Pkw stand. Dem Beklagten war zunächst der Blick auf die Einmündung und den dort seit wenigen Sekunden haltenden Pkw der Klägerin durch eine am Fahrbahnrand stehende, ca. 2 m hohe Hecke versperrt, bei weiterer Annäherung aber war dieser zumindest aus einer Entfernung von ca. 20 m deutlich erkennbar. Er übersah ihn jedoch aufgrund überhöhter, nicht angepasster Geschwindigkeit und Unaufmerksamkeit und fuhr frontal auf den stehenden Pkw der Klägerin auf.

28   Mit ihrer Klage verlangte die Klägerin Ersatz des an ihrem Pkw entstandenen Schadens. Das Amtsgericht hat die Klage abgewiesen. Auf die Berufung der Klägerin

3. Zusammenstoß eines Rad fahrenden Kindes mit einem haltenden Kfz § 7

hat das Berufungsgericht das erstinstanzliche Urteil teilweise abgeändert und der Klage zu einer Quote von ⁴/₅ stattgegeben. Mit der vom Berufungsgericht zugelassenen Revision begehrte der Beklagte die Wiederherstellung des erstinstanzlichen Urteils.

b) Die rechtliche Beurteilung

Das Berufungsgericht meinte im Gegensatz zum erstinstanzlichen Urteil, dem Beklagten komme das Haftungsprivileg des § 828 Abs. 2 S. 1 BGB n.F. nicht zugute. Zwar sei der Beklagte zum Unfallzeitpunkt erst acht Jahre alt gewesen und habe der Klägerin den Schaden auch bei einem Unfall mit einem Kraftfahrzeug entsprechend dem Wortlaut dieser gesetzlichen Regelung zugefügt. Nach der Rechtsprechung des Bundesgerichtshofs greife die Vorschrift nach ihrem Sinn und Zweck jedoch nur ein, wenn sich bei der gegebenen Fallkonstellation eine typische Überforderungssituation des Kindes durch die spezifischen Gefahren des motorisierten Verkehrs realisiert habe. Dies sei hier nicht der Fall gewesen. Das ordnungsgemäß haltende Fahrzeug der Klägerin habe allenfalls ein stehendes Objekt dargestellt, von dem keine Gefahr ausgegangen sei, die auf die Geschwindigkeit des Fahrzeugs zurückgeführt werden könne. Eine hier gegebene Überforderungssituation des Beklagten sei auf dessen eigene, gegebenenfalls überhöhte Geschwindigkeit, jedenfalls aber auf dessen vollkomme Sorglosigkeit bei der Teilnahme im Straßenverkehr zurückzuführen. Von einer solchen voll umfänglichen Sorglosigkeit sei der Gesetzgeber bei der Haftungsprivilegierung nach § 828 Abs. 2 S. 1 nicht ausgegangen. Diese Schwierigkeiten, sich im Straßenverkehr verkehrsgerecht zu verhalten, die ausschließlich in der Person des Kindes, nicht jedoch in den Gefahren des motorisierten Verkehrs ihre Grundlage hätten, rechtfertigten keine Haftungsfreistellung. Die Klägerin habe sich mithin lediglich eine Mithaftung wegen der von ihrem Fahrzeug ausgehenden Betriebsgefahr in Höhe von 20 % anrechnen zu lassen. 29

Die Beurteilung des Berufungsgerichts hielt revisionsrechtlicher Nachprüfung nicht stand. Entgegen der Auffassung des Berufungsgerichts ist die Verantwortlichkeit des Beklagten nach § 828 Abs. 2 S. 1 BGB unter den Umständen des Streitfalles ausgeschlossen. 30

Da das schädigende Ereignis nach dem 31.7.2002 eingetreten war, richtete sich die Verantwortlichkeit des minderjährigen Schädigers gemäß Art. 229 § 8 Abs. 1 EGBGB nach § 828 BGB in der Fassung des 2. Gesetzes zur Änderung schadensrechtlicher Vorschriften vom 19.7.2002 (BGBl I, S. 2674). Danach ist für den Schaden, den er bei einem Unfall mit einem Kraftfahrzeug einem anderen zufügt, nicht verantwortlich, wer das 7., aber nicht das 10. Lebensjahr vollendet hat. 31

Das Berufungsgericht war zwar zutreffend davon ausgegangen, dass § 828 Abs. 2 S. 1 BGB nach seinem Wortlaut im vorliegenden Fall ohne weiteres eingriff. Soweit 32

§ 7 Haftung bei Unfällen mit einem Kraftfahrzeug bei Beteiligung von Kindern

es gleichwohl seine Anwendbarkeit unter Bezugnahme auf die Rechtsprechung des erkennenden Senats verneinte, konnte dem nicht gefolgt werden.

33 Der erkennende Senat hat zwar eine teleologische Reduktion des Wortlauts dieser Vorschrift in Fällen vorgenommen, in denen Kinder der privilegierten Altersgruppe mit einem Kickboard oder Fahrrad gegen ein ordnungsgemäß geparktes Kraftfahrzeug gestoßen sind und dieses beschädigt haben. Er hat hierzu ausgeführt, die Vorschrift greife nach ihrem Sinn und Zweck nur ein, wenn sich bei der gegebenen Fallkonstellation eine typische Überforderungssituation des Kindes durch die spezifischen Gefahren des motorisierten Verkehrs realisiert habe (vgl. Senatsurt. BGHZ 161, 180 und v. 21.12.2004 – VI ZR 276/03, VersR 2005, 378 m.w.N.).

34 Der Gesetzgeber hat nämlich mit der Einführung der Ausnahmevorschrift des § 828 Abs. 2 BGB dem Umstand Rechnung getragen, dass Kinder bis zur Vollendung ihres zehnten Lebensjahres regelmäßig überfordert sind, die besonderen Gefahren des motorisierten Straßenverkehrs zu erkennen, insbesondere die Entfernungen und Geschwindigkeiten von anderen Verkehrsteilnehmern richtig einzuschätzen und sich den Gefahren entsprechend zu verhalten. Dabei hat er sich von der Erkenntnis leiten lassen, dass Kinder in diesem Alter wegen ihres Lauf- und Erprobungsdrangs, ihrer Impulsivität, Affektreaktionen, mangelnden Konzentrationsfähigkeit und ihrem gruppendynamischen Verhalten oft zu einem verkehrsgerechten Verhalten nicht in der Lage sind (vgl. BT-Drucks 14/7752, S. 16 f. und 26 f.). Allerdings wollte er die Deliktsfähigkeit nicht generell und nicht bei sämtlichen Verkehrsunfällen erst mit Vollendung des zehnten Lebensjahres beginnen lassen. Er wollte die Heraufsetzung der Deliktsfähigkeit vielmehr auf im motorisierten Straßen- oder Bahnverkehr plötzlich eintretende Schadensereignisse begrenzen, bei denen die altersbedingten Defizite eines Kindes, wie z.B. Entfernungen und Geschwindigkeiten nicht richtig einschätzen zu können, zum Tragen kommen, weil sich das Kind durch die Schnelligkeit, die Komplexität und die Unübersichtlichkeit der Abläufe in einer besonderen Überforderungssituation befindet (vgl. BT-Drucks 14/7752, S. 26 f.).

35 Entgegen der Auffassung des Berufungsgerichts konnte eine solche typische Überforderungssituation, die nach dem Willen des Gesetzgebers zu einem Haftungsausschluss führt, unter den Umständen des Streitfalles nicht verneint werden. Eine typische Gefahr des motorisierten Verkehrs kann auch von einem Kraftfahrzeug ausgehen, das im fließenden Verkehr anhält (d.h. seine Geschwindigkeit auf Null reduziert) und auf der Fahrbahn für das Kind ein plötzliches Hindernis bildet, mit dem es möglicherweise nicht gerechnet hat. Auch in einer solchen Fallkonstellation können altersbedingte Defizite eines Kindes im motorisierten Straßenverkehr, von denen die Fähigkeit zur richtigen Einschätzung von Entfernungen und Geschwindigkeiten nur beispielhaft genannt sind, zum Tragen kommen. Insoweit ist der Streitfall nicht – wie das Berufungsgericht meinte – mit den Fällen einer Kollision mit einem ordnungsgemäß parkenden Kraftfahrzeug vergleichbar, an dessen Stelle

4. Zusammenstoß eines führungslos rollenden Fahrrads mit einem Kfz § 7

ebenso gut ein anderer Gegenstand stehen könnte, mit dem aber im fließenden Verkehr so nicht zu rechnen ist.

Die Klägerin nahm im Streitfall, obwohl sie anhielt, mit ihrem Pkw zum Zeitpunkt des Zusammenstoßes am fließenden Straßenverkehr teil. Der einheitliche Vorgang der Fahrt wird nicht dadurch beendet, dass das Fahrzeug durch verkehrsbedingte Umstände vorübergehend angehalten wird (vgl. Senatsurt. v. 12.12.2000 – VI ZR 411/99, VersR 2001, 524). Die Klägerin hatte nach den insgesamt unangegriffenen Feststellungen des Berufungsgerichts im Einmündungsbereich einer Straße, in welche der Beklagte einbiegen wollte, lediglich kurz auf ihrer Fahrbahnseite angehalten, um ihrerseits nach links abzubiegen. Sie war für den Beklagten wegen der sich am Fahrbahnrand befindlichen, ca. 2 m hohen Hecke während ihrer Annäherung an die Straßeneinmündung nicht erkennbar gewesen. Dem Beklagten war durch die Hecke zunächst auch der Blick auf die Einmündung und den bereits dort seit wenigen Sekunden haltenden Pkw der Klägerin versperrt. Stößt ein achtjähriges Kind in einer solchen Situation mit seinem Fahrrad aufgrund überhöhter, nicht angepasster Geschwindigkeit und Unaufmerksamkeit im fließenden Verkehr gegen ein verkehrsbedingt haltendes Kraftfahrzeug, das es nicht herankommen sehen konnte und mit dem es deshalb möglicherweise nicht rechnete, so handelt es sich damit um eine typische Fallkonstellation der Überforderung des Kindes durch die Schnelligkeit, die Komplexität und die Unübersichtlichkeit der Abläufe im motorisierten Straßenverkehr. Darauf, ob sich diese Überforderungssituation konkret ausgewirkt hat oder ob das Kind aus anderen Gründen nicht in der Lage war, sich verkehrsgerecht zu verhalten, kommt es nicht an. Um eine klare Grenzlinie für die Haftung von Kindern zu ziehen, hat der Gesetzgeber diese Fallgestaltungen einheitlich in der Weise geregelt, dass er die Altersgrenze der Deliktsfähigkeit von Kindern für den Bereich des motorisierten Verkehrs generell heraufgesetzt hat (vgl. Senatsurt. v. 14.6.2005 – VI ZR 181/04, VersR 2005, 1154, 1155).

36

Da keine weiteren Feststellungen mehr erforderlich waren, konnte der Senat selbst entscheiden (§ 563 Abs. 3 ZPO). Dies führte zur Wiederherstellung des die Klage insgesamt abweisenden erstinstanzlichen Urteils.

37

4. Zusammenstoß eines führungslos vom Bürgersteig auf die Straße rollenden Fahrrads mit einem vorbeifahrenden Kraftfahrzeug

BGH, Urt. v. 16.10.2007 – VI ZR 42/07, zfs 2008, 80 = VersR 2007, 1669

38

BGB § 828 Abs. 2 S. 1 n.F.

Lässt ein achtjähriges Kind auf dem Bürgersteig sein Fahrrad los, damit es von alleine weiterrollt, und rollt das führungslose Fahrrad auf die Fahrbahn gegen das zu diesem Zeitpunkt vorbeifahrende Kraftfahrzeug, so handelt es sich um

§ 7 Haftung bei Unfällen mit einem Kraftfahrzeug bei Beteiligung von Kindern

einen Unfall mit einem Kraftfahrzeug im Sinne des § 828 Abs. 2 S. 1 BGB n.F., der zu einer Haftungsprivilegierung des Kindes führt.

a) Der Fall

39 Am 9.9.2005 gegen 18.00 Uhr befuhr der Fahrer Ü mit dem Fahrzeug des Klägers eine Straße, die in einer 30 km/h-Zone liegt. Dort kam ihm eine Gruppe Kinder entgegen, unter denen sich auch der damals 8-jährige Beklagte mit seinem Fahrrad befand. Zwischen den Parteien war streitig, ob die Gruppe auf dem Bürgersteig oder auf der Straße lief. Jedenfalls kam es zu einem Zusammenstoß zwischen dem führungslos rollenden Fahrrad und dem Fahrzeug des Klägers, das in diesem Augenblick vorbeifuhr. Durch den Zusammenstoß entstand an dem Fahrzeug des Klägers ein Schaden.

40 Der Kläger hat behauptet, die ihm entgegenkommenden Kinder seien auf dem Bürgersteig gelaufen. Der Beklagte sei vorweg gelaufen und habe dabei sein Fahrrad vor sich her geschoben und es dann in der Absicht losgelassen, es alleine vorweg rollen zu lassen. Das Fahrrad sei daraufhin ein Stück geradeaus gerollt, dann mit dem Lenker nach links eingeknickt und auf die Fahrbahn geraten, wo es mit dem vorbeifahrenden Fahrzeug des Klägers kollidiert sei.

41 Das Amtsgericht hat die Klage auf Zahlung von insgesamt 1.483 EUR nebst Zinsen abgewiesen. Das Landgericht hat die hiergegen gerichtete Berufung des Klägers zurückgewiesen. Mit der vom Berufungsgericht zugelassenen Revision verfolgte der Kläger sein Klagebegehren weiter.

b) Die rechtliche Beurteilung

42 Die Beurteilung des Berufungsgerichts hielt im Ergebnis revisionsrechtlicher Nachprüfung stand. Die haftungsrechtliche Verantwortlichkeit des Beklagten war nach der Unfallschilderung des Klägers, die revisionsrechtlich als richtig zu unterstellen war, nach § 828 Abs. 2 S. 1 BGB n.F. ausgeschlossen.

43 Da das schädigende Ereignis nach dem 31.7.2002 eingetreten war, richtete sich die Verantwortlichkeit des minderjährigen Schädigers gemäß Art. 229 § 8 Abs. 1 EGBGB nach § 828 BGB in der Fassung des 2. Gesetzes zur Änderung schadensrechtlicher Vorschriften vom 19.7.2002 (BGBl I S. 2674). Danach ist für den Schaden, den er bei einem Unfall mit einem Kraftfahrzeug einem anderen zufügt, nicht verantwortlich, wer das siebte, aber nicht das zehnte Lebensjahr vollendet hat.

44 Die Revision ging zwar ebenfalls davon aus, dass § 828 Abs. 2 S. 1 BGB nach seinem Wortlaut im vorliegenden Fall ohne weiteres eingriff. Sie meinte jedoch, die Vorschrift finde nach ihrem Sinn und Zweck gleichwohl keine Anwendung. Dieser Auffassung konnte aus Rechtsgründen nicht gefolgt werden.

45 Nach der Rechtsprechung des erkennenden Senats ist eine teleologische Reduktion des Wortlauts dieser Vorschrift nur in Fällen vorzunehmen, in denen sich keine ty-

4. Zusammenstoß eines führungslos rollenden Fahrrads mit einem Kfz § 7

pische Überforderungssituation des Kindes durch die spezifischen Gefahren des motorisierten Verkehrs realisiert hat. Hiernach hat der Senat das Haftungsprivileg verneint in Fällen, in denen Kinder der privilegierten Altersgruppe mit einem Kickbord oder Fahrrad gegen ein ordnungsgemäß geparktes Kraftfahrzeug gestoßen sind und dieses beschädigt haben (vgl. Senatsurt. BGHZ 161, 180 und v. 21.12. 2004 – VI ZR 276/03, VersR 2005, 378 m.w.N.).

Der Gesetzgeber hat nämlich mit der Einführung der Ausnahmevorschrift des § 828 Abs. 2 BGB dem Umstand Rechnung getragen, dass Kinder bis zur Vollendung ihres 10. Lebensjahres regelmäßig überfordert sind, die besonderen Gefahren des motorisierten Straßenverkehrs zu erkennen, insbesondere die Entfernungen und Geschwindigkeiten von anderen Verkehrsteilnehmern richtig einzuschätzen und sich den Gefahren entsprechend zu verhalten. Dabei hat er sich von der Erkenntnis leiten lassen, dass Kinder in diesem Alter wegen ihres Lauf- und Erprobungsdrangs, ihrer Impulsivität, Affektreaktionen, mangelnden Konzentrationsfähigkeit und ihres gruppendynamischen Verhaltens oft zu einem verkehrsgerechten Verhalten nicht in der Lage sind (vgl. BT-Drucks 14/7752, S. 16 f. und 26 f.). Allerdings wollte er die Deliktsfähigkeit nicht generell und nicht bei sämtlichen Verkehrsunfällen erst mit Vollendung des 10. Lebensjahres beginnen lassen. Er wollte die Heraufsetzung der Deliktsfähigkeit vielmehr auf im motorisierten Straßen- oder Bahnverkehr plötzlich eintretende Schadensereignisse begrenzen, bei denen die altersbedingten Defizite eines Kindes, wie z.B. Entfernungen und Geschwindigkeiten nicht richtig einschätzen zu können, zum Tragen kommen, weil sich das Kind durch die Schnelligkeit, die Komplexität und die Unübersichtlichkeit der Abläufe in einer besonderen Überforderungssituation befindet (vgl. BT-Drucks 14/7752, S. 26 f.).

46

Entgegen der Auffassung der Revision konnte eine solche typische Überforderungssituation, die nach dem Willen des Gesetzgebers zu einem Haftungsausschluss führt, auch unter Zugrundelegung des vom Kläger vorgetragenen Unfallgeschehens nicht verneint werden. Denn es hatte sich auch in diesem Fall eine Gefahr verwirklicht, die daraus herrührte, dass Kinder in dem entsprechenden Alter wegen ihres Lauf- und Erprobungsdrangs und ihres gruppendynamischen Verhaltens oft zu einem verkehrsgerechten Verhalten nicht in der Lage sind. Nach dem Vorbringen des Klägers lief der Beklagte entgegen der Fahrtrichtung des herannahenden Kraftfahrzeugs auf dem Bürgersteig einer Gruppe von Kindern vorweg, die ihn anfeuerte, und schob dabei sein Fahrrad so schnell er konnte vor sich her um es dann loszulassen, damit es von alleine weiterrolle. In einer solchen Situation lässt sich die Möglichkeit nicht ausschließen, dass der Beklagte, als er das Fahrrad los ließ, die Geschwindigkeit und die Entfernung des herannahenden Fahrzeugs falsch einschätzte und deshalb nicht damit rechnete, dass das führungslose Fahrrad gerade zu dem Zeitpunkt auf die Fahrbahn geraten könnte, in dem das Fahrzeug des Klägers vorbeifuhr.

47

§ 7	Haftung bei Unfällen mit einem Kraftfahrzeug bei Beteiligung von Kindern

48 Entgegen der Auffassung der Revision kam es nicht darauf an, ob sich die Überforderungssituation konkret ausgewirkt hatte oder der Beklagte lediglich nicht damit gerechnet hatte, dass das führungslose Fahrrad auch auf die Straße rollen könnte. Um eine klare Grenzlinie für die Haftung von Kindern zu ziehen, hat der Gesetzgeber diese Fallgestaltungen einheitlich in der Weise geregelt, dass er die Altersgrenze der Deliktsfähigkeit von Kindern für den Bereich des motorisierten Verkehrs generell heraufgesetzt hat (vgl. Senatsurt. v. 14.6.2005 – VI ZR 181/04, VersR 2005, 1154, 1155 und v. 17.4.2007 – VI ZR 109/06, VersR 2007, 855, 856).

5. Zusammenstoß eines Fahrrad fahrenden Kindes mit einer geöffneten Tür eines am Fahrbahnrand haltenden Kfz

49 **BGH, Beschl. v. 11.3.2008 – VI ZR 75/07, zfs 2008, 373 = VersR 2008, 701**
BGB § 828 Abs. 2

Fährt ein Kind mit einem Fahrrad gegen ein mit geöffneten hinteren Türen am Fahrbahnrand stehendes Fahrzeug, entfällt seine Haftung nach § 828 Abs. 2 BGB

50 **Die rechtliche Beurteilung**
Eine teleologische Reduktion des § 828 Abs. 2 S. 1 BGB ist nur dann vorzunehmen, wenn sich keine typische Überforderungssituation des Kindes durch die spezifischen Gefahren des motorisierten Verkehrs realisiert hat. Hiernach hat der Senat das Haftungsprivileg verneint in Fällen, in denen Kinder der privilegierten Altersgruppe mit einem Kickbord oder Fahrrad gegen ein ordnungsgemäß geparktes Kraftfahrzeug gestoßen sind und dieses beschädigt haben (vgl. Senatsurt. BGHZ 161, 180; v. 30.11.2004 – VI ZR 365/03, VersR 2005, 380 und v. 21.12.2004 – VI ZR 276/03, VersR 2005, 378).

51 Aus den Senatsentscheidungen ergibt sich auch, dass bei dem Haftungsprivileg nicht grundsätzlich zwischen dem fließenden und dem ruhenden Verkehr zu unterscheiden ist, wenn es auch im fließenden Verkehr häufiger als im sogenannten ruhenden Verkehr eingreifen mag. Das schließt jedoch nicht aus, dass sich in besonders gelagerten Fällen auch im ruhenden Verkehr eine spezifische Gefahr des motorisierten Verkehrs verwirklichen kann (vgl. Senatsurt. BGHZ 161, 180, 185 und v. 21.12.2004 – VI ZR 276/03, a.a.O., jeweils m.w.N.). Zudem ergibt sich aus den Senatsurteilen, dass auf eine typische Fallkonstellation der Überforderung des Kindes durch die Schnelligkeit, die Komplexität und die Unübersichtlichkeit der Abläufe im motorisierten Straßenverkehr abzustellen ist. Darauf, ob sich diese Überforderungssituation konkret ausgewirkt hat oder ob das Kind aus anderen Gründen nicht in der Lage war, sich verkehrsgerecht zu verhalten, kommt es nicht an. Um eine klare Grenzlinie für die Haftung von Kindern zu ziehen, hat der Gesetzgeber diese Fallgestaltungen einheitlich in der Weise geregelt, dass er die Al-

6. Vorliegen einer typischen Überforderungssituation eines Kindes § 7

tersgrenze der Deliktsfähigkeit von Kindern für den Bereich des motorisierten Verkehrs generell heraufgesetzt hat (vgl. Senatsurt. v. 14.6.2005 – VI ZR 181/04, VersR 2005, 1154, 1155; v. 17.4.2007 – VI ZR 109/06, VersR 2007, 855, 856 = BGHZ 172, 83; v. 16.10.2007 – VI ZR 42/07, VersR 2007, 1669, 1670).

Das Berufungsgericht hatte diese Grundsätze beachtet und im Ergebnis richtig entschieden, so dass die Revision keine Aussicht auf Erfolg hatte. 52

Die Instanzgerichte hatten zu Recht schon aufgrund des Klägervortrags eine typische Überforderungssituation für die Beklagte bejaht. Im Unterschied zu den Fallgestaltungen, bei denen der erkennende Senat das Eingreifen des Haftungsprivilegs verneint hat, konnte man unter den hier gegebenen Umständen schon nicht davon ausgehen, dass der Kläger sein Fahrzeug zum Unfallzeitpunkt ordnungsgemäß geparkt hatte. Dem stand entgegen, dass die hinteren Türen auf der Fahrer- und der Beifahrerseite zum Zeitpunkt der Kollision offen standen und sich unstreitig sowohl der Kläger als auch der Zeuge E. an den geöffneten Türen befunden und sich bewegt haben. Dies schuf eine besondere Gefahrenlage für das als Verkehrsteilnehmer auf der Straße fahrende Kind. Da es zudem erst 20 m vor diesem Fahrzeug aus einer anderen Straße eingebogen war, lag insgesamt eine typische Fallkonstellation der Überforderung eines Kindes durch die Schnelligkeit, die Komplexität und die Unübersichtlichkeit der Abläufe im motorisierten Straßenverkehr vor. 53

6. Darlegungs- und Beweislast für das Vorliegen einer typischen Überforderungssituation eines Kindes im Rahmen des § 828 Abs. 2 BGB

BGH, Urt. v. 30.6.2009 – VI ZR 310/08, zfs 2009, 673 = VersR 2009, 1136 54
BGB §§ 823, 828 Abs. 2

Der Geschädigte, der sich darauf beruft, hat darzulegen und erforderlichenfalls zu beweisen, dass sich nach den Umständen des Falles die typische Überforderungssituation des Kindes durch die spezifischen Gefahren des motorisierten Verkehrs bei einem Unfall nicht realisiert hat.

a) Der Fall

Der Kläger begehrte Ersatz des Schadens an seinem Fahrzeug Mazda Premacy. Zum Unfallzeitpunkt war das Fahrzeug auf dem Parkplatz der Realschule in W. geparkt. Die Parkplätze sind rechtwinklig zum davor verlaufenden Gehweg angeordnet. Die zum Unfallzeitpunkt 8-jährige Beklagte befuhr mit ihrem Fahrrad den Gehweg und stieß dabei, nachdem sie einige geparkte Fahrzeuge passiert hatte, gegen die linke Heckseite des Pkw des Klägers. Es entstand ein Sachschaden von insgesamt 950 EUR, für den der Kläger von der Beklagten Ersatz begehrte. 55

§ 7 Haftung bei Unfällen mit einem Kraftfahrzeug bei Beteiligung von Kindern

Das Amtsgericht hat die Klage abgewiesen. Die Berufung des Klägers ist erfolglos geblieben. Mit der vom Landgericht zugelassenen Revision verfolgte der Kläger sein Klagebegehren weiter.

b) Die rechtliche Beurteilung

56 Für den Streitfall war entscheidend, ob der Pkw des Klägers zum Unfallzeitpunkt ordnungsgemäß geparkt war. Der Umstand war zwischen den Parteien streitig, die Beweisaufnahme hatte insoweit ein „non liquet" ergeben, so dass sich die Frage stellte, zu wessen Lasten dies ging. Das Berufungsgericht hatte angenommen, das „non liquet" gehe zu Lasten des Klägers.

57 Das angefochtene Urteil hielt der revisionsrechtlichen Nachprüfung stand. Die Beklagte war nach § 828 Abs. 2 S. 1 BGB für den Schaden an dem Pkw des Klägers nicht verantwortlich.

58 Das Berufungsgericht hatte zutreffend die Haftung der Beklagten verneint, weil der Kläger nicht bewiesen hatte, dass der Unfall nicht aufgrund einer Überforderung der Beklagten passiert war.

59 Um eine klare Grenzlinie für die Haftung von Kindern zu ziehen, hat der Gesetzgeber die Fallgestaltungen einheitlich in der Weise geregelt, dass er die Altersgrenze der Deliktsfähigkeit von Kindern für den Bereich des motorisierten Verkehrs generell heraufgesetzt hat (vgl. Senatsurt. v. 14.6.2005 – VI ZR 181/04, a.a.O. und v. 17.4.2007 – VI ZR 109/06, VersR 2007, 855, 856). Im Rahmen des § 828 Abs. 2 S. 1 BGB geht das Gesetz im Regelfall von der fehlenden Verantwortlichkeit des Minderjährigen unter den dort genannten Voraussetzungen aus. § 828 Abs. 2 S. 1 BGB enthält somit eine Vermutung für die Deliktsunfähigkeit des Minderjährigen im Alter zwischen sieben und zehn Jahren im motorisierten Straßenverkehr. Demzufolge haften Minderjährige in der Regel vor Vollendung des 10. Lebensjahrs nicht bei einem Unfall mit den in § 828 Abs. 2 S. 1 BGB genannten Fahrzeugen, es sei denn, dass sie vorsätzlich gehandelt haben (§ 828 Abs. 2 S. 2 BGB). Die Darlegungs- und Beweislast für die nach dem Gesetzeswortlaut erforderlichen tatsächlichen Voraussetzungen für das Eingreifen das Haftungsprivileg des § 828 Abs. 2 S. 1 BGB liegt nach den allgemeinen beweisrechtlichen Grundsätzen beim Schädiger und somit beim Kind. Deshalb trägt der Minderjährige die Beweislast für die Voraussetzungen der gesetzlichen Vermutung seiner fehlenden Deliktsfähigkeit nach § 828 Abs. 2 S. 1 BGB. Er muss darlegen und gegebenenfalls beweisen, dass er im Zeitpunkt des Unfalls im motorisierten Verkehr noch nicht das 10. Lebensjahr vollendet hatte.

60 Hingegen handelt es sich um die Ausnahme vom Regelfall, wenn die nach dem Normzweck erforderliche besondere Überforderungssituation fehlt und deshalb die Haftungsfreistellung nicht zur Anwendung kommt. Der Geschädigte, der sich darauf beruft, hat deshalb darzulegen und erforderlichenfalls zu beweisen, dass sich nach den Umständen des Falles die typische Überforderungssituation des Kindes

6. Vorliegen einer typischen Überforderungssituation eines Kindes § 7

durch die spezifischen Gefahren des motorisierten Verkehrs bei einem Unfall nicht realisiert hat.

Diese Beweislastverteilung ist grundsätzlich auch interessengerecht. Ob eine Fallkonstellation vorliegt, in der sich die typische Überforderungssituation des Kindes durch die spezifischen Gefahren des motorisierten Verkehrs nicht realisiert hat, kann nur für den jeweiligen Einzelfall bestimmt werden. Es wäre aber nicht mit der gesetzgeberischen Intention zu vereinbaren, die Altersgrenze für die Deliktsfähigkeit eines Minderjährigen im motorisierten Verkehr generell auf die Vollendung des zehnten Lebensjahres heraufzusetzen, wenn der Minderjährige seine eigene Überforderung im Einzelfall beweisen müsste. § 828 Abs. 2 BGB würde im Hinblick auf die Beweisschwierigkeiten des Kindes häufig nicht greifen, obwohl die Überforderung des Minderjährigen nach dem Gesetz bei einem Unfall mit einem Kraftfahrzeug grundsätzlich vermutet wird. Entgegen der Auffassung der Revision entfällt die Haftungsfreistellung nicht schon bei einem Unfall im ruhenden Verkehr. In besonders gelagerten Fällen kann sich auch im ruhenden Verkehr eine spezifische Gefahr des motorisierten Verkehrs verwirklichen (vgl. etwa Senatsurt. BGHZ 29, 163, 166 f. und v. 25.10.1994 – VI ZR 107/94, VersR 1995, 90, 92). Sie kann von einem Kraftfahrzeug ausgehen, das im fließenden Verkehr anhält und auf der Fahrbahn für das Kind ein plötzliches Hindernis bildet, mit dem es möglicherweise nicht gerechnet hat. Auch in einer solchen Fallkonstellation können altersbedingte Defizite eines Kindes im motorisierten Straßenverkehr, von denen die Fähigkeit zur richtigen Einschätzung von Entfernungen und Geschwindigkeiten nur beispielhaft genannt sind, zum Tragen kommen (vgl. grundlegend Senat, BGHZ 161, 180, 185 m.w.N.).

61

Die Annahme des Berufungsgerichts, dass der Kläger nicht bewiesen hatte, dass eine typische Überforderungssituation für die Beklagte nicht gegeben war, war aus revisionsrechtlicher Sicht nicht zu beanstanden. Gemäß § 2 Abs. 5 StVO durfte die Beklagte auch den Gehweg mit ihrem Fahrrad befahren. Schon der Umstand, dass die Beklagte gegen die linke Heckseite stieß, nachdem sie an anderen Fahrzeugen vorbeigefahren war, legte nahe, dass das Fahrzeug weiter als die daneben geparkten Pkw in den Gehweg ragte und die Beklagte dadurch in ihrer Reaktionsfähigkeit überfordert war. Dies war jedenfalls nicht auszuschließen.

62

Soweit die Revision im Hinblick auf ein beiderseitiges Mitverschulden weitere Feststellungen für erforderlich hielt, verkannte sie, dass die Haftungsfreistellung nach § 828 Abs. 2 S. 1 BGB auch für das Mitverschulden nach § 254 BGB gilt (vgl. Senatsurt. BGHZ 34, 355, 366 und 161, 180, 186). Die Haftungsfreistellung Minderjähriger hat zur Folge, dass Kinder dieses Alters sich ein Mitverschulden bei der Schadensverursachung nicht entgegenhalten lassen müssen.

63

7. Verletzung elterlicher Aufsichtspflicht bei Beschädigung von Kraftfahrzeugen durch Kinder

64 BGH, Urt. v. 24.3.2009 – VI ZR 199/08 und VI ZR 51/08, zfs 2009, 492, 495 = VersR 2009, 788, 790

BGB § 832 Abs. 1

a) Normal entwickelten Kindern im Alter von 7 $^{1}/_{2}$ Jahren ist im Allgemeinen das Spielen im Freien auch ohne Aufsicht gestattet, wenn die Eltern sich über das Tun und Treiben in großen Zügen einen Überblick verschaffen.

b) Ein Aufsichtspflichtiger muss dafür sorgen, dass ein Kind im Alter von 5 $^{1}/_{2}$ Jahren auf einem Spielplatz in regelmäßigen Abständen von höchstens 30 Minuten kontrolliert wird.

a) Der Fall

65 Die Kläger nahmen die Beklagten wegen Verletzung der Aufsichtspflicht über ihre Kinder in Anspruch.

Am 9.7.2003 zerkratzten der 7 Jahre und 7 Monate alte M und der 5 Jahre und 4 $^{1}/_{2}$ Monate alte P insgesamt 17 Pkw, die auf einem Parkplatz abgestellt waren, der zu dem Wohnkomplex gehört, in dem die Beklagten und ihr Sohn wohnten. Unter den beschädigten Pkw befanden sich auch die Fahrzeuge der Kläger. Zu dem Wohnkomplex gehört auch ein Spielplatz, auf dem die beiden Kinder vor dem Schadensereignis u.a. gespielt hatten.

b) Die rechtliche Beurteilung

66 § 832 Abs. 1 BGB enthält eine Beweislastumkehr zu Lasten des Aufsichtspflichtigen, wenn der objektive Tatbestand einer unerlaubten Handlung im Sinne des § 823 Abs. 1 BGB durch den Aufsichtsbedürftigen erfüllt ist. Der Aufsichtspflichtige muss darlegen und beweisen, was er zur Erfüllung der Aufsichtspflicht unternommen hat. Nach ständiger Rechtsprechung des erkennenden Senats bestimmt sich das Maß der gebotenen Aufsicht nach Alter, Eigenart und Charakter des Kindes sowie danach, was den Eltern in ihren jeweiligen Verhältnissen zugemutet werden kann. Entscheidend ist, was verständige Eltern nach vernünftigen Anforderungen unternehmen müssen, um die Schädigung Dritter durch ihr Kind zu verhindern. Dabei kommt es für die Haftung nach § 832 BGB stets darauf an, ob der Aufsichtspflicht nach den besonderen Gegebenheiten des konkreten Falles genügt worden ist. Entscheidend ist also nicht, ob der Erziehungsberechtigte allgemein seiner Aufsichtspflicht genügt hat; entscheidend ist vielmehr, ob dies im konkreten Fall und in Bezug auf die zur widerrechtlichen Schadenszufügung führenden Umstände geschehen ist.

7. Verletzung elterlicher Aufsichtspflicht bei Beschädigung von Kfz § 7

Bei dem älteren normal entwickelten Kind im Alter von 7 Jahren und 7 Monaten war das unbeaufsichtigte Spielenlassen auf einem Spielplatz auch über einen Zeitraum von bis zu zwei Stunden in Verbindung mit der Belehrung, den Spielplatz nicht zu verlassen, unter dem Gesichtspunkt der Aufsichtspflicht grundsätzlich nicht zu beanstanden ist. 67

Zu dem jüngeren Kind hat der erkennende Senat in seiner Parallelentscheidung ausgeführt, dass bereits Kinder in einem Alter von fünf Jahren ohne ständige Überwachung im Freien, etwa auf einem Spielplatz oder Sportgelände oder in einer verkehrsarmen Straße auf dem Bürgersteig, spielen dürfen und dabei nur gelegentlich beobachtet werden müssen. Dabei ist regelmäßig ein Kontrollabstand von höchstens 30 Minuten ausreichend, um das Spiel von bisher unauffälligen fünfjährigen Kindern außerhalb der Wohnung bzw. des elterlichen Hauses zu überwachen. Darüber hinaus trifft die Eltern die Verpflichtung, ein $5\,^1/_2$-jähriges Kind regelmäßig anzuhalten, fremde Sachen zu achten und nicht zu beschädigen. Eine solche allgemeine Belehrung ist im Alter von $5\,^1/_2$ Jahren in Anbetracht des Spieltriebs, des Erkundungsdrangs und des noch nicht ausgereiften Verständnisses für das Eigentum Dritter erforderlich, um die Schädigung fremden Eigentums möglichst zu vermeiden. Davon wäre auch die konkrete Beschädigung fremder Autos mit umfasst gewesen. 68

Diese Grundsätze gelten erst recht für bereits in größerem Maße in die Selbstständigkeit entlassene Kinder im Alter von sieben bis acht Jahren. In diesem Alter ist weder eine Überwachung „auf Schritt und Tritt" noch eine regelmäßige Kontrolle in kurzen, etwa halbstündigen Zeitabständen wie bei kleineren Kindern erforderlich. Grundsätzlich muss Kindern in diesem Alter, wenn sie normal entwickelt sind, das Spielen im Freien auch ohne Aufsicht in einem räumlichen Bereich gestattet sein, der den Eltern ein sofortiges Eingreifen nicht ermöglicht. Zum Spiel der Kinder gehört auch, Neuland zu entdecken und zu „erobern". Dies kann ihnen, wenn damit nicht besondere Gefahren für das Kind oder für andere verbunden sind, nicht allgemein untersagt werden. Vielmehr muss es bei Kindern dieser Altersstufe, die in der Regel den Schulweg allein zurücklegen, im Allgemeinen genügen, dass die Eltern sich über das Tun und Treiben in großen Zügen einen Überblick verschaffen, sofern nicht konkreter Anlass zu besonderer Aufsicht besteht. Andernfalls würde jede vernünftige Entwicklung des Kindes, insbesondere der Lernprozess im Umgang mit Gefahren, gehemmt. Von diesen Grundsätzen war im Streitfall auszugehen, weil keine Umstände vorlagen, die aufgrund der Entwicklung des Kindes oder der Ausgestaltung des Spielplatzes eine andere Bewertung erfordert hätten. 69

Da es insbesondere von den Eigenheiten des Kindes und seinem Erziehungsstand abhängt, in welchem Umfang allgemeine Belehrungen und Verbote ausreichen oder deren Beachtung auch überwacht werden muss, reichte es für die Erfüllung der elterlichen Aufsichtspflicht insoweit aus, dass die Beklagten ihren Sohn stets angehalten haben, fremdes Eigentum zu achten. Ein Kind, das dahin belehrt wurde, 70

§ 7 Haftung bei Unfällen mit einem Kraftfahrzeug bei Beteiligung von Kindern

keine fremden Sachen zu beschädigen, kann auch verstehen, dass es ein Auto nicht mit einer Glasscherbe beschädigen darf. Da die Beklagten über den Aufenthaltsort ihres Kindes jedenfalls im Wesentlichen informiert waren und ihren Sohn zusätzlich angewiesen hatten, den Parkplatz nicht zu betreten, hatten sie das getan, was verständige Eltern nach vernünftigen Anforderungen unternehmen müssen, um eine Schädigung Dritter durch ihr Kind zu verhindern. Eine darüber hinausgehende Belehrung dahin, dass durch ein Kratzen mit einer Glasscherbe an einem Autoblech regelmäßig ein erheblicher Schaden entsteht und das Kind in der Nähe von Autos nicht mit Bällen, Ästen, Steinen zu spielen und/oder zu werfen und Autos insbesondere nicht zu bemalen oder zu zerkratzen habe, war auch in einer größeren Wohnanlage mit einem Parkplatz nicht erforderlich. Bei einem Kind im Alter von 7 oder 8 Jahren kann man jedenfalls nach der hier erfolgten Belehrung die Einsichtsfähigkeit voraussetzen, dass die von der Revision angesprochenen Handlungen nicht vorgenommen werden dürfen.

§ 8 Sachverständigenkosten

1. „Übliche Vergütung" im Verhältnis Geschädigter – Sachverständiger (LS)

BGH, Urt. v. 4.4.2006 – X ZR 122/05, zfs 2006, 564 = VersR 2006, 1131   1
BGB §§ 631, 632 Abs. 2, 315 Abs. 1, 286
a) Ein Vertrag, nach dem ein Sachverständiger ein Gutachten über die Höhe eines Kraftfahrzeugunfallschadens zu erstellen hat, ist ein Werkvertrag.
b) Für die Bemessung der Vergütung des Sachverständigen ist der Inhalt der zwischen den Parteien getroffenen Vereinbarung maßgeblich, wobei nach § 632 BGB – in dieser Reihenfolge – ihre tatsächliche Absprache, eine eventuell vorliegende Taxe oder die übliche Vergütung den Inhalt der Vereinbarung bestimmen. Andernfalls ist eine verbleibende Vertragslücke nach den Grundsätzen über die ergänzende Vertragsauslegung zu schließen, für die Gegenstand und Schwierigkeit der Werkleistung und insbesondere die mit dem Vertrag verfolgten Interessen der Parteien von Bedeutung sein können. Nur wenn sich auf diese Weise eine vertraglich festgelegte Vergütung nicht ermitteln lässt, kann zur Ergänzung des Vertrages auf die Vorschriften der §§ 315, 316 BGB zurückgegriffen werden.
c) Ein Sachverständiger, der für Routinegutachten eine an der Schadenshöhe orientierte angemessene Pauschalierung seiner Honorare vornimmt, überschreitet die Grenzen des ihm vom Gesetz eingeräumten Gestaltungsspielraums grundsätzlich nicht.
d) Mit der Rechtskraft des Gestaltungsurteils nach § 315 Abs. 3 S. 2 BGB tritt Verzug des Schuldners ohne weiteres und auch dann ein, wenn das Urteil einen bestimmten Zeitpunkt für die Leistung nicht ausdrücklich festlegt.

2. Ersatzfähigkeit im Verhältnis Geschädigter – Haftpflichtversicherer

BGH, Urt. v. 23.1.2007 – VI ZR 67/06, zfs 2007, 507 = VersR 2007, 560   2
BGB § 249
Nach einem Verkehrsunfall kann grundsätzlich ein in Relation zur Schadenshöhe berechnetes Sachverständigenhonorar als erforderlicher Herstellungsaufwand im Sinne des § 249 Abs. 2 BGB erstattet verlangt werden.

a) Der Fall

Der Kläger begehrte von der Beklagten als Haftpflichtversicherer des Schädigers   3
Erstattung der Kosten für ein Sachverständigengutachten, das er nach einem Ver-

§ 8 Sachverständigenkosten

kehrsunfall eingeholt hatte. Die uneingeschränkte Haftung der Beklagten für die entstandenen Schäden war unstreitig.

4 Der Kläger beauftragte einen Sachverständigen mit der Begutachtung seines beschädigten Fahrzeugs. In der im Auftrag enthaltenen Preisvereinbarung heißt es:

„A) Die Grundgebühr (G) richtet sich – nach der Schadenhöhe (S)* – unterhalb (S) = 600 EUR beträgt (G) = 99 EUR und ab (S) 600 EUR beträgt (G) = (S) hoch 0,57 × 3 EUR bei manueller Kalkulation (Daten über Terminal nicht abrufbar) gilt G plus 20% und bei verringertem Aufwand (ohne Kalkulation) gilt G – 40% zusätzlich bei späterer Nach-/Altteilbesichtigung, bzw. Stellungnahmen erfolgt eine zusätzliche Berechnung mit G – 50% oder nach Zeitaufwand. B) nach der aufgewendeten Zeit *(mit 85 EUR/je Std.) C) Hinzu kommen immer die Nebenkosten ** und die gesetzliche MwSt ***.

*nicht zutreffenden Fettdruck der Preisvereinbarung bitte streichen."

Bei Buchstabe B) waren die Worte „nach der aufgewendeten Zeit" gestrichen. Die Nebenkosten waren unterhalb dieses Textes pauschaliert und erläutert.

5 Der Sachverständige stellte dem Kläger für das erstattete Gutachten 363 EUR brutto in Rechnung. Die Grundgebühr berechnete er laut Schadenshöhe mit 221 EUR netto; für Fahrtkosten, Farbbilder, Porto/Telefon, Terminal- und Schreibgebühren berechnete er weitere 92 EUR netto. Da die Beklagte die Zahlung der Sachverständigenkosten ablehnte, beglich der Kläger die Rechnungssumme.

6 Das Berufungsgericht hat das dem Kläger die geltend gemachten Kosten zusprechende Urteil des Amtsgerichts teilweise abgeändert und die Beklagte unter Abweisung der Klage im Übrigen zur Zahlung von 160 EUR nebst Zinsen verurteilt. Hiergegen richtete sich die vom Berufungsgericht zugelassene Revision des Klägers, mit der er die Wiederherstellung des erstinstanzlichen Urteils begehrte.

b) Die rechtliche Beurteilung

7 Nach Auffassung des Landgerichts war die Höhe der Reparaturkosten nicht geeignet, den erforderlichen Aufwand für die Begutachtung des beschädigten Fahrzeugs zu bestimmen. Der Schädiger sei nicht verpflichtet, übersetzte Kosten zu tragen, wenn der Geschädigte gegen seine Schadensminderungspflicht verstoßen habe. Gemäß § 249 Abs. 2 BGB seien grundsätzlich nur die Kosten ersetzbar, die zur Erstattung des Gutachtens erforderlich seien. Soweit der Gutachter sein Honorar gemäß § 315 BGB bestimmt habe, sei die Festsetzung des Honorars nach Reparaturaufwand unbillig. Das Entgelt sei entsprechend dem Justizvergütungs- und Entschädigungsgesetz (JVEG) zu bemessen, das für die gerichtliche Tätigkeit eines Sachverständigen gelte. Dem Kläger stehe daher nur ein Anspruch auf Ersatz der Stundenvergütung nach dem JVEG für höchstens 71 Minuten in Höhe von 112,50 EUR zu.

8 Diese Ausführungen hielten einer revisionsrechtlichen Überprüfung nicht stand.

2. Ersatzfähigkeit im Verhältnis Geschädigter – Haftpflichtversicherer § 8

Die Kosten des Sachverständigengutachtens sind dem Grunde nach erstattungsfähig. Diese Kosten gehören zu den mit dem Schaden unmittelbar verbundenen und gemäß § 249 Abs. 1 BGB auszugleichenden Vermögensnachteilen, soweit die Begutachtung zur Geltendmachung des Schadensersatzanspruchs erforderlich und zweckmäßig ist. Ebenso können diese Kosten zu dem nach § 249 Abs. 2 S. 1 BGB erforderlichen Herstellungsaufwand gehören, wenn eine vorherige Begutachtung zur tatsächlichen Durchführung der Wiederherstellung erforderlich und zweckmäßig ist.

Soweit das Berufungsgericht annahm, die Höhe der Reparaturkosten sei grundsätzlich nicht geeignet, den erforderlichen Aufwand für die Begutachtung des beschädigten Fahrzeugs zu bestimmen, war bereits die Anknüpfung an § 315 BGB verfehlt. Zwischen dem Kläger und dem Sachverständigen war eine Preisvereinbarung getroffen worden, sodass keine einseitige Bestimmung durch den Sachverständigen vorlag. Für die schadensrechtliche Betrachtung war ohnehin von § 249 BGB auszugehen.

9

Nach § 249 Abs. 2 S. 1 BGB hat der Schädiger den zur Wiederherstellung der beschädigten Sache erforderlichen Geldbetrag zu zahlen. Er hat hierzu den Finanzierungsbedarf des Geschädigten in Form des zur Wiederherstellung erforderlichen Geldbetrags zu befriedigen und nicht etwa vom Geschädigten bezahlte Rechnungsbeträge zu erstatten. Der tatsächliche Aufwand bildet freilich (ex post gesehen) bei der Schadensschätzung nach § 287 ZPO oft einen Anhalt zur Bestimmung des zur Herstellung „erforderlichen" (ex ante zu bemessenden) Betrages im Sinne von § 249 Abs. 2 S. 1 BGB. Indes ist der tatsächlich aufgewendete Betrag nicht notwendig mit dem zu ersetzenden Schaden identisch. Insbesondere deshalb kann die Berechnung des Schadens grundsätzlich nicht von etwaigen rechtlichen Mängeln der zu seiner Beseitigung tatsächlich eingegangenen Verbindlichkeiten (z.B. einer überhöhten Honorarforderung des Sachverständigen) abhängig gemacht werden (vgl. Senatsurt. BGHZ 61, 346, 348). Wahrt der Geschädigte den Rahmen des zur Wiederherstellung Erforderlichen, sind weder der Schädiger noch das Gericht im Schadensersatzprozess berechtigt, eine Preiskontrolle durchzuführen (vgl. Senatsurt. v. 29.6.2004 – VI ZR 211/03, VersR 2004, 1189, 1190 f.). Dies gilt auch für die Höhe des Sachverständigenhonorars.

10

Nach den vorstehenden Grundsätzen kommt es im Schadensersatzprozess grundsätzlich nicht darauf an, ob die zwischen dem Kläger und dem Sachverständigen getroffene Preisvereinbarung wegen eines Verstoßes gegen das Transparenzgebot nach § 307 BGB unwirksam ist. Ebenso ist es nicht von Bedeutung, welche Vergütung bei fehlender Honorarvereinbarung zwischen dem Geschädigten und dem Sachverständigen von letzterem nach „billigem Ermessen" gemäß § 315 Abs. 1 BGB bestimmt werden könnte. Maßgeblich ist vielmehr, ob sich die an den Sachverständigen gezahlten Kosten nach den anzuwendenden schadensrechtlichen Gesichtspunkten im Rahmen des zur Wiederherstellung Erforderlichen halten.

11

§ 8 Sachverständigenkosten

12   Es bestehen aus schadensrechtlicher Sicht keine Bedenken, nach einem Verkehrsunfall als erforderlichen Herstellungsaufwand im Sinne des § 249 Abs. 2 BGB ein in Relation zur Schadenshöhe berechnetes Sachverständigenhonorar zu verlangen

13   Der Geschädigte ist nach schadensrechtlichen Grundsätzen in der Wahl der Mittel zur Schadensbehebung frei. Er darf zur Schadensbeseitigung grundsätzlich den Weg einschlagen, der aus seiner Sicht seinen Interessen am besten zu entsprechen scheint, sodass er im Regelfall berechtigt ist, einen qualifizierten Gutachter seiner Wahl mit der Erstellung des Schadensgutachtens zu beauftragen.

14   Der Geschädigte kann jedoch vom Schädiger nach § 249 Abs. 2 BGB als erforderlichen Herstellungsaufwand nur die Kosten erstattet verlangen, die vom Standpunkt eines verständigen, wirtschaftlich denkenden Menschen in der Lage des Geschädigten zur Behebung des Schadens zweckmäßig und angemessen erscheinen. Er ist nach dem Wirtschaftlichkeitsgebot gehalten, im Rahmen des ihm Zumutbaren den wirtschaftlicheren Weg der Schadensbehebung zu wählen, sofern er die Höhe der für die Schadensbeseitigung aufzuwendenden Kosten beeinflussen kann. Dabei ist bei der Beurteilung, welcher Herstellungsaufwand erforderlich ist, auch Rücksicht auf die spezielle Situation des Geschädigten, insbesondere auf seine individuellen Erkenntnis- und Einflussmöglichkeiten sowie auf die möglicherweise gerade für ihn bestehenden Schwierigkeiten zu nehmen. Auch ist der Geschädigte grundsätzlich nicht zu einer Erforschung des ihm zugänglichen Markts verpflichtet, um einen für den Schädiger und dessen Haftpflichtversicherer möglichst preisgünstigen Sachverständigen ausfindig zu machen, wobei für ihn allerdings das Risiko verbleibt, dass er ohne nähere Erkundigungen einen Sachverständigen beauftragt, der sich später im Prozess als zu teuer erweist.

15   Entgegen der Auffassung des Berufungsgerichts hat sich an diesen Grundsätzen durch die neuere Rechtsprechung des Senats zum „Unfallersatztarif" nichts geändert. Nach dieser kann aus schadensrechtlicher Sicht der zur Herstellung erforderliche Geldbetrag nicht ohne weiteres mit einem „Unfallersatztarif" gleichgesetzt werden, wenn sich ein besonderer Tarif für Ersatzmietwagen nach Unfällen entwickelt hat, der nicht mehr maßgeblich von Angebot und Nachfrage bestimmt wird, sondern insbesondere durch gleichförmiges Verhalten der Anbieter (vgl. Senatsurt. BGHZ 160, 377, 383 f.; 163, 19, 22 f.). Die dieser Rechtsprechung zugrunde liegenden Sachverhalte erhalten dadurch ihr Gepräge, dass die den Unfallgeschädigten angebotenen „Unfallersatztarife" erheblich über den für Selbstzahler angebotenen „Normaltarifen" liegen können. Das Berufungsgericht hatte nicht festgestellt, dass sich eine derartige Marktsituation auch bei der Erstellung von Kfz-Schadensgutachten etabliert hat. Hierfür waren auch keine Anhaltspunkte ersichtlich.

16   Nach den dargelegten Grundsätzen und unter Berücksichtigung der zum Zeitpunkt des Berufungsurteils noch nicht ergangenen Entscheidung des X. Zivilsenats des Bundesgerichtshofs vom 4.4.2006 zur Zulässigkeit eines an der Schadenshöhe ori-

2. Ersatzfähigkeit im Verhältnis Geschädigter – Haftpflichtversicherer § 8

entierten Pauschalhonorars für Routinegutachten (X ZR 122/05, BGHZ 167, 139 = VersR 2006, 1131) konnte das Berufungsurteil keinen Bestand haben.

Entgegen der Auffassung des Berufungsgerichts überschreitet ein Kraftfahrzeugsachverständiger allein dadurch, dass er eine an der Schadenshöhe orientierte angemessene Pauschalierung des Honorars vornimmt, die Grenzen der rechtlich zulässigen Preisgestaltung grundsätzlich nicht. Schadensgutachten dienen in der Regel dazu, die Realisierung von Schadensersatzforderungen zu ermöglichen. Die richtige Ermittlung des Schadensbetrages wird als Erfolg geschuldet; hierfür haftet der Sachverständige. Deshalb trägt eine an der Schadenshöhe orientierte angemessene Pauschalierung des Honorars dem nach der Rechtsprechung entscheidend ins Gewicht fallenden Umstand Rechnung, dass das Honorar des Sachverständigen die Gegenleistung für die Feststellung des wirtschaftlichen Wertes der Forderung des Geschädigten ist (vgl. BGH, Urt. v. 4.4.2006 – X ZR 122/05, a.a.O. Rn 15 ff.). **17**

Nach dem genannten Urteil ist auch die vom Berufungsgericht vorgenommene Übertragung der Grundsätze des JVEG für die Vergütung gerichtlicher Sachverständiger auf Privatgutachter nicht angebracht. Der Anwendungsbereich des JVEG ist auf die in § 1 JVEG genannten Verfahren beschränkt. Einer Übertragung auf Privatgutachter steht schon der Umstand entgegen, dass Privatgutachter im Unterschied zu gerichtlichen Sachverständigen, die zu den Parteien nicht in einem Vertragsverhältnis stehen, dem Auftraggeber nach allgemeinen Regeln sowohl vertragsrechtlich als auch deliktsrechtlich haften, während die Haftung gerichtlicher Sachverständiger der Sonderregelung des § 839a BGB unterliegt, die die Haftung auf grobe Fahrlässigkeit und Vorsatz beschränkt hat, damit der Sachverständige, der nach den Verfahrensordnungen (§ 407 ZPO, § 75 StPO) regelmäßig zur Übernahme der Begutachtung verpflichtet ist, seine Tätigkeit ohne den Druck eines möglichen Rückgriffs der Parteien ausüben kann (vgl. BGH, Urt. v. 4.4.2006 – X ZR 122/05, a.a.O. Rn 19). **18**

Das Berufungsgericht hatte auch keine Feststellungen getroffen, aus denen sich hätte ergeben können, dass die Höhe der geltend gemachten Sachverständigenkosten den erforderlichen Herstellungsaufwand im Sinne des § 249 Abs. 2 BGB überschritt. Ohne entsprechende Feststellungen, die das Gericht entweder mit sachverständiger Hilfe oder in geeigneten Fällen im Wege der Schadensschätzung nach § 287 ZPO treffen kann, entbehre seine Auffassung, der Kläger habe gegen seine Verpflichtung zur Geringhaltung des Schadens verstoßen, einer tragfähigen Grundlage. Zudem widersprach eine solche Auffassung zahlreichen Urteilen und Darstellungen im Schrifttum, die eine Kalkulation der Vergütung von Kfz-Sachverständigen nach der Schadenshöhe als üblich bezeichnen, wobei einige davon ausgehen, dass 97 bis 98 % aller Gutachter diese Abrechnungsweise anwenden. **19**

3. Quotelung von Sachverständigenkosten bei Mithaftung

20 BGH, Urt. v. 7.2.2012 – VI ZR 133/11, zfs 2013, 198 = VersR 2012, 201
BGB §§ 249, 254 Abs. 1; StVG §§ 7 Abs. 1, 17 Abs. 1, Abs. 2; StVO §§ 9 Abs. 3 S. 1, 37 Abs. 2 S. 3 Nr. 1

a) Für die Folgen eines Verkehrsunfalls hat der Linksabbieger, der die ihn gemäß § 9 Abs. 3 S. 1 StVO gegenüber dem Gegenverkehr treffende Wartepflicht missachtet hat, regelmäßig in vollem Umfang allein oder doch zumindest zum größten Teil zu haften.

b) Im Falle einer nur quotenmäßigen Haftung des Schädigers hat dieser dem Geschädigten dessen Sachverständigenkosten nur im Umfang der Haftungsquote zu erstatten.

a) Der Fall

21 Der Kläger befuhr am 6.3.2008 mit seinem Pkw die Friedrichstraße, um an der mit einer Lichtzeichenanlage geregelten Kreuzung nach links in die Frankfurter Straße abzubiegen. Der Beklagte zu 1 befuhr mit einem bei der Beklagten zu 2 haftpflichtversicherten Pkw die auf diese Kreuzung in Gegenrichtung zuführende Wilhelmstraße. Er beabsichtigte, geradeaus in die Friedrichstraße weiterzufahren. Im Kreuzungsbereich kam es zur Kollision beider Fahrzeuge, die jeweils auf der rechten Seite beschädigt wurden. Der vom Kläger beauftragte Sachverständige schätzte den Wiederbeschaffungswert seines Pkw auf 7.300 EUR brutto und den Restwert auf 2.700 EUR. Der Kläger hat Ersatz des Wiederbeschaffungsaufwands von 4.600 EUR und der Sachverständigenkosten von 747 EUR, die Zahlung einer Kostenpauschale von 26 EUR und die Erstattung vorgerichtlicher Anwaltskosten begehrt. Das Landgericht hat die Klage abgewiesen. Auf die Berufung des Klägers hat das Oberlandesgericht dieser in Höhe von 2.988 EUR nebst Zinsen sowie hinsichtlich eines Teils der geltend gemachten Anwaltskosten stattgegeben. Es hat dem Kläger jeweils 50 % des mit 4.428 EUR errechneten Nettowiederbeschaffungsaufwands und der Kostenpauschale nebst Ummeldekosten von insgesamt 52 EUR zuerkannt und ihm einen Anspruch auf vollumfänglichen Ersatz der Sachverständigenkosten von 747 EUR zugebilligt. Mit der vom Oberlandesgericht zugelassenen Revision erstrebten die Beklagten die Wiederherstellung des landgerichtlichen Urteils, soweit sie zur Zahlung von mehr als 579 EUR nebst Zinsen und zur Erstattung vorgerichtlicher Kosten von mehr als 41 EUR nebst Zinsen verurteilt worden waren.

b) Die rechtliche Beurteilung

22 Die Revision war begründet.

Sie beanstandete mit Erfolg die Ausführungen des Berufungsgerichts zur Abwägung der beiderseitigen Verursachungs- und Verantwortungsbeiträge nach § 17

3. Quotelung von Sachverständigenkosten bei Mithaftung § 8

Abs. 1 und Abs. 2 StVG. Die Entscheidung über eine Haftungsverteilung im Rahmen des § 254 BGB oder des § 17 StVG ist zwar grundsätzlich Sache des Tatrichters und im Revisionsverfahren nur darauf zu überprüfen, ob der Tatrichter alle in Betracht kommenden Umstände vollständig und richtig berücksichtigt und der Abwägung rechtlich zulässige Erwägungen zugrunde gelegt hat. Die Abwägung ist aufgrund aller festgestellten, d.h. unstreitigen, zugestandenen oder nach § 286 ZPO bewiesenen Umstände des Einzelfalls vorzunehmen, wenn sie sich auf den Unfall ausgewirkt haben; in erster Linie ist hierbei das Maß der Verursachung von Belang, in dem die Beteiligten zur Schadensentstehung beigetragen haben; das beiderseitige Verschulden ist nur ein Faktor der Abwägung. Einer Überprüfung nach diesen Grundsätzen hielt das Berufungsurteil nicht stand.

Die Revision wandte sich mit Erfolg dagegen, dass das Berufungsgericht den Verursachungsbeitrag des Beklagten zu 1 als ebenso schwerwiegend bewertet hatte wie denjenigen des Klägers. Eine solche Beurteilung berücksichtigte nicht in hinreichendem Maß das unterschiedliche Gewicht der beiderseitigen Verkehrsverstöße. 23

Das Berufungsgericht hatte nicht festgestellt, dass der Beklagte zu 1 bei Rot in die Kreuzung eingefahren war, sondern hielt dies nur für möglich. Im Revisionsverfahren war deshalb zugunsten der Beklagten zu unterstellen, dass die Lichtzeichenanlage für den Beklagten zu 1 noch nicht auf Rot umgesprungen war. Das Berufungsgericht hatte allerdings festgestellt, dass der Beklagte zu 1 in die Kreuzung eingefahren war, obwohl die Lichtzeichenanlage für ihn schon längere Zeit gelb zeigte. Darin hatte es mit Recht einen Verstoß gegen § 37 Abs. 2 S. 3 Nr. 1 StVO gesehen, wonach das Wechsellichtzeichen Gelb an einer Kreuzung anordnet, auf das nächste Zeichen zu warten. Hiergegen hatte der Beklagte zu 1 verstoßen, denn das Berufungsgericht nahm an, dass er in die Kreuzung eingefahren war, obwohl die Lichtzeichenanlage für ihn schon mehrere Sekunden lang Gelb zeigte. Im Hinblick darauf war es davon ausgegangen, dass es ihm möglich gewesen wäre, seinen Pkw vor der Kreuzung anzuhalten, wozu er mithin auch verpflichtet gewesen wäre. 24

Rechtsfehlerhaft hatte das Berufungsgericht diesen unfallursächlichen Verkehrsverstoß des Beklagten zu 1 indessen als ebenso schwerwiegend bewertet wie das Verkehrsverhalten des Klägers. Letzterer ist an der Kreuzung nach links abgebogen, obwohl ihm erkennbar der von dem Beklagten zu 1 gelenkte Pkw entgegenkam. Damit hatte der Kläger, wie auch das Berufungsgericht nicht verkannt hat, gegen § 9 Abs. 3 S. 1 StVO verstoßen. Nach dieser Vorschrift muss, wer links abbiegen will, entgegenkommende Fahrzeuge durchfahren lassen. Den Linksabbieger trifft mithin eine Wartepflicht. Deren Nichtbeachtung stellt nach ständiger Rechtsprechung einen besonders schwerwiegenden Verkehrsverstoß dar. Genügt ein Verkehrsteilnehmer dieser Wartepflicht nicht und kommt es deshalb zu einem Unfall, hat er in der Regel, wenn keine Besonderheiten vorliegen, in vollem Umfang oder doch zumindest zum größten Teil für die Unfallfolgen zu haften (vgl. Senatsurt. v. 25

§ 8 Sachverständigenkosten

11.1.2005 – VI ZR 352/03, VersR 2005, 702 m.w.N.). Der Linksabbieger muss den Vorrang des Gegenverkehrs grundsätzlich auch dann beachten, wenn dieser bei Gelb oder bei frühem Rot einfährt. Selbst eine erhebliche Geschwindigkeitsüberschreitung des geradeaus Fahrenden hebt dessen Vorrecht nicht auf (vgl. Senatsurt. v. 14.2.1984 – VI ZR 229/82, VersR 1984, 440; OLG Hamm, NZV 2001, 520). In Fallgestaltungen dieser Art wird allerdings je nach Gewichtung der beiderseitigen Verursachungsanteile unter Berücksichtigung der jeweiligen konkreten Umstände regelmäßig eine Mithaftung beider Unfallbeteiligter anzunehmen sein. Eine überwiegende Haftung des geradeaus Fahrenden als auch eine Haftungsquote von 50 % ist nur ausnahmsweise in besonders gelagerten Einzelfällen gerechtfertigt. Eine Haftungsteilung je zur Hälfte ist in der Rechtsprechung teilweise bei einer Kollision zwischen dem wartepflichtigen Linksabbieger und einem entgegenkommenden Verkehrsteilnehmer auf einer mit einer Lichtzeichenanlage geregelten Kreuzung etwa dann angenommen worden, wenn der entgegenkommende Unfallgegner in später Gelbphase oder beginnender Rotphase an anderen, auf einem parallelen Fahrstreifen bereits haltenden Fahrzeugen vorbei in den Kreuzungsbereich eingefahren ist (vgl. OLG Düsseldorf, Urt. v. 16.10.1975 – 12 U 156/74, r+s 1976, 205; KG, VerkMitt 1984, 36 f.; OLG Hamm, VersR 90, 99). Um eine solche oder eine ähnlich zu bewertende Fallgestaltung handelt es sich vorliegend jedoch nicht.

26 Das Berufungsgericht hatte abgesehen von dem Gelblichtverstoß des Beklagten zu 1 keine Besonderheiten festgestellt, die vorliegend ein Abweichen von dem allgemeinen Grundsatz rechtfertigen konnten, dass der Linksabbieger, der die ihn gemäß § 9 Abs. 3 S. 1 StVO gegenüber dem Gegenverkehr treffende Wartepflicht missachtet, regelmäßig in vollem Umfang allein oder doch zumindest zum größten Teil für die Unfallfolgen zu haften hat. Im Hinblick darauf erwies sich die vorgenommene Abwägung der beiderseitigen Verursachungsanteile als rechtsfehlerhaft. Bei dieser Sachlage konnte die angeordnete Haftungsquote von 50 % keinen Bestand haben.

27 Die Revision hatte auch insoweit Erfolg, als sie sich dagegen wandte, dass das Berufungsgericht dem Kläger trotz Annahme einer Mithaftungsquote von 50 % einen Anspruch auf vollumfänglichen Ersatz der Sachverständigenkosten zugebilligt hatte. Der in der Rechtsprechung und im Schrifttum vereinzelt vertretenen Auffassung, der Schädiger habe auch im Falle einer nur quotenmäßigen Haftung dem Geschädigten dessen Sachverständigenkosten zu 100 % zu erstatten, vermochte der erkennende Senat nicht zu folgen.

28 Nach der außer vom Berufungsgericht insbesondere vom OLG Rostock und vereinzelten Stimmen in der Literatur vertretenen Auffassung ist der Anspruch auf Ersatz der Sachverständigenkosten nicht entsprechend der Verursachungsquote zu kürzen. Diese Kosten seien vielmehr in vollem Umfang erstattungsfähig, weil sie nur entstünden, wenn der Geschädigte seinen erstattungsfähigen Anteil des Gesamtschadens gegenüber dem Schädiger beziffern und belegen müsse; sie fielen überhaupt

3. Quotelung von Sachverständigenkosten bei Mithaftung § 8

nicht an, wenn der Geschädigte den Unfall allein verursacht habe und dienten ausschließlich dazu, den aufgrund der jeweiligen Haftungsquote erstattungsfähigen Anteil von dem Schädiger ersetzt zu bekommen. Auch könne hier nicht – anders als bei den Rechtsanwaltskosten – ein Anteil entsprechend den Schadensverursachungsbeiträgen errechnet werden, weil der Sachverständige seine Leistung insoweit nicht teilen könne.

Diese Auffassung ist abzulehnen, denn sie findet im Gesetz keine Stütze und ist mit den Grundsätzen des Schadensersatzrechts nicht vereinbar. Wird ein Fahrzeug bei einem Verkehrsunfall beschädigt, hat der Schädiger dem Geschädigten nach § 249 Abs. 2 S. 1 BGB den zur Wiederherstellung der beschädigten Sache erforderlichen Geldbetrag zu zahlen. Soweit zur Geltendmachung des Schadensersatzanspruchs eine Begutachtung durch einen Sachverständigen erforderlich und zweckmäßig ist, gehören die Kosten eines vom Geschädigten eingeholten Schadensgutachtens zu den mit dem Schaden unmittelbar verbundenen und gemäß § 249 Abs. 1 BGB auszugleichenden Vermögensnachteilen. Ebenso können diese Kosten zu dem nach § 249 Abs. 2 S. 1 BGB erforderlichen Herstellungsaufwand gehören, wenn eine vorherige Begutachtung zur tatsächlichen Durchführung der Wiederherstellung erforderlich und zweckmäßig ist. Unter beiden Gesichtspunkten sind diese Kosten grundsätzlich in vollem Umfang erstattungsfähig.

29

Ist der geschädigte Fahrzeughalter in erheblicher Weise für den Schaden mitverantwortlich, so führt dies nach § 17 Abs. 1 und 2 StVG allerdings zu einer Beschränkung von Grund und Umfang des Schadensersatzanspruchs. Die Bestimmung statuiert – ebenso wie § 254 Abs. 1 BGB, § 9 StVG und § 4 HaftPflG – eine Ausnahme von dem Grundsatz der Totalreparation (Alles-oder-Nichts-Prinzip des Schadensersatzrechts). Sie hat zur Folge, dass auch der Anspruch auf Ersatz der Kosten eines Sachverständigengutachtens nur ungeschmälert fortbestehen kann, wenn sich aus „den Umständen", insbesondere aus der Feststellung, „inwieweit der Schaden vorwiegend von dem einen oder anderen Teil verursacht worden ist" (§ 17 Abs. 1 StVG) ein solches Ergebnis rechtfertigen lässt.

30

Aus den „Umständen", insbesondere den Verursachungsbeiträgen, ergab sich eine solche Rechtfertigung hier nicht. Auch die Kosten des Sachverständigengutachtens waren durch den Unfall verursacht, denn ohne die Unfallbeteiligung des Geschädigten wäre es dazu nicht gekommen. Entgegen der Auffassung des Berufungsgerichts diente die Einholung eines Sachverständigengutachtens nicht allein dem Nachweis des vom Schädiger zu tragenden Schadensanteils. Sie liegt auch im eigenen Interesse des Geschädigten, weil das Gutachten ihm Gewissheit über das Ausmaß des Schadens und die von ihm zu tragenden Kosten verschafft. Etwas anderes ergibt sich auch nicht aus den Grundsätzen zur Erstattungsfähigkeit vorgerichtlicher Anwaltskosten, denn bei dieser Schadensposition handelt es sich um eine Nebenforderung, deren Höhe sich erst bestimmen lässt, wenn die Hauptforderung konkretisiert ist. Das trifft auf Sachverständigenkosten nicht zu, denn diese sind,

31

wie oben ausgeführt, dem Sachschaden zuzurechnen und damit auch Bestandteil der Hauptforderung. Zudem hängt ihre Höhe nicht in gesetzlich bestimmter Weise vom Umfang des übrigen Schadens ab. Während bei den Anwaltskosten eine Berücksichtigung der Mitverantwortung des Geschädigten nicht durch eine Quotelung der Kosten, sondern durch eine Quotelung des Streitwerts erfolgt, der nach dem Rechtsanwaltsvergütungsgesetz die Höhe der Rechtsanwaltsgebühren bestimmt, kennt das für den Ersatz von Sachverständigenkosten maßgebende Schadensersatzrecht eine solche Differenzierungsmöglichkeit nicht. Hier kann die Mitverantwortung des Geschädigten für die Schadensentstehung nicht anders als durch eine Quotelung dieser Kosten Berücksichtigung finden. Einer solchen Quotelung steht auch die sogenannte Differenzhypothese nicht entgegen, wonach die Frage, ob ein zu ersetzender Vermögensschaden vorliegt, grundsätzlich durch einen Vergleich der infolge des haftungsbegründenden Ereignisses eingetretenen Vermögenslage mit derjenigen, die sich ohne dieses Ereignis ergeben hätte, zu beurteilen ist, denn diese Grundsätze betreffen allein die Frage der Schadenshöhe, nicht die Frage der Haftungsverteilung. Im Falle einer nur quotenmäßigen Haftung des Schädigers hat dieser dem Geschädigten dessen Sachverständigenkosten mithin im Umfang der Haftungsquote zu erstatten.

32 Das angefochtene Urteil konnte nach alledem keinen Bestand haben. Die Sache war gemäß § 563 Abs. 1 S. 1 ZPO an das Berufungsgericht zurückzuverweisen. Dieses wird unter Berücksichtigung obiger Ausführungen über die Haftungsverteilung gemäß § 17 Abs. 1 StVG erneut zu befinden haben.

4. Zulässigkeit von Sicherungsabtretungsklauseln von Sachverständigen und Werkstätten

33 BGH, Urt. v. 7.6.2011 – VI ZR 260/10, zfs 2011, 561 = MDR 2011, 845
BGB § 398

Tritt der Geschädigte nach einem Fahrzeugschaden seine Ansprüche aus dem Verkehrsunfall in Höhe der Gutachterkosten ab, ist die Abtretung mangels hinreichender Bestimmbarkeit unwirksam.

a) Der Fall

34 Die Klägerin, die ein Kfz-Sachverständigenbüro betreibt, begehrte von dem beklagten Haftpflichtversicherer aus abgetretenem Recht des Geschädigten H. Ersatz restlichen Schadens aus einem Verkehrsunfall. Die volle Einstandspflicht der Beklagten stand außer Streit. H. beauftragte die Klägerin mit der Erstattung eines Gutachtens zur Schadenshöhe und trat seine gegen den Fahrer, den Halter und den Versicherer des unfallbeteiligten Fahrzeugs bestehenden Schadensersatzansprüche in Höhe der Gutachterkosten einschließlich Mehrwertsteuer formularmäßig erfüllungshalber an die Klägerin ab. Diese berechnete ein Honorar von 1.202 EUR, wo-

4. Zulässigkeit von Sicherungsabtretungsklauseln § 8

von die Beklagte vorprozessual 471 EUR erstattete. Der Restbetrag von 731 EUR sowie außergerichtliche Rechtsanwaltskosten waren Gegenstand der Klage. Das Amtsgericht hat die Klage abgewiesen. Die Berufung der Klägerin hatte keinen Erfolg. Mit der vom Berufungsgericht zugelassenen Revision verfolgte sie ihr Klagebegehren weiter.

35

b) Die rechtliche Beurteilung

Das angefochtene Urteil hielt revisionsrechtlicher Nachprüfung stand. Die von dem Geschädigten H. erklärte Abtretung war unwirksam.

36

Eine Abtretung ist, wie in der Rechtsprechung und Rechtslehre anerkannt ist, nur wirksam, wenn die Forderung, die Gegenstand der Abtretung ist, bestimmt oder wenigstens bestimmbar ist. Dieses Erfordernis ergibt sich aus der Rechtsnatur der Abtretung, die ein dingliches Rechtsgeschäft ist. Die Abtretung bewirkt, dass das Gläubigerrecht an einer Forderung von dem bisherigen Gläubiger auf eine andere Person als neuen Gläubiger übergeht (§ 398 BGB). Wie ein Gläubigerrecht nur an einer bestimmten oder mindestens bestimmbaren Forderung bestehen kann, so kann auch nur das Gläubigerrecht an einer bestimmten oder bestimmbaren Forderung Gegenstand der Abtretung sein. An diesem Erfordernis der Bestimmtheit oder Bestimmbarkeit fehlt es, wenn von mehreren selbstständigen Forderungen ein Teil abgetreten wird, ohne dass erkennbar ist, von welcher oder von welchen Forderungen ein Teil abgetreten werden soll.

Entstehen aus einem Verkehrsunfall für den Geschädigten mehrere Forderungen, so kann von der Gesamtsumme dieser Forderungen nicht ein nur summenmäßig bestimmter Teil abgetreten werden. Um verschiedene Forderungen handelt es sich etwa dann, wenn neben dem Anspruch auf Ersatz des an dem beschädigten Kraftfahrzeug entstandenen Sachschadens ein Anspruch auf Ersatz von Verdienstausfall geltend gemacht wird. Dasselbe gilt für das Verhältnis zwischen dem Anspruch auf Ersatz des Fahrzeugschadens und dem Anspruch auf Ersatz von Schäden an der Ladung des Fahrzeugs. Für die Annahme verschiedener Forderungen spricht in diesen Fällen schon die Möglichkeit unterschiedlicher Entwicklungen in der Anspruchsinhaberschaft, die sich daraus ergibt, dass die Ersatzansprüche im Regulierungsfall gegebenenfalls auf verschiedene Versicherer übergehen können (Kaskoversicherung, Betriebsausfallversicherung, Transportversicherung). Eine Verschiedenheit von Forderungen liegt nur dann nicht vor, wenn es sich bei einzelnen Beträgen um lediglich unselbstständige Rechnungsposten aus einer klar abgrenzbaren Sachgesamtheit handelt), wie dies etwa bei Einzelelementen der Reparaturkosten der Fall ist.

37

Die Abtretung des Geschädigten H. wurde diesen Erfordernissen nicht gerecht, denn sie war weder hinreichend bestimmt noch bestimmbar. Nach ihrem eindeutigen Wortlaut erfasste sie eine Mehrzahl von Forderungen, nämlich sämtliche Ansprüche des Geschädigten aus dem betreffenden Verkehrsunfall. Mit Recht hatte

38

§ 8 Sachverständigenkosten

das Berufungsgericht in der Bezugnahme der Abtretung auf die Höhe der Gutachterkosten lediglich eine Beschränkung hinsichtlich des Umfangs der Abtretung gesehen. Die Abtretung sollte ersichtlich nicht nur die Forderung auf Ersatz der Gutachterkosten erfassen. Dieser Anspruch war auch kein unselbstständiger Rechnungsposten, sondern im Verhältnis zu dem Anspruch auf Ersatz des Fahrzeugschadens vielmehr eine selbstständige Forderung. Dies folgt schon aus der Möglichkeit unterschiedlicher Entwicklungen in der Anspruchsinhaberschaft, denn anders als der Anspruch auf Ersatz des Fahrzeugschadens geht der hiervon schon dem Gegenstand nach klar abgrenzbare Anspruch auf Ersatz der Gutachterkosten im Regulierungsfall gemäß § 86 Abs. 1 VVG nur unter engen Voraussetzungen auf den Kaskoversicherer über (vgl. Ziffer A.2.8 AKB 08 [Stand: 9.7.2008]). Um dem Bestimmbarkeitserfordernis zu genügen, wäre es deshalb erforderlich gewesen, in der Abtretungserklärung den Umfang der von der Abtretung erfassten Forderungen der Höhe und der Reihenfolge nach aufzuschlüsseln. Daran fehlte es bei der hier verwendeten Abtretungserklärung. Da es sich dabei nach den vom Berufungsgericht getroffenen Feststellungen um von der Klägerin gestellte Allgemeine Geschäftsbedingungen handelte, gingen bestehende Unklarheiten zu ihren Lasten (§ 305c Abs. 2 BGB).

39 Mit Recht hatte es das Berufungsgericht abgelehnt, die nichtige Abtretung gemäß § 140 BGB in eine Prozessführungsermächtigung umzudeuten.

40 Eine Umdeutung in ein Ersatzgeschäft darf nicht dazu führen, dass an die Stelle des nichtigen Geschäfts ein solches gesetzt wird, das über den Erfolg des ursprünglich gewollten Geschäfts hinausgeht. Dies wäre hier aber der Fall gewesen, wenn die (unwirksame) Abtretung umgedeutet worden wäre in die Ermächtigung, die Gutachterkosten im eigenen Namen geltend zu machen. Da sich der Abtretungserklärung gerade nicht entnehmen ließ, dass die Klägerin Gläubigerin der gesamten Forderung auf Ersatz der Gutachterkosten werden sollte, verbot sich eine Umdeutung dahin gehend, sie als ermächtigt anzusehen, im Wege der Prozessstandschaft diese Forderung in voller Höhe im eigenen Namen geltend zu machen.

41 Etwas anderes ergab sich auch nicht aus der in der Abtretungsvereinbarung enthaltenen Anweisung an den regulierungspflichtigen Versicherer, die Sachverständigenkosten unmittelbar an die Klägerin zu zahlen. Diese Zahlungsanweisung durfte nicht isoliert ausgelegt werden, sondern war im Zusammenhang mit der im vorausgehenden Satz geregelten Abtretung zu sehen. Sie nahm ersichtlich Bezug auf die Höhe des von der vorgesehenen Abtretung erfassten Betrags und bezog sich nicht auf einen von der (unwirksamen) Abtretung möglicherweise nicht erfassten Teil der Forderung auf Ersatz der Gutachterkosten. Eine auf diese Zahlungsanweisung gestützte Klage wäre mangels hinreichender Bestimmtheit unzulässig gewesen.

5. Erforderlichkeit von Sachverständigenkosten nach einem Verkehrsunfall

BGH, Urt. v. 11.2.2014 – VI ZR 225/13, VersR 2014, 474
BGB § 249

Zur Frage der Erforderlichkeit von Sachverständigenkosten nach einem Verkehrsunfall.

a) Der Fall

Die Parteien stritten um den Ersatz restlicher Sachverständigen- und Anwaltskosten infolge eines Verkehrsunfalls.

Im Februar 2012 war der Kläger mit seinem Fahrzeug in einen Verkehrsunfall mit der Beklagten verwickelt, für dessen Schäden die Beklagte zu 100% aufzukommen hatte. Der Kläger holte ein Kfz-Schadensgutachten ein, nach dem der erforderliche Reparaturaufwand rund 1.050 EUR zzgl. Umsatzsteuer betrug. Für die Erstattung des Gutachtens stellte der Sachverständige dem Kläger einen Betrag von 534,55 EUR in Rechnung, den er wie folgt aufschlüsselte:

Ausarbeitung und Anfertigung des Gutachtens	260,00 EUR
Lichtbilder (11) 8 x 2,80 EUR (1 Satz)	22,40 EUR
Telefon/EDV-Ko., Büromaterial, Porto, Schreibkosten	75,00 EUR
Fahrtkosten/Zeit (51 km x 1,80 EUR max. 100,00 EUR)	91,80 EUR
Mehraufwand Restwertbörse	–
Zwischensumme ohne MwSt	449,20 EUR
MwSt 19,0%	85,35 EUR
Endsumme inkl. MwSt	**534,55 EUR**

Die Haftpflichtversicherung der Beklagten regulierte die Kosten in Höhe von 390 EUR. Der Restbetrag von 144,55 EUR war Gegenstand der Klage. Daneben machte der Kläger unter Anrechnung einer ebenfalls bereits vorprozessual erfolgten Zahlung restliche vorgerichtliche Rechtsverfolgungskosten (Rechtsanwaltskosten) in Höhe von 74,97 EUR geltend und begehrte schließlich die Feststellung, dass die Beklagte verpflichtet ist, auf die vom Kläger verauslagten Gerichtskosten Zinsen in Höhe von 5 Prozentpunkten über dem Basiszinssatz für die Zeit vom Eingang der einbezahlten Gerichtskosten bis zum Eingang des Kostenfestsetzungsantrags nach Maßgabe der auszuurteilenden Kostenquote zu zahlen.

Das Amtsgericht hat die Klage abgewiesen. Auf die zugelassene Berufung des Klägers hat das Landgericht die Beklagte unter Zurückweisung der Berufung im Übrigen zur Zahlung weiterer Gutachterkosten in Höhe von 56,90 EUR sowie weiterer vorgerichtlicher Rechtsverfolgungskosten in Höhe von 43,31 EUR, jeweils nebst Zinsen, verurteilt. Mit der vom Landgericht zugelassenen Revision verfolgte der

Kläger sein ursprüngliches Begehren weiter. Ziel der Anschlussrevision der Beklagten war die Wiederherstellung des amtsgerichtlichen Urteils.

b) Die rechtliche Beurteilung

46 Das Berufungsgericht hat im Wesentlichen ausgeführt, der Geschädigte sei im Regelfall berechtigt, einen qualifizierten Gutachter seiner Wahl mit der Erstellung des Schadensgutachtens zu beauftragen. Der Kraftfahrzeugsachverständige überschreite die Grenzen rechtlich zulässiger Preisgestaltung dabei nicht alleine dadurch, dass er eine an der Schadenshöhe orientierte angemessene Pauschalierung des Honorars vornehme. Die Gerichte könnten aber mit sachverständiger Hilfe oder im Wege der Schadensschätzung nach § 287 ZPO Feststellungen treffen, aus denen sich ergebe, dass die Höhe der geltend gemachten Sachverständigenkosten den erforderlichen Herstellungsaufwand im Sinne des § 249 Abs. 2 BGB überschreite. Hierbei könne sowohl hinsichtlich des Grundhonorars als auch in Bezug auf die Nebenkosten auf die Ergebnisse der Befragung zur Höhe des Kfz-Sachverständigenhonorars 2010/2011 durch den Bundesverband der freiberuflichen und unabhängigen Sachverständigen für das Kraftfahrzeugwesen e.V.-BVSK (im Folgenden: „BVSK-Honorarbefragung") abgestellt werden. Danach schätze die Kammer die für die Einholung des Schadensgutachtens erforderlichen Kosten auf 446,85 EUR, auf die die Beklagte bereits 390 EUR gezahlt habe.

47 Diese Schadensberechnung hielt den Angriffen der Revision nicht stand.

Mit Recht ging das Berufungsgericht allerdings davon aus, dass der Kläger, einen Sachverständigen mit der Schätzung der Schadenshöhe an seinem durch den Unfall beschädigten Pkw beauftragen durfte und von der Beklagten nach § 249 Abs. 2 S. 1 BGB als Herstellungsaufwand den Ersatz der objektiv erforderlichen Sachverständigenkosten verlangen kann. Als erforderlich sind nach der ständigen Rechtsprechung des Senats diejenigen Aufwendungen anzusehen, die ein verständiger, wirtschaftlich denkender Mensch in der Lage des Geschädigten machen würde. Wenn der Geschädigte die Höhe der für die Schadensbeseitigung aufzuwendenden Kosten beeinflussen kann, so ist er nach dem Begriff des Schadens und dem Zweck des Schadensersatzes wie auch nach dem letztlich auf § 242 BGB zurückgehenden Rechtsgedanken des § 254 Abs. 2 S. 1 BGB unter dem Gesichtspunkt der Schadensminderungspflicht gehalten, im Rahmen des ihm Zumutbaren den wirtschaftlicheren Weg der Schadensbehebung zu wählen. Das Gebot zu wirtschaftlich vernünftiger Schadensbehebung verlangt jedoch, wie der Senat ebenfalls bereits ausgeführt hat, vom Geschädigten nicht, zugunsten des Schädigers zu sparen oder sich in jedem Fall so zu verhalten, als ob er den Schaden selbst zu tragen hätte. Denn in letzterem Fall wird der Geschädigte nicht selten Verzichte üben oder Anstrengungen machen, die sich im Verhältnis zum Schädiger als überobligationsmäßig darstellen und die dieser daher vom Geschädigten nicht verlangen kann. Bei dem Bemühen um eine wirtschaftlich vernünftige Objektivierung des Restitutionsbedarfs darf

5. Erforderlichkeit von Sachverständigenkosten nach einem Verkehrsunfall § 8

auch im Rahmen von Abs. 2 S. 1 des § 249 BGB nicht das Grundanliegen dieser Vorschrift aus den Augen verloren werden, dass nämlich dem Geschädigten bei voller Haftung des Schädigers ein möglichst vollständiger Schadensausgleich zukommen soll (vgl. *Steffen*, NZV 1991, 1, 2; *ders.*, NJW 1995, 2057, 2062). Deshalb ist bei der Prüfung, ob der Geschädigte den Aufwand zur Schadensbeseitigung in vernünftigen Grenzen gehalten hat, eine subjektbezogene Schadensbetrachtung anzustellen, d.h. Rücksicht auf die spezielle Situation des Geschädigten, insbesondere auf seine individuellen Erkenntnis- und Einflussmöglichkeiten sowie auf die möglicherweise gerade für ihn bestehenden Schwierigkeiten zu nehmen. Auch bei der Beauftragung eines Kfz-Sachverständigen darf sich der Geschädigte damit begnügen, den ihm in seiner Lage ohne weiteres erreichbaren Sachverständigen zu beauftragen. Er muss nicht zuvor eine Marktforschung nach dem honorargünstigsten Sachverständigen betreiben.

Der Geschädigte genügt seiner Darlegungslast zur Schadenshöhe regelmäßig durch Vorlage einer Rechnung des von ihm zur Schadensbeseitigung in Anspruch genommenen Sachverständigen. Die tatsächliche Rechnungshöhe bildet bei der Schadensschätzung nach § 287 ZPO ein wesentliches Indiz für die Bestimmung des zur Herstellung „erforderlichen" Betrags im Sinne von § 249 Abs. 2 S. 1 BGB, schlagen sich in ihr doch die besonderen Umstände des jeweiligen Einzelfalls einschließlich der – vor dem Hintergrund der subjektbezogenen Schadens-betrachtung relevanten – beschränkten Erkenntnismöglichkeiten des Geschädigten regelmäßig nieder. Letztlich sind allerdings nicht die rechtlich geschuldeten, sondern die im Sinne von § 249 Abs. 2 S. 1 BGB tatsächlich erforderlichen Kosten entscheidend. Ein Indiz für die Erforderlichkeit bildet aber die Übereinstimmung des vom Geschädigten erbrachten Kostenaufwands mit der Rechnung und der ihr zugrundeliegenden getroffenen Preisvereinbarung, sofern diese nicht auch für den Geschädigten deutlich erkennbar erheblich über den üblichen Preisen liegt. Wissensstand und Erkenntnismöglichkeiten des Geschädigten spielen mithin bereits bei der Prüfung der Erforderlichkeit des Schadensaufwands gemäß § 249 Abs. 2 S. 1 BGB eine maßgebende Rolle. Ein einfaches Bestreiten der Erforderlichkeit des ausgewiesenen Rechnungsbetrags zur Schadensbehebung reicht allerdings grundsätzlich nicht aus, um die geltend gemachte Schadenshöhe in Frage zu stellen. Anderes gilt, wenn sich aus den getroffenen Vereinbarungen Umstände ergeben, die der Rechnung die indizielle Bedeutung für die Erforderlichkeit der Aufwendungen nehmen.

48

Mit diesen Grundsätzen waren, auch im Rahmen der freieren Stellung des Tatrichters bei der Schadensbemessung nach § 287 Abs. 1 ZPO, die Erwägungen nicht zu vereinbaren, mit denen das Berufungsgericht hier zu einer Kürzung der vom Kläger geltend gemachten Sachverständigenkosten gelangt ist. Es durfte nicht die dem Kläger vom Schadensgutachter in Rechnung gestellten Kosten allein auf der Grundlage einer Honorarumfrage eines Sachverständigenverbandes kürzen. Dabei hat das Berufungsgericht die besondere Bedeutung der vorgelegten Rechnung für den konkreten Einzelfall und die Lage des Geschädigten bei der Beauftragung eines

49

§ 8 Sachverständigenkosten

Sachverständigen verkannt. Nur wenn der Geschädigte erkennen kann, dass der von ihm ausgewählte Sachverständige Honorarsätze für seine Tätigkeit verlangt, die die in der Branche üblichen Preise deutlich übersteigen, gebietet das schadensrechtliche Wirtschaftlichkeitsgebot, einen zur Verfügung stehenden günstigeren Sachverständigen zu beauftragen. Solche Umstände sind im Streitfall nicht festgestellt.

50 Die Höhe des vom Sachverständigen in Rechnung gestellten Grundhonorars war nicht zu beanstanden. In Streit stand die Höhe der Nebenkosten. Dass der Kläger von vornherein hätte erkennen können, dass der Sachverständige nach der Behauptung der Beklagten überhöhte Nebenkosten ansetzen würde, wurde im Rechtsstreit nicht behauptet und hatte das Berufungsgericht deshalb auch nicht festgestellt. Zu einer Recherche nach einem Sachverständigen mit einem günstigeren Honorarangebot war der Kläger gegenüber der Beklagten nicht verpflichtet. Dem Kläger musste auch nicht das Ergebnis der Umfrage bei den Mitgliedern des Sachverständigenverbandes über die Höhe der üblichen Honorare bekannt sein. Damit fallen aber die geltend gemachten Kosten nicht von vornherein aus dem Rahmen des für die Behebung des Schadens erforderlichen Geldbetrags nach § 249 Abs. 2 S. 1 BGB.

51 Freilich ist der Schädiger auch nicht verpflichtet, dem Geschädigten die Rechnungsbeträge der von diesem im Rahmen der Schadensbeseitigung in Anspruch genommenen Fachunternehmen ohne Möglichkeit der Nachprüfung voll zu ersetzen. Dem Schädiger verbleibt in jedem Falle die Möglichkeit darzulegen und ggf. zu beweisen, dass der Geschädigte gegen seine Pflicht zur Schadensminderung aus § 254 Abs. 2 S. 1 Fall 2 BGB verstoßen hat, indem er bei der Schadensbeseitigung Maßnahmen unterlassen hat, die ein ordentlicher und verständiger Mensch zur Schadensminderung ergriffen hätte. Allein der Umstand, dass die vom Schadensgutachter vorliegend abgerechneten Nebenkosten die aus der BVSK-Honorarbefragung ersichtlichen Höchstsätze überschreiten, rechtfertigt die Annahme eines solchen Verstoßes des Klägers allerdings noch nicht.

Da das Berufungsgericht angenommen hatte, dass die vom Kläger verlangten Gutachterkosten schon nicht in vollem Umfang „erforderlich" im Sinne des § 249 Abs. 2 S. 1 BGB waren, hatte die Beklagte bisher keine Veranlassung, im Prozess zur Frage der Verletzung der Schadensminderungspflicht vorzutragen. Dazu war ihr zur Wahrung ihres Anspruchs auf rechtliches Gehör Gelegenheit zu geben. Das angefochtene Urteil war deshalb gemäß §§ 562 Abs. 1, 563 Abs. 1 S. 1 ZPO hinsichtlich der Gutachterkosten aufzuheben und die Sache insoweit zu neuer Verhandlung und Entscheidung an das Berufungsgericht zurückzuverweisen. Dieses wird bei erneuter Befassung Gelegenheit haben, auch das weitere wechselseitige Vorbringen der Parteien in der Revisionsinstanz zu berücksichtigen.

52 Im Übrigen waren Revision und Anschlussrevision zurückzuweisen.

Rechtsfehlerfrei war das Berufungsgericht zur Feststellung gelangt, dem Kläger stünden weitere vorgerichtliche Rechtsverfolgungskosten in Höhe von 43,31 EUR nebst Zinsen zu. Die der Berechnung zugrundeliegende Beurteilung des Berufungsgerichts, der hinsichtlich der vorgerichtlichen Rechtsverfolgungskosten maßgebliche Geschäftswert betrage zwischen 1.500 EUR und 2.000 EUR, war weder aus rechtlichen Gründen zu beanstanden noch von der Frage abhängig, ob und ggf. in welchem Umfang dem Kläger im weiteren Verfahren die streitgegenständlichen Gutachterkosten zugesprochen werden.

Aus rechtlichen Gründen nicht zu beanstanden war weiter die Abweisung des Feststellungsantrags des Klägers. Mit dem Berufungsgericht war davon auszugehen, dass der Kläger einen entsprechenden Schadensersatzanspruch jedenfalls nicht schlüssig dargelegt hatte.

6. Pauschalierung von Nebenkosten beim Sachverständigenhonorar und Ersatzfähigkeit von Zinsen für verauslagte Gerichtskosten

BGH, Urt. v. 22.7.2014 – VI ZR 357/13, zfs 2015, 85 = VersR 2014, 1141

BGB § 249 Abs. 1, Abs. 2 S. 1; ZPO § 287

a) Die Kosten für die Begutachtung des bei einem Verkehrsunfall beschädigten Fahrzeugs gehören zu den mit dem Schaden unmittelbar verbundenen und gemäß § 249 Abs. 1 BGB auszugleichenden Vermögensnachteilen, soweit die Begutachtung zur Geltendmachung des Schadensersatzanspruchs erforderlich und zweckmäßig ist.

b) Der Schätzung der Höhe der erforderlichen Sachverständigenkosten nach § 287 Abs. 1 ZPO müssen tragfähige Anknüpfungspunkte zugrunde liegen. Sie darf nicht völlig abstrakt erfolgen, sondern muss dem jeweiligen Einzelfall Rechnung tragen.

c) Die losgelöst von den Umständen des Einzelfalls erfolgte Beurteilung des Tatrichters, die von einem Sachverständigen zusätzlich zu einem Grundhonorar berechneten Nebenkosten seien in Routinefällen grundsätzlich in Höhe von 100 EUR erforderlich, während sie, soweit sie diesen Betrag überstiegen, erkennbar überhöht und deshalb nicht ersatzfähig seien, entbehrt einer hinreichend tragfähigen Grundlage.

a) Der Fall

Der Kläger, ein Kfz-Sachverständiger, nahm die Beklagte aus abgetretenem Recht der Frau R. auf Schadensersatz aus einem Verkehrsunfall in Anspruch, bei dem der Pkw der Frau R. durch ein von der Beklagten geführtes Fahrzeug beschädigt wurde. Die volle Einstandspflicht der Beklagten stand zwischen den Parteien außer Streit.

§ 8 Sachverständigenkosten

55 Frau R. beauftragte den Kläger mit der Begutachtung ihres beschädigten Fahrzeugs. Der Kläger ermittelte voraussichtliche Reparaturkosten in Höhe von 3.326,66 EUR inklusive 19 % Mehrwertsteuer, eine merkantile Wertminderung von 250 EUR sowie einen Wiederbeschaffungswert von 8.000 EUR inklusive 2,5 % Mehrwertsteuer. Für seine Tätigkeit stellte er Frau R. insgesamt 787,01 EUR inklusive 19 % Mehrwertsteuer in Rechnung. Davon entfielen 434 EUR netto auf das Grundhonorar und insgesamt 227,35 EUR netto auf einzeln ausgewiesene Positionen wie die EDV-Abrufgebühr, Porto, Telefon, Fahrzeugbewertung, Fotos, Fahrtkosten, Schreibgebühren und Fotokopien. Der Haftpflichtversicherer der Beklagten zahlte hierauf vorprozessual 252,50 EUR.

56 Mit der Klage begehrte der Kläger, soweit in der Revisionsinstanz noch von Interesse, die Zahlung weiterer 534,51 EUR sowie die Feststellung der Verpflichtung der Beklagten, auf die vom Kläger verauslagten Gerichtskosten Zinsen in Höhe von 5 Prozentpunkten jährlich über dem Basiszinssatz für die Zeit vom Eingang der eingezahlten Gerichtskosten bis zum Eingang des Kostenfestsetzungsantrags nach Maßgabe der auszuurteilenden Kostenquote zu bezahlen.

57 Das Amtsgericht hat die Beklagte zur Zahlung eines Betrags in Höhe von 502,77 EUR verurteilt, der sich aus dem Grundhonorar und sämtlichen einzeln ausgewiesenen Positionen mit Ausnahme der Fahrtkosten zusammensetzte. Dem Feststellungsantrag hat es entsprochen. Den weitergehenden Zahlungsantrag hat es abgewiesen. Auf die Berufung der Beklagen hat das Landgericht das amtsgerichtliche Urteil abgeändert und die Beklagte unter Abweisung der Klage im Übrigen verurteilt, an den Kläger das Grundhonorar und Nebenkosten in Höhe von 100 EUR nebst Mehrwertsteuer abzüglich erbrachter 252,50 EUR, d.h. insgesamt 382,96 EUR, zu zahlen. Die weitergehende Berufung der Beklagten und die Berufung des Klägers hat es zurückgewiesen. Mit der vom Landgericht zugelassenen Revision verfolgte der Kläger seinen Klageantrag weiter. Die Beklagte wandte sich mit der Anschlussrevision gegen ihre Verurteilung zur Zahlung von Fahrtkosten und Kosten für Fotokopien sowie die Anfertigung von Lichtbildern in Höhe von insgesamt 58,31 EUR.

b) Die rechtliche Beurteilung

58 Die Obergrenze für Nebenkosten, die sich für den Geschädigten als noch erforderlich darstelle, schätzte das Landgericht für den Fall eines routinemäßigen Schadensgutachtens für den regionalen Bereich auf 100 EUR. Dieser Betrag ergebe sich unter Berücksichtigung des Aufwands, der unter Wahrung des sachverständigen Ermessensspielraums in Routinefällen regelmäßig nicht überschritten werde. Dabei seien in die Schätzung folgende ersatzfähige Positionen eingeflossen, die bei der Erstellung eines Routinegutachtens regelmäßig anfielen:

- Fahrkosten von 0,70 EUR pro Kilometer x 50 km = 35 EUR.

6. Pauschalierung von Nebenkosten und Ersatzfähigkeit von Zinsen § 8

- Kosten für das Drucken, Vervielfältigen und Heften des Gutachtens. Lege man maximal zwölf Lichtbilder in Farbe zugrunde und räume man dem Sachverständigen die Möglichkeit ein, über die Lichtbilddokumentation hinaus auch einen Teil seines Gutachtens zur besseren Übersichtlichkeit in Farbe zu drucken, so sei ein Umfang von zehn Seiten Farbdruck und 14 Seiten Schwarz-Weiß-Druck pro Ausfertigung ausreichend. Zu berücksichtigen seien deshalb im Rahmen einer Mischkalkulation die Kosten für drei Ausfertigungen mit je zehn Farbseiten à 1 EUR und 14 Schwarz-Weiß-Seiten à 0,25 EUR zuzüglich jeweils 3 EUR für die Heftung = rund 50 EUR.
- Porto, Versand- und Telefonkosten in Höhe von 15 EUR.
- Kosten für die Fahrzeugbewertung und die EDV-Abrufgebühr seien dagegen nicht zu berücksichtigen, da sie einen originären Bestandteil der eigentlichen Sachverständigentätigkeit darstellten.

Rechne ein Sachverständiger für die Erstellung eines routinemäßigen Schadensgutachtens seine eigentliche Gutachtertätigkeit pauschal ab und mache er zusätzlich Nebenkosten von bis zu 100 EUR geltend, so dürfe der Geschädigte diese Nebenkosten hiernach auf dem regionalen Markt grundsätzlich für erforderlich halten. Soweit die Nebenkosten diesen Betrag überstiegen, seien sie nur erstattungsfähig, wenn die besonderen Umstände des Einzelfalls einen gesteigerten Begutachtungsaufwand erforderlich machten, der unter Würdigung einer Gesamtschau aller Nebenkosten mit einem pauschalen Betrag von 100 EUR nicht mehr abgegolten sei. Derartige besondere Umstände seien hier weder geltend gemacht noch sonst ersichtlich.

Der Antrag auf Feststellung der Ersatzfähigkeit von Zinsen für verauslagte Gerichtskosten sei dagegen unbegründet. Es könne dahinstehen, ob dem Geschädigten unter Verzugsgesichtspunkten oder aus § 7 Abs. 1 StVG, § 823 BGB ein Anspruch auf Ersatz eines konkreten Zinsschadens zustehe. Denn einen solchen Anspruch mache der Kläger nicht geltend. Er begehre vielmehr Ersatz des abstrakten Zinsschadens nach § 288 Abs. 1 BGB. Hierfür fehle es indes an einer Rechtsgrundlage. Der Anspruch auf Erstattung von Gerichtskosten werde nämlich nach § 103 Abs. 1 ZPO erst mit dem Vorliegen eines Vollstreckungstitels fällig. Liege ein entsprechender Titel noch nicht vor, fehle es an einer für die Verzinsung nach § 288 Abs. 1 BGB notwendigen Voraussetzung. 59

Diese Erwägungen hielten der revisionsrechtlichen Überprüfung nicht in vollem Umfang stand. Die Beurteilung des Leistungsantrags durch das Berufungsgericht begegnete durchgreifenden rechtlichen Bedenken. Dagegen hatte das Berufungsgericht den Feststellungsantrag zu Recht abgewiesen. 60

aa) Leistungsantrag

Zutreffend hatte das Berufungsgericht angenommen, dass Frau R. dem Grunde nach ein Anspruch gegen die Beklagte auf Ersatz der Kosten des eingeholten Sach- 61

§ 8 Sachverständigenkosten

verständigengutachtens aus § 18 Abs. 1 S. 1 StVG zustand. Denn diese Kosten gehören zu den mit dem Schaden unmittelbar verbundenen und gemäß § 249 Abs. 1 BGB auszugleichenden Vermögensnachteilen, soweit die Begutachtung – wie im Streitfall – zur Geltendmachung des Schadensersatzanspruchs erforderlich und zweckmäßig ist.

Die Revision und Anschlussrevision beanstandeten auch die Annahme des Berufungsgerichts nicht, dass der Frau R. zustehende Ersatzanspruch durch Abtretung gemäß § 398 BGB auf den Kläger übergegangen war. Diese Annahme ließ Rechtsfehler nicht erkennen.

62 Sowohl die Revision als auch die Anschlussrevision wandten sich aber mit Erfolg gegen die vom Berufungsgericht angenommene Höhe der für die Begutachtung des beschädigten Fahrzeugs erforderlichen Kosten.

Allerdings ist die Bemessung der Höhe des Schadensersatzanspruchs in erster Linie Sache des nach § 287 ZPO besonders frei gestellten Tatrichters. Sie ist revisionsrechtlich nur daraufhin überprüfbar, ob der Tatrichter erhebliches Vorbringen der Parteien unberücksichtigt gelassen, Rechtsgrundsätze der Schadensbemessung verkannt, wesentliche Bemessungsfaktoren außer Betracht gelassen oder seiner Schätzung unrichtige Maßstäbe zugrunde gelegt hat. Es ist insbesondere nicht Aufgabe des Revisionsgerichts, dem Tatrichter eine bestimmte Berechnungsmethode vorzuschreiben.

63 Im Streitfall hatte das Berufungsgericht seiner Schätzung unrichtige Maßstäbe zugrunde gelegt.

Ist wegen der Beschädigung einer Sache Schadensersatz zu leisten, so kann der Geschädigte gemäß § 249 Abs. 2 S. 1 BGB statt der Herstellung den dazu erforderlichen Geldbetrag verlangen. Sein Anspruch ist auf Befriedigung seines Finanzierungsbedarfs in Form des zur Wiederherstellung objektiv erforderlichen Geldbetrags und nicht etwa auf Ausgleich von ihm bezahlter Rechnungsbeträge gerichtet. Der Geschädigte ist nach schadensrechtlichen Grundsätzen in der Wahl der Mittel zur Schadensbehebung frei. Er darf zur Schadensbeseitigung grundsätzlich den Weg einschlagen, der aus seiner Sicht seinen Interessen am besten zu entsprechen scheint. Denn Ziel der Schadensrestitution ist es, den Zustand wiederherzustellen, der wirtschaftlich gesehen der hypothetischen Lage ohne das Schadensereignis entspricht. Der Geschädigte ist deshalb grundsätzlich berechtigt, einen qualifizierten Gutachter seiner Wahl mit der Erstellung des Schadensgutachtens zu beauftragen.

64 Der Geschädigte kann jedoch vom Schädiger nach § 249 Abs. 2 S. 1 BGB als erforderlichen Herstellungsaufwand nur die Kosten erstattet verlangen, die vom Standpunkt eines verständigen, wirtschaftlich denkenden Menschen in der Lage des Geschädigten zur Behebung des Schadens zweckmäßig und notwendig erscheinen. Er ist nach dem Wirtschaftlichkeitsgebot gehalten, im Rahmen des ihm Zumutbaren den wirtschaftlicheren Weg der Schadensbehebung zu wählen, sofern er die Höhe

6. Pauschalierung von Nebenkosten und Ersatzfähigkeit von Zinsen § 8

der für die Schadensbeseitigung aufzuwendenden Kosten beeinflussen kann. Allerdings ist bei der Beurteilung, welcher Herstellungsaufwand erforderlich ist, auch Rücksicht auf die spezielle Situation des Geschädigten, insbesondere auf seine Erkenntnis- und Einflussmöglichkeiten sowie auf die möglicherweise gerade für ihn bestehenden Schwierigkeiten zu nehmen (sog. subjektbezogene Schadensbetrachtung). Auch ist der Geschädigte grundsätzlich nicht zu einer Erforschung des ihm zugänglichen Markts verpflichtet, um einen möglichst preisgünstigen Sachverständigen ausfindig zu machen.

Seiner ihn im Rahmen des § 249 BGB treffenden Darlegungslast genügt der Geschädigte regelmäßig durch Vorlage der – von ihm beglichenen – Rechnung des mit der Begutachtung seines Fahrzeugs beauftragten Sachverständigen. Ein einfaches Bestreiten der Erforderlichkeit des ausgewiesenen Rechnungsbetrages zur Schadensbehebung reicht dann grundsätzlich nicht aus, um die geltend gemachte Schadenshöhe in Frage zu stellen. Denn der in Übereinstimmung mit der Rechnung und der ihr zugrunde liegenden getroffenen Preisvereinbarung vom Geschädigten tatsächlich erbrachte Aufwand bildet (ex post gesehen) bei der Schadensschätzung nach § 287 ZPO ein Indiz für die Bestimmung des zur Herstellung „erforderlichen" (ex ante zu bemessenden) Betrages im Sinne von § 249 Abs. 2 S. 1 BGB. In ihm schlagen sich die beschränkten Erkenntnismöglichkeiten des Geschädigten regelmäßig nieder.

65

Indes ist der vom Geschädigten aufgewendete Betrag nicht notwendig mit dem zu ersetzenden Schaden identisch. Liegen die mit dem Sachverständigen vereinbarten oder von diesem berechneten Preise für den Geschädigten erkennbar erheblich über den üblichen Preisen, so sind sie nicht geeignet, den erforderlichen Aufwand abzubilden. Bei der Bemessung der Schadenshöhe hat der Tatrichter dann allerdings zu beachten, dass der Schätzung nach § 287 Abs. 1 ZPO tragfähige Anknüpfungspunkte zugrunde liegen müssen. Wie sich bereits aus dem Wortlaut des § 287 Abs. 1 S. 1 ZPO ergibt, darf sie nicht völlig abstrakt erfolgen, sondern muss dem jeweiligen Einzelfall Rechnung tragen.

66

Mit diesen Grundsätzen war die Beurteilung des Berufungsgerichts nicht zu vereinbaren, die zusätzlich zu einem – hier unstreitigen – Grundhonorar berechneten Nebenkosten seien in Routinefällen grundsätzlich in Höhe von 100 EUR erforderlich, während sie, soweit sie diesen Betrag überstiegen, erkennbar überhöht und deshalb nicht ersatzfähig seien.

Entgegen der Auffassung der Revision ist es allerdings grundsätzlich nicht zu beanstanden, dass das Berufungsgericht verschiedene der vom Kläger zur Berechnung seines Aufwendungsersatzanspruchs in seinen Allgemeinen Geschäftsbedingungen festgesetzten und in seiner Honorarrechnung ausgewiesenen Pauschbeträge – wie beispielsweise das Kilometergeld von 1,05 EUR/km oder die Kosten von 2,45 EUR für ein Foto – als erkennbar deutlich überhöht gewertet und der – von der Geschä-

67

315

§ 8 Sachverständigenkosten

digten R. zu keinem Zeitpunkt beglichenen – Rechnung keine maßgebliche Indizwirkung für die Erforderlichkeit der geltend gemachten Kosten beigemessen hat.

68 Die Revision rügte auch ohne Erfolg, dass das Berufungsgericht die BVSK-Honorarbefragung nicht für geeignet gehalten hatte, die zu erwartenden Ansätze bei anfallenden Nebenkosten verlässlich abzubilden. Das Berufungsgericht hatte das Ergebnis dieser Befragung in revisionsrechtlich nicht zu beanstandender Weise bereits deshalb nicht als geeignete Schätzgrundlage für die Nebenkosten angesehen, da sie nicht hinreichend aussagekräftig sei und relevante Fragen offenlasse. Soweit das Berufungsgericht unter Hinweis auf die vor ihm geführten zahlreichen Parallelverfahren ergänzend ausgeführt hat, die Sachverständigen würden auf dem regionalen Markt mit sehr uneinheitlichen Preisansätzen abrechnen, rügte die Revision zwar zu Recht, dass das Berufungsgericht diese Tatsachen nicht ordnungsgemäß in das Verfahren eingeführt hatte. Es war weder aus dem angefochtenen Urteil noch aus dem Sitzungsprotokoll ersichtlich, dass das Berufungsgericht seine Erkenntnisse aus den Parallelverfahren in der erforderlichen Weise zum Gegenstand der mündlichen Verhandlung gemacht und den Parteien Gelegenheit zur Stellungnahme gegeben hätte. Das Berufungsurteil beruhte indes nicht auf diesem Verfahrensfehler. Die Revision zeigte nicht auf, was sie nach Erteilung eines entsprechenden Hinweises noch vorgetragen hätte; sie machte auch nicht geltend, dass sie eine Anhörung des in den Parallelverfahren bestellten Sachverständigen beantragt hätte.

69 Die Beurteilung des Berufungsgerichts, die zusätzlich zu einem Grundhonorar berechneten Nebenkosten seien in Routinefällen grundsätzlich in Höhe von 100 EUR erforderlich, während sie, soweit sie diesen Betrag überstiegen, erkennbar überhöht und deshalb nicht ersatzfähig seien, entbehrte aber einer hinreichend tragfähigen Grundlage. Sie war darüber hinaus mit der revisionsrechtlich nicht zu beanstandenden Auslegung des zwischen dem Kläger und Frau R. geschlossenen Werkvertrags durch das Berufungsgericht nicht in Einklang zu bringen, wonach der Kläger, der für seine Ingenieurtätigkeit eine Pauschale abgerechnet und zusätzlich bestimmte Nebenkosten beansprucht habe, damit zum Ausdruck gebracht habe, dass seine Ingenieurtätigkeit mit dem Grundhonorar abgegolten sein solle und er daneben lediglich Ersatz tatsächlich angefallener Aufwendungen verlange. Wie sowohl die Revision als auch die Anschlussrevision mit Erfolg rügten, hatte das Berufungsgericht die von ihm in Routinefällen generell als erforderlich anzusehende „Nebenkostenpauschale" von 100 EUR unter Verstoß gegen § 287 Abs. 1 S. 1 ZPO losgelöst von den tatsächlich entstandenen Aufwendungen des Klägers berechnet. Wie die Anschlussrevision zu Recht beanstandete, waren in die Schätzung des Berufungsgerichts Fahrtkosten in Höhe von insgesamt 35 EUR unter Zugrundelegung einer Fahrtstrecke von 50 km eingeflossen, obwohl der Kläger ausweislich seiner Honorarrechnung nur 27 km gefahren ist und hierfür 28,35 EUR berechnet hat. Das Berufungsgericht hatte seiner Schätzung darüber hinaus Kosten für die Erstellung von drei Ausfertigungen des Gutachtens – bestehend aus je 12 Lichtbildern in Farbe

6. Pauschalierung von Nebenkosten und Ersatzfähigkeit von Zinsen § 8

bzw. 10 Farbseiten und 14 Schwarz-Weiß-Seiten – zugrunde gelegt, obwohl das Gutachten ausweislich der Rechnung des Klägers nur 18 Seiten umfasste und der Kläger für alle drei Ausfertigungen insgesamt nur 24 Lichtbilder erstellt hatte. Wie die Revision mit Recht geltend machte, hatte das Berufungsgericht bei seiner Schätzung demgegenüber die EDV-Abrufgebühr nicht berücksichtigt, obwohl diese nach der – durch Vorlage der Rechnung hinreichend substantiierten – Behauptung des Klägers tatsächlich angefallen war. Aus welchem Grund die vom Kläger in Rechnung gestellten Schreibgebühren nicht mit in die Schätzung der erforderlichen Nebenkosten eingeflossen waren, war dem Berufungsurteil nicht zu entnehmen.

bb) Feststellungsantrag

Die Revision gegen die Abweisung des Feststellungsantrags war dagegen nicht begründet. Es konnte offenbleiben, ob dem Geschädigten neben dem Zinsanspruch aus § 104 Abs. 1 S. 2 ZPO ein Anspruch auf Ersatz eines konkreten Zinsschadens – sei es in Form entgangener Zinsen, sei es in Form der Kosten für die Inanspruchnahme von Fremdmitteln – zur Finanzierung des Gerichtskostenvorschusses zusteht (vgl. auch BGH, Urt. v. 7.4.2011 – I ZR 34/09, NJW 2011, 2787 Rn 37; OLG Karlsruhe, NJW 2013, 473, 474 f.; OLG Brandenburg, Urt. v. 4.7.2012 – 7 U 204/11, juris Rn 27, 29 f.). Denn einen derartigen Anspruch macht der Kläger nicht geltend. Für einen Anspruch aus § 288 Abs. 1 S. 1 BGB fehlte es an einer schlüssigen Begründung. Gemäß dieser Bestimmung ist eine Geldschuld während des Verzugs zu verzinsen. Es war aber weder ersichtlich noch dargetan, dass sich die Beklagte mit der Erfüllung der Schuld, deren Verzinsung der Kläger begehrte, in Verzug befand. Gegenstand des Feststellungsantrags war nämlich nicht ein Anspruch auf Verzinsung der Sachverständigenkosten, sondern ein solcher auf Verzinsung der verauslagten Gerichtskosten für die Zeit von deren Einzahlung bis zum Eingang des Kostenfestsetzungsantrags.

70

Das Berufungsurteil war in dem aus dem Tenor ersichtlichen Umfang aufzuheben und die Sache insoweit zur neuen Verhandlung und Entscheidung an das Berufungsgericht zurückzuverweisen, damit es die erforderlichen Feststellungen treffen kann (§ 562 Abs. 1, § 563 Abs. 1 S. 1 ZPO). Das Berufungsgericht wird dabei Gelegenheit haben, sich auch mit den weiteren Einwänden der Parteien zur Schadenshöhe im Revisionsverfahren zu befassen.

71

Anmerkung

72

Nur die Vorlage der vom Geschädigten „beglichenen" Rechnung des mit der Begutachtung seines Fahrzeugs beauftragten Sachverständigen bildet (ex post gesehen) bei der Schadensschätzung nach § 287 ZPO ein Indiz für die Bestimmung des zur Herstellung „erforderlichen" (ex ante zu bemessenden) Betrags im Sinne von § 249 Abs. 2 S. 1 BGB.

§ 8 Sachverständigenkosten

73 Wenn der Geschädigte erkennen kann, dass der von ihm ausgewählte Sachverständige Honorarsätze für seine Tätigkeit verlangt, die die in der Branche üblichen Preise deutlich übersteigen, gebietet das schadensrechtliche Wirtschaftlichkeitsgebot, einen zur Verfügung stehenden günstigeren Sachverständigen zu beauftragen

In der Regel ist das Grundhonorar für den Geschädigten nicht erkennbar überhöht, wenn es sich innerhalb des einschlägigen Honorarkorridors der BVSK-Honorarbefragung bewegt.

74 Bei den Nebenkosten ist es grundsätzlich nicht zu beanstanden, wenn das Berufungsgericht verschiedene der vom Sachverständigen zur Berechnung seines Aufwendungsersatzanspruchs in seinen Allgemeinen Geschäftsbedingungen festgesetzten und in seiner Honorarrechnung ausgewiesenen Pauschbeträge – wie beispielsweise das Kilometergeld oder die Kosten für ein Foto – als erkennbar deutlich überhöht wertet und der – von der Geschädigten zu keinem Zeitpunkt beglichenen – Rechnung keine maßgebliche Indizwirkung für die Erforderlichkeit der geltend gemachten Kosten beigemisst. Der Tatrichter darf im Rahmen des § 287 ZPO durchaus geringere Pauschalbeträge für eine Nebenkosteneinheit (Kilometerpauschale oder Fotokopiekosten) schätzen und diese mit den konkret angefallenen Aufwendungen (Kilometer oder Fotokopien) multiplizieren. Die Schätzung einer „Gesamtnebenkostenpauschale" (etwa in Höhe von 100 EUR) hält sich dagegen nicht mehr im Bereich des tatrichterlichen Schätzungsermessens, wenn konkrete Aufwendungen geltend gemacht werden. Etwas anderes könnte möglicherweise gelten, wenn der Sachverständige seine Nebenkosten als Gesamtpauschale geltend macht.

7. Wirksamkeit der Abtretung eines Anspruchs auf Erstattung von Sachverständigenkosten durch einen Sachverständigen an ein Factoring-Unternehmen

75 BGH, Urt.v. 21.10.2014 – VI ZR 507/13, zfs 2015, 264 = VersR 2014, 1510

BGB § 134; RDG §§ 2 Abs. 2 S. 1 Alt. 2, 3, 10 Abs. 1 S. 1 Nr. 1

Die Abtretung einer Forderung (hier: des durch einen Verkehrsunfall Geschädigten auf Erstattung von Sachverständigenkosten) durch einen Sachverständigen an ein Factoring-Unternehmen, das nicht über eine Registrierung nach § 10 Abs. 1 S. 1 Nr. 1 RDG verfügt, ist wegen Verstoßes gegen § 2 Abs. 2 S. 1 Fall 2 RDG in Verbindung mit § 3 RDG gemäß § 134 BGB nichtig, wenn das Factoring-Unternehmen nicht das volle wirtschaftliche Risiko der Beitreibung der Forderung übernimmt.

7. Abtretung eines Anspruchs auf Erstattung von Sachverständigenkosten § 8

a) Der Fall

Die Klägerin, die ein Unternehmen für Factoring-Dienstleistungen betrieb, machte gegenüber dem beklagten Kfz-Haftpflichtversicherer aus abgetretenem Recht Ansprüche auf Erstattung von Sachverständigenkosten geltend. Diese hatte ein durch einen Verkehrsunfall Geschädigter an den von ihm mit der Begutachtung des Schadens beauftragten Kfz-Sachverständigen abgetreten, der seinerseits auf der Grundlage einer „Dienstleistungsvereinbarung" vom 27.7.2010 die Forderung an die Klägerin abgetreten hat. Nach Ziffer 1 der überwiegend formularmäßigen „Dienstleistungsvereinbarung" übernahm die Klägerin für die eingereichten Forderungen den Einzug. Bei ankaufsfähigen Forderungen erfolgte der Einzug mit Vorfinanzierung und Übernahme des Ausfallrisikos. Die Auszahlung des Rechnungsbetrags der ankaufsfähigen Forderungen erfolgte nach Ziffer 2 der Vereinbarung zu (handschriftlich ergänzten) 80% nach drei Bankarbeitstagen abzüglich der Gesamtgebühr. Ferner enthielt Ziffer 2 den handschriftlichen Zusatz: „Auszahlung der restlichen 20% erfolgt nach Zahlungseingang". 76

Die Beklagte hielt die Abtretungen wegen Verstoßes gegen das Rechtsdienstleistungsgesetz (im Folgenden: RDG) für unwirksam und hatte hilfsweise die Aufrechnung mit einem vermeintlichen Schadensersatzanspruch gegenüber dem Sachverständigen erklärt. 77

Das Amtsgericht hat die Abtretungen für wirksam erachtet und der Klage überwiegend stattgegeben. Auf die Berufung der Beklagten hat das Landgericht die Klage abgewiesen. Mit der vom Berufungsgericht zugelassenen Revision erstrebte die Klägerin die Wiederherstellung des amtsgerichtlichen Urteils. 78

b) Die rechtliche Beurteilung

Das Berufungsurteil hielt revisionsrechtlicher Nachprüfung stand. Das Berufungsgericht hatte die (Zweit-)Abtretung der Forderung durch den Sachverständigen an die Klägerin ohne Rechtsfehler wegen Verstoßes gegen das gesetzliche Verbot des § 2 Abs. 2 S. 1 RDG in Verbindung mit § 3 RDG gemäß § 134 BGB als nichtig erachtet. 79

Nach § 2 Abs. 2 S. 1 RDG ist die Einziehung fremder oder zum Zweck der Einziehung auf fremde Rechnung abgetretener Forderungen eine Rechtsdienstleistung, wenn die Forderungseinziehung als eigenständiges Geschäft betrieben wird (Inkassodienstleistung). Die selbständige Erbringung außergerichtlicher Rechtsdienstleistungen ist nach § 3 RDG nur in dem Umfang zulässig, in dem sie durch dieses Gesetz oder durch oder aufgrund anderer Gesetze erlaubt wird. Inkassodienstleistungen im Sinne des § 2 Abs. 2 S. 1 RDG dürfen nach § 10 Abs. 1 S. 1 Nr. 1 RDG nur von Personen, die bei der zuständigen Behörde registriert sind (registrierte Personen), aufgrund besonderer Sachkunde erbracht werden. 80

§ 8 Sachverständigenkosten

81 Die Einziehung einer abgetretenen Forderung auf fremde Rechnung (Inkassozession) soll nach der Begründung des Gesetzesentwurfs der Bundesregierung vom 30.11.2006 unter Erlaubnisvorbehalt stehen, weil hier nur die formale Forderungsinhaberschaft auf den Einziehenden übertragen wird, die Einziehung aber weiterhin auf Risiko und Rechnung des Zedenten erfolgt und die Forderung für den Zessionar wirtschaftlich fremd bleibt (BT-Drucks 16/3655, S. 35 f., 48). Sie ist von den Fällen des Forderungskaufs abzugrenzen, „bei denen ein endgültiger Forderungserwerb stattfindet und das Risiko des Forderungsausfalls auf den Erwerber übergeht" (a.a.O., S. 48), sodass die Einziehung auf eigene Rechnung erfolgt. Nach ständiger Rechtsprechung des Bundesgerichtshofs kommt es für die Abgrenzung darauf an, ob das wirtschaftliche Ergebnis der Einziehung dem Abtretenden zukommen soll, wobei nicht allein auf den Wortlaut der vertraglichen Vereinbarung, sondern auf die gesamten ihr zugrunde liegenden Umstände und ihren wirtschaftlichen Zusammenhang abzustellen ist, also auf eine wirtschaftliche Betrachtung, die eine Umgehung des Gesetzes durch formale Anpassung der geschäftsmäßigen Einziehung an den Gesetzeswortlaut und die hierzu entwickelten Rechtsgrundsätze vermeidet. Entscheidend ist insoweit, ob die Forderung einerseits endgültig auf den Erwerber übertragen wird und dieser andererseits insbesondere das Bonitätsrisiko, d.h. das volle wirtschaftliche Risiko der Beitreibung der Forderung übernimmt (vgl. BGH, Urt. v. 30.10.2012 – XI ZR 324/11, NJW 2013, 59 Rn 13 f., v. 11.12.2013 – IV ZR 46/13, NJW 2014, 847 Rn 18 und v. 11.12.2013 – IV ZR 137/13, juris Rn 18; Beschl. v. 11.6.2013 – II ZR 245/11, WM 2013, 1559 Rn 3; vgl. auch OLG Nürnberg, NJW-RR 2014, 852).

82 Die vom Berufungsgericht vorgenommene Auslegung der zwischen dem Zedenten und der Klägerin geschlossenen „Dienstleistungsvereinbarung" vom 27.7.2010, wonach die Klägerin als Zessionarin das wirtschaftliche Risiko der Beitreibung der Forderung nicht voll, sondern nur teilweise (zu 80 %) übernommen hatte, war revisionsrechtlich nicht zu beanstanden.

83 Das Revisionsgericht überprüft die Auslegung von Individualvereinbarungen durch den Tatrichter nur darauf, ob Verstöße gegen gesetzliche Auslegungsregeln, Verfahrensvorschriften, anerkannte Denkgesetze oder Erfahrungssätze vorliegen und ob der Tatrichter sich mit dem Verfahrensstoff umfassend und widerspruchsfrei auseinandergesetzt hat. Derartige Rechtsfehler lagen nicht vor und wurden von der Revision nicht aufgezeigt.

84 Entgegen der Annahme der Revision hatte das Berufungsgericht sich nicht nur in seinem in Bezug genommenen Hinweisbeschluss auf den Internetauftritt der Klägerin gestützt, sondern darüber hinaus ausdrücklich die individuelle (handschriftliche) Vereinbarung zwischen dem Zedenten und der Klägerin berücksichtigt, wonach die Auszahlung der restlichen 20 % vom Zahlungseingang abhängig war und mithin die Klägerin – ebenso wie in den Factoring-Angeboten in ihrem Internetauftritt – auch im konkreten Fall nicht das volle wirtschaftliche Risiko übernommen hatte. Hiergegen war aus revisionsrechtlicher Sicht nichts zu erinnern.

An der Beurteilung hätte sich nichts geändert, wenn man der Revision darin gefolgt wäre, dass die handschriftliche Zusatzvereinbarung als Fälligkeitsabrede anzusehen sei (vgl. BGH, Urt. v. 11.12.2013 – IV ZR 46/13, a.a.O., Rn 21). Denn der Zedent trägt einen Teil des Bonitätsrisikos auch dann, wenn der Anspruch auf Auszahlung der restlichen 20 % mangels Zahlungseingangs niemals fällig wird. Da die Klägerin im konkreten Fall nicht das volle wirtschaftliche Risiko übernommen hatte und sie deshalb mit der Einziehung der an sie abgetretenen Forderung insgesamt eine unerlaubte Rechtsdienstleistung im Sinne von § 2 Abs. 2 S. 1 in Verbindung mit § 3 RDG betrieb, kam auch eine Teilnichtigkeit nicht in Betracht. 85

Die Einziehung wurde von der Klägerin zudem als eigenständiges Geschäft im Sinne von § 2 Abs. 2 S. 1 RDG betrieben. Ein solches liegt vor, wenn die Forderungseinziehung innerhalb einer ständigen haupt- oder nebenberuflichen Inkassotätigkeit oder außerhalb einer solchen nicht lediglich als Nebenleistung im Zusammenhang mit einer anderen beruflichen Tätigkeit erfolgt (BGH, Urt. v. 30.10.2012 – XI ZR 324/11, a.a.O. Rn 21, und v. 11.12.2013 – IV ZR 46/13, a.a.O., Rn 29). Die Einziehung abgetretener Forderungen bildete nach den Feststellungen des Berufungsgerichts das Hauptgeschäft der Klägerin, wovon auch die Revision ausging. Damit war zugleich festgestellt, dass die Inkassotätigkeit der Klägerin keine bloße Nebenleistung im Sinne von § 5 RDG darstellte (vgl. BGH, Urt. v. 11.12.2013 – IV ZR 46/13, a.a.O., Rn 30). 86

8. JVEG als Orientierungshilfe bei den Sachverständigennebenkosten

BGH, Urt. v. 26.4.2016 – VI ZR 50/15, zfs 2016, 559 = VersR 2016, 1133 87
BGB § 249 Abs. 1, Abs. 2 S. 1; ZPO § 287
a) Die Kosten für die Begutachtung des bei einem Verkehrsunfall beschädigten Fahrzeugs gehören zu den mit dem Schaden unmittelbar verbundenen und gemäß § 249 Abs. 1 BGB auszugleichenden Vermögensnachteilen, soweit die Begutachtung zur Geltendmachung des Schadensersatzanspruchs erforderlich und zweckmäßig ist.
b) Dem Geschädigten obliegt im Rahmen des Wirtschaftlichkeitsgebots grundsätzlich eine gewisse Plausibilitätskontrolle der vom Sachverständigen bei Vertragsabschluss geforderten oder später berechneten Preise.
c) Es ist revisionsrechtlich nicht zu beanstanden, wenn der Tatrichter im Rahmen der Schätzung der bei der Begutachtung anfallenden und erforderlichen Nebenkosten gemäß § 287 ZPO die Bestimmungen des Justizvergütungs- und -entschädigungsgesetzes (JVEG) als Orientierungshilfe heranzieht.

§ 8 Sachverständigenkosten

a) Der Fall

88 Der Kläger, ein Kfz-Sachverständiger, nahm die Beklagte aus abgetretenem Recht der Frau R. auf Schadensersatz aus einem Verkehrsunfall vom 20.12.2012 in Anspruch, bei dem der Pkw der Frau R. durch ein von der Beklagten geführtes Fahrzeug beschädigt wurde. Die volle Einstandspflicht der Beklagten steht zwischen den Parteien außer Streit.

Frau R. beauftragte den Kläger mit der Begutachtung ihres beschädigten Fahrzeugs. Der Kläger ermittelte voraussichtliche Reparaturkosten in Höhe von 3.326,66 EUR inklusive 19 % Mehrwertsteuer, eine merkantile Wertminderung von 250 EUR sowie einen Wiederbeschaffungswert von 8.000 EUR inklusive 2,5 % Mehrwertsteuer. Für seine Tätigkeit stellte er Frau R. insgesamt 787,01 EUR inklusive 19 % Mehrwertsteuer in Rechnung. Davon entfielen 434 EUR netto auf das Grundhonorar und insgesamt 227,35 EUR netto auf einzeln ausgewiesene Positionen wie die EDV-Abrufgebühr, Porto, Telefon, Fahrzeugbewertung, Fotos, Fahrtkosten, Schreibgebühren und Fotokopien. Der Haftpflichtversicherer der Beklagten zahlte hierauf vorprozessual 252,50 EUR.

89 Mit der Klage begehrte der Kläger, soweit in der Revisionsinstanz noch von Interesse, die Zahlung weiterer 534,51 EUR. Das Amtsgericht hat die Beklagte zur Zahlung eines Betrags in Höhe von 502,77 EUR verurteilt, der sich aus dem Grundhonorar und sämtlichen einzeln ausgewiesenen Positionen mit Ausnahme der Fahrtkosten zusammensetzt. Den weitergehenden Zahlungsantrag hat es abgewiesen. Auf die Berufung der Beklagen hat das Landgericht das amtsgerichtliche Urteil abgeändert und die Beklagte unter Abweisung der Klage im Übrigen verurteilt, an den Kläger das Grundhonorar und Nebenkosten in Höhe von 100 EUR nebst Mehrwertsteuer abzüglich erbrachter 252,50 EUR, d.h. insgesamt 382,96 EUR, zu zahlen. Die weitergehende Berufung der Beklagten und die Berufung des Klägers hat es zurückgewiesen. Auf die Revision des Klägers hat der Senat das landgerichtliche Urteil insoweit aufgehoben, als die Klage auf Ersatz von Sachverständigenkosten in Höhe von 119,81 EUR abgewiesen und die Berufung des Klägers gegen die Abweisung der Klage in Höhe von weiteren 31,74 EUR zurückgewiesen worden ist. Auf die Anschlussrevision der Beklagten hat der Senat das landgerichtliche Urteil aufgehoben, soweit die Beklagte zum Ersatz von Sachverständigenkosten in Höhe von mehr als 324,65 EUR verurteilt worden ist. Im Umfang der Aufhebung hat der Senat die Sache zur neuen Verhandlung und Entscheidung an das Landgericht zurückverwiesen.

90 Mit Urteil vom 19.12.2014 hat das Landgericht das Urteil des Amtsgerichts auf die Berufung der Beklagten abgeändert und die Beklagte unter Abweisung der Klage im Übrigen verurteilt, an den Kläger 429,01 EUR zu zahlen. Die weitergehende Berufung der Beklagten und die Berufung des Klägers hat es zurückgewiesen. Mit der vom Landgericht zugelassenen Revision verfolgt der Kläger seinen Klageantrag weiter. Die Beklagte griff das Urteil mit ihrer Revision an, soweit sie zum Ersatz von Sachverständigenkosten in Höhe von mehr als 324,65 EUR verurteilt worden ist.

b) Die rechtliche Beurteilung

Das Berufungsurteil hielt den Angriffen beider Revisionen stand. 91
Zutreffend und von den Revisionen nicht angegriffen hatte das Berufungsgericht angenommen, dass Frau R. dem Grunde nach ein Anspruch gegen die Beklagte auf Ersatz der Kosten des eingeholten Sachverständigengutachtens aus § 18 Abs. 1 S. 1 StVG zustand, der durch Abtretung gemäß § 398 BGB auf den Kläger übergegangen ist.

Die Revisionen wandten sich ohne Erfolg gegen die vom Berufungsgericht angenommene Höhe der für die Begutachtung des beschädigten Fahrzeugs erforderlichen Kosten.

Die Bemessung der Höhe des Schadensersatzanspruchs ist in erster Linie Sache des 92
nach § 287 ZPO besonders frei gestellten Tatrichters. Sie ist revisionsrechtlich nur daraufhin überprüfbar, ob der Tatrichter erhebliches Vorbringen der Parteien unberücksichtigt gelassen, Rechtsgrundsätze der Schadensbemessung verkannt, wesentliche Bemessungsfaktoren außer Betracht gelassen oder seiner Schätzung unrichtige Maßstäbe zugrunde gelegt hat.

Derartige Rechtsfehler waren vorliegend nicht gegeben. Das Berufungsgericht ist bei seiner Schadensbemessung insbesondere zutreffend von den Grundsätzen ausgegangen, die der Senat in seinem ersten Urteil in dieser Sache aufgestellt hat (Senatsurt. v. 22.7.2014 – VI ZR 357/13, VersR 2014, 1141; vgl. auch Senatsurt. v. 15.9.2015 – VI ZR 475/14, VersR 2015, 1522 Rn 16–19; v. 9.12.2014 – VI ZR 138/14, VersR 2015, 503 Rn 13–16).

Zu Recht hatte das Berufungsgericht der Höhe der vom Kläger erstellten Rechnung 93
bei der Schadensschätzung keine Indizwirkung für die Erforderlichkeit der geltend gemachten Kosten beigemessen. Denn die Rechnung wurde von der Geschädigten R. nicht bezahlt. Nicht die Höhe der vom Sachverständigen erstellten Rechnung als solche, sondern allein der vom Geschädigten in Übereinstimmung mit der Rechnung und der ihr zugrunde liegenden getroffenen Preisvereinbarung tatsächlich erbrachte Aufwand bildet einen Anhalt zur Bestimmung des zur Herstellung erforderlichen Betrages im Sinne von § 249 Abs. 2 S. 1 BGB (Senatsurt. v. 22.7.2014 – VI ZR 357/13, VersR 2014, 1141 Rn 16, 19; vgl. auch Senatsurt. v. 15.9.2015 – VI ZR 475/14, VersR 2015, 1522; v. 23.1.2007 – VI ZR 67/06, VersR 2007, 560 Rn 13; v. 6.11.1973 – VI ZR 27/73, BGHZ 61, 346, 347 f.). Der Grund für die Annahme einer Indizwirkung des vom Geschädigten tatsächlich erbrachten Aufwands bei der Schadensschätzung liegt darin, dass bei der Bestimmung des erforderlichen Betrages im Sinne von § 249 Abs. 2 S. 1 BGB die besonderen Umstände des Geschädigten, mitunter auch seine möglicherweise beschränkten Erkenntnismöglichkeiten,

§ 8 Sachverständigenkosten

zu berücksichtigen sind. Diese schlagen sich regelmäßig im tatsächlich aufgewendeten Betrag nieder, nicht hingegen in der Höhe der vom Sachverständigen erstellten Rechnung als solcher (vgl. Senatsurt. v. 6.11.1973 – VI ZR 27/73, BGHZ 61, 346, 347 f.; v. 22.7.2014 – VI ZR 357/13, VersR 2014, 1141 Rn 16, 19). Dies wurde durch die im Streitfall gegebene Fallkonstellation verdeutlicht, in der die Geschädigte dem Sachverständigen am Tag der Auftragserteilung ihren gegen die Beklagte gerichteten Anspruch auf Erstattung der Gutachterkosten an Erfüllungs statt abgetreten hat und ihr damit – anders als in den Fällen, in denen der Geschädigte die ihm gestellte Rechnung bezahlt hat – kein Kostenaufwand entstanden ist.

94 Der Kläger wandte sich mit seiner Revision ohne Erfolg gegen die Annahme des Berufungsgerichts, dem Geschädigten obliege im Rahmen des Wirtschaftlichkeitsgebots grundsätzlich eine gewisse Plausibilitätskontrolle der vom Sachverständigen bei Vertragsabschluss geforderten (bzw. später berechneten) Preise. Zwar ist der Geschädigte grundsätzlich berechtigt, einen qualifizierten Gutachter seiner Wahl mit der Erstellung des Schadensgutachtens zu beauftragen. Der Geschädigte ist auch grundsätzlich nicht zu einer Erforschung des ihm zugänglichen Markts verpflichtet, um einen für den Schädiger und dessen Haftpflichtversicherer möglichst preisgünstigen Sachverständigen ausfindig zu machen. Dabei verbleibt für ihn allerdings das Risiko, dass er ohne nähere Erkundigungen einen Sachverständigen beauftragt, der sich später im Prozess als zu teuer erweist. Denn gemäß § 249 Abs. 2 S. 1 BGB kann der Geschädigte vom Schädiger als erforderlichen Herstellungsaufwand nur die Kosten erstattet verlangen, die vom Standpunkt eines verständigen, wirtschaftlich denkenden Menschen in der Lage des Geschädigten zur Behebung des Schadens zweckmäßig und notwendig erscheinen. Er ist nach dem Wirtschaftlichkeitsgebot gehalten, im Rahmen des ihm Zumutbaren den wirtschaftlicheren Weg der Schadensbehebung zu wählen, sofern er die Höhe der für die Schadensbeseitigung aufzuwendenden Kosten beeinflussen kann. Verlangt der Sachverständige bei Vertragsabschluss Preise, die – für den Geschädigten erkennbar – deutlich überhöht sind, kann sich die Beauftragung dieses Sachverständigen als nicht erforderlich im Sinne des § 249 Abs. 2 S. 1 BGB erweisen. Der Geschädigte kann dann nur Ersatz der für die Erstattung des Gutachtens tatsächlich erforderlichen Kosten verlangen, deren Höhe der Tatrichter gemäß § 287 ZPO zu bemessen hat.

95 Wie der Senat im ersten Urteil in dieser Sache bereits ausgeführt hat, war es revisionsrechtlich nicht zu beanstanden, dass das Berufungsgericht die vom Kläger zur Berechnung seines Anspruchs auf Ersatz ihm entstandener Aufwendungen in seinen Allgemeinen Geschäftsbedingungen festgesetzten und in seiner Honorarrechnung ausgewiesenen Pauschbeträge – nämlich das Kilometergeld von 1,05 EUR/km, die Kosten von 2,45 EUR pro Foto bzw. von 2,05 EUR pro Foto für den 2. S., Schreibkosten von 3 EUR und Kopierkosten von 1 EUR pro Seite – als erkennbar deutlich überhöht gewertet hat (vgl. Senatsurt. v. 22.7.2014 – VI ZR 357/13, VersR 2014, 1141 Rn 19). Dabei konnte dahingestellt bleiben, ob die Geschädigte, wie das Berufungsgericht meinte, die Überhöhung der vom Kläger verlangten Pausch-

8. JVEG als Orientierungshilfe bei den Sachverständigennebenkosten § 8

beträge aufgrund der Bestimmungen des Justizvergütungs- und -entschädigungsgesetzes (JVEG) erkennen konnte, die jedermann mühelos zugänglich seien. Denn sowohl bei den Aufwendungen für Fahrten mit dem Auto als auch denen für Fotos, Kopien und Druck handelt es sich – auch wenn sie im Rahmen eines Geschäftsbetriebs angefallen sind – um Kosten des täglichen Lebens, mit denen ein Erwachsener üblicherweise im Alltag konfrontiert ist und deren Höhe er typischerweise auch ohne besondere Sachkunde abschätzen kann. Er kann allein deshalb erkennen, dass die vom Kläger berechneten Pauschbeträge – das Kilometergeld von 1,05 EUR/km, die Kosten von 2,45 EUR pro Foto bzw. von 2,05 EUR pro Foto für den 2. S., Schreibkosten von 3 EUR und Kopierkosten von 1 EUR pro Seite – den tatsächlich erforderlichen Aufwand deutlich überschreiten.

Der Kläger wandte sich mit seiner Revision auch ohne Erfolg gegen die – der Bemessung der tatsächlich erforderlichen Kosten zugrunde liegende – Beurteilung des Berufungsgerichts, die tatsächliche Abrechnungspraxis der privaten Kfz-Sachverständigen sei zu uneinheitlich, als dass sich daraus ein aussagekräftiger Durchschnittswert von Nebenkosten ermitteln ließe. Zwar rügte die Revision zu Recht, dass das Berufungsgericht – erneut – die in verschiedenen Parallelverfahren eingeholten Gutachten des Sachverständigen Dr. P. bei seiner Beweiswürdigung verwertet hatte, ohne sie ordnungsgemäß in das Verfahren einzuführen. Es war weder aus dem angefochtenen Urteil noch aus dem Sitzungsprotokoll noch aus einem gerichtlichen Hinweis ersichtlich, dass das Berufungsgericht die Parteien zuvor darauf hingewiesen und ihnen Gelegenheit zur Stellungnahme dazu gegeben hätte, dass es die von ihm für entscheidungsrelevant gehaltene Frage, ob sich anhand der tatsächlich erhobenen Nebenkosten der privaten Kfz-Sachverständigen auf dem regionalen Markt ein aussagekräftiger Durchschnittswert von Nebenkosten ermitteln lässt, mit Hilfe der vom Sachverständigen Dr. P. in verschiedenen Parallelverfahren eingeholten Gutachten zu klären beabsichtige. 96

Das Berufungsurteil beruhte indes nicht auf diesem Verfahrensfehler. Es fehlte an den erforderlichen Darlegungen zu den Auswirkungen der Rechtsverletzung auf das angefochtene Urteil. Zwar hatte der Kläger mit der Revision geltend gemacht, dass er bei einem rechtzeitigen Hinweis des Berufungsgerichts über das beabsichtigte Verfahren die Anhörung des Sachverständigen Dr. P. beantragt hätte, um ihm das Privatgutachten des Dipl.-Ing. (FH) H. zum Zwecke der Stellungnahme vorzuhalten. Die Revision zeigte aber nicht auf, dass das Berufungsgericht ohne den Verfahrensverstoß zu einem anderen Ergebnis gelangt wäre. Allerdings begründet ein Verfahrensfehler die Revision bereits dann, wenn nicht ausgeschlossen werden kann, dass die angefochtene Entscheidung ohne den Fehler anders ausgefallen wäre. Ergibt sich aus dem Prozessvorgang, in dem der Verfahrensverstoß liegt, aber nicht ohne weiteres die mögliche Kausalität der Verfahrensverletzung für das Urteil, so müssen in der Revisionsbegründung die Tatsachen angegeben werden, die die Möglichkeit begründen, dass das Berufungsgericht ohne die Verfahrensverletzung anders entschieden hätte. 97

§ 8 Sachverständigenkosten

98 So verhielt es sich im Streitfall. Vorliegend bestand die Besonderheit, dass die Angaben des Privatgutachters Dipl.-Ing. (FH) H. zu der vom Berufungsgericht für entscheidungserheblich gehaltenen Frage, ob sich anhand der von den privaten Kfz-Sachverständigen erhobenen Nebenkosten ein aussagekräftiger Durchschnittswert von Nebenkosten ermitteln lässt, in tatsächlicher Hinsicht nicht im Widerspruch zu den Angaben des in den Parallelverfahren beauftragten Sachverständigen Dr. P. standen, sondern diese vielmehr bestätigten. Wie das Berufungsgericht – von der Revision nicht angegriffen – zutreffend ausgeführt hatte, wies auch das Gutachten des Dipl.-Ing. (FH) H. eine erhebliche Bandbreite von zu erwartenden Nebenkosten aus. Danach existiere ein ortsübliches Honorar bei Kfz-Sachverständigenhonoraren nicht. Es seien Bandbreiten zu erwarten, die sich über einen Bereich von mehreren hundert Euro erstreckten. In einem vergleichbaren Fall würden je nach Sachverständigem Nebenkosten zwischen 0,00 EUR und 266,22 EUR anfallen. Die Revision zeigte auch keinen Widerspruch zwischen den gutachterlichen Äußerungen auf, die durch Anhörung des Sachverständigen Dr. P. aufgeklärt werden könnten. Bei dieser Sachlage war es weder ersichtlich noch dargetan, dass das Berufungsgericht ohne den oben dargestellten Verfahrensfehler möglicherweise zu einer anderen Entscheidung gelangt wäre. Es erschien vielmehr ausgeschlossen, dass das Berufungsgericht anders entschieden hätte, wenn es den Sachverständigen Dr. P. angehört und ihm die gutachterliche Stellungnahme des Dipl.-Ing. (FH) H. vorgehalten hätte.

99 Entgegen der Auffassung des Klägers war es revisionsrechtlich auch nicht zu beanstanden, dass das Berufungsgericht im Rahmen der Schätzung der tatsächlich erforderlichen Nebenkosten, mit Ausnahme der Fahrtkosten gemäß § 287 ZPO die Bestimmungen des Justizvergütungs- und -entschädigungsgesetzes vom 5.5.2004 (BGBl. I, S. 718, 776) in der bis 31.7.2013 geltenden Fassung vom 22.3.2005 als Orientierungshilfe herangezogen hat. Die Revision rügte ohne Erfolg, das Justizvergütungs- und -entschädigungsgesetz sei im Streitfall nicht anwendbar. Zwar regelt dieses Gesetz lediglich das dem gerichtlichen Sachverständigen zustehende Honorar; eine Übertragung dieser Grundsätze auf die Vergütung privater Sachverständiger kommt nicht in Betracht (BGH, Urt. v. 4.4.2006 – X ZR 122/05, BGHZ 167, 139 Rn 19 und – X ZR 80/05, NJW-RR 2007, 56 Rn 19). Das Berufungsgericht hatte vorliegend aber nicht über die dem Kläger als Sachverständigen gemäß § 632 BGB zustehende Vergütung zu entscheiden. Maßgeblich war vielmehr, ob der in der Person der Frau R. entstandene Schadensersatzanspruch aus § 18 Abs. 1 S. 1 StVG die vom Kläger in Rechnung gestellten Sachverständigenkosten in voller Höhe umfasst. Dies hing davon ab, ob sich die vom Kläger berechneten Nebenkosten nach schadensrechtlichen Grundsätzen im Rahmen des zur Wiederherstellung Erforderlichen im Sinne des § 249 Abs. 2 S. 1 BGB halten (vgl. Senatsurt. v. 23.1.2007 – VI ZR 67/06, VersR 2007, 560 Rn 14). Das Berufungsgericht hatte die Regelungen des Justizvergütungs- und -entschädigungsgesetzes dementsprechend nicht unmittelbar oder analog angewendet, sondern lediglich als Schätzungsgrund-

8. JVEG als Orientierungshilfe bei den Sachverständigennebenkosten § 8

lage bei der Schadensbemessung nach § 287 ZPO herangezogen. Dies begegnet keinen rechtlichen Bedenken. § 287 ZPO gibt die Art der Schätzungsgrundlage nicht vor. Soweit es sich um typische Fälle handelt, ist bei der Schadensbemessung das Interesse gleichmäßiger Handhabung mit in den Blick zu nehmen. Dementsprechend ist es anerkannt, dass sich der Tatrichter in Ermangelung konkreter Anhaltspunkte für eine abweichende Beurteilung im Rahmen der Schadensschätzung gesetzlich geregelter oder in anerkannten Tabellen enthaltener Erfahrungswerte bedienen kann.

Wie das Berufungsgericht zutreffend ausgeführt hat, beruhen die Regelungen über die Vergütung von Sachverständigen im Justizvergütungs- und -entschädigungsgesetz vom 5.5.2004 auf einer umfangreichen Untersuchung, im Rahmen derer nicht nur die Entschädigung gerichtlicher Sachverständiger, sondern auch die Vergütung privater Sachverständiger ermittelt wurde (vgl. BT- Drucks 15/1971, S. 142; *Hommerich/Reiß*, Justizvergütungs- und -entschädigungsgesetz, Evaluation und Marktanalyse, hrsg. vom Bundesministerium der Justiz, 2010, S. 25, 27). Mit dem Erlass des Justizvergütungs- und -entschädigungsgesetzes sollte das den heutigen Verhältnissen nicht mehr entsprechende Entschädigungsprinzip bei Sachverständigen, Dolmetscherinnen, Dolmetschern, Übersetzerinnen und Übersetzern durch ein neues leistungsgerechtes Vergütungsmodell ersetzt werden, das an dem Bild der selbstständig und hauptberuflich Tätigen orientiert ist (BT- Drucks 15/1971, S. 2). Zu diesem Zweck wurde vor der Verabschiedung des Gesetzes die marktübliche Vergütung von Sachverständigen durch eine umfangreiche schriftliche Befragung ermittelt. Gegenstand der Befragung waren die im Rahmen außergerichtlicher Beauftragung erzielten Stundensätze sowie die Art der gesondert abgerechneten Nebenkosten. Die Ergebnisse der Befragung flossen in die Regelungen über die Vergütung der Sachverständigen im Justizvergütungs- und -entschädigungsgesetz ein (vgl. BT-Drucks 15/1971, S. 142; *Hommerich/Reiß*, a.a.O., S. 25, 27, vgl. auch BT-Drucks 17/11471, S. 133, 145 f., 259). Mit dem 2. Kostenrechtsmodernisierungsgesetz wurden die Vergütungen und Entschädigungen nach dem Justizvergütungs- und -entschädigungsgesetz an die wirtschaftliche Entwicklung angeglichen (BT-Drucks 17/11471, S. 133). Dabei wurden insbesondere die Regelungen über den Aufwendungsersatz der technischen Entwicklung und der daraus resultierenden Preisentwicklung angepasst (BT-Drucks 17/11471, S. 146). Hinzu kommt, dass – wie das Berufungsgericht zutreffend ausgeführt hatte – die Abrechnungsstruktur im Bereich der Nebenkosten bei gerichtlichen Sachverständigen einerseits und im vorliegenden Fall andererseits vergleichbar ist. In beiden Fällen geht es um den Ersatz tatsächlich entstandener Aufwendungen (vgl. § 8 Abs. 1 Nr. 4, §§ 7, 12 JVEG sowie BT-Drucks 17/11471, S. 146, 259).

100

Der Heranziehung der Bestimmungen des Justizvergütungs- und -entschädigungsgesetzes als Orientierungshilfe im Rahmen der Schätzung der tatsächlich erforderlichen Nebenkosten steht auch nicht das Senatsurteil vom 23.1.2007 (VI ZR 67/06, VersR 2007, 560 Rn 21) entgegen. Soweit der Senat in diesem Urteil die Übertra-

101

§ 8 Sachverständigenkosten

gung der Grundsätze des Justizvergütungs- und -entschädigungsgesetzes für die Vergütung gerichtlicher Sachverständiger auf Privatgutachter unter Hinweis auf die Entscheidungen des X. Zivilsenats v. 4.4.2006 (X ZR 122/05, BGHZ 167, 139 Rn 19 und – X ZR 80/05, NJW-RR 2007, 56 Rn 19) abgelehnt hat, bezog sich dies allein auf die Frage, ob ein in Relation zur Schadenshöhe berechnetes Sachverständigenhonorar als erforderlicher Herstellungsaufwand im Sinne des § 249 Abs. 2 BGB angesehen werden kann oder ob in Anlehnung an § 9 Abs. 1 S. 1 JVEG nach Zeitaufwand abgerechnet werden muss. Inmitten standen damit lediglich die Kosten für die vom Sachverständigen erbrachte Ingenieurleistung (Grundhonorar), nicht aber die diesem entstandenen Nebenkosten.

102 Konkrete Anhaltspunkte, die eine von den Bestimmungen des Justizvergütungs- und -entschädigungsgesetzes abweichende Beurteilung gebieten würden, waren weder ersichtlich noch dargetan. Die Revision des Klägers rügte ohne Erfolg, der Kläger habe die Fotokopierkosten im Einzelnen dargelegt. Sie zeigte keinen von den Tatsacheninstanzen übergangenen konkreten Sachvortrag auf.

103 Die Beklagte wandte sich mit ihrer Revision ohne Erfolg gegen die Bemessung der Kosten für die Anfertigung von Fotos und Fotokopien. Sie versuchte insoweit lediglich in revisionsrechtlich unbeachtlicher Weise, die tatrichterliche Schadensschätzung durch ihre eigene zu ersetzen, ohne durchgreifende Rechtsfehler aufzuzeigen. Soweit sie geltend machte, der gesonderte Ausdruck der Fotos sei nicht notwendig, zeigte sie nicht auf, dass sie einen entsprechenden Sachvortrag in den Tatsacheninstanzen gehalten hatte und dieser übergangen worden war. Entgegen ihrer Auffassung hatte sich das Berufungsgericht für die Bemessung der Kosten für die Anfertigung von (Digital-)Fotos auch zu Recht an § 12 Abs. 1 Nr. 2 JVEG und nicht an der – Kopien und Ausdrucke betreffenden – Regelung in § 7 Abs. 3 JVEG orientiert. Die Berücksichtigung von Kosten für den 2. und 3. Fotosatz scheiterte entgegen der Auffassung der Beklagten nicht daran, dass Aufwendungen für die Anfertigung von Kopien und Ausdrucken nach § 7 Abs. 2 JVEG zuerkannt wurden. Die entsprechende Einschränkung in § 12 Abs. 1 Nr. 2 JVEG, wonach derartige Aufwendungen nur ersatzfähig sind, wenn die Fotos nicht Teil des schriftlichen Gutachtens sind (§ 7 Abs. 2 JVEG), wurde erst aufgrund des 2. Kostenrechtsmodernisierungsgesetzes mit Wirkung vom 1.8.2013 in die Bestimmung aufgenommen (vgl. BT-Drucks 17/11471, S. 261). In der zum Zeitpunkt der Erstattung des streitgegenständlichen Gutachtens geltenden und deshalb vom Berufungsgericht zu Recht als Orientierungshilfe herangezogenen Fassung des Justizvergütungs- und -entschädigungsgesetzes vom 5.5.2004 war diese Einschränkung dagegen nicht enthalten.

104 Es war revisionsrechtlich auch nicht zu beanstanden, dass das Berufungsgericht bei der Schadensschätzung die vom Kläger geltend gemachten Kosten für eine Fahrzeugbewertung berücksichtigt hat. Nach den Feststellungen des Berufungsgerichts waren dem Kläger insoweit Aufwendungen für die Inanspruchnahme von Fremd-

8. JVEG als Orientierungshilfe bei den Sachverständigennebenkosten §8

leistungen entstanden. Die Beklagte rügte ohne Erfolg, der Kläger habe die Inanspruchnahme einer solchen Fremdleistung gar nicht vorgetragen. Wie sie selbst in der Revisionsbegründung ausführte, hatte der Kläger in einem Schriftsatz behauptet, bei den geltend gemachten Kosten für die Fahrzeugbewertung handele es sich um Fremdkosten, also um Kosten, die der Sachverständige im Zuge der Erstellung seines Gutachtens an Dritte habe verauslagen müssen. In diesem Vortrag ist die Behauptung enthalten, der Kläger habe eine Fahrzeugbewertung durch Dritte veranlasst. Soweit die Revision geltend machte, eine Fahrzeugbewertung sei tatsächlich nicht erfolgt, zeigte sie nicht auf, dass die Beklagte die entsprechende Behauptung des Klägers in den Tatsacheninstanzen bestritten hatte und ihr Bestreiten übergangen worden war. Ohne Erfolg griff die Beklagte mit ihrer Revision auch die Feststellung des Berufungsgerichts an, dem Kläger seien Fremdkosten für einen EDV-Abruf entstanden. Diese Rüge war bereits nicht ordnungsgemäß ausgeführt. Die Beklagte zeigte nicht konkret auf, dass sie die entsprechende Behauptung des Klägers in den Tatsacheninstanzen bestritten hatte und ihr Bestreiten übergangen worden war. Rügt die Revision die Übergehung von Sachvortrag oder von Beweisantritten, so müssen diese unter Angabe der Fundstelle in den Schriftsätzen der Tatsacheninstanzen genau bezeichnet werden. Dementsprechend hätte die Revision auf die entsprechenden Blattzahlen der von der Beklagten vorgelegten Schriftsätze hinweisen müssen, die ihr Bestreiten enthalten sollten. Hieran fehlte es vorliegend.

Die Beklagte berief sich auch ohne Erfolg darauf, dass die Fahrzeugbewertung und der EDV-Abruf durch das vom Kläger berechnete Grundhonorar abgegolten seien, weil er sein Gutachten unter Verwendung moderner EDV-Programme erstellt habe, die den Fahrzeugwert und die weiteren erforderlichen Informationen berechneten und ausdruckten. Die Revision zeigte nicht auf, dass entsprechender Sachvortrag der Beklagten in den Tatsacheninstanzen übergangen worden war. 105

Beide Revisionen beanstandeten auch ohne Erfolg, dass sich das Berufungsgericht hinsichtlich der Fahrtkosten an den von verschiedenen Anbietern erstellten Autokostentabellen, etwa der ADAC-Autokostentabelle (vgl. *https://www.adac.de/_mmm/pdf/autokostenuebersicht*) orientierte und im Rahmen der Schadensschätzung einen Kilometersatz von 0,70 EUR als erforderlich im Sinne des § 249 Abs. 2 S. 1 BGB angesehen hatte. In revisionsrechtlich nicht zu beanstandender Weise hatte das Berufungsgericht dabei unter anderem berücksichtigt, dass der Median der von den Kfz-Sachverständigen erhobenen Fahrtkosten nach den Erhebungen der Hommerich Forschung, die im Jahr 2009 im Auftrag des Bundesministeriums der Justiz zwecks Überprüfung des Justizvergütungs- und -entschädigungsgesetzes eine umfangreiche Marktanalyse durchgeführt hat (vgl. BT-Drucks 17/11471, S. 145), bei 0,60 EUR (bei Abrechnung nach Stundensatz) bzw. 0,65 EUR (bei teilweise pauschaler Abrechnung) liegt (*Hommerich/Reiß*, Justizvergütungs- und -entschädigungsgesetz, Evaluation und Marktanalyse, hrsg. vom Bundesministerium der Justiz, 2010, S. 423). Die Revision der Beklagten berief sich auch ohne Erfolg auf das Senatsurteil vom 17.11.2009 (VI ZR 64/08, VersR 2010, 268 Rn 19). Dass 106 der Senat in dieser Entscheidung die tatrichterliche Schätzung der dem Geschädigten selbst entstandenen Fahrtkosten in Anlehnung an § 9 Abs. 3 Nr. 2 ZSEG revisionsrechtlich nicht beanstandet hatte, bedeutet nicht, dass die Schätzung der – im Rahmen der Begutachtung des beschädigten Fahrzeugs erforderlichen – Fahrtkosten durch das Berufungsgericht im Streitfall rechtsfehlerhaft wäre. Insoweit können verschiedene Orientierungshilfen sachgerecht und revisionsrechtlich hinzunehmen sein. Die Revision der Beklagen machte auch ohne Erfolg geltend, die Verursachung von Fahrtkosten sei nicht erforderlich im Sinne des § 249 Abs. 2 S. 1 BGB gewesen, weil die Geschädigte ihr fahrbereites und verkehrssicheres Fahrzeug selbst zum Kläger hätte fahren können. Wie das Berufungsgericht zutreffend ausgeführt hatte, konnte die Geschädigte als Laie nicht verlässlich einschätzen, ob und wie weit die Verkehrssicherheit ihres Fahrzeugs infolge des Unfalls beeinträchtigt war.

9. Darlegungslast des Geschädigten hinsichtlich der Höhe der Sachverständigenkosten

107 BGH, Urt. v. 19.7.2016 – VI ZR 491/15, zfs 2017, 23 = NJW 2016, 3363
BGB § 249 Abs. 2 S. 1; ZPO § 287; StVG §§ 7, 18; VVG § 115
a) Die Kosten für die Begutachtung des bei einem Verkehrsunfall beschädigten Fahrzeugs gehören zu den mit dem Schaden unmittelbar verbundenen und gemäß § 249 BGB auszugleichenden Vermögensnachteilen, soweit die Begutachtung zur Geltendmachung des Schadensersatzanspruchs erforderlich und zweckmäßig ist.
b) Der Geschädigte genügt seiner Darlegungslast zur Höhe der Sachverständigenkosten regelmäßig durch Vorlage einer von ihm beglichenen Rechnung des von ihm zur Schadensbegutachtung in Anspruch genommenen Sachverständigen. Nicht die Höhe der vom Sachverständigen erstellten Rechnung als solche, sondern allein der vom Geschädigten in Übereinstimmung mit der Rechnung und der ihr zugrunde liegenden Preisvereinbarung tatsächlich erbrachte Aufwand bildet einen Anhalt zur Bestimmung des zur Herstellung erforderlichen Betrages im Sinne von § 249 Abs. 2 S. 1 BGB.

a) Der Fall

108 Die Klägerin, deren Unternehmensgegenstand der Ankauf von Forderungen ist, nahm die beklagte Haftpflichtversicherung aus abgetretenem Recht auf Schadensersatz aus einem Verkehrsunfall vom 13.4.2012 in Anspruch, bei dem der Pkw des B. beschädigt wurde. Die volle Einstandspflicht der Beklagten stand zwischen den Parteien außer Streit. B. beauftragte das in der näheren Umgebung seines Wohnortes ansässige Sachverständigenbüro mit der Begutachtung des beschädigten Fahrzeugs. Seinen Schadensersatzanspruch gegen die Beklagte auf Erstattung der Sach-

9. Darlegungslast hinsichtlich der Höhe der Sachverständigenkosten § 8

verständigenkosten trat er an das Sachverständigenbüro ab. Der Sachverständige fertigte unter dem 14. Mai 2012 ein Gutachten an. Danach ergaben sich u.a. Reparaturkosten in Höhe von netto 16.788,60 EUR bei einer Reparaturdauer von 8 bis 9 Tagen und ein merkantiler Minderwert von 6.000 EUR. Er stellte dem Geschädigten für das Gutachten 2.269,66 EUR einschließlich Mehrwertsteuer in Rechnung. Die Beklagte ermittelte bei einer Prüfung des Sachverständigengutachtens Reparaturkosten in Höhe von netto 2.664,60 EUR und einen merkantilen Minderwert von 2.000 EUR.

Die Klägerin machte geltend, der Sachverständige habe den ihm vom Geschädigten abgetretenen Schadensersatzanspruch auf Erstattung der Sachverständigenkosten wirksam an sie abgetreten. Die Kosten des Gutachtens seien ersatzfähig und weder vom Schädiger noch gerichtlich zu überprüfen. Das Honorar sei nicht krass überhöht, ein Missverhältnis zwischen Honorar und Leistung für den Geschädigten seien nicht zu erkennen gewesen. Inhaltlich sei das Gutachten nicht zu beanstanden. Ihr stehe die abgerechnete Sachverständigenvergütung in voller Höhe selbst dann zu, wenn das Gutachten mangelbehaftet oder sogar unbrauchbar sei. 109

Die Beklagte erachtete die Abtretung an die Klägerin für unwirksam. Sie machte weiter geltend, das Gutachten sei mangelhaft und unbrauchbar, der merkantile Minderwert völlig übersetzt, die Reparaturkosten unzutreffend ermittelt. Die Beklagte könne auf der Grundlage einer Ermächtigung des Geschädigten und ihrer darauf erfolgten Erklärung der Minderung werkvertragliche Minderungsrechte geltend machen. Das angesetzte Sachverständigenhonorar sei sowohl bezogen auf das Grundhonorar als auch auf die Nebenkosten überhöht. 110

Das Amtsgericht hat der Klage in Höhe von 1.225,83 EUR nebst Zinsen stattgegeben, da das Sachverständigengutachten des Sachverständigen nicht völlig unbrauchbar gewesen sei. Nach der Abtretung könne der Sachverständige aber nur die angemessenen Sachverständigenkosten in Höhe von 1.225,83 EUR brutto fordern. Auf die Berufung der Klägerin hat das Landgericht das Urteil des Amtsgerichts abgeändert und die Beklagte verurteilt, an die Klägerin weitere 1.043,83 EUR nebst Zinsen zu bezahlen. Die weitergehende, Nebenforderungen betreffende Berufung der Klägerin und die Berufung der Beklagten hat es zurückgewiesen. 111

Mit der vom Landgericht zugelassenen Revision verfolgte die Beklagte ihren Antrag vollständiger Klagabweisung weiter.

b) Die rechtliche Beurteilung

Die Revision war begründet. Die Beurteilung des Berufungsgerichts hielt revisionsrechtlicher Überprüfung nicht in allen Punkten stand. 112

Zutreffend und von der Revision nicht angegriffen hatte das Berufungsgericht angenommen, dass dem Geschädigten B. dem Grunde nach ein Anspruch gegen die

§ 8 Sachverständigenkosten

Beklagte auf Ersatz der Kosten des eingeholten Sachverständigengutachtens aus §§ 7, 18 StVG, § 115 VVG zustand. Denn diese Kosten gehören zu den mit dem Schaden unmittelbar verbundenen und gemäß § 249 BGB auszugleichenden Vermögensnachteilen, soweit die Begutachtung zur Geltendmachung des Schadensersatzanspruchs erforderlich und zweckmäßig ist (vgl. nur Senatsurt. v. 11.2.2014 – VI ZR 225/13, VersR 2014, 474 Rn 7; v. 7.2.2012 – VI ZR 133/11, VersR 2012, 504 Rn 13).

113 Rechtlich unbedenklich war das Berufungsgericht davon ausgegangen, dass der Geschädigte diesen Anspruch wirksam an den Sachverständigen abgetreten hatte sowie dass die Abtretung dieser Forderung vom Sachverständigen an die Klägerin am 17. Oktober 2014 hinreichend bestimmt und nicht wegen eines Verstoßes gegen das Rechtsdienstleistungsgesetz gemäß § 134 BGB i.V.m. § 2 Abs. 2 S. 1, § 3 RDG unwirksam war.

114 Die Revision wandte sich mit Erfolg gegen die vom Berufungsgericht angenommene Höhe der für die Begutachtung des beschädigten Fahrzeugs erforderlichen Kosten. Die Auffassung des Berufungsgerichts, die Höhe der vom Sachverständigenbüro in Rechnung gestellten Honorarsumme nebst Nebenkosten sei im vorliegenden Schadensersatzprozess nicht weiter zu prüfen, war von Rechtsfehlern beeinflusst.

115 Allerdings ist die Bemessung der Höhe des Schadensersatzanspruchs in erster Linie Sache des nach § 287 ZPO besonders frei gestellten Tatrichters. Sie ist revisionsrechtlich nur daraufhin überprüfbar, ob der Tatrichter erhebliches Vorbringen der Parteien unberücksichtigt gelassen, Rechtsgrundsätze der Schadensbemessung verkannt, wesentliche Bemessungsfaktoren außer Betracht gelassen oder seiner Schätzung unrichtige Maßstäbe zugrunde gelegt hat (vgl. Senatsurt. v. 5.3.2013 – VI ZR 245/11, VersR 2013, 730 Rn 14; v. 8.5.2012 – VI ZR 37/11, VersR 2012, 917 Rn 9 m.w.N.). Es ist insbesondere nicht Aufgabe des Revisionsgerichts, dem Tatrichter eine bestimmte Berechnungsmethode vorzuschreiben (vgl. Senatsurt. v. 23.11.2004 – VI ZR 357/03, BGHZ 161, 151, 154).

116 Im Streitfall hatte das Berufungsgericht seiner Schätzung unrichtige Maßstäbe zugrunde gelegt.

Ist wegen der Beschädigung einer Sache Schadensersatz zu leisten, so kann der Geschädigte gemäß § 249 Abs. 2 S. 1 BGB statt der Herstellung den dazu erforderlichen Geldbetrag verlangen. Sein Anspruch ist auf Befriedigung seines Finanzierungsbedarfs in Form des zur Wiederherstellung objektiv erforderlichen Geldbetrags und nicht etwa auf Ausgleich von ihm bezahlter Rechnungsbeträge gerichtet (vgl. Senatsurt. v. 6.11.1973 – VI ZR 27/73, BGHZ 61, 346, 347 f.; v. 23.1.2007 – VI ZR 67/06, VersR 2007, 560 Rn 13; v. 11.2.2014 – VI ZR 225/13, VersR 2014, 474 Rn 8). Der Geschädigte ist nach schadensrechtlichen Grundsätzen in der Wahl der Mittel zur Schadensbehebung frei. Er darf zur Schadensbeseitigung grundsätzlich den Weg einschlagen, der aus seiner Sicht seinen Interessen am bes-

9. Darlegungslast hinsichtlich der Höhe der Sachverständigenkosten § 8

ten zu entsprechen scheint (vgl. Senatsurt. v. 18.1.2005 – VI ZR 73/04, VersR 2005, 558, 559). Denn Ziel der Schadensrestitution ist es, den Zustand wiederherzustellen, der wirtschaftlich gesehen der hypothetischen Lage ohne das Schadensereignis entspricht. Der Geschädigte ist deshalb grundsätzlich berechtigt, einen qualifizierten Gutachter seiner Wahl mit der Erstellung des Schadensgutachtens zu beauftragen (vgl. Senatsurt. v. 15.10.2013 – VI ZR 528/12, VersR 2013, 1590 Rn 18 m.w.N.).

Der Geschädigte kann jedoch vom Schädiger nach § 249 Abs. 2 S. 1 BGB als erforderlichen Herstellungsaufwand nur die Kosten erstattet verlangen, die vom Standpunkt eines verständigen, wirtschaftlich denkenden Menschen in der Lage des Geschädigten zur Behebung des Schadens zweckmäßig und notwendig erscheinen. Er ist nach dem Wirtschaftlichkeitsgebot gehalten, im Rahmen des ihm Zumutbaren den wirtschaftlicheren Weg der Schadensbehebung zu wählen, sofern er die Höhe der für die Schadensbeseitigung aufzuwendenden Kosten beeinflussen kann. Allerdings ist bei der Beurteilung, welcher Herstellungsaufwand erforderlich ist, auch Rücksicht auf die spezielle Situation des Geschädigten, insbesondere auf seine Erkenntnis- und Einflussmöglichkeiten sowie auf die möglicherweise gerade für ihn bestehenden Schwierigkeiten zu nehmen (sog. subjektbezogene Schadensbetrachtung, vgl. Senatsurt. v. 6.11.1973 – VI ZR 27/73, BGHZ 61, 346, 348; v. 15.10.2013 – VI ZR 528/12, VersR 2013, 1590 Rn 19; v. 11.2.2014 – VI ZR 225/13, a.a.O., Rn 7 f., jeweils m.w.N.). Auch ist der Geschädigte grundsätzlich nicht zu einer Erforschung des ihm zugänglichen Markts verpflichtet, um einen möglichst preisgünstigen Sachverständigen ausfindig zu machen (vgl. Senatsurt. v. 23.1.2007 – VI ZR 67/06, a.a.O. Rn 17; v. 11.2.2014 – VI ZR 225/13, a.a.O. Rn 7). 117

Entgegen der Auffassung des Berufungsgerichts führt die subjektbezogene Schadensbetrachtung nach der Rechtsprechung des Senats weder grundsätzlich noch im Streitfall dazu, dass der Versicherer dem Geschädigten auf Zahlung eines ggf. überhöhten Sachverständigenhonorars haftet, ohne dass die Erforderlichkeit der Sachverständigenkosten nach den dargestellten Grundsätzen und den Anforderungen von § 287 ZPO (zunächst) genügend dargelegt wird. 118

Den Geschädigten trifft gemäß § 249 Abs. 2 S. 1 BGB grundsätzlich die Darlegungslast hinsichtlich des oben beschriebenen erforderlichen Herstellungsaufwandes. Dieser Darlegungslast genügt der Geschädigte regelmäßig durch Vorlage der – von ihm beglichenen – Rechnung des mit der Begutachtung seines Fahrzeugs beauftragten Sachverständigen. Ein einfaches Bestreiten der Erforderlichkeit des ausgewiesenen Rechnungsbetrags zur Schadensbehebung reicht dann grundsätzlich nicht aus, um die geltend gemachte Schadenshöhe in Frage zu stellen (Senatsurt. v. 22.7.2014 – VI ZR 357/13, VersR 2014, 1141 Rn 16). 119

Im Streitfall hatte das Berufungsgericht die vom Geschädigten nicht beglichene Rechnung und ihre Übereinstimmung mit der getroffenen – in den Vorinstanzen aber dem Inhalt und der Höhe nach nicht festgestellten – Preisvereinbarung ausrei- 120 chen lassen, um der Klägerin (Zweitzessionarin) einen Schadensersatzanspruch in Höhe des vom Sachverständigen in Rechnung gestellten Betrages zuzusprechen und ohne Begründung ausgeführt, die Abrechnung einer überhöhten Gutachterforderung sei für den Geschädigten jedenfalls nicht erkennbar gewesen. Damit hatte es die Anforderungen an die nach den obigen Grundsätzen zu bestimmende Darlegungslast verkannt. Nicht der vom Sachverständigen in Rechnung gestellte Betrag als solcher, sondern allein der vom Geschädigten in Übereinstimmung mit der Rechnung und der ihr zugrundeliegenden Preisvereinbarung tatsächlich erbrachte Aufwand bildet einen Anhalt zur Bestimmung des zur Herstellung erforderlichen Betrages im Sinne von § 249 Abs. 2 S. 1 BGB. Der Grund für die Annahme einer Indizwirkung des vom Geschädigten tatsächlich erbrachten Aufwands bei der Schadensschätzung liegt darin, dass bei der Bestimmung des erforderlichen Betrages im Sinne von § 249 Abs. 2 S. 1 BGB die besonderen Umstände des Geschädigten, mitunter auch seine möglicherweise beschränkten Erkenntnismöglichkeiten zu berücksichtigen sind. Diese schlagen sich regelmäßig im tatsächlich aufgewendeten Betrag nieder, nicht hingegen in der Höhe der vom Sachverständigen erstellten Rechnung als solcher.

121 Diese Grundsätze gelten auch bei einer Abtretung der Forderung auf Ersatz der Sachverständigenkosten. Legt der an die Stelle des Geschädigten getretene Zessionar lediglich die unbeglichene Rechnung vor, genügt danach ein einfaches Bestreiten der Schadenshöhe durch den beklagten Schädiger oder Haftpflichtversicherer, wenn nicht der Zessionar andere konkrete Anhaltspunkte für den erforderlichen Herstellungsaufwand unter Berücksichtigung der speziellen Situation des Geschädigten beibringen kann. Bei der dann vom Tatrichter zu leistenden Bemessung der Schadenshöhe ist zu beachten, dass der Schätzung nach § 287 Abs. 1 ZPO tragfähige Anknüpfungspunkte zugrunde liegen müssen.

122 Soweit das Berufungsgericht meinte, eine der beglichenen Rechnung vergleichbare Indizwirkung trete auch bei einer Abtretung der Schadensersatzforderung erfüllungshalber an den Sachverständigen ein, irrte es (ähnlich AG Bad Neustadt, DV 2016, 138, 139). Abgesehen davon, dass regelmäßig die Abtretung bereits mit dem Gutachtenauftrag, also vor Kenntnis der endgültigen Honorarforderung und Vorliegen der Rechnung erfolgt, stellt die Entscheidung für eine Abtretung, mit der der Geschädigte eine Erfüllung der Honorarforderung des Sachverständigen ohne seinen eigenen finanziellen Beitrag anstrebt und die ihn deshalb nicht unmittelbar belastet, keinen der Zahlung vergleichbaren Hinweis auf seine Erkenntnismöglichkeiten dar (vgl. Senatsurt. v. 26.4.2016 – VI ZR 50/15, juris Rn 12). Sein Interesse an der Prüfung der Höhe der Forderung ist nämlich gering, wenn er darauf vertrauen kann, dass sie von einem Dritten bezahlt werden wird.

123 Die Auffassung der Revision, dass sich der Inhalt der Schadensersatzforderung durch die Abtretung ändere, weil nicht mehr der Geschädigte die Schadensersatzforderung geltend mache, war unzutreffend. Der Zessionar erwirbt die Forderung in der Form, wie sie zuvor in der Person des Zedenten bestand. Dies ist von der Frage zu trennen, ob und welche Einwendungen der Schuldner der Forderung möglicherweise zwar nicht dem Geschädigten, jedoch dem Zessionar entgegenhalten kann.

Das Berufungsurteil war in dem aus dem Tenor ersichtlichen Umfang aufzuheben und die Sache insoweit zur neuen Verhandlung und Entscheidung an das Berufungsgericht zurückzuverweisen, damit es die erforderlichen Feststellungen treffen kann (§ 562 Abs. 1, § 563 Abs. 1 S. 1 ZPO). Im Rahmen der vorliegenden konkreten Schadensberechnung wird das Berufungsgericht ggf. Anlass haben, die Frage der Minderung zu prüfen. Die Beklagte hatte dazu vorgetragen, sie habe die Minderung auf der Grundlage einer Ermächtigung des Geschädigten erklärt und der Werklohnanspruch sei bis auf null gemindert. Das Berufungsgericht wird entgegen seiner Auffassung insoweit nicht davon ausgehen können, dass die Minderung bei der konkreten Berechnung des Schadens vollständig außer Betracht bleiben kann.

124

10. Anknüpfung an die übliche Vergütung bei Fehlen einer Preisvereinbarung zwischen Geschädigtem und Sachverständigem

BGH, Urt. v. 28.2.2017 – VI ZR 76/16, VersR 2017, 636

BGB §§ 249 Abs. 1, Abs. 2 S. 1, 632 Abs. 2; ZPO § 287

1. Die Kosten für die Begutachtung des bei einem Verkehrsunfall beschädigten Fahrzeugs gehören zu den mit dem Schaden unmittelbar verbundenen und gemäß § 249 BGB auszugleichenden Vermögensnachteilen, soweit die Begutachtung zur Geltendmachung des Schadensersatzanspruchs erforderlich und zweckmäßig ist.

2. Es ist revisionsrechtlich nicht zu beanstanden, wenn der Tatrichter im Rahmen der Schätzung der Höhe dieses Schadensersatzanspruchs bei subjektbezogener Schadensbetrachtung gem. § 287 ZPO bei Fehlen einer Preisvereinbarung zwischen dem Geschädigten und dem Sachverständigen und Abtretung des Schadensersatzanspruchs an den Sachverständigen bei Erteilung des Gutachtenauftrages an die übliche Vergütung gemäß § 632 Abs. 2 BGB anknüpft, denn der verständige Geschädigte wird unter diesen Umständen im Regelfall davon ausgehen, dass dem Sachverständigen die übliche Vergütung zusteht.

125

a) Der Fall

Die Klägerin, eine Einzugsstelle unter anderem für Sachverständigenhonorare, begehrte von der beklagten Haftpflichtversicherung aus abgetretenem Recht Ersatz restlicher Sachverständigenkosten aus einem Verkehrsunfall vom Januar 2015, bei dem ein Golf GTD beschädigt wurde. Sie verfügte über eine Inkassoerlaubnis nach

126

§ 8 Sachverständigenkosten

§ 10 Abs. 1 Nr. 1 RDG. Die volle Einstandspflicht der Beklagten stand dem Grunde nach außer Streit. Die Geschädigte beauftragte den Kraftfahrzeugsachverständigen Dr. Ing. H. mit der Erstellung eines Gutachtens zur Schadenshöhe und trat ihm ihren Schadensersatzanspruch auf Erstattung der Sachverständigenkosten in Höhe des Bruttoendbetrages der Rechnung des Sachverständigen erfüllungshalber ab. Im Gutachtenauftrag ist festgehalten, dass der Sachverständige sein Honorar nach der ermittelten Schadenshöhe zuzüglich der entstandenen Nebenkosten berechnet. Der Sachverständige fertigte unter dem 9.1.2015 ein Gutachten. Danach ergaben sich Reparaturkosten in Höhe von 4.309,95 EUR netto und eine Wertminderung von 500 EUR. Für die Begutachtung erstellte er am selben Tag eine Rechnung über 867 EUR brutto, die ein Grundhonorar von 603 EUR und Nebenkosten in Höhe von 125,57 EUR (Schreibkosten je Seite 2,93 EUR, erster Fotosatz je Foto 2,53 EUR, Fahrtkosten 30,80 EUR, Porto-/Telekommunikationskosten 15 EUR) auswies. Mit Vertrag vom 10.1.2015 trat der Sachverständige die Ansprüche an die Klägerin ab. Hierauf zahlte die Beklagte an die Klägerin 761,60 EUR. Hinsichtlich des Mehrbetrages von 105,40 EUR, der nebst Zinsen Gegenstand der Klage war, machte sie geltend, dass sowohl das Grundhonorar als auch die Nebenkosten überhöht seien.

127 Das Amtsgericht hat der Klage stattgegeben. Auf die vom Amtsgericht zugelassene Berufung der Beklagten hat das Landgericht das Urteil abgeändert und die Beklagte verurteilt, an die Klägerin 48,91 EUR zu bezahlen. Im Übrigen hat es die Klage abgewiesen. Mit ihrer vom Berufungsgericht zugelassenen Revision begehrte die Klägerin die Wiederherstellung des amtsgerichtlichen Urteils.

b) Die rechtliche Beurteilung

128 Das Berufungsurteil hielt revisionsrechtlicher Nachprüfung stand.

Zutreffend und von der Revision nicht angegriffen hatte das Berufungsgericht angenommen, dass der Geschädigten dem Grunde nach ein Anspruch gegen die Beklagte auf Ersatz der Kosten des eingeholten Sachverständigengutachtens aus §§ 7, 18 StVG, § 115 VVG zustand. Denn diese Kosten gehören zu den mit dem Schaden unmittelbar verbundenen und gemäß § 249 BGB auszugleichenden Vermögensnachteilen, soweit die Begutachtung zur Geltendmachung des Schadensersatzanspruchs erforderlich und zweckmäßig ist.

Rechtlich unbedenklich war das Berufungsgericht davon ausgegangen, dass die Geschädigte diesen Anspruch wirksam an den Sachverständigen und dieser ihn wirksam an die Klägerin abgetreten hatte.

129 Die Revision wandte sich im Ergebnis ohne Erfolg gegen die vom Berufungsgericht angenommene Höhe der für die Begutachtung des beschädigten Fahrzeugs erforderlichen Kosten. Die Bemessung der Höhe des Schadensersatzanspruchs ist in erster Linie Sache des nach § 287 ZPO besonders frei gestellten Tatrichters. Sie ist revisionsrechtlich nur daraufhin überprüfbar, ob der Tatrichter erhebliches Vorbringen der Parteien unberücksichtigt gelassen, Rechtsgrundsätze der Schadensbemes-

10. Anknüpfung an die übliche Vergütung bei Fehlen einer Preisvereinbarung § 8

sung verkannt, wesentliche Bemessungsfaktoren außer Betracht gelassen oder seiner Schätzung unrichtige Maßstäbe zugrunde gelegt hat. Es ist insbesondere nicht Aufgabe des Revisionsgerichts, dem Tatrichter eine bestimmte Berechnungsmethode vorzuschreiben.

Derartige Rechtsfehler waren nicht gegeben. Entgegen der Auffassung der Revision begegnete es unter den Umständen des Streitfalls keinen rechtlichen Bedenken, dass das Berufungsgericht seiner Schätzung die übliche Vergütung für die Leistung des Sachverständigen Dr. Ing. H. zugrunde gelegt hatte. 130

Ist wegen der Beschädigung einer Sache Schadensersatz zu leisten, so kann der Geschädigte gemäß § 249 Abs. 2 S. 1 BGB statt der Herstellung den dazu erforderlichen Geldbetrag verlangen. Sein Anspruch ist auf Befriedigung seines Finanzierungsbedarfs in Form des zur Wiederherstellung objektiv erforderlichen Geldbetrags und nicht etwa auf Ausgleich von ihm bezahlter Rechnungsbeträge gerichtet. Der Geschädigte ist nach schadensrechtlichen Grundsätzen in der Wahl der Mittel zur Schadensbehebung frei. Er darf zur Schadensbeseitigung grundsätzlich den Weg einschlagen, der aus seiner Sicht seinen Interessen am besten zu entsprechen scheint. Denn Ziel der Schadensrestitution ist es, den Zustand wiederherzustellen, der wirtschaftlich gesehen der hypothetischen Lage ohne das Schadensereignis entspricht. Der Geschädigte ist deshalb grundsätzlich berechtigt, einen qualifizierten Gutachter seiner Wahl mit der Erstellung des Schadensgutachtens zu beauftragen.

Der Geschädigte kann jedoch vom Schädiger nach § 249 Abs. 2 S. 1 BGB als erforderlichen Herstellungsaufwand nur die Kosten erstattet verlangen, die vom Standpunkt eines verständigen, wirtschaftlich denkenden Menschen in der Lage des Geschädigten zur Behebung des Schadens zweckmäßig und notwendig erscheinen. Er ist nach dem Wirtschaftlichkeitsgebot gehalten, im Rahmen des ihm Zumutbaren den wirtschaftlicheren Weg der Schadensbehebung zu wählen, sofern er die Höhe der für die Schadensbeseitigung aufzuwendenden Kosten beeinflussen kann. Allerdings ist bei der Beurteilung, welcher Herstellungsaufwand erforderlich ist, auch Rücksicht auf die spezielle Situation des Geschädigten, insbesondere auf seine Erkenntnis- und Einflussmöglichkeiten sowie auf die möglicherweise gerade für ihn bestehenden Schwierigkeiten zu nehmen (sog. subjektbezogene Schadensbetrachtung). Auch ist der Geschädigte grundsätzlich nicht zu einer Erforschung des ihm zugänglichen Markts verpflichtet, um einen möglichst preisgünstigen Sachverständigen ausfindig zu machen. 131

Den Geschädigten trifft gemäß § 249 Abs. 2 S. 1 BGB grundsätzlich die Darlegungslast hinsichtlich des erforderlichen Herstellungsaufwands. Dieser Darlegungslast genügt der Geschädigte regelmäßig durch Vorlage der – von ihm beglichenen – Rechnung des mit der Begutachtung seines Fahrzeugs beauftragten Sachverständigen. Ein einfaches Bestreiten der Erforderlichkeit des ausgewiesenen Rechnungsbetrags zur Schadensbehebung reicht dann grundsätzlich nicht aus, um 132

337

die geltend gemachte Schadenshöhe in Frage zu stellen (Senatsurt. v. 22.7.2014 – VI ZR 357/13, VersR 2014, 1141 Rn 16). Nach der ständigen Rechtsprechung des Senats bildet nicht der vom Sachverständigen in Rechnung gestellte Betrag als solcher, sondern allein der vom Geschädigten in Übereinstimmung mit der Rechnung tatsächlich erbrachte Aufwand einen Anhalt zur Bestimmung des zur Herstellung erforderlichen Betrages im Sinne von § 249 Abs. 2 S. 1 BGB. Der Grund für die Annahme einer Indizwirkung des vom Geschädigten tatsächlich erbrachten Aufwands bei der Schadensschätzung liegt darin, dass bei der Bestimmung des erforderlichen Betrages im Sinne von § 249 Abs. 2 S. 1 BGB die besonderen Umstände des Geschädigten, mitunter auch seine möglicherweise beschränkten Erkenntnismöglichkeiten, zu berücksichtigen sind. Diese schlagen sich regelmäßig im tatsächlich aufgewendeten Betrag nieder, nicht hingegen in der Höhe der vom Sachverständigen erstellten Rechnung als solcher (vgl. nur Senatsurt. v. 26.4.2016 – VI ZR 50/15, VersR 2016, 1133 Rn 12 m.w.N.).

133 Diese Grundsätze gelten auch bei einer Abtretung der Forderung auf Ersatz der Sachverständigenkosten. Entgegen der Auffassung des Berufungsgerichts war im Rahmen der subjektbezogenen Schadensbetrachtung zwar nicht auf die Erkenntnismöglichkeiten des Erstzessionars, also des Sachverständigen, abzustellen, denn der Zessionar erwirbt die Forderung in der Form, wie sie zuvor in der Person des Zedenten bestand (vgl. Senatsurt. v. 19.7.2016 – VI ZR 491/15, VersR 2016, 1387 Rn 22). Dennoch war es unter den Umständen des Streitfalls nicht zu beanstanden, dass das Berufungsgericht den für die Erstellung des Gutachtens erforderlichen Aufwand in Höhe der gem. § 632 Abs. 2 BGB üblichen Vergütung für einen Kraftfahrzeugsachverständigen geschätzt hatte. Die Revision zeigte keinen übergangenen Sachvortrag auf, wonach sich die Geschädigte im Zeitpunkt der Erteilung des Gutachtenauftrages und der Abtretung des Schadensersatzanspruchs ein über die übliche Vergütung hinausgehendes Honorar berechtigterweise vorstellen durfte. Der verständige Geschädigte, der keine Honorarvereinbarung trifft und den Schadensersatzanspruch bei Erteilung des Gutachtensauftrags abtritt, wird im Regelfall davon ausgehen, dass dem Sachverständigen die übliche Vergütung zusteht.

Die Schätzung der als üblich zu erachtenden Vergütung selbst hatte die Revision nicht angegriffen.

11. Zulässigkeit von Sicherungsabtretungsklauseln beim Sachverständigenhonorar

134 **BGH, Urt. v. 21.6.2016 – VI ZR 475/15, VersR 2016, 1330**
BGB §§ 398, 305c Abs. 1, 249

Eine formularmäßig in einem Vertrag über die Erstellung eines Schadensgutachtens nach einem Verkehrsunfall vereinbarte Abtretungsklausel, wonach der Geschädigte zur Sicherung des Sachverständigenhonorars von seinen Scha-

11. Sicherungsabtretungsklauseln beim Sachverständigenhonorar   § 8

densersatzansprüchen aus einem Verkehrsunfall gegen den Fahrer, den Halter und den Haftpflichtversicherer die Ansprüche auf Ersatz der Positionen Sachverständigenkosten, Wertminderung, Nutzungsausfall, Nebenkosten und Reparaturkosten in dieser Reihenfolge und in Höhe des Honoraranspruchs an den Sachverständigen abtritt, wobei der Anspruch auf Ersatz einer nachfolgenden Position nur abgetreten wird, wenn der Anspruch auf Ersatz der zuvor genannten Position nicht ausreicht, um den gesamten Honoraranspruch des Sachverständigen zu decken, ist im Sinne von § 305c Abs. 1 BGB überraschend.

a) Der Fall

Die Klägerin, eine Einzugsstelle u.a. für Sachverständigenhonorar, begehrte von dem beklagten Haftpflichtversicherer aus abgetretenem Recht Ersatz restlicher Sachverständigenkosten aus einem Verkehrsunfall. Sie verfügte über eine Inkassoerlaubnis nach § 10 Abs. 1 Nr. 1 RDG. Die volle Einstandspflicht der Beklagten stand außer Streit. Der Geschädigte beauftragte das Kfz-Sachverständigenbüro J. mit der Erstellung eines Gutachtens zur Schadenshöhe und trat gegen den Fahrer, den Halter und den Versicherer des unfallbeteiligten Fahrzeugs bestehende Schadensersatzansprüche in Höhe der Gutachterkosten einschließlich Mehrwertsteuer formularmäßig erfüllungshalber an den Sachverständigen ab. Dazu unterzeichnete er am 29.10.2014 ein Auftragsformular, das unter der Überschrift „Abtretung und Zahlungsanweisung" den nachfolgenden Text enthielt:

135

„Zur Sicherung des Sachverständigenhonorars in der o.g. Angelegenheit trete ich meine Ansprüche gegen den Fahrer, den Halter und den Haftpflichtversicherer des unfallbeteiligten gegnerischen Fahrzeugs in Höhe des Honoraranspruchs zzgl. Fremdkosten einschließlich der Mehrwertsteuer des SV für die Erstellung des Beweissicherungsgutachtens erfüllungshalber an den SV ab. Die Abtretung erfolgt in der Reihenfolge: Sachverständigenkosten, Wertminderung, Nutzungsausfallsentschädigung, Nebenkosten, Reparaturkosten. Dabei wird eine nachfolgende Position nur abgetreten, wenn die zuvor genannte Position nicht ausreicht, um den gesamten Honoraranspruch des Sachverständigen zu decken. Sollte die Abtretung der Ansprüche den tatsächlichen Honoraranspruch übersteigen, erfolgt die Abtretung dergestalt, dass hinsichtlich der zuletzt abgetretenen Anspruchsposition ein erstrangiger Teilbetrag in Höhe des restlichen Sachverständigenhonorars abgetreten wird. Auf den Zugang der Annahmeerklärung verzichte ich. Zugleich weise ich hiermit die Anspruchsgegner unwiderruflich an, den Forderungsbetrag aus der Rechnung des SV unmittelbar durch Zahlung an den SV zu begleichen. Der SV ist berechtigt, diese Abtretung den Anspruchsgegnern gegenüber offen zu legen und die erfüllungshalber abgetretenen Ansprüche gegenüber den Anspruchsgegnern im eigenen Namen geltend zu machen. Durch diese Abtretung werden die Ansprüche des SV aus diesem Vertrag gegen mich nicht berührt. Diese können nach erfolgloser

§ 8 Sachverständigenkosten

außergerichtlicher Geltendmachung bei der gegnerischen Versicherung oder dem Schädiger zu jeder Zeit gegen mich geltend gemacht werden. Im Gegenzug verzichtet der Sachverständige dann jedoch Zug-um-Zug gegen Erfüllung auf die Rechte aus der Abtretung gegenüber den Anspruchsgegnern. Über die Vergütungsansprüche des SV im Zusammenhang mit der im vorliegenden Schadensfall entfalteten Tätigkeit darf ich keine Vergleiche abschließen."

136 Unter der Überschrift „Weiterabtretung zur Geltendmachung an die Verrechnungsstelle" in demselben Formular bot der Sachverständige der Klägerin die vorstehend vereinbarte Forderung inklusive aller Nebenrechte und Surrogate zur Abtretung an und verzichtete auf den Zugang der Annahmeerklärung. Dieses Abtretungsformular wurde in vergleichbarer Form in einer Vielzahl von Fällen auch von anderen Kunden der Klägerin im Rahmen der Zusammenarbeit mit der Klägerin verwendet.

137 Der Sachverständige berechnete dem Geschädigten für das Gutachten unter dem 30.10.2014 ein Honorar in Höhe von 407,80 EUR netto. Die Beklagte zahlte darauf einen Betrag in Höhe von 327,13 EUR an die Klägerin, eine weitergehende Zahlung lehnte sie ab. Der Restbetrag von 80,67 EUR nebst Zinsen war Gegenstand der Klage.

138 Das Amtsgericht hat die Klage abgewiesen. Die hiergegen – vom Amtsgericht zugelassene – Berufung der Klägerin blieb ohne Erfolg. Mit der vom Berufungsgericht zugelassenen Revision verfolgt die Klägerin ihr Klagebegehren weiter.

b) Die rechtliche Beurteilung

139 Das Berufungsgericht war davon ausgegangen, dass die Klägerin keinen Anspruch aus abgetretenem Recht auf Zahlung der geltend gemachten weiteren Sachverständigenkosten habe, da es ihr an der erforderlichen Aktivlegitimation fehle. Unter Berufung auf das Senatsurteil vom 7.6.2011 (VI ZR 260/10, VersR 2011, 1008 ff.) führte es aus, die dem Anspruch zugrundeliegende Abtretungsvereinbarung sei nicht hinreichend bestimmt oder bestimmbar und daher unwirksam.

140 Das angefochtene Urteil hielt revisionsrechtlicher Nachprüfung im Ergebnis stand. Es konnte dahinstehen, ob die Aktivlegitimation der Klägerin mit den Er-wägungen des Berufungsgerichts zur fehlenden Bestimmtheit der Abtretung der Schadensersatzansprüche an den Sachverständigen verneint werden konnte. Die fragliche Abtretungsklausel war gemäß § 305c Abs. 1 BGB wegen ihres überraschenden Charakters bereits nicht Vertragsbestandteil geworden. Eine Weiterabtretung an die Klägerin konnte nicht erfolgen.

141 Zutreffend war die Annahme des Berufungsgerichts, dass auf die unstreitig formularmäßige Klausel zur Abtretung von Schadensersatzforderungen des Geschädigten an den Sachverständigen die Regelungen zur Kontrolle Allgemeiner Geschäftsbedingungen in §§ 305 ff. BGB anwendbar waren. Der Geltungsanspruch des Gesetzes erstreckt sich auch auf vorformulierte Verträge mit Verfügungscharakter

11. Sicherungsabtretungsklauseln beim Sachverständigenhonorar § 8

(herrschende Meinung, vgl. nur BGH, Urt. v. 20.3.1985 – VIII ZR 342/83, BGHZ 94, 105, 112).

Eine Regelung in Allgemeinen Geschäftsbedingungen hat einen überraschenden Inhalt i.S.v. § 305c Abs. 1 BGB, wenn sie von den Erwartungen des Vertragspartners deutlich abweicht und dieser mit ihr den Umständen nach vernünftigerweise nicht zu rechnen braucht. Das Wesensmerkmal überraschender Klauseln liegt in dem ihnen innewohnenden Überrumpelungs- oder Übertölpelungseffekt. Generell kommt es dabei nicht auf den Kenntnisstand des einzelnen Vertragspartners, sondern auf die Erkenntnismöglichkeiten des für derartige Verträge in Betracht kommenden Personenkreises an. Beurteilungsmaßstab sind also die Kenntnisse und Erfahrungen des typischerweise an Rechtsgeschäften dieser Art beteiligten Personenkreises. 142

Nach diesen Grundsätzen ist die Klausel überraschend. Der rechtlich nicht vorgebildete durchschnittliche Auftraggeber eines Schadensgutachtens nach einem Verkehrsunfall braucht mit einer Abtretungsvereinbarung dieser Art nicht zu rechnen.

Unterstellt man zugunsten der Revision die ausreichende Bestimmtheit der Klausel, die der Senat selbst auslegen kann, kommt der Klausel – soweit für die Revision von Bedeutung – nach dem äußeren Erscheinungsbild im Wesentlichen folgender Regelungsgehalt zu: Der Geschädigte tritt zur Sicherung des Sachverständigenhonorars von seinen Schadensersatzansprüchen aus einem Verkehrsunfall die Ansprüche auf Ersatz der Position Sachverständigenkosten und weiter die auf Ersatz von Wertminderung, Nutzungsausfall, Nebenkosten und Reparaturkosten in dieser Reihenfolge und in Höhe des Honoraranspruchs zuzüglich im Vertrag definierter Fremdkosten und Mehrwertsteuer an den Sachverständigen ab. Der Anspruch auf Ersatz einer nachfolgenden Position wird nur abgetreten, wenn der Anspruch auf Ersatz der zuvor genannten Position nicht ausreicht, um den gesamten Honoraranspruch des Sachverständigen zu decken. 143

Eine so weitgehende Sicherung des Sachverständigenhonorars weicht deutlich von den Erwartungen des Vertragspartners ab und braucht von ihm bei der Beauftragung des Schadensgutachtens auch nicht in Betracht gezogen zu werden. 144

Zwar mag es nicht ungewöhnlich und auch nicht überraschend sein, dass ein Geschädigter zur Sicherung des vertraglich vereinbarten Vergütungsanspruchs im Rahmen des Auftrags zur Erstellung des Gutachtens seinen Schadensersatzanspruch gegen den Schädiger auf Erstattung der Sachverständigenkosten an den Sachverständigen abtritt (vgl. zur Abtretung von Mietwagenkosten Senatsurt. v. 31.1.2012 – VI ZR 143/11, BGHZ 192, 270 ff.; vgl. zur Abtretung der Sachverständigenkosten Entwurf eines Gesetzes zur Neuregelung des Rechtsberatungsgesetzes v. 30.11.2006, BT-Drucks 16/3655 S. 53). Dies liegt zunächst im Interesse des Sachverständigen, der einen in der Regel zahlungsfähigen Schuldner, den Haftpflichtversicherer des Schädigers, erhält und diesem gegenüber seinen Vergütungs-

§ 8 Sachverständigenkosten

anspruch für seine eigene Leistung rechtfertigen kann. Die Abtretung entspricht regelmäßig auch dem Interesse des durchschnittlichen geschädigten Auftraggebers, der unter Beschränkung des eigenen Aufwands möglichst schnell einen Ausgleich vom Schädiger oder dessen Haftpflichtversicherer erhalten will. Eröffnet sich ihm die Möglichkeit einer Stundung der Honorarforderung des Sachverständigen oder deren Erfüllung ohne eigene finanzielle Vorlage und eigenes Zutun, ist er bereit, seinen Schadensersatzanspruch auf Erstattung der Sachverständigenkosten an den Sachverständigen abzutreten, damit dieser der Sache nach seine Honorarforderung selbst geltend machen kann.

Der durchschnittliche Geschädigte rechnet aber nicht damit, dass durch die Abtretung eine Risikoverlagerung zu seinen Lasten im Hinblick auf die Geltendmachung des Honoraranspruchs erfolgt und die Durchsetzung seiner weiteren, nicht die Sachverständigenkosten betreffenden Schadensersatz-forderungen verkürzt werden könnte.

145 Die Abtretung erfolgt in Höhe des Honoraranspruchs zuzüglich Fremdkosten und Mehrwertsteuer gemäß dem – im selben Formular dem Sachverständigen erteilten – „Gutachtenauftrag". Der auf diesen Vertrag gestützte Honoraranspruch kann, muss aber nicht stets gem. § 249 BGB ersatzfähig sein. Für die Erstattungsfähigkeit nach § 249 BGB kommt es u.a. auf die Erforderlichkeit der Sachverständigenkosten in der geltend gemachten Höhe an. Zwar gehören die Kosten für die Begutachtung des bei einem Verkehrsunfall beschädigten Fahrzeugs zu den mit dem Schaden unmittelbar verbundenen und gemäß § 249 Abs. 1 BGB auszugleichenden Vermögensnachteilen, soweit die Begutachtung zur Geltendmachung des Schadensersatzanspruchs erforderlich und zweckmäßig ist (vgl. nur Senatsurt. v. 22.7.2014 – VI ZR 357/13, VersR 2014, 1141 Rn 9). Aber auch bei dem Grunde nach unstreitiger vollständiger Haftung des Schädigers richtet sich die Schadensersatzforderung nur auf den gemäß § 249 Abs. 2 S. 1 BGB zur Herstellung objektiv erforderlichen Geldbetrag und nicht etwa auf Ausgleich der dem Geschädigten vom Sachverständigen in Rechnung gestellten Beträge. Der Geschädigte kann nämlich vom Schädiger nach § 249 Abs. 2 S. 1 BGB als erforderlichen Herstellungsaufwand nur die Kosten erstattet verlangen, die vom Standpunkt eines verständigen, wirtschaftlich denkenden Menschen in der Lage des Geschädigten zur Behebung des Schadens zweckmäßig und notwendig er-scheinen (vgl. Senatsurt. v. 26.4.2016 – VI ZR 50/15, juris Rn 13; v. 22.7.2014 – VI ZR 357/13, a.a.O. Rn 14, 15 m.w.N.). Dieser Betrag kann geringer sein als das vereinbarte Honorar. In der Praxis beanstandet die Schädigerseite auch in zahlreichen gerichtlichen Verfahren das in Rechnung gestellte Sachverständigenhonorar unter Berufung auf die fehlende Erforderlichkeit im Sinne von § 249 Abs. 2 S. 1 BGB. In einem solchen Fall könnte der Haftpflichtversicherer des Schädigers aber geneigt sein, die Berechtigung der Honorarforderung des Sachverständigen nicht – notfalls gerichtlich – zu klären, sondern stattdessen den für überschießend erachteten Teil des geltend gemachten Sachverständigenhonorars mit den weiteren, dem Sachverständigen abgetretenen

11. Sicherungsabtretungsklauseln beim Sachverständigenhonorar   § 8

Ansprüchen auf Ersatz von Wertminderung, Nutzungsausfall etc. zu verrechnen. Dies führte dazu, dass der Geschädigte – hält er die Honorarforderung aus welchen Gründen auch immer für nicht gerechtfertigt – gegen den Sachverständigen vorgehen muss, während er ohne die in der Klausel enthaltene Abtretung eine Inanspruchnahme durch den Sachverständigen abwarten und diesem seine Einwendungen entgegenhalten könnte. Hinzu treten die durch die Klauselfassung geschaffenen Unsicherheiten, ob und in welcher Höhe noch Schadensersatzansprüche gegen den Haftpflichtversicherer bestehen.

Diese Folgen der Abtretungsklausel weichen von den Erwartungen des durchschnittlichen, juristisch nicht vorgebildeten Geschädigten deutlich ab. Der Geschädigte ist – für den Sachverständigen erkennbar – an einer möglichst schnellen, unkomplizierten und risikolosen Abwicklung des Schadensfalles interessiert. Wenn, wie hier, die volle Haftung des Unfallgegners dem Grunde nach unstreitig ist, geht der an der Erstellung eines Sachverständigengutachtens interessierte Geschädigte erkennbar davon aus, dass ihm die Sachverständigenkosten von der gegnerischen Haftpflichtversicherung erstattet werden. In dieser Erwartung wird er darin bestärkt, dass der Sachverständige ihm die Einziehung der Schadensersatzforderung bei der gegnerischen Versicherung anbietet. Insoweit gilt nichts anderes als bei der Einziehung einer an ein Mietwagenunternehmen abgetretenen Schadensersatzforderung des Geschädigten (BGH, Urt. v. 25.3.2009 – XII ZR 117/07, NJW-RR 2009, 1101 Rn 14). Vor diesem Hintergrund stellt sich das Angebot des Sachverständigen, unmittelbar mit der gegnerischen Haftpflichtversicherung abzurechnen, aus Sicht des Geschädigten als eine Regelung zur vereinfachten Abwicklung dar, die der Sachverständige für ihn übernimmt. Diese Erwartung wird nicht nur nicht erfüllt, sondern die rechtliche Position und wirtschaftliche Situation des Geschädigten zugunsten der Interessen des Sachverständigen geschwächt.

146

Darin liegt zugleich eine unangemessene Benachteiligung im Sinne von § 307 Abs. 1 S. 2 BGB, denn die Klausel lässt die wirtschaftlichen Nachteile und Belastungen für den durchschnittlichen geschädigten Auftraggeber wie dargelegt nicht in ausreichendem Maße erkennen.

§ 9 Kasko-Rückstufungsschaden

1. Haftung des Schädigers für Kasko-Rückstufungsschaden des Geschädigten auch bei nur anteiliger Schadensverursachung

BGH, Versäumnisurt. v. 25.4.2006 – VI ZR 36/05, zfs 2006, 680 = VersR 2006, 1139

BGB §§ 249, 254

Auch bei nur anteiliger Schadensverursachung haftet der Schädiger für den Rückstufungsschaden, der dadurch eintritt, dass der Geschädigte die Kaskoversicherung in Anspruch nimmt.

a) Der Fall

Die Klägerin begehrte die Feststellung der Ersatzpflicht der Beklagten aus einen Verkehrsunfall als Gesamtschuldner zu 50 % für sämtliche Schäden, die aus der Inanspruchnahme ihrer Vollkaskoversicherung zur Schadensregulierung resultieren. Die Feststellungsklage hatte vor den Instanzgerichten keinen Erfolg. Mit der vom Berufungsgericht zugelassenen Revision verfolgte die Klägerin ihren Feststellungsantrag weiter.

b) Die rechtliche Beurteilung

Nach Auffassung des Berufungsgerichts handelte es sich bei den bei der Klägerin durch die Inanspruchnahme ihrer Vollkaskoversicherung eingetretenen Prämiennachteilen nicht um einen adäquat kausalen Schaden des streitgegenständlichen Unfallereignisses, für welche die Beklagten eine (anteilige) Haftung treffe. Ausschlaggebend für die Inanspruchnahme der Vollkaskoversicherung durch den Geschädigten sei im Falle seiner anteiligen Mithaftung nicht die Regulierung der durch den Schädiger verursachten Schäden, sondern der Ausgleich der vom Geschädigten selbst zu tragenden Schäden. Auf dieser Grundlage träten die Prämiennachteile bereits ihrem gesamten Umfang nach ein.

Das angefochtene Urteil hielt den Angriffen der Revision nicht stand.

Entgegen der Auffassung des Berufungsgerichts konnte die Klägerin die beantragte Feststellung verlangen.

Sie konnte ihren Anspruch insgesamt im Wege der Feststellungsklage geltend machen. Das hierfür erforderliche und von Amts wegen zu prüfende Feststellungsinteresse i.S.d. § 256 Abs. 1 ZPO war für den künftigen Schaden jedenfalls zu bejahen, weil noch nicht mit der erforderlichen Sicherheit feststand, ob und inwieweit sich die Rückstufung im Vermögen der Geschädigten tatsächlich nachteilig auswirken

§ 9 Kasko-Rückstufungsschaden

würde. Soweit der Antrag der Klägerin den Zeitraum bis zur letzten mündlichen Verhandlung betraf, hätte die Klägerin den Schaden zwar beziffern können. Doch war die Feststellungsklage insgesamt zulässig, weil sich der Schaden noch in der Fortentwicklung befand.

6 Entgegen der Ansicht des Berufungsgerichts war der Rückstufungsschaden in der Vollkaskoversicherung trotz des anteiligen Mitverschuldens des Geschädigten eine adäquate Folge des Unfalls.

7 Anders als beim Verlust des Schadensfreiheitsrabattes in der Haftpflichtversicherung, bei dem es sich lediglich um einen allgemeinen Vermögensnachteil in der Form des Sachfolgeschadens (wegen Inanspruchnahme des Haftpflichtversicherers wegen eines fremden Schadens) handelt (BGHZ 66, 398, 400 m.w.N.), ist die Rückstufung in der Vollkaskoversicherung für den Geschädigten eine Folge seines (eigenen) unfallbedingten Fahrzeugschadens. Für den Fall der vollen Haftung des Schädigers stellte dies auch das Berufungsgericht nicht in Frage.

8 Doch lag der Auffassung des Berufungsgerichts, dass im Falle anteiliger Mithaftung des Geschädigten der Prämienschaden allein infolge der Regulierung der durch den Geschädigten selbst zu tragenden Schäden eintrete, ein rechtsfehlerhaftes Verständnis des Ursachenzusammenhangs im Haftungsrecht zugrunde. Es kommt nicht darauf an, ob ein Ereignis die „ausschließliche" oder „alleinige" Ursache des Schadens ist; auch eine Mitursächlichkeit, sei sie auch nur „Auslöser" neben erheblichen anderen Umständen, steht einer Alleinursächlichkeit in vollem Umfang gleich. Auch bei anteiliger Schadensverursachung haftet der Schädiger dementsprechend für den Rückstufungsschaden, der dadurch eintritt, dass der Geschädigte die Kaskoversicherung in Anspruch nimmt.

9 Im Streitfall hatte die Abrechnung des gesamten Unfallschadens über die Vollkoversicherung den Rückstufungsschaden der Klägerin zur Folge, der durch die Beklagte zu 2 mitverursacht worden war. Dass die Klägerin eine hälftige Mithaftung traf, änderte daran nichts. Der Nachteil der effektiven Prämienerhöhung trat, unabhängig von der Schuldfrage, allein dadurch ein, dass überhaupt Versicherungsleistungen in Anspruch genommen wurden. Da der Unfall als das den Schaden begründende Ereignis teils von der Beklagten zu 2, teils von der Klägerin zu vertreten war, war auch der Rückstufungsschaden hälftig zu teilen.

10 Die Fragen, ob und inwieweit die Inanspruchnahme der Vollkaskoversicherung zum Ausgleich des Schadens erforderlich ist, wenn der Schädiger und dessen Haftpflichtversicherer die Regulierung ihres Schadensanteils sofort angeboten haben oder ob der Geschädigte bei geringer Fremdbeteiligung gegen seine Schadensminderungspflicht verstößt, warf der Streitfall nicht auf, weil die Beklagten nach den nicht angegriffenen tatsächlichen Feststellungen die Haftung zunächst dem Grunde nach bestritten hatten. Jedenfalls unter diesen Umständen war die Klägerin berechtigt, die Versicherung in Anspruch zu nehmen.

2. Kein Abwarten auf die Mitteilung über die Regulierungsbereitschaft des Haftpflichtversicherers vor Inanspruchnahme der Vollkaskoversicherung

BGH, Urt. v. 26.9.2006 – VI ZR 247/05, zfs 2007, 87 = VersR 2007, 81   11
BGB §§ 249, 254

Bei einer anteiligen Haftung muss der Geschädigte vor Inanspruchnahme seiner Vollkaskoversicherung grundsätzlich nicht die Mitteilung über die Regulierungsbereitschaft des Haftpflichtversicherers seines Unfallgegners abwarten.

a) Der Fall

Zwischen dem Fahrzeug des Klägers und dem Fahrzeug der Beklagten zu 2, das bei der Beklagten zu 1 haftpflichtversichert ist, kam es am 7.7.2003 zu einem Verkehrsunfall. Die gesamtschuldnerische Haftung der Beklagten zu einer Quote von 50 % ist dem Grunde nach unstreitig.   12

Der Kläger rechnete seinen Schaden über seine Vollkaskoversicherung ab. Mit Anwaltsschreiben vom 18.7.2003 an die Beklagte zu 1 teilte er mit, dass für das Kraftfahrzeug eine Kraftfahrzeugvollversicherung bestehe, die in Anspruch genommen werde, und bat, nicht später als zum 15.8.2003 den Umfang der Regulierungsbereitschaft anzuzeigen.   13

Wegen der Erhöhung der Versicherungsprämie auf 100 % übernahm der Kläger das Unfallfahrzeug in einen anderen Vollkaskoversicherungsvertrag, der zu 30 % geführt wird. Mit der Klage begehrte er die Feststellung der Ersatzpflicht der Beklagten als Gesamtschuldner zu 50 % für sämtliche Schäden, die aus der Inanspruchnahme der Vollkaskoversicherung resultierten.   14

Die Klage hatte vor den Instanzgerichten keinen Erfolg. Mit der vom Berufungsgericht zugelassenen Revision verfolgte der Kläger seinen Feststellungsantrag weiter.   15

b) Die rechtliche Beurteilung

Nach Auffassung des Berufungsgerichts war die Berufung schon deswegen unbegründet, weil der Geschädigte dem Schädiger grundsätzlich Gelegenheit geben müsse, die entstehenden Kosten durch Regulierung abzuwenden, bevor er seinen Kaskoversicherer in Anspruch nehme. Warte der Geschädigte – wie hier – nicht die Regulierungsbereitschaft des Haftpflichtversicherers des Schädigers ab, liege regelmäßig ein Verstoß gegen die Schadensminderungspflicht vor. Dies führe dazu, dass die Aufwendungen, die aus der Rückstufung entstünden, nicht erforderlich gewesen und deshalb nicht zu ersetzen seien.   16

Das angefochtene Urteil hielt den Angriffen der Revision nicht stand.   17

§ 9 Kasko-Rückstufungsschaden

Nach ständiger Rechtsprechung ist die Rückstufung in der Vollkaskoversicherung für den Geschädigten eine Folge seines unfallbedingten Fahrzeugschadens (vgl. Senatsurt. BGHZ 44, 382, 387 und v. 25.4.2006 – VI ZR 36/05, zfs 2006, 680 = VersR 2006, 1139, 1140). Die umstrittene Frage, ob der Schädiger auch bei nur anteiliger Schadensverursachung für den Rückstufungsschaden haftet, hat der erkennende Senat nach Erlass des Berufungsurteils mit Urteil vom 25.4.2006 – VI ZR 36/05 – entschieden. Wie der erkennende Senat in diesem Urteil näher ausgeführt hat, gilt dieser Grundsatz auch dann, wenn der Rückstufungsschaden auch infolge der Regulierung des vom Geschädigten selbst zu tragenden Schadensanteils eintritt. Das folgt aus dem Grundsatz, dass eine Mitursächlichkeit einer Alleinursächlichkeit in vollem Umfang gleichsteht.

18 Entgegen der Auffassung des Berufungsgerichts war ein Ersatzanspruch des Klägers auch nicht deswegen ausgeschlossen, weil er nach den Feststellungen des Berufungsgerichts vor der Inanspruchnahme seiner Vollkaskoversicherung nicht die Regulierungsbereitschaft des Haftpflichtversicherers des Beklagten zu 2 abgewartet hatte.

19 Zwar wird die Auffassung vertreten, es liege regelmäßig ein Verstoß gegen die Schadensminderungspflicht vor, wenn der Geschädigte nicht die Regulierungsbereitschaft des Schädigers (Versicherers) abwarte, weil die Inanspruchnahme der Vollkaskoversicherung zum Ausgleich des Schadens nicht erforderlich sei, wenn der Schädiger die Schadensregulierung unverzüglich anbiete. Darauf kommt es jedoch dann nicht an, wenn der Geschädigte – wie hier – wegen einer Mithaftung einen Teil seines Schadens selbst tragen muss. In solchen Fällen wird der Kaskoversicherte regelmäßig seine Kaskoversicherung jedenfalls zur Abdeckung des selbstverschuldeten Schadensanteils in Anspruch nehmen, auch wenn der Unfallgegner bzw. sein Haftpflichtversicherer unverzüglich die Regulierung seines eigenen Schadensanteils anbietet. Anders als in den Fällen, in denen der Geschädigte voll haftet, verbleibt nämlich bei der Mithaftung in jedem Fall ein Teil des Schadens bei dem Geschädigten. Hinsichtlich dieses Teils liegt aber eine Mitverursachung durch den Unfallgegner auch hinsichtlich des Rückstufungsschadens in der Vollkaskoversicherung vor (vgl. Senatsurt. v. 25.4.2006 – VI ZR 36/05, a.a.O.). Deshalb ist es unerheblich, ob der Geschädigte die Mitteilung über die Regulierungsbereitschaft des Haftpflichtversicherers seines Unfallgegners für dessen Haftungsanteil abwartet und sich dann an seine Kaskoversicherung wendet oder ob er dies sogleich tut und dann der Schaden quotenmäßig – hier zu 50 % – ausgeglichen wird. In beiden Fällen tritt der Rückstufungsschaden ein mit der Folge, dass in derartigen Fällen der Rückstufungsschaden vom Schädiger unabhängig von dessen Regulierungsverhalten regelmäßig anteilig zu ersetzen ist.

20 Da das Berufungsgericht keine Feststellungen dazu getroffen hatte, ob der Kläger einen Verlust seines Schadensfreiheitsrabattes erlitten hatte oder noch erleiden konnte, weil er das Unfallfahrzeug in einen anderen Vollkaskovertrag übernahm

2. Kein Abwarten auf die Mitteilung über die Regulierungsbereitschaft § 9

und deshalb bei Abschluss eines neuen Vertrages ein Schaden eintreten konnte, konnte der BGH nicht abschließend entscheiden. Daher wurde das Berufungsurteil aufgehoben und die Sache zur neuen Verhandlung und Entscheidung an das Berufungsgericht zurückverwiesen.

§ 10 Halter- und Fahrerhaftung

1. Abgrenzung zwischen Fahrer- und Halterhaftung im Hinblick auf die Zurechnung der Betriebsgefahr

BGH, Urt. v. 17.11.2009 – VI ZR 64/08, VersR 2010, 268

BGB § 254; StVG § 7

Der Fahrer eines Kraftfahrzeugs, der nicht zugleich Halter desselben ist, muss sich die einfache Betriebsgefahr des Fahrzeugs nur dann zurechnen lassen, wenn er seinerseits für Verschulden gemäß § 823 BGB oder für vermutetes Verschulden gemäß § 18 StVG haftet.

a) Der Fall

Der Kläger, ein im Dienst des Landes Rheinland-Pfalz stehender Polizeibeamter, nahm die Beklagten auf Zahlung von Schadensersatz und Schmerzensgeld sowie auf Feststellung der Ersatzpflicht hinsichtlich künftiger materieller Schäden in Anspruch.

Am 16.9.2000 gegen 22.30 Uhr befuhr der Kläger, der im Rahmen der Veranstaltung „Rhein in Flammen" als Motorradstreife eingesetzt war, mit seinem Dienstkraftrad die Bundesstraße 9 außerhalb der Ortschaft St. Goar in Richtung Koblenz. Auf einem von ihm aus gesehen neben der rechten Fahrbahn befindlichen Seitenstreifen waren verschiedene Reisebusse geparkt. Als der Kläger an diesen vorbeifuhr, betraten die Beklagten zwischen zwei hintereinander geparkten Bussen die Fahrbahn, um die Straße zu überqueren. Der Kläger wich nach links aus, kam zu Fall und verletzte sich. Die nach dem Unfall entnommene Blutprobe ergab bei der Beklagten zu 1 eine Blutalkoholkonzentration von 1,16‰, bei der Beklagten zu 2 eine solche von 1,3‰.

Der Kläger war bis zum 31.12.2001 krankgeschrieben. Seit 4.1.2002 ist er im Innendienst – zunächst in Koblenz, seit 1.5.2002 in Trier – zur Bekämpfung der Internetkriminalität eingesetzt. Ohne den Unfall wäre er bereits im Januar 2002 nach Trier versetzt worden. Infolge der unfallbedingten Übertragung von Aufgaben im Innendienst entgingen dem Kläger verschiedene Zulagen und entstanden ihm Kosten durch Fahrten zu Ärzten und wegen der längeren Strecke zu seiner Dienststelle in Koblenz. Darüber hinaus konnte der Kläger krankheitsbedingt seinen Urlaub nicht nehmen.

Mit der Klage hat er den Ersatz des ihm entstandenen materiellen Schadens, die Zahlung eines Schmerzensgelds sowie die Feststellung der Ersatzpflicht der Beklagten für künftige materielle Schäden aus dem Unfallereignis begehrt.

§ 10 Halter- und Fahrerhaftung

5 Das Landgericht hat der Klage teilweise stattgegeben. Auf die Berufung des Klägers hat das Oberlandesgericht das Urteil des Landgerichts abgeändert und der Klage mit einer Haftungsquote von (nur) 80 % stattgegeben. Die weitergehenden Berufungen der Parteien hat es zurückgewiesen.

6 Mit der vom erkennenden Senat zugelassenen Revision verfolgte der Kläger seine Anträge aus dem Berufungsverfahren weiter.

b) Die rechtliche Beurteilung

7 Das Berufungsurteil hielt einer revisionsrechtlichen Überprüfung nicht stand.

Nicht zu beanstanden und von der Revision als ihr günstig nicht angegriffen war allerdings der Ausgangspunkt des Berufungsgerichts, wonach dem Kläger gegen die Beklagten als Gesamtschuldner Ansprüche auf Zahlung von Schadensersatz und Schmerzensgeld gemäß §§ 823 Abs. 1, 840 Abs. 1 BGB, 847 Abs. 1 BGB a.F. i.V.m. Art. 229 § 8 Abs. 1 Nr. 2 EGBGB zustanden, weil die Beklagten den Unfall des Klägers schuldhaft herbeigeführt hatten.

8 Die Revision wandte sich aber mit Erfolg gegen die Annahme des Berufungsgerichts, der Kläger habe 20 % des ihm entstandenen Schadens selbst zu tragen, weil im Rahmen der Abwägung der beiderseitigen Verursachungs- und Verschuldensbeiträge gemäß den §§ 9 StVG a.F., 254 BGB die Betriebsgefahr des von ihm geführten Motorrads anspruchsmindernd zu berücksichtigen sei.

9 Zwar ist die Entscheidung über eine Haftungsverteilung im Rahmen des § 254 BGB grundsätzlich Aufgabe des Tatrichters. Sie ist revisionsrechtlich nur daraufhin überprüfbar, ob der Tatrichter alle Umstände vollständig und richtig gewürdigt und der Abwägung rechtlich zulässige Erwägungen zugrunde gelegt hat.

10 Die Revision beanstandete aber mit Erfolg, dass das Berufungsgericht der Bewertung der verschiedenen Verursachungs- und Verschuldensbeiträge unzutreffende Erwägungen zugrunde gelegt hatte. Es war rechtsfehlerhaft davon ausgegangen, dass sich auch der Fahrer eines Kraftfahrzeugs, der nicht zugleich Halter desselben ist, gemäß § 7 Abs. 2 StVG a.F. die einfache Betriebsgefahr des Fahrzeugs zurechnen lassen müsse. Nach den nicht angegriffenen Feststellungen des Berufungsgerichts war der Kläger lediglich Fahrer, nicht hingegen Halter des Motorrads. Er war mit seinem Dienstkraftrad unterwegs, als er den Unfall erlitt. Halter seines Dienstkraftrads war aber der Dienstherr. Dementsprechend hatte das Berufungsgericht dem Kläger auch lediglich die Betriebsgefahr des von ihm „geführten Motorrads" zugerechnet. Die Auffassung, der nicht haltende Fahrer eines Kraftfahrzeugs müsse sich die einfache Betriebsgefahr gemäß § 7 Abs. 2 StVG a.F. zurechnen lassen, widersprach aber der gefestigten Rechtsprechung des Bundesgerichtshofs, von der abzuweichen kein Anlass bestand. Eine entsprechende Zurechnung kommt nur in Betracht, wenn der Fahrer seinerseits für Verschulden gemäß § 823 BGB oder für vermutetes Verschulden gemäß § 18 StVG haftet. Denn

1. Abgrenzung im Hinblick auf die Zurechnung der Betriebsgefahr § 10

die Anwendung des § 254 BGB setzt stets einen haftungsbegründenden Tatbestand auf der Seite des Geschädigten voraus.

Eine Haftung des Klägers für Verschulden oder vermutetes Verschulden schied im Streitfall aber aus. Das Berufungsgericht hatte angenommen, dass den Kläger an der Schadensentstehung kein Verschulden traf. Diese Annahme ließ Rechtsfehler nicht erkennen. 11

Die Revision wandte sich auch mit Erfolg gegen die Bemessung der Höhe des dem Kläger zustehenden Schmerzensgeldes. 12

Allerdings ist die Bemessung des Schmerzensgeldes der Höhe nach grundsätzlich Sache des nach § 287 ZPO besonders frei gestellten Tatrichters. Sie ist vom Revisionsgericht nur darauf zu überprüfen, ob die Festsetzung Rechtsfehler enthält, insbesondere ob das Gericht sich mit allen für die Bemessung des Schmerzensgeldes maßgeblichen Umständen ausreichend auseinandergesetzt und sich um eine angemessene Beziehung der Entschädigung zu Art und Dauer der Verletzungen bemüht hat. 13

Die Festsetzung der Höhe des Schmerzensgeldes war aber von Rechtsfehlern beeinflusst. Die Revision beanstandete zu Recht, dass das Berufungsgericht die einfache Betriebsgefahr des vom Kläger geführten Dienstkraftrads zu seinen Lasten berücksichtigt hatte, obwohl der Kläger nicht Halter des Kraftrads war und sich die Betriebsgefahr mangels Verschuldens an der Schadensentstehung auch nicht aus anderen Gründen den Schädigern gegenüber zurechnen lassen musste. 14

Die Revision wandte sich auch ohne Erfolg gegen die Berechnung der dem Kläger schadensbedingt entstandenen Fahrt- und Fahrtmehrkosten. Es war revisionsrechtlich nicht zu beanstanden, dass das Berufungsgericht seiner Schadensberechnung eine Kilometerpauschale in Höhe von 0,25 EUR zugrunde gelegt hatte. 15

Die Bemessung der Höhe des Schadensersatzanspruchs ist in erster Linie Sache des nach § 287 ZPO besonders frei gestellten Tatrichters. Sie ist revisionsrechtlich nur daraufhin überprüfbar, ob der Tatrichter Rechtsgrundsätze der Schadensbemessung verkannt, wesentliche Bemessungsfaktoren außer Betracht gelassen oder seiner Schätzung unrichtige Maßstäbe zugrunde gelegt hat. 16

Derartige Fehler waren hier nicht ersichtlich. Das Berufungsgericht hatte sich in revisionsrechtlich nicht zu beanstandender Weise an den Bestimmungen über die Entschädigung von Zeugen und Sachverständigen orientiert, die auch sonst in der gerichtlichen Praxis zur Schätzung von Fahrtkosten herangezogen werden. Es entspricht der gefestigten Rechtsprechung des erkennenden Senats, dass sich der Tatrichter in Ermangelung konkreter Anhaltspunkte für eine abweichende Beurteilung im Rahmen der Schadensschätzung gesetzlich geregelter oder in anerkannten Tabellen enthaltener Erfahrungswerte bedienen kann. Der vom Berufungsgericht zuerkannte Betrag in Höhe von 0,25 EUR je Kilometer lag über den gemäß § 9 Abs. 3 Nr. 2 ZSEG für die Betriebskosten und die Abnutzung eines eigenen Kraftfahrzeugs 17

353

zu erstattenden 0,40 DM je gefahrenem Kilometer und entspricht dem erst mit Wirkung zum 1.7.2004 und damit fast drei Jahre nach dem Unfall in Kraft getretenen Entschädigungssatz des § 5 Abs. 2 Nr. 1 JVEG. Konkrete Anhaltspunkte, die eine hiervon abweichende Beurteilung gebieten würden, hatte der Kläger nicht dargetan.

18 Bei dieser Sachlage war es auch revisionsrechtlich nicht zu beanstanden, dass das Berufungsgericht auf die Einholung eines Sachverständigengutachtens zur Höhe der Fahrtkosten verzichtet hatte. Die Vorschrift des § 287 Abs. 1 S. 2 ZPO stellt die Beweiserhebung in das (pflichtgemäße) Ermessen des Gerichts; das Gericht ist im Rahmen des § 287 ZPO an Beweisanträge nicht gebunden. Ermessenfehler waren vorliegend nicht ersichtlich.

19 Das angefochtene Urteil wurde aufgehoben und die Sache zur neuen Verhandlung und Entscheidung an das Berufungsgericht zurückverwiesen. Der Rechtsstreit war nicht zur Endentscheidung reif (§ 563 Abs. 3 ZPO), weil die Bemessung der Höhe des Schmerzensgeldes dem Tatrichter vorbehalten ist).

2. Sorgfaltsanforderung beim Ein- oder Aussteigevorgang

20 BGH, Urt. v. 6.10.2009 – VI ZR 316/08, zfs 2010, 76 = VersR 2009, 1641
StVO § 14 Abs. 1; StVG § 17

Die Sorgfaltsanforderung des § 14 Abs. 1 StVO erfasst auch Situationen, in denen der Insasse eines Kraftfahrzeugs sich im unmittelbaren Zusammenhang mit einem Ein- oder Aussteigevorgang bei geöffneter Tür in das Kraftfahrzeug beugt, um etwa Gegenstände ein- oder auszuladen oder einem Kind beim Ein- oder Aussteigen zu helfen.

Kommt es dabei zur Berührung der geöffneten Fahrzeugtür mit einem in zu geringem Abstand vorbeifahrenden Lkw, kann eine hälftige Schadensteilung gerechtfertigt sein.

a) Der Fall

21 Im Oktober 2006 wurde die geöffnete hintere linke Tür des parkenden Pkw des Klägers durch einen vorbeifahrenden, vom Beklagten zu 2 gesteuerten und bei der Beklagten zu 1 haftpflichtversicherten Lkw beschädigt. Der Kläger verlangte von den Beklagten Ersatz des dadurch entstandenen Schadens.

22 Zum Unfallzeitpunkt parkte der Kläger sein Fahrzeug in einer Parkbucht. Diese war zwei Meter, die Fahrbahn ist weitere 7 Meter breit. An dem Fahrzeug des Klägers war die hintere linke Tür zum Teil geöffnet. Der Kläger stand in der geöffneten Tür, um sein auf dem linken hinteren Rücksitz sitzendes Kind abzuschnallen. Der Beklagte zu 2 fuhr mit seinem Lkw mit Anhänger an dem Pkw in einem Abstand von ca. 0,95 Meter vorbei. Dabei wurde die Tür des Pkw aus unbekanntem

2. Sorgfaltsanforderung beim Ein- oder Aussteigevorgang § 10

Grund, sei es durch den Kläger oder durch. den Luftzug des vorbeifahrenden Lkw, weiter geöffnet. Der. Lkw stieß deshalb mit dem Anhänger dagegen. Zum Zeitpunkt der Kollision hatte die Tür die maximale Öffnungsweite von einem Meter erreicht.

Das Amtsgericht hat der Klage auf der Grundlage einer Quote von 40 : 60 zulasten der Beklagten stattgegeben. Die Berufung des Klägers hatte keinen Erfolg, auf die Anschlussberufung der Beklagten hat das Berufungsgericht die Verurteilung der Beklagten lediglich auf der Grundlage einer Quote von 50 : 50 gebilligt. Mit seiner vom Berufungsgericht zugelassenen Revision verfolgte der Kläger seinen Klageantrag in vollem Umfang weiter. 23

b) Die rechtliche Beurteilung

Das Berufungsgericht führte aus: Für den Beklagten zu 2 sei bei der Annäherung an das Fahrzeug des Klägers erkennbar gewesen, dass die hintere linke Tür zum Teil geöffnet war und dass eine Person in der Tür stand. Der Beklagte zu 2 habe nicht darauf vertrauen dürfen, dass die erkennbar schon geöffnete Tür sich nicht weiter öffnen werde. Es könne nicht mehr geklärt werden, ob der Kläger beim Abschnallen seines Kindes gegen die Tür gestoßen sei und diese weiter geöffnet habe oder aber ob die Tür sich durch den Luftzug des vorbeifahrenden Lkw weiter geöffnet habe. Mit beiden Möglichkeiten habe der Beklagte zu 2 rechnen müssen. Er habe gewusst, dass er einen sehr großen Lkw fahre, der einen erheblichen Luftzug verursache, der ausreichen' könne, eine Kraftfahrzeugtür weiter zu öffnen, wenn diese nicht ordnungsgemäß festgehalten werde. Er habe auch die Möglichkeit einkalkulieren müssen, dass der Kläger die Tür nicht ordnungsgemäß festhalte oder dass er an die Tür stoße und diese weiter öffne und dass durch eine solche Bewegung die Tür ihren maximalen Öffnungswinkel erreiche. Vor diesem Hintergrund sei der gewählte Sicherheitsabstand zu gering gewesen. Der Beklagte zu 2 habe notfalls auf die Gegenfahrbahn ausweichen oder, wenn dies infolge Gegenverkehrs nicht möglich gewesen sei, sein Fahrzeug anhalten müssen. Der Beklagte zu 2 habe bei gehöriger Beobachtung der Situation auch erkennen können, dass der Kläger ihm den Rücken zuwandte, und habe deshalb nicht darauf vertrauen dürfen, dass er die Annäherung des Lkw bemerken und sich darauf einstellen würde. 24

Auf der anderen Seite habe der Kläger durch das Öffnen der linken Tür, die, während er sich hineingebeugt habe, zumindest den Rand des rechten Fahrstreifens tangiert oder möglicherweise in diesen hineingeragt habe, eine Gefahrenquelle geschaffen. Er habe nicht darauf vertrauen dürfen, dass vorbeifahrende Fahrzeuge einen auch bei einer sich weiter öffnenden Tür ausreichenden Sicherheitsabstand einhalten würden. Er sei, auch wenn er im Fahrzeug hantierte, verpflichtet gewesen den sich von hinten nähernden Verkehr zu beobachten. Hier habe er den sich nähernden Lkw alleine aufgrund der Geräuschentwicklung eines solch großen Fahrzeugs leicht wahrnehmen können und sich darauf einstellen müssen. Er habe dann, 25 obwohl er dabei gewesen sei, das Kind abzuschnallen, die Tür gegen ein weiteres Öffnen durch Festhalten sichern müssen.

Bei dieser Sachlage sei eine Haftungsverteilung von 50 : 50 angemessen.

26 Die dagegen gerichtete Revision hatte im Ergebnis keinen Erfolg.

Die hälftige Quotierung des Schadens durch das Berufungsgericht ließ entgegen der Ansicht der Revision keinen durchgreifenden Rechtsfehler erkennen. Die Entscheidung über eine Haftungsverteilung im Rahmen des § 254 BGB oder des § 17 StVG ist grundsätzlich Sache des Tatrichters und im Revisionsverfahren nur darauf zu überprüfen, ob alle in Betracht kommenden Umstände vollständig und richtig berücksichtigt und der Abwägung rechtlich zulässige Erwägungen zugrunde gelegt worden sind. Dies war vorliegend der Fall.

27 Die Revision beanstandete ohne Erfolg, das Berufungsgericht habe das Verhalten des Klägers am Maßstab des § 14 Abs. 1 StVO gemessen.

Nach dieser Vorschrift muss sich, wer ein- oder aussteigt, so verhalten, dass eine Gefährdung anderer Verkehrsteilnehmer ausgeschlossen ist. Diese Sorgfaltsanforderung gilt für die gesamte Dauer eines Ein- oder Aussteigevorgangs, also für alle Vorgänge, die in einem unmittelbaren zeitlichen und örtlichen Zusammenhang damit stehen, wobei der Vorgang des Einsteigens erst mit dem Schließen der Fahrzeugtüre, der Vorgang des Aussteigens erst mit dem Schließen der Fahrzeugtüre und dem Verlassen der Fahrbahn beendet ist (vgl. KG, NZV 2008, 245 f.). Erfasst sind insbesondere auch Situationen, in denen der Insasse eines Kraftfahrzeugs sich im unmittelbaren Zusammenhang mit einem Ein- oder Aussteigevorgang bei geöffneter Tür in das Kraftfahrzeug beugt, um etwa Gegenstände ein- oder auszuladen oder – wie hier – einem Kind beim Ein- oder Aussteigen zu helfen. Die Sorgfaltspflicht des § 14 Abs. 1 StVO beschränkt sich entgegen der Ansicht der Revision nicht ausschließlich auf solche Vorgänge, bei denen sich durch das unvorsichtige Öffnen einer Fahrzeugtür ein Überraschungsmoment für andere Verkehrsteilnehmer ergibt. Das Gesetz stellt nicht auf das überraschende Öffnen einer Fahrzeugtür ab, sondern auf das Aus- und Einsteigen als solches, da ein solcher Vorgang aus unterschiedlichen Gründen mit erheblichen Gefahren für den fließenden Verkehr verbunden sein kann. Zwar ergeben sich die Gefahren beim Aussteigen vielfach daraus, dass eine Fahrzeugtür durch einen für den fließenden Verkehr nicht erkennbaren Fahrzeuginsassen überraschend geöffnet wird. Doch beschränkt sich der vom Gesetz erfasste Gefahrenkreis nicht ausschließlich darauf. Dies ergibt sich schon daraus, dass die Sorgfaltsanforderung auch für Einsteigevorgänge gilt, bei denen der Einsteigende in der Regel für den fließenden Verkehr erkennbar ist.

28 Im Streitfall beruhte der Unfall auch darauf, dass der Kläger beim Aussteigen nicht die nötige Sorgfalt hatte walten lassen. Entweder hatte er, ohne auf den vorbeifahrenden Lkw zu achten, die Tür weiter geöffnet oder diese jedenfalls nicht ausreichend festgehalten, um ein weiteres Öffnen durch die Sogwirkung des Lkw zu verhindern. Wird beim Ein- oder Aussteigen ein anderer Verkehrsteilnehmer ge-

schädigt, so spricht im Übrigen schon der Beweis des ersten Anscheins für fahrlässige Sorgfaltspflichtverletzung des Ein- oder Aussteigenden. Dieser Anschein war nach den Feststellungen des Berufungsgerichts im Streitfall nicht erschüttert.

Ob etwas anderes gilt, wenn feststeht, dass sich der Ein- oder Aussteigende vor und während des Ein- oder Aussteigens vergewissert hat, dass sich kein rückwärtiger Verkehr nähert und dass der Unfall ausschließlich auf einen zu geringen Seitenabstand des Vorbeifahrenden zurückzuführen ist, konnte hier dahinstehen. Dass es für die Frage, ob die Sorgfaltspflicht des § 14 Abs. 1 StVO erfüllt ist, auf die Umstände des Einzelfalls ankommt, hat der erkennende Senat bereits früher entschieden (Senatsurt. v. 16.9.1986 – VI ZR 151/85, VersR 1986, 1231, 1232). 29

Danach war die Abwägung, die das Berufungsgericht gemäß § 17 StVG vorgenommen hatte, nicht zu beanstanden. Das Berufungsgericht berücksichtigte, dass den Beklagten zu 2 eine erhebliche Mitverantwortung für den Unfall traf, weil er angesichts der Umstände einen zu geringen Seitenabstand eingehalten hatte. Dabei zog es im Ergebnis auch die wegen der möglichen Sogwirkung erhöhte Betriebsgefahr des Lkw in Betracht. Feststellungen dazu, dass die Einhaltung eines Seitenabstandes von 0,95 m angesichts der gegebenen Situation grob fahrlässig gewesen sein könnte, hatte das Berufungsgericht nicht getroffen; die Revision zeigte insoweit keinen Verfahrensfehler auf. Entgegen der Ansicht der Revision hatte das Berufungsgericht bei der Abwägung auch keine Umstände zulasten des Klägers berücksichtigt, die nicht unstreitig oder bewiesen waren. Dass es die beiden in Betracht kommenden Möglichkeiten, dass der Kläger entweder die Tür trotz der Vorbeifahrt des Lkw weiter geöffnet oder diese jedenfalls nicht ausreichend festgehalten hatte, gleich bewertete, war aus Rechtsgründen nicht zu beanstanden. Die vom Berufungsgericht für angemessen gehaltene Quotierung war in der Rechtsprechung auch anderweit bei einem ähnlichen Sachverhalt ausgeurteilt worden (OLG Hamm, NZV 2000, 209 f.). Dagegen bestanden aus Rechtsgründen keine Bedenken. 30

3. Haftungsquote nach Motorradunfall auf der Autobahn

BGH, Urt. v. 1.12.2009 – VI ZR 221/08, zfs 2010, 315 = VersR 2010, 642 31

StVG a.F. § 17 Abs. 1; SGB X § 116

a) Zur Abwägung der beiderseitigen Verursachungs- und Verantwortungsbeiträge nach § 17 Abs. 1 StVG (a.F.) bei einem (tödlichen) Zusammenstoß eines Motorradfahrers mit einem auf dem linken von drei Fahrstreifen einer Autobahn liegen gebliebenen Kraftfahrzeug.

[b) Zur Berechtigung von Hinterbliebenen, Schadensersatzansprüche wegen entgangenen Unterhalts geltend zu machen, wenn sie sowohl eine gesetzliche Hinterbliebenenrente als auch eine betriebliche Zusatzversorgung erhalten.]

§ 10 Halter- und Fahrerhaftung

a) Der Fall

32 Die Kläger nahmen die Beklagten wegen eines Verkehrsunfalls in Anspruch, der sich am 30.5.2002 auf der BAB 10 von B in Fahrtrichtung F ereignete und bei dem der Ehemann der Klägerin zu 1 (im Folgenden: Klägerin) und Vater der Kläger zu 2 und 3 tödlich verunglückte.

33 Der Ehemann der Klägerin befuhr am Unfalltag gegen elf Uhr vormittags mit dem Motorrad in einer Gruppe zusammen mit zwei weiteren Motorradfahrern die Autobahn. Auf Höhe des Kilometers 84,6 kollidierten der Ehemann der Klägerin und ein weiterer Motorradfahrer mit dem auf dem linken von drei Fahrstreifen infolge eines Defekts liegen gebliebenen, bei der Beklagten zu 2 haftpflichtversicherten Lkw Barkas B 1000, dessen Halter und Fahrer der Beklagte zu 1 (im Folgenden: Beklagter) war. Dabei wurde der Ehemann der Klägerin tödlich verletzt.

34 Die Kläger begehrten in ungeteilter Erbengemeinschaft nach dem Verstorbenen Schadensersatz. Das Landgericht hat die Klage abgewiesen. Das Berufungsgericht hat ihr unter Zugrundelegung einer Haftungsquote von 60 % teilweise stattgegeben. Mit der vom Berufungsgericht zugelassenen Revision verfolgten die Beklagten ihren Antrag auf Abweisung der Klage weiter. Die Kläger erstrebten mit der Anschlussrevision eine weitergehende Verurteilung der Beklagten über die vom Berufungsgericht zuerkannte Haftungsquote hinaus.

b) Die rechtliche Beurteilung

35 Revision und Anschlussrevision hatten Erfolg.

Die Revision der Beklagten war begründet.

Sie beanstandete mit Erfolg die Ausführungen des Berufungsgerichts zur Abwägung der beiderseitigen Verursachungs- und Verantwortungsbeiträge nach § 17 Abs. 1 StVG in der bis zum Inkrafttreten des Zweiten Gesetzes zur Änderung schadensersatzrechtlicher Vorschriften vom 19.7.2002 (BGBl I, S. 2674 ff.) geltenden Fassung (im Folgenden: a.F.). Die Abwägung ist aufgrund aller festgestellten, d.h. unstreitigen, zugestandenen oder nach § 286 ZPO bewiesenen Umstände des Einzelfalls vorzunehmen, wenn sie sich auf den Unfall ausgewirkt haben; in erster Linie ist hierbei das Maß der Verursachung von Belang, in dem die Beteiligten zur Schadensentstehung beigetragen haben; das beiderseitige Verschulden ist nur ein Faktor der Abwägung. Die Entscheidung über die Haftungsverteilung ist zwar grundsätzlich Sache des Tatrichters und im Revisionsverfahren nur darauf zu überprüfen, ob alle in Betracht kommenden Umstände vollständig und richtig berücksichtigt und der Abwägung rechtlich zulässige Kriterien zugrunde gelegt worden sind, insbesondere nicht gegen Denkgesetze und Erfahrungssätze verstoßen wurde. Einer Überprüfung nach diesen Grundsätzen hielt das Berufungsurteil aber nicht in jeder Hinsicht stand.

3. Haftungsquote nach Motorradunfall auf der Autobahn § 10

Ohne Erfolg wandte sich die Revision allerdings dagegen, dass das Berufungsgericht einen zulasten des Beklagten zu wägenden Umstand darin gesehen hatte, dass er sein Fahrzeug auf dem linken der drei Fahrstreifen zum Stehen brachte, anstatt es auf den Grünstreifen zur Mittelleitplanke hin ausrollen zu lassen. Zutreffend ging das Berufungsgericht davon aus, es müsse, wer mit seinem Fahrzeug auf der Überholspur einer Autobahn liegen bleibe, möglichst auf den zwischen den Fahrbahnen an der Mittelleitplanke liegenden Grünstreifen ausweichen. Keinen rechtlichen Bedenken begegnete auch die Auffassung des Berufungsgerichts, der Beklagte habe zumindest bis auf etwa einen halben Meter Aussteigeabstand an die Mittelschutzplanke heranfahren müssen, weil dann die Überholspur noch nahezu vollständig geräumt gewesen wäre. Denn der Beklagte hatte in dieser äußerst gefahrenträchtigen Situation die Maßnahmen zu treffen, die den Verkehr auf der Autobahn am wenigsten gefährdeten, hier also das Fahrzeug so weit wie irgend möglich aus dem Bereich des Fahrverkehrs herauszunehmen und zur Mittelleitplanke hin zu lenken, auch wenn es dann noch etwa 30 bis 40 cm in den linken Fahrstreifen hineingeragt hätte. Die Auffassung der Revision, es sei in solchen Situationen ungefährlicher, das Fahrzeug mitten auf der Überholspur zum Stehen zu bringen, weil nur dann der nachfolgende Verkehr ausreichend gewarnt werde, traf nicht zu. Denn nur das Räumen der Fahrbahn ist geeignet, das Hindernis als solches zu beseitigen und Verkehrsteilnehmer zu schützen, die es nicht rechtzeitig wahrnehmen. Dass der Unfall vermieden worden wäre, wenn sich das Fahrzeug des Beklagten nur etwa 30 bis 40 cm auf dem linken Fahrstreifen befunden hätte, stellte die Revision selbst nicht in Abrede. Im Übrigen fällt ein liegen gebliebenes Fahrzeug, das auf dem Grünstreifen an der Mittelleitplanke steht, im Regelfall nachfolgenden Verkehrsteilnehmern als stehendes Hindernis eher auf als ein Fahrzeug, das mitten auf der Fahrbahn steht.

36

Mit nicht rechtsfehlerfreier Begründung berücksichtigte das Berufungsgericht jedoch zulasten des Beklagten, dieser habe das Warnblinklicht an seinem Fahrzeug nicht eingeschaltet.

37

Das Berufungsgericht ging aufgrund einer Würdigung der Angaben der vom Landgericht vernommenen Zeugen davon aus, das Warnblinklicht des Fahrzeugs des Beklagten habe im Unfallzeitpunkt, also im Moment der Kollision mit dem Motorrad, nicht geleuchtet. Das Berufungsgericht teilte auch nicht die Auffassung des Landgerichts, es lasse sich nicht ausschließen, dass es bereits im Moment des dem Unfallgeschehen vorausgegangenen Defekts des Fahrzeugs zum Ausfall der Warnblinkanlage gekommen sei. Demnach bezog das Berufungsgericht in seine Abwägung den Umstand ein, ab dem Eintritt der kritischen Verkehrssituation bis zum Unfallzeitpunkt habe das in diesem Zeitraum noch funktionsfähige Warnblinklicht des Fahrzeugs des Beklagten deshalb nicht geleuchtet, weil dieser es nicht eingeschaltet gehabt habe.

§ 10 Halter- und Fahrerhaftung

38   Die Revision beanstandete mit Recht, dass das Berufungsgericht in diesem Zusammenhang den von ihm ebenfalls zum Gegenstand seiner Würdigung gemachten Angaben des Sachverständigen W. im strafrechtlichen Ermittlungsverfahren keine hinreichende Bedeutung zugemessen hatte. Dieser hatte in seinem Sachverständigengutachten festgestellt, die Warnblinkanlage des Fahrzeugs sei zum Besichtigungszeitpunkt nicht mehr funktionstüchtig gewesen, da die Sicherung infolge eines Kurzschlusses durchgebrannt gewesen sei. Dieser Kurzschluss könne „unmittelbar während des Unfallgeschehens durch die Beschädigung der hinteren rechten Rückleuchte sowie der damit verbundenen Zerstörung des hinteren rechten Fahrtrichtungsanzeigers entstanden sein". Der Gutachter gelangte von hier aus zu der Schlussfolgerung, es sei „auch im Ergebnis einer Inaugenscheinnahme der hinteren Lampen der Fahrtrichtungsanzeiger" zu bestätigen, dass die Warnblinkanlage zum Unfallzeitpunkt eingeschaltet gewesen sei. Dies war, wie die Revision im Ergebnis zu Recht rügte, aber möglicherweise dahin zu verstehen, der Gutachter habe zumindest für den Fall, dass sich der Kurzschluss erst im Unfallzeitpunkt ereignet haben sollte, den Rückschluss gezogen, die Warnblinkanlage sei in diesem Moment in Betrieb gewesen. Auch das Berufungsgericht zog in Betracht, dass die Warnblinkanlage „spätestens" durch den Unfall zerstört worden und der Warnblinker im Unfallzeitpunkt eingeschaltet gewesen sein könnte. Wenn es dennoch davon ausging, das liegen gebliebene Fahrzeug sei nicht durch Warnblinker gesichert gewesen, stand dies im Widerspruch zu der Stellungnahme des Gutachters im dargelegten Sinne. Erst recht war dies der Fall, falls der Gutachter mit seiner Schlussfolgerung weitergehend zum Ausdruck gebracht haben sollte, es stehe aufgrund des Schadensbilds letztlich fest, dass sich der Kurzschluss erst zum Kollisionszeitpunkt ereignet habe und zu diesem Zeitpunkt sei die Warnblinkanlage eingeschaltet gewesen. Auch dieses Verständnis, das die Revision für richtig hielt, erschien zumindest möglich.

39   Bei dieser Sachlage rügte die Revision mit Recht, dass das Berufungsgericht unter Verstoß gegen § 286 ZPO zu der Überzeugung gelangt war, der Beklagte habe die noch funktionsfähige Warnblinkanlage seines Fahrzeugs nicht eingeschaltet, nachdem dieses liegen geblieben war.

40   Auch die Anschlussrevision der Kläger war begründet.

Die Ausführungen des Berufungsgerichts zur Abwägung der beiderseitigen Verursachungs- und Verantwortungsbeiträge nach § 17 Abs. 1 StVG a.F. hielten auch ihren Angriffen nicht stand.

41   Mit Erfolg rügte die Anschlussrevision, das Berufungsgericht habe unter entscheidungserheblicher Verletzung von § 531 Abs. 2 BGB den Klägervortrag in der Berufungsinstanz, die Sicht des Ehemanns der Klägerin auf das stehende Fahrzeug sei durch weiteren Verkehr zum Zeitpunkt der kritischen Verkehrssituation beeinträchtigt gewesen, zurückgewiesen; es sei deshalb verfahrensfehlerhaft zu der Bewertung gelangt, der Ehemann der Klägerin habe gegen das Sichtfahrgebot des § 3

3. Haftungsquote nach Motorradunfall auf der Autobahn § 10

Abs. 1 S. 4 StVO verstoßen. Denn hierbei handelte es sich nicht um neues Vorbringen i.S.v. § 531 Abs. 2 S. 1 ZPO.

Um neues Vorbringen i.S.v. § 531 Abs. 2 S. 1 ZPO handelt es sich nur, wenn dieses sehr allgemein gehaltenen Vortrag der ersten Instanz konkretisiert und erstmals substantiiert, nicht hingegen, wenn ein bereits schlüssiges Vorbringen aus der ersten Instanz durch weitere Tatsachenbehauptungen zusätzlich konkretisiert, verdeutlicht oder erläutert wird.   **42**

Als präkludiert sah das Berufungsgericht den Vortrag der Kläger an, der Ehemann der Klägerin habe das Fahrzeug des Beklagten gerade deswegen nicht schon vom Ausgang der letzten Kurve vor dem Kollisionsort aus, sondern erst später als stehendes Hindernis wahrnehmen können, weil die Motorradgruppe erst in einer Entfernung zwischen 100 und 300 Metern vor der Unfallstelle auf den linken Fahrstreifen gewechselt sei. Von hier aus gelangte es zu seiner Bewertung, der Ehemann der Klägerin habe den Transporter des Beklagten selbst dann schon aus einer Entfernung von wenigstens 800 Metern vom Ausgang der letzten Kurve aus wahrnehmen können und müssen, wenn er erst zu einem vom Berufungsgericht nicht näher eingegrenzten späteren Zeitpunkt nach dem Durchfahren dieser Kurve auf den linken Fahrstreifen gewechselt sein sollte, da auch dann seine Sicht auf den Transporter nicht verdeckt gewesen sei.   **43**

Der Gesichtspunkt einer dem Unfallgeschehen vorangegangenen Sichtbehinderung des Verstorbenen durch weiteren Verkehr war, wie die Anschlussrevision zutreffend geltend machte, bereits Gegenstand des erstinstanzlichen Klägervortrags. Diesem ist im Gesamtzusammenhang und bei verständiger Würdigung die Behauptung zu entnehmen, das Hindernis sei für den Ehemann der Klägerin erst spät erkennbar gewesen, weil die Sicht durch weiteren Verkehr verdeckt gewesen sei. Dies schließt sowohl die Sichtbehinderung durch Verkehr auf dem linken als auch durch Verkehr auf einem der anderen Fahrstreifen ein, der für den Ehemann der Klägerin insbesondere dann sichtbehindernd sein konnte, wenn er den mittleren Fahrstreifen erst kurz vor der Kollision verlassen hätte. Eine weitere Konkretisierung ihres erstinstanzlichen Vorbringens oblag den Klägern insoweit nicht.   **44**

Es war nicht auszuschließen, dass sich die Berücksichtigung des übergangenen Vorbringens zur Sichtbeeinträchtigung des Ehemanns der Klägerin durch weiteren Verkehr auf die Beurteilung des Berufungsgerichts ausgewirkt hätte. Dass gerade ein erst kurz vor dem Hindernis erfolgter Wechsel des Fahrstreifens zu einer Sichtbehinderung des Ehemanns der Klägerin geführt hatte, erschien zumindest möglich, zumal das Berufungsgericht selbst davon ausging, auf der mittleren und rechten Fahrspur habe dichter Verkehr geherrscht. Eine etwaige Behinderung der Sicht des Ehemanns der Klägerin auf das auf der linken Fahrspur stehende Fahrzeug des Beklagten im Zusammenhang mit einem erst kurz vor der Kollision erfolgten Wechsel des Fahrstreifens konnte jedenfalls die vom Tatrichter vorzunehmende Ab-   **45** wägung der beiderseitigen Verursachungs- und Verantwortungsbeiträge wesentlich beeinflussen.

46 Das Berufungsgericht hatte weiter – wie die Anschlussrevision zutreffend geltend machte – bei seiner Abwägung rechtsfehlerhaft zulasten der Kläger berücksichtigt, dass die Betriebsgefahr des Motorrads wegen seiner besonderen Gefährlichkeit im Zusammenhang mit Kollisionen höher als die eines Pkw anzusetzen sei.

47 Nach der Rechtsprechung des erkennenden Senats (vgl. Senatsurt. v. 5.3.1957 – VI ZR 59/56, VersR 1957, 334, 336; v. 13.7.1971 – VI ZR 245/69, VersR 1971, 1043 f.) kommt bei der Bewertung der von einem Kraftrad ausgehenden Betriebsgefahr nicht etwa ganz allgemein dem Umstand wesentliche Bedeutung zu, dass dessen Fahrer selber nicht durch eine Karosserie geschützt ist. Die allgemeine Betriebsgefahr eines Fahrzeugs wird vor allem durch die Schäden bestimmt, die dadurch Dritten drohen. Dem Fahrer eines nach seiner Bauart für den Verkehr zugelassenen, in verkehrstüchtigem Zustand befindlichen Fahrzeugs kann bei der Abwägung nicht zur Last gelegt werden, dass er schon wegen dieser Bauart und der geringeren Eigensicherung, die ihm das Fahrzeug bietet, bei Zusammenstößen mit anderen Fahrzeugen Verletzungen in höherem Maße ausgesetzt ist als in einem Fahrzeug, das in dieser Hinsicht größere Sicherheit bietet.

48 Als ein die Betriebsgefahr eines Motorrads erhöhender Umstand kann zwar grundsätzlich dessen Instabilität und die daraus resultierende Sturzgefahr in Betracht kommen, sofern und soweit sich diese nachweislich als Unfallursache ausgewirkt hat. Weder die vom Berufungsgericht gewählte Formulierung noch die von ihm getroffenen Feststellungen ließen aber erkennen, dass es bei seiner Würdigung hierauf abgestellt hatte.

4. „Berührungsloser Unfall" bei Ausweichreaktion im Zusammenhang mit einem Überholvorgang eines anderen Fahrzeugs

49 BGH, Urt. v. 21.9.2010 – VI ZR 263/09, zfs 2011, 75 = VersR 2010, 1614

StVG § 7 Abs. 1

Ein Unfall kann auch dann dem Betrieb eines anderen Kraftfahrzeugs zugerechnet werden, wenn er durch eine – objektiv nicht erforderliche – Ausweichreaktion im Zusammenhang mit einem Überholvorgang des anderen Fahrzeugs ausgelöst worden ist. Nicht erforderlich ist, dass die von dem Geschädigten vorgenommene Ausweichreaktion aus seiner Sicht, also subjektiv erforderlich war oder sich gar für ihn als die einzige Möglichkeit darstellte, um eine Kollision zu vermeiden (im Anschluss an Senatsurt. v. 26.4.2005 – VI ZR 168/04, zfs 2005, 487).

4. „Berührungsloser Unfall" bei Ausweichreaktion bei Überholvorgang § 10

a) Der Fall

Der Kläger, ein Polizeibeamter, begehrte Ersatz materiellen und immateriellen Schadens nach einem Verkehrsunfall, den er am 13.9.2004 auf dem Weg zu seiner Dienststelle erlitten hatte und bei dem er schwer verletzt wurde. Er befuhr gegen 11:00 Uhr mit seinem Motorrad die Bundesstraße B 189 von K. in Richtung H. Hinter dem Ortsausgang von K. ist die zulässige Höchstgeschwindigkeit auf 80 km/h beschränkt. Nach dem Durchfahren einer Linkskurve, hinter der ein zuvor bestehendes Überholverbot endete, wollte der Kläger zwei vor ihm fahrende Pkw überholen, nämlich den von dem Beklagten zu 2 gesteuerten Pkw VW Passat, dessen Halterin seine Ehefrau war und der bei der Beklagten zu 1 haftpflichtversichert war, und den vor diesem fahrenden Pkw Skoda, der von dem Zeugen S. gesteuert wurde. Zu dem Unfall, dessen genauer Hergang streitig war, kam es, weil auch der Beklagte zu 2 den Pkw Skoda überholen wollte und dazu ansetzte. Der Kläger nahm eine Notbremsung vor und leitete ein Ausweichmanöver ein. Dabei kam er nach links von der Fahrbahn ab und streifte einen Alleebaum. Danach schleuderten er und sein Motorrad zwischen dem VW Passat und dem Skoda nach rechts über die Straße und blieben dort neben der Fahrbahn liegen. Zu einer Berührung zwischen dem Motorrad des Klägers und einem der Pkw kam es nicht.

50

Das Landgericht hat der Klage teilweise auf der Grundlage einer Haftungsquote von 50 % stattgegeben. Die Berufung des Klägers hatte keinen Erfolg. Auf die Berufung der Beklagten hat das Oberlandesgericht, dessen Urteil u.a. in NJW 2009, 2962 veröffentlicht ist, die Klage vollumfänglich abgewiesen. Dagegen wandte sich der Kläger mit der vom erkennenden Senat zugelassenen Revision, mit der er hinsichtlich der Haftungsquote die Wiederherstellung des landgerichtlichen Urteils erstrebte und seinen Schmerzensgeldanspruch, soweit dieser den vom Landgericht zuerkannten Anspruch auf Ersatz des immateriellen Schadens überstieg, in eingeschränktem Umfang weiterverfolgte.

51

b) Die rechtliche Beurteilung

Die Beurteilung des Berufungsgerichts hielt revisionsrechtlicher Nachprüfung nicht stand.

52

Zutreffend ging das Berufungsgericht allerdings davon aus, dass die Halterhaftung gemäß § 7 Abs. 1 StVG und die Haftung des Fahrers aus vermutetem Verschulden gemäß § 7 Abs. 1 i.V.m. § 18 StVG auch dann eingreifen können, wenn es nicht zu einer Berührung zwischen den am Unfallgeschehen beteiligten Kraftfahrzeugen gekommen ist. Eine Haftung kommt grundsätzlich nämlich auch dann in Betracht, wenn der Unfall mittelbar durch das andere Kraftfahrzeug verursacht worden ist. Allerdings reicht die bloße Anwesenheit des Kraftfahrzeugs an der Unfallstelle dafür nicht aus. Vielmehr muss das Kraftfahrzeug durch seine Fahrweise (oder sonstige Verkehrsbeeinflussung) zu der Entstehung des Schadens beigetragen haben (Senatsurt. v. 11.7.1972 – VI ZR 86/71, VersR 1972, 1074, 1075; v. 4.5.1976 – VI

ZR 193/74, VersR 1976, 927 und v. 19.4.1988 – VI ZR 96/87, VersR 1988, 641). Dieses kann etwa der Fall sein, wenn der Geschädigte durch den Betrieb eines Kraftfahrzeugs zu einer Reaktion wie z.b. zu einem Ausweichmanöver veranlasst wird und dadurch ein Schaden eintritt. In einem solchen Fall kann der für eine Haftung erforderliche Zurechnungszusammenhang je nach Lage des Falles zu bejahen sein.

53 Die Revision wandte sich aber mit Erfolg gegen die Auffassung des Berufungsgerichts, dass der Zurechnungszusammenhang im Streitfall deshalb fehle, weil der Kläger nicht subjektiv vertretbar eine Gefährdung durch das zum Überholen ansetzende Fahrzeug des Beklagten zu 2 habe annehmen dürfen. Nach ständiger Rechtsprechung des erkennenden Senats kann nämlich auch ein Unfall infolge einer voreiligen – also objektiv nicht erforderlichen – Abwehr- oder Ausweichreaktion gegebenenfalls dem Betrieb des Kraftfahrzeugs zugerechnet werden, das diese Reaktion ausgelöst hat (vgl. Senatsurt. v. 29.6.1971 – VI ZR 271/69, VersR 1971, 1060, 1061; v. 19.4.1988 – VI ZR 96/87, a.a.O. und v. 26.4.2005 – VI ZR 168/04, zfs 2005, 487 = VersR 2005, 992, 993). Es ist auch nicht erforderlich, dass die von dem Geschädigten vorgenommene Ausweichreaktion aus seiner Sicht, also subjektiv erforderlich war oder sich gar für ihn als die einzige Möglichkeit darstellte, um eine Kollision zu vermeiden. Entgegen der Auffassung des Berufungsgerichts kommt es für die Bejahung des Zurechnungszusammenhangs insbesondere nicht darauf an, ob der Kläger einen Zusammenstoß mit dem Pkw des Beklagten zu 2 auf andere Weise, etwa durch Abbremsen, hätte verhindern können.

54 Nach den getroffenen Feststellungen ist zwar ungeklärt geblieben, ob die Notbremsung und das Ausweichmanöver zu Beginn oder erst in der Schlussphase des von dem Beklagten zu 2 durchgeführten Überholvorgangs erfolgten. Das Motorrad hatte nach Berechnungen des Sachverständigen eine Ausgangsgeschwindigkeit zwischen 86 km/h und 124 km/h. Offen geblieben ist auch, ob sich der Kläger noch vollständig hinter dem Pkw des Beklagten zu 2 befand und das Überholmanöver noch nicht eingeleitet hatte, als der Beklagte zu 2 sich zum Überholen entschloss, oder ob der Kläger zu diesem Zeitpunkt seinen Überholvorgang schon eingeleitet hatte. Nach den Darlegungen des Sachverständigen war es möglich, dass sich der Kläger in diesem Moment noch in der rechten Fahrspur befand, gerade die Mittellinie überfuhr oder schon auf der linken Fahrspur war. Eine Haftung der Beklagten konnte allein aufgrund des Umstands, dass der genaue Geschehensablauf insoweit ungeklärt ist, indessen nicht verneint werden.

55 Die Revision wies nämlich zutreffend darauf hin, dass das Berufungsgericht eine Ausweichreaktion des Klägers angenommen hatte. Nach den getroffenen Feststellungen konnte diese Ausweichreaktion nur dem Pkw des Beklagten zu 2 gegolten haben. Dass der Kläger einem anderen Hindernis als dem überholenden Pkw des Beklagten zu 2 ausgewichen sein konnte, machte die Revisionserwiderung nicht geltend. Ob die Ausweichreaktion notwendig oder aber wenigstens subjektiv ver-

tretbar war, ist in Fällen, in denen es nicht zu einer Berührung mit dem anderen Kraftfahrzeug gekommen ist, unerheblich. Die Voraussetzungen von § 7 Abs. 1 StVG wären selbst dann erfüllt gewesen, wenn der Kläger (verkehrswidrig) versucht hätte, die beiden Pkw gleichzeitig, nämlich als diese während des Überholvorgangs auf gleicher Höhe waren, zu überholen. Anders wäre es nur, wenn das Überholmanöver des Beklagten zu 2 das des Klägers in keinerlei Weise beeinflusst hätte. Das war auf der Grundlage der getroffenen Feststellungen, wonach das Ausweichmanöver dem Pkw des Beklagten zu 2 galt, jedoch auszuschließen. War das Überholmanöver dieses Pkw der Anlass für das den Unfall auslösende Ausweichmanöver des Klägers, hatte sich der Unfall „bei dem Betrieb" des von dem Beklagten zu 2 gesteuerten Kraftfahrzeugs ereignet.

Nach den getroffenen Feststellungen hatten die Beklagten weder bewiesen, dass den Beklagten zu 2 kein Verschulden traf (§ 18 Abs. 1 S. 2 StVG), noch dass der Unfall für ihn ein unabwendbares Ereignis i.s.v. § 17 Abs. 3 StVG war. Ebenso wenig war festgestellt, dass der Kläger den Unfall verschuldet hatte und sein Verschulden so schwer wog, dass die Betriebsgefahr des Pkw des Beklagten zu 2 demgegenüber völlig zurückzutreten hätte. Bei dieser Sachlage konnte die vollumfängliche Klageabweisung keinen Bestand haben. 56

5. Kausalität und Zurechnungszusammenhang bei berührungslosen Unfällen

BGH, Urt. v. 22.11.2016 – VI ZR 533/15, zfs 2017, 315 = VersR 2017, 311 57
StVG § 7 Abs. 1

Bei einem berührungslosen Unfall ist Voraussetzung für die Zurechnung des Betriebs eines Kraftfahrzeugs zu einem schädigenden Ereignis, dass es über seine bloße Anwesenheit an der Unfallstelle hinaus durch seine Fahrweise oder sonstige Verkehrsbeeinflussung zu der Entstehung des Schadens beigetragen hat (Festhaltung, Senatsurt. v. 21.9.2010 – VI ZR 263/09, NJW-Spezial 2010, 681).

a) Der Fall

Der Kläger nahm die Beklagten nach einem Verkehrsunfall auf Schmerzensgeld, Schadensersatz und Feststellung bei einer Haftungsquote von 75 % in Anspruch. Am 10.4.2011 fuhr der Kläger auf seiner Ducati S 2 auf einer Bundesstraße, wobei er dem bei der Beklagten zu 2 haftpflichtversicherten Motorrad der Beklagten zu 1 folgte. Die Beklagte zu 1 überholte unter Inanspruchnahme der Gegenfahrbahn den Pkw des Zeugen B. Der Kläger wollte sowohl die Beklagte zu 1 als auch den Pkw überholen. Er fuhr weiter außen auf der Gegenfahrbahn und geriet, ohne dass es zu einer Fahrzeugberührung gekommen wäre, in das Bankett. Dort verlor er die Kontrolle, stürzte und verletzte sich schwer. 58

§ 10 Halter- und Fahrerhaftung

59 Der Kläger behauptete, er habe die noch hinter dem Pkw des Zeugen B. fahrende Beklagte zu 1 fast schon überholt gehabt, als diese plötzlich ohne Schulterblick und Blinksignal nach links ausgeschert sei, und den Kläger zu einem kontinuierlichen Ausweichen nach links gezwungen habe. Die Beklagten trugen vor, die Beklagte zu 1 habe ordnungsgemäß den Pkw des Zeugen B. überholt und sei kurz vor dem Einscheren nach rechts von dem Kläger in zweiter Reihe verkehrsordnungswidrig überholt worden. Dabei sei er dem linken Fahrbahnrand zu nahe gekommen, ohne dass die Fahrweise der Beklagten zu 1 dazu Veranlassung gegeben habe.

60 Das Landgericht hat durch Grund- und Teilurteil die Haftung der Beklagten dem Grunde nach zu 50 % festgestellt und die Klage im Übrigen abgewiesen. Das Berufungsgericht hat das Urteil auf die Berufung der Beklagten aufgehoben und die Klage insgesamt abgewiesen. Die Anschlussberufung des Klägers hat es zurückgewiesen. Mit der vom Senat zugelassenen Revision verfolgte der Kläger seine Ansprüche weiter.

b) Die rechtliche Beurteilung

61 Das Berufungsurteil hielt den Rügen der Revision im Ergebnis nicht stand.

Zutreffend ging das Berufungsgericht allerdings davon aus, dass die Halterhaftung gemäß § 7 Abs. 1 StVG und die Haftung des Fahrers aus vermutetem Verschulden gemäß § 7 Abs. 1 i.V.m. § 18 StVG nicht eingreifen, wenn ein in Betrieb befindliches Kraftfahrzeug lediglich an der Unfallstelle anwesend ist, ohne dass es durch seine Fahrweise (oder sonstige Verkehrsbeeinflussung) zu der Entstehung des Schadens beigetragen hat.

62 Das Haftungsmerkmal „bei dem Betrieb" ist nach der Rechtsprechung des Bundesgerichtshofs entsprechend dem umfassenden Schutzzweck der Vorschrift weit auszulegen. Die Haftung nach § 7 Abs. 1 StVG umfasst daher alle durch den Kraftfahrzeugverkehr beeinflussten Schadensabläufe. Es genügt, dass sich eine von dem Kraftfahrzeug ausgehende Gefahr ausgewirkt hat und das Schadensgeschehen in dieser Weise durch das Kraftfahrzeug mitgeprägt worden ist. Ob dies der Fall ist, muss mittels einer am Schutzzweck der Haftungsnorm orientierten wertenden Betrachtung beurteilt werden. An diesem auch im Rahmen der Gefährdungshaftung erforderlichen Zurechnungszusammenhang fehlt es, wenn die Schädigung nicht mehr eine spezifische Auswirkung derjenigen Gefahren ist, für die die Haftungsvorschrift den Verkehr schadlos halten will (Senatsurt. v. 26.4.2005 – VI ZR 168/04, VersR 2005, 992, 993 unter II 1 a m.w.N.).

63 Für eine Zurechnung zur Betriebsgefahr kommt es maßgeblich darauf an, dass der Unfall in einem nahen örtlichen und zeitlichen Kausalzusammenhang mit einem bestimmten Betriebsvorgang oder einer bestimmten Betriebseinrichtung des Kraftfahrzeugs steht. Allerdings hängt die Haftung gemäß § 7 StVG nicht davon ab, ob sich der Führer des im Betrieb befindlichen Kraftfahrzeugs verkehrswidrig verhal-

5. Kausalität und Zurechnungszusammenhang bei berührungslosen Unfällen § 10

ten hat, und auch nicht davon, dass es zu einer Kollision der Fahrzeuge gekommen ist (Senatsurt. v. 26.4.2005 – a.a.O. m.w.N.).

Diese weite Auslegung des Tatbestandsmerkmals „bei dem Betrieb eines Kraftfahrzeugs" entspricht dem weiten Schutzzweck des § 7 Abs. 1 StVG und findet darin ihre innere Rechtfertigung. Die Haftung nach § 7 Abs. 1 StVG ist sozusagen der Preis dafür, dass durch die Verwendung eines Kfz – erlaubterweise – eine Gefahrenquelle eröffnet wird, und will daher alle durch den Kfz- Verkehr beeinflussten Schadensabläufe erfassen. Ein Schaden ist demgemäß bereits dann „bei dem Betrieb" eines Kfz entstanden, wenn sich von einem Kfz ausgehende Gefahren ausgewirkt haben (Senatsurt. v. 26.4.2005, a.a.O. m.w.N.). 64

Allerdings reicht die bloße Anwesenheit eines im Betrieb befindlichen Kraftfahrzeugs an der Unfallstelle für eine Haftung nicht aus. Insbesondere bei einem sogenannten „Unfall ohne Berührung" ist daher Voraussetzung für die Zurechnung des Betriebs des Kraftfahrzeugs zu einem schädigenden Ereignis, dass über seine bloße Anwesenheit an der Unfallstelle hinaus das Fahrverhalten seines Fahrers in irgendeiner Art und Weise das Fahrmanöver des Unfallgegners beeinflusst hat (Senatsurt. v. 22.10.1968 – VI ZR 178/67, VersR 1969, 58; v. 29.6.1971 – VI ZR 271/69, VersR 1971, 1060; v. 11.7.1972 – VI ZR 86/71, NJW 1972, 1808 unter II 1 c), mithin, dass das Kraftfahrzeug durch seine Fahrweise (oder sonstige Verkehrsbeeinflussung) zu der Entstehung des Schadens beigetragen hat (Senatsurt. v. 19.4.1988 – VI ZR 96/87, VersR 1988, 641 unter 1 a; v. 21.9.2010 – VI ZR 263/09, VersR 2010, 1614 Rn 5). 65

So lag es – jedenfalls nach den bisher von dem Berufungsgericht getroffenen Feststellungen – hier aber nicht. Im vorliegenden Fall hatte das Berufungsgericht – anders als das Berufungsgericht in der der Senatsentscheidung vom 21.9.2010 (VI ZR 263/09, a.a.O.) zugrundeliegenden Fallgestaltung – nicht feststellen können, dass der Unfall – auch nur mittelbar – durch die Fahrweise (oder sonstige Verkehrsbeeinflussung) des Motorrads der Beklagten zu 1 verursacht worden ist. Dazu genügt der Umstand, dass die Beklagte zu 1 zeitlich parallel zu dem Unfallgeschehen ein Überholmanöver vorgenommen hat und der Kläger selbst nach dem Vorbringen der Beklagten einen Bogen gefahren ist, um in zweiter Reihe zu überholen, allein nicht. 66

Jedes im Betrieb befindliche und an der Unfallstelle (lediglich) anwesende Fahrzeug nimmt parallel zu dem Unfallgeschehen ein – wie auch immer geartetes Fahrmanöver – vor. Aus diesem Grund kann der Unfall immer auch auf die Verkehrssituation in ihrer Gesamtheit zurückgeführt werden. Hier wäre der Unfall zwar auch nach dem Vorbringen der Beklagten ohne das Überholmanöver der Beklagten zu 1 nicht geschehen, weil die Fahrlinie des Klägers dann möglicherweise eine andere gewesen wäre. Das reicht indes für den gemäß § 7 Abs. 1 StVG erforderlichen Zurechnungszusammenhang nicht aus, weil die Zurechnung von dem Unfallgeschehen selbst nicht gelöst werden kann. 67

§ 10 Halter- und Fahrerhaftung

68 Es ist im Straßenverkehrsrecht anerkannt, dass maßgeblicher Zeitpunkt für Ursächlichkeit und Zurechnungszusammenhang der Eintritt der konkreten kritischen Verkehrslage ist, die unmittelbar zum Schaden führt. Die kritische Verkehrslage beginnt für einen Verkehrsteilnehmer dann, wenn die ihm erkennbare Verkehrssituation konkreten Anhalt dafür bietet, dass eine Gefahrensituation unmittelbar entstehen kann (Senatsurt. v. 25.3.2003 – VI ZR 161/02, VersR 2003, 783, 784; v. 1.12.2009 – VI ZR 221/08, VersR 2010, 642 Rn 16, 21). Das gilt auch für die Gefährdungshaftung gemäß § 7 Abs. 1 StVG.

69 Nach diesen Grundsätzen war – den Vortrag der Beklagten zugrunde gelegt – eine kritische Verkehrslage durch den von der Beklagten zu 1 vorgenommenen Überholvorgang (allein) noch nicht eingetreten. Eine kritische Verkehrslage entstand frühestens dann, als der Kläger sich gleichzeitig mit ihr auf die Gegenfahrbahn begab. Auch dieser Umstand kann der Beklagten zu 1 indes nicht zugerechnet werden. Denn es stellt keine typische Gefahr eines Überholvorgangs dar, dass rückwärtiger Verkehr diesen seinerseits zum Überholen in zweiter Reihe nutzt und dabei – ohne dass eine Fahrweise oder sonstige Verkehrsbeeinflussung des Überholenden dazu Anlass gegeben hätte – ins Schlingern gerät. Allein der Umstand, dass die Beklagte zu 1 überholte, reichte daher nicht aus, um eine im Rahmen des § 7 Abs. 1 StVG relevante Ursächlichkeit ihrer Fahrweise (oder sonstigen Verkehrsbeeinflussung) für den Unfall zu bejahen.

70 Wäre dies anders, würde letztlich die bloße Anwesenheit eines in Betrieb befindlichen Kraftfahrzeugs in der Nähe der Unfallstelle für eine Haftung gemäß § 7 Abs. 1 StVG genügen. Dies führte zudem zu erheblichen Abgrenzungsschwierigkeiten, weil nicht nur die das Überholmanöver vornehmende Beklagte zu 1, sondern auch der Zeuge B. mit seinem Kraftfahrzeug die Verkehrssituation gleichermaßen (mit-)geprägt hat. Auch diesem ist der Kläger – unter Zugrundelegung des Vortrags der Beklagten – durch sein Überholmanöver letztlich „ausgewichen".

71 Insofern lag es hier nach den (bisherigen) Feststellungen des Berufungsgerichts anders als in den bisher von dem Senat entschiedenen Fällen, in denen stets eine Verursachung des Unfalls durch eine wie auch immer geartete Verkehrsbeeinflussung des gegnerischen Fahrzeugs festgestellt war. So geht auf einer Bundesautobahn von einem verhältnismäßig sperrigen und langsam überholenden Fahrzeug oder auch nur einem Fahrverhalten, das als Beginn des Überholvorgangs oder seine Ankündigung aufgefasst werden kann, eine typische Gefahr für auf der Überholfahrbahn nachfolgende schnellere Verkehrsteilnehmer aus, die durch eine misslingende Abwehrreaktion zu Schaden kommen (Senatsurt. v. 29.6.1971, a.a.O.). Eine typisch mit dem Betrieb eines Sattelschleppers verbundene Gefahr wirkt sich aus, wenn ein von diesem überholter Fahrer eines Motorfahrrades unsicher wird und deshalb stürzt (Senatsurt. v. 11.7.1972 – VI ZR 86/71, a.a.O. unter II 1 c). In zurechenbarer Weise durch ein Kraftfahrzeug (mit-)veranlasst ist ein Unfall bei seinem Herannahen an entgegenkommenden Fahrradverkehr, wenn der Verkehrsraum zu eng zu

5. Kausalität und Zurechnungszusammenhang bei berührungslosen Unfällen § 10

werden droht und einer der Fahrradfahrer bei einem Ausweichmanöver stürzt (Senatsurt. v. 19.4.1988 – VI ZR 96/87, a.a.O. unter 1 b). Selbst ein Unfall infolge einer voreiligen – also objektiv nicht erforderlichen – Abwehr- und Ausweichreaktion ist dem Betrieb des Kraftfahrzeugs zuzurechnen, das diese Reaktion – im Streitfall durch einen kleinen Schlenker aus seiner Fahrspur hinaus – ausgelöst hat (Senatsurt. v. 26.4.2005 – VI ZR 168/04, a.a.O. unter II 1 b). Dagegen rechtfertigt die bloße Anwesenheit eines anderen im Betrieb befindlichen Fahrzeugs an der Unfallstelle für sich allein noch nicht die Annahme, dass ein in seinem Ablauf ungeklärter Unfall bei dem Betrieb dieses Fahrzeugs entstanden ist (Senatsurt. v. 22.10.1968 – VI ZR 178/67, VersR 1969, 58).

Zu Recht rügte aber die Revision, dass das Berufungsgericht seiner Entscheidung den von den Beklagten geschilderten Unfallhergang zugrunde gelegt hatte, ohne sich mit den Feststellungen des gerichtlichen Sachverständigen ausreichend auseinanderzusetzen, § 286 ZPO. 72

Die Würdigung der Beweise ist grundsätzlich dem Tatrichter vorbehalten, an dessen Feststellungen das Revisionsgericht gemäß § 559 Abs. 2 ZPO gebunden ist. Dieses kann lediglich nachprüfen, ob sich der Tatrichter entsprechend dem Gebot des § 286 ZPO mit dem Prozessstoff und den Beweisergebnissen umfassend und widerspruchsfrei auseinandergesetzt hat, die Beweiswürdigung also vollständig und rechtlich möglich ist und nicht gegen Denkgesetze und Erfahrungssätze verstößt (st. Rspr., Senatsurt. v. 16.4.2013 – VI ZR 44/12, NJW 2014, 71 Rn 13 m.w.N.).

Einen solchen Fehler zeigte die Revisionsbegründung hier im Hinblick auf die Feststellungen des Berufungsgerichts auf. Das Berufungsgericht hatte seiner Entscheidung den von den Beklagten geschilderten Unfallhergang zugrunde gelegt und gemeint, der insoweit darlegungs- und beweisbelastete (§ 7 Abs. 1 StVG) Kläger habe den von ihm behaupteten Geschehensablauf nicht beweisen können. Es war daher davon ausgegangen, dass das Fahrverhalten des Klägers durch die Beklagte zu 1 in keiner Weise beeinflusst worden war. Dabei hatte es indes den Prozessstoff und die Beweisergebnisse nicht ausgeschöpft. 73

Zwar hatte das Berufungsgericht entgegen der Ansicht der Revision keinen Anlass, die Zeugen gemäß § 398 Abs. 1 ZPO erneut zu vernehmen (vgl. BGH, Urt. v. 18.10.2006 – IV ZR 130/05, NJW 2007, 372, 374 m.w.N.; *Voit*, in: Musielak/Voit, ZPO, 13. Aufl. 2016, § 529 Rn 14 f.). Sowohl das Landgericht als auch das Berufungsgericht gingen davon aus, dass die Zeugenaussagen für die maßgebliche Frage, ob der Kläger aufgrund des Fahrverhaltens der Beklagten zu 1 ein Ausweichmanöver durchgeführt hatte, unergiebig waren.

Das Berufungsgericht hatte bei seiner Würdigung aber eine wesentliche Aussage des Sachverständigen unbeachtet gelassen. Der Sachverständige hatte ausgeführt, die Spurenlage lasse ein Ausweichmanöver des Klägers aus dem linken Randbereich der linken Fahrbahn (Gegenfahrbahn) weiter nach links mit Einleitung ei- 74

369

ner Notbremsung erkennen. Das Landgericht hatte, ohne dies zu hinterfragen, festgestellt, der Kläger sei durch das Fahrzeug der Beklagten zu 1 zu einem Ausweichmanöver veranlasst worden.

75 Vor diesem Hintergrund durfte das Berufungsgericht nicht ohne ergänzende Beweisaufnahme wie etwa einer Anhörung des Sachverständigen und gegebenenfalls einer erneuten Anhörung der Parteien in Anwesenheit des Sachverständigen davon ausgehen, dass der Überholvorgang des Klägers durch den der Beklagten zu 1 in keiner Weise beeinflusst worden war (vgl. Senatsurt. v. 21.9.2010 – VI ZR 263/09, a.a.O. Rn 8). Dies galt umso mehr, als die aus der Sicht des Berufungsgerichts entscheidungserhebliche Frage des Vorliegens eines Ausweichmanövers in erster Instanz weder für den Sachverständigen noch für das Gericht von maßgeblicher Bedeutung gewesen war.

Das Berufungsurteil konnte daher keinen Bestand haben, sondern war aufzuheben und mangels Entscheidungsreife zur neuen Verhandlung und Entscheidung an das Berufungsgericht zurückzuverweisen (§ 562 Abs. 1, § 563 Abs. 1 S. 1 ZPO).

6. „Berührungsloser Unfall" bei Ausweichreaktion im Parkhaus

76 **BGH, Urt.v. 26.4.2005 – VI ZR 168/04, zfs 2005, 487**
StVG § 7 Abs. 1

Ein Schaden ist „bei dem Betrieb" eines Kraftfahrzeugs entstanden, wenn sich von einem Kraftfahrzeug ausgehende Gefahren ausgewirkt haben. Demgemäß kann selbst ein Unfall infolge einer voreiligen – also objektiv nicht erforderlichen – Abwehr- oder Ausweichreaktion dem Betrieb des Kraftfahrzeugs zugerechnet werden, das diese Reaktion ausgelöst hat.

a) Der Fall

77 Der Kläger machte gegen die Beklagten Schadensersatzansprüche aus einem Unfall in einer Tiefgarage geltend.

Er und der Beklagte zu 1 besaßen dort jeweils einen Stellplatz. Der von dem Beklagten zu 1 gemietete Stellplatz befand sich direkt rechts hinter der Ein- bzw. Ausfahrtsrampe zur Tiefgarage. Er muss auf der Rampe nach links ausholen, um dann rechtwinklig nach rechts in seine Parkbox einfahren zu können.

78 Am 8.1.2003 fuhr der Beklagte zu 1 mit seinem VW-Bus die Abfahrt zu der Tiefgarage herunter. Der Kläger wollte diese mit seinem Fahrzeug verlassen und kam dem Beklagten zu 1 entgegengefahren. Als die Fahrzeuge noch drei bis fünf Meter voneinander entfernt waren, lenkte er plötzlich nach rechts und sein Pkw kollidierte mit der Wand der Tiefgarage.

6. „Berührungsloser Unfall" bei Ausweichreaktion im Parkhaus § 10

Die Ursache dieses Manövers war zwischen den Parteien streitig. Nach der Darstellung des Klägers war der Beklagte zu 1 plötzlich über die Trennlinie der beiden jeweils 2,90 m breiten Fahrspuren der Ab- bzw. Auffahrt gefahren, sodass er selbst nach rechts ausgewichen und deshalb an die Wand gefahren sei. Nach der Darstellung der Beklagten hatte der Beklagte zu 1 lediglich einen kleinen Schlenker innerhalb seiner eigenen Fahrspur nach links gemacht, jedoch sofort nach rechts zurückgelenkt, nachdem er das klägerische Fahrzeug gesehen habe.

Das Amtsgericht hat die Klage abgewiesen. Die Berufung des Klägers blieb ohne Erfolg. Mit der vom Berufungsgericht zugelassenen Revision verfolgte der Kläger sein Klageziel weiter.

b) Die rechtliche Beurteilung

Das Berufungsurteil hielt der revisionsrechtlichen Überprüfung nicht stand.

Das Haftungsmerkmal „bei dem Betrieb" ist nach der Rechtsprechung des Bundesgerichtshofs entsprechend dem umfassenden Schutzzweck der Vorschrift weit auszulegen. Die Haftung nach § 7 Abs. 1 StVG umfasst daher alle durch den Kraftfahrzeugverkehr beeinflussten Schadensabläufe. Es genügt, dass sich eine von dem Kraftfahrzeug ausgehende Gefahr ausgewirkt hat und das Schadensgeschehen in dieser Weise durch das Kraftfahrzeug mitgeprägt worden ist. Ob dies der Fall ist, muss mittels einer am Schutzzweck der Haftungsnorm orientierten wertenden Betrachtung beurteilt werden. An diesem auch im Rahmen der Gefährdungshaftung erforderlichen Zurechnungszusammenhang fehlt es, wenn die Schädigung nicht mehr eine spezifische Auswirkung derjenigen Gefahren ist, für die die Haftungsvorschrift den Verkehr schadlos halten will.

Für eine Zurechnung zur Betriebsgefahr kommt es maßgeblich darauf an, dass der Unfall in einem nahen örtlichen und zeitlichen Kausalzusammenhang mit einem bestimmten Betriebsvorgang oder einer bestimmten Betriebseinrichtung des Kraftfahrzeugs steht. Hiernach rechtfertigt die Anwesenheit eines im Betrieb befindlichen Kraftfahrzeugs an der Unfallstelle allein zwar noch nicht die Annahme, der Unfall sei bei dem Betrieb dieses Fahrzeugs entstanden. Erforderlich ist vielmehr, dass die Fahrweise oder der Betrieb dieses Fahrzeugs zu dem Entstehen des Unfalls beigetragen hat. Andererseits hängt die Haftung gemäß § 7 StVG nicht davon ab, ob sich der Führer des im Betrieb befindlichen Kraftfahrzeugs verkehrswidrig verhalten hat und auch nicht davon, dass es zu einer Kollision der Fahrzeuge gekommen ist.

Diese weite Auslegung des Tatbestandsmerkmals „bei dem Betrieb eines Kraftfahrzeugs" entspricht dem weiten Schutzzweck des § 7 Abs. 1 StVG und findet darin ihre innere Rechtfertigung. Die Haftung nach § 7 Abs. 1 StVG ist sozusagen der Preis dafür, dass durch die Verwendung eines Kfz – erlaubterweise – eine Gefahrenquelle eröffnet wird, und will daher alle durch den Kfz-Verkehr beeinflussten Schadensabläufe erfassen. Ein Schaden ist demgemäß bereits dann „bei dem Betrieb" eines Kfz entstanden, wenn sich von einem Kfz ausgehende Gefahren ausgewirkt haben.

84 Nach diesen Grundsätzen konnte das angefochtene Urteil keinen Bestand haben. Die Auffassung des Berufungsgerichts, hier fehle der Zurechnungszusammenhang, weil der Kläger nicht objektiv nachvollziehbar von einer Gefährdung durch das entgegenkommende Fahrzeug habe ausgehen dürfen, stand mit dieser Rechtsprechung nicht in Einklang. Danach kann selbst ein Unfall infolge einer voreiligen – also objektiv nicht erforderlichen – Abwehr- oder Ausweichreaktion gegebenenfalls dem Betrieb des Kraftfahrzeugs zugerechnet werden, das diese Reaktion ausgelöst hat (vgl. Senatsurt. v. 29.6.1971 – VI ZR 271/69, a.a.O. und v. 19.4.1988 – VI ZR 96/87, VersR 1988, 641). Dass der vom Beklagten zu 1 eingeräumte Schlenker nach links, von dem auch das Berufungsgericht ausging, die Ausweichbewegung des Klägers veranlasst hatte, lag auf der Hand. Auch wenn das Berufungsgericht sie als Panikreaktion bezeichnete, war sie doch durch das Verhalten des Beklagten verursacht worden, das vom entgegenkommenden Fahrer in der engen Ausfahrt als gefährlich empfunden werden konnte. Das reichte, wie der Senat in einem vergleichbaren Fall ausgeführt hat, für den Zurechnungszusammenhang aus (vgl. Senatsurt. v. 19.4.1988 – VI ZR 96/87, a.a.O.).

85 So hat der Senat auch in einem Fall, in dem eine Mofafahrerin unsicher wurde, als sie ein Sattelschlepper überholte, und deshalb stürzte, eine Auswirkung der Betriebsgefahr des Lkw angenommen (vgl. Senatsurt. v. 11.7.1972 – VI ZR 86/71, VersR 1972, 1074 f.), ebenso als ein Fußgänger durch die Fahrweise des nach Hochziehen einer Schranke anfahrenden Kraftfahrzeugs unsicher wurde und deshalb stürzte (vgl. Senatsurt. v. 10.10.1972 – VI ZR 104/71, VersR 1973, 83 f.). Das Merkmal „beim Betrieb" hat er auch bejaht, als ein Lkw die voreilige Abwehrreaktion eines nachfolgenden Kraftfahrers auslöste, weil er andauernd blinkte und entweder nach links zog oder schon hart an die Mittellinie herangezogen war (vgl. Senatsurt. v. 29.6.1971 – VI ZR 271/69, VersR 1971, 1060, 1061). In all diesen Fällen kam es nicht darauf an, ob die Abwehr- oder Ausweichreaktion objektiv erforderlich war.

86 Die vom Berufungsgericht vorgenommene Einschränkung ist auch nicht erforderlich. Vielmehr ist das notwendige Korrektiv für eine sachgerechte Haftungsbegrenzung in den §§ 9, 17, 18 Abs. 1 S. 2, Abs. 3 StVG enthalten. Nach diesen Vorschriften können die jeweiligen Verursachungsbeiträge sowie ein etwaiges Verschulden berücksichtigt werden, sodass der Schaden angemessen verteilt und gegebenenfalls sogar die Haftung einem Kraftfahrer allein auferlegt werden kann.

87 Eine abschließende Entscheidung war dem erkennenden Senat nicht möglich, weil das Berufungsgericht – von seinem Standpunkt folgerichtig – die dazu erforderlichen Feststellungen nicht getroffen hatte. Die Sache war daher an das Berufungsgericht zurückzuverweisen, damit es sie nachholen konnte.

Im weiteren Verfahren wird das Berufungsgericht feststellen müssen, ob sich eine etwaige Haftung des Beklagten zu 1 auch aus § 7 Abs. 1 StVG oder nur aus § 18 Abs. 1 StVG ergeben kann. Es wird gegebenenfalls eine Abwägung nach §§ 9, 17, 18 Abs. 3 StVG vornehmen müssen, wobei nur solche Umstände berücksichtigt werden dürfen, die feststehen, d.h. unstreitig, zugestanden oder nach § 286 ZPO bewiesen sind und sich auf den Unfall ausgewirkt haben.

88

7. Anscheinsbeweis bei einem Auffahrunfall beim Verlassen der Autobahn

BGH, Urt. v. 30.11.2010 – VI ZR 15/10, zfs 2011, 198 = VersR 2011, 234

89

StVG §§ 7 Abs. 1, 17 Abs. 1, 18 Abs. 1, 3; ZPO § 286

Zum Anscheinsbeweis bei einem Auffahrunfall beim Verlassen der Autobahn.

a) Der Fall

Die Parteien machten mit Klage und Widerklage wechselseitig Schadensersatzansprüche aus einem Verkehrsunfall geltend, der sich am 5.11.2008 auf der Ausfahrt einer Bundesautobahn ereignet hatte. Der Beklagte zu 1 befuhr mit dem Fahrzeug des Widerklägers, einem Opel Astra, der bei der Beklagten zu 2 haftpflichtversichert war, die Autobahn und wechselte an der Ausfahrt auf den Verzögerungsstreifen, um dort die Autobahn zu verlassen. Der Widerbeklagte zu 1 befand sich mit dem Fahrzeug der Klägerin, einem VW-Bus, der bei der Widerbeklagten zu 2 haftpflichtversichert war, zunächst hinter dem Beklagten zu 1, überholte diesen jedoch im weiteren Verlauf, wobei der konkrete zeitliche Ablauf zwischen den Parteien streitig war. In der lang gezogenen Ausfahrt bremste der Widerbeklagte zu 1 den VW-Bus dann plötzlich bis zum Stillstand ab, wobei der Beklagte zu 1 nicht mehr rechtzeitig zu reagieren vermochte und mit dem Opel Astra auf das Fahrzeug der Klägerin auffuhr. Hierdurch wurde der VW-Bus hinten rechts und der Opel Astra vorne links beschädigt. Die Klägerin und die Widerbeklagten hatten behauptet, der Widerbeklagte zu 1 habe mit dem VW-Bus den Opel Astra bereits 300 m vor der Ausfahrt überholt. Der spätere Unfall habe hiermit in keinem zeitlichen und örtlichen Zusammenhang gestanden. Die Beklagten und die Widerkläger hatten behauptet, der Verkehrsunfall sei dadurch verursacht worden, dass der Widerbeklagte zu 1 mit dem VW-Bus, der ihn zuvor überholt habe, unvermittelt wieder auf die rechte Spur vor den vom Beklagten zu 1 geführten Opel Astra gewechselt sei.

90

Das Amtsgericht hat der Klage und der Widerklage jeweils zur Hälfte stattgegeben und sie im Übrigen abgewiesen. Die Berufung der Klägerin und der Widerbeklagten hatte lediglich hinsichtlich des Kostenausspruchs teilweise Erfolg. Im Übrigen hat das Landgericht die Berufung zurückgewiesen. Es hat die Revision im Hinblick auf die in der obergerichtlichen Rechtsprechung umstrittene Frage der Anwendbar-

91

keit der Grundsätze des Anscheinsbeweises bei Auffahrunfällen zugelassen. Mit ihrer Revision verfolgten die Klägerin und die Widerbeklagten ihr Klage- bzw. Klageabweisungsbegehren weiter, soweit das Berufungsgericht zu ihrem Nachteil entschieden hatte.

b) Die rechtliche Beurteilung

92 Das Berufungsurteil hielt im Ergebnis revisionsrechtlicher Nachprüfung stand.
In der obergerichtlichen Rechtsprechung wird zum Teil bei Auffahrunfällen auf der Autobahn bereits ein Anscheinsbeweis für das Verschulden des Auffahrenden verneint und – in der Regel – eine hälftige Schadensteilung angenommen, wenn vor dem Auffahren ein Fahrspurwechsel stattgefunden hat, aber streitig und nicht aufklärbar ist, ob die Fahrspur unmittelbar vor dem Anstoß gewechselt worden ist und sich dies unfallsächlich ausgewirkt hat. Dies wird im Wesentlichen damit begründet, dass der Zusammenstoß mit einem vorausfahrenden Fahrzeug nur dann das typische Gepräge eines Auffahrunfalls trage, der nach der Lebenserfahrung den Schluss auf zu schnelles Fahren, mangelnde Aufmerksamkeit und/oder einen unzureichenden Sicherheitsabstand des Hintermannes zulasse, wenn feststehe, dass sich das vorausfahrende Fahrzeug schon „eine gewisse Zeit" vor dem nachfolgenden Pkw befunden und diesem die Möglichkeit gegeben habe, einen ausreichenden Sicherheitsabstand aufzubauen.

93 Ein anderer Teil der obergerichtlichen Rechtsprechung vertritt die Auffassung, dass nur die seitens des Auffahrenden bewiesene ernsthafte Möglichkeit, dass das vorausfahrende Fahrzeug in engem zeitlichen Zusammenhang mit dem Auffahrunfall in die Fahrbahn des Auffahrenden gewechselt sei, den Anscheinsbeweis erschüttern könne. Zeige das Unfallgeschehen das typische Gepräge eines Auffahrunfalls, so könne sich der Unfallgegner nicht mit der bloßen Behauptung der lediglich theoretischen Möglichkeit eines atypischen Geschehensablaufs entlasten mit der Folge, dass es nunmehr Sache des Vorausfahrenden sei, den theoretisch in Betracht kommenden Unfallverlauf im Sinne einer beweisrechtlichen „Vorleistung" auszuschließen. Vielmehr müssen sich nach dieser Ansicht aus den unstreitigen oder bewiesenen Umständen zumindest konkrete Anhaltspunkte und Indizien für den unmittelbaren zeitlichen Zusammenhang zwischen dem behaupteten Fahrspurwechsel und dem Auffahrunfall ergeben, um den gegen den Auffahrenden sprechenden Anscheinsbeweis zu erschüttern. Auch nach der im Schrifttum überwiegend vertretenen Auffassung greift der Anscheinsbeweis bei Auffahrunfällen nur dann nicht zulasten des Auffahrenden ein, wenn aufgrund erwiesener Tatsachen feststeht oder unstreitig ist, dass der Fahrstreifenwechsel des Vorausfahrenden erst wenige Augenblicke vor dem Auffahrunfall erfolgt ist.

94 Der erkennende Senat hat in seinem Urt. v. 18.10.1988 – VI ZR 223/87, VersR 1989, 54, 55 an seiner bis dahin ergangenen Rechtsprechung festgehalten, dass bei Unfällen durch Auffahren, auch wenn sie sich auf Autobahnen ereignen, grundsätz-

7. Anscheinsbeweis bei einem Auffahrunfall beim Verlassen der Autobahn § 10

lich der erste Anschein für ein Verschulden des Auffahrenden sprechen kann (vgl. etwa Senatsurt. v. 6.4.1982 – VI ZR 152/80, VersR 1982, 672 und v. 23.6.1987 – VI ZR 188/86, VersR 1987, 1241). Dies setzt allerdings nach allgemeinen Grundsätzen voraus, dass ein typischer Geschehensablauf feststeht (vgl. etwa Senatsurt. v. 19.1.2010 – VI ZR 33/09, VersR 2010, 392 m.w.N.). Hieran fehlte es im Streitfall.

Nach den Feststellungen des Berufungsgerichts hatte der Widerbeklagte zu 1 nach eigenen Angaben mit dem VW-Bus den vor ihm fahrenden, vom Beklagten zu 1 geführten Opel Astra ca. 300 m vor der Ausfahrt, an der beide Unfallbeteiligten die Autobahn verlassen hatten, überholt und war danach vor diesem auf dessen Fahrspur gewechselt. Nach § 7 Abs. 5 StVO darf ein Fahrstreifen nur gewechselt werden, wenn eine Gefährdung anderer Verkehrsteilnehmer ausgeschlossen ist. Dies setzt u.a. voraus, dass der überholte Kraftfahrer nach dem Wiedereinscheren des ihn überholenden Fahrzeugs in der Lage ist, zu diesem einen ausreichenden Sicherheitsabstand im Sinne des § 4 Abs. 1 S. 1 StVO aufzubauen, was im Streitfall offen geblieben war. Ein Anscheinsbeweis spricht hierfür nicht. Steht mithin lediglich fest, dass sich der Auffahrunfall in zeitlichem und räumlichem Zusammenhang mit einem Überholvorgang kurz vor der Ausfahrt einer Autobahn ereignet hat, an der beide Verkehrsteilnehmer die Autobahn verlassen haben, liegt eine Verkehrssituation vor, die sich von derjenigen, die den Schluss auf ein Verschulden des Auffahrenden zulässt, grundlegend unterscheidet (vgl. Senatsurt. v. 6.4.1982 – VI ZR 152/80, VersR 1982, 672). Darüber hinaus lag nach den Feststellungen des Berufungsgerichts ein Schräganstoß vor, bei dem der VW-Bus hinten rechts und der Opel Astra vorne links beschädigt wurde. In einer solchen Situation gilt nicht mehr der Erfahrungssatz, dass der Auffahrende diesen Unfall infolge zu hoher Geschwindigkeit, Unaufmerksamkeit und/oder unzureichendem Sicherheitsabstand verschuldet hat. Mindestens ebenso nahe liegt der Schluss, dass der Überholende zuvor gegen die hohen Sorgfaltsanforderungen des § 7 Abs. 5 StVO verstoßen und sich im Bereich der Ausfahrt in einem so geringen Abstand vor das überholte Fahrzeug gesetzt hat, dass der Sicherheitsabstand vom Überholten nicht mehr rechtzeitig vergrößert werden konnte und beim plötzlichen Abbremsen des Überholenden nicht mehr ausreichte.

95

Nach diesen Grundsätzen war auf der Grundlage der vom Berufungsgericht in tatrichterlicher Würdigung angenommenen Nichterweislichkeit des genauen Unfallhergangs eine hälftige Schadensteilung aus revisionsrechtlicher Sicht nicht zu beanstanden.

96

8. Kein Anscheinsbeweis bei einem Auffahrunfall auf der Überholspur der Autobahn bei feststehendem Spurwechsel

97 BGH, Urt. v. 13.12.2011 – VI ZR 177/10, zfs 2012, 195 = MDR 2012, 145
StVG §§ 7 Abs. 1, 17 Abs. 1, 18 Abs. 1, 3; ZPO § 286

Bei Auffahrunfällen auf der Autobahn ist ein Anscheinsbeweis regelmäßig nicht anwendbar, wenn zwar feststeht, dass vor dem Unfall ein Spurwechsel des vorausfahrenden Fahrzeugs stattgefunden hat, der Sachverhalt aber im Übrigen nicht aufklärbar ist.

a) Der Fall

98 Die Parteien stritten um den Ersatz des dem Kläger entstandenen Schadens aus einem Auffahrunfall auf der linken Spur einer Autobahn. Der Kläger war Eigentümer eines Pkw Daimler-Benz, der zum Unfallzeitpunkt von der Drittwiderbeklagten zu 2 gefahren wurde und bei der Drittwiderbeklagten zu 3 haftpflichtversichert war. Der Beklagte zu 1 war zum Unfallzeitpunkt Halter und Fahrer eines Pkw Porsche 911 Carrera Cabrio, der bei der Beklagten zu 2 haftpflichtversichert war.

99 Am 25.5.2007 fuhr der Pkw Porsche auf der BAB 6 auf der linken Spur auf den Pkw Daimler-Benz auf, der einen Lkw überholen wollte. Der Kläger und die Drittwiderbeklagten haben vorgetragen, dass sich der Pkw Porsche mit überhöhter Geschwindigkeit genähert habe und der mit einer Geschwindigkeit von 100 bis 110 km/h fahrende Pkw Daimler-Benz sich bereits 100 bis 150 m vor Erreichen des Lkws vollständig auf der linken Spur eingeordnet habe. Die Kollision habe stattgefunden, als sich der Pkw Daimler-Benz auf gleicher Höhe mit dem Lkw befunden habe. Nach der Darstellung der Beklagten hatte der Pkw Daimler-Benz, als der Lkw noch mindestens 500 m von diesem entfernt gewesen sei, kurz bevor der Pkw Porsche den Pkw Daimler-Benz habe passieren können, völlig unerwartet und ohne den Fahrtrichtungsanzeiger zu setzen auf die linke Spur gezogen.

100 Das Landgericht war von einem Haftungsanteil der beiden Unfallbeteiligten von jeweils 50 % ausgegangen und hat den jeweils geltend gemachten Schaden insoweit in einer in den Rechtsmittelverfahren nicht mehr angegriffenen Schadenshöhe für erstattbar gehalten. Auf die nur vom Kläger eingelegte Berufung hat das Oberlandesgericht dem Kläger Schadensersatz zu 100 % zugesprochen. Mit der vom Berufungsgericht zugelassenen Revision beantragten die Beklagten, die Berufung des Klägers zurückzuweisen.

b) Die rechtliche Beurteilung

Das Berufungsurteil hielt einer revisionsrechtlichen Überprüfung nicht stand. Entgegen der Auffassung des Berufungsgerichts waren die Grundsätze des Anscheinsbeweises im Streitfall nicht zulasten der Beklagten anwendbar. 101

Die Anwendung des Anscheinsbeweises setzt auch bei Verkehrsunfällen Geschehensabläufe voraus, bei denen sich nach der allgemeinen Lebenserfahrung der Schluss aufdrängt, dass ein Verkehrsteilnehmer seine Pflicht zur Beachtung der im Verkehr erforderlichen Sorgfalt verletzt hat; es muss sich um Tatbestände handeln, für die nach der Lebenserfahrung eine schuldhafte Verursachung typisch ist. Demnach kann bei Unfällen durch Auffahren, auch wenn sie sich auf Autobahnen ereignen, grundsätzlich der erste Anschein für ein Verschulden des Auffahrenden sprechen. Es reicht allerdings allein das „Kerngeschehen" – hier: Auffahrunfall – als solches dann als Grundlage eines Anscheinsbeweises nicht aus, wenn weitere Umstände des Unfallereignisses bekannt sind, die als Besonderheiten gegen die bei derartigen Fallgestaltungen gegebene Typizität sprechen. Denn es muss das gesamte feststehende Unfallgeschehen nach der Lebenserfahrung typisch dafür sein, dass derjenige Verkehrsteilnehmer, zu dessen Lasten im Rahmen des Unfallereignisses der Anscheinsbeweis Anwendung finden soll, schuldhaft gehandelt hat. Ob der Sachverhalt in diesem Sinne im Einzelfall wirklich typisch ist, kann nur aufgrund einer umfassenden Betrachtung aller tatsächlichen Elemente des Gesamtgeschehens beurteilt werden, die sich aus dem unstreitigen Parteivortrag und den getroffenen Feststellungen ergeben. 102

Infolgedessen ist es bei Auffahrunfällen wie dem vorliegenden (Auffahren auf der linken Spur einer Autobahn in einem gewissen zeitlichen Zusammenhang mit einem Fahrspurwechsel des Vorausfahrenden) umstritten, ob es sich um eine typische Auffahrsituation mit der Folge eines Anscheinsbeweises zulasten des Auffahrenden handelt oder nicht. 103

Bei der Anwendung des Anscheinsbeweises ist nach Auffassung des erkennenden Senats grundsätzlich Zurückhaltung geboten, weil er es erlaubt, bei typischen Geschehensabläufen aufgrund allgemeiner Erfahrungssätze auf einen ursächlichen Zusammenhang oder ein schuldhaftes Verhalten zu schließen, ohne dass im konkreten Fall die Ursache bzw. das Verschulden festgestellt ist. Deswegen kann er nach den oben unter 1. dargelegten Grundsätzen nur Anwendung finden, wenn das gesamte feststehende Unfallgeschehen nach der Lebenserfahrung typisch dafür ist, dass derjenige Verkehrsteilnehmer, zu dessen Lasten der Anscheinsbeweis angewendet wird, schuldhaft gehandelt hat. Eine solche Typizität liegt bei dem hier zu beurteilenden Geschehensablauf regelmäßig nicht vor, wenn zwar feststeht, dass vor dem Auffahrunfall ein Spurwechsel des vorausfahrenden Fahrzeugs stattgefunden hat, der Sachverhalt aber im Übrigen nicht aufklärbar ist und – wie hier – nach den Feststellungen des Sachverständigen sowohl die Möglichkeit besteht, dass der Führer des vorausfahrenden Fahrzeugs unter Verstoß gegen § 7 Abs. 5 StVO den 104

Fahrstreifenwechsel durchgeführt hat, als auch die Möglichkeit, dass der Auffahrunfall auf eine verspätete Reaktion des auffahrenden Fahrers zurückzuführen ist. Beide Varianten kommen wegen der bekannten Fahrweise auf den Autobahnen als mögliche Geschehensabläufe in Betracht, zumal es nach der Lebenserfahrung nicht fernliegend ist, dass es auf Autobahnen zu gefährlichen Spurwechseln kommt, bei denen die Geschwindigkeit des folgenden Fahrzeugs unterschätzt wird. Infolgedessen kann regelmäßig keine der beiden Varianten alleine als der typische Geschehensablauf angesehen werden, der zur Anwendung des Anscheinsbeweises zulasten eines der Beteiligten führt.

105 Im Streitfall lagen auch keine besonderen Umstände vor, die die Anwendung des Anscheinsbeweises zulasten des Auffahrenden rechtfertigten. Der Sachverständige hatte die verschiedenen Möglichkeiten berücksichtigt und war insbesondere auch bei Zugrundelegung dessen, dass der Porsche nahezu geradlinig mit paralleler Längsachse auf das vorausfahrende Fahrzeug aufprallte, bei Zugrundelegung der Kollisionsgeschwindigkeitsdifferenz von mindestens 20 km/h bis maximal 30 km/h beim Kollisionsphasenbeginn sowie der unterschiedlichen Darlegungen der Parteien zum Geschehensablauf zu dem Ergebnis gekommen, dass sich der Sachverhalt nicht weiter aufklären ließ und beide Möglichkeiten des Geschehensablaufs in Betracht kamen. Unter diesen Umständen hatte das Landgericht anders als das Berufungsgericht zu Recht einen Anscheinsbeweis sowohl zulasten des Klägers als auch der Beklagten verneint. In solchen Fällen ist nicht von dem Erfahrungssatz auszugehen, dass der Auffahrende den Unfall infolge zu hoher Geschwindigkeit, Unaufmerksamkeit und/oder unzureichendem Sicherheitsabstand verschuldet hat. Ebenso nahe liegt der Schluss, dass der auf die linke Spur gewechselte Fahrzeugführer gegen die hohen Sorgfaltsanforderungen des § 7 Abs. 5 StVO verstoßen hat und sich der auffahrende Fahrzeugführer nicht mehr auf die vorangegangene Fahrbewegung hat einstellen und den Sicherheitsabstand einhalten können.

106 Nach allem hatte das Landgericht zu Recht sowohl einen Anscheinsbeweis zulasten des Klägers als auch zulasten der Beklagten verneint. Auf der Grundlage der Nichterweislichkeit des genauen Unfallhergangs war aus revisionsrechtlicher Sicht auch nicht zu beanstanden, dass das Landgericht eine hälftige Schadensteilung vorgenommen hatte. Das Berufungsurteil war mithin aufzuheben und die Berufung gegen das Urteil des Landgerichts zurückzuweisen, weil die Sache endentscheidungsreif war (§ 563 Abs. 3 ZPO).

9. Anscheinsbeweis bei Auffahrunfällen auf Autobahnen bei streitigem Spurwechsel

BGH, Urt. v. 13.12.2016 – VI ZR 32/16, zfs 2017, 258 = VersR 2017, 374

ZPO § 286; StVG § 17; PflVG § 12

a) Bei Auffahrunfällen kann, auch wenn sie sich auf Autobahnen ereignen, der erste Anschein dafür sprechen, dass der Auffahrende den Unfall schuldhaft dadurch verursacht hat, dass er entweder den erforderlichen Sicherheitsabstand nicht eingehalten hat (§ 4 Abs. 1 StVO), unaufmerksam war (§ 1 StVO) oder mit einer den Straßen- und Sichtverhältnissen unangepassten Geschwindigkeit gefahren ist (§ 3 Abs. 1 StVO) (Fortführung Senatsurt. v. 13.12.2011 – VI ZR 177/10, BGHZ 192, 84 Rn 7).

b) Der Auffahrunfall reicht als solcher als Grundlage eines Anscheinsbeweises aber dann nicht aus, wenn weitere Umstände des Unfallereignisses bekannt sind, die – wie etwa ein vor dem Auffahren vorgenommener Spurwechsel des vorausfahrenden Fahrzeugs – als Besonderheit gegen die bei derartigen Fallgestaltungen gegebene Typizität sprechen (Fortführung Senatsurt. v. 13.12.2011, a.a.O.).

c) Bestreitet der Vorausfahrende den vom Auffahrenden behaupteten Spurwechsel und kann der Auffahrende den Spurwechsel des Vorausfahrenden nicht beweisen, so bleibt – in Abwesenheit weiterer festgestellter Umstände des Gesamtgeschehens – allein der Auffahrunfall, der typischerweise auf einem Verschulden des Auffahrenden beruht. Es ist nicht Aufgabe des sich auf den Anscheinsbeweis stützenden Vorausfahrenden zu beweisen, dass ein Spurwechsel nicht stattgefunden hat.

a) Der Fall

Die Klägerin nahm den Beklagten als Entschädigungsfonds im Sinne des § 12 PflVG auf Ersatz materieller und immaterieller Schäden in Anspruch.

Die Klägerin wurde im Juni 2012 auf der Bundesautobahn 44 als Fahrerin ihres Motorrads in einen Verkehrsunfall mit einem Kastenwagen mit Anhänger (im Folgenden „Gespann") verwickelt. Sie wurde bei dem Unfall erheblich verletzt. Das Gespann konnte nicht ermittelt werden. Wie es zum Unfall kam, war zwischen den Parteien im Einzelnen streitig.

Die Klägerin behauptete im Wesentlichen, das auf der Überholspur befindliche Gespann sei unmittelbar vor dem Zusammenstoß plötzlich „brutal" abgebremst und dann ruckartig auf die rechte Fahrspur, auf der sie sich befunden habe, hinübergezogen worden. Sie habe keine Möglichkeit gehabt, ihm auszuweichen, weshalb sie in dessen hintere Flanke gefahren sei.

Das Landgericht hat die Klage abgewiesen. Das Berufungsgericht hat die Berufung der Klägerin zurückgewiesen. Mit der vom Berufungsgericht zugelassenen Revision verfolgte die Klägerin ihr Begehren weiter.

b) Die rechtliche Beurteilung

109 Das Berufungsurteil hielt der revisionsrechtlichen Überprüfung stand. Im Ansatz zutreffend war das Berufungsgericht davon ausgegangen, dass ein Ersatzanspruch gegen den Entschädigungsfonds nach § 12 PflVG das Bestehen eines gegen den Halter, den Eigentümer oder den Fahrer eines Kraftfahrzeugs oder Anhängers gerichteten Schadensersatzanspruchs voraussetzt. Die Annahme des Berufungsgerichts, ein solcher Anspruch bestehe nicht, weil die nach § 17 Abs. 1 und 2 StVG vorzunehmende Abwägung dazu führe, dass die Klägerin für den Unfall im Verhältnis zu Fahrer und Halter des Gespanns alleine hafte, begegnete keinen durchgreifenden rechtlichen Bedenken.

110 Nach ständiger höchstrichterlicher Rechtsprechung ist die Entscheidung über die Haftungsverteilung im Rahmen des § 17 StVG – wie im Rahmen des § 254 BGB – Sache des Tatrichters und im Revisionsverfahren nur darauf zu überprüfen, ob alle in Betracht kommenden Umstände vollständig und richtig berücksichtigt und der Abwägung rechtlich zulässige Erwägungen zugrunde gelegt worden sind. Die Abwägung ist aufgrund aller festgestellten, d.h. unstreitigen, zugestandenen oder nach § 286 ZPO bewiesenen Umstände des Einzelfalls vorzunehmen, die sich auf den Unfall ausgewirkt haben; in erster Linie ist hierbei das Maß der Verursachung von Belang, in dem die Beteiligten zur Schadensentstehung beigetragen haben; ein Faktor bei der Abwägung ist dabei das beiderseitige Verschulden (vgl. nur Senatsurt. v. 26.1.2016 – VI ZR 179/15, NJW 2016, 1100 Rn 10 m.w.N.). Die vom Berufungsgericht vorgenommene Abwägung hielt einer Überprüfung anhand dieses Maßstabs stand.

111 Die Revision war der Auffassung, das Berufungsgericht hätte der von ihm vorgenommenen Abwägung kein Verschulden der Klägerin zugrunde legen dürfen. Das traf nicht zu. Das Berufungsgericht war ohne Rechtsfehler zum Ergebnis gelangt, nach den Grundsätzen des Anscheinsbeweises, deren Anwendung der vollen revisionsrechtlichen Kontrolle unterliegt (vgl. etwa Senatsurt. v. 26.1.2016 – VI ZR 179/15, NJW 2016, 1100 Rn 12; v. 26.3.2013 – VI ZR 109/12, NJW 2013, 2901 Rn 27; v. 16.3.2010 – VI ZR 64/09, NJW-RR 2010, 1331 Rn 16, m.w.N.), sei davon auszugehen, dass die Klägerin den Unfall verschuldet habe.

112 In der höchstrichterlichen Rechtsprechung ist anerkannt, dass bei Auffahrunfällen, auch wenn sie sich auf Autobahnen ereignen, der erste Anschein dafür sprechen kann, dass der Auffahrende den Unfall schuldhaft dadurch verursacht hat, dass er entweder den erforderlichen Sicherheitsabstand nicht eingehalten hat (§ 4 Abs. 1 StVO), unaufmerksam war (§ 1 StVO) oder aber mit einer den Straßen- und Sichtverhältnissen unangepassten Geschwindigkeit gefahren ist (§ 3 Abs. 1 StVO) (Senatsurt. v. 13.12.2011 – VI ZR 177/10, BGHZ 192, 84 Rn 7; v. 30.11.2010 – VI ZR 15/10, NJW 2011, 685 Rn 7; v. 16.1.2007 – VI ZR 248/05, NJW-RR 2007, 680 Rn 5; v. 18.10.1988 – VI ZR 223/87, NJW-RR 1989, 670, 671; v. 6.4.1982 – VI ZR 152/80, NJW 1982, 1595, 1596; ferner *von Pentz*, zfs 2012, 124, 126). Denn der

9. Anscheinsbeweis bei streitigem Spurwechsel § 10

Kraftfahrer ist verpflichtet, seine Fahrweise so einzurichten, dass er notfalls rechtzeitig anhalten kann, wenn ein Hindernis auf der Fahrbahn auftaucht (Senatsurt. v. 6.4.1982 – VI ZR 152/80, a.a.O.).

Das „Kerngeschehen" – hier also der Auffahrunfall – reicht als solches allerdings als Grundlage eines Anscheinsbeweises dann nicht aus, wenn weitere Umstände des Unfallereignisses bekannt sind, die – wie etwa ein vor dem Auffahren vorgenommener Spurwechsel des vorausfahrenden Fahrzeugs (Senatsurt. v. 13.12.2011 – VI ZR 177/10, BGHZ 192, 84 Rn 11) – als Besonderheit gegen die bei derartigen Fallgestaltungen gegebene Typizität sprechen. Denn es muss das gesamte feststehende Unfallgeschehen nach der Lebenserfahrung typisch dafür sein, dass derjenige Verkehrsteilnehmer, zu dessen Lasten der Anscheinsbeweis Anwendung finden soll, schuldhaft gehandelt hat. Ob der Sachverhalt in diesem Sinne im Einzelfall wirklich typisch ist, kann nur aufgrund einer umfassenden Betrachtung aller tatsächlichen Elemente des Gesamtgeschehens beurteilt werden, die sich aus dem unstreitigen Parteivortrag und den getroffenen Feststellungen ergeben (Senatsurt. v. 13.12.2011 – VI ZR 177/10, a.a.O., Rn 7 m.w.N.; v. 15.12.2015 – VI ZR 6/15, NJW 2016, 1098 Rn 14). Steht allerdings nicht fest, ob über das für sich gesehen typische Kerngeschehen hinaus Umstände vorliegen, die – sollten sie gegeben sein – der Annahme der Typizität des Geschehens entgegenstünden, so steht der Anwendung des Anscheinsbeweises nichts entgegen. Denn in diesem Fall bleibt dem Tatrichter als Grundlage allein das typische Kerngeschehen, das ohne besondere Umstände als Basis für den Anscheinsbeweis ausreicht. Ist also ein Sachverhalt unstreitig, zugestanden oder positiv festgestellt, der die für die Annahme eines Anscheinsbeweises erforderliche Typizität aufweist, so obliegt es demjenigen, zu dessen Lasten der Anscheinsbeweis angewendet werden soll, darzulegen und gegebenenfalls zu beweisen, dass weitere Umstände vorliegen, die dem feststehenden Sachverhalt die Typizität wieder nehmen; er hat den Anscheinsbeweis zu erschüttern (vgl. etwa Senatsurt. v. 16.1.2007 – VI ZR 248/05, NJW-RR 2007, 680 Rn 5).

113

Bestreitet mithin der Vorausfahrende den vom Auffahrenden behaupteten Spurwechsel und kann der Auffahrende den Spurwechsel des Vorausfahrenden nicht beweisen, so bleibt – in Abwesenheit weiterer festgestellter Umstände des Gesamtgeschehens – allein der Auffahrunfall, der typischerweise auf einem Verschulden des Auffahrenden beruht. Zutreffend hatte das Berufungsgericht deshalb angenommen, dass es in Fällen wie dem vorliegenden nicht Aufgabe des sich auf einen Anscheinsbeweis stützenden Vorausfahrenden ist zu beweisen, dass ein Spurwechsel nicht stattgefunden hat.

114

Danach war das Berufungsgericht auf der Grundlage der von ihm getroffenen Feststellungen zu Recht zum Ergebnis gelangt, dass im Streitfall ein nicht erschütterter Anscheinsbeweis für ein unfallursächliches Verschulden der Klägerin sprach: Sie fuhr auf das Gespann auf; dass das Gespann vor der Kollision einen Spurwechsel vollzogen hatte, vermochte das Berufungsgericht nicht festzustellen; andere, dem

115

381

Auffahrunfall die Typizität nehmende Umstände hat die Klägerin bereits nicht geltend gemacht.

116 Auch die weitere Annahme des Berufungsgerichts, die Klägerin hafte im Ergebnis der Abwägung nach § 17 Abs. 1 und 2 StVG als Auffahrende zu 100%, war revisionsrechtlich nicht zu beanstanden. Sie hielt sich im Rahmen des tatrichterlichen Beurteilungsspielraums.

117 Die von der Klägerin erhobenen Verfahrensrügen hat der erkennende Senat geprüft und nicht für durchgreifend erachtet (§ 564 ZPO). Insbesondere war das Berufungsgericht – anders als die Revision meinte – nicht verpflichtet, die Klägerin als Partei zu vernehmen. Dass – wie das Berufungsgericht ausgeführt hatte – eine Vernehmung der Klägerin als Partei gemäß § 447 ZPO schon aufgrund des ausdrücklichen Widerspruchs des Beklagten ausschied, zog die Revision nicht in Zweifel. Soweit sie meinte, es dürfe der Klägerin nicht zum Nachteil gereichen, dass sie in Beweisnot geraten sei, weil sich der Fahrer des Gespanns nach dem Unfall unerkannt von der Unfallstelle entfernt habe und keiner der ansonsten vernommenen Zeugen das Unfallgeschehen zuverlässig habe beobachten können, stützte sie sich in der Sache allein auf § 448 ZPO. Nach ständiger höchstrichterlicher Rechtsprechung setzt eine Parteivernehmung nach dieser Vorschrift auch bei Beweisnot einer Partei aber grundsätzlich den sogenannten Anbeweis, also eine gewisse, nicht notwendig hohe Wahrscheinlichkeit für die Richtigkeit der streitigen Behauptung voraus. Eine solche Wahrscheinlichkeit hatte das Berufungsgericht, auch unter Berücksichtigung der Angaben der Klägerin im Rahmen ihrer persönlichen Anhörung vor dem Landgericht, verneint, ohne dass ihm dabei revisionsrechtlich relevante Fehler unterlaufen wären.

10. Anscheinsbeweis bei Parkplatzunfällen Nr. 1

118 **BGH, Urt. v. 15.12.2015 – VI ZR 6/15, zfs 2016, 435 = VersR 2016, 410**
ZPO § 286; StVO §§ 1 Abs. 2, 9 Abs. 5

Die für die Anwendung eines Anscheinsbeweises gegen einen Rückwärtsfahrenden erforderliche Typizität des Geschehensablaufs liegt regelmäßig nicht vor, wenn beim rückwärtigen Ausparken von zwei Fahrzeugen aus Parkbuchten eines Parkplatzes zwar feststeht, dass vor der Kollision ein Fahrzeugführer rückwärts gefahren ist, aber nicht ausgeschlossen werden kann, dass ein Fahrzeug im Kollisionszeitpunkt bereits stand, als der andere – rückwärtsfahrende – Unfallbeteiligte mit seinem Fahrzeug in das Fahrzeug hineingefahren ist.

a) Der Fall

119 Der Kläger machte Schadensersatzansprüche nach einem Verkehrsunfall am 6.6.2013 auf dem Parkplatz eines Baumarktes geltend.

10. Anscheinsbeweis bei Parkplatzunfällen Nr. 1 § 10

Der Kläger parkte mit seinem Pkw rückwärts aus einer Parkbucht aus. Es kam zu einem Zusammenstoß in der zwischen zwei Parkbuchtreihen befindlichen Gasse mit dem bei der Beklagten zu 2 haftpflichtversicherten Pkw des Beklagten zu 1, der ebenfalls rückwärts aus einer gegenüberliegenden Parkbucht herausfuhr. Vorgerichtlich regulierte die Beklagte zu 2 die von ihr anerkannten Schadenspositionen des Klägers im Umfang von 50 %. Der Kläger beanspruchte eine Erstattung von 100 % der von ihm angemeldeten Schäden. Insoweit machte er auch einen höheren als den erstatteten Wiederbeschaffungsaufwand seines Fahrzeugs sowie nicht erstattete Kosten einer ergänzenden Stellungnahme des von ihm beauftragten Sachverständigen geltend.

Der Kläger hat behauptet, sein Fahrzeug habe nach dem Ausparken bereits in Fahrtrichtung gestanden, als der Beklagte zu 1 mit seinem Fahrzeug in das stehende Fahrzeug hineingefahren sei. Die Beklagten haben behauptet, beide Fahrzeuge hätten sich im Zeitpunkt des Zusammenstoßes in Bewegung befunden. 120

Das Amtsgericht hat die Klage abgewiesen. Das Landgericht hat die Berufung des Klägers zurückgewiesen. Mit der vom Berufungsgericht zugelassenen Revision verfolgte der Kläger seine Ansprüche weiter.

b) Die rechtliche Beurteilung

Nach Auffassung des Berufungsgerichts stand dem Kläger über den von der Beklagten zu 2 regulierten Teilbetrag hinaus weder aus § 7 Abs. 1, § 17 Abs. 1, 2 StVG noch aus § 823 Abs. 1 BGB, § 115 VVG ein weiterer Schadensersatzanspruch zu. Das Amtsgericht sei zu Recht von einer Haftungsquote der am Unfall beteiligten Fahrzeuge von jeweils 50 % ausgegangen. Gemäß der in der obergerichtlichen Rechtsprechung überwiegend vertretenen Auffassung streite der aus § 9 Abs. 5 StVO hergeleitete Anscheinsbeweis grundsätzlich auch dann für ein Verschulden des Zurücksetzenden, wenn dieser zum Kollisionszeitpunkt bereits zum Stehen gekommen sei, gleichwohl aber – wie hier – ein enger zeitlicher und räumlicher Zusammenhang mit dem Zurücksetzen vorliege. Danach komme es nicht darauf an, ob das Fahrzeug des Klägers im rechten Winkel zu seiner Parkbucht gestanden habe und das Beklagtenfahrzeug auf sein stehendes Fahrzeug aufgefahren sei. 121

Nicht zu beanstanden sei die vom Amtsgericht gemäß § 287 ZPO vorgenommene Schätzung des Wiederbeschaffungswerts des klägerischen Fahrzeugs abzüglich des Restwerts auf 730 EUR. Zu Recht habe das Amtsgericht die Kosten des Ergänzungsgutachtens des vom Kläger beauftragten Sachverständigen nicht als erstattungsfähig angesehen. Die alleinige Begutachtung des klägerischen Fahrzeugs sei wenig aussagekräftig gewesen und es komme auf die Frage, ob das klägerische Fahrzeug im Kollisionszeitpunkt gestanden habe, nicht an. 122

Das angefochtene Urteil hielt revisionsrechtlicher Nachprüfung nicht stand. Entgegen der Auffassung des Berufungsgerichts stritt nach den bisherigen Feststellungen ein Anscheinsbeweis nicht für ein (Mit-)Verschulden des Klägers. Nicht frei 123 von Rechtsfehlern waren auch die Ausführungen zur Schätzung des Wiederbeschaffungsaufwands des klägerischen Fahrzeugs.

124 Die Revision war unbeschränkt zulässig. Die Entscheidungsformel des Berufungsurteils enthielt keinen Zusatz, der die dort ausgesprochene Zulassung der Revision einschränkt. Eine Beschränkung der Revisionszulassung ergibt sich auch nicht aus der vom Berufungsgericht genannten Begründung der Zulassung, eine Vereinheitlichung der Rechtsprechung zur Haftungsverteilung bei Unfällen zwischen rückwärts ausparkenden Pkw zu ermöglichen. Eine Beschränkung der Revisionszulassung ist nur im Hinblick auf einen tatsächlich und rechtlich selbständigen Teil des Streitgegenstands zulässig, nicht aber auf einzelne Rechtsfragen. Hier ergab sich eine Beschränkung auf den Haftungsgrund nicht eindeutig aus der Benennung des Zulassungsgrundes, zumal die angesprochene Rechtsfrage nach der Begründung des Berufungsurteils auch für den Ersatz der im Revisionsrechtszug von den Beklagten anerkannten Kosten des Ergänzungsgutachtens erheblich sein konnte.

125 Revisionsrechtlich nicht zu beanstanden war der Ausgangspunkt des Berufungsgerichts, wonach sowohl der Kläger als auch die Beklagten grundsätzlich für die Folgen des streitgegenständlichen Unfallgeschehens gemäß § 7 Abs. 1 StVG, § 115 Abs. 1 VVG einzustehen hatten, weil die Unfallschäden beim Betrieb von Kraftfahrzeugen entstanden sind, der Unfall nicht auf höhere Gewalt zurückzuführen war und für keinen der beteiligten Fahrer ein unabwendbares Ereignis im Sinne des § 17 Abs. 3 StVG darstellte.

126 Im Rahmen der hiernach gemäß § 17 Abs. 1, 2 StVG gebotenen Abwägung der beiderseitigen Mitverursachungs- und Verschuldensanteile hatte das Berufungsgericht jedoch rechtsfehlerhaft angenommen, dass der Anscheinsbeweis für ein Verschulden des Klägers spreche, obwohl nicht auszuschließen war, dass das Fahrzeug des Klägers im Zeitpunkt der Kollision bereits stand.

127 Die Regeln der Straßenverkehrsordnung (StVO) sind auf dem – hier vorliegenden – öffentlich zugänglichen Parkplatz grundsätzlich anwendbar. Teilweise wird hieraus gefolgert, § 9 Abs. 5 StVO, wonach sich der Fahrzeugführer beim Rückwärtsfahren so verhalten muss, dass eine Gefährdung anderer Verkehrsteilnehmer ausgeschlossen ist, und er sich erforderlichenfalls einweisen lassen muss, sei auch auf Parkplätzen unmittelbar anwendbar. Die wohl überwiegende Auffassung stellt indes darauf ab, dass die Vorschrift primär dem Schutz des fließenden und deshalb typischerweise schnelleren Verkehrs dient und mithin bei einem Parkplatzunfall nicht unmittelbar anwendbar ist. Auf Parkplätzen ohne eindeutigen Straßencharakter sei anstelle des § 9 Abs. 5 StVO das Gebot der allgemeinen Rücksichtnahme (§ 1 Abs. 2 StVO) zu beachten. Danach muss sich ein Verkehrsteilnehmer so verhalten, dass kein anderer geschädigt, gefährdet oder mehr als unvermeidbar behindert oder belästigt wird. Nach dieser Auffassung soll die Vorschrift des § 9 Abs. 5 StVO bei Unfällen auf Parkplätzen allerdings mittelbar anwendbar oder deren Wertung im Rahmen der Pflichtenkonkretisierung nach § 1 Abs. 2 StVO zu berücksichtigen sein. Da auf

10. Anscheinsbeweis bei Parkplatzunfällen Nr. 1 § 10

Parkplätzen stets mit ausparkenden und rückwärtsfahrenden Fahrzeugen zu rechnen sei, müssten Kraftfahrer hier so vorsichtig fahren, dass sie jederzeit anhalten könnten. Das gelte in besonderem Maße für den rückwärtsfahrenden Verkehrsteilnehmer. Bei ihm sei die besondere Gefährlichkeit des Rückwärtsfahrens mit einzubeziehen, die wegen des eingeschränkten Sichtfeldes des Rückwärtsfahrenden für den rückwärtigen Verkehr bestehe. Entsprechend der Wertung des § 9 Abs. 5 StVO müsse er sich deshalb so verhalten, dass er sein Fahrzeug notfalls sofort anhalten könne (vgl. LG Saarbrücken, NJW-RR 2012, 476, 477 m.w.N.). Der Senat schließt sich der zuletzt genannten Auffassung an. Sie wird den Unterschieden zwischen dem fließenden Verkehr einerseits und der besonderen Situation auf einem Parkplatz andererseits besser gerecht.

Nach der Rechtsprechung zu § 9 Abs. 5 StVO spricht der Anscheinsbeweis gegen den Rückwärtsfahrenden, wenn es in einem engen zeitlichen und räumlichen Zusammenhang mit dem Rückwärtsfahren zu einem Zusammenstoß kommt. Dieser Grundsatz wird teilweise – wie auch im angefochtenen Urteil – auf Unfälle auf Parkplätzen übertragen. Dies soll auch dann gelten, wenn der Rückwärtsfahrende zum Unfallzeitpunkt bereits steht. Der Anscheinsbeweis soll erst entfallen, wenn der Rückwärtsfahrende zum Unfallzeitpunkt längere Zeit zum Stehen gekommen war. Dafür spreche, dass die mit der Rückwärtsfahrt typischerweise verbundenen Gefahren, die den Fahrzeugführer gemäß § 9 Abs. 5 StVO dazu verpflichteten, eine Gefährdung anderer Verkehrsteilnehmer auszuschließen, nicht sogleich mit dem Stillstand des Fahrzeugs endeten und anderenfalls die Haftung von der Frage abhinge, ob es dem Rückwärtsfahrenden (zufällig) noch gelinge, sein Fahrzeug vor dem Zusammenstoß zum Stillstand zu bringen. Es bestehe auch dann noch ein spezifischer Bezug zum Rückwärtsfahren, wenn das Fahrzeug erst kurzzeitig stehe. Wird das Fahrzeug vorwärts aus der Parkbucht gefahren, bestehe eine deutlich bessere und frühzeitigere Sichtmöglichkeit als dies beim Rückwärtsfahren der Fall sei.

128

Die hieraus abgeleitete Anwendung des Anscheinsbeweises zulasten des Klägers steht nicht in Einklang mit der Rechtsprechung des erkennenden Senats.

129

Danach setzt die Anwendung des Anscheinsbeweises auch bei Verkehrsunfällen Geschehensabläufe voraus, bei denen sich nach der allgemeinen Lebenserfahrung der Schluss aufdrängt, dass ein Verkehrsteilnehmer seine Pflicht zur Beachtung der im Verkehr erforderlichen Sorgfalt verletzt hat; es muss sich um Tatbestände handeln, für die nach der Lebenserfahrung eine schuldhafte Verursachung typisch ist. Demnach kann bei einem Unfall auf einem Parkplatz im Zusammenhang mit dem Rückwärtsfahren grundsätzlich der erste Anschein für ein Verschulden des Rückwärtsfahrenden sprechen. Es reicht allerdings allein das „Kerngeschehen" – hier: Rückwärtsfahren – als solches dann als Grundlage eines Anscheinsbeweises nicht aus, wenn weitere Umstände des Unfallereignisses bekannt sind, die als Besonderheiten gegen die bei derartigen Fallgestaltungen gegebene Typizität sprechen. Denn es muss das gesamte feststehende Unfallgeschehen nach der Lebenserfahrung typisch dafür sein, dass derjenige Verkehrsteilnehmer, zu dessen Lasten im Rahmen des Unfallereignisses der Anscheinsbeweis Anwendung finden soll, schuldhaft gehandelt hat. Ob der Sachverhalt in diesem Sinne im Einzelfall wirklich typisch ist, kann nur aufgrund einer umfassenden Betrachtung aller tatsächlichen Elemente des Gesamtgeschehens beurteilt werden, die sich aus dem unstreitigen Parteivortrag und den getroffenen Feststellungen ergeben. Zudem ist bei der Anwendung des Anscheinsbeweises grundsätzlich Zurückhaltung geboten, weil er es erlaubt, bei typischen Geschehensabläufen aufgrund allgemeiner Erfahrungssätze auf einen ursächlichen Zusammenhang oder ein schuldhaftes Verhalten zu schließen, ohne dass im konkreten Fall die Ursache bzw. das Verschulden festgestellt ist.

130 Nach den vorstehend dargelegten Grundsätzen ist die Anwendung des Anscheinsbeweises gegen den Rückwärtsfahrenden auf einem Parkplatz nicht zu beanstanden, wenn feststeht, dass die Kollision beim Rückwärtsfahren des Verkehrsteilnehmers stattgefunden hat. Die geforderte Typizität liegt aber regelmäßig nicht vor, wenn zwar feststeht, dass – wie hier – vor der Kollision ein Fahrzeugführer rückwärts gefahren ist, aber nicht ausgeschlossen werden kann, dass sein Fahrzeug im Kollisionszeitpunkt bereits stand, als der andere Unfallbeteiligte (hier: Beklagter zu 1) mit seinem Fahrzeug in das stehende Fahrzeug hineingefahren ist. Denn es gibt keinen allgemeinen Erfahrungssatz, wonach sich der Schluss aufdrängt, dass auch der Fahrzeugführer, der sein Fahrzeug vor der Kollision auf dem Parkplatz zum Stillstand gebracht hat, die ihn treffenden Sorgfaltspflichten verletzt hat. Anders als im fließenden Verkehr mit seinen typischerweise schnellen Verkehrsabläufen, bei denen der Verkehrsteilnehmer grundsätzlich darauf vertrauen darf, dass sein Verkehrsfluss nicht durch ein rückwärtsfahrendes Fahrzeug gestört wird, gilt in der Situation auf dem Parkplatz ein solcher Vertrauensgrundsatz nicht. Hier muss der Verkehrsteilnehmer jederzeit damit rechnen, dass rückwärtsfahrende oder ein- und ausparkende Fahrzeuge seinen Verkehrsfluss stören. Er muss daher, um der Verpflichtung zur gegenseitigen Rücksichtnahme nach § 1 Abs. 1 StVO genügen zu können, von vornherein mit geringer Geschwindigkeit und bremsbereit fahren, um jederzeit anhalten zu können. Hat ein Fahrer diese Verpflichtung erfüllt und gelingt es ihm, beim Rückwärtsfahren vor einer Kollision zum Stehen zu kommen, hat er grundsätzlich seiner Verpflichtung zum jederzeitigen Anhalten genügt, sodass für den Anscheinsbeweis für ein Verschulden des Rückwärtsfahrenden kein Raum bleibt.

131 Nach den vorstehenden Ausführungen war die Sache bereits wegen der fehlerhaften Anwendung des Anscheinsbeweises an das Berufungsgericht zurückzuverweisen. Für das weitere Verfahren wies der Senat insoweit darauf hin, dass auch dann, wenn der Beweis des ersten Anscheins nicht für ein Verschulden des Klägers spricht, die Betriebsgefahr seines Fahrzeugs und weitere Umstände, aus denen auf ein Verschulden des ursprünglich rückwärtsfahrenden Klägers geschlossen werden kann, im Rahmen der Abwägung berücksichtigt werden können.

Zudem waren aber auch die Ausführungen des Berufungsgerichts zur Schätzung des Wiederbeschaffungsaufwands des klägerischen Fahrzeugs nicht frei von Rechtsfehlern.

Nach § 287 Abs. 1 S. 2 ZPO steht allerdings der Umfang einer Beweisaufnahme im Ermessen des Gerichts; es ist insoweit an Beweisanträge nicht gebunden. Das Revisionsgericht hat nur zu prüfen, ob das Gericht die Grenzen des Ermessens beachtet hat. Auch bei freier Überzeugungsbildung nach § 287 ZPO bedarf es aber, wenn auf Sachverständige verzichtet wird, der Ausweisung der entsprechenden Sachkunde des Gerichts. Das gilt auch, wenn das Gericht von den Feststellungen eines Sachverständigen abweichen will.

Hier verwies die Revisionsbegründung darauf, dass der vom Kläger beauftragte Sachverständige in seinem Ergänzungsgutachten detailliert begründet hatte, warum er einen höheren Wiederbeschaffungswert als die Beklagte und das Berufungsgericht angenommen hat. Er hat dabei auch darauf hingewiesen, dass die von der Beklagten vorgelegte Internet-Recherche, auf welche das Berufungsgericht seine Schätzung gründete, keine tragfähige Grundlage für eine Schätzung nach § 287 ZPO sei. Unter diesen Umständen durfte das Berufungsgericht nicht ohne Darlegung einer eigenen Sachkunde von der Einholung eines gerichtlichen Sachverständigengutachtens absehen.

11. Anscheinsbeweis bei Parkplatzunfällen Nr. 2

BGH, Urt. v. 26.1.2016 – VI ZR 179/15, zfs 2016, 434 = VersR 2016, 479

StVG § 17; StVO §§ 1, 9 Abs. 5

a) *Die Vorschrift des § 9 Abs. 5 StVO ist auf Parkplätzen ohne eindeutigen Straßencharakter nicht unmittelbar anwendbar. Mittelbare Bedeutung erlangt sie aber über § 1 StVO.*

b) *Entsprechend der Wertung des § 9 Abs. 5 StVO muss sich auch derjenige, der auf einem Parkplatz rückwärtsfährt, so verhalten, dass er sein Fahrzeug notfalls sofort anhalten kann.*

c) *Kollidiert der Rückwärtsfahrende mit einem anderen Fahrzeug, so können zugunsten desjenigen, der sich auf ein unfallsächliches Verschulden des Rückwärtsfahrenden beruft, die Grundsätze des Anscheinsbeweises zur Anwendung kommen. Steht fest, dass sich die Kollision beim Rückwärtsfahren ereignete, der Rückwärtsfahrende zum Kollisionszeitpunkt selbst also noch nicht stand, so spricht auch bei Parkplatzunfällen ein allgemeiner Erfahrungssatz dafür, dass der Rückwärtsfahrende der dargestellten Sorgfaltspflicht nicht nachgekommen ist und den Unfall dadurch (mit)verursacht hat.*

§ 10 Halter- und Fahrerhaftung

a) Der Fall

135 Die Klägerin nahm die Beklagten nach einem Verkehrsunfall auf restlichen Schadensersatz in Anspruch.

Im Dezember 2012 kollidierte die Beklagte zu 1 mit ihrem bei der Beklagten zu 2 haftpflichtversicherten Pkw mit dem Pkw der Klägerin. Der Zusammenstoß ereignete sich auf dem Kundenparkplatz eines Einkaufszentrums. Mit der Behauptung, die Klägerin treffe eine Mithaftung von 40 %, regulierte die Beklagte zu 2 den am Fahrzeug der Klägerin entstandenen, der Höhe nach unstreitigen Schaden zu 60 %. Die restlichen 40 %, einen Betrag von 939,88 EUR, machte die Klägerin – soweit in der Revisionsinstanz noch von Interesse – mit ihrer Klage geltend.

136 Die Klägerin hat behauptet, sie sei zunächst hinter dem Fahrzeug der Beklagten zu 1 hergefahren. Diese habe dann versucht, in eine Parklücke einzuparken. Sie, die Klägerin, sei dabei mit ihrem Pkw – quer zur Parklücke – hinter dem Fahrzeug der Beklagten zu 1 gestanden. Da es der Beklagten zu 1 nicht gelungen sei, ganz in die Parklücke einzufahren, habe diese den Rückwärtsgang eingelegt und sei aus der Parklücke rückwärts wieder herausgefahren. Dabei sei das Fahrzeug der Beklagten zu 1 mit demjenigen der Klägerin, das zu diesem Zeitpunkt gestanden habe, kollidiert. Sie, die Klägerin, habe diesen Unfall nicht vermeiden können. Ein Zurücksetzen ihrerseits sei schon deshalb nicht in Betracht gekommen, weil sich hinter ihr ein anderes Fahrzeug befunden habe; ein Hupen, um die Beklagte zu 1 auf sich aufmerksam zu machen, sei ihr ebenfalls nicht möglich gewesen.

Das Amtsgericht hat die Klage abgewiesen. Das Landgericht hat die von der Klägerin dagegen geführte Berufung zurückgewiesen. Mit der vom Berufungsgericht zugelassenen Revision verfolgt die Klägerin ihre Ansprüche weiter.

b) Die rechtliche Beurteilung

137 Das Berufungsgericht hat im Wesentlichen ausgeführt, der Klägerin stehe aus dem Unfallereignis kein über die bereits erfolgte Regulierung des Schadens hinausgehender Schadensersatzanspruch zu. Dies folge aus dem Ergebnis der gemäß § 17 Abs. 1, 2 StVG vorzunehmenden Abwägung. Einzustellen seien dabei im Streitfall allein die – gleich zu wertenden – Betriebsgefahren der beiden Fahrzeuge. Ein für den Unfall ursächliches Verschulden der Fahrzeugführer stehe indes nicht fest.

138 Auf einen Verstoß der Beklagten zu 1 gegen § 9 Abs. 5 StVO könne sich die Klägerin schon deshalb nicht berufen, weil die Bestimmung auf Unfälle auf einem Parkplatz nicht unmittelbar anwendbar sei. Ein für den Unfall ursächlicher Verstoß der Beklagten zu 1 gegen § 1 StVO stehe nicht fest. Zwar könne nicht fraglich sein, dass vor dem (Rückwärts-)Ausparken neben dem von der Beklagten zu 1 angegebenen Blick über die rechte Schulter auch der Blick unmittelbar nach hinten und über die linke Schulter erforderlich sei. Das in einem unzureichenden Blick nach hinten liegende Verschulden hätte sich aber nur dann ausgewirkt, wenn bei Beginn des

11. Anscheinsbeweis bei Parkplatzunfällen Nr. 2 § 10

Ausparkvorgangs erkennbar gewesen wäre, dass mit dem Ausparken eine Gefährdung des gegnerischen Fahrzeugs einhergehe und der Ausparkvorgang deshalb hätte abgebrochen werden müssen bzw. gar nicht hätte eingeleitet werden dürfen. Davon könne im Streitfall nicht ausgegangen werden, da nicht feststehe, wo sich das Fahrzeug der Klägerin im Zeitpunkt der Reaktionsaufforderung (spätestens bei Aufleuchten des Rückscheinwerfers am Fahrzeug der Beklagten zu 1) befunden habe und ob es in Bewegung gewesen sei.

Schließlich nehme die Kammer einen Anscheinsbeweis dafür, dass ein Verschulden des rückwärts Ausparkenden ursächlich für den Unfall gewesen sei, nicht an. Es fehle im Hinblick auf die auf einem Parkplatz bestehenden Besonderheiten an einem hierfür erforderlichen typischen Geschehensablauf. Wenn es beim Rückwärtsausparken zu einem Unfall komme, sei es gerade nicht typisch, dass allein den Ausparkenden ein Vorwurf treffe und der Unfallgegner den ihm aufzuerlegenden, ebenfalls erhöhten Sorgfaltspflichten genügt habe. **139**

Das Berufungsurteil hielt revisionsrechtlicher Überprüfung nicht stand. **140**

Mit den Erwägungen des Berufungsgerichts ließ sich ein Anspruch der Klägerin auf weiteren Schadensersatz nicht verneinen. Mit Erfolg beanstandete die Revision die Ausführungen des Berufungsgerichts zur Abwägung der beiderseitigen Verursachungs- und Verantwortungsbeiträge nach § 17 Abs. 1 und 2 StVG.

Grundsätzlich ist die Entscheidung über die Haftungsverteilung im Rahmen des § 17 StVG – wie im Rahmen des § 254 BGB – Sache des Tatrichters und im Revisionsverfahren nur darauf zu überprüfen, ob alle in Betracht kommenden Umstände vollständig und richtig berücksichtigt und der Abwägung rechtlich zulässige Erwägungen zugrunde gelegt worden sind. Die Abwägung ist aufgrund aller festgestellten, das heißt unstreitigen, zugestandenen oder nach § 286 ZPO bewiesenen Umstände des Einzelfalls vorzunehmen, die sich auf den Unfall ausgewirkt haben; in erster Linie ist hierbei das Maß der Verursachung von Belang, in dem die Beteiligten zur Schadensentstehung beigetragen haben; ein Faktor bei der Abwägung ist dabei das beiderseitige Verschulden. Einer Überprüfung nach diesen Grundsätzen hielt die vom Berufungsgericht vorgenommene Abwägung nicht stand. Auf der Grundlage des im Revisionsverfahren maßgeblichen Sachverhalts konnte nicht ausgeschlossen werden, dass in die Abwägung zulasten der Beklagten ein Verschulden der Beklagten zu 1 hätte eingestellt werden müssen. **141**

Im Ausgangspunkt zutreffend ging das Berufungsgericht freilich davon aus, dass ein solches Verschulden nicht aus einem Verstoß der Beklagten unmittelbar gegen § 9 Abs. 5 StVO hergeleitet werden konnte. Die Vorschrift ist auf Parkplätzen ohne eindeutigen Straßencharakter nicht unmittelbar anwendbar (Senatsurt. v. 15.12.2015 – VI ZR 6/15, Rn 11). Mittelbare Bedeutung erlangt § 9 Abs. 5 StVO aber über § 1 StVO. Entsprechend der Wertung des § 9 Abs. 5 StVO muss sich auch derjenige, der auf einem Parkplatz rückwärtsfährt, so verhalten, dass er sein Fahrzeug notfalls sofort anhalten kann (Senat a.a.O.). Kollidiert der Rückwärtsfahrende **142** mit einem anderen Fahrzeug, so können zugunsten desjenigen, der sich auf ein unfallursächliches Verschulden des Rückwärtsfahrenden beruft, die Grundsätze des Anscheinsbeweises zur Anwendung kommen. Steht fest, dass sich die Kollision beim Rückwärtsfahren ereignete, der Rückwärtsfahrende zum Kollisionszeitpunkt selbst also noch nicht stand, so spricht auch bei Parkplatzunfällen ein allgemeiner Erfahrungssatz dafür, dass der Rückwärtsfahrende der dargestellten Sorgfaltspflicht nicht nachgekommen ist und den Unfall dadurch (mit-)verursacht hat (vgl. Senat a.a.O., Rn 14 f.).

143 Nach diesen – vom erkennenden Senat erst nach Erlass des Berufungsurteils entwickelten – Grundsätzen hätte, was der Senat im Revisionsverfahren überprüfen darf, auf der Grundlage des revisionsrechtlich maßgeblichen Sachverhalts davon ausgegangen werden müssen, dass der Beweis des ersten Anscheins für ein unfallursächliches Verschulden der Beklagten zu 1 sprach. Denn die Klägerin hat ausweislich der tatbestandlichen Feststellungen des Berufungsurteils vorgetragen, die aus der Parklücke rückwärts (wieder) ausfahrende Beklagte zu 1 sei auf das im Kollisionszeitpunkt bereits stehende Fahrzeug der Klägerin aufgefahren. Davon abweichende Feststellungen hatte das Berufungsgericht nicht getroffen, weshalb dieser Vortrag im Revisionsverfahren zu unterstellen war. Umstände, die den Anscheinsbeweis erschüttern konnten, hatte das Berufungsgericht ebenfalls nicht festgestellt.

144 Die angefochtene Entscheidung beruhte auf dem dargestellten Rechtsfehler (§ 545 Abs. 1 ZPO). Es konnte nicht ausgeschlossen werden, dass der Klägerin mehr als die ihr von der Beklagten zu 2 bereits gezahlten 60 % des Schadens zu ersetzen sein werden, wenn bei der nach § 17 Abs. 1 und 2 StVG vorzunehmenden Abwägung der Verursachungs- und Verantwortungsbeiträge ein schuldhafter Verstoß der Beklagten zu 1 gegen § 1 StVO zu berücksichtigen sein wird.

145 Für das weitere Verfahren und die dabei neu vorzunehmende Abwägung der Verursachungs- und Verantwortungsbeiträge hat der Senat auf Folgendes hingewiesen:

Das Berufungsgericht wird unter Berücksichtigung der Rechtsauffassung des erkennenden Senats die Frage zu klären haben, ob der Beklagten zu 1 ein Verschuldensvorwurf zu machen ist, der bei der Abwägung zulasten der Beklagten zu berücksichtigen wäre. Gegebenenfalls wird sich das Berufungsgericht auch mit der unabhängig davon zu beurteilenden Frage zu befassen haben, ob der Unfall auch auf einem Verschulden der Klägerin beruht. Im Hinblick auf ein mögliches Mitverschulden der Klägerin wird zu berücksichtigen sein, dass das dafür erforderliche sorgfaltspflichtwidrige Verhalten der Klägerin, sollte es nicht unstreitig sein, ebenfalls positiv festgestellt werden muss.

12. Anscheinsbeweis bei Parkplatzunfällen Nr. 3
BGH, Urt. v. 11.10.2016 – VI ZR 66/16, zfs 2017, 199 = VersR 2017, 186
StVG § 17; StVO §§ 1, 9 Abs. 5

a) Steht fest, dass sich die Kollision beim Rückwärtsfahren ereignete, der Rückwärtsfahrende zum Kollisionszeitpunkt selbst also noch nicht stand, so spricht auch bei Parkplatzunfällen ein allgemeiner Erfahrungssatz dafür, dass der Rückwärtsfahrende seiner Sorgfaltspflicht nach § 1 StVO in Verbindung mit der Wertung des § 9 Abs. 5 StVO nicht nachgekommen ist und den Unfall dadurch (mit-)verursacht hat.

b) Dagegen liegt die für die Anwendung eines Anscheinsbeweises gegen einen Rückwärtsfahrenden erforderliche Typizität des Geschehensablaufs regelmäßig nicht vor, wenn beim rückwärtigen Ausparken von zwei Fahrzeugen aus Parkbuchten eines Parkplatzes zwar feststeht, dass vor der Kollision ein Fahrzeugführer rückwärts gefahren ist, aber zumindest nicht ausgeschlossen werden kann, dass sein Fahrzeug im Kollisionszeitpunkt bereits stand, als der andere rückwärtsfahrende Unfallbeteiligte mit seinem Fahrzeug in das Fahrzeug hineingefahren ist.

c) Unabhängig vom Eingreifen eines Anscheinsbeweises können die Betriebsgefahr der Fahrzeuge und weitere sie erhöhende Umstände im Rahmen der Abwägung nach § 17 Abs. 1, 2 StVG Berücksichtigung finden.

(im Anschluss an Senatsurt. v. 15.12.2015 – VI ZR 6/15, VersR 2016, 410 und v. 26.1.2016 – VI ZR 179/15, VersR 2016, 479).

a) Der Fall

Die Klägerin machte gegen die Beklagten Schadensersatzansprüche nach einem Verkehrsunfall vom 3.7.2014 auf dem Parkplatz eines Baumarktes geltend. Der Beklagte zu 1 fuhr am Unfalltag mit seinem bei der Beklagten zu 2 haftpflichtversicherten Pkw auf dem Fahrweg zwischen zwei im rechten Winkel dazu angeordneten Parkbuchten. Dabei fuhr er vorwärts in eine – aus seiner Fahrtrichtung gesehen rechts vom Fahrweg gelegene – Parkbucht ein, um sogleich wieder in entgegengesetzter Richtung rückwärts aus der Parkbucht auszufahren. Die Klägerin befand sich zu diesem Zeitpunkt mit ihrem Pkw in einer auf der gegenüberliegenden Seite des Fahrwegs gelegenen Parkbucht. Sie fuhr, nachdem sie gesehen hatte, dass der Beklagte zu 1 in die Parkbucht eingefahren war, mit ihrem Fahrzeug rückwärts aus ihrer Parkbucht und brachte ihr Fahrzeug auf dem Fahrweg zum Stehen. Noch ehe sie den Vorwärtsgang eingelegt und ihr Fahrzeug in Richtung Ausfahrt in Bewegung gesetzt hatte, kam es zur Kollision zwischen dem Pkw der Klägerin und dem Heck des Pkw des Beklagten zu 1, der ebenfalls rückwärts aus der gegenüberliegenden Parkbucht ausgefahren war. Durch die Kollision wurde das Fahrzeug der Klägerin an der Fahrerseite beschädigt.

Die Klägerin hat behauptet, dass der Pkw des Beklagten vollständig in die gegenüberliegende Parkbucht eingefahren sei. Die Bremslichter des Fahrzeugs des Beklagten zu 1 seien erloschen gewesen. Erst als sie daraufhin aus ihrer Parkbucht ausgefahren und auf dem Fahrweg zum Stehen gekommen sei, habe der Beklagte zu 1 sein Fahrzeug plötzlich zurückgesetzt. Zum Zeitpunkt der Kollision habe sie bereits etwa drei Sekunden auf dem Fahrweg gestanden.

149 Der Beklagte zu 1 hat behauptet, nicht in die unmittelbar gegenüber dem Klägerfahrzeug befindliche Parkbucht, sondern in eine etwas versetzt gelegene Parkbucht eingefahren zu sein. Er sei auch nicht vollständig in diese Parkbucht eingefahren, sondern habe, als sich die Front seines Fahrzeugs etwa quer zum Verlauf des Fahrwegs befunden habe, den Rückwärtsgang eingelegt, um in entgegengesetzter Fahrtrichtung wieder auf den Fahrweg zu fahren. Er sei zur selben Zeit wie die Klägerin aus der Parkbucht ausgefahren. Das Fahrzeug der Klägerin sei allenfalls den Bruchteil einer Sekunde vor der Kollision zum Stehen gekommen.

150 Die Beklagte zu 2 hat den Schaden der Klägerin auf Grundlage einer Haftungsquote von 50 % reguliert. Die auf Ersatz des weitergehenden Schadens gerichtete Klage hat das Amtsgericht abgewiesen. Die Berufung der Klägerin hat das Berufungsgericht zurückgewiesen. Mit der vom Berufungsgericht zugelassenen Revision verfolgte die Klägerin ihr Klagebegehren weiter.

b) Die rechtliche Beurteilung

151 Das angefochtene Urteil hielt revisionsrechtlicher Nachprüfung nicht stand. Entgegen der Auffassung des Berufungsgerichts stritt nach den getroffenen Feststellungen kein Anscheinsbeweis für ein Mitverschulden der Klägerin. Die Revision beanstandete insoweit mit Recht die Ausführungen des Berufungsgerichts zur Abwägung der beiderseitigen Verursachungs- und Verschuldensbeiträge nach § 17 Abs. 1 und 2 StVG.

152 Grundsätzlich ist die Entscheidung über die Haftungsverteilung im Rahmen des § 17 StVG – wie im Rahmen des § 254 BGB – Sache des Tatrichters und im Revisionsverfahren nur darauf zu überprüfen, ob alle in Betracht kommenden Umstände vollständig und richtig berücksichtigt und der Abwägung rechtlich zulässige Erwägungen zugrunde gelegt worden sind (vgl. Senatsurt. v. 26.1.2016 – VI ZR 179/15, VersR 2016, 479 Rn 10; v. 27.5.2014 – VI ZR 279/13, VersR 2014, 894 Rn 18 und v. 7.2.2012 – VI ZR 133/11, VersR 2012, 504 Rn 5 m.w.N.). Die Abwägung ist aufgrund aller festgestellten, d.h. unstreitigen, zugestandenen oder nach § 286 ZPO bewiesenen Umstände des Einzelfalls vorzunehmen, die sich auf den Unfall ausgewirkt haben; in erster Linie ist hierbei das Maß der Verursachung von Belang, in dem die Beteiligten zur Schadensentstehung beigetragen haben; ein Faktor bei der Abwägung ist dabei das beiderseitige Verschulden (Senatsurt. v. 26.1.2016 – VI ZR 179/15, a.a.O.; v. 27.5.2014 – VI ZR 279/13, a.a.O. und v. 7.2.2012 – VI ZR 133/11, a.a.O., m.w.N.). Einer Überprüfung nach diesen Grundsätzen hielt die vom Berufungsgericht vorgenommene Abwägung nicht stand. Im Rahmen der hiernach gemäß § 17 Abs. 1, 2 StVG gebotenen Abwägung der beiderseitigen Mitverursachungs- und -verschuldensanteile hatte das Berufungsgericht rechtsfehlerhaft ange-

12. Anscheinsbeweis bei Parkplatzunfällen Nr. 3 § 10

nommen, dass der Anscheinsbeweis für ein Mitverschulden der Klägerin spreche, obwohl es davon ausgegangen war, dass das Fahrzeug der Klägerin im Zeitpunkt der Kollision bereits stand.

Der erkennende Senat hat in zwei Entscheidungen (Senatsurt. v. 15.12.2015 – VI ZR 6/15, VersR 2016, 410 Rn 15 und v. 26.1.2016 – VI ZR 179/15, VersR 2016, 479 Rn 11) Grundsätze zur Anwendbarkeit des Anscheinsbeweises gegen den Rückwärtsfahrer bei Parkplatzunfällen aufgestellt. **153**

Danach ist die Vorschrift des § 9 Abs. 5 StVO auf Parkplätzen ohne eindeutigen Straßencharakter nicht unmittelbar anwendbar. Mittelbare Bedeutung erlangt sie aber über § 1 StVO. Entsprechend der Wertung des § 9 Abs. 5 StVO muss sich auch derjenige, der auf einem Parkplatz rückwärtsfährt, so verhalten, dass er sein Fahrzeug notfalls sofort anhalten kann. Kollidiert der Rückwärtsfahrende mit einem anderen Fahrzeug, so können zugunsten desjenigen, der sich auf ein unfallursächliches Mitverschulden des Rückwärtsfahrenden beruft, die Grundsätze des Anscheinsbeweises zur Anwendung kommen. Steht fest, dass sich die Kollision beim Rückwärtsfahren ereignete, der Rückwärtsfahrende zum Kollisionszeitpunkt selbst also noch nicht stand, so spricht auch bei Parkplatzunfällen ein allgemeiner Erfahrungssatz dafür, dass der Rückwärtsfahrende der dargestellten Sorgfaltspflicht nicht nachgekommen ist und den Unfall dadurch (mit-)verursacht hat. Dagegen liegt die für die Anwendung eines Anscheinsbeweises gegen einen Rückwärtsfahrenden erforderliche Typizität des Geschehensablaufs regelmäßig nicht vor, wenn beim rückwärtigen Ausparken von zwei Fahrzeugen aus Parkbuchten eines Parkplatzes zwar feststeht, dass vor der Kollision ein Fahrzeugführer rückwärts gefahren ist, aber zumindest nicht ausgeschlossen werden kann, dass sein Fahrzeug im Kollisionszeitpunkt bereits stand, als der andere – rückwärtsfahrende – Unfallbeteiligte mit seinem Fahrzeug in das Fahrzeug hineingefahren ist.

Nach diesen Grundsätzen hätte das Berufungsgericht aufgrund der von ihm getroffenen Feststellungen nicht davon ausgehen dürfen, dass ein Anscheinsbeweis auch für ein Mitverschulden der Klägerin an dem Verkehrsunfall spreche. Denn nach den Feststellungen des Berufungsgerichts hatte die Klägerin nach dem Zurücksetzen ihr Fahrzeug auf dem Fahrweg „zum Stehen" gebracht. Unter Bezugnahme auf die tatsächlichen Feststellungen des Amtsgerichts hatte das Berufungsgericht damit seiner Beurteilung die Feststellung zugrunde gelegt, dass das Fahrzeug der Klägerin unmittelbar vor der Kollision zum Stillstand gekommen war. Lediglich die Zeitspanne zwischen Erreichung des Stillstands des Pkw der Klägerin und der Kollision mit dem rückwärtsfahrenden Fahrzeug des Beklagten zu 1 hatte das Berufungsgericht nicht festzustellen vermocht. Auf dieser tatsächlichen Grundlage stand eine Anwendung des Anscheinsbeweises zulasten der Klägerin nicht in Einklang mit der vorgenannten Rechtsprechung des erkennenden Senats. Die erforderliche Typizität liegt regelmäßig nicht vor, wenn zwar feststeht, dass ein Fahrzeugführer – wie hier – vor der Kollision rückwärts gefahren ist, aber zumindest nicht ausgeschlos- **154** sen werden kann, dass sein Fahrzeug im Kollisionszeitpunkt bereits stand, als der andere Unfallbeteiligte (hier: der Beklagte zu 1) mit seinem Fahrzeug in das stehende Fahrzeug hineingefahren ist. Denn es gibt keinen allgemeinen Erfahrungssatz, wonach sich der Schluss aufdrängt, dass auch der Fahrzeugführer, der sein Fahrzeug vor der Kollision auf dem Parkplatz zum Stillstand gebracht hat, die ihn treffenden Sorgfaltspflichten verletzt hat. Anders als im fließenden Verkehr mit seinen typischerweise schnellen Verkehrsabläufen, bei denen der Verkehrsteilnehmer grundsätzlich darauf vertrauen darf, dass sein Verkehrsfluss nicht durch ein rückwärtsfahrendes Fahrzeug gestört wird, gilt in der Situation auf dem Parkplatz ein solcher Vertrauensgrundsatz nicht. Hier muss der Verkehrsteilnehmer jederzeit damit rechnen, dass rückwärtsfahrende oder ein- und ausparkende Fahrzeuge seinen Verkehrsfluss stören. Er muss daher, um der Verpflichtung zur gegenseitigen Rücksichtnahme nach § 1 Abs. 1 StVO genügen zu können, von vornherein mit geringerer Geschwindigkeit und bremsbereit fahren, um jederzeit anhalten zu können. Hat ein Fahrer diese Verpflichtung erfüllt und gelingt es ihm, beim Rückwärtsfahren vor einer Kollision zum Stehen zu kommen, hat er grundsätzlich seiner Verpflichtung zum jederzeitigen Anhalten genügt, sodass für den Anscheinsbeweis für ein Verschulden des Rückwärtsfahrenden kein Raum bleibt (vgl. zum vorstehenden Senatsurt. v. 15.12.2015 – VI ZR 6/15, VersR 2016, 410 Rn 15 m.w.N.).

155 Nach den vorstehenden Ausführungen war die Sache bereits wegen der fehlerhaften Anwendung des Anscheinsbeweises an das Berufungsgericht zurückzuverweisen.

Entgegen der Auffassung der Revision führte die Anwendung des Anscheinsbeweises allein zulasten des Beklagten zu 1 nicht notwendigerweise zu einer 100%igen Haftung der Beklagten für den Schaden der Klägerin. Vielmehr können die Betriebsgefahr des Fahrzeugs der Klägerin und weitere sie erhöhende Umstände im Rahmen der Abwägung nach § 17 Abs. 1, 2 StVG Berücksichtigung finden. Dies wird das Berufungsgericht zu prüfen haben.

13. Vorfahrtsrecht beim Verlassen verkehrsberuhigter Zonen

156 BGH, Urt. v. 20.11.2007 – VI ZR 8/07, zfs 2008, 256 = DAR 2008, 137
StVO §§ 42 Abs. 4a (Zeichen 325/326), 8 S. 1, 10

Die besonderen Pflichten des § 10 S. 1 StVO gelten für den Fahrer, der einen verkehrsberuhigten Bereich verlässt, auch dann, wenn das Zeichen 326 (Ende) nicht unmittelbar im Bereich der Einmündung oder Kreuzung, sondern einige Meter davor aufgestellt ist. Entscheidend ist, ob das Einfahren in eine andere Straße bei objektiver Betrachtung noch als Verlassen des verkehrsberuhigten Bereichs im Sinne des § 10 StVO erscheint. Dies ist in der Regel zu bejahen, wenn das Zeichen 326 nicht mehr als 30 m vor der Einmündung oder Kreuzung aufgestellt ist und keine konkreten Anhaltspunkte eine abweichende Beurteilung rechtfertigen.

13. Vorfahrtsrecht beim Verlassen verkehrsberuhigter Zonen § 10

a) Der Fall

Im Januar 2006 befuhr der Kläger mit seinem Pkw eine durch Verkehrszeichen 325/326 geregelte verkehrsberuhigte Zone, wobei in seiner Fahrtrichtung das Verkehrsschild 326 (Ende) in einer Entfernung von etwa 10 Metern vom Einmündungsbereich der Straße in eine Querstraße stand. Auf dieser näherte sich von links der bei der Beklagten zu 2 haftpflichtversicherte Pkw der Beklagten zu 1. Im Einmündungsbereich kam es zum Zusammenstoß der beiden Fahrzeuge, wobei der Pkw des Klägers beschädigt wurde. Der Kläger verlangte von den Beklagten vollen Ersatz seines Sachschadens.   157

Die Parteien stritten darum, ob die Beklagte zu 1 das Vorfahrtsrecht des von rechts kommenden Klägers verletzt hatte, weil die verkehrsberuhigte Zone bereits 10 Meter vor der Einmündung endete, oder ob der Kläger unter Verletzung des Vorfahrtsrechts der Beklagten zu 1 aus der noch bis zum Einmündungsbereich fortbestehenden verkehrsberuhigten Zone ausgefahren war.   158

Das Amtsgericht ist der letztgenannten Ansicht gefolgt und hat die Klage abgewiesen. Auf die Berufung des Klägers hat das Berufungsgericht der Klage unter Berücksichtigung eines Mitverursachungsanteils des Klägers von 25 % teilweise stattgegeben. Dagegen richtete sich die vom Berufungsgericht zugelassene Revision der Beklagten.   159

b) Die rechtliche Beurteilung

Nach Auffassung des Berufungsgerichts verstieß die Beklagte zu 1 gegen § 8 Abs. 1 S. 1 StVO, da sie die Vorfahrt des Klägers nicht beachtete. Die in Rechtsprechung und Literatur umstrittene Frage, wann der nach dem Ausfahren aus einer durch Verkehrszeichen 326 (verkehrsberuhigte Zone) geregelte Bereich ende, sei dahin zu beantworten, dass ab dem konkreten Standpunkt des Verkehrsschildes Zeichen 326 die allgemeinen Verkehrsregeln gälten.   160

Diese Ausführungen hielten den Angriffen der Revision nicht stand.   161

§ 42 Abs. 4a StVO normiert für verkehrsberuhigte Bereiche, die durch Zeichen 325 (Beginn) und 326 (Ende) gekennzeichnet werden, bestimmte Rechte und Pflichten der Fußgänger und der Kraftfahrer. Darüber hinaus hat nach § 10 S. 1 StVO derjenige, der aus einem verkehrsberuhigten Bereich (Zeichen 325/326) auf die Straße einfahren will, sich dabei so zu verhalten, dass eine Gefährdung anderer Verkehrsteilnehmer ausgeschlossen ist. Problematisch ist, dass für Kraftfahrer in Einmündungs- oder Kreuzungsbereichen je nach den Umständen nicht ausreichend klar erkennbar sein kann, ob die Verhaltensanforderung des § 10 S. 1 StVO gilt oder die des § 8 Abs. 1 S. 1 StVO, wonach an Kreuzungen und Einmündungen die Vorfahrt hat, wer von rechts kommt. Die Verwaltungsvorschrift zu § 42 Abs. 4a StVO bestimmt, das Zeichen 326 sei höchstens 30 m vor der nächsten Einmündung oder Kreuzung aufzustellen. Es ist jedoch nicht auszuschließen, dass ein Kraftfahrer, der

§ 10 Halter- und Fahrerhaftung

einen verkehrsberuhigten Bereich verlässt, dessen Verlassen im Einzelfall aufgrund der spezifischen Gestaltung des konkreten Straßenbereichs nicht mehr als Ausfahrt aus einem verkehrsberuhigten Bereich erkennt.

162 Deshalb könnte für die Ansicht des Berufungsgerichts, ab dem konkreten Standpunkt des Verkehrsschildes gälten die allgemeinen Verkehrsregeln, der Gesichtspunkt einer klaren Regelung sprechen. Der erkennende Senat hielt diese Ansicht nicht für richtig. Bezogen auf die Verhaltensanforderungen des § 10 StVO hat das Zeichen 326 eine die Vorfahrt regelnde Bedeutung. Die sich aus dieser Regelung ergebenden Verpflichtungen enden nicht generell auf der Höhe des Verkehrsschildes. Sie enden vielmehr in der Regel erst dann, wenn sich das Gebot aktualisiert, beim Einfahren aus einem verkehrsberuhigten Bereich in eine andere Straße eine Gefährdung anderer Verkehrsteilnehmer auszuschließen. Dies ist regelmäßig an der nächsten Einmündung oder Kreuzung nach Ende des verkehrsberuhigten Bereichs der Fall.

163 Die abweichende Ansicht berücksichtigt nicht ausreichend, dass im vorliegenden Zusammenhang nicht der Begrenzung des verkehrsberuhigten Bereichs, sondern der vorfahrtregelnden Wirkung des Zeichens 326 entscheidende Bedeutung zukommt. Diese Wirkung kann nicht davon abhängen, ob das Zeichen unmittelbar im Einmündungs- bzw. Kreuzungsbereich steht oder einige Meter davor. Dass es unmittelbar im Einmündungs- oder Kreuzungsbereich aufgestellt ist, wird eher selten sein. Häufig wird es sich einige Meter vor der Kreuzung oder Einmündung befinden. Es erschiene aber verfehlt, in diesen Fällen von der Geltung des § 8 Abs. 1 S. 1 StVO auszugehen, insbesondere wenn der Querverkehr aufgrund der für ihn sichtbaren Beschilderung oder der Gestaltung des Straßenverlaufs oder der Straßenflächen annehmen darf, der Fahrer des einfahrenden Fahrzeugs habe die Verhaltensanforderungen des § 10 StVO zu beachten.

164 Freilich gelten die Verhaltensanforderungen des § 10 StVO nicht stets bis zur nächsten Kreuzung oder Einmündung.

165 Ist das Zeichen 326 mehr als 30 m vor der nächsten Einmündung oder Kreuzung aufgestellt, enden die Verpflichtungen aus § 10 StVO in der Regel am Aufstellungsort des Zeichens. Dies kann der Fall sein, wenn der verkehrsberuhigte Bereich nur für einen bestimmten Straßenabschnitt angeordnet ist oder sich die nächste Kreuzung oder Einmündung aus anderen Gründen mehr als 30 m hinter dem Aufstellungsort des Zeichens 326 befindet. Eine Fallgestaltung, bei der sich das aus § 10 StVO folgende Gebot aktualisieren kann, liegt dann nicht vor. Die in der Verwaltungsvorschrift zu § 42 Abs. 4a StVO angegebene Entfernung von 30 m erscheint dem erkennenden Senat als brauchbarer Anhaltspunkt, um für den Regelfall den örtlichen Bereich der Pflichten zu begrenzen, die sich beim Verlassen eines verkehrsberuhigten Bereichs ergeben. Es stellt für einen durchschnittlichen Kraftfahrer auch keine Überforderung dar, sich über diese Entfernung zu merken, dass er

13. Vorfahrtsrecht beim Verlassen verkehrsberuhigter Zonen § 10

einen verkehrsberuhigten Bereich verlassen hat, und entsprechend vorsichtig zu fahren.

Auch aus den örtlichen Umständen kann sich ergeben, dass die Verhaltensanforderungen des § 10 StVO im Bereich der nächsten Einmündung oder Kreuzung nicht gelten. Auch wenn das Zeichen 326 im 30-m-Bereich aufgestellt ist, kann sich aus dem Ausbau oder der Gestaltung des nachfolgenden Straßenabschnitts ergeben, dass der Kraftfahrer bereits unmittelbar nach dem Passieren des Schildes wieder in den laufenden Verkehr integriert wird. Dann jedoch ist für eine Anwendung des § 10 StVO kein Raum. **166**

In Fällen der vorliegenden Art ist also entscheidend darauf abzustellen, ob das Einfahren in eine andere Straße bei objektiver Betrachtung als Verlassen des verkehrsberuhigten Bereichs im Sinne des § 10 StVO erscheint. Dies ist nach dem Gesamtbild der äußerlich erkennbaren Merkmale zu bestimmen. Es kommt also nicht nur darauf an, in welcher Entfernung sich das Verkehrsschild vor der Einmündung befindet, sondern auch darauf, ob der Einmündungsbereich trotz der Aufstellung des Schildes einige Meter davor bei objektiver Betrachtung noch als Ausfahrtsbereich der verkehrsberuhigten Zone erscheint. Befindet sich das Zeichen 326 nicht mehr als 30 m vor der nächsten Einmündung oder Kreuzung, wird der Tatrichter in der Regel davon ausgehen können, dass für den Ausfahrenden die Verhaltensanforderungen des § 10 StVO gelten, wenn keine Anhaltspunkte vorliegen, die eine abweichende Beurteilung rechtfertigen. Solche Anhaltspunkte können sich insbesondere aus der Straßenführung oder der baulichen Gestaltung im Bereich der Unfallörtlichkeit ergeben (etwa farblichen oder gestalterischen Abgrenzungen der Fahrbahnflächen). Entsprechende Feststellungen hat der Tatrichter zu treffen. **167**

Das Berufungsurteil konnte danach, soweit es von einer Vorfahrtsverletzung der Beklagten zu 1 ausging, nicht aufrechterhalten werden. Es stellte lediglich darauf ab, das Zeichen 326 habe sich 10 m vor der Einmündung befunden. Dies reichte nach den vorstehenden Ausführungen für die Feststellung einer Vorfahrtsverletzung der Beklagten zu 1 nicht aus, zumal die Revision darauf hin wies, aus der Beiakte ergebe sich, dass eine besondere Straßenpflasterung auf eine Zugehörigkeit des Einfahrtsbereiches zu der verkehrsberuhigten Zone schließen ließ. Der erkennende Senat konnte nicht in der Sache selbst entscheiden. Im Streitfall befand sich das Zeichen 326 zwar erheblich näher als 30 m vor der Einmündung. Das Berufungsgericht hatte indes keine Feststellungen getroffen, die eine abschließende Bewertung der Unfallörtlichkeit erlaubten. Insoweit waren weitere Feststellungen und eine neue Würdigung der maßgeblichen Umstände erforderlich. **168**

Das Berufungsgericht bewertete die von ihm bejahte Vorfahrtsverletzung der Beklagten zu 1 im Rahmen der Abwägung nach § 17 StVG mit 75 %, obwohl es dem Kläger vorwarf, sich nicht hinreichend aufmerksam nach links orientiert und infolgedessen das von dort herannahende, gut sichtbare Fahrzeug der Beklagten zu 1 übersehen zu haben, und obwohl es annahm, der Kläger habe sich unter Berück- **169** sichtigung des Umstandes, dass er eine verkehrsberuhigte Zone verlassen habe und der Regelungsbereich des § 10 StVO für ihn unklar gewesen sei, seines Vorfahrtsrechts vergewissern müssen. Auch wenn das Berufungsgericht unter Berücksichtigung der oben dargelegten Rechtsauffassung erneut eine Vorfahrtsverletzung der Beklagten zu 1 bejahen sollte, wird es nach Auffassung des BGH diese Abwägung zu überprüfen haben. In derartigen Fällen ist im Rahmen der Abwägung nicht stets davon auszugehen, dass der Verursachungsanteil desjenigen, der das Vorfahrtsrecht verletzt hat, denjenigen des Bevorrechtigten überwiegt. Ein Vorfahrtsberechtigter, der davon ausgehen muss, dass sein Vorfahrtsrecht von anderen Verkehrsteilnehmern aufgrund der örtlichen Gegebenheiten möglicherweise nicht erkannt wird, ist zu besonderer Vorsicht und Rücksichtnahme verpflichtet; er muss damit rechnen, dass sein Vorfahrtsrecht missachtet wird und muss seine Fahrweise darauf einstellen. Derartige Situationen sind angesichts der für die Verkehrsteilnehmer nicht immer eindeutigen Verkehrslage nicht auszuschließen und können deshalb Bedeutung für die haftungsrechtliche Abwägung gewinnen.

14. Vorrang des fließenden Verkehrs gegenüber Grundstücksausfahrten auch bei Verstoß gegen das Rechtsfahrgebot

170 BGH, Urt. v. 20.9.2011 – VI ZR 282/10, zfs 2012, 76 = VersR 2011, 1540

BGB § 254 Abs. 1; StVG §§ 7 Abs. 1, 17 Abs. 2; StVO § 10

Das Befahren der linken Fahrbahn durch den am fließenden Verkehr teilnehmenden Fahrzeugführer beseitigt nicht die Verpflichtung des aus einem Grundstück auf die Straße Einfahrenden, dem fließenden Verkehr den Vorrang zu belassen und diesen nicht zu behindern.

a) Der Fall

171 Die Klägerin verlangte von dem beklagten Land Ersatz von Schäden an ihrem Pkw. Die Klägerin fuhr am 20.5.2008 gegen 11.25 Uhr mit ihrem Pkw auf der F.-Straße in M. Der Beklagte zu 1 bog mit einem VW-Bus, der bei dem Beklagten zu 2 (künftig: Beklagter) versichert ist, aus einem Behördengelände kommend nach rechts in die F.-Straße ein. In Höhe der aus der Sicht der Klägerin links gelegenen Ausfahrt kam es zu einem Zusammenstoß zwischen den beiden Fahrzeugen. Der VW-Bus berührte den Pkw der Klägerin im Bereich des linken vorderen Kotflügels. Den Sachschaden an dem Pkw zahlte das beklagte Land unter Zugrundelegung einer Haftungsquote von ²/₃ zu ¹/₃ zugunsten der Klägerin.

172 Das Landgericht hat eine Mithaftungsquote der Klägerin von 25 % angenommen. Im Übrigen hat es die Klage abgewiesen. Auf die Berufung der Klägerin hat das Oberlandesgericht die volle Haftung des beklagten Landes bejaht und der Klage

14. Vorrang des fließenden Verkehrs auch bei Verstoß gegen Rechtsfahrgebot § 10

stattgegeben. Es hat die Revision zugelassen, weil in der Rechtsprechung der Oberlandesgerichte unterschiedlich beurteilt werde, ob ein Verstoß eines vorfahrt- oder vorrangberechtigten Fahrers gegen das Rechtsfahrgebot beim Zusammenstoß mit einem die Vorfahrt oder den Vorrang missachtenden Fahrzeug wegen Erhöhung der Betriebsgefahr als Mitverursachungsanteil berücksichtigt werden könne. Mit der Revision erstrebte das beklagte Land die Wiederherstellung des erstinstanzlichen Urteils.

b) Die rechtliche Beurteilung

Das Berufungsurteil hielt den Angriffen der Revision im Ergebnis stand. **173**

Das Berufungsgericht war zutreffend davon ausgegangen, dass der Beklagte zu 1, für dessen Haftpflicht das beklagte Land einzustehen hatte, den Verkehrsunfall und den daraus entstandenen Schaden der Klägerin schuldhaft dadurch verursacht hat, dass er unter Verletzung der gemäß § 10 S. 1 StVO geforderten Sorgfalt von dem Behördenparkplatz kommend in die F.-Straße nach rechts einbog, ohne den entgegenkommenden Pkw der Klägerin durchfahren zu lassen, die ihr Vorrecht nicht deshalb verloren hatte, weil sie über der Fahrbahnmitte fuhr.

§ 10 S. 1 StVO legt dem aus einem Grundstück auf die Straße einfahrenden Fahr- **174**
zeugführer gesteigerte Pflichten auf. Die Pflichten werden nicht dadurch gemindert, dass der Vorfahrtsberechtigte unter Verstoß gegen das Rechtsfahrgebot die linke Straßenseite benutzt. Das Vorfahrtsrecht der auf der Straße fahrenden Fahrzeuge gegenüber einem auf eine Straße Einfahrenden gilt grundsätzlich für die gesamte Fahrbahn. Der aus einem Grundstück kommende Fahrzeugführer hat sich grundsätzlich darauf einzustellen, dass der ihm gegenüber Vorfahrtberechtigte in diesem Sinne von seinem Recht Gebrauch macht. Selbst das Befahren der linken Fahrbahn beseitigt nicht die Verpflichtung des Einfahrenden, dem fließenden Verkehr den Vorrang zu belassen und diesen nicht zu behindern.

Die Verletzung des Vorfahrtsrechts durch den in die Straße Einfahrenden indiziert **175**
sein Verschulden. Wahrt der Einfahrende das Vorfahrtsrecht des fließenden Verkehrs nicht und kommt es deshalb zu einem Unfall, hat er in der Regel, wenn keine Besonderheiten vorliegen, in vollem Umfang oder doch zum größten Teil für die Unfallfolgen zu haften. Demgegenüber darf der sich im fließenden Verkehr bewegende Vorfahrtsberechtigte, sofern nicht Anzeichen für eine bestehende Vorfahrtsverletzung sprechen, darauf vertrauen, dass der Einbiegende sein Vorrecht beachten werde.

Nach diesem im Straßenverkehr allgemein geltenden Vertrauensgrundsatz konnte **176**
die Klägerin sich grundsätzlich darauf verlassen, dass der Fahrer des VW-Busses ihr Vorfahrtrecht beachten und sie vorbeilassen würde, ehe er in die F.-Straße einbiegen würde. Soweit der Klägerin der Vertrauensgrundsatz zur Seite stand, brauchte sie nicht vorherzusehen, dass ihre Fahrweise zu einem Unfall führen würde. Sie handelte mithin auch nicht fahrlässig.

§ 10 Halter- und Fahrerhaftung

177 Das Recht sich auf den Vertrauensgrundsatz zu berufen, hatte die Klägerin nicht deshalb eingebüßt, weil sie pflichtwidrig zu weit links gefahren war. Das Rechtsfahrgebot, gegen das die Klägerin nach den insoweit nicht beanstandeten Feststellungen des Berufungsgerichts verstoßen hatte, soll sicherstellen, dass Fahrzeuge sich gefahrlos begegnen und überholen können. Es dient also dem Schutz der Verkehrsteilnehmer, die sich in Längsrichtung auf derselben Straße bewegen. Hingegen sollen nach ständiger Rechtsprechung des Bundesgerichtshofs solche Verkehrsteilnehmer nicht geschützt werden, die diese Straße überqueren oder – wie der Beklagte zu 1 – in sie einbiegen wollen. Die Klägerin durfte mithin weiterhin darauf vertrauen, der Beklagte zu 1 werde ihr Vorfahrtsrecht beachten, obwohl sie gegen das Rechtsfahrgebot verstieß.

178 Der Vertrauensgrundsatz gilt zugunsten des Vorfahrtsberechtigten allerdings nicht mehr, sobald dieser aus besonderen Umständen erkennt oder bei gebotener Sorgfalt erkennen kann, dass ihm der Wartepflichtige die Vorfahrt nicht einräumen wird. Dabei gilt, dass der Vorfahrtsberechtigte mit der Missachtung seines Vorrechts solange nicht zu rechnen braucht, wie der Wartepflichtige noch die Möglichkeit hat, sein Fahrzeug durch eine gewöhnliche Bremsung rechtzeitig anzuhalten, sodass der Vorfahrtsberechtigte ungefährdet vor ihm vorüberfahren kann. Erst wenn diese Möglichkeit nicht mehr besteht, wird der Unfall für den Vorfahrtsberechtigten vorhersehbar und stellt sich für ihn die Frage der Vermeidbarkeit.

179 Im Streitfall war die Klägerin nicht gehalten, ihr Fahrverhalten zu verändern, sobald für sie der VW-Bus im Bereich der Ausfahrt erkennbar wurde. Es kam mithin nicht, wie die Revision meinte, darauf an, in welcher Entfernung das gegnerische Fahrzeug für die Klägerin bereits zu sehen war. Die Klägerin musste sich nicht bereits bei Erkennbarkeit des gegnerischen Fahrzeugs auf eine Vorfahrtsverletzung durch den Beklagten zu 1 einstellen. Sie durfte darauf vertrauen, dass der Beklagte zu 1 ihr Vorfahrtsrecht beachten würde. Entscheidend war, ob die Klägerin den Unfall hätte vermeiden können, als sie erkennen musste, dass der Beklagte zu 1 ihre Vorfahrt missachten würde. Dabei ist zu berücksichtigen, dass der Klägerin sowohl eine Schrecksekunde als auch die Reaktions- und Bremsansprechzeit zugute zu halten waren. Bei einer durch die Verkehrssituation gebotenen Verringerung der zulässigen Geschwindigkeit unter das bis dahin zulässige Maß ist dem verkehrsgerecht Fahrenden bei Eintritt der kritischen Verkehrslage stets eine Reaktions- und Bremszeit zuzubilligen. Tatsachenvortrag dazu, aus welchen Umständen und ab wann die Klägerin auf eine konkrete Gefahrenlage hätte schließen müssen, den das Berufungsgericht verfahrenswidrig außer Acht gelassen hätte, zeigte die Revision nicht auf.

180 Danach war die vom Berufungsgericht für den vorliegenden Einzelfall vorgenommene Haftungsverteilung rechtlich nicht zu beanstanden. Die Entscheidung über eine Haftungsverteilung im Rahmen des § 254 BGB oder des § 17 StVG ist grundsätzlich Sache des Tatrichters und im Revisionsverfahren nur darauf zu überprüfen, ob der Tatrichter alle in Betracht kommenden Umstände vollständig und richtig berücksichtigt und der Abwägung rechtlich zulässige Erwägungen zugrunde gelegt hat. In erster Linie ist hierbei nach der ständigen Rechtsprechung des Bundesgerichtshofs das Maß der Verursachung von Belang, in dem die Beteiligten zur Schadensentstehung beigetragen haben; das beiderseitige Verschulden ist nur ein Faktor der Abwägung.

Diesen Grundsätzen folgte die Abwägung des Berufungsgerichts, ungeachtet der zu weit gefassten Zulassungsfrage. Auf die Zulassungsfrage kam es im Streitfall nicht an.

181

Die Revision wies selbst darauf hin, dass der Beklagte zu 1 aufgrund seiner Sitzhöhe eine bessere Sichtposition als die Klägerin in ihrem Pkw hatte und offenkundig auf die Straße eingefahren war, ohne hinreichend auf den von rechts kommenden Verkehr zu achten. Unter diesen Umständen war rechtlich nicht zu beanstanden, dass das Berufungsgericht aufgrund des überwiegenden Verursachungsanteils und des Verschuldens des Beklagten zu 1 die Betriebsgefahr des Pkw der vorfahrtsberechtigten Klägerin bei der gemäß § 254 BGB, § 17 StVG vorzunehmenden Abwägung hatte zurücktreten lassen. Erfolglos blieb die Rüge der Revision, das Berufungsgericht habe dem Beweisangebot des Beklagten auf Einholung eines Sachverständigengutachtens zur Klärung der Vermeidbarkeit des Unfalls für die Klägerin nachgehen müssen (§ 286 ZPO). Wie bereits dargelegt, kam es nicht darauf an, dass der Unfall im Zeitpunkt der Erkennbarkeit des Fahrzeugs des Beklagten für die Klägerin vermeidbar gewesen wäre. Nur die Vermeidbarkeit des Unfalls bei Erkennen des verkehrswidrigen Verhaltens des Beklagten zu 1 unter Berücksichtigung der Reaktions- und Bremszeit der Klägerin, wäre bei der Abwägung zu berücksichtigen gewesen. Hierzu fehlte aber der erforderliche Tatsachenvortrag.

15. Betriebsgefahr eines brennenden Kraftfahrzeugs

BGH, Urt. v. 27.11.2007 – VI ZR 210/06, zfs 2008, 374 = VersR 2008, 656

182

StVG § 7 Abs. 1

Allein durch das vorsätzliche Inbrandsetzen eines ordnungsgemäß auf einem Parkplatz abgestellten Kraftfahrzeugs verwirklicht sich nicht dessen Betriebsgefahr im Sinne des § 7 Abs. 1 StVG bei einem Übergreifen des Brandes auf ein anderes Kraftfahrzeug. Hinzukommen muss vielmehr, dass der Brand oder dessen Übergreifen in einem ursächlichen Zusammenhang mit einem bestimmten Betriebsvorgang oder einer bestimmten Betriebseinrichtung des Kraftfahrzeugs steht.

a) Der Fall

Die Kläger begehrten Schadensersatz wegen eines Fahrzeugbrandes. Der Beklagte zu 1 stellte in den Abendstunden des 18.5.2003 seinen bei der Beklagten zu 2 haft-

183

§ 10 Halter- und Fahrerhaftung

pflichtversicherten Pkw auf einem öffentlichen Parkplatz ab. In der Nacht setzte ein Unbekannter den Pkw in Brand. Das brennende Fahrzeug rollte dann auf den in der Nähe stehenden, bei der Beklagten zu 1 versicherten Lkw der Klägerin zu 2 zu und setzte diesen ebenfalls in Brand.

184 Die Klage, mit der die Klägerinnen aus eigenem bzw. übergegangenem Recht Schadensersatz verlangten, ist vom Landgericht abgewiesen worden. Auf die Berufung der Beklagten hat das Oberlandesgericht das erstinstanzliche Urteil abgeändert und die Beklagten antragsgemäß als Gesamtschuldner zur Zahlung verurteilt. Mit der vom Berufungsgericht zugelassenen Revision verfolgten die Beklagten ihr Klageabweisungsbegehren weiter.

b) Die rechtliche Beurteilung

185 Das Berufungsgericht war der Auffassung, dass sich die Schadensersatzpflicht der Beklagten aus § 7 Abs. 1 StVG, § 3 Abs. 1 Nr. 1 PflVG ergebe, weil der Lkw der Klägerin zu 2 „bei dem Betrieb" des Pkw des Beklagten zu 1 beschädigt worden sei.

186 Die Beurteilung des Berufungsgerichts hielt revisionsrechtlicher Nachprüfung nicht stand.

Nach den bisherigen Feststellungen des Berufungsgerichts hatte sich in dem Schadensfall allein durch das vorsätzliche Inbrandsetzen des ordnungsgemäß auf einem Parkplatz abgestellten Pkw nicht dessen Betriebsgefahr im Sinne des § 7 Abs. 1 StVG verwirklicht.

187 Das Haftungsmerkmal „bei dem Betrieb" ist nach der Rechtsprechung des BGH entsprechend dem umfassenden Schutzzweck der Vorschrift weit auszulegen. Die Haftung nach § 7 Abs. 1 StVG umfasst daher alle durch den Kfz-Verkehr beeinflussten Schadensabläufe. Es genügt, dass sich eine von dem Kfz ausgehende Gefahr ausgewirkt hat und das Schadensgeschehen in dieser Weise durch das Kfz mitgeprägt worden ist. Diese weite Auslegung des Tatbestandsmerkmals „bei dem Betrieb eines Kraftfahrzeugs" entspricht dem weiten Schutzzweck des § 7 Abs. 1 StVG und findet darin ihre innere Rechtfertigung. Die Haftung nach § 7 Abs. 1 StVG ist sozusagen der Preis dafür, dass durch die Verwendung eines Kfz – erlaubterweise – eine Gefahrenquelle eröffnet wird. Ein Schaden ist demgemäß bereits dann „bei dem Betrieb" eines Kraftfahrzeugs entstanden, wenn sich von einem Kraftfahrzeug ausgehende Gefahren ausgewirkt haben.

188 Ob dies der Fall ist, muss mittels einer am Schutzzweck der Haftungsnorm orientierten wertenden Betrachtung beurteilt werden. An einem auch im Rahmen der Gefährdungshaftung erforderlichen Zurechnungszusammenhang fehlt es, wenn die Schädigung nicht mehr eine spezifische Auswirkung derjenigen Gefahren ist, für die die Haftungsvorschrift den Verkehr schadlos halten will.

15. Betriebsgefahr eines brennenden Kraftfahrzeugs § 10

Für eine Zurechnung der Betriebsgefahr kommt es damit maßgeblich darauf an, dass der Unfall in einem nahen örtlichen und zeitlichen Kausalzusammenhang mit einem bestimmten Betriebsvorgang oder einer bestimmten Betriebseinrichtung des Kfz steht. Erforderlich ist, dass die Fahrweise oder der Betrieb des Fahrzeugs zu dem Entstehen des Unfalls beigetragen hat. 189

Nach diesen Grundsätzen konnte das angefochtene Urteil keinen Bestand haben. 190

Nach dem – vom Berufungsgericht offen gelassenen und deshalb revisionsrechtlich zu unterstellenden – Vorbringen der Beklagten war der Motor des Pkw durch den Brand nicht in Gang gesetzt worden. Hiernach hatte allein die aufgrund der starken Hitzeentwicklung freigesetzte Energie den Pkw etwa 1 Meter bis 1,50 Meter vorrollen lassen, was für das Überspringen des Feuers auf den Lkw ohnehin keine Bedeutung hatte.

Bei einem solchen Hergang stand der Brandschaden an dem Lkw der Klägerin zu 2 weder in einem nahen örtlichen und zeitlichen Kausalzusammenhang mit einem bestimmten Betriebsvorgang noch einer bestimmten Betriebseinrichtung des Kfz, sondern beruhte ausschließlich darauf, dass ein unbekannter Dritter den auf dem Parkplatz abgestellten Pkw des Beklagten zu 1 vorsätzlich in Brand gesetzt hatte. In diesem Fall fehlt es an dem im Rahmen der Gefährdungshaftung erforderlichen Zurechnungszusammenhang, weil die Schädigung nicht mehr eine spezifische Auswirkung derjenigen Gefahren ist, für die die Haftungsvorschrift den Verkehr schadlos halten will. Allein der Umstand, dass Kraftfahrzeuge wegen der mitgeführten Betriebsstoffe oder der verwendeten Materialien leicht brennen, reicht nicht aus, um eine Haftung nach § 7 Abs. 1 StVG zu begründen. Hinzukommen muss vielmehr, dass der Brand als solcher in irgendeinem ursächlichen Zusammenhang mit einem bestimmten Betriebsvorgang oder einer bestimmten Betriebseinrichtung des Kfz steht (z.B. In-Brand-geraten durch Betätigen von Fahrzeugeinrichtungen: OLG Saarbrücken, VRS 99, 104 oder Selbstentzündung infolge vorausgegangener Fahrt: OVG Koblenz, NVwZ-RR 2001, 382). Dies gilt auch dann, wenn der Brand eines Kraftfahrzeugs zu einem Kurzschluss in einem Kabel zum Anlasser führt, der dadurch in Gang gesetzte Anlasser das Kraftfahrzeug fortbewegt und dadurch das Feuer auf andere Gegenstände übergreift (OLG Saarbrücken NZV 1998, 327; OLG Düsseldorf NZV 1996, 113). 191

Da die Klägerinnen einen solchen Sachverhalt – im Gegensatz zu dem für das Revisionsverfahren als richtig zu unterstellenden Vortrag der Beklagten – unter Beweisantritt behauptet hatten, wird das Berufungsgericht nach Aufhebung seines Urteils und Zurückverweisung der Sache im Rahmen der neuen Verhandlung die erforderlichen Feststellungen zum Schadenshergang nachzuholen haben. Gegen die Auffassung des Berufungsgerichts, dass es sich nicht um einen Fall höherer Gewalt im Sinne des § 7 Abs. 2 StVG handelte, bestanden im Übrigen nach dem derzeitigen Sachstand keine rechtlichen Bedenken. 192

§ 10 Halter- und Fahrerhaftung

16. Haftungsausschluss und Haftpflichtversicherungsschutz bei gefährlichen Motorsportveranstaltungen

193 BGH, Urt. v. 29.1.2008 – VI ZR 98/07, zfs 2008, 315 = VersR 2008, 540
BGB § 823 Abs. 1; StVG § 7 Abs. 1; AKB § 2b Abs. 3b

Der Grundsatz, dass bei sportlichen Wettbewerben mit nicht unerheblichem Gefahrenpotential die Inanspruchnahme des schädigenden Wettbewerbers für ohne gewichtige Regelverletzung verursachte Schäden eines Mitbewerbers ausgeschlossen ist, gilt nicht, soweit Versicherungsschutz besteht (Fortführung von BGHZ 154, 316 ff.).

a) Der Fall

194 Die Parteien hatten durch Klage und Widerklage Ersatzansprüche wegen Schäden geltend gemacht, die ihnen jeweils bei einem Zusammenstoß ihrer Kraftfahrzeuge anlässlich einer motorsportlichen Veranstaltung entstanden waren.

195 Der Drittwiderbeklagte zu 1 nahm am 9.11.2002 mit dem bei der Drittwiderbeklagten zu 2 haftpflichtversicherten Audi RS 4 Avant der Klägerin auf dem Hockenheimring an dem 35. „Akademischen" teil. Es handelte sich um eine Veranstaltung der Akademischen Motorsportgruppe Stuttgart. Bei der Veranstaltung fuhr der Erstbeklagte und Widerkläger auf regennasser Fahrbahn in einer Rechtskurve mit seinem bei der Zweitbeklagten haftpflichtversicherten Kraftfahrzeug des gleichen Typs auf das Klägerfahrzeug auf. Die Parteien stritten über die Unfallursache, insbesondere darüber, ob es zu dem Auffahrunfall kam, weil der Widerkläger seine Geschwindigkeit nicht ausreichend reduzierte, oder deshalb, weil der Drittwiderbeklagte zu 1 den Widerkläger schnitt, als dieser in der Kurve überholen wollte.

196 Die Drittwiderbeklagte zu 2, die auch als Streithelferin des Drittwiderbeklagten zu 1 am Rechtsstreit beteiligt war, und die Zweitbeklagte haben in erster Linie eingewandt, eine Haftung sei ausgeschlossen, weil es sich bei der Veranstaltung um ein Autorennen gehandelt habe.

197 Das Landgericht hat Klage und Widerklage mit der Begründung abgewiesen, dass es sich bei der Veranstaltung um ein Rennen gehandelt habe und die Teilnehmer auf eine Haftung für nicht vorsätzlich oder grob fahrlässig verursachte Schäden verzichtet hätten; eine vorsätzliche oder grob fahrlässige Schadensverursachung liege nicht vor. Dagegen haben die Klägerin sowie der Erstbeklagte und Widerkläger Berufung eingelegt. Die Klägerin hat ihre Berufung zurückgenommen. Der Widerkläger hat seine auf Ersatz von Reparaturkosten und Nutzungsausfallentschädigung gerichtete Widerklage gegen die Drittwiderbeklagten mit der Berufung weiter verfolgt. Das Berufungsgericht hat diese Berufung zurückgewiesen. Es hat die Revision zugelassen.

16. Gefährliche Motorsportveranstaltungen § 10

b) Die rechtliche Beurteilung

Die Revision war begründet.

198

Allerdings konnte der Revision nicht gefolgt werden, soweit sie meinte, die Grundsätze des Urteils des erkennenden Senats vom 1.4.2003 (VI ZR 321/02 = BGHZ 154, 316 ff.) könnten auf motorsportliche Veranstaltungen der vorliegenden Art keine Anwendung finden. Der Senat hat entschieden, dass bei sportlichen Wettbewerben mit nicht unerheblichem Gefahrenpotential, bei denen typischerweise auch bei Einhaltung der Wettbewerbsregeln oder geringfügiger Regelverletzung die Gefahr gegenseitiger Schadenszufügung besteht, die Inanspruchnahme des schädigenden Wettbewerbers für solche – nicht versicherten – Schäden eines Mitbewerbers ausgeschlossen ist, die er ohne gewichtige Regelverletzung verursacht. Grund dafür ist, dass bei solchen Veranstaltungen jeder Fahrer durch die typischen Risiken in gleicher Weise betroffen ist und es mehr oder weniger vom Zufall abhängt, ob er bei dem Rennen durch das Verhalten anderer Wettbewerber zu Schaden kommt oder anderen selbst einen Schaden zufügt, wobei hinzu kommt, dass sich bei Unfällen beim Überholen oder bei der Annäherung der Fahrzeuge oft kaum ausreichend klar feststellen lassen wird, ob einer der Fahrer und gegebenenfalls welcher die Ursache gesetzt hat. Da den Fahrern, die an einem solchen Wettbewerb teilnehmen, die damit verbundenen Gefahren im Großen und Ganzen bekannt sind und sie wissen, dass die eingesetzten Fahrzeuge erheblichen Risiken ausgesetzt sind, sie diese aber gleichwohl wegen des sportlichen Vergnügens, der Spannung oder auch der Freude an der Gefahr in Kauf nehmen, darf jeder Teilnehmer des Wettkampfs darauf vertrauen, nicht wegen solcher einem Mitbewerber zugefügten Schäden in Anspruch genommen zu werden, die er ohne nennenswerte Regelverletzung aufgrund der typischen Risikolagen des Wettbewerbs verursacht. Die Geltendmachung solcher Schäden steht damit erkennbar in Widerspruch und muss nach Treu und Glauben nicht hingenommen werden (Senatsurt. BGHZ 154, 316, 325).

Nach den vom Berufungsgericht getroffenen Feststellungen handelte es sich bei der hier in Frage stehenden Veranstaltung um eine gefährliche motorsportliche Veranstaltung. Es war deshalb aus Rechtsgründen nicht zu beanstanden, wenn es die genannten Grundsätze heranzog. Dem stand nicht entgegen, dass es sich nach Auffassung des Berufungsgerichts nicht um ein Rennen handelte. In der Rechtsprechung werden die vom Senat entwickelten Grundsätze im Ansatz zutreffend auch bei anderen Veranstaltungen angewendet (vgl. OLG Brandenburg, Urt. v. 28.6.2007 – 12 U 209/06, zit. nach juris – Motorradpulk; OLG Stuttgart, NJW-RR 2007, 1251 – organisierte Radtouristikfahrt). Dass bei einer Fahrveranstaltung, deren Teilnehmer, ohne geübte Rennfahrer zu sein, mit relativ hohen Geschwindigkeiten ohne Sicherheitsabstand fahren und auch rechts überholen dürfen, ein erheblich gesteigertes Gefahrenpotential besteht, kann entgegen der Auffassung der Revision nicht ernsthaft in Zweifel gezogen werden. Dies gilt auch dann, wenn man mit der Revi-

199

§ 10 Halter- und Fahrerhaftung

sion darauf abstellt, dass die Teilnehmer mit ihren Fahrleistungen ein Sicherheitstraining absolvierten.

200 Nicht gefolgt werden konnte dem Berufungsgericht jedoch darin, dass der Haftungsausschluss trotz des bestehenden Versicherungsschutzes greife. Der erkennende Senat hat in dem Urteil vom 1.4.2003 ausdrücklich offen gelassen, ob die genannten Grundsätze auch dann gelten, wenn der eingetretene Schaden versichert ist (Senatsurt. BGHZ 154, 316, 325). Diese Frage hat er nunmehr dahin beantwortet, dass im Regelfall weder von einem konkludenten Haftungsausschluss ausgegangen noch die Geltendmachung von Schadensersatzansprüchen als treuwidrig angesehen werden kann, wenn für die aufgrund des besonderen Gefahrenpotentials der Veranstaltung zu erwartenden bzw. eintretenden Schäden für die Teilnehmer Versicherungsschutz besteht.

201 Die in BGHZ 154, 316 ff. für unversicherte Risiken aufgestellten Grundsätze sind kein in sich selbst gegründetes Prinzip, welches auch bei bestehendem Versicherungsschutz gilt und damit – wie das Berufungsgericht meinte – auf den Haftpflichtversicherer durchschlägt. Der Grund für die Annahme eines treuwidrigen Verhaltens liegt bei fehlendem Versicherungsschutz gerade darin, dass dem schädigenden Teilnehmer der sportlichen Veranstaltung ein besonderes Haftungsrisiko zugemutet wird, obwohl der Geschädigte die besonderen Risiken der Veranstaltung in Kauf genommen hat und ihn die Rolle des Schädigers ebenso gut hätte treffen können. Sind die bestehenden Risiken durch eine Haftpflichtversicherung gedeckt, besteht weder ein Grund für die Annahme, die Teilnehmer wollten gegenseitig auf etwaige Schadensersatzansprüche verzichten, noch erscheint es als treuwidrig, dass der Geschädigte den durch die Versicherung gedeckten Schaden geltend macht.

202 Der erkennende Senat hat bereits früher mehrfach ausgesprochen, dass es dort, wo der Schädiger gegen Haftpflicht versichert ist, insbesondere eine Pflichtversicherung besteht, weder dem gesetzlichen Anliegen der Versicherungspflicht noch dem Willen der Beteiligten entspricht, den Haftpflichtversicherer zu entlasten, und dass das Bestehen eines Haftpflichtversicherungsschutzes für den Schädiger in aller Regel gegen eine stillschweigende Haftungsbeschränkung spricht. Unter besonderen Umständen kann das Bestehen einer Pflichtversicherung sogar Grund und Umfang eines Haftungsanspruchs bestimmen (vgl. zu § 829 BGB: Senatsurt. v. 11.10.1994 – VI ZR 303/93, VersR 1995, 96, 97 f. m.w.N.). Auf diesem Hintergrund kann die Inanspruchnahme des Mitteilnehmers einer gefährlichen Veranstaltung für entstandene Schäden in der Regel nicht als treuwidrig angesehen werden, wenn dieser dadurch keinem nicht hinzunehmenden Haftungsrisiko ausgesetzt wird, weil Versicherungsschutz besteht. Dass durch die Inanspruchnahme eventuell ein teilweiser Verlust des Schadensfreiheitsrabatts bewirkt wird, vermag die Annahme eines treuwidrigen Verhaltens nicht zu rechtfertigen, weil dies keine unzumutbare Belastung darstellt.

Besteht Versicherungsschutz für ein schädigendes Verhalten auch dann, wenn sich besondere Gefahren verwirklichen, kann es nicht Aufgabe des Haftungsrechts sein, die Reichweite des Versicherungsschutzes über die Versicherungsbedingungen hinaus einzuschränken. Ob es dem gesetzlichen Anliegen der Versicherungspflicht entspricht, dass Versicherungsschutz auch in Fällen besteht, die man als freiwillige Selbstgefährdung bezeichnen mag, ist keine haftungsrechtliche Frage.

Hier kam hinzu, dass die beteiligten Fahrer mit der Unterzeichnung der Antragsunterlagen eine ausdrückliche Erklärung zur Haftungsfrage abgegeben hatten, die so angelegt war, dass die Haftung nur für Fälle ausgeschlossen wird, in denen kein Versicherungsschutz besteht, weil es sich um ein Rennen handelte. Ein Rennen sollte aber so, wie die Veranstaltung konzipiert war, gerade nicht stattfinden. Im Streitfall erschien der Vorwurf der Treuwidrigkeit schon deshalb als ungerechtfertigt.

Das angefochtene Urteil konnte demnach keinen Bestand haben. Die Sache war zur weiteren Prüfung der Haftungsvoraussetzungen und der Schadenshöhe an das Berufungsgericht zurückzuverweisen.

17. Fahren ohne Fahrerlaubnis als Mitverschulden

BGH, Urt. v. 21.11.2006 – VI ZR 115/05, zfs 2007, 263 = VersR 2007, 263

BGB § 254; StVG §§ 9, 17

Zur Frage, wann das Fehlen der erforderlichen Fahrerlaubnis bei der Abwägung nach § 254 BGB, §§ 9, 17 StVG zu berücksichtigen ist.

[BGB § 844 Abs. 2

Zum Anspruch eines nichtehelichen Kindes auf Ersatz seines Unterhaltsschadens nach Tötung des alleinverdienenden Vaters (hier: Fixkostenanteil).]

a) Der Fall

Die am 4.5.1993 als nichteheliches Kind geborene Klägerin begehrte nach dem Tod ihres Vaters bei einem Verkehrsunfall am 17.4.1996 von den Beklagten Ersatz entgangenen Unterhalts und Beerdigungskosten.

Der Beklagte zu 2 war Fahrer und Halter des an dem Unfall beteiligten Pkw; die Beklagte zu 1 dessen Haftpflichtversicherer.

Der Beklagte zu 2 hatte, ohne im Besitz einer Fahrerlaubnis zu sein, den außerorts betrunken auf der rechten Fahrbahnseite liegenden Vater der Klägerin bei einer Geschwindigkeit von 90 km/h unterhalb der Stoßstange am Kopf erfasst. Der Vater der Klägerin verstarb noch an der Unfallstelle. Die Klägerin war seine Alleinerbin.

Die Klägerin räumte eine Mitverursachung des Unfalls durch ihren Vater ein, die sie mit lediglich $^1/_4$ bewertete.

210 Das Berufungsgericht hat einen Ersatzanspruch in Höhe von $^2/_5$ für begründet erachtet. Mit der vom erkennenden Senat zugelassenen Revision verfolgte die Klägerin ihre Klage in vollem Umfang weiter.

b) Die rechtliche Beurteilung

211 Die Abwägung der Verursachungsbeiträge des Beklagten zu 2 und des Vaters der Klägerin war aus Rechtsgründen nicht zu beanstanden.

Die Entscheidung über die Haftungsverteilung im Rahmen der § 254 BGB, § 9 StVG ist grundsätzlich Sache des Tatrichters. Sie ist im Revisionsverfahren nur darauf zu überprüfen, ob alle in Betracht kommenden Umstände vollständig und richtig berücksichtigt und ob der Abwägung rechtlich zulässige Erwägungen zugrunde gelegt worden sind. Insoweit ließ das Berufungsurteil keinen durchgreiflichen Fehler erkennen.

212 Zutreffend war der Ausgangspunkt des Berufungsgerichts, dass der Beklagte zu 2 entgegen dem von ihm einzuhaltenden Sichtfahrgebot (§ 3 Abs. 1 S. 4 StVO) nicht nur 70 km/h, sondern – wie von ihm selbst eingeräumt – 90 km/h gefahren ist und dadurch den Unfall schuldhaft verursacht hat. Hierbei war auch die Betriebsgefahr des Pkw des Beklagten zu 2 zu berücksichtigen.

213 Ohne Erfolg beanstandete die Revision, dass das Berufungsgericht auf Seiten des Beklagten zu 2 das Fehlen der erforderlichen Fahrerlaubnis nicht bei der Abwägung berücksichtigt hatte.

214 In die Abwägung nach § 254 BGB, § 9 StGB sind alle, aber auch nur diejenigen unstreitigen oder erwiesenen Faktoren einzubeziehen, die eingetreten sind, zur Entstehung des Schadens beigetragen haben und einem der Beteiligten zuzurechnen sind; einzelne Verursachungsbeiträge dürfen bei der Abwägung jedoch dann nicht summiert werden, wenn sie sich nur in demselben unfallursächlichen Umstand ausgewirkt haben. Nach diesen Grundsätzen wäre die Tatsache, dass der Beklagte zu 2 ohne Fahrerlaubnis gefahren ist, nur dann zu berücksichtigen gewesen, wenn festgestanden hätte, dass sich dieser Umstand in dem Unfall tatsächlich ausgewirkt hat. Das aber hatte das Berufungsgericht auf der Grundlage der von ihm getroffenen Feststellungen ohne Rechtsfehler verneint.

215 Eine lediglich abstrakte Gefahrerhöhung (wie etwa im Falle des Verbots des Führens eines Kfz wegen absoluter Fahruntüchtigkeit infolge Alkoholgenusses, vgl. dazu Senat, Urt. v. 10.1.1995 – VI ZR 247/94) kann im Rahmen der Abwägung der beiderseitigen Verursachungs- und Verschuldensbeiträge nur von Bedeutung sein, wenn sie sich bei dem Unfall ausgewirkt hat. Zwar war hier für den Unfall die überhöhte Geschwindigkeit unfallursächlich gewesen. Diese wurde durch das Fahren ohne die erforderliche Fahrerlaubnis ermöglicht, jedoch war das Fahren ohne Fahrerlaubnis darüber hinaus kein zusätzliches Gefahrenmoment, das sich bei dem Unfall ausgewirkt hatte.

17. Fahren ohne Fahrerlaubnis als Mitverschulden   § 10

Dass der Beklagte nach dem Entzug der Fahrerlaubnis wegen Trunkenheit das Fahrzeug gar nicht erst führen durfte, war insoweit ohne Belang. Maßgebend war vielmehr, ob sich eine Fahruntüchtigkeit als Gefahrenmoment in dem Unfall niedergeschlagen hatte. In die Abwägung für die Haftungsverteilung nach § 9 StVG, § 254 BGB dürfen wie bei § 17 StVG nur diejenigen Tatbeiträge eingebracht werden, die sich tatsächlich auf die Schädigung ausgewirkt haben. Die für die Abwägung maßgebenden Umstände müssen nach Grund und Gewicht feststehen, d.h. unstreitig, zugestanden oder nach § 286 ZPO bewiesen sein. Nur vermutete Tatbeiträge oder die bloße Möglichkeit einer Schadensverursachung aufgrund geschaffener Gefährdungslage haben deswegen außer Betracht zu bleiben.   216

Für einen Beitrag des Fahrens ohne Fahrerlaubnis zu dem Unfallgeschehen sprach im hier zu entscheidenden Fall auch nicht ein Anscheinsbeweis. Zwar kann bei einem Fahrfehler des Schädigers zugunsten des Geschädigten grundsätzlich ein Anscheinsbeweis für den Ursachenbeitrag einer fehlenden Fahrerlaubnis sprechen. Davon konnte im Streitfall nach den vom Berufungsgericht getroffenen Feststellungen jedoch nicht ausgegangen werden. Dem Beklagten war zwar wegen Trunkenheit im Straßenverkehr die Fahrerlaubnis entzogen, er war aber im Zeitpunkt des Unfalls nüchtern gefahren und es waren darüber hinaus keine gefahrerhöhenden Umstände ersichtlich, die sich zusätzlich zu dem Verstoß gegen das Sichtfahrgebot unfallursächlich ausgewirkt haben konnten. Dafür, dass seine überhöhte Geschwindigkeit mit der fehlenden Fahrerlaubnis in Zusammenhang gestanden hätte, sprach kein Satz der Lebenserfahrung. Soweit die Revision meinte, das Fahren ohne Fahrerlaubnis habe sich tatsächlich in der vom Beklagten gefahrenen, überhöhten Geschwindigkeit ausgewirkt, war eine mehrfache Berücksichtigung dieses Umstands in der Abwägung nicht möglich.   217

Den hiernach zu berücksichtigenden Beiträgen des Beklagten zu 2 zu dem Unfallgeschehen (Verstoß gegen das Sichtfahrgebot; Betriebsgefahr) hatte das Berufungsgericht die Beiträge des Vaters der Klägerin gegenübergestellt (§ 254 Abs. 1 BGB, § 9 StVG, § 25 Abs. 1 StVO). Dieser hatte sich unter Verstoß gegen §§ 2 Abs. 1 S. 1, 69a Abs. 1 Nr. 1 StVZO a.F., § 24 StVG a.F. (nunmehr: §§ 2 Abs. 1 S. 1, 75 Nr. 1 FeV) mit einer Blutalkoholkonzentration von 2,56 g Promille bei Nacht als Fußgänger auf der Fahrbahn – ca. 1 m vom (für den Beklagten zu 2) rechten Fahrbahnrand entfernt – anstatt auf dem neben der Straße verlaufenden Gehweg (§ 25 Abs. 1 StVO) aufgehalten.   218

Unter diesen Umständen war es aus Rechtsgründen nicht zu beanstanden, wenn das Berufungsgericht den Beklagten als Gesamtschuldnern einen Haftungsanteil von $^2/_5$, dem Vater der Klägerin aber einen Anteil von $^3/_5$ zugemessen hatte.   219

18. Spurwechsel bei mehrspurigem parallelem Abbiegen

220 BGH, Urt. v. 12.12.2006 – VI ZR 75/06, zfs 2007, 201 = VersR 2007, 262
StVO §§ 7 Abs. 5, 9 Abs. 1, 41 Abs. 3 Nr. 5 (Zeichen 297); BGB § 823
Zu den Sorgfaltspflichten der Fahrzeugführer bei mehrspurigem parallelem Abbiegen nach rechts.

a) Der Fall

221 Die Klägerin verlangte von den Beklagten Schadensersatz aus einem Verkehrsunfall, an dem der Beklagte zu 1 als Führer eines bei der Beklagten zu 2 haftpflichtversicherten Pkw beteiligt war. Am 3.4.2004 fuhr der Zeuge F. mit dem Pkw der Klägerin auf der Stadtautobahn in B. An der Einmündung der B.-Allee ist nach den Richtungspfeilen auf den durch Leitlinien begrenzten Fahrbahnen der Autobahn das Abbiegen nach rechts von der rechten und der mittleren Fahrspur aus vorgesehen. Die Markierungen enden an der Haltelinie vor der Einmündung. Der Zeuge F., der von der mittleren Fahrspur aus nach rechts in die zweispurige B-Allee abbiegen wollte, hatte den Fahrtrichtungsanzeiger nach rechts betätigt und fuhr links neben dem Beklagten zu 1. Der Beklagte zu 1 bog von der rechten Fahrspur aus in einem weiten Bogen in die B-Allee ein und beschädigte dabei das Fahrzeug der Klägerin am rechten hinteren Teil der Karosserie.

222 Das Amtsgericht hat die Klage abgewiesen. Auf die Berufung der Klägerin hat das Berufungsgericht unter Abänderung des erstinstanzlichen Urteils den Schadensersatz zum überwiegenden Teil zugesprochen und die Revision zugelassen. Die Beklagten verfolgten mit der Revision weiterhin die Klageabweisung.

b) Die rechtliche Beurteilung

223 Das Berufungsurteil hielt revisionsrechtlicher Nachprüfung stand.

Nach § 41 Abs. 3 Nr. 5 S. 2 StVO schreiben Richtungspfeile auf der Fahrbahn unmittelbar vor einer Kreuzung oder Einmündung die künftige Fahrtrichtung auf der folgenden Kreuzung oder Einmündung vor, wenn zwischen ihnen Fahrstreifenbegrenzungen (§ 41 Abs. 3 Nr. 3 StVO, Zeichen 295) oder Leitlinien (§ 42 Abs. 6 StVO, Zeichen 340) angebracht sind. Zwar gebietet § 9 Abs. 1 S. 2 StVO dem Rechtsabbieger, sich möglichst weit rechts einzuordnen, woraus zu Recht hergeleitet wird, dass grundsätzlich ein Vortrittsrecht des äußerst rechts eingeordneten Fahrzeugs gegenüber einem weiter links fahrenden Fahrzeug besteht. Der weiter links eingeordnete Nachfolgeverkehr könnte sonst, wenn die nach rechts abzweigende Straße nur einspurigen Verkehr aufnehmen könnte, den ordnungsgemäß eingeordneten Rechtsabbieger am Abbiegen so lange hindern, bis alle links befindlichen Fahrzeuge abgebogen wären. Eine solche Fahrweise ließe sich mit dem Gebot des § 1 Abs. 2 StVO nicht vereinbaren.

18. Spurwechsel bei mehrspurigem parallelem Abbiegen § 10

Dem am weitesten rechts eingeordneten Rechtsabbieger kann jedoch dann nicht stets das Vortrittsrecht zugebilligt werden, wenn paralleles Abbiegen in eine mehrspurige Straße durch Richtungspfeile geboten ist. Der Massenverkehr erlaubt in einem solchen Fall das Fahren in mehreren Reihen nebeneinander, ohne zu überholen oder sich stets vor dem weiter rechts Fahrenden einordnen zu müssen. Dem entspricht § 7 Abs. 3 StVO. An die Stelle des Rechtsfahrgebots tritt die Pflicht zum Spurhalten. Ziel der Richtungspfeile und der Möglichkeit zum parallelen Abbiegen ist nämlich die Schaffung von mehr Verkehrsraum, der auch genutzt werden soll. Dem liefe der Vorrang des am weitesten rechts Eingeordneten entgegen, weil dadurch die ausgewiesene zweite Abbiegespur nur erschwert zum Abbiegen verwendet und unbenutzt bleiben könnte. Deshalb muss bei paarweisem Rechtsabbiegen der links Fahrende den Bogen so weit nehmen, dass er die in der rechten Spur fahrenden Fahrzeuge nicht in Bedrängnis bringt und umgekehrt. Auch wenn an der Haltelinie der Kreuzung bzw. Einmündung Fahrbahnmarkierungen und Richtungspfeile enden und nicht über den Kreuzungsbereich in die Straße, in die abgebogen wird, fortgeführt werden, besteht demzufolge zwischen den übereinstimmend mit den Richtungspfeilen vor der Einmündung mehrspurig nach rechts eingeordneten Fahrzeugen grundsätzlich kein Vorrang des am weitesten rechts eingeordneten Fahrzeugs.

224

Zwar war im vorliegenden Fall § 7 Abs. 5 StVO nicht direkt anzuwenden, weil die vor der Kreuzung vorhandenen Fahrstreifen dort endeten. Da für das Vorhandensein mehrerer Fahrstreifen die zum Fahren eines mehrspurigen Fahrzeugs erforderliche Breite entscheidend ist und nicht das Vorhandensein von Fahrbahnmarkierungen, stellt ein Wechsel von einer Fahrspur in die andere während des Abbiegevorgangs nur im Hinblick auf das Queren des nicht markierten Kreuzungsbereichs und die allgemeine Änderung der Fahrtrichtung keinen Spurwechsel im Sinne des § 7 Abs. 5 StVO dar. Doch ist über § 1 Abs. 2 StVO die für den Spurwechsel geltende Sorgfalt auch in einem solchen Fall, der eine besondere Gefährdung der übrigen Verkehrsteilnehmer darstellt, zu beachten. Außerdem ist der rechts eingeordnete Fahrzeugführer durch das Rechtsfahrgebot in § 2 Abs. 2 S. 1 StVO gehalten, beim Abbiegen die ihm mögliche rechte Position einzunehmen. Nur wenn der linke Fahrzeugführer besondere Sorgfalt walten lässt und den rechts neben ihm befindlichen Verkehr beobachtet, der seinerseits so weit wie möglich rechts zu halten hat, kann ein paralleles Abbiegemanöver zügig und gefahrlos für die Beteiligten durchgeführt werden.

225

Danach war rechtlich nicht zu beanstanden, dass das Berufungsgericht dem Beklagten zu 1 die volle Haftung für den Zusammenstoß mit dem Fahrzeug der Klägerin auferlegt hatte. Wegen der nach rechts und nach links weisenden Richtungspfeile auf der markierten mittleren Fahrspur der Stadtautobahn durfte der Zeuge F. nach rechts in die B-Allee parallel zu dem auf der rechten Fahrspur eingeordneten Beklagten zu 1 abbiegen. Dass sich auf der rechten Fahrspur ein Hindernis befunden oder sich die Fahrbahn verengt hätte, wird von keiner Partei geltend gemacht

226

und war ersichtlich nicht der Fall. Auf Grund des nach rechts weisenden Richtungspfeils auf der mittleren Spur der Stadtautobahn musste der Beklagte zu 1 damit rechnen, dass links von ihm Fahrzeuge in die B-Allee abbiegen würden, um auf dem linken Fahrstreifen ihre Fahrt fortzusetzen. Er hatte deshalb seine Fahrweise darauf einzurichten und durfte nicht ohne Rücksicht auf den links vor ihm fahrenden Zeugen F. abbiegen.

19. Mitverursachung eines Verkehrsunfalls durch Nichteinhaltung des gebotenen Sicherheitsabstandes

227 BGH, Urt. v. 16.1.2007 – VI ZR 248/05, zfs 2007, 378 = VersR 2007, 557

BGB § 254 Abs. 1; StVG § 17 Abs. 1; StVO § 4 Abs. 1

Hat die Nichteinhaltung des gebotenen Sicherheitsabstands den Unfall mitverursacht, ist der Verstoß gegen § 4 Abs. 1 StVO im Rahmen der Abwägung der beiderseitigen Verursachungsanteile grundsätzlich gegenüber jedem Mitverursacher zu berücksichtigen.

a) Der Fall

228 Der Kläger begehrte restlichen Schadensersatz aus einem Verkehrsunfall. Der Kläger befuhr mit seinem Pkw die D.-Straße aus Richtung S. kommend. Vor ihm fuhr Frau H. mit ihrem Pkw. Der Beklagte zu 1 kam mit seinem bei der Beklagten zu 2 haftpflichtversicherten Pkw aus einer Grundstücksausfahrt. Er wollte vor dem herannahenden Pkw von Frau H. nach links in die D.-Straße in Richtung S. einbiegen. Frau H. leitete eine Vollbremsung ein und lenkte ihr Fahrzeug nach links. Auf diese Weise gelang es ihr, einen Zusammenstoß mit dem Pkw des Erstbeklagten zu vermeiden. Der Kläger bremste ebenfalls und versuchte nach links auszuweichen. Dabei kollidierte sein Pkw mit dem von Frau H. Den Schaden des Klägers hat die Zweitbeklagte zu 50 % ersetzt. Mit der Klage hat der Kläger Zahlung weiterer 50 % begehrt. Das Amtsgericht hat der Klage stattgegeben. Auf die Berufung der Beklagten hat das Landgericht die Klage abgewiesen. Das Berufungsgericht war der Auffassung, den Kläger treffe an dem Unfall ein hälftiges Mitverschulden. Mit der vom Berufungsgericht zugelassenen Revision verfolgte der Kläger sein Klagebegehren weiter.

b) Die rechtliche Beurteilung

229 Das angefochtene Urteil hielt den Angriffen der Revision stand.

Der Erstbeklagte hatte gegen § 10 S. 1 StVO verstoßen, als er aus einer Grundstücksausfahrt in die D.-Straße einfuhr, ohne die herannahenden Fahrzeuge zu beachten, und damit den Verkehrsunfall verschuldet. Nach dieser Vorschrift hat sich

19. Nichteinhaltung des gebotenen Sicherheitsabstandes § 10

derjenige, der aus einem Grundstück auf die Straße einfahren will, so zu verhalten, dass eine Gefährdung anderer Verkehrsteilnehmer ausgeschlossen ist.

Der Verkehrsunfall war allerdings von dem Kläger mitverursacht worden. Wer im Straßenverkehr auf den Vorausfahrenden auffährt, war in der Regel unaufmerksam oder zu dicht hinter ihm. Dafür spricht der Beweis des ersten Anscheins. Dieser wird nach allgemeinen Grundsätzen nur dadurch erschüttert, dass ein atypischer Verlauf, der die Verschuldensfrage in einem anderen Lichte erscheinen lässt, von dem Auffahrenden dargelegt und bewiesen wird. Dies kommt nach der Rechtsprechung des erkennenden Senats etwa dann in Betracht, wenn der Nachweis erbracht wird, dass ein Fahrzeug vorausgefahren ist, welches nach seiner Beschaffenheit geeignet war, dem Nachfahrenden die Sicht auf das Hindernis zu versperren, dieses Fahrzeug erst unmittelbar vor dem Hindernis die Fahrspur gewechselt hat und dem Nachfahrenden ein Ausweichen nicht mehr möglich oder erheblich erschwert war. Von einem vergleichbaren Sachverhalt konnte nach den vom Berufungsgericht getroffenen Feststellungen vorliegend jedoch nicht ausgegangen werden. 230

Der gegen den Auffahrenden sprechende Anscheinsbeweis kann auch dann erschüttert werden, wenn der Vorausfahrende unvorhersehbar und ohne Ausschöpfung des Anhalteweges „ruckartig" – etwa infolge einer Kollision – zum Stehen gekommen und der Nachfolgende deshalb aufgefahren ist. Daran fehlt es aber, wenn das vorausfahrende Fahrzeug – wie hier der Pkw von Frau H. – durch eine Vollbremsung oder Notbremsung zum Stillstand kommt, denn ein plötzliches scharfes Bremsen des Vorausfahrenden muss ein Kraftfahrer grundsätzlich einkalkulieren. 231

Ohne Erfolg wandte sich die Revision dagegen, dass das Berufungsgericht das Mitverschulden des Klägers im Rahmen der Abwägung der beiderseitigen Verursachungsanteile gemäß § 17 Abs. 1 StVG berücksichtigt hatte. 232

Die Entscheidung über eine Haftungsverteilung im Rahmen des § 254 BGB oder des § 17 StVG ist grundsätzlich Sache des Tatrichters und im Revisionsverfahren nur darauf zu überprüfen, ob alle in Betracht kommenden Umstände vollständig und richtig berücksichtigt und der Abwägung rechtlich zulässige Erwägungen zugrunde gelegt worden sind. Die Abwägung ist aufgrund aller festgestellten Umstände des Einzelfalles vorzunehmen. In erster Linie ist hierbei nach ständiger höchstrichterlicher Rechtsprechung das Maß der Verursachung von Belang, in dem die Beteiligten zur Schadensentstehung beigetragen haben; das beiderseitige Verschulden ist nur ein Faktor der Abwägung. 233

Diesen Grundsätzen wurde die vom Berufungsgericht vorgenommene Abwägung gerecht. Der Umstand, dass der Kläger nach den getroffenen Feststellungen entweder den gemäß § 4 Abs. 1 StVO erforderlichen Abstand zum vorausfahrenden Pkw nicht eingehalten hatte oder aber nicht aufmerksam genug war (vgl. § 1 Abs. 1 und 2 StVO), hatte maßgeblich zu dem Unfallgeschehen beigetragen und ist deshalb im Rahmen der Abwägung der beiderseitigen Verursachungsanteile zu berücksichtigen. Dem stand nicht entgegen, dass die Einhaltung des Sicherheitsabstands Auf- 234 fahrunfälle vermeiden soll und der Schutz des § 4 StVO deshalb in erster Linie dem Vorausfahrenden zugutekommt. Die Einhaltung des Abstandes dient nämlich nicht allein dem Schutz des Vorausfahrenden. Die Vorschriften der StVO haben den Zweck, die Gefahren des Straßenverkehrs abzuwehren und Verkehrsunfälle zu verhindern. Die hierfür aufgestellten Regeln beruhen auf der durch Erfahrung und Überlegung gewonnenen Erkenntnis, welche typischen Gefahren der Straßenverkehr mit sich bringt und welches Verkehrsverhalten diesen Gefahren am besten begegnet. Damit besagen die Verkehrsvorschriften zugleich, dass ihre Nichteinhaltung die Gefahr eines Unfalles in den Bereich des Möglichen rückt. Auch § 4 Abs. 1 StVO dient der Sicherheit des Straßenverkehrs. Die Vorschrift soll nicht nur Auffahrunfälle vermeiden, sondern bezweckt auch, die Übersicht des Kraftfahrers über die Fahrbahn zu verbessern und ihm eine ausreichende Reaktionszeit zur Begegnung von Gefahren zu ermöglichen. Hat die Nichteinhaltung des gebotenen Sicherheitsabstands den Unfall mitverursacht, ist der Verstoß gegen § 4 Abs. 1 StVO im Rahmen der Abwägung der beiderseitigen Verursachungsanteile grundsätzlich zu berücksichtigen. Dies gilt unabhängig davon, ob der andere Unfallverursacher in den Schutzbereich dieser Vorschrift einbezogen ist.

235 Die Beurteilung des Berufungsgerichts, vorliegend sei eine hälftige Schadensteilung angemessen, weil die Verkehrsverstöße des Klägers und des Erstbeklagten in gleichem Maße den Unfall verursacht hätten, beruhte auf einer tatrichterlichen Würdigung des konkreten Unfallgeschehens, die aus Rechtsgründen nicht zu beanstanden war.

20. Zusammenstoß zwischen einem Linksabbieger und einem in Gegenrichtung geradeaus fahrenden Kraftfahrzeug

236 BGH, Urt. v. 13.2.2007 – VI ZR 58/06, zfs 2007, 439 = VersR 2007, 681
ZPO §§ 286, 373, 416; StVO § 9 Abs. 3
a) Die Schilderung, die ein Zeuge über den Hergang eines Verkehrsunfalls gegenüber dem Haftpflichtversicherer eines der Unfallbeteiligten abgegeben hat, kann im Haftpflichtprozess nicht im Wege des Zeugenbeweises, wohl aber im Wege des Urkundenbeweises verwertet werden.
b) Beim Zusammenstoß zwischen einem nach links abbiegenden und einem in Gegenrichtung geradeaus fahrenden Kraftfahrzeug kann für das Verschulden des Abbiegenden der Anscheinsbeweis sprechen.

a) Der Fall

237 Der Kläger machte gegen die Beklagten Ansprüche auf Schadensersatz aus einem Verkehrsunfall geltend. Der Pkw des Klägers, der im Bereich einer ampelgeregelten Kreuzung nach links in eine Seitenstraße abbiegen wollte, stieß dabei mit dem

20. Zusammenstoß zwischen Linksabbieger und Kfz in Gegenrichtung § 10

in der Gegenrichtung geradeaus fahrenden Pkw des Beklagten zu 1 zusammen. Zwischen den Parteien war streitig, ob der Beklagte zu 1 auf den verkehrsbedingt im Kreuzungsbereich haltenden Pkw des Klägers aufgefahren oder ob der Kläger unter Missachtung des Rotlichts in den Kreuzungsbereich und die Fahrspur des Beklagten zu 1 eingefahren war.

Das Amtsgericht hat die Klage abgewiesen. Zur Begründung hat es u.a. ausgeführt, der Kläger habe den Unfall verschuldet, weil er das Vorfahrtsrecht des Beklagten zu 1 verletzt habe. Die Richtigkeit seiner Unfallschilderung habe er wegen fehlender Beweismittel nicht nachweisen können. Darüber hinaus werde die Unfallschilderung der Beklagten durch den Zeugen V. bestätigt, der gegenüber der Beklagten zu 2 angegeben habe, der Kläger sei auf der inneren Linksabbiegespur in die Kreuzung eingefahren, obwohl die für diese Fahrtrichtung geltenden Ampeln auf Rot gestanden hätten, während lediglich die für den Geradeausverkehr geltenden Ampeln auf Grünlicht geschaltet gewesen seien, wodurch sich der Kläger offensichtlich habe irritieren lassen. Der Verursachungsbeitrag des Beklagten zu 1 trete hinter dem schuldhaften Fahrfehler des Klägers zurück.

Das Berufungsgericht hat die dagegen gerichtete Berufung des Klägers zurückgewiesen. Mit der vom Berufungsgericht zugelassenen Revision verfolgte der Kläger seinen Klageantrag weiter.

b) Die rechtliche Beurteilung

Das angefochtene Urteil hielt den Angriffen der Revision im Ergebnis stand.

Da das Fahrzeug des Klägers bei dem Zusammenstoß mit dem Fahrzeug des Beklagten zu 1 durch dieses beschädigt wurde, kam allerdings grundsätzlich ein Anspruch des Klägers aus § 7 Abs. 1 StVG und, soweit ein Verschulden des Beklagten zu 1 vorgelegen haben sollte, aus § 823 Abs. 1 BGB in Betracht. Dass der Unfall durch höhere Gewalt (§ 7 Abs. 2 StVG) verursacht worden sei, wurde von keiner Partei geltend gemacht. Ein Anspruch des Klägers war deshalb nur ausgeschlossen, wenn der Unfallschaden von ihm durch ein für den Beklagten zu 1 unabwendbares Ereignis (§ 17 Abs. 3 S. 1 StVG) oder jedenfalls ganz überwiegend verursacht bzw. verschuldet worden war, sodass der Verursachungsbeitrag des Beklagten zu 1 vernachlässigt werden konnte (§ 17 Abs. 1 StVG, § 254 Abs. 1 BGB). Dafür, dass die Betriebsgefahr des Pkw des Klägers durch dessen – gegebenenfalls. schuldhafte – Fahrweise gegenüber der des Pkw des Beklagten wesentlich erhöht war und dass den Kläger an dem Unfall ein Verschulden traf, waren grundsätzlich die Beklagten darlegungs- und beweispflichtig.

Das Amtsgericht und das Berufungsgericht gingen ersichtlich davon aus, dass die Beklagten diesen Beweis geführt hatten, weil gegen den Kläger, der als Abbiegender mit einem Fahrzeug des Gegenverkehrs zusammengestoßen war, der Anscheinsbeweis sprach und der Kläger diesen aus Mangel an Beweismitteln nicht entkräften konnte. Dies ließ keinen Rechtsfehler erkennen.

§ 10 Halter- und Fahrerhaftung

242 Nach § 9 Abs. 3 S. 3 StVO muss, wer links abbiegen will, entgegenkommende Fahrzeuge durchfahren lassen. Der erkennende Senat hat bereits entschieden, dass der Linksabbieger, wenn er seiner hiernach bestehenden Wartepflicht nicht genügt und es deshalb zu einem Unfall kommt, in der Regel, wenn keine Besonderheiten vorliegen, in vollem Umfang oder doch zumindest zum größten Teil für die Unfallfolgen zu haften hat, weil an eine Verletzung des Vorfahrtrechts des geradeaus Fahrenden durch den Linksabbieger ein schwerer Schuldvorwurf anknüpft, wobei für das Verschulden des Abbiegenden der Anscheinsbeweis spricht (Senatsurt. v. 11.1.2005 – VI ZR 352/03, VersR 2005, 702 f. m.w.N.).

243 Ein Sachverhalt, bei dem der Anscheinsbeweis nicht in Betracht kommt, lag hier nicht vor. Zwar war der Kreuzungsbereich mit Ampeln sowohl für den geradeaus fahrenden als auch für den abbiegenden Verkehr versehen. Bei solchen Fallgestaltungen kann ein Anscheinsbeweis ausscheiden, wenn die Unfallgegner darüber streiten, wer von ihnen bei grün in die Kreuzung eingefahren ist und wer das für ihn geltende Rotlicht missachtet hat (Senatsurt. v. 3.12.1991 – VI ZR 98/91, VersR 1992, 203 und v. 13.2.1996 – VI ZR 126/95, VersR 1996, 513). Darum ging es hier jedoch nicht. Der Kläger bestritt nicht, dass der Beklagte zu 1 bei grün in die Kreuzung eingefahren war; er behauptete lediglich, dieser sei dabei aus Unaufmerksamkeit gegen das noch im Kreuzungsbereich befindliche Fahrzeug des Klägers gefahren. Nach den Feststellungen des Amtsgerichts und des Landgerichts war unstreitig, dass sich der Kläger im Zeitpunkt des Zusammenstoßes bereits im Abbiegevorgang befand. Insoweit lag eine typische Fallgestaltung vor, bei der die Lebenserfahrung dafür spricht, dass der Abbiegende das Vorrecht des geradeaus Fahrenden missachtet hat und es dadurch zu dem Unfall gekommen ist.

244 Danach war das Berufungsgericht jedenfalls im Ergebnis zutreffend davon ausgegangen, dass der Kläger den gegen ihn sprechenden Anscheinsbeweis zu entkräften hatte, indem er Tatsachen vorzutragen und gegebenenfalls zu beweisen hatte, aus denen sich die ernsthafte Möglichkeit eines abweichenden Geschehensablaufs ergab. Seine Auffassung, dass ein solcher Beweis nicht angetreten sei und auch nicht geführt werden könne, war revisionsrechtlich letztlich nicht zu beanstanden.

245 Die beweispflichtige Partei hat die Tatsachen zu bezeichnen, über welche die Vernehmung eines benannten Zeugen stattfinden soll (§ 373 ZPO). Ein tauglicher Beweisantritt liegt nur vor, wenn ein Zeuge zur Richtigkeit der Tatsachen benannt wird, die die beweispflichtige Partei zur Begründung ihres Anspruchs schlüssig bzw. zur Abwehr von Einwendungen der Gegenseite erheblich vorgetragen und die die Gegenpartei bestritten hat.

246 Ein dahin gehender Beweisantritt des Klägers war nicht ersichtlich. Die Beklagten hatten den Zeugen V. für die Richtigkeit ihrer Schilderung des Unfallverlaufs unter Hinweis auf seine schriftliche Äußerung gegenüber der Beklagten zu 2 benannt. Der Kläger hatte mehrfach Ausführungen dazu gemacht, dass und warum die Äußerung des Zeugen V. unrichtig sei. Er hatte indes nicht vorgetragen, der Zeuge V.

könne und werde bekunden, dass seine, des Klägers Sachdarstellung richtig sei. Unter diesen Umständen stand aber fest, dass der Kläger seine Schilderung des Unfallverlaufs durch den Zeugen V. nicht beweisen konnte.

Auf die von der Revision problematisierte Frage, die dem Berufungsgericht möglicherweise auch Anlass zur Zulassung der Revision gegeben hatte, ob und gegebenenfalls in welcher Richtung die schriftliche Äußerung des Zeugen V. vom Tatrichter verwertet werden durfte, kam es deshalb für die Entscheidung des Rechtsstreits nicht an. Lediglich ergänzend hat der erkennende Senat hierzu Ausführungen gemacht. 247

Die Äußerung, die ein als Zeuge in Betracht kommender Beobachter eines Verkehrsunfalls gegenüber dem Haftpflichtversicherer eines der Unfallbeteiligten abgibt, ist selbstverständlich keine Zeugenaussage aus einem anderen gerichtlichen Verfahren. Gleichwohl ist eine solche Äußerung beweisrechtlich nicht stets wertlos. 248

Der Beweisführer kann statt des Beweises durch Zeugen oder Sachverständige den Urkundenbeweis wählen. Auch eine Privaturkunde, die ein Zeugnis oder Gutachten ersetzen soll, kann im Wege des Urkundenbeweises beigebracht werden. Einer Zustimmung des Gegners bedarf die Führung des Urkundenbeweises nicht. Der Urkundenbeweis unterliegt der freien Beweiswürdigung. Ein zwingender positiver Beweiswert kommt der Urkunde nicht zu. Auch wird der Beweiswert der Urkunde oft gering sein, wenn sie die nicht in einem formellen Verfahren gewonnene, sondern gegenüber einer Partei gemachte Äußerung eines Zeugen wiedergibt. 249

Nach diesen Maßstäben war es dem Tatrichter im vorliegenden Fall zumindest nicht verwehrt, auf die Äußerung des Zeugen V. zu verweisen, um dem Kläger zu verdeutlichen, dass der Beweis für seine (gegensätzliche) Unfalldarstellung nicht zu führen sei. Zwar muss ein Zeuge, dessen Aussage schriftlich fixiert oder protokolliert ist, auf Antrag persönlich vernommen werden, wenn das Ergebnis der Beweisaufnahme von der Aussage abhängt. Wie sich aus den vorstehenden Ausführungen ergibt, konnte der Kläger den ihm obliegenden Beweis der ernsthaften Möglichkeit eines abweichenden Geschehensablaufs auch dann nicht führen, wenn sich aufgrund einer persönlichen Vernehmung des Zeugen V. Zweifel an dessen schriftlicher Unfalldarstellung ergeben hätten. 250

§ 10 Halter- und Fahrerhaftung

21. Bedeutung eines eingeschalteten Warnblinklichts im Rahmen der Abwägung der wechselseitigen Verursachungsbeiträge

251 BGH, Urt. v. 13.3.2007 – VI ZR 216/05, zfs 2007, 437 = VersR 2007, 1095
StVO § 16 Abs. 2 S. 2

Zur Frage, unter welchen Voraussetzungen von einem eingeschalteten Warnblinklicht eine Reaktionsaufforderung für andere Verkehrsteilnehmer ausgeht, die Geschwindigkeit zu verlangsamen und sich bremsbereit zu halten.

a) Der Fall

252 Der Kläger nahm die Beklagten auf Schadensersatz aus einem Verkehrsunfall in Anspruch, der sich im Mai 1999 gegen 17.00 Uhr außerhalb einer geschlossenen Ortschaft auf einer Kreisstraße ereignet hatte. Der Kläger wollte dort mit einem Lkw Sand bei einer Firma anliefern. Zu diesem Zweck hielt er am rechten Fahrbahnrand der an dieser Stelle 5,4 m breiten Straße an und stieg aus. In diesem Moment wurde er von einem Kleintransporter erfasst, der die Straße in der Gegenrichtung befuhr. Der Kläger wurde bei diesem Unfall schwer verletzt, während sein Lkw unbeschädigt blieb.

253 Der Kläger hatte behauptet, vor dem Aussteigen aus dem Führerhaus die Warnblinkanlage des Lkw eingeschaltet zu haben. Der Beklagte zu 3 habe sich mit seinem Fahrzeug gleichwohl mit unverminderter Geschwindigkeit, die zudem überhöht gewesen sei, der späteren Unfallstelle genähert.

254 Die Beklagten hatten behauptet, der Beklagte zu 3 sei ursprünglich mit einer Geschwindigkeit von 80 bis 90 km/h gefahren und habe diese angesichts des am Fahrbahnrand stehenden Lkw des Klägers auf 74 km/h verringert. Als der Beklagte zu 3 sich dem Lkw bis auf 50 m genähert gehabt habe, sei der Kläger plötzlich rückwärts aus dem Fahrzeug auf die Fahrbahn gesprungen. Der Unfall sei deshalb für den Beklagten zu 3 unvermeidbar gewesen.

255 Der Kläger hat unter Berücksichtigung eines 50 %-igen Mitverschuldens Schadensersatzansprüche geltend gemacht. Das Landgericht hat der Klage stattgegeben. Auf die Berufung der Beklagten hat das Berufungsgericht die Klage abgewiesen. Mit der vom erkennenden Senat zugelassenen Revision erstrebte der Kläger die Wiederherstellung des landgerichtlichen Urteils.

b) Die rechtliche Beurteilung

256 Die Beurteilung des Berufungsgerichts hielt revisionsrechtlicher Nachprüfung stand.

Das Berufungsgericht war ohne Rechtsfehler davon ausgegangen, dass der Beklagte zu 3 – auch unter Berücksichtigung der eingeschalteten Warnblinkanlage an dem Lkw – nicht verpflichtet war, die festgestellte Geschwindigkeit seines Fahrzeugs

21. Bedeutung eines eingeschalteten Warnblinklichts § 10

von 74 bis 78 km/h weiter bis auf 45 km/h zu ermäßigen, sich bremsbereit zu halten oder auf die sich halb öffnende Fahrertür mit einer Vollbremsung zu reagieren. Unter den Umständen des Streitfalles war das Einschalten des Warnblinklichts objektiv nicht erforderlich, um den Verkehr auf den stehenden Lkw aufmerksam zu machen.

Nach § 16 Abs. 2 S. 2 StVO darf außer beim Liegenbleiben mehrspuriger Fahrzeuge an unübersichtlichen Stellen (§ 15 StVO) und beim Abschleppen von Fahrzeugen (§ 15a StVO) Warnblinklicht nur einschalten, wer andere durch sein Fahrzeug gefährdet sieht oder andere vor Gefahren warnen will, z.B. bei Annäherung an einen Stau oder bei besonders langsamer Fahrgeschwindigkeit auf Autobahnen und anderen schnell befahrenen Straßen. Das Einschalten des Warnblinklichts ist dagegen grundsätzlich unzulässig, wenn keine konkrete Gefährdung, sondern allenfalls eine Behinderung des Verkehrs vorliegt.

Ob im Streitfall diese Voraussetzungen im Hinblick auf den nach den getroffenen Feststellungen auf einer übersichtlichen Landstraße am Fahrbahnrand stehenden, für den herannahenden Verkehr gut erkennbaren Lkw vorlagen, konnte jedoch ebenso dahinstehen wie die Frage, ob auch von einem unzulässigerweise eingeschalteten Warnblinklicht eine Reaktionsaufforderung für andere Verkehrsteilnehmer ausgehen kann, die Geschwindigkeit zu verlangsamen und sich bremsbereit zu halten.

Nach den von der Revision nicht angegriffenen Feststellungen des Berufungsgerichts hatte der Kläger durch das Einschalten der Warnblinkanlage den Verkehr nur auf den am Fahrbahnrand stehenden Lkw aufmerksam machen wollen. Eine von dem am Fahrbahnrand stehenden, gut erkennbaren Lkw ausgehende Gefahr hatte sich jedoch im Streitfall nicht realisiert. Für den Beklagten zu 3 stellte der Lkw noch nicht einmal ein Hindernis dar, weil dieser aus seiner Sicht auf der Gegenfahrbahn stand. Realisiert hatte sich vielmehr die Gefahr, die davon ausgegangen ist, dass der Kläger unter Missachtung des entgegenkommenden Verkehrs ausgestiegen und auf die Fahrbahn gesprungen war. Die Revision machte selbst nicht geltend, dass der Kläger mit dem Einschalten der Warnblinkanlage den herannahenden Gegenverkehr vor seinem beabsichtigten Aussteigen warnen wollte, zumal der Kläger ohnehin erst aussteigen durfte, wenn er sicher sein konnte, dass er sich und andere Verkehrsteilnehmer nicht gefährdete (vgl. § 14 Abs. 1 StVO). Dabei hatte er grundsätzlich auch auf Fahrzeuge zu achten, die aus der Gegenrichtung kamen.

Der Beklagte zu 3 war auch aus sonstigen Gründen nicht gehalten, die Geschwindigkeit seines Fahrzeugs unter die festgestellten 74 bis 78 km/h weiter herabzusetzen, sich bremsbereit zu halten oder bereits auf die nur zur Hälfte geöffnete Lkw-Tür mit einer Vollbremsung zu reagieren.

Der fließende Verkehr darf zwar nicht generell darauf vertrauen, dass die gesteigerte Sorgfaltspflicht des § 14 Abs. 1 StVO allgemein beachtet wird; er muss daher, wenn für ihn nicht mit Sicherheit erkennbar ist, dass sich im haltenden Fahrzeug und um das Fahrzeug herum keine Personen aufhalten, einen solchen Abstand einhalten, dass ein Insasse die linke Tür ein wenig öffnen kann. Der an einem parkenden Wagen vorbeifahrende Verkehrsteilnehmer darf jedoch darauf vertrauen, dass die Tür nicht plötzlich weit geöffnet wird und ein Insasse auf die Fahrbahn springt. Deshalb war die Beurteilung des Berufungsgerichts, der Beklagte zu 3 habe unter den gegebenen Umständen davon ausgehen dürfen, dass der Fahrer des Lkw die Tür erst nach seiner – des Beklagten zu 3 – Durchfahrt vollständig öffnen und aussteigen würde, aus Rechtsgründen nicht zu beanstanden.

263 Schließlich war auch kein Rechtsfehler erkennbar, soweit das Berufungsgericht im Rahmen der Abwägung die Betriebsgefahr des vom Beklagten zu 3 geführten Kleintransporters vollständig hinter dem Mitverschulden des Klägers hatte zurücktreten lassen.

264 Die Entscheidung über eine Haftungsverteilung im Rahmen des § 254 BGB oder des § 17 StVG ist grundsätzlich Sache des Tatrichters und im Revisionsverfahren nur darauf zu überprüfen, ob alle in Betracht kommenden Umstände vollständig und richtig berücksichtigt und der Abwägung rechtlich zulässige Erwägungen zugrunde gelegt worden sind.

265 Diesen Grundsätzen wurde die vom Berufungsgericht vorgenommene Abwägung gerecht. Dabei war es im Hinblick auf die gesteigerten Sorgfaltsanforderungen des § 14 Abs. 1 StVO rechtlich nicht zu beanstanden, dass das Berufungsgericht einen groben Sorgfaltsverstoß des Klägers angenommen und es als völlig unverständlich bezeichnet hatte, dass dieser bei den bestehenden guten Sichtverhältnissen das Führerhaus seines Lkw verlassen hat, ohne sich mit einem kurzen Blick zu vergewissern, dass er die Straße gefahrlos betreten konnte.

22. Bedeutung einer sog. Vorampel

266 BGH, Urt. v. 26.4.2005 – VI ZR 228/03, VersR 2005, 954
StVO §§ 37 Abs. 2 S. 2 Nr. 1, 38 Abs. 3 S. 1

Ein vor einer Wechsellichtzeichenanlage ortsfest installiertes und mit deren Phasenwechsel gekoppeltes gelbes Blinklicht im Sinne des § 38 Abs. 3 S. 1 StVO beinhaltet für den Kraftfahrer keine über § 37 Abs. 2 S. 2 Nr. 1 StVO hinausgehende Verhaltensanforderung, bereits wegen der blinkenden „Vorampel" seine Geschwindigkeit unter die zulässige Höchstgeschwindigkeit zu reduzieren. Er darf vielmehr unter Beibehaltung derselben weiter auf die Wechsellichtzeichenanlage zufahren und muss erst bei deren Phasenwechsel auf Gelb und auch nur dann anhalten, wenn ihm dies mit normaler Betriebsbremsung noch möglich ist.

a) Der Fall

267 Der Kläger nahm die Beklagten auf Schadensersatz aus einem Verkehrsunfall in Anspruch, bei dem er im Dezember 1999 gegen 17.15 Uhr als Fahrradfahrer auf

22. Bedeutung einer sog. Vorampel § 10

einem Fußgänger- und Radfahrerüberweg an einer Kreuzung beim Überqueren der Fahrbahn von dem vom Beklagten zu 1 geführten und bei der Beklagten zu 2 haftpflichtversicherten VW-Transporter erfasst und schwer verletzt wurde.

Der Beklagte zu 1, der aus Sicht des Klägers von links herannahte, war zuvor bei Gelblicht der für ihn maßgebenden Wechsellichtzeichenanlage in die Kreuzung eingefahren. Vor dieser Verkehrsampel ist in ca. 150 m Entfernung eine „Vorampel" installiert, die phasenweise mit Gelblicht blinkt.

268

Der Kläger behauptete, der Beklagte zu 1 habe die an der Unfallstelle zulässige Höchstgeschwindigkeit von 70 km/h weit überschritten. Die Beklagten behaupteten, der Kläger habe zwar zunächst – unstreitig – an der für Fußgänger und Radfahrer Rotlicht anzeigenden Lichtzeichenanlage angehalten, sei dann aber losgefahren, obwohl die Verkehrsampel noch für ihn Rot zeigte.

269

Das Landgericht hat der auf Feststellung der gesamtschuldnerischen Haftung der Beklagten für sämtliche materiellen und immateriellen Schäden gerichteten Klage zu einer Quote von 50 % stattgegeben und sie im Übrigen abgewiesen. Das Oberlandesgericht hat die Berufungen der Parteien zurückgewiesen. Mit der vom erkennenden Senat zugelassenen Revision der Beklagten und mit der Anschlussrevision des Klägers verfolgten die Parteien ihr ursprüngliches Klagebegehren weiter, soweit zu ihrem Nachteil erkannt worden ist.

270

b) Die rechtliche Beurteilung

Die Revision der Beklagten hatte Erfolg. Die bisherigen tatsächlichen Feststellungen rechtfertigten es nicht, bei der Abwägung zulasten der Beklagten eine durch einen Verstoß gegen § 37 Abs. 2 StVO (hierzu unter 2) und eine Kollisionsgeschwindigkeit von 60 km/h (hierzu unter 3) erheblich erhöhte Betriebsgefahr des VW-Transporters zu berücksichtigen.

271

Die Bewertung der verschiedenen Verursachungs- und Verschuldensbeiträge auf Seiten des Verletzten und des Ersatzpflichtigen ist zwar grundsätzlich Aufgabe des Tatrichters und damit revisionsrechtlicher Überprüfung nur eingeschränkt zugänglich. Die Revision machte jedoch im Rahmen der verbleibenden revisionsrechtlichen Überprüfbarkeit mit Recht geltend, dass der Abwägung nicht durchgehend rechtlich zulässige Erwägungen zugrunde lagen und das Berufungsgericht nicht alle Umstände vollständig und richtig berücksichtigt hatte.

272

Auf der Grundlage seiner bisherigen Feststellungen durfte das Berufungsgericht keinen schuldhaften Verstoß des Beklagten zu 1 gegen § 37 Abs. 2 S. 2 Nr. 1 StVO bejahen.

273

§ 37 Abs. 2 S. 2 Nr. 1 StVO ordnet allerdings bei einem Wechsellichtzeichen der Farbe Gelb an: „Vor der Kreuzung auf das nächste Zeichen warten". Das Berufungsgericht geht jedoch selbst zutreffend davon aus, dass dieses Gebot nicht uneingeschränkt gilt. Steht Rot bevor, so muss nur derjenige Kraftfahrer anhalten, der dies noch mit einer mittleren, das heißt normalen Betriebsbremsung kann. Reicht

274

421

dagegen der Bremsweg bei mittlerem Bremsen nicht aus, ist vielmehr starkes oder sogar gewaltsames Bremsen mit Blockierspur nötig, entfällt grundsätzlich die Wartepflicht. Der Kraftfahrer darf dann zügig und vorsichtig unter Beachtung des Querverkehrs durchfahren. Die Weiterfahrt begründet in diesem Fall nicht den Vorwurf des Verschuldens.

275 Das Berufungsgericht hatte zur entscheidungserheblichen Frage der Bremsmöglichkeit des Beklagten zu 1 bei Einhaltung der zulässigen Höchstgeschwindigkeit keine Feststellungen getroffen, obwohl die Beklagten beweisbewehrt vorgetragen hatten, es sei dem Beklagten zu 1 selbst bei Einhaltung der zulässigen Höchstgeschwindigkeit von 70 km/h nicht möglich gewesen, im Rahmen einer mittleren Bremsung noch rechtzeitig vor der Haltelinie anzuhalten.

276 Das Berufungsgericht durfte diese Frage auch nicht im Hinblick auf das ca. 150 m vor der Wechsellichtzeichenanlage ortsfest installierte gelbe Blinklicht ungeklärt lassen. Denn durch eine solche nach den Feststellungen des Berufungsgerichts mit dem Phasenwechsel der Wechsellichtzeichenanlage gekoppelte „Vorampel" ergibt sich – entgegen der Auffassung des Berufungsgerichts – für den Kraftfahrer keine über § 37 Abs. 2 S. 2 Nr. 1 StVO hinausgehende Verhaltensanforderung, bereits wegen blinkender „Vorampel" seine Geschwindigkeit unter die zulässige Höchstgeschwindigkeit zu reduzieren. Er darf vielmehr unter Beibehaltung derselben weiter auf die Wechsellichtzeichenanlage zufahren und muss erst bei deren Phasenwechsel auf Gelb und auch nur dann anhalten, wenn ihm dies mit normaler Betriebsbremsung noch möglich ist (vgl. zum gleichzeitigen Farbzeichen Grün/ Gelb: BGH, Urt. v. 6.2.1961 – III ZR 7/60, NJW 1961, 780).

277 Nach § 38 Abs. 3 S. 1 StVO warnt gelbes Blinklicht (allgemein) vor Gefahren. Es setzt nicht die amtlichen Verkehrszeichen und als „Vorampel" auch nicht die Bedeutung der Wechsellichtzeichen außer Kraft. Vielmehr mahnt es als besonders wirksames Vorsichtszeichen lediglich zu deren Beachtung.

278 Das gelbe Blinklicht soll mithin, wenn es zur Vorankündigung von Lichtsignalanlagen Verwendung findet, vor einer wegen ungünstiger Sichtverhältnisse und/oder hoher Annäherungsgeschwindigkeit unter Umständen nicht rechtzeitig erkennbaren Lichtzeichenanlage warnen. Durch die blinkende „Vorampel" wird aber nicht die durch das Zeichen Grün der Wechsellichtzeichenanlage erfolgte Freigabe des Verkehrs aufgehoben und der Kraftfahrer verpflichtet, bereits jetzt wie beim Aufleuchten des anschließenden Zeichens Gelb die an sich zulässige Geschwindigkeit herabzusetzen und nach Möglichkeit den Anhaltevorgang einzuleiten. Bei einem solchen Verständnis würde das gelbe Blinklicht einer „Vorampel" eine über die Warnfunktion hinausgehende und damit eine in der Straßenverkehrsordnung nicht vorgesehene Regelungsfunktion erhalten. Der Kraftfahrer hat seine Fahrweise allein nach dem jeweils maßgebenden Farbsymbol der Wechsellichtzeichenanlage und nicht nach dessen mutmaßlicher Dauer und dem früher oder später bevorstehenden Farbwechsel einzurichten. Das gelbe Signalzeichen gebietet erst dann ein Tätigwerden,

22. Bedeutung einer sog. Vorampel § 10

wenn es erscheint (OLG Oldenburg, a.a.O.; OLG Hamburg, a.a.O.; OLG Hamm, a.a.O. m.w.N.; VRS 41, 75, 76; OLG Karlsruhe, a.a.O., 247; DAR 1975, 220, 221; *Menken*, DAR 1975, 262, 263; *ders.*, DAR 1976, 235, 236; *Hentschel*, a.a.O., § 37 Rn 45; HK-StVR/*Jäger*, a.a.O., § 37 Rn 22; Straßenverkehr, Dezember 1995, § 37 Rn 8; vgl. auch BGH, Urt. v. 6.2.1961 – III ZR 7/60, a.a.O.).

Der Beklagte zu 1 war unabhängig davon auch deshalb nicht dazu verpflichtet, bei blinkender Vorampel seine Geschwindigkeit frühzeitig herabzusetzen, weil nicht festgestellt war, dass er wusste, dass an der Hauptampel der Wechsel von Grün- auf Gelblicht zu erwarten war, wenn eine solche „Vorampel" vor ihm mit Gelblicht aufblinkt und er deshalb damit rechnen musste, bei Einhaltung der an sich zulässigen Höchstgeschwindigkeit die Haltelinie der Hauptampel nicht mehr bei Grünlicht zu erreichen. Er musste diese Verknüpfung auch nicht kennen. 279

Die von der Forschungsgesellschaft für Straßen- und Verkehrswesen entwickelten Richtlinien für Lichtsignalanlagen (Ausgabe 1992) empfehlen zwar unter 3.7 bei ungünstigen Sichtverhältnissen oder zur Vorankündigung von Lichtsignalanlagen an schnell befahrenen Straßen das Zeichen 131 StVO mit einem gelben Blinklicht zu versehen, welches nur dann eingeschaltet sein soll, wenn ein Kraftfahrer, der mit der zulässigen Höchstgeschwindigkeit fährt, am Knotenpunkt auf Rot oder Gelb treffen würde. 280

Das Berufungsgericht hatte jedoch keine Feststellungen dazu getroffen, dass eine solche Koppelung aufgrund ihres Verbreitungsgrades zum Erfahrungswissen von Kraftfahrern gerechnet werden könnte. Es nahm vielmehr selbst lediglich an, dass es dem Erfahrungswissen von Verkehrsteilnehmern entspreche, dass ein ohne sonstigen erkennbaren Bezug aufleuchtendes gelbes Blinklicht typischerweise auf eine – möglicherweise zunächst noch nicht erkennbare – Ampelanlage hinweise oder sich der Verkehrsteilnehmer zumindest auf diese nahe liegende Möglichkeit einstellen müsse. Das Berufungsgericht hatte nicht festgestellt, dass ein Zusatzschild oder der Standort der Vorampel auf die Verknüpfung mit dem Phasenwechsel hingewiesen hätten. Nach dem für die Revisionsinstanz zu unterstellenden und im Übrigen unbestrittenen Vortrag der Beklagten liegt die Kreuzung aus Fahrtrichtung des Beklagten zu 1 hinter einer lang gezogenen Rechtskurve, vor der die zulässige Höchstgeschwindigkeit 100 km/h beträgt, bevor sie im Kreuzungsbereich auf 70 km/h herabgesetzt ist. Unter diesen Umständen durfte der Beklagte zu 1, wie in § 38 Abs. 3 S. 1 StVO vorgesehen, die blinkende „Vorampel" lediglich als allgemeinen – warnenden – Hinweis auf die nachfolgende Wechsellichtzeichenanlage verstehen. 281

Die Revision wandte sich ebenfalls mit Erfolg gegen die Berücksichtigung der Kollisionsgeschwindigkeit des Fahrzeugs des Beklagten zu 1 von mindestens 60 km/h als einen die Betriebsgefahr erhöhenden Umstand. 282

Nach der Rechtsprechung des Senats kann die allgemeine Betriebsgefahr allerdings durch besondere Umstände erhöht sein, was bei der Schadensteilung mit zu berück- 283 sichtigen ist. Hierfür kommt namentlich eine fehlerhafte oder verkehrswidrige Fahrweise der bei dem Betrieb des Fahrzeugs tätigen Personen in Betracht.

284 Im Streitfall kann zwar unter diesem Blickwinkel die Überschreitung der zulässigen Höchstgeschwindigkeit von 70 km/h durch den Beklagten zu 1 zu würdigen sein. Die Kollisionsgeschwindigkeit von 60 km/h beruht auf einer vom Beklagten zu 1 günstigenfalls eingehaltenen Ausgangsgeschwindigkeit von 78 km/h. Das Berufungsgericht musste in diesem Zusammenhang entgegen der Auffassung der Revision kein Sachverständigengutachten zu der Behauptung einholen, die Überschreitung der zulässigen Höchstgeschwindigkeit um 8 km/h sei subjektiv vom Fahrer nicht wahrnehmbar. Die subjektive Wahrnehmbarkeit lässt sich durch einen Blick auf den Tachometer herstellen. Es ist Sache jedes Verkehrsteilnehmers, auf die Einhaltung der zulässigen Höchstgeschwindigkeit zu achten. Bei deren Überschreitung ist er ständig gehalten, seine Geschwindigkeit auf das zulässige Maß zu reduzieren (vgl. Senat, Urt. v. 25.3.2003 – VI ZR 161/02, VersR 2003, 783, 785). Dies gilt erst recht, wenn er – wie im Streitfall – durch das gelbe Blinklicht der „Vorampel" gewarnt und zur Einhaltung der Verkehrsregeln aufgefordert wird.

285 Das Berufungsgericht hatte jedoch keine Feststellungen dazu getroffen, ob die Überschreitung der Höchstgeschwindigkeit unfallursächlich war. Betriebsgefahrerhöhende Umstände können aber bei der Schadensabwägung zulasten eines Unfallbeteiligten nur dann berücksichtigt werden, wenn sie feststehen, d.h. unstreitig, zugestanden oder nach § 286 ZPO bewiesen sind und wenn sie sich auf den Unfall ausgewirkt haben, also unfallursächlich geworden sind. Ein späterer Unfall kann einer Geschwindigkeitsüberschreitung nicht allein schon deshalb zugerechnet werden, weil das Fahrzeug bei Einhaltung der vorgeschriebenen Geschwindigkeit erst später an die Unfallstelle gelangt wäre, vielmehr muss sich in dem Unfall gerade die auf das zu schnelle Fahren zurückzuführende erhöhte Gefahrenlage aktualisieren. Der rechtliche Ursachenzusammenhang zwischen Geschwindigkeitsüberschreitung und Unfall ist zu bejahen, wenn bei Einhaltung der zulässigen Geschwindigkeit zum Zeitpunkt des Eintritts der kritischen Verkehrssituation der Unfall vermeidbar gewesen wäre. Vermeidbarkeit ist auch bei geringfügigen Geschwindigkeitsüberschreitungen dann anzunehmen, wenn der Unfall bei Einhaltung der zulässigen Höchstgeschwindigkeit zwar nicht räumlich, wohl aber zeitlich vermeidbar gewesen wäre. Dies ist der Fall, wenn es dem Fahrer bei einer verkehrsordnungsgemäßen Fahrweise zwar nicht gelungen wäre, das Fahrzeug noch vor der späteren Unfallstelle zum Stehen zu bringen, wenn er den Pkw aber so stark hätte abbremsen können, dass dem Verletzten Zeit geblieben wäre, den Gefahrenbereich noch rechtzeitig zu verlassen. Entsprechendes gilt auch dann, wenn es dabei zumindest zu einer deutlichen Abmilderung des Unfallverlaufes und der erlittenen Verletzungen gekommen wäre.

286 Die Revision rügte zu Recht, dass das Berufungsgericht die Ausführungen des Sachverständigen G. zur Vermeidbarkeit nicht gewürdigt hatte. Dieser ging davon

23. Haftung für Schäden bei Verfolgungsrennen mit Polizei   § 10

aus, der Unfall sei bei Einhaltung der zulässigen Höchstgeschwindigkeit unter Zugrundelegung der für den Beklagten günstigsten Ausgangsdaten weder räumlich noch zeitlich vermeidbar gewesen. Zudem könne von technischer Seite nicht ausgeschlossen werden, dass der Kläger auch bei Einhaltung der zulässigen Höchstgeschwindigkeit schwerste Verletzungen erlitten hätte.

Die Anschlussrevision des Klägers hatte keinen Erfolg. Für das Berufungsgericht bestanden auf der Grundlage der Feststellungen des Landgerichts keine Zweifel daran, dass der Kläger die Fahrbahn bei Rotlicht zu überqueren versuchte und zwar unter Berücksichtigung des vorgelegten Signalphasenplans ca. 6,5 Sekunden vor dem Umschalten auf Grün. Das Vorliegen konkreter Anhaltspunkte, die Zweifel an der Richtigkeit der vom Landgericht festgestellten Tatsachen begründen konnten, hatte das Berufungsgericht ohne Rechtsfehler verneint (§ 529 Abs. 1 Nr. 1 ZPO).   287

Nach alldem war das angefochtene Urteil aufzuheben, soweit zum Nachteil der Beklagten erkannt worden war, und die Sache insoweit zur neuen Verhandlung und Entscheidung an das Berufungsgericht zur Nachholung der gebotenen Feststellungen zurückzuverweisen. Sollte das Berufungsgericht zu der Feststellung gelangen, dass dem Beklagten zu 1 bei Aufleuchten des Gelblichts an der Wechsellichtzeichenanlage ein rechtzeitiges Anhalten vor der Kreuzung nicht möglich gewesen wäre, wird es weiter zu prüfen haben, ob er nur deshalb nicht rechtzeitig anhalten konnte, weil er die zulässige Höchstgeschwindigkeit überschritten hatte. In diesem Fall kann die Geschwindigkeitsüberschreitung einen vorwerfbaren Verstoß gegen die Haltepflicht begründen.   288

23. Haftung für die Schäden an einem Polizeifahrzeug bei einem Verfolgungsrennen mit absichtlichem Rammen des Fluchtfahrzeugs

BGH, Urt. v. 31.1.2012 – VI ZR 43/11, zfs 2012, 436 = VersR 2012, 734   289

BGB § 823 Abs. 1; StVG § 7; VVG § 115 Abs. 1 S. 1 Nr. 1

a) Der Halter eines Kraftfahrzeugs, der sich der polizeilichen Festnahme durch Flucht unter Verwendung seines Kraftfahrzeugs entzieht, haftet unter dem Gesichtspunkt des Herausforderns sowohl nach § 823 Abs. 1 BGB als auch nach § 7 StVG für einen bei der Verfolgung eintretenden Sachschaden an den ihn verfolgenden Polizeifahrzeugen, wenn dieser Schaden auf der gesteigerten Gefahrenlage beruht und die Risiken der Verfolgung nicht außer Verhältnis zu deren Zweck stehen.

b) Dies gilt auch in Fällen, in denen der Fahrer eines Polizeifahrzeugs zum Zwecke der Gefahrenabwehr vorsätzlich eine Kollision mit dem fliehenden Fahrzeug herbeiführt, um es zum Anhalten zu zwingen.

c) Der Anspruch auf Ersatz des dabei an den beteiligten Polizeifahrzeugen entstandenen Sachschadens kann nach § 115 Abs. 1 S. 1 Nr. 1 VVG auch als Di-

425

§ 10 Halter- und Fahrerhaftung

rektanspruch gegen den Haftpflichtversicherer des Fluchtfahrzeugs geltend gemacht werden.

a) Der Fall

290 Der Versicherungsnehmer der Beklagten entzog sich mit dem von ihm geführten und bei der Beklagten haftpflichtversicherten VW Golf in Baden-Württemberg einer Verkehrskontrolle. Dabei verletzte er eine Polizeibeamtin. Einsatzkräfte der Polizei des Landes Baden-Württemberg nahmen daraufhin die Verfolgung auf und ab der Anschlussstelle H an der BAB auch die Polizei des Landes Hessen, des Klägers. Der Versicherungsnehmer der Beklagten fuhr zwischen 180 und 200 km/h, wechselte dabei mehrfach die Fahrstreifen und nutzte auch den Standstreifen. Um den Flüchtigen zu stoppen, entschloss sich die hessische Polizei, den Verkehr auf der BAB an der Anschlussstelle D zu verlangsamen, indem zwei Dienstfahrzeuge mit geringer Geschwindigkeit die beiden Fahrstreifen befuhren und ein Lkw-Fahrer, den die Polizei um Hilfe ersucht hatte, mit seinem Sattelzug auf gleicher Höhe langsam auf dem Standstreifen fuhr. Da alle drei Fahrstreifen damit blockiert waren, wurde der herannahende Versicherungsnehmer der Beklagten gezwungen, abzubremsen. Er versuchte, zwischen den beiden Polizeifahrzeugen hindurchzufahren. Bei diesem Versuch wurde er von einem weiteren hessischen Polizeifahrzeug von hinten gerammt, sodass er zwischen den beiden die linke und die rechte Fahrspur blockierenden Polizeifahrzeugen durchgeschoben wurde. Das Fluchtfahrzeug wurde sodann von einem weiteren Fahrzeug des klagenden Landes an die Mittelleitplanke abgedrängt und gestoppt. Der Versicherungsnehmer der Beklagten wurde vorläufig festgenommen.

291 Mit seiner Klage machte das Land Hessen gegen den Haftpflichtversicherer des Fluchtfahrzeugs den an seinen vier Polizeifahrzeugen entstandenen Schaden und weitere Kosten in Höhe von ca. 17.000 EUR geltend. Das Landgericht hat der Klage fast in vollem Umfang stattgegeben. Auf die Berufung der Beklagten hat das Oberlandesgericht in Abänderung des erstinstanzlichen Urteils die Klage in vollem Umfang abgewiesen. Mit der vom Oberlandesgericht zugelassenen Revision begehrte der Kläger die Wiederherstellung des erstinstanzlichen Urteils.

b) Die rechtliche Beurteilung

292 Das Berufungsurteil hielt revisionsrechtlicher Nachprüfung nicht stand. Entgegen der Auffassung des Berufungsgerichts konnte ein Schadensersatzanspruch des klagenden Landes wegen des Schadens an den Polizeifahrzeugen nicht deshalb verneint werden, weil die Polizeibeamten die entstandenen Schäden dadurch selbst verursacht haben, dass sie das Fluchtfahrzeug vorsätzlich rammten, um die Verfolgungsjagd zu beenden.

23. Haftung für Schäden bei Verfolgungsrennen mit Polizei § 10

Das Berufungsgericht hatte zunächst übersehen, dass ein Direktanspruch gegen den beklagten Haftpflichtversicherer nach § 115 Abs. 1 S. 1 Nr. 1 VVG auch wegen einer unerlaubten Handlung ihres Versicherungsnehmers im Sinne des § 823 Abs. 1 BGB in Betracht kam, wenn diese „durch den Gebrauch" des versicherten Kraftfahrzeugs erfolgt war. 293

Nach § 115 Abs. 1 S. 1 Nr. 1 VVG kann der Dritte seinen Anspruch auf Schadensersatz auch gegen den Versicherer geltend machen, wenn es sich um eine Haftpflichtversicherung zur Erfüllung einer nach dem Pflichtversicherungsgesetz bestehenden Versicherungspflicht handelt. Die Zulässigkeit einer Direktklage des Klägers gegen die Beklagte setzt mithin voraus, dass er einen Schadensersatzanspruch geltend macht, der im Rahmen der Kraftfahrzeughaftpflichtversicherung von der Beklagten gedeckt werden muss. Die Vorschrift des § 1 PflVG verpflichtet den Halter eines Kraftfahrzeugs, eine Haftpflichtversicherung zur Deckung der „durch den Gebrauch des Fahrzeugs" verursachten Personenschäden, Sachschäden und sonstigen Vermögensschäden abzuschließen und aufrechtzuerhalten. An das Pflichtversicherungsgesetz knüpft § 10 Abs. 1 AKB an, wo es heißt, dass die Kraftfahrzeughaftpflichtversicherung diejenigen Schäden deckt, die „durch den Gebrauch des im Vertrag bezeichneten Fahrzeugs" verursacht worden sind. 294

Der Begriff des Gebrauchs schließt den Betrieb des Kraftfahrzeugs im Sinne des § 7 StVG ein, geht aber auch darüber hinaus. Bei der Kraftfahrzeughaftpflichtversicherung ist das Interesse versichert, das der Versicherte daran hat, „durch den Gebrauch ... des Fahrzeugs" nicht mit Haftpflichtansprüchen belastet zu werden, gleich, ob diese auf § 7 StVG, den §§ 823 ff. BGB oder anderen Haftungsnormen beruhen. Im Streitfall hatte der Versicherungsnehmer der Beklagten das versicherte Kraftfahrzeug als Fluchtfahrzeug „gebraucht", um sich einer Polizeikontrolle bzw. einer vorläufigen Festnahme zu entziehen. Die bewusst herbeigeführte Kollision mit einem Polizeifahrzeug, um ihn zu stoppen, stand deshalb in unmittelbarem Zusammenhang mit dem konkreten Gebrauch des Fahrzeugs. 295

Nach der Rechtsprechung des erkennenden Senats kann jemand, der durch vorwerfbares Tun einen anderen zu selbstgefährdendem Verhalten herausfordert, diesem anderen dann, wenn dessen Willensentschluss auf einer mindestens im Ansatz billigenswerten Motivation beruht, aus unerlaubter Handlung zum Ersatz des Schadens verpflichtet sein, der infolge des durch die Herausforderung gesteigerten Risikos entstanden ist. Eine auf solcher Grundlage beruhende deliktische Haftung ist insbesondere in Fällen bejaht worden, in denen sich jemand pflichtwidrig der (vorläufigen) Festnahme oder der Feststellung seiner Personalien durch Polizeibeamte oder andere dazu befugte Personen durch die Flucht zu entziehen versucht und diesen Personen dadurch Anlass gegeben hat, ihn zu verfolgen, wobei sie dann infolge der durch die Verfolgung gesteigerten Gefahrenlage einen Schaden erlitten haben. 296

Voraussetzung für eine deliktische Haftung ist in solchen Fällen stets, dass der in Anspruch genommene Fliehende seinen Verfolger in vorwerfbarer Weise zu der 297

427

§ 10 Halter- und Fahrerhaftung

selbstgefährdenden Reaktion herausgefordert hat. Dabei muss sich das Verschulden insbesondere auch auf die Verletzung eines der in § 823 Abs. 1 BGB genannten Rechtsgüter erstrecken, d.h. der Fliehende muss sich bewusst gewesen sein oder zumindest fahrlässig nicht erkannt und bei der Einrichtung seines Verhaltens pflichtwidrig nicht berücksichtigt haben, dass sein Verfolger oder durch diesen ein unbeteiligter Dritter infolge der durch die Verfolgung gesteigerten Gefahr einen Schaden erleiden könnte.

298 Im Streitfall waren die Schäden an den Polizeifahrzeugen bei der gebotenen wertenden Betrachtungsweise auf der Grundlage der Feststellungen des Berufungsgerichts dem Versicherungsnehmer der Beklagten haftungsrechtlich sowohl objektiv als auch subjektiv zuzurechnen.

299 Wesentlicher Gradmesser für eine Herausforderung zur Verfolgung mit der Überbürdung des gesteigerten Verletzungsrisikos auf den Fliehenden ist insbesondere die angemessene Mittel-Zweck-Relation, nach der die Risiken der Verfolgung und der Beendigung der Flucht nicht außer Verhältnis zu dem Ziel der Ergreifung des Fliehenden stehen dürfen, weil ansonsten die Schädigung nicht mehr in den Schutzbereich der Haftungsnorm fällt.

300 Der Versicherungsnehmer der Beklagten hatte sich nach den Feststellungen des Berufungsgerichts einer Verkehrskontrolle entzogen, dabei eine Polizeibeamtin verletzt und sich danach über viele Kilometer hinweg mit den ihn verfolgenden Polizeifahrzeugen mit hoher Geschwindigkeit eine Verfolgungsjagd mit mehrfachem Fahrstreifenwechsel unter Mitbenutzung des Standstreifens geliefert. Da von diesem rücksichtslosen Verhalten eine erhebliche Gefahr für andere Verkehrsteilnehmer ausging, stand die Entscheidung, die Flucht durch eine Kollision mit dem Fluchtfahrzeug auf die erfolgte Art zu beenden, nicht außer Verhältnis zu dem Ziel der Beendigung der Flucht und der Ergreifung des Fliehenden.

301 Die Schäden an den Polizeifahrzeugen sind dem Versicherungsnehmer der Beklagten auch subjektiv zuzurechnen.

Die subjektive Seite der Haftung, d.h. der Vorwurf, eine Rechtsgutsverletzung seines Verfolgers schuldhaft herbeigeführt zu haben, setzt voraus, dass der Fliehende damit rechnen musste, verfolgt zu werden, und dass er auch voraussehen konnte, seine Verfolger könnten dabei möglicherweise zu Schaden kommen.

302 Nach den Feststellungen des Berufungsgerichts wusste der Versicherungsnehmer der Beklagten, dass er verfolgt wird, und musste auch damit rechnen, dass für seine Verfolger und ihre Fahrzeuge bei seiner Fahrweise nicht nur ein gesteigertes Risiko bestand, während der Verfolgungsfahrt einen Schaden zu erleiden, sondern auch bei einer Beendigung der Flucht durch eine bewusst herbeigeführte Kollision mit dem Fluchtfahrzeug. Bei einer Verfolgungsjagd, wie sie im Streitfall stattgefunden hat, ist es nicht fernliegend, dass die Polizeibeamten erforderlichenfalls auch Schäden an den Polizeifahrzeugen in Kauf nehmen, um den Flüchtenden zu stoppen und Schlimmeres zu verhindern.

23. Haftung für Schäden bei Verfolgungsrennen mit Polizei §10

Entgegen der Auffassung des Berufungsgerichts konnte auch eine Haftung des Versicherungsnehmers der Beklagten nach § 7 Abs. 1 StVG nicht verneint werden.

303

Voraussetzung des § 7 Abs. 1 StVG ist, dass eines der dort genannten Rechtsgüter „bei dem Betrieb eines Kraftfahrzeugs" verletzt worden ist. Das Berufungsgericht ging zutreffend davon aus, dass dieses Haftungsmerkmal nach der Rechtsprechung des erkennenden Senats entsprechend dem umfassenden Schutzzweck der Norm weit auszulegen ist. Denn die Haftung nach § 7 Abs. 1 StVG ist der Preis dafür, dass durch die Verwendung eines Kraftfahrzeugs erlaubterweise eine Gefahrenquelle eröffnet wird; die Vorschrift will daher alle durch den Kraftfahrzeugverkehr beeinflussten Schadensabläufe erfassen. Ein Schaden ist demgemäß bereits dann „bei dem Betrieb" eines Kraftfahrzeugs entstanden, wenn sich in ihm die von dem Kraftfahrzeug ausgehenden Gefahren ausgewirkt haben, d.h. wenn bei der insoweit gebotenen wertenden Betrachtung das Schadensgeschehen durch das Kraftfahrzeug (mit)geprägt worden ist. Erforderlich ist aber stets, dass es sich bei dem Schaden, für den Ersatz verlangt wird, um eine Auswirkung derjenigen Gefahren handelt, hinsichtlich derer der Verkehr nach dem Sinn der Haftungsvorschrift schadlos gehalten werden soll, d.h. die Schadensfolge muss in den Bereich der Gefahren fallen, um derentwillen die Rechtsnorm erlassen worden ist.

304

Im Streitfall war ein Polizeifahrzeug auf einer Bundesautobahn auf das Fluchtfahrzeug aufgefahren und hatte es zwischen den davor fahrenden Polizeifahrzeugen hindurchgeschoben, wonach ein anderes Polizeifahrzeug das Fluchtfahrzeug gegen die Leitplanke gedrängt und damit die Flucht beendet hatte. Dass dies „bei dem Betrieb" der beteiligten Kraftfahrzeuge im fließenden Verkehr auf einer Bundesautobahn erfolgte, begegnete nach den vorstehenden Grundsätzen ebenso wenig Bedenken wie bei einem „normalen" Auffahrunfall. Die Tatsache, dass das Auffahren im Streitfall vorsätzlich erfolgte, um das Fluchtfahrzeug zu stoppen, hatte lediglich Bedeutung für die Frage, ob der Unfall für einen der Unfallbeteiligten ein unabwendbares Ereignis im Sinne des § 17 Abs. 3 StVG n.F. bzw. § 7 Abs. 2 StVG a.F. war.

305

Die obergerichtliche Rechtsprechung hat in vergleichbaren Fällen wiederholt entschieden, dass ein Verkehrsunfall in Bezug auf die unfallbeteiligten Polizeifahrzeuge zwar nicht aus tatsächlichen, wohl aber aus Rechtsgründen im Sinne des § 7 Abs. 2 StVG a.F. unabwendbar sein kann, wenn Polizeibeamte zur Erfüllung ihrer hoheitlichen Aufgaben ein fliehendes Fahrzeug verfolgen und es bei der Verfolgungsfahrt zu einer Kollision zwischen den beteiligten Fahrzeugen kommt. Eine rechtliche Unabwendbarkeit wurde dabei auch in Fällen bejaht, in denen der Fahrer des Polizeifahrzeugs zum Zwecke der Gefahrenabwehr vorsätzlich eine Kollision mit dem fliehenden Fahrzeug herbeiführte, um es zum Anhalten zu zwingen. Dem schließt sich der erkennende Senat an.

306

Die Frage der rechtlichen Unabwendbarkeit in Verfolgungsfällen ist unter dem Gesichtspunkt des Herausforderns vergleichbar zu beantworten wie die Frage einer

307

Haftung nach § 823 BGB. Wer sich der polizeilichen Festnahme durch Flucht unter Verwendung eines Kraftfahrzeugs entzieht, haftet für einen bei der Verfolgung eintretenden Sachschaden an den ihn verfolgenden Polizeifahrzeugen, wenn dieser Schaden auf der gesteigerten Gefahrenlage beruht und die Risiken der Verfolgung nicht außer Verhältnis zu deren Zweck standen. Soweit das Berufungsgericht den Ausführungen im Senatsurteil vom 3.7.1990 – VI ZR 33/90 – etwas Anderes entnehmen wollte, wurde übersehen, dass es in dem dieser Entscheidung zugrunde liegenden Fall gerade nicht zu einer Kollision der beteiligten Fahrzeuge gekommen war.

308 Nach alledem konnte das Berufungsurteil keinen Bestand haben. Da keine weiteren Feststellungen mehr zu treffen waren, konnte der Senat in der Sache selbst entscheiden und das erstinstanzliche Urteil wiederherstellen.

24. Zurechnung haftungsrelevanten Verhaltens des Fahrers im Verhältnis zum Eigentümer und Halter auch im Rahmen des § 254 BGB

309 BGH, Urt. v. 11.6.2013 – VI ZR 150/12, zfs 2013, 558 = VersR 2013, 1013

BGB §§ 823 Abs. 1, 831 Abs. 1, 254 Abs. 1; StVG § 7 Abs. 1; HPflG § 4 Hs. 2
a) Bei Ansprüchen aus § 831 Abs. 1 BGB ist § 4 Hs. 2 HPflG nicht entsprechend anwendbar.
b) Im Rahmen der Betriebsgefahr, die sich der Halter eines Kraftfahrzeugs entgegenhalten lassen muss, wenn er Ersatz seines Unfallschadens nach § 823 Abs. 1 BGB verlangt, ist als ein die allgemeine Betriebsgefahr erhöhender Umstand auch das für den Unfall mitursächliche haftungsrelevante Verhalten des Fahrers zu berücksichtigen.

a) Der Fall

310 Der Kläger verlangte von den Beklagten Schadensersatz aus einem Verkehrsunfall. Eine Straßenbahn der Beklagten zu 1), die vom Beklagten zu 2) gefahren wurde, stieß gegen einen zum Betriebsvermögen des Klägers gehörenden und von der Drittwiderbeklagten gefahrenen Pkw. Dieser hatte sich im Bereich der auf der Straße verlegten Schienen zum Linksabbiegen eingeordnet und war dort verkehrsbedingt zum Stehen gekommen.

311 Das Amtsgericht hat die Beklagten als Gesamtschuldner verurteilt, an den Kläger zwei Drittel des ihm entstandenen Schadens zu zahlen. Die Beklagte zu 1) hat es darüber hinaus verurteilt, an den Kläger ein weiteres Drittel nebst Verzugszinsen und weitere Anwaltskosten zu zahlen. Einer von der Beklagten zu 1) wegen ihres eigenen Schadens gegen den Kläger und die Drittwiderbeklagte erhobenen Widerklage hat das Amtsgericht teilweise stattgegeben. Im Übrigen hat es Klage und Wi-

24. Zurechnung haftungsrelevanten Verhaltens im Rahmen des § 254 BGB § 10

derklage abgewiesen. Das Landgericht hat das amtsgerichtliche Urteil unter Zurückweisung der Berufung im Übrigen abgeändert, soweit die Beklagte zu 1) verurteilt worden ist, dem Kläger mehr als zwei Drittel des ihm entstandenen Schadens zu ersetzen; im Umfang der Abänderung hat es die Klage abgewiesen. Dies war Gegenstand der vom Berufungsgericht zugelassenen Revision des Klägers.

b) Die rechtliche Beurteilung

Soweit das Berufungsgericht dem Kläger den vom Amtsgericht zuerkannten weitergehenden Ersatzanspruch gegen die Beklagte zu 1) im Umfang von mehr als zwei Dritteln des ihm unstreitig entstandenen Schadens aberkannt hat, hielt dies einer revisionsrechtlichen Nachprüfung im Ergebnis stand. 312

Nicht zu beanstanden war die Annahme des Berufungsgerichts, der als solcher außer Streit stehende Anspruch des Klägers aus § 1 Abs. 1 HPflG sei um einen Mithaftungsanteil des Klägers von einem Drittel zu kürzen. Die zum Unfallhergang getroffenen Feststellungen und die auf dieser Grundlage vorgenommene Abwägung der beiderseitigen Verursachungs- und Verantwortungsbeiträge griff die Revision nicht an. Rechtliche Grundlage für die Haftungsverteilung bei der Anrechnung einer Mithaftung als Halter eines Kraftfahrzeugs oder als Betriebsunternehmer einer Bahn sind die Sonderregelungen der § 17 StVG, § 13 HPflG. Bei Anwendung dieser Vorschriften ist die erfolgte Abwägung revisionsrechtlich nicht zu beanstanden. Der Kläger war auch Halter des zu seinem Betriebsvermögen gehörenden Pkw. Der Umfang der Ersatzpflicht des Klägers und der Beklagten zu 1) hing mithin nach § 7 Abs. 1, § 17 Abs. 1, 2, 4 StVG, § 1 Abs. 1, § 13 Abs. 1, 2, 4 HPflG von einer Abwägung der beiderseitigen Verursachungsbeiträge ab. Dabei ist auch nach diesen Vorschriften in erster Linie das Maß der Verursachung von Belang, in dem die Beteiligten zur Schadensentstehung beigetragen haben; das beiderseitige Verschulden ist nur ein Faktor der Abwägung. 313

Mit Recht wandte sich die Revision allerdings gegen die Annahme des Berufungsgerichts, eine über den Anspruch aus § 1 Abs. 1 HPflG hinausgehende Haftung der Beklagten zu 1) gemäß § 831 Abs. 1 BGB scheide deshalb aus, weil der Kläger sich in entsprechender Anwendung von § 4 Hs. 2 HPflG ein Mitverschulden der Drittwiderbeklagten anrechnen lassen müsse, die als Fahrerin die tatsächliche Gewalt über das Fahrzeug ausübte. 314

§ 4 HPflG gilt aufgrund seiner systematischen Stellung im Haftpflichtgesetz ausschließlich für die in diesem Spezialgesetz geregelten Haftpflichttatbestände. Wie das Berufungsgericht richtig gesehen hatte, ist die dem § 4 Hs. 2 HPflG entsprechende Regelung in § 9 StVG nach gefestigter Rechtsprechung des erkennenden Senats auf Ansprüche aus § 823 BGB nicht entsprechend anzuwenden, weil dies die vom Gesetzgeber gewollten Unterschiede beider Haftungssysteme verwischen würde (vgl. Senatsurt. v. 10.7.2007 – VI ZR 199/06, BGHZ 173, 182 Rn 10 ff.). Für § 4 Hs. 2 HPflG und für weitere inhaltsgleiche Vorschriften in anderen Sondergeset- 315 zen wie § 34 LuftVG, § 27 AtomG, § 118 BBergG, § 11 UmweltHG, § 6 Abs. 1 ProdHaftG und § 32 Abs. 3 S. 1 GenTG kann nichts anderes gelten.

316 Entgegen der Auffassung des Berufungsgerichts kommt auch eine analoge Anwendung der genannten Vorschriften im Rahmen von Ansprüchen aus § 831 Abs. 1 BGB nicht in Betracht. Zwar kann allein die Erwägung, in den Einschränkungen der Haftung nach den Bestimmungen des Straßenverkehrsgesetzes, u.a. nach § 9 StVG, liege ein gewollter Ausgleich dafür, dass die Haftung des Kraftfahrzeugführers anders als nach § 823 BGB schon bei vermutetem Verschulden eintrete, die Ablehnung einer Analogie in Bezug auf Ansprüche aus § 831 Abs. 1 BGB nicht tragen, weil auch eine Haftung nach dieser Vorschrift schon bei einem nur vermuteten Verschulden des Geschäftsherrn eingreift. Eine analoge Anwendung der in den oben aufgeführten Sondergesetzen geregelten Haftungseinschränkung im Rahmen der allgemeinen deliktischen Ansprüche aus den §§ 823 ff. BGB ist jedoch auch dann abzulehnen, wenn diese Ansprüche schon bei einem vermuteten Verschulden eingreifen.

317 Eine Analogie setzt voraus, dass das Gesetz eine Regelungslücke enthält und der zu beurteilende Sachverhalt in rechtlicher Hinsicht so weit mit dem Tatbestand vergleichbar ist, den der Gesetzgeber geregelt hat, dass angenommen werden kann, der Gesetzgeber wäre bei einer Interessenabwägung, bei der er sich von den gleichen Grundsätzen hätte leiten lassen wie bei dem Erlass der herangezogenen Gesetzesvorschrift, zu dem gleichen Abwägungsergebnis gekommen. Die Unvollständigkeit des Gesetzes muss „planwidrig" sein. Eine solche „planwidrige" Regelungslücke liegt bezüglich der Haftung aus § 831 Abs. 1 S. 1 BGB nicht vor.

318 Soweit § 9 StVG aufgrund der Verweisung in § 18 Abs. 1 S. 1 StVG auch im Rahmen der Fahrerhaftung anwendbar ist, die nur bei nachweislich fehlendem Verschulden ausgeschlossen ist (§ 18 Abs. 1 S. 2 StVG), handelt es sich um einen speziellen Einzelfall. Die Verweisung ist Ausfluss der Grundentscheidung des Gesetzgebers, die Haftung des Fahrers in das spezialgesetzlich geregelte Haftungssystem des Straßenverkehrsgesetzes einzubeziehen und sie – abgesehen von der Exkulpationsmöglichkeit – durch den umfassenden Verweis auf die §§ 8 bis 17 StVG der Halterhaftung gleichzustellen (vgl. die Amtliche Begründung des Gesetzentwurfs, Verhandlungen des Reichstages 1909, Bd. 248, 5593, 5601). Daraus lassen sich hinsichtlich der Anwendbarkeit dieser Bestimmungen keine Schlüsse ziehen, die über den Kontext dieses umfassend geregelten speziellen Haftungssystems hinausgehen.

319 Die Annahme des Berufungsgerichts, dass dem Kläger gegen die Beklagte zu 1) aus § 831 Abs. 1 BGB kein Anspruch auf Zahlung eines weiteren Drittels zusteht, erwies sich aber aus anderen Gründen als richtig (§ 561 ZPO).

320 Zwar traf es zu, dass der Kläger selbst keinen Fehler bei der Bedienung seines Kraftfahrzeugs gemacht hatte, den er sich nach § 254 Abs. 1 BGB anrechnen lassen müsste. Nach ständiger Rechtsprechung des erkennenden Senats kann sich jedoch

die Betriebsgefahr eines Kraftfahrzeugs in erweiternder Auslegung des § 254 BGB anspruchsmindernd auswirken, wenn sich der Geschädigte die Betriebsgefahr seines Kraftfahrzeugs dem Schädiger gegenüber zurechnen lassen muss (vgl. Senat, Urt. v. 20.1.1954 – VI ZR 118/52, BGHZ 12, 124, 128; v. 13.4.1956 –VI ZR 347/54, BGHZ 20, 259, 260 ff.; v. 5.4.1960 – VI ZR 49/59, VersR 1960, 636, 637; v. 30.5.1972 – VI ZR 38/71, VersR 1972, 959, 960 und v. 10.7.2007 – VI ZR 199/06, BGHZ 173, 182 Rn 16). Das ist der Fall, wenn der Geschädigte – wie im Streitfall der Kläger – zugleich als Halter des beschädigten Kraftfahrzeugs dem Schädiger gegenüber aus § 7 Abs. 1 StVG haftet. In einem solchen Fall ist im Rahmen der Betriebsgefahr, die sich der Halter entgegenhalten lassen muss, wenn er Ersatz seines Unfallschadens nach § 823 Abs. 1 BGB verlangt, als ein die allgemeine Betriebsgefahr erhöhender Umstand auch das für den Unfall mitursächliche haftungsrelevante Verhalten des Fahrers selbst dann zu berücksichtigen, wenn der Fahrzeughalter für dessen Verhalten nicht nach § 831 BGB einzutreten braucht. Darin zeigt sich, dass bei der hier vorliegenden Konstellation, bei der der geschädigte Eigentümer zugleich Halter des Kfz ist, bereits keine Regelungslücke vorliegt.

Die danach auch im Rahmen eines möglichen Anspruchs aus § 831 Abs. 1 BGB gebotene Abwägung der beiderseitigen Verursachungsbeiträge hatten die Vorinstanzen bereits vorgenommen. Diese von der Revision nicht angegriffene Abwägung musste hinsichtlich aller konkurrierenden Ansprüche gleich ausfallen, weil bei der erweiternden Auslegung des § 254 BGB für die Schadensverteilung dieselben Maßstäbe maßgebend sind, wie bei den ihm nachgebildeten Vorschriften des § 17 Abs. 1 StVG und des § 13 Abs. 1 HPflG (vgl. Senatsurt. v.20.1.1954 – VI ZR 118/52, a.a.O., 129; v. 13.4.1956 – VI ZR 347/54, a.a.O., 263). Dies führte dazu, dass auch der Anspruch des Klägers aus § 831 Abs. 1 S. 1 BGB um dessen Mithaftungsanteil von einem Drittel zu kürzen war.

Anmerkung

Etwas anderes gilt in den Fällen, in denen der Eigentümer des unfallbeschädigten Kfz nicht zugleich der Halter ist und deshalb für die Betriebsgefahr seines Kfz nicht nach § 7 Abs. 1 StVG einzustehen hat (z.B. der Leasinggeber oder der Sicherungseigentümer).

25. Ansprüche des Leasinggebers gegen den Leasingnehmer und andere Unfallbeteiligte bei fehlendem Verschuldensnachweis, § 7 Abs. 1 StVG

323 BGH, Urt. v. 7.12.2010 – VI ZR 288/09, zfs 2011, 196 = VersR 2011, 365

StVG § 7 Abs. 1

Der Leasinggeber und Eigentümer des Kraftfahrzeugs hat gegen den Leasingnehmer und Halter des Kraftfahrzeugs bei einer Beschädigung dieses Fahrzeugs keinen Anspruch aus § 7 Abs. 1 StVG.

a) Der Fall

324 Die Parteien stritten um gesamtschuldnerische Ausgleichsansprüche nach einem Verkehrsunfall.

Die Beklagte zu 2 (zukünftig: Beklagte) war Halterin eines von ihr geleasten Fahrzeugs, das am 29.7.2006 bei einem Unfall beschädigt wurde. An dem Unfall waren das bei der Klägerin haftpflichtversicherte Fahrzeug einerseits sowie andererseits das vom früheren Beklagten zu 1 geführte, auf Namen der Beklagten gehaltene und im Eigentum der Leasinggeberin stehende Fahrzeug beteiligt. Die Unfallursache konnte im Verfahren nicht geklärt werden.

325 Die Klägerin hatte die Schadensersatzansprüche der Leasinggeberin vollständig reguliert und begehrte von den Beklagten den Gesamtschuldnerausgleich in Höhe von 50 % der regulierten Kosten.

b) Die rechtliche Beurteilung

326 Nach Auffassung des Berufungsgerichts stand der Klägerin vor dem erledigenden Ereignis gemäß § 426 Abs. 1 BGB auch gegenüber der Beklagten der geltend gemachte Gesamtschuldnerausgleich in Höhe von 50 % des gegenüber der Leasinggeberin vollständig regulierten Schadens zu. Das Amtsgericht habe den früheren Beklagten zu 1 nach § 18 StVG unter Zugrundelegung der gleich hoch eingeschätzten Betriebsgefahr der beiden unfallbeteiligten Fahrzeuge von je 50 % verurteilt. Die Beklagte hafte gesamtschuldnerisch in gleicher quotenmäßiger Höhe, weil auch eine Leasingnehmerin als Halterin des Fahrzeugs im Verhältnis zur Leasinggeberin aus § 7 Abs. 1 StVG hafte.

327 Das Berufungsurteil hielt der revisionsrechtlichen Überprüfung nicht stand. Die Revision machte zu Recht geltend, dass der Leasinggeber und Eigentümer des Kraftfahrzeugs gegen den Leasingnehmer und Halter eines Kraftfahrzeugs bei einer Beschädigung dieses Fahrzeugs keinen Anspruch aus § 7 Abs. 1 StVG auf Ersatz des entstandenen Schadens hat und deswegen keine Gesamtschuld zwischen der Klägerin und der Beklagten bestand, die nach § 426 BGB ausgeglichen werden konnte.

25. Ansprüche des Leasinggebers bei fehlendem Verschuldensnachweis § 10

Die Frage, ob der Halter eines Kraftfahrzeugs dem Eigentümer gegenüber aus § 7 Abs. 1 StVG auf Ersatz eines Schadens am Kraftfahrzeug haftet, wird in Literatur und Rechtsprechung nicht einheitlich beantwortet.

Das Berufungsgericht meinte unter Hinweis auf ein Urteil des Senats v. 22.3.1983 und eine im Schrifttum vertretene Auffassung, im Fall der Beschädigung eines geleasten Fahrzeugs könne der vom Halter verschiedene Eigentümer des Kraftfahrzeugs den Leasingnehmer als dessen Halter aus § 7 StVG in Anspruch nehmen (vgl. Senatsurt. v. 22.3.1983 – VI ZR 108/81, BGHZ 87, 133, 138). Dass die Gefährdungshaftung (anders als bei Mithaltern) eingreife, obwohl das schädigende Fahrzeug zugleich die beschädigte Sache sei, finde seinen Grund in der von den Beteiligten vorgenommenen Aufspaltung von rechtlicher und faktischer Herrschaftsgewalt. Die Haftung aus § 7 StVG ergebe sich nämlich nicht aus Eigentum, sondern aus der durch den Betrieb eines Kraftfahrzeugs hervorgerufenen Gefährdung anderer Rechtsgüter. Eine Einschränkung der Halterhaftung dahingehend, dass Ansprüche des Eigentümers der beschädigten Sache dann ausgeschlossen sein sollen, wenn die Beschädigung durch den Halter des Fahrzeugs beim Betrieb desselben hervorgerufen worden sei, ergebe sich aus § 7 StVG nicht. **328**

Nach anderer Auffassung soll der Leasinggeber den Leasingnehmer für Schäden am geleasten Fahrzeug nur dann in Anspruch nehmen können, wenn den Leasingnehmer ein Verschulden trifft. Deshalb stehe dem regulierenden Schädiger bzw. dessen Haftpflichtversicherer kein Gesamtschuldnerausgleich gegenüber dem nur aus dem Gesichtspunkt der Gefährdungshaftung mithaftenden Halter und Leasingnehmer zu. Die Haftung des Halters nach § 7 Abs. 1 StVG erstrecke sich nicht auf das von ihm gehaltene Fahrzeug selbst. Unter der „Sache", für deren Beschädigung er bei Vorliegen der tatbestandlichen Voraussetzungen des § 7 Abs. 1 StVG im Übrigen hafte, sei nur eine vom Fahrzeug verschiedene Sache zu verstehen, nicht dagegen das Fahrzeug selbst. **329**

Diese Auffassung ist richtig. Soweit sich aus dem Senatsurteil v. 22.3.1983 etwas anderes ergeben sollte, hielt der erkennende Senat daran nicht mehr fest. **330**

Die Haftung nach § 7 Abs. 1 StVG umfasst alle durch den Kraftfahrzeugverkehr beeinflussten Schadensabläufe. Es genügt, dass sich eine von dem Kraftfahrzeug ausgehende Gefahr ausgewirkt hat und das Schadensgeschehen in dieser Weise durch das Kraftfahrzeug mitgeprägt worden ist. Ob dies der Fall ist, muss mittels einer am Schutzzweck der Haftungsnorm orientierten wertenden Betrachtung beurteilt werden. Die Haftung wird mithin nicht schon durch jede Verursachung eines Schadens begründet, der im weitesten Sinne im Zusammenhang mit dem Betrieb eines Kraftfahrzeugs ausgelöst worden ist. Eine Haftung tritt vielmehr erst dann ein, wenn das Schadensereignis dem Betrieb eines Kraftfahrzeugs nach dem Schutzzweck der Gefährdungshaftung auch zugerechnet werden kann. An diesem auch im Rahmen der Gefährdungshaftung erforderlichen Zurechnungszusammenhang fehlt **331** es, wenn die Schädigung nicht mehr eine spezifische Auswirkung derjenigen Gefahren ist, für die die Haftungsvorschrift den Verkehr schadlos halten will.

332 Mit der ganz überwiegend im Schrifttum vertretenen Auffassung erstreckt sich nach dem Schutzzweck die Haftung des Halters nach § 7 Abs. 1 StVG nicht auf das von ihm gehaltene Fahrzeug selbst. Unter der „Sache", für deren Beschädigung er bei Vorliegen der tatbestandlichen Voraussetzungen des § 7 Abs. 1 StVG im Übrigen haftet, ist nur eine vom Fahrzeug verschiedene Sache zu verstehen, nicht dagegen das Fahrzeug selbst. Die verschärfte Haftung des Kraftfahrzeughalters bezweckt nur, Dritte vor den ihnen aufgezwungenen Gefahren des Kraftfahrzeugbetriebs zu schützen. Damit wäre eine Haftung des Leasingnehmers gegenüber dem Leasinggeber alleine aufgrund dessen Eigentums nicht zu vereinbaren. Anders als etwa in dem Fall, dass der Eigentümer und Leasinggeber durch den Betrieb des Fahrzeugs körperlich geschädigt wird, greift hier der Schutzzweck des § 7 Abs. 1 StVG nicht ein, Dritte vor den ihnen aufgezwungenen Gefahren des Kraftfahrzeugbetriebs zu schützen.

333 Dieses Ergebnis ist nicht unbillig, insbesondere auch nicht im Hinblick auf das Urteil des erkennenden Senats v. 10.7.2007 (VI ZR 199/06, BGHZ 173, 182). In diesem Urteil hat der Senat nur entschieden, dass sich ein Leasinggeber, der Eigentümer aber nicht Halter des Leasing-Kraftfahrzeugs ist, im Rahmen der Geltendmachung eines Schadensersatzanspruchs nach § 823 BGB wegen Verletzung seines Eigentums am Leasingfahrzeug bei einem Verkehrsunfall weder ein Mitverschulden des Leasingnehmers oder des Fahrers des Leasingfahrzeugs noch dessen Betriebsgefahr anspruchsmindernd zurechnen lassen muss. Diese Entscheidung betrifft mithin nur den Schadensersatzanspruch des Eigentümers aus § 823 BGB. In diesem Fall des vom Fahrer des Leasingfahrzeugs oder dem Halter mitverschuldeten Unfalls besteht zwischen diesen und dem „gegnerischen" Fahrer, Halter oder Kraftfahrzeughaftpflichtversicherer im Verhältnis zum Leasinggeber ein Gesamtschuldverhältnis, sodass dann nach – ungekürzter – Regulierung der Ansprüche des Leasinggebers aus § 823 BGB der Gesamtschuldnerausgleich gemäß § 426 BGB vorgenommen werden kann. Bestehen hingegen wegen nicht nachweisbaren Verschuldens nur Ansprüche des Leasinggebers aus Gefährdungshaftung im Sinne des § 7 StVG, muss er sich im Haftungssystem des Straßenverkehrsgesetzes das Verschulden des Fahrers des Leasingfahrzeugs bereits bei der Geltendmachung eines Schadensersatzanspruchs gegen den Unfallgegner nach §§ 9, 17 StVG, § 254 BGB anspruchsmindernd zurechnen lassen. In diesem Fall sind nämlich anders als im Fall des Senatsurteils v. 10.7.2007 die Sondervorschriften des Straßenverkehrsgesetzes für die Gefährdungshaftung anwendbar. Wird der Anspruchsgegner bzw. sein Haftpflichtversicherer nur aus § 7 Abs. 1 StVG in Anspruch genommen, ist mithin keine Notwendigkeit für den Gesamtschuldnerausgleich gegeben.

334 Das Berufungsurteil war auch nicht deswegen im Ergebnis richtig, weil sich ein Schadensersatzanspruch des Leasinggebers gegen den Leasingnehmer unter Umständen aus § 280 BGB oder §§ 823 ff. BGB ergeben konnte, da eine Pflichtverlet-

zung des früheren Beklagten zu 1 nicht festgestellt war. Der Unfallhergang konnte nicht aufgeklärt werden.

26. Ansprüche des Leasinggebers gegen den Leasingnehmer und andere Unfallbeteiligte bei nachweisbarem Verschulden, § 823 BGB

BGH, Urt. v. 10.7.2007 – VI ZR 199/06, zfs 2007, 678 = VersR 2007, 1387

BGB §§ 254, 823; StVG §§ 9, 17

Ein Leasinggeber, der Eigentümer aber nicht Halter des Leasing-Kraftfahrzeugs ist, muss sich im Rahmen der Geltendmachung eines Schadensersatzanspruchs nach § 823 BGB wegen Verletzung seines Eigentums am Leasingfahrzeug bei einem Verkehrsunfall weder ein Mitverschulden des Leasingnehmers, noch des Fahrers des Leasingfahrzeugs, noch dessen Betriebsgefahr anspruchsmindernd zurechnen lassen.

a) Der Fall

Die Klägerin nahm nach einem Verkehrsunfall als Leasinggeberin und Eigentümerin des geschädigten Leasingfahrzeugs die Beklagte zu 1 als Fahrerin des gegnerischen Fahrzeugs und die Beklagte zu 2 als deren Haftpflichtversicherer aus unerlaubter Handlung auf Ersatz ihres gesamten Schadens in Anspruch. Die Beklagten haben die Forderung zu 50 % beglichen und eingewandt, die Klägerin müsse sich ein Mitverschulden der Leasingnehmerin bzw. von deren Fahrer anrechnen lassen.

Das Landgericht hat der Klage stattgegeben. Die Berufung ist ohne Erfolg geblieben. Mit der vom Berufungsgericht zugelassenen Revision erstrebten die Beklagten weiter die Klageabweisung.

b) Die rechtliche Beurteilung

Das Urteil hielt den Angriffen der Revision stand. Der Klägerin war ein etwaiges Mitverschulden des Fahrers des Leasingfahrzeugs oder dessen Betriebsgefahr unter keinem rechtlichen Gesichtspunkt zuzurechnen.

Für eine Abwägung nach § 17 Abs. 2 StVG war vorliegend kein Raum, da die Klägerin im Zeitpunkt des Unfalles nicht Halterin des Leasingfahrzeugs gewesen war.

Halter eines Kraftfahrzeugs ist, wer es für eigene Rechnung in Gebrauch hat und die Verfügungsgewalt besitzt, die ein solcher Gebrauch voraussetzt. Entscheidend ist dabei nicht das Rechtsverhältnis am Kraftfahrzeug, insbesondere nicht die Frage, wer dessen Eigentümer ist; vielmehr ist maßgebend eine wirtschaftliche Betrachtungsweise, bei der es vor allem auf die Intensität der tatsächlichen, in erster Linie wirtschaftlichen Beziehung zum Betrieb des Kraftfahrzeugs im Einzelfall ankommt. Wer danach tatsächlich und wirtschaftlich der eigentlich Verantwortliche für den Einsatz des Kraftfahrzeugs im Verkehr ist, schafft die vom Fahrzeug ausgehenden Gefahren, für die der Halter nach den strengen Vorschriften des Straßenverkehrsgesetzes einstehen soll. Halter eines Leasingfahrzeugs ist demnach bei üblicher Vertragsgestaltung – von deren Vorliegen hier auszugehen war – nach ständiger Rechtsprechung des erkennenden Senats der Leasingnehmer, nicht jedoch der Leasinggeber, auch wenn diesem das Eigentum verbleibt (Senatsurt. BGHZ 87, 133, 136 und v. 26.11.1985 – VI ZR 149/84, VersR 1986, 169).

340 Der erkennende Senat hat aus diesem Grund bereits in seinem Urteil v. 30.3.1965 – VI ZR 257/63 – (VersR 1965, 523) ausgesprochen, dass § 17 StVG nur dann Anwendung findet, wenn auch der Geschädigte nach den Bestimmungen des StVG haftet, und eine Erstreckung auf den nicht haltenden (dort: Sicherungs-) Eigentümer des Kraftfahrzeugs abgelehnt. Daran hielt der Senat auch nach den Änderungen in § 17 Abs. 3 S. 3 StVG durch das 2. Gesetz zur Änderung schadensersatzrechtlicher Vorschriften vom 19.7.2002 (BGBl I S. 2674) fest. Zwar gilt nach § 17 Abs. 3 S. 3 StVG der Ausschluss der Ersatzpflicht für ein unabwendbares Ereignis auch gegenüber einem Eigentümer eines Kraftfahrzeugs, der nicht Halter ist. Dies wurde in der Literatur teilweise zum Anlass genommen, eine entsprechende Anwendung der Regelungen von § 17 Abs. 1 und 2 StVG auf den nicht haltenden Eigentümer zu fordern. Doch lassen die Gesetzesmaterialien zu dieser Änderung erkennen, dass dem Gesetzgeber die Möglichkeit des Auseinanderfallens von Halter- und Eigentümerstellung gerade beim Leasing durchaus bewusst war, jedoch eine Gleichstellung der Haftung nur für den Fall des unabwendbaren Ereignisses erfolgen sollte, um auf diese Weise den „Idealfahrer" davor zu bewahren, vom „Eigentümer des anderen Unfallfahrzeugs auf Schadensersatz in Anspruch genommen zu werden, ohne sich davon befreien zu können" (BT-Drucks 14/8780, S. 22 f.). Mithin war eine durchgehende Gleichstellung von Eigentümer und Halter im Rahmen des § 17 StVG nicht beabsichtigt. Bei dieser Sachlage ist es nicht gerechtfertigt, gegen den eindeutigen Gesetzeswortlaut die auf den Fall des unabwendbaren Ereignisses beschränkte Haftungsgleichstellung von Eigentümer und Halter auf die von § 17 Abs. 1 und 2 StVG erfassten Fälle zu übertragen.

341 Die vor der Gesetzesänderung vertretene Auffassung, in § 17 Abs. 1 und 2 BGB sei „bei verständigem Lesen" der nicht haltende Eigentümer miteinzubeziehen, da der historische Gesetzgeber des StVG 1909 stillschweigend vom Regelfall, dass der Halter auch Eigentümer des Fahrzeugs sei, ausgegangen sei, ist jedenfalls angesichts der deutlichen Unterscheidung zwischen Eigentümer und Halter in § 17 Abs. 3 StVG nicht haltbar. Ohnehin begegnete jene Auffassung angesichts der Tatsache, dass sich der historische Gesetzgeber bewusst für eine Anknüpfung der Haftung an den Halter unabhängig von dessen Eigentümerstellung entschieden hat auch zuvor bereits erheblichen Bedenken.

342 Eine Zurechnung von Mitverschulden und Betriebsgefahr ist auch nach § 9 StVG im Rahmen der deliktischen Haftung zu verneinen.
Nach dieser Bestimmung finden, wenn bei der Entstehung des Schadens ein Verschulden des Verletzten mitgewirkt hat, die Vorschriften des § 254 BGB mit der

26. Ansprüche des Leasinggebers bei nachweisbarem Verschulden § 10

Maßgabe Anwendung, dass im Fall der Beschädigung einer Sache das Verschulden desjenigen, welcher die tatsächliche Gewalt über die Sache ausübt, dem Verschulden des Verletzten gleichsteht. Da sich § 9 StVG nur auf Ansprüche eines – selbst nicht nach dem StVG mithaftenden – Geschädigten aus der Gefährdungshaftung bezieht, scheidet eine unmittelbare Anwendung dieser Vorschrift auf deliktische Schadensersatzansprüche im Sinne des § 823 BGB aus. Eine Anspruchsminderung wegen Mitverschuldens ist nach dem Deliktsrecht des Bürgerlichen Gesetzbuchs regelmäßig nur möglich, wenn die Voraussetzungen des § 254 BGB vorliegen, der im Gegensatz zu § 9 StVG dem Geschädigten das Verschulden desjenigen nicht zurechnet, der die tatsächliche Gewalt über die (beschädigte) Sache ausübt.

Es liegt auch keine Regelungslücke vor. Denn die gegenüber § 254 BGB erfolgte Erweiterung der Mithaftung des geschädigten Eigentümers durch § 9 StVG entspricht dem unterschiedlichen Haftungssystem bei der Gefährdungshaftung und der Verschuldenshaftung. Sie dient ebenso wie die in § 12 StVG festgelegten Höchstbeträge dem Ausgleich der verschärften Gefährdungshaftung. Deshalb ist für eine entsprechende Anwendung des § 9 StVG auf Fälle der Verschuldenshaftung im Sinne des § 823 BGB kein Raum, denn eine solche Analogie würde die vom Gesetzgeber gewollten Unterschiede beider Haftungssysteme verwischen. 343

Im Übrigen hat der Gesetzgeber etwaige Billigkeitserwägungen, die für eine Übertragung der Grundsätze des § 9 StVG auf den Bereich der Verschuldenshaftung sprechen könnten, im Rahmen der Änderungen des Schadensrechts durch das 2. Gesetz zur Änderung schadensersatzrechtlicher Vorschriften vom 19.7.2002 nicht zum Anlass genommen, an dieser Rechtslage etwas zu ändern. Zudem erscheint die bestehende Regelung auch nicht unbillig, denn der Schädiger hat gegen den mitschuldigen Sachinhaber den Ausgleichsanspruch nach § 426 Abs. 1 BGB; er kann dessen Mitverschulden lediglich nicht im Rahmen von § 254 BGB dem geschädigten Leasinggeber entgegenhalten, wenn dieser ihn wegen schuldhafter Verletzung seines Eigentums nach § 823 BGB auf Schadensersatz in Anspruch nimmt. 344

Eine Zurechnung des Mitverschuldens des Fahrers und/oder der Betriebsgefahr des Leasingfahrzeugs ergab sich auch nicht aus § 254 BGB. Zwischen der Klägerin, deren Leasingnehmerin und deren Fahrer fehlte es an einer vertraglichen oder sonstigen rechtlichen Sonderverbindung, die eine Zurechnung deren Mitverschuldens an dem Verkehrsunfall nach § 278 BGB als Erfüllungsgehilfen der Leasinggeberin gestattet hätte. Durch die Teilnahme am Straßenverkehr war nämlich keine Tätigkeit aus dem Pflichtenkreis des Leasingvertrages betroffen. 345

Die Betriebsgefahr eines Kraftfahrzeugs kann sich zwar nach ständiger Rechtsprechung des erkennenden Senats in erweiternder Auslegung des § 254 BGB grundsätzlich anspruchsmindernd auswirken. Voraussetzung hierfür ist aber, dass sich der Geschädigte die Betriebsgefahr seines Kfz dem Schädiger gegenüber zurechnen lassen muss. Dies ist beim nicht haltenden Fahrzeugeigentümer nicht der Fall. 346

27. Zurechnung der Betriebsgefahr des sicherungsübereigneten Kfz beim Schadensersatzanspruch des nichthaltenden Sicherungseigentümers

347 BGH, Urt. v. 7.3.2017 – VI ZR 125/16, VersR 2017, 830
StVG §§ 7 Abs. 1, 9; ZPO § 51

Dem Schadensersatzanspruch des nichthaltenden Sicherungseigentümers aus § 7 Abs. 1 StVG kann die Betriebsgefahr des sicherungsübereigneten Kraftfahrzeugs nicht entgegengehalten werden, wenn ein Verschulden desjenigen, der die tatsächliche Gewalt über die Sache ausübt, nicht feststeht. (Festhalten an den Senatsurt. v. 30.3.1965 – VI ZR 257/63, NJW 1965, 1273 f.; v. 10.7.2007 – VI ZR 199/06, BGHZ 173, 182 ff. und v. 7.12.2010 – VI ZR 288/09, BGHZ 187, 379 ff.).

Dies gilt auch, wenn der nichthaltende Sicherungseigentümer den Halter ermächtigt hat, diesen Anspruch im Wege gewillkürter Prozessstandschaft im eigenen Namen geltend zu machen.

a) Der Fall

348 Der Kläger nahm nach einem Verkehrsunfall die Beklagten auf Zahlung weiteren Schadensersatzes in Anspruch. Der Kläger war zum Unfallzeitpunkt Halter des an eine Bank sicherungsübereigneten Fahrzeugs. Der Beklagte zu 1 war Halter des gegnerischen Fahrzeugs, die Beklagte zu 2 dessen Kraftfahrzeughaftpflichtversicherer. Die Beklagte zu 2 legte ihrer Regulierung eine Haftungsquote von 50/50 zugrunde.

349 Die den Fahrzeugkredit finanzierende Bank und Sicherungseigentümerin des beschädigten Fahrzeugs (hiernach „Sicherungseigentümerin") ermächtigte den Kläger, ihre Schadensersatzansprüche aus dem Unfallgeschehen gegen die Beklagten im eigenen Namen geltend zu machen. Der Kläger begehrte in gewillkürter Prozessstandschaft Ersatz restlicher Reparaturkosten, der Wertminderung des Fahrzeugs und vorgerichtlicher Sachverständigenkosten sowie aus eigenem Recht Ersatz des Nutzungsausfalls und einer allgemeinen Kostenpauschale.

350 Der Hergang des Unfalls ließ sich nicht aufklären, ein Verschulden der jeweiligen Fahrzeugführer ebenso wenig feststellen. Das Amtsgericht hat die Beklagten zur Zahlung auf Grundlage einer Haftungsverteilung von 50/50 verurteilt. Auf die Berufung des Klägers, der die Feststellung des Amtsgerichts, der Unfallhergang sei unaufklärbar, nicht angegriffen hat, hat das Berufungsgericht die Beklagten zur vollständigen Zahlung fahrzeugbezogener Schadenspositionen (Sachschaden, Minderwert, Sachverständigenkosten) verurteilt und im Übrigen die vom Amtsgericht angenommene Haftungsquote bestätigt. Die Beklagten begehrten mit der vom Berufungsgericht zugelassenen Revision die Wiederherstellung des erstinstanzlichen Urteils.

b) Die rechtliche Beurteilung

Das angegriffene Urteil hielt revisionsrechtlicher Nachprüfung stand. Entgegen der Auffassung der Revision war der Kläger befugt, die Ansprüche der Sicherungseigentümerin, die im Revisionsverfahren allein noch von Interesse waren, in gewillkürter Prozessstandschaft geltend zu machen. Diese Ansprüche bestanden in der vom Berufungsgericht festgestellten Höhe. 351

Der erkennende Senat konnte die Erklärung der Sicherungseigentümerin zum Inhalt und Umfang der Prozessermächtigung selbst würdigen. Bei der Prozessführungsbefugnis handelt es sich um eine Prozessvoraussetzung, die in jeder Lage des Verfahrens, auch in der Revisionsinstanz, von Amts wegen zu prüfen ist. Das Revisionsgericht ist dabei weder an die Feststellungen des Berufungsgerichts gebunden, noch beschränkt sich seine Prüfung auf die Tatsachen und Beweismittel, die dem Berufungsgericht vorgelegen haben. Das Revisionsgericht hat vielmehr gegebenenfalls auch unter Berücksichtigung neuen Vorbringens in der Revisionsinstanz selbständig festzustellen, ob die Voraussetzungen für die Prozessführungsbefugnis im Zeitpunkt der letzten mündlichen Verhandlung in der Tatsacheninstanz vorgelegen haben. 352

Zutreffend ging das Berufungsgericht davon aus, dass eine gewillkürte Prozessstandschaft zulässig ist, wenn der Prozessführende vom Rechtsinhaber zur Prozessführung im eigenen Namen ermächtigt worden ist und er ein eigenes schutzwürdiges Interesse an ihr hat. Schutzwürdig ist ein Interesse des Klägers nur, wenn der Beklagte durch die gewählte Art der Prozessführung nicht unbillig benachteiligt wird. Darüber hinaus muss sich der Prozessführende im Rechtsstreit grundsätzlich auf die ihm erteilte Ermächtigung berufen und zum Ausdruck bringen, wessen Recht er geltend macht. Diese Voraussetzungen waren im Streitfall erfüllt. 353

Dem Kläger steht es aufgrund der zivilprozessualen Dispositionsmaxime sowie der Parteiherrschaft über das Verfahren (§ 253 Abs. 2 Nr. 2, § 308 Abs. 1 S. 1 ZPO) frei, hinsichtlich des Fahrzeugschadens allein die Ansprüche der Sicherungseigentümerin einzuklagen. Durch das Einrücken des Fahrzeughalters in die Klägerposition entsteht den Beklagten kein Nachteil. Sie stehen wirtschaftlich und prozessual nicht schlechter. Denn machte die Sicherungseigentümerin ihre Ansprüche selbst geltend, könnten die Beklagten ihr in der Konstellation des Streitfalls die Betriebsgefahr ebenfalls nicht entgegenhalten. 354

Ohne Erfolg griff die Revision die Auffassung des Berufungsgerichts an, dass den Ansprüchen der das Fahrzeug nicht haltenden Sicherungseigentümerin die Betriebsgefahr des klägerischen Fahrzeugs nicht entgegengehalten werden kann. Eine Norm, aufgrund derer sich der nicht haltende Sicherungseigentümer die Betriebs- 355

§ 10 Halter- und Fahrerhaftung

gefahr des sicherungsübereigneten, vom Sicherungsgeber gehaltenen Fahrzeugs zurechnen lassen müsste, besteht nicht.

356 Eine Zurechnung der Betriebsgefahr nach § 17 StVG scheidet aus. Der erkennende Senat hat in seiner Entscheidung vom 10.7.2007 (VI ZR 199/06, BGHZ 173, 182 Rn 8) seine Auffassung bekräftigt, dass § 17 StVG nur anzuwenden ist, wenn auch der Geschädigte nach den Bestimmungen des Straßenverkehrsgesetzes haftet (vgl. Senatsurt. v. 30.3.1965 – VI ZR 257/63, NJW 1965, 1273, 1274). Eine Erstreckung des Normanwendungsbereichs auf den nicht haltenden Sicherungseigentümer ist abzulehnen, insbesondere nachdem der Gesetzgeber durch die Änderung des § 17 Abs. 3 S. 3 StVG mit dem 2. Gesetz zur Änderung schadensersatzrechtlicher Vorschriften vom 19.7.2002 (BGBl I, S. 2674) zum Ausdruck gebracht hat, dass er sich der Möglichkeit des Auseinanderfallens von Halter- und Eigentümerstellung bewusst war (BT-Drucks 14/8780, S. 22 f.), und eine über § 17 Abs. 3 S. 3 StVG hinausgehende Änderung nicht vorgenommen hat. Eine durchgehende Gleichstellung von Eigentümer und Halter im Rahmen des § 17 StVG ist vom Gesetzgeber nicht beabsichtigt. Auch ist der Wortlaut der Vorschrift insoweit eindeutig.

357 Als Zurechnungsnorm scheidet auch § 9 StVG in Verbindung mit § 254 BGB aus. Ohne festgestelltes Verschulden des Führers des klägerischen Fahrzeugs sind die Anwendungsvoraussetzungen des § 9 StVG nicht gegeben, denn § 9 StVG setzt ein Verschulden voraus.

Etwas anderes ergibt sich auch nicht aus der Entscheidung des Senats vom 7.12.2010 (VI ZR 288/09, BGHZ 278, 379 Rn 12). Nur im Fall des – hier nicht festgestellten – (Mit-)Verschuldens des Führers des sicherungsübereigneten Fahrzeugs wäre die Betriebsgefahr im Rahmen der Haftungsabwägung gemäß § 9 StVG, § 254 BGB mit zu berücksichtigen (vgl. Senatsurt. v. 30.3.1965 – VI ZR 257/63, NJW 1965, 1273, 1274). Ein nur vermutetes Verschulden genügt nicht.

358 Entgegen der Auffassung der Revision kommt eine Zurechnung gemäß § 278 BGB schon mangels Bestehens einer Sonderverbindung zwischen der Sicherungseigentümerin und den Beklagten nicht in Betracht (vgl. Senatsurt. v. 30.3.1965 – VI ZR 257/63, NJW 1965, 1273, 1274; v. 10.7.2007 – VI ZR 199/06, BGHZ 173, 182 Rn 15).

359 Ein anderes Ergebnis ergab sich auch nicht, wenn man mit den Vorinstanzen und den Parteien von einem dinglichen Anwartschaftsrecht des Klägers bezogen auf das Eigentum an dem unfallbeteiligten Kraftfahrzeug ausging. Etwaige eigene Schadensersatzansprüche des Klägers wegen der Verletzung seines Anwartschaftsrechtes oder der Beschädigung des Sicherungsgutes standen im Streitfall seiner Geltendmachung der Rechte der Sicherungseigentümerin nicht entgegen. Auf solche eigenen Rechte stützte der Kläger seine Klage nämlich nicht, sondern lediglich auf die der Sicherungseigentümerin.

360 Das Sicherungseigentum ist echtes Eigentum im Sinne von § 823 Abs. 1 BGB (vgl. Senat, Urt. v. 12.5.1992 – VI ZR 257/91, BGHZ 118, 201, 205), also Volleigentum.

Der Sicherungseigentümer hat bei Beschädigung des Sicherungsgutes grundsätzlich Schadensersatzansprüche aus § 823 Abs. 1 BGB und aus § 7 StVG. Mit der Ermächtigung des Sicherungsgebers durch die Sicherungseigentümerin ist im Streitfall gewährleistet, dass der Substanzschaden in einer Hand geltend gemacht wird. Damit wird zugleich einer doppelten Geltendmachung der Ansprüche vorgebeugt. Der Schädiger könnte einer weiteren Klage der Sicherungseigentümerin den Einwand der Rechtskraft (BGH, Urt. v. 7.7.1993 – IV ZR 190/92, BGHZ 123, 132, 135 f.; v. 12.7.1985 – V ZR 56/84, WM 1985, 1324 unter I 3; v. 2.10.1987 – V ZR 182/86, NJW-RR 1988, 126, 127) und einer Klage des anwartschaftsberechtigten Sicherungsgebers aus eigenem Recht jedenfalls den Einwand unzulässiger Rechtsausübung entgegenhalten.

28. Anhängerhaftung: Schadensteilung im Innenverhältnis der Versicherer

BGH, Urt. v. 27.10.2010 – IV ZR 279/08, zfs 2011, 90 = VersR 2011, 105

VVG (Fassung vom 1.1.1964) § 59 Abs. 2; StVG §§ 7 Abs. 1, 17 Abs. 4, 18 Abs. 1; PflVG § 3 Nr. 1; KfzPflVV § 2; AKB a.F. §§ 10, 10a

Bei der Doppelversicherung eines Gespanns aus einem Kraftfahrzeug und einem versicherungspflichtigen Anhänger haben im Regelfalle nach einem durch das Gespann verursachten Schaden der Haftpflichtversicherer des Kraftfahrzeugs und der des Anhängers den Schaden im Innenverhältnis je zur Hälfte zu tragen.

a) Der Fall

Die Klägerin machte einen Ausgleichsanspruch nach Regulierung eines Unfallschadens geltend. Der Versicherungsnehmer beider Parteien verursachte am 28.12.2006 als Fahrer eines Gespanns, bestehend aus einer bei der Klägerin haftpflichtversicherten landwirtschaftlichen Zugmaschine und einem bei der Beklagten haftpflichtversicherten Anhänger, einen Unfall. Infolge nicht angepasster Geschwindigkeit scherte der mit einem Bagger beladene Anhänger auf regennasser Fahrbahn bei einem Bremsmanöver aus. Er stieß zunächst gegen einen ordnungsgemäß am Fahrbahnrand abgestellten Pkw, anschließend gegen einen Zaun. Die noch im Aussteigen aus dem Pkw begriffene Beifahrerin wurde verletzt, der Pkw und der Zaun wurden beschädigt.

Die Klägerin hatte an die Geschädigten Schadensersatz und Schmerzensgeld in Höhe von insgesamt 12.911 EUR gezahlt, die sie zur Hälfte von der Beklagten ersetzt verlangte.

Die Vorinstanzen haben die Klage abgewiesen. Mit der Revision verfolgte die Klägerin ihr Begehren weiter.

§ 10 Halter- und Fahrerhaftung

b) Die rechtliche Beurteilung

363 Das zulässige Rechtsmittel hatte Erfolg.

Nach Ansicht des Berufungsgerichts stand der Klägerin kein Ausgleichsanspruch zu.

Beide Parteien hafteten den Geschädigten nach §§ 7 Abs. 1, 18 Abs. 1 StVG, § 3 Nr. 1 PflVG a.F., § 421 BGB als Gesamtschuldner. Ihre Ausgleichspflicht im Innenverhältnis bestimme sich nicht nach § 59 Abs. 2 VVG a.F. oder § 10a der Allgemeinen Bedingungen für die Kraftfahrtversicherung a.F. (AKB a.F.), sondern allein nach § 17 StVG. Danach scheide ein Innenausgleich aus; denn der Halter der Zugmaschine bleibe gegenüber dem des Anhängers allein zum Schadensersatz verpflichtet, solange nicht besondere Umstände – etwa Mängel – die Betriebsgefahr des Anhängers erhöht und dadurch bei dem Unfall mitgewirkt hätten. Solche Umstände lägen hier nicht vor. Die bloße Betriebsgefahr des Anhängers trete gegenüber dem Mitverursachungs- und Mitverschuldensanteil des Halters und Führers der Zugmaschine zurück. Die Haftungserweiterung auf den Anhängerhalter nach § 7 Abs. 1 StVG habe lediglich den Schutz des Geschädigten bezweckt, nicht aber dem Halter der Zugmaschine im Innenverhältnis regelmäßig einen Ausgleichsanspruch mit Rücksicht auf die Betriebsgefahr des Anhängers gewähren sollen.

364 Das hielt rechtlicher Nachprüfung durch den IV. Zivilsenat (Versicherungssenat) nicht stand.

Die Beklagte muss nach § 59 Abs. 2 S. 1 VVG a.F. die Hälfte des von der Klägerin regulierten Schadens tragen. Mithin stand der Klägerin der geltend gemachte Ausgleichsanspruch zu.

365 Die Haftpflichtversicherungen der Zugmaschine einerseits und des Anhängers andererseits begründen für das aus beiden Fahrzeugen gebildete Gespann eine Doppelversicherung i.S.v. § 59 Abs. 1 VVG a.F. Die Identität des jeweils versicherten Interesses, d.h. die Deckungsgleichheit des Versicherungsschutzes, beschränkt sich nicht auf Haftpflichtansprüche, die aus dem Gebrauch des Anhängers, sondern erfasst das gesamte Gespann aus Zugmaschine und Anhänger, die insoweit eine Betriebseinheit bilden.

366 Der Umfang des Versicherungsschutzes für das jeweils versicherte Fahrzeug bestimmt sich nach den – beiden Versicherungsverträgen zugrunde liegenden – AKB in deren bis zum Jahre 2008 verwendeten Fassung. § 10 dieser Bedingungen hat folgenden Wortlaut:

367 *„§ 10 Umfang der Versicherung*

(1) Die Versicherung umfasst die Befriedigung begründeter und die Abwehr unbegründeter Schadensersatzansprüche, die aufgrund gesetzlicher Haftpflichtbestimmungen privatrechtlichen Inhalts gegen den Versicherungsnehmer oder mitversicherte Personen erhoben werden, wenn durch den Gebrauch des im Vertrag bezeichneten Fahrzeugs:

28. Anhängerhaftung: Schadensteilung im Innenverhältnis der Versicherer § 10

a) Personen verletzt oder getötet werden,
b) Sachen beschädigt oder zerstört werden oder abhandenkommen,
c) Vermögensschäden herbeigeführt werden, die weder mit einem Personen- noch mit einem Sachschaden mittelbar oder unmittelbar zusammenhängen.

(2) Mitversicherte Personen sind:
a) der Halter,
b) der Eigentümer,
c) der Fahrer"

Die bei der Klägerin gehaltene Versicherung der Zugmaschine erstreckte sich nach § 10a AKB a.F. auch auf Schäden, die durch einen Anhänger verursacht werden, der mit dem Kraftfahrzeug verbunden ist oder sich während des Gebrauchs von diesem löst und noch in Bewegung befindet. Mitversichert sind dabei auch Halter, Eigentümer und Fahrer des Anhängers. 368

Der bei der Beklagten genommene Versicherungsschutz für den – nicht nach § 2 Abs. 1 Nr. 6 Buchst. c PflVG, § 18 Abs. 2 Nr. 1 StVO versicherungsfreien – Anhänger ergibt sich aus dem Leistungsversprechen des § 10 Abs. 1 AKB a.f., da der Anhänger hier das unmittelbar versicherte Fahrzeug ist. Eines Rückgriffs auf § 10a AKB a.F. bedarf es insoweit nicht. 369

Entgegen einer in der Literatur vereinzelt vertretenen Meinung beschränkt sich der Versicherungsschutz in der Anhängerversicherung nicht auf die Halterhaftung, vielmehr ist auch hier nach § 10 Abs. 2 Buchst. c AKB a.f. der Fahrer des Anhängers mitversichert, der zugleich Fahrer des gesamten, verbundenen Gespanns ist. 370

Das folgt bereits aus gesetzlichen Vorgaben. § 1 PflVG verpflichtet den Halter eines Anhängers, für sich, den Eigentümer und den Fahrer eine Haftpflichtversicherung zu nehmen. Nach der aufgrund von § 4 PflVG erlassenen Kraftfahrzeugpflichtversicherungsverordnung (KfzPflVV) muss die Versicherung Schadensersatzansprüche umfassen, die gegen mitversicherte Personen erhoben werden (§ 2 Abs. 1 KfzPflVV). Als eine solche bestimmt § 2 Abs. 2 Nr. 3 KfzPflVV auch den Fahrer, wobei die Vorschrift nicht zwischen motorisierten Fahrzeugen und Anhängern unterscheidet. 371

Das findet eine Entsprechung in der Fahrzeugzulassungsverordnung (FZV), deren § 2 als „Fahrzeuge" Kraftfahrzeuge und ihre Anhänger erfasst. Nach § 3 Abs. 1 FZV bedürfen Fahrzeuge – also auch Anhänger mit Ausnahme der in § 3 Abs. 2 Nr. 2 FZV genannten – für den Betrieb auf öffentlichen Straßen einer Zulassung. Voraussetzung dafür ist eine „dem Pflichtversicherungsgesetz entsprechende" Kraftfahrzeug-Haftpflichtversicherung (§ 3 Abs. 1 S. 2 FZV). 372

Da der Versicherungsnehmer – für den Versicherer erkennbar – die Anhängerversicherung auch zu dem Zweck abschließt, die Voraussetzung für die Zulassung zu schaffen, ergibt schon die Auslegung der Vertragserklärungen, dass der Fahrer des Anhängers mitversichert sein soll. Ein Ausschluss dieser Haftung widerspräche im 373

445

Übrigen dem vom Pflichtversicherungsgesetz errichteten Leitbild und würde den Vertragszweck einer die Zulassungsvoraussetzungen erfüllenden Versicherung gefährden.

374 Aus den hier vereinbarten Bedingungen (AKB a.f.) ergibt sich nichts anderes. Die Mitversicherung des Fahrers des Anhängers folgt aus § 10 Abs. 2 Buchst. c AKB a.F.

375 Infolge der mit dem Zweiten Gesetz zur Änderung schadensersatzrechtlicher Vorschriften vom 19.7.2002 (BGBl I 2674–2680) geänderten §§ 7, 17, 18 StVG haben auch Halter und Fahrer eines Anhängers – neben den früher alleine haftenden Halter und Fahrer des Zugfahrzeugs – für den Verursachungsbeitrag einzustehen, der im Außenverhältnis einem Gespann aus Zugmaschine und Anhänger als Betriebseinheit zuzuweisen ist. Diese Haftung besteht unabhängig davon, ob sich bei einem Unfall die Betriebsgefahr nur eines der zum Gespann verbundenen Fahrzeuge ausgewirkt hat.

376 Der Annahme einer Doppelversicherung i.S.v. § 59 Abs. 1 VVG a.F. steht eine Subsidiarität (vgl. dazu Senatsurt. v. 13.9.2006 – IV ZR 273/05, BGHZ 169, 86 Rn 24 und v. 21.4.2004 – IV ZR 113/03, VersR 2004, 994 unter II 1a) der Anhängerversicherung nicht (mehr) entgegen.

377 Lediglich nach der bis zum 30.9.2003 verwendeten Fassung des § 10a Abs. 2 S. 1 AKB sollte die Haftpflichtversicherung eines im Rahmen einer Kraftfahrzeughaftpflichtversicherung mitversicherten Anhängers nur solche Schäden decken, „die durch den Anhänger verursacht werden, wenn er mit einem Kraftfahrzeug nicht verbunden ist oder sich von dem Kraftfahrzeug gelöst hat und sich nicht mehr in Bewegung befindet (...)". Dieser Regelung wurde früher über die bloße Mitversicherung des Anhängers hinaus eine allgemeine Abgrenzung der Einstandspflichten im Innenverhältnis der Versicherer von Zugmaschine und Anhänger zulasten des ersteren entnommen.

378 Diesem Verständnis ist jedoch mit Einführung einer selbstständigen Gefährdungshaftung für – auch mit dem Zugfahrzeug verbundene – Anhänger nach § 7 StVG, dem damit einhergehenden Wegfall des früheren § 3 Abs. 2 KfzPflVV zum 31.12.2002 (vgl. BT-Drucks 14/8770, S. 9, 18) und der oben zitierten Fassung des § 10a Abs. 2 AKB a.F. zum 30.9.2003 jede Grundlage entzogen (vgl. BT-Drucks 14/7752, S. 29).

379 Nach § 59 Abs. 2 S. 1 VVG a.F. hatte die Klägerin infolge ihrer Schadenregulierung im Außenverhältnis einen Ausgleichsanspruch gegen die Beklagte. Der Ausgleich führte zu einer hälftigen Teilung des aufgrund §§ 7, 17, 18 StVG geschuldeten Schadensersatzes.

380 Dabei bestimmt sich der Anteil, den der einzelne Versicherer im Innenverhältnis zu tragen hat, nach dem Verhältnis der Entschädigungsleistungen, die die an der Doppelversicherung beteiligten Versicherer ihrem Versicherungsnehmer im Versiche-

28. Anhängerhaftung: Schadensteilung im Innenverhältnis der Versicherer § 10

rungsfall vertragsgemäß schulden (§ 59 Abs. 2 S. 1 VVG a.F., vgl. dazu Senatsurt. v. 13.9.2006 – IV ZR 273/05, BGHZ 169, 86 Rn 24).

Hier erstreckte sich der von beiden Parteien geschuldete Versicherungsschutz jeweils auf die Deckung der gesamten Unfallschäden, sodass – mangels anderweitiger Vereinbarungen unter den Versicherern – im Innenverhältnis jeder von ihnen die Hälfte des von der Klägerin regulierten, der Höhe nach unstreitigen Unfallschadens zu tragen hatte. **381**

Aus den §§ 17 und 18 StVG ergibt sich nichts anderes. **382**

Dabei kann hier dahinstehen, ob grundsätzlich eine nach §§ 17 Abs. 4, 18 Abs. 3 StVG ermittelte Haftungsverteilung im Innenverhältnis mehrerer durch ein Gespann verbundener Schädiger den Ausgleichsanspruch ihrer Versicherer nach § 59 Abs. 2 S. 1 VVG a.F. beeinflussen kann oder ob die Regelung des § 59 Abs. 2 VVG a.F. vorrangig ist.

Allerdings scheint die Entwurfsbegründung für die mit dem Zweiten Gesetz zur Änderung schadensersatzrechtlicher Vorschriften vorgenommene Änderung der §§ 7, 17, 18 StVG (BT-Drucks 14/7752, S. 29) einen solchen Vorrang des Innenausgleichs nach § 17 Abs. 4 StVG nahe zu legen. Der Gesetzgeber ist dort ersichtlich davon ausgegangen, der Innenausgleich lasse sich so handhaben, als stellten Zugmaschine und Anhänger vergleichbare Unfallverursacher dar wie zwei getrennte, den Schaden herbeiführende Kraftfahrzeuge (i.S.v. § 17 Abs. 1 StVG). Er hat deshalb ausgeführt: **383**

„Ist der Schaden ausschließlich durch das Zugfahrzeug oder dessen Führer verursacht worden, sichern ihm die insoweit ergänzten §§ 17 Abs. 2 und 18 Abs. 3 StVG (...) ein Rückgriffsrecht im Innenverhältnis. Letztendlich soll in solchen Fällen der Halter des Anhängers nicht den Schaden tragen, der durch das Zugfahrzeug oder dessen Führer verursacht wurde und in denen sich die Betriebsgefahr des Anhängers nicht realisiert hat."

Wegen dieser Begründung sieht ein Teil der Literatur die Einstandspflicht des Anhänger-Versicherers im Innenverhältnis auf Fälle beschränkt, in denen sich bei einem Unfall lediglich Mängel des Anhängers ausgewirkt haben. **384**

Dem kann nicht gefolgt werden. Die – die zitierte Entwurfsbegründung tragende – Gegenüberstellung von Führer und Halter des Zugfahrzeugs einerseits und Anhängerhalter andererseits trifft weder haftungsrechtlich noch versicherungsrechtlich zu. Sie übersieht haftungsrechtlich, dass zum Haftungsverband des Anhängers auch dessen Führer zählt, was sich schon aus § 18 Abs. 1 StVG unmittelbar ergibt. Nach ständiger Rechtsprechung bilden Halter und Fahrer desselben schädigenden Fahrzeugs eine Haftungseinheit, die unterschiedliche Haftungsquoten zwischen beiden verbietet (BGH, Urt. v. 26.4.1966 – VI ZR 221/64, VersR 1966, 664 unter 1 b und c und v. 13.12.2005 – VI ZR 68/04, VersR 2006, 369 Rn 11). **385**

447

§ 10 Halter- und Fahrerhaftung

386 Auch ein Innenausgleich der Versicherer nach dem Modell des § 17 Abs. 1 StVG wäre nur möglich, wenn sich mit dem Zugmaschinenhaftungsverband und dem Anhängerhaftungsverband zwei voneinander trennbare, selbstständige Haftungseinheiten gegenüberstünden. So liegen die Dinge aber nicht. Vielmehr hat die Entwurfsbegründung übersehen, dass der Zugmaschinenführer – sowohl haftungs- wie versicherungsrechtlich – in Personalunion zugleich dem Anhänger-Haftungsverband als Fahrzeugführer angehört. Darin unterscheidet sich ein unfallverursachendes Gespann von zwei voneinander unabhängigen schädigenden Fahrzeugen. Es ist nicht nur technisch, sondern über die Person des Fahrzeugführers auch personell verbunden. Es hat zudem – anders als zwei getrennte Kraftfahrzeuge – als Betriebseinheit eine aus der Fahrzeugverbindung herrührende, spezifische Betriebsgefahr.

387 Das wird gerade im hier zu entscheidenden Fall deutlich: Bei einer Anwendung der §§ 17 Abs. 4, 18 Abs. 3 StVG in der Weise, dass lediglich die Verursachungsbeiträge von Halter und Fahrer der Zugmaschine einerseits und Halter des Anhängers andererseits gegeneinander abgewogen würden, bliebe unberücksichtigt, dass der Fahrer der Zugmaschine, dem hier infolge einer den Witterungsverhältnissen nicht angepassten Geschwindigkeit ein unfallursächliches, schuldhaftes Fehlverhalten anzulasten war und der damit die Betriebsgefahr des gesamten Gespanns maßgeblich erhöht hatte, zugleich Fahrer des Anhängers war. Sein Fehlverhalten musste deshalb auch der Anhängerhaftung zugeordnet werden.

388 Jedenfalls dann, wenn Zugmaschine einerseits und Anhänger andererseits keine selbstständigen Haftungseinheiten bilden können, weil sie – wie hier – über die Person des Gespannführers zu einer Haftungseinheit verbunden sind, innerhalb derer die Zuweisung unterschiedlicher Haftungsquoten ausgeschlossen ist, kann § 17 Abs. 4 StVG zu keiner von der Rechtsfolge des § 59 Abs. 2 S. 1 VVG a.F. abweichenden Ausgleichspflicht führen.

29. Halterhaftung beim Brand eines geparkten Kraftfahrzeugs

389 BGH, Urt. v. 21.1.2014 – VI ZR 253/13, VersR 2014, 396

StVG § 7 Abs. 1; VVG § 115 Abs. 1 S. 1 Nr. 1

a) Für die Zurechnung der Betriebsgefahr kommt es maßgeblich darauf an, dass der Unfall in einem nahen örtlichen und zeitlichen Zusammenhang mit einem bestimmten Betriebsvorgang oder einer bestimmten Betriebseinrichtung des Kraftfahrzeugs steht.

b) Steht der Brand eines geparkten Kraftfahrzeugs in einem ursächlichen Zusammenhang mit dessen Betriebseinrichtungen, ist der dadurch verursachte Schaden an Rechtsgütern Dritter im Sinne des § 7 Abs. 1 StVG regelmäßig der Betriebsgefahr zuzurechnen (Abgrenzung zum Senatsurt. v. 27.11.2007 – VI ZR 210/06, VersR 2008, 656).

29. Halterhaftung beim Brand eines geparkten Kraftfahrzeugs § 10

a) Der Fall

Der Kläger machte gegen die Beklagten Schadensersatzansprüche wegen Beschädigung seines Fahrzeugs durch einen Brand des Fahrzeugs der Beklagten zu 2 geltend.

Am Nachmittag des 21.1.2012 stellte die Beklagte zu 2 ihren bei der Beklagten zu 1 haftpflichtversicherten Pkw in der Tiefgarage des von ihr mitbewohnten Hausanwesens ab. Der Kläger parkte seinen Pkw neben dem Fahrzeug der Beklagten zu 2. Am frühen Morgen des 23.1.2012 kurz nach 1.00 Uhr geriet der Pkw der Beklagten zu 2 aufgrund Selbstentzündung durch einen technischen Defekt in Brand, wodurch auch der Pkw des Klägers beschädigt wurde. Mit der vorliegenden Klage machte der Kläger gegen die Beklagten als Gesamtschuldner den ihm hierdurch entstandenen Schaden in Höhe von 2.924,20 EUR sowie vorgerichtliche Rechtsanwaltskosten in Höhe von 316,18 EUR, jeweils zuzüglich Zinsen, geltend. Das Amtsgericht hat die Klage abgewiesen. Auf die Berufung des Klägers hat das Landgericht die Beklagten in Abänderung des erstinstanzlichen Urteils antragsgemäß verurteilt. Mit der vom Berufungsgericht zugelassenen Revision beantragten die Beklagten die Wiederherstellung des erstinstanzlichen Urteils.

b) Die rechtliche Beurteilung

Das Berufungsurteil hielt revisionsrechtlicher Nachprüfung stand. Das Berufungsgericht hatte mit Recht einen Schadensersatzanspruch des Klägers gegen die Beklagten aus § 7 Abs. 1 StVG, § 115 Abs. 1 S. 1 Nr. 1 VVG bejaht.

Voraussetzung des § 7 Abs. 1 StVG ist, dass eines der dort genannten Rechtsgüter „bei dem Betrieb eines Kraftfahrzeugs" verletzt bzw. beschädigt worden ist. Nach der ständigen Rechtsprechung des erkennenden Senats ist dieses Haftungsmerkmal entsprechend dem umfassenden Schutzzweck der Norm weit auszulegen. Denn die Haftung nach § 7 Abs. 1 StVG ist der Preis dafür, dass durch die Verwendung eines Kraftfahrzeugs erlaubterweise eine Gefahrenquelle eröffnet wird; die Vorschrift will daher alle durch den Kraftfahrzeugverkehr beeinflussten Schadensabläufe erfassen. Ein Schaden ist demgemäß bereits dann „bei dem Betrieb" eines Kraftfahrzeugs entstanden, wenn sich in ihm die von dem Kraftfahrzeug ausgehenden Gefahren ausgewirkt haben, d.h. wenn bei der insoweit gebotenen wertenden Betrachtung das Schadensgeschehen durch das Kraftfahrzeug (mit-)geprägt worden ist. Erforderlich ist aber stets, dass es sich bei dem Schaden, für den Ersatz verlangt wird, um eine Auswirkung derjenigen Gefahren handelt, hinsichtlich derer der Verkehr nach dem Sinn der Haftungsvorschrift schadlos gehalten werden soll, d.h. die Schadensfolge muss in den Bereich der Gefahren fallen, um derentwillen die Rechtsnorm erlassen worden ist. Für die Zurechnung der Betriebsgefahr kommt es damit maßgeblich darauf an, dass der Unfall in einem nahen örtlichen und zeitlichen Zusammenhang mit einem bestimmten Betriebsvorgang oder einer bestimmten Betriebseinrichtung des Kraftfahrzeugs steht.

§ 10 Halter- und Fahrerhaftung

392 Nach diesen Grundsätzen hatte das Berufungsgericht entgegen der Auffassung der Revision die Beschädigung des Fahrzeugs des Klägers mit Recht der vom Fahrzeug der Beklagten zu 2 ausgehenden Betriebsgefahr zugerechnet. Der Schaden am Fahrzeug des Klägers stand in einem nahen örtlichen und zeitlichen Kausalzusammenhang mit dem Brand des Kraftfahrzeugs der Beklagten zu 2, der nach den Feststellungen des Berufungsgerichts durch den technischen Defekt einer Betriebseinrichtung dieses Fahrzeugs verursacht worden war. Dass Dritte durch den Defekt einer Betriebseinrichtung eines Kraftfahrzeugs an ihren Rechtsgütern einen Schaden erleiden, gehört zu den spezifischen Auswirkungen derjenigen Gefahren, für die die Haftungsvorschrift des § 7 StVG den Verkehr schadlos halten will. Dabei macht es rechtlich keinen Unterschied, ob der Brand – etwa durch einen Kurzschluss der Batterie – unabhängig vom Fahrbetrieb selbst vor, während oder nach einer Fahrt eintritt. Wollte man die Haftung aus § 7 Abs. 1 StVG – wie die Revision meint – auf Schadensfolgen begrenzen, die durch den Fahrbetrieb selbst und dessen Nachwirkungen verursacht worden sind, liefe die Haftung in all den Fällen leer, in denen unabhängig von einem Betriebsvorgang allein ein technischer Defekt einer Betriebseinrichtung für den Schaden eines Dritten ursächlich geworden ist. Bei der gebotenen wertenden Betrachtung ist das Schadensgeschehen jedoch auch in diesen Fällen – im Gegensatz etwa zu einem vorsätzlichen Inbrandsetzen eines ordnungsgemäß auf einem Parkplatz abgestellten Kraftfahrzeugs (vgl. Senatsurt. vom 27.11.2007 – VI ZR 210/06, a.a.O. Rn 11 f. – siehe oben § 14) – durch das Kraftfahrzeug selbst und die von ihm ausgehenden Gefahren entscheidend (mit-)geprägt worden. Hierzu reicht es aus, dass der Brand oder dessen Übergreifen in einem ursächlichen Zusammenhang mit einer Betriebseinrichtung des Kraftfahrzeugs steht (vgl. Senatsurt. v. 27.11.2007 – VI ZR 210/06, a.a.O. Rn 12). Diese Voraussetzungen waren im Streitfall nach den unangegriffenen Feststellungen des Berufungsgerichts erfüllt.

30. Halterhaftung bei Arbeitsmaschinen (Traktor mit Kreiselschwader)

393 BGH, Urt. v. 24.3.2015 – VI ZR 265/14, zfs 2015, 495 = VersR 2015, 638
StVG § 7 Abs. 1
a) Ein Schaden ist dann gem. § 7 Abs. 1 StVG „bei dem Betrieb" eines Kraftfahrzeugs entstanden, wenn sich in ihm die von dem Kraftfahrzeug ausgehenden Gefahren ausgewirkt haben, d.h. wenn bei der insoweit gebotenen wertenden Betrachtung das Schadensgeschehen durch das Kraftfahrzeug (mit)geprägt worden ist. Erforderlich ist stets, dass es sich bei dem Schaden, für den Ersatz verlangt wird, um eine Auswirkung derjenigen Gefahren handelt, hinsichtlich derer der Verkehr nach dem Sinn der Haftungsvorschrift schadlos gehalten werden soll, d.h. die Schadensfolge muss in den Bereich der Gefahren fallen, um derentwillen die Rechtsnorm erlassen worden ist.

30. Halterhaftung bei Arbeitsmaschinen (Traktor mit Kreiselschwader) § 10

b) Ein Schaden, der dadurch entsteht, dass ein Grashäcksler durch den Metallzinken, der von einem zuvor auf demselben Grundstück eingesetzten Kreiselschwader abgefallen war, beschädigt wird, ist nicht der Betriebsgefahr des Traktors zuzurechnen, der den Kreiselschwader gezogen und angetrieben hat.

a) Der Fall

Der Kläger verlangte von den Beklagten Schadensersatz in Höhe von 26.137 EUR für die Beschädigung eines Grashäckslers. Der Kläger und der Beklagte zu 1, beide Landwirte, leisteten sich wechselseitig Hilfe mit ihren landwirtschaftlichen Maschinen. Am 7.5.2011 bearbeitete der Beklagte zu 1 eine zuvor von ihm gemähte Wiese mit seinem bei dem Beklagten zu 2 haftpflichtversicherten Traktor mit angehängtem Kreiselschwader. Der Kreiselschwader wird über die Zapfwelle des ziehenden Traktors angetrieben. Dabei wird ein Kreisel mit den daran befestigten, senkrecht nach unten stehenden Metallzinken in Rotation versetzt und so das geschnittene Gras zu Schwaden zusammengeschoben. Am nächsten Tag fuhr der Kläger mit seinem Grashäcksler absprachegemäß auf die zuvor vom Beklagten zu 1 bearbeitete Wiese und begann mit dem Häcksler die zusammengeschwadeten Spuren aufzunehmen und weiterzuverarbeiten. Dabei wird das Gras von dem Vorsatzgerät aufgenommen und über die Einzugswalzen in das Häckselwerk der Maschine eingezogen. Kurz nach Beginn der Arbeiten kam es zu einer massiven Beschädigung der Häckseltrommel und des Häckselwerks durch einen von der Maschine aufgenommenen Fremdkörper. Der Kläger hat vorgetragen, dass es sich bei dem den Schaden verursachenden Fremdkörper um einen 35 cm langen Metallzinken des Kreiselschwaders gehandelt habe, den dieser verloren habe, als der Traktor in Bewegung gewesen sei. Er war der Auffassung, dass sich das Schadensereignis bei dem Betrieb des Traktors mit dem Kreiselschwader im Sinne von § 7 Abs. 1 StVG ereignet habe.

Das Landgericht hat die Klage abgewiesen. Das Berufungsgericht hat die Berufung des Klägers zurückgewiesen und die Revision zugelassen. Mit seinem Rechtsmittel verfolgte der Kläger sein Klagebegehren weiter.

b) Die rechtliche Beurteilung

Das Berufungsurteil hielt revisionsrechtlicher Nachprüfung stand. Das Berufungsgericht hatte zu Recht Schadensersatzansprüche aus § 7 Abs. 1 StVG und § 823 Abs. 1 BGB verneint.

Voraussetzung des § 7 Abs. 1 StVG ist, dass eines der dort genannten Rechtsgüter „bei dem Betrieb eines Kraftfahrzeugs" verletzt bzw. beschädigt worden ist. Nach der ständigen Rechtsprechung des erkennenden Senats ist dieses Haftungsmerkmal entsprechend dem umfassenden Schutzzweck der Norm weit auszulegen. Denn die

394

395

§ 10 Halter- und Fahrerhaftung

Haftung nach § 7 Abs. 1 StVG ist der Preis dafür, dass durch die Verwendung eines Kraftfahrzeugs erlaubterweise eine Gefahrenquelle eröffnet wird; die Vorschrift will daher alle durch den Kraftfahrzeugverkehr beeinflussten Schadensabläufe erfassen. Ein Schaden ist demgemäß bereits dann „bei dem Betrieb" eines Kraftfahrzeugs entstanden, wenn sich in ihm die von dem Kraftfahrzeug ausgehenden Gefahren ausgewirkt haben, d.h. wenn bei der insoweit gebotenen wertenden Betrachtung das Schadensgeschehen durch das Kraftfahrzeug (mit-)geprägt worden ist. Erforderlich ist aber stets, dass es sich bei dem Schaden, für den Ersatz verlangt wird, um eine Auswirkung derjenigen Gefahren handelt, hinsichtlich derer der Verkehr nach dem Sinn der Haftungsvorschrift schadlos gehalten werden soll, d.h. die Schadensfolge muss in den Bereich der Gefahren fallen, um derentwillen die Rechtsnorm erlassen worden ist. Für die Zurechnung der Betriebsgefahr kommt es damit maßgeblich darauf an, dass der Unfall in einem nahen örtlichen und zeitlichen Zusammenhang mit einem bestimmten Betriebsvorgang oder einer bestimmten Betriebseinrichtung des Kraftfahrzeugs steht.

396 Bei Kraftfahrzeugen mit Arbeitsfunktionen ist es erforderlich, dass ein Zusammenhang mit der Bestimmung des Kraftfahrzeugs als eine der Fortbewegung und dem Transport dienende Maschine (vgl. § 1 Abs. 2 StVG) besteht. Eine Haftung nach § 7 Abs. 1 StVG entfällt daher, wenn die Fortbewegungs- und Transportfunktion des Kraftfahrzeugs keine Rolle mehr spielt und das Fahrzeug nur noch als Arbeitsmaschine eingesetzt wird oder bei Schäden, in denen sich eine Gefahr aus einem gegenüber der Betriebsgefahr eigenständigen Gefahrenkreis verwirklicht hat. Eine Verbindung mit dem „Betrieb" als Kraftfahrzeug kann jedoch zu bejahen sein, wenn eine „fahrbare Arbeitsmaschine" gerade während der Fahrt bestimmungsgemäß Arbeiten verrichtet.

397 Nach diesen Grundsätzen hatte das Berufungsgericht entgegen der Auffassung der Revision die Beschädigung des Grashäckslers des Klägers zu Recht nicht der vom Fahrzeug des Beklagten zu 1 ausgehenden Betriebsgefahr zugerechnet.

Das Berufungsgericht hatte das von den Beklagten bestrittene Vorbringen des Klägers, die Häckseltrommel und das Häckselwerk seines Häckslers seien durch ein von dem Kreiselschwader während des Fahrens des Traktors abgebrochenen Metallzinken beschädigt worden, als richtig unterstellt. Davon war auch für die rechtliche Prüfung auszugehen.

Das Berufungsgericht war zutreffend davon ausgegangen, dass Schäden durch das Ablösen von Teilen des Kraftfahrzeugs beim Betrieb des Kraftfahrzeuges entstanden sein können, wenn sie im Zusammenhang mit einem Verkehrsvorgang stehen.

398 Dass der Schaden auf einem Privatgelände eingetreten ist, stand, wie das Berufungsgericht zutreffend ausgeführt hatte, einer Haftung nach § 7 Abs. 1 StVG grundsätzlich nicht entgegen, denn der Betrieb eines Kraftfahrzeugs im Sinne dieser Norm erfordert nicht seinen Einsatz auf öffentlicher Verkehrsfläche.

30. Halterhaftung bei Arbeitsmaschinen (Traktor mit Kreiselschwader) § 10

Das Berufungsgericht hatte dennoch eine Haftung nach § 7 Abs. 1 StVG zutreffend verneint, weil das Risiko, das sich hier verwirklicht hatte, nicht in den Schutzbereich des § 7 StVG fällt.

399

Der erkennende Senat hat Schäden als vom Schutzzweck des § 7 StVG erfasst angesehen, die bei dem Auswerfen von Streugut aus einem Streukraftfahrzeug (vgl. Senatsurt. v. 5.7.1988 – VI ZR 346/87, BGHZ 105, 65) und beim Hochschleudern eines Steins durch ein Mähfahrzeug (Senatsurt. v. 18.1.2005 – VI ZR 115/04, VersR 2005, 566) entstanden waren: im ersten Fall, weil das Streugut während der Fahrt verteilt worden sei, sich ein durch den Einsatz im Straßenverkehr mitgeprägtes spezifisches Gefahrenpotential ergebe und sich das Auswerfen des Streuguts von der Eigenschaft des Streuwagens als Kraftfahrzeug und Beförderungsmittel nicht sinnvoll trennen lasse; im zweiten Fall, weil der Unimog mit seiner Motorkraft nicht nur den Antrieb für das Mähwerk gebildet habe, sondern auch auf dem Seitenstreifen entlanggefahren sei und dadurch das Mähfahrzeug fortbewegt habe.

Der Gesichtspunkt, dass eine Verbindung mit dem Betrieb als Kraftfahrzeug zu bejahen sei, wenn eine „fahrbare Arbeitsmaschine" gerade während der Fahrt bestimmungsgemäß Arbeiten verrichte (vgl. nur Senatsurt. v. 18.1.2005 – VI ZR 115/04, VersR 2005, 566, 567), kann jedoch nicht losgelöst von dem konkreten Einsatzbereich des Fahrzeuges mit Arbeitsfunktion gesehen werden. Zwar könnten die Entscheidungen zu Schäden beim Befüllen von Heizungstanks (vgl. Senatsurt. v. 23.5.1978 – VI ZR 150/76, BGHZ 71, 212; v. 6.6.1978 – VI ZR 156/76, VersR 1978, 840; v. 13.12.1994 – VI ZR 283/93, VersR 1995, 427, 428; BGH, Urt. v. 14.6.1993 – III ZR 135/92, VersR 1993, 1155) und eines Silos (Senatsurt. v. 27.5.1975 – VI ZR 95/74, VersR 1975, 945), in denen die Zuordnung der Schadensentstehung zum Betrieb eines Kraftfahrzeugs verneint worden ist, so verstanden werden, dass das maßgebliche Kriterium der Differenzierung das Stehen oder Fahren des Kraftfahrzeuges während der Arbeitsfunktion darstellt. Dies ist jedoch in dieser Allgemeinheit nicht zutreffend. Erforderlich ist nämlich stets, dass es sich bei dem Schaden, für den Ersatz verlangt wird, um eine Auswirkung derjenigen Gefahren handelt, hinsichtlich derer der Verkehr nach dem Sinn der Haftungsvorschrift schadlos gehalten werden soll, d.h. die Schadensfolge muss in den Bereich der Gefahren fallen, um derentwillen die Rechtsnorm erlassen worden ist. Deshalb lässt sich nur im Einzelfall unter Berücksichtigung aller Umstände entscheiden, wann haftungsrechtlich nur noch die Funktion als Arbeitsmaschine in Frage steht (vgl. Senatsurt. v. 27.5.1975 – VI ZR 95/74, VersR 1975, 945, 946). Ist dies der Fall, ist der Zurechnungszusammenhang unter Schutzzweckgesichtspunkten enger zu sehen.

400

Dabei war im Streitfall maßgeblich, dass der Schaden weder auf einer öffentlichen noch einer privaten Verkehrsfläche, sondern auf einer zu dieser Zeit nur landwirtschaftlichen Zwecken dienenden Wiese eingetreten war und die Transportfunktion

401

lediglich dem Bestellen der landwirtschaftlichen Fläche diente. Hinzu kam, dass der Schaden nach Abschluss des Arbeitsvorganges entstanden war.

402 Bei der notwendigen Gesamtbetrachtung ergab sich, dass bei dem Einsatz der landwirtschaftlichen Maschine – hier der Kombination eines Traktors mit angehängtem, von diesem betriebenen Arbeitsgerät – zur Bestellung einer landwirtschaftlichen Fläche die Funktion als Arbeitsmaschine im Vordergrund stand und der Schadensablauf nicht durch den Betrieb des Kraftfahrzeuges geprägt wurde.

403 Soweit das Berufungsgericht einen Schadensersatzanspruch aus § 823 Abs. 1 BGB unter Bezugnahme auf die Entscheidung des Bundesgerichtshofs vom 24.1.2013 (VII ZR 98/12, VersR 2013, 729 Rn 12) verneinte, war dies revisionsrechtlich nicht zu beanstanden und wurde von der Revision hingenommen.

31. Betrieb und Gebrauch beim Entladen von Heizöl aus einem Tanklastwagen

404 **BGH, Urt. v. 8.12.2015 – VI ZR 139/15, VersR 2016, 1048**

StVG § 7 Abs. 1; PflVG a.F. § 3 Nr. 1; EWGRL 166/72; EGRL 14/2005

a) Werden beim Entladen von Heizöl aus einem Tanklastwagen wegen einer Undichtigkeit des zur Schlauchtrommel des Wagens führenden Verbindungsschlauches die Straße und das Hausgrundstück des Bestellers beschädigt, ist das dem Betrieb des Kraftfahrzeuges zuzurechnen (Abgrenzung zum Senatsurt. v. 23.5.1978 – VI ZR 150/76, BGHZ 71, 212 ff.).

b) Das Entladen von Öl aus einem Tanklastwagen mittels einer auf ihm befindlichen Entladevorrichtung gehört zum „Gebrauch" des Kraftfahrzeugs (Anschluss an Senatsurt. v. 26. 6.1979 – VI ZR 122/78, BGHZ 75, 45 ff.). Diese Auslegung steht mit der 1. und 5. KH-Richtlinie in Einklang.

a) Der Fall

405 Die Kläger verlangten von den Beklagten Schadensersatz für die Beschädigung ihres Hausgrundstücks anlässlich des Austritts von Öl bei einer Lieferung mit einem Tankwagen.

Ein Nachbar der Kläger hatte für diese und mehrere Anwohner bei der Beklagten zu 1 Heizöl bestellt. Die Beklagte zu 1 ließ am 24.8.2006 mit ihrem bei der Beklagten zu 2 kraftfahrzeug- und betriebshaftpflichtversicherten Tanklastwagen das bestellte Öl anliefern. Das Fahrzeug wurde dabei von einem bei dem Beklagten zu 1 angestellten Fahrer gefahren. Der Fahrer stellte den Tanklastwagen vor dem Haus der Kläger auf der öffentlichen Straße ab und verband den Öltank des Fahrzeugs mit Hilfe eines Schlauchs mit dem Öleinfüllstutzen am Haus der Kläger. Er begab sich gemeinsam mit dem Kläger zu 2 in den Keller, um die Beladung der Öltanks zu überwachen. Da eine gleichmäßige Beladung nicht stattfand, gingen beide nach

31. Betrieb und Gebrauch beim Entladen von Heizöl aus einem Tanklastwagen § 10

oben, öffneten die Haustür und sahen, dass aus einem Verbindungsschlauch an einer Stelle zwischen Messeinheit und Schlauchtrommel des Tanklastwagens in einer Art Fontäne Öl herausspritzte. Der Fahrer stellte die Betankungsanlage ab, um weiteren Ölaustritt zu verhindern. Das Öl war jedoch bereits auf die Hausfassade des Anwesens der Kläger gespritzt und in das Erdreich vor dem Haus eingedrungen. Infolge des Öffnens der Tür war Öl in den Hausflur gelangt, durch ein geöffnetes gekipptes Küchenfenster auch in die Küche. Auch die Straße vor dem Haus der Kläger war mit Öl verschmutzt.

Die Kläger haben den ihnen entstandenen Schaden unter dem Gesichtspunkt der Gefährdungshaftung auf der Grundlage von § 7 Abs. 1 StVG sowie von § 2 Abs. 1 S. 1 HPflG geltend gemacht. Der Schaden sei auf den Entladevorgang zurückzuführen und werde damit von § 7 Abs. 1 StVG erfasst. Der Tanklastzug sei auch eine Anlage im Sinn von § 2 Abs. 1 S. 1 HPflG. Für jede Anspruchsgrundlage bestehe ein Direktanspruch, denn die Betätigung der Be- und Entladevorrichtung eines Sonderfahrzeugs gehöre zum Gebrauch des Fahrzeugs im Sinne von § 10 AKB. 406

Das Landgericht hat der auf Zahlung von Schadensersatz gerichteten Klage teilweise – in Höhe von 72.251,88 EUR – stattgegeben und weiter festgestellt, dass die Beklagten als Gesamtschuldner verpflichtet seien, den Klägern jeglichen weiteren, nicht bereits durch die Zahlung ausgeglichenen Schaden zu ersetzen, der ursächlich auf dem Ölaustritt beruhe und der Beseitigung weiterer im Einzelnen genannter Schäden diene. Im Übrigen hat es die Klage abgewiesen. 407

Das Oberlandesgericht hat die Berufung der Beklagten zurückgewiesen. Dagegen richtete sich die – vom Berufungsgericht zugelassene – Revision der Beklagten zu 2, mit der sie ihr Ziel der Klageabweisung insgesamt weiterverfolgte.

b) Die rechtliche Beurteilung

Die zulässige Revision der Beklagten zu 2 war unbegründet. 408

Das Berufungsgericht hatte zu Recht Schadensersatzansprüche der Kläger gegen die Beklagte zu 1 aus § 7 Abs. 1 StVG bejaht.

Voraussetzung des § 7 Abs. 1 StVG ist, dass eines der dort genannten Rechtsgüter „bei dem Betrieb eines Kraftfahrzeugs" verletzt bzw. beschädigt worden ist. Nach der ständigen Rechtsprechung des erkennenden Senats ist dieses Haftungsmerkmal entsprechend dem umfassenden Schutzzweck der Norm weit auszulegen. Denn die Haftung nach § 7 Abs. 1 StVG ist der Preis dafür, dass durch die Verwendung eines Kraftfahrzeugs erlaubterweise eine Gefahrenquelle eröffnet wird; die Vorschrift will daher alle durch den Kraftfahrzeugverkehr beeinflussten Schadensabläufe erfassen. Ein Schaden ist demgemäß bereits dann „bei dem Betrieb" eines Kraftfahrzeugs entstanden, wenn sich in ihm die von dem Kraftfahrzeug ausgehenden Gefahren ausgewirkt haben, d.h. wenn bei der insoweit gebotenen wertenden Betrachtung das Schadensgeschehen durch das Kraftfahrzeug (mit-)geprägt worden

455

ist. Für die Zurechnung der Betriebsgefahr kommt es damit maßgeblich darauf an, dass der Unfall in einem nahen örtlichen und zeitlichen Zusammenhang mit einem bestimmten Betriebsvorgang oder einer bestimmten Betriebseinrichtung des Kraftfahrzeugs steht.

409 Bei Kraftfahrzeugen mit Arbeitsfunktionen ist es erforderlich, dass ein Zusammenhang mit der Bestimmung des Kraftfahrzeugs als eine der Fortbewegung und dem Transport dienende Maschine (vgl. § 1 Abs. 2 StVG) besteht. Eine Haftung nach § 7 Abs. 1 StVG entfällt daher, wenn die Fortbewegungs- und Transportfunktion des Kraftfahrzeugs keine Rolle mehr spielt und das Fahrzeug nur noch als Arbeitsmaschine eingesetzt wird (vgl. Senatsurt. v. 5.7.1988 – VI ZR 346/87, BGHZ 105, 65, 67; v. 23.5.1978 – VI ZR 150/76, BGHZ 71, 212, 214, und v. 27.5.1975 – VI ZR 95/74, VersR 1975, 945, 946; BGH, Urt. v. 13.12.1990 – III ZR 14/90, BGHZ 113, 164, 165) oder bei Schäden, in denen sich eine Gefahr aus einem gegenüber der Betriebsgefahr eigenständigen Gefahrenkreis verwirklicht hat (vgl. Senatsurt. v. 2.7.1991 – VI ZR 6/91, BGHZ 115, 84, 87 m.w.N.). Eine Verbindung mit dem „Betrieb" als Kraftfahrzeug kann jedoch zu bejahen sein, wenn eine „fahrbare Arbeitsmaschine" gerade während der Fahrt bestimmungsgemäß Arbeiten verrichtet (vgl. Senatsurt. v. 18.1.2005 – VI ZR 115/04, VersR 2005, 566, 567; BGH, Urt. v. 13.12.1990 – III ZR 14/90, BGHZ 113, 164, 165; vgl. auch OLG Stuttgart, VersR 2003, 1275, 1276; OLG Rostock, DAR 1998, 474, 475).

410 Dieser Gesichtspunkt kann jedoch nicht losgelöst von dem konkreten Einsatzbereich des Fahrzeugs mit Arbeitsfunktion gesehen werden. Zwar könnten die Entscheidungen des Bundesgerichtshofs zu Schäden beim Füllen von Heizungstanks (vgl. Senatsurt. v. 23.5.1978 – VI ZR 150/76, BGHZ 71, 212; v. 6.6.1978 – VI ZR 156/76, VersR 1978, 840; v. 13.12.1994 – VI ZR 283/93, VersR 1995, 427, 428; BGH, Urt. v. 14.6.1993 – III ZR 135/92, VersR 1993, 1155) und eines Silos (Senatsurt. v. 27.5.1975 – VI ZR 95/74, VersR 1975, 945 f.), in denen die Zuordnung der Schadensentstehung zum Betrieb eines Kraftfahrzeugs verneint worden ist, so verstanden werden, dass das maßgebliche Kriterium der Differenzierung das Stehen oder Fahren des Kraftfahrzeugs während der Arbeitsfunktion darstellt. Dies ist jedoch in dieser Allgemeinheit nicht zutreffend (vgl. Senatsurt. v. 24.3.2015 – VI ZR 265/14, VersR 2015, 638 Rn 13). Erforderlich ist nämlich stets, dass es sich bei dem Schaden, für den Ersatz verlangt wird, um eine Auswirkung derjenigen Gefahren handelt, hinsichtlich derer der Verkehr nach dem Sinn der Haftungsvorschrift schadlos gehalten werden soll, d.h. die Schadensfolge muss in den Bereich der Gefahren fallen, um derentwillen die Rechtsnorm erlassen worden ist.

411 Gemessen daran ist eine Verbindung mit dem „Betrieb" des Kraftfahrzeugs i.S.v. § 7 Abs. 1 StVG beim stehenden Fahrzeug auch dann gegeben, während das Kraftfahrzeug in innerem Zusammenhang mit seiner Funktion als Verkehrs- und Transportmittel entladen wird, und zwar auch dann, wenn das Entladen mit Hilfe einer speziellen Entladevorrichtung des Kraftfahrzeugs erfolgt. Daher haftet der Halter

31. Betrieb und Gebrauch beim Entladen von Heizöl aus einem Tanklastwagen § 10

auch in diesen Fällen für die Gefahr, die das Kraftfahrzeug beim Entladen in dem in Anspruch genommenen Verkehrsraum für andere Verkehrsteilnehmer darstellt (Senatsurt. v. 23.5.1978 – VI ZR 150/76, BGHZ 71, 212, 215 f.). Hierhin fällt nicht nur die Gefahr durch das entladende Kraftfahrzeug als solches, sondern auch diejenige, die von den Entladevorrichtungen und dem Ladegut ausgeht. So hat etwa der Halter eines Tanklastzuges für Unfälle einzustehen, die sich bei der Anlieferung von Öl dadurch ergeben, dass Öl auf die Straße läuft, weil der Schlauch undicht ist, oder jemand über den Auslassschlauch stolpert (Senatsurt. v. 23.5.1978 – VI ZR 150/76, a.a.O., 215; v. 5.7.1988 – VI ZR 346/87, BGHZ 105, 65, 67).

Nach diesen Grundsätzen ist bei der gebotenen Einzelfallbetrachtung der Schaden der Kläger auf den Betrieb des Tankwagens des Beklagten zu 1 zurückzuführen. Dafür genügte es allerdings nicht, dass der Motor des Kraftfahrzeugs für den Betrieb der Ölpumpe eingesetzt wurde (vgl. Senatsurt. v. 27.5.1975 – VI ZR 95/74, VersR 1975, 945, 946). Im Streitfall ist vielmehr maßgeblich, dass der Tankwagen im öffentlichen Verkehrsraum vor dem Haus der Kläger abgestellt war und eine undichte Stelle in einem Schlauchstück vor der Schlauchtrommel beim Entladen eine Ölfontäne verursachte, die sowohl zu einer Ölverschmutzung der öffentlichen Straße als auch zur Beschädigung des Hausgrundstücks der Kläger führte. Es handelte sich also um Gefahren, die von einem im Verkehr befindlichen Fahrzeug beim Entladevorgang ausgingen. Bei diesem Hergang war es allein vom Zufall abhängig, ob nur der Verkehrsraum, andere Verkehrsteilnehmer oder auch das Hausgrundstück geschädigt wurden. 412

Soweit die Revision geltend machte, dass dieses Verständnis vom „Betrieb eines Kraftfahrzeugs" weiter gehe als die 1. KH-Richtlinie (RL 72/166/EWG des Rates v. 22.4.1972 betreffend die Angleichung der Rechtsvorschriften der Mitgliedstaaten bezüglich der Kraftfahrzeug-Haftpflichtversicherung und der Kontrolle der entsprechenden Versicherungspflicht, ABl. EG L 103 S. 1), dort sei unter der Benutzung von Kraftfahrzeugen lediglich die als Verkehrsmittel im Straßenverkehr zu verstehen und nicht der Einsatz bloßer Arbeitsmaschinen, ist festzuhalten, dass die genannte Richtlinie nicht den Umfang der Haftpflicht im Zusammenhang mit Kraftfahrzeugen regelt, sondern den Umfang der Pflichtversicherung, wenn Haftpflichtansprüche bestehen. Nach der Rechtsprechung des Gerichtshofs der Europäischen Union sollen die 1., 2. und 3. KH-Richtlinie nicht die Haftpflichtregelungen der Mitgliedstaaten harmonisieren. Diesen steht es vielmehr nach wie vor frei, die Haftpflicht für Schäden aus Verkehrsunfällen mit Kraftfahrzeugen selbst zu regeln (EuGH, Urt. v. 23.10.2012 – C-300/10, Rn 29 –, juris – Marques Almeida; Urt. v. 19.4.2007 – C-356/05, NJW 2007, 269 Rn 3 – Farrell). 413

Das Berufungsgericht konnte es danach offen lassen, ob eine deliktische Haftung oder Haftung wegen der Verletzung von vertraglichen Verpflichtungen seitens des Beklagten zu 1 in Betracht kam. Auch ob den Klägern auf der Grundlage einer Ge-

§ 10 Halter- und Fahrerhaftung

fährdungshaftung gegen den Beklagten zu 1 ein Anspruch aus § 2 Abs. 1 HPflG zusteht, wie vom Berufungsgericht angenommen, konnte dahingestellt bleiben.

414 Zutreffend hatte das Berufungsgericht einen Direktanspruch der Kläger gegen die Beklagte zu 2, die Kraftfahrzeughaftpflichtversicherung der Beklagten zu 1, auf der Grundlage von § 3 Nr. 1 PflVG a.F. i.V.m. § 7 Abs. 1 StVG und dem zwischen den Beklagten abgeschlossenen Vertrag über die Kraftfahrzeughaftpflichtversicherung für den streitgegenständlichen Tankwagen angenommen.

Da sich der Schadensfall am 24.8.2006 ereignete, war für den Direktanspruch gegen den Kraftfahrzeughaftpflichtversicherer nicht § 115 VVG, sondern noch § 3 Nr. 1 PflVG a.F. anwendbar.

Nach § 3 Nr. 1 PflVG a.F. kann der Dritte im Rahmen der Leistungspflicht des Versicherers aus dem Versicherungsverhältnis einen Anspruch auf Ersatz des Schadens auch gegen den Versicherer geltend machen. Die Zulässigkeit einer Direktklage der Kläger gegen die Beklagte zu 2 setzte mithin voraus, dass sie einen Schadensersatzanspruch gegen deren Versicherungsnehmerin, die Beklagte zu 1, geltend machen, der im Rahmen der Kraftfahrzeughaftpflichtpflichtversicherung von der Beklagten zu 2 gedeckt werden musste. Die Vorschrift des § 1 PflVG, die hierfür maßgeblich war, verpflichtet den Halter eines Kraftfahrzeugs, eine Haftpflichtversicherung zur Deckung der „durch den Gebrauch des Fahrzeugs" verursachten Personenschäden, Sachschäden und sonstigen Vermögensschäden abzuschließen und aufrechtzuerhalten.

415 An das Pflichtversicherungsgesetz knüpfte § 10 Abs. 1 AKB an, in dem es heißt, dass die Kraftfahrzeughaftpflichtversicherung diejenigen Schäden deckt, die „durch den Gebrauch des im Vertrag bezeichneten Fahrzeugs" verursacht worden sind. Auch in den AKB 2008 A. 1.1 wird die Freistellung von Schäden versprochen, die durch den Gebrauch des Fahrzeugs entstanden sind. An die Regelung des § 10 AKB hat der Verordnungsgeber (§ 4 Abs. 1 PflVG) angeknüpft, als er in § 2 KfzPflVV als Gegenstand des Versicherungsschutzes bestimmt hat, dass die Versicherung die Befriedigung begründeter und die Abwehr unbegründeter Schadensersatzansprüche zu umfassen hat, die aufgrund gesetzlicher Haftpflichtbestimmungen privatrechtlichen Inhalts erhoben werden, wenn durch den Gebrauch des versicherten Fahrzeugs Schäden eingetreten sind. Da § 1 PflVG, der die Versicherungspflicht und damit den Mindeststandard des zu gewährleisteten Haftpflichtversicherungsschutzes regelt und an den die Regelung des Direktanspruchs anknüpft, den Begriff des „Gebrauchs des Kraftfahrzeugs" unmittelbar nennt, muss diese Norm zur Bestimmung des Mindestschutzes herangezogen werden, unabhängig davon, ob eine Auslegung der vertraglichen Regelungen des jeweiligen Haftpflichtversicherungsvertrages möglicherweise den Wagnisumfang erweitert.

416 Bei der Kraftfahrzeughaftpflichtversicherung ist das Interesse versichert, das der Versicherte daran hat, durch den Gebrauch des Fahrzeugs nicht mit Haftpflichtansprüchen belastet zu werden, gleich ob diese auf den §§ 7 ff. StVG, den §§ 823 ff.

BGB oder anderen Haftungsnormen beruhen. Von der Kraftfahrzeughaftpflichtversicherung soll die typische, vom Gebrauch des Fahrzeugs selbst und unmittelbar ausgehende Gefahr gedeckt sein (vgl. BGH, Urt. v. 27.10.1993 – IV ZR 243/92, VersR 1994, 83, 84). Es kommt mithin darauf an, ob der Schadensfall zu dem Haftpflichtgefahrenbereich gehört, für den die Kraftfahrzeughaftpflichtversicherung deckungspflichtig ist. „Gebraucht" wird ein Kraftfahrzeug auch dann, wenn es nur als Arbeitsmaschine eingesetzt wird. Der Entladevorgang gehört danach zu seinem Gebrauch, solange das Kraftfahrzeug oder seine an und auf ihm befindlichen Verrichtungen dabei beteiligt sind. Der Schaden, der beim Hantieren mit Ladegut eintritt, ist dann „durch den Gebrauch" des Kraftfahrzeugs entstanden, wenn es für die schadensstiftende Verrichtung aktuell, unmittelbar, zeitlich und örtlich nahe eingesetzt worden ist. Nach diesen Grundsätzen ist das Entladen eines Tanklastzuges mittels einer auf ihm befindlichen Pumpe dem Gebrauch des Kraftfahrzeugs zuzuordnen, solange der Druck der Pumpe noch auf das abzufüllende Öl einwirkt und die Flüssigkeit durch den Schlauch heraustreibt. Damit wird der Tanklastzug mit seinen speziellen Vorrichtungen unmittelbar eingesetzt und es verwirklicht sich eine Gefahr, die von dem Fahrzeug selbst ausgeht (vgl. Senat, Urt. v. 19.9.1989 – VI ZR 301/88, VersR 1989,1187; Beschl. v. 8.4.2008 – VI ZR 229/07, SP 2008, 338). Der im Streitfall beim Entladevorgang des Öltankwagens, der sich im öffentlichen Straßenraum befand, eingetretene Ölschaden war demnach nicht nur dem Betrieb, sondern auch dem Gebrauch des Kraftfahrzeugs zuzuordnen.

So schließt nach der ganz herrschenden Meinung in Rechtsprechung und Literatur der Begriff des Gebrauchs im Sinne von § 1 PflVG den Betrieb des Kraftfahrzeugs im Sinne von § 7 StVG ein, geht aber noch darüber hinaus.

Diesem Ergebnis stand auch die für den Streitfall noch maßgebliche 1. KH-Richtlinie nicht entgegen.

32. Beschädigungen beim Abschleppen eines verbotswidrig geparkten Fahrzeugs

BGH, Urt. v. 18.2.2014 – VI ZR 383/12, VersR 2014, 502   417
BGB §§ 276, 278, 280 ff., 328, 839; GG Art. 34
a) Beauftragt die Straßenverkehrsbehörde zur Vollstreckung des in einem Verkehrszeichen enthaltenen Wegfahrgebots im Wege der Ersatzvornahme einen privaten Unternehmer mit dem Abschleppen eines verbotswidrig geparkten Fahrzeugs, so wird der Unternehmer bei der Durchführung des Abschleppauftrages hoheitlich tätig.
b) Durch das Abschleppen eines verbotswidrig geparkten Fahrzeugs im Wege der Ersatzvornahme wird ein öffentlich-rechtliches Verwahrungsverhältnis begründet, auf das die §§ 276, 278, 280 ff. BGB entsprechend anzuwenden sind.

c) *Der Eigentümer des verbotswidrig geparkten Fahrzeugs ist in einer solchen Fallkonstellation nicht in den Schutzbereich des zwischen dem Verwaltungsträger und dem privaten Unternehmer geschlossenen Vertrages über das Abschleppen seines Fahrzeugs einbezogen.*

a) Der Fall

418 Der Beklagte betreibt ein Abschleppunternehmen. Am 12.2.2011 schleppte er im Auftrag der Stadt M. das vom Kläger verbotswidrig geparkte Fahrzeug ab und stellte es auf dem Parkplatz des Ordnungsamtes ab. Der Kläger behauptete, sein Fahrzeug sei bei dem Abschleppvorgang beschädigt worden, wodurch ihm ein Schaden in Höhe von 3.356,36 EUR entstanden sei. Die auf Ersatz seines Schadens gerichtete Klage hatte in den Vorinstanzen keinen Erfolg. Mit der vom Landgericht zugelassenen Revision verfolgte der Kläger seinen Klageantrag weiter.

b) Die rechtliche Beurteilung

419 Die Revision hatte keinen Erfolg.

Das Berufungsgericht hatte zu Recht angenommen, dass deliktische Ansprüche des Klägers gegen den Beklagten wegen der behaupteten Beschädigung seines Fahrzeugs im Rahmen des Abschleppvorgangs gemäß Art. 34 S. 1 GG ausgeschlossen waren. Der Beklagte handelte bei der Durchführung des ihm von der Stadt M. erteilten Abschleppauftrages in Ausübung eines ihm anvertrauten öffentlichen Amtes, sodass die Verantwortlichkeit für sein etwaiges Fehlverhalten allein die Stadt M. traf.

Zieht der Staat private Unternehmer zur Erfüllung ihm obliegender Aufgaben auf privatrechtlicher Grundlage heran, so hängt die Qualifikation der Tätigkeit des Unternehmers als hoheitlich oder nicht hoheitlich von dem Charakter der wahrgenommenen Aufgabe, der Sachnähe der übertragenen Tätigkeit zu dieser Aufgabe und dem Grad der Einbindung des Unternehmers in den behördlichen Pflichtenkreis ab. Je stärker der hoheitliche Charakter der Aufgabe in den Vordergrund tritt, je enger die Verbindung zwischen der übertragenen Tätigkeit und der von der Behörde zu erfüllenden hoheitlichen Aufgabe und je begrenzter der Entscheidungsspielraum des Unternehmers ist, desto näher liegt es, ihn als Beamten im haftungsrechtlichen Sinne anzusehen. Jedenfalls im Bereich der Eingriffsverwaltung kann sich der Staat der Amtshaftung für fehlerhaftes Verhalten seiner Bediensteten nicht dadurch entziehen, dass er die Durchführung einer von ihm angeordneten Maßnahme durch privatrechtlichen Vertrag auf einen privaten Unternehmer überträgt.

420 Nach diesen Grundsätzen handelte der Beklagte bei der Durchführung des Abschleppauftrages hoheitlich. Er war für die Stadt M. im Rahmen der Eingriffsverwaltung als deren „Erfüllungsgehilfe" tätig. Seine Beauftragung mit dem Abschleppen des unerlaubt geparkten Fahrzeugs des Klägers diente der Vollstreckung

32. Beschädigungen beim Abschleppen eines verbotswidrig geparkten Kfz § 10

des in dem – vom Kläger missachteten – Verkehrszeichen enthaltenen Wegfahrgebots im Wege der Ersatzvornahme. Hätte die Stadt M. als Straßenverkehrsbehörde den Abschleppvorgang mit eigenen Mitteln durchgeführt, so stände der hoheitliche Charakter der Maßnahme außer Zweifel. Deren rechtliche Beurteilung als Vollstreckungshandlung kann aber nicht davon abhängen, ob die Vollstreckungsbehörde selbst oder ein Dritter im Auftrag dieser Behörde die Maßnahme durchführt.

Da der Beklagte hoheitlich gehandelt hatte, traf die Verantwortlichkeit für sein etwaiges Fehlverhalten gemäß Art. 34 S. 1 GG allein die Stadt M. Die in dieser Bestimmung geregelte Haftungsverlagerung stellt eine befreiende Schuldübernahme kraft Gesetzes dar mit der Folge, dass der Beamte, der seine Amtspflicht verletzt hat, persönlich nicht aus unerlaubter Handlung in Anspruch genommen werden kann. **421**

Die Revision wandte sich auch ohne Erfolg gegen die Beurteilung des Berufungsgerichts, wonach dem Kläger kein vertraglicher Schadensersatzanspruch gegen den Beklagten aus einem Vertrag mit Schutzwirkung zu seinen Gunsten zustand. Der Kläger war nicht in den Schutzbereich des zwischen der Stadt M. und dem Beklagten geschlossenen Vertrages über das Abschleppen seines verbotswidrig geparkten Fahrzeugs einbezogen. **422**

Neben dem gesetzlich geregelten Vertrag zu Gunsten Dritter (§ 328 BGB), der für den Dritten einen Anspruch auf die vereinbarte Leistung begründet, hat die Rechtsprechung den Vertrag mit Schutzwirkung zu Gunsten Dritter herausgebildet. Er ist dadurch gekennzeichnet, dass der Anspruch auf die geschuldete Hauptleistung allein dem Vertragspartner zusteht, der Dritte jedoch in der Weise in die vertraglichen Sorgfalts- und Obhutspflichten einbezogen ist, dass er bei deren Verletzung vertragliche Schadensersatzansprüche geltend machen kann (vgl. BGH, Urt. v. 8.6.2004 – X ZR 283/02, VersR 2005, 517, 518 f. m.w.N.). Die Einbeziehung eines Dritten in die Schutzwirkungen eines Vertrages setzt voraus, dass Sinn und Zweck des Vertrages und die erkennbaren Auswirkungen der vertragsgemäßen Leistung auf den Dritten seine Einbeziehung unter Berücksichtigung von Treu und Glauben erfordern und eine Vertragspartei, für den Vertragsgegner erkennbar, redlicherweise damit rechnen kann, dass die ihr geschuldete Obhut und Fürsorge in gleichem Maß auch dem Dritten entgegengebracht wird. Danach wird ein Dritter nur dann in die aus einem Vertrag folgenden Sorgfalts- und Schutzpflichten einbezogen, wenn er mit der Hauptleistung nach dem Inhalt des Vertrags bestimmungsgemäß in Berührung kommen soll, ein besonderes Interesse des Gläubigers an der Einbeziehung des Dritten besteht, den Interessen des Schuldners durch Erkennbarkeit und Zumutbarkeit der Haftungserweiterung Rechnung getragen wird und der Dritte schutzbedürftig ist (vgl. BGH, Urt. v. 24.10.2013 – III ZR 82/11, juris Rn 12 m.w.N.; Mü-Ko-BGB/*Gottwald*, 6. Aufl., § 328 Rn 177 ff.; Palandt/*Grüneberg*, BGB, 73. Auflage, § 328 Rn 13 ff., jeweils m.w.N.).

§ 10 Halter- und Fahrerhaftung

423 Diese Voraussetzungen sind im Streitfall nicht erfüllt. Dabei kann dahingestellt bleiben, ob die Stadt M. ein besonderes Interesse an der Einbeziehung des Klägers in den Schutzbereich des mit dem Beklagten abgeschlossenen Vertrags hatte. Denn es fehlte jedenfalls an der erforderlichen Schutzbedürftigkeit.

Damit die Haftung des Schuldners nicht unkalkulierbar ausgedehnt wird, sind an die Einbeziehung von Dritten in den vertraglichen Schutz strenge Anforderungen zu stellen. An der Ausdehnung des Vertragsschutzes muss nach Treu und Glauben ein Bedürfnis bestehen, weil der Dritte andernfalls nicht ausreichend geschützt wäre. Eine Einbeziehung des Dritten ist deshalb regelmäßig zu verneinen, wenn ihm eigene vertragliche Ansprüche zustehen, die denselben oder zumindest einen gleichwertigen Inhalt haben wie diejenigen Ansprüche, die er auf dem Weg über die Einbeziehung in den Schutzbereich eines zwischen anderen geschlossenen Vertrages durchsetzen will. Soweit dem Senatsurteil vom 11.7.1978 (VI ZR 138/76, VersR 1978, 1070, 1071) insoweit anderes zu entnehmen sein sollte, wird daran nicht festgehalten.

424 Nach diesen Grundsätzen war der Kläger nicht schutzbedürftig. Denn ihm stand gegen die Stadt M. neben seinem Amtshaftungsanspruch ein Schadensersatzanspruch aus einem durch den Abschleppvorgang begründeten öffentlich-rechtlichen Verwahrungsverhältnis zu, durch den sein Ersatzinteresse vollumfänglich abgedeckt wurde.

Ein öffentlich-rechtliches Verwahrungsverhältnis entsteht u.a. dadurch, dass ein Verwaltungsträger bei Wahrnehmung einer öffentlich-rechtlichen Aufgabe eine fremde bewegliche Sache in Besitz nimmt und den Berechtigten von Einwirkungen ausschließt, insbesondere an eigenen Sicherungs- und Obhutsmaßnahmen hindert. Anders als im Privatrecht entsteht das Rechtsverhältnis bei Eintritt dieses Tatbestandes automatisch; eines Vertrages bedarf es nicht. An die Stelle der Willenseinigung Privater treten öffentlich-rechtliche Maßnahmen. Ein öffentlich-rechtliches Verwahrungsverhältnis wird insbesondere durch das Abschleppen eines verbotswidrig geparkten oder verunfallten Fahrzeugs im Wege der Ersatzvornahme begründet. Dies gilt auch dann, wenn sich die Behörde zur Durchführung des Abschleppvorgangs der Hilfe eines Privaten bedient.

425 Auf das öffentlich-rechtliche Verwahrungsverhältnis sind die bürgerlich-rechtlichen Verwahrungsvorschriften der §§ 688 ff. BGB sowie die für Leistungsstörungen bestehenden Bestimmungen entsprechend anzuwenden. Bei einer Beschädigung der Sache gelten insbesondere die §§ 276, 278 sowie die §§ 280 ff. BGB analog. Der Verwaltungsträger hat daher für schuldhafte Pflichtverletzungen – auch seines Erfüllungsgehilfen – einzustehen und Schadensersatz zu leisten, wobei ihm im Gegensatz zur Amtshaftung die Beweislast für fehlendes Verschulden obliegt.

426 Zutreffend hatte das Berufungsgericht auch eine Haftung des Beklagten aus § 7 Abs. 1 StVG verneint. Da das Fahrzeug des Klägers auf den Abschleppwagen gehoben und auf diesem abtransportiert worden ist, bildeten beide Fahrzeuge jedenfalls eine Betriebseinheit (vgl. Senatsurt. v. 30.10.1962 – VI ZR 4/62, VersR 1963, 47, 48; v. 11.7.1978 – VI ZR 138/76, VersR 1978, 1070, 1071). Die Haftung des Halters aus § 7 Abs. 1 StVG erstreckt sich aber nicht auf Schäden an dem gehaltenen oder dem mit diesem eine Betriebseinheit bildenden Fahrzeug (vgl. Senatsurt. v. 7.12.2010 – VI ZR 288/09, BGHZ 187, 379 Rn 11).

33. Verbindlichkeit von auf der Fahrbahn markierten Richtungspfeilen auf einem mehrspurigen Straßenring

BGH, Urt. v. 11.2.2014 – VI ZR 161/13, VersR 2014, 518

StVO §§ 7 Abs. 5 S. 1, 41 Abs. 1, Anl. 2 (Zeichen 297); StVG §§ 7, 17, 18; VVG § 115 Abs. 1 Nr. 1

Bei den auf dem Falkenseer Platz in Berlin zwischen den Leitlinien befindlichen Pfeilen handelt es sich nicht um bloße Fahrempfehlungen, sondern um (verbindliche) Fahrtrichtungsgebote.

a) Der Fall

Die Klägerin begehrte Schadensersatz nach einem Verkehrsunfall, der sich am 30.4.2011 in Berlin-Spandau auf dem Falkenseer Platz ereignete. Dieser besteht aus einer kreisförmigen Grünanlage, um die ein mehrspuriger, ausschließlich gegen den Uhrzeigersinn zu befahrender Straßenring führt, in den von außen vier mehrspurige Straßen einmünden: im Nordwesten der Falkenseer Damm, im Südwesten der Altstädter Ring, im Südosten die Straße „Am Juliusturm" und im Nordosten die Neuendorfer Straße. Die in den Falkenseer Platz hineinführenden Fahrbahnen dieser Straßen sind von den aus dem Platz herausführenden Fahrbahnen jeweils durch einen begrünten Mittelstreifen getrennt. Im Bereich des Platzes befinden sich zwölf Lichtzeichenanlagen, nämlich jeweils drei im Bereich der vier Einmündungen, von denen jeweils eine den Verkehr auf den in den Platz hineinführenden Fahrbahnen regelt, eine zweite den Verkehr auf den herausführenden Fahrbahnen und eine dritte den Verkehr auf dem Straßenring. Die hier befindlichen Lichtzeichenanlagen sind jeweils in Höhe der Mittelstreifen der vier Einmündungen angebracht. Unmittelbar vor ihnen und vor den Lichtzeichenanlagen der einmündenden Fahrbahnen befinden sich jeweils Leitlinien (Zeichen 340 der StVO) und Pfeilmarkierungen (Zeichen 297 der StVO).

Die Klägerin befuhr gegen 10:15 Uhr mit ihrem Pkw VW Golf aus dem Altstädter Ring kommend den Straßenring des Falkenseer Platzes und befand sich nach den vom Berufungsgericht getroffenen Feststellungen bei der Lichtzeichenanlage in Höhe des Mittelstreifens der Straße „Am Juliusturm" in dem dritten Fahrstreifen von links. Dort sind vor der Haltlinie Pfeile angebracht, die nach rechts weisen. Die Klägerin wollte an der nächsten Ausfahrt nicht nach rechts abbiegen, sondern im Straßenring verbleiben.

§ 10 Halter- und Fahrerhaftung

Der Beklagte zu 1 kam mit seinem bei der Beklagten zu 2 haftpflichtversicherten Pkw VW Passat samt Anhänger ebenfalls aus dem Altstädter Ring. Er benutzte zunächst den äußersten linken Fahrstreifen. Dieser wird im Straßenring in Höhe des Mittelstreifens der Einmündung der Straße „Am Juliusturm" zum zweiten Fahrstreifen von links, auf dem vor der Haltlinie der dortigen Lichtzeichenanlage Pfeile als Fahrtrichtung sowohl ein Verbleiben auf dem Straßenring als auch ein Abbiegen nach rechts anzeigen. Der Beklagte, der den Falkenseer Platz an der nachfolgenden Ausfahrt verlassen und in die Neuendorfer Straße abbiegen wollte, verblieb auf seinem Fahrstreifen und lenkte den Pkw nach rechts in Richtung Neuendorfer Straße. Unmittelbar vor der Ausfahrt kam es zur Kollision, wobei der VW Golf der Klägerin gegen die rechte Seite des Anhängers stieß.

430 Die Klägerin hat wegen der Beschädigung ihres Fahrzeugs Schadensersatz in Höhe von 3.773,39 EUR begehrt. Das Amtsgericht hat der Klage durch Versäumnisurteil stattgegeben und dieses nach rechtzeitigem Einspruch der Beklagten in Höhe von 1.886,70 EUR aufrechterhalten, wobei es davon ausgegangen ist, dass die Richtungspfeile auf den Fahrstreifen lediglich Fahrempfehlungen seien und beide Fahrzeuge mithin sowohl auf dem Straßenring hätten verbleiben als auch aus diesem hätten ausfahren dürfen. Die Berufung der Beklagten führte zur vollumfänglichen Klageabweisung. Mit der vom Landgericht zugelassenen Revision verfolgte die Klägerin ihr Klagebegehren im Umfang ihres Berufungsantrags weiter.

b) Die rechtliche Beurteilung

431 Das angefochtene Urteil hielt der revisionsrechtlichen Nachprüfung stand.

Die Revision wandte sich nicht gegen die Feststellungen des Berufungsgerichts bezüglich des tatsächlichen Unfallhergangs. Sie machte allein geltend, das Berufungsgericht habe verkannt, dass auch dem Beklagten zu 1 eine unfallursächliche Pflichtverletzung vorzuwerfen sei, denn dieser habe gegen das Gebot der gegenseitigen Rücksichtnahme (§ 1 StVO) verstoßen. Diese Pflichtverletzung sei nicht geringer zu bewerten als der Fahrstreifenwechsel der Klägerin, denn bei den Richtungspfeilen, die im Straßenring des Falkenseer Platzes vor den Haltlinien der Lichtzeichenanlagen auf den Fahrstreifen angebracht seien, handele es sich entgegen der Auffassung des Berufungsgerichts nur um Fahrtrichtungsempfehlungen und nicht um Gebote im Sinne von § 41 Abs. 1 StVO. Diese Rüge der Revision erwies sich als unbegründet. Das Berufungsgericht hatte mit Recht angenommen, dass die Klägerin, als sie mit ihrem Pkw nicht in die Neuendorfer Straße abbog, sondern im Straßenring des Falkenseer Platzes verblieb, gegen ein Fahrtrichtungsgebot verstieß.

432 Gemäß § 41 Abs. 1 StVO hat jeder Verkehrsteilnehmer die durch Vorschriftszeichen nach Anlage 2 angeordneten Ge- oder Verbote zu befolgen. Zeichen 297 der Anlage 2 (zu § 41 Abs. 1 StVO) ordnet ein Fahrtrichtungsgebot an. Wer ein Fahrzeug führt, muss der Fahrtrichtung auf der folgenden Kreuzung oder Einmündung fol-

33. Verbindlichkeit von auf der Fahrbahn markierten Richtungspfeilen § 10

gen, wenn zwischen den Pfeilen Leitlinien (Zeichen 340) oder Fahrstreifenbegrenzungen (Zeichen 295) markiert sind. Nach den vom Berufungsgericht getroffenen Feststellungen handelt es sich bei dem Straßenring des Falkenseer Platzes um eine mehrspurige Straße, deren Fahrstreifen jeweils durch Leitlinien (Zeichen 340) markiert sind. Vor der Haltlinie der Lichtzeichenanlage in Höhe der Einmündung der Straße „Am Juliusturm" befinden sich zwischen den Leitlinien Richtungspfeile. Da die Pfeile auf dem dritten Fahrstreifen von links, den die Klägerin befuhr, nach rechts weisen, gebieten sie gemäß Zeichen 297 der StVO als verbindliche Fahrtrichtung ein Abbiegen nach rechts auf der folgenden Kreuzung oder Einmündung.

Mit Recht hatte das Berufungsgericht angenommen, dass diese nach rechts weisenden Richtungspfeile als Fahrtrichtung ein Abbiegen in die Neuendorfer Straße gebieten. Bei der Ausfahrt Neuendorfer Straße handelt es sich um die folgende Einmündung im Sinne des Zeichens 297 der StVO. Dem steht nicht entgegen, dass der Verkehrsteilnehmer nach der Haltlinie dieser Lichtzeichenanlage zunächst die in den Straßenring einmündende Richtungsfahrbahn der Straße „Am Juliusturm" passieren muss, bevor er nach rechts in die Neuendorfer Straße abbiegen kann. Die einmündende Richtungsfahrbahn ist nicht die nächste Einmündung im Sinne des Zeichens 297 der StVO, sondern eine nur in Gegenrichtung – als Einfahrt in den Straßenring – befahrbare Richtungsfahrbahn der einmündenden Straße „Am Juliusturm". Weist eine einmündende Straße – wie hier – zwei voneinander durch Mittelstreifen getrennte Richtungsfahrbahnen auf, handelt es sich nämlich nicht um zwei verschiedene Einmündungen, sondern, wie das Berufungsgericht zutreffend ausführt, um eine einzige Straßeneinmündung. 433

Für diese Auffassung spricht auch, dass auf Kreuzungen von Straßen mit voneinander durch Mittelstreifen getrennten Richtungsfahrbahnen der Linksabbieger im Allgemeinen zunächst die von links einmündende Richtungsfahrbahn (Gegenfahrbahn), in die er nicht einfahren darf, passieren muss, bevor er selbst nach links in die für ihn befahrbare Richtungsfahrbahn abbiegen kann. Würde man der Auffassung der Revision folgen, wäre die von ihm zunächst zu passierende Gegenfahrbahn der einmündenden Straße als folgende Einmündung im Sinne des Zeichens 297 der StVO anzusehen. Dies hätte zur Folge, dass Richtungspfeile vor solchen Kreuzungen grundsätzlich keinen Gebotscharakter hätten. Eine solche Auslegung ist mit dem Sinn und Zweck von Fahrtrichtungsgeboten, die zu einem zügigen und sicheren Verkehrsfluss beitragen sollen, nicht vereinbar. Für von rechts einmündende Richtungsfahrbahnen einer Straße kann aber nichts anderes gelten als für Richtungsfahrbahnen von Straßen, die auf einer Kreuzung zusammentreffen. 434

Die Überlegungen der Revision dazu, dass Ge- und Verbotszeichen sofort und aus sich selbst heraus verständlich sein müssen (vgl. BGH, Beschl. v. 13.2.1975 – 4 StR 508/74, BGHSt 26, 73, 79 m.w.N.), vermochten nicht zu einer anderen Beurteilung zu führen. Es mag sein, dass die Verkehrsführung auf dem großräumigen Straßenring des Falkenseer Platzes in Berlin-Spandau insbesondere von ortsunkundigen 435

465

Kraftfahrern eine erhöhte Aufmerksamkeit verlangt. Diese ist jedoch gerade im Bereich von großen, stark befahrenen Kreuzungen und Einmündungen von jedem Verkehrsteilnehmer zu fordern. Von einer unklaren Verkehrsführung kann nach den vom Berufungsgericht getroffenen Feststellungen jedenfalls keine Rede sein. Die zwischen den Leitlinien befindlichen Pfeile geben mit hinreichender Klarheit die Fahrtrichtung für die nächste Ausfahrt aus dem Straßenring vor. Es handelt sich nicht um bloße Fahrempfehlungen, sondern um (verbindliche) Fahrtrichtungsgebote.

436 Da die Klägerin der für sie angeordneten Fahrtrichtung nicht gefolgt ist, hat sie gegen ein Fahrtrichtungsgebot verstoßen. Bei dieser Sachlage war die Beurteilung des Berufungsgerichts, eine Haftung der Beklagten scheide aus, weil die Klägerin das alleinige Verschulden an dem Verkehrsunfall trage und die Betriebsgefahr des von dem Beklagten zu 1 geführten Pkw nebst Anhänger hinter dem Verkehrsverstoß der Klägerin zurücktrete, aus Rechtsgründen nicht zu beanstanden.

34. Fortdauer des Vorfahrtrechts auf einer Vorfahrtstraße bei Überfahren einer unterbrochenen Linie als Fahrbahnbegrenzung

437 BGH, Urt. v. 27.5.2014 – VI ZR 279/13, zfs 2014, 499 = VersR 2014, 894

StVO § 8 Abs. 1; StVG § 17 Abs. 1

Der Benutzer einer bevorrechtigten Straße ist gegenüber Verkehrsteilnehmern, die auf einer einmündenden oder die Vorfahrtsstraße kreuzenden nicht bevorrechtigten Straße herankommen, so lange vorfahrtsberechtigt, bis er die Vorfahrtsstraße mit der ganzen Länge seines Fahrzeugs verlassen hat.

a) Der Fall

438 Die Parteien stritten um Schadensersatzansprüche nach einem Verkehrsunfall am 25.8.2009 zwischen einem Bus und einem Pkw. Die Klägerin war Halterin und Eigentümerin des Busses, der vom Drittwiderbeklagten gefahren wurde. Der Beklagte zu 1 war Fahrer und Halter des bei der Beklagten zu 2 haftpflichtversicherten Pkw.

Zum Unfallzeitpunkt befuhr der Drittwiderbeklagte mit dem Bus die vorfahrtsberechtigte T. Straße. Der Beklagte zu 1 befuhr die untergeordnete S. Straße und wollte an der Einmündung zur T. Straße in diese nach links abbiegen (Zeichen 205 StVO). Aus Sicht des Drittwiderbeklagten befand sich unmittelbar nach der S. Straße parallel zur vorfahrtsberechtigten T. Straße eine Bushaltestelle. Um diese anzufahren, überfuhr der Drittwiderbeklagte mit dem Bus etwas die seinen Fahrstreifen begrenzende unterbrochene Linie zur S. Straße. Dabei kam es zur Kollision mit dem an die Vorfahrtsstraße heranfahrenden Pkw des Beklagten zu 1.

34. Fortdauer d. Vorfahrtrechts bei Überfahren einer unterbrochenen Linie § 10

Die Parteien machten im Wege der Klage und Widerklage wechselseitig Schadensersatzansprüche geltend. Das Landgericht hat der Klage stattgegeben und die Beklagten gesamtschuldnerisch verurteilt, an die Klägerin 9.493,30 EUR nebst Zinsen sowie weitere 810,10 EUR vorgerichtliche Anwaltskosten nebst Zinsen zu zahlen. Die Widerklage des Beklagten zu 1 hat es abgewiesen. Mit der Berufung haben die Beklagten einen Haftungsanteil von 25 % anerkannt und der Beklagte zu 1 die Widerklageforderung auf 75 % begrenzt. Sie haben beantragt, das Urteil des Landgerichts abzuändern und die Beklagten unter Abweisung der Klage im Übrigen als Gesamtschuldner zu verurteilen, an die Klägerin 2.373,33 EUR nebst Zinsen zu zahlen sowie die Widerbeklagten als Gesamtschuldner zu verurteilen, an den Beklagten zu 1 3.136,01 EUR nebst Zinsen zu zahlen. Das Oberlandesgericht hat die Berufung der Beklagten zurückgewiesen. Mit der vom Berufungsgericht zugelassenen Revision verfolgen die Beklagten ihre im Berufungsverfahren gestellten Anträge weiter.

439

b) Die rechtliche Beurteilung

Die Ausführungen des Berufungsgerichts hielten der revisionsrechtlichen Überprüfung im Wesentlichen stand.

440

Entgegen der Auffassung der Revisionen hatte das Berufungsgericht mit Recht ein Vorfahrtsrecht des Busses angenommen, auch wenn dieser die als Fahrbahnbegrenzung dienende unterbrochene Linie überfuhr, um die Haltestelle zu erreichen.

Gemäß § 8 Abs. 1 S. 1 StVO in der hier maßgeblichen Fassung vom 22.3.1988 hat an Kreuzungen und einer – hier vorliegenden – Einmündung Vorfahrt, wer von rechts kommt. Das gilt nicht, wenn die Vorfahrt – wie hier durch das Zeichen 205 – besonders geregelt ist (§ 8 Abs. 1 S. 2 Nr. 1 StVO). Wer die Vorfahrt zu beachten hat, muss rechtzeitig durch sein Fahrverhalten, insbesondere durch mäßige Geschwindigkeit, erkennen lassen, dass er warten wird. Er darf nur weiterfahren, wenn er übersehen kann, dass er den, der die Vorfahrt hat, weder gefährdet noch wesentlich behindert (§ 8 Abs. 2 S. 1, 2 StVO a.F.).

Die gesetzliche Vorfahrtsregelung soll den zügigen Verkehr auf bevorrechtigten Straßen gewährleisten und damit durch klare und sichere Verkehrsregeln auch der Sicherheit des Straßenverkehrs dienen. Das Vorfahrtsrecht erstreckt sich auf die gesamte Fläche der Kreuzung oder des Einmündungsbereichs. Der Vorfahrtsbereich wird bei rechtwinklig einmündenden Straßen und bei rechtwinkligen Straßenkreuzungen von den Fluchtlinien der Fahrbahnen beider Straßen gebildet. Bei einer trichterförmig erweiterten Einmündung erstreckt sich die Vorfahrt nicht nur auf das durch die Fluchtlinie der Fahrbahnen beider Seiten gebildete Einmündungsviereck, sondern umfasst auch die ganze bis zu den Endpunkten des Trichters erweiterte bevorrechtigte Fahrbahn.

Nach dieser Rechtsprechung hat der Fahrer, der dem Verlauf einer nach links abknickenden Vorfahrtsstraße nicht folgt, sondern geradeaus weiterfährt, in dem gesam-

441

467

ten Kreuzungsbereich die Vorfahrt gegenüber dem von rechts kommenden Verkehr. Eine Markierung des Verlaufs des bevorrechtigten Straßenzugs auf der Kreuzung durch eine rechtsseitig verlaufende bogenförmige unterbrochene weiße Linie ändert nichts am Umfang der Vorfahrtsberechtigung. Vielmehr beschränkt sich die Bedeutung der Markierung darauf, den Verkehrsteilnehmern zur Erleichterung der Orientierung den Verlauf des bevorrechtigten Straßenzuges anzuzeigen. Der Benutzer einer bevorrechtigten Straße ist gegenüber den Verkehrsteilnehmern, die auf einer einmündenden oder die Vorfahrtsstraße kreuzenden nicht bevorrechtigten Straße herankommen, auch dann vorfahrtsberechtigt, wenn er in diese Straße einbiegt, und zwar so lange, bis er die Vorfahrtsstraße mit der ganzen Länge seines Fahrzeugs verlassen hat. Es gibt keinen Übergang der Vorfahrt auf den Wartepflichtigen. Nach diesen Grundsätzen war im Streitfall die Kollision zu einem Zeitpunkt erfolgt, als der drittwiderbeklagte Busfahrer vorfahrtsberechtigt und der Beklagte zu 1 wartepflichtig war. Der Bus näherte sich unstreitig auf der vorfahrtsberechtigten Straße und war im Begriff, diese zu verlassen, um die kurz hinter der Einmündung der nachgeordneten Straße befindliche Bushaltestelle anzufahren. Er hatte die Vorfahrtsstraße zum Zeitpunkt der Kollision noch nicht mit der ganzen Länge verlassen, vielmehr befand sich der überwiegende Teil des Busses noch auf dieser. Demgemäß musste der Beklagte zu 1 bei der Annäherung an die Einmündung die Vorfahrt des Busfahrers beachten und durfte diesen weder gefährden noch wesentlich behindern (§ 8 Abs. 2 S. 1 und 2 StVO a.F.).

442 Bei dieser Sachlage war es nicht zu beanstanden, dass das Berufungsgericht auf Grund einer Abwägung gemäß § 17 Abs. 1 StVG eine volle Haftung der Beklagten angenommen und eine (Mit-)Haftung der Klägerin verneint hatte. Eine Ersatzpflicht des Drittwiderbeklagten war mangels Verschuldens ausgeschlossen (§ 18 Abs. 1 S. 2 StVG, § 823 BGB).

443 Das Berufungsgericht hatte mit Recht einen Sorgfaltsverstoß und mithin ein Verschulden des Drittwiderbeklagten verneint. Dieser musste, um im normalen Fahrverlauf ohne besonders starke Brems- oder Lenkbewegungen die Haltestelle zu erreichen, die unterbrochene Linie überfahren. Er fuhr mit geringer Geschwindigkeit. Auch wenn davon auszugehen war, dass er das Fahrzeug des Beklagten zu 1 wahrgenommen hatte, durfte er grundsätzlich darauf vertrauen, dass der Beklagte zu 1 rechtzeitig anhalten würde. Dieser hatte selbst vorgetragen, dass er im Begriff war anzuhalten, und fuhr gemäß dem Sachverständigengutachten mit nur noch sehr geringer Geschwindigkeit. Es lagen mithin keine Umstände vor, aufgrund derer der Drittwiderbeklagte hätte erkennen können und müssen, dass der Beklagte zu 1 sein Vorfahrtsrecht missachten würde. Andererseits war für den Beklagten zu 1 zu erkennen, dass sich der Bus näherte und möglicherweise die Bushaltestelle anfahren würde. Dies war für ihn bei der erforderlichen Aufmerksamkeit erkennbar, weil – wie bei trichterförmigen Einmündungen üblich – die Vorfahrtsstraße für den Beklagten zu 1 in beide Richtungen deutlich einsehbar war.

34. Fortdauer d. Vorfahrtrechts bei Überfahren einer unterbrochenen Linie § 10

Es war auch nicht zu beanstanden, dass das Berufungsgericht bei der Abwägung nur von einer einfachen Betriebsgefahr des Busses ausgegangen war. Zwar können im Hinblick auf die Wucht des Zusammenstoßes und die Schwere der Unfallfolgen für die Betriebsgefahr auch Fahrzeuggröße, Fahrzeugart oder Gewicht des Fahrzeugs maßgebend sein mit der Folge, dass die Betriebsgefahr der größeren Masse in der Regel größer ist. Ein Umstand muss aber erwiesenermaßen ursächlich für den Schaden geworden sein, sonst bleibt er außer Ansatz. Danach hatte das Berufungsgericht mit Recht nur eine einfache Betriebsgefahr zugrunde gelegt. Zwar hatte der Bus eine erheblich größere Masse als der vom Beklagten zu 1 gefahrene Pkw. Dies hatte sich aber im Streitfall nicht ausgewirkt. Der Bus war zum Zeitpunkt der Kollision nur mit einer geringen Geschwindigkeit gefahren. Nicht er, sondern der Beklagte zu 1 war in ihn hineingefahren. Dabei hatte sich die Masse des Busses, welche grundsätzlich zu einem längeren Bremsweg führt, nicht ausgewirkt. **444**

Unter diesen Umständen war nicht zu beanstanden, dass das Berufungsgericht eine volle Haftung der Beklagten angenommen hatte.

Die Entscheidung über eine Haftungsverteilung im Rahmen des § 254 BGB oder des § 17 StVG ist grundsätzlich Sache des Tatrichters und im Revisionsverfahren nur darauf zu überprüfen, ob alle in Betracht kommenden Umstände vollständig und richtig berücksichtigt und der Abwägung rechtlich zulässige Erwägungen zugrunde gelegt worden sind. Die Abwägung ist aufgrund aller festgestellten Umstände des Einzelfalls vorzunehmen. In erster Linie ist hierbei nach ständiger höchstrichterlicher Rechtsprechung das Maß der Verursachung von Belang, in dem die Beteiligten zur Schadensentstehung beigetragen haben; das beiderseitige Verschulden ist nur ein Faktor der Abwägung. **445**

Danach war die Abwägung des Berufungsgerichts nicht zu beanstanden. Bei der Bemessung der Haftungsanteile der nur nach § 7 Abs. 1 StVG haftenden Klägerin einerseits und der Beklagten andererseits durfte das Berufungsgericht ohne Rechtsfehler maßgeblich auf die schuldhafte Vorfahrtsverletzung des Beklagten zu 1 abstellen und – wie in einem solchen Fall regelmäßig – die einfache Betriebsgefahr des Busses zurücktreten lassen. **446**

Die Revision hatte allerdings Erfolg, soweit sie beanstandete, dass das Berufungsgericht der Klägerin einen Anspruch auf Ersatz der außergerichtlichen Rechtsanwaltsgebühren in Höhe des geltend gemachten Gebührensatzes von 1,6 gemäß § 14 Abs. 1 RVG, Nr. 2300 RVG VV zugesprochen hatte, weil sich die Überschreitung der für einfache Unfallangelegenheiten anerkannten Mittelgebühr innerhalb der Toleranzgrenze von 20 bis 30 % bewege. Nach der Rechtsprechung des Bundesgerichtshofs ist eine Erhöhung der Geschäftsgebühr über die für durchschnittliche Fälle geltende Regelgebühr von 1,3 hinaus nach Nr. 2300 RVG-VV nur gerechtfertigt, wenn die Tätigkeit umfangreich oder schwierig und damit überdurchschnittlich war (vgl. Senat, Beschluss vom 5. Februar 2013 – VI ZR 195/12, NJW RR **447**

2013, 1020 Rn 7 f.; BGH, Urt. v. 11. Juli 2012 – VIII ZR 323/11, NJW 2012, 2813 Rn 8 ff. m.w.N.). Dies war hier nicht der Fall.

35. Haftung für Einnahmeausfälle einer Autobahnrastanlage wegen unfallbedingter Sperrung der Autobahn

448 BGH, Urt. v. 9.12.2014 – VI ZR 155/14, MDR 2015, 83

BGB § 823 Abs. 1, Abs. 2; StVG § 7; StVO §§ 1 Abs. 2, 18 Abs. 1 S. 2

a) Eine Sache ist dann „beschädigt" im Sinne des § 7 StVG, wenn entweder ihre Substanz nicht unerheblich verletzt oder wenn ihre Brauchbarkeit zu ihrer bestimmungsgemäßen Verwendung nicht unerheblich beeinträchtigt worden ist, ohne dass zugleich ein Eingriff in die Sachsubstanz vorliegt. Eine Beeinträchtigung der Brauchbarkeit einer Sache zu ihrer bestimmungsgemäßen Verwendung liegt nicht schon dann vor, wenn nur der tatsächliche Bedarf für die entsprechende Verwendung eingeschränkt wird.

b) Soweit Vorschriften der StVO nach ihrem Sinn und Zweck den Straßenverkehr selbst vor Störungen schützen wollen, dienen sie dem öffentlichen Interesse und nicht auch den Vermögensinteressen derjenigen, die von einer Verkehrsstörung und der daraus folgenden Beschränkung der Nutzbarkeit der Straße besonders betroffen sind.

c) Soll der berechtigte Besitz an einer Sache dazu dienen, eine bestimmte Nutzung der Sache zu ermöglichen, so stellt es eine Rechtsgutsverletzung im Sinne des § 823 Abs. 1 BGB dar, wenn der Besitzer an eben dieser Nutzung durch einen rechtswidrigen Eingriff in relevanter Weise gehindert wird. Voraussetzung ist freilich stets, dass die Beeinträchtigung der bestimmungsgemäßen Verwendung der Sache ihren Grund in einer unmittelbaren Einwirkung auf die Sache selbst hat.

a) Der Fall

449 Die Parteien stritten um Ansprüche auf Ersatz von Einnahmeausfällen, die der Klägerin als Betreiberin einer Autobahnrastanlage infolge einer unfallbedingten Sperrung der Autobahn entstanden sein sollen.

Bei der Beklagten handelte es sich um den Haftpflichtversicherer eines Sattelzuges, der auf der Bundesautobahn (BAB) 5 mit dem nicht vollständig abgesenkten und infolgedessen bis in eine Höhe von 4,83 m ragenden Auslegearm eines von ihm transportierten Baggers gegen eine über die Autobahn führende Brücke stieß. Durch die Kollision wurde die Brücke so stark beschädigt, dass Einsturzgefahr bestand. Das betroffene Teilstück der BAB 5 wurde deshalb für mehrere Tage gesperrt. Im Rundfunk wurde empfohlen, den gesperrten Bereich großräumig zu umfahren.

35. Einnahmeausfälle einer Autobahnrastanlage wegen Sperrung § 10

Wenige Kilometer vom gesperrten Bereich entfernt, aber außerhalb des gesperrten Bereichs selbst, befindet sich an der BAB 5 eine Autobahnrastanlage. Sie wurde vom Betreiber für die Dauer der Autobahnsperrung geschlossen. Mit der Behauptung, Betreiberin der vorgenannten Autobahnrastanlage zu sein und infolge der Unerreichbarkeit der Anlage für den Durchgangsverkehr während der Sperrung erhebliche Einnahmeausfälle erlitten zu haben, nahm die Klägerin die Beklagte auf Ersatz entgangenen Gewinns in Höhe von 37.985 EUR sowie vorgerichtlicher Rechtsverfolgungskosten in Anspruch.

Das Landgericht hat die Klage abgewiesen, das Berufungsgericht die hiergegen von der Klägerin geführte Berufung zurückgewiesen. Mit der vom Berufungsgericht zugelassenen Revision verfolgte die Klägerin ihr Begehren weiter.

b) Die rechtliche Beurteilung

Das Berufungsurteil hielt revisionsrechtlicher Nachprüfung stand. Das Berufungsgericht ging zutreffend davon aus, dass der Klägerin keine Schadensersatzansprüche gegen den Fahrer oder Halter des bei der Beklagten versicherten Sattelzuges zustanden.

450

Zutreffend ging das Berufungsgericht zunächst davon aus, dass die Klägerin im Hinblick auf die Rastanlage keine Ansprüche aus §§ 7, 18 StVG hatte. Es fehlte an einer „Beschädigung" der – was im Rahmen der §§ 7, 18 StVG ausreicht – in ihrem berechtigten unmittelbaren Besitz stehenden Anlage oder deren Einrichtungen.

Eine Sache ist dann „beschädigt" im Sinne des § 7 StVG, wenn entweder ihre Substanz nicht unerheblich verletzt oder wenn ihre Brauchbarkeit zu ihrer bestimmungsgemäßen Verwendung nicht unerheblich beeinträchtigt worden ist, ohne dass zugleich ein Eingriff in die Sachsubstanz vorliegt (Senatsurt. v. 6.11.2007 – VI ZR 220/06, VersR 2008, 230 Rn 8). Dass die nach dem – für das Revisionsverfahren zu unterstellenden – Vortrag der Klägerin von ihr betriebene Rastanlage durch die vom bei der Beklagten versicherten Sattelzug verursachte Sperrung der BAB 5 wenige Kilometer entfernt in ihrer Sachsubstanz verletzt worden wäre, stand nicht in Rede. Aber auch die Brauchbarkeit der Rastanlage zu ihrer bestimmungsgemäßen Verwendung wurde durch die Sperrung nicht beeinträchtigt. Denn die Funktionsfähigkeit der Anlage und ihrer Einrichtungen selbst wurde durch die Sperrung nicht betroffen. Die Anlage und ihre Einrichtungen hätten auch während der Sperrung der Autobahn in jeder Hinsicht bestimmungsgemäß in Gebrauch genommen werden können. Dass infolge der Sperrung und der damit zusammenhängenden Empfehlung, den Bereich weiträumig zu umfahren, Durchgangsverkehr und damit nennenswerter Kundenzustrom nicht zu erwarten war, änderte daran nichts. Denn die Brauchbarkeit einer Sache für ihre zweckentsprechende Verwendung hängt nicht davon ab, ob und in welchem Umfang auch ein tatsächlicher Bedarf für die entsprechende Verwendung der Sache besteht. Zudem umfasst der von § 7 StVG gewährleistete Schutz des Integritätsinteresses nicht die Garantie, mit einer Sache ungehindert Gewinne erzielen zu können.

451 Zutreffend war die weitere Annahme des Berufungsgerichts, der Klägerin stehe kein Anspruch aus § 823 Abs. 2 BGB in Verbindung mit der Verletzung eines Schutzgesetzes zu.

Nach ständiger Rechtsprechung des Senats setzt ein solcher Anspruch voraus, dass es sich bei der Vorschrift, die verletzt wurde, um eine Rechtsnorm handelt, die zumindest auch dazu bestimmt ist, den Einzelnen oder einzelne Personenkreise gegen die Verletzung eines bestimmten Rechtsgutes zu schützen. Im konkreten Schaden muss sich dabei die Gefahr verwirklicht haben, vor der die betreffende Norm schützen sollte. Der eingetretene Schaden muss also in den sachlichen Schutzbereich der verletzten Norm fallen. Weiter muss der konkret Geschädigte auch zum Kreis derjenigen Personen gehören, deren Schutz die verletzte Norm bezweckt. Der Geschädigte muss also vom persönlichen Schutzbereich der verletzten Norm erfasst sein.

Hieran scheiterte im Streitfall ein Schadensersatzanspruch der Klägerin aus § 823 Abs. 2 BGB. Die Versicherten der Beklagten haben kein Gesetz verletzt, das dem Schutz der Klägerin als Betreiberin einer Autobahnrastanlage vor Gewinneinbußen zu dienen bestimmt war.

452 Dabei ist zunächst zu berücksichtigen, dass die Straßenverkehrsordnung (StVO) nicht im Ganzen ein Gesetz zum Schutz des Vermögens ist. Sie ist Teil des Straßenverkehrsrechts, durch das die Teilnahme am Straßenverkehr geregelt und insbesondere dessen Sicherheit und Leichtigkeit gewährleistet werden soll. Dieses dient als sachlich begrenztes Ordnungsrecht der Abwehr von typischen Gefahren, die vom Straßenverkehr ausgehen und die dem Straßenverkehr von außen oder durch Verkehrsteilnehmer erwachsen. Einzelne Vorschriften der StVO können allerdings zugleich dem Schutz von Individualinteressen dienen, namentlich der Gesundheit, der körperlichen Unversehrtheit und des Eigentums.

453 Als von den Versicherten der Beklagten verletzte Gesetze kamen vorliegend die Vorschriften des § 18 Abs. 1 S. 2 StVO, des § 22 Abs. 2 S. 1 StVO, des § 23 Abs. 1 S. 2 StVO, des § 29 Abs. 3 S. 1 StVO sowie des § 1 Abs. 2 StVO in Betracht. Welchen dieser Regelungen – was der erkennende Senat für § 1 Abs. 2 StVO bereits anerkannt hat und darüber hinaus jedenfalls für § 22 Abs. 2 S. 1 StVO der herrschenden Meinung entsprechen dürfte – grundsätzlich Schutznormcharakter zukommt, konnte im Streitfall freilich dahinstehen. Die Klägerin warf den Versicherten der Beklagten nämlich nicht etwa vor, sie durch die unzulässig dimensionierte Ladung unmittelbar in einem ihrer Rechtsgüter verletzt zu haben. Inhalt des Vorwurfs der Klägerin war vielmehr, die bei der Beklagten Versicherten hätten durch ihr Verhalten die Nutzung einer öffentlichen Straße vorübergehend unmöglich gemacht und der Klägerin dadurch, also mittelbar, Gewinneinbußen zugefügt. Aus diesem Vorwurf konnte die Klägerin in Bezug auf § 823 Abs. 2 BGB aber nichts für sich herleiten. Denn soweit die genannten Vorschriften der StVO nach ihrem Sinn

35. Einnahmeausfälle einer Autobahnrastanlage wegen Sperrung § 10

und Zweck den Straßenverkehr selbst vor Störungen schützen wollen, dienen sie allein dem öffentlichen Interesse und nicht auch den Vermögensinteressen derjenigen, die von einer Verkehrsstörung und der daraus folgenden Beschränkung der Nutzbarkeit einer Straße besonders betroffen sind.

Etwas anderes ergibt sich entgegen der Auffassung der Revision auch nicht daraus, dass es sich bei der Rastanlage um einen Nebenbetrieb an einer Bundesautobahn im Sinne von § 15 und § 1 Abs. 4 Nr. 5 des Bundesfernstraßengesetzes (FStrG) handelt. Denn weder dieser Umstand noch die von der Revision weiter hervorgehobene angeblich existenzgefährdende Wirkung der behaupteten Einnahmeausfälle änderten etwas daran, dass es vorliegend allein um die von den genannten Vorschriften gerade nicht geschützten individuellen (Vermögens-)Interessen ging, die ein privater Gewerbetreibender am störungsfreien Betrieb einer Straße hatte. 454

Weiter ließen sich die von der Klägerin geltend gemachten Ansprüche auch nicht aus § 823 Abs. 1 BGB herleiten. Es fehlte bereits an einem haftungsrelevanten Eingriff in ein von § 823 Abs. 1 BGB geschütztes Rechtsgut der Klägerin. Beim von der Klägerin behaupteten entgangenen Gewinn handelte es sich mithin um einen nach dieser Vorschrift nicht ersatzfähigen reinen Vermögensschaden. 455

Dies galt zunächst insoweit, als der berechtigte Besitz der Klägerin an der Rastanlage als verletztes Rechtsgut in Rede stand.

Allerdings ist auch der berechtigte Besitz an einer Sache von § 823 Abs. 1 BGB geschützt. Soll er dazu dienen, eine bestimmte Nutzung der Sache zu ermöglichen, so stellt es nach der Rechtsprechung des erkennenden Senats eine Rechtsgutsverletzung im Sinne des § 823 Abs. 1 BGB dar, wenn der Besitzer an eben dieser Nutzung durch einen rechtswidrigen Eingriff in relevanter Weise gehindert wird. Damit ist freilich nicht gemeint, dass der berechtigte Besitzer einer Sache in Bezug auf Beeinträchtigungen der Nutzbarkeit der Sache deliktsrechtlich weitergehend geschützt ist als der Eigentümer. Denn mit der Entscheidung vom 4.11.1997 (VI ZR 348/96) hat der Senat lediglich die für die Eigentumsverletzung beim Entzug des bestimmungsgemäßen Gebrauchs einer Sache geltenden Grundsätze auf den Besitz übertragen; eine Ausdehnung des Besitzschutzes über den Eigentumsschutz hinaus war hingegen nicht gewollt. Folglich konnte im vorliegenden Fall auf die Grundsätze zurückgegriffen werden, die der Senat für die Annahme einer Eigentumsverletzung durch die Beeinträchtigung des bestimmungsgemäßen Gebrauchs einer Sache aufgestellt hat. 456

Insoweit entspricht es ständiger höchstrichterlicher Rechtsprechung, dass eine Eigentumsverletzung im Sinne des § 823 Abs. 1 BGB nicht zwingend einen Eingriff in die Sachsubstanz voraussetzt, sondern auch durch eine nicht unerhebliche Beeinträchtigung der bestimmungsgemäßen Verwendung der betreffenden Sache erfolgen kann. Voraussetzung ist freilich stets, dass die Beeinträchtigung der bestimmungsgemäßen Verwendung der Sache ihren Grund in einer unmittelbaren Einwirkung auf die Sache selbst hat, wobei diese Einwirkung tatsächlicher oder – 457 wie im Falle eines Nutzungsverbots – rechtlicher Natur sein kann (vgl. zum „Einsperren" von Fahrzeugen: BGH, Urt. v. 21.12.1970 – II ZR 133/68, BGHZ 55, 153, 159; ferner Senatsurt. v. 11.1.2005 – VI ZR 34/04; zur Blockade von Baumaschinen: Senatsurt. v. 4.11.1997 – VI ZR 348/96; zur Verbindung der Sache mit anderen Bauteilen oder schädlichen Stoffen: Senatsurt. v. 31.3.1998 – VI ZR 109/97 und v. 7.12.1993 – VI ZR 74/93; zur gefahrenbedingten Aufhebung der Begehbarkeit eines Grundstücks: Senatsurt. v. 21.6.1977 – VI ZR 58/76; zum Nutzungsverbot: Senatsurt. v. 25.10.1988 – VI ZR 344/87; v. 21.6.1977 – VI ZR 58/76). Fehlt es an einer solchen unmittelbaren Einwirkung auf die Sache selbst, wird eine auf Nutzungseinschränkungen gestützte Eigentumsverletzung abgelehnt. Dies gilt insbesondere auch für den Fall, dass die wirtschaftliche Nutzung einer Anlage nur deshalb vorübergehend eingeengt wird, weil sie von Kunden infolge einer Störung des Zufahrtsweges nicht angefahren werden kann, ohne dass zugleich in die Sachsubstanz der Anlage eingegriffen oder deren technische Brauchbarkeit beschränkt oder beseitigt wurde (BGH, Urt. v. 15.11.1982 – II ZR 206/81). An diesen Grundsätzen wurde festgehalten.

458 Im Streitfall konnte damit nicht davon ausgegangen werden, dass die Klägerin durch die Autobahnsperrung in ihrem berechtigten Besitz an der Rastanlage verletzt wurde. Denn die wenige Kilometer von der Rastanlage entfernte Sperrung, die die unmittelbare Zufahrt zur Anlage selbst – anders als in dem Urteil vom 15.11.1982 (II ZR 206/81, BGHZ 86, 152, 155) zugrunde liegenden Fall – sogar unbeeinträchtigt ließ, wirkte nicht unmittelbar auf die Rastanlage und ihre Einrichtungen ein. Die Auswirkungen der Sperrung auf die Rastanlage beschränkten sich vielmehr auf den Wegfall des Durchgangsverkehrs für die Zeit der Sperrung, das deshalb zu erwartende Ausbleiben von Kunden und die sich daraus ergebende vorübergehende Einengung der wirtschaftlichen Nutzung der Anlage. Nach den dargelegten Grundsätzen berührte dies allein das Vermögen der Klägerin, nicht aber ihre Rechtsposition als berechtigte Besitzerin der Rastanlage (vgl. BGH, Urt. v. 15.11.1982 – II ZR 206/81, BGHZ 86, 152, 155). Dass es sich bei der Rastanlage um einen Nebenbetrieb an einer Bundesautobahn im Sinne von § 15 und § 1 Abs. 4 Nr. 5 FStrG handelte, spielte auch insoweit keine Rolle.

459 Ein Anspruch der Klägerin aus Verletzung ihres eingerichteten und ausgeübten Gewerbebetriebs war nicht gegeben. Ein solcher Anspruch kommt nur in Betracht, wenn die Beeinträchtigung unmittelbar in den Bereich des Gewerbebetriebs eingreift, also betriebsbezogen ist und nicht von diesem ohne weiteres ablösbare Rechte betrifft. Ein derartiger Eingriff lag im Streitfall nicht vor. Der Unfall hatte in keiner unmittelbaren Beziehung zum eingerichteten und ausgeübten Betrieb der Klägerin gestanden. Die angeordnete Sperrung der BAB und die Empfehlung, den gesperrten Bereich großräumig zu umfahren, waren allgemeine Folgen des Schadensereignisses, die die Klägerin rein zufällig trafen.

35. Einnahmeausfälle einer Autobahnrastanlage wegen Sperrung § 10

Schließlich konnte die Klägerin auch aus der Beschädigung der – nicht in ihrem Eigentum stehenden – Brücke keine Ansprüche für sich herleiten. Insoweit handelte es sich bei dem von ihr verlangten entgangenen Gewinn nämlich um einen mittelbaren Schaden, der im deliktischen Schadensrecht von vornherein bis auf wenige Ausnahmen (z.B. § 844 BGB) nicht ersatzfähig ist.

460

§ 11 Fahrbahnverschmutzungen

1. Kosten der Entsorgung von Transportgut nach einem Verkehrsunfall

BGH, Urt. v. 6.11.2007 – VI ZR 220/06, zfs 2008, 132 = VersR 2008, 230　　　1
BGB § 249; StVG §§ 7, 8 Nr. 3; PflVG § 3 Nr. 1
Der Haftungsausschluss nach § 8 Nr. 3 StVG gilt nicht für Kosten, die anlässlich eines Verkehrsunfalls dadurch entstehen, dass die beförderte Sache beseitigt werden muss, weil sie eine andere beeinträchtigt.

a) Der Fall

Zwischen den Parteien bestand Streit über die Haftung der Beklagten als Haftpflichtversicherer eines Lkw für die Kosten der Entsorgung von Transportgut nach einem Verkehrsunfall.　　　2

Der bei der Beklagten versicherte Lkw geriet am 17.3.2003 auf der BAB A 81 in Brand, nachdem ein Reifen geplatzt war. Er brach sodann auseinander. Die Ladung des Fahrzeugs, die aus 25 t Orangen bestand, wurde durch den Brand weitgehend unbrauchbar und blockierte zusammen mit dem beschädigten Lkw die Fahrbahn. Die Klägerin ließ die Fahrbahn räumen und sodann die Orangen durch Verbrennen entsorgen.　　　3

Das Landgericht hat der Klage auf Erstattung der Entsorgungskosten stattgegeben. Das Berufungsgericht hat die hiergegen gerichtete Berufung der Beklagten zurückgewiesen. Mit der vom Berufungsgericht zugelassenen Revision begehrte die Beklagte weiterhin Klageabweisung.　　　4

b) Die rechtliche Beurteilung

Das Berufungsgericht bejahte einen Anspruch der Klägerin gegen die Beklagte aus § 7 StVG, § 823 Abs. 2 BGB i.V.m. § 31 Abs. 2 StVZO, § 3 Nr. 1 PflVG. Infolge der – unstreitig – vom Versicherungsnehmer der Beklagten verursachten Eigentumsverletzung habe die Klägerin die Orangen entsorgen müssen. Die Entsorgungskosten seien ein Schaden im Sinne des § 249 BGB. Zu ersetzen seien die erforderlichen Aufwendungen, die ein verständiger, wirtschaftlich denkender Mensch in der Lage des Geschädigten für zweckmäßig und notwendig halten dürfe. Da die Orangen unverwertbar bzw. unverkäuflich gewesen seien, habe die Klägerin entsprechend dem mutmaßlichen Willen des Versicherungsnehmers der Beklagten das Gut vernichten dürfen.　　　5

Das Urteil hielt den Angriffen der Revision im Ergebnis stand.　　　6

§ 11 Fahrbahnverschmutzungen

Die Beklagte haftete für die Kosten der Verbrennung der Orangen nach § 7 Abs. 1 StVG i.V.m. § 3 Nr. 1 PflVG. Die zur Behebung der Sachbeschädigung, d.h. zur Wiederherstellung der Benutzbarkeit der Bundesautobahn, erforderlichen Kosten umfassen neben den nicht mehr im Streit befindlichen Kosten für Reinigung der Straße, Aufnahme und Abtransport der die Fahrbahn blockierenden Ladung auch die Kosten der Vernichtung der unstreitig zerstörten Ladung.

7 Der Brand des Lkw während der Fahrt auf der Autobahn war Folge eines Betriebsvorgangs, dessen Auswirkungen eine Sache der Klägerin, nämlich die Bundesautobahn (§ 1 i.v.m. § 2 Abs. 2 FStrG), beschädigten. Der Schadensbegriff des § 7 StVG entspricht dem des BGB. Danach ist eine Sache beschädigt, wenn entweder ihre Substanz nicht unerheblich verletzt oder ihre Brauchbarkeit zu ihrer bestimmungsgemäßen Verwendung nicht unerheblich beeinträchtigt worden ist, ohne dass zugleich in ihre Substanz eingegriffen werden müsste. Nach den von den Parteien nicht in Zweifel gezogenen tatsächlichen Umständen war die Bundesautobahn an der Unfallstelle durch die Ladung blockiert und musste gereinigt werden, bevor sie wieder dem Verkehr übergeben werden konnte. Dementsprechend hat die Beklagte inzwischen die zur Wiederherstellung der Benutzbarkeit der Bundesautobahn erforderlichen Kosten für die Reinigung der Straße und den Abtransport der die Fahrbahn blockierenden Ladung beglichen.

8 Schadensrechtlich sind die Entsorgungskosten jedenfalls im vorliegenden Fall, in dem die zerstörte Ladung die Bundesautobahn verschmutzte und blockierte, nicht als Folgeschäden der Eigentumsverletzung an der transportierten Sache (Zerstörung der Orangen) einzustufen, sondern als – allerdings ursächlich in der Zerstörung der transportierten Sache begründete – Folgekosten aus der bei der Klägerin eingetretenen Eigentumsverletzung an der Bundesautobahn. An der Adäquanz, d.h. der Eignung des zum Schaden führenden Ereignisses im allgemeinen und nicht nur unter besonders eigenartigen, unwahrscheinlichen und nach dem gewöhnlichen Verlauf der Dinge außer Betracht zu lassenden Umständen, einen Erfolg der eingetretenen Art herbeizuführen. Die durch den Betrieb des Fahrzeugs zerstörte Ladung blockierte die Fahrbahn; zur Wiederherstellung der Brauchbarkeit der Fahrbahn war die Ladung aufzunehmen, abzutransportieren und – da zerstört und damit wertlos – zu entsorgen. Erst dann war der Schaden beseitigt und der vor dem schädigenden Ereignis bestehende Zustand wieder hergestellt. Eine weitere Verwahrung hätte, weil letztlich nur die Vernichtung der Ware in Frage kam, nur überflüssige Kosten verursacht. Bei den getroffenen Maßnahmen ging es mithin darum, den zur Beseitigung der Unfallfolgen erforderlichen Aufwand und damit den Schaden zu begrenzen, für den die Beklagte als Versicherer des Fahrzeugs einzustehen hatte.

9 Entgegen der Auffassung der Revision war die Haftung gemäß § 7 StVG, § 3 Nr. 1 PflVG nicht deshalb nach § 8 Nr. 3 StVG ausgeschlossen, weil die Orangen Transportgut des verunfallten Lkw waren. Zwar schließt § 8 Nr. 3 StVG die Haftung des Halters aus, „wenn eine Sache beschädigt worden ist, die durch das Kraftfahrzeug

... befördert wurde ...". Doch sind damit nur Schäden an der transportierten Sache selbst gemeint (vgl. BGH, Urt. v. 13.2.1980 – IV ZR 39/78, VersR 1980, 522, 524; vgl. auch die Gesetzesbegründung zu § 8 Nr. 3 StVG in BT-Drucks 14/7752, S. 31). Entgegen der Auffassung der Revision hat § 8 Nr. 3 StVG keinen anderen Regelungsgehalt. Schon nach dem Wortlaut des § 8 Nr. 3 StVG sind nur Schäden an der transportierten Sache selbst von der Haftung nach § 7 StVG nicht umfasst. Außerdem ist § 8 Nr. 3 StVG als Ausnahmevorschrift zur grundsätzlichen Haftung des Halters für Sachschäden eng zu verstehen. Dieses Verständnis der Regelung in § 8 Nr. 3 StVG stimmt überein mit der Auffassung des IV. Zivilsenats des BGH, wonach die Haftungsausschlussklausel in § 11 AKB, die für das Deckungsverhältnis zwischen Versicherer und Halter gilt, nur Schäden erfasst, die unmittelbar an den beförderten Gütern selbst eingetreten sind, (BGH, Urt. v. 23.11.1994 – IV ZR 48/94, VersR 1995, 162, 163; ebenso schon Urt. v. 28.5.1969 – IV ZR 615/68, VersR 1969, 726, 727).

Nach alledem gilt der Haftungsausschluss nicht für Kosten, die dadurch entstehen, dass die beförderte Sache beseitigt werden muss, weil sie eine andere beeinträchtigt.

Im Hinblick auf den nach § 7 StVG i.V.m. § 3 Nr. 1 PflVG gegebenen Anspruch bedurfte keiner Klärung, ob der Anspruch der Klägerin auch unter dem Gesichtspunkt der Verschuldenshaftung begründet wäre. Auf der Grundlage der vom Berufungsgericht getroffenen tatsächlichen Feststellungen konnte dies vom erkennenden Senat nicht beurteilt werden. Ebenso konnte offen bleiben, ob die Klägerin Ersatz ihrer Aufwendungen im Wege des Direktanspruchs nach § 3 Nr. 1 PflVG für eine Geschäftsführung ohne Auftrag verlangen könnte (vgl. hierzu Senatsurt. v. 4.7.1978 – VI ZR 96/77, VersR 1978, 962 f. unter II. 2.).

2. Erstattung von Kosten zur Beseitigung von Ölspuren

BGH, Urt. v. 28.6.2011 – VI ZR 184/10, VersR 2011, 1070

StVG § 7; BGB § 249; FSHG NW § 41 Abs. 2

Die Möglichkeit des Kostenersatzes nach § 41 Abs. 2 S. 1 Nr. 3 FSHG NW schließt nicht von vornherein zivilrechtliche Schadensersatzansprüche nach § 7 StVG aus.

a) Der Fall

Die Klägerin verlangte aus abgetretenem Recht der Gemeinde B. Ersatz der Kosten für die Beseitigung einer Ölspur.

Der Beklagte zu 1 war Halter eines bei der Beklagten zu 2 haftpflichtversicherten Traktors, der bei einer Panne Hydrauliköl verlor. Dadurch wurde die im Eigentum der Gemeinde stehende Straße im Bereich der Ortsdurchfahrt verunreinigt. Nach-

§ 11 Fahrbahnverschmutzungen

dem die städtische Feuerwehr die verschmutzte Stelle mit Ölbindemittel abgestreut hatte, beauftragte die Gemeinde, um die Verkehrssicherheit der Straße wiederherzustellen, die Firma D. damit, die Ölspur zu entfernen. Die Firma D. reinigte den Straßenbelag mit Spezialfahrzeugen im Nassreinigungsverfahren. Hierfür stellte sie der Gemeinde 2.937 EUR in Rechnung. In dieser Höhe trat diese an die Firma D. Ersatzansprüche gegen den Halter und den Haftpflichtversicherer des Traktors ab. Die Firma D. übertrug die Forderungen weiter an die Klägerin.

15 Die Klage ist in den Vorinstanzen erfolglos geblieben. Mit der vom Berufungsgericht zugelassenen Revision verfolgte die Klägerin ihre Ansprüche weiter.

b) Die rechtliche Beurteilung

16 Die Revision hatte Erfolg.

Allerdings verneinte das Berufungsgericht zutreffend einen eigenen Anspruch der Firma D. gegen die Beklagten aus Geschäftsführung ohne Auftrag auf Aufwendungsersatz gemäß §§ 677, 683 S. 1 BGB.

17 Beruht die Verpflichtung des Geschäftsführers auf einem wirksam geschlossenen Vertrag, der die Rechte und Pflichten des Geschäftsführers und insbesondere die Entgeltfrage umfassend regelt, kann ein Dritter, dem das Geschäft auch zugute kommt, nicht auf Aufwendungsersatz wegen einer Geschäftsführung ohne Auftrag in Anspruch genommen werden. Dies war hier der Fall. Die Firma D. reinigte die Straße aufgrund eines Vertrages mit einer Entgeltregelung und erfüllte damit ihre vertragliche Verpflichtung.

18 Die Auffassung des Berufungsgerichts, dass der Klägerin der öffentlich-rechtliche Kostenersatzanspruch gemäß § 41 Abs. 2 S. 1 Nr. 3 FSHG NW nicht wirksam abgetreten worden war, war aus Rechtsgründen auch nicht zu beanstanden.

19 Zwar sind öffentlich-rechtliche Forderungen grundsätzlich abtretbar. Die Vorschriften der §§ 398 ff. BGB sind nach Maßgabe der Besonderheiten der einschlägigen Rechtsmaterie entsprechend anzuwenden. Ergibt sich allerdings aus den Besonderheiten des öffentlichen Rechts, insbesondere aus der Rechtsnatur der Forderung, die Unvereinbarkeit einer Abtretung mit der der Forderung zugrunde liegenden Rechtsordnung, ist die Abtretung nichtig. Dies ist bei der Abtretung öffentlich-rechtlicher Forderungen – insbesondere an eine Privatperson – dann der Fall, wenn damit die öffentlich-rechtliche Verfahrens- und Zuständigkeitsordnung umgangen und sowohl öffentliche als auch schützenswerte private Interessen in nicht hinnehmbarer Weise beeinträchtigt würden. Nach diesen Grundsätzen kann eine Forderung über Kosten, deren Erhebung im Ermessen der Behörde steht und die einer behördlichen Festsetzung der Höhe nach bedarf, vor Erlass des Leistungsbescheids nicht abgetreten werden. Eine solche Forderung entsteht nämlich nicht bereits mit der Verwirklichung des dem Ersatzbegehren zugrunde liegenden Sachverhalts. Sie bedarf der behördlichen Festsetzung. Zur Prüfung der Anspruchsvoraussetzungen

2. Erstattung von Kosten zur Beseitigung von Ölspuren § 11

tritt bei Erlass des Leistungsbescheids die Ausübung pflichtgemäßen Ermessens bei Festsetzung der Höhe des Anspruchs und des Leistungspflichtigen.

Eine solche Festsetzung fehlte im Streitfall, von dem Erfordernis einer satzungsmäßigen Regelung des Kostenersatzes gemäß § 41 Abs. 3 S. 1 FSHG NW abgesehen. Mithin war ein etwaiger Kostenersatzanspruch der Gemeinde nach § 41 Abs. 2 S. 1 Nr. 3 FSHG NW jedenfalls nicht abtretbar. 20

Mit Erfolg wandte sich die Revision gegen die Annahme des Berufungsgerichts, die Gemeinde könne wegen der insoweit vorrangigen Regelung des § 41 FSHG NW keinen Schadensersatz nach zivilrechtlichen Vorschriften beanspruchen. Der Gemeinde standen dem Grunde nach Schadensersatzansprüche gegen den Beklagten zu 1 gemäß § 7 Abs. 1 StVG, § 249 Abs. 2 S. 1 BGB und gegen die Beklagte zu 2 i.V.m. § 115 Abs. 1 S. 1 Nr. 1 VVG zu, die an die Klägerin abgetreten wurden. 21

Dass das aus dem Kraftfahrzeug des Beklagten zu 1 ausgelaufene Hydrauliköl die im Eigentum der Gemeinde stehende Straße in deren bestimmungsgemäßer Verwendung nicht unerheblich beeinträchtigte und mithin eine Sachbeschädigung vorlag, die dem Betrieb des Fahrzeugs des Beklagten zu 1 zuzurechnen war, wurde von keiner Seite in Frage gestellt. Dagegen war rechtlich auch nichts zu erinnern. Betriebsstoffe, die von einem im öffentlichen Straßenraum befindlichen Fahrzeug auslaufen, sind dem Betrieb des Fahrzeugs zuzurechnen. Die zur Reinigung und Wiederherstellung der gefahrlosen Benutzbarkeit der Straße erforderlichen Aufwendungen sind daher grundsätzlich vom Schädiger nach § 7 Abs. 1 StVG, § 249 Abs. 2 BGB zu ersetzen. 22

Entgegen der Auffassung des Berufungsgerichts und anderer Instanzgerichte schließt die Möglichkeit des Kostenersatzes nach § 41 Abs. 2 S. 1 Nr. 3 FSHG NW nicht von vornherein zivilrechtliche Schadensersatzansprüche nach § 7 StVG aus. 23

Im Streitfall waren schon die Voraussetzungen für den Kostenersatz gemäß § 41 Abs. 2 S. 1 Nr. 3 FSHG NW nicht gegeben, weil der Werklohnanspruch der Firma D. nicht durch einen Feuerwehreinsatz entstanden war. Kostenersatz mit Leistungsbescheid nach § 41 Abs. 2 und 3 FSHG NW kann grundsätzlich nur für die durch den Einsatz der Feuerwehr entstandenen Kosten, etwa für eigenes Personal und eigene Sachmittel, gefordert werden. Hingegen sind die durch die Heranziehung von Personen des Privatrechts entstandenen Auslagen nur dann Kosten des Feuerwehreinsatzes, wenn dem Träger der Feuerwehr die Tätigkeit der Personen des Privatrechts als hoheitliches Handeln zuzurechnen ist. Hierfür ist Voraussetzung, dass die Person des Privatrechts durch Gesetz oder aufgrund eines Gesetzes mit öffentlichrechtlichen Handlungs- und Entscheidungsbefugnissen ausgestattet ist. Dazu bedarf es gesetzlicher Vorschriften, die ausdrücklich anordnen oder nach ihrem Zusammenhang ergeben, dass der private Leistungsträger als Beliehener oder als Verwaltungshelfer tätig wird. 24

Die im Streitfall einschlägigen Bestimmungen des Feuerschutzhilfeleistungsgesetzes NW enthielten keine ausdrückliche Regelung, dass Personen des Privatrechts, 25

§ 11 Fahrbahnverschmutzungen

die mit der Beseitigung von Straßenverunreinigungen vertraglich beauftragt werden, als Verwaltungshelfer oder Beliehene der Gemeinde handeln. Aber auch aufgrund der festgestellten tatsächlichen Umstände konnte die Tätigkeit der Firma D. dem Einsatz der Feuerwehr nicht zugerechnet werden. Die Firma D. wurde erst vertraglich von Seiten der Gemeinde mit der vollständigen Beseitigung der Ölspur beauftragt, nachdem die Feuerwehr diese mit Streumaterial gebunden hatte. Die Ausführung und Organisation der Ölspurbeseitigung blieb vollständig und eigenverantwortlich den Mitarbeitern der Firma D. überlassen, ohne dass auf deren Tätigkeit von einem Bediensteten der gemeindlichen Feuerwehr Einfluss genommen worden wäre. Die Frage, ob nach dem Gesamtzusammenhang der Regelungen des Feuerschutzhilfeleistungsgesetzes der Einsatz eines privaten Unternehmens zur Beseitigung einer Ölspur zulässig ist, war im Streitfall schon deshalb nicht entscheidend, weil die Firma D. tätig wurde, ohne dass ein Bediensteter der Feuerwehr am Schadensort anwesend war. Eine der Feuerwehr zurechenbare Tätigkeit des privaten Dritten als Verwaltungshelfer ist bei einem Feuerwehreinsatz jedenfalls dann nicht gegeben, wenn die Feuerwehr – oder zumindest ein mit Leitungsbefugnissen ausgestatteter Feuerwehrbeamter – überhaupt nicht mehr am Einsatzort anwesend ist und sich die Feuerwehr hierdurch, obwohl die Gefahrenlage, der Unglücksfall, oder der öffentliche Notstand noch andauert, vollständig der Einwirkungsmöglichkeit auf den beauftragten Dritten entzieht. Die selbstständige Durchführung des Nassreinigungsverfahrens durch die Firma D. war mithin keine Leistung der Feuerwehr.

26 Der öffentlich-rechtliche Kostenersatzanspruch nach § 41 Abs. 2 S. 1 Nr. 3 FSHG NW und der zivilrechtliche Schadensersatzanspruch der Gemeinde als geschädigter Eigentümerin der Straße erfüllen unterschiedliche Zwecke. Beide Ansprüche stehen nebeneinander.

27 Im Streitfall war allein aufgrund der Maßnahmen der Feuerwehr der Zustand der Straße jedenfalls noch nicht wie vor dem Unfall wieder hergestellt. Auf Ersatz der für die Wiederherstellung der Straße erforderlichen Kosten hatte die Gemeinde als geschädigte Eigentümerin gemäß § 7 Abs. 1 StVG, § 249 Abs. 2 S. 1 BGB grundsätzlich einen Anspruch.

28 Ist wegen Beschädigung einer Sache Schadensersatz zu leisten, so kann der Geschädigte statt der Herstellung gemäß § 249 Abs. 1 BGB den dazu erforderlichen Geldbetrag verlangen. Aufgrund der sich aus § 249 Abs. 2 S. 1 BGB ergebenden Ersetzungsbefugnis hat er die freie Wahl der Mittel zur Schadensbehebung. Verursacht allerdings bei mehreren zum Schadensausgleich führenden Möglichkeiten eine den geringeren Aufwand, ist der Geschädigte grundsätzlich auf diese beschränkt. Nur der für die billigere Art der Schadensbehebung nötige Geldbetrag ist im Sinne von § 249 Abs. 2 S. 1 BGB zur Herstellung erforderlich. Die Schadensrestitution darf allerdings nicht auf die kostengünstigste Wiederherstellung der beschädigten Sache beschränkt werden; ihr Ziel ist vielmehr, den Zustand wiederher-

2. Erstattung von Kosten zur Beseitigung von Ölspuren § 11

zustellen, der wirtschaftlich gesehen der hypothetischen Lage ohne Schadensereignis entspricht.

Dass im Streitfall der Gemeinde eine kostengünstigere Reinigungsalternative mit gleicher Wirkung zur Verfügung gestanden hätte, wurde vom Berufungsgericht aus seiner Sicht folgerichtig nicht festgestellt. Für die Revision war mithin von der Erforderlichkeit der Aufwendungen auszugehen. Der Gemeinde stand mithin Ersatz des Kostenaufwands für den Einsatz der Firma D. als zivilrechtlicher Schadensersatz grundsätzlich zu. 29

Dieser zivilrechtliche Schadensersatzanspruch war nicht durch die Regelung in § 41 Abs. 2 S. 1 Nr. 3 FSHG NW ausgeschlossen. Die gegenteilige Auffassung des Berufungsgerichts und mehrerer Instanzgerichte widerspricht der Intention des Gesetzgebers und berücksichtigt nicht hinreichend die unterschiedliche Zielrichtung der Ansprüche aus Gefährdungshaftung und des öffentlich-rechtlichen Kostenersatzanspruchs. 30

Die Vorgängerregelung in § 36 Abs. 1 S. 2 FSHG NW in der Fassung vom 25.2.1975 (GV. NRW. S. 182) sah ausdrücklich vor, dass Ansprüche in Fällen der Gefährdungshaftung nach bundesrechtlichen Vorschriften durch die grundsätzliche Unentgeltlichkeit der Feuerwehreinsätze nicht tangiert werden (vgl. LT-Drucks. 7/3961, S. 34). Diese Vorschrift entsprach in ihrem Regelungsgehalt dem der geltenden Brandschutzgesetze anderer Bundesländer. Beispielsweise sieht § 26 Abs. 1 S. 2 des Niedersächsischen Gesetzes über den Brandschutz und die Hilfeleistungen der Feuerwehren (NBrandSchG) vom 8.3.1978 (Nds. GVBl. S. 233) vor, dass Ansprüche gegen die Verursacher bei Gefährdungshaftung unberührt bleiben. Dem entspricht die Auffassung des erkennenden Senats, dass es sich bei einer auf § 26 Abs. 1 S. 2 NBrandSchG i.V.m. § 7 Abs. 1 StVG gestützten Forderung um einen privatrechtlichen Anspruch handle (vgl. Senatsbeschl. v. 20.10.2009 – VI ZR 239/08, juris zu OLG Celle, Urt. v. 13.8.2008 – 14 U 145/08, OLGR Celle 2008, 964, 965). Durch die Fassung der Nachfolgeregelung in § 36 FSHG NW vom 14.3.1989 (GV. NRW. S. 102), die der hier in Rede stehenden derzeit geltenden Vorschrift des § 41 FSHG NW entspricht, wollte der Gesetzgeber angesichts der durch die verstärkte Motorisierung der Bevölkerung zunehmenden Inanspruchnahme der Feuerwehr die öffentlich-rechtlichen Kostenersatzansprüche zur Erleichterung der Kostenbeitreibung erweitern, weil die Durchsetzung der Ansprüche gegen Verursacher in Fällen der Gefährdungshaftung häufig nicht oder nicht in der erforderlichen Höhe erfolgreich war (LT-Drucks 10/3178, S. 11; LT-Drucks 10/3232, S. 1, 15). Es sollte lediglich die Kostenbeitreibung für die öffentlichen Leistungsträger erleichtert werden. Hingegen besteht kein Anhalt dafür, dass zivilrechtliche Ansprüche durch die Regelungen der öffentlich-rechtlichen Kostenersatzansprüche ausgeschlossen werden sollten. 31

Durch die Möglichkeit der Gemeinden, Ersatzansprüche in Fällen der Gefährdungshaftung im Zivilrechtsweg geltend zu machen, wird auch nicht die in §§ 40 ff. 32

FSHG NW festgelegte Risikozuordnung von Kosten unterlaufen (vgl. dazu OVG NW, NWV Bl. 2007, 437, 438). Primär kostenpflichtig ist nach dem Grundsatz der Kongruenz von Ordnungspflicht und Kostenlast (vgl. OVG Münster, NZV 1995, 460, 461) grundsätzlich der zur Beseitigung der Störung ordnungsrechtlich Verpflichtete, mithin im Streitfall die Gemeinde. Die primäre Kostenpflicht schließt nicht aus, dass die Kosten auf den Verursacher der Störung verlagert werden und sich der öffentliche Pflichtenträger finanziell auf diese Weise einen Ausgleich verschafft. Dem dient der Kostenersatzanspruch nach § 41 Abs. 2 FSHG NW. Zivilrechtliche Ansprüche auf den Ersatz von Sachschäden aus Gefährdungshaftung, um die es hier geht, dienen in vergleichbarer Weise dazu, dem Schädiger die Kosten für die Beseitigung des Schadens zu überbürden und mithin die Schadenslast von dem primär Belasteten zu nehmen. Auch der Kostenersatzanspruch nach § 41 Abs. 2 S. 1 Nr. 3 FSHG NW knüpft an die Gefährdungshaftung und den zivilrechtlichen Schadensersatzanspruch an. Allerdings wird das Risiko der Durchsetzbarkeit der Ansprüche im Zivilprozess im Hinblick auf die Antragspflicht der Parteien und die Besonderheiten des Beweisrechts im Allgemeinen höher sein als bei der Geltendmachung der Ansprüche durch Leistungsbescheid, für dessen Durchsetzung im Verwaltungsrechtsweg der Untersuchungsgrundsatz nach § 86 Abs. 1 VwGO gilt.

33 Zivilrechtliche Gefährdungshaftungsansprüche sind auch nicht im Hinblick auf die Pflicht der Gemeinde zur Erfüllung der hoheitlichen Aufgabe ausgeschlossen, Unglücksfällen durch den Einsatz der Feuerwehr zu begegnen. Die ordnungsrechtliche Verantwortlichkeit steht der zivilrechtlichen Haftung des Schädigers nicht im Wege. Die Regelungen in § 41 FSHG NW betreffen primär nicht Ansprüche auf Kostenersatz für die Wiederherstellung einer beschädigten Sache. Sie regeln die Kostenerstattung für Maßnahmen zur Abwendung von Gefahren und zur Beseitigung der Folgen von Feuer, Unglücksfällen und bei öffentlichen Notständen (vgl. § 1 Abs. 1 FSHG NW). Diese Maßnahmen können, sie müssen aber nicht zur Behebung eines mit dem Unglücksfall verbundenen Sachschadens der Gemeinde führen. Wäre der Gemeinde für einen Feuerwehreinsatz öffentlich-rechtlicher Kostenersatz aufgrund eines Leistungsbescheids für Maßnahmen zugeflossen, die auch den Eigentumsschaden beseitigt haben, wäre dieser Umstand mit Blick auf das schadensrechtliche Bereicherungsverbot bei der Höhe des Schadensersatzes zu berücksichtigen (vgl. Senatsurt. v. 29.4.2003 – VI ZR 393/02, BGHZ 154, 395, 398; v. 15.2.2005 – VI ZR 70/04, BGHZ 162, 161, 165). Solche Umstände hatten die Beklagten bisher nicht vorgetragen.

34 Nach alldem war die angefochtene Entscheidung aufzuheben und die Sache zur neuen Verhandlung und Entscheidung an das Berufungsgericht zurückzuverweisen. Der Senat konnte nicht gemäß § 563 Abs. 3 ZPO in der Sache selbst entscheiden, weil weitere Feststellungen zur Schadenshöhe zu treffen waren, die das Berufungsgericht – von seinem Rechtsstandpunkt aus folgerichtig – offen gelassen hatte.

3. Darlegungs- und Beweislast bei Kostenersatz für die Beseitigung von Fahrbahnverschmutzungen

BGH, Urt. v. 15.10.2013 – VI ZR 528/12, VersR 2013, 1590   35

BGB §§ 249 Abs. 2 S. 1, 823 Abs. 1; FStrG § 7 Abs. 3; StVG § 7 Abs. 1; VVG § 115 Abs. 1 S. 1 Nr. 1

a) Die Möglichkeit eines Kostenersatzes nach § 7 Abs. 3 FStrG schließt zivilrechtliche Schadensersatzansprüche nach § 7 Abs. 1 StVG oder § 823 Abs. 1 BGB nicht aus.

b) Bei einer zu beseitigenden Verschmutzung der Fahrbahn besteht für die zuständige Straßenbehörde ein weites Entscheidungsermessen.

c) Hinsichtlich des zur Wiederherstellung erforderlichen Geldbetrags genügt der Geschädigte regelmäßig seiner Darlegungs- und Beweislast durch Vorlage der Rechnung des von ihm zur Schadensbeseitigung in Anspruch genommenen Fachunternehmens. Ein einfaches Bestreiten der Erforderlichkeit des Rechnungsbetrags durch den Schädiger reicht dann nicht aus, um die geltend gemachte Schadenshöhe in Frage zu stellen.

a) Der Fall

Im September 2009 verursachte ein bei der Beklagten haftpflichtversicherter Lkw einen Verkehrsunfall auf der B 303, wobei der Unfall zumindest auf Fahrlässigkeit des Fahrers des Lkw beruhte. Infolge des Unfalls kam es zu einer Verschmutzung der Straße (insbesondere durch Dieselkraftstoff und Kühlflüssigkeit). Die Verschmutzung wurde noch am selben Tag von der Firma B. durch einen Mitarbeiter im sog. Nassreinigungsverfahren beseitigt. Ein Mitarbeiter der Straßenmeisterei Z. erklärte namens des zuständigen Straßenbauamts gegenüber der Firma B. die Abtretung von dessen Forderung auf Ersatz der Aufwendungen für die Beseitigung der Verschmutzung. Die Klägerin machte geltend, im Wege dieser und weiterer Abtretungen Inhaberin der Forderung geworden zu sein.   36

Die Beklagte hat die Erteilung eines Auftrags an die Firma B., jedenfalls zu den in Rechnung gestellten Bedingungen, die Wirksamkeit der Abtretung an die Firma B., die Notwendigkeit der durchgeführten Arbeiten und die Angemessenheit der abgerechneten Preise bestritten.   37

Das Amtsgericht hat der Klage im Wesentlichen stattgegeben. Das Berufungsgericht hat die Berufung der Beklagten zurückgewiesen. Mit der vom Berufungsgericht zugelassenen Revision verfolgte die Beklagte ihr Begehren, die Klage in vollem Umfang abzuweisen, weiter.   38

b) Die rechtliche Beurteilung

39 Die Beurteilung des Berufungsgerichts hielt revisionsrechtlicher Überprüfung nicht in vollem Umfang stand.

Das Berufungsgericht ging allerdings zutreffend davon aus, dass der Klägerin aufgrund wirksamer Abtretungen dem Grunde nach Schadensersatzansprüche gegen die Beklagte gemäß § 7 Abs. 1 StVG, § 823 Abs. 1, § 249 Abs. 2 S. 1 BGB i.V.m. § 115 Abs. 1 S. 1 Nr. 1 VVG zustanden.

40 Aufgrund der unfallbedingten Verschmutzung der Straße durch aus dem bei der Beklagten versicherten Kraftfahrzeug ausgelaufene Betriebsstoffe steht dem Geschädigten grundsätzlich ein Anspruch auf Ersatz der zur Reinigung und Wiederherstellung der gefahrlosen Benutzbarkeit der Straße erforderlichen Aufwendungen nach § 7 Abs. 1 StVG, § 249 Abs. 2 BGB zu (vgl. Senatsrt. v. 28.6.2011 – VI ZR 184/10, VersR 2011, 1070 Rn 14, und – VI ZR 191/10, juris Rn 14; jeweils m.w.N.). Gleiches gilt für einen auf § 823 Abs. 1 BGB gestützten Schadensersatzanspruch, wenn der Schädiger – wie hier – fahrlässig gehandelt hat.

41 Da die geltend gemachten Schadensersatzansprüche aus § 7 Abs. 1 StVG, § 823 Abs. 1 BGB auf gesetzliche Haftpflichtbestimmungen privatrechtlichen Inhalts zurückzuführen sind, besteht Versicherungsschutz nach § 10 Abs. 1 AKB a.F. bzw. A.1.1.1. AKB 2008, sodass auch ein Direktanspruch gegen die Beklagte als Haftpflichtversicherer gemäß § 115 Abs. 1 S. 1 Nr. 1 VVG begründet ist.

42 Der Schadensersatzanspruch der Bundesrepublik Deutschland war wirksam gemäß § 164 Abs. 1 S. 1 BGB an die Fa. B. abgetreten worden. Die dem Freistaat Bayern hinsichtlich der Bundesfernstraßen obliegende Auftragsverwaltung berechtigte ihn zur Vollabtretung des gegen den Schädiger gerichteten Anspruchs. Die Annahme des Berufungsgerichts, der Zeuge R. habe die mit der Abtretung verbundenen Erklärungen namens des Freistaats Bayern abgegeben, war nicht zu beanstanden.

43 Das Berufungsgericht sah auch zutreffend, dass die Möglichkeit des öffentlich-rechtlichen Kostenersatzes zivilrechtliche Schadensersatzansprüche nach § 7 Abs. 1 StVG oder § 823 Abs. 1 BGB nicht ausschließt. Auch die im Streitfall einschlägige Vorschrift des § 7 Abs. 3 FStrG schließt zivilrechtliche Schadensersatzansprüche nicht aus. Insoweit gelten die gleichen Gründe, die der erkennende Senat in dem Urteil vom selben Tage betreffend Art. 16 Hs. 2 BayStrWG dargelegt hat (Senatsurt. v. 15.10.2013 – VI ZR 471/12, z.V.b.). Darauf wird Bezug genommen.

44 Durchgreifenden Bedenken begegnet indes die Annahme des Berufungsgerichts, ein Geldbetrag in Höhe von 3.113,10 EUR sei als zur Herstellung eines ordnungsgemäßen Zustands der verunreinigten Straße erforderlich i.S.d. § 249 Abs. 2 S. 1 BGB anzusehen.

45 Ist wegen Beschädigung einer Sache Schadensersatz zu leisten, so kann der Geschädigte statt der Herstellung gemäß § 249 Abs. 1 BGB den dazu erforderlichen Geldbetrag verlangen. Aufgrund der sich aus § 249 Abs. 2 S. 1 BGB ergebenden Er-

3. Darlegungs- und Beweislast, Beseitigung von Fahrbahnverschmutzungen § 11

setzungsbefugnis hat er die freie Wahl der Mittel zur Schadensbehebung. Er darf zur Schadensbeseitigung grundsätzlich den Weg einschlagen, der aus seiner Sicht seinen Interessen am besten zu entsprechen scheint. Die Schadensrestitution ist dabei nicht auf die kostengünstigste Wiederherstellung der beschädigten Sache beschränkt; der Geschädigte muss nicht zugunsten des Schädigers sparen. Ihr Ziel ist vielmehr, den Zustand wiederherzustellen, der wirtschaftlich gesehen der hypothetischen Lage ohne Schadensereignis entspricht.

Der Geschädigte kann jedoch vom Schädiger nach § 249 Abs. 2 BGB als erforderlichen Herstellungsaufwand nur die Kosten erstattet verlangen, die vom Standpunkt eines verständigen, wirtschaftlich denkenden Menschen in der Lage des Geschädigten zur Behebung des Schadens zweckmäßig und angemessen erscheinen. Dieses Wirtschaftlichkeitsgebot gebietet dem Geschädigten, den Schaden auf diejenige Weise zu beheben, die sich in seiner individuellen Lage, d.h. angesichts seiner Erkenntnis- und Einflussmöglichkeiten sowie unter Berücksichtigung etwaiger gerade für ihn bestehender Schwierigkeiten, als die wirtschaftlich vernünftigste darstellt, um sein Vermögen in Bezug auf den beschädigten Bestandteil in einen dem früheren gleichwertigen Zustand zu versetzen (sog. subjektbezogene Schadensbetrachtung). Verursacht von mehreren zu einem Schadensausgleich führenden zumutbaren Möglichkeiten eine den geringeren Aufwand, ist der Geschädigte grundsätzlich auf diese beschränkt. Nur der für die günstigere Art der Schadensbehebung nötige Geldbetrag ist im Sinne von § 249 Abs. 2 S. 1 BGB zur Herstellung erforderlich. 46

Die tatrichterliche Beurteilung des Berufungsgerichts, dass im Streitfall die von der Straßenmeisterei Z. veranlassten Maßnahmen zur Beseitigung der Straßenverunreinigung zur Behebung des Schadens zweckmäßig und angemessen waren, ließ keinen Rechtsfehler erkennen. 47

Wird eine Bundesstraße derart verunreinigt, dass der Verkehr stark beeinträchtigt oder gar verhindert wird, ist die zuständige Behörde gehalten, die Befahrbarkeit und einen sicheren Zustand der Straße so schnell wie möglich wiederherzustellen. Den zuständigen Bediensteten, die als geeignet erscheinende Maßnahmen treffen müssen, muss insoweit ein erheblicher Entscheidungsspielraum zugebilligt werden. Es liegt auf der Hand, dass sich bei einem Verkehrsunfall häufig die Dauer der Räumung der Unfallstelle und der Umfang erforderlicher Räumungs- bzw. Straßenreinigungsarbeiten auch aus der Sicht erfahrener Bediensteter der zuständigen Straßenbehörde nicht von vornherein zuverlässig beurteilen lassen. Es ist daher nicht zu beanstanden, dass sie Maßnahmen veranlassen, die aus vorausschauender Sicht als vernünftig erscheinen. Ob sich im Nachhinein herausstellt, dass ein geringerer Aufwand ausgereicht hätte, ist aus schadensrechtlicher Sicht unerheblich, soweit keine Maßnahmen veranlasst wurden, die ersichtlich außer Verhältnis zu dem Anlass und dem zu erwartenden notwendigen Schadensbeseitigungsaufwand standen. Es verstößt deshalb in der Regel nicht gegen das Wirtschaftlichkeitsgebot, wenn die zu- 48

§ 11 Fahrbahnverschmutzungen

ständige Behörde bei einer zu beseitigenden Verschmutzung der Fahrbahn alsbald ein Fachunternehmen zur Schadensstelle beordert und bei der Beauftragung der von diesem auszuführenden Arbeiten auf den größtmöglichen zu erwartenden Beseitigungsaufwand und den sichersten Weg einer vollständigen Schadensbeseitigung abstellt. Es ist regelmäßig auch nicht zu beanstanden, wenn ein Unternehmen beauftragt wird, das der Behörde als zuverlässig bekannt ist und möglichst schnell an der Schadensstelle sein kann.

49 Danach war die Auswahl der Fa. B. durch die Straßenmeisterei Z. aus schadensrechtlicher Sicht nicht zu beanstanden. Bei der Fa. B. handelte es sich nach den Feststellungen des Berufungsgerichts um ein Fachunternehmen, das schnell vor Ort sein konnte und im Bezirk regelmäßig mit der Beseitigung von Ölspuren befasst war. Für eine Kenntnis bzw. fahrlässige Unkenntnis der für die Straßenmeisterei Handelnden von effizienteren und günstigeren Unternehmen, die in der damaligen Situation zeitnah zur Verfügung gestanden hätten, war nichts festgestellt.

50 Rechtsfehlerfrei hielt es das Berufungsgericht auch für unerheblich, dass die Fa. B. bereits zu einem frühen Zeitpunkt angefordert wurde und die Bediensteten der Straßenmeisterei nicht abwarteten, bis der verunfallte Lkw von der Straße geschafft war. Die Straßenverwaltung muss nicht im Interesse einer relativ geringfügigen Minderung der vom Schädiger zu ersetzenden Kosten Verzögerungen bei der Räumung der regelmäßig gefahrträchtigen Unfallstelle in Kauf nehmen. Im Streitfall hatte das Berufungsgericht zudem festgestellt, es sei nicht zu beanstanden, dass die Straßenmeisterei einer schnellstmöglichen Straßenreinigung den Vorzug vor einer möglichst kurzen Einsatzzeit der Reinigungsmaschine gegeben habe. Die Ausführungen der Revision dazu, dass die Zeugen R. und B. als Straßenmeister bzw. Straßenwärter in der Lage gewesen seien, die Dauer der Bergungsarbeiten abzuschätzen, so dass die Fa. B. zu einem späteren Zeitpunkt hätte einbestellt werden können, war ohne Grundlage in den getroffenen Feststellungen und in dem Sachvortrag der Parteien. Entsprechendes galt für die unter Sachverständigenbeweis gestellte Behauptung, es sei lebensfremd, dass die Dauer der Bergung nicht abzuschätzen gewesen sei. Im Übrigen konnte nach den oben dargestellten Grundsätzen die Erforderlichkeit nur verneint werden, wenn sich aus Sicht der Zeugen R. und B. die frühe Anforderung der Fa. B. als unter jedem denkbaren Gesichtspunkt verfrüht und der dadurch verursachte Kostenaufwand als völlig unverhältnismäßig hätte darstellen müssen. Dafür fehlte nach den vom Berufungsgericht getroffenen Feststellungen jeder Anhaltspunkt.

51 Ohne Rechtsfehler nahm das Berufungsgericht auch an, dass die Wahl des Nassreinigungsverfahrens erforderlich war. Insoweit hatte das Berufungsgericht festgestellt, dass der vertretungsbefugte Mitarbeiter des Straßenbauamts S., Herr B., auch einen entsprechenden Auftrag zur Beseitigung der Ölspur an die Fa. B. erteilt hatte, womit er letztlich seinen Pflichten zur Verkehrssicherung sowie als Straßenbaulastträger zur Erhaltung der Straße in einem dem gewöhnlichen Verkehrsbedürf-

3. Darlegungs- und Beweislast, Beseitigung von Fahrbahnverschmutzungen § 11

nis und den Erfordernissen der öffentlichen Sicherheit und Ordnung genügenden Zustand nachgekommen war. Ferner war festgestellt, dass der Zeuge B. sich aufgrund eigener Sachkunde für das Nassreinigungsverfahren entschieden hatte und der Schadensbeseitigung bis zum Ende beigewohnt hatte und dass auch der Gutachter R. zu dem Ergebnis kam, dass der Einsatz eines Nassreinigungsverfahrens notwendig war. Somit hatte sich ein von staatlicher Seite mit der Erledigung der Angelegenheit betrauter qualifizierter Mitarbeiter nach seinen individuellen Erkenntnis- und Einflussmöglichkeiten für eine bestimmte Art der Schadensbehebung entschieden, die keinesfalls als überzogen erschien (zur Maßgeblichkeit des Wissens der mit der Erledigung der Angelegenheit betrauten Bediensteten im Bereich der Deliktshaftung vgl. Senatsurt. v. 17.4.2012 – VI ZR 108/11, BGHZ 193, 67 Rn 10 ff.; v. 15.3.2011 – VI ZR 162/10, VersR 2011, 682 Rn 11, 14; jeweils m.w.N.). Darauf, ob objektiv – nach Meinung der Beklagten – auch weniger aufwendige Maßnahmen ausreichend gewesen wären, kam es schon deshalb nicht an, weil der Zeuge B. den sichersten Weg wählen durfte, einen gefahrlosen Zustand der Straße wieder herzustellen. Im Übrigen hatte auch der Sachverständige R. insoweit die Notwendigkeit einer Nassreinigung bejaht.

Ohne Erfolg blieb auch die Beanstandung der Beklagten, es sei ausreichend gewesen, eine kleinere Nassreinigungsmaschine an der Unfallstelle bereitzustellen. Auch insoweit war nicht ersichtlich, dass sich dies den Zeugen R. und B. hätte aufdrängen müssen und die Anforderung der tatsächlich bereit gestellten Maschine daher ersichtlich verfehlt war.

Von Rechtsfehlern beeinflusst war aber die Auffassung des Berufungsgerichts, die Behauptung der Beklagten, die von der Fa. B. in Rechnung gestellten Preise seien übertreuert, sei im vorliegenden Schadensersatzprozess nicht zu prüfen, so dass der von der Fa. B. in Rechnung gestellte Betrag zur Schadensbeseitigung erforderlich und mithin ersatzfähig sei.

Der Schädiger hat gemäß § 249 Abs. 2 S. 1 BGB den Finanzierungsbedarf des Geschädigten in Form des zur Wiederherstellung erforderlichen Geldbetrags zu befriedigen. Der Geschädigte genügt dabei regelmäßig seiner Darlegungs- und Beweislast durch Vorlage der Rechnung des von ihm zur Schadensbeseitigung in Anspruch genommenen Fachunternehmens. Ist dies der Fall, reicht ein einfaches Bestreiten der Erforderlichkeit des Rechnungsbetrags durch den Schädiger nicht aus, um die geltend gemachte Schadenshöhe in Frage zu stellen. Denn die tatsächliche Rechnungshöhe bildet bei der Schadensschätzung nach § 287 ZPO ein wesentliches Indiz für die Bestimmung des zur Herstellung „erforderlichen" Betrags im Sinne von § 249 Abs. 2 S. 1 BGB.

Daraus ergab sich für den Streitfall Folgendes:

Nach den vom Berufungsgericht getroffenen Feststellungen war davon auszugehen, dass das Straßenbauamt mit der Fa. B. für die Reinigungsarbeiten keine bestimmte Vergütung vereinbart hatte. Die Fa. B. kann daher vom Besteller nur die übliche

§ 11 Fahrbahnverschmutzungen

(§ 632 Abs. 2 BGB), ersatzweise eine im Rahmen ergänzender Vertragsauslegung ermittelte angemessene oder jedenfalls eine der Billigkeit im Sinne des § 315 Abs. 3 BGB entsprechende Vergütung verlangen (vgl. hierzu BGH, Urt. v. 4.4.2006 – X ZR 122/05, BGHZ 167, 139 Rn 8 ff. und – X ZR 80/05, NJW-RR 2007, 56 Rn 8 ff.; jeweils m.w.N.). Nur eine solche Vergütung bestimmt den zur Herstellung erforderlichen Geldbetrag. Nur zur Zahlung dieses Betrages an die Fa. B. wären die Bundesrepublik Deutschland bzw. der Freistaat Bayern rechtlich verpflichtet. Die Zahlung eines höheren Betrags wäre nicht „erforderlich" im Sinne des § 249 Abs. 2 S. 1 BGB.

56 In Fällen der Verunreinigung öffentlicher Straßen ist Auftraggeber des jeweiligen Reinigungsunternehmens eine mit technischen Fachleuten besetzte Fachbehörde, die ständig mit derartigen Schadensfällen und ihrer Abwicklung konfrontiert ist und sich mit anderen derartigen Fachbehörden bundesweit austauschen kann. Einer solchen Behörde ist im Rahmen einer subjektbezogenen Schadensbetrachtung abzuverlangen, dass sie Sorge dafür trägt, dass sich keine von den Reinigungsunternehmen diktierte unangemessene Preisgestaltung etabliert. Dies heißt, dass die Erforderlichkeit der vom Straßenreinigungsunternehmen in Rechnung gestellten Schadensbeseitigungskosten nur bejaht werden kann, wenn die Rechnung den Voraussetzungen des § 632 Abs. 2 BGB bzw. der oben zitierten Rechtsprechung entspricht.

57 Der vom Berufungsgericht erwogene Gesichtspunkt des Werkstattrisikos griff nicht durch. Denn die Rechtsprechung des Senats dazu (vgl. Urt. v. 29.10.1974 – VI ZR 42/73, BGHZ 63, 182, 185; v. 2.12.1975 – VI ZR 249/73, VersR 1976, 389, 390) beruht auf dem Gedanken, dass bei der Prüfung der Erforderlichkeit im Sinne des § 249 Abs. 2 S. 1 BGB zu berücksichtigen ist, dass den Erkenntnis- und Einflussmöglichkeiten des Geschädigten Grenzen gesetzt sind, sobald er den Reparaturauftrag erteilt und die Angelegenheit in die Hände von Fachleuten begeben hat, sodass ihm ein unsachgemäßes oder unwirtschaftliches Arbeiten des Betriebs nicht zur Last gelegt werden kann. Demgegenüber war nach den Feststellungen des Berufungsgerichts im vorliegenden Fall beim Geschädigten eigene Sachkunde vorhanden.

58 Nach den vorstehenden Grundsätzen konnte das Berufungsurteil mit der gegebenen Begründung keinen Bestand haben. Die Sache war daher zur neuen Verhandlung und Entscheidung an das Berufungsgericht zurückzuverweisen.

4. Direktanspruch der BRD gegen eine Kfz-Haftpflichtversicherung wegen einer Fahrbahnverschmutzung auf einer Bundesautobahn

BGH, Urt. v. 9.12.2014 – VI ZR 138/14, zfs 2015, 325 = VersR 2015, 503

ZPO § 287 Abs. 1; BGB §§ 249 Abs. 1, Abs. 2 S. 1, 632 Abs. 2, 823 Abs. 1; FStrG §§ 1 Abs. 2 Nr. 1, 2 Abs. 2, 5 Abs. 1; StVG § 7 Abs. 1; VVG § 115 Abs. 1 S. 1 Nr. 1

Zur Ermittlung der erforderlichen Kosten für die Beseitigung von Fahrbahnverschmutzungen („Ölspur"), wenn der Geschädigte bei der Schadensbeseitigung durch eine Fachbehörde handelt.

a) Der Fall

Die klagende Bundesrepublik Deutschland verlangte von dem beklagten Haftpflichtversicherer Ersatz der Kosten für die Beseitigung einer Ölspur auf dem Standstreifen der Bundesautobahn 5. Ein bei der Beklagten versicherter Lkw befuhr am 2.10.2010 gegen 13.00 Uhr die BAB 5 und verlor auf dem Standstreifen Betriebsstoffe, die eine Ölspur von ca. 1 km Länge und einer Breite zwischen 10 cm und 30 cm verursachten. Die Ölspur wurde an diesem Tag im Nassreinigungsverfahren von dem zertifizierten Reinigungs- und Entsorgungsunternehmen B.-GmbH beseitigt, das von einem Mitarbeiter der zuständigen Straßenmeisterei beauftragt worden war. Die B.-GmbH stellte der Klägerin unter dem 13.10.2010 dafür 1.709,32 EUR in Rechnung, die von der Klägerin auch an die B.-GmbH bezahlt wurden. Die Beklagte lehnte gegenüber der Klägerin ihre Einstandspflicht ab.

Das Amtsgericht hat die Beklagte zur Zahlung von 1.709,32 EUR verurteilt. Auf die Berufung der Beklagten, deren Gegenstand nur noch die Höhe des Schadensersatzes war, hat das Landgericht das amtsgerichtliche Urteil abgeändert, soweit die Beklagte zur Zahlung von mehr als 1.059,58 EUR verurteilt worden war; insoweit hat es die Klage abgewiesen. Mit der vom Berufungsgericht zugelassenen Revision begehrte die Klägerin die Wiederherstellung des amtsgerichtlichen Urteils.

b) Die rechtliche Beurteilung

Die Revision war begründet. Die Beurteilung des Berufungsgerichts hielt revisionsrechtlicher Überprüfung nicht stand.

Das Berufungsgericht ging zunächst zutreffend davon aus, dass der Klägerin aus eigenem Recht dem Grunde nach Schadensersatzansprüche gegen die Beklagte gemäß § 7 Abs. 1 StVG, § 249 Abs. 2 S. 1 BGB i.V.m. § 115 Abs. 1 S. 1 Nr. 1 VVG zustanden.

Aufgrund der Verschmutzung der Bundesautobahn durch Betriebsstoffe, die aus dem bei der Beklagten versicherten Kraftfahrzeug ausgelaufen waren, stand der Klägerin als Eigentümerin (§ 1 Abs. 2 Nr. 1, § 2 Abs. 2, § 5 Abs. 1 FStrG) ein Anspruch auf Ersatz der zur Reinigung und Wiederherstellung der gefahrlosen Benutzbarkeit der Straße erforderlichen Aufwendungen nach § 7 Abs. 1 StVG, § 249 Abs. 2 BGB zu (vgl. Senatsurt. v. 15.10.2013 – VI ZR 528/12, VersR 2013, 1590 Rn 13; – VI ZR 471/12, VersR 2013, 1544 Rn 9, jeweils m.w.N.).

63 Da die geltend gemachten Schadensersatzansprüche aus § 7 Abs. 1 StVG, § 823 Abs. 1 BGB auf gesetzliche Haftpflichtbestimmungen privatrechtlichen Inhalts zurückzuführen sind, besteht Versicherungsschutz nach § 10 Abs. 1 AKB a.F. bzw. A.1.1.1 AKB, sodass auch ein Direktanspruch gegen die Beklagte als Haftpflichtversicherer gemäß § 115 Abs. 1 S. 1 Nr. 1 VVG begründet war (vgl. Senatsurt. v. 15.10.2013 – VI ZR 528/12, a.a.O. Rn 14; – VI ZR 471/12, a.a.O. Rn 10).

64 Die Möglichkeit des öffentlich-rechtlichen Kostenersatzes nach § 7 Abs. 3 FStrG schließt zivilrechtliche Schadensersatzansprüche nach § 7 Abs. 1 StVG oder § 823 Abs. 1 BGB nicht aus (vgl. Senatsurt. v. 15.10.2013 – VI ZR 528/12, a.a.O. Rn 16).

65 Die gegen die vom Berufungsgericht als begründet erachtete Schadenshöhe geltend gemachten Revisionsangriffe der Klägerin hatten jedoch Erfolg.

Die Bemessung der Höhe des Schadensersatzanspruchs ist in erster Linie Sache des nach § 287 ZPO besonders frei gestellten Tatrichters. Sie ist revisionsrechtlich nur daraufhin überprüfbar, ob der Tatrichter Rechtsgrundsätze der Schadensbemessung verkannt, wesentliche Bemessungsfaktoren außer Betracht gelassen oder seiner Schätzung unrichtige Maßstäbe zugrunde gelegt hat (st. Rspr. des Senats, vgl. nur Senatsurt. v. 5.3.2013 – VI ZR 245/11, VersR 2013, 730 Rn 14 m.w.N.).

66 Im Streitfall hatte das Berufungsgericht seiner Schätzung unrichtige Maßstäbe zugrunde gelegt.

Ist wegen Beschädigung einer Sache Schadensersatz zu leisten, so kann der Geschädigte statt der Herstellung gemäß § 249 Abs. 1 BGB den dazu erforderlichen Geldbetrag verlangen. Aufgrund der sich aus § 249 Abs. 2 S. 1 BGB ergebenden Ersetzungsbefugnis hat er die freie Wahl der Mittel zur Schadensbehebung. Er darf zur Schadensbeseitigung grundsätzlich den Weg einschlagen, der aus seiner Sicht seinen Interessen am besten zu entsprechen scheint. Die Schadensrestitution ist dabei nicht auf die kostengünstigste Wiederherstellung der beschädigten Sache beschränkt; der Geschädigte muss nicht zugunsten des Schädigers sparen. Ihr Ziel ist vielmehr, den Zustand wiederherzustellen, der wirtschaftlich gesehen der hypothetischen Lage ohne das Schadensereignis entspricht.

67 Der Geschädigte kann jedoch vom Schädiger nach § 249 Abs. 2 S. 1 BGB als erforderlichen Herstellungsaufwand nur die Kosten erstattet verlangen, die vom Standpunkt eines verständigen, wirtschaftlich denkenden Menschen in der Lage des Geschädigten zur Behebung des Schadens zweckmäßig und angemessen erscheinen. Dieses Wirtschaftlichkeitsgebot gebietet dem Geschädigten, den Schaden auf diejenige Weise zu beheben, die sich in seiner individuellen Lage, d.h. angesichts seiner Erkenntnis- und Einflussmöglichkeiten sowie unter Berücksichtigung etwaiger ge-

4. Direktanspruch der BRD gegen eine Kfz-Haftpflichtversicherung § 11

rade für ihn bestehender Schwierigkeiten, als die wirtschaftlich vernünftigste darstellt, um sein Vermögen in Bezug auf den beschädigten Bestandteil in einen dem früheren gleichwertigen Zustand zu versetzen (sog. subjektbezogene Schadensbetrachtung). Verursacht von mehreren zu einem Schadensausgleich führenden zumutbaren Möglichkeiten eine den geringeren Aufwand, ist der Geschädigte grundsätzlich auf diese beschränkt. Nur der für die günstigere Art der Schadensbehebung nötige Geldbetrag ist im Sinne von § 249 Abs. 2 S. 1 BGB zur Herstellung erforderlich.

Die Zweckmäßigkeit und Angemessenheit der von der Straßenmeisterei veranlassten Maßnahmen zur Beseitigung der Straßenverunreinigung wie auch der Zeitaufwand der B. GmbH standen nicht mehr im Streit, sondern lediglich die Höhe des für die Durchführung dieser Maßnahmen erforderlichen Geldbetrags. 68

Das Berufungsgericht hatte im Ausgangspunkt zutreffend angenommen, dass der Schädiger gemäß § 249 Abs. 2 S. 1 BGB den Finanzierungsbedarf des Geschädigten in Form des zur Wiederherstellung erforderlichen Geldbetrags zu befriedigen hat; nur darauf ist der Anspruch des Geschädigten gerichtet, nicht etwa auf Ausgleich von ihm bezahlter Rechnungsbeträge. Der Geschädigte genügt dabei regelmäßig seiner Darlegungs- und Beweislast durch Vorlage der – von ihm beglichenen – Rechnung des von ihm mit der Schadensbeseitigung beauftragten Unternehmers. Ist dies der Fall, reicht ein einfaches Bestreiten der Erforderlichkeit des Rechnungsbetrags durch den Schädiger nicht aus, um die geltend gemachte Schadenshöhe in Frage zu stellen. Denn der in Übereinstimmung mit der Rechnung vom Geschädigten tatsächlich erbrachte Aufwand bildet (ex post gesehen) bei der Schadensschätzung nach § 287 ZPO ein wesentliches Indiz für die Bestimmung des zur Herstellung „erforderlichen" Betrages im Sinne von § 249 Abs. 2 S. 1 BGB. Indes ist der vom Geschädigten aufgewendete Betrag nicht notwendig mit dem zu ersetzenden Schaden identisch. Denn entscheidend sind die im Sinne von § 249 Abs. 2 S. 1 BGB tatsächlich erforderlichen Kosten. 69

Das Berufungsgericht hatte auch zutreffend erkannt, dass der Geschädigte, der die Beseitigung des ihm entstandenen Schadens durch eine mit technischen Fachleuten besetzte Fachbehörde, die ständig mit derartigen Schadensfällen konfrontiert ist, veranlasst, im Rahmen einer subjektbezogenen Schadensbetrachtung bei fehlender Preisvereinbarung Ersatz nur solcher Schadensbeseitigungskosten verlangen kann, die den Voraussetzungen des § 632 Abs. 2 BGB entsprechen (vgl. Senatsurt. v. 15.10.2013 – VI ZR 471/12, VersR 2013, 1544 Rn 29 f.). Danach kann der Unternehmer vom Besteller nur die übliche, ersatzweise eine im Rahmen ergänzender Vertragsauslegung ermittelte angemessene oder jedenfalls eine der Billigkeit im Sinne des § 315 Abs. 3 BGB entsprechende Vergütung verlangen (vgl. Senatsurt. v. 15.10.2013 – VI ZR 471/12, VersR 2013, 1544 Rn 28; vom 15. Oktober 2013 – VI ZR 528/12, VersR 2013, 1590 Rn 29; BGH, Urt. v. 4.4.2006 – X ZR 122/05, BGHZ 167, 139 Rn 8 ff. und – X ZR 80/05, NJW-RR 2007, 56 Rn 8 ff.; jeweils m.w.N.). 70

§ 11 Fahrbahnverschmutzungen

Üblich im Sinne von § 632 Abs. 2 BGB ist die Vergütung, die zur Zeit des Vertragsschlusses nach allgemeiner Auffassung bzw. fester Übung der beteiligten Kreise am Ort der Werkleistung gewährt zu werden pflegt. Vergleichsmaßstab sind Leistungen gleicher Art, gleicher Güte und gleichen Umfangs. Die Anerkennung der Üblichkeit setzt gleiche Verhältnisse in zahlreichen Einzelfällen voraus (vgl. Senatsurt. v. 19.11.2013 – VI ZR 363/12, VersR 2014, 256 Rn 12). Eine branchenübliche Vergütung entspricht nicht zwingend der ortsüblichen Vergütung (vgl. BGH, Urt. v. 8.6.2004 – X ZR 173/01, NJW 2004, 3484, 3486). Der genannte Maßstab ist ein rein tatsächlicher und als solcher vom Tatrichter festzustellen.

71 Entgegen der Auffassung des Berufungsgerichts scheiterte die Feststellung einer üblichen Vergütung im Sinne von § 632 Abs. 2 BGB nicht daran, dass eine Orientierung bezüglich der Üblichkeit nicht an der B.-Preisliste erfolgen dürfe, weil nach der Rechtsprechung des Bundesgerichtshofs eine von den Reinigungsunternehmen diktierte Preisgestaltung nicht eintreten solle und die zuständigen Behörden die Verpflichtung hätten, die Preisbildung dahingehend zu beeinflussen, dass angemessene Preise erzielt würden. Damit verkannte das Berufungsgericht die Bedeutung der im Rahmen der Darstellung der subjektbezogenen Schadensbetrachtung erfolgten Ausführungen des Senats, wonach eine mit technischen Fachleuten besetzte Fachbehörde, die ständig mit derartigen Schadensfällen konfrontiert ist, dafür Sorge zu tragen habe, dass sich keine von den Reinigungsunternehmen diktierte Preisgestaltung etabliert (vgl. Senatsurt. v. 15.10.2013 – VI ZR 471/12, VersR 2013, 1544 Rn 29; v. 15.10.2013 – VI ZR 528/12, VersR 2013, 1590 Rn 30). Diese Ausführungen konkretisieren lediglich das Wirtschaftlichkeitsgebot, soweit der Geschädigte durch eine Fachbehörde handelt, deren Erkenntnis- und Einflussmöglichkeiten durch ihre häufige Befassung regelmäßig weiterreichen als die eines in einem Einzelfall Geschädigten, der gewöhnlich technisch nicht versiert und über das Marktgeschehen nicht informiert ist. Aus dem Hinweis auf die besondere individuelle Lage der Fachbehörde ist aber nicht auf deren unbegrenzte Erkenntnis- und Einflussmöglichkeiten losgelöst von der tatsächlichen Marktsituation zu schließen. Eine eigenständige Bedeutung bei der Ermittlung der üblichen Vergütung gem. § 632 Abs. 2 BGB kommt dieser Konkretisierung des Wirtschaftlichkeitsgebotes nicht zu.

72 Das Berufungsgericht hätte – ausgehend von seiner Annahme, es sei keine Preisvereinbarung erfolgt – der Frage der üblichen Vergütung gem. § 632 Abs. 2 BGB nachgehen und ermitteln müssen, zu welchen Preisen am Ort der Werkleistung Leistungen gleicher Art, gleicher Güte und gleichen Umfangs in zahlreichen Einzelfällen im fraglichen Zeitraum erbracht worden sind. Dabei konnte nicht von vornherein ausgeschlossen werden, dass die Preise der B.-Preisliste die ortsübliche Vergütung abbildeten. Auch der Vortrag der Klägerin, dass Ausschreibungen im Hinblick auf die Erzielung günstigerer Angebote erfolglos verlaufen seien, konnte im Streitfall dafür sprechen, dass der in Rechnung gestellte und beglichene Betrag als erforderlich im Sinne des § 249 Abs. 2 S. 1 BGB anzusehen war.

Die bisherigen sachverständigen Ausführungen genügten für diese Feststellung nicht. So erschloss sich beispielsweise nicht, ob die Nennung von Reinigungsunternehmen im Großraum Rhein-Neckar erschöpfend war, ob nicht eine Erkundigung bei anderen Straßenbaulastträgern weitere Erkenntnisse über Anbieter liefern konnte und ob es nur eine einheitliche B.-Preisliste gab. Auch fehlte es an Feststellungen, zu welchen Konditionen sich in dem in Betracht kommenden Umkreis eine tatsächliche Auftragspraxis ausgebildet hatte.

73

Das Berufungsurteil war demnach aufzuheben und die Sache zur neuen Verhandlung und Entscheidung an das Berufungsgericht zurückzuverweisen.

5. Ermittlung der erforderlichen Kosten für die Beseitigung einer Ölspur

BGH, Urt. v. 15.9.2015 – VI ZR 475/14, VersR 2015, 1522

74

ZPO § 287 Abs. 1; BGB §§ 249 Abs. 1, Abs. 2 S. 1, 632 Abs. 1; StVG § 7 Abs. 1

Zur Ermittlung der erforderlichen Kosten für die Beseitigung von Fahrbahnverschmutzungen („Ölspur").

a) Der Fall

Der klagende Freistaat verlangte von dem beklagten Haftpflichtversicherer im Wege des Schadensersatzes die restlichen Kosten für die Beseitigung einer Ölspur, die dadurch entstand, dass ein bei der Beklagten haftpflichtversicherter Traktor auf einer (regennassen) Staatsstraße auf einer Fahrbahnlänge von etwa 460 Metern aufgrund eines Defekts Getriebeöl verlor. Die von der Polizei informierte Straßenmeisterei Z. nahm durch den Straßenwärter B. die Sicherung des Straßenbereichs vor und beauftragte die Firma Ba. mit der maschinellen Reinigung des betroffenen Fahrbahnabschnitts. Diese beseitigte noch am selben Tag die Fahrbahnverunreinigungen in Anwesenheit des Zeugen B., der daraufhin ein Abnahmeprotokoll unterzeichnete.

75

Die Firma B. stellte dem staatlichen Bauamt S., Straßenmeisterei Z., für ihre Leistungen einen Betrag in Höhe von 6.539,40 EUR in Rechnung. Die vom Kläger hierauf in Regress genommene Beklagte zahlte vorgerichtlich einen Betrag von 3.256,35 EUR. Mit seiner vorliegenden Klage begehrt der Kläger die Zahlung des Differenzbetrags von 3.283,05 EUR.

76

Das Amtsgericht hat der Klage stattgegeben. Die hiergegen gerichtete Berufung hat das Berufungsgericht zurückgewiesen. Mit der vom Berufungsgericht zugelassenen Revision verfolgte die Beklagte ihr Klageabweisungsbegehren weiter.

77

§ 11 Fahrbahnverschmutzungen

b) Die rechtliche Beurteilung

78 Die Beurteilung des Berufungsgerichts hielt revisionsrechtlicher Überprüfung nicht in allen Punkten stand.

Das Berufungsgericht war zutreffend und von der Revision unangegriffen davon ausgegangen, dass dem Kläger wegen der Verunreinigung der Staatsstraße dem Grunde nach ein Schadensersatzanspruch gegen die Beklagte aus § 7 Abs. 1 StVG, § 249 Abs. 2 S. 1 BGB in Verbindung mit § 115 Abs. 1 S. 1 Nr. 1 VVG zustand. Hinsichtlich der Höhe der ersatzfähigen Reinigungskosten hatte das Berufungsgericht jedoch – wie die Revision mit Recht geltend macht – keine hinreichenden Feststellungen getroffen.

79 Die Bemessung der Höhe des Schadensersatzanspruchs ist zwar in erster Linie Sache des dabei nach § 287 ZPO besonders freigestellten Tatrichters und revisionsrechtlich lediglich daraufhin überprüfbar, ob der Tatrichter Rechtsgrundsätze der Schadensbemessung verkannt, wesentliche Bemessungsfaktoren außer Acht gelassen oder seiner Schätzung unrichtige Maßstäbe zugrunde gelegt hat. Einer solchen Überprüfung hielt das Berufungsurteil nicht in vollem Umfang stand.

80 Entgegen der Auffassung der Revision war das Berufungsgericht aus Rechtsgründen allerdings nicht gehalten, über die getroffenen Feststellungen hinaus das von der Beklagten beantragte Sachverständigengutachten zur Erforderlichkeit und Angemessenheit der durchgeführten Reinigungsmaßnahmen einzuholen.

Das Berufungsgericht war bei seiner Beurteilung zutreffend von der Rechtsprechung des erkennenden Senats ausgegangen.

81 Ist wegen Beschädigung einer Sache Schadensersatz zu leisten, so kann der Geschädigte statt der Herstellung gemäß § 249 Abs. 1 BGB den dazu erforderlichen Geldbetrag verlangen (§ 249 Abs. 2 S. 1 BGB). Aufgrund der sich daraus ergebenden Ersetzungsbefugnis hat er die freie Wahl der Mittel zur Schadensbehebung. Er darf zur Schadensbeseitigung grundsätzlich den Weg einschlagen, der aus seiner Sicht seinen Interessen am besten zu entsprechen scheint. Die Schadensrestitution ist dabei nicht auf die kostengünstigste Wiederherstellung der beschädigten Sache beschränkt; der Geschädigte muss nicht zugunsten des Schädigers sparen. Ihr Ziel ist vielmehr, den Zustand wiederherzustellen, der wirtschaftlich gesehen der hypothetischen Lage ohne Schadensereignis entspricht.

82 Der Geschädigte kann jedoch vom Schädiger nach § 249 Abs. 2 BGB als erforderlichen Herstellungsaufwand nur die Kosten erstattet verlangen, die vom Standpunkt eines verständigen, wirtschaftlich denkenden Menschen in der Lage des Geschädigten zur Behebung des Schadens zweckmäßig und angemessen erscheinen. Nach diesem Wirtschaftlichkeitsgebot hat der Geschädigte den Schaden auf diejenige Weise zu beheben, die sich in seiner individuellen Lage, d.h. angesichts seiner Erkenntnis- und Einflussmöglichkeiten sowie unter Berücksichtigung etwaiger gerade für ihn bestehender Schwierigkeiten, als die wirtschaftlich vernünftigste darstellt,

5. Ermittlung der erforderlichen Kosten für die Beseitigung einer Ölspur § 11

um sein Vermögen in Bezug auf den beschädigten Bestandteil in einen dem früheren gleichwertigen Zustand zu versetzen (sog. subjektbezogene Schadensbetrachtung). Verursacht von mehreren zu einem Schadensausgleich führenden zumutbaren Möglichkeiten eine den geringeren Aufwand, ist der Geschädigte grundsätzlich auf diese beschränkt. Nur der für die günstigere Art der Schadensbehebung nötige Geldbetrag ist im Sinne von § 249 Abs. 2 S. 1 BGB zur Herstellung erforderlich.

Wird eine Staatsstraße derart verunreinigt, dass der Verkehr stark beeinträchtigt oder gar verhindert wird, ist die zuständige Behörde gehalten, die Befahrbarkeit und einen sicheren Zustand der Straße so schnell wie möglich wiederherzustellen. Den zuständigen Bediensteten, die als geeignet erscheinende Maßnahmen treffen müssen, muss insoweit ein erheblicher Entscheidungsspielraum zugebilligt werden. Es liegt auf der Hand, dass sich bei einem Verkehrsunfall häufig die Dauer der Räumung der Unfallstelle und der Umfang erforderlicher Räumungs- bzw. Straßenreinigungsarbeiten auch aus der Sicht erfahrener Bediensteter der zuständigen Straßenbehörde nicht von vornherein zuverlässig beurteilen lassen. Es ist daher nicht zu beanstanden, wenn sie Maßnahmen veranlassen, die aus vorausschauender Sicht vernünftig erscheinen. Ob sich im Nachhinein herausstellt, dass ein geringerer Aufwand ausgereicht hätte, ist aus schadensrechtlicher Sicht unerheblich, soweit keine Maßnahmen veranlasst wurden, die ersichtlich außer Verhältnis zu dem Anlass und dem zu erwartenden notwendigen Schadensbeseitigungsaufwand standen. Es verstößt deshalb in der Regel nicht gegen das Wirtschaftlichkeitsgebot, wenn die zuständige Behörde bei einer zu beseitigenden Verschmutzung der Fahrbahn alsbald ein Fachunternehmen zur Schadensstelle beordert und bei der Beauftragung der von diesem auszuführenden Arbeiten auf den zu erwartenden Beseitigungsaufwand und den sichersten Weg einer vollständigen Schadensbeseitigung abstellt. Es ist regelmäßig auch nicht zu beanstanden, wenn ein Unternehmen beauftragt wird, das der Behörde als zuverlässig bekannt ist und möglichst schnell an der Schadensstelle sein kann. 83

Nach diesen Grundsätzen durfte das Berufungsgericht aufgrund der getroffenen Feststellungen davon ausgehen, dass die Auswahl der Firma Ba. durch die Straßenmeisterei Z. und die von der Firma Ba. durchgeführten Einzelmaßnahmen im Sinne des § 249 Abs. 2 S. 1 BGB zur schnellstmöglichen Beseitigung der Ölspur erforderlich waren. Der Einholung eines von der Beklagten hierzu beantragten Sachverständigengutachtens bedurfte es – entgegen der Auffassung der Revision – aus Rechtsgründen nicht. 84

Der Tatrichter ist im Rahmen des § 287 Abs. 1 S. 2 ZPO hinsichtlich der Frage, ob und in welchem Umfang eine Beweisaufnahme durchzuführen ist, freier gestellt. § 287 Abs. 1 S. 2 ZPO eröffnet dem Gericht insoweit auch die Möglichkeit, nach seinem Ermessen von der Einholung eines Sachverständigengutachtens abzusehen. Im Streitfall hat bereits das Amtsgericht, auf dessen Urteil das Berufungsgericht 85

§ 11 Fahrbahnverschmutzungen

Bezug nimmt, eine umfangreiche Beweisaufnahme über die Erforderlichkeit der Reinigungsmaßnahmen durchgeführt. Von den vernommenen Zeugen verfügte zumindest der Zeuge B. über eine entsprechende Sachkunde. Nach den getroffenen Feststellungen war der Zeuge B., der als Straßenwärter die Firma Ba. beauftragt hatte, als erfahrener Bediensteter der zuständigen Straßenmeisterei während der gesamten Schadensbeseitigung zugegen, überwachte die getroffenen Maßnahmen und unterzeichnete schließlich ein entsprechendes Abnahmeprotokoll. Schon aus diesem Grund war es im Rahmen des § 287 ZPO nicht ermessensfehlerhaft, dass das Berufungsgericht von der Einholung eines Sachverständigengutachtens zur Erforderlichkeit der durchgeführten Reinigungsmaßnahmen abgesehen hat.

86 Die Revision zeigte darüber hinaus keinen übergangenen, substantiierten Tatsachenvortrag der Beklagten auf, wonach die getroffenen Maßnahmen aus vorausschauender Sicht außer Verhältnis zu dem Anlass und dem zu erwartenden notwendigen Schadensbeseitigungsaufwand standen, zumal nach den Feststellungen des Berufungsgerichts die Reinigungsarbeiten aufgrund von Regen und stellenweiser Abschüssigkeit des kontaminierten Abschnitts der Straße erschwert waren.

87 Was die Erforderlichkeit der Höhe der für die Reinigungsarbeiten in Rechnung gestellten Beträge anbelangt, hielt das Berufungsurteil jedoch den Angriffen der Revision nicht in vollem Umfang stand.

Das Berufungsgericht ist zunächst zutreffend von der Rechtsprechung des erkennenden Senats ausgegangen, dass der Schädiger gemäß § 249 Abs. 2 S. 1 BGB den Finanzierungsbedarf des Geschädigten in Form des zur Wiederherstellung erforderlichen Geldbetrags zu befriedigen hat; nur darauf ist der Anspruch des Geschädigten gerichtet, nicht etwa auf Ausgleich von ihm bezahlter Rechnungsbeträge.

88 Der Geschädigte kann allerdings – wie bereits ausgeführt – vom Schädiger nach § 249 Abs. 2 S. 1 BGB als erforderlichen Herstellungsaufwand nur die Kosten erstattet verlangen, die vom Standpunkt eines verständigen, wirtschaftlich denkenden Menschen in der Lage des Geschädigten zur Behebung des Schadens zweckmäßig und notwendig erscheinen. Er ist nach dem Wirtschaftlichkeitsgebot gehalten, im Rahmen des ihm Zumutbaren den wirtschaftlicheren Weg der Schadensbehebung zu wählen, sofern er die Höhe der für die Schadensbeseitigung aufzuwendenden Kosten beeinflussen kann. Jedoch ist bei der Beurteilung, welcher Herstellungsaufwand erforderlich ist, nach der schon genannten subjektbezogenen Schadensbetrachtung auch Rücksicht auf die spezielle Situation des Geschädigten, insbesondere auf seine Erkenntnis- und Einflussmöglichkeiten sowie auf die möglicherweise gerade für ihn bestehenden Schwierigkeiten zu nehmen.

89 Der Geschädigte genügt dabei regelmäßig seiner Darlegungs- und Beweislast durch Vorlage der – von ihm beglichenen – Rechnung des von ihm mit der Schadensbeseitigung beauftragten Unternehmens. Ist dies der Fall, reicht ein einfaches Bestreiten der Erforderlichkeit des Rechnungsbetrags durch den Schädiger nicht aus, um die geltend gemachte Schadenshöhe in Frage zu stellen. Denn der in Überein-

5. Ermittlung der erforderlichen Kosten für die Beseitigung einer Ölspur § 11

stimmung mit der Rechnung und der ihr zugrunde liegenden Preisvereinbarung vom Geschädigten tatsächlich erbrachte Aufwand bildet (ex post gesehen) bei der Schadensschätzung nach § 287 ZPO ein wesentliches Indiz für die Bestimmung des zur Herstellung „erforderlichen" Betrags im Sinne von § 249 Abs. 2 S. 1 BGB. Indes ist der vom Geschädigten aufgewendete Betrag nicht notwendig mit dem zu ersetzenden Schaden identisch, denn entscheidend sind die im Sinne von § 249 Abs. 2 S. 1 BGB tatsächlich erforderlichen Kosten.

Entgegen der Auffassung der Revision war das Berufungsgericht nicht gehalten, allgemein zur Angemessenheit der Preise der Fa. Ba. das von der Beklagten hierzu beantragte Sachverständigengutachten einzuholen. 90

Nach den Feststellungen des Berufungsgerichts lag der Rechnung der Fa. Ba. eine Vergütungsvereinbarung gemäß § 632 Abs. 1 BGB zwischen dem Kläger, vertreten durch seine Behörde, und dem Straßenreinigungsunternehmen zugrunde, welche inhaltlich den Preisen entsprach, die aufgrund einer Ausschreibung der hinsichtlich der örtlichen Gegebenheiten und auch der Wettbewerbssituation vergleichbaren Stadt B. zustande gekommen waren. Dabei habe die Firma Ba. als einziger Bieter den Zuschlag erhalten, was mit der besonderen Wettbewerbssituation in einem speziellen und begrenzten Marktsegment zusammenhänge. Einer geringen Zahl an Nachfragern (im Wesentlichen allein öffentliche Straßenbaulastträger) ständen relativ wenige Anbieter gegenüber, was in den hohen Anschaffungskosten der Reinigungsgeräte sowie der seitens der öffentlichen Hand gemachten Vorgaben zur ständigen Verfügbarkeit der Reinigungsleistungen begründet sei. Dies führe zu einer geringen Konkurrenzsituation, weshalb im Rahmen der Ausschreibung der Stadt B. im Jahre 2010/2011 lediglich die Fa. Ba. als Anbieter aufgetreten sei.

Auf dieser Grundlage war es nicht rechtsfehlerhaft, dass das Berufungsgericht allgemein zur Erforderlichkeit der Höhe der auf der Grundlage einer Ausschreibung zustande gekommenen Preise kein Sachverständigengutachten eingeholt hat. Denn es ist grundsätzlich nicht Aufgabe der Zivilgerichte, bei entsprechenden Marktkonstellationen im Rahmen der Erforderlichkeit im Sinne des § 249 Abs. 2 S. 1 BGB eine Kontrolle der wirtschaftlichen Angemessenheit der Preise vorzunehmen. Nach der Rechtsprechung des erkennenden Senats muss eine Fachbehörde bei Schadensfällen im Zusammenhang mit der Verunreinigung öffentlicher Straßen aufgrund ihres Sachverstandes zwar – auch bei Rahmenvereinbarungen – Sorge dafür tragen, dass sich keine von den Reinigungsunternehmen diktierte unangemessene Preisgestaltung etabliert. Dies gilt jedoch – wie oben bereits ausgeführt – im Rahmen der subjektbezogenen Schadensbetrachtung nur mit der Maßgabe, dass die Fachbehörde die Höhe der für die Schadensbeseitigung aufzuwendenden Kosten beeinflussen kann. 91

Die Möglichkeit einer Einflussnahme auf die zustande gekommenen Preise war auf der Grundlage der vom Berufungsgericht getroffenen Feststellungen nicht auszuschließen. Die Revision rügte nämlich mit Recht, dass das Berufungsgericht im 92

499

§ 11 Fahrbahnverschmutzungen

Streitfall entscheidungserhebliches Vorbringen der Beklagten zu einem gespaltenen Tarif nicht hinreichend berücksichtigt hatte, welches geeignet hätte sein können, der vom Kläger bezahlten Rechnung der Fa. Ba. die Indizwirkung für die Erforderlichkeit der angefallenen Reinigungskosten zu nehmen.

93 Die Beklagte hatte hierzu behauptet, dass zum maßgebenden Zeitpunkt (noch) eine Sondervereinbarung zwischen der Firma Ba. und örtlichen Straßenbauämtern wie dem Bauamt S., Straßenmeisterei Z., bestanden habe, wonach in Fällen, in denen ein Schädiger nicht ermittelt werden könne, von der Firma Ba. ein Preisnachlass von 50 % gewährt werde. Hierzu hatte die Beklagte in der Berufungsinstanz eine „Budget-Sondervereinbarung" vom 19.2.2009 über entsprechende Preisnachlässe vorgelegt, die nach Nr. 2 dieser Vereinbarung so lange galt, wie der bestehende Vertrag vom 17.1.2009, der nach den Feststellungen des Berufungsgerichts Grundlage für die Rechnung vom 23.1.2013 war, in Kraft war.

94 Zu diesem erheblichen Vorbringen hatte das Berufungsgericht rechtsfehlerhaft keine Feststellungen getroffen. Es hatte zwar hierzu den Zeugen Ba. vernommen, der angegeben hatte, eine Zusatzvereinbarung habe es nicht gegeben und gebe es auch jetzt nicht. Dies stand jedoch in Widerspruch zu der schriftlichen „Budget-Sondervereinbarung" vom 19.2.2009. Das Berufungsgericht hatte diesen Widerspruch weder aufgeklärt noch hatte es diese Aussage gewürdigt. Entsprechender Feststellungen hätte es aber bedurft. Denn es war nicht auszuschließen, dass bei einheitlicher Preisgestaltung ein durchschnittlich niedrigerer Preis hätte erzielt werden können.

§ 12 Prozess- und Kostenrecht

1. KH-Versicherer als Streithelfer beim Verdacht der Unfallmanipulation

BGH, Beschl. v. 29.11.2011 – VI ZR 201/10, zfs 2012, 325 = VersR 2012, 434

ZPO §§ 61, 69; VVG § 115 Abs. 1

Beim Verdacht einer Unfallmanipulation darf der neben seinem Versicherungsnehmer verklagte Haftpflichtversicherer im Prozess sowohl als Streitgenosse als auch als Streithelfer nach §§ 61, 69 ZPO seine eigenen Interessen wahrnehmen.

Die rechtliche Beurteilung

Die Beschwerde des Klägers gegen die Nichtzulassung der Revision in dem Urteil des 9. Zivilsenats des Oberlandesgerichts Hamm vom 6.7.2010 wurde zurückgewiesen.

Die Beschwerde zeigte nicht auf, dass die Rechtssache grundsätzliche Bedeutung hatte oder die Fortbildung des Rechts oder die Sicherung einer einheitlichen Rechtsprechung eine Entscheidung des Revisionsgerichts erfordert (§ 543 Abs. 2 S. 1 ZPO).

Nach der höchstrichterlichen Rechtsprechung darf der im Wege des Direktanspruchs mitverklagte Haftpflichtversicherer (§ 115 Abs. 1 Nr. 1 VVG) sowohl mit einem vom Vorbringen des Versicherungsnehmers abweichenden Sachvortrag die Unfallmanipulation geltend machen als auch als dessen Streithelfer eine Klageabweisung der gegen den Versicherungsnehmer gerichteten Klage beantragen.

Der Bundesgerichtshof hat in Verfahren, die den Ersatz von Rechtsanwaltskosten des Versicherungsnehmers betreffen, entschieden, dass es dem Haftpflichtversicherer in den Fällen der Unfallmanipulation wegen des bestehenden Interessengegensatzes zwischen dem Versicherungsnehmer und dem Haftpflichtversicherer nicht verwehrt werden kann, sich gegen die gegen ihn gerichtete Klage umfassend zu verteidigen und zwar auch mit der Behauptung, das schadensbegründende Ereignis sei nicht – wie vom Geschädigten behauptet – unfreiwillig erlitten, sondern von den angeblich Unfallbeteiligten einvernehmlich herbeigeführt worden.

Bei der neben der Klage gegen den Versicherungsnehmer auch gegen den Haftpflichtversicherer gerichteten Direktklage ergibt sich dies bereits daraus, dass es sich um einfache Streitgenossen handelt und die Handlungen des einen Streitgenossen dem anderen weder zum Vorteil noch zum Nachteil gereichen dürfen (§ 61 ZPO). Bei der Nebenintervention des Haftpflichtversicherers ergibt sich dies auch aus § 69 ZPO. Nach dieser Vorschrift gilt der Nebenintervenient im Sinne des § 61 ZPO als Streitgenosse der Hauptpartei, insofern nach den Vorschriften des bürgerlichen Rechts die Rechtskraft der in dem Hauptprozess erlassenen Entscheidung auf das Rechtsverhältnis des Nebenintervenienten zu dem Gegner von Wirksamkeit ist. Insoweit ist anerkannt, dass ein streitgenössischer Nebenintervenient nicht den Schranken des § 67 Hs. 2 ZPO unterliegt, sondern auch gegen den Willen der Hauptpartei ein Rechtsmittel durchführen kann. Das Gesetz räumt ihm mit Rücksicht auf die stärkere Einwirkung des Urteils auf seine rechtlichen Belange ein eigenes Prozessführungsrecht ein, das unabhängig von dem Willen der von ihm unterstützten Hauptpartei ist (vgl. BGH, Urt. v. 10.10.1984 – IVb ZB 23/84, BGHZ 92, 275, 276 m.w.N).

6 Diese Grundsätze sind auch im vorliegenden Fall anwendbar. Ein rechtskräftiges klageabweisendes Urteil, das zwischen dem klagenden Geschädigten und dem Versicherer ergangen ist, wirkt nach § 3 Nr. 8 PflVG a.F., § 115 Abs. 1 Nr. 1 VVG auch zugunsten des beklagten Versicherungsnehmers. Dies gilt auch dann, wenn der Direktanspruch und der Haftpflichtanspruch nicht in getrennten, nacheinander geführten Prozessen geltend gemacht, sondern – wie im Streitfall – Versicherer und Schädiger als einfache Streitgenossen gemeinsam im selben Rechtsstreit in Anspruch genommen werden. Zweck dieser Regulierung ist es, dem Geschädigten keine Ansprüche gegen den Versicherer über das materielle Haftpflichtrecht hinaus zuwachsen zu lassen. Ist in einem solchen Fall die Klageabweisung gegen einen Beklagten rechtskräftig, ist auch gegen den anderen regelmäßig nur noch eine Klageabweisung möglich. Der Haftpflichtversicherer soll nicht Gefahr laufen, trotz des für ihn günstigen, die Klage abweisenden Urteils im Falle der Verurteilung seines Versicherungsnehmers aufgrund seiner Zahlungspflicht aus dem Deckungsverhältnis doch noch in Anspruch genommen zu werden. Gemäß dem Zweck des § 115 Abs. 1 Nr. 1 VVG, § 3 Nr. 8 PflVG a.F. darf der Haftpflichtversicherer, der zusammen mit seinem Versicherungsnehmer in Anspruch genommen wird, auch vor Rechtskraft eines klageabweisenden Urteils bereits im Prozess seine eigenen Interessen nach §§ 61, 69 ZPO wahrnehmen.

7 Nach den vorstehenden Ausführungen durfte die Beklagte zu 2 nicht nur abweichend vom Beklagten zu 1 argumentieren, sondern auch als Streithelferin des Beklagten zu 1 ihm gegenüber eine Klageabweisung beantragen. Im Übrigen hat sich die Beklagte zu 2 mit diesem Antrag nicht einmal in Widerspruch zum Beklagten zu 1 gesetzt, weil dieser im Berufungsverfahren keinen Sachantrag gestellt hat.

2. Rechtsanwaltskosten für die Einholung einer Deckungszusage bei der Rechtsschutzversicherung des Geschädigten

BGH, Urt. v. 13.12.2011 – VI ZR 274/10, zfs 2012, 223 = AGS 2012, 152

BGB §§ 249, 280, 286; RVG § 15

Befindet sich bei der Regulierung eines Verkehrsunfallschadens der Haftpflichtversicherer des Schädigers mit der Ersatzleistung in Verzug, sind Rechtsanwaltskosten, die der Geschädigte im Zusammenhang mit der Einholung einer Deckungszusage seines Rechtsschutzversicherers verursacht hat, nur zu erstatten, soweit sie aus der Sicht des Geschädigten zur Wahrnehmung seiner Rechte erforderlich und zweckmäßig waren.

a) Der Fall

Die Klägerin machte gegen den beklagten Haftpflichtversicherer restlichen Schadensersatz aus einem Verkehrsunfall geltend. Die volle Einstandspflicht der Beklagten war unstreitig. Die Parteien stritten darum, ob die Beklagte auch die Rechtsanwaltskosten für die Herbeiführung der Deckungszusage durch den Rechtsschutzversicherer der Klägerin zu ersetzen hat.

Das Amtsgericht hat die Klage insoweit abgewiesen. Auf die Berufung der Klägerin hat das Berufungsgericht die Beklagte auch insoweit verurteilt. Mit der vom Berufungsgericht zugelassenen Revision begehrte die Beklagte die Wiederherstellung der Entscheidung des Amtsgerichts.

b) Die rechtliche Beurteilung

Die Revision war begründet und führte zur Wiederherstellung des die Klage abweisenden Urteils des Amtsgerichts.

Allerdings werden zu der Frage, ob für die Herbeiführung der Deckungszusage des Rechtsschutzversicherers durch den Rechtsanwalt des Geschädigten im Innenverhältnis Anwaltskosten entstehen und ob diese vom Schädiger bzw. seinem Haftpflichtversicherer im Außenverhältnis zu ersetzen sind, in Rechtsprechung und Literatur unterschiedliche Auffassungen vertreten.

Nach Ansicht des erkennenden Senats spricht viel dafür, dass das Vorliegen einer eigenen Angelegenheit zu verneinen ist, wenn sich – wie es das Berufungsgericht für den Streitfall feststellte – die Tätigkeit des Rechtsanwalts in der Anforderung der Deckungszusage bei dem Rechtsschutzversicherer unter Beifügung eines Entwurfs der Klageschrift erschöpft und der Deckungsschutz umstandslos bewilligt wird. Denn die Annahme einer Angelegenheit im gebührenrechtlichen Sinne setzt nicht voraus, dass der Anwalt nur eine Prüfungsaufgabe zu erfüllen hat. Von einem einheitlichen Rahmen der anwaltlichen Tätigkeit kann vielmehr grundsätzlich auch dann noch gesprochen werden, wenn der Anwalt zur Wahrnehmung der Rechte des

Geschädigten verschiedene, in ihren Voraussetzungen voneinander abweichende Anspruchsgrundlagen zu prüfen bzw. mehrere getrennte Prüfungsaufgaben zu erfüllen hat. Unter einer Angelegenheit im gebührenrechtlichen Sinne ist das gesamte Geschäft zu verstehen, das der Rechtsanwalt für den Auftraggeber besorgen soll. Ihr Inhalt bestimmt den Rahmen, innerhalb dessen der Rechtsanwalt tätig wird. Die Angelegenheit ist von dem Gegenstand der anwaltlichen Tätigkeit abzugrenzen, der das konkrete Recht oder Rechtsverhältnis bezeichnet, auf das sich die anwaltliche Tätigkeit bezieht, sodass eine Angelegenheit mehrere Gegenstände umfassen kann.

13 Erwägenswert ist auch die Ansicht, nach der der Anwalt den Mandanten darüber zu belehren hat, dass für die Einholung der Deckungszusage eine besondere Gebühr entsteht, wenn er diese Leistung abrechnen will. Greift der Einwand des Geschädigten, nicht belehrt worden und daher in dem Gebührenanspruch freizustellen zu sein, gegenüber seinem Anwalt durch, so ist der Geschädigte schon im Innenverhältnis nicht zur Zahlung der in Rechnung gestellten Kosten verpflichtet mit der Folge, dass ein Erstattungsanspruch gegen den Schädiger nicht besteht.

14 Die aufgeworfenen Rechtsfragen müssen indes im vorliegenden Fall nicht abschließend beantwortet werden, da der geltend gemachte Anspruch jedenfalls aus den nachfolgend erörterten Gründen im Außenverhältnis zu verneinen ist. Nach Ansicht des erkennenden Senats ist hinsichtlich der Haftung im Außenverhältnis zu differenzieren.

15 Auf Schutzzweckerwägungen kann nicht abgestellt werden, soweit sich der auf Schadensersatz in Anspruch genommene Schädiger bzw. sein Haftpflichtversicherer in Verzug befindet. Dann kann sich der Anspruch aus §§ 280 Abs. 1, Abs. 2, 286 BGB ergeben. Insoweit ist ohne Bedeutung, ob der Vermögensschaden, den der durch einen Verkehrsunfall Geschädigte infolge der Inanspruchnahme anwaltlicher Hilfe bei der Einholung der Deckungszusage erleidet, vom Schutzzweck des § 823 Abs. 1 BGB, § 7 Abs. 1 StVG erfasst wird. Kosten für die Einholung einer Deckungszusage der Rechtsschutzversicherung sind Rechtsverfolgungskosten, die unter dem Gesichtspunkt des Verzugsschadens ersetzt werden können.

16 Nach den Feststellungen des Berufungsgerichts befand sich der beklagte Haftpflichtversicherer bereits in Verzug mit dem Ersatz der verlangten Mietwagenkosten, als der Anwalt der Klägerin mit der Vorbereitung der Klage und der Einholung der Deckungszusage für die damit verbundenen Kosten betraut wurde.

17 Allerdings hat der Schädiger auch unter dem Gesichtspunkt des Verzugsschadens nicht schlechthin alle durch das Schadensereignis adäquat verursachten Rechtsverfolgungskosten zu ersetzen, sondern nur solche, die aus der Sicht des Geschädigten zur Wahrnehmung seiner Rechte erforderlich und zweckmäßig waren.

18 Dies war hier nicht der Fall. Der Anwalt der Klägerin hat bei seiner informatorischen Anhörung durch das Berufungsgericht erklärt, er habe die Übernahme des Deckungsschutzes abklären sollen, habe dann die Rechtsschutzversicherung am 28.8.2009 mit einem Klageentwurf angeschrieben, woraufhin der Deckungsschutz

am 14.9.2009 bewilligt worden sei. Das ist das übliche Verfahren, wenn der Deckungsschutz ohne weiteres gewährt werden kann (vgl. z.B. *Tomson*, VersR 2010, 1428, 1429). Bei einer solchen Sachlage ist aber die Inanspruchnahme anwaltlicher Hilfe für die Einholung der Deckungszusage nicht erforderlich; vielmehr ist es dem Geschädigten in der Regel zuzumuten, sie selbst anzufordern. Die Überlegungen des Berufungsgerichts zur Komplexität der Mietwagenfälle haben im Streitfall für die Anforderung der Deckungszusage ersichtlich keine Rolle gespielt. Die für den Rechtsschutzversicherer für die Gewährung von Deckungsschutz maßgeblichen Gesichtspunkte ergaben sich insoweit auch nicht aus der Anfrage, sondern aus dem Klageentwurf, dessen Fertigung bereits mit der Geschäftsgebühr bzw. der Verfahrensgebühr abgegolten ist. Dass die Klägerin aufgrund bestimmter Umstände nicht in der Lage gewesen sein könnte, eine einfache Anfrage unter Beifügung des vom Anwalt gefertigten Klageentwurfs an den Versicherer zu senden, ist nicht ersichtlich.

Die Klage war danach hinsichtlich der Kosten für die Einholung der Deckungszusage unbegründet.

3. Erstattungsfähigkeit außergerichtlicher Rechtsanwaltskosten für die Geltendmachung der Unfallschäden gegenüber dem Kaskoversicherer

BGH, Urt. v. 8.5.2012 – VI ZR 196/11, NJW 2012, 2194

BGB §§ 823 Abs. 1, 249

Zur Frage, ob der durch einen Verkehrsunfall Geschädigte vom Ersatzpflichtigen die Erstattung außergerichtlicher Rechtsanwaltskosten für die Geltendmachung der Unfallschäden gegenüber seinem Kaskoversicherer verlangen kann.

a) Der Fall

Der Kläger nahm die Beklagten auf Ersatz materiellen Schadens aus einem Verkehrsunfall in Anspruch. Das Amtsgericht hatte eine Haftungsquote von 50% angenommen. In der Revisionsinstanz stritten die Parteien nur noch darum, ob der Kläger von den Beklagten auch die anteilige Erstattung der ihm für die Geltendmachung der Unfallschäden gegenüber seinem Kaskoversicherer entstandenen Rechtsanwaltskosten verlangen kann. Das Amtsgericht hat die Klage insoweit abgewiesen. Das Landgericht hat die dagegen gerichtete Berufung des Klägers zurückgewiesen und die Revision zur Klärung der Frage zugelassen, ob der durch einen Verkehrsunfall Geschädigte gegen den Schädiger einen Anspruch auf Erstattung der vorgerichtlichen Rechtsanwaltskosten für die einfach gelagerte Geltendmachung des Schadens gegenüber seinem Kaskoversicherer hat, wenn er zuvor seinen Rechtsanwalt mit der Geltendmachung der Schäden gegenüber den Ersatzpflichtigen beauftragt hat und insoweit Rechtsanwaltskosten entstanden sind. Mit der Revision verfolgte der Kläger seinen Antrag auf Ersatz der ihm für die Geltendmachung der Unfallschäden gegenüber seinem Kaskoversicherer entstandenen Rechtsanwaltskosten weiter.

b) Die rechtliche Beurteilung

21 Die Revision war unbegründet. Sie wandte sich ohne Erfolg gegen die Annahme des Berufungsgerichts, der dem Kläger gegen die Beklagten zustehende Schadensersatzanspruch umfasse nicht die für die Inanspruchnahme des Kaskoversicherers entstandene Rechtsanwaltsvergütung.

22 Die Bemessung der Höhe des Schadensersatzanspruchs ist in erster Linie Sache des nach § 287 ZPO besonders freigestellten Tatrichters. Sie ist revisionsrechtlich nur daraufhin überprüfbar, ob der Tatrichter Rechtsgrundsätze der Schadensbemessung verkannt, wesentliche Bemessungsfaktoren außer Betracht gelassen oder seiner Schätzung unrichtige Maßstäbe zugrunde gelegt hat. Derartige Rechtsfehler waren vorliegend nicht gegeben. Das Berufungsgericht hatte insbesondere nicht gegen Rechtsgrundsätze der Schadensbemessung verstoßen.

23 Nach der gefestigten Rechtsprechung des Senats ist bei der Beurteilung der Frage, ob und in welchem Umfang der dem Geschädigten zustehende Schadensersatzanspruch auch die Erstattung von Rechtsanwaltskosten umfasst, zwischen dem Innenverhältnis des Geschädigten zu dem für ihn tätigen Rechtsanwalt und dem Außenverhältnis des Geschädigten zum Schädiger zu unterscheiden. Voraussetzung für einen Erstattungsanspruch ist grundsätzlich, dass der Geschädigte im Innenverhältnis zur Zahlung der in Rechnung gestellten Kosten verpflichtet ist und die konkrete anwaltliche Tätigkeit im Außenverhältnis aus der maßgeblichen Sicht des Geschädigten mit Rücksicht auf seine spezielle Situation zur Wahrnehmung seiner Rechte erforderlich und zweckmäßig war.

24 Es kann dahinstehen, ob – was das Amtsgericht verneint und das Berufungsgericht nicht geprüft hatte – der Kläger im Innenverhältnis zu seinem Anwalt zur Zahlung der in Rechnung gestellten Kosten verpflichtet war. Denn die angegriffene Entscheidung wurde jedenfalls von der Erwägung des Berufungsgerichts getragen, die streitgegenständlichen Anwaltskosten seien im Außenverhältnis des Klägers zu den Beklagten nicht erstattungsfähig. Gegen diese Beurteilung wandte sich die Revision ohne Erfolg.

25 Nach den Feststellungen des Berufungsgerichts handelte es sich vorliegend um einen einfach gelagerten Fall, in dem der Kläger die ihm entstandenen Schäden zunächst selbst gegenüber dem beklagten Haftpflichtversicherer, der Beklagten zu 3, geltend gemacht hatte. Erst nachdem dieser seinem Leistungsverlangen nicht entsprochen hatte, schaltete er einen Rechtsanwalt ein. Es war weder ersichtlich noch dargetan, warum der Kläger die ihm wegen der Beschädigung seines Fahrzeugs gegen seinen eigenen Kaskoversicherer zustehenden Ansprüche nicht auch ohne anwaltliche Hilfe bei diesem anmelden und ihn zur Zahlung auffordern konnte. Es bestanden keine Anhaltspunkte dafür, dass der Kaskoversicherer seine Leistungs-

4. Ersatzfähigkeit v. RA-Kosten, Ansprüche gegen d. private Unfallversicherung §12

pflicht aus dem mit dem Kläger abgeschlossenen Versicherungsvertrag in Abrede stellen würde. Der Umstand, dass der Beklagte Haftpflichtversicherer mit der Erfüllung der ihm kraft Gesetzes obliegenden Leistungspflicht aus § 115 VVG in Verzug geraten war, ließ keine Rückschlüsse auf das Regulierungsverhalten des mit dem Kläger vertraglich verbundenen Kaskoversicherers zu. Es war auch nicht erkennbar, weshalb es dem Kläger aufgrund der Leistungsverweigerung des Haftpflichtversicherers unzumutbar gewesen sein sollte, den Schadensfall seinem eigenen Kaskoversicherer zu melden und ihn zur Zahlung aufzufordern, ohne hierfür einen Anwalt hinzuziehen. Die Leistungsverweigerung durch den gegnerischen Haftpflichtversicherer hatte keine Auswirkungen auf die vertraglichen Beziehungen des Klägers zu seinem Versicherer; sie vermag auch nicht die Erstattungsfähigkeit von Rechtsverfolgungskosten zu begründen, die aus der Sicht des Geschädigten zur Wahrnehmung seiner Rechte nicht erforderlich waren.

4. Ersatzfähigkeit von Rechtsanwaltskosten für die Geltendmachung von Ansprüchen gegen die private Unfallversicherung

BGH, Urt. v. 10.1.2006 – VI ZR 43/05, zfs 2006, 448 = VersR 2006, 521   26
§ 249 BGB

Zur Ersatzfähigkeit von Rechtsverfolgungskosten, die dem Geschädigten durch die anwaltliche Geltendmachung von Ansprüchen gegen seinen eigenen Unfallversicherer entstehen.

a) Der Fall

Der Kläger begehrte restlichen Schadensersatz aus einem Verkehrsunfall vom 27
12.2.2000, bei dem er erheblich verletzt wurde. Die Beklagte war der Haftpflichtversicherer des Unfallgegners, dessen volle Haftung außer Streit stand. Der Kläger beauftragte seinen Rechtsanwalt auch mit der Geltendmachung von Ansprüchen gegen seine private Unfallversicherung. Diese zahlte ihm nach Begutachtung seines Gesundheitszustands eine Invaliditätsentschädigung von 57.258,71 EUR. Der Kläger verlangte Ersatz des insoweit angefallenen Anwalthonorars von 1.098,69 EUR. Das Amtsgericht hat der Klage stattgegeben. Auf die Berufung der Beklagten hat das Landgericht die Klage abgewiesen und die Revision zugelassen. Mit dieser begehrte der Kläger die Wiederherstellung des erstinstanzlichen Urteils.

b) Die rechtliche Beurteilung

Das angefochtene Urteil hält revisionsrechtlicher Nachprüfung nicht stand.   28

Da das schädigende Ereignis vor dem 1.8.2002 eingetreten war, bestimmte sich der   29
Umfang der auf § 7 Abs. 1 StVG, § 823 Abs. 1 BGB, § 3 Nr. 1 PflVG beruhenden Ersatzpflicht der Beklagten nach den Vorschriften der §§ 249 ff. BGB in der seiner-

zeit geltenden Fassung (Art. 229 § 8 Abs. 1 EGBGB). Ist wegen der Verletzung einer Person Schadensersatz zu leisten, kann der Geschädigte gemäß § 249 S. 2 BGB a.F. Ersatz der erforderlichen Herstellungskosten verlangen, d.h. insbesondere die Kosten für notwendige Heilbehandlungen sowie Kur- und Pflegekosten. Daneben umfasst der zu ersetzende Schaden gemäß § 252 BGB auch den entgangenen Gewinn. Wird infolge einer Verletzung des Körpers oder der Gesundheit die Erwerbsfähigkeit des Verletzten aufgehoben oder gemindert oder tritt eine Vermehrung seiner Bedürfnisse ein, so ist ihm darüber hinaus gemäß § 843 BGB Schadensersatz durch Entrichtung einer Geldrente zu leisten.

30 Zu den ersatzpflichtigen Aufwendungen des Geschädigten zählen grundsätzlich auch die durch das Schadensereignis erforderlich gewordenen Rechtsverfolgungskosten. Nach der ständigen Rechtsprechung des Bundesgerichtshofs (vgl. Senatsurt. v. 8.11.1994 – VI ZR 3/94, BGHZ 127, 348, 350 ff. und v. 1.10.1968 – VI ZR 159/67, VersR 1968, 1145, 1147; BGHZ 39, 73, 74 und Urt. v. 23.10.2003 – IX ZR 249/02, VersR 2004, 869, 871, jeweils m.w.N.) hat der Schädiger allerdings nicht schlechthin alle durch das Schadensereignis adäquat verursachten Rechtsanwaltskosten zu ersetzen, sondern nur solche, die aus der Sicht des Geschädigten zur Wahrnehmung seiner Rechte erforderlich und zweckmäßig waren.

31 Teil der Schadensabwicklung ist auch die Entscheidung, den Schadensfall einem Versicherer zu melden. Ist es aus Sicht des Geschädigten erforderlich, anwaltliche Hilfe in Anspruch zu nehmen, so gilt dies grundsätzlich auch für die Anmeldung des Versicherungsfalles bei dem eigenen Versicherer (vgl. zur Kaskoversicherung OLG Hamm, zfs 1983, 12; OLG Karlsruhe, VRS 77, 6, 9; VersR 1991, 1297 und NZV 1990, 431; LG Kaiserslautern, DAR 1993, 196, 197; *Böhm*, DAR 1988, 213 f.; *Notthoff*, VersR 1995, 1399, 1401 f.; *Gerold/Schmidt/von Eicken/Madert*, BRAGO, 15. Aufl., Rn 33 zu § 118; *Göttlich/Mümmler/Rehberg/Xanke*, BRAGO, 20. Aufl., Stichwort: „Kaskoversicherung", Anm. 2, jeweils m.w.N.; Bamberger/ Roth/*Grüneberg*, BGB, Rn 75 zu § 249; zur Sachversicherung bei Brandschäden LG Münster, VersR 2003, 98 f.). Auch die dadurch anfallenden Rechtsverfolgungskosten können entgegen der Auffassung des Berufungsgerichts ersatzfähig sein, nämlich dann, wenn sie adäquat kausal auf dem Schadensereignis beruhen und die Inanspruchnahme anwaltlicher Hilfe unter den Umständen des Falles erforderlich war (Senatsurt. vom 18.1.2005 – VI ZR 73/04, VersR 2005, 558). Macht der Geschädigte gegenüber seinem Versicherer eine Forderung geltend, die zwar nach den Versicherungsbedingungen begründet ist, vom Schädiger aber nicht zu ersetzen ist, weil es insoweit an einem Schaden des Geschädigten fehlt, ist allerdings auch zu prüfen, inwieweit die durch die Anmeldung entstandenen Anwaltskosten dem Schädiger als Folgen seines Verhaltens zugerechnet werden können. Im Vordergrund steht dabei das Interesse des Geschädigten an einer vollständigen Restitution (Senatsurt. vom 20.4.2004 – VI ZR 109/03, VersR 2004, 876 und v. 6.7.2004 – VI ZR 266/03, VersR 2004, 1180, 1181 m.w.N.; BGH, Urt. v. 25.10.1996 – V ZR 158/95, NJW 1997, 520).

4. Ersatzfähigkeit v. RA-Kosten, Ansprüche gegen d. private Unfallversicherung § 12

Im Falle der Verletzung einer Person ist die Grenze der Ersatzpflicht dort zu ziehen, wo die Aufwendungen des Geschädigten nicht mehr allein der Wiederherstellung der Gesundheit, dem Ersatz entgangenen Gewinns oder der Befriedigung vermehrter Bedürfnisse dienen. Dies kann der Fall sein, wenn der Geschädigte Kosten aufwendet, um von seinem privaten Unfallversicherer Leistungen zu erhalten, die den von dem Schädiger zu erbringenden Ersatzleistungen weder ganz noch teilweise entsprechen. Das ist zu erwägen, wenn dem Geschädigten nach den Vertragsbedingungen seiner Unfallversicherung ein Anspruch auf Zahlung einer Invaliditätsentschädigung zusteht, insoweit ein Ersatzanspruch – etwa unter dem Gesichtspunkt des Ausgleichs vermehrter Bedürfnisse – gegen den Schädiger nach Lage des Falles aber nicht besteht. Ob diese Voraussetzungen hier gegeben sind, lässt sich den bisher getroffenen Feststellungen nicht entnehmen. Dies wird das Berufungsgericht zu klären haben. 32

Eine Erstattungsfähigkeit der Anwaltskosten kann im Einzelfall aber auch dann in Betracht kommen, wenn es an einer derartigen Entsprechung zwischen der Leistung des eigenen Versicherers und dem vom Schädiger zu ersetzenden Schaden fehlt. Ein solcher Fall kann gegeben sein, wenn der Geschädigte etwa aus Mangel an geschäftlicher Gewandtheit oder sonstigen Gründen wie Krankheit oder Abwesenheit nicht in der Lage ist, den Schaden bei seinem Versicherer selbst anzumelden (vgl. Senatsurt. vom 8.11.1994 – VI ZR 3/94, VersR 1995, 183, 184). Vorliegend hat das Berufungsgericht einen Anspruch des Klägers auf Ersatz der Rechtsverfolgungskosten für die Geltendmachung von Ansprüchen gegen seinen privaten Unfallversicherer verneint und ausgeführt, die Inanspruchnahme anwaltlicher Hilfe sei hierfür nicht erforderlich gewesen, denn der Kläger hätte die Ansprüche selbst geltend machen können. Zu den erheblichen Verletzungen, dem Inhalt der Gutachten und dem Verhalten des Unfallversicherers fehle es an substantiiertem Sachvortrag. 33

Dagegen wandte sich die Revision mit Erfolg. Das Berufungsgericht überspannte die Darlegungslast des Klägers. Dieser hatte nämlich vorgetragen, er sei aufgrund seiner schweren Verletzungen, von denen die Beklagte gewusst habe, auf unbestimmte Zeit nicht in der Lage gewesen, sich selbst um die Geltendmachung und Wahrung seiner Ansprüche zu kümmern. Nach den erstinstanzlichen Feststellungen, die das Berufungsgericht seiner Entscheidung zugrunde gelegt hatte, befand sich der Kläger für längere Zeit in stationärer Krankenhausbehandlung. Diese Umstände hatte das Berufungsgericht nicht ausreichend bedacht. Seine Beurteilung, die Rechtsverfolgungskosten seien nicht erforderlich gewesen, begegnete bei dieser Sachlage durchgreifenden Bedenken und konnte deshalb keinen Bestand haben. Die Aufhebung und Zurückverweisung gab dem Berufungsgericht Gelegenheit, die Umstände des Streitfalls umfassend zu würdigen und gegebenenfalls noch fehlende Feststellungen zur Erforderlichkeit der Inanspruchnahme anwaltlicher Hilfe nachzuholen. 34

§ 12 Prozess- und Kostenrecht

35 **Anmerkung**
Der Fall betraf zwar einen Personenschaden. Im Kontext der vorstehenden Entscheidungen ist er gleichwohl beachtenswert, weil er allgemeine Grundsätze aufzeigt, welche die Inanspruchnahme anwaltlicher Hilfe für die Geltendmachung von Ansprüchen gegen andere Versicherer erforderlich machen können.

5. Zulässigkeit einer (Zwischen-)Feststellungsklage nach einem Verkehrsunfall bei noch nicht vollständig bezifferbarem Schaden

36 BGH, Beschl. v. 6.3.2012 – VI ZR 167/11, r+s 2012, 461
ZPO §§ 91a Abs. 1, Abs. 2 S. 1, 256 Abs. 1

Wenn bei Klageerhebung erst ein Teil des Schadens entstanden und die Entstehung weiterer Schaden – nämlich des Nutzungsausfallschadens bei Reparatur des Fahrzeugs – nach dem Vorbringen des Klägers noch zu erwarten ist, ist die Feststellungsklage insgesamt zulässig. Der Kläger ist nicht gehalten, seine Klage in eine Leistungs- und eine Feststellungsklage aufzuspalten (Festhaltung BGH, 8.7.2003 – VI ZR 304/02, VersR 2003, 1256).

a) Der Fall

37 Der Kläger hatte die Beklagte auf Ersatz materiellen Schadens aus einem Verkehrsunfall vom 5.12.2009 in Anspruch genommen. Nachdem der Kläger in der Klageschrift zunächst beantragt hatte festzustellen, dass die Beklagte verpflichtet ist, ihm den bei dem Verkehrsunfall entstandenen Schaden in vollem Umfang zu ersetzen, hat er auf Hinweis des Amtsgerichts Leistungsklage auf Zahlung der Unkostenpauschale in Höhe von 25 EUR erhoben und seinen bisherigen Antrag zum Gegenstand einer Zwischenfeststellungsklage gemacht. Das Amtsgericht hat der Leistungsklage stattgegeben und den Zwischenfeststellungsantrag mangels Rechtsschutzbedürfnisses als unzulässig abgewiesen. Die hiergegen gerichtete Berufung des Klägers hat das Landgericht zurückgewiesen. Mit der vom Berufungsgericht zugelassenen Revision hat der Kläger seinen Zwischenfeststellungsantrag weiterverfolgt. Mit Schriftsatz vom 19.10.2011 hat der Kläger den Rechtsstreit in der Hauptsache für erledigt erklärt. Die Beklagte hat der Erledigungserklärung nach Belehrung über die Rechtsfolgen eines unterlassenen Widerspruchs gemäß § 91a Abs. 1 S. 2 ZPO nicht widersprochen.

b) Die rechtliche Beurteilung

38 Die Kosten des Rechtsstreits waren gemäß § 91a Abs. 1 ZPO zu $1/4$ dem Kläger und zu $3/4$ der Beklagten aufzuerlegen. Dies entsprach billigem Ermessen unter Berücksichtigung des bisherigen Sach- und Streitstands.

Ohne die Erledigungserklärung wäre das Berufungsurteil auf die Revision des Klägers aufzuheben und die Sache zur neuen Verhandlung und Entscheidung an das Berufungsgericht zurückzuverweisen gewesen. Denn die Zwischenfeststellungsklage war zulässig. Ihre Erhebung war insbesondere nicht rechtsmissbräuchlich. Entgegen der Auffassung des Berufungsgerichts diente die Erhebung der Zwischenfeststellungsklage nicht dem Zweck, die besonderen Prozessvoraussetzungen einer Feststellungsklage gemäß § 256 Abs. 1 ZPO zu umgehen. Die Klage war nämlich bereits als allgemeine Feststellungsklage zulässig. Das rechtliche Interesse des Klägers an einer alsbaldigen Feststellung der Ersatzpflicht der Beklagten im Sinne des § 256 Abs. 1 ZPO ergab sich daraus, dass sich der anspruchsbegründende Sachverhalt zur Zeit der Klageerhebung noch in der Entwicklung befand. Bei Klageerhebung war erst ein Teil des Schadens entstanden. Die Entstehung weiteren Schadens – nämlich des Nutzungsausfallschadens bei Reparatur des Fahrzeugs – war nach dem Vorbringen des Klägers noch zu erwarten. In einer derartigen Fallgestaltung ist die Feststellungsklage nach der ständigen Rechtsprechung des Bundesgerichtshofs insgesamt zulässig. Der Kläger ist nicht gehalten, seine Klage in eine Leistungs- und eine Feststellungsklage aufzuspalten.

39

Es ließ sich nicht absehen, ob die zulässige Klage auch in vollem Umfang begründet gewesen wäre. Aufgrund der Feststellungen des Amtsgerichts wäre zwar jedenfalls von einer hälftigen Haftung der Beklagten auszugehen gewesen, weil der Unfallhergang aus der Sicht des Sachverständigen unaufklärbar war. Ob der Klägerin trotzdem der Nachweis gelungen wäre, dass die Beklagte den Unfall verursacht hat, lässt sich nicht abschließend beurteilen, weil das Amtsgericht diese Frage offen gelassen hatte. Ihre Beurteilung hing von einer tatrichterlichen Würdigung des Inbegriffs der mündlichen Verhandlung, insbesondere der Aussage einer Zeugin ab, von deren Vernehmung das Amtsgericht abgesehen hatte und die das Revisionsgericht nicht nachholen konnte.

40

6. Internationale Zuständigkeit für die Geltendmachung eines Direktanspruchs gegen den Haftpflichtversicherer mit Sitz in der Schweiz

BGH, Urt. v. 23.10.2012 – VI ZR 260/11, zfs 2013, 208 = VersR 2013, 73

41

VollstrZustÜbk 2007 Art. 9, 11

Nach den Art. 9 und 11 LugÜ 2007 kann der Geschädigte einen nach dem anwendbaren nationalen Recht bestehenden Direktanspruch gegen den Haftpflichtversicherer mit Sitz in einem ausländischen Staat im Geltungsbereich des LugÜ 2007 beim Gericht seines Wohnsitzes geltend machen.

a) Der Fall

42 Die Parteien stritten über die Höhe des Schadensersatzanspruchs der Klägerin nach einem Verkehrsunfall, der sich im August 2010 in der Schweiz ereignete. Die Klägerin wohnte in Bonn, der Sitz der Beklagten, des Haftpflichtversicherers des Unfallgegners der Klägerin, ist in Bern (Schweiz). Die Klägerin hat die Klage beim Amtsgericht Bonn erhoben. Die Parteien stritten vorrangig über die internationale Zuständigkeit der deutschen Gerichte.

43 Das Amtsgericht hat die Klage wegen fehlender internationaler Zuständigkeit als unzulässig abgewiesen. Auf die Berufung der Klägerin hat das Berufungsgericht die Klage durch Zwischenurteil für zulässig erklärt. Dagegen wandte sich die Beklagte mit der vom Berufungsgericht zugelassenen Revision.

b) Die rechtliche Beurteilung

44 Die Revision war unbegründet. Das Berufungsgericht hat die internationale Zuständigkeit der deutschen Gerichte mit Recht bejaht.

45 Zutreffend nahm das Berufungsgericht an, dass im vorliegenden Rechtsstreit die internationale Zuständigkeit der deutschen Gerichte nach den Vorschriften des Luganer Übereinkommens vom 30.10.2007 zu beurteilen war. Dass dieses Übereinkommen für die Schweiz erst am 1.1.2011 in Kraft getreten ist, während die Klage bereits am 30.12.2010 zugestellt wurde, hielt das Berufungsgericht mit Recht für unbeachtlich. Den zeitlichen Anwendungsbereich des Übereinkommens legt Art. 63 Abs. 1 LugÜ 2007 – soweit hier maßgeblich – wie folgt fest:

> *„Die Vorschriften dieses Übereinkommens sind nur auf solche Klagen ... anzuwenden, die erhoben ... worden sind, nachdem dieses Übereinkommen im Ursprungsstaat ... in Kraft getreten ist."*

46 Das Abkommen ist in den EU-Staaten, also auch in Deutschland als Ursprungsstaat der Klage, am 1.1.2010, mithin vor Klageerhebung, in Kraft getreten. Dass, wie die Revision ausführte, aufgrund der unterschiedlichen Zeitpunkte des Inkrafttretens für die Europäische Union einerseits und die Schweiz andererseits eine unerwünschte „Diskordanz" droht, ist nach dem eindeutigen Wortlaut des Art. 63 Abs. 1 LugÜ 2007 hinzunehmen.

47 Mit Recht legte das Berufungsgericht auch Art. 9 und 11 LugÜ 2007 dahin aus, dass der Geschädigte einen nach dem anwendbaren nationalen Recht bestehenden Direktanspruch gegen den im Ausland sitzenden Haftpflichtversicherer auch beim Gericht seines Wohnsitzes klageweise geltend machen kann. Diese Vorschriften des Luganer Übereinkommens vom 30.10.2007 sind ebenso auszulegen wie die inhaltsgleichen Vorschriften der Verordnung (EG) Nr. 44/2001 des Rates vom 22.12.2000 über die gerichtliche Zuständigkeit und die Anerkennung und Vollstreckung von Entscheidungen in Zivil- und Handelssachen (im Folgenden: EuGVVO).

6. Internationale Zuständigkeit für Klage gegen den VR mit Sitz i. d. Schweiz   § 12

Der erkennende Senat hat mit Beschl. v. 26.9.2006 (VI ZR 200/05, zfs 2007, 143 = VersR 2006, 1677 ff.) dem Gerichtshof der Europäischen Gemeinschaften die Frage zur Auslegung des Gemeinschaftsrechts gemäß Art. 234 EGV zur Vorabentscheidung vorgelegt, ob die Verweisung in Art. 11 Abs. 2 EuGVVO auf Art. 9 Abs. 1 Buchst. b EuGVVO dahin zu verstehen ist, dass der Geschädigte vor dem Gericht des Ortes in einem Mitgliedstaat, an dem er seinen Wohnsitz hat, eine Klage unmittelbar gegen den Versicherer erheben kann, sofern eine solche unmittelbare Klage zulässig ist und der Versicherer seinen Wohnsitz im Hoheitsgebiet eines Mitgliedstaats hat. Der Europäische Gerichtshof hat im Urt. v. 13.12.2007 (Rechtssache C-463/06, zfs 2008, 139 = VersR 2008, 111 Rn 21 ff.) die Vorlagefrage bejaht. 48

Diesem Urteil des Gerichtshofs der Europäischen Gemeinschaften ist der erkennende Senat gefolgt (Urt. v. 6.5.2008 – VI ZR 200/05, BGHZ 176, 276 = zfs 2008, 572). Der vorliegende Rechtsstreit gab keinen Anlass, davon abzuweichen. 49

Das Berufungsgericht hat die Auslegung der Art. 9 und 11 EuGVVO durch den Gerichtshof der Europäischen Gemeinschaften mit Recht auf Art. 9 und 11 LugÜ 2007 übertragen. 50

Für das Luganer Übereinkommen 2007 besteht eine Auslegungszuständigkeit des Gerichtshofs der Europäischen Gemeinschaften (vgl. Senatsurt. v. 20.12.2011 – VI ZR 14/11, WM 2012, 852 Rn 28 m.w.N.). Eine Vorlage an diesen nach Art. 267 Abs. 2, 3 AEUV war hier indes nicht geboten, weil die richtige Anwendung der Art. 9 und 11 LugÜ 2007 derart offenkundig ist, dass für einen vernünftigen Zweifel kein Raum bleibt (vgl. dazu Senatsurt. v. 20.12.2011 – VI ZR 14/11, a.a.O., m.w.N.). 51

Hinsichtlich der Möglichkeit einer Direktklage gegen den Versicherer am Wohnsitzgerichtsstand des Geschädigten ist eine einheitliche Auslegung geboten (ebenso: Schweizerisches Bundesgericht, Urt. v. 2.5.2012 – 4A_531/2011, DAR 2012, 472, 473 f.). Das Urteil des Gerichtshofs der Europäischen Gemeinschaften zum Verweis in Art. 11 Abs. 2 EuGVVO kann auf den gleichlautenden Verweis in Art. 11 Abs. 2 LugÜ 2007 übertragen werden. Der Verweis in Art. 11 Abs. 2 LugÜ 2007 ist wie der gleichlautende Verweis in Art. 11 Abs. 2 EuGVVO zu verstehen, da ersterer sich im Wesentlichen auf den Wortlaut und die Wertungen der EuGVVO stützt. Den Ausführungen des Gerichtshofs der Europäischen Gemeinschaften zur Richtlinie 2000/26 über die Kraftfahrzeug-Haftpflichtversicherung kommt lediglich eine bestätigende Funktion zu (vgl. Schweizerisches Bundesgericht, Urt. v. 2.5.2012 – 4A_531/2011, a.a.O. S. 473). Da das anwendbare schweizerische Recht – ebenso wie das deutsche Recht (§ 115 VVG) – einen Direktanspruch vorsieht (Art. 65 Abs. 1 Straßenverkehrsgesetz), hat das Berufungsgericht mit Recht die Zulässigkeit der Klage bejaht. 52

7. Aussetzung eines Rechtsstreits nach der EuGVVO

53 BGH, Urt. v. 19.2.2013 – VI ZR 45/12, zfs 2014, 28 = r+s 2013, 249
EGV 44/2001 Art. 27, 28 Abs. 1
1. Die für die Aussetzung gemäß Art. 27 EuGVVO erforderliche Parteiidentität ist zu verneinen, wenn der in Deutschland ansässige Beteiligte eines Verkehrsunfalls seine unfallbedingten Schadensersatzansprüche gegen den ausländischen Haftpflichtversicherer bei seinem deutschen Wohnsitzgericht einklagt, nachdem zuvor der ausländische Unfallbeteiligte wegen seiner Ansprüche Klage gegen ihn bei den Gerichten des anderen EU-Staats erhoben hat.
2. Zu den Kriterien, nach denen über die Aussetzung eines Rechtsstreits gemäß Art. 28 Abs. 1 EuGVVO zu entscheiden ist.

a) Der Fall

54 Der in Deutschland wohnhafte Kläger nahm die Beklagte zu 1, den in Belgien ansässigen Haftpflichtversicherer des Unfallgegners (im Folgenden: Beklagte), wegen eines Verkehrsunfalls auf Schadensersatz in Anspruch. Der Unfall ereignete sich am 4.7.2008 in Belgien. Die Parteien stritten in erster Linie darüber, ob der vorliegende beim Landgericht Konstanz anhängig gemachte Rechtsstreit im Hinblick auf ein Verfahren vor belgischen Gerichten hätte ausgesetzt werden müssen. In jenem Verfahren verlangt der Unfallgegner des Klägers, der frühere Beklagte zu 2, seinerseits Schadensersatz vom Kläger.

55 Das Landgericht hat die Beklagte zur Zahlung von 5.348,50 EUR nebst Zinsen an den Kläger verurteilt. Das Oberlandesgericht hat die Berufung der Beklagten zurückgewiesen. Dagegen wandte sich die Beklagte mit ihrer vom Berufungsgericht zugelassenen Revision. Sie erstrebte die Abweisung der Klage. Hinsichtlich des Beklagten zu 2 ist die Klage in den Vorinstanzen durch Prozessurteil rechtskräftig abgewiesen worden.

b) Die rechtliche Beurteilung

56 Das Berufungsurteil hielt einer revisionsrechtlichen Überprüfung nicht stand. Die Entscheidung des Berufungsgerichts, den Rechtsstreit nicht nach Art. 27, 28 EuGVVO auszusetzen, kann mit der Revision angegriffen werden. Das Verfahren der Aussetzung nach Art. 27, 28 EuGVVO bestimmt sich nach nationalem Recht. Nach § 574 Abs. 1 S. 1 Nr. 2 ZPO in der seit dem 1.1.2002 geltenden Fassung kann das Oberlandesgericht in seinen Beschlüssen die Rechtsbeschwerde zulassen. Wenn ein gesonderter Beschluss über die Ablehnung der Aussetzung anfechtbar sein kann, muss auch eine Überprüfung der in einem Urteil ausgesprochenen Ablehnung im Rahmen der Revision möglich sein.

7. Aussetzung eines Rechtsstreits nach der EuGVVO § 12

Die Revision wandte sich nicht gegen die zutreffende Annahme der Vorinstanzen, dass der Geschädigte, der seinen Wohnsitz in einem Mitgliedstaat hat, nach Art. 11 Abs. 2, Art. 9 Abs. 1 Buchst. b EuGVVO vor dem Gericht seines Wohnsitzes eine Klage unmittelbar gegen den Versicherer erheben kann, sofern eine solche unmittelbare Klage zulässig ist und der Versicherer seinen Wohnsitz im Hoheitsgebiet eines anderen Mitgliedstaates hat (vgl. Senatsurt. v. 6.5.2008 – VI ZR 200/05, BGHZ 176, 276 Rn 4 ff. = zfs 2008, 572; v. 23.10.2012 – VI ZR 260/11, zfs 2013, 028 = VersR 2013, 73 Rn 20; EuGH, Urt. v. 13.12.2007 – C-463/06, zfs 2008, 139 = VersR 2008, 111 Rn 21 ff. – Odenbreit). 57

Die Revision beanstandete ohne Erfolg, dass das Berufungsgericht eine Aussetzung des Rechtsstreits nach Art. 27 EuGVVO abgelehnt hat. 58

Art. 27 EuGVVO regelt, dass dann, wenn bei Gerichten verschiedener Mitgliedstaaten Klagen wegen desselben Anspruchs zwischen denselben Parteien anhängig gemacht werden, das später angerufene Gericht das Verfahren von Amts wegen aussetzt, bis die Zuständigkeit des zuerst angerufenen Gerichts feststeht (Abs. 1), und dass, sobald die Zuständigkeit des zuerst angerufenen Gerichts feststeht, sich das später angerufene Gericht zugunsten dieses Gerichts für unzuständig erklärt. Die Klage ist im letztgenannten Fall als unzulässig abzuweisen. 59

Art. 27 EuGVVO ist den Prozessvoraussetzungen und damit der Zulässigkeit der Klage zuzuordnen. Die Vorschrift normiert ebenso wie das Prozesshindernis der anderweitigen Rechtshängigkeit gemäß § 261 Abs. 3 Nr. 1 ZPO eine negative Prozessvoraussetzung. Die Verordnung (EG) Nr. 44/2001 des Rates vom 22.12.2000 über die gerichtliche Zuständigkeit und die Anerkennung und Vollstreckung von Entscheidungen in Zivil- und Handelssachen (EuGVVO, auch EuGVO oder Brüssel I-VO genannt, in Kraft getreten am 1.3.2002) ersetzt in den Grenzen ihres zeitlichen, räumlichen und sachlichen Anwendungsbereichs das Brüsseler EWG-Übereinkommen über die gerichtliche Zuständigkeit und die Vollstreckung gerichtlicher Entscheidungen in Zivil- und Handelssachen vom 27.9.1968 (EuGVÜ, BGBl II 1972, S. 774). Sie war im Streitfall nach Art. 1 Abs. 1 S. 1 EuGVVO anzuwenden. Das vor belgischen Gerichten anhängige Verfahren stellt ebenso wie das vorliegende Verfahren eine Zivilsache im Sinne des Art. 1 Abs. 1 S. 1 EuGVVO dar. Dem stand nicht entgegen, dass es sich bei dem dortigen Verfahren um ein Adhäsionsverfahren handelte (vgl. auch Art. 5 Nr. 4 EuGVVO). 60

Die Zivilklage auf Ersatz des Schadens, der einem Einzelnen durch eine strafbare Handlung entstanden ist, hat zivilrechtlichen Charakter, auch wenn sie in einem Strafverfahren zu diesem hinzutritt. Ist das Erstverfahren ein Adhäsionsverfahren, so ist das Gericht im Zweitverfahren bei Vorliegen der Voraussetzungen des Art. 27 EuGVVO zu dessen Beachtung verpflichtet wie auch umgekehrt im Adhäsionsverfahren prioritäre Verfahren in anderen Mitgliedstaaten zu beachten sind. 61

Für das Revisionsverfahren war davon auszugehen, dass die deutschen Gerichte später angerufen wurden als die belgischen Gerichte. Die Vorinstanzen hatten dazu 62

515

keine Feststellungen getroffen. Die frühere Anrufung der belgischen Gerichte war daher zugunsten der Revision zu unterstellen.

63 Das Berufungsgericht hatte die Voraussetzungen des Art. 27 EuGVVO rechtsfehlerfrei verneint.

64 Nach der Rechtsprechung des Gerichtshofs der Europäischen Union sind die in Art. 27 EuGVVO verwendeten Begriffe autonom und unter Berücksichtigung der Systematik und Zielsetzungen der Verordnung auszulegen.

65 Art. 27 EuGVVO gehört zusammen mit dem den Sachzusammenhang betreffenden Art. 28 EuGVVO zum 9. Abschnitt des Kapitels II der Verordnung (EG) Nr. 44/2001 (EuGVVO). Dieser Abschnitt soll im Interesse einer geordneten Rechtspflege in der Union Parallelverfahren vor Gerichten verschiedener Mitgliedstaaten und daraus möglicherweise resultierende gegensätzliche Entscheidungen verhindern. Die Regelungen sollen, soweit wie möglich, von vornherein eine Situation ausschließen, wie sie in Art. 34 Nr. 3 EuGVVO geregelt ist, nämlich die Nichtanerkennung einer Entscheidung wegen Unvereinbarkeit mit einer Entscheidung, die zwischen denselben Parteien in dem Mitgliedstaat, in dem die Anerkennung geltend gemacht wird, ergangen ist.

66 Zur Erreichung dieser Ziele ist Art. 27 EuGVVO weit auszulegen. Angesichts seines Wortlauts und des dargestellten Zwecks verlangt er als Voraussetzung für die Verpflichtung des später angerufenen Gerichts, sich für unzuständig zu erklären, dass die Parteien in beiden Verfahren identisch sind. Die Identität der Parteien ist in Art. 27 Abs. 1 EuGVVO unabhängig von ihrer jeweiligen Stellung in den beiden Verfahren zu verstehen, sodass der Kläger des ersten Verfahrens Beklagter des zweiten Verfahrens sein kann.

67 Nach der Rechtsprechung des Gerichtshofs kann Parteiidentität auch vorliegen, wenn es sich um unterschiedliche Personen handelt, deren Interessen hinsichtlich des Gegenstands zweier Rechtsstreitigkeiten identisch und voneinander untrennbar sind. So können die Interessen eines Versicherers und seines Versicherungsnehmers hinsichtlich des Gegenstands zweier Rechtsstreitigkeiten so weit übereinstimmen, dass ein Urteil, das gegen den einen ergeht, Rechtskraft gegenüber dem anderen entfalten würde. Dies wäre insbesondere dann der Fall, wenn statt des Versicherungsnehmers der Versicherer kraft übergegangenen Rechts klagt oder verklagt wird, ohne dass der Versicherungsnehmer in der Lage wäre, auf den Ablauf des Verfahrens Einfluss zu nehmen. In einem solchen Fall sind Versicherer und Versicherungsnehmer für die Anwendung von Art. 27 EuGVVO als ein und dieselbe Partei anzusehen. Die Anwendung von Art. 27 EuGVVO darf dagegen nicht dazu führen, dass dem Versicherer und dem Versicherungsnehmer, falls ihre Interessen voneinander abweichen, die Möglichkeit genommen wird, ihre jeweiligen Interessen gegenüber den anderen betroffenen Parteien gerichtlich geltend zu machen.

68 Nach diesen Grundsätzen ging das Berufungsgericht zutreffend davon aus, dass im Streitfall keine Parteiidentität bestand.

7. Aussetzung eines Rechtsstreits nach der EuGVVO §12

Der vorliegende Fall lag anders als der vom Gerichtshof mit Urt. v. 19.5.1998 (C-351/96) entschiedene. Dort betrafen beide Klagen die gleiche Pflicht zur Leistung eines Beitrags zu Havarieschäden, in dem einen Fall in Form einer Leistungsklage, in dem anderen Fall in Form einer negativen Feststellungsklage. **69**

Vorliegend waren hingegen in den beiden Verfahren die unterschiedlichen Schäden jedes an dem Verkehrsunfall Beteiligten gegen den jeweils anderen eingeklagt. Mit den Ansprüchen des (früheren) Beklagten zu 2 gegen den Kläger, die Gegenstand des in Belgien geführten Verfahrens waren, hatte die Beklagte indes nichts zu tun. Ihre mit dem Unfallereignis zusammenhängenden Interessen bezogen sich ausschließlich auf die Ansprüche, die dem Kläger nach seiner Ansicht gegen den Beklagten zu 2 zustehen und für die die Beklagte eintrittspflichtig war. Insoweit waren die Interessen beider Beklagten in gleicher Weise darauf gerichtet, die vom Kläger geltend gemachten Ansprüche abzuwehren. Durch das in Belgien gegen den Kläger geführte Verfahren zur Geltendmachung des Schadens des Beklagten zu 2 war die Beklagte dagegen in keiner Weise betroffen und sie konnte darauf auch keinen Einfluss nehmen. Die Revision zeigte in eine andere Richtung weisende Umstände nicht auf. Insoweit gab es weder voneinander abweichende noch gar identische und untrennbar miteinander verbundene Interessen. Bezogen auf die Ansprüche des Beklagten zu 2 gegen den Kläger konnte von einer Parteiidentität beider Beklagter mithin nicht die Rede sein. Dass der Kläger und der Beklagte zu 2 ihre jeweiligen Ansprüche aus demselben Unfallereignis herleiteten und der Umfang der Haftung sich nach den beiderseitigen Verursachungsbeiträgen richtete, reichte insoweit nicht aus. **70**

Die Revision wandte sich aber mit Erfolg gegen die Entscheidung des Berufungsgerichts, den Rechtsstreit nicht nach Art. 28 Abs. 1 EuGVVO auszusetzen. **71**

Nach dieser Vorschrift kann dann, wenn bei Gerichten verschiedener Mitgliedstaaten Klagen, die im Zusammenhang stehen, anhängig sind, jedes später angerufene Gericht das Verfahren aussetzen. Auch dies verfolgt den Zweck, gegensätzliche Entscheidungen zu vermeiden und eine geordnete Rechtspflege in der Union zu sichern. Eine Aussetzung kann auch noch im Berufungsverfahren erfolgen. Das Berufungsgericht ging unbeanstandet davon aus, dass im vorliegenden Fall der erforderliche Zusammenhang zwischen den Klagen gegeben war. **72**

Die Entscheidung über die Aussetzung nach Art. 28 EuGVVO ist in das Ermessen des Gerichts gestellt. Sie kann daher nur auf Ermessensfehler überprüft werden. Bei der Ausübung des Ermessens ist vom Zweck des Art. 28 Abs. 1 EuGVVO auszugehen, eine bessere Koordinierung der Rechtsprechungstätigkeit innerhalb der Gemeinschaft zu verwirklichen und die Inkohärenz von Entscheidungen und den Widerspruch zwischen Entscheidungen zu vermeiden, selbst wenn diese getrennt vollstreckt werden können. Dabei können unter anderem folgende Gesichtspunkte eine Rolle spielen: Der Grad des Zusammenhangs beider Verfahren und der Gefahr widersprechender Entscheidungen, die Interessen der Parteien, die Förderung der **73**

Prozessökonomie, Stand und Dauer der Verfahren, die Sach- und Beweisnähe der Gerichte und die Zuständigkeit des Erstgerichts.

74 Eine Ermessensentscheidung nach diesen Kriterien hatte das Berufungsgericht nicht getroffen. Es stellte einseitig auf die Interessen des Klägers ab, ohne die übrigen Abwägungskriterien in den Blick zu nehmen. Dass die Beweiswürdigung des Landgerichts nicht zu beanstanden sei, war für sich genommen kein Gesichtspunkt, der die von der Verordnung angestrebte Vermeidung der Inkohärenz von Entscheidungen und des Widerspruchs zwischen Entscheidungen der nationalen Gerichte angemessen berücksichtigte. Nur ergänzend war darauf hinzuweisen, dass in diesem Zusammenhang vom Berufungsgericht getroffene Feststellung, das (erstinstanzliche) belgische Gericht habe keine Zeugenvernehmung durchgeführt, nicht der Aktenlage entsprach.

75 Bei dieser Sachlage wurde die Ermessensentscheidung des Berufungsgerichts auch nicht von dem verbleibenden Argument getragen, dass dem Kläger auf diese Weise der ihm nach Art. 11 Abs. 2, Art. 9 Abs. 1 Buchst. b EuGVVO aus sozialen Schutzgründen eingeräumte Gerichtsstand an seinem Wohnsitz erhalten bleibe. Deshalb musste hier nicht erörtert werden, inwieweit eine Abstimmung der Vorschriften zum Wohnsitzgerichtsstand einerseits und zur Verfahrensaussetzung andererseits erforderlich ist.

76 Das Berufungsurteil war danach aufzuheben und die Sache zur neuen Verhandlung und Entscheidung an das Berufungsgericht zurückzuverweisen (§ 562 Abs. 1, § 563 Abs. 1 S. 1 ZPO). Für eine abschließende Entscheidung waren weitere Feststellungen erforderlich. Insbesondere war zu prüfen, ob das in Belgien anhängige Verfahren inzwischen rechtskräftig abgeschlossen war. In diesem Fall käme eine Aussetzung des vorliegenden Rechtsstreits nicht mehr in Betracht.

8. Erstattungsfähigkeit der Kosten eines Privatgutachtens

77 BGH, Beschl. v. 26.2.2013 – VI ZB 59/12, zfs 2013, 346
ZPO §§ 91 Abs. 1 S 1, 104 Abs. 2 S. 1

Zur Erstattungsfähigkeit der Kosten eines weder im Rechtsstreit noch im Kostenfestsetzungsverfahren vorgelegten Privatgutachtens.

a) Der Fall

78 Die Klägerin hatte die Beklagte als Haftpflichtversicherer des an einem Verkehrsunfall beteiligten Kraftfahrzeugs auf Schadensersatz in Anspruch genommen. Das Landgericht hat die Klage abgewiesen und zur Begründung ausgeführt, die Klägerin habe den Unfallhergang nicht schlüssig und nachvollziehbar dargelegt, denn die behaupteten Schäden an ihrem Pkw könnten nicht alle aus dem primären Zusammenstoß der Fahrzeuge herrühren. Mit erheblicher Wahrscheinlichkeit habe es

8. Erstattungsfähigkeit der Kosten eines Privatgutachtens § 12

sich um einen gestellten Unfall gehandelt. Die gegen dieses Urteil eingelegte Berufung hat die Klägerin nach einem für sie in der Sache ungünstigen Hinweisbeschluss des Oberlandesgerichts zurückgenommen. Im Kostenfestsetzungsverfahren hat die Beklagte zunächst die Festsetzung von Rechtsanwaltskosten und mit ergänzendem Antrag vom 3.2.2012 zusätzlich die Erstattung von Kosten in Höhe von 755,77 EUR für die Einholung eines schriftlichen DEKRA-Gutachtens „zur Plausibilität von Schadenabläufen" beantragt. Aus der von ihr vorgelegten Rechnung vom 25.2.2010 ging hervor, dass sie das Gutachten hinsichtlich des Unfalls vom 4.4.2009 am 12.2.2010, dem Tag nach der Klagezustellung, in Auftrag gegeben hatte. Zur Begründung der insoweit begehrten Kostenfestsetzung hatte die Beklagte geltend gemacht, dass sie Zweifel an dem Unfallablauf und den in diesem Zusammenhang behaupteten Beschädigungen gehabt habe und von einer Unfallmanipulation ausgegangen sei. Der Rechtspfleger des Landgerichts hat die Gutachterkosten mit Beschl. v. 5.4.2012 antragsgemäß festgesetzt. Der dagegen eingelegten sofortigen Beschwerde hat er nicht abgeholfen und die Sache dem Oberlandesgericht zur Entscheidung vorgelegt. Dieses hat die sofortige Beschwerde zurückgewiesen. Dagegen wandte sich die Klägerin mit der zugelassenen Rechtsbeschwerde, mit der sie ihr Ziel, die Aufhebung des Kostenfestsetzungsbeschlusses vom 5.4.2012 zu erreichen, weiterverfolgte.

b) Die rechtliche Beurteilung

Die gemäß § 574 Abs. 1 S. 1 Nr. 2 ZPO statthafte und auch im Übrigen zulässige (§ 575 ZPO) Rechtsbeschwerde hatte keinen Erfolg. 79

Nach § 91 Abs. 1 S. 1 ZPO hat die unterliegende Partei die Kosten des Rechtsstreits zu tragen, insbesondere die dem Gegner erwachsenen Kosten zu erstatten, soweit sie zur zweckentsprechenden Rechtsverfolgung oder Rechtsverteidigung notwendig waren. Dazu können nach der ständigen Rechtsprechung des Senats auch die Kosten für die Einholung eines Privatsachverständigengutachtens gehören, wenn sie unmittelbar prozessbezogen sind (vgl. Senatsbeschl. v. 17.12.2002 – VI ZB 56/02, BGHZ 153, 235 f.; v. 20.12.2011 – VI ZB 17/11, BGHZ 192, 140 Rn 10; v. 23.5.2006 – VI ZB 7/05, VersR 2006, 1236 Rn 6; v. 4.3.2008 – VI ZB 72/06, VersR 2008, 801 Rn 6 und v. 18.11.2008 – VI ZB 24/08, VersR 2009, 563 Rn 6). Dies war hier der Fall, denn das Privatgutachten war von der Beklagten am Tag nach der Klagezustellung in Auftrag gegeben worden. Die Prozessbezogenheit konnte entgegen der Auffassung der Rechtsbeschwerde nicht mit der Begründung verneint werden, die Beklagte habe schon vor Klageerhebung geltend gemacht, sie könne beweisen, dass nicht sämtliche Schäden auf den Verkehrsunfall zurückzuführen seien. Aus diesem Vorbringen konnte insbesondere nicht geschlossen werden, dass ihr das DEKRA-Gutachten schon damals vorlag. 80

Zur zweckentsprechenden Rechtsverfolgung notwendig ist die Einholung eines Privatgutachtens, wenn eine verständige und wirtschaftlich vernünftig denkende Partei 81 die Kosten auslösende Maßnahme ex ante als sachdienlich ansehen durfte. Dabei darf die Partei die zur vollen Wahrnehmung ihrer Belange erforderlichen Schritte ergreifen (vgl. Senatsbeschl. v. 20.12.2011 – VI ZB 17/11, a.a.O. Rn 12 m.w.N.). Da nach dem Klagevorbringen im Streitfall Anhaltspunkte für den Verdacht eines versuchten Versicherungsbetrugs vorlagen, durfte die Beklagte die Einholung eines Sachverständigengutachtens zur Klärung der Frage einer möglicherweise gegebenen Unfallmanipulation als sachdienlich erachten. Dies gilt entgegen der Auffassung der Rechtsbeschwerde unabhängig davon, wie die Beklagte die Beweissituation vor Klageerhebung eingeschätzt hatte.

82 Zu Recht hatte das Beschwerdegericht die Erstattungsfähigkeit der durch die Einholung des DEKRA-Gutachtens entstandenen Kosten bejaht. Dem stand nicht entgegen, dass die Beklagte das Gutachten weder im Rechtsstreit noch im Kostenfestsetzungsverfahren vorgelegt hatte.

83 Die Frage, ob die Erstattungsfähigkeit der durch die Einholung eines schriftlichen Privatgutachtens entstandenen Kosten voraussetzt, dass das Gutachten zur Gerichtsakte gereicht wird, wird in der Rechtsprechung unterschiedlich beantwortet.

84 Der früher teilweise vertretenen Auffassung, die Vorlage des Gutachtens sei schon deshalb erforderlich, weil die Kosten nur dann erstattungsfähig seien, wenn das Gutachten den Verlauf des Rechtsstreits zugunsten der das Privatgutachten vorlegenden Partei beeinflusst habe (vgl. etwa OLG Bamberg, JurBüro 1990, 732; OLG Frankfurt am Main, JurBüro 1984, 1083, 1084), ist der Senat entgegengetreten. Er hat klargestellt, dass für die Beurteilung der Erstattungsfähigkeit maßgebend sei, ob die Partei die Einholung des Gutachtens ex ante als sachdienlich ansehen durfte (Senatsbeschl. v. 20.12.2011 – VI ZB 17/11, a.a.O. Rn 12 ff. m.w.N.).

85 Auch soweit die Vorlage des Gutachtens im Rechtsstreit mit der Begründung verlangt wird, dass die Notwendigkeit eines Privatgutachtens zu verneinen sei, wenn dieses nicht in den Rechtsstreit eingeführt werde und deshalb weder vom Gericht noch von dem Gegner überprüfbar sei (OLG München, NJW-RR 1995, 1470 f.), ist der BGH dem nicht gefolgt. Da für die Beurteilung der Notwendigkeit auf den Zeitpunkt abzustellen ist, in dem die Kosten auslösende Maßnahme veranlasst wurde (vgl. Senatsbeschl. v. 17.12.2002 – VI ZB 56/02, a.a.O. S. 238; v. 23.5.2006 – VI ZB 7/05, a.a.O. Rn 10; v. 20.12.2011 – VI ZB 17/11, a.a.O. Rn 12), kann die Erstattungsfähigkeit weder von dem Ergebnis der Begutachtung noch von deren Überzeugungskraft abhängig gemacht werden. Deshalb kann auch nicht verlangt werden, dass die Partei den Inhalt des Privatgutachtens durch entsprechenden Vortrag in den Rechtsstreit einführt oder das Gutachten selbst im Laufe des Rechtsstreits vorlegt.

86 Eine andere Frage ist, ob für die Erstattungsfähigkeit der Kosten eines Privatgutachtens dessen Vorlage im Kostenfestsetzungsverfahren erforderlich ist. Das könnte dann der Fall sein, wenn nur auf diese Weise nachgewiesen werden könnte, dass der Partei die dafür erstattet verlangten Kosten tatsächlich entstanden sind. Daran

dürfte es aber regelmäßig dann fehlen, wenn die Partei die Rechnung des Gutachters einreicht und die Entstehung der Kosten anwaltlich versichert wird.

Nach diesen Grundsätzen hatte das Beschwerdegericht die Erstattungsfähigkeit der Kosten des von der Beklagten in Auftrag gegebenen DEKRA-Gutachtens mit Recht bejaht. Da es dafür auf das Ergebnis des Gutachtens nicht ankommt, stand der Erstattungsfähigkeit der Kosten nicht entgegen, dass die Beklagte das „zur Plausibilität von Schadenabläufen" des betreffenden Unfalls eingeholte Gutachten im Rechtsstreit nicht vorgelegt hatte. Dass die in Ansatz gebrachten Kosten tatsächlich entstanden waren, hatte das Beschwerdegericht aufgrund der von der Beklagten eingereichten Rechnung des Sachverständigenbüros und der anwaltlichen Erklärung ihres Prozessbevollmächtigten ersichtlich für glaubhaft gemacht erachtet (§ 294 i.V.m. § 104 Abs. 2 S. 1 ZPO). Im Hinblick darauf bedurfte es auch im Kostenfestsetzungsverfahren nicht der Vorlage des Gutachtens.

9. Gerichtliche Überprüfbarkeit der Voraussetzungen für die Erhöhung der Geschäftsgebühr über die Regelgebühr hinaus („keine Toleranzgrenze")

BGH, Urt. v. 5.2.2013 – VI ZR 195/12, zfs 2013, 288

RVG § 14 Abs. 1; VV-RVG Nr. 2300

Eine Erhöhung der Schwellengebühr von 1,3, die die Regelgebühr für durchschnittliche Fälle darstellt, auf eine 1,5-fache Gebühr ist der gerichtlichen Überprüfung hinsichtlich des Vorliegens der tatbestandlichen Voraussetzungen für eine Überschreitung der Regelgebühr von 1,3 nicht entzogen (Fortführung BGH, 11.7.2012 – VIII ZR 323/11, NJW 2012, 2813; Aufgabe BGH, 8.5.2012 – VI ZR 273/11, VersR 2012, 1056).

a) Der Fall

Die Beklagten hafteten der Klägerin auf Ersatz von 50 % des bei einem Verkehrsunfall entstandenen Schadens. Im Revisionsverfahren stritten die Parteien noch darum, ob die vorgerichtliche Tätigkeit des Rechtsanwalts der Klägerin mit einer 1,5 Geschäftsgebühr oder mit einer 1,3 Geschäftsgebühr abzurechnen war.

Das Landgericht hat der Schadensberechnung eine 1,3 Geschäftsgebühr zugrunde gelegt und die weitergehende Klage abgewiesen. Das Berufungsgericht hat die Berufung der Klägerin insoweit zurückgewiesen. Dagegen wandte sich die Klägerin mit der vom Berufungsgericht zugelassenen Revision, die auf die Frage nach der Höhe der anzusetzenden Geschäftsgebühr beschränkt war. Die Klägerin erstrebte die Zuerkennung einer 1,5 Geschäftsgebühr.

b) Die rechtliche Beurteilung

91 Die Revision war unbegründet. Das Berufungsgericht hatte ohne Rechtsfehler angenommen, dass im vorliegenden Fall die anwaltliche Geschäftsgebühr nach Nr. 2300 VV-RVG mit 1,3 anzusetzen war.

92 Ohne Erfolg wandte sich die Revision gegen den rechtlichen Ausgangspunkt des Berufungsgerichts.

93 Nach der aktuellen Rechtsprechung des Bundesgerichtshofs kann eine Erhöhung der Geschäftsgebühr über die Regelgebühr von 1,3 hinaus nur gefordert werden, wenn die Tätigkeit des Rechtsanwalts umfangreich oder schwierig war, und ist deshalb nicht unter dem Gesichtspunkt der Toleranzrechtsprechung bis zu einer Überschreitung von 20 % der gerichtlichen Überprüfung entzogen (BGH, Urt. v. 11.7.2012 – VIII ZR 323/11, zfs 2012, 584 = NJW 2012, 2813 Rn 8 ff. m.w.N.).

94 Zwar steht dem Rechtsanwalt gemäß § 14 Abs. 1 RVG bei Rahmengebühren wie der Geschäftsgebühr nach Nr. 2300 VV-RVG ein Ermessensspielraum zu, sodass, solange sich die vom Rechtsanwalt im Einzelfall bestimmte Gebühr innerhalb einer Toleranzgrenze von 20 % bewegt, die Gebühr nicht unbillig im Sinne des § 14 Abs. 1 S. 4 RVG und daher von einem ersatzpflichtigen Dritten hinzunehmen ist. Eine Erhöhung der Schwellengebühr von 1,3, die die Regelgebühr für durchschnittliche Fälle darstellt, auf eine 1,5-fache Gebühr ist aber nicht der gerichtlichen Überprüfung hinsichtlich des Vorliegens der tatbestandlichen Voraussetzungen für eine Überschreitung der Regelgebühr von 1,3 entzogen. Andernfalls könnte der Rechtsanwalt für durchschnittliche Sachen, die nur die Regelgebühr von 1,3 rechtfertigen, ohne weiteres eine 1,5-fache Gebühr verlangen. Dies verstieße gegen den Wortlaut und auch gegen den Sinn und Zweck des gesetzlichen Gebührentatbestandes in Nr. 2300 VV-RVG, der eine Erhöhung der Geschäftsgebühr über die Regelgebühr hinaus nicht in das Ermessen des Rechtsanwalts stellt, sondern bestimmt, dass eine Gebühr von mehr als 1,3 nur gefordert werden kann, wenn die Tätigkeit umfangreich oder schwierig und damit überdurchschnittlich war.

95 Soweit dem Urteil des erkennenden Senats vom 8.5.2012 (VI ZR 273/11, VersR 2012, 1056 Rn 4 f.) etwas Abweichendes zu entnehmen sein sollte, wird daran nicht festgehalten.

96 Ohne Erfolg machte die Revision auch geltend, das Berufungsgericht habe zu Unrecht das Vorliegen einer überdurchschnittlichen Angelegenheit verneint.

97 Das Berufungsgericht hatte seiner Entscheidung eine mögliche tatrichterliche Bewertung der Umstände des vorliegenden Einzelfalls zugrunde gelegt. Die Revision zeigte keine Gesichtspunkte auf, die dies als rechtsfehlerhaft erscheinen lassen könnten.

98 Der Revision war auch nicht zu entnehmen, dass das Berufungsgericht bei seiner Bewertung Vortrag der Klägerin übergangen haben könnte. Die von der Revision unter Verweis auf die Berufungsbegründung aufgeführten Umstände (streitiger Verkehrsunfall, Vorwurf eines Rotlichtverstoßes, Leasingfahrzeug, Schadenshöhe, Stundungsabrede) waren im Berufungsurteil ausdrücklich aufgeführt; das Berufungsgericht sah diese Umstände lediglich als für die Annahme einer umfangreichen oder schwierigen und damit überdurchschnittlichen Tätigkeit unzureichend an.

10. Wohnsitzgerichtsstand des Geschädigten für Direktklage gegen die ausländische Kfz-Haftpflichtversicherung und internationale Zuständigkeit für eine Klage gegen den Versicherten oder Versicherungsnehmer

BGH, Urt. v. 24.2.2015 – VI ZR 279/14, zfs 2015, 689 = VersR 2016, 271

ZPO § 301; EGV 44/2001 Art. 2 Abs. 1, 6 Nr. 144/2001, 9 Abs. 1 Buchst. b EGV, 11 Abs. 2

a) *Ist eine Klage gegen mehrere einfache Streitgenossen erhoben worden und fehlt es bezüglich eines von ihnen an der internationalen Zuständigkeit der deutschen Gerichte, kann er durch Teilurteil aus dem Prozess entlassen werden.*

b) *Nach Art. 11 Abs. 2 Verordnung (EG) Nr. 44/2001 des Rates vom 22.12.2000 über die gerichtliche Zuständigkeit und die Anerkennung und Vollstreckung von Entscheidungen in Zivil- und Handelssachen (im Folgenden: EuGVVO) i.V.m. Art. 9 Abs. 1 Buchst. b EuGVVO kann der Geschädigte, der seinen Wohnsitz in einem Mitgliedstaat hat, vor dem Gericht seines Wohnsitzes eine Klage unmittelbar gegen den Versicherer erheben, sofern eine solche unmittelbare Klage zulässig ist und der Versicherer seinen Sitz im Hoheitsgebiet eines anderen Mitgliedstaates hat (Anschluss an BGH, Urt. v. 6.5.2008 – VI ZR 200/05, BGHZ 176, 276).*

c) *Art. 6 Nr. 1 EuGVVO eröffnet trotz Konnexität mit der Klage gegen den Versicherer diesen Gerichtsstand am Wohnsitz des Klägers nicht für eine Klage gegen den Versicherten oder Versicherungsnehmer, wenn dieser gemäß Art. 2 Abs. 1 EuGVVO seinen Wohnsitz im Hoheitsgebiet eines anderen Mitgliedstaats als dem des Kläger hat. Die durch den sogenannten „Ankerbeklagten" vermittelte internationale Zuständigkeit nach Art. 6 Nr. 1 EuGVVO kann nur auf dessen Wohnsitzgerichtsstand (Art. 2 Abs. 1 EuGVVO) gestützt werden.*

a) Der Fall

Der Kläger begehrte Ersatz materiellen Schadens aufgrund eines Verkehrsunfalls, der sich am 10.12.2011 auf der Autobahn E 40 in Belgien ereignete. Der in Dort-

§ 12 Prozess- und Kostenrecht

mund wohnhafte Kläger war Halter und Fahrer des unfallbeteiligten PKW VW Transporter Kombi, die Beklagte zu 1 (im Folgenden Beklagte) war Fahrerin des ebenfalls unfallbeteiligten Kraftfahrzeugs und wohnte in Belgien. Ihr Kraftfahrzeug war bei der an den Rechtsmittelverfahren nicht beteiligten Beklagten zu 2 haftpflichtversichert. Dieser Haftpflichtversicherer hatte seinen Sitz in Belgien.

101 Kläger und Beklagte fuhren mit ihren Fahrzeugen auf der Autobahn Richtung Ostende, auf der mittleren Fahrspur fuhr der Kläger mit seinem Fahrzeug auf das Fahrzeug der Beklagten auf. Es ist streitig, ob ein zuvor erfolgter Spurwechsel der Beklagten seinen Abstand zu ihr derart verkürzte, dass das Auffahren nach einer Bremsung der Beklagten für den Kläger trotz einer Vollbremsung nicht zu vermeiden war.

102 Das Amtsgericht hatte mit Zwischenurteil vom 15.8.2013 festgestellt, dass die Klage gegen die Beklagte mangels örtlicher Zuständigkeit des angerufenen Gerichts unzulässig sei. Das Landgericht hat mit Urt. v. 18.6.2014 die Berufung des Klägers gegen das Zwischenurteil mit der Klarstellung zurückgewiesen, dass es sich um ein Teilurteil handele, dessen Tenor laute, dass die Klage gegen die Beklagte abgewiesen werde, und hat die Revision zugelassen.

Mit seiner Revision verfolgte der Kläger sein Begehren auf Verurteilung der Beklagten als Gesamtschuldnerin mit dem erstinstanzlich beklagten Haftpflichtversicherer in vollem Umfang weiter.

b) Die rechtliche Beurteilung

103 Die Revision wandte sich ohne Erfolg gegen die Beurteilung des Berufungsgerichts, die Klage habe durch Teilurteil als unzulässig abgewiesen werden dürfen.

Gemäß § 301 Abs. 1 S. 1 ZPO hat das Gericht die Endentscheidung durch Teilurteil zu erlassen, wenn von mehreren in einer Klage geltend gemachten Ansprüchen nur der eine oder nur ein Teil eines Anspruchs zur Endentscheidung reif ist. § 301 ZPO dient der Beschleunigung, soll aber auch die Einheitlichkeit und Widerspruchsfreiheit der Entscheidung in ein und demselben Rechtsstreit gewährleisten (vgl. Senatsurt. v. 12.1.1999 – VI ZR 77/98, VersR 1999, 734 f.). Nach ständiger Rechtsprechung des Bundesgerichtshofs darf ein Teilurteil nur ergehen, wenn die Gefahr einander widersprechender Entscheidungen ausgeschlossen ist; dabei ist auch die Möglichkeit einer abweichenden Entscheidung durch ein Rechtsmittelgericht zu berücksichtigen (vgl. Senatsurt. v. 29.3.2011 – VI ZR 117/10, BGHZ 189, 79 Rn 15). Eine solche Gefahr besteht in der Regel bei einer Mehrheit selbständiger prozessualer Ansprüche, wenn zwischen ihnen eine materiell-rechtliche Verzahnung besteht oder die Ansprüche prozessual in ein Abhängigkeitsverhältnis gestellt sind (vgl. Senatsurt. v. 29.3.2011 – VI ZR 117/10, BGHZ 189, 79 Rn 16). Eine materiell-rechtliche Verzahnung kann bei subjektiver Klagehäufung, aber auch bei objektiver Häufung inhaltlich zusammenhängender Anträge auftreten (vgl. BGH, Urt. v. 28.11.2003 – V ZR 123/03, BGHZ 157, 133, 143). Ein Teilurteil über die Klage

10. Direktklage gegen die ausländische Kfz-Haftpflichtversicherung § 12

gegen einen von mehreren einfachen Streitgenossen ist daher in der Regel unzulässig, wenn die Möglichkeit besteht, dass es in demselben Rechtsstreit, auch im Instanzenzug, zu einander widersprechenden Entscheidungen kommt. Über ein Prozessrechtsverhältnis darf deshalb nicht vorab durch Teilurteil entschieden werden, wenn eine gemeinsame Beweisaufnahme in Betracht kommt (vgl. BGH, Urt. v. 17.1.2012 – X ZR 59/11, BGHZ 193, 60 Rn 8; v. 19.12.2002 – VII ZR 176/02, ZIP 2003, 594 f.). Zwar muss gegenüber einfachen Streitgenossen grundsätzlich keine einheitliche Entscheidung getroffen werden. Eine Teilentscheidung ist aber nur zulässig, wenn sie unabhängig von der Entscheidung über den restlichen Verfahrensgegenstand ist (BGH, Urt. v. 13.10.2008 – II ZR 112/07, NJW 2009, 230 Rn 8).

Eine materiell-rechtliche Verzahnung, die einem Teilurteil entgegenstehen kann, kommt bei der Klage gegen Versicherungsnehmer und Haftpflichtversicherer, die im Verhältnis untereinander einfache Streitgenossen sind (vgl. BGH, Urt. v. 10.7.1974 – IV ZR 212/72, BGHZ 63, 51, 52 ff.), regelmäßig dann in Betracht, wenn um den Haftungsgrund gestritten wird. Eine solche Verzahnung hindert nicht stets den Erlass eines Teilurteils, insbesondere dann nicht, wenn die Klage wegen fehlender internationaler Zuständigkeit nicht gegen alle Streitgenossen zulässig ist. Dann besteht in aller Regel ein rechtlich anzuerkennendes Bedürfnis, den Streitgenossen, bezüglich dessen die Klage bereits unzulässig ist, durch Teilurteil aus dem Prozess zu entlassen. 104

So verhielt es sich im Streitfall, weil das Berufungsgericht die internationale Zuständigkeit der deutschen Gerichte für die Klage gegen die Beklagte zu Recht verneint hatte. 105

Die internationale Zuständigkeit richtete sich hier nach der schon zitierten Verordnung (EG) Nr. 44/2001 (EuGVVO), nachdem die Klage nach dem Inkrafttreten dieser Verordnung am 1.3.2002 erhoben (vgl. Art. 76, 66 Abs. 1 EuGVVO) und der sachliche und räumliche Geltungsbereich der Verordnung (vgl. Art. 1 Abs. 1 und 3 EuGVVO) im Verhältnis der Bundesrepublik Deutschland zu Belgien als Mitgliedstaat eröffnet war. Die sie ersetzende Verordnung (EU) Nr. 1215/2012 des Europäischen Parlaments und des Rates vom 12.12.2012 über die gerichtliche Zuständigkeit und die Anerkennung und Vollstreckung von Entscheidungen in Zivil- und Handelssachen (EuGVVO 2012, Abl. L. 351 v. 20.12.2012, S. 1) gilt gemäß deren Art. 81 S. 2, Art. 66 Abs. 1 erst für diejenigen Klagen, welche ab dem 10.1.2015 erhoben wurden.

Die Beklagte, die Unfallgegnerin des hier klagenden Geschädigten, hatte ihren Wohnsitz in Belgien. Auch die mitverklagte Beklagte zu 2, ihr Haftpflichtversicherer, hatte den Sitz in Belgien. 106

Zutreffend ist das Berufungsgericht davon ausgegangen, dass die internationale Zuständigkeit deutscher Gerichte für die Klage gegen die Beklagte zu 2 gegeben sein konnte. Nach der Rechtsprechung des Europäischen Gerichtshofs (EuGH, Urt. v. 13.12.2007 – C-463/06, Slg. 2007, I-11321 – FBTO/Odenbreit), der die erkennende

Senat gefolgt ist, kann nach Art. 11 Abs. 2 EuGVVO i.V.m. Art. 9 Abs. 1 Buchst. b EuGVVO der Geschädigte, der seinen Wohnsitz in einem Mitgliedstaat hat, vor dem Gericht seines Wohnsitzes eine Klage unmittelbar gegen den Versicherer erheben, sofern eine solche unmittelbare Klage zulässig ist und der Versicherer seinen Wohnsitz im Hoheitsgebiet eines anderen Mitgliedstaats hat (vgl. Senatsurt. v. 6.6.2008 – VI ZR 200/05, BGHZ 176, 276 Rn 3, 5).

107 Für die Klage gegen die zu 1 beklagte Unfallgegnerin und Versicherungsnehmerin sind dagegen gemäß Art. 2 Abs. 1 EuGVVO grundsätzlich die Gerichte ihres Wohnsitzstaates, also die belgischen Gerichte, international zuständig. Nach Art. 3 Abs. 1 EuGVVO können Personen, die ihren Wohnsitz im Hoheitsgebiet eines Mitgliedstaats haben, vor den Gerichten eines anderen Mitgliedstaats nur gemäß den Vorschriften der Abschnitte 2 bis 7 des zweiten Kapitels der EuGVVO verklagt werden. Zu den Regelungen, die eine Klage vor dem Gericht eines anderen Mitgliedstaats zulassen, gehört auch Art. 6 Nr. 1 EuGVVO. Danach kann eine Person, die ihren Wohnsitz im Hoheitsgebiet eines Mitgliedstaats hat, wenn mehrere Personen zusammen verklagt werden, vor dem Gericht des Ortes, an dem einer der Beklagten seinen Wohnsitz hat, verklagt werden, sofern zwischen den Klagen eine so enge Beziehung gegeben ist, dass eine gemeinsame Verhandlung und Entscheidung geboten erscheint, um zu vermeiden, dass in getrennten Verfahren widersprechende Entscheidungen ergehen könnten.

108 Entgegen der Auffassung der Revision war das Berufungsgericht aber zu Recht davon ausgegangen, dass über diese Regelung des Mehrparteiengerichtsstands bzw. des Gerichtsstands der Streitgenossenschaft keine Zuständigkeit der deutschen Gerichte für die Klage gegen die Beklagte begründet wird, selbst wenn die gemäß Art. 6 Nr. 1 EuGVVO erforderliche Konnexität beider Klagen gegeben sein sollte. Nach seinem Wortlaut setzt Art. 6 Nr. 1 EuGVVO voraus, dass mindestens einer der mehreren Beklagten seinen Wohnsitz am Ort des Gerichts hat. Das war im Streitfall nicht gegeben. Eine allein mit der Konnexität begründete erweiternde Auslegung oder analoge Anwendung dahingehend, dass es für die Annexzuständigkeit genügt, dass ein Mitbeklagter oder Streitgenosse aufgrund einer anderen Gerichtsstandsregelung als der allgemeinen des Art. 2 Abs. 1 EuGVVO, nämlich einer Regelung eines besonderen Gerichtsstandes, seinen Gerichtsstand am Wohnsitzgericht des Klägers hat, kommt nicht in Betracht.

109 Dies ergibt sich aus dem – schon angeführten – klaren Wortlaut von Art. 6 Nr. 1 EuGVVO und steht in Einklang mit der ständigen Rechtsprechung des Europäischen Gerichtshofs zur Auslegung der Zuständigkeitsvorschriften. Danach sind die Vorschriften der genannten Verordnung autonom unter Berücksichtigung ihrer Systematik und ihrer Zielsetzungen auszulegen (EuGH, Urt. v. 13.6.2006 – C-103/05, Slg. 2006, I-06827 Rn 29 – Reisch Montage). Ausgangspunkt dieser Auslegung sind die Erwägungsgründe der EuGVVO, die – soweit für den Streitfall von Bedeutung – wie folgt lauten:

10. Direktklage gegen die ausländische Kfz-Haftpflichtversicherung § 12

„*(11) Die Zuständigkeitsvorschriften müssen in hohem Maße vorhersehbar sein und sich grundsätzlich nach dem Wohnsitz des Beklagten richten, und diese Zuständigkeit muss stets gegeben sein außer in einigen genau festgelegten Fällen, in denen aufgrund des Streitgegenstands oder der Vertragsfreiheit der Parteien ein anderes Anknüpfungskriterium gerechtfertigt ist...*

(12) Der Gerichtsstand des Wohnsitzes des Beklagten muss durch alternative Gerichtsstände ergänzt werden, die entweder aufgrund der engen Verbindung zwischen Gericht und Rechtsstreit oder im Interesse einer geordneten Rechtspflege zuzulassen sind.

(15) Im Interesse einer abgestimmten Rechtspflege müssen Parallelverfahren so weit wie möglich vermieden werden, damit nicht in zwei Mitgliedstaaten miteinander unvereinbare Entscheidungen ergehen ..."

Sie gebieten, die besonderen Zuständigkeitsregelungen, zu denen auch Art. 6 EuGVVO gehört (vgl. Art. 3 Abs. 1 EuGVVO), eng auszulegen; eine Auslegung über die ausdrücklich in der Verordnung Nr. 44/2001 vorgesehenen Fälle hinaus ist unzulässig. Laut dem Erwägungsgrund Nr. 11 der EuGVVO müssen die Zuständigkeitsvorschriften in hohem Maße vorhersehbar sein und sich grundsätzlich nach dem Wohnsitz der Beklagten richten. Die in Art. 2 EuGVVO vorgesehene Zuständigkeit, d.h. die Zuständigkeit der Gerichte des Mitgliedstaats, in dessen Hoheitsgebiet der Beklagte seinen Wohnsitz hat, stellt den allgemeinen Grundsatz dar und besondere Zuständigkeitsregelungen in Abweichung von diesem Grundsatz sieht die Verordnung nur für abschließend aufgeführte Fälle vor. Der Charakter eines allgemeinen Grundsatzes in Art. 2 EuGVVO erklärt sich daraus, dass diese Zuständigkeitsregel dem Beklagten normalerweise die Verteidigung erleichtert. Infolgedessen können die von diesem allgemeinen Grundsatz abweichenden Zuständigkeitsregeln nicht zu einer Auslegung führen, die über die in dem Übereinkommen vorgesehenen Fälle hinausgeht.

110

Gemessen daran würde die Begründung des Mehrparteiengerichtsstands des Art. 6 Nr. 1 EuGVVO über die besondere Zuständigkeit in Versicherungssachen gemäß Art. 11 Abs. 2, Art. 9 Abs. 1 Buchst. b EuGVVO dem Versicherten oder Versicherungsnehmer den Schutz nehmen, den diese Verordnung mit dem allgemeinen Grundsatz der Zuständigkeit des Wohnsitzgerichtes verbunden mit dem abschließenden Katalog der besonderen Zuständigkeiten gewähren will. Für den Versicherten bzw. Versicherungsnehmer wäre nicht zuverlässig vorhersehbar, welche Gerichte für eine gegen ihn gerichtete Klage international zuständig wären. Die Systematik der Verordnung würde beeinträchtigt, ließe man zu, dass eine Zuständigkeit nach Art. 11 Abs. 2, Art. 9 Abs. 1 Buchst. b EuGVVO, bei der es sich um eine besondere Zuständigkeit handelt, die auf abschließend aufgeführte Fälle beschränkt ist, als Grundlage für eine Zuständigkeit für andere Klagen dienen könnte (vgl. zu Art. 5 und Art. 6 Nr. 1 EuGVVO EuGH, Urt. v. 11.10.2007 – C-98/06, Slg. 2007, I-08319 Rn 46 – Freeport). Die erweiternde Auslegung bzw. analoge Anwen-

111

dung würde ein Verlassen des abschließenden Kataloges der besonderen Zuständigkeiten bedeuten. Eine Regelungslücke der Verordnung ist insoweit nicht erkennbar. Mit dem deutlichen Hinweis auf den abschließenden Katalog der besonderen Zuständigkeiten hat der Europäische Gerichtshof auch klar gestellt, dass die in dem Erwägungsgrund Nr. 15 formulierte Zielsetzung, Parallelverfahren zur Verhinderung miteinander unvereinbarer Entscheidungen zu vermeiden, hinter dieser der Rechtssicherheit geschuldeten Regelung eines abschließenden Zuständigkeitskatalogs zurücktreten muss. Da die EuGVVO in Art. 27 und Art. 28 über die Möglichkeit der Aussetzung einen Weg zur Vermeidung miteinander unvereinbarer Entscheidungen anbietet, ist dieser Zielsetzung anderweit Rechnung getragen.

112 Dass Art. 11 Abs. 3 EuGVVO es bei einer Direktklage gegen den Versicherer diesem über eine Streitverkündung rechtlich möglich macht, den Schädiger am Wohnsitzgericht des Geschädigten auf Regress zu verklagen, steht dem nicht entgegen. Die Regelung zeigt, dass eine generelle Erweiterung des besonderen Gerichtsstandes des Versicherungsnehmers (Art. 9 Abs. 1 Buchst. b EuGVVO) bei einer Direktklage gegen den Haftpflichtversicherer nicht geschaffen werden sollte.

113 Eine Vorlage an den Gerichtshof der Europäischen Union nach Art. 267 Abs. 3 AEUV war nicht veranlasst. Die Frage, ob aus der Zuständigkeit des Wohnsitzgerichts des Klägers für eine Direktklage gegen den Haftpflichtversicherer des Unfallgegners gemäß Art. 11 Abs. 2 i.V.m. Art. 9 Abs. 1 Buchst. b EuGVVO über Art. 6 Nr. 1 EuGVVO wegen der Konnexität die Zuständigkeit für den mitbeklagten Unfallgegner bzw. Versicherten oder Versicherungsnehmer begründet werden kann, obwohl keiner der Beklagten seinen Wohnsitz im Mitgliedstaat des Klägers hat, hat der Europäische Gerichtshof bereits geklärt. Die für die Beurteilung der internationalen Zuständigkeit nach Art. 6 Nr. 1 EuGVVO richtige Auslegung ist aus den ausgeführten Gründen derart offenkundig, dass für vernünftige Zweifel kein Raum bleibt.

11. Voraussetzungen für die Zulässigkeit der Berufung

114 **BGH, Beschl. v. 10.3.2015 – VI ZB 28/14, zfs 2016, 206 = VersR 2016, 1008**

ZPO § 520 Abs. 3 S. 2 Nr. 2, Nr. 3

a) Für die Zulässigkeit der Berufung ist es ohne Bedeutung, ob die Ausführungen des Berufungsführers in sich schlüssig oder rechtlich haltbar sind.

b) Ergibt sich die Entscheidungserheblichkeit einer gerügten Rechtsverletzung oder einer beanstandeten Tatsachenfeststellung unmittelbar aus dem angefochtenen Urteil in Verbindung mit den Ausführungen in der Berufungsbegründung, bedarf sie keiner gesonderten Darlegung in der Berufungsbegründung.

11. Voraussetzungen für die Zulässigkeit der Berufung § 12

a) Der Fall

Die Klägerin nahm die Beklagten aus abgetretenem Recht ihres Ehemanns auf Ersatz materiellen Schadens aus einem Verkehrsunfall in Anspruch.

115

Der Ehemann der Klägerin fuhr mit seinem Pkw auf einer Bundesstraße hinter einem bei der Beklagten zu 3 haftpflichtversicherten Fahrzeuggespann. Die Beklagte zu 2 war Halterin des Zugfahrzeugs; der Beklagte zu 1 war dessen Fahrer und Halter des Anhängers. Als das Gespann nach links in eine Parkplatzeinfahrt abbog, fuhr der Ehemann der Klägerin auf den Anhänger auf.

Das Landgericht hat der Klage auf der Grundlage einer Haftungsquote von 60 % stattgegeben und sie im Übrigen abgewiesen. In die Abwägung der Verursachungsbeiträge hat es zulasten der Klägerin eingestellt, dass ihr Ehemann bei unklarer Verkehrslage überholt habe. Zu Lasten der Beklagten hat es neben der Länge des Gespanns und der durch den Anhänger reduzierten Übersichtlichkeit einen Verstoß gegen die doppelte Rückschaupflicht berücksichtigt. Einen Verstoß des Beklagten zu 1 gegen § 9 Abs. 5 StVO hat es aus Rechtsgründen verneint. Einen Verstoß gegen die Anzeigepflicht beim Abbiegen hat es aufgrund der vom Vorgänger des erkennenden Einzelrichters durchgeführten Zeugenvernehmung und Anhörung des Beklagten zu 1 als nicht erwiesen angesehen. Die geltend gemachten Verbringungskosten hat es als nicht ersatzfähig angesehen, da ihre Entstehung nicht nachvollziehbar sei.

116

Das Berufungsgericht hat die Berufung der Klägerin als unzulässig verworfen. Es hat ausgeführt, dass die Berufungsbegründung den Anforderungen des § 520 Abs. 3 S. 2 ZPO nur insoweit genüge, als die Kürzung der Kostenpauschale, der Mietwagenkosten und der Anwaltsgebühren angegriffen werde. Die sich daraus ergebende Beschwer in Höhe von 333,65 EUR erreiche aber nicht die Berufungssumme. Hinsichtlich der Klageabweisung im Übrigen lasse die Berufungsbegründung nicht erkennen, aus welchen tatsächlichen oder rechtlichen Gründen das angefochtene Urteil unrichtig sein solle. Es würden im Ansatz zwar Rechtsverletzungen gerügt; inwieweit das Urteil aber darauf beruhe, sei unklar. Soweit gerügt werde, wegen Verstoßes gegen den Grundsatz der Unmittelbarkeit der Beweisaufnahme sei eine Wiederholung der Beweisaufnahme geboten, sei nicht dargelegt, welche beweiserhebliche Frage zu klären sei. Auch soweit die Verneinung des § 9 Abs. 5 StVO beanstandet werde, bleibe die Entscheidungserheblichkeit der vermeintlichen Rechtsverletzung unklar. Dass das Landgericht eine Haftung der Beklagten lediglich in Höhe von 60 % angenommen habe, beruhe ausweislich der Entscheidung nicht auf der Verneinung eines Verstoßes gegen § 9 Abs. 5 StVO, sondern darauf, dass auch dem Ehemann der Klägerin ein Verkehrsverstoß vorgeworfen worden sei. Soweit gerügt werde, das Landgericht habe die Haftungsquote bestimmt, ohne den Haftungsmaßstab der einzelnen Beteiligten zu berücksichtigen, treffe dies nicht zu. Die Berufung gegen die Aberkennung der Verbringungskosten werde ausschließlich

117

auf neues Vorbringen gestützt, ohne dass aufgezeigt werde, aus welchem Grund das Vorbringen in der Berufungsinstanz zuzulassen sei.

b) Die rechtliche Beurteilung

118 Die Rechtsbeschwerde hatte Erfolg und führte zur Aufhebung des angefochtenen Beschlusses und zur Zurückverweisung der Sache an das Berufungsgericht.

Die Rechtsbeschwerde war gemäß § 522 Abs. 1 S. 4, § 574 Abs. 1 S. 1 Nr. 1 ZPO statthaft. Sie war auch im Übrigen zulässig, weil eine Entscheidung des Senats zur Sicherung einer einheitlichen Rechtsprechung erforderlich war (§ 574 Abs. 2 Nr. 2 Fall 2 ZPO). Die Verwerfung der Berufung als unzulässig verletzte die Klägerin in ihrem Verfahrensgrundrecht auf wirkungsvollen Rechtsschutz (Art. 2 Abs. 1 GG in Verbindung mit dem Rechtsstaatsprinzip). Das Berufungsgericht hatte die in § 520 Abs. 3 S. 2 ZPO normierten Anforderungen an den Inhalt der Berufungsbegründung überspannt und hierdurch der Klägerin den Zugang zur Berufungsinstanz in unzulässiger Weise verwehrt.

119 Die Rechtsbeschwerde war auch begründet. Entgegen der Auffassung des Berufungsgerichts genügte die Berufungsbegründung den Anforderungen des § 520 Abs. 3 S. 2 ZPO.

120 Nach § 520 Abs. 3 S. 2 Nr. 2 ZPO hat, wenn die Berufung darauf gestützt wird, dass die angefochtene Entscheidung auf einer Rechtsverletzung beruht (§ 513 Abs. 1 Fall 1, § 546 ZPO), die Berufungsbegründung die Bezeichnung der Umstände zu enthalten, aus denen sich nach Ansicht des Rechtsmittelführers die Rechtsverletzung und deren Erheblichkeit für die angefochtene Entscheidung ergeben. Da die Berufungsbegründung erkennen lassen soll, aus welchen tatsächlichen und rechtlichen Gründen der Berufungskläger das angefochtene Urteil für unrichtig hält, hat dieser – zugeschnitten auf den Streitfall und aus sich heraus verständlich – diejenigen Punkte rechtlicher Art darzulegen, die er als unzutreffend beurteilt ansieht, und dazu die Gründe anzugeben, aus denen sich die Fehlerhaftigkeit jener Punkte und deren Erheblichkeit für die angefochtene Entscheidung herleiten. Zur Darlegung der Fehlerhaftigkeit ist somit lediglich die Mitteilung der Umstände erforderlich, die das Urteil aus Sicht des Berufungsführers infrage stellen. Besondere formale Anforderungen werden nicht gestellt; für die Zulässigkeit der Berufung ist es insbesondere ohne Bedeutung, ob die Ausführungen in sich schlüssig oder rechtlich haltbar sind.

121 Gemäß § 520 Abs. 3 S. 2 Nr. 3 i.V.m. § 513 Abs. 1 Fall 2 ZPO hat der Berufungsführer konkrete Anhaltspunkte zu bezeichnen, die Zweifel an der Richtigkeit und Vollständigkeit der Tatsachenfeststellungen im angefochtenen Urteil begründen und deshalb eine erneute Feststellung gebieten. Da das Berufungsgericht an die vom Gericht des ersten Rechtszugs festgestellten Tatsachen grundsätzlich gebunden ist (§ 529 Abs. 1 Nr. 1 ZPO), muss die Berufung, die den festgestellten Sachverhalt angreifen will, eine Begründung dahin enthalten, warum die Bindung an die fest-

11. Voraussetzungen für die Zulässigkeit der Berufung § 12

gestellten Tatsachen ausnahmsweise nicht bestehen soll. Konkrete Anhaltspunkte, welche hiernach die Bindung des Berufungsgerichts an die vorinstanzlichen Feststellungen entfallen lassen, können sich insbesondere aus Verfahrensfehlern ergeben, die dem Eingangsgericht bei der Feststellung des Sachverhalts unterlaufen sind.

Diesen Anforderungen genügte die Berufungsbegründung. Die Klägerin hatte darin hinreichend deutlich zum Ausdruck gebracht, dass und aus welchen Gründen sie die teilweise Abweisung ihrer Klage durch das Landgericht für rechtsfehlerhaft und eine erneute – ihr günstige – Beurteilung durch das Berufungsgericht für geboten hielt. 122

Die Klägerin hatte in der Berufungsbegründung klar zu erkennen gegeben, dass sie die – für die Abwägung der wechselseitigen Verursachungsbeiträge erhebliche – Würdigung des Landgericht angreifen möchte, sie habe einen Verstoß des Beklagten zu 1 gegen die Anzeigepflicht beim Abbiegen nicht bewiesen. Mit dem Vorbringen, das Landgericht habe die Zeugenaussage ihres Ehemannes als „leicht verarmt" und damit nicht überzeugend gewürdigt, ohne sich einen persönlichen Eindruck verschafft zu haben (§ 355 ZPO), hatte die Klägerin einen Verfahrensfehler gerügt, der dem Landgericht bei der Feststellung des Sachverhalts unterlaufen sein sollte. Damit hat sie einen konkreten Anhaltspunkt aufgezeigt, der aus ihrer Sicht Zweifel an der Richtigkeit der Tatsachenfeststellungen begründet.

Die Klägerin hatte darüber hinaus geltend gemacht, das Landgericht habe rechtsfehlerhaft einen Verstoß des Beklagten zu 1 gegen die erhöhte Sorgfaltspflicht des § 9 Abs. 5 StVO verneint. Denn bei dem Parkplatz, auf den der Beklagte zu 1 abgebogen sei, handle es sich um ein Grundstück im Sinne dieser Bestimmung. Da sich der Unfall beim Abbiegen in das Grundstück ereignet habe, spreche der Beweis des ersten Anscheins für eine schuldhafte Sorgfaltspflichtverletzung des Beklagten zu 1. Diesen Beweis habe der Beklagte nicht widerlegt. Er habe bereits nicht schlüssig dargetan, den Blinker nach links betätigt zu haben. 123

Soweit das Berufungsgericht in der Berufungsbegründung eine Darlegung der Entscheidungserheblichkeit der behaupteten Rechtsverstöße vermisste, hatte es zunächst nicht berücksichtigt, dass sich diese unmittelbar aus dem angefochtenen Urteil in Verbindung mit den Ausführungen in der Berufungsbegründung ergab und deshalb keiner gesonderten Darlegung bedurfte. Es lag auf der Hand, dass sich rechtsfehlerhaft nicht berücksichtigte Verursachungsbeiträge eines Fahrzeugführers auf das Ergebnis der Haftungsabwägung gemäß § 17 Abs. 1 und 2 StVG auswirken. 124

Abgesehen davon hatte die Klägerin die Erheblichkeit der gerügten Rechtsverletzungen dargetan. Sie hatte geltend gemacht, dass aufgrund des nicht widerlegten Anscheinsbeweises von der alleinigen Haftung der Beklagten auszugehen sei. Jedenfalls sei die vom Landgericht rechtsfehlerhaft verneinte Missachtung der Anzeigepflicht beim Abbiegen und der besonderen Sorgfaltsanforderungen des § 9 Abs. 5 StVO durch den Beklagten zu 1 in die Abwägung der wechselseitigen Verursa- 125 chungsbeiträge einzustellen, was zu keinem anderen Ergebnis als der alleinigen Haftung der Beklagten führen könne.

126 Soweit das Berufungsgericht Ausführungen der Klägerin dazu vermisste, warum die vom Landgericht angenommene Sorgfaltspflichtverletzung ihres Ehemannes – Überholen bei unklarer Verkehrslage – in der Abwägung hinter den Verstößen des Beklagten zu 1 gegen § 9 Abs. 1 S. 1, Abs. 1 S. 4 und Abs. 5 StVO zurücktrete, hatte es das Vorbringen in der Berufungsbegründung übersehen, wonach den Beklagten zu 1 – anders als den Ehemann der Klägerin – eine „besondere Sorgfaltspflicht" getroffen habe. Hiermit war ersichtlich die erhöhte Sorgfaltspflicht des § 9 Abs. 5 StVO gemeint, wonach sich der Fahrzeugführer so verhalten muss, dass eine Gefährdung anderer Verkehrsteilnehmer ausgeschlossen ist. Abgesehen davon bedurfte es derartiger Ausführungen nicht. Für die Zulässigkeit der Berufung kommt es nicht darauf an, ob die von der Klägerin angenommene Haftungsquote zutreffend oder vertretbar ist. Dies ist allein eine Frage der Begründetheit.

127 Den Anforderungen des § 520 Abs. 3 S. 2 ZPO war auch insoweit genügt, als sich die Berufung gegen die Aberkennung der Verbringungskosten wandte. Entgegen der Auffassung des Berufungsgerichts war der diesbezügliche Vortrag in der Berufungsbegründung nicht neu im Sinne des § 531 Abs. 2 ZPO, sodass die besonderen Begründungsanforderungen des § 520 Abs. 3 S. 2 Nr. 4 ZPO nicht Platz griffen. Neu ist ein Vorbringen, wenn es einen sehr allgemein gehaltenen Vortrag der ersten Instanz konkretisiert und erstmals substantiiert, nicht aber dann, wenn ein bereits schlüssiges Vorbringen aus der ersten Instanz durch weitere Tatsachenbehauptungen zusätzlich konkretisiert, verdeutlicht oder erläutert wird. Letzteres war vorliegend geschehen.

128 Die Klägerin hatte den zur Wiederherstellung ihres Fahrzeugs erforderlichen Geldbetrag im Sinne des § 249 Abs. 2 S. 1 BGB erstinstanzlich auf 5.973,21 EUR beziffert und ihr Vorbringen durch Vorlage der Reparaturrechnung konkretisiert. Aus der Rechnung ergab sich, dass ihr im Zusammenhang mit der Reparatur Verbringungskosten in Höhe von 85 EUR netto berechnet worden waren. Damit hatte sie die Entstehung von Verbringungskosten schlüssig dargetan. Diesen schlüssigen Vortrag hatte sie in der Berufungsbegründung lediglich erläutert, um ein Missverständnis, dem das Landgericht unterlegen war, auszuräumen. Das Landgericht hatte die Geltendmachung von Verbringungskosten für nicht nachvollziehbar erachtet, da das Fahrzeug bereits zum konkreten Reparaturbetrieb abgeschleppt worden sei. In der Berufungsbegründung hatte die Klägerin darauf hingewiesen, dass Verbringungskosten von Abschleppkosten zu unterscheiden sind und dadurch entstehen, dass die Lackierarbeiten in der Werkstatt, in der das Fahrzeug repariert wird, nicht erledigt werden können und dieses deshalb in eine Lackiererei transportiert werden muss. Den Begriff der Verbringungskosten musste die Klägerin erstinstanzlich nicht ungefragt erläutern.

Der angefochtene Beschluss war deshalb aufzuheben und die Sache – da die Berufung auch im Übrigen zulässig war – zur Entscheidung über die Begründetheit des Rechtsmittels an das Berufungsgericht zurückzuverweisen (§ 577 Abs. 4 S. 1 ZPO).

12. Geschäftsgebühr bei nur teilweiser außergerichtlicher Erfüllung und Klageauftrag für Restforderung

BGH, Urt. v. 20.5. 2014 – VI ZR 396/13, zfs 2014, 585 = SP 2014, 279
RVG §§ 15, 22

Ein Rechtsanwalt kann die Gebühr gemäß Nr. 2300 des Vergütungsverzeichnisses (Anlage 1 zum Rechtsanwaltsvergütungsgesetz) auch dann nur einmal aus dem Gesamtgegenstandswert und nicht zweimal aus (dann niedrigeren) Teilgegenstandswerten verlangen, wenn die von ihm für seinen Mandanten geltend gemachte Forderung außergerichtlich nur teilweise erfüllt wird und ihm deshalb für den noch offenen Teil der Forderung Klageauftrag erteilt wird.

a) Der Fall

Nach einem Verkehrsunfall, für dessen Schäden die Beklagten unstreitig aufzukommen hatten, beauftragte die Klägerin im Februar 2012 ihren späteren Prozessbevollmächtigten damit, im Hinblick auf den ihr entstandenen Fahrzeugschaden, ihre Gutachter-, Mietwagen-, Ummeldungs- und Abschleppkosten sowie die allgemeine Kostenpauschale Schadensersatzansprüche in Höhe von insgesamt 8.721,45 EUR gegenüber den jetzigen Beklagten außergerichtlich geltend zu machen. Auf die anwaltliche Aufforderung, den Schaden zu regulieren, erbrachte die Beklagte zu 3 als Haftpflichtversicherer Zahlungen in Höhe von insgesamt 5.702,41 EUR. Zudem ersetzte sie der Klägerin an außergerichtlichen Rechtsverfolgungskosten 555,61 EUR, wobei sie der Abrechnung eine 1,3 Geschäftsgebühr aus einem Gegenstandswert von 5.702,41 EUR zuzüglich Auslagen und Umsatzsteuer zugrunde legte.

Nachdem die Beklagte zu 3 weitere Zahlungen abgelehnt hatte, erteilte die Klägerin ihrem Rechtsanwalt Auftrag zur Klage, mit der sie gegen die Beklagten restliche Schadensersatzansprüche in Höhe von 3.019,04 EUR zuzüglich weiterer außergerichtlicher Rechtsverfolgungskosten in Höhe von 359,50 EUR, nämlich eine 1,3-Geschäftsgebühr aus einem Gegenstandswert von 3.019,04 EUR zuzüglich Auslagenpauschale und Umsatzsteuer, geltend machte. Nach Zustellung der Klage erfüllte die Beklagte zu 3 die Hauptforderung der Beklagten voll. Auf die geltend gemachten außergerichtlichen Rechtsverfolgungskosten bezahlte sie weitere 162,79 EUR, wobei sie ihrer Berechnung eine 1,3 Geschäftsgebühr aus einem Gegenstandswert von 8.721,45 EUR zuzüglich Auslagenpauschale und Umsatzsteuer zugrunde legte und von den so ermittelten Kosten in Höhe von 718,40 EUR die bereits vorprozessual erbrachte Zahlung in Abzug brachte. Die restlichen 196,71 EUR

§ 12 Prozess- und Kostenrecht

nebst Zinsen waren – soweit für das Revisionsverfahren noch von Bedeutung – Gegenstand des Rechtsstreits.

132 Die Klägerin vertrat unter Hinweis auf das Urteil des erkennenden Senats vom 1.10.1968 – VI ZR 159/67 (VersR 1968, 1145 ff.) die Auffassung, der vorprozessual erledigte Teil der ursprünglichen Forderung einerseits und der übrige Teil der Forderung andererseits seien gebührenrechtlich auch im Hinblick auf die außergerichtliche Geschäftsgebühr gesondert zu betrachten, sodass die diesbezüglichen Kosten nicht einmal aus einem Gesamtgegenstandswert von 8.721,45 EUR, sondern gesondert einmal aus einem (Teil-)Wert von 5.702,41 EUR und zusätzlich aus einem (Teil-)Wert von 3.019,04 EUR zu berechnen seien.

133 Das Amtsgericht hat der Klage stattgegeben. Auf die vom Amtsgericht zugelassene Berufung der Beklagten hat sie das Landgericht unter Abänderung des amtsgerichtlichen Urteils abgewiesen. Mit der vom Landgericht zugelassenen Revision begehrte die Klägerin die Wiederherstellung des amtsgerichtlichen Urteils.

b) Die rechtliche Beurteilung

134 Das Berufungsurteil hielt revisionsgerichtlicher Überprüfung stand. Zutreffend kam das Berufungsgericht zum Ergebnis, dass der Klägerin kein Anspruch auf Erstattung weiterer außergerichtlicher Rechtsverfolgungskosten zustand.

Die Bemessung der Höhe eines Schadensersatzanspruchs ist in erster Linie Sache des nach § 287 ZPO besonders freigestellten Tatrichters. Sie ist revisionsrechtlich nur daraufhin überprüfbar, ob der Tatrichter Rechtsgrundsätze der Schadens-bemessung verkannt, wesentliche Bemessungsfaktoren außer Betracht gelassen oder seiner Schätzung unrichtige Maßstäbe zu Grunde gelegt hat.

135 Derartige Rechtsfehler waren dem Berufungsgericht nicht unterlaufen.

Bei der Beurteilung der Frage, ob und in welchem Umfang der dem Geschädigten zustehende Schadensersatzanspruch auch die Erstattung von Rechtsanwaltskosten umfasst, ist nach ständiger höchstrichterlicher Rechtsprechung zwischen dem Innenverhältnis des Geschädigten zu dem für ihn tätigen Rechtsanwalt und dem Außenverhältnis des Geschädigten zum Schädiger zu unterscheiden. Voraussetzung für einen Erstattungsanspruch im geltend gemachten Umfang ist grundsätzlich, dass der Geschädigte im Innenverhältnis zur Zahlung der in Rechnung gestellten Kosten verpflichtet ist und dass die konkrete anwaltliche Tätigkeit im Außenverhältnis aus der maßgeblichen Sicht des Geschädigten mit Rücksicht auf seine spezielle Situation zur Wahrnehmung seiner Rechte erforderlich und zweckmäßig war.

136 Zu Recht ging das Berufungsgericht davon aus, dass der Klägerin die streitgegenständlichen weiteren vorgerichtlichen Rechtsverfolgungskosten im Innenverhältnis zu ihrem Rechtsanwalt nicht entstanden waren. Auf der Grundlage der bis zum 31. Juli 2013 gültigen Gebührentabelle beliefen sich die der Klägerin durch die vorgerichtliche Tätigkeit ihres späteren Prozessbevollmächtigten entstandenen Kosten

12. Teilweise außergerichtliche Erfüllung und Klageauftrag für Restforderung § 12

auf 718,40 EUR. Sie setzten sich aus 1,3 Gebühren nach Nr. 2300 VV bei einem Gegenstandswert von bis zu 9.000 EUR, der Post- und Kommunikationspauschale nach Nr. 7002 VV sowie Umsatzsteuer zusammen. Dieser Betrag wurde der Klägerin von der Beklagten zu 3 bereits erstattet.

Unzutreffend ist die Auffassung der Revision, durch die vorgerichtliche Tätigkeit ihres späteren Prozessbevollmächtigten seien nicht 1,3 Gebühren aus einem Gegenstandswert von bis zu 9.000 EUR, sondern einmal 1,3 Gebühren aus einem Gegenstandswert von bis zu 6.000 EUR und zusätzlich 1,3 Gebühren aus einem Gegenstandswert von bis zu 3.500 EUR, jeweils zuzüglich Auslagen und Umsatzsteuer, angefallen. 137

Ob die Gebühren für die Inanspruchnahme anwaltlicher Tätigkeit einheitlich aus einem Gesamtwert oder, was für den Rechtsanwalt insbesondere im Hinblick auf den degressiven Verlauf der Gebührentabelle regelmäßig günstiger ist, jeweils gesondert aus dann niedrigeren Teilwerten berechnet werden, hängt – wie sich aus §§ 15, 22 RVG ergibt – davon ab, ob es sich um eine oder mehrere Angelegenheiten handelt. Unter einer Angelegenheit im gebührenrechtlichen Sinne wird dabei das gesamte Geschäft verstanden, das der Rechtsanwalt auftragsgemäß für seinen Auftraggeber besorgen soll. Vorliegend war dies die außergerichtliche Geltendmachung der gesamten Schadensersatz-ansprüche der Klägerin in Höhe von 8.721,45 EUR gegen die Unfallverursacher und die hinter ihnen stehende Haftpflichtversicherung.

Durch die weiteren Geschehensabläufe hat sich hieran nichts geändert. Die maßgebliche Einheitlichkeit des Auftrags wird nicht dadurch in Frage gestellt, dass die vom Rechtsanwalt geschuldete außergerichtliche Geltendmachung einer Forderung nur teilweise zum Erfolg führt. Denn auch die sich nach Zahlung eines Teilbetrags ggf. nur noch auf einen Teilbetrag der ursprünglichen Forderung beziehende außergerichtliche Tätigkeit wird vom Rechtsanwalt aufgrund des ursprünglichen Auftrags geschuldet. Ebenso wenig führt der Umstand, dass dem Rechtsanwalt hinsichtlich des vorgerichtlich nicht ausgeglichenen Teils der Forderung schließlich auch Klageauftrag erteilt wird, dazu, dass seine vorgerichtliche Tätigkeit insoweit nicht mehr vom ursprünglichen Auftrag umfasst wäre. 138

Entgegen der von der Revision vertretenen Auffassung lässt sich der Entscheidung des erkennenden Senats vom 1.10.1968 (VI ZR 159/67, VersR 1968, 1145 ff.) Gegenteiliges nicht entnehmen. Dabei kann offenbleiben, ob und inwieweit auch im Geltungsbereich des Rechtsanwaltsvergütungsgesetzes Raum für eine Anwendung der in der genannten Entscheidung für den Geltungsbereich der Bundesrechtsanwaltsvergütungsordnung (BRAGO) aufgestellten Grundsätze besteht. Denn die Aussage, eine bereits aus einem einheitlichen Gegenstandswert entstandene Geschäftsgebühr sei im Falle eines späteren, nur einen Teil der Forderung betreffenden Klageauftrags rückwirkend dahingehend neu zu berechnen, dass statt einer Geschäftsgebühr aus dem Gesamtstreitwert zwei getrennte Geschäftsgebühren aus 139

§ 12 Prozess- und Kostenrecht

den jeweiligen Teilstreitwerten entstehen, lässt sich dieser Entscheidung nicht entnehmen. Sie befasst sich vielmehr allein mit der Höhe der Geschäftsgebühr nach § 118 Abs. 1 BRAGO a.F. bezüglich des nicht vom Klageauftrag erfassten Teils der Forderung sowie mit der Höhe der für den anderen Teil der Forderung angefallenen Gebühren nach § 31 BRAGO a.F. Eine Aussage zur Berechnung der nach § 118 Abs. 1 BRAGO a.F. auch für den später vom Klageauftrag erfassten Teil der Forderung entstandenen, nach § 118 Abs. 2 BRAGO a.f. aber auf die Gebühren nach § 31 BRAGO a.f. anzurechnenden Gebühren enthält sie demgegenüber nicht.

13. Berücksichtigung nicht zuerkannter Rechtsanwaltskosten für die Einholung einer Deckungszusage bei der Ermittlung der Beschwer

140   BGH, Beschl. v. 20.5.2014 – VI ZB 49/12, VersR 2014, 1149
ZPO §§ 4 Abs. 1 Hs. 2, 511 Abs. 2 Nr. 1

Nicht zuerkannte Kosten für die Einholung einer Deckungszusage können der Beschwer nur hinzugerechnet werden, soweit die zugrunde liegende Hauptforderung nicht mehr Prozessgegenstand ist (im Anschluss an Senatsbeschl. v. 8.5.2012 – VI ZB 1/11, VersR 2012, 1272 Rn 7 m.w.N. und VI ZB 2/11, juris).

a) Der Fall

141   Die Klägerin nahm den beklagten Haftpflichtversicherer aus einem Verkehrsunfall auf Schadensersatz in Anspruch. Die Beklagte hatte vorgerichtlich Schadensersatz in Höhe von 8.790,17 EUR geleistet. Mit der vorliegenden Klage hatte die Klägerin einen weiteren Betrag von insgesamt 1.791,00 EUR geltend gemacht, und zwar (restliche) Mietwagenkosten in Höhe von 670,14 EUR, außergerichtliche Rechtsanwaltskosten in Höhe von insgesamt 891,31 EUR sowie Kosten für die Einholung einer Deckungszusage in Höhe von 229,55 EUR.

142   Das Amtsgericht hat der Klägerin einen weiteren Teil der geltend gemachten Mietwagenkosten in Höhe von 368,77 EUR zuerkannt und die Beklagte darüber hinaus verurteilt, die Klägerin von einem Teil der vorgerichtlichen Rechtsanwaltskosten in Höhe von 775,64 EUR freizustellen. Die Klage hinsichtlich der geltend gemachten Kosten von 229,55 EUR für die Einholung der Deckungszusage hat das Amtsgericht abgewiesen.

143   Mit der Berufung hat die Klägerin ihr Zahlungsbegehren in Höhe von weiteren 1.422,23 EUR weiterverfolgt, und zwar betreffend 301,37 EUR Mietwagenkosten, 891,31 EUR vorgerichtliche Rechtsanwaltskosten und 229,55 EUR Rechtsanwaltskosten für die Einholung der Deckungszusage. Das Landgericht hat die Berufung mit der Begründung als unzulässig verworfen, da sie die Wertgrenze des § 511

13. Berücksichtigung nicht zuerkannter Rechtsanwaltskosten § 12

Abs. 2 Nr. 1 ZPO nicht erreiche. Dagegen wandte sich die Klägerin mit der vorliegenden Rechtsbeschwerde.

b) Die rechtliche Beurteilung

Die Rechtsbeschwerde war gemäß § 574 Abs. 1 S. 1 Nr. 1, § 522 Abs. 1 S. 4 ZPO statthaft. Die Rechtsbeschwerde war aber nicht zulässig, weil es an einem Zulassungsgrund gemäß § 574 Abs. 2 ZPO fehlte. Insbesondere war eine Entscheidung des Rechtsbeschwerdegerichts zur Sicherung einer einheitlichen Rechtsprechung (§ 574 Abs. 2 Nr. 2 Fall 2 ZPO) nicht erforderlich. Das Berufungsgericht hatte das Verfahrensgrundrecht der Klägerin auf Gewährung wirkungsvollen Rechtsschutzes (Art. 2 Abs. 1 GG in Verbindung mit dem Rechtsstaatsprinzip) entgegen der Ansicht der Rechtsbeschwerde nicht verletzt. Die Annahme des Berufungsgerichts, die Berufung sei im Hinblick auf die Wertgrenze des § 511 Abs. 2 Nr. 1 ZPO unzulässig, war zutreffend. Der Wert des Beschwerdegegenstandes der Berufung überstieg die Wertgrenze von 600 EUR (§ 511 Abs. 2 Nr. 1 ZPO) nicht.

144

Allerdings sind mit der Berufung weiter verfolgte Nebenforderungen im Sinne von § 4 Abs. 1 Hs. 2 ZPO bei der Rechtsmittelbeschwer zu berücksichtigen, soweit sie Hauptforderungen geworden sind. Sobald und soweit die Hauptforderung nicht mehr Prozessgegenstand ist, wird die Nebenforderung zur Hauptforderung, weil sie sich von der sie bedingenden Forderung gelöst hat und es ohne Hauptforderung keine Nebenforderung gibt.

Die von der Klägerin geltend gemachten Rechtsanwaltskosten aus dem von der Beklagten vorgerichtlich geleisteten Betrag von 8.790,17 EUR waren demnach zur Hauptforderung geworden. Insoweit hatte die Klägerin eine 1,5-fache Geschäftsgebühr aus 8.790,17 EUR mit Auslagen und Mehrwertsteuer in Höhe von insgesamt 825,27 EUR geltend gemacht, wovon das Amtsgericht eine 1,3-fache Geschäftsgebühr aus 8.790,17 EUR nebst Auslagen und Mehrwertsteuer in Höhe von insgesamt 718,40 EUR zuerkannt hatte. Demnach war die Klägerin durch das erstinstanzliche Urteil nicht nur beschwert durch die nicht zuerkannten restlichen Mietwagenkosten in Höhe von 301,37 EUR (670,14 EUR abzüglich zuerkannter 368,77 EUR), sondern auch durch die nicht zuerkannten außergerichtlichen Rechtsanwaltskosten, die zur Hauptforderung geworden waren, in Höhe von 106,87 EUR (825,27 EUR abzüglich zuerkannter 718,40 EUR). Dies ergab einen Betrag von insgesamt 408,24 EUR. Was die nicht zuerkannten Kosten für die Einholung einer Deckungszusage in Höhe von 229,55 EUR anbelangte, konnten diese der Beschwer ebenfalls nur hinzugerechnet werden, soweit die zugrunde liegende Hauptforderung nicht mehr Prozessgegenstand war (vgl. Senatsbeschl. v. 8.5.2011 – VI ZB 1/11, VersR 2012, 1272 Rn 7 m.w.N. und – VI ZB 2/11, juris). Da die zugrunde liegende Hauptforderung in erster Instanz nur teilweise zugesprochen worden war, hatte sich nur ein Teil der Kosten für die Einholung einer Deckungszusage von der

145

Hauptforderung emanzipiert. Dies führte nicht dazu, dass in der Summe die Wertgrenze von 600 EUR überschritten wurde.

14. Keine nachträgliche Zulassung der Revision durch das Berufungsgericht im Anhörungsrügeverfahren

146 BGH, Urt. v. 16.9. 2014 – VI ZR 55/14, VersR 2015, 82
ZPO §§ 318, 321a, 543 Abs. 1 Nr. 1; GG Art. 103 Abs. 1
Lässt das Berufungsgericht auf eine Anhörungsrüge hin die Revision nachträglich zu, bindet die Zulassungsentscheidung das Revisionsgericht nicht, wenn bei der vorangegangenen Entscheidung, die Revision nicht zuzulassen, ein Verstoß gegen den Anspruch auf rechtliches Gehör nicht vorgelegen hat.

a) Der Fall

147 Die Parteien stritten um restliche Schadensersatzansprüche aus einem Verkehrsunfall vom 23.2.2012. Die volle Einstandspflicht der Beklagten war dem Grunde nach unstreitig. Im Streit stand insbesondere die Höhe der Nettoreparaturkosten, die der Kläger fiktiv auf Gutachtenbasis ersetzt verlangte.

Der Kläger hatte diese für sein viereinhalb Jahre altes Fahrzeug mit 4.376,36 EUR beziffert und mit der Klage nach Erstattung eines Teilbetrags in Höhe von 3.453,82 EUR durch die Beklagte einen Restbetrag von 922,54 EUR sowie restliche Sachverständigenkosten in Höhe von 120,81 EUR verlangt. Der von ihm berechnete Betrag sind die Kosten, welche eine markengebundene BMW-Werkstatt, die 1,2 km entfernt von seinem Wohnsitz war, verlangt hätte. Demgegenüber meinte die Beklagte, dem Kläger seien nur Kosten zu erstatten, welche eine von ihr benannte Werkstatt in Rechnung stelle, die eine gleichwertige Reparaturmöglichkeit biete.

148 Das Amtsgericht hat der Klage in Höhe von 27,71 EUR stattgegeben und sie im Übrigen abgewiesen. Das Landgericht hat die Berufung des Klägers zurückgewiesen. Es hat in seinem Urteil, welches dem Prozessbevollmächtigten des Klägers am 10.12.2013 zugestellt worden ist, die Revision nicht zugelassen, da die Kammer bereits in einer anderen Sache mit identischer Rechtsfrage die Revision zugelassen habe. Auf die „Gehörsrüge" des Klägers hat es durch Beschluss vom 13.1.2014 die Revision doch noch zugelassen. Mit der am 10.2.2014 eingelegten Revision verfolgte der Kläger seinen Berufungsantrag auf Zahlung weiterer 1.015,64 EUR weiter.

b) Die rechtliche Beurteilung

149 Die Revision war unzulässig, weil die Zulassungsentscheidung unstatthaft und verfahrensrechtlich nicht bindend war.

14. Keine nachträgliche Zulassung der Revision durch das Berufungsgericht § 12

Das Revisionsgericht ist gemäß § 543 Abs. 2 S. 2 ZPO grundsätzlich an die Zulassung auch dann gebunden, wenn die seitens des Berufungsgerichts für maßgeblich erachteten Zulassungsgründe aus Sicht des Revisionsgerichts nicht vorliegen. Durfte die Zulassung dagegen verfahrensrechtlich überhaupt nicht ausgesprochen werden, ist sie unwirksam. Das gilt auch für eine prozessual nicht vorgesehene nachträgliche Zulassungsentscheidung, die die Bindung des Gerichts an seine eigene Endentscheidung gemäß § 318 ZPO außer Kraft setzen würde. So kann die versehentlich unterlassene Zulassung nicht durch ein Ergänzungsurteil gemäß § 321 ZPO nachgeholt werden. Befasst sich das Berufungsurteil nämlich nicht ausdrücklich mit der Zulassung, spricht es damit aus, dass die Revision nicht zugelassen wird, und zwar auch dann, wenn das Berufungsgericht die Möglichkeit der Zulassung gar nicht bedacht hat. Auch die Zulassung in einem Berichtigungsbeschluss gemäß § 319 ZPO bindet das Revisionsgericht nicht, wenn sich aus dem Urteil selbst keine – auch für Dritte erkennbare – offenbare Unrichtigkeit ergibt. Nichts anderes gilt, wenn das Berufungsgericht – wie hier – seine bewusste Entscheidung, die Revision nicht zuzulassen, verfahrensfehlerhaft aufgrund einer Anhörungsrüge gemäß § 321a ZPO ändert.

Die Entscheidung des Berufungsgerichts war schon deshalb verfahrensfehlerhaft, weil es nicht durch Beschluss entscheiden durfte, sondern gemäß § 321a Abs. 5 S. 2 ZPO erneut in die mündliche Verhandlung hätte eintreten und gemäß § 321a Abs. 5 S. 3 ZPO i.V.m. § 343 ZPO durch Urteil entscheiden müssen. Ob dies für sich genommen einer wirksamen Zulassung entgegenstand, konnte offen bleiben. Denn auch in der Sache lagen die Voraussetzungen für eine Entscheidung gemäß § 321a ZPO nicht vor. 150

Die Anhörungsrüge räumt dem Gericht keine umfassende Abhilfemöglichkeit ein, sondern dient allein der Behebung von Verstößen gegen den Anspruch auf rechtliches Gehör. Daran fehlte es hier. Die unterbliebene Zulassung der Revision als solche kann den Anspruch auf rechtliches Gehör nicht verletzen, es sei denn, auf die Zulassungsentscheidung bezogener Vortrag der Parteien ist verfahrensfehlerhaft übergangen worden. Art. 103 Abs. 1 GG soll sichern, dass die Entscheidung frei von Verfahrensfehlern ergeht, die auf mangelnder Kenntnisnahme oder Erwägung des Sachvortrags der Prozessbeteiligten beruhen. Sein Schutzbereich ist auf das von dem Gericht einzuhaltende Verfahren, nicht aber auf die Kontrolle der Entscheidung in der Sache gerichtet. 151

Entgegen der Auffassung des Landgerichts lag offensichtlich keine Verletzung des rechtlichen Gehörs vor, die für die Ablehnung der Zulassung im Urteil vom 20.11.2013 erheblich war. Gemäß dem Protokoll hatte der Prozessbevollmächtigte des Klägers in der mündlichen Verhandlung am 20.11.2013 beantragt, die Revision gegen ein Urteil der Kammer zuzulassen. Am Schluss der Sitzung hat das Landgericht sein Urteil verkündet und die Revision nicht zugelassen. Die Begründung des Urteils zeigte, dass das Landgericht bewusst die Nichtzulassungsentscheidung 152

539

getroffen hatte, weil es in anderer Sache mit identischer Rechtsfrage die Revision zugelassen hatte. Unter diesen Umständen war offensichtlich, dass nicht ein Klägervortrag übergangen wurde, welcher für die Zulassungsentscheidung erheblich wurde. Die Annahme einer Gehörsverletzung im Beschluss des Landgerichts diente offensichtlich nur dazu, eine fehlerhafte Zulassungsentscheidung zu korrigieren, ohne dass die Voraussetzungen für eine Gehörsverletzung im Sinne des § 321a ZPO gegeben waren. Zwar hatte der Kläger mit seiner „Gehörsrüge" auch eine Verletzung des Grundrechts aus Art. 3 Abs. 1 GG geltend gemacht und kann auch eine willkürlich unterbliebene Zulassung den Anspruch auf den gesetzlichen Richter gemäß Art. 101 Abs. 1 S. 2 GG verletzen sowie den Anspruch auf Gewährung effektiven Rechtsschutzes berühren (Art. 2 Abs. 1 GG i.V.m. dem Rechtsstaatsprinzip). Die Verletzung dieser Verfahrensgrundrechte kann aber nicht Gegenstand der auf Gehörsverstöße beschränkten Anhörungsrüge sein.

153 Die Zulassungsentscheidung führte auch nicht als Entscheidung über eine analog § 321a ZPO erhobene Rüge der Verletzung anderer Verfahrensgrundrechte zu einer bindenden Zulassung der Revision.

154 Allerdings hat der Bundesgerichtshof die auf eine Gegenvorstellung hin ausgesprochene Zulassung der Rechtsbeschwerde in analoger Anwendung von § 321a ZPO unter der Voraussetzung für zulässig erachtet, dass die Zulassung zuvor willkürlich unterblieben war, und hat dies aus dem Anspruch des Beschwerdeführers auf den gesetzlichen Richter gemäß Art. 101 Abs. 1 S. 2 GG hergeleitet. Dies kam hier in Betracht, weil das Berufungsgericht in einem am gleichen Tag verhandelten Rechtsstreit mit identischer Rechtsfrage die Revision zugelassen hatte.

155 Die Rechtsprechung zur nachträglichen Zulassung der Rechtsbeschwerde in analoger Anwendung von § 321a ZPO kann aber nicht auf die Zulassung der Revision übertragen werden. Gegen einen Beschluss ist die Rechtsbeschwerde statthaft, wenn dies im Gesetz ausdrücklich bestimmt ist oder das Beschwerdegericht, das Berufungsgericht oder das Oberlandesgericht im ersten Rechtszug sie in dem Beschluss zugelassen hat (§ 574 Abs. 1 S. 1 ZPO). Demgegenüber kann die Nichtzulassung der Revision durch das Berufungsgericht grundsätzlich durch eine Nichtzulassungsbeschwerde angefochten werden (§ 544 Abs. 1 S. 1 ZPO). Mithin bedarf es grundsätzlich bei der Nichtzulassung der Revision anders als bei einem Beschluss nicht des außerordentlichen Rechtsbehelfs der Gegenvorstellung, um sich gegen die Nichtzulassung der Revision zu wenden, jedenfalls dann, wenn der Wert der mit der Revision geltend zu machenden Beschwer gemäß § 26 Nr. 8 EGZPO erreicht ist.

156 Diese gesetzliche Regelung entspricht den Anforderungen der Rechtsprechung des Bundesverfassungsgerichts. Danach genügen außerhalb des geschriebenen Rechts geschaffene außerordentliche Rechtsbehelfe den verfassungsrechtlichen Anforderungen an die Rechtsmittelklarheit nicht. Die Rechtsbehelfe müssen in der geschriebenen Rechtsordnung geregelt und in ihren Voraussetzungen für den Bürger erkennbar sein. Es verstößt grundsätzlich gegen die Anforderungen an die Rechtsmittelklarheit, wenn die Rechtsprechung außerordentliche Rechtsbehelfe außerhalb des geschriebenen Rechts schafft, um tatsächliche oder vermeintliche Lücken im bisherigen Rechtsschutzsystem zu schließen. Demgemäß ist es nach der verfassungsrechtlichen Rechtsprechung ausgeschlossen, gesetzlich geregelte Bindungen des Gerichts an seine eigenen Entscheidungen, wie insbesondere die Innenbindung während des laufenden Verfahrens nach § 318 ZPO, ohne gegenläufige gesetzliche Grundlage zu übergehen. Vor allem ist dann, wenn ein Gericht auf eine Gegenvorstellung an seiner eigenen, von ihm selbst als fehlerhaft erkannten Entscheidung nicht festhalten will, zu beachten, dass die Lösung des hier zu Tage tretenden Konflikts zwischen materieller Gerechtigkeit und Rechtssicherheit in erster Linie dem Gesetzgeber übertragen ist. Dies gilt insbesondere für gerichtliche Entscheidungen, die ungeachtet etwaiger Rechtsfehler nach dem jeweiligen Verfahrensrecht in Rechtskraft erwachsen und deshalb weder mit ordentlichen Rechtsbehelfen angegriffen noch vom erkennenden Gericht selbst abgeändert werden können.

Die vorstehenden Ausführungen sprechen dafür, jedenfalls bei Nichtzulassung der Revision auch in dem hier gegebenen Fall, in dem der Wert der mit der Revision geltend zu machenden Beschwer (§ 26 Nr. 8 EGZPO) nicht erreicht ist, nicht den außerordentlichen Rechtsbehelf der Gegenvorstellung zuzulassen.

15. Kostentragungspflicht des Klägers bei Klagerücknahme wegen Erledigung der Hauptsache nach Rechtshängigkeit

BGH, Beschl. v. 19.8.2014 – VI ZB 17/13, zfs 2015, 211 = NJW 2014, 3520
ZPO § 269 Abs. 3 S. 3 ZPO

Orientierungssatz juris:

Eine entsprechende Anwendung des § 269 Abs. 3 S. 3 ZPO scheidet aus, wenn das erledigende Ereignis nach Rechtshängigkeit eingetreten ist. Denn in diesem Fall kann die klagende Partei durch eine Erledigungserklärung eine für sie günstige Kostenentscheidung erwirken (Fortführung BGH, 27.10.2003 – II ZB 38/02, NJW 2004, 223).

a) Der Fall

Die Klägerin hatte den Beklagten auf Ersatz materiellen Schadens aus einem Verkehrsunfall in Anspruch genommen. Die Klage ist dem Beklagten am 18. Januar 2013 zugestellt worden. Die Haftpflichtversicherung des Beklagten hat die Klagforderung am 30. Januar 2013 ausgeglichen. Mit Schriftsatz vom 31. Januar 2013 hat die Klägerin die Klage zurückgenommen und beantragt, dem Beklagten die Kosten des Rechtsstreits aufzuerlegen.

Das Amtsgericht hat der Klägerin gemäß § 269 Abs. 3 S. 2 ZPO die Kosten des Rechtsstreits auferlegt. Das Landgericht hat die hiergegen gerichtete sofortige Beschwerde durch Beschluss des Einzelrichters zurückgewiesen und die Rechtsbeschwerde wegen der grundsätzlichen Bedeutung der Sache zugelassen.

b) Die rechtliche Beurteilung

160 Die Rechtsbeschwerde führte zur Aufhebung der angefochtenen Entscheidung und zur Zurückverweisung der Sache an das Beschwerdegericht.

Die Rechtsbeschwerde war gemäß § 574 Abs. 1 S. 1 Nr. 2 ZPO statthaft und auch im Übrigen zulässig. Die Zulassung der Rechtsbeschwerde war nicht deshalb unwirksam, weil sie durch den Einzelrichter erfolgt war, obwohl er bei Annahme eines Zulassungsgrundes das Verfahren gemäß § 568 S. 2 Nr. 2 ZPO der mit drei Richtern besetzten Kammer hätte übertragen müssen. An eine dennoch erfolgte Zulassung ist das Rechtsbeschwerdegericht gemäß § 574 Abs. 3 S. 2 ZPO gebunden.

161 Die Rechtsbeschwerde war auch begründet. Die angefochtene Entscheidung unterlag bereits deshalb der Aufhebung, weil sie unter Verletzung des Verfassungsgebots des gesetzlichen Richters ergangen ist. Der Einzelrichter durfte nicht selbst entscheiden, sondern hätte das Verfahren wegen der von ihm angenommenen grundsätzlichen Bedeutung der Rechtssache gemäß § 568 S. 2 Nr. 2 ZPO der mit drei Richtern besetzten Kammer übertragen müssen. Mit seiner Entscheidung hat er die Beurteilung der grundsätzlichen Bedeutung der Sache dem Kollegium als dem gesetzlich zuständigen Richter entzogen. Diesen Verstoß gegen das Verfassungsgebot des gesetzlichen Richters hatte der Senat von Amts wegen zu beachten.

162 Für das weitere Verfahren wies der Senat darauf hin, dass der Bundesgerichtshof über die Zulassungsfrage bereits entschieden hat. Danach scheidet eine entsprechende Anwendung des § 269 Abs. 3 S. 3 ZPO aus, wenn das erledigende Ereignis nach Rechtshängigkeit eingetreten ist. Denn in diesem Fall kann die klagende Partei durch eine Erledigungserklärung eine für sie günstige Kostenentscheidung erwirken (BGH, Beschl. vom 27.10.2003 – II ZB 38/02, NJW 2004, 223, 224). Dass eine ausdrückliche Klagerücknahme nicht als Erledigungserklärung ausgelegt oder in eine solche umgedeutet werden kann, ist ebenfalls höchstrichterlich geklärt (BGH, Beschl. v. 13.12.2006 – XII ZB 71/04, NJW 2007, 1460 Rn 10 f.).

16. Erstattungsfähigkeit vorgerichtlicher Rechtsanwaltskosten des Geschädigten für die Inanspruchnahme seiner Kfz-Kaskoversicherung

BGH, Urt. v. 11.7.2017 – VI ZR 90/17, VersR 2017, 1155
BGB § 249; ZPO § 287; RVG §§ 14, 15
a) Allein der Umstand, dass bei der späteren Regulierung durch den Kaskoversicherer auch ein Quotenvorrecht des Geschädigten zu berücksichtigen sein kann, reicht nicht aus, um aus der maßgeblichen Sicht des Geschädigten die Erforderlichkeit der anwaltlichen Vertretung schon bei der ersten Kontaktaufnahme mit seinem Kaskoversicherer zu begründen (Fortführung von Senat, Urt. v. 18.1.2005 – VI ZR 73/04; v. 10.1.2006 – VI ZR 43/05 und v. 8.5.2012 – VI ZR 196/11).

b) Wird in einem solchen Fall eine Vertretung durch einen Rechtsanwalt im späteren Verlauf erforderlich, führt die zu frühe Einschaltung des Rechtsanwalts – für sich genommen – nicht notwendig zu einem vollständigen Ausschluss des gemäß § 287 ZPO frei zu schätzenden Schadens wegen der Rechtsverfolgungskosten.

c) Im Falle einer quotenmäßigen Haftung des Schädigers sind diesem Rechtsverfolgungskosten, die dadurch entstehen, dass der Geschädigte seinen Kaskoversicherer nur im Hinblick auf den ihm selbst verbleibenden Schadensteil in Anspruch nimmt, nicht zuzurechnen.

a) Der Fall

Der Kläger machte gegen die Beklagten Ansprüche auf Ersatz materiellen und immateriellen Schadens aus einem Verkehrsunfall geltend. Das Fahrzeug des Klägers und das von der Beklagten zu 1 gefahrene und bei der Beklagten zu 3 haftpflichtversicherte Fahrzeug des Beklagten zu 2 stießen am 14.12.2012 frontal zusammen. Beide Fahrzeuge wurden beschädigt, der Kläger wurde verletzt. Er beauftragte seinen mit der Abwicklung des Schadensfalls gegenüber den Beklagten betrauten vormaligen Prozessbevollmächtigten (im Folgenden Bevollmächtigter), auch die Ansprüche gegenüber seinem Kaskoversicherer geltend zu machen.

Der Bevollmächtigte zeigte dem Kaskoversicherer dies mit Schreiben vom 30.1.2014 an und fügte das Anspruchsschreiben an den gegnerischen Haftpflichtversicherer sowie das Sachverständigengutachten vom 17.12.2013 bei. In der Folge übersandte er das Abrechnungsschreiben des gegnerischen Versicherers vom 15.5.2014 mit der Bitte um Gewährung von Versicherungsschutz nach Maßgabe des Quotenvorrechts. Mit Schreiben vom 12.6.2014 rechnete der Kaskoversicherer ab. Er zahlte für einen Fahrzeugschaden in Höhe von 8.510 EUR abzüglich der Selbstbeteiligung in Höhe von 300 EUR und der bereits erfolgten Zahlung des gegnerischen Haftpflichtversicherers in Höhe von 4.255 EUR einen Betrag in Höhe

§ 12 Prozess- und Kostenrecht

von insgesamt 3.955 EUR. Mit Schreiben vom 20.6.2014 bat der Bevollmächtigte um eine Überprüfung der Abrechnung. Er wies darauf hin, dass es noch des Ausgleichs der restlichen kongruenten Schadenspositionen – hier der Abschleppkosten und der Sachverständigenkosten – bedürfe.

166 Der Kaskoversicherer regulierte mit Schreiben vom 31.7.2014 „den Vollkaskoschaden anteilig mit 4.871,46 EUR" und zahlte einen weiteren Betrag in Höhe von 300 EUR. Der Betrag in Höhe von 4.871,46 EUR entsprach gemäß der dem Schreiben beigefügten Abrechnung der Hälfte des aus Reparaturkosten in Höhe von 8.510 EUR, Abschleppkosten in Höhe von 606,84 EUR und Sachverständigenkosten in Höhe von 626,08 EUR bestehenden Gesamtschadens. Der Bevollmächtigte rechnete seine Tätigkeit gegenüber dem Kläger mit Schreiben vom 4.8.2014 in Höhe von 492,54 EUR auf der Grundlage eines Gegenstandswerts von 4.871,46 EUR ab, wobei er eine Geschäftsgebühr von 1,3 ansetzte.

167 Der Kläger nahm die Beklagten auf Zahlung dieses Betrages sowie weiteren materiellen und immateriellen Schadens in Anspruch. Das Berufungsgericht hat eine Haftung der Beklagten in Höhe von 50 % zugrunde gelegt und die Beklagten – soweit hier noch erheblich – zur Zahlung von Schadensersatz in Höhe von weiteren 497,53 EUR nebst Zinsen verurteilt. Wegen des Anspruchs auf Erstattung der durch die Vertretung gegenüber dem Kaskoversicherer angefallenen Rechtsanwaltskosten in Höhe von 492,54 EUR (im Folgenden auch streitgegenständliche Rechtsanwaltskosten) hat es die Klage abgewiesen und insoweit zur Sicherung einer einheitlichen Rechtsprechung die Revision zugelassen. Mit der wegen der Haftungsquote auf den hälftigen Betrag in Höhe von 246,27 EUR beschränkten Revision verfolgte der Kläger seinen Schadensersatzanspruch wegen der Rechtsanwaltskosten weiter.

b) Die rechtliche Beurteilung

168 Die Revision hatte keinen Erfolg. Zwar hielt das Berufungsurteil den Rügen der Revision nicht stand; die Entscheidung war aber aus anderen Gründen richtig, § 561 ZPO. Im Ergebnis stand dem Kläger ein Anspruch auf Ersatz der geltend gemachten vorgerichtlichen Rechtsanwaltskosten nicht zu, § 249 Abs. 1 BGB.

Die Bemessung der Höhe des Schadensersatzanspruchs ist in erster Linie Sache des nach § 287 ZPO besonders freigestellten Tatrichters. Sie ist revisionsrechtlich nur daraufhin überprüfbar, ob der Tatrichter Rechtsgrundsätze der Schadensbemessung verkannt, wesentliche Bemessungsfaktoren außer Betracht gelassen oder seiner Schätzung unrichtige Maßstäbe zugrunde gelegt hat. Einen solchen Rechtsfehler zeigte die Revision hier auf. Das Berufungsgericht hatte Rechtsgrundsätze der Schadensbemessung verkannt.

169 Zwar ging es zunächst zutreffend davon aus, dass die Inanspruchnahme anwaltlicher Hilfe bei der Schadensanmeldung gegenüber dem Kaskoversicherer aus der maßgeblichen Sicht des Klägers nicht erforderlich war, § 249 Abs. 1 BGB.

16. Erstattungsfähigkeit vorgerichtlicher Rechtsanwaltskosten § 12

Zu den ersatzpflichtigen Aufwendungen des Geschädigten zählen grundsätzlich die durch das Schadensereignis erforderlich gewordenen und adäquat verursachten Rechtsverfolgungskosten. Teil der Schadensabwicklung ist auch die Entscheidung, den Schadensfall einem Versicherer zu melden. Die für die Anmeldung des Versicherungsfalles bei dem eigenen Versicherer anfallenden Rechtsverfolgungskosten können daher ersatzfähig sein, wenn sie adäquat kausal auf dem Schadensereignis beruhen und die Inanspruchnahme anwaltlicher Hilfe unter den Umständen des Falles aus der maßgeblichen Sicht des Geschädigten mit Rücksicht auf seine spezielle Situation zur Wahrnehmung seiner Rechte erforderlich und zweckmäßig war (Senatsurt. v. 18.1.2005 – VI ZR 73/04, NJW 2005, 1112; v. 10.1.2006 – VI ZR 43/05, NJW 2006, 1065 Rn 6; 8.5.2012 – VI ZR 196/11, DAR 2012, 387 Rn 8).

Ohne Erfolg wandte sich die Revision gegen die auf dieser Grundlage erfolgte Beurteilung des Berufungsgerichts, es sei dem Kläger selbst möglich gewesen, seinen Kaskoversicherer zur Leistung aufzufordern. **170**

Nach den Feststellungen des Berufungsgerichts beschränkte sich das erste Schreiben des Bevollmächtigten darauf, dem Kaskoversicherer den Schadensfall unter Übersendung des Anspruchsschreibens an den gegnerischen Haftpflichtversicherer und des Sachverständigengutachtens zu melden. Es war weder ersichtlich noch dargetan, warum der Kläger die ihm wegen der Beschädigung seines Fahrzeugs gegen seinen eigenen Kaskoversicherer zustehenden Ansprüche nicht ohne anwaltliche Hilfe bei diesem hätte anmelden können. Es bestanden nach den Feststellungen des Berufungsgerichts keine Anhaltspunkte dafür, dass der Kaskoversicherer seine Leistungspflicht in Abrede stellen oder zögerlich oder fehlerhaft regulieren werde.

Die Revision begründete die von ihr angenommene Erforderlichkeit der anwaltlichen Vertretung bei der Schadensanmeldung (lediglich) damit, dass dem Kläger das Quotenvorrecht gemäß § 86 Abs. 1 S. 2 VVG (vgl. Senatsurt. v. 8.12.1981 – VI ZR 153/80, BGHZ 82, 338 ff. m.w.N.) zugestanden habe und es sich dabei um eine komplexe Schadensmaterie handele. Entgegen der Ansicht der Revision reichte aber allein der Umstand, dass bei der späteren Regulierung durch den Kaskoversicherer auch ein Quotenvorrecht des Geschädigten zu berücksichtigen sein kann, nicht aus, um aus der maßgeblichen Sicht des Geschädigten die Erforderlichkeit der anwaltlichen Vertretung schon bei der ersten Kontaktaufnahme mit dem Kaskoversicherer zu begründen. Die Revision verkannte, dass es bei der Beurteilung auf die konkrete anwaltliche Tätigkeit ankommt, die hier lediglich in der Übersendung bereits vorhandener Unterlagen bestanden hat. Insbesondere machte die Revision weder geltend noch war sonst ersichtlich, dass das Quotenvorrecht bereits bei der Schadensanmeldung eine irgendwie geartete Bedeutung hätte erlangen können, beispielsweise etwa die Verrechnung von durch den gegnerischen Haftpflichtversicherer gezahlten Vorschüssen erforderlich gewesen sei (dazu OLG Frankfurt am Main, Urt. v. 2.12.2014 – 22 U 171/13, DAR 2015, 236, 237; vgl. auch *Balke*, SVR 2016, 349, 351 f.). **171**

§ 12 Prozess- und Kostenrecht

172 Zu Recht als rechtsfehlerhaft rügte die Revision aber die Annahme des Berufungsgerichts, soweit angesichts der umfangreichen Korrespondenz mit dem Kaskoversicherer eine Erforderlichkeit der anwaltlichen Vertretung im weiteren Verlauf in Betracht komme, stehe dem Kläger kein Schadensersatzanspruch zu, weil der Gebührenanspruch bereits mit dem ersten – nicht erforderlichen – Schreiben des Bevollmächtigten in voller Höhe entstanden sei. Der Umstand, dass der Kläger seinen Bevollmächtigten bereits bei der Schadensanmeldung, mithin zu früh, eingeschaltet hatte, führte – für sich genommen – jedenfalls nicht zu einem vollständigen Ausschluss des gemäß § 287 ZPO frei zu schätzenden Schadens wegen der dem Kläger entstandenen Rechtsverfolgungskosten.

173 Bei der hier geltend gemachten Geschäftsgebühr handelt es sich um eine Satzrahmengebühr im Sinne von § 13 Abs. 1 S. 1, § 14 Abs. 1 S. 1 RVG. Der Rechtsanwalt bestimmt die sich nach einem Gegenstandswert gemäß § 13 Abs. 1 S. 1 RVG richtende Gebühr im Einzelfall unter Berücksichtigung aller Umstände, vor allem des Umfangs und der Schwierigkeit der anwaltlichen Tätigkeit, der Bedeutung der Angelegenheit sowie der Einkommens- und Vermögensverhältnisse des Auftraggebers, nach billigem Ermessen innerhalb eines Gebührenrahmens von 0,5 bis 2,5 Gebühren, § 14 Abs. 1 S. 1 RVG in Verbindung mit Nr. 2300 VV-RVG. Die Geschäftsgebühr entsteht gemäß Vorbemerkung 2.3 Abs. 3 zu Nr. 2300 VV-RVG für das Betreiben des Geschäfts einschließlich der Information und für die Mitwirkung bei der Gestaltung eines Vertrags. Es entsteht mithin eine (erste) Gebühr nach Maßgabe des § 14 Abs. 1 RVG, sobald der Anwalt nach Erteilung des Auftrags die ersten Tätigkeiten in diesem Zusammenhang ausübt.

174 Entgegen der Ansicht des Berufungsgerichts hat es dabei aber nicht sein Bewenden. Denn Rahmengebühren entstehen durch jede weitere Erfüllung des Gebührentatbestands jeweils nach Maßgabe des § 14 Abs. 1 RVG erneut. Der Rechtsanwalt kann sie gemäß § 15 Abs. 1 und 2 RVG aber nur einmal höchstens bis zu einem Gebührenrahmen von 2,5 fordern. In diesem Sinne ist für die nach billigem Ermessen vorzunehmende Bestimmung der Gebühr auch maßgebend, wie oft ein Gebührentatbestand erfüllt worden ist. Eine Rahmengebühr kann so bis zur oberen Grenze des Rahmens anwachsen. Die andere Ansicht kann schon deshalb nicht richtig sein, weil bei der Entstehung der ersten Gebühr noch nicht feststeht, in welcher Höhe die Geschäftsgebühr gemäß § 14 Abs. 1 S. 1, § 15 Abs. 1 und 2 RVG letztlich anfallen wird (zu der parallelen Problematik bei der Geltendmachung von Rechtsverfolgungskosten als Verzugsschaden gemäß § 286 BGB vgl. *Müller-Rabe*, in: Gerold/Schmidt, RVG, 23. Aufl., § 1 Rn 249).

175 Welche rechtlichen Konsequenzen dieser Fehler hat, konnte indes offen bleiben. Denn die Entscheidung des Berufungsgerichts war aus anderen Gründen richtig, § 561 ZPO. Dem Kläger stand schon deshalb kein Anspruch auf Ersatz der streitgegenständlichen Rechtsanwaltskosten zu, weil diese den Beklagten nicht zugerechnet werden konnten.

16. Erstattungsfähigkeit vorgerichtlicher Rechtsanwaltskosten §12

Macht der Geschädigte gegenüber seinem Versicherer eine Forderung geltend, die zwar nach den Versicherungsbedingungen begründet, vom Schädiger aber nicht zu ersetzen ist, ist zu prüfen, inwieweit die durch die Anmeldung entstandenen Anwaltskosten dem Schädiger als Folge seines Verhaltens zugerechnet werden können (Senatsurt. v. 18.1.2005 – VI ZR 73/04, a.a.O., Rn 9; v. 10.1.2006 – VI ZR 43/05, a.a.O., Rn 6). Dabei gelten im Ergebnis die gleichen Grundsätze wie hinsichtlich der Höhe des Erstattungsanspruchs des Geschädigten wegen der durch die Geltendmachung seiner Ansprüche gegenüber dem Schädiger entstandenen Anwaltskosten. Insoweit ist dem Erstattungsanspruch im Verhältnis zum Schädiger grundsätzlich der Gegenstandswert zugrunde zu legen, der der letztlich festgestellten oder unstreitig gewordenen Schadenshöhe entspricht.

Nach diesen Grundsätzen konnten die durch die Geltendmachung des Anspruchs gegenüber dem Kaskoversicherer entstandenen Kosten den Beklagten nicht zugerechnet werden.

Anders als in den den oben zitierten Entscheidungen des Senats vom 18.1.2005 und 10.1.2006 zugrunde liegenden Fallgestaltungen (a.a.O.; ebenso die Fallgestaltungen in den vom Senat zitierten Entscheidungen des Kammergerichts, VersR 1973, 926, 927 und des OLG Hamm, zfs 1983, 12) traf die Beklagten im vorliegenden Fall nicht die volle Haftung. Nach den Feststellungen des Berufungsgerichts hatten sowohl der Kläger als auch die Beklagte zu 1 das Unfallereignis gleichermaßen verschuldet, sodass die Beklagten dem Kläger mit einer Quote von 50 % hafteten.

176

Die Beklagten hätten folglich hinsichtlich des von dem Berufungsgericht festgestellten, sich aus dem Wiederbeschaffungsaufwand, den Sachverständigenkosten, den An- und Abmeldekosten, den Abschleppkosten, den Mietwagenkosten und der Kostenpauschale zusammensetzenden Gesamtschadens in Höhe von 11.688,75 EUR die Hälfte, mithin 5.844,38 EUR zu zahlen gehabt. In diesem Zusammenhang wies der Senat darauf hin, dass das Quotenvorrecht des Geschädigten entgegen der Auffassung des Berufungsgerichts nicht dazu führt, dass der Schädiger insgesamt mehr zu zahlen hat, als seinem Mitverursachungsanteil entspricht, § 86 Abs. 1 VVG (Senatsurt. v. 8.12.1981 – VI ZR 153/80, BGHZ 82, 338, 345; OLG Celle, OLGR 2006, 705, 706; *Burmann/Heß*, in: Berz/Burmann, Handbuch des Straßenverkehrsrechts, 37. Ergänzungslieferung, 3. A. Rn 11).

Die andere Hälfte seines Schadens hat der Kläger selbst zu tragen. Im vorliegenden Fall hatte er seinen Kaskoversicherer letztlich (nur) im Hinblick auf den ihm ohnehin verbleibenden Schadensteil, nicht aber auf den von dem gegnerischen Haftpflichtversicherer auszugleichenden Schaden in Anspruch genommen; diese hatte darüber hinausgehende Leistungen auch nicht erbracht. Der Kaskoversicherer hatte erst nach und unter Berücksichtigung der Regulierung durch den Haftpflichtversicherer gezahlt, die in Anerkennung des zutreffenden Mitverursachungsanteils von 50 % einen Vorschuss in Höhe von 5.000 EUR und sodann eine Zahlung in Höhe von weiteren 606,84 EUR auf die vom Kläger geltend gemachten Schäden erbracht

177

hatte. Nach dem eigenen Vorbringen des Klägers und den insoweit nicht angegriffenen Feststellungen des Berufungsurteils hat der Kaskoversicherer (lediglich) den im Innenverhältnis auf den Kläger entfallenden Schadensteil, nämlich den hälftigen Restwert und die hälftigen Abschlepp- und Sachverständigenkosten reguliert. Den dem Regulierungsbetrag in Höhe von 4.871,46 EUR entsprechenden Wert hatte der Prozessbevollmächtigte des Klägers in seiner Berechnung gemäß § 10 RVG als Gegenstandswert (§ 13 Abs. 1 S. 1 RVG) angesetzt. Er hatte damit dokumentiert, dass sich die von ihm entfaltete Tätigkeit lediglich auf den vom Kläger selbst zu tragenden Schaden bezogen hat. Etwaige dem Kläger dabei entstandene Kosten können den Beklagten nach den oben angeführten Grundsätzen als Folge ihres Verhaltens aber nicht zugerechnet werden.

17. Berücksichtigung des Restwerts beim Anspruch des Geschädigten auf Ersatz vorgerichtlicher Rechtsanwaltskosten

178 BGH, Urt. v. 18.7.2017 – VI ZR 465/16, juris

BGB § 249 Abs. 2 S. 1

a) Dem Anspruch des Geschädigten auf Ersatz vorgerichtlicher Rechtsanwaltskosten ist im Verhältnis zum Schädiger grundsätzlich der Gegenstandswert zugrunde zu legen, der der berechtigten Schadensersatzforderung entspricht.

b) Verlangt der Geschädigte vom Schädiger im Rahmen seiner ihm durch § 249 Abs. 2 S. 1 BGB eingeräumten Ersetzungsbefugnis den Wiederbeschaffungsaufwand (Wiederbeschaffungswert abzüglich Restwert) für ein beschädigtes Fahrzeug, dann richtet sich der für den Anspruch auf Ersatz vorgerichtlicher Rechtsanwaltskosten maßgebliche Gegenstandswert nach dem Wiederbeschaffungsaufwand und nicht nach dem ungekürzten Wiederbeschaffungswert.

a) Der Fall

179 Die Klägerin nahm die Beklagte auf Erstattung weiterer vorgerichtlicher Rechtsanwaltskosten nach einem im Übrigen regulierten Verkehrsunfall, für die die Beklagte allein haftete, in Anspruch.

Die Klägerin hatte hinsichtlich ihres bei dem Unfall beschädigten Fahrzeugs den Wiederbeschaffungsaufwand in Höhe von 7.617,48 EUR (Wiederbeschaffungswert von 23.697,48 EUR abzüglich Restwert in Höhe von 16.080 EUR) sowie weitere durch das Schadensereignis verursachte Kosten in Höhe von 1.709,96 EUR geltend gemacht und von der Beklagten ersetzt erhalten. Unter Zugrundelegung eines Gegenstandswertes von 9.327,44 EUR (Wiederbeschaffungsaufwand zuzüglich weiterer Kosten) hat die Beklagte an die Klägerin vorgerichtliche Rechtsanwaltskosten

17. Berücksichtigung des Restwerts § 12

in Höhe von 745,40 EUR bezahlt. Die Klägerin war der Auffassung, die Rechtsanwaltskosten seien aus einem Gegenstandswert von 25.407,44 EUR zu berechnen, der sich aus dem Wiederbeschaffungswert – ohne Abzug des Restwerts – und den weiteren Kosten zusammensetze. Es stünden ihr daher noch weitere 396,50 EUR an vorgerichtlichen Rechtsanwaltskosten zu. Diese hat sie mit der Klage geltend gemacht.

Das Amtsgericht hat der Klage stattgegeben. Auf die Berufung der Beklagten hat das Landgericht das amtsgerichtliche Urteil aufgehoben und die Klage abgewiesen. Mit der vom Berufungsgericht zugelassenen Revision beantragte die Klägerin die Wiederherstellung des amtsgerichtlichen Urteils.

b) Die rechtliche Beurteilung

Das Berufungsurteil hielt der revisionsrechtlichen Nachprüfung stand. Zu Recht hatte das Berufungsgericht den Gegenstandswert, der der Bemessung der Höhe der zu erstattenden Rechtsanwaltskosten zugrunde zu legen ist, unter Abzug des Restwerts des Unfallfahrzeugs bestimmt. 180

Der dem Geschädigten zustehende Schadensersatzanspruch umfasst grundsätzlich auch den Ersatz der durch das Schadensereignis erforderlich gewordenen Rechtsverfolgungskosten, § 249 Abs. 2 S. 1 BGB. Nach der ständigen Rechtsprechung des Bundesgerichtshofs hat der Schädiger allerdings nicht schlechthin alle durch das Schadensereignis adäquat verursachte Rechtsanwaltskosten zu ersetzen, sondern nur solche, die aus Sicht des Geschädigten zur Wahrnehmung seiner Rechte erforderlich und zweckmäßig waren.

Beauftragt der Geschädigte einen Rechtsanwalt mit der Geltendmachung von Schadensersatzansprüchen gegenüber dem Schädiger oder dessen Haftpflichtversicherer, so ist der Umfang des Ersatzverlangens nur für die Abrechnung zwischen dem Geschädigten und seinem Anwalt maßgebend (Innenverhältnis). Kostenerstattung aufgrund des materiell-rechtlichen Kostenerstattungsanspruchs kann der Geschädigte vom Schädiger dagegen grundsätzlich nur insoweit verlangen, als seine Forderung diesem gegenüber auch objektiv berechtigt ist. Die von einem – einsichtigen – Geschädigten für vertretbar gehaltenen Schadensbeträge sind demgegenüber nicht maßgeblich. Denn Kosten, die dadurch entstehen, dass dieser einen Anwalt zur Durchsetzung eines unbegründeten Anspruchs beauftragt, können dem Schädiger nicht mehr als Folge seines Verhaltens zugerechnet werden. Damit ist dem Anspruch des Geschädigten auf Erstattung vorgerichtlicher Rechtsanwaltskosten im Verhältnis zum Schädiger grundsätzlich der Gegenstandswert zugrunde zu legen, der der berechtigten Schadensersatzforderung entspricht. 181

Die – von der Klägerin gegenüber der Beklagten nur in diesem Umfang geltend gemachte – Forderung auf Ersatz des Wiederbeschaffungsaufwands (Wiederbeschaffungswert abzüglich Restwert) war berechtigt. Der für den Anspruch auf Erstattung vorgerichtlicher Rechtsanwaltskosten maßgebliche Gegenstandswert rich- 182 tet sich daher nach dem Wiederbeschaffungsaufwand und nicht nach dem ungekürzten Wiederbeschaffungswert.

Nach ständiger Rechtsprechung des Senats kann der Geschädigte, der von der Ersetzungsbefugnis des § 249 Abs. 2 S. 1 BGB Gebrauch macht und den Schaden an seinem Fahrzeug nicht im Wege der Reparatur, sondern durch Beschaffung eines Ersatzfahrzeugs beheben will, nur den Wiederbeschaffungswert abzüglich des Restwerts, also den Wiederbeschaffungsaufwand ersetzt verlangen. Denn es ist zunächst nach sachgerechten Kriterien festzustellen, in welcher Höhe dem Geschädigten angesichts des ihm verbliebenen Restwerts seines Fahrzugs durch den Unfall überhaupt ein Vermögensnachteil erwachsen ist. Ob ein zu ersetzender Vermögensschaden vorliegt, ist nach der sogenannten Differenzhypothese grundsätzlich durch einen Vergleich der infolge des haftungsbegründenden Ereignisses eingetretenen Vermögenslage mit derjenigen, die sich ohne dieses Ereignis ergeben hätte, zu beurteilen. Unabhängig davon, wie der Geschädigte – was den Schädiger grundsätzlich nichts angeht – nach dem Unfall mit dem Restwert verfährt, ist bei dem so gebotenen Vergleich der Vermögenslage vor und nach dem Unfall festzustellen, dass in Höhe des verbliebenen Restwerts kein Schaden entstanden ist. Dies gilt auch im Fall eines wirtschaftlichen Totalschadens.

183 Die von der Revision sowie von Teilen der untergerichtlichen Rechtsprechung und der Literatur vertretene Gegenansicht, dem Anspruch auf Erstattung der Rechtsanwaltskosten sei der volle Wiederbeschaffungswert zugrunde zu legen, teilte der Senat nicht.

Der überwiegende Teil der Vertreter dieser Ansicht geht – ebenso wie die Revision – von der unzutreffenden Prämisse aus, dass (jedenfalls bei einem wirtschaftlichen Totalschaden) im Unfallzeitpunkt, auf den abzustellen sei, der Schaden in Höhe des vollen Wiederbeschaffungswerts eingetreten sei, der erzielte oder zu erzielende Restwert also lediglich eine nachträgliche Kompensation darstelle, auf die ebenso wie auf sonstige nachträgliche Zahlungsströme nicht abgestellt werden dürfe. Dabei wird übersehen, dass, wie ausgeführt, im Unfallzeitpunkt in Höhe des verbliebenen Restwerts schon gar kein Schaden entstanden ist, der Schaden also nicht erst nachträglich infolge einer Kompensation, sondern von vornherein um den Restwert reduziert ist. Aus demselben Grund war die Annahme der Revision unzutreffend, dass der Restwert des Unfallwagens nicht den Schadensersatzanspruch des Geschädigten, sondern die Aufwendungen des Schädigers verringere.

184 Die von der Revision aufgeworfene Frage, von welchem Gegenstandswert im Außenverhältnis auszugehen ist, wenn der Haftpflichtversicherer des Schädigers dem vom Geschädigten über einen Sachverständigen korrekt ermittelten Restwert eine dem Geschädigten im Rahmen des § 254 Abs. 2 S. 1 BGB zumutbare Verwertungsmöglichkeit mit einem höheren Restwertangebot entgegen hält (dazu AG Frankfurt a.M., AGS 2012, 91; *Jaeger*, zfs 2016, 490, 492; *Mardner*, NJW 2016, 1546, 1548), stellte sich im vorliegenden Fall nicht und konnte daher offen bleiben. An dem

17. Berücksichtigung des Restwerts   § 12

Grundsatz, dass der Restwert – in der vom Geschädigten oder vom Schädiger ermittelten Höhe – zur Bestimmung des Gegenstandswerts abzuziehen ist, vermochte diese Fragestellung nichts zu ändern.

Ob und unter welchen Voraussetzungen der Umstand, dass ein Rechtsanwalt Tätigkeiten im Zusammenhang mit der Ermittlung und Prüfung des Restwerts entfaltet, zu einer Erhöhung des Gegenstandswerts im Innenverhältnis zum Mandanten führt, konnte ebenfalls dahinstehen. In dem hier maßgeblichen Außenverhältnis, in welchem zur Bezifferung der begründeten Schadensersatzforderung der Restwert abzuziehen ist, können anwaltliche Tätigkeiten im Zusammenhang mit der Ermittlung dieses Abzugspostens nicht den anzusetzenden Gegenstandswert erhöhen. 185

Beauftragt ein Geschädigter – wie dies nicht selten der Fall sein wird – seinen Rechtsanwalt mit der Regulierung des Gesamtschadens, ohne sich von vornherein auf eine bestimmte Art des Schadensersatzes (z.B. Reparatur oder Ersatzbeschaffung) festzulegen oder gar seine Forderung zu beziffern, so ist der Umfang dieses Auftrags ebenfalls zunächst nur für das Innenverhältnis maßgeblich.

Ob es sich auf das Außenverhältnis auswirkt, wenn der Geschädigte statt der von ihm am Ende geltend gemachten Kosten der Ersatzbeschaffung im Rahmen seiner Ersetzungsbefugnis auch die höheren Kosten einer Reparatur hätte verlangen dürfen und er sich diesbezüglich von seinem Rechtsanwalt hat beraten lassen, bedurfte hier nicht der Entscheidung. Denn etwaige Reparaturkosten hatte die Klägerin ihrem Anspruch auf Erstattung vorgerichtlicher Rechtsanwaltskosten vorliegend nicht zugrunde gelegt.

Zur Erhöhung des Gegenstandswertes im Außenverhältnis führte im Streitfall auch nicht die Annahme der Revision, dass die Klägerin anstelle des von ihr tatsächlich geltend gemachten Wiederbeschaffungsaufwands dem Schädiger den Restwert in Form des beschädigten Fahrzeugs hätte zur Verfügung stellen und den ungekürzten Wiederbeschaffungswert hätte verlangen dürfen. Dabei konnte offen bleiben, ob und unter welchen Voraussetzungen ein derartiges Recht besteht (vgl. Senatsurt. v. 14.6.1983 – VI ZR 213/81, VersR 1983, 758 f. m.w.N. für den Fall einer Schadensabrechnung auf Neuwagenbasis) und ob die Geltendmachung dieses Rechts dazu führen würde, dass sich der Gegenstandswert auf den Wiederbeschaffungswert erhöht. Denn nur und erst dann, wenn der Geschädigte von einem solchen Recht Gebrauch machte und dem Schädiger das beschädigte Fahrzeug zur Verfügung stellte, könnte eine Forderung in Höhe des vollen Wiederbeschaffungswerts begründet sein. Macht hingegen der Geschädigte – wie hier die Klägerin – gegenüber dem Schädiger ein solches Recht nicht geltend, so vermag allein die abstrakte Möglichkeit der Geltendmachung dieses Rechts keine Auswirkungen auf den im Außenverhältnis zugrunde zu legenden Gegenstandswert zu entfalten. 186

§ 13

§ 13 Anhang Kfz-Schadensabrechnungs-Übersicht

1. Grundskizze „Gebäude des Kfz-Schadens"

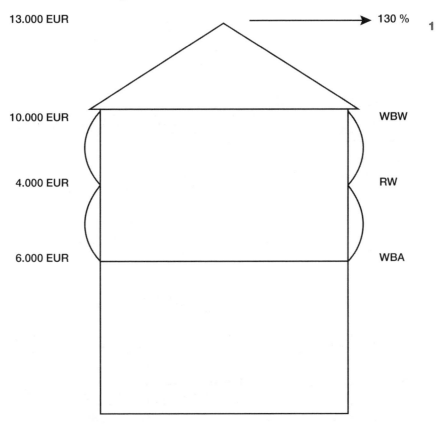

§ 13 Anhang Kfz-Schadensabrechnungs-Übersicht

2. Verwendete Abkürzungen

Abkürzung	Erklärung
G.	Geschädigter
RK	Reparaturkosten
RW	Restwert
S.	Schädiger
SV	Sachverständiger
WBW	Wiederbeschaffungswert
WBA	Wiederbeschaffungsaufwand

3. Begriffserklärung

Begriff	Erklärung/Voraussetzungen
wirtschaftlicher Totalschaden	Reparaturkosten über 100%.
technischer Totalschaden	Kfz ist (technisch) irreparabel zerstört.
konkrete Schadensabrechnung	Konkret angefallene Wiederherstellungskosten (Reparatur oder Ersatzbeschaffung) werden entweder mit Hilfe einer Rechnung oder (etwa bei Eigenreparatur) mit Hilfe eines Sachverständigengutachtens geltend gemacht.
fiktive Schadensabrechnung	Zur Wiederherstellung (Reparatur oder Ersatzbeschaffung) erforderliche Kosten (vgl. § 249 Abs. 2 S. 1 BGB) werden mit Hilfe eines Sachverständigengutachtens geltend gemacht.
Restwert	Erzielbarer Erlös für das unfallbeschädigte Fahrzeug.
Wiederbeschaffungsaufwand	Wiederbeschaffungswert abzüglich Restwert.

4. Kfz-Schadensabrechnungs-Übersicht 2017

Liegen die (vorauss.) RK eines Kfz mehr als 30 % über den WBW, so ist die Instandsetzung in aller Regel wirtschaftlich unvernünftig. Lässt der G. sein Kfz dennoch reparieren, so können die Kosten nicht in einen vom S. auszugleichenden wirtschaftlich vernünftigen Teil (bis 130 % des WBW) u. in einen vom G. selbst zu tragenden wirtschaftlich unvernünftigen Teil aufgeteilt werden. In einem solchen Fall kann der G. vom S. nur die Wiederbeschaffungskosten verlangen (BGHZ 115, 375 u. BGH, Urt. v. 10.7.2007 – VI ZR 258/06, zfs 2007, 686). Abrechnung konkreter RK unter WBW für vollständige und fachgerechte Rep. trotz Schätzung der RK über 130 % ist möglich (BGH, Urt. v. 14.12.2010 – VI .	RK über 130 %

4. Kfz-Schadensabrechnungs-Übersicht 2017 § 13

ZR 231/09, zfs 2011, 144). Rep. unter 130 % trotz Schätzung der RK über 130 % setzt Nachweis der Wirtschaftlichkeit voraus (BGH, Urt. v. 8.2.2011 – VI ZR 79/10, VersR 11, 547). Benutzt der G. im wirtschaftlichen Totalschadensfall (RK über 100 %) sein unfallbeschädigtes, aber fahrtaugliches und verkehrssicheres Kfz weiter, ist bei der Abrechnung nach dem fiktiven WBA i.d.R. der in einem SV-Gutachten für den regionalen Markt ermittelte RW in Abzug zu bringen (BGHZ 143, 189 u. Urt. v. 6.3.2007 – VI ZR 120/06, zfs 2007, 382). Vertrauensschutz beim WBA bzgl. RW bei Rep. trotz Totalschaden (RK über 130 %) besteht nur bei ordnungsgemäßer RW-Ermittlung durch den SV (BGH, Urt. v. 13.10.2009 – VI ZR 318/08, zfs 2010, 84).	
Ersatz von RK bis zu 30 % über dem WBW des Kfz kann nur verlangt werden, wenn die Rep. konkret sowie fachgerecht und in einem Umfang durchgeführt wird, wie ihn der SV zur Grundlage seiner Kostenschätzung gemacht hat (BGH, Urt. v. 15.2.2005 – VI ZR 70/04, zfs 2005, 382 u. BGHZ 154, 395 = zfs 2003, 403; Urt. v. 15.11.2011 – VI ZR 30/11, zfs 2012, 141) und das Fahrzeug nach dem Unfall i.d.R. 6 Monate weiter genutzt wird (BGH, Urt. v. 13.11.2007 – VI ZR 89/07, zfs 2008, 143; Urt. v. 27.11.2007 – VI ZR 56/07, VersR 2008, 134 f.). Die 6-Monats-Frist ist keine Fälligkeitsvoraussetzung (BGH, Beschl. v. 18.11.2008 – VI ZB 22/08, zfs 2009, 79). Für die Vergleichsbetrachtung, ob die RK den WBW übersteigen, sind grds. die Bruttowerte maßgeblich (BGH, Urt. v. 3.3.2009 – VI ZR 100/08, zfs 2009, 439). Übersteigt der Kfz-Schaden den WBW, können dem G. die RK einer (Teil-)Rep., die zwischen WBA und WBW liegen, grds. nur dann zuerkannt werden, wenn diese RK konkret angefallen sind oder wenn der G. nachweisbar wertmäßig in einem Umfang repariert hat, der den WBA übersteigt; andernfalls (bei fiktiver Schadensabrechnung) ist die Höhe des Ersatzanspruchs auf den WBA beschränkt (BGH, Urt. v. 15.2.2005 – VI ZR 172/04, zfs 2005, 385 u. Urt. v. 8.12.2009 – VI ZR 119/09, zfs 2010, 202). Eine vorangegangene fiktive Abrechnung des WBA hindert grds. eine Nachforderung bei späterer Reparatur nicht, es sei denn, es ist etwas anderes – etwa in Form eines Abfindungsvergleichs – vereinbart (BGH, Urt. v. 17.10.06 – VI ZR 249/05, zfs 2007, 148). Bei Weiternutzung ohne vollständige und fachgerechte Rep. kann bei der Abrechnung nach dem fiktiven WBA i.d.R. der in einem SV-Gutachten für den regionalen Markt ermittelte RW in Abzug zu bringen sein (BGHZ 143, 189 = zfs 2000, 103 u. Urt. v. 6.3.2007 – VI ZR 120/06, zfs 2007, 382).	RK zwischen WBW und 130 %
Liegen die vom SV geschätzten (fiktiven) RK zwischen WBA und WBW, kann sie der G. ohne Abzug des RW ersetzen verlangen, wenn er das Kfz mind. 6 Monate weiter nutzt und es zu diesem Zweck – falls erforderlich – verkehrssicher (teil-)reparieren lässt; die Qualität einer (ggf. erforderlichen) Rep. spielt insoweit keine Rolle (BGH, Urt. v. 29.4.2003 – VI ZR 393/02, BGHZ 154, 395 = zfs	RK zwischen WBA und WBW

2003, 403 u. Urt. v. 23.5.2006 – VI ZR 192/05, zfs 2006, 625). Auch bei einer (Eigen-)Rep. setzt die Abrechnung fiktiver RK nach SV-Gutachten die Weiternutzung für mind. 6 Monate voraus (BGH, Urt. v. 29.4.2008 – VI ZR 220/07, zfs 2008, 503). Bei einer fiktiven Schadensabrechnung nach § 249 Abs. 2 S. 1 BGB umfassen die erforderlichen Reparaturkosten auch allgemeine Kostenfaktoren wie Sozialabgaben und Lohnnebenkosten (BGH, Urt. v. 19.2.2013 – VI ZR 69/12, VersR 2013, 637), dagegen nach § 249 Abs. 2 S. 2 BGB nicht mehr die Umsatzsteuer. Wählt der Geschädigte den Weg der fiktiven Schadensabrechnung, sind die im Rahmen einer tatsächlich erfolgten Reparatur angefallenen Kosten einer Reparaturbestätigung für sich genommen nicht ersatzfähig (BGH, Urt. v. 24.1.2017 – VI ZR 146/16, VersR 2017, 440). Bei Fahrzeugen, die älter sind als 3 Jahre, kann der Geschädigte bei fiktiver Schadensabrechnung auf günstigere Reparaturmöglichkeit noch im Rechtsstreit verwiesen werden (BGH, Urt. v. 20.10.2009 – VI ZR 53/09, zfs 2010, 143 und v. 14.5.2013 – VI ZR 320/12, zfs 2013, 446 m.w.N.). Der G., der im Wege der konkreten Schadensabrechnung Ersatz der tatsächlich angefallenen RK verlangt, muss sich einen Werksangehörigenrabatt anrechnen lassen, den er aufgrund einer Betriebsvereinbarung auf die Werkstattrechnung erhält (BGH, Urt. v. 18.10.2011 – VI ZR 17/11, zfs 2012, 81). Lässt der G. sein Kfz (tatsächlich) reparieren, kann er grds. Ersatz der (konkreten) RK zwischen WBA und WBW verlangen, wenn diese den WBW nicht übersteigen; auf eine Weiternutzung und den RW kommt es bei konkreter RK-Abrechnung nicht an (BGH, Urt. v. 5.12.2006 – VI ZR 77/06, zfs 2007, 328). Dies gilt auch für die konkreten RK einer Eigenreparatur (BGH, Urt. v. 23.11.2010 – VI ZR 35/10, VersR 2011, 280). Lässt der G. sein unfallbeschädigtes Kfz nicht reparieren, sondern realisiert er durch dessen Veräußerung den RW, ist sein Schaden in entsprechender Höhe ausgeglichen. Deshalb wird auch bei Abrechnung nach den fiktiven RK in solchen Fällen der Schadensersatzanspruch durch den WBA begrenzt, so dass für die Anwendung einer sog. 70%-Grenze kein Raum ist (BGH, Urt. v. 7.6.2005 – VI ZR 192/04, zfs 2005, 598). Bei Abrechnung des WBA besteht u.U. eine Schadensminderungspflicht des G. beim (konkreten) Nachweis günstigerer Verwertungsmöglichkeiten durch den KH-Versicherer (BGH, Urt. v. 1.6.2010 – VI ZR 316/09, VersR 2010, 963). Einen ohne besondere Anstrengungen erzielbaren höheren Restwerterlös muss sich der G. i.d.R. anrechnen lassen (BGH, Urt. v. 15.6.2010 – VI ZR 232/09, VersR 2010, 1197).	
Unterschreiten die RK den WBA des Fahrzeugs, ist eine Schadensabrechnung im Allgemeinen unproblematisch, weil eine Ersatzbeschaffung keine günstigere Alternative darstellt. Abrechnung der Wiederbeschaffungskosten auf Neuwagenbasis ist grds. nur bei Anschaffung eines fabrikneuen Ersatzfahrzeugs möglich (BGH, Urt. v. 9.9.2009 – VI ZR 110/08, zfs 2010, 22).	RK unter WBA